Franz Joseph Holzwarth

Weltgeschichte

Vom westfälischen Frieden bis zum Ausbruch der französischen Revolution

Franz Joseph Holzwarth

Weltgeschichte
Vom westfälischen Frieden bis zum Ausbruch der französischen Revolution

ISBN/EAN: 9783743326057

Hergestellt in Europa, USA, Kanada, Australien, Japan

Cover: Foto ©ninafisch / pixelio.de

Manufactured and distributed by brebook publishing software
(www.brebook.com)

Franz Joseph Holzwarth

Weltgeschichte

Weltgeschichte

von

Dr. F. J. Holzwarth.

Sechster Band.

Zweite, verbesserte Auflage.

Mainz,
Verlag von Franz Kirchheim.

1886.

Sechstes Buch.

Vom westfälischen Frieden bis zum Ausbruch der französischen Revolution.

Einleitung.

Die Signatur des Zeitraumes zwischen dem westfälischen Frieden und der großen französischen Revolution ist eine stets wachsende, fast alle Schichten und Klassen der Gesellschaft durchdringende Religionsgleichgiltigkeit, die sich mehr und mehr zum vollständigen Unglauben und zur ausschließlichen Pflege der materiellen Interessen entwickelte. Zu diesem trostlosen Zustande hatte die Reformation den Grund gelegt, indem sie, das unfehlbare Lehramt der Kirche verwerfend, an die Stelle des Glaubenslichtes die schwankenden Aussprüche der individuellen Vernunft stellte; denn die Verwerfung der Autorität ging vom religiösen Gebiete auf das der Sitte, der Politik, der Wissenschaft über und umfaßte alle Kreise des Daseins. Die Scheidung des religiösen und des politischen Lebens, die zuerst in dem westfälischen Frieden zu Tage getreten, griff immer weiter um sich; die Allianzen und Traktate, die Entscheidung über Krieg und Frieden, die Gesetzgebung und Verwaltung nahmen keine Rücksicht mehr auf Kirche und Glauben: irdische Interessen leiteten allein die Politik der Kabinette.

Diese unheilvolle Zeitströmung, die sich auch über die katholischen Länder verbreitete, brachte eine antichristliche Verschwörung zur Reife, die, von Staatsmännern und Philosophen begünstigt und durch die verblendete Politik der Höfe gefördert, in der Literatur wie im Leben ihre Triumphe feierte, der Kirche ein Bollwerk nach dem andern entriß, den einflußreichen Jesuitenorden vernichtete und den apostolischen Stuhl in jeder Weise erniedrigte und vergewaltigte, um dann auch die von ihr als Handlanger benutzten Fürsten herabzuwürdigen und zu stürzen. Hatte der vorhergehende Zeitraum im protestantischen England mit Empörung und Königsmord geendet, so schließt der neue mit der Drohung der Empörung und des Königsmords im katholischen Frankreich.

Während die weltlichen Fürsten sich in ihren absolutistischen Bestrebungen nicht nur von der hemmenden Kontrole der Stände, sondern auch von jeder Einwirkung der Kirche freizumachen wußten und mit der Gesetzgebung und Verwaltung auch die Erziehung und den Unterricht, die Wohlthätigkeitsanstalten und die Kirchengüter zu verweltlichen, ja selbst die innersten Angelegenheiten der Kirche in den Bereich ihrer Machtsphäre zu ziehen suchten, geriethen sie in immer größere Abhängigkeit von den Launen der Menge, die, bethört von einer durch und durch revolutionären Literatur und durch Volksaufwiegler irre geleitet, Forderungen zu stellen begann, welche weit hinausgingen über die Wiederherstellung der alten Volksrechte und gegen welche ihnen die durch sie geknechtete und dem öffentlichen Leben entfremdete Kirche keinen Schutz mehr gewähren konnte. „So erntete die weltliche Macht“, sagt Hergenröther, „das, was sie gesät: die Revolution gegen den Staat war die Frucht der Revolution gegen die Kirche; die „evangelische Freiheit“ in ihrem Mißbrauch führte zum Mißbrauch der politischen Freiheit. Die Geißel der Fürsten wurden ihre Völker; die Rächerin der mit Füßen getretenen Kirche ward, ihr selbst unbewußt, die Revolution. Die Fürsten hatten den Papst als den Schwächeren mißhandelt: die noch schwächeren Fürsten zertrat der Pöbel.“

Die Kirche selbst aber, deren Aufgabe durch die veränderte Gestalt der Dinge nicht minder als durch die theils gleichgiltige, theils offenbar feindselige Haltung der weltlichen Mächte unendlich erschwert war, bewahrte, wie in allen Drangsalen, so auch im Kampfe gegen die ungläubige Philosophie, die falsche und seichte Aufklärungssucht und die heuchlerisch das ächte Kirchenthum vorschützende Irrlehre, die einander die Herrschaft über die Geister streitig machten, die volle Kraft des Glaubens und der Liebe, und glänzend bewährte sich an ihr die göttliche Verheißung, daß die Pforten der Hölle sie nicht überwältigen werden. Während Gott die Mächtigen entthronte und ihre Kronen zerbrach, führte er seine Kirche einer neuen Verherrlichung zu.

I.

Kaiser Leopold I.

(1658—1705.)

Leopolds Wahl und erste Regierungszeit.

Ferdinand III. überlebte den Abschluß des westfälischen Friedens nur um neun Jahre, während welcher er, den veränderten Verhältnissen des Reiches Rechnung tragend, mit den deutschen Ständen ein möglichst gutes Verhältniß aufrecht zu halten suchte, in seinen Erbländern dagegen den Regierungsgrundsätzen seines Vaters treu blieb. Er starb am am 2. April 1657, nach mehrjährigem Kränkeln, in seinem neunundvierzigsten Lebensjahre und hinterließ den Ruf eines reichgebildeten, gerechten, menschenfreundlichen und friedliebenden Fürsten. Da sein ältester Sohn, der schon zu seinen Lebzeiten die Kronen von Böhmen und Ungarn empfangen hatte und im Jahre 1653 als Ferdinand IV. zum römischen König gewählt und gekrönt worden war, am 9. Juni 1654 an den Blattern, die zu jener Zeit furchtbare Verheerungen anrichteten, starb, ging das Recht der Thronfolge in den österreichischen Erblanden an seinen zweiten Sohn Leopold über, der, nachdem er am 24. Januar 1655 die Huldigung der österreichischen Stände empfangen hatte, am 27. Juni des gleichen Jahres als König von Ungarn und am 14. September als König von Böhmen gekrönt wurde.

Geboren am 9. Juni 1640, war Leopold noch nicht volle siebzehn Jahre als, als der Tod seines Vaters ihn zur Regierung über die österreichischen Erbländer berief und mit der Uebernahme derselben der volle Ernst des Lebens an ihn herantrat, das sich für ihn in einer nahezu fünfzigjährigen Regierung zu einem äußerst stürmischen gestalten sollte. Obgleich er anfangs zum geistlichen Stande bestimmt und seine Erziehung eine diesem Berufe entsprechende gewesen, waren ihm die leitenden Grundsätze der österreichischen Politik nicht fremd geblieben, und da er sich überdies in der verhältnißmäßig kurzen Zeit seit dem Tode seines älteren Bruders eine große und vielseitige Kenntniß der Geschäfte angeeignet hatte, konnte er sein fürstliches Amt mit einer, wenn auch nicht glänzenden, so doch überaus tüchtigen und gründlichen Vorbereitung antreten.

Leopolds wissenschaftliche Bildung, die er dem trefflichen Unterrichte zweier Väter der Gesellschaft Jesu verdankte, war eine so vielseitige und gründliche, daß ihn kein Fürst seines Jahrhunderts an Gelehrsamkeit übertraf. Außer seiner Muttersprache hatte er schon frühe Lateinisch und Italienisch korrekt und fließend sprechen und schreiben gelernt; eine gründliche Kenntniß der spanischen und französischen Sprache erwarb er sich später, doch konnte er sich mit der letzteren bei seiner entschieden deutschen Gesinnung nie recht befreunden. Neben diesen verschiedenen Sprachen hatten Geschichte und Philosophie die Hauptgegenstände seiner Studien gebildet. Auch die schönen Künste waren nicht vernachlässigt geblieben; insbesondere war sein hervorragendes Talent für die Musik, für welche er eine große Vorliebe hatte, auf das Glänzendste ausgebildet worden. Voll tiefer Religiosität nnd treuer Anhänglichkeit an seine Kirche, war er zugleich, nach dem übereinstimmenden Urtheile der Zeitgenossen, ein Jüngliug von der musterhaftesten Sittenreinheit, der Arbeit mit unermüdlichem Fleiße hingegeben und dabei von großer Herzensgüte und Bescheidenheit, aber befangen und unsicher in seinem öffentlichen Auftreten.

Während der Regierungsantritt Leopolds in seinen Erbländern trotz seiner Jugend auf keine Schwierigkeiten gestoßen war, traten ihm bei seiner Bewerbung um die Kaiserkrone große Hindernisse in den Weg. Der Urheber derselben war Mazarin, der die Kaiserkrone seinem König, Ludwig XIV. zu verschaffen wünschte und zu diesem Zwecke bei den deutschen Kurfürsten kein Mittel der Ueberredung und Bestechung unversucht ließ. Nachdem er erkannt hatte, daß er sich ein unerreichbares Ziel gesteckt, machte er alle nur erdenklichen Anstrengungen, um wenigstens durch die Aufstellung eines unter französischem Einflusse stehenden deutschen Kandidaten das habsburgische Haus von dem deutschen Kaiserthrone auszuschließen. Er durfte dabei auf die Mitwirkung der drei geistlichen Kurfürsten und des Kurfürsten von der Pfalz zählen, die theils durch ihre Räthe in die Netze der französischen Politik verstrickt oder durch bedeutende Geldsummen für das Interesse Ludwigs XIV. gewonnen worden waren, theils aus Furcht vor dem mächtigen Nachbar sich ihm willfährig zeigten.

Zuerst wurde der Kurfürst Ferdinand Maria von Baiern, Maximilians Sohn und Nachfolger, in Vorschlag gebracht; da dieser jedoch, theils seiner eigenen deutschen Gesinnung folgend, theils dem Einfluß seiner Mutter, einer Tochter Ferdinands II., nachgebend, die ihm angetragene Kaiserkrone ausschlug, obgleich Frankreich sich erboten hatte, ihm für die Unterhaltung des Kaiserstaates ein bedeutendes Jahrgeld zu zahlen, suchte man den Erzherzog Leopold Wilhelm, Ferdinands III. Bruder und Hoch- und Deutschmeister, der nicht nur als Mitglied des geistlichen Standes, sondern auch wegen seiner schwachen Gesundheit und persönlichen Machtlosigkeit dem Kardinal Mazarin als ein die Interessen Frankreich nicht gefährdendes Reichsoberhaupt erschien, zur Uebernahme der Reichskrone zu bewegen. Allein auch dieser wies den Gedanken eines feindlichen Auftretens gegen seinen Neffen Leopold mit Entschiedenheit zurück.

Den Ränken Frankreichs gegenüber vertrat der Fürst Lobkowitz, den Leopold an die Spitze der zu dem Wahltag nach Frankfurt abgeordneten Wahlbotschaft gestellt, das Interesse seines Herren mit ebensoviel Geschick als Ergebenheit, und nachdem es ihm gelungen, zu den Stimmen von Sachsen und Brandenburg, auf welche Oesterreich sicher zählen durfte, auch die von Baiern und Trier zu gewinnen, ergaben sich auch die Kurfürsten von Mainz und Köln, und so wurde Leopold I. am 13. Juli 1658, nach einem Interregnum von fünfzehn Monaten, zum Kaiser gewählt und am 1. August zu Frankfurt feierlich gekrönt.

Ganz erfolglos waren jedoch die Ränke Mazarins nicht geblieben; denn Leopold mußte sich zur Unterzeichnung einer Wahlkapitulation verstehen, in welcher er sich verpflichtete, Spanien in dessen Krieg gegen Frankreich keinen Beistand zu leisten, in die italienischen Angelegenheiten sich nicht einzumischen und dem mit Frankreich verbündeten Herzog von Savoyen das Reichsvikariat in Italien zu übertragen. Nur mit Mühe gelang es ihm, die Hinzufügung der gleichfalls von den Kurfürsten auf den Betrieb Frankreichs in Vorschlag gebrachten Bedingung zu verhindern, daß die Uebertretung eines oder des andern Punktes dieser Wahlkapitulation oder der Stipulationen des westfälischen Friedens seine Absetzung zur Folge haben solle.

Wie weit die innere Auflösung des deutschen Reiches bereits fortgeschritten und wie sehr in den deutschen Fürsten jedes Nationalgefühl erstorben war, beweist der Bund, den die drei geistlichen Kurfürsten, der Bischof von Münster, der Pfalzgraf von Neuburg, die Herzöge von Braunschweig und der Landgraf von Hessen-Kassel, gleich nach Abreise des Kaisers (24. August 1658) auf den Betrieb Schwedens, angeblich zur Aufrechthaltung des westfälischen Friedens, thatsächlich aber zur Schwächung und Isolirung Oesterreichs und somit zur Förderung der Interessen Frankreichs und Schwedens schlossen und dem diese beiden Mächte beitraten. Der Stifter dieses „rheinischen Bundes", eines würdigen Vorläufers des schmachvollen

Rheinbundes aus der Napoleonischen Zeit, war der Kurfürst von Mainz, der talentvolle Johann Philipp von Schönborn, der sich durch seine ganze Haltung bereits als den Mann einer neuen Zeit ankündigte. Welche Vortheile insbesondere Frankreich von diesem Bunde erhoffen durfte, erkennen wir aus dem Urtheil, das der französische Gesandte beim deutschen Reichstag über denselben fällt. „Diese Allianz", schrieb derselbe einige Jahre später an seinen König, „gibt dem König Gelegenheit, seine Freunde und seinen großen Kredit im Reiche zu erhalten; sie macht ihn zum Mitgliede des Rathes der deutschen Fürsten, ohne ihn von demselben abhängig zu machen."

Schon zu Lebzeiten Ferdinands III. war ein Krieg zwischen Karl X. (Gustav) von Schweden, dem Nachfolger Christinens, und dem König Johann Kasimir von Polen, dem Bruder und Nachfolger Wladislaws IV. (seit 1648), ausgebrochen, den hauptsächlich Karl Gustavs leidenschaftliche Ruhmbegierde und Eroberungssucht heraufbeschworen. In diesen Krieg, in welchem die Schweden Anfangs glänzende Erfolge errangen, hatte sich auch der Fürst Georg Ragoczy II. von Siebenbürgen als Bundesgenosse Karl Gustavs eingemischt, was Kaiser Ferdinand III. Veranlassung gegeben, in einem auf seinem Sterbebette unterzeichneten Vertrag, den Polen Hilfe zuzusagen. Der Politik seines Vaters treu bleibend, ließ Leopold im Sommer 1657 ein Heer von sechzehntausend Mann in Polen einrücken, und zu der gleichen Zeit ergriffen auch der König von Dänemark und der Kurfürst von Brandenburg, der sein Herzogthum Preußen durch die Erfolge der schwedischen Waffen bedroht sah, für Polen Partei. Den vereinten Waffen der Verbündeten war die Macht Karl Gustavs nicht gewachsen: seine Truppen wurden auf allen Punkten geschlagen. Schon vorher war Ragoczy zum Rückzug nach Siebenbürgen gezwungen worden, wo er bald darauf im Kampfe gegen die Türken den Tod fand.

Karl Gustav starb, nachdem er vergebens den Kaiser Leopold von seinen Bundesgenossen zu trennen gesucht, am 20. Februar 1660 voll Unmuth über sein sinkendes Glück, und sein Tod beschleunigte die Friedensverhandlungen, die schon im Dezember 1659 im Kloster Oliva bei Danzig eröffnet worden waren. Da sowohl der Kaiser, als auch der Kurfürst von Brandenburg aus Furcht vor einer Einmischung Frankreichs zu Gunsten Schwedens eine möglichst rasche Beendigung des Krieges wünschten, erlangte Schweden in dem am 3. Mai 1660 abgeschlossenen Frieden von Oliva, dem am 27. Mai auch Dänemark beitrat, vortheilhaftere Bedingungen, als es hatte erwarten dürfen. Es blieb nicht nur im ungeschmälerten Besitz seiner Machtstellung an der Ostsee, sondern der König von Polen entsagte auch allen Ansprüchen auf die schwedische Krone und auf Livland.

Leopolds Türkenkriege.

(1663—1699.)

Leopolds I. ganze Regierungszeit war durch Kriege ausgefüllt, die er theils im Westen und Süden gegen Frankreich, theils im Osten gegen die Türken zu führen hatte. Waren die ersteren fast nur eine lange Reihe von Mißerfolgen, so haben die letzteren dagegen die kaiserliche Krone mit einem unverwelklichen Ruhmeskranze umwoben.

An diesen Kriegen nahm allerdings Leopold persönlich keinen Antheil, wie er überhaupt, im Gegensatze zu seinem Vater, der sich in seiner Jugend als tapferer und tüchtiger Feldherr bewährt hatte, weder kriegerisches Talent noch kriegerischen Sinn besaß; aber ihm gebührt das doppelte Verdienst, mit unerschütterlicher Ausdauer das Panier des Kreuzes hochgehalten und die rechten Feldherren für die rechten Plätze ausgewählt zu haben, und die Vorsehung hatte ihm, zum Lohne für die hohen Tugenden, die er auf dem Throne wie in seinem Privatleben entfaltete, eine große Zahl der ausgezeichnetsten Heerführer zur Seite gestellt.

Als Leopold I. die Regierung antrat, war ganz Niederungarn in den Händen der Türken, Ofen der Herrschersitz eines türkischen Veziers, Siebenbürgen der Pforte tributpflichtig und die Wahl der siebenbürgischen Fürsten von der Bestätigung des Sultans abhängig. Das Bestreben, sich sowohl der türkischen als der österreichischen Abhängigkeit zu entziehen und zwischen den Karpathen und den Donaugegenden ein selbstständiges Reich zu gründen, hatte den Fürsten Ragoczy veranlaßt, sich gegen den Willen des Sultans Mohammed IV. dem Schwedenkönig Karl Gustav in dessen Krieg gegen Polen anzuschließen, in der Hoffnung, mit Hilfe dieses Bundesgenossen seine Pläne verwirklichen zu können; allein der Versuch war fehlgeschlagen, und Ragoczy sah sich durch denselben in einen blutigen Krieg mit den Türken verwickelt, in welchem er, nachdem der Sultan seine Absetzung ausgesprochen, am 22. Mai 1660 in der Schlacht bei Gyalu tödtlich verwundet wurde.

Da die Türken Miene machten, ganz Siebenbürgen mit ihrem Reiche zu vereinigen, beeilten sich die siebenbürgischen Stände, den erledigten Fürstenstuhl neu zu besetzen, und ihre Wahl fiel auf Ragoczy's Feldherrn, Johann Kremeny. Um sich gegen die Türken behaupten zu können, warf sich derselbe den Oesterreichern in die Arme, und Leopold, der die Nothwendigkeit erkannte, dem weiteren Umsichgreifen der Türkenmacht entgegenzutreten, sandte den General Montecuculi nach Ungarn und Siebenbürgen, um Kemeny gegen den von dem Sultan zum Fürsten von Siebenbürgen bestimmten

Michael Apafi zu unterstützen. Trotz seiner ungenügenden Streitkräfte drang Montecuculi erfolgreich vor; allein Kemeny fand schon zu Anfang des Jahres 1662 im Kampfe gegen die Anhänger Apafi's den Tod.

Leopold zögerte, den Kampf gegen die Türken fortzusetzen, nicht nur weil er zu einem ernsteren Kriege nicht genügend vorbereitet war, sondern auch und hauptsächlich wegen der bedenklichen Haltung der Ungarn, die nur Sinn hatten für ihre partikularistischen theils begründeten, theils unbegründeten Beschwerden, aber keinerlei Verständniß für das höhere allgemeine Interesse des Reiches wie für die dringende Gefahr der christlichen Bildung Europa's, und von den fanatischen, Haß und Verfolgung gegen Oesterreich predigenden protestantischen Prädikanten zu offenem Aufruhr gedrängt wurden. So sehr jedoch auch der Kaiser den Frieden aufrecht zu erhalten wünschte, sah er sich doch durch die maßlosen Forderungen und fortgesetzten Uebergriffe der Türken gezwungen, im Jahre 1663 die Waffen gegen sie zu ergreifen.

Der Anfang des Krieges war für Oesterreich ein unglücklicher. Die von dem türkischen Großvezier Achmet Cyrili seit dem 17. August 1663 mit einem Heere von hundertzwanzigtausend Mann belagerte und von dem Grafen Forgacz mit Umsicht und Tapferkeit vertheidigte Festung Neuhäusel, das Hauptbollwerk des westlichen Ungarns fiel am 24. September, in Folge einer Meuterei der ungarischen Besatzungstruppen, von welchen ein Theil sogleich nach der Uebergabe der Stadt in türkische Dienste trat. Unter gräuelvollen Verwüstungen schweiften osmannische Reiterschaaren, gegen welche weder Montecuculi mit seinem nur sechstausend Mann starken Korps, noch der tapfere und kriegserfahrene Ban von Kroatien, Graf Niklas Zriny, der Enkel des berühmten Vertheidigers von Szigeth, mit dem ungarisch-kroatischen Heerbann Etwas auszurichten vermochten, bis gegen Brünn und Olmütz und setzten Wien in Schrecken.

Ganz anders verlief dagegen der Feldzug des Jahres 1664. Nachdem es dem Kaiser durch persönliches Erscheinen auf dem Reichstag in Regensburg gelungen, die Stände zu rascherer Hilfeleistung zu bewegen, und demgemäß die zugesagten Reichstruppen unter dem Markgrafen Leopold von Baden und dem Grafen von Waldeck im Frühsommer 1664 in Ungarn erschienen waren, auch der König Ludwig XIV. von Frankreich dem Kaiser ein Hilfsheer von sechstausend Mann unter dem Grafen Johann von Coligny, einem Ururenkel des in der Bartholomäusnacht ermordeten Admirals, zu Hilfe gesandt, nahm der kaiserliche Oberbefehlshaber Montecuculi mit siebenunddreißigtausend Mann seine Stellung hinter der Raab, um die Grenzen Oberungarns zu decken. Hier kam es am 1. August

1664 bei der, hart an der Grenze von Steiermark gelegenen Cistercienserabtei St. Gotthardt zur blutigen Entscheidungsschlacht.

Nachdem ein Theil des türkischen Heeres, das in der Stärke von hundertdreißigtausend Mann unter der Führung des Großveziers bis an die Raab vorgerückt war, den Uebergang über den Fluß erzwungen hatte, griffen die zuerst übergesetzten Janitscharen und Spahis die das Centrum des kaiserlichen Heeres bildeten Reichstruppen mit solcher Uebermacht an, daß sie vollständig zersprengt wurden. Schon hielten die Türken ihren Sieg für gesichert, als Montecuculi und Coligny, jener mit dem rechten, dieser mit dem linken Flügel des christlichen Heeres, sich ihnen in die Flanken warfen, während der Prinz von Waldeck auch die zersprengten Truppen des Centrums mit dem Degen in der Hand gegen den Feind zurücktrieb. Jetzt geriethen die Türken ihrerseits in Verwirrung, und ganze Schaaren sprengten in verworrener Flucht davon. Noch einmal wandte sich das Glück der Schlacht, als neue Abtheilungen türkischer Reiterei, die, von dem Großvezier entsandt, oberhalb und unterhalb des Schlachtfeldes über den Fluß gegangen, das christliche Heer auf beiden Seiten und im Rücken angriffen. In diesem entscheidenden Augenblick, wo Alles auf dem Spiele stand und der Feind sich bereits des Gepäcks der Reichsvölker und Franzosen bemächtigt hatte, ließ Montecuculi mit rascher Entschlossenheit den Kern des Heeres in der ganzen Fronte vorgehen, während er Coligny links gegen die anstürmenden türkischen Reiter entsandte und sich selbst mit seinem eigenen Regiment und dem des Generals Spork rechts dem Feinde entgegenwarf. Vor dem Angriff fiel Spork auf die Kniee nieder und betete entblößten Hauptes mit lauter Stimme: „Allmächtigster Generalissimus dort oben, willst du uns, deinen christgläubigen Kindern, heute nicht helfen, so hilf doch auch wenigstens den Türkenhunden nicht, und du sollst deine Lust haben!“ Diese Worte rissen seine Schaaren zur begeistertsten Kampflust hin, die sich rasch über das ganze christliche Heer verbreitete, und bald wichen die Türken auf allen Punkten zurück. Immer größer wurde die Verwirrung in ihren Reihen, bis endlich Reiterei und Fußvolk in verworrener Flucht sich in die Raab stürzten, in deren Fluthen über zehntausend Mann den Tod fanden. Auch die dreißigtausend Mann starke Reserve der Osmanen, die noch gar nicht ins Gefecht gekommen, suchte, von einem panischen Schrecken ergriffen, das Weite.

Die Niederlage der Türken war eine vollständige, und der Sieg des kaiserlichen Heeres — der größte und glänzendste, den die christlichen Waffen seit drei Jahrhunderten über die Osmanen erfochten hatten — der Wendepunkt des türkischen Kriegsglückes. Indessen wagte Montecuculi nicht, den errungenen Sieg weiter zu verfolgen, da sein Heer durch die erlittenen Verluste allzu sehr geschwächt und der Großvezier noch immer im Besitze weit überlegener Streitkräfte war, und da sich auch der Sultan zum Frieden geneigt zeigte, entschloß sich Leopold, der überdies nicht sicher auf die fernere Hilfe des Reiches und noch weniger auf die des Königs von Frankreich rechnen konnte, auf die von dem Großvezier vorgeschlagenen Friedensunterhandlungen einzugehen. So kam schon am 10. August 1664 zu Vasvar unter der Form eines zwanzigjährigen Waffenstillstandes ein Friede zu Stande, welcher die Türken im Besitze der beiden wichtigen Plätze Peterwardein und Neuhäusel ließ und dem inzwischen von den Türken zum Fürsten von Siebenbürgen eingesetzten Michael Apafi die Anerkennung Oesterreichs verschaffte, wogegen der Sultan versprechen mußte, seine Truppen aus Siebenbürgen zurückzuziehen und den Ständen dieses Landes die freie Wahl ihrer Fürsten zu belassen.

Obgleich man hätte erwarten sollen, daß die Ungarn den Abschluß des Friedens von Vasvar, welcher der Verheerung ihres Landes ein Ziel setzte, mit Freuden begrüßen würden, erhöhte derselbe nur ihre Erbitterung gegen den Kaiser, weil er, den Gesetzen ihres Landes und dem früheren Brauche entgegen, ohne ihren Beirath geschlossen worden. Auch wäre den ungarischen Großen die alle Macht im Lande in Händen hatten und die Deutschen mit glühendem Hasse verfolgten, die Fortsetzung des Krieges erwünscht gewesen, um in demselben größere Vortheile gegen Oesterreich erringen zu können. Sie klagten über Verletzung ihrer Verfassung und über Gewaltthätigkeiten der im Lande zurückgebliebenen österreichischen Soldaten und verlangten die Zurückführung der ungarischen Krone, die während des Krieges nach Wien gebracht worden war, sowie die Entfernung aller deutschen Truppen aus Ungarn. Die erstere Forderung wurde ihnen ohne Zögerung bewilligt, die zweite jedoch, weil unvereinbar mit der Sicherheit des Landes, das sich nicht selbst zu schützen vermochte, entschieden zurückgewiesen.

Indessen fand der ungarische Adel bald in den fortdauernden Klagen über die Zuchtlosigkeit der deutschen Soldaten, sowie in einer angeblichen Verfolgung der Protestanten von Seiten der österreichischen Regierung einen erwünschten Vorwand zu hochverrätherischen Umtrieben, und es entstand eine geheime Verbindung, die mit Hilfe Frankreichs und der Pforte die Losreißung Ungarns von Oesterreich ins Werk zu setzen gedachte. Doch noch ehe die Verschworenen ihre Pläne zur Ausführung bringen konnten, erhielt der Kaiser Kunde von der beabsichtigten Empörung, und die Grafen Peter Zriny, der Bruder und Nachfolger des oben erwähnten Ban's von Kroatien, Niklas Zriny, der im Jahre 1664 durch einen Unfall auf der Jagd den Tod gefunden — Franz Nadasdi, Franz Frangipani, Zriny's

Schwager, und Erasmus von Tettenbach büßten im Jahre 1671 die hervorragende Rolle, die sie bei der Verschwörung gespielt, mit dem Tode auf dem Blutgerüste, während der bei derselben gleichfalls betheiligte Franz Ragoczy, der Sohn des Fürsten Georg II. von Siebenbürgen, der bereits Truppen zum offenen Kampfe gesammelt, aber von dem österreichischen General Spork geschlagen worden, durch Unterwerfung und die Uebergabe aller noch von ihm besetzten Plätze Leben und Freiheit erkaufte.

Um der Wiederkehr ähnlicher Gefahren vorzubeugen und die königliche Gewalt in Ungarn dauernd zu sichern, hob Leopold, nachdem eine von ihm eingesetzte Kommission von Theologen von den beiden ihr vorgelegten Fragen: ob der Kaiser noch an die ungarische Verfassung gebunden sei, oder ob die Ungarn als Nation sich empört und dadurch ihre Rechte und Freiheiten verwirkt hätten, die letztere nach genauer Prüfung der Sachlage einstimmig bejaht und eine politische Kommission sich auch vom juristischen Standpunkte aus in dem gleichen Sinne ausgesprochen hatte, im Jahre 1673 die wesentlichsten Bestimmungen der ungarischen Verfassung auf und setzte den Hoch- und Deutschmeister Johann von Ampringen, einen ehrhaften, thatkräftigen, in politischen Dingen erfahrenen Mann und tapferen Feldherrn, zum General-Gouverneur von Ungarn ein. Zugleich wurde gegen diejenigen protestantischen Prädikanten, die besonders die Unzufriedenheit zu schüren gesucht und das Volk zur Empörung aufgestachelt hatten, eine gerichtliche Verfolgung eingeleitet, nicht, wie der Untersuchungskommission auf das Nachdrücklichste eingeschärft wurde, wegen ihres Glaubens, sondern nur wegen Landesverraths. Mehrere derselben wurden zum Tode verurtheilt, jedoch unter der Bedingung der Niederlegung ihres Amtes und der Enthaltung von allem Unterrichte von dem Kaiser begnadigt.

Indessen gelang es dem von Wien aus nicht nur mangelhaft unterstützten, sondern selbst durch zweckwidrige Maßregeln in seiner Wirksamkeit vielfach gehemmten Hoch- und Deutschmeister nicht, in Ungarn die Ordnung aufrecht zu halten, und noch weniger, die Bevölkerung mit den Neuerungen des Kaisers auszusöhnen. Die Unzufriedenen knüpften hochverrätherische Verbindungen mit Frankreich an, und im Jahre 1678 brach ein offener Aufstand aus, der von Frankreich, Polen und der Türkei unterstützt wurde.

Der Urheber und Leiter der Empörung war der Graf Emmerich Tököly, ein Mann, der mit reicher geistiger Begabung Heldensinn, Thatkraft und Kühnheit, aber auch eine große Leidenschaftlichkeit und einen maßlosen Ehrgeiz verband. Nachdem derselbe an der Spitze eines Heeres von zwanzigtausend Mann mehrere gegen ihn ausgesandte kaiserliche Heerhaufen zurückgeschlagen und hierauf das ganze Karpathengebiet erobert hatte, sah sich Leopold, dem wegen seines gleichzeitigen Krieges mit Frankreich nur geringe Streitkräfte zur Bekämpfung der ungarischen Rebellen zu Gebote standen, zum Abschluß eines förmlichen Waffenstillstandes mit Tököly genöthigt, während dessen er nicht nur die alte Verfassung Ungarns vollständig herstellte, sondern auch durch die weitgehendsten Zugeständnisse der herrschenden Unzufriedenheit ein Ende zu machen suchte. Nachdem Ampringen im Jahre 1679 sein Amt niedergelegt, wurde der Graf Paul Esterhazy zum Palatin gewählt und seine Wahl von dem Kaiser bestätigt.

Obgleich Leopold allen gerechten und vernünftigen Beschwerden Ungarns Rechnung getragen und insbesondere den Protestanten die meisten ihrer Forderungen gewährt, auch allen Rebellen eine vollständige Amnestie bewilligt hatte, legte Tököly die Waffen nicht nieder; denn den Bemühungen Ludwigs XIV., dem Kaiser, dem seit der Beendigung des Krieges mit Frankreich durch den Nymweger Frieden wieder bedeutendere Streitkräfte zu Gebote standen, durch Aufreizung der Türken im Osten neue Verlegenheiten zu bereiten, stellten einen abermaligen Türkenkrieg in Aussicht, aus welchem der Graf Vortheile ziehen zu können hoffte. Nachdem er eine Zeitlang den Kaiser zu täuschen gewußt, ließ er sich von dem Sultan Mohammed IV., bei welchem die ränkevollen Einflüsterungen der französischen Gesandten nicht erfolglos geblieben, am 10. August 1682 zum König von Mittelungarn unter der Oberhoheit der Pforte ernennen, wogegen er seinem Oberlehensherrn einen jährlichen Tribut von vierzigtausend Piastern, sowie die nachdrücklichste Betheiligung an allen Kriegen der Pforte zusagte.

Die umfassenden Rüstungen, die in Konstantinopel zur Unterstützung des neuen Vasallen angestellt wurden, verkündigten dem Kaiserhofe die drohende Gefahr; doch trug man sich noch immer mit der Hoffnung, daß es dem Grafen Caprara, den Leopold schon im Frühjahr 1682 als außerordentlichen Botschafter nach Konstantinopel gesandt, um von der Pforte eine Verlängerung des Waffenstillstandes von Vasvar zu erwirken, gelingen werde, den heranziehenden Sturm, zu dessen erfolgreicher Abwehr es dem Kaiser ebensowohl an einem wohlgerüsteten Heere, als an den nöthigen Geldmitteln fehlte, durch Vorstellungen und Geschenke zu beschwören. Allein je mehr Caprara sich um die Aufrechthaltung des Friedens bemühte, desto leichter wurde es dem französischen Gesandten, dem Sultan die Ueberzeugung beizubringen, daß der Kaiser sich vor der türkischen Uebermacht fürchte und derselben bei seiner vollständigen Wehrlosigkeit in einem neuen Kriege unzweifelhaft erliegen müsse.

Als man am kaiserlichen Hofe die Gewißheit erlangt hatte, daß der Krieg unvermeidlich sei, ordnete Leopold schleunigst die nöthigen Rüstungen an, die nur allzu lange verzögert worden waren. Das in Ungarn stehende Heer wurde auf dreißigtausend Mann erhöht und der Oberbefehl über dasselbe dem Herzog Karl V. von Lothringen, dem Neffen Karls IV. und Schwager Leopolds, übertragen. Aus dem Reiche, das der Kaiser um schleunige Hilfeleistung angegangen, sagten, außer dem schwäbischen und fränkischen Kreise, die Kurfürsten Georg III. von Sachsen und Maximilian Emmanuel von Baiern, welcher Letztere im Jahre 1679 seinem Vater Ferdinand Maria in der Regierung gefolgt war, dem Kaiser Unterstützung zu.

Den wichtigsten Dienst leistete dem schwer bedrängten Kaiser Papst Innocenz XI., indem ihm derselbe in dem König Johann Sobieski von Polen, dem Nachfolger Johann Kasimirs (s. S. 8), einen ebenso hochherzigen als tapferen Bundesgenossen verschaffte. In dem Schutz- und Trutzbündniß, das am 30. März 1683 unter der Garantie der Kirche zwischen Oesterreich und Polen zu gemeinsamer Abwehr der Türken geschlossen wurde, sagte Sobieski dem Kaiser ein Hilfsheer von vierzigtausend Mann zu.

An dem gleichen Tage, an welchem Leopold den Vertrag mit Sobieski unterzeichnete, brach das türkische Heer in der Stärke von dreimalhunderttausend Mann unter der Führung des Großveziers Kara Mustapha, eines ebenso talentlosen als ehrgeizigen und habsüchtigen Emporkömmlings, der Oesterreich als ein Paschalik für sich zu erobern gedachte, von Adrianopel auf, um sich nach der ungarischen Grenze in Bewegung zu setzen. Nachdem dieselbe überschritten worden, erließ Tököly, der in Essek zu dem türkischen Heere gestoßen, ein Manifest, in welchem Allen, die sich für ihn erklären würden, der Schutz des Sultans und volle Sicherheit ihres Lebens und Eigenthums zugesichert wurde. Kara Mustapha übergab ihm einen Heerhaufen zur Berennung von Preßburg, während ein anderer zur Belagerung von Raab zurückgelassen wurde, und setzte dann mit dem Hauptheere, das noch immer über zweimalhunderttausend Mann zählte, unter gräuelvollen Verwüstungen seinen Zug gegen Wien fort. Da der Herzog von Lothringen gegen eine solche Uebermacht kein Treffen wagen durfte, zog er sich in Eilmärschen auf die Hauptstadt zurück.

Unbeschreiblich war das Entsetzen und die Verwirrung, welche die Kunde von dem Heranrücken des gefürchteten Feindes unter der Bevölkerung von Wien hervorrief. An sechzigtausend Menschen verließen die Stadt, als zahlreiche Flüchtlinge und die am östlichen Himmel aufsteigenden Feuersäulen und Rauchwolken die Nähe des Türkenheeres verkündeten. Auch der Kaiser, der selbst in diesen schreckenvollen Augenblicken seine volle Ruhe und Gottergebenheit bewahrte, erkannte die Nothwendigkeit, die Hauptstadt zu verlassen.

Nachdem er die Vertheidigung derselben dem tapferen und kriegskundigen Grafen Ernst Rüdiger von Starhemberg übertragen und die Bürgerschaft zu mannhaftem Widerstand angefeuert, verließ er am 7. Juli Wien, unter der Zusage baldigen Entsatzes, und zog sich mit dem Hofe nach Linz zurück.

Indessen bot Starhemberg, der sich seiner schweren Aufgabe vollkommen gewachsen zeigte, Alles auf, um die Widerstandskräfte der Hauptstadt zu erhöhen. In kurzer Zeit waren die zum Theil sehr schadhaften Festungswerke ausgebessert und zweihundert Kanonen auf den Wällen aufgepflanzt. Zur Verstärkung der sehr schwachen Besatzung hatte der Herzog von Lothringen vierzehntausend Mann Linientruppen in die Stadt geworfen, während er sich mit dem Reste seines Heeres in der Richtung auf Mähren zurückgezogen, um sich mit den heranziehenden Hilfsvölkern zum Entsatze der Hauptstadt zu vereinigen.

Am 13. Juli erschienen die ersten türkischen Reiterschaaren vor den Mauern von Wien, und schon am folgenden Tage war die Stadt vollständig von dem Feinde eingeschlossen. So weit das Auge reichte, schweifte es über einen Wald von Zelten — man zählte deren fünfundzwanzigtausend —, die sich im Halbkreise von dem Ufer der Donau bis wieder zu demselben rings um die Stadt zogen. Nachdem die Türken ihre Batterien aufgepflanzt, begann sofort die Beschießung der Stadt, und Hunderte schwerer Geschütze entsandten ihr verderbensprühendes Feuer gegen die Mauern derselben. Aber der entschlossene Starhemberg wankte nicht: alle Aufforderungen zur Uebergabe zurückweisend, vertheidigte er, von den rühmlichsten Anstrengungen der Bürger und Studenten unterstützt, die seiner Obhut anvertraute Stadt mit dem bewunderungswürdigsten Heldenmuth gegen alle Stürme der Türken. Was die feindlichen Geschütze bei Tage zusammengeworfen, wurde bei Nacht wieder aufgerichtet. Da man den Minen der Türken durch Gegenminen zu begegnen suchte, kam es oft zu förmlichen Schlachten unter der Erde. Auch in zahlreichen Ausfällen bewährte sich der unerschütterlich Todesmuth der Belagerten. Nichts vermochte ihre Ausdauer zu ermüden; selbst als ausgebrochene Krankheiten noch furchtbarer unter ihnen aufzuräumen begannen, als das feindliche Feuer, blieb ihr standhafter Muth sich gleich; sie waren entschlossen, auszuharren bis zum letzten Blutstropfen und, wenn Rettung unmöglich sei, sich unter den Trümmern der Stadt begraben zu lassen.

Indessen wurde die Gefahr mit jedem Tage dringender; denn während die Festungswerke bereits durch das Feuer der Türken vielfach beschädigt worden und das Andringen des Feindes immer heftiger und drohender wurde, gingen in der Stadt die Vorräthe an Pulver und Lebensmitteln immer mehr zur Neige, und die Zahl der Vertheidiger war fast auf die Hälfte zusammengeschmolzen. Nur mit Mühe gelang es Starhemberg am 4. September, einen von dem Großvezier selbst geleiteten Sturm zurückzuschlagen, bei welchem die Türken bereits vier Roßschweise auf den Mauern aufgepflanzt. Schon forderte er die Bürgerschaft auf, sich zum Straßenkampfe zu rüsten, als endlich die heißersehnte Stunde der Rettung schlug. Am Abend des 11. September ließ Starhemberg von dem Stephansthurme aus, als Zeichen der höchsten Noth, Raketenschwärme abbrennen, und alsbald verkündigten die gleichen Feuerzeichen, von der Höhe des Kahlenberges aufsteigend, daß das Entsatzheer nahe sei.

Erst im August war es dem König von Polen möglich gewesen, mit einem Heere von fünfundzwanzigtausend Mann von Krakau zur Vereinigung mit dem Herzog von Lothringen aufzubrechen. Nachdem dieselbe stattgefunden, waren auch die Kurfürsten von Sachsen und Baiern und der Graf von Waldeck, der die von dem schwäbischen und fränkischen Kreise aufgebrachten Truppen befehligte, zu dem vereinten österreichisch-polnischen Heere gestoßen, welches dadurch eine Stärke von vierundachtzigtausend Mann erreicht hatte; der Vormarsch desselben war jedoch durch mannigfache Schwierigkeiten gehemmt worden.

Obgleich das türkische Heer trotz aller während der Belagerung erlittenen Verluste dem christlichen noch immer um mindestens das Doppelte überlegen war, beschlossen die Führer des letzteren, ohne Verzug zum Angriff gegen dasselbe vorzugehen, für welchen dem König von Polen der Oberbefehl überlassen wurde.

Der Tag der blutigen Entscheidung, der 12. September 1683, war ein Sonntag. Sobald die ersten Sonnenstrahlen am östlichen Himmel aufstiegen, las der hochbetagte, im Rufe der Heiligkeit stehende Kapuziner Marco d'Aviano, den Papst Innocenz XI. eigens zu dem Heere entsandt hatte, um durch seine begeisternde Beredtsamkeit den Muth der christlichen Streiter anzufeuern, auf der Höhe des zwischen dem Kahlenberge und dem rechten Donauufer gelegenen Leopoldsberges die heilige Messe, und der König von Polen diente ihm als Ministrant. Hierauf reichte er dem Könige und den andern katholischen Führern das Abendmahl und ertheilte der Armee den Segen, dem er die Verheißung beifügte, daß der Sieg ihr gehören werde, wenn sie ihr Vertrauen auf Gott setze. Sobieski ließ seinen Sohn, den Prinzen Jakob, niederknieen und ertheilte ihm im Angesichte des Heeres den Ritterschlag, zum Andenken an den größten Tag, den er je erleben könne. Seine Polen erinnerte er daran, daß es sich in der bevorstehenden Schlacht nicht allein um die Befreiung Wiens, sondern zugleich um die Erhaltung ihres eigenen Vaterlandes und die Rettung der ganzen Christenheit handle.

Nachdem das Heer unter klingendem Spiel von der Höhe des Kahlenberges in die Ebene gestiegen, ordnete Sobieski die Truppen zum Angriff, worauf fünf Kanonenschüsse das Zeichen zur Schlacht gaben. Die Polen auf dem rechten, die Kaiserlichen auf dem linken Flügel und die Reichstruppen im Centrum, rückte das christliche Heer gegen die türkischen Linien vor. Die Kaiserlichen kamen bei Nußdorf und Heiligenstadt zuerst ins Gefecht und blieben nach einem kurzen, aber heißen Kampfe siegreich. Größere Schwierigkeiten fanden die Polen, die den Feind bei Neustift und Dornbach angriffen, wo der Großvezir selbst mit den Janitscharen stand. Von seiner Kampfbegier zu weit fortgerissen, sah sich Sobieski plötzlich von einem Türkenschwarm umringt, und sein Leben schwebte in der höchsten Gefahr; aber die Reiterei, die der Herzog von Lothringen zur Unterstützung des rechten Flügels abgesandt, rettete den schwerbedrohten König. Bald mußte auch der Großvezir dem stürmischen Andringen Sobieski's weichen, und zu gleicher Zeit drang das Centrum siegreich vor. Um sechs Uhr Abends war der Sieg der christlichen Waffen entschieden: die bis zu ihren Zelten zurückgedrängten Türken wandten sich, Lager und Vorräthe im Stiche lassend, zur Flucht, die ununterbrochen bis Raab fortgesetzt wurde. Unermeßlich war die Beute an Geschützen, Zelten, Wagen, Kriegsvorräthen, Kostbarkeiten und baarem Gelde, die den Siegern in dem verlassenen türkischen Lager in die Hände fielen. Das von Gold und Silber strotzende Zelt des Großveziers wurde allein zu viermalhunderttausend Thalern angeschlagen und die ganze Beute auf zehn Millionen geschätzt. Sie wurde auf der Stelle unter die Sieger vertheilt. Der Antheil des Königs von Polen belief sich allein auf vier Millionen Gulden.

Am folgenden Tage hielten die Sieger unter dem Geläute aller Glocken und dem frohlockenden Jauchzen der freudetrunkenen Bevölkerung ihren Einzug in die gerettete Hauptstadt. Das Volk erschöpfte sich in den rührendsten Kundgebungen der Dankbarkeit, die ganz besonders dem König von Polen galten. Alles umdrängte denselben, um ihm die Hände, die Füße und den Mantel zu küssen, und seines Lobes konnte kein Ende gefunden werden. Der Dechant der Stephanskirche wählte zum Texte seiner Siegespredigt die Worte: „Es war ein Mann von Gott gesandt, der hieß Johannes.“ Der fromme König selbst aber schrieb an seine Gemahlin: „Gott sei für immer gesegnet, der uns den Sieg gegeben. Alle Truppen haben eifrig ihre Pflicht gethan; aber Alle schreiben Gott und mir den Sieg zu. Es ist wahrhaftig eine große Gnade Gottes; Ehre und Ruhm Ihm jetzt und in alle Ewigkeit!“

Am 14. September kehrte Kaiser Leopold nach Wien zurück, von wo er sich am Nachmittage, von dem Kurfürsten von Baiern und einem zahlreichen Gefolge begleitet, in das Lager bei Ebersdorf zu einer persönlichen Zusammenkunft mit dem König von Polen begab. Die gegenseitige Begrüßung war eine äußerst freundliche. Sobieski richtete an den Kaiser eine kurze Anrede in lateinischer Sprache, worauf Leopold ihm in der gleichen Sprache in gewählten Worten seinen Dank für die geleistete Hilfe ausdrückte. Hierauf befahl Sobieski seinem Sohne, vom Pferde zu steigen und dem Kaiser die Hand zu küssen. Daß Leopold dies geschehen ließ, ohne an den Hut zu greifen und dem Prinzen etwas Verbindliches zu sagen, verdroß den König. Er empfahl sich mit der Bemerkung, daß, falls Seine kaiserliche Majestät die Truppen zu besichtigen wünsche, er seinen Generalen Befehl geben werde, sie ihm zu zeigen. Nachdem der König in sein Lager zurückgekehrt, durchritt Leopold in Begleitung des Kronfeldherrn Jablowski die Reihen der polnischen Truppen. Zwei Tage später schickte Leopold dem Prinzen Jakob einen kostbaren Degen mit einem Schreiben, in welchem er seinen Dank für seine und seines Vaters Theilnahme an den Waffenthaten des 12. September aussprach.

Man hat den Kaiser des Undanks gegen den Polenkönig beschuldigt, weil er dessen Sohn nicht mit größerer Höflichkeit behandelt habe; sein Benehmen bei dieser Gelegenheit rührte jedoch einzig und allein von seinem allzu ängstlichen Bestreben her, der ihm von Gott anvertrauten kaiserlichen Würde niemals das Geringste zu vergeben: von Undank konnte dabei sicher in keiner Weise die Rede sein. Auch bemerkt Menzel mit Recht: „Daß Sobieski davon ritt und, anstatt selbst dem Kaiser die Truppen zu zeigen, dies Geschäft dem Großkronfeldherrn überließ, war ein ärgerer Verstoß gegen die Höflichkeit, als daß der Kaiser vor dem Prinzen Jakob und vor den polnischen Großen den Hut nicht abnahm, was er auch vor den Kurfürsten nicht that.“

Unterdessen hatte Kara Mustapha seine zersprengten Truppen zwischen Preßburg und Gran wieder gesammelt. Um sie unschädlich zu machen, brachen der Herzog von Lothringen und Sobieski am 18. September dorthin auf. Mit sechstausend polnischen Reitern dem Heere voran ziehend, ließ sich der allzukühne Sobieski in einen Hinterhalt locken, in welchem über zweitausend seiner Krieger dem Angriff des dreifach überlegenen Feindes erlagen und der König selbst in der äußersten Gefahr schwebte, bis es seiner Begleitung gelang, ihn aus den dichten Feindeshaufen herauszuhauen. Drei Tage später, am 10. Oktober, erfochten die beiden christlichen Heerführer bei Parkany über den Großvezier einen glänzenden Sieg, in Folge dessen sich das wichtige Gran ergeben mußte, das hundertundfünfzig Jahre lang mit nur kurzer Unterbrechung im Besitze der Türken gewesen. Der geschlagene Großvezier zog sich mit seinem Heere nach Belgrad zurück, um dort die Winterquartiere zu nehmen.

Der über die zweimalige Niederlage seiner Truppen und den Verlust von Gran aufs Höchste erbitterte Sultan Mohammed sandte dem Janitscharenaga den Befehl, ihm den Kopf des Großveziers zu übersenden, worauf derselbe sich sofort nach Belgrad begab und am 25. Dezember 1683 die Hinrichtung Kara Mustapha's vollziehen ließ.

Nach der Einnahme von Gran war der König von Polen in sein Reich zurückgekehrt, während der Herzog von Lothringen zur Fortsetzung des Krieges in Ungarn zurückblieb. Im folgenden Jahre schritt derselbe, nachdem er in zwei Treffen siegreich geblieben, zu der Belagerung von Ofen; doch mußte er dieselbe nach dreimonatlichen vergeblichen Anstrengungen mit großem Verluste wieder aufheben (1. Nov. 1684). Dagegen erfocht er am 16. August 1685 bei Gran einen glänzenden Sieg und erstürmte drei Tage später die Festung Neuhäusel.

Im folgenden Jahre konnte der Krieg gegen die Türken mit noch größerem Nachdruck fortgesetzt werden, da der Kaiser außer den Venetianern, die sich ihm schon im Jahre 1684 angeschlossen, in der Großfürstin Sophia von Rußland, die für ihren Stiefbruder Peter die Regierung führte, und dem Kurfürsten Friedrich Wilhelm von Brandenburg noch zwei andere Bundesgenossen gefunden und überdies bedeutende Unterstützungen aus dem Reiche erhalten hatte. Am 18. Juni eröffnete der Herzog von Lothringen zum anderen Male die Belagerung von Ofen, und nach zehnwöchentlicher heldenmüthiger Vertheidigung erlag die Festung, die seit hundertfünfundvierzig Jahren die Herrschaft des Halbmondes über zwei Drittheile von Ungarn gesichert hatte, der in einer langen Reihe blutiger Kämpfe bewiesenen todesmuthigen Tapferkeit der Kaiserlichen. Am 2. September 1686 erstürmten dieselben die Wälle fast unter den Augen eines türkischen Entsatzheeres von achtzigtausend Mann.

Die Einnahme von Ofen, auf welche noch in dem gleichen Jahre die Eroberung von Siklos, Fünfkirchen und Szegedin folgte, hatte das Selbstgefühl der christlichen Streiter mächtig gehoben, und ihrem gesteigerten Kampfeseifer entsprachen die Erfolge des Feldzugs vom Jahre 1687. Am 12. August erfocht der Herzog von Lothringen an dem Berge Harkany, in derselben Ebene von Mohacz, auf welcher einst König Ludwig II. von Ungarn nach schreckenvoller Niederlage den Tod gefunden, einen glorreichen Sieg, der die Eroberung Slavoniens und damit die Befreiung des ganzen auf dem rechten Donauufer liegenden Theiles von Ungarn zur Folge hatte.

Diese glänzenden Erfolge der kaiserlichen Waffen vollendeten die Unterwerfung Ungarns. Schon im Jahre 1684 hatte Leopold, trotz aller durch Tököly erlittenen Täuschungen seiner milden und nachsichtigen Politik getreu bleibend, eine allgemeine Amnestie für die ungarischen Rebellen erlassen, und in Folge dessen waren, ungeachtet der drohenden Abmahnungen Tököly's, zahlreiche Adelige, Comitate und Städte unter den Gehorsam des Kaisers zurückgekehrt. Leider gab zu Anfang des Jahres 1687 ein Bericht des Befehlshabers der kaiserlichen Truppen in Oberungarn, des Grafen Caraffa, nach welchem eine neue Verschwörung zur Ermordung des Kaisers und einer allgemeinen Verwüstung der Länder der österreichischen Monarchie entdeckt worden sein sollte, dem kaiserlichen Hofe Veranlassung zu einem bedauerlichen Mißgriff. Caraffa wurde zur Abwehr der drohenden Gefahr mit fast diktatorischer Gewalt bekleidet und dadurch in den Stand gesetzt, durch ein in seinem Hauptquartiere zu Eperies niedergesetztes Blutgericht gegen Alle, welche hochverrätherischer Absichten verdächtig erschienen, eine grauenvolle Verfolgung ausüben zu lassen. Die dringenden Vorstellungen mehrerer treu gebliebenen ungarischen Magnaten, die sich persönlich nach Wien begeben hatten, um für ihr Land Fürbitte einzulegen, bewogen den Kaiser, die sofortige Auflösung des Blutgerichts zu Eperies zu verfügen und Caraffa von seinem Posten zu entfernen. Die Klagen über das Geschehene verstummten unter dem Eindruck der großen Kriegsereignisse, durch welche die Herrschaft der Türken in Ungarn gebrochen worden, und auf dem von Leopold nach Preßburg berufenen Reichstag erkannten die ungarischen Großen am 31. Oktober 1687, der Forderung des Kaisers entsprechend, unter Verzichtleistung auf das bis dahin von ihnen geübte Recht der Königswahl, die Erblichkeit der ungarischen Krone in dem habsburgischen Hause an, worauf am 9. Dezember der neunjährige Erzherzog Joseph, Leopolds ältester Sohn, zum König von Ungarn gekrönt wurde. Eine neue Amnestie, von welcher nur Tököly ausgeschlossen blieb, besiegelte die Wiederversöhnung zwischen dem Kaiser und der ungarischen Nation.

Nach der Niederlage bei dem Berge Harkany hatte das türkische Heer den Großvezier, dem es die Schuld derselben beimaß, verjagt und war dann gegen Konstantinopel aufgebrochen, wo es den Sultan Mohammed vom Throne gestoßen und dessen Bruder als Solyman III. auf denselben erhoben hatte. Die Entfernung der osmanischen Schaaren von dem Boden Ungarns benutzend, drangen die Führer des kaiserlichen Heeres nach Siebenbürgen vor, besetzten Klausenburg, Hermannstadt und andere Hauptorte des Landes und zwangen die Siebenbürger, dem Kaiser Leopold den Treueid als König von Ungarn zu leisten und dessen Recht zur Bestätigung ihrer Fürsten anzuerkennen. Zu der gleichen Zeit eröffnete der Graf Caraffa durch die Eroberung von Stuhlweißenburg und die Besetzung von Peterwardein den österreichischen Truppen den Weg nach dem wichtigen, die Heerstraße nach Konstantinopel beherrschenden und sperrenden Belgrad. Am 11. August 1688 wurde die Berennung dieser Stadt durch den Kurfürsten Maximilian Emmanuel von Baiern begonnen, und am 6. September erlag dieselbe nach einem mörderischen Kampfe, in welchem mehrere der hervorragendsten kaiserlichen Feldherren im Handgemenge den Heldentod starben und der Oberbefehlshaber selbst verwundet wurde, einem allgemeinen Sturme des christlichen Heeres.

An die Eroberung von Belgrad reihte sich, als letzte Waffenthat des Feldzugs von 1688, die Einnahme des Kastells von Munkacz, das drei Jahre lang von Tököly's Gemahlin Helene, der Tochter des im Jahre 1671 als Hochverräther enthaupteten Grafen Peter Zriny, auf das Heldenmüthigste vertheidigt worden. Helene Tököly wurde nach Wien gebracht und dort bis zum Friedensschlusse im Jahre 1699 als Gefangene zurückbehalten.

So war am Schlusse des Jahres 1688 ganz Ungarn bis an seine alten Grenzen von den Heerschaaren des Sultans und seines Verbündeten Tököly gesäubert, und Solymann III., der die Hoffnung auf die Wiederherstellung seiner Herrschaft über die verlorenen ungarischen Provinzen aufgab, zeigte sich geneigt, auf der Grundlage des augenblicklichen Besitzstandes mit dem Kaiser Frieden zu schließen; da jedoch die verbündeten Mächte Oesterreich, Polen, Rußland und Venedig die günstige Wendung, die der Krieg für sie genommen, zu Erwerbungen auf türkischem Gebiete ausnutzen zu können glaubten, zerschlugen sich die angeknüpften Unterhandlungen.

Im Jahre 1689 überschritt ein kaiserliches Heer unter dem Markgrafen Ludwig von Baden die türkische Grenze und erfocht am 30. August bei Batudschina über die Türken unter Redsched-Pascha einen ersten Sieg, an welchen sich am 24. September ein zweiter bei Nissa reihte, der neben dem Fall dieser wichtigen Festung auch den von Widdin zur Folge hatte.

Indessen hob sich im nächsten Jahre das Kriegsglück der Türken wieder unter ihrem neuen Großvezier Mustapha Köprili, einem ebenso einsichtsvollen als thatkräftigen Feldherrn. Nicht nur Nissa wurde zurückerobert, sondern auch Belgrad, nach kaum eröffneter Belagerung der Stadt, in Folge des Einschlagens einer feindlichen Bombe in das Pulvermagazin, am 9. Oktober 1690 von den stürmenden Türken genommen. Mit Ausnahme von sechshundert Kriegsleuten, denen es gelang, sich auf einige Donauschiffe zu retten, wurde die ganze, zehntausend Mann starke kaiserliche Besatzung niedergemetzelt.

Zu der gleichen Zeit drang Tököly, den der Sultan zum Nachfolger des inzwischen verstorbenen siebenbürgischen Fürsten Michael Apafi ernannt hatte, während der Kaiser dem unmündigen Sohne des Letzteren die Nachfolge zugesagt, in Siebenbürgen ein und blieb gegen die Kaiserlichen siegreich. Erst im Jahre 1691 trat mit dem glänzenden Siege, den Ludwig von Baden am 19. August bei Salankemen mit einem Heere von vierzigtausend Mann über das einhunderttausend Mann starke Heer Mustapha Köprili's davontrug, für die Kaiserlichen wieder eine Wendung zum Bessern ein. Der empfindlichste Verlust, den die Türken in dieser blutigen Schlacht erlitten, war der ihres tapferen Großveziers, der mit sechsundzwanzigtausend Osmanen im Kampfe den Tod gefunden. Zwei Monate später wurde auch Tököly durch den siegreichen Markgrafen von Baden wieder aus Siebenbürgen vertrieben.

Bei der gänzlichen Erschöpfung der Türken schien es nur noch eines kurzen Kampfes zu bedürfen, um den Sultan zu einem den Wünschen der verbündeten Mächte entsprechenden Frieden zu zwingen; aber ein neu entbrannter Krieg mit Frankreich nöthigte den Kaiser, seine Hauptkraft am Rheine zu verwenden, und da überdies der Nachfolger des nach dem westlichen Kriegsschauplatz abberufenen Markgrafen von Baden, der Kurfürst Friedrich August von Sachsen, Johann Georg's III. zweiter Sohn, trotz großer persönlicher Tapferkeit, wegen Mangels an Feldherrentalent und Kriegserfahrung seinem Posten in keiner Weise gewachsen war, fanden die Türken Zeit, neue Streitkräfte zu sammeln, und so verflossen die fünf folgenden Kriegsjahre ohne irgend welchen nennenswerthen Erfolg für die kaiserlichen Waffen. Anders wurde es, als im Jahre 1697 mit dem zum Generalfeldzeugmeister und Oberbefehlshaber in Ungarn ernannten Prinzen Eugen von Savoyen ein Mann an der Spitze des kaiserlichen Heeres trat, der allein befähigt war, den langen und blutigen Kampf zu einem ehrenvollen Abschluß zu bringen.

Prinz Eugen von Savoyen, geboren zu Paris am 18. Oktober 1663, war der jüngste Sohn des Prinzen Eugen Moritz von Savoyen-Carignan, Grafen von Soissons, und der Olympia Mancini, einer Nichte des Kardinals Mazarin. Als den jüngsten von fünf Brüdern hatten ihn seine Eltern zum geistlichen Stande bestimmt, und schon in seinem zehnten Jahre waren ihm mit dem Titel Abbé de Savoie drei Abteien verliehen worden; er zeigte jedoch schon als Knabe eine unwiderstehliche Neigung für den Kriegerstand. Die Mathematik war sein Lieblingsstudium, das Leben Alexanders des Großen seine Lieblingslektüre und ein Held zu werden wie dieser sein höchster Wunsch. Da seine Mutter sich nach dem Tode seines Vaters mit seiner Neigung ausgesöhnt, bewarb er sich wiederholt um eine passende Anstellung in der Armee. Allein der König, der ihn wegen seiner kleinen, schwächlichen Gestalt für den Militärstand nicht geeignet hielt und ihn scherzweise nur le petit abbé nannte, wollte nichts davon hören und wies zuletzt sein Ansuchen mit so verletzender Schonungslosigkeit zurück, daß der Groll, den der Prinz schon lange wegen mehrfacher seiner Familie zugefügter Kränkungen gegen den König im Herzen trug, zu voller Gluth emporloderte. Er beschloß, Frankreich für immer zu verlassen und in einem anderen Lande Kriegsdienste zu nehmen. Zu diesem Ende begab er sich im Jahre 1683 nach Wien, um dem Kaiser, der eben zum Kampfe gegen die Türken rüstete, seine Dienste anzubieten. Sein ganzes Auftreten, besonders sein würdevoller, mit der anspruchlosesten Bescheidenheit gepaarter Ernst, erweckte ihm gleich von Anfang an Leopold's Zuneigung; er gewährte ihm bereitwillig die erbetene Aufnahme in das kaiserliche Heer und wies ihn dem Stabe des Markgrafen Ludwig von Baden zu, dessen Mutter eine Schwester von Eugen's Vater war.

Schon bei der Belagerung von Wien that sich Eugen durch große persönliche Tapferkeit so rühmlich hervor, daß der Kaiser ihm zur Belohnung ein Dragonerregiment verlieh, das den Namen des Helden bis auf die Gegenwart fortgeführt hat. An der Spitze dieses Regiments kämpfte er mit in der Schlacht bei Parkany und zeichnete sich dabei in so hervorragender Weise aus, daß der Markgraf von Baden ihn bei seiner Rückkehr nach Wien dem Kaiser mit den prophetischen Worten vorführte: „Dieser junge Savoyarde wird mit der Zeit alle Diejenigen erreichen, welche die Welt jetzt als große Feldherren betrachtet.“

Eugen rechtfertigte diesen Ausspruch im ganzen Verlaufe des Türkenkrieges, in welchem er bis nach der Erstürmung von Belgrad an allen bedeutenden Belagerungen und Schlachten Antheil nahm, in der glänzendsten Weise und stieg rasch von einer militärischen Rangstufe zur anderen empor. Auch am Rhein und Italien erwarb er sich in dem Kriege Leopold's gegen Ludwig XIV. von 1689—1697 nicht allein durch Heldenmuth, Thatkraft und Entschlossenheit, sondern auch durch die unbegrenzteste Hingebung an die Sache seines kaiserlichen Herrn und Freundes die größten Verdienste. Seine eigentliche Ruhmeslaufbahn begann indessen erst mit der Uebernahme des selbstständigen Kommandos in Ungarn, das ihm der Kaiser hauptsächlich auf die dringende Empfehlung des Markgrafen von Baden übertragen hatte. Nicht mehr eingeengt durch die hemmenden Verhältnisse einer untergeordneten Stellung, bewährte sich von da an sein ungewöhnliches militärisches Genie in einer ununterbrochenen Reihe der glänzendsten Siege.

Nach seiner Ernennung zum Oberbefehlshaber in Ungarn

richtete Eugen seine Sorge vor Allem auf die Hebung der Kampftüchtigkeit des Heeres durch eine bessere Verpflegung und die Herstellung der vielfach gelockerten Disciplin. Nachdem er hierfür die trefflichsten Anordnungen getroffen, brach er am 25. Juli 1697 von Essek, wo sich die kaiserlichen Kriegsvölker in der Stärke von fünfundvierzigtausend Mann gesammelt, zum Schutze von Peterwardein auf, gegen welches die Türken im Anzuge waren, und nahm dort eine so günstige Stellung, daß ihn der persönlich bei seinem Heere anwesende Sultan Mustapha II., Solymans III. zweiter Nachfolger, nicht anzugreifen wagte, sondern seinen Vormarsch der Theiß entlang fortsetzte.

Da dem Prinzen durch einen Ueberläufer verrathen worden, daß der Sultan einen Angriff auf das nur schwach besetzte Szegedin beabsichtige, wo die Vorräthe und die Munition der Kaiserlichen aufbewahrt wurden, brach er sogleich mit dem ganzen Heere zur Verfolgung des Feindes auf, um dessen Vorhaben zu vereiteln. Auf dem Wege erfuhr er, daß der Sultan das Unternehmen auf Szegedin aufgegeben und die Absicht habe, zuerst gegen Siebenbürgen vorzugehen, zu welchem Ende er bei Zenta eine Brücke über die Theiß habe schlagen lassen. Ungesäumt eilte der Prinz ihm dort hin nach und erreichte Zenta am 11. September um zwei Uhr Nachmittags.

Unverzüglich stellte Eugen im Angesichte des Feindes, der zum größten Theile noch, durch starke Verschanzungen gedeckt, mit dem gesammten Geschütz auf dem rechten Ufer der Theiß stand, während der Sultan selbst mit einem Theile seiner Reiterei den Uebergang über dieselbe bewerkstelligt hatte, sein Heer in Schlachtordnung auf und schritt schon nach zwei Stunden zum Angriff, für welchen er trotz der Kürze der Zeit, einen so meisterhaften Plan entworfen, daß, nach der schwülstigen Ausdrucksweise, eines Augenzeugen und Mitkämpfers, „der Glücksgöttin kein Spielraum mehr blieb, den Ausgang des Tages zu des Prinzen Nachtheil zu entscheiden.“ Den linken Flügel führte Guido von Starhemberg, ein Vetter des ruhmgekrönten Vertheidigers von Wien, den rechten der bewährte Feldzeugmeister Siegbert Heister und das Centrum der Prinz von Commercy, Eugens Freund und Waffenbruder. Eugen selbst hatte gleichfalls im Centrum Stellung genommen, sich aber dabei vorbehalten, überall hinzueilen, wo die Gefahr seine Gegenwart erheische. Während ein Theil des Geschützes gegen die Uebergangsbrücke gerichtet wurde und der linke Flügel bis an die Theiß vorrückte, um von den langgestreckten Sandbänken aus die feindlichen Schanzen zu umgehen, stürmte das Centrum mit dem rechten Flügel in der Fronte mit fürchterlichem Ungestüm gegen das türkische Lager an. Obgleich von zwei Seiten angegriffen, leisteten die Türken mehrere

Stunden lang verzweifelten Widerstand, bis es endlich dem Centrum und dem rechten Flügel gelang, die feindlichen Schanzen zu erstürmen. In diesem entscheidenden Augenblicke stellte sich Eugen selbst an die Spitze des Regiments Styrum und führte dasselbe mit kühner Todesverachtung mitten in die dichtesten Reihen der Feinde. In einem gräßlichen Gemetzel wurden die Janitscharen, die, Mann gegen Mann kämpfend, ihren heldenmüthigen Widerstand nicht aufgeben wollten, gegen die Ufer der Theiß gedrängt. Da es inzwischen auch Starhemberg gelungen war, sich einen Weg in das Innere des feindlichen Lagers zu bahnen und die Theißbrücke zu besetzen, blieb ihnen kein anderer Ausweg übrig, als ihre Rettung in den Wogen des Stromes zu suchen; doch nur Wenigen gelang es, das jenseitige Ufer zu erreichen: über zehntausend fanden in den Fluthen ihr Grab.

Erst die einbrechende Dunkelheit machte dem furchtbaren Kampfe ein Ende. Fünfundzwanzigtausend Türken, unter ihnen der Großvezier mit vier andern Vezieren, dreizehn Paschas und dreiundfünfzig Agas und Beys, lagen todt auf dem Schlachtfelde; viele der Letzteren waren von den erbitterten Janitscharen selbst im Kampfgewühle erschlagen worden. Mustapha II., der vom jenseitigen Ufer aus der Niederlage seines Heeres voll Schmerz und Ingrimm zugeschaut, entfloh im Dunkel der Nacht nach Temesvar, von wo er alsbald, nur von wenigen Reitergeschwadern gefolgt, nach Belgrad weitereilte.

Am folgenden Morgen — dem vierzehnten Jahrestage der Befreiung Wiens — rückten die Kaiserlichen in das verlassene türkische Lager ein, in welchem ihnen eine unermeßliche Beute — siebenundachtzig Kanonen, achttausend Wagen mit Munition, Waffen und Lebensmitteln, sechstausend schwerbepackte Kameele, siebentausend Pferde, fünfzehntausend Ochsen und die Kriegskasse mit drei Millionen Piaster — in die Hände fiel.

Der glorreiche Sieg bei Zenta, unstreitig eine der glänzendsten Waffenthaten des siebzehnten Jahrhunderts, verschaffte dem heldenmüthigen Führer des kaiserlichen Heeres die Bewunderung von ganz Europa, während er in den österreichischen Erblanden als der Befreier von dem Joche der Barbarenherrschaft gepriesen wurde. In der That durfte nach der furchtbaren Niederlage der Türken auf die Erlangung eines für Oesterreich ehrenvollen Friedens mit Sicherheit gezählt werden. Der Feldzug des folgenden Jahres, für welchen Eugen sich die Eroberung von Belgrad und Temesvar als Ziel gesteckt, blieb zwar für die kaiserlichen Waffen ohne bedeutende Erfolge, weil der Prinz wegen gänzlicher Erschöpfung der Geldmittel des Kaisers die genügenden Streitkräfte nicht erlangen konnte und überdies seine Truppen an allem Nothwendigen Mangel litten;

aber das türkische Heer war vollständig entmuthigt und der Sultan um so mehr zum Frieden geneigt, als nicht nur seine eigenen Hilfsquellen versiegt waren, sondern auch der Abschluß des Friedens von Ryswick, durch welchen der Krieg gegen Frankreich beendigt wurde, dem Kaiser freie Hand gegen ihn verschafft hatte.

Nachdem schon während des Sommers 1698 durch die Vermittlung der beiden Seemächte England und Holland Friedensunterhandlungen eingeleitet worden, wurde im November zu Karlowitz ein Friedenskongreß eröffnet, dessen Verhandlungen am 26. Januar 1699 zum Abschluß kamen. In dem Frieden von Karlowitz verblieb dem Kaiser ganz Ungarn, mit Ausnahme des Banats von Temesvar, sowie Siebenbürgen, auf welches der von Leopold I. eingesetzte Fürst Michael Apafi II. gegen den Titel eines Reichsfürsten und die Zusage verschiedener Güter in Oesterreich zu Gunsten des Kaisers Verzicht geleistet. Von den Bundesgenossen Oesterreichs, die gleichfalls zu Karlowitz mit dem Sultan Frieden schlossen, erhielt Venedig, außer der Insel Santa Maura, mit welcher es den Besitz der jonischen Inseln vervollständigte, die Halbinsel Morea, während Polen, dessen Thron seit dem Tode Johann Sobieski's (1696) der schon vorher zur katholischen Kirche übergetretene Kurfürst Friedrich August von Sachsen als August II. inne hatte, durch die warme Unterstützung Oesterreichs das ihm früher entrissene Podolien nebst Kaminec zurückbekam und Rußland im Besitze von Asow blieb, das der Czar Peter der Große im Jahre 1697 erobert hatte.

Der Graf Tököly, auf dessen von den Türken beharrlich verweigerter Auslieferung der Kaiser nicht weiter bestand, begab sich mit seiner gegen einen gefangenen österreichischen General ausgewechselten Gemahlin nach Kleinasien, wo ihm der Sultan Güter zu seinem Unterhalte angewiesen. Er starb im Jahre 1704 zu Konstantinopel.

So hatte der im Jahre 1683 von den Ungläubigen so frevelhaft begonnene und von Ludwig XIV. so eifrig geschürte Krieg nach sechzehnjähriger, wechselvoller Dauer in einem vollständigen Sieg der gerechten Sache seinen Abschluß gefunden. Die Herrschaft Oesterreichs über die widerspenstigen ungarischen Magnaten war befestigt, die Macht des Erbfeindes der Christenheit an der Donau gebrochen und das Uebergewicht der Osmanen im Osten Europas für immer vernichtet.

Das deutsche Reich unter Leopold I.

„Es könnte als ein Zug des besonderen Verhängnisses der deutschen Nation bezeichnet werden," sagt K. A. Menzel, „daß Leopold, der nach der Anlage seines Geistes und seiner schwerfälligen Haltung mehr zu einem Träger der damaligen Schulgelahrtheit berufen war, siebenundvierzig Jahre den Kaiserthron zu derselben Zeit einnahm, wo Ludwig XIV. durch eine großartige, mit Anmuth gepaarte königliche Persönlichkeit die Gemüther der französischen Nation innigst mit dem Throne verband und dem letzteren die Entwicklung der nationalen Kultur und Literatur dergestalt anzueignen wußte, daß das politische Uebergewicht des von einem thatkräftigen Willen geleiteten Frankreich über Deutschlands Zersplitterung, Spaniens Ermattung und Englands inneres Zerwürfniß unter den Stuarts zugleich durch eine Art geistiger Herrschaft über das gebildete Europa verstärkt ward."

Allerdings dürfte es einem Manne von durchgreifenderer Thatkraft und beseelt von einem ähnlichen Ehrgeiz wie Ludwig XIV. gelungen sein, sich trotz der engen Grenzen, welche der westfälische Friede der Kaisergewalt gezogen, und der neuen Schranken, welche die dem Kaiser aufgezwungene Wahlkapitulation zwischen ihm und dem Reichskörper aufgerichtet, einen größeren Einfluß auf den Gang der deutschen Reichsangelegenheiten zu verschaffen; allein wie Leopolds ganze Sinnesart mehr zu einem passiven Verhalten gegenüber der selbstständigen Politik der deutschen Reichsstände neigte, so kann man es ihm auch gerechter Weise nicht zum Vorwurf machen, wenn er, ganz in der gleichen Weise, wie dies alle großen und kleinen Potentaten Europas zu jener Zeit thaten, seine Hauptthätigkeit seinem eigenen, in seinem Bestande so schwer bedrohten Staate zuwandte, den er in der That durch seine unerschütterliche Geduld und Ausdauer und durch die richtige Wahl der leitenden Persönlichkeiten im Kriegs- und Staatswesen zu einer Macht erhob, durch welche das Gewicht des unaufhaltsam in seiner Auflösung fortschreitenden deutschen Reiches ersetzt wurde.

Eine der folgenschwersten Neuerungen aus der Regierungszeit Leopold's I. war die Verwandlung des Reichstages in einen immerwährenden Kongreß von Abgeordneten der verschiedenen Stände. Schon den im Jahre 1663 wegen der Türkengefahr nach Regensburg berufenen Reichstag hatte Leopold nicht in Person eröffnet, sondern war auf demselben nur vorübergehend als Gast erschienen, und als nach seiner Abreise die Reichsstände bei den Berathungen über die Wahlkapitulation künftiger Kaiser in Zwist geriethen, stand er von dem Erlaß eines Reichstagsabschiedes ab, so daß die Bevollmächtigten der Stände ungehindert beisammen bleiben konnten. Nachdem dies mehrere Jahre hindurch geschehen, genehmigte Leopold, daß jeder Reichsstand die Kosten der Reichstagsgesandtschaft von seinen Unterthanen erhebe, und drückte dadurch der weiteren Verlängerung des Reichstages das Siegel der Gesetzmäßigkeit auf. Der Reichstag wurde auf diese Weise ein permanenter, verlor jedoch dadurch vollständig seinen früheren Charakter. Waren bis dahin die Reichstage besonders ausgeschrieben und in der Regel von dem Kaiser selbst in Gegenwart der meist persönlich anwesenden Kur- und Reichsfürsten feierlich eröffnet und nach längerer oder kürzerer Dauer durch einen Reichstagsabschied geschlossen worden, so fand fortan weder eine Eröffnung noch ein Schluß der Berathungen Statt, und da der Kaiser und die Fürsten nicht mehr persönlich auf dem Reichstage erschienen, sahen sie einander gar nicht mehr in feierlicher Versammlung von Angesicht zu Angesicht.

Da sich das Interesse der Reichsstände von Jahr zu Jahr immer mehr von den allgemeinen Reichsangelegenheiten abwandte, um sich fast ausschließlich auf die eigenen Territorien zu beschränken, wurde die Thätigkeit des Reichstages, deren Hauptgegenstand die stets von Neuem auftauchenden Religionsbeschwerden bildeten, eine immer unfruchtbarere und bedeutungslosere. In dem gleichen Grade jedoch, in welchem dieselbe an innerem Gehalte abnahm, wandten die Reichstagsgesandten ihre Aufmerksamkeit dem Ceremoniel und den Formalien zu, und die Wichtigkeit, welche diesen Aeußerlichkeiten beigelegt wurde, führte zu einer scharfen, bis ins Kleinlichste sich verlierenden Begrenzung des Rangunterschieds zwischen den kurfürstlichen und den fürstlichen Gesandten. Die Ersteren wollten vor den Letzteren den Rang förmlicher Botschafter oder Gesandten ersten Ranges mit dem Excellenztitel und allen unter Botschaftern unabhängiger Mächte üblichen Ehrenbezeigungen voraus haben. Sie verlangten, bei Gastmählern auf rothausgeschlagenen Stühlen zu sitzen und von Edelknaben mit goldenen Messern und Gabeln bedient zu werden, während die fürstlichen auf grünen Stühlen sitzen, von Lakaien bedient werden und nur silberne Messer und Gabeln erhalten sollten, und als die fürstlichen Gesandten es endlich dahin gebracht, daß überall nur grüne Stühle gesetzt wurden, erschien ein kurfürstlicher Gesandter mit einem rothen Mantel, den er so über den Stuhl fallen ließ, daß derselbe roth ausgeschlagen zu sein schien. Als eine andere Auszeichnung verlangten die kurfürstlichen Gesandten, daß ihre Stühle auf den Teppich, der unter dem Baldachin des kaiserlichen Prinzipal-Commissarius ausgebreitet war, die Stühle der fürstlichen Gesandten dagegen auf den bloßen Boden des Zimmers gesetzt werden sollten. Die Rangordnung der Gesandten und ihrer Gemahlinnen bei Gastmählern und andern Feierlichkeiten war auf das Genaueste festgesetzt, und die Verletzung der hierüber getroffenen Bestimmungen gab nicht selten Veranlassung zu weitläufigen diplomatischen Beschwerden und Erörterungen.

„Dieses künstliche Gewicht der leeren Form“, sagt Menzel, „senkte sich naturgemäß von oben nach unten und lagerte centnerschwer über allen Gebieten des deutschen Lebens. Titel und Formalien wurden zu einer Länge ausgedehnt, welche einen beträchtlichen Theil des Daseins in Worten verzehrte. Umständlichkeit und Weitschweifigkeit, Ueberladung und Erhebung des Unwesentlichen über das Wesentliche wurden die hervorstechenden Merkmale der politischen wie der geselligen Denkungsart und Handlungsweise der Deutschen dieses Jahrhunderts, ihre Rede und Schrift die getreuen Spiegel dieser Gesinnung.“

Außer der Einsetzung eines immerwährenden Reichstags sind aus der Zeit Leopolds I. zwei andere bedeutsame Neuerungen zu verzeichnen: die Errichtung einer neunten Kur für das hannöverische Haus und die Erhebung Preußens zu einem Königreich.

Auf dem Kurfürstentag, den Leopold im Winter 1689—90 zu Augsburg abhielt, um seinen elfjährigen Sohn Joseph zum römischen König wählen zu lassen, als welcher derselbe am 26. Januar 1690 unter Beobachtung aller herkömmlichen Gebräuche gekrönt wurde, machten ihm die beiden Herzoge von Braunschweig-Lüneburg, Georg Wilhelm zu Celle und Ernst August zu Hannover, die ihm bereits im Türkenkriege wesentliche Hilfe geleistet, das Anerbieten, gegen die Verleihung der Kurwürde eine „ewige Union“ mit Oesterreich einzugehen, in welcher sie sich verpflichten wollten, auf den Reichstagen stets mit Oesterreich zu stimmen, bei jeder künftigen Kaiserwahl dem ältesten Prinzen des österreichischen Hauses ihre Stimme zu geben und dem Kaiser für seine Kriege am Rhein und in Ungarn eine bestimmte Beihilfe an Geld und Truppen zu leisten. Leopold sagte ihnen die Gewährung ihres Wunsches zu und belehnte am 19. Dezember 1692, da der ältere Bruder Georg Wilhelm von Celle kinderlos war, dessen jüngeren Bruder Ernst August von Hannover mit der Kurwürde.

Während nicht nur Sachsen und Brandenburg die Gründung einer neuen Kur, durch welche eine protestantische Stimme mehr in den Kurfürstenrath kam, befürwortet hatten, sondern auch die Kurfürsten von Mainz und Baiern sich mit derselben einverstanden erklärt, erhoben die Kurfürsten von Köln, Trier und der Pfalz, im Einvernehmen mit den meisten Gliedern des Fürstenrathes, Einsprache gegen die dem hannöverischen Hause bewilligte Rangerhöhung, hauptsächlich mit Rücksicht auf die Vortheile, welche aus derselben für die Machtstellung des Kaisers erwuchsen, und machten sogar Miene, sich der von Leopold eingeführten Neuerung mit Waffengewalt zu widersetzen. Der Kaiser überließ der Zeit die Beschwichtigung der opponirenden Fürsten, und in der That erlangte der Sohn und Nachfolger Ernst Augusts, der Kurfürst Georg Ludwig, der im Jahre 1696 zur Regierung kam, die allgemeine Anerkennung der seinem Vater bestrittenen Würde und aller mit derselben verbundenen Rechte.

Hatte Leopold schon durch die Gründung einer neuen protestantischen Kur zur Genüge gezeigt, daß er keineswegs, wie vielfach von protestantischer Seite behauptet worden, ein „Werkzeug der Jesuiten“ war, so lieferte er dafür einen neuen Beweis in der ungleich folgenschwereren Rangerhöhung, die er dem brandenburgischen Hause bewilligte.

Der im Jahre 1688 zur Regierung gelangte Kurfürst Friedrich III. von Brandenburg, der Sohn und Nachfolger Friedrich Wilhelms, des „großen Kurfürsten“, wünschte, seine preußisch-brandenburgischen Besitzungen zu einem Königreich zu vereinigen, theils weil der Königstitel seiner Eitelkeit schmeichelte und seiner Prunksucht erhöhte Befriedigung in Aussicht stellte, theils und hauptsächlich aber, weil sein nicht zum deutschen Reich gehöriges souveränes Herzogthum Preußen ihm die Möglichkeit darbot, ohne Verzichtleistung auf seine Kurfürstenwürde als außerdeutscher König die Bedeutung eines selbstständigen Herrschers zu erlangen. Da er als deutscher Fürst die erstrebte Rangerhöhung nicht ohne die Zustimmung des Kaisers vollziehen konnte, knüpfte er mit Leopold Unterhandlungen an, und dieser zeigte sich, in Anbetracht der reichstreuen Gesinnung, die der Kurfürst von jeher und insbesondere durch seine thätige Betheiligung an dem französischen wie an dem türkischen Kriege an den Tag gelegt, nicht abgeneigt, auf dessen Ansuchen einzugehen. Die gewichtigen Bedenken, die am kaiserlichen Hofe, insbesondere von Seiten des Prinzen Eugen, gegen die Erhebung Preußens zu einem Königreich erhoben wurden, machten ihn zwar eine Zeitlang schwankend; da jedoch der Ausbruch eines großen europäischen Krieges nach dem Tode des seiner Auflösung nahen, kinderlosen Königs Karl II. von Spanien zu erwarten stand und es dem Kaiser, besonders mit Rücksicht auf die entschieden reichsfeindlichen Gesinnungen der Kurfürsten von Baiern und Köln, von der höchsten Wichtigkeit erschien, sich für den drohenden Krieg die nachdrücklichste Unterstützung Brandenburgs zu sichern, gab er dem Drängen Friedrichs III. nach und schloß mit demselben am 16. November 1700 den sogenannten Krontraktat, in welchem er den preußischen Königstitel anzuerkennen versprach, Friedrich dagegen sich verpflichtete, zehntausend Mann für den Kaiser ins Feld zu stellen, eine Kompagnie Soldaten in der Reichsfestung Philippsburg zu erhalten, auf die rückständigen Hilfsgelder, die er noch von dem Kaiser zu fordern hatte, zu verzichten, im Reiche nur den bisherigen Rang in Anspruch zu nehmen und vom Kaiser selbst den Titel „Majestät“ nicht zu verlangen, sondern sich, wie auch der König von Dänemark, mit der Anrede „Euer Liebden“ zu begnügen. Unter großer Prachtentfaltung setzte sich Friedrich III. am 18. Januar 1701 zu Königsberg als König Friedrich I. von Preußen selbst die Krone auf.

Gegen die neue Königswürde protestirte nicht nur der deutsche Orden, als der rechtmäßige Eigenthümer des Herzogthums Preußen, sondern auch Papst Clemens XI., der die Sache um so weniger mit Stillschweigen übergehen konnte, als die Verwandlung des Ordenslandes Preußen in ein weltliches Herzogthum von der Kirche nicht anerkannt worden war. Beide Proteste blieben jedoch wirkungslos.

Ganz anders, als im Reiche, gestalteten sich unter Leopold I. die Verhältnisse in der österreichischen Monarchie, die erst unter ihm und durch ihn, Dank seinem redlichen Willen und seiner unerschütterlichen Standhaftigkeit, eine europäische Macht geworden. Wie dieselbe nach den Rathschlägen des Prinzen Eugen ein ihrer Größe angemessenes stehendes und geübtes Kriegsheer mit den dazu gehörigen Einrichtungen erhielt, so wurden auch für die Justiz- und Landesverwaltung von Leopold Verfügungen getroffen, die von unparteiischer Gerechtigkeitsliebe, gesundem Urtheil und regem Eifer für die Wohlfahrt des Volkes Zeugniß ablegen.

Wenn dessenungeachtet die innere Verwaltung der österreichischen Monarchie unter Leopolds Regierung immer noch Manches zu wünschen übrig ließ, so lag der Grund davon ebensowohl in der allgemeinen Zerrüttung, Verwilderung und Verwüstung, die der dreißigjährige Krieg für Oesterreich nicht minder als für das deutsche Reich herbeigeführt, als in der unvermittelten und unverschmolzenen Zusammensetzung der österreichischen Monarchie aus den verschiedenartigsten Bestandtheilen, sowie in der Ungunst der Zeit, die gerade diesem Staate keine Ruhe gönnte, sondern ihn aus einem Kriegssturm in den andern trieb, und endlich auch in Leopolds Persönlichkeit. Von Gemüthsart ein treuer Gatte, ein zärtlicher Vater, ein milder, gütiger Herr und vor Allem geschmückt mit den christlichen Tugenden der Barmherzigkeit und Wohlthätigkeit, war Leopold nur allzu geneigt, nicht nur Geld mit vollen Händen auszustreuen und dadurch die Verlegenheiten des ohnehin schwer zerrütteten Staatshaushaltes zu erhöhen, sondern auch durch eine allzu weit getriebene Nachsicht und Nachgiebigkeit die nothwendige Folgerichtigkeit und Unbeugsamkeit aufzuheben, die jedes Regierungssystem festhalten muß.

Die Verhältnisse der Protestanten ließ Leopold in den österreichischen Erblanden ganz in dem durch den westfälischen Frieden gewährleisteten Stand, in welchem er sie bei seinem Regierungsantritt getroffen, und der protestantische Geschichtschreiber K. A. Menzel gibt ihm das Zeugniß, daß er bei der Aufrechthaltung der von seinem Vater bezüglich des protestantischen Kirchenwesens eingeführten Einschränkungen mit Schonung und innerhalb gesetzlicher Formen ohne Härte und ohne jedwede Verfolgung der Personen vorgegangen und seine andersgläubigen Unterthanen, wenn Beschwerden von ihrer Seite zu ihm gelangten, gegen jede gesetzwidrige Bedrückung in Schutz genommen.

Trotz seiner tiefen und wahren Frömmigkeit und seiner unzweifelhaft katholisch-kirchlichen Gesinnung blieb Leopold nicht gänzlich unberührt von den zu seiner Zeit in dem gesammten Europa zur Herrschaft gelangten Grundsätzen einer absoluten Staatsgewalt; daher finden wir auch schon unter seiner Regierung Spuren der unter seinen Nachfolgern mehr und mehr in den Vordergrund tretenden Tendenz, die Rechte der katholischen Kirche und ihrer Diener durch Regierungsverordnungen zu beschränken.

Leopolds Hofhaltung zeigt uns, im schärfsten Gegensatze zu dem glänzenden Hofe Ludwigs XIV. zu Versailles, an welchem sich unter der trügerischen Hülle äußeren Prunkes und der feinsten gesellschaftlichen Formen die tiefste sittliche Fäulniß barg, das schöne Bild eines einfachen, regelmäßigen, von wahrer Frömmigkeit durchwehten christlichen Familienlebens. Die schönste Zierde des Kaiserhofes war Leopolds dritte Gemahlin, Eleonore von Pfalz-Neuburg, das erhabene Musterbild einer ächt christlichen Fürstin, die mit der tiefsten Frömmigkeit eine umfassende wissenschaftliche Bildung verband und mit ihrer ausgesprochenen Neigung zur Ausübung christlicher Liebeswerke und zu klösterlichen Buß- und Andachtsübungen die treueste und gewissenhafteste Erfüllung der Pflichten ihrer hohen Stellung zu vereinigen wußte.

Aus seiner ersten Ehe mit der spanischen Infantin Margaretha Theresia hatte der Kaiser, außer einem im Alter von drei Monaten gestorbenen Sohne, nur eine Tochter, die im Jahre 1685 mit dem Kurfürsten Maximilian Emmanuel von Baiern vermählt wurde und schon im Jahre 1692 starb. Seine zweite Gemahlin Claudia Felicitas, die Tochter des Erzherzogs Ferdinand Karl von Tyrol, hatte ihm zwei Töchter geboren, die Beide kurz nach der Geburt gestorben waren. Die beiden künftigen Kaiser Joseph I. und Karl VI. entstammten seiner dritten Ehe.

II.

Deutschlands Kulturzustand im siebzehnten Jahrhundert.

Unter den verheerenden Stürmen des dreißigjährigen Krieges konnten in Deutschland weder Wissenschaften noch Künste eine nachhaltige Pflege finden; dennoch wurde zu jener Zeit durch Martin Opitz — geboren 1597 zu Bunzlau, von Kaiser Ferdinand II. als Dichter gekrönt und unter dem Namen Opitz von Boberfeld in den Adelsstand erhoben, gestorben 1639 zu Danzig an der Pest — eine neue Epoche für die deutsche Poesie angebahnt. Das Hauptverdienst dieses nichts weniger als genialen Dichters liegt in seinen erfolgreichen Bemühungen für die Veredlung der äußeren Form der Poesie durch die Wiederherstellung der Reinheit der Sprache und die Begründung eines regelrechten Versbaues. Durch sein „Buch von der deutschen Poeterey“, in welchem er den Grundsatz aussprach, daß die deutschen Verse nach dem Accent, nicht nach der Zahl der Silben zu messen seien, wurde er der Gründer der neuen deutschen Prosodie. Seine Dichtungen, in denen er, obgleich mit Vorliebe der didaktischen Poesie sich zuwendend, Muster für alle poetischen Gattungen aufstellen wollte, sind Nachahmungen französischer und holländischer Vorbilder und zeichnen sich durch eine korrekte und fließende Sprache aus, entbehren jedoch jedes höheren Gedankenflugs und eines tieferen poetischen Gehalts. Nichtsdestoweniger war sein Ansehen als Dichter so groß, daß man ihn als den „Vater und Wiederhersteller der deutschen Dichtkunst“ gepriesen und ein ganzes Jahrhundert hindurch nur den „schlesischen Schwan“ genannt hat. Unter seinen Lehrgedichten — dem Besten was er geschrieben — ist sein „Trostgedicht in Widerwärtigkeiten des Krieges“ das gelungenste.

Opitz fand zahlreiche Nachahmer, die in der Literaturgeschichte unter dem Namen der ersten schlesischen Dichterschule zusammengefaßt werden, obgleich sie nur zum kleinsten Theile Schlesier waren. Der bedeutendste unter denselben war Paul Flemming — geboren 1609 zu Hartenstein im Voigtländischen, gestorben 1640 zu Hamburg — dessen meist der lyrischen Gattung angehörige Dichtungen eine ungleich reichere Begabung bekunden, als die seines Vorbildes Opitz. Als dramatischer Dichter der ersten schlesischen Dichterschule genoß Andreas Gryphius — geboren 1616 zu Großglogau, gestorben ebendaselbst 1664 — ein Mann von ungewöhnlich düsterer Lebensanschauung, eines so hohen Ansehens, daß er den Beinamen des „Unsterblichen“ erhielt; seine Tragödien, von denen eine das tragische Geschick Karl Stuarts behandelt, sind jedoch nichts Anderes als geschmacklose Nachahmungen der Tragödien Seneca's ohne tieferen poetischen Gehalt und ermüdend durch Weitschweifigkeit und eine geschraubte Sprache. Ungleich besser sind seine Lustspiele, die als die bedeutendsten dramatischen Erzeugnisse dieser Zeit zu bezeichnen sind.

Zu den hervorragendsten Dichtern der ersten schlesischen Schule zählt auch der Epigrammatist Friedrich von Logau — geboren 1604, gestorben 1655 zu Liegnitz als Sekretär des Herzogs von Liegnitz und Brieg — ein Mann von tiefem Gemüth, hohem Adel der Gesinnung und warmer Vaterlandsliebe. Seine Sinngedichte, die von den Zeitgenossen nicht nach Gebühr gewürdigt wurden, durch Lessing jedoch der Vergessenheit wieder entrissen und seitdem in wohlverdientem Andenken geblieben, sind zum Theil tiefgefühlte Klagen über die deutsche Entartung, zum Theil auch rein didaktische Dichtungen, wie beispielsweise die folgenden:

Hoffnung ist ein fester Stab — Und Geduld ein Reisekleid,
Da man mit durch Welt und Grab — Wandert in die Ewigkeit.

Gottes Mühlen mahlen langsam, mahlen aber trefflich klein;
Ob aus Langmuth er sich säumet, bringt mit Schärf' er Alles ein.

Ein eigener Dichterkreis, der sich gleichfalls an Opitz anlehnte, hatte sich in Königsberg gebildet. Zu demselben gehörte als das hervorragendste Mitglied Simon Dach (geb. 1605 zu Memel, gest. 1659 als Professor der Dichtkunst zu Königsberg), dessen ursprünglich in niederdeutscher Mundart gedichtetes Lied „Aennchen von Tharau“ noch jetzt gesungen wird. Dach's sämmtliche Lieder zeugen von Tiefe und Innigkeit der Empfindung, während in seinen Gelegenheitsgedichten, in denen er als Hofpoet die Mitglieder des kurbrandenburgischen Fürstenhauses besingt, wie auch in seinen Schauspielen nur die Sprache Anerkennung verdient.

Unter dem Einfluß der Opitzischen Schule standen auch viele protestantischen Kirchenliederdichter jener Zeit, unter denen der begabte Paul Gerhardt (gest. 1674 als Pastor zu Lübben) die erste Stelle einnimmt. Seine zum Theil sehr bekannten Poesien athmen ein freudiges Gottvertrauen.

Während die Dichter der Opitzischen Schule meist dem protestantischen Norden angehörten, weil ihre trocken-gelehrte Manier im katholischen Süden wenig Anklang fand, hatte dieser in dem Jesuiten Friedrich von Spee aus dem adeligen, jetzt gräflichen Geschlecht der von Spee zu Langenfeld — geboren 1591 zu Kaiserswerth, gestorben 1635 zu Trier im Dienste der dortigen Lazarethe — einen reichbegabten, durchaus selbstständigen Dichter von tiefem Gefühl und regem Natursinne aufzuweisen, dessen von der innigsten Frömmigkeit durchwehte und in reiner, wohlklingender Sprache geschriebene Dichtungen zu den lieblichsten Blüthen der

3*

deutschen Poesie gehören. Die meisten derselben sind nach Spee's Tode in einem Büchlein zusammengetragen worden, das den Titel „Trutz-Nachtigall“ führt, weil es „trotz allen Nachtigallen süß und lieblich singet.“

Ein jüngerer Geistesverwandter Spee's war der Convertit Johann Scheffler, bekannter unter dem Dichternamen Angelus Silesius, geboren 1624 zu Breslau als der Sohn eines dorthin ausgewanderten polnischen Edelmannes, gestorben 1677 ebendaselbst als Priester und bischöflicher Rath. Seine geistlichen Lieder, von denen die meisten eine mystische Grundlage haben, athmen eine seltene Tiefe und Innigkeit des Gefühls und gehören bezüglich der Sprache und Form zu dem Besten, was jene Zeit geschaffen. Viele derselben erinnern in Farbengluth und Bilderreichthum an das Hohe Lied, während andere in ihrem Ton kindlicher Freudigkeit an die Dichtungen Spee's anklingen. Sein herrliches Lied: „Liebe, die du mich zum Bilde deiner Gottheit hast gemacht,“ ist wohl das Schönste, was in dieser Gattung in deutscher Sprache gedichtet worden. — Ein katholischer Dichter von ungewöhnlichem Talente war auch der Jesuit Jakob Balde, — geboren 1500 zu Ensisheim im Elsaß, gestorben 1668 zu Neuburg in der Oberpfalz — der jedoch fast ausschließlich in lateinischer Sprache dichtete.

Eine von den Opitzischen vielfach verschiedene Richtung verfolgten die gelehrten Gesellschaften, die sich damals nach dem Muster der italienischen und französischen Akademien auch in Deutschland hauptsächlich zu dem Zwecke bildeten, der immer mehr um sich greifenden Vermengung der deutschen Sprache mit Fremdwörtern entgegenzuwirken und mit der Sprachreinigung zugleich die Ausbildung der vaterländischen Dichtkunst zu fördern. Die berühmteste dieser „Sprachreinigungs-Gesellschaften“ war die im Jahre 1644 zu Nürnberg gegründete „Gesellschaft der Pegnitzschäfer“ oder „der gekrönte Hirten- und Blumenorden“, dessen Mitglieder Schäfernamen erhielten. Alle diese Vereine brachten zwar in kurzer Zeit eine ganz außerordentlich große Anzahl von Gedichten aller Art zu Wege, erreichten jedoch ihren Zweck nicht, weil sie sich in Kleinlichkeiten und Uebertreibungen verloren und die Poesie in die Bahn einer tändelnden und mattherzigen Sentimentalität leiteten.

Die Schule der Pegnitzschäfer bildete den Uebergang zu der zweiten schlesischen Dichterschule, die an die Stelle der Trockenheit der Opitzischen Manier ein hohles Pathos, Schwulst, Bombast und Uebertreibung setzte, zugleich aber auch, den alleinigen Zweck der Poesie in der rein sinnlichen Ergötzung suchend, sich vorzugsweise im Lüsternen und Obscönen gefiel. Die Häupter dieser Schule, in deren Schöpfungen die Poesie zur Unnatur verzerrt erscheint, waren Christian Hoffmann von Hoffmannswaldau, geboren 1618 zu Breslau, gestorben 1679 ebendaselbst als kaiserlicher Rath, und Kaspar Daniel von Lohenstein, geboren 1635 zu Nimptsch, gestorben 1683 zu Breslau, ebenfalls als kaiserlicher Rath. Beide galten als durchaus ehrenwerthe Männer; in ihren Dichtungen, bei welchen sie sich das leere Wortgepränge und die vorherrschend sinnliche Richtung der damaligen italienischen Dichter zum Muster nahmen, ergaben sie sich jedoch der schlüpfrigsten und schmutzigsten Phantasie. In den Tragödien Lohensteins, zu welchen der Stoff meist der gräuelreichen römischen Kaisergeschichte und dem blutigen Türkenthum entlehnt ist, wird das Gräßlichste und Widrigste auf die Bühne gebracht. Dabei ist die Sprache lächerlich hochtrabend, aufs Aeußerste geschraubt und mit der geschmacklosesten Gelehrsamkeit überladen. Auch im Roman hat Lohenstein sich versucht und sein im Ganzen gut geschriebener, aber unsäglich weitschweifiger Arminius, in welchem, nach dem Ausspruche Eichendorff's „der hochtrabende Pegasus den ganzen Rüstwagen damaliger Gelehrsamkeit nachschleppen muß“, galt lange Zeit als ein Musterbild dieser Gattung.

Das Uebermaß der Unnatur in der zweiten schlesischen Schule führte einzelne Dichter, die dasselbe zu bekämpfen suchten, zu dem entgegengesetzten Extrem: sie gingen vom Schwülstigen zum Wässerigen über und setzten das Wesen der Poesie in die nüchternste Reimerei. Eine entschieden bessere Richtung wurde angebahnt durch den Epigrammatisten Christian Wernicke (geboren um 1666, gestorben zwischen 1710 und 1720 als dänischer Staatsrath) und Friedr. Rud. von Canitz (geboren 1654 zu Berlin, gestorben ebendaselbst 1699 als Geheimer Staatsrath), die Beide in ihren satirischen Dichtungen dem Schwulst der Hoffmannswaldau-Lohensteinischen Poesie entgegentraten und den Glauben an deren Vortrefflichkeit dauernd erschütterten.

Während die deutsche Poesie im siebzehnten Jahrhundert sich wenigstens zeitweise einer nicht unwesentlichen Aufbesserung erfreute, sah es mit der deutschen Prosa höchst traurig aus, indem die Gelehrten sich in ihren Werken fast ausschließlich der lateinischen Sprache bedienten. In ihrer vollständigen Vernachlässigung zeigte sie das Bild einer jammervollen Sprachmengerei, gegen welche einzelne Satiriker vergebens ankämpften. Wie die weltliche Rede steif, ceremoniös und geistlos war, so trug die kirchliche, die sich bei den Protestanten hauptsächlich in theologischen Streitfragen bewegte, das Gepräge der äußersten Trockenheit. Erst durch Philipp Jakob Spener — geb. 1635 zu Rappolsweiler, gest. 1705 als Consistorialrath in Berlin —, der mit großem Eifer für die Wiederherstellung des unter seinen Glaubensgenossen tief gesunkenen religiösen

Lebens wirkte und dadurch der Gründer der Pietistengemeinden wurde, erhielt die protestantische Predigt wieder eine größere Innigkeit, die aber vielfach in einer falschen Gefühlsschwärmerei bestand.

Nachdem die Wissenschaft unter den Kriegswirren der ersten Hälfte des siebzehnten Jahrhunderts in Deutschland fast vollständig darnieder gelegen, nahm sie in der zweiten Hälfte desselben wieder einen bedeutenden Aufschwung. Als Stern erster Größe glänzte auf diesem Gebiete der berühmte Philosoph Gottfried Wilhelm Leibnitz, geb. zu Leipzig am 23. Januar 1646, gest. zu Hannover am 14. November 1716. Als ein Universalgenie von ungewöhnlich früher Reife hatte Leibnitz bereits den größten Theil der umfangreichen wissenschaftlichen Bibliothek seines Vaters durchstudirt, als er in seinem fünfzehnten Jahre die Universität bezog. Nachdem er in Leipzig und Jena mit großem Eifer dem Studium der Mathematik, Rechtswissenschaft und Philosophie obgelegen und schon im achtzehnten Jahre in Leipzig Magister der Philosophie, im zwanzigsten in Altdorf Doktor der Rechte geworden, kam er im Jahre 1667 an den Hof des Kurfürsten von Mainz, des bereits früher erwähnten Johann Philipp von Schönborn, der ihn zum Kanzleirevisionsrath ernannte und sich seiner bei wichtigen diplomatischen Geschäften bediente, die dem jungen Gelehrten Gelegenheit verschafften, seinem patriotischen Eifer für die Selbstständigkeit und Ehre des deutschen Vaterlandes in mehreren Denkschriften Ausdruck zu verleihen. Daneben war er unausgesetzt auch auf den verschiedensten wissenschaftlichen Gebieten schriftstellerisch thätig, indem er bald eine mathematische, bald eine philosophische, bald eine naturwissenschaftliche, bald eine geschichtliche Abhandlung veröffentlichte, von denen eine jede neue Entdeckungen enthielt.

Im Jahre 1672 machte Leibnitz eine Reise nach Paris, von wo er sich im folgenden Jahre nach London begab. An beiden Orten fand er die ehrenvollste Aufnahme; die gelehrtesten Männer bemühten sich, ihn in ihren Kreisen zurückzuhalten, und die Akademien beider Städte nahmen ihn unter die Zahl ihrer Mitglieder auf. Im Jahre 1676 nach Deutschland zurückgekehrt, trat er, da der Kurfürst Johann Philipp von Mainz inzwischen gestorben war, als Bibliothekar in die Dienste des Herzogs Johann Friedrich von Hannover, welche Stelle er auch bei dessen Nachfolger Ernst August, dem ersten Kurfürsten von Hannover, beibehielt, der ihn später zu seinem geheimen Justizrath und Historiographen mit einem Gehalt von dreizehnhundert Thalern ernannte. Nachdem er in den Jahren 1688 und 1689 auf Kosten seines Herrn eine Reise durch Deutschland und Italien gemacht, um Archive und Klosterbibliotheken zum Behufe der Geschichte des braunschweigischen Hauses zu durchsuchen, bei welcher Gelegenheit er sich längere Zeit in Wien aufhielt, begab er sich im Jahre 1700 nach Berlin, um dort auf Betrieb der geistreichen Gemahlin des Kurfürsten Friedrich III. von Brandenburg, der hannöverischen Prinzessin Sophie Charlotte, die „Societät der Wissenschaften" einzurichten, die unter dem veränderten Namen der „Akademie der Wissenschaften" noch heute in Blüthe steht. Seitdem unterhielt er mit der nachmaligen Königin von Preußen einen lebhaften Briefwechsel, in welchem die tiefsten philosophischen Probleme eingehend besprochen wurden.

Wie in der Gelehrtenwelt, so stand Leibnitz auch bei den hervorragendsten Fürsten seiner Zeit in hohem Ansehen; sie suchten eine Ehre darin, ihm Auszeichnungen zu erweisen. Der Czar Peter der Große, der ihn im Jahre 1711 in Torgau kennen lernte, verlieh ihm den Titel eines russischen Justizraths, mit einem Gehalt von tausend Thalern; Kaiser Karl VI. erhob ihn in dem gleichen Jahre in den Reichsfreiherrenstand und setzte ihm ein Jahrgeld von zweitausend Reichsgulden aus.

Leibnitz war nicht nur der größte und vielseitigste Gelehrte seines Jahrhunderts, sondern auch einer der tiefsten Denker aller Zeiten und dabei ein wahrhaft christlicher Philosoph, welcher der katholischen Wahrheit oft sehr nahe kam, aber leider nicht zu dem entscheidenden Schritt des Uebertritts gelangte. „In allen Gebieten des Wissens den Atheismus zu bekämpfen", sagt Haffner, „aus allen Thatsachen der Natur und des Geistes das Dasein Gottes festzustellen, gegen alle scheinbaren Widersprüche der Erfahrung die Idee der göttlichen Vorsehung zu rechtfertigen, war das edle Streben, dem Leibnitz ein halbes Jahrhundert seine Kraft lieh und das 1710 in seinem reichsten Buche, in der gegen Bayle, den Patriarchen der französischen Freidenker, gerichteten Theodicee seinen Kern fand." Seine Philosophie, die weit mehr in katholischen als in protestantischen Kreisen beachtet wurde, hatte jedoch zu sehr ein individuelles Gepräge, als daß sie eine allgemeine Verbreitung hätte finden können.

Leibnitzens Thätigkeit war eine rastlose. Gewöhnlich arbeitete er bis um zwei Uhr nach Mitternacht, und wenn ihn eine Arbeit besonders lebhaft beschäftigte, legte er sich gar nicht zu Bette, sondern schlief mehrere Stunden in seinem Lehnstuhl, um gleich bei seinem Erwachen an derselben fortzufahren. An das Essen dachte er erst, wenn er von Hunger erschöpft war. Was ihn neben der Tiefe seines Geistes besonders auszeichnete, war die ungewöhnliche Schnelligkeit der Auffassung. Die verworrensten Fragen durchschaute er fast auf den ersten Blick und setzte sie mit der bewunderungswürdigsten Klarheit auseinander. Wenn er die meisten seiner Werke in lateinischer oder französischer Sprache geschrieben, so hatte dies, abgesehen von dem Umstande, daß die deutsche Sprache noch sehr der nöthigen Ausbildung für wissenschaftliche Darstellungen entbehrte, seinen Grund darin, daß das Lateinische damals noch die allgemein übliche Sprache der Gelehrten, das Französische aber die des europäischen Verkehrs war und Leibnitz seine Werke nicht allein für Deutschland bestimmt hatte. Eine Vernachlässigung seiner Muttersprache kann ihm in keiner Weise zum Vorwurf gemacht werden; er wußte ihre Vorzüge in hohem Grade zu würdigen, interessirte sich lebhaft für ihre Verbesserung und bediente sich ihrer in allen Fällen, wo er ausschließlich für seine Landsleute, und namentlich wenn er an den Kaiser schrieb.

Der Erste, der die Philosophie in deutscher Sprache behandelte und Universitätsvorlesungen in deutscher Sprache hielt, war Christian Thomasius (geb. 1655, gest. 1728), erst Professor zu Leipzig, dann an der neuerrichteten Universität Halle. Er war auch der Gründer der ersten in deutscher Sprache erschienenen gelehrten Zeitschrift, die er unter dem Titel „Monatsgespräche" herausgab.

Daß die beiden ersten Jahrhunderte der Reformation trotz des Kampfes, den die „Wissenschaft" im Namen der „Geistesfreiheit" gegen den Autoritätsglauben eröffnet hatte, keine Zeit wirklicher Aufklärung war, zeigt nicht nur der überall herrschende Aberglaube, der, in allen Formen üppig wuchernd, ganz besonders in den bis in die höchsten Kreise verbreiteten und selbst von zahlreichen Gelehrten begünstigten astrologischen Phantastereien zu Tage trat, sondern vor Allem auch die furchtbare Vervielfältigung der gräuelvollen Hexenprozesse, zu deren Beseitigung die Reformation um so weniger irgend Etwas beitragen konnte, als dieselbe mit dem durch Luther und Kalvin eifrig geförderten Glauben an die leibliche Macht des Teufels über die Menschen den Hexenwahn bei ihren Anhängern nur mehr befestigt hatte. Waren doch zu Genf im Jahre 1545, in dem kurzen Zeitraume von drei Monaten vierunddreißig Personen auf Kalvins Veranstaltung als Hexen und Zauberer unter schauerlichen Martern hingerichtet worden.

Der tief in der menschlichen Natur wurzelnde Glaube an Wesen, die mit den Mächten der Finsterniß in Verbindung stehen, findet sich bei allen Völkern. Wie schon die ältesten Bücher der heiligen Schrift von Zauberern, Geisterbeschwörern und Wahrsagern reden, so zeigen sich die gleichen Anschauungen auch bei den heidnischen Stämmen des grauen Alterthums und ebenso bei den wilden Horden Asiens, Amerika's und Afrika's. Selbst die hochgebildete Griechen- und Römerwelt versenkte sich, als der Glaube an ihre Götter zu schwinden begann, mit wahrer Lust in die Mysterien einer finsteren Magie.

Es kann uns nicht Wunder nehmen, daß in den ersten Zeiten

des Christenthums manche heidnische Anschauung in den Gemüthern der Neubekehrten zurückblieb und in fortgesetzten abergläubischen Gebräuchen zu Tage trat. Die Kirche schritt gegen diesen Unfug mit um so größerer Entschiedenheit ein, als die gnostischen und manichäischen Sekten sich in jene heidnischen Mysterien warfen, um durch solche Gaukeleien die Gläubigen zu bethören und irre zu leiten, und sie überdies den Grundsatz unerschütterlich fest hielt, daß schon allein der Versuch, bei den Mächten der Finsterniß Hilfe und Beistand zu erlangen, den Abfall von Gott in sich schließe. Schon die heiligen Väter traten jenen heidnischen Vorstellungen und den damit verbundenen abergläubischen Gebräuchen mit dem größten Nachdruck entgegen, und mit ihnen wiesen die Concilien auf die Nichtigkeit magischer Künste, der Zauberei, Wahrsagerei und Zeichendeuterei, der Amulette und selbst der Ordalien hin.

Den schwersten Kampf hatte das Christenthum mit dem Aberglauben der germanischen Völker zu bestehen, deren Naturkult und tieferes Mitleben mit all den tausendfältigen Erscheinungen, die Sommer und Frühling, Herbst und Winter in stetem Wechsel hervorrufen, das Gefühl einer träumerischen, abgöttischen Verehrung nährte. Auch nachdem das Christenthum bei den Germanen Eingang gefunden, fuhren sie fort, ihre abergläubischen Gebräuche zu üben, indem sie das, was nach ihren früheren Anschauungen von den Göttern bewirkt worden, dem Einfluß der Geisterwelt zuschrieben. Auch gegen diesen Unfug schritt die Kirche durch zahlreiche Synodalverordnungen mit der größten Entschiedenheit ein.

Bis ins dreizehnte Jahrhundert war indessen von Hexen nur selten die Rede. Schärfer und bestimmter trat der Hexenwahn zu Anfang des vierzehnten Jahrhunderts auf und zeigte sich von da an in immer deutlicheren Spuren. Die Hauptanklage gegen die Jungfrau von Orleans war, daß sie eine Zauberin und ein Werkzeug der Hölle sei. Auch den Tempelherren hatte man vorgeworfen, daß sie den Teufel anbeteten, der ihnen in Gestalt einer schwarzen Katze erscheine. Als der finstere Wahn sich immer weiter zu verbreiten anfing, erließ Papst Innocenz VIII. im Jahre 1484 eine Bulle, durch welche er, um dem damit verbundenen Unfug eine Grenze zu ziehen, die anzustellenden Untersuchungen geistlichen Richtern übertrug. Der Dominikaner Sprenger, der mit zwei andern Gliedern seines Ordens mit der Ausführung dieser Bulle in Deutschland betraut worden, verfaßte, um ein einheitliches und regelmäßiges Vorgehen zu begründen, den sogenannten „Hexenhammer.“ In diesem Buche, das, wie Görres sagt, „zwar rein und untadelhaft in seiner Intention, aber nicht mit geschärfter Urtheilskraft durchgeführt, ohne hinlänglichen Grund thatsächlicher Erfahrung unvorsichtig auf die scharfe Seite hinüber wog,“ fanden in der Folge alle Hexenrichter die Entschuldigungsgründe für ihr Verfahren und die Beschwichtigung für die auftauchenden Zweifel ihres Gewissens.

Indessen kamen bis zum Anfang des sechzehnten Jahrhunderts nur vereinzelte Prozesse wegen Zauberei vor, und mit Ausnahme derjenigen Fälle, in welchen die Angeschuldigten nebenbei wirkliche Verbrechen begangen hatten, wie Giftmischerei, Kindesmord, Betrug u. dgl., fanden Verurtheilungen nur selten statt. Im sechzehnten und siebzehnten Jahrhundert dagegen schien Deutschland einer wahren Hexenepidemie anheimgefallen zu sein: die Hexenprozesse wurden in der Justizpflege zur stehenden Rubrik, und in fast allen Ländern Deutschlands wurden Schaaren von Männern und Frauen, Jünglingen und Jungfrauen als Zauberer und Hexen verbrannt, ja sogar unmündige Kinder als Mitschuldige ihrer Eltern dem Feuertode überantwortet. So wurden im Jahre 1582 in der baierischen Grafschaft Werdenfels in einem einzigen Hexenprozesse achtundvierzig Personen, in der Reichsstadt Nördlingen zwischen den Jahren 1590 und 93 zweiunddreißig Personen als Zauberer und Hexen verbrannt. Im Braunschweigischen waren zu der gleichen Zeit die Exekutionen so zahlreich, daß oft an *einem* Tage zehn Hexen verbrannt wurden.

Noch größer war in der ersten Hälfte des siebzehnten Jahrhunderts die Zahl der Unglücklichen, die dem schauerlichen Hexenwahn zum Opfer fielen. In der Stadt Offenburg im Breisgau wurden zwischen 1627 und 1630 sechzig Personen und in dem Bisthum Würzburg in dem gleichen Zeitraum mehr als zweihundert Personen jeden Alters und Standes, darunter sogar drei Domherren und vierzehn Vikarien der Hauptkirchen, sowie Kinder von acht bis zwölf Jahren, wegen Hexerei und Zauberei hingerichtet. Ein Hexenrichter in Fulda rühmte sich: er allein habe über siebenhundert Personen beiderlei Geschlechts verbrennen lassen und hoffe, es über tausend hinaus zu bringen.

Waren in den vorhergehenden Jahrhunderten die Gerichte meist nur auf eine bestimmte Anklage wegen Zauberei gegen die betreffenden Personen vorgegangen, so wurde im sechzehnten und siebzehnten Jahrhundert förmlich nach Hexen gesucht. Wenn an einem Orte oder in einer Gegend ungewöhnliche Ereignisse: anhaltender Regen, heftige Gewitter, Dürre, Mißwachs, Viehseuchen, plötzliche Todesfälle, Feuersbrünste u. dgl. eingetreten waren, so schrieb der Aberglaube dieselben der Wirksamkeit von Hexen zu, und auf das Drängen der aufgeregten Bevölkerung folgte in der Regel ein landesfürstlicher Befehl an die Behörden zur Einleitung eines gerichtlichen Verfahrens. Gewöhnlich kam diesen ein solcher Befehl erwünscht, weil ihre Gehalte auf die Kosten angewiesen waren und ihnen überdies aus dem eingezogenen Vermögen der Verurtheilten ein bedeutender Antheil zufiel.

Zur Einleitung eines Hexenprozesses genügten die nichtigsten Verdachtsgründe. Wenn eine Person den Blicken einer andern auszuweichen suchte, oder zur Mitternachtsstunde außer dem Hause gewesen, so gerieth sie in den Geruch der Hexerei. Auch wenn Jemand in kurzer Zeit reich geworden oder es zu bedeutender Gelehrsamkeit gebracht hatte, so wurde dies einem Bunde mit dem Teufel zugeschrieben. Jede Frauensperson, die durch irgend eine zufällige Veranlassung die Aufmerksamkeit oft nur der Dorfjugend auf sich gezogen oder über die eine Nachbarin eine boshafte Bemerkung gemacht, wurde von den ausgesandten Häschern verhaftet. Stand die Verhaftete überhaupt in einem üblem Rufe, so galt das als sicheres Zeichen ihrer Schuld; hatte sie sich eines frommen Lebenswandels befleißigt, so hieß es, sie habe dahinter ihren Verkehr mit dem Teufel verstecken wollen. Zeigte sie Furcht, so erkannte man darin ihr böses Gewissen; war sie gefaßt, so wurde dies als die Wirkung der ermuthigenden Zusprache des Teufels angesehen.

Die Verurtheilung der Angeklagten erfolgte allerdings meist nur auf ihr eigenes Geständniß, daß sie einen Bund mit dem Teufel geschlossen, sich ihm ganz hingegeben, Gott gelästert und ihm abgesagt, bei nächtlichen Zusammenkünften mit dem Teufel und andern Hexen und Zauberern auf benachbarten Bergen oder in alten Schlössern, oder auf Haiden oder im Rathhaus und im Rathskeller geschmaust, getanzt und allerlei Unfug getrieben hätten, zu diesen Festen auf Ofengabeln oder Besenstielen oder auf einem schwarzen Bock durch die Luft geritten seien, auch von dem Teufel die Kunst erlernt hätten, Wind und Gewitter zu machen, Menschen und Vieh durch Berührungen Krankheiten anzuhängen u. dgl. mehr. Aber diese unsinnigen Geständnisse, in welcher die Richter nicht den geringsten Zweifel setzten, wurden ihnen durch die schauerlichsten Folterqualen abgezwungen.

Die Hexerei galt nämlich als ein Ausnahmeverbrechen, bei welchem bezüglich der Folter keine der im übrigen peinlichen Gerichtsverfahren gesetzlich vorgeschriebenen Beschränkungen Giltigkeit hatte; daher wurden in den Hexenprozessen die Folterqualen unter steter Steigerung so lange fortgesetzt, bis sich die Unglücklichen, denen der Tod als eine willkommene Erlösung erschien, zu jedem Geständniß bereit erklärten und die albernsten Dinge aussagten, nur um den Händen ihrer unmenschlichen Peiniger zu entrinnen.

Das Geständniß der eigenen Schuld genügte jedoch dem fanatischen oder eigennützigen Eifer der Richter nicht. Aus einem

Hexenprozesse sollten womöglich andere hergeleitet werden; daher verlangten sie von den Geständigen die Angabe anderer Personen, die mit ihnen bei den Hexentänzen gewesen, und wenn dieselben, um nicht andere Unschuldigen in Verdacht zu bringen, Ausflüchte suchten, wurden die Folterqualen wiederholt, bis die Gemarterten endlich in der Verzweiflung die ersten Besten oder auch Diejenigen nannten, nach welchen die Richter sie direct fragten. Die also Angeschuldigten wurden dann ebenfalls vor Gericht gezogen, gefoltert und gleich ihren Anklägern zum Feuertode verurtheilt. Die Verurtheilung und Hinrichtung geschah in solchen Fällen, wie nachmals in der französischen Schreckenszeit, massenweise: anstatt für jeden Einzelnen ein Erkenntniß abzufassen, wurden von dem Richter nur die Verzeichnisse der zu verbrennenden Personen unterschrieben und den Henkern zur Vollstreckung zugefertigt. Jeder einzelne Verurtheilte wurde an einen Pfahl gebunden und, wenn er sich unbußfertig zeigte, langsam von unten herauf verbrannt. Zur Verschärfung der Todesstrafe diente das Schleifen auf den Richtplatz und das Kneipen mit glühenden Zangen. Solchen, bei welchen man Milderungsgründe annehmen zu müssen glaubte, wurde ein schnellerer Tod durch Enthaupten oder Erdrosseln bewilligt und dann erst der Körper verbrannt.

Da es gleichfalls als ein Indicium der Hexerei galt, wenn Jemand sich der Angeklagten freiwillig annahm, wagte lange Zeit Niemand, gegen den grauenhaften Unfug seine Stimme zu erheben; daher fielen demselben in dem Zeitraum von anderthalb Jahrhunderten sowohl in protestantischen als in katholischen Ländern viele Tausende unschuldiger Menschen zum Opfer, und es wurden Gräuel verübt, die ein neuerer Schriftsteller „ein Drama von unermeßlicher Ausdehnung" nennt, „mit welchem an Jammer, Verzweiflungsscenen und Elend ohne Namen, Maß und Ziel auf der einen und an Aberglauben, Unsinn und Barbarei auf der andern Seite kaum Etwas in unserer Geschichte verglichen werden könne."

Die Ersten, welche sich der unglücklichen Opfer des schauerlichen Hexenwahnes annahmen, waren katholische Geistliche, so Cornelius Loos (geb. 1546 zu Gouda in Holland, gest. 1593 zu Mainz), der Jesuit Adam Tanner, Kanzler der Universität Prag (gest. 1632), die Beide dafür schwere Verfolgungen zu erdulden hatten, vor Allem aber der edle Friedrich von Spee (s. S. 35).

Als im Jahre 1626 der Bischof von Würzburg, dem Drängen der Juristen wie des Pöbels nachgebend, nach dem Vorgang des Herzogs Ulrichs von Württemberg, der im Jahre 1616 ein großes Hexenverbrennen in seinem Lande angeordnet, in eine Verfolgung der Hexen gewilligt, hatte er sich von den Jesuiten einen Beichtvater für die unglücklichen Opfer erbeten, und so war Spee im

Jahre 1627 nach Würzburg gekommen. Das furchtbare Bild des Jammers, das sich hier vor seinen Blicken eröffnete, erfüllte ihn mit einem so tiefen Kummer, daß in kurzer Zeit das Haar des zweiunddreißigjährigen Priesters ergraut war. Er mußte an zweihundert Personen jeden Ranges und Standes, die alle als unschuldig erkannt, zur Hinrichtung vorbereiten und zum Scheiterhaufen begleiten, und sein Herz blutete und wallte über vor Schmerz und Gram über die offenbare Ungerechtigkeit und Schändlichkeit des Prozeßverfahrens. Tag und Nacht sann er nach über ein Mittel zur Abhilfe und flehte unter Thränen zu Gott um Erbarmen für die Unglücklichen. Oeffentlich als ihr Vertheidiger auftreten konnte er um so weniger, als die Hexenrichter ihn ohnehin wegen seiner Hingebung an die armen Gefangenen mit Mißtrauen betrachteten und Nichts sehnlicher wünschten, als seine Entfernung. Nichtsdestoweniger machte er ihnen wiederholt die eindringlichsten Vorstellungen; er vermehrte jedoch dadurch nur ihren Haß und ihren Argwohn.

Nach langem und innigem Gebete fand Spee endlich das Mittel, welches die Abschaffung der Hexenprozesse beschleunigen sollte. Nachdem er durch eingehendes Studiren der Prozeßakten die eigenen Wahrnehmungen vervollständigt und so die ganze Nichtswürdigkeit des Verfahrens klar erkannt hatte, schrieb er unter dem Schutze der Anonymität sein berühmtes, den Obrigkeiten Deutschlands gewidmetes Werk: »Cautio criminalis, seu de processibus contra sagas liber,« zu Deutsch: „Gerichtliche Untersuchung, ein Buch über Hexenprozesse.“ Diese im Jahre 1631 veröffentlichte Schrift, in welcher die raffinirten Gräuel der Hexenprozesse, die empörenden Ungesetzlichkeiten und Absurditäten des Gerichtsverfahrens jener Zeit mit einer Schärfe aufgedeckt wurden, die alle Juristen des Jahrhunderts beschämen mußte, wurde Anfangs, obgleich sie so schnell vergriffen war, daß schon im folgenden Jahre eine zweite Auflage nöthig wurde, kühl aufgenommen; doch trug sie später ihre guten Früchte. Philipp von Schönborn, der als Kanonikus in Würzburg Spee's Beichtkind und der Vertraute seines Kummers gewesen und dem dieser sich als Verfasser der Cautio entdeckt hatte, stellte, nachdem er im Jahre 1647 Erzbischof von Mainz geworden, in seinem Gebiete die Hexenprozesse ab, und seinem Beispiele folgten bald andere katholische Fürsten. In den ganz katholischen Ländern, wie Italien, Spanien und Frankreich, hatten überhaupt die Hexenprozesse bei weitem nicht die Ausdehnung und Furchtbarkeit erlangt, wie in Deutschland; in Rom selbst fand keine einzige Hexenverbrennung statt. „Die Erfahrung, die große Lehrmeisterin in den Dingen“, heißt es im Eingange einer Schrift, die im Jahre 1657 in der Druckerei der apostolischen Kammer in

Sachen der Hexenprozesse erschien, „hat offenbar gemacht, wie im Prozeßverfahren gegen das Hexenwesen die schwersten Irrthümer zum Nachtheile der Gerechtigkeit und der angeklagten Frauen begangen werden, so daß man in der Generalcongregation der heiligen römischen und allgemeinen Inquisition seit lange schon bemerkt, wie kaum je einmal ein Prozeß derart regelmäßig und in der Rechtsform geführt worden."

Länger als in den katholischen Ländern dauerten die Hexenprozesse in den protestantischen fort, da die protestantische Geistlichkeit nach dem Zeugniß protestantischer Schriftsteller entschieden für dieselben eintrat. So wurde noch im Jahre 1669 zu Mora in Schweden ein großartiger Hexenprozeß eingeleitet, bei welchem von der aus Beamten und Geistlichen zusammengesetzten Commission zweiundsiebzig Weiber und fünfzehn ältere Kinder, als der Zauberei überführt, zum Feuertode verurtheilt und sechsundzwanzig jüngere Kinder mit andern schweren Strafen belegt wurden. In Sachsen fanden die Hexenprozesse mit ihrem ganzen gräuelvollen Ausnahmeverfahren einen eifrigen Vertheidiger in Benedikt Carpzow (gest. 1666), der als Jurist bei den Zeitgenossen in so hohem Ansehen stand, daß er der „Gesetzgeber Sachsens" genannt wurde. Erst dem Professor Christian Thomasius gelang es, die öffentliche Meinung, trotz der Gegenbemühungen zahlreicher Juristen und Geistlichen, gegen diesen Unfug zu gewinnen und dadurch die Abstellung der Hexenprozesse im protestantischen Norden anzubahnen. Im achtzehnten Jahrhundert kommen nur noch vereinzelte Hexenprozesse vor. Der letzte derselben fand im Jahre 1782 in Glarus Statt, wo eine Dienstmagd wegen angeblicher Zauberei nach richterlichem Spruch enthauptet wurde [1]).

---

1) Sehr lehrreich ist das Buch „der Hexenwahn vor und nach der Glaubensspaltung in Deutschland" von Joh. Diefenbach. Mainz 1886.

III.

Ludwig XIV. von Frankreich.

(1643—1715.)

Frankreich unter Mazarins Staatsverwaltung.

(1643—1661.)

Ludwig XIII. hatte auf seinem Sterbebette für die Dauer der Minderjährigkeit des fünfjährigen Thronerben Ludwig XIV. einen Regentschaftsrath eingesetzt, in welchem die Königin Anna als Regentin den Vorsitz führen und über alle wichtigen Angelegenheiten nach Stimmenmehrheit entschieden werden sollte; das Parlament, das den Augenblick für gekommen erachtete, seinen früheren Einfluß auf die Reichsangelegenheiten herzustellen, hob jedoch, dem Wunsche der Königin entsprechend, am 18. Mai 1643 in einer feierlichen Sitzung, welcher auch der junge König beiwohnte, die von Ludwig XIII. bezüglich der Regentschaft getroffenen Bestimmungen auf und erkannte der Königin die unumschränkte Vormundschaft mit der Befugniß zu, ihre Räthe nach eigenem Belieben zu wählen. Schon jubelten die Großen in der sicheren Erwartung, daß Richelieu's Regierungssystem und damit die Zeit ihrer Zurücksetzung ihr Ende erreicht habe; aber bald zeigte die Königin, daß sie entschlossen war, ebenso unabhängig von dem Adel und den Prinzen des Hauses zu regieren, wie ihr Gemahl, die Leitung der Geschäfte aber, gleich diesem, nicht selbst zu übernehmen, sondern sie in den Händen Mazarins zu belassen, dem sie jedoch nicht die nämliche überlegene Stellung ihr gegenüber einzuräumen gedachte, die Richelieu Ludwig XIII. gegenüber eingenommen.

Von der Regentin zum Präsidenten des Staatsraths ernannt, hielt Mazarin mit der Zustimmung der Königin, die, ihre Gefühle als Spanierin unterdrückend, nur noch die künftige Herrschergröße ihres Sohnes im Auge behielt, die Politik Richelieu's nach allen Richtungen hin aufrecht; doch schlug er in der Verfolgung seiner Ziele andere Wege ein, als sein Vorgänger. Hatte dieser mit unbeugsamer, rücksichtsloser Entschlossenheit und eiserner Hand seine Gegner niedergeschmettert, so suchte Mazarin, in welchem zwar Richelieu's Ehrgeiz und Staatsklugheit, aber nicht dessen Festigkeit und Thatkraft fortlebten, seine Ziele mehr durch Geschmeidigkeit, List und Intriguen zu erreichen und den widerstrebenden Adel weniger durch Gewaltmaßregeln zu demüthigen und zu schrecken, als durch Freigebigkeit und vielfache Begünstigungen im Hofleben auf seine Seite zu ziehen.

Die wachsenden Ausgaben, welche der mit verstärkten Kräften fortgesetzte Krieg gegen Oesterreich und Spanien nöthig machte, steigerten den Steuerdruck, der schon lange schwer auf dem Lande lastete, zu einem solchen Grade, daß das Parlament die Einregistrirung neuer Steueredikte verweigerte. Vergebens suchte die Königin, gegen die Ansicht Mazarins, dessen unentschiedenes Auftreten einen scharfen Gegensatz zu dem energischen Vorgehen Richelieu's bei ähnlichen Widersetzlichkeiten bildete, durch die Gefangennehmung oder Verbannung einzelner Räthe den Widerstand des Parlaments zu brechen: die Zustimmung, welche dasselbe bei seiner Opposition von Seiten der Bürgerschaft in allen Städten Frankreichs fand, und die drohende Haltung dieser letzteren nöthigten die Regentin, auf Maßregeln der Strenge zu verzichten und die gefangenen Parlamentsräthe freizugeben.

Im Gefühle seiner wiedergewonnenen Macht ging das Parlament weiter und stellte Forderungen, die auf eine durchgreifende Aenderung des ganzen Regierungssystems zielten. Um dasselbe aufrecht zu halten, suchte Mazarin sich in den Prinzen des Hauses eine Stütze zu verschaffen, zu welchem Ende er dem Herzog von Orleans das Gouvernement von Languedoc und dem Sohne des Prinzen Condé, dem Herzog von Enghien, das der Champagne überließ. Dafür unternahm es Gaston von Orleans, mit dem Parlamente zu unterhandeln, das sich ihm bei seinen früheren Kämpfen gegen Richelieu günstig erwiesen; aber seine Bemühungen, dasselbe den Wünschen der Regierung willfährig zu machen, blieben ebenso erfolglos, als die einlenkenden Schritte Mazarins.

Gestützt auf die günstige Stimmung, welche die Nachricht von einem großen, am 20. August 1648 bei Lens durch den Herzog von Enghien über die Spanier erfochtenen Siege unter der Bevölkerung der Hauptstadt hervorgerufen, beschloß die Königin, aufs Neue mit Strenge gegen das Parlament vorzugehen. Am 26. August ließ sie, nachdem in der Kirche von Notre-Dame in Gegenwart des Hofes das Te Deum für den errungenen Sieg gesungen worden, die kühnsten Sprecher verhaften. Diese Maßregel brachte sofort ganz Paris unter die Waffen. Der Prévot des marchands und die Schöffen der Stadt ließen ihre Kompagnien vor dem Rathhause versammeln und die Straßen durch Ketten sperren. Die zur Herstellung der Ordnung heranrückenden Truppen wurden bis gegen die Tuilerien zurückgedrängt.

Hinter diesem Aufstande verbargen sich selbstsüchtige Absichten einflußreicher Persönlichkeiten, die den Kardinal zu stürzen suchten, um selbst an seine Stelle zu treten. Der hervorragendste und thätigste unter diesen Agitatoren war der Neffe und Koadjutor des Erzbischofs von Paris, Paul von Gondi, der nachmalige Kardinal von Retz, aus einer mit Katharina von Medici nach Frankreich gekommenen florentinischen Familie, ein Mann von durchdringendem Blick, kühner Entschlossenheit und großer Gewandtheit in der Anzettelung von Intriguen, der ohne Beruf und Neigung in den geistlichen Stand getreten war und vor Begierde brannte, sich eine einflußreiche Stellung am Hofe zu verschaffen. Nachdem er die Popularität, die er sich durch bedeutende Geldspenden und ein zur Schau getragenes Interesse für das öffentliche Wohl erworben, insgeheim zur Aufreizung des Volkes benutzt, bot er der Königin seine Dienste zur Beschwichtigung des Aufruhrs an, in der Hoffnung, sich ihr nachher als Rathgeber unentbehrlich machen zu können. Allein die Regentin, die durch Mazarin von Gondi's Machinationen in Kenntniß gesetzt worden, wies seine Anerbietungen zurück und machte ihn dadurch zum erbittertsten Feinde des Hofes. Um sich zu rächen, schürte er den Aufruhr aus allen Kräften, und dieser gewann hierauf eine so drohende Gestalt, daß die Königin sich gezwungen sah, die gefangenen Parlamentsräthe freizugeben. Das Volk begleitete dieselben wie im Triumphe zu ihren Wohnungen und kehrte dann, mit seinem Siege zufrieden, zu seinen gewohnten Beschäftigungen zurück, entschlossen, auch in der Folge das Parlament gegen etwaige fernere Feindseligkeiten des Hofes mit allen Kräften zu vertheidigen.

Geschreckt durch die bei dieser Gelegenheit zu Tage getretene Entschlossenheit der Parlamentspartei, die man am Hofe spottweise die Fronde[1]) nannte, zog sich die Regentin mit ihren beiden Söhnen, dem König und dem um zwei Jahre jüngeren Prinzen Philipp, nach St. Germain zurück, von wo sie Unterhandlungen mit dem Parlamente anknüpfte. Dieses verfehlte nicht, die errungenen Vortheile zur Erlangung der geforderten Zugeständnisse auszubeuten. Nachdem die Regentin angesichts der unter der Bürgerschaft von Paris herrschenden bedenklichen Stimmung in die von den Abgeordneten des Parlaments hauptsächlich auf Gondi's Betrieb geforderte Ausschließung Mazarins von den Unterhandlungen gewilligt, sanktionirte sie am 24. Oktober ein Gesetz, durch welches alle von dem Parlamente im Einvernehmen mit den höchsten Staatsbehörden, dem Steuerhof und der Oberrechnungskammer, bezüglich neu einzuführender Aemter und Steuern gefaßten Beschlüsse bestätigt wurden.

Der Forderung des Parlaments entsprechend, kehrte die Regentin am 30. Oktober mit dem König nach Paris zurück, entschlossen, bei der ersten günstigen Gelegenheit die ihr abgerungenen Zuge-

1) Frondeurs — Schleuderer — nannte man damals die Straßenjungen, die im Stadtgraben von Paris mit Schleudern gegen einander Krieg führten.

ständnisse wieder zurückzunehmen. Sie gewann eine Stütze für ihre Bestrebungen an dem durch seine Siege in Deutschland und den Niederlanden rühmlich bekannt gewordenen und seit Kurzem aus dem Felde zurückgekehrten Herzog von Enghien, der seit dem Tode seines Vaters (1646) den Titel Prinz von Condé führte. Da derselbe nicht nur bei dem Heere in hohem Ansehen stand, sondern auch durch sein ritterliches Wesen der Liebling der adeligen Jugend Frankreichs geworden, bot Gondi Alles auf, um ihn für die Fronde zu gewinnen; Condé war jedoch zu stolz auf seine Geburt und zu feudal gesinnt, um sich mit dem „Amtsadel" des Parlaments zu verbinden, dessen Auflehnung gegen den Hof ihm als Rebellion erschien und auf dessen Mitglieder er mit um so größerer Geringschätzung herabblickte, als sie nie den Degen gezogen. Während sein jüngerer Bruder, der Prinz von Conti, und seine Schwester, die ebenso leichtfertige und ehrsüchtige als schöne und geistreiche Herzogin von Longueville, durch den Stolz des älteren Bruders verletzt, sich mit den Herzögen von Beaufort und Bouillon an die Fronde anschlossen, sagte Condé dem Hofe seine Unterstützung zu und traf Anstalten, demselben durch Waffengewalt den Sieg über seine Gegner zu verschaffen.

Condé's Plan war, sich der Stadtthore von Paris, der Bastille und des Zeughauses zu bemächtigen und im Falle eines Widerstandes von Seiten der Bürger die Straßen der Stadt in ein Schlachtfeld zu verwandeln. Da der Hof sich die mit diesem Plane für ihn selbst verbundenen Gefahren nicht verhehlen konnte, zog er es vor, sich vorher in Sicherheit zu bringen, und begab sich in der Nacht vom 6. Januar 1649 heimlich nach St. Germain, von wo die Regentin am folgenden Tage dem Parlamente Befehl ertheilte, gleichfalls Paris zu verlassen und sich nach Montargis zu begeben. Statt diesem Befehle Folge zu leisten, sandte dasselbe Abgeordnete nach St. Germain, um dem Hofe Gegenvorstellungen zu machen und ihn zur Rückkehr nach Paris einzuladen. Da die Abgeordneten gar nicht vorgelassen und mit äußerster Geringschätzung behandelt wurden, erklärte das Parlament den Kardinal Mazarin für einen Feind des Staates und vereinigte sich mit dem Vorsteher der Kaufleute, den Schöffen, Viertelmeistern und Obersten der Bürgerabtheilungen von Paris zur gemeinsamen Vertheidigung der Stadt.

Dem Beispiele des Parlaments von Paris folgend, erklärten sich auch die Parlamente der Bretagne, der Normandie, der Provence und von Languedoc gegen Mazarin, und die adeligen Häupter der Fronde sammelten Truppen zur Unterstützung der aufrührerischen Hauptstadt. Auch Turenne, der Bruder des Herzogs von Bouillon, gedachte die deutsche Armee, welche er so ruhmwürdig befehligt hatte, gegen den Hof zu führen, und der Statthalter der

Niederlande, Erzherzog Leopold von Oesterreich, erbot sich, mit fünfzehntausend Mann in Frankreich einzufallen, wenn die Fronde mit ihm in Verbindung treten wolle.

Obgleich der Prinz von Condé nur ungefähr zwölftausend Mann unter seinem Kommando hatte vereinigen können und daher von einer ernstlichen Einschließung der Hauptstadt hatte abstehen müssen, hielt er seinen Gegnern Stand, da deren Uebermacht durch die Uneinigkeit der einzelnen Häupter paralysirt wurde. Indessen erachtete es die Königin für gerathen, mit dem Parlamente Unterhandlungen anzuknüpfen, und da dieses eine große Mäßigung an den Tag legte, kam am 11. März 1649 zu Ruel ein Friede zu Stande, in welchem die Regentin die dem Parlamente durch das Gesetz vom 24. Oktober gemachten Zugeständnisse bestätigte und eine allgemeine Amnestie zusagte, wogegen das Parlament in das Verbleiben Mazarins willigte und alle von ihm seit dem 6. Januar erlassenen Beschlüsse für null und nichtig zu erklären versprach.

Da dieser Vertrag weder das Volk, noch die adeligen Häupter der Fronde befriedigte, kam es in Paris zu neuen Ruhestörungen, und die Prinzen und Edelleute trafen Anstalten zur Fortsetzung des Kampfes. Schon zog Turenne mit seinem Heer heran, um die Entfernung Mazarins zu erzwingen, als er sich plötzlich von seinen Truppen verlassen sah. Mazarin hatte dieselben heimlich durch bedeutende Geldspenden zum Abfall von ihrem Führer bewogen. Da es zu der gleichen Zeit dem Minister gelang, mehrere Häupter der Fronde durch große Versprechungen zufrieden zu stellen, verstand sich einer nach dem andern zur Anerkennung des geschlossenen Friedens. Am 18. August hielt die Regentin mit dem Kardinal und dem Prinzen von Condé ihren Einzug in Paris, und da Mazarin die Vorsicht gebraucht hatte, bedeutende Summen unter die Zünfte und den Pöbel austheilen zu lassen, wurde nicht nur der König, sondern er selbst von dem Volke mit freudigem Zuruf begrüßt. „Das ist“, bemerkt der Prinz von Marsillac — als Schriftsteller bekannter unter dem Namen Larochefoucault, den er ein Jahr nach diesen Begebenheiten durch den Tod seines Vaters erhielt — in seinen Memoiren über die Regentschaft Anna's von Oesterreich, „die Weise unseres Volkes; mit demselben Leichtsinn, mit welchem es aus seiner Schuldigkeit heraustritt, kehrt es zu derselben zurück, und geht in einem Augenblick von Aufruhr zum Gehorsam über.“ Die Häupter der Fronde, und vor Allen der Koadjutor, beeilten sich, der Königin ihre Unterwerfung zu bezeigen, während sie selbst dem Prinzen von Condé öffentlich als ihrem Erretter ihren Dank aussprach.

Hatte sich Mazarin mit Hilfe Condé's gegen die gleichzeitigen Angriffe des Parlaments und des Adels zu halten gewußt, so stand ihm jetzt ein Kampf gegen den Prinzen selbst bevor. Nicht um den Minister, den er nicht liebte, auf seinem Posten zu erhalten, sondern um das Ansehen des Thrones, der königlichen Familie und des fürstlichen Blutes gegen die Empörungsgelüste der Bürger und Beamten zu schützen, hatte Condé seine Macht in die Schanze geschlagen. Nachdem die Autorität der Regierung hergestellt war, trat er offen mit Bestrebungen hervor, die auf den Sturz des herrschenden Regierungssystems zum Behufe der Wiederherstellung der alten Freiheit und Unabhängigkeit des Adels und die Begründung seiner eigenen Herrschaft im Rathe der Königin gerichtet waren. Da sich der Kardinal bei seiner Unbeliebtheit nicht stark genug fühlte, allein Etwas gegen den Prinzen zu unternehmen, der nicht nur gegen ihn jede Rücksicht außer Acht ließ, sondern auch der Königin unehrerbietig begegnete, suchte er sich gegen denselben des Beistandes der Frondeurs zu versichern, die von dem Prinzen mit verletzendem Stolze behandelt wurden. Dies gelang ihm auch, nachdem der Koadjutor durch vertrauenvolles Entgegenkommen der Königin für den gegen den Prinzen geplanten Gewaltschritt gewonnen worden. Am 8. Januar 1650 wurde Condé mit seinem Bruder Conti und seinem Schwager, dem Herzog von Longueville, mit denen er sich vollständig ausgesöhnt hatte, in dem Palais royal, wohin man sie unter dem Vorwande wichtiger Berathungen gelockt, gefangen genommen und auf Mazarins Befehl nach dem Schlosse Vincennes gebracht.

Das ganz unter dem Einfluß der Fronde stehende Volk von Paris empfing die Nachricht von der Verhaftung des Siegers von Rocroy und Lens, den es einst vergöttert, mit lautem Jubel, und die Häupter der Fronde sahen sich bereits im Geiste im gesicherten Besitz der erstrebten Herrschaft. Allein in den Provinzen sammelten Turenne und sein Bruder, der Herzog von Bouillon, im Vereine mit der Herzogin von Longueville, die nach der Gefangennehmung ihrer Brüder und ihres Gemahls aus Paris entflohen, Truppen zur Befreiung der Gefangenen, und mit ihnen vereinigten sich zahlreiche Edelleute, die in Condé den Beschützer ihres Standes und den Verfechter ihrer Freiheiten sahen. Auch die Spanier sagten den Freunden des Prinzen den erbetenen Beistand zu. Mazarin, der diesmal größere Entschlossenheit zeigte, zog gegen die Rebellen zu Felde und blieb in Burgund und in der Normandie siegreich, während er den Widerstand der Bevölkerung von Guyenne nur durch Zugeständnisse zu bewältigen vermochte.

Inzwischen war Turenne im Vereine mit dem Erzherzog Leopold gegen Paris vorgedrungen, um die gefangenen Prinzen zu befreien; diese waren jedoch bereits auf Mazarins Befehl von Vincennes nach Havre gebracht worden. Mazarin, der schleunigst aus

Guyenne nach der Hauptstadt zurückgekehrt war, zog mit dem Marschall du Plessis dem feindlichen Heere entgegen, und am 15. Dezember 1650 erlitt Turenne bei Rethel in Folge eines unerwarteten Ueberfalls eine so vollständige Niederlage, daß er nach vergeblichen Bemühungen, seine zersprengten Truppen wieder zu sammeln, nach Stenay entfliehen mußte.

Durch den errungenen Sieg aufs Neue in seiner Stellung befestigt, zeigte sich Mazarin nicht nur allen Fürbitten des Parlaments für die gefangenen Prinzen unzugänglich, sondern trat auch gegen die unruhigen Frondeurs mit größerer Entschiedenheit auf, beschwor jedoch dadurch einen neuen Sturm gegen sich selbst und den Hof herauf. Er suchte demselben durch die Flucht nach Havre zu entgehen, wo er Truppen zu sammeln oder, falls dies nicht gelinge, den Prinzen unter geeigneten Bedingungen die Freiheit zurückzugeben gedachte, um sich durch Condé's Arm wieder an seinen Gegnern zu rächen. Sobald seine Entfernung aus der Hauptstadt bekannt geworden (7. Februar 1651), erließ das Parlament einen Beschluß, welcher ihn aus allen Ländern des Königreichs verbannte, und nöthigte der Königin, die bereits Anstalten getroffen, dem Kardinal zu folgen, einen Freiheitsbrief für die Prinzen ab. Um sich selbst das Verdienst ihrer Befreiung zu erwerben, kündigte ihnen Mazarin am 13. Februar persönlich ihre Entlassung an, indem er die Schuld ihrer Verhaftung auf Gondi und den Herzog von Orleans zu schieben suchte, der sich mit derselben einverstanden erklärt hatte; er fand jedoch bei Condé, der seinen Worten keinen Glauben schenkte, statt des erwarteten Dankes nur eine geringschätzige Behandlung.

An der Möglichkeit verzweifelnd, sich für den Augenblick in seiner Stellung zu behaupten, verließ der Kardinal Frankreich und zog sich nach Lüttich und von dort nach Köln zurück, dessen Kurfürst ihm das Schloß Brühl zum Aufenthalte anwies.

Unterdessen befand sich die Königin zu Paris in der schwierigsten Lage; denn die Frondeurs gingen, im Bunde mit Condé, der jetzt wieder das Parlament, den Adel und das Volk für sich hatte, darauf aus, die alte, von Richelieu umgestaltete Verfassung des Königreichs und mit derselben alle früheren Rechte und Freiheiten des Adels herzustellen, zu welchem Ende sich an achthundert Prinzen, Herzöge und Edelleute eigenmächtig in Paris versammelt hatten. Die Bestrebungen der Verbündeten scheiterten jedoch an dem Widerspruch des Parlaments, das die Versammlung des Adels für ungesetzlich und dem königlichen Ansehen nachtheilig erklärte und demselben die Befugniß absprach, ohne die übrigen Stände irgend welchen Beschluß zu fassen. Da sich der Hof, dessen Beistand beide Parteien suchten, für das Parlament erklärte, ließ sich der leidenschaftliche Condé, der sich inzwischen auch mit Gondi und mehreren andern Häuptern der Fronde überworfen hatte, zu so schweren Beleidigungen gegen die Königin hinreißen, daß diese sich entschloß, ihn im Parlamente anzuklagen. Als sich der Prinz in der Sitzung vom 19. August 1651 unter den beleidigendsten Ausfällen gegen Gondi zu rechtfertigen suchte, der auf den Betrieb der Königin zum Kardinal erhoben worden, kam es zu den heftigsten Scenen, und nur dem ebenso entschiedenen als würdevollen Auftreten des Präsidenten Molé hatte man es zu verdanken, daß die erhitzten Parteien ihren Streit nicht mit dem Degen in der Hand ausfochten. Voll Aerger und Erbitterung verließ Condé die Hauptstadt und begab sich nach Berry.

Am 5. September 1651 erschien der König, der an diesem Tage sein vierzehntes Jahr und damit zugleich das Alter der Mündigkeit erreichte, im Parlamente und erklärte, daß er nunmehr, den Gesetzen des Staates gemäß, die Regierung selbst übernehmen wolle. Hierauf legte die Königin die Regentschaft nieder und beugte das Knie vor ihrem Sohne. Der König reichte ihr die Hand, um sie aufzuheben, umarmte sie, dankte ihr für ihre bisherigen Bemühungen um seine Erziehung und den Staat und bat sie, auch ferner an der Spitze des Staatsraths zu bleiben, um ihn mit ihrer Einsicht zu unterstützen. Das Ganze war nichts Anderes, als eine leere Förmlichkeit, durch welche in der Führung der Staatsangelegenheiten Nichts geändert wurde, da der vierzehnjährige König, dessen Erziehung überdies von der Königin gänzlich vernachlässigt worden, begreiflicherweise nicht im Stande war, selbst die Zügel der Regierung in die Hand zu nehmen.

Unterdessen hatte sich Condé, fest entschlossen, an dem Hofe und dessen ganzem Anhang blutige Rache zu nehmen, mit dem Kabinet von Madrid in Verbindung gesetzt und, da diesem bei dem noch immer fortdauernden Kriege mit Frankreich die inneren Zerwürfnisse in diesem Lande nur erwünscht sein konnten, war ihm von demselben bewaffnete Unterstützung für seine beabsichtigte Schilderhebung in Aussicht gestellt worden; dann hatte er sich nach Guyenne begeben, wo er, von dem Volke mit offenen Armen aufgenommen, Werbungen anstellte und zur Bestreitung der Kosten derselben die königlichen Einkünfte der Provinz mit Beschlag belegte. Nachdem ihn die Königin vergebens durch die ausgedehntesten Bewilligungen zufrieden zu stellen gesucht, zog sie selbst mit achttausend Mann gegen ihn zu Felde, und obgleich der Prinz ihr ungefähr mit den gleichen Streitkräften entgegentreten konnte, blieb er bei den ersten Unternehmungen im Nachtheil.

Während dieser Vorgänge hatte Mazarin in Deutschland einige tausend Mann geworben, um an der Spitze eines Heeres nach

Frankreich zurückzukehren. Auf die Nachricht, daß er die Grenze überschritten, erklärte ihn das Parlament für einen Hochverräther und setzte einen Preis auf seinen Kopf. Dessenungeachtet zog er unbehelligt mitten durch das Reich und traf am 28. Januar 1652 in Poitiers ein, von wo ihm der König und sein Bruder eine halbe Meile weit an der Spitze der Leibwache entgegengeritten waren. Noch an demselben Abend nahm er seinen alten Platz im Kabinette wieder ein.

Da der Bürgerkrieg einen schleppenden Gang annahm, beschloß Condé, der inzwischen von dem Hofe für einen Majestätsverbrecher erklärt worden, kühn nach Paris zu gehen, wo er das Parlament, das sowohl ihm als dem Kardinal feindlich entgegenstand, und mit demselben auch die Bürgerschaft auf seine Seite ziehen zu können hoffte. Obwohl der Pöbel sich für ihn erklärte und das Parlament durch Drohungen einzuschüchtern suchte, verharrte dieses, im Vereine mit dem besseren Theile der Bürgerschaft, bei seiner Weigerung, für den Prinzen Partei zu ergreifen, und da unterdessen Turenne, der die königlichen Truppen befehligte, bei Etampes das Heer Condé's mit bedeutendem Verluste aus dem Felde geschlagen, sah sich der Prinz genöthigt, zu demselben zurückzukehren, um dessen gänzliche Auflösung zu verhindern. Nachdem er den Rest seiner Truppen nach Charenton zurückgeführt, wo er die aus den Niederlanden zu seiner Unterstützung abgesandten spanischen Truppen erwarten wollte, wurde er von Turenne ereilt und bis vor die Mauern von Paris zurückgedrängt. Am 2. Juli 1652 kam es in der Vorstadt St. Antoine zu einem blutigen Gefechte, in welchem die Blüthe des französischen Adels auf beiden Seiten mit einer an die Ritterkämpfe des Mittelalters erinnernden Tapferkeit focht. Nach einem siebenstündigen heißen Ringen, dem Mazarin mit dem Hofe auf der Anhöhe von Charonne und die Pariser von den Mauern, Dächern und Thürmen ihrer Stadt zuschauten, sah sich Turenne zum Rückzug aus den leichenbedeckten Straßen genöthigt; aber für den Prinzen war damit wenig gewonnen, da inzwischen die Artillerie Turenne's eingetroffen war und dieser sogleich vor allen Straßeneingängen starke Batterien auffahren ließ.

Condé, der von Ergebung Nichts hören wollte, wäre verloren gewesen, wenn es nicht der für seine Sache begeisterten Herzogin von Montpensier, der Tochter Gastons von Orleans, gelungen wäre, die auf dem Stadthause versammelten Obrigkeiten von Paris, welche die Thore der inneren Stadt hatten schliessen lassen, zu Gunsten des Prinzen umzustimmen und sie zu bewegen, denselben mit dem Ueberrest seines zusammengeschmolzenen Heeres in die Stadt einzulassen.

Um das Parlament und die Bürgerschaft von Paris zur Parteinahme für Condé zu zwingen, reizten dessen Anhänger den Pöbel zu Zusammenrottungen und blutigen Gewaltthätigkeiten auf. Das Rathhaus wurde von einem bewaffneten Pöbelhaufen erstürmt, und die in demselben versammelten Magistratspersonen und Bürger sahen sich zu einem Kampfe gezwungen, in welchem mehrere von ihnen getödtet wurden. Unter dem Einfluß des herrschenden Schreckens gelang es den Anhängern Condé's, dem Parlamente, von dessen Mitgliedern viele in den Sitzungen nicht mehr zu erscheinen wagten, einen Beschluß abzunöthigen, durch welchen „in Anbetracht des unfreien Zustandes, worin Mazarin den König halte“, Condé zum Generalissimus des Heeres und der Herzog von Orleans, der sich schon vor dem Ausbruch des Bürgerkriegs den Gegnern des Hofes angeschlossen, zum Generallieutenant des Königreichs ernannt wurde.

Auf die Nachricht von diesen Vorgängen zog sich der Hof nach Pontoise zurück, wohin Mazarin im Namen des Königs auch das Parlament berief. Die Mehrzahl der Mitglieder desselben leistete zwar Folge, bestand aber auch in Pontoise auf der Entlassung des Ministers. Angesichts der im ganzen Lande herrschenden Stimmung hielt es Mazarin für gerathen, freiwillig zurückzutreten, wozu er sich umso leichter entschloß, als der König und seine Mutter das feste Versprechen gaben, ihn auf das Ehrenvollste zurückzuberufen, sobald ihr eigenes Ansehen und die öffentliche Ruhe hergestellt sein würden.

Während sich Mazarin nach Sedan zurückzog (19. Aug. 1652) und Turenne mit dem Heere bei Compiegne eine vortheilhafte Stellung nahm, begab sich Condé, welcher sich in Paris bei dem durch die Entfernung des Kardinals in der Volksstimmung bewirkten Umschwung nicht mehr sicher glaubte, mit dem Reste seiner Truppen in die Champagne, um sich den Spaniern in die Arme zu werfen. Den Bitten der Pariser folgend, kehrte Ludwig XIV. am 21. October mit dem Hofe in die Hauptstadt zurück, wo er mit Jubel empfangen wurde. Mit Ausnahme des Herzogs von Orleans und seiner Tochter, die Paris sofort verlassen mußten, und des Kardinals von Retz, der im Louvre gefangen genommen und zuerst nach Vincennes, dann nach Nantes gebracht wurde, erhielten alle Anhänger Condé's Verzeihung. Mazarin, der inzwischen mit einer von ihm geworbenen Truppenschaar von viertausend Mann mehrere von den Spaniern besetzte französische Plätze zurückerobert und dadurch die öffentliche Meinung wieder etwas mit sich ausgesöhnt hatte, kehrte am 8. Februar 1653 gleichfalls nach Paris zurück, vor dessen Thoren ihn der junge König selbst, von vielen Prinzen und Edelleuten umgeben, auf das Zuvorkommendste empfing.

Von dieser Zeit an war Mazarins Stellung und damit zugleich die Ruhe im Innern Frankreichs gesichert. Guyenne, das noch immer zu Condé hielt, wurde durch Waffengewalt zur Unterwerfung gezwungen und der Krieg mit Spanien, in welchem fortan Condé gegen sein eigenes Vaterland kämpfte, ohne gegen den vorsichtigen Turenne Etwas ausrichten zu können, mit allem Nachdruck fortgeführt. Nachdem Condé's Bruder, der Prinz von Conti, sich mit dem Hofe vollständig ausgesöhnt und seine Schwester, die Herzogin von Longueville, sich in ein Kloster zurückgezogen hatte, wurde Condé selbst am 24. März 1654 von dem Parlamente als Hochverräther des Todes schuldig und aller seiner Würden und Güter verlustig erklärt.

Der Sieg, den Mazarin durch zähe Ausdauer, ruhige Ueberlegung, rechtzeitiges Nachgeben und klare Auffassung der Verhältnisse über alle seine Widersacher davongetragen, besiegelte zugleich die absolute Herrschergewalt in Frankreich. Der Adel wagte seitdem keine weitere Auflehnung mehr, sondern strebte nur noch darnach, am Hofe durch seine, geschmeidige Sitten und gewandte Umgangsformen zu glänzen; auch das Parlament gab seine unter Mazarin aufs Neue mit soviel Nachdruck und Besonnenheit aufrecht gehaltenen Ansprüche auf die Betheiligung an den Reichsangelegenheiten auf und bot nur zu bald die Hand zur Ausführung despotischer Maßregeln. Dem jungen, stolzen und herrschsüchtigen König aber hatten die in den Unruhen der Fronde empfangenen Eindrücke einen so entschiedenen Widerwillen gegen jede freiheitliche und selbstständige Regung in seinem Reiche eingepflanzt, daß er frühe schon entschlossen war, sich durch das entschiedenste und durchgreifendste Verfahren unbedingten Gehorsam zu verschaffen. In diesem Vorsatze wurde er durch Mazarin bestärkt, der seinem gelehrigen Zögling zeigte, wie viel ein Herrscher sich erlauben dürfe, wenn er durch sein Auftreten die Unterthanen an den Glauben gewöhne, daß sein Wille das höchste Gesetz sei. Obgleich er seinem ersten Minister die volle Leitung der Geschäfte überließ, versäumte er nicht, bei vorkommender Gelegenheit zu zeigen, in welchem Geist er selbst zu herrschen gedenke. Noch nicht sechzehn Jahre alt, erschien er eines Tages, auf die bei der Rückkehr von der Jagd ihm zugekommene Nachricht, daß das Parlament sich eigenmächtig versammelt habe, um gegen eine vom Hofe erlassene Verordnung eine Vorstellung abzufassen, in Jagdkleidern, Stiefeln und Sporen mit der Reitpeitsche in der Hand in der Parlamentsversammlung, um derselben in den härtesten Ausdrücken ihre Anmaßung vorzuwerfen.

Mazarin selbst entschädigte sich für die früher ihm gewordenen Demüthigungen und Feindseligkeiten durch das stolzeste Benehmen. Er behandelte die vornehmsten Herren wie seine Diener und erlaubte Niemanden mehr, selbst dem Kanzler des Reiches nicht, in seiner Gegenwart niederzusitzen. Den jungen König wußte er nicht nur durch die überlegene Einsicht, die er in allen Staatsangelegenheiten an den Tag legte, und den glücklichen Erfolg seiner Unternehmungen, sondern auch durch die weitgehendste Nachgiebigkeit gegen dessen für alle Leidenschaften und Genüsse empfängliches Gemüth mehr und mehr an sich zu fesseln. Dem Entschluß Ludwigs, sich mit Mazarin's Nichte Maria Mancini zu vermählen, mit welcher er ein Liebesverhältniß angeknüpft, trat jedoch der Kardinal mit aller Entschiedenheit entgegen, indem er dem König erklärte, wenn derselbe bei diesem Entschlusse bleibe, so müsse er, der Kardinal, Frankreich verlassen und alle seine Verwandten aufgeben. „Ich liebe meine Nichte," sagte er, „aber ich liebe den König von Frankreich noch mehr und interessire mich für Ihren Ruhm und die Erhaltung Ihres Staates mehr, als für alle anderen Dinge in der Welt."

Zur Gemahlin Ludwigs XIV. hatte Mazarin die spanische Infantin Maria Theresia, die älteste Tochter Philipps IV., ausersehen, um durch diese Verbindung die Vereinigung Spaniens mit Frankreich anzubahnen, da Philipps IV. einziger Sohn Karl von so schwächlicher Gesundheit war, daß mit ihm das Erlöschen des spanischen Königshauses zu erwarten stand. Dieses wichtige Heirathsprojekt, mit dessen Verwirklichung Mazarin seiner staatsmännischen Laufbahn einen großartigen Abschluß zu geben gedachte, bewog den Kardinal, dem König von Spanien Vorschläge zur Beendigung des langen Krieges zu machen, der in den letzten Jahren in den Niederlanden durch die Verdienste Turenne's einen für Frankreich äußerst günstigen Verlauf genommen hatte, und da das erschöpfte Spanien den Frieden nur wünschen konnte, zeigte das Kabinet von Madrid das bereitwilligste Entgegenkommen. Nachdem am 7. Mai 1659 ein zweimonatlicher Waffenstillstand geschlossen worden, konnten schon am 4. Juni die Präliminarien unterzeichnet werden, bei deren Feststellung nur die von dem spanischen Hofe als Ehrensache betrachtete Frage der Wiedereinsetzung des Prinzen von Condé in seine Güter und Rechte Schwierigkeiten dargeboten hatten. Der eigentliche Friede wurde am 7. November 1659 in den Pyrenäen und zwar auf der in dem Grenzflusse Bidassoa gelegenen Fasaneninsel unterzeichnet, wohin sich Mazarin und Philipps IV. erster Minister Don Luis de Haro mit einem zahlreichen glänzenden Gefolge begeben hatten, um in persönlicher Conferenz die noch schwebenden Verhandlungen zu Ende zu führen. Bei der Wahl dieser Insel waren die gleichen kleinlichen Etikettenrücksichten maßgebend gewesen, die wir bei dem westfälischen Frieden kennen gelernt; denn da sie in der Mitte der Bidassoa liegt, befand sich das auf derselben für die Berathungen der beiden Minister errichtete Zelt halb auf spanischem und halb auf französischem Boden, so daß sie mit einander conferiren konnten, ohne den Boden ihrer Reiche zu verlassen.

In dem „pyrenäischen Frieden“ trat Spanien an Frankreich, außer bedeutenden Landstrichen und Festungen in Artois, Flandern, Hennegau, Luxemburg und zwischen der Sambre und Maas, das bis dahin auf der Nordseite der Pyrenäen in seinem Besitze verbliebene Gebiet, die Grafschaften Roussillon Conflans und dreiunddreißig Dörfer der Grafschaft Cerdagne ab und nahm den Grundsatz an, daß die Höhe der Pyrenäen die Grenzscheide der beiden Reiche bilde; dagegen sagte Frankreich die bedingungslose Wiedereinsetzung des Prinzen von Condé in alle seine Güter, Rechte und Würden im Staat und am Hof, sowie die gleichfalls von Spanien geforderte Zurückstellung Lothringens an den nach dem westfälischen Frieden in spanische Dienste getretenen Herzog Karl IV. zu, unter der Bedingung, daß derselbe außer mehreren festen Plätzen eine mitten durch sein Land gehende, eine halbe Meile breite Straße von Metz nach dem Elsaß an Frankreich abtrete und die Festungswerke von Nancy geschleift würden. Zugleich versprach Mazarin, der von Spanien beabsichtigten Wiedereroberung Portugals in keinerlei Weise hinderlich sein zu wollen.

Gleichzeitig mit der Friedensurkunde wurde auch der zwischen Ludwig XIV. und der Tochter Philipp's IV. vereinbarte Ehevertrag unterzeichnet. In derselben sagte Spanien als Brautschatz für die Infantin Maria Theresia eine baare, in drei Fristen zu zahlende Summe von fünfhunderttausend Goldkronen zu; dagegen mußten Ludwig und die Infantin zum Voraus auf jede Art von Erbfolge in den Ländern und Reichen der spanischen Krone Verzicht leisten. Obgleich diese Klausel die großartigen Aussichten zu vernichten schien, die Mazarin an die Vermählung Ludwig's mit der spanischen Infantin für Frankreichs Zukunft geknüpft hatte, unterschrieb er dieselbe ohne Bedenken, in der sicheren Voraussetzung, daß sich trotz derselben später Mittel und Wege finden lassen würden, größere oder geringere Ansprüche zu erheben und durchzusetzen.

Am 12. November 1659 trennten sich die beiden Minister, und am 27. Januar 1660 führte Mazarin seinen berühmten Gegner Condé an den zu Aix weilenden französischen Hof zurück. Als der Prinz, das Knie vor dem König beugend, ihn wegen des Vorgefallenen um Verzeihung bat, reichte ihm Ludwig die Hand mit den Worten: „Mein Vetter, nach den großen Diensten, die Sie meiner Krone erwiesen haben, erinnere ich mich eines Uebels nicht mehr, das nur Ihnen selbst geschadet hat.“ Wenige Tage darauf, am 2. Februar 1660, starb Gaston von Orleans im Alter von zweiundfünfzig Jahren. Da er keinen männlichen Nachkommen hinterließ, verlieh Ludwig XIV. das Herzogthum Orleans seinem Bruder Philipp.

Die Vermählung Ludwigs XIV. mit der Infantin Maria Theresia fand am 9. Juni 1660 zu St. Jean de Luz Statt, und am 26. August hielt das königliche Paar unter großer Prachtentfaltung seinen Einzug in Paris, begrüßt von den enthusiastischen Jubelrufen der Bevölkerung.

Indessen neigte sich Mazarins Laufbahn ihrem Ende zu. In einem äußerst geschwächten Gesundheitszustand aus den Pyrenäen zurückgekehrt, ging er seitdem langsam dem Tode entgegen. Es wurde ihm schwer, von den Herrlichkeiten zu scheiden, mit denen er sich umgeben hatte, wohl um so schwerer, als er nicht ohne Gewissensunruhe an die unrechtmäßige Weise denken konnte, auf welche er, unter schwerer Benachtheiligung des Staates, sein ungeheures, auf mehr als fünfzig Millionen Livres geschätztes Vermögen erworben hatte. Seine Kostbarkeiten, darunter Diamanten und andere Edelsteine vom höchsten Werthe, vermachte er zum größten Theile der Krone, der Königin-Mutter und dem Bruder des Königs. Auch an Vermächtnissen für Gelehrte und Künstler, sowie für großartige Bauunternehmungen ließ er es nicht fehlen. Sein Haupterbe war sein Neffe Philipp Mancini, dem er neben andern bedeutenden Gütern das von ihm angekaufte Herzogthum Nevers vermachte.

Mazarin starb, achtundfünfzig Jahre alt, am 9. März 1661, nachdem er sich kurz vorher noch einmal sorgfältig hatte kleiden und durch seinen Palast und seinen Garten tragen lassen, um von den Herrlichkeiten Abschied zu nehmen, deren Anblick ihn so lange erfreut hatte.

Obgleich der König bei der Nachricht von dem Tode des Kardinals Thränen vergoß und seinen ganzen Hof Trauer anlegen ließ, bedauerte er es wohl nicht, eines Führers entledigt zu sein, den er nicht mehr zu bedürfen glaubte. Hatte doch Mazarin selbst in seinen letzten Tagen, als man ihn versicherte, daß Jedermann für seine Genesung bete, die Aeußerung gethan: „Einer wünscht meinen Tod; ich muß sterben, lieber heute als morgen.“ Dem mit seinen eigenen Neigungen übereinstimmenden Rathe Mazarins folgend, gab Ludwig dem Kardinal keinen Nachfolger, und als die Räthe die Frage an ihn richteten, an wen statt des Kardinals sie sich in Zukunft zu wenden hätten, antwortete er ihnen: „An mich selbst. Bisher habe ich meine Angelegenheiten durch den verstorbenen Herrn Kardinal verwalten lassen; es ist Zeit, daß ich sie selbst verwalte. Sie werden mich mit Ihrem Rathe unterstützen, wenn ich ihn begehre. Der Herr Kanzler wird Nichts, als auf meinen Befehl, untersiegeln; die Staatssekretäre werden Nichts, nicht einmal einen Paß, ohne meinen Befehl unterzeichnen. Sie werden täglich mir selbst Rechenschaft geben. Sie wissen nun meinen Willen, und es ist an Ihnen, denselben auszuführen."

Ludwigs XIV. erste Eroberungskriege.

(1667—1697.)

„Frankreich", sagt Ludwig XIV. in dem von ihm abgefaßten ‚Unterricht für den Dauphin', „ist ein monarchischer Staat in der weitesten Ausdehnung des Wortes. Alle Macht und Staatsgewalt ruht in den Händen des Königs; es kann im Reiche keine Autorität geben, die nicht vom König eingesetzt ist. Diese Regierungsform ist dem Charakter der Nation und ihrer Lage am angemessensten. Alles, was sich im Umfange Unserer Staaten befindet, welcher Natur es auch sein mag, gehört Uns aus gleichem Rechtstitel an: das Geld in Unserer Privatkasse, wie die Gelder in den Händen Unserer Schatzmeister oder die, welche Wir im Handel der Völker lassen." In dieser Umschreibung des bekannten Ausspruchs Ludwigs: L'état c'est moi — der Staat, das bin ich — sind die Grundzüge des Systems gezeichnet, auf welchem die Regierung des Königs von dem Tage an beruhte, an welchem er selbst das den Händen des sterbenden Mazarin entsinkende Ruder des Staates ergriff.

Die absolute Gewalt, die Ludwig in seinem eigenen Lande auszuüben entschlossen war, genügte jedoch weder seiner Herrschsucht noch seinem Ehrgeiz. Wie Frankreich ihn als unumschränkten Gebieter anerkennen und in allen Stücken sich widerspruchslos seinem Willen fügen sollte, so wollte er auch der Erste in ganz Europa sein und den Supremat Frankreichs in einer Weise begründen, der in allen europäischen Angelegenheiten die höchste Entscheidung von ihm allein abhängig mache.

Gleich beim Beginne seiner Selbstregierung bekundete Ludwig seinen Anspruch, überall als der Erste anerkannt zu werden, in einem Rangstreit mit Spanien. Als nämlich im Jahre 1661 bei einer Auffahrt in London der spanische Gesandte den Vortritt vor dem französischen in Anspruch nahm, der seit Karls V. Zeit den Abgeordneten Spaniens nie bestritten worden war, kam es, da der französische Gesandte ihm durchaus vorfahren wollte, zwischen der beiderseitigen Dienerschaft zu Thätlichkeiten, in welche sich der Londoner Pöbel zu Gunsten der Spanier einmischte. Aufs Höchste erzürnt, ließ Ludwig XIV. sofort dem spanischen Gesandten an seinem Hofe den Befehl zukommen, Paris zu verlassen, rief den seinigen aus Madrid zurück und drohte seinem Schwiegervater brieflich mit dem unverzüglichen Wiederbeginn des kaum beendigten Krieges, wenn der Vorrang des französischen Botschafters vor dem spanischen nicht von Seiten des Hofes von Madrid anerkannt werde. Philipp IV., der es um einer einfachen Etikettenfrage willen nicht auf einen neuen Krieg ankommen lassen wollte, ließ seinem Schwiegersohne durch einen eigenen Botschafter die Erklärung überbringen, daß er seinen Ministern befohlen habe, künftig bei öffentlichen Feierlichkeiten nicht mehr mit den französischen Gesandten um den Vorrang zu streiten, worauf Ludwig, der diese Erklärung in Gegenwart des Hofes und aller fremden Botschafter entgegengenommen, sich an die Letzteren mit den Worten wandte: „Ich bitte Sie, Ihren Herren diese Erklärung mitzutheilen, damit sie wissen, daß der katholische König seinen Gesandten befohlen hat, den meinigen bei jeder Gelegenheit den Vorrang zu lassen."

Noch ungleich anmaßender benahm sich Ludwig XIV. gegen den Papst Alexander VII. bei Gelegenheit eines am 20. August 1662 zwischen den Leuten des französischen Gesandten in Rom, des stolzen und übermüthigen Herzogs von Créqui, und den Soldaten der korsischen Leibwache des Papstes in Folge des frechen und anmaßenden Auftretens der Ersteren ausgebrochenen Streites, bei welchem die erbitterten Korsen nach den Fenstern des Gesandten geschossen, mehrere Diener des Gesandten verwundet, und einen Pagen desselben getödtet hatten. Auf die Kunde von diesen Vorgängen berief Ludwig sofort seinen Gesandten von Rom zurück, ließ den päpstlichen Nuntius durch französische Reiter über die Grenze bringen und traf Anordnungen zur Entsendung französischer Truppen in das päpstliche Gebiet. Um die Sache gütlich beizulegen, erklärte sich der Papst zu einer Genugthuung bereit; Ludwig stellte jedoch die ausschweifendsten Forderungen und ließ, als der päpstliche Hof zögerte, auf dieselben einzugehen, Avignon und die Grafschaft Venaissin besetzen und ein Heer von einundzwanzigtausend Mann nach Italien abgehen. Der aufs Aeußerste bedrängte Papst, der vergebens den Zorn des Königs durch strenge Bestrafung der Urheber der bei dem Tumulte begangenen Ausschreitungen zu beschwichtigen gesucht hatte, sah sich in seiner Hilflosigkeit gezwungen, sich allem zu fügen, was der übermüthige König von ihm verlangte. So wurde am 12. Februar 1663 zu Pisa ein förmlicher Friede unterzeichnet, in welchem der Papst sich unter Andern verpflichten mußte, durch seinen als Legaten nach Frankreich zu entsendenden Neffen Fabio Chigi wegen des Vorgefallenen öffentlich Abbitte thun zu lassen und die korsische Nation für immer von dem päpstlichen Dienste auszuschließen. Außerdem sollte der Bruder des Papstes, Marco Chigi, als Oberbefehlshaber der päpstlichen Truppen sich schriftlich bei dem König von Frankreich wegen der dem französischen Gesandten zugefügten Beleidigungen entschuldigen, der Gouverneur von Rom, der Kardinal Imperiali, sich persönlich zu dem gleichen Zwecke nach Paris begeben und endlich Augustin Chigi, ein anderer Neffe des Papstes, mit seiner Gemahlin, einer farnesischen Prinzessin, dem Herzog von Créqui und dessen Gemahlin bei deren Rückkehr nach Rom zehn Meilen weit entgegenkommen, um denselben das Bedauern des Papstes über den Vorfall vom 20. August auszudrücken. Erst nachdem alle diese Bedingungen erfüllt waren, erhielt der Papst Avignon und Venaissin zurück.

Zur dauernden Begründung der französischen Hegemonie suchte Ludwig die Grenzen seines Reiches durch Eroberungskriege zu erweitern, deren Erfolg ebensowohl durch die treffliche Organisation des französischen Heerwesens, als durch die große Zahl hervorragender Feldherren gesichert schien, die Ludwig seinen Truppen zu Führern geben konnte — in den ersten Zeiten hauptsächlich Condé und Turenne, später die kriegslustigen Marschälle, die sich in der Schule dieser beiden Feldherren ausgebildet hatten.

Die erste Gelegenheit zu der erstrebten Erweiterung seines Reiches bot sich Ludwig XIV. im Jahre 1665 bei dem Tode seines Schwiegervaters Philipp IV. dar. Obgleich er und seine Gemahlin in dem pyrenäischen Frieden auf alle Länder der spanischen Monarchie Verzicht geleistet hatten, erhob er Anspruch auf die spanischen Niederlande, unter dem Vorwande, daß seine und seiner Gemahlin Verzichtleistung auf diese Länder wegen des in denselben geltenden besonderen Erbrechtes keine Anwendung finden könne und überdies der ganze Vertrag hinfällig sei, weil die seiner Gemahlin als Aequivalent zugesagte Mitgift nicht in den festgesetzten Fristen bezahlt worden sei. Philipps IV. Wittwe Maria Anna, die Tochter Kaiser Ferdinands III., die für ihren minderjährigen Sohn Karl II. die Regentschaft führte, wies, unter Berufung auf ihre Verpflichtung, ihrem Sohne die Gesammtheit der Monarchie ungeschmälert zu erhalten, Ludwigs Forderung zurück, und dem Einfluß Anna's von Oesterreich gelang es, die Eroberunsgelüste ihres Sohnes für den Augenblick in Schranken zu halten; nachdem jedoch auch sie am 20. Februar 1666 im Alter von vierundsechzig Jahren ins Grab gesunken war, beschloß Ludwig, der sich erst jetzt vollständig frei fühlte, seine Ansprüche auf die Niederlande durch Waffengewalt zur Geltung zu bringen.

Im Mai 1667 rückte Turenne mit einem Heere von fünfunddreißigtausend Mann, dem noch eine Reservearmee von zwanzigtausend Mann folgte, in Flandern ein, und da die zum Kampfe nicht gerüsteten Spanier nur geringen Widerstand leisten konnten, war in kurzer Zeit ein großer Theil des Landes von den Franzosen besetzt. Gleich erfolgreich war der im Jahre 1668 unternommene Einfall Condé's in die Franche-Comté, die innerhalb siebzehn Tagen fast ohne Schwertstreich besetzt wurde. Schon hielt sich Ludwig in dem erstrebten Besitze der Niederlande für gesichert, als ihm ganz unerwartet in seinem Siegeslaufe ein gebieterisches Halt zugerufen wurde. Die durch die reißenden Fortschritte der Franzosen mit Besorgnissen für ihren eigenen Besitzstand erfüllten Holländer hatten auf die Veranlassung ihres staatsklugen Rathspensionärs Johann de Witt mit Schweden und England, in welch' letzterem Lande seit dem Jahre 1660 das Königthum unter Karl's I. Sohne Karl II. hergestellt war, ein Bündniß, die sogenannte Triple-Allianz, geschlossen, in welchem die drei Mächte sich verpflichteten, als Friedensvermittler zwischen Frankreich und Spanien aufzutreten und, falls ihre gütliche Dazwischenkunft fruchtlos bleiben sollte, Frankreich zu Lande und zur See anzugreifen. Da Ludwig auf einen allgemeinen Krieg nicht vorbereitet war, hielt er es für gerathen, sich zu einem Frieden zu bequemen, der ihm immerhin Vortheile in Aussicht stellte, welche die geringen Opfer seiner bisherigen Kriegsführung bedeutend überwogen. In dem am 2. Mai 1668 zu Aachen abgeschlossenen Friedensvertrag gab er die Franche-Comté an Spanien zurück und blieb dagegen im Besitze der in den Niederlanden gemachten Eroberungen, so daß das Gebiet von der Meeresküste bis zur Sambre mit vielen wichtigen Städten an Frankreich kam.

Der Friede von Aachen war indessen nur ein kurzer Waffenstillstand. Kaum war derselbe unterzeichnet, als im Rathe Ludwigs XIV. neue Eroberungspläne entworfen wurden. Der Gegenstand derselben war die Republik Holland, deren Besitz, wie der Kriegsminster Louvois dem König eingehend auseinander setzte, Frankreich nicht nur unberechenbare Handelsvortheile, sondern auch die Möglichkeit des späteren Erwerbs der spanischen Niederlande und der Ausdehnung der französischen Grenze bis an den Rhein in Aussicht stellte. Dem König selbst sagten Louvois' Pläne um so mehr zu, als er vor Begierde brannte, die Holländer für die Kühnheit, mit welcher sie in seinen Siegeslauf einzugreifen gewagt, seine Rache fühlen zu lassen, und so wurden alsbald die umfassendsten Maßregeln zur Vernichtung der holländischen Republik getroffen.

Ehe wir den Verlauf des von Ludwig XIV. geplanten zweiten Eroberungskrieges schildern, müssen wir einen Blick auf die Entwicklung der Republik der vereinigten Niederlande seit der Anerkennung ihrer Selbstständigkeit von Seiten Spaniens im Frieden von Münster werfen. Schon ein Jahr vor dem Abschluß dieses Friedens, im März 1647, war der Prinz Friedrich Heinrich von Oranien, der im Jahre 1625 seinem kinderlosen Bruder Moritz in der Statthalterschaft gefolgt war (s. Bd. V. S. 315) mit Tod abgegangen, sein mit der englischen Prinzessin Maria, der Tochter Karl's I., vermählter Sohn Wilhelm II. jedoch erst im Jahre 1648 zum Statthalter ernannt worden. Da er nach dem Abschluß des westfälischen Friedens das Kriegsvolk in stärkerer Anzahl beibehalten wissen wollte, als die Stände von Holland, und da diese eigenmächtig neunundzwanzig von ihnen bezahlte Fahnen entlassen hatten, war der schon bei den remonstrantischen Unruhen hervorgetretene Streit über die Frage, ob die Souveränität bei den Generalstaaten, welche auf der Seite des Statthalters standen, oder bei den Provinzialständen sei, mit erneuter Heftigkeit ausgebrochen. Nach einem verunglückten Versuche des Prinzen, diese Frage durch einen Gewaltstreich in seinem Sinne zu entscheiden, war es den Generalstaaten gelungen, die holländischen Stände zur Nachgiebigkeit zu bewegen, und so war die Streitfrage dahin erledigt worden, daß das Recht der Haltung und Abdankung der Truppen für alle Zeiten den Generalstaaten verbleiben solle.

Noch in demselben Jahre (1650) starb Wilhelm II. im noch nicht vollendeten vierundzwanzigsten Lebensjahre. Während der Minderjährigkeit seines erst nach seinem Tode geborenen Sohnes Wilhelm Heinrich, erlangte die „aristokratische Partei", an deren Spitze der im Jahre 1653 im Alter von achtundzwanzig Jahren zum Rathspensionär ernannte Johann de Witt stand, über die oranische so entschieden das Uebergewicht, daß sie den von den Provinzialständen im Januar 1651 auf einer Versammlung im Haag gefaßten Beschluß, für die Zukunft keinen Statthalter mehr zu erwählen, aufrecht halten konnte. Ein im Jahre 1651 zwischen den Niederlanden und England ausgebrochener und mit ungewöhnlicher Hartnäckigkeit geführter Seekrieg, der durch die Weigerung der Generalstaaten, sich der englischen Republik anzuschließen, herbeigeführt worden war, verlief infolge der entschiedenen Uebermacht der Engländer zum Nachtheile der Niederländer und wurde im Jahre 1654 nach zehn blutigen Seeschlachten durch einen Frieden beendigt, in welchem die Niederländer versprachen, sich niemals der geflüchteten Königsfamilie von England anzunehmen und ihre Fahrzeuge in den britischen Gewässern stets vor englischen Kriegsschiffen die Flaggen streichen zu lassen.

Nach der Herstellung des Friedens mit England mischten sich die Niederländer in den Krieg Karl Gustav's von Schweden mit Polen und Dänemark, um durch die Unterstützung dieser beiden Mächte ihre durch die Eroberungsgelüste des Schwedenkönigs gefährdeten Handelsinteressen auf der Ostsee zu schützen. Nachdem die Generalstaaten bereits im Jahre 1656 eine Besatzung nach Danzig gesandt, um diese Stadt gegen den Angriff Karl Gustav's zu vertheidigen, erschien im Jahre 1658 eine holländische Flotte im Sunde und brachte, nach einem siegreichen Gefechte mit der schwedischen Seemacht, Verstärkungen nach Kopenhagen. Da Karl Gustav trotzdem der von England, Frankreich und den Niederlanden an ihn gestellten Forderung, alsbald Frieden zu schließen nicht nachkam, führte der holländische Admiral de Ruyter siebzig Kriegsschiffe durch den Sund und blockirte die schwedische Flotte in Karlskrona (1659). Diesen Kämpfen, auf welche wir in der nordischen Geschichte zurückkommen werden, machte zu Anfang des folgenden Jahres der Tod Karl Gustav's ein Ende.

Im Jahre 1665 wurden die Niederländer in einen neuen Seekrieg mit England verwickelt, zu welchem ein Angriff der Engländer auf die holländischen Forts in Guinea, sowie auf die Besitzungen der Republik in Nordamerika die erste Veranlassung gab. Als der Rathspensionär de Witt in Folge dieser Angriffe ein strenges Verbot gegen die Einfuhr englischer Fabrikate erließ, erklärte Karl II. am 14. März 1665 den Generalstaaten den Krieg, durch welchen er zugleich einen günstigen Umschwung für seinen Neffen, den jungen Prinzen von Oranien, herbeizuführen hoffte. Nach einem zweijährigen wechselvollen Kampfe, in welchem die niederländische Republik unter der geschickten Kriegsführung der berühmten Seehelden de Ruyter und Cornelius Tromp außergewöhnliche Kräfte entfaltete, indem die aristokratische Partei dem Seewesen die größte Fürsorge gewidmet hatte, wurde im Jahre 1667 zu Breda ein Friede geschlossen, der nicht nur das Ansehen der Republik bedeutend erhöhte, sondern ihr auch wesentliche Handelsvortheile verschaffte.

Bei der gehobenen Stimmung, welche die glückliche Beendigung des Krieges unter der Bevölkerung verbreitet hatte, gelang es de Witt, eine Maßregel durchzusetzen, welche die Parteien versöhnen, zugleich aber auch den Oraniern die Möglichkeit benehmen sollte, ihre Macht zum Nachtheile der Freiheit des Landes zu gebrauchen. Ein im Jahre 1670 erlassenes Edikt, die sogenannte „Akte der Harmonie", bestimmte, daß zwar die Statthalterschaft in den Niederlanden wiederum ins Leben treten könne, aber nur unter der Bedingung der Trennung derselben von der Oberbefehlshaberschaft über die Land- und Seemacht.

So lagen die Dinge in Holland, als Ludwig seine Vorbereitungen zur Vernichtung der Republik traf. Um den Erfolg des geplanten Unternehmens zu sichern, suchte er die Holländer zu isoliren, sich selbst aber durch Bündnisse zu stärken. Zunächst galt es, die Triple-Allianz zu sprengen und Hollands bisherige Bundesgenossen auf die Seite Frankreichs zu ziehen. Dies gelang dem König unschwer bei Karl II. von England, der gleich nach dem Abschluß des Aachener Friedens geheime Unterhandlungen mit ihm angeknüpft. Karl II. trachtete nämlich, ungewarnt durch das traurige Schicksal seines Vaters, nach der Herstellung einer unumschränkten Königsgewalt und glaubte dieses Ziel am sichersten durch den Anschluß an Frankreich erreichen zu können; auch hatte er die Absicht, zur katholischen Kirche überzutreten, und wünschte, von Ludwig die nöthigen Geldmittel zur Unterdrückung etwaiger aufrührerischer Bewegungen zu erhalten, die durch diesen Schritt verursacht werden könnten. Da Ludwig bereitwillig auf sein Verlangen einging, kam zwischen ihm und Karl ein geheimer Vertrag zu Stande, in welchem der Letztere ihm gegen das Versprechen einer Subsidie von zwei Millionen Livres und der Ueberlassung der Provinz Seeland bei der demnächstigen Theilung der vereinigten Niederlande den Beistand der kriegsbewährten Seemacht seines Reiches zusagte.

Wie England, so erklärte sich auch Schweden bereit, für eine jährliche Zahlung von sechshunderttausend Thalern ein Heer von sechstausend Mann in Pommern und Bremen aufzustellen, das gegen jeden deutschen Reichsstand vorgehen sollte, der etwa zur Unterstützung der Holländer rüsten werde. Weitere Bundesgenossen fand Ludwig XIV. in dem Erzbischof Maximilian Heinrich von Köln und dem Fürstbischof von Münster, dem kriegslustigen Bernhard von Galen, von denen der Erstere längst im Schlepptau Frankreichs, der Letztere mit den Niederländern verfeindet und daher gern bereit war, dem König von Frankreich zu ihrer Unterwerfung jedweden Beistand zu leisten. Auch die Herzöge Johann Friedrich von Hannover und Christian von Mecklenburg-Schwerin sagten Ludwig XIV. Hilfstruppen zu; Braunschweig, Baiern, Würtemberg und die Pfalz versprachen, neutral zu bleiben. Selbst der Kaiser Leopold ließ sich durch seinen ersten Minister, den Grafen Lobkowitz, der, ohnehin ein eifriger Bewunderer Ludwigs, den Frieden mit Frankreich um jeden Preis aufrecht zu halten suchte, im November 1671 zum Abschluß eines Vertrags mit Ludwig bewegen, in welchem er demselben versprach, sich in keinen Krieg einzulassen, der außerhalb des deutschen Reiches und der spanischen Monarchie geführt werde, und den von Frankreich angegriffenen Mächten keinen andern Beistand zu leisten, als den einer freundschaftlichen Vermittlung. Auch Spanien, dessen Interessen durch die von Ludwig beabsichtigte Eroberung Hollands aufs Aeußerste gefährdet waren, wußten die französischen Gesandten durch ihre diplomatischen Künste zu bewegen, sich jeder Einmischung zu Gunsten Hollands zu enthalten. Und wo die Künste der Politik und die Macht des Geldes nicht ausreichten, da mußte Gewalt zum Ziele führen. Als Ludwig XIV. erfuhr, daß der Herzog Karl IV. von Lothringen, der längst seiner Abhängigkeit von Frankreich müde war, den Generalstaaten das Anerbieten gemacht, auf ihre Kosten ein Heer für sie ins Feld zu stellen, ließ er dessen Herzogthum durch seine bereit stehenden Truppen so rasch besetzen, daß der Herzog kaum Zeit fand, sich durch die Flucht vor der Gefangenschaft zu retten.

Während Frankreich für den bevorstehenden Eroberungskrieg nicht nur zahlreiche Bundesgenossen, sondern auch in den reichen Hilfsquellen, die Ludwigs thätige und kraftvolle Verwaltung im Innern des Reiches erschlossen, die ausgiebigsten Mittel zur Herstellung einer zahlreichen, mit allem Nöthigen im Ueberfluß versehenen Kriegsmacht gefunden, sahen sich die Niederländer zur Abwehr der ihnen drohenden Gefahr fast ausschließlich auf ihre eigene Kraft angewiesen. Ihr einziger Bundesgenosse war der mit der Schwester Wilhelms II. von Oranien vermählte Kurfürst Friedrich Wilhelm von Brandenburg. Vergebens hatte Ludwig XIV. demselben einen Theil der zu machenden Eroberungen als Preis seiner Bundesgenossenschaft angeboten, auf welche er ein ganz besonderes Gewicht legte: in richtiger Würdigung der Gefahren, mit welchen ein Angriff auf Holland das deutsche Reich und insbesondere seine eigenen niederrheinischen Besitzungen bedrohte, hatte der Kurfürst nicht nur das von Ludwig ihm angetragene Bündniß entschieden abgelehnt, sondern auch die ihm angesonnene Neutralität zurückgewiesen, indem er entschlossen war, den gefahrdrohenden Eroberungsgelüsten des Königs von Frankreich mit allen seinen Kräften entgegen zu treten. Zu diesem Ende hatte er am 26. April 1672 mit den Generalstaaten ein Bündniß geschlossen, in welchem er ihnen zwanzigtausend Mann Hilfstruppen zusagte, von denen die Hälfte durch holländisches Geld unterhalten werden sollte.

Inzwischen war bereits am 7. April 1672 die Kriegserklärung Frankreichs an die Niederlande und bald darauf auch die von England erfolgt. Noch in demselben Monat erschien Ludwig selbst, umgeben von der Blüthe des französischen Adels, an der Spitze von einmalhundertzwölftausend Mann, die, in zwei Heere getheilt, von Condé und Turenne geführt wurden, an der holländischen Grenze. Außer dem Kriegsminister Louvois und dem berühmten Vauban, der als der erste Ingenieur seiner Zeit die Belagerungsanstalten leiten sollte, befand sich im Gefolge des Königs auch der Geschichtschreiber Pélisson, dem die Aufgabe zugetheilt war, des Königs Großthaten als Augenzeuge der Nachwelt zu überliefern. Gleichzeitig mit der französischen Hauptmacht hatte sich auch ein deutsches Heer von zwanzigtausend Mann von Köln und Münster aus unter dem französischen Marschall von Luxemburg nach dem Kriegsschauplatze in Bewegung gesetzt.

Da die aristokratische Partei seit dem Tode Wilhelms II. ihre ganze Aufmerksamkeit der Flotte zugewandt und darüber die Landmacht gänzlich vernachlässigt hatte, konnte die Republik den gewaltigen Truppenmassen, die sich gegen ihre Grenzen heranwälzten, nur ein Heer von zwanzigtausend Mann entgegenstellen. Mit so ungenügenden Streitkräften war der zweiundzwanzigjährige Wilhelm von Oranien, der zum Oberbefehlshaber ernannt worden — aber nicht, wie seine Anhänger verlangt, auf Lebenszeit, sondern nur für die Dauer des bevorstehenden Krieges — um so weniger im Stande, gegen den übermächtigen Feind irgend Etwas auszurichten, als es ihm bei all' seinem Muthe und seiner hervorragenden Klugheit an der nöthigen Kriegserfahrung fehlte. Unaufhaltsam drang das französische Heer, nachdem es am 12. Juni bei Tollhuys unweit Huyssen ohne Schwierigkeit den Rhein überschritten und mit leichter Mühe eine große Zahl von Festungen zur Ergebung gezwungen hatte, bis zu der Provinz Holland vor.

Die Niederländer begannen an ihrer Rettung zu verzweifeln, und der Unwille des großen Haufens wandte sich gegen de Witt, dem man nicht mit Unrecht die vollständige Wehrlosigkeit des Landes zur Last legte. Als derselbe in der höchsten Noth Unterhandlungen mit Frankreich anzuknüpfen suchte, gelang es seinen Gegnern, unter dem Volke den Verdacht zu erwecken, er spinne Verrath gegen sein Vaterland und wolle die Republik dem Feinde verkaufen, um die oranische Partei nicht zum Siege gelangen zu lassen. Nach einem verfehlten Mordanschlage auf den Rathspensionär erzwang das meist oranisch gesinnte Volk die Aufhebung des Edikts, durch welches die Trennung der Statthalterwürde und der Oberbefehlshaberschaft verfügt worden war, sowie die Ernennung Wilhelms III. von Oranien zum lebenslänglichen Statthalter von Holland und Seeland, den beiden einzigen von dem Feinde noch nicht besetzten Provinzen (2. Juli 1672).

Obgleich de Witt hierauf seine Stelle niederlegte, war der Haß seiner Gegner nicht befriedigt; sie hörten nicht auf, die Erbitterung, die sie unter dem Volke gegen ihn zu wecken gewußt, in immer höherem Grade anzufachen. Auf die Aussage eines notorischen Bösewichtes, des Barbiers Tichelaar, der den Bruder des Rathspensionärs, den Admiral Cornelius de Witt, beschuldigte, er habe ihn durch Geldversprechungen zur Ermordung des Prinzen von Oranien zu verleiten gesucht, wurde derselbe gefänglich eingezogen und den ausgesuchtesten Folterqualen unterworfen, um ein Geständniß von ihm zu erzwingen. Kaum hatte er dieselben mit dem ihm eigenen Heldenmuth unter steten Betheuerungen seiner Unschuld überstanden, als ein wüthender Pöbelhaufe ihn mit seinem Bruder, den man unter dem Vorgeben, daß der Gefangene ihn zu sprechen wünsche, in seine Zelle gelockt, aus dem Gefängniß riß und Beide unter barbarischen Martern tödtete. Die von den Ständen von Holland verlangte Untersuchung und Bestrafung wurde durch den Statthalter verhindert, der sogar dem Ankläger des Cornelius de Witt ein

Jahrgehalt aussetzte. Kraft einer dem Prinzen von Oranien von den Generalstaaten ertheilten Vollmacht wurden alle Anhänger de Witt's aus der Zahl der Beamten und städtischen Magistrate von ihren Stellen entfernt.

Indessen trat bald für die so schwer bedrohten Niederländer, von denen die Reicheren bereits den Gedanken ins Auge gefaßt, mit ihren Schätzen nach Ostindien zu entfliehen, um dort eine neue Republik zu gründen, zu welchem Zwecke sie eine Anzahl von Schiffen zur Abfahrt bereit hielten, eine Wendung zum Besseren ein. Während der Prinz von Oranien die Fortschritte der Franzosen dadurch hemmte, daß er die Dämme, welche die Fluthen der Yssel, des Rheins, des Lecks und der Merve zusammenhalten, durchstechen und so das ganze Land unter Wasser setzen ließ, gelang es dem Seehelden de Ruyter, die beabsichtigte Landung der französisch-englischen Flotte auf Seeland zu vereiteln; auch näherte sich der Kurfürst von Brandenburg mit seinem Hilfsheere der holländischen Grenze. Der Letztere schloß zwar am 6. Juni des folgenden Jahres, theils weil der kaiserliche Feldherr Montecuculi, den Leopold ihm, seinem Drängen nachgebend, mit sechzehntausend Mann zum Schutze der deutschen Grenzen beigegeben, in Folge geheimer Befehle des Grafen Lobkowitz ihn in seinen Bewegungen mehr hemmte als unterstützte, theils auch, weil ihm das Ausbleiben der von Holland zugesagten Gelder die größten Verlegenheiten bereitete, mit Ludwig zu Vossem bei Lüttich einen Frieden, in welchem er gegen die Rückgabe seiner von den Franzosen besetzten Clevischen Städte sein Bündniß mit den Generalstaaten aufgab; dafür traten jedoch verschiedene andere Mächte als Gegner Ludwigs auf den Kriegsschauplatz.

Zunächst bewog die ohne jede Kriegserklärung erfolgte Wegnahme Belgiens durch Ludwigs Bruder, den Herzog Philipp von Orleans, das Kabinet von Madrid, aus seiner bisherigen Neutralität herauszutreten. Auch in Wien hatte sich allmählich eine richtigere Anschauung von den Gefahren, welche die Vereinigung der Republik Holland mit Frankreich für das deutsche Reich in sich barg, Bahn gebrochen, und die Entrüstung über das rücksichtslose Auftreten Ludwigs, der das Erzbisthum Trier besetzt, zehn Reichsstädte im Elsaß an sich gerissen und die Befestigungen von Kolmar und Schlettstadt hatte sprengen lassen, beschleunigte die Rückkehr des Kaiserhofes zu den alten und ächten Grundsätzen österreichischer Politik. Am 30. August 1673 schloß der Kaiser, dessen an Ludwig gestellte Forderungen: Räumung des deutschen Gebietes, Zurückgabe der besetzten festen Plätze, Entschädigung der Beeinträchtigten, Herstellung des Herzogthums Lothringen, Sicherung der deutschen Gerechtsame im Elsaß und in den rheinischen Bisthümern und

Friedensschluß mit Spanien und Holland, von Ludwig XIV., wie vorauszusehen war, unberücksichtigt blieben, mit dem König von Spanien und den Generalstaaten ein Bündniß zur gemeinsamen Bekämpfung Ludwigs. Diesem Bündniß, das neben der Abwehr der dem deutschen Reiche drohenden Gefahr die Sicherung des spanischen Besitzstandes in den Niederlanden und die Aufrechthaltung der Integrität der holländischen Republik bezweckte, trat auch der Herzog Karl von Lothringen zur Wiedereroberung seines Landes bei.

Während die spanischen Truppen, die der Graf von Monterey in den niederländischen Provinzen zusammengebracht, sich mit denen des Prinzen von Oranien zum gemeinsamen Kampfe gegen Condé vereinigten, der am 1. Juli Maestricht erobert hatte, führte Turenne das ihm unterstehende Heer nach dem südlichen Deutschland, um den mit einem Heere von dreißigtausend Mann heranziehenden kaiserlichen Feldherrn Montecuculi von dem holländischen Kriegsschauplatze abzuhalten, und obgleich der französische Oberbefehlshaber persönlich mild und menschlich war, ergossen sich bald über die Rhein-, Main- und Neckargegenden die Schrecken der vandalenartigen Kriegführung, die Louvois als das sicherste Mittel zur gänzlichen Entkräftung der Gegner Frankreichs in Anwendung gebracht wissen wollte.

Montecuculi, der seinem berühmten Gegner vollständig gewachsen war, nöthigte durch geschickte Bewegungen das bis nach Franken vorgedrungene Heer zu stetem Zurückweichen bis über den Rhein und wandte sich dann nach dem Niederrhein, wo er sich bei Andernach mit dem Prinzen von Oranien vereinigte, der ihm mit dem größten Theile seines Heeres entgegen gezogen war. Beide unternahmen hierauf, um den Franzosen den Rückzug durch die Lande des Kurfürsten von Köln abzuschneiden, mit einer Truppenmacht von fünfzigtausend Mann die Belagerung der kurkölnischen Stadt Bonn. Vergebens suchte Condé, der zum Entsatze der Stadt herbeigeeilt, die Aufhebung der Belagerung derselben zu erzwingen: er mußte sich, nachdem Bonn im Dezember von den Verbündeten erobert worden, zum Rückzug entschließen und sah sich, um seine Vereinigung mit Turenne zu bewerkstelligen, zur Räumung von ganz Holland genöthigt. Nur in Maestricht blieb eine französische Besatzung zurück.

Wie zu Lande, so nahm der Feldzug des Jahres 1673 auch zur See einen für die Republik günstigen Verlauf. Dreimal wurde die von der französisch-englischen Flotte versuchte Landung an der holländischen Küste durch de Ruyter und Cornelius Tromp vereitelt.

Noch ungünstiger gestalteten sich die Verhältnisse für Frankreich im Jahre 1674. Karl II. von England sah sich durch die wachsende Unzufriedenheit seines Volkes über das französische Bündniß und die drohende Haltung des Parlaments genöthigt, mit den Niederländern Frieden zu schließen (19. Febr.); auch der Kurfürst von Köln und der Fürstbischof von Münster söhnten sich, von Oranien und Montecuculi in ihrem eigenen Gebiete bedrängt, mit Holland aus, und das deutsche Reich entschloß sich endlich, nach langen, schwerfälligen Verhandlungen, im Juni 1674 zum Erlaß einer Kriegserklärung gegen Frankreich. Dies gab auch dem Kurfürsten von Brandenburg, der sich für den Fall des Reichskrieges die Wiedereröffnung der Feindseligkeiten gegen Frankreich vorbehalten, Veranlassung, mit sechzehntausend Mann, deren Unterhaltung Spanien und Holland übernommen hatten, auf den Kriegsschauplatz zurückzukehren.

Trotz dieser so bedeutend veränderten Sachlage war Ludwig entschlossen, den Krieg fortzusetzen; denn er fühlte sich bei der ihm wohlbekannten inneren Schwäche der meisten der wider ihn verbündeten Mächte und ihrem Mangel an Einheit seinen Gegnern noch immer bedeutend überlegen, und der Verlauf des Feldzuges vom Jahre 1674 rechtfertigte im Allgemeinen seine Erwartungen. Die Franche-Comté, in welche Ludwig selbst eingedrungen, wurde innerhalb sechs Wochen erobert, und weder in der Pfalz, die abermals durch die Schaaren Turenne's von grauenvollen Verwüstungen heimgesucht wurde, noch in den Niederlanden, wo auch diesmal Condé die französische Streitkraft befehligte, gelang es den Verbündeten, bedeutende Erfolge zu erringen. Die blutige Schlacht bei Senef (17. Aug. 1674) zwischen Condé und dem Prinzen von Oranien, in welcher nach dem Einbruch der Nacht noch zwei Stunden lang beim Scheine des Mondes fortgekämpft wurde, blieb unentschieden; doch glaubten beide Theile Grund zu haben, sich den Sieg zuzuschreiben.

Während die Franzosen im folgenden Jahre in den Niederlanden, wo der König, wie gewöhnlich selbst den Feldzug eröffnet hatte, um nach dem ersten gelungenen Schlage nach Versailles zurückzukehren, einige Vortheile gewannen, traf sie auf dem süddeutschen Kriegsschauplatz ein schwerer Schlag. Nachdem Turenne und Montecuculi einander eine Zeitlang durch Märsche und Gegenmärsche den Vortheil abzugewinnen gesucht, zog sich Montecuculi nach dem Dorfe Sasdorf unweit Offenburg zurück, um hier in vortheilhafter Stellung dem Feinde eine Schlacht anzubieten. Turenne, der ihm rasch gefolgt war, traf zu derselben sogleich alle Anordnungen und ritt in Begleitung des Marquis von Saint-Hilaire auf einen Hügel, um die Bewegungen des Feindes zu erspähen. Inzwischen hatte die Kanonade bereits begonnen, und kaum war der Feldherr auf der Anhöhe angelangt, als er, von einer Kanonenkugel in den Unterleib getroffen, entseelt vom Pferde sank (27. Juli 1675). Sein

Tod rief in dem französischen Heere eine solche Bestürzung hervor, daß die Schlacht aufgegeben werden mußte. Von Montecuculi verfolgt, zog sich das Heer in aller Eile und nicht ohne bedeutende Verluste an Menschen und Gepäck über den Rhein zurück. Ganz Frankreich trauerte um den gefallenen Helden, mit welchem selbst Ludwig im ersten Schrecken Alles für verloren hielt. Seine Leiche wurde mit großem Gepränge in der Königsgruft zu St. Denis beigesetzt.

Henri de la Tour d'Auvergne, Vicomte de Turenne — nach dem Ausspruche Ranke's „unter allen Feinden, die Kaiser und Reich jemals gehabt, einer der größten" — galt mit Recht als der erfahrenste kriegsverständigste Heerführer Frankreichs, der es wie kein anderer verstand, seine aus den verschiedensten Landesarten und Lebenskreisen zusammengebrachten Mannschaften im Zaum zu halten und aus ihnen einen wohl organisirten Körper zu bilden, mit dem er alles, was er wollte, ausführen konnte. Dabei war er frei von jeder Selbstsucht. „Niemand", sagt Ranke, „war entfernter davon, Reichthümer für sich selbst zu sammeln. Er sprach nie von sich; bescheidenere und wahrhaftigere Memoiren gibt es nicht, als die, welche er von einigen seiner Feldzüge hinterlassen hat; sie sind eben das Gegentheil von dem, was in den anderen das historische Gefühl verletzt. Er war einer von den Menschen, die in der Mitte einer großen und weltumfassenden Thätigkeit, in der Anschauung großer Ziele sich selbst verschwinden." Die von seinen Truppen in der Pfalz verübten Grausamkeiten hielt er, gleich dem König, durch die militärische Rücksicht und Nothwendigkeit entschuldigt. „Kein Zweifel, daß seine Seele von aller Hinneigung zu persönlicher Gewaltsamkeit fern war; er hat Leuten die Waffen aus den Händen gerissen, welche unnütze Grausamkeiten ausübten." (Ranke). — Wie sein älterer Bruder, der Herzog von Bouillon, im protestantischen Glauben erzogen, war Turenne im Jahre 1668, im Alter von fünfzig Jahren, durch den berühmten Bossuet bekehrt, zur katholischen Kirche übergetreten.

Den Oberbefehl über das verwaiste Heer übernahm der aus den Niederlanden abberufene Prinz von Condé; doch legte er, ohne noch etwas von Bedeutung unternommen zu haben, schon im folgenden Winter den Feldherrnstab nieder, um sich in das Privatleben zurückzuziehen. Vom Hofe fast vergessen, starb er 1686 im fünfundsechzigsten Lebensjahre auf seinem Lustschlosse Chantilly bei Paris. Zu der gleichen Zeit, wie Condé, zog sich auch Montecuculi von seinem Kommando zurück, nachdem der Kaiser bereits im September 1675 in dem Herzog Karl IV. von Lothringen einen anderen bewährten Feldherrn durch den Tod verloren hatte. Das Heer des Letzteren übernahm dessen Neffe und Erbe

Karl V., den wir bereits in den Türkenkriegen Leopolds kennen gelernt haben.

Auch der Norden Deutschlands wurde zu dieser Zeit von dem Kriegsgetümmel heimgesucht, indem Ludwig XIV., um den Kurfürsten von Brandenburg vom Rheine abzuziehen, den König Karl XI. von Schweden, Karls X. Sohn und Nachfolger, zur Entsendung eines Heeres von sechzehntausend Mann unter dem Feldmarschall Wrangel — einem Bruder des letzten schwedischen Oberbefehlshabers im dreißigjährigen Kriege — in die Marken bewog, die von denselben mit schweren Brandschatzungen heimgesucht wurden. Nachdem der Kurfürst, der eben — Dezember 1674 — im Elsaß gegen Turenne kämpfte und sich nicht ohne die äußerste Noth von dem westlichen Kriegsschauplatze zurückziehen wollte, sich vergebens bemüht hatte, den Kaiser und den König Christian V. von Dänemark, Christians IV. Enkel und zweiten Nachfolger, zum Kriege gegen Schweden zu bewegen, und auch bei den Niederländern keine Hilfe gefunden, brach er im Juni 1675 nach seinem Lande auf und erfocht am 28. in der denkwürdigen Schlacht bei Fehrbellin über eine schwedische Heeresabtheilung einen Sieg, der den Rückzug Wrangels nach Pommern zur Folge hatte und dem Kurfürsten für den fortgesetzten Krieg mit den Bedrängern seines Landes die Bundesgenossenschaft des Königs von Dänemark und des Fürstbischofs von Münster verschaffte, welche sich in Bremen und Verden zu theilen gedachten.

Während der Kurfürst in dem folgenden Jahre die Schweden aus dem größten Theile von Pommern vertrieb und im Jahre 1678 mit Hilfe Dänemarks auch die Insel Rügen eroberte, dauerte der Krieg der Verbündeten gegen Frankreich am Rheine und in den Niederlanden fort, wobei insbesondere die Saar- und Moselgegenden von den Franzosen in schreckenerregender Weise verwüstet wurden, da Louvois es für nöthig hielt, die deutschen Grenzländer in Wüsteneien zu verwandeln, um den Feinden einen Einfall in Frankreich von dieser Seite aus unmöglich zu machen. Trotz dieser Verwüstungen drang der Herzog von Lothringen im Frühjahr 1677 mit vierzigtausend Mann über die Saar und trieb den Marschall von Crequi vor sich her; da jedoch die im Elsaß stehenden Reichstruppen, auf deren Mitwirkung er gerechnet, durch geschickte Bewegungen der Franzosen in der Nähe von Straßburg zurückgehalten wurden, mußte er sich, im Rücken bedroht, wieder über den Rhein zurückziehen. Während er sein Heer in die Winterquartiere vertheilte, gelang es dem in Eilmärschen herangezogenen Marschall von Crequi, das wichtige Freiburg durch Ueberraschung zu erobern, wobei den Siegern eine reiche Beute in die Hände fiel, da die Bewohner des ganzen Breisgaues ihre Schätze in diese Festung geflüchtet hatten. Im folgenden Jahre, das für die Gegenden des Oberrheins neue Plünderungen und Mordbrennereien brachte, gingen auch Landau und Kehl für die Verbündeten verloren. In den Niederlanden hatte Ludwig unterdessen im März 1677 die Festungen Valenciennes und Cambray erobert, und nach einem am 11. April von dem Prinzen von Oranien bei Montcassel gegen den Herzog von Orleans und den Marschall von Luxemburg erlittenen Niederlage war auch Saint-Omer in seine Hände gefallen, so daß den Spaniern von den zahlreichen belgischen Festungen nur noch Gent, Namur, Mons, Ostende und Nieuwport verblieben.

Um die Spanier in ihrem eigenen Lande zu beschäftigen, sandte Ludwig den Marschall von Noailles im Jahre 1676 nach Katalonien. Schon im vorhergehenden Jahre hatte er den Krieg auch nach der Insel Sicilien verpflanzt, nachdem in Messina ein Aufstand gegen die spanische Regierung ausgebrochen und die Aufrührer ihre Stadt unter den Schutz Frankreichs gestellt. Eine französische Flotte unter dem Admiral du Quesne war den von einer großen Zahl spanischer Kriegsschiffe schwer bedrängten Messinesen zu Hilfe gekommen, und Ludwig, der sich bereits als den Herrn von Sicilien betrachtete, hatte den Herzog von Vivonne zum Vicekönig über diese Insel ernannt. Von dem Hofe von Madrid um Hilfe angegangen, sandten die Generalstaaten ein Geschwader von zehn Linienschiffen und vierzehn kleinen Fahrzeugen unter de Ruyter nach den sicilischen Gewässern; aber die Hilfe war nicht ausreichend, und der siebzigjährige Admiral fand im Kampfe gegen du Quesne den Tod. In einem hartnäckigen, aber unentschiedenen Treffen, das beide Flotten am 8. Januar 1676 in der Nähe des Aetna einander lieferten, wurden ihm durch eine feindliche Kugel beide Beine zerschmettert, und einige Tage später erlag er zu Syrakus seinen Leiden. Eine neue Seeschlacht bei Palermo, die mit der vollständigen Niederlage der Verbündeten endete, verschaffte den Franzosen den Besitz von Messina und mehrerer anderer sicilischer Städte.

Obgleich Ludwig unter allen Wechselfällen des Krieges im Allgemeinen ungleich größere Erfolge errungen hatte als seine Gegner, sah er doch die Unmöglichkeit ein, das Ziel zu erreichen, für welches er das Schwert gezogen, und er mußte um so mehr wünschen, sich durch einen baldigen Frieden den dauernden Besitz der gewonnenen Vortheile zu sichern, als seine Hilfsquellen zu versiegen begannen und der Ruhm, den seine Feldherren auf dem Kriegsschauplatze ernteten, das Murren des Volkes über die wachsende Last der Abgaben nicht mehr zu beschwichtigen vermochte. Dazu kamen die Unfälle der Schweden in ihrem Kriege mit Dänemark und Brandenburg, die eine Rückkehr des Kurfürsten an den

Rhein und die Verstärkung der niederländischen Flotte durch die dänische erwarten ließen, sowie die Annäherung Englands an Holland, die im Jahre 1677 bereits bis zur Vermählung der Tochter des Prinzen von York, des zweiten Sohnes Karls I., mit dem Prinzen von Oranien, vorgeschritten war.

Dies Alles trieb den König an, die Friedensunterhandlungen zu beschleunigen, die bereits im Jahre 1676 in Nymwegen eröffnet worden waren. Vor Allem war er bedacht, die Holländer von ihren Bundesgenossen zu trennen, um den Letzteren, die bei ihrer finanziellen Erschöpfung nicht in der Lage waren, den Krieg allein fortzusetzen, den Frieden vorschreiben zu können. Da er, um zu diesem Ziele zu gelangen, den Generalstaaten die günstigsten Bedingungen in Aussicht stellte, ließen sich die Hochmögenden, denen ohnehin Nichts erwünschter sein konnte, als eine möglichst rasche Beendigung des Krieges, dazu bewegen, ihre Bundesgenossen, denen die Republik ihre Rettung verdankte, schmählich im Stiche zu lassen und am 10. August 1678 mit Frankreich einen Separatfrieden zu schließen, der sie im Besitze ihres gesammten Gebietes ließ und sogar dem Prinzen von Oranien die Herstellung des Fürstenthums Orange zusagte, das Ludwig im Jahre 1660 mit gewohnter Willkür eingezogen und dem Gebiet von Frankreich einverleibt hatte.

Während die Republik Holland vollständig ungeschädigt aus einem Kriege hervorging, der ihre Vernichtung zum Zwecke gehabt, mußten ihre der Willkür Ludwigs preisgegebenen Bundesgenossen den Frieden durch mehr oder weniger große Opfer erkaufen. Von Spanien erzwang Ludwig in dem am 17. September 1678 unterzeichneten Friedensvertrag die Ueberlassung der Franche-Comté und die Abtretung von sechzehn festen Plätzen in den spanischen Niederlanden. Der Rücktritt Spaniens von dem Kriegsschauplatze nöthigte auch den Kaiser zur Annahme der von Frankreich gestellten Bedingungen. Am 5. Februar 1679 schloß er für sich und das Reich, gleichfalls zu Nymwegen, mit Ludwig einen Frieden, in welchem er demselben, gegen die Verzichtleistung auf das Besatzungsrecht in Philippsburg, von seinen eigenen Besitzungen die von den Franzosen eroberte Festung Freiburg mit einer Militärstraße von dort bis Breisach überließ und im Namen des Reichs in die Abtretung der Franche-Comté willigte. Das Herzogthum Lothringen sollte Karl V. zurückgegeben werden, aber nur unter der Bedingung der Ueberlassung von Nancy und Longwy an Frankreich und der Bewilligung von drei weiteren Heerstraßen von einer halben Meile Breite nach Burgund und dem Elsaß. Da Karl V. sich weigerte, auf diese Bedingung einzugehen, blieb sein Land von den Franzosen besetzt.

Da in dem Frieden von Nymwegen — der deutsche Volkswitz nannte ihn den Frieden „Nimm weg" — den Schweden alles zugesprochen worden, was sie im Kriege gegen Brandenburg, Dänemark und Münster verloren hatten, sah sich der Kurfürst von Brandenburg, der für sich allein den Krieg nicht fortsetzen konnte, in Folge der Verheerung seiner westfälischen Besitzungen durch ein französisches Heer gezwungen, in dem am 29. Juni zu St. Germain en Laye mit Frankreich abgeschlossenen Frieden auf das den Schweden entrissene Vorpommern Verzicht zu leisten, und ging somit ohne Gewinn aus dem Kriege hervor, in welchem er eine nichts weniger als uneigennützige Rolle gespielt. Auch Dänemark wurde durch einen Einfall französischer Truppen in sein oldenburgisches Gebiet gezwungen, allen Vortheilen zu entsagen, die es gegen die Schweden errungen hatte.

Ludwigs XIV. Gewaltthätigkeiten gegen Deutschland, Spanien und verschiedene italienische Staaten.

(1679—1685.)

Mit dem Abschluß des Friedens von Nymwegen war Ludwig dem Ziele seiner auswärtigen Politik, der Herstellung einer Art Oberlehensherrschaft über alle Staaten Europa's, um einen bedeutenden Schritt näher gerückt, und mit verdoppeltem Eifer und verdoppelter Rücksichtslosigkeit schritt er auf der betretenen Bahn weiter. Während er auch nach dem Friedensschlusse sein Heer auf dem Kriegsfuße erhielt und seine Seemacht unablässig zu verstärken bemüht war, suchte er seine Zwecke zugleich durch Bestechung und diplomatische Ränke zu fördern. Wie er unablässig darauf aus war, dem Kaiser durch Aufreizung der Ungarn oder der Türken Verlegenheiten zu bereiten, um die Macht Oesterreichs zu paralysiren, so wußte er durch hohe Jahrgelder die einflußreichsten Mitglieder des englischen Ministeriums und Parlaments in sein Interesse zu ziehen. Das gleiche System befolgte er in noch umfassenderer Weise und mit noch größerem Glücke in Deutschland, wo zahlreiche Staatsmänner und Gelehrte in französischem Solde ihren Landsleuten die Meinung beizubringen suchten, daß nicht nur Deutschlands Heil im engsten Anschlusse an Frankreich liege, sondern daß es auch die höchste Ehre sei, dem Siegeswagen des französischen Diktators zu folgen. So wurden die meisten deutschen Höfe, sofern sie nicht bereits im Schlepptau Frankreichs waren, in dasselbe hineingezogen. In Italien stand die Mehrzahl der freien Fürsten ohnehin aus Besorgniß vor der spanischen Macht in diesem Lande auf

Frankreichs Seite. Auch in den Schweizer Kantonen, deren kriegslustige Jugend zahlreich unter Ludwig's Fahnen diente, war der französische Einfluß so überwiegend, daß er geradezu die Beschlüsse der Regierungen bestimmte. In der gleichen Weise gehorchte Schweden, das dem Beistande Frankreichs die Rückerstattung seiner deutschen Länder verdankte, den Winken des französischen Machthabers.

Was die erstrebte Erweiterung der Grenzen seines Reiches betraf, so war Ludwig weit entfernt, sich mit dem zu begnügen, was ihm die Nymweger Verträge eingebracht. Der Friede sollte nur zur Beruhigung des Landes und zur Ansammlung neuer Kräfte für weitere kriegerische Unternehmungen dienen, einstweilen aber sollte auf dem Wege brutaler Gewalt die Schwäche Deutschlands und Spaniens zu neuen Gebietserwerbungen ausgebeutet werden.

Da bei dem Abschluß des Friedens von Nymwegen die kaiserlichen Gesandten sich mit einer Bestätigung des westfälischen Friedens begnügt hatten, ohne auf der Restitution der elsässischen Reichsstädte und reichsritterlichen Gebiete zu bestehen, die von Frankreich widerrechtlich besetzt worden waren, hielt Ludwig sich für berechtigt, dies als eine stillschweigende Anerkennung seines Eigenthumsrechts auf dieselben anzusehen, und forderte demgemäß im Jahre 1679 die Reichsstädte und die Reichsritterschaft im Elsaß zur förmlichen Huldigung auf. Zugleich stellte er an alle unmittelbaren Reichsstände, die früher zu den drei lothringischen Bisthümern Metz, Toul und Verdun in einem Lehensverhältnisse gestanden, die Forderung, ihn als ihren Oberherrn anzuerkennen, weil die Rechte der gedachten Bischöfe auf ihn übergegangen seien. Im folgenden Jahre wurde auf den Vorschlag Louvois', der im Interesse der Wahrung seines eigenen Einflusses die Eitelkeit und Ruhmbegierde Ludwigs planmäßig bearbeitete, um dessen Ehrgeiz ja nicht zur Ruhe kommen zu lassen, eine genaue Untersuchung über alle diejenigen Territorien und Städte angeordnet, welche mit den im Münster'schen und Nymweger Frieden abgetretenen Gebietstheilen des deutschen Reiches oder Spaniens in früherer oder späterer Zeit in Lehensverbindung oder andern Beziehungen gestanden hätten, damit dieselben, als in den gemachten Abtretungen einbegriffen, gleichfalls in Besitz genommen werden könnten. Zu diesem Zwecke wurden zu Metz, Besançon, Breisach und Tournay besondere Gerichtshöfe unter dem Namen Reunionskammern errichtet, welche die von ihnen als Dependenzen der abgetretenen Länder und Städte anerkannten Gebiete mit Frankreich wieder vereinigen sollten. Die Reunionskammern zu Metz, Besançon und Breisach erklärten das ganze Herzogthum Zweibrücken, obgleich dasselbe dem Bundesgenossen Frankreichs, dem König Karl XI. von Schweden, gehörte, Saarbrücken, Veldenz, Sponheim, Mömpelgard, Lauterburg, Germersheim, Homburg, Bitsch, Falkenburg und viele anderen Städte und Bezirke für alte Dependenzen der neuerworbenen Provinzen und sprachen dem König von Frankreich die Oberhoheit über dieselben zu. Ludwig ließ hierauf die Fürsten und Grafen, denen diese Gebiete gehörten, zur Huldigung vorladen, und da Niemand erschien, wurden die fraglichen „Dependenzen“ als verwirkte Lehen mit Gewalt in Besitz genommen.

In ähnlicher Weise wurden durch die Reunionskammer von Tournay verschiedene dem Könige von Spanien gehörige niederländische Städte und Herrschaften, darunter das ganze Herzogthum Luxemburg, als Dependenzen der im pyrenäischen, Aachener und Nymweger Frieden abgetretenen Gebiete dem König von Frankreich zugesprochen. Mit dem gleichen Rechte, das bei diesen Reunionen geltend gemacht wurde, hätte Ludwig ganz Deutschland „reuniren“ können, da an jede Dependenz sich immer eine andere anschloß.

Vergebens suchten sowohl der Kaiser als der Reichstag zu Regensburg durch Vorstellungen den Anmaßungen Ludwig's entgegen zu treten, indem sie die Grundlosigkeit seiner Ansprüche auf die reunirten Gebiete durch die unwiderleglichsten Rechtsgründe nachwiesen. Ludwig willigte zwar, um sich den Anschein zu geben, als sei er weit entfernt, Gewalt vor Recht gehen lassen zu wollen, in die Beschickung des von dem Reiche zur Ausgleichung des entstandenen Zwistes in Vorschlag gebrachten Congresses, der in Frankfurt abgehalten werden sollte; aber noch ehe der Reichstag in seiner gewohnten Schwerfälligkeit sich über die bei den Verhandlungen zu beobachtenden Förmlichlichkeiten hatte einigen können, zeigte ein neuer Gewaltschritt Ludwig's, wie wenig derselbe gewillt war, sich durch Rechtsgründe und Verhandlungen in der Befriedigung seiner Raubgelüste aufhalten zu lassen.

Obgleich die Stadt Straßburg, deren Wichtigkeit als Hauptschlüssel zum Rheine und zum Reiche schon Karl V. durch den Ausspruch bezeichnet hatte: „Wenn Wien und Straßburg zugleich in Gefahr wären, so würde er zuerst Straßburg zu retten suchen“, bei der Abtretung des Elsasses in dem Frieden von Münster ausdrücklich ausgenommen worden, war Ludwig entschlossen, sich derselben zu bemächtigen, wofür ihm der Umstand, daß ihm die Reunionskammer zu Breisach das ganze Elsaß zugesprochen, einen erwünschten Vorwand bot. Nachdem mehrere französische Regimenter ganz in der Stille in das Elsaß eingerückt waren und Straßburg eingeschlossen hatten, erschien am 29. September 1681 Louvois selbst mit einem Heere von zwanzigtausend Mann und zahlreichem Belagerungsgeschütz vor der Stadt und forderte die bestürzten Einwohner auf, sich zu ergeben, widrigenfalls er sie als Rebellen behandeln werde. Da Ludwig für diesen schon lange vorbereiteten Handstreich einen Theil des Magistrats durch Bestechung gewonnen hatte und die angesehensten Kaufleute eben auf der Frankfurter Messe waren, auch die Stadt aus Furcht vor Frankreich die Aufnahme einer kaiserlichen Besatzung verweigert hatte, gab die Bürgerschaft jeden Gedanken an Widerstand auf und schloß schon am folgenden Tage mit Louvois eine Kapitulation, in welcher sie, gegen die Zusicherung der Aufrechthaltung ihrer bürgerlichen Verfassung und ihres evangelischen Religionswesens nach dem Normaljahre 1624, den König von Frankreich als Oberherrn anerkannte, dessen Truppen aufzunehmen versprach und den Katholiken die Zurückgabe der Domkirche zusagte. Nachdem Louvois noch an dem nämlichen Tage in die Stadt eingezogen, ließ er die Bürger, die alle ihre Waffen auf dem Rathhause hatten abliefern müssen, dem König von Frankreich huldigen.

Als Ludwig XIV. am 23. Oktober mit seiner ganzen Familie und einem zahlreichen glänzenden Gefolge in Straßburg erschien, wurde er unter dem Portale des Münsters von dem ihm ganz ergebenen Bischof Franz Egon von Fürstenberg, der nicht wenig zu dem Gelingen des Ueberfalls beigetragen, mit der Versicherung empfangen: „Wie der alte Simeon, so könne auch er sagen, daß er das Ende seiner Tage mit Freuden erwarte, da der Nachkomme des Gründers des Domes wieder als sein Herr in denselben einziehe.“ Zur Erinnerung an das wichtige Ereigniß, durch welches das stärkste westliche Bollwerk des Reiches ohne einen Schwertstreich in seine Hände gekommen, ließ Ludwig eine Denkmünze prägen mit der Inschrift: »Gormanis Gallia clausa — Gallien ist den Deutschen verschlossen“, und trug zugleich Sorge, die widerrechtlich in Besitz genommene Stadt durch die Anlage einer ungemein starken Citadelle zu einem Hauptwaffenplatze Frankreichs zu machen, durch welchen ihm der Einbruch in das südliche Deutschland ungemein erleichtert wurde.

Unterdessen war der Kongreß zu Frankfurt endlich eröffnet worden; aber anstatt zugleich mit allem Nachdruck die Rechte des Reiches gegen die frechen Eingriffe Frankreichs zu wahren, verloren die deutschen Abgeordneten ihre Zeit in endlosen Streitigkeiten über die kleinlichsten Etikettenfragen: über die Reihenfolge der gegenseitigen Besuche, über die Plätze an den Sitzungstischen und dergleichen mehr. Auch entspann sich ein Zwist mit den französischen Abgeordneten über die Sprache, in welcher die Verhandlungen geführt werden sollten. Während die deutschen Gesandten die Beibehaltung der in allen diplomatischen Verhältnissen bis dahin üblich gewesenen lateinischen Sprache verlangten, obgleich die deutschen Staatsmänner selbst in ihrer Korrespondenz sich der französischen Sprache bedienten, bestanden die französischen mit um so größerem Eigensinn darauf, daß in ihrer Sprache verhandelt werde, als sie in diesem Zwist ein erwünschtes Mittel fanden, die Unterhandlungen in die Länge zu ziehen, um ihrem König Zeit zu verschaffen, durch Unterstützung der rebellischen Ungarn und Aufreizung der Türken zu einem neuen Kriege gegen den Kaiser die Widerstandskraft Oesterreichs zu lähmen.

Um sich für das Fehlschlagen der Hoffnungen, die er auf den Türkenkrieg gesetzt, zu entschädigen, beschloß Ludwig, welcher auf die von ganz Europa mit Jubel begrüßte Nachricht von der Befreiung Wiens sich im Uebermaß des Unmuths, ein Unwohlsein vorschützend, drei Tage lang in seine Gemächer eingeschlossen hatte, Luxemburg und Trier in seinen Besitz zu bringen. Im November 1683 rückten die Marschälle Humières und Créqui in die spanischen Niederlande ein, und während der Erstere Courtroy und Dixmuiden wegnahm, zwang Créqui Luxemburg zur Ergebung. Da sich zu der gleichen Zeit ein französisches Heer gegen Roussillon in Bewegung setzte, blieb dem Hofe von Madrid Nichts übrig, als an Frankreich den Krieg zu erklären. Inzwischen war Créqui in das Erzbisthum Trier eingefallen und hatte die Belagerung der Hauptstadt begonnen, die sich am 15. Juni ergeben mußte. Nachdem auch dieser Schlag gelungen war, ließ Ludwig dem Reichstag zu Regensburg einen Waffenstillstand anbieten, obgleich man sich gar nicht im Kriegszustande befand, und da die Streitkräfte des Kaisers durch den fortdauernden Krieg mit den Türken in Anspruch genommen waren, brachte es der Kurfürst von Brandenburg, der sich jetzt ganz dem französischen Interesse ergeben zeigte, dahin, daß der neue schreiende Eingriff Ludwigs in die Rechte des Reichs ungeahndet blieb und die angebotene Waffenruhe angenommen wurde. So kam am 15. August 1684 zu Regensburg zwischen dem Kaiser, dem Reich und Spanien einerseits und der Krone Frankreich andererseits ein Vertrag zu Stande, kraft dessen die letztere bis zum Abschluß eines demnächst zu vereinbarenden definitiven Friedens im ungestörten Besitz aller seit dem Nymweger Frieden gemachten Erwerbungen bleiben sollte.

Wie Deutschland und Spanien, so mußte auch Italien den Uebermuth Ludwigs und die Wirkungen des von demselben erlangten Uebergewichts schwer empfinden. Nachdem Frankreich bereits im Frieden von Chierasco (s. Bd. V. S. 666) in den Besitz der wichtigen Festung Pignerol gekommen war und dadurch festen Fuß in Italien gefaßt hatte, strebte der König nach dem Erwerb der in dem mantuanischen Antheil von Montferrat gelegenen Festung C a s a l e, die für einen Angriff auf die spanischen Besitzungen in Oberitalien den bequemsten Stützpunkt bildete, und es war ihm gelungen, den kinderlosen Herzog Karl IV. von Mantua, den Urenkel Karls von Nevers, im Dezember 1678 zu einem geheimen Vertrage zu bewegen, in welchem ihm derselbe gegen die Zahlung von hunderttausend Scudi das Besatzungsrecht von Casale einräumte. Indessen erlangten Oesterreich und Spanien Kenntniß von diesem Vertrage, ehe es Ludwig möglich gewesen, Truppen nach Casale zu bringen, und da der König in Erfahrung gebracht, daß der Staatssekretär des Herzogs von Mantua, der Graf Mattioli, der Vermittler des erwähnten Vertrags, das Geheimniß an Savoyen verkauft habe, ließ er denselben, nachdem man ihn auf französisches Gebiet gelockt, gegen alles Völkerrecht in einer einsamen Waldgegend verhaften und bei dunkler Nacht unter einem fremden Namen auf die Festung Pignerol bringen. Als der Gouverneur derselben, St. Mars, bald darauf nach der Insel St. Marguerite versetzt wurde, mußte ihn Mattioli dorthin begleiten und ihm später als St. Mars zum Kommandanten der Bastille ernannt worden, auch in dieses Staatsgefängniß folgen, wo er unbekannt und vergessen starb [1]).

Die Besetzung von Casale durch eine Heeresmacht von zwölftausend Mann unter dem Brigadegeneral Catinat erfolgte, nachdem der Hof von Turin die Erlaubniß zum Durchzug derselben durch das Piemontesische ertheilt hatte, an demselben Tage, an welchem Louvois in Straßburg einzog.

Die Besitzergreifung von Casale durch Frankreich gab Ludwig XIV. im Jahre 1685 Veranlassung, auch der Republik Genua, die sich seit den Zeiten des Andreas Doria, eingedenk der früher von Frankreich erlittenen Unterdrückung, auf der Seite Spaniens gehalten, das volle Gewicht seiner Macht in der übermüthigsten Weise fühlen zu lassen. Da die Genuesen den Transport von Lebensmitteln für die Besatzung von Casale durch ihr Gebiet nicht gestatten wollten, sandte Ludwig im Mai 1684 eine gewaltige Flotte unter dem Admiral du Quesne und dem Marquis von Seignelai, dem Sohne des Finanzministers Colbert, nach Genua, um von der Signoria die Auslieferung von vier Galeeren und die Entsendung einer Gesandtschaft nach Versailles zu verlangen, die den König wegen der ihm zugefügten Beleidigung um Verzeihung bitten und ihn der vollständigen Unterwerfung der Stadt versichern sollte, und ließ auf die Weigerung der Genueser, dieser empörenden Forderung nachzukommen, gegen die Stadt ein Bombardement eröffnen, das in derselben so furchtbare Verheerungen anrichtete, daß

1) Dieser Graf Mattioli ist aller Wahrscheinlichkeit nach jener geheimnißvolle Staatsgefangene, der unter dem Namen „der Mann mit der eisernen Maske" bekannt geworden, weil er nie anders als mit einer schwarzen Maske gesehen wurde, die übrigens keine eiserne, sondern von Sammt war. Die ängstliche Sorge, mit welcher man es zu verhüten suchte, daß der Gefangene erkannt werde, erweckte das Interesse für denselben nur in um so höherem Grade und gab Veranlassung zu den verschiedenartigsten Vermuthungen über seine Persönlichkeit.

die Signoria, um die gänzliche Vernichtung der Stadt abzuwenden, den Beschluß faßte, sich in das Unvermeidliche zu fügen. In einem im Februar 1685 geschlossenen Vergleich verstand sich die Republik dazu, allen Forderungen Frankreichs Genüge zu leisten, die Kosten des Bombardements zu ersetzen und den Dogen Francesco Maria degli Imperiali mit vier Senatoren nach Versailles zu senden, um vor dem König demüthige Abbitte dafür zu thun, daß sie es gewagt, seinem Willen entgegen zu sein. Als man dem Dogen, einem würdigen und geistreichen Mann, nach erfolgter Abbitte die Sehenswürdigkeiten des prachtvollen Königssitzes zeigte und ihn dabei fragte, welche von den vielen Seltenheiten am meisten sein Staunen errege, gab er zur Antwort: „Die, mich hier zu sehen.“

Ludwigs XIV. dritter Eroberungskrieg.

(1688—1697.)

Die Bereitwilligkeit, mit welcher sowohl Spanien als das Reich auf den von Frankreich vorgeschlagenen und nur für dieses Land vortheilhaften Waffenstillstand eingegangen, hatte Ludwig XIV. aufs Neue die ganze Schwäche seiner Gegner enthüllt und ihm gezeigt, was er sich Alles gegen dieselben erlauben könne; er schritt daher mit der äußersten Verhöhnung alles Rechtes auf der Bahn der Reunionen weiter fort. So ließ er die im Elsaß belegenen Güter des deutschen Ordens, sowie die des Straßburger Domkapitels und der Freiburger Universität einziehen und bei Hüningen ein Fort errichten und eine Brücke über den Rhein schlagen, die zum Theil auf einer dem Markgrafen von Baden-Durlach gehörigen Rheininsel ruhte, deren Abtretung gebieterisch verlangt wurde. Zum offenen Bruch des geschlossenen Waffenstillstandes durch die Erneuerung des Krieges in Deutschland wurde nur auf eine Gelegenheit gewartet, die dem ländersüchtigen König einen neuen Gebietszuwachs in Aussicht stelle.

Diese Gelegenheit schien sich im Jahre 1685 darzubieten. Kurfürst Karl von der Pfalz, der Nachfolger Karl Ludwigs und der letzte männliche Sprößling der reformirten Simmernschen Linie des kurpfälzischen Hauses starb in diesem Jahre und die katholische Linie Pfalz-Neuburg, deren Haupt Pfalzgraf Philipp Wilhelm, der Schwiegervater des Kaisers war, sollte nun in den Besitz der kurpfälzischen Länder kommen. Da aber Ludwigs XIV. Bruder, der Herzog Philipp von Orleans, mit der pfälzischen Prinzessin Elisabeth Charlotte, der Schwester des verstorbenen Kurfürsten, vermählt war, erhob der König im Namen

6*

seiner Schwägerin Anspruch nicht nur auf die bewegliche Hinterlassenschaft des Letzteren, sondern auch auf die kurpfälzischen Allodien, obgleich die Herzogin von Orleans bei ihrer Vermählung in vollständig giltiger Weise auf ihr Erbrecht Verzicht geleistet, maßte sich selbst die Untersuchung darüber an, welche pfälzischen Territorien Allodien oder Lehen seien, und verlangte bis zur Entscheidung dieser Angelegenheit die Ueberlassung des gesammten kurpfälzischen Gebietes.

Die nächste Folge dieser neuen Verletzung der Rechte und Interessen des Reiches durch den französischen Gewalthaber war der Abschluß eines Bündnisses zwischen dem Kurfürsten von Brandenburg, der inzwischen bezüglich Frankreichs zu seinen früheren Anschauungen zurückgekehrt war, und dem Kaiser, mit welchem Friedrich Wilhelm seit einiger Zeit wegen der von ihm beanspruchten schlesischen Herzogthümer Jägerndorf, Liegnitz, Brieg und Wohlau in Zwiespalt gelebt hatte. In dem am 8. Mai 1686 zu Berlin zwischen Beiden abgeschlossenen Vertrag verpflichtete sich der Kurfürst, unter Verzichtleistung auf die fraglichen Herzogthümer gegen die Ueberlassung des zu Schlesien gehörenden Schwiebuser Kreises, zur nachdrücklichsten Mitwirkung für die Aufrechthaltung der Rechte aller Reichsstände gegen Angriff und Gewalt, insbesondere der des neuen Kurfürsten von der Pfalz. Zwei Monate später, am 9. Juli 1686, schloß der Kaiser zu Augsburg mit Spanien, Schweden, dem Kurfürsten von Baiern und den am rechten Ufer des Oberrheins ansässigen Fürsten und Ständen ein Bündniß zur Erhaltung des Friedens und des Regensburger Waffenstillstandes.

Die Nachricht von dem Abschlusse dieses Bündnisses kam dem König von Frankreich nicht unwillkommen, da sie ihm einen Vorwand zu dem geplanten Kriege gegen Deutschland bot. Vorher wollte er sich jedoch des Erzbisthums Köln versichern, dessen Erledigung in der Kürze zu erwarten stand. Zu diesem Ende wußte er es dahin zu bringen, daß ein Theil des Domkapitels den auf sein Verwenden zum Kardinal ernannten Bischof von Straßburg, Wilhelm von Fürstenberg, den Bruder und Nachfolger des im Jahre 1682 verstorbenen Franz Egon, zum Koadjutor des seinem Ende entgegengehenden Kurfürsten Maximilian Heinrich wählte. Papst Innocenz XI. verwarf aber die uncanonische Wahl. Nach dem Tode des Kurfürsten wurde Fürstenberg, obschon der Papst sich gegen ihn aussprach, dennoch von dreizehn Domherren zum Erzbischof gewählt, während die neun anderen ihre Stimmen dem baierischen Prinzen Joseph Clemens, dem Bruder des Kurfürsten Maximilian Emmanuel, gaben. Da aber nach dem canonischen Rechte ein Bischof für ein anderes Bisthum nur postulirt werden kann und hierzu, im Falle ein Wahlberechtigter mit ihm concurrirt, eine Mehrheit von zwei

Drittheilen der Stimmen erfordert wird, erklärte Papst Innocenz XI. am 20. September 1688 die Wahl Fürstenbergs für ungiltig und bestätigte die des baierischen Prinzen.

Das Fehlschlagen seiner Hoffnungen auf die Erhebung seines Schützlings auf den Kölnischen Stuhl, verbunden mit der Nachricht neuer Siege der Kaiserlichen in dem Türkenkriege, die das baldige Ende desselben in Aussicht stellten, bewog den König, den beschlossenen Krieg nicht länger aufzuschieben, sondern durch den unerwarteten Beginn desselben dem bedrängten Sultan eine kräftige Diversion zu machen. Am 25. September 1688 rückte der Dauphin mit einem Heere von achtzigtausend Mann in die Rheinpfalz ein, nachdem am vorhergehenden Tage die Kriegserklärung Ludwigs nach Regensburg abgegangen. In diesem Manifeste erklärte Ludwig: „Er sei zum Kriege gezwungen, weil der Kaiser die Absicht hege, mit den Türken Frieden zu schließen, um seine Waffen gegen Frankreich zu kehren, weil ferner der Kurfürst von der Pfalz sich weigere, den Ansprüchen der Herzogin von Orleans auf die Erbschaft ihres Bruders gerecht zu werden, und bei dem Kaiser Unterstützung für seine ungerechte Weigerung suche, und weil endlich der Wiener Hof den mit dem Könige befreundeten Kardinal von Fürstenberg, den ein Theil des Domkapitels zu Köln zum Erzbischofe erwählt, von diesem Stuhle verdrängt und die Wahl des baierischen Prinzen Joseph Clemens durchgesetzt habe in der Absicht, hiedurch das baldige Aussterben des baierischen Hauses zu befördern; doch habe er die Waffen nur ergriffen, um seinerseits alles zu thun, was zur Sicherstellung eines allgemeinen Ruhestandes für dienlich erachtet werden könne. Es werde nur an dem Kaiser liegen, diesem Ruhestande durch die Verwandlung des zu Regensburg geschlossenen Waffenstillstandes in einen definitiven Frieden immerwährende Dauer zu verschaffen. Den Anfang habe er mit der Belagerung der Reichsfestung Philippsburg machen lassen, nicht um das Reich anzugreifen, sondern um den Gegnern der Ruhe den Eingang in sein Königreich zu versperren, und er werde zur Beförderung des abzuschließenden Definitivfriedens gern bereit sein, diese Stadt nach Schleifung der Festungswerke unter der Bedingung zurückzugeben, daß die Werke niemals wiederhergestellt werden und die zur Sicherung der französischen Grenze angelegten Forts Hüningen und Louis keine Beeinträchtigung erleiden dürften."

Leopold übertrug die Abfassung der Antwort auf dieses schmachvolle Manifest, in welchem dem Reiche in der empörendsten Weise Hohn gesprochen wurde, dem berühmten, auch als Staatsmann und Rechtslehrer hochangesehenen Philosophen Leibnitz, der eben in Wien anwesend war, und dieser entledigte sich des Auftrags seines kaiserlichen Freundes und Gönners in einer seines großen Namens würdigen Weise. Nach eingehender Widerlegung aller einzelnen Punkte des französischen Schriftstückes wurde als eigentlicher Zweck der französischen Politik die Absicht bezeichnet, die Reichsstände durch das Schreckbild einer angeblichen österreichischen Knechtschaft von dem Kaiser zu trennen und unter Frankreichs Botmäßigkeit zu bringen. Allein jeder Deutsche, der noch nicht das eiserne Joch Frankreichs trage, werde an den unter demselben seufzenden Stammesgenossen, ja an den Unterthanen und dem niederen und hohen Adel Frankreichs selbst leicht unterscheiden können, ob die österreichische Regierung oder die französische Herrschaft der Tyrannei verwandter sei. „Seine kaiserliche Majestät", so schloß das Manifest, „wäscht ihre Hände in Unschuld über die Folgen dieses Krieges und erklärt vor Gott und aller Welt, daß nicht sie Ursache des Kampfes ist, sondern Frankreich denselben aus eigener Willkür begonnen hat. Welche Erfolge aber auch der Herr der Heerschaaren den Waffen der Feinde verleihen mag, so wird der Kaiser stets die Wege der Vorsehung verehren, welche sich zuweilen der Geißel des Attila bedient, um in ihrer Barmherzigkeit Die zu züchtigen, welche sie lieb hat."

Inzwischen hatte der Krieg am Rhein bereits begonnen und nahm, da der Bruch des Waffenstillstandes von Regensburg durch Ludwig das Reich gänzlich unvorbereitet getroffen, einen für Frankreich günstigen Verlauf. Die festen Städte Mainz, Trier und Bonn ergaben sich auf das Geheiß ihrer furchtsamen, mit den Feinden halb befreundeten Gebieter ohne Schwertstreich; Heilbronn, Mannheim, Frankenthal, Speier und Worms folgten diesem Beispiele; Philippsburg und Heidelberg fielen nach schwacher Vertheidigung. In kurzer Zeit war das gesammte Rheinland, mit Ausnahme von Köln und Koblenz, in der Gewalt der Franzosen. Schon drangen dieselben unter fürchterlichen Brandschatzungen bis nach Schwaben und tief in Franken vor, als ein unerwartetes Ereigniß alle Pläne Ludwigs zu durchkreuzen drohte.

In England hatte Jakob II., Karls II. Bruder und Nachfolger, der noch vor seiner Thronbesteigung (1685) zur katholischen Kirche übergetreten war, durch die Begünstigung der Katholiken, sowie durch mehrfache Eingriffe in die bestehenden Gesetze und seine unbegrenzte Hingebung an Frankreich unter vielen seinen Unterthanen eine Erbitterung wach gerufen, welche der mit Jakobs ältester Tochter Maria vermählte Wilhelm III. von Oranien benutzte, um die Herrschaft in England an sich zu bringen. Der Einladung mehrerer unzufriedenen Großen folgend, mit denen er schon seit einiger Zeit gegen seinen Schwiegervater conspirirt hatte, segelte derselbe mit einer holländischen Flotte nach England. Nachdem Jakob II. nach Frankreich entflohen, übertrug das Parlament dem Prinzen von

Oranien und seiner Gemahlin, gegen die Anerkennung aller Rechte der Nation, die Krone von England. Da Ludwig XIV., der offen für Jakob II. Partei ergriffen, gleich nach der Einschiffung des Statthalters an die Generalstaaten den Krieg erklärt hatte, schloß sich England im Vereine mit Holland an Oesterreich an. Auch der König von Spanien trat dem Bündniß gegen Frankreich bei, und so erweiterte sich der Reichskrieg zu einem europäischen Kriege.

Unterdessen hatte Ludwig seinen Feldherren am Rhein den Befehl zugehen lassen, „die Pfalz niederzubrennen.“ Zu diesem barbarischen Verfahren, durch welches man schon im vorhergehenden Kriege französischerseits die Gegner zu schwächen gesucht, hatte Louvois dem König gerathen, weil er bei der eingetretenen Nothwendigkeit, die vorhandenen Streitkräfte auf verschiedenen Punkten zu vertheilen, die Unmöglichkeit einsah, den Krieg am Rhein in der gleichen Weise wie bisher fortzusetzen. Alle Plätze, die man aus Mangel an Truppen nicht besetzen oder nicht behaupten zu können glaubte, sollten vernichtet und die Umgebungen derselben verheert werden, damit die heranziehenden deutschen Heere längs der französischen Grenze nur öde Brandstätten und Wüsteneien fänden.

Der schauerliche Befehl des Königs wurde von den französischen Generalen mit der schonungslosesten Härte vollzogen. Besonders zeichnete sich bei der Ausführung desselben der Feldmarschall Mélac, dessen Name noch jetzt in dem Gedächtnisse der Pfälzer als der eines zweiten Herostrates fortlebt, durch die empörendste Herzlosigkeit aus. Im Januar 1689 ließ derselbe eine Reihe von größeren und kleineren Ortschaften in der Pfalz und im Badischen, die den ganzen Winter hindurch die geforderten harten Brandschatzungen pünktlich herbeigeschafft, nach vorausgegangener Plünderung in Brand stecken und die wehrlosen Einwohner, die händeringend auf den Knieen um Gnade flehten, theils niederhauen, theils, von Allem entblößt, in die öden Felder hinaustreiben, wo die meisten dem Elend und der Winterkälte erlagen. Hierauf wurde am 2. März in Heidelberg das kurfürstliche Schloß mit dem Zeughause ausgeplündert und nebst der Neckarbrücke und einem Theile der Stadtmauer in die Luft gesprengt; dann zündeten die Mordbrenner die Wohnungen der Bürger an verschiedenen Stellen zugleich an. In Mannheim mußten die Einwohner selbst, auf Befehl des Generals Montclas, die Festungswerke abtragen und öffentliche wie Privathäuser durch Minen in die Luft sprengen helfen, worauf am 5. März der Rest der halbverschütteten Stadt in Brand gesteckt wurde. Das gleiche Schicksal traf die Städte Frankenthal, Neustadt an der Haardt, Rastadt, Baden, Offenburg, Ladenburg, Oppenheim, Gernsheim und unzählige andere größere und kleinere Orte bis an die Grenze des Elsasses. In vielen Orten wurden die Einwohner mitten im sorglosen Schlafe plötzlich durch die Flammen erweckt und sahen mit Schrecken die für befreundet gehaltene Besatzung in Mordbrenner und tobende Plünderer verwandelt.

Das härteste Schicksal erfuhren die beiden alten Reichsstädte Worms und Speier, die sich im vorhergehenden Herbste auf die Bedingung ergaben, daß Rath und Bürgerschaft in ihren Geschäften und Rechten unangetastet bleiben und nur einige Hundert Mann auf französische Kosten in die Stadt eingelagert werden sollten. Nachdem sie nicht nur die vollständigste Außerachtlassung dieser von dem Dauphin selbst auf das Heiligste bekräftigten Zusagen von Seiten der nach und nach auf das Sechsfache erhöhten französischen Besatzung sechs Monate lang geduldig ertragen, sondern sich auch allem gefügt, was während dieser Zeit widerrechtlich von ihnen gefordert worden — selbst an der Zerstörung ihrer Festungswerke geholfen, ungeheuere Summen gezahlt und ihre sämmtlichen Kornvorräthe nach Philippsburg zur Unterhaltung der dortigen französischen Besatzung ausgeliefert — wurde ihnen am 22. Mai 1689 angekündigt: des Königs Interesse erfordere es, daß die Städte Worms und Speier ganz von der Erde vertilgt würden; doch solle es den Bürgern gestattet sein, nach den nächstgelegenen französischen Städten auszuwandern. Für die Habe, die sie nicht mitnehmen konnten, wurde ihnen Sicherheit in den Domkirchen zugesagt, für welche Schonung verheißen wurde; kaum hatten sie jedoch einen Theil ihres Eigenthums in diese angeblichen Sicherheitsstätten gebracht, als die räuberischen Schaaren in dieselben eindrangen und sie ausplünderten. Hierauf wurden beide Städte, Worms am 31. Mai und Speier am 5. Juni, in Brand gesteckt und waren in wenigen Stunden in Aschenhaufen verwandelt. In Speier blieb Nichts, in Worms nur die Domkirche verschont. In der ersteren Stadt wurden nicht nur die Akten des Reichskammergerichts sammt den Kassen hinweg geschleppt, sondern auch die Kaisergräber ausgeplündert und die vermoderten Gebeine unter Spott und Hohn auf dem Boden umhergestreut. Als einige menschlicheren Offiziere den jungen Herzog von Créqui, der die Verwüstungsgräuel in Worms und Speier leitete, nach dem Grunde aller dieser schauerlichen Maßregeln fragten, erwiederte er kalt: „Der König will es," und wies ein Verzeichniß von zwölfhundert Städten und Dörfern vor, die alle noch verbrannt werden müßten.

Die Folge dieser Gräuelthaten, die in allen Gauen Deutschlands einen Schrei des Entsetzens und der Wuth hervorriefen, war ein ungewöhnlich rasches und thatkräftiges Zusammenwirken der deutschen Fürsten. Der neue Kurfürst von Brandenburg, Friedrich III., griff, während ein Theil seiner Truppen zu dem Reichsheere stieß und ein anderer zur Unterstützung des Kaisers gegen die Türken nach Ungarn abging, mit einem brandenburgisch-holländischen Heere von dreißigtausend Mann die Franzosen im Erzbisthum Köln an und vertrieb sie aus dem größten Theile desselben. Auch in Franken, wo der Kurfürst Johann Georg III. von Sachsen bereits im Oktober 1688 mit einem Heere von vierzehntausend Mann erschienen war, sowie in der Pfalz zogen die Franzosen den Kürzeren, und nachdem es dem Herzog von Lothringen, der mit den Truppen des Kaisers zugleich das Reichsheer als Oberbefehlshaber anführte, am 8. September 1689 gelungen, Mainz nach zweimonatlicher Belagerung zur Kapitulation zu zwingen, war Deutschland so weit vor dem Reichsfeinde gesichert, daß Leopold im Winter von 1689 auf 1690 einen Kurfürstentag zu Augsburg halten konnte, auf welchem, nach erfolgter Krönung der Kaiserin, der elfjährige Erzherzog Joseph einstimmig zum römischen König gewählt und gekrönt wurde.

Im Jahre 1690 erlitten der Kaiser und das Reich einen schweren Verlust durch den Tod des heldenmüthigen Herzogs von Lothringen, der, erst siebenundvierzig Jahre alt, am 18. April zu Wels in Oberösterreich starb. Ihm folgte als Oberbefehlshaber der Reichstruppen der Kurfürst Maximilian Emmanuel von Baiern, der es nicht verhindern konnte, daß die Franzosen wieder ihre Winterquartiere im Breisgau und im Badischen nahmen.

Auch in den Niederlanden hatte inzwischen das Glück die Waffen Ludwigs begünstigt. Während Wilhelm von Oranien in Irland beschäftigt war, wo Jakob II. am 1. Juli 1689 mit einem französischen Heere gelandet und fast allgemein als König anerkannt worden, gelang es dem Marschall von Luxemburg, einem Freund und Schüler Condé's, über die von dem Fürsten Georg Wilhelm von Waldeck befehligten holländischen, deutschen und spanischen Truppen am 1. Juli 1690 bei dem Dorfe **Fleurus** in der Grafschaft Namur einen Sieg zu erringen, der für die Verbündeten die verhängnißvollsten Folgen hätte haben können, wäre es nicht dem umsichtigen Fürsten von Waldeck gelungen, dem geschlagenen Heere einen geordneten Rückzug zu sichern.

Unterdessen war auch in Italien der Krieg entbrannt. Hier hatte Ludwig den Oberbefehl dem bisherigen Kommandanten von Casale, dem ebenso umsichtigen als tapferen Brigadegeneral Catinat, übertragen, und dieser erfocht am 18. August 1690 bei der Abtei **Staffarda**, unweit Saluzzo, über den Herzog Viktor Amadeus von Savoyen, der vor Kurzem durch den Kaiser für das Bündniß gegen Frankreich gewonnen worden, einen Sieg, welcher ihn zum Herrn des größten Theiles von Savoyen machte. Auch hier verübten die Franzosen die gleichen Verwüstungsgräuel wie in der Pfalz, so wenig auch diese Art der Kriegsführung dem menschlicher gesinnten Catinat zusagte. Dieses barbarische Verfahren empörte insbesondere den Prinzen Eugen, den der Kaiser mit fünftausend Mann zur Unterstützung des Herzogs von Savoyen nach Italien gesandt hatte; er vermochte jedoch bei der Geringfügigkeit seiner Streitkräfte um so weniger, denselben Einhalt zu thun, als er durch den unfähigen Befehlshaber der spanischen Hilfstruppen mehr gehemmt als unterstützt wurde.

Wie zu Lande, so war auch zur See das Glück den Franzosen günstig. Am 10. Juli 1690 erlitt die englisch-holländische Flotte bei der Insel Wight gegen den französischen Admiral Tourville eine empfindliche Niederlage.

Im Jahre 1691 brachten die deutschen Fürsten eine bedeutende Streitmacht zusammen, über welche der Kurfürst von Sachsen den Oberbefehl erhielt; allein der Mangel an Eintracht zwischen ihm und dem kaiserlichen Feldherrn, Grafen Caprara, ließ es zu keinen bedeutenden Erfolgen gegen Frankreich kommen.

Unterdessen hatte Wilhelm III. von England bereits am 11. Juli 1690 bei dem irischen Flusse Boyne über seinen Schwiegervater einen entscheidenden Sieg davongetragen, welcher den Letzteren, der sich inzwischen durch sein eigensinniges Festhalten an unhaltbaren Thronrechten die Herzen der Irländer entfremdet hatte, zur abermaligen Flucht nach Frankreich nöthigte. Die völlige Unterdrückung des irischen Aufstandes dem vor Kurzem zum Grafen von Marlborough erhobenen Lord Churchill überlassend, kehrte Wilhelm nach den Niederlanden zurück, um sich dort selbst an die Spitze der verbündeten Truppen zu stellen; doch gelang es auch ihm nicht, den Siegeslauf der Franzosen zu hemmen. Am 3. August 1692 erlitt er bei Steenkerken gegen den Marschall von Luxemburg eine Niederlage, bei welcher die Verbündeten achttausend Todte auf der Wahlstätte zurückließen, während die Franzosen siebentausend Todte und Verwundete zählten. Dagegen erlag die französische Flotte, die, vierundvierzig Segel stark, unter Tourville auf Ludwigs Befehl aus dem Hafen von Brest ausgelaufen war, um eine Transportflotte von dreihundert Schiffen zu eskortiren, auf welcher Jakob II. mit elftausend ausgewanderten Engländern und Irländern und viertausend französischen Soldaten zur Wiedereroberung seines Reiches nach England übersetzen wollte, nach einem heldenmüthigen Kampfe mit der vereinigten englischen und holländischen Flotte von neunzig Linienschiffen, mit welcher sie am 29. Mai 1692 bei dem Kap la Hogue zusammengetroffen, der feindlichen Uebermacht und der Ungunst des Windes. Sechzehn französische Schiffe wurden in die Bucht von la Hogue, in welcher Tourville bei seinem Rückzug nach der französischen Küste auf den Strand gelaufen, von den ihn verfolgenden Engländern theils geentert, theils in Brand gesteckt.

Für den erlittenen Verlust wurde Ludwig durch die neuen Lorbeern entschädigt, die der Landkrieg im folgenden Jahre seinen Waffen brachte. Am 29. Juli 1693 griff der Marschall von Luxemburg den König Wilhelm mit überlegener Truppenmacht in seinem befestigten Lager bei dem Dorfe Neerwinden an und erfocht über denselben nach einem heißen Kampfe, der acht Stunden lang hin und her tobte, durch einen wuchtigen Gesammtangriff einen so vollständigen Sieg, daß der Rückzug der Verbündeten, den sie mit einem Verluste von zwölftausend Mann an Todten und Gefangenen, sowie ihres gesammten Geschützes, antraten, sich zu einem fluchtartigen gestaltete. Nur der gänzlichen Erschöpfung des Feindes, die demselben jede Verfolgung unmöglich machte, hatten sie es zu verdanken, daß Wilhelm das geschlagene Heer wieder ordnen und so die schlimmsten Folgen der erlittenen Niederlage abwenden konnte. Der Sieg bei Neerwinden war Luxemburgs letzte Waffenthat; bald nach demselben legte er das Kommando nieder und starb am 4. Januar 1695.

Während in den folgenden Kriegsjahren das Reichsheer, obgleich es im Jahre 1693 in dem aus dem Türkenkriege zurückberufenen Markgrafen Ludwig von Baden einen neuen trefflichen Führer erhalten, nur wenig ausrichten konnte, weil es dem Markgrafen bei dem mehr und mehr erkaltenden Kriegseifer der deutschen Fürsten nicht gelang, die nöthigen Streitkräfte zusammen zu bringen, nahm auch in Italien der Krieg einen für Frankreich günstigen Verlauf. Nachdem der Prinz Eugen im Sommer 1692 einen Einfall in das südliche Frankreich gemacht, der alle Aussicht auf einen günstigen Erfolg hatte, aber wegen der plötzlichen Erkrankung des Herzogs von Savoyen nicht fortgesetzt werden konnte, erlitten die Verbündeten unter dem Herzog Viktor Amadeus am 4. Oktober 1693 bei Marsaglia gegen Catinat eine zweite Niederlage, und der Prinz Eugen war, trotz der unermüdlichsten und umsichtigsten Thätigkeit, bei der unter den einzelnen Führern herrschenden Uneinigkeit um so weniger im Stande, den Franzosen die errungenen Vortheile wieder zu entreißen, als er nicht nur von Wien aus ohne die nöthigen Geldmittel zu einer genügenden Verpflegung der Truppen gelassen wurde, sondern auch der Herzog von Savoyen, der seit dem Tage von Marsaglia des Krieges müde war, geheime Unterhandlungen mit dem französischen Hofe angeknüpft hatte, in Folge deren er die Operationen der Verbündeten geflissentlich zu erschweren suchte.

Der Krieg in Italien wurde im Oktober 1696, den Forderungen des Herzogs von Savoyen entsprechend, durch einen Neutralitätsvertrag beendigt, kraft dessen sowohl die französischen, als die kaiserlichen und die spanischen Truppen das Land räumen mußten. Nachdem dies geschehen, schloß Viktor Amadeus mit Frankreich einen Frieden, in welchem ihm Ludwig, der ihn dauernd auf seine Seite zu ziehen wünschte, nicht nur das von den Verbündeten genommene Casale gegen die Zusage, die dortigen Festungswerke schleifen zu lassen, sondern auch die Festung Pignerol überließ.

Obgleich Ludwig in den Niederlanden, dem Hauptschauplatze des Krieges, anhaltend im Vortheil blieb und auch in Spanien, wo der Herzog von Noailles seit dem Jahre 1689 den Krieg ohne bedeutenden Erfolg geführt, Barcelona erobert worden, zeigte er sich zu einem billigen Frieden geneigt, weil der kinderlose König Karl II. von Spanien seinem Tode entgegen ging und Ludwig seinem gänzlich erschöpften Lande einige Ruhe gönnen mußte, um seine Ansprüche auf die gesammte spanische Monarchie mit entsprechenden Streitkräften geltend machen zu können, und da auch England und Holland des Krieges müde waren, sahen sich der Kaiser und Spanien genöthigt, gleichfalls von der Fortsetzung desselben abzustehen.

So trat am 9. März 1697 auf einem Lustschlosse des Prinzen von Oranien bei Ryswick ein Friedenscongreß zusammen, auf welchem es Ludwig abermals gelang, durch die Trennung seiner Gegner alles zu erreichen, was er sich vorgesetzt. Nachdem er zuerst die Holländer durch das Zugeständniß wichtiger Handelsvortheile und dann den König Wilhelm durch die bisher verweigerte Anerkennung seiner Herrschaft in England zufrieden gestellt, gab er an Spanien den größten Theil der von ihm gemachten Eroberungen zurück, in der sicheren Erwartung, in Kurzem in den Besitz der gesammten Monarchie zu gelangen, und so sahen sich der Kaiser und das Reich, die nunmehr allein standen, gezwungen, auf die von Ludwig gestellten Bedingungen einzugehen. Sie mußten ihm nicht nur ausdrücklich Straßburg nebst allem Zubehör auf dem linken Rheinufer abtreten, sondern ihm auch den Fortbesitz des gesammten Elsasses zugestehen, wogegen Ludwig auf Freiburg, Breisach, Kehl und Philippsburg verzichtete, alle außerhalb des Elsasses gemachten Reunionen restituirte, das Erbrecht des Pfalzgrafen Philipp Wilhelm von Neuburg auf die kurpfälzischen Länder anerkannte und in die Zurückstellung des Herzogthums Lothringen an Karls V. Sohn Leopold Joseph willigte.

Ludwig XIV. als Regent.

Ludwig XIV. war eine zum Herrschen geborene Natur; an seiner gebieterischen Persönlichkeit war jeder Zoll ein König. War auch seine Erziehung von seiner Mutter und dem Kardinal Mazarin vollständig vernachlässigt worden, so wurde dieser Mangel in vielen Beziehungen ausgeglichen durch seinen bedeutenden natürlichen Verstand, seinen Scharfblick, seinen energischen Willen und seine seltene Arbeitskraft. Wie ihn die Eifersucht auf sein Ansehen antrieb, sich um Alles zu bekümmern und Alles selbst zu prüfen, um überall die letzte Entscheidung selbst zu treffen, so verrieth sich jene feurige Gemüthsart, die ihn jeden Ruhm suchen und jedem Genuß nachjagen ließ, auch in dem Ehrgeiz, als Regent zu glänzen.

Nichts erregte Ludwigs XIV. Zorn in höherem Grade, als die Mißachtung seiner absoluten Königsgewalt. Um dieselbe gegen jede Anfechtung von Seiten der Großen sicher zu stellen, beschränkte er die Gouverneure der Provinzen in der bisher geübten Gewalt, indem er die Dauer ihres Amtes auf drei Jahre festsetzte und ihnen die Befugniß der Truppenaushebung entzog, die sie sich im Laufe der Zeit angemaßt hatten. Zugleich wurden, um dem Wiederaufleben des Einflusses der Parlamente vorzubeugen, die Geschäftskreise der Intendanten der Justiz und Polizei bedeutend erweitert und die in den einzelnen Provinzen liegenden Truppen zu ihrer Verfügung gestellt, um jeden Widerstand gegen ihre Anordnungen niederzuhalten. Die Formen der Administration wurden schärfer ausgebildet, wozu schon der Umstand, daß Ludwig die Stelle eines Premierministers eingehen ließ, Veranlassung gab, da sich hierdurch die Eintheilung der Geschäftszweige in mehrere Departements mit besonderen Vorgesetzten von selbst bildete. Auch für die Gesetzgebung geschah sehr viel. Es wurden nach und nach ein neues Kriminalrecht, eine neue Ordnung für den Kriminalprozeß und ein neues Seerecht ausgearbeitet.

In der ersten Hälfte seiner Regierung hatte Ludwig das Glück, treffliche Gehilfen zu besitzen, für welche er in der zweiten keinen ausreichenden Ersatz fand. Der von ihm zum Kanzler erhobene Staatssekretär Le Tellier, den er besonders wegen seiner übergroßen Ergebenheit hochschätzte, war ein ebenso gewandter als eifriger Geschäftsmann, und sein Sohn, der Besitzer des Marquisats Louvois, ein äußerst talentvoller, aber stolzer, hartherziger und ehrgeiziger Mann, leistete dem König als Kriegsminister die ersprießlichsten Dienste durch eine treffliche Organisation des Heerwesens und die Ausnutzung aller Kräfte des Landes für Ludwigs Eroberungszwecke. Der Minister des Aeußeren, Lyonne, der sich schon unter Mazarin als einen höchst gewandten und scharfsinnigen

Diplomaten erwiesen, zeigte sich unermüdlich in seinen Bemühungen für den Dienst des Königs. Da der Oberintendant der Finanzen, Nicolas Fouquet, Vicomte von Melun und Vaux, sein Amt im eigenen Interesse zum Nachtheil des Landes ausgebeutet und sich überdies durch seinen überhebenden Stolz das Mißfallen des Königs zugezogen hatte, war Ludwig zu einem Wechsel entschlossen. Fouquet hatte sich jedoch durch Gefälligkeiten aller Art, die er den angesehensten Personen am Hofe wie in der Provinz und im Parlamente auf Kosten des Staatshaushaltes erwiesen, einen so bedeutenden Einfluß zu verschaffen gewußt, daß der König gegen ihn mit großer Vorsicht zu Werke gehen zu müssen glaubte. Er nahm ihn im September 1661 bei einer Reise in die Bretagne als Begleiter mit und ließ ihn zu Nantes unter der Anklage hochverrätherischer Umtriebe gefangen nehmen, wobei er sich der Hoffnung hingab, daß die aus den Mitgliedern verschiedener Parlamente zu seiner Aburtheilung eingesetzte Spezialkommission ihn des Todes schuldig erklären werde. Diese Hoffnung erfüllte sich jedoch nicht. Da dem Angeklagten nur eine verschwenderische, von Veruntreuungen nicht freie Verwaltung der Finanzen, aber kein wirkliches Staatsverbrechen nachgewiesen werden konnte, lautete der Spruch der Richter, trotz der Beeinflussung, die man auf sie zum Nachtheil Fouquets auszuüben gesucht, nur auf Verbannung und Konfiskation seiner Güter. Ludwig, der den Mitwisser aller Geheimnisse Frankreichs nicht ins Ausland ziehen lassen wollte, verschärfte die ihm zuerkannte Strafe auf lebenslängliche Haft und ließ ihn zur Verbüßung derselben auf die Festung Pignerol bringen, wo er am 23. März 1680 starb. Viele haben in ihm den Mann mit der eisernen Maske sehen wollen und behauptet, er sei nicht in Pignerol, sondern in der Bastille gestorben; die Grundlosigkeit dieser Annahme ist jedoch nachgewiesen worden.

Zum Nachfolger Fouquets wurde Jean Baptiste Colbert (geb. 1619), der Sohn eines Tuchhändlers in Rheims, ernannt. Als Sekretär Mazarins, der ihn im Jahre 1648 auf Le Telliers Empfehlung in seinen Dienst genommen, war derselbe wegen seiner Treue, Pünktlichkeit und Geschäftsgewandtheit in der Gunst des Kardinals so hoch gestiegen, daß dieser ihn zum Finanzintendanten und später sogar zum Staatsrath ernannt hatte. Nachdem Ludwig ihm, unter Verleihung des Titels eines Generalcontroleurs der Finanzen, die Oberleitung des Finanzwesens übertragen, entfaltete Colbert, der, einfach in seinem Auftreten wie in seiner Lebensweise, um Anfeindungen wenig bekümmert, aber durch und durch rechtschaffen, in Allem das entschiedenste Gegentheil seines Vorgängers war, eine Thätigkeit, die bald für Frankreich zur reichsten Segensquelle werden sollte. Er fand den Staatshaushalt in der unheilvollsten Verwirrung: die Staatskassen waren leer, die Einnahmequellen in den Händen wucherischer Generalpächter, und das Volk seufzte, in Folge der ungerechten Vertheilung der Steuern, unter einem unerträglichen Abgabendruck. Auf die Beseitigung dieser Uebel durch eine geregelte Verwaltung, strengere Ueberwachung der Beamten und eine gerechtere Steuervertheilung war Colberts erste Sorge gerichtet. Nachdem dies Ziel erreicht und der Staatsschatz durch Verminderung der übergroßen Zahl von Beamten und Pensionärs erleichtert worden, suchte er die Einnahmequellen des Staates zu vervielfältigen. Zur Hebung des Handels wurden neue Landstraßen angelegt und die alten verbessert, Kanäle gebaut — darunter mit einem Kostenaufwand von dreizehn Millionen Livres der königliche Kanal von Languedoc, der das Mittelmeer mit dem Ocean verbindet und von dem neuangelegten Hafen von Cette in die Garonne unterhalb Toulouse führt — Handelsgesetze erlassen und nach dem Vorgange der Holländer und Engländer Handelsgesellschaften für West- und Ostindien gegründet, in deren Förderung die ganze Nation mit dem König wetteiferte. Dünkirchen, das unter Cromwell an England gekommen, wurde von Karl II. für viermalhunderttausend Pfund Sterling zurückgekauft und der Hafen dieser Stadt, gleich dem von Marseille, zu einem Freihafen gemacht, wodurch der nordische Handel nach jenem, wie der levantische nach diesem geleitet wurde. Auch das Kolonialwesen wurde durch Colbert mächtig gefördert. In dem bisher wüsten Cayenne in Südamerika und auf Madagascar entstanden französische Kolonien, und an der Nordküste des mexikanischen Meerbusens, an der rechten Seite des Missisippi, wurde eine Niederlassung versucht, die nach Ludwig XIV. den Namen Louisiana erhielt. Die bereits früher in Canada, auf Martinique und Hayti angelegten Kolonien wurden durch eine neue Einrichtung zu höherer Blüthe emporgehoben.

Eine nicht minder große Sorgfalt, als auf die Hebung des Handels, verwendete Colbert, den Ludwig zum Marquis von Seignelai erhoben, auf die Förderung der Industrie. Unablässig wurden neue Manufakturen auf Staatskosten angelegt, darunter die berühmte Porzellanfabrik von Sèvres und die großartige Gobelinsmanufaktur zu Paris. Dank der weisen Fürsorge Colberts lebte der durch die unaufhörlichen Bürgerkriege ertödtete Kunstfleiß aufs Neue auf und entfaltete sich unter dem Schutze und der strengsten Kontrolle des Staates zur schönsten Blüthe. Der Ruf, den die in Frankreich gefertigten Seidenstoffe, Teppiche, Tapeten, Spiegel, Spitzen, Gold- und Silberwaaren im Auslande erlangten, führte eine von Jahr zu Jahr gesteigerte Ausfuhr dieser Artikel herbei, und während auf diese Weise das übrige Europa Frankreich tributpflichtig wurde, war die französische Industrie im eigenen Lande gegen die Konkurrenz des Auslandes durch die hohen Eingangszölle geschützt, die für die ausländischen Fabrikate erhoben wurden.

Trotz des hohen Aufschwungs, den Colberts rastlose schöpferische Thätigkeit dem Handel und der Industrie Frankreichs verlieh, gelang es dem verdienstvollen Manne nicht, den Steuerdruck zu vermindern, der auf dem Lande lastete, weil die durch den Ehrgeiz und die Ländersucht Ludwigs herbeigeführten Kriege, sowie die verschwenderische Hofhaltung und die großartigen Bauten des Königs: die Schlösser von Versailles, Marly, Trianon u. a., die Façade des Louvre, das Hôtel royal, der Ausbau der Tuilerien und vieles Andere, die Geldbedürfnisse von Jahr zu Jahr steigerten. Um denselben zu genügen, sah er sich zuletzt genöthigt, Verbrauchssteuern auf Getränke und Krämerwaaren auszuschreiben, und dies zog ihm den Haß der geringeren Einwohnerklassen von Paris in so hohem Grade zu, daß nach seinem Tode (6. Sept. 1683) der Pöbel sich zusammenrottete, um seine Beerdigung zu stören, und seine Leiche nur durch eine bewaffnete Bedeckung vor öffentlichen Mißhandlungen geschützt werden konnte.

Die ungeheueren Hilfsquellen, die Colbert dem Lande erschlossen, setzten auch die übrigen Minister in den Stand, in ihren verschiedenen Verwaltungszweigen die umfassendsten Verbesserungen einzuführen und Schöpfungen ins Leben treten zu lassen, die nicht wenig dazu beitrugen, die Macht Ludwigs und den Ruhm Frankreichs zu erhöhen. Louvois ließ eine große Anzahl von Zeughäusern, Kasernen und Magazinen erbauen, sorgte für eine gleichförmige Bekleidung und eine zweckmäßigere Bewaffnung der Truppen und erhöhte die Zahl der Geschütze auf mehr als das Vierfache. Für untaugliche und ausgediente Krieger wurde in Paris ein Invalidenhaus von ungewöhnlicher Größe und Pracht errichtet und an allen Grenzen Frankreichs durch den genialen Vauban eine große Zahl neuer Festungen angelegt, die als Musterschöpfungen der Kriegsbaukunst bewundert wurden. Die französische Seemacht erhob sich unter der Verwaltung des jungen Marquis von Seignelai, des Sohnes Colberts, zu einer so glänzenden Höhe, daß sie der englischen und holländischen an Ruhm nicht mehr nachstand. Statt dreißig Kriegsschiffen, die Colbert bei der Uebernahme der Finanzverwaltung vorgefunden, zählte Frankreich deren bei seinem Tode zweihundert mit sechzigtausend Seeleuten.

Auch für die Hebung der Künste und Wissenschaften wurden unter Colberts Verwaltung große Summen verausgabt. An die von Richelieu im Jahre 1638 gegründete erste französische Akademie reihten sich ihm Jahre 1664 die Akademie der Maler und Bildhauer, die Akademie der Musik und die der Inschriften; zwei Jahre später folgte die Gründung der Akademie der Wissenschaften und im Jahre 1671 die der Baukunst. Für alle diese Schöpfungen beschaffte Colbert nicht nur die nöthigen Geldmittel, sondern er gab zu denselben auch die erste und unmittelbare Anregung. Das Gleiche war der Fall bei den zahlreichen Prachtbauten, in deren Errichtung Ludwig eine besondere Befriedigung seiner Eitelkeit und Ruhmsucht fand.

Dieselbe Ruhmsucht und Eitelkeit war es auch, die Ludwig XIV. trotz seiner geringen wissenschaftlichen Bildung antrieb, nicht nur in seinem eigenen Lande die Vertreter der Wissenschaft mit königlicher Freigebigkeit zu unterstützen, sondern seine Liberalität auch auf fremde Gelehrte auszudehnen, um auch über die Grenzen Frankreichs hinaus als der besondere Freund uud Beschützer der Wissenschaften gepriesen zu werden. Nachdem Lyonne zu diesem Zwecke die nöthigen Erkundigungen eingezogen, wurden mehr als sechzig auswärtige Gelehrte durch höfliche Briefe Colberts überrascht, die mit reichen Geldgeschenken oder der Zusage eines Jahrgehaltes die Bitte enthielten: „sie möchten gestatten, daß der König von Frankreich ihr Wohlthäter werde, da er nicht das Glück habe ihr Oberherr zu sein.“ Die Folge dieser Liberalität war, daß bald ein großer Theil der europäischen Gelehrtenwelt vollständig im Dienste des Königs von Frankreich stand und seines Lobes kein Ende finden konnte.

Ludwigs Bestreben, in keinem Kreise ein selbstständiges, der königlichen Autorität sich entziehendes Leben zu dulden, machte sich auch auf kirchlichem Gebiete geltend und verleitete ihn zu Eingriffen in die Rechte und Freiheiten der Kirche. Schon seit langer Zeit hatte Frankreich, in Folge der durch die „gallikanischen Freiheiten“ (s. Bd. IV. S. 278 u. 445) geschaffenen Beschränkungen der päpstlichen Gewalt, dem Oberhaupte der Kirche gegenüber eine gewisse Sonderstellung eingenommen. Diese sogenannten Freiheiten, wie Appellation der von ihren Bischöfen verurtheilten Geistlichen an die weltliche Gewalt, Berufung und Bestätigung der französischen Synoden durch den König, Beschränkung der Rechte der päpstlichen Nuntien in Frankreich u. s. w., fanden lebhafte Vertheidiger an den französischen Rechtsgelehrten und namentlich in den kirchenfeindlichen Parlamenten, aber auch bei einem Theile des Klerus selbst.

Ludwig XIV. unterdrückte Anfangs die schismatischen Bestrebungen, welche sich in den Parlamenten und auch bei einigen hochgestellten Geistlichen kund gaben. In Folge eines Zerwürfnisses mit dem heiligen Stuhle wegen des sogenannten Regalienrechtes, vermöge dessen der König während der Erledigung der bischöflichen Stühle deren Einkünfte bezog, die Güter durch seine Beamten verwalten ließ und die der bischöflichen Verleihung unterstehenden Beneficien mit Ausnahme der Pfarreien besetzte, änderte er jedoch sein

Benehmen und berief im Jahre 1681 zum Behufe der Aufrechthaltung der gallikanischen Freiheiten eine Versammlung von fünfunddreißig Bischöfen und eben so vielen Mitglieder des übrigen Klerus nach Paris, welche eine Deklaration über den Umfang der päpstlichen Gewalt in Frankreich erlassen sollte. Nachdem die von dem Bischof von Tournay entworfene, geradezu auf ein Schisma lossteuernde Erklärung von der Versammlung verworfen worden war, nahm dieselbe die berühmten vier gallikanischen Artikel von der kirchlichen Gewalt an, die der Bischof von Meaux, der durch Gelehrsamkeit, Beredtsamkeit, kirchlichen Sinn und strenge Gesinnung ausgezeichnete, aber dem Hofe gegenüber allzu nachgiebige Bossuet, redigirt hatte. Ludwig erhob diese Artikel, aus welchen sich Folgerungen ableiten ließen, die der Staatsgewalt Gelegenheit zu einem die freie Wirksamkeit der Kirche beeinträchtigenden Vorgehen gaben, sofort zu Reichsgesetzen, zwang alle Lehrer des Rechts und der Theologie, dieselbe zu beschwören, und verfügte, daß die theologischen und juristischen Fakultäten des Landes Niemanden promoviren dürften, der sich weigere, dieselben in einer seiner Thesen zu vertheidigen.

Papst Innocenz XI. verhielt sich stille, verweigerte aber den von Ludwig zu Bischöfen ernannten Mitgliedern der Pariser Versammlung die Bestätigung. Indessen fuhr Bossuet fort, die Artikel gegen die Anhänger der entgegengesetzten streng kirchlichen Anschauung, die man, um den Gegensatz als einen nationalen erscheinen zu lassen, die Ultramontanen nannte, mit aller Entschiedenheit zu vertheidigen. Unter diesen Ultramontanen ragte besonders der Erzbischof von Cambray, der milde, klare und edle Fénélon, hervor, und diesem gelang es, Vielen die Augen über die Gefahren zu öffnen, welche die gallikanischen Freiheiten der Freiheit der Kirche bereiteten, indem sie Manches, worüber dem geistlichen Oberhirten allein die Entscheidung zustand, in die Hände des weltlichen Regenten legten. Selbst von den Wortführern der gallikanischen Freiheiten kamen Viele zu der Erkenntniß, daß die vermeintlichen gallikanischen Freiheiten die Kirche unter das Joch der Knechtschaft bringen würden.

Die Spannung zwischen Ludwig und dem päpstlichen Stuhle wurde erhöht durch einen neuen Streit, den des Königs übermüthige Herrschsucht heraufbeschwor. Veranlassung zu demselben gab das Asylrecht der Gesandtschaftsquartiere in Rom, die in Folge eines alten Mißbrauchs von der Gerichtsbarkeit der römischen Behörden frei waren. Da die französischen Botschafter dieses Asylrecht mit herrischer Anmaßung auch über die Mauern ihres Palastes hinaus auf die nächst gelegenen Straßen ausgedehnt hatten, konnten Verbrecher aller Art auf eine Zufluchtsstätte rechnen, in welcher sie gegen alle Nachforschungen der römischen Polizei geschützt waren. Um diesem das Banditenunwesen in hohem Grade begünstigenden Unfug ein Ende zu machen, verlangte der Papst von den fremden Mächten die Verzichtleistung auf das Asylrecht ihrer Gesandten. Dieser billigen Forderung kamen sowohl der Kaiser, als die Könige von Spanien, England und Polen bereitwillig nach; Ludwig dagegen erhob Widerspruch, weil es ihm widerstrebte, sich nach dem Beispiele Anderer zu richten. Innocenz XI. erklärte hierauf als Souverän das Asylrecht für aufgehoben und bedrohte Jeden, der fortfahre, dasselbe auszuüben, mit der Exkommunikation. Auch jetzt gab Ludwig nicht nach, sondern ließ, um dem Papste offen Trotz zu bieten, seinen neu ernannten Botschafter, den Marquis von Lavardin, am 16. November 1687 seinen Einzug in Rom mit einem Gefolge von achthundert Bewaffneten halten, welche außer dem französischen Gesandtschaftspalast auch die angrenzenden Straßen besetzten. „Sie kommen, stolz auf ihre Wagen und Rosse“, sagte Innocenz; „ich aber vertraue auf den Herrn, der da bleibt in Ewigkeit.“ Er verweigerte dem Gesandten die verlangte Audienz, belegte ihn mit kirchlichen Strafen und sprach, als der Marquis nichtsdestoweniger sich in die Ludwigskirche begab, um dem Hochamte beizuwohnen, das Interdikt über diese Kirche aus. Der Gesandte war frech genug, mit einem zahlreichen Gefolge in die Peterskirche einzudringen; der Gottesdienst wurde jedoch bei seinem Erscheinen sofort unterbrochen, und sämmtliche Geistlichen verließen die Kirche.

Vergebens suchte Ludwig durch die Besetzung von Avignon und Venaissin und die Drohung der Entsendung eines Heeres nach dem Kirchenstaate den Papst einzuschüchtern: Innocenz XI. blieb unerschütterlich. Alexander VIII., der im Jahre 1689 Innocenz XI. auf dem päpstlichen Stuhle folgte, verwarf die vier Artikel und verweigerte die Bestätigung der neuernannten Bischöfe. Indessen wuchs in Frankreich die Verwirrung in den kirchlichen Verhältnissen so sehr, daß sich Ludwig endlich zum Nachgeben gezwungen sah. Nachdem er im Jahre 1690 auf das Asylrecht des französischen Gesandtschaftsquartiers in Rom Verzicht geleistet und dem Papst Avignon und Venaissin zurückgestellt, wies er im Jahre 1692 die sechsunddreißig Bischöfe, die er seit dem Jahre 1682 ernannt hatte, an, sich dem päpstlichen Stuhle zu unterwerfen, und erklärte dem Papst Innocenz XII., dem Nachfolger Alexander's VIII., daß er die Beschlüsse der Versammlung von 1681 für nicht verbindlich erachte und seine auf Grund derselben erlassenen Gesetze zurücknehme.

Um den Tadel zu entkräften, den er sich durch seine Eingriffe in die Rechte der Kirche von Seiten der katholischen Welt zugezogen, suchte Ludwig seinen Eifer für den katholischen Glauben durch die gewaltsame Zurückführung der Hugenotten zur katholischen Kirche zu bekunden, obgleich der Papst selbst im Geiste der Kirche erklärte: man müsse die irrenden Brüder durch Liebe gewinnen und nicht mit Gewalt in die Kirchen schleifen. Zuerst erließ Ludwig eine Reihe von Verfügungen zur Beschränkung der Rechtssphäre der Hugenotten. Die aus Hugenotten und Katholiken gemischten Rechtskammern wurden aufgehoben, die Hugenotten aus den hohen Aemtern entfernt und gemischte Ehen aufs Strengste untersagt; ebenso wurde der Uebertritt vom Katholicismus zum Protestantismus bei schwerer Strafe verboten. Da alle diese Mittel nicht rasch genug zum Ziele führten, suchte man durch die Last der Einquartierung das Bekehrungswerk zu beschleunigen, indem man in die Häuser der Widerspenstigen Dragoner einlagerte, die große Excesse verübten. Diese sogenannten „Dragonaden“ hatten in der That den Uebertritt vieler Protestanten zur Folge; doch wurde eine ungleich größere Zahl durch das milde Entgegenkommen und die überzeugenden Predigten einzelner Missionäre, denen insbesondere der edle Fénélon als Muster voranleuchtete, zur Kirche zurückgeführt.

Den Schluß des ganzen Verfahrens bildete im Jahre 1685 die Aufhebung des Edikts von Nantes. Ein königlicher Erlaß entzog den Hugenotten all' ihre früheren Privilegien, untersagte ihnen den öffentlichen wie den Privatgottesdienst, ordnete die Demolirung der neuen Kirchen an und verwies alle protestantischen Prediger aus dem Lande. Obgleich den Hugenotten bei schwerer Strafe die Auswanderung verboten und zu diesem Ende die strengste Ueberwachung der Grenzen angeordnet wurde, gelang es doch vielen Tausenden — die Angaben schwanken zwischen sechzigtausend und einer Viertel Million — mit ihren Familien aus Frankreich zu entkommen und ihre Arbeitskraft, ihre Kenntnisse und ihren Kunstfleiß andern Ländern zuzuführen, so daß Ludwigs angeblicher Religionseifer Frankreich schwere Wunden schlug, dem Auslande dagegen Vortheil brachte. Wilhelm von Oranien, der sich im eigenen Interesse zum besonderen Beschützer der ausgewanderten Protestanten aufwarf, ließ ihnen bedeutende Unterstützungen zukommen, damit durch sie die französische Gewerbthätigkeit nach Holland und England verpflanzt werde. Auch der Kurfürst Friedrich Wilhelm von Brandenburg nahm an zwanzigtausend ausgewanderte französische Protestanten in die Marken auf und führte dadurch in diesen Gegenden einen raschen Aufschwung der Künste und Gewerbe herbei.

Trotz aller Gewaltmaßregeln war jedoch der Protestantismus in Frankreich nicht vollständig unterdrückt. Verkleidete reformirte

Prädikanten durchstreiften das Land und versammelten ihre in Frankreich zurückgebliebenen Glaubensgenossen, die, voll Ingrimm im Herzen, nur die Gelegenheit abwarteten, gegen den König die Waffen zu ergreifen, in Wäldern und Einöden zur Abhaltung ihres Gottesdienstes. Wo die Regierung diesen Versammlungen auf die Spur kam, schritt sie gegen dieselben mit großer Strenge ein. Da sie dennoch nicht aufhörten, wurden verschärfte Maßregeln ergriffen. Dies führte im Jahre 1702 in den Sevennen, in deren Thälern besonders viele Protestanten, meist Nachkommen der alten Waldenser, lebten, deren Glaubenseifer durch angebliche Visionen einzelner Gemeindeglieder zum religiösen Fanatismus gesteigert worden, den blutigen Aufstand der „Camisarden[1]“ herbei, den die Regierung vergebens durch Waffengewalt zu unterdrücken suchte. Nach einem zweijährigen erbitterten Kampfe, in welchem von beiden Seiten die empörendsten Grausamkeiten verübt wurden und über zwanzigtausend Menschen den Tod fanden, kam es zu einem Vergleich, in welchem den Aufständischen Religionsfreiheit bewilligt wurde.

Ludwigs XIV. Hof.

Da Ludwig XIV. es für nöthig erachtete, zur möglichsten Erhebung seiner eigenen Person zwischen sich und der Menge eine Art Scheidewand aufzurichten, umgab er sich mit einem zahlreichen, mannigfach gegliederten und abgestuften Hofe, in dessen Pracht sich der Glanz der Krone in beständigem Widerschein abspiegeln sollte. In der Einrichtung dieses prunkvollen Hofes sah er zugleich das sicherste Mittel, den Adel seinen einsamen Schlössern zu entreißen, in denen derselbe so oft auf Empörung gesonnen und den Herrschern Frankreichs Trotz geboten, ihn dauernd in seine Nähe zu ziehen und ihm dadurch Veranlassung zu geben, seine Einnahmen in der Nachahmung des königlichen Luxus zu verschwenden, seinen Ehrgeiz auf Rang und Würden am Hofe zu richten und sich selbst dadurch unbewußt seiner Macht und Unabhängigkeit zu entäußern.

In dem glänzenden Kreise, mit welchem Ludwig XIV. sich umgab, war er stets bemüht, in allem, was er that und sprach, die Majestät und den würdevollen Anstand des Herrschers zu bewahren, wobei das Imponirende seiner ganzen Erscheinung, seine schöne, männliche Gestalt und die edle Bildung seines Gesichts, ihn aufs Beste unterstützte, und seine Eitelkeit gefiel sich in dem Be-

---

1) Diesen Namen erhielten die Aufständischen, weil sie bei ihren nächtlichen Ausfällen über ihren Kleidern Hemden (camiso = chemise) trugen, um nicht erkannt zu werden.

wußtsein, daß Aller Augen voll Bewunderung auf ihn gerichtet waren.

Das Leben am Hofe Ludwigs verfloß in unausgesetzten Festlichkeiten und Lustbarkeiten. Carousselpartien, allegorische Pantomimen, Ballette und Singspiele, von den Herren und Damen des Hofes aufgeführt, wechselten ab mit Schauspielen, Maskenzügen und Feuerwerken; andere Belustigungen mannigfaltigster Art drängten sich in bunter Reihenfolge dazwischen. Der König selbst nahm an den zur Aufführung gebrachten Festspielen, die von den hervorragendsten Dichtern Frankreichs eigens für den Hof verfaßt wurden, bald in der Rolle eines Helden, bald in der eines Gottes Theil, und Alles in diesen Spielen war darauf abgesehen, ihn als den größten und weisesten Monarchen zu verherrlichen.

Für dieses glänzende Hofleben genügten die Räume des Louvre nicht mehr; auch war der Aufenthalt in diesem alten Palaste dem König durch die Erinnerung an die Meutereien der Pariser in den Zeiten der Fronde verleidet. Ebensowenig sagte ihm für die Dauer das Schloß von St. Germain zu, wohin er anfangs sein Hoflager verlegt hatte; er ließ daher das kleine Schloß Versailles, das seinem Vater bei dessen Jagden zum Ruhepunkte gedient, mit einem Kostenaufwand von neunzig Millionen Livres zu einem prachtvollen Königssitze umbauen, um welchen bald eine ansehnliche Stadt entstand. Wie das Schloß selbst, obgleich ganz im Geschmacke der gesunkenen italienischen Baukunst errichtet, von den Zeitgenossen als ein unübertreffliches Musterwerk angestaunt wurde, so galt auch der Garten von Versailles mit seinen Grotten, Wasserkünsten, Statuen und Baumgängen lange Zeit als ein Wunderwerk der neuen Welt, und Le Nôtre, ein Mann von außerordentlichem Talent, wurde durch die Anlage desselben der Schöpfer eines neuen Geschmacks in der Gartenkunst, welcher sich, trotz der Verirrung, die in der übertriebenen Symmetrie, in den nach der Schnur beschnittenen Hecken und Baumgängen liegt, bald über ganz Europa verbreitete.

In den Sälen und Gärten von Versailles bildeten sich jener freiere gesellige Ton, jenes belebte und geistreiche Gespräch, jene leichten und angenehmen Umgangsformen aus, durch welche Ludwigs Hof das Vorbild für alle übrigen Höfe Europa's wurde, und der Einfluß, den Frankreich durch diese sociale Bildung auf das Ausland ausübte, trug nicht wenig dazu bei, sein Uebergewicht in Europa sicher zu stellen.

Aber die verfeinerten Formen, in welchen sich das Leben am Hofe von Versailles bewegte, waren nur die trügerische Hülle einer tiefen sittlichen Verderbniß, und wenn auch Ludwig XIV. strenge darauf hielt, daß der äußere Anstand gewahrt blieb, so zeigten sich doch schon unter ihm die Folgen der am Hofe gepflegten Frivolität in der vollständigen Untergrabung der Grundlagen des Familienlebens. Man war bereits so weit gekommen, daß es nur Wenige der Mühe werth erachteten, eheliche Untreue zu verbergen, und häusliche Tugenden und Sittenreinheit der Gegenstand des Gespöttes wurden. Um geistreiche Buhlerinnen, wie Ninon de l'Enclos, die mit einer unverwüstlichen Schönheit eine seltene Anmuth, Feinheit und Lebhaftigkeit des Geistes verband, sammelten sich die angesehensten Männer des Hofes.

Wie weit das sittliche Verderben unter der höheren französischen Gesellschaft bereits um sich gegriffen und welche Verbrechen mitunter im Verborgenen verübt wurden, zeigt insbesondere der Prozeß der jungen und schönen Marquise von Brinvilliers, die im Jahre 1676 als Giftmischerin zu Paris enthauptet wurde. Sie hatte nicht nur aus Habsucht ihren Vater und ihre sämmtlichen Geschwister, sondern auch eine große Zahl anderer Personen vergiftet, um die Wirkung der von ihr bereiteten Gifte zu erproben. Ueberhaupt hatte die Giftmischerei eine so schreckenerregende Ausdehnung gewonnen, daß Ludwig zur Verfolgung und Bestrafung derselben einen eigenen Gerichtshof, die Chambre ardente, einsetzte.

Ludwigs Gemahlin Maria Theresia war eine schöne und sittenreine Frau von großer Herzensgüte; sie besaß jedoch zu wenig glänzende Eigenschaften, um das Herz des Königs fesseln zu können. Ludwig hielt zwar strenge darauf, daß ihr bis an ihr Lebensende (30. Juli 1683) die ihr gebührende Achtung erwiesen werde; er selbst aber kümmerte sich wenig um sie, da er schon frühe angefangen, seine Gunst andern Frauen zuzuwenden. Die Erste, um derentwillen er seiner Gemahlin die Treue brach, war die später von ihm zur Herzogin erhobene Louise Françoise de la Vallière, die als Hofdame der Prinzessin Henriette von England, der ersten Gemahlin des Herzogs von Orleans, an den französischen Hof gekommen war und selbst eine glühende Neigung für den König gefaßt hatte. Ludwigs Leidenschaft für sie verrauchte, als er im Jahre 1674 in der Marquise von Montespan eine glänzendere Schönheit kennen lernte. Die La Vallière, die ihren Sturz als eine gerechte Strafe des Himmels ansah, zog sich in das Kloster der Karmeliterinnen zu Paris zurück, wo sie bis an ihr Lebensende (6. Juni 1710) unter dem Namen soeur Louise de la miséricorde durch harte Arbeiten und strenge Bußübungen die Fehltritte ihrer Jugend zu sühnen suchte.

Während die La Vallière keinerlei Einfluß auf die Staatsangelegenheiten zu erlangen gesucht, war das Streben der herrschsüchtigen Marquise von Montespan, die im Jahre 1676 von ihrem Gemahle geschieden wurde, nachdem derselbe seine Auflehnung gegen das zwischen ihr und dem König sich entspinnende Verhältniß erst durch eine längere Haft in der Bastille, dann durch die Verbannung nach Guyenne gebüßt hatte, auf die vollständige Beherrschung des gesammten Hofes gerichtet, und sie erreichte dieses Ziel auch für eine Reihe von Jahren. Wie der sonst auf seine Macht so eifersüchtige König sich in schwachen Stunden gänzlich von ihr leiten ließ, so beugte sich auch der Hof, dessen glänzender Mittelpunkt sie geworden, vor ihrem eigenthümlich feinen Ton, ihrem sprühenden Geist und ihrem beißenden Witz, und Minister und Generale zitterten vor ihren Launen. Nachdem ihr bereits im Jahre 1678 in dem siebzehnjährigen Fräulein von Fontanges, die gleichfalls von dem in leidenschaftlicher Liebe zu ihr entbrannten König zur Herzogin ernannt wurde, eine gefährliche Nebenbuhlerin erstanden, die jedoch schon nach drei Jahren starb, wurde sie ganz aus Ludwigs Herzen verdrängt durch die im reformirten Glauben erzogene, später aber zur katholischen Kirche übergetretene Wittwe des komischen Dichters Scarron, Françoise d'Aubigné, die nachmalige Frau von Maintenon, welcher der König die Pflege und Erziehung seiner beiden natürlichen Söhne übertragen hatte. Um das gegebene Aergerniß wieder gut zu machen und für ihre Vergehungen Buße zu thun, vertheilte die Montespan den größten Theil ihres Vermögens unter die Armen und zog sich reumüthig in die Einsamkeit eines Klosters zurück, wo sie ihre Zeit zwischen Bußübungen und Werken der Wohlthätigkeit theilte. Sie starb im Jahre 1707.

Das Verhältniß des Königs zu der Frau von Maintenon — diesen Namen führte die Wittwe Scarron von der Herrschaft Maintenon, deren Ankauf ihr durch Ludwigs reiche Geschenke ermöglicht worden — war ein anderes, als das, welches zwischen ihm und seinen früheren Geliebten bestanden hatte. Ludwig fühlte keine jener leidenschaftlichen Regungen mehr, die ihn zu so schweren Verirrungen hingerissen; dagegen empfand er mit den zunehmenden Jahren eine immer größere Leere, die weder die rauschenden Vergnügungen seines Hofes noch der Ruhm und das Glück seiner Waffen auszufüllen vermochten. Er bedurfte der Zerstreuung durch eine anregende Unterhaltung, und diese fand er bei Frau von Maintenon in so reichem Maße, daß ihre Gesellschaft ihm bald unentbehrlich schien. Den Einfluß, den sie hiedurch auf Ludwig XIV. gewann, wußte sie durch ein äußerst taktvolles und kluges Benehmen zu sichern: sie beobachtete die strengste Zurückhaltung, widersprach dem König nie und schien kein anderes Streben zu kennen, als seine Launen zu zerstreuen und ihn durch die Wiederbelebung seines religiösen Gefühls auf den Weg der Pflicht zurückzuführen. Nachdem es ihr gelungen, des Königs Herz von der Montespan loszureißen, deren wachsende Launenhaftigkeit ihm längst lästig geworden, suchte sie ein besseres Verhältniß zwischen ihm und seiner Gemahlin herzustellen, und auch dies gelang ihr.

Zwei Jahre nach dem Tode der Königin bot Ludwig der Frau von Maintenon selbst seine Hand an. Vergebens bat ihn Louvois fußfällig, von dem Gedanken abzustehen, die Wittwe Scarron zur Königin von Frankreich zu machen; alles, was er erlangen konnte, war, daß Ludwig auf die anfänglich von ihm beabsichtigte Bekanntmachung seiner Wiedervermählung Verzicht leistete. Die Trauung wurde ganz in der Stille in der Privatkapelle des Schlosses von Versailles von dem Erzbischof von Paris vollzogen.

Der Einfluß, den die Maintenon durch ihre geistige Ueberlegenheit auf den König ausübte, steigerte sich von Jahr zu Jahr und machte sich auch am Hofe geltend. Obgleich Ludwig den vollen Glanz desselben aufrecht hielt und auch jetzt noch prunkvolle Feste gab, suchte er an demselben eine größere Sittenstrenge herzustellen. Die Maintenon selbst nahm an den Hoffesten nur selten Theil, weil sie bei denselben nicht als Königin auftreten konnte. Sie fand ihre Freude in Werken der Mildthätigkeit, zu denen sie auch den König anzuregen suchte. Bei allem Schein zurückgezogener Bescheidenheit übte sie doch auf den Gang der Staatsangelegenheiten einen bedeutenden Einfluß aus. Der König arbeitete häufig mit seinen Ministern in ihrem Zimmer, während sie mit Lesen oder weiblichen Arbeiten beschäftigt war. Fragte er sie bei solchen Gelegenheiten um ihre Meinung, so antwortete sie in der Regel ausweichend und verbarg sorgfältig das Interesse, das sie an dem Gegenstande der Berathungen nahm. Aber in der Regel war bereits Alles zwischen ihr und den Ministern besprochen und abgemacht, so daß sie es war, die thatsächlich alle Geschäfte leitete, während sie den König in dem Glauben erhielt, daß alle Entscheidungen von ihm allein ausgingen.

In dieser einflußreichen Stellung, in welcher sie zwar nicht allgemein geliebt, aber allgemein geachtet wurde, wußte sich die Maintenon durch ihre Klugheit bis zum Tode Ludwigs zu behaupten. Dabei wurde jedoch ihre Aufgabe dem Könige gegenüber von Jahr zu Jahr schwieriger, da derselbe fortwährend unterhalten und zerstreut sein wollte und doch immer mehr die Empfänglichkeit für geistige Unterhaltung verlor. Gleich nach dem Tode des Königs verließ sie den Hof und zog sich nach St. Cyr zurück, wo sie eine reich ausgestattete Erziehungsanstalt für dreihundert Töchter unbemittelter Edelleute gestiftet hatte. Dort starb sie 1719, im Alter von vierundachtzig Jahren, bis an ihr Ende wie eine verwittwete Königin geehrt.

Das gesammte Hofleben zu Versailles beruhte auf der im sechzehnten Jahrhundert am spanischen Hofe herrschend gewordenen

Etikette, die durch Anna von Oesterreich nach Frankreich verpflanzt worden war und hier durch Ludwig XIV. ihre höchste Ausbildung erhielt. Alles bis ins Kleinste war durch die strengsten Gesetze geregelt. Es gab genaue Vorschriften darüber, in welche Gemächer die einzelnen Herren und Damen des Hofes ungerufen kommen durften, wer beim Aufstehen oder Schlafengehen des Königs zugegen sein mußte, bis zu welcher Rangstufe herab die Herren bei den Hofgesellschaften sich setzen und auf den Spaziergängen das Haupt bedecken durften.

Ludwig hielt aufs Strengste darauf, daß jeder Große von Rang regelmäßig bei Hofe erscheine. Wer dies versäumte, durfte auf keine Vergünstigung von Seiten des Königs rechnen. Wurde um eine solche für ihn gebeten, so pflegte Ludwig zu antworten: „Ich kenne den Menschen nicht; ich sehe ihn nie." Sonst zeigte sich Ludwig gewöhnlich im Verkehr mit seiner Umgebung sehr höflich, verbindlich und liebenswürdig und wußte sich stets mit so würdevoller Artigkeit auszudrücken, daß selten Jemand dem Zauber seiner Worte widerstand.

Die Tagesordnung des Königs war auf das Genaueste bestimmt. Nachdem ihn um acht Uhr der erste Kammerdiener geweckt und ein anderer ihm ein frisches Hemd gebracht, erschienen zwei Kammerherren, von denen ihm der eine Weihwasser und der andere ein Gebetbuch reichte, worauf Beide sich zurückzogen. Sobald der König aufgestanden war und sich das Morgenkleid hatte reichen lassen, traten die Prinzen, die Generale und die Herren vom sogenannten „zweiten Zutritt" ein, in deren Gegenwart er sich ankleiden, den Bart abnehmen und die Perücke aufsetzen ließ. Nach beendigter Toilette wurde ein gemeinsames Morgengebet verrichtet; dann begleiteten alle Anwesenden den König in sein Kabinet, wo er seine Befehle über Feste, Feierlichkeiten und andere dergleichen Dinge ertheilte. Hierauf begab er sich zur Messe, wobei der ganze Hof in der Gallerie zwischen seinem Kabinet und der Kapelle in feierlicher Haltung stehen mußte. Nach beendigter Messe arbeitete der König bis ein Uhr mit den Ministern in seinem Kabinete und ging dann zur Mittagstafel. Gewöhnlich speiste er allein, und während ihn die Kammerherren bedienten, sahen sein Bruder, der den Titel Monsieur führte, sowie seine Söhne und Enkel stehend zu. Nach der Tafel fütterte der König seine Hunde und spielte mit ihnen; dann kleidete er sich um und fuhr aus. Nach der Rückkehr wechselte er abermals die Kleidung, worauf er den Besuch seiner Günstlinge, Kammerleute und Beamten empfing oder Berichte entgegen nahm. Um zehn Uhr begann die glänzende Abendtafel, zu welcher eine Anzahl von Hofleuten eingeladen wurde. Nach aufgehobener Tafel unterhielt sich der König noch eine Zeitlang stehend, mit dem Rücken an einen Pfeiler gelehnt, über gleichgiltige Dinge mit den ihn umringenden Anwesenden und zog sich dann, den Damen eine Verbeugung machend, in sein Kabinet zurück, von wo ihn später die Herren vom ersten und zweiten Zutritt in sein Schlafgemach begleiteten. Nachdem er in ihrem Beisein sein Abendgebet verrichtet und sich hatte entkleiden lassen, stieg er zu Bette, worauf sich die anwesenden Hofleute zurückzogen.

Eine wahrhaft imposante Pracht entfaltete der königliche Hof an den großen Galatagen, an welchen der König die Huldigung des gesammten Hofes und Reiches entgegennahm oder in der prachtvollen Gallerie zu Versailles den Gesandten fremder Mächte feierliche Audienz ertheilte.

Die französische Literatur unter Ludwig XIV.

Unter der Regierung Ludwigs XIV. entfaltete sich die französische Nationalliteratur zu so hoher Blüthe, daß man seine Zeit ihr goldenes Zeitalter genannt hat. Allerdings schmiegte sich die Poesie, die gleich den übrigen Künsten hauptsächlich zur Verherrlichung des Hofes dienen sollte, vollständig der an demselben herrschenden Geschmacksrichtung an; daher bewegten sich ihre Schöpfungen fast ausschließlich in den engen Grenzen der Konvenienz und trugen, statt das Leben in seiner vollen Wahrheit wiederzuspiegeln, das Gepräge des Gemachten. Nicht minder als durch die Fesseln des Hofgeschmacks war der freie Aufflug des dichterischen Genius durch die beengenden Schranken einer mißverstandenen Regelrechtigkeit gestemmt, welche die Dichter selbst sich durch die sklavische Nachahmung der Alten gezogen hatten. Ganz besonders gilt dies von der dramatischen Dichtung, die, wie in England unter Elisabeth und den Stuarts, so auch in Frankreich unter Ludwig XIV. im Vordergrunde stand, weil sie am meisten zur Verschönerung der glänzenden Hoffeste beitrug.

Schon Richelieu hatte, von der Ansicht ausgehend, daß das Theater eine Schule der Volksbildung sei, der dramatischen Dichtkunst seine besondere Aufmerksamkeit zugewandt. Er entwarf sogar selbst in seinen Mußestunden Pläne zu Theaterstücken, die er von mehreren in seinem Solde stehenden Dichtern ausführen ließ. Aber wie der große Staatsmann das politische Uebergewicht Spaniens vernichtet hatte, so war er auch bemüht, den Einfluß zu brechen, den das in freieren Formen sich bewegende spanische Drama auf das französische Theater ausübte, und legte zu diesem Ende den von ihm besoldeten Dichtern die Pflicht auf, sich streng an die drei Einheiten des Aristoteles zu halten, die Boileau später als Grundregel der dramatischen Poesie in die Verse brachte:

„Qu'en un lieu, qu'en un jour, un seul fait accompli
Tienne jusqu'à la fin le théâtre rempli.“

Diese Regel, die nicht nur in der Darstellung der dramatischen Handlung jeden Wechsel des Ortes verpönte, so daß alles, was außerhalb dieses Ortes sich zutrug, einfach erzählt werden mußte, sondern auch die gesammte Entwicklung derselben auf den Zeitraum von vierundzwanzig Stunden beschränkte, eben dadurch aber auch den dramatischen Dichtern bezüglich des zu wählenden Stoffes die engsten Grenzen zog, galt seitdem als Grundgesetz der „klassischen Tragödie“, die im siebzehnten Jahrhundert und ganz besonders unter Ludwig XIV. durch Corneille und Racine zu ihrer höchsten Vollendung geführt wurde.

Pierre Corneille, von seinen Landsleuten „der Vater der französischen Tragödie“, und „der Große“ genannt, geboren im Jahre 1606 zu Rouen, war der Sohn eines Generaladvokaten am dortigen Parlamente und hatte sich, nachdem er in einem Jesuiten-Kollegium eine gediegene Bildung erlangt, dem Studium der Rechtswissenschaft gewidmet, bald aber ausschließlich der Dichtkunst zugewandt. Von dem Lustspiele, in welchem er sich zuerst versucht, ging er bald zur Tragödie über. Seine im Jahre 1635 erschienene, ganz dem Senecca nachgebildete „Medea“, die großen Beifall fand, veranlaßte Richelieu, ihn unter die Zahl der von ihm besoldeten Dichter aufzunehmen. Da jedoch der hochstrebende Corneille sich den Ansichten des Kardinals nicht in allen Punkten fügen wollte, löste sich dieses Verhältniß bald wieder, zum großen Vortheil des Dichters, der nun ganz seine eigenen Wege ging. Nachdem er sich mit den dramatischen Meisterwerken der Spanier vertraut gemacht, schuf er schon im Jahre 1636 nach einem spanischen Stücke von Guillen de Castro, seinen „Cid“, der seine Landsleute zur Begeisterung hinriß, dem Dichter aber vollständig die Gunst des Kardinals entzog. „Der Beifall, den der Hof und das Volk diesem Stücke spendeten“, sagt der Geschichtschreiber Pélisson, „ist unbeschreiblich. Man wurde nicht müde, es zu sehen; man sprach von nichts Anderem in den Gesellschaften. Jeder wußte wenigstens einige Stellen aus demselben herzusagen; die Kinder mußten die schönsten auswendig lernen. ‚Schön wie der Cid‘, wurde zum Sprüchwort.“

In der That bekundete der Cid durch das edle Pathos, die volltönenden Verse und die meisterhafte Darstellung des Kampfes zwischen Liebe und Ehre einen bedeutenden Fortschritt in der Entwicklung der reichen dramatischen Begabung des Dichters. Unstreitig würde er Größeres geschaffen haben, wäre er auf der betretenen Bahn weiter gegangen; allein auch er ließ sich durch die herrschende Geschmacksrichtung dazu verleiten, zu dem klassischen Alterthum zurück zu kehren und sich hauptsächlich der starren Römerwelt zuzuwenden. Da ihm seine Gegner den Vorwurf machten, daß seine Stücke nur Nachahmungen seien, wählte er zunächst einen Stoff, den vor ihm noch Niemand dramatisch bearbeitet hatte, und so entstanden im Jahre 1639 seine „Horatier“, eine seiner vollendetsten Tragödien, in welcher er die aufopfernde Hingebung an das Vaterland darstellt, die im Kampfe für das Heil desselben Alles, auch die eigne Familie, preisgibt. An die Horatier reihte sich noch in demselben Jahre sein mit dem gleichen Beifall aufgenommener „Cinna“, den Napoleon I. „die Schule der Könige“ nannte.

Das Höchste leistete Corneille in seinem „Polyeukt“, in welchem er die Wahrheit und die siegreiche Kraft der christlichen Ideen zur Anschauung bringt. In seinen folgenden Stücken zeigt sich mitunter eine gewisse Neigung zu Uebertreibungen in der Schilderung der Leidenschaften und eine fehlerhafte Anlage; aber in allen seinen Tragödien — er hat deren über dreißig geschrieben — fesselt er durch den Adel und die Erhabenheit der Gesinnung, durch die kraftvolle, hinreißende Sprache und durch die Kühnheit, Seelenstärke und geistige Kraft, womit er seine Helden ausstattete.

Corneille starb im Jahre 1684 als Senior der französischen Akademie, deren Mitglied er im Jahre 1647 geworden. In seiner Lebensweise wie in seiner Erscheinung war er äußerst einfach, im Umgang wenig gesprächig und ohne jedwede Unterhaltungsgabe; dennoch begegnete man ihm überall mit der größten Verehrung. So oft er im Schauspielhause erschien, wo er seinen bestimmten Platz hatte, erhob sich das Publikum und das Parterre applaudirte. Schmeichelei und kriechendes Wesen waren ihm verhaßt; daher war er auch kein Freund des Hofes, obgleich auch er stolz war auf die Größe Frankreichs und unter dem Banne lag, mit welchem Ludwig XIV. durch seine Anfänge die Franzosen bezauberte. Redlichkeit, Aufrichtigkeit und Frömmigkeit bildeten die Grundzüge seines Charakters.

Zu den Nachahmern Corneille's gehörte sein jüngerer Bruder Thomas Corneille (geb. 1625, gest. 1709), von dessen zahlreichen Tragödien jedoch keine einzige mit denen des „großen Corneille“ auch nur im Entferntesten verglichen werden kann.

Wie das Erhabene den Grundzug der Tragödien Corneille's bildet, so tragen die Schöpfungen seines jüngeren Zeitgenossen Racine mehr den Charakter des Rührenden. Jean Racine war im Jahre 1639 zu La Ferté-Milon im Departement Aisne geboren. Schon im Alter von drei Jahren verwaist, erhielt er seine erste Erziehung im Hause seines mütterlichen Großvaters, bis er in seinem sechzehnten Jahre in die Schule von Port-Royal (siehe unten S. 122) aufgenommen wurde, wo er sich mit Vorliebe den Meisterwerken der alten Hellenen zuwandte und Vieles aus Homer, Sophokles, Aeschylus, Euripides und Pindar auswendig lernte. Eine Ode, die er im Jahre 1649 auf die Vermählung Ludwigs XIV. dichtete, brachte dem reichbegabten Jüngling durch Colberts Vermittlung ein Geschenk von fünfhundert Louisdor und eine jährliche Pension von sechshundert Livres ein, die der König später, als Racine ihn im Jahre 1663 durch eine neue Ode verherrlicht hatte, auf zweitausend Livres erhöhte.

Racine's erste Tragödie, „die Thebaïde oder die feindlichen Brüder", die im Jahre 1664 in Paris zur Aufführung gelangte, fand reichen Beifall. Noch mehr erhoben ihn in der Gunst des Publikums sein „Alexander" (1666) und seine „Andromache" (1668), in welch letzterem Stücke er sich zuerst als selbstständiger Dichter zeigte, während er in den früheren Corneille zum Vorbild genommen. Seitdem wuchs der Ruhm des Dichters mit jedem neuen Stück. Auf Andromache folgten zwischen den Jahren 1668 und 1677 noch sechs weitere Tragödien, unter denen „Britannicus", „Iphigenie" und „Phädra" die bedeutendsten sind.

Indessen verleidete der Neid, der dem Verdienste folgt, wie der Schatten der Sonne, dem ruhmgekrönten Dichter die dramatische Laufbahn so sehr, daß er sich im Jahre 1677 ganz vom Theater zurückzog. Zu diesem Schritte wirkten jedoch auch andere, in ihm selbst liegende Gründe mit. Der eitle Schimmer eines vergänglichen Ruhmes vermochte nicht, sein Herz loszureißen von dem tief in demselben wurzelnden Sehnen nach dem Ewigen und Unvergänglichen, und so hatte er den Entschluß gefaßt, in den Karthäuserorden zu treten, um in der stillen Klosterzelle im ausschließlichen Dienste Gottes den Frieden zu suchen, den die Welt ihm nicht geben zu können schien. Indessen gelang es seinen Freunden, von seinem eigenen Beichtvater unterstützt, der Racine's bewegliches Herz nicht für das Kloster geeignet fand, ihn von diesem Entschluß zurückzubringen.

Von Ludwig XIV. im Jahre 1677 zu seinem Historiographen ernannt, beschäftigte sich Racine fortan fast ausschließlich mit dem Studium der Geschichte; doch schrieb er auf den Wunsch der Frau von Maintenon für das Fräuleinstift von St. Cyr noch zwei biblische Tragödien, „Esther" (1689) und „Athalie" (1691), in welchen er auch den griechischen Chor zur Anwendung brachte. Von dem Hauche einer wahrhaft religiösen Weihe durchweht, gehören beide Stücke zu den schönsten Blüthen seines Dichtergenius. Insbesondere vereinigt Athalie, unstreitig sein Meisterwerk und zugleich das Größte, was auf dem Gebiete der klassisch-französischen Tragödie geschaffen worden, alle Vorzüge Racine's. Ein ungleich tieferer Kenner des menschlichen Herzens, als Corneille, dessen Charaktere mehr Abstraktionen als Realitäten sind, schildert Racine den Menschen in vollständig wahrheitsgetreuen Zügen, nach La Bruyère's Ausspruch, „nicht, wie er sein sollte, sondern, wie er ist.“ In seiner treffenden, durchsichtigen Sprache spiegeln sich alle Regungen des Menschenherzens wieder. Ganz besonders sind seine Frauengestalten Meisterwerke der Charakteristik. Dabei sind alle seine Schöpfungen von dem Zauber der Anmuth umwoben und tragen das Gepräge der höchsten Formvollendung. In der Harmonie und dem Wohllaut des Verses ist Racine von keinem andern französischen Dichter je übertroffen worden. Racine starb im Jahre 1699 aus Kummer über die Ungnade des Königs, die er sich durch eine Denkschrift zugezogen, in welcher er die herrschende Noth als die Folge der Eroberungskriege Ludwigs darstellte und Mittel zu ihrer Abhilfe vorschlug.

Günstiger als für die Tragödie, die trotz des hohen Aufschwungs, welchen sie unter Corneille's und Racine's Bearbeitung genommen, innerhalb der ihr durch den hemmenden Regelzwang gezogenen Schranken sich nur zu einer relativen Vollendung entfalten konnte, lagen die Verhältnisse für die Komödie, für welche nicht die gleiche strenge Beobachtung einengender Regeln verlangt wurde. Bis zu Corneille's Auftreten hatte Frankreich gar keine eigentliche Komödie gehabt. Was mit diesem Namen bezeichnet wurde, waren theils Nachahmungen aus dem Italienischen, theils Ansammlungen lose aneinander gereihter alter derber Spässe. Erst durch Corneille's „Lügner“ wurde der Grund zu Charakterstücken in edlerer Sprache und mit Fernhaltung aller gemeinen Spässe gelegt. Der eigentliche Begründer der französischen Komödie war jedoch Molière, der die französische Gesellschaft, von ihrer lächerlichen Seite aufgefaßt, in wahrheitsgetreuen, lebensvollen Sittengemälden auf die Bühne brachte.

Jean Baptiste Poquelin — dies war der eigentliche Name des Dichters — war im Jahre 1620 als der Sohn eines Tapezierers und Kammerdieners des Königs zu Paris geboren. Der häufige Besuch der theatralischen Vorstellungen im Hotel de Bourgogne, wohin ihn sein Großvater von mütterlicher Seite mitzunehmen pflegte, hatte in ihm eine so unwiderstehliche Neigung für das Theater geweckt, daß er sich nach seinem Austritt aus dem Jesuitencollegium von Clermont zu Paris, wo er sich fünf Jahre lang fleißig mit den alten Sprachen, der Philosophie und der Rechtswissenschaft beschäftigt hatte, im Jahre 1642, trotz der Abmahnungen seines erzürnten Vaters, unter dem angenommenen Namen Molière einer damals besonders beliebten Schauspielergesellschaft anschloß, die im Faubourg St. Germain Vorstellungen gab. Drei Jahre später verließ er die Hauptstadt, um als Direktor einer wandernden Truppe Vorstellungen in den Provinzialstädten zu geben, wobei er, da es ihm an Lustspielen fehlte, selbst zur Feder griff, um zunächst verschiedene italienische und spanische Stücke für die französische Bühne umzuarbeiten. Bald jedoch schritt er zu eigenen Schöpfungen, die wegen ihres kernhaften Witzes und der Naturwahrheit ihrer Charaktere großen Beifall fanden.

Im Jahre 1657 nach Paris zurückgekehrt, erhielt Molière, auf die Verwendung des Prinzen von Conti, seines besonderen Gönners, die Erlaubniß, vor dem König zu spielen, der sich so sehr an seinen Stücken ergötzte, daß er Molière's Truppe in seinen eigenen Dienst nahm. Jetzt erst befand sich Molière in der Sphäre, in welcher sich sein ungewöhnliches Talent vollständig entfalten konnte, und in rascher Aufeinanderfolge erschienen die bedeutendsten seiner Lustspiele, von denen viele als wahre Meisterwerke sich noch jetzt auf der Bühne des gleichen Beifalls erfreuen, wie zur Zeit ihrer ersten Aufführung.

Was die Komödie Molière's auszeichnet, ist die daraus hervorleuchtende tiefe Kenntniß des menschlichen Herzens und der Verhältnisse des Lebens, mit welcher der mit einer seltenen Beobachtungsgabe ausgestattete Dichter theils durch sein zwölfjähriges Wanderleben, theils durch seine späteren Beziehungen zu dem Hofe und den verschiedensten Kreisen der Pariser Gesellschaft vertraut geworden, sowie die unübertreffliche Zeichnung der Charaktere, die zwanglose Anlage seiner Stücke und die Naturwahrheit der Situationen, die frische Lebendigkeit und Anschaulichkeit der Sprache und die Raschheit und Leichtigkeit des Dialogs. Seine Stücke sind zwar zunächst und hauptsächlich Bilder der Sitten und Verhältnisse seiner Zeit und seines Volkes; aber viele seiner Charaktere, wie sein Geizhals, sein Menschenfeind und andere, haben ihr Urbild so sehr in der menschlichen Natur, daß sie für alle Nationen wie für alle Zeiten gleich treffend und gleich wahr sind. Von den sechsunddreißig Komödien, die Molière geschrieben, sind die bedeutendsten: die „Femmes savantes“, der Bourgeois gentilhomme“, in welchem er die Titelwuth des bürgerlichen Emporkömmlings auf die ergötzlichste Weise schildert, der „Geizhals“, der „Menschenfeind“ und der „Tartufe“, ein Stück, worin der Dichter zwar nur das Zurschautragen einer erheuchelten, als Deckmantel der Selbstsucht dienenden Frömmigkeit geißeln wollte, dem aber von Vielen nicht mit Unrecht der Vorwurf gemacht wurde, daß es auch die wahre Frömmigkeit der Gefahr aussetze, als Heuchelei verdächtigt zu werden.

Obgleich Molière in glänzenden Vermögensverhältnissen lebte, da ihm außer dem Gehalte von siebentausend Livres, den er von dem König erhielt, seine Stücke so viel eintrugen, daß sein jährliches

Einkommen auf dreißigtausend Livres berechnet wurde, führte er ein einfaches und mäßiges Leben und hielt sich selbst von der Sittenverderbniß frei, die er so trefflich zu schildern verstand. Trotz des Ruhmes, den er sich durch seine Dichtungen erworben, waren ihm Eitelkeit und Selbstüberhebung fremd. Vergeblich drangen seine zahlreichen Gönner und Freunde in ihn, sich von dem Theater zurückzuziehen, um in die Akademie einzutreten: er blieb Schauspieler bis an seinen Tod. Als er am 17. Februar 1673 bei der dritten Vorstellung seines letzten Stückes, „Le malade imaginaire", die Titelrolle spielte, überfiel ihn ein Blutsturz, und in wenigen Stunden war er eine Leiche.

Neben der Tragödie und der Komödie blühte unter Ludwig XIV. auch die französische Oper. Der eigentliche Begründer derselben war der Florentiner Giovanni Battista Lully (geb. 1633, gest. 1681), der als Küchenjunge der Mademoiselle de Montpensier nach Paris gekommen war, und durch sein ungewöhnliches musikalisches Talent die Aufmerksamkeit Ludwigs XIV. so sehr erregt hatte, daß derselbe für seine weitere Ausbildung Sorge trug. Anfangs von dem König an die Spitze seiner „Bande des petits violons" gestellt, die unter seiner Leitung den Ruf der geschicktesten Kapelle Europas erlangte, wurde er im Jahre 1671 zum Direktor der großen Oper ernannt. Zu seinen Opern, die über ein halbes Jahrhundert ganz Frankreich entzückten, lieferte ihm Philipp Quinault (geb. 1635, gest. 1688), der sich auch im Lustspiel nicht ohne Glück versuchte, treffliche Texte.

Dem Zeitalter Ludwigs XIV. gehört auch Jean de Lafontaine (geb. 1621 zu Chateau-Thierry, gest. 1695 zu Paris), der größte französische Fabeldichter, an. Lafontaine's Fabeln, theils eigene Erfindung, theils Uebertragung aus den Dichtern des Alterthums oder des Mittelalters, sind wahre Meisterwerke, ausgezeichnet durch Leichtigkeit und Gefälligkeit des Styls, kindliche Naivität, Lebendigkeit, Natürlichkeit und Wahrheit der Darstellung. Das Versmaß wechselt je nach der Natur des Stückes und schließt sich ungezwungen, wie ein leichtes Gewand, dem Inhalt an. Die Lehre fließt ganz von selbst in anmuthig heiterer Weise aus der Erzählung hervor. Weit weniger Lob verdienen Lafontaine's den alten französischen „Fabliaux" nachgebildete poetische Erzählungen, in denen er vielfach die Grenzen der Sittlichkeit überschreitet.

Lafontaine war der einzige unter den großen französischen Dichtern des siebzehnten Jahrhunderts, welcher sich der Gunst Ludwigs XIV. nicht zu erfreuen hatte. Der König, der in der Poesie, wie in der Kunst überhaupt, nur das Großartige und Pomphafte liebte, hatte keinen Sinn für den einfachen Ideenkreis und die ungekünstelte Sprache der Fabeldichtung, und ebensowenig sagte ihm der träumerische, zerstreute, sorglos in den Tag hineinlebende Dichter zu, der sich keine Mühe gab, ihm zu gefallen und durch den Glanz des Hofes sich nicht geblendet zeigte; auch verdroß ihn die Anhänglichkeit, die Lafontaine seinem Gönner Fouquet bewahrte.

Der einflußreichste Schriftsteller aus der Zeit Ludwig XIV. war Nicolas Boileau-Despréaux (geb. 1636, gest. 1711), der Anfangs die Rechte, dann Theologie studiert, sich aber bald ausschließlich der Dichtkunst gewidmet hatte. Als ein talentvoller Dichter und äußerst gewandter Versifikator, dem jedoch jede Genialität abging, wandte sich Boileau zunächst der Satire zu und erntete in dieser Gattung reichen Beifall. Seine Satiren, in denen er mehr die Thorheiten und sittlichen Verirrungen seiner Zeit, als die eigentlichen Laster geißelt, verrathen Menschenkenntniß, Scharfsinn, Witz und eine feine Beobachtungsgabe und sind ausgezeichnet durch eine reine, klare Sprache und einen äußerst regelmäßigen Versbau; die Gedanken entbehren jedoch der Neuheit und Originalität; auch vermißt man an dem Verfasser Tiefe des Gefühls und dichterische Begeisterung. Die hohe Bedeutung Boileau's für die französische Literatur liegt jedoch weniger in seinen Satiren, als in seinem berühmten Lehrgedicht, die „Art poetique“, in welchem er in wohlklingenden Versen ein vollständiges Lehrgebäude der Dichtkunst aufstellt. Dieses vielgepriesene Werk, worin er nicht nur das Wesen der einzelnen poetischen Gattungen definirt, sondern auch dem Dichter Regeln und Anleitung über alles gibt, was er in Bezug auf Form und Inhalt seiner Schöpfungen zu beobachten oder zu meiden habe, hat lange Zeit als poetisches Gesetzbuch gegolten und auf die Entwicklung der französischen Literatur einen bedeutenden, wenn auch nicht durchweg ersprießlichen Einfluß ausgeübt. Das Hauptverdienst Boileau's besteht darin, daß er zu einer geläuterten Geschmacksrichtung den Grund gelegt und das Publikum in den Stand gesetzt hat, die hervorragenden Erscheinungen auf dem Gebiet der zeitgenössischen Literatur nach Gebühr zu würdigen. Von dem Beifall, den Boileau's Werke in Frankreich gefunden, legt der Umstand Zeugniß ab, daß schon während seines Lebens davon sechzig Ausgaben erschienen und im Jahre 1830 deren bereits zweihundertfünfzig gezählt wurden. Wie Racine, so wurde auch Boileau, der mit allen hervorragenden Dichtern seiner Zeit den freundschaftlichsten Verkehr unterhielt und am Hofe hochgeehrt war, von Ludwig XIV. zu seinem Historiographen ernannt; auch war er Mitglied der französischen Akademie und der Akademie der Inschriften.

Auf dem Gebiete des Romans herrschte bis zu Boileau's Zeit noch der Geschmack für die Romantik des Ritterthums, dem besonders Madelaine de Scudéry (geb. 1607, gest. 1701) in ihren langathmigen historischen Romanen huldigte. Nachdem Boileau's Satiren dieser Geschmacksrichtung ein Ende gemacht, verlangte man statt der pomphaften Sprache, der wunderbaren Abenteuer, der überschwänglichen Gesinnungen und Gefühle, die man lächerlich zu finden begonnen, Einfachheit und Natürlichkeit in Bezug auf Sprache, Begebenheiten, Empfindungen und Charaktere, und diesen Anforderungen entsprechen die Romane der geistreichen Gräfin von Lafayette (geb. 1632, gest. 1693), deren Haus der Sammelplatz der ausgezeichnetsten Geister war.

Im komischen Romane glänzte der bereits oben (S. 104) als Gemahl der Françoise d'Aubigné genannte geistreiche Paul Scarron (geb. 1610, gest. 1660) ein Mann, den eine schwere Nervenkrankheit schon in seinem siebenundzwanzigsten Lebensjahre zum vollständigen Krüppel gemacht, der aber nichtsdestoweniger bis an seinen Tod die unverwüstlichste Heiterkeit bewahrte. Das Beste leistete jedoch im komischen Roman Alain René Lesage (geb. 1668, gest. 1747), der die Umrisse zu seinen Schöpfungen den Spaniern entlehnte und dessen „Gil-Blas de Santillana" als das vollendetste Werk in dieser Gattung gilt.

Einen höchst interessanten Theil der französischen Literatur unter Ludwig XIV. bilden die Briefsammlungen verschiedener geistreicher Frauen, unter denen die Marquise von Sévigné (geb. 1626, gest. 1696) den ersten Rang einnimmt. Die Briefe dieser liebenswürdigen, durch Adel der Gesinnung nicht minder als durch die vielseitigste Bildung hervorragenden Frau an ihre Tochter, die in Aix lebende Marquise von Grignan, fesseln nicht nur, als unübertroffene Muster des französischen Briefstyls, durch Anmuth, Frische, Gewandtheit und Korrektheit der Sprache und den rührendsten Ausdruck einer an Schwärmerei grenzenden Mutterliebe, sondern gewähren auch durch die darin enthaltenen Details über das Leben und Treiben am Hofe und in der Pariser Gesellschaft, sowie durch vielfache Anspielungen auf die wichtigsten Zeitereignisse einen höchst interessanten Einblick in die Geschichte Ludwig XIV. und der hervorragendsten Persönlichkeiten aus seiner Umgebung.

Die französische Prosa entfaltete sich in der zweiten Hälfte des siebzehnten Jahrhunderts zu der herrlichsten Blüthe in der geistlichen Beredtsamkeit, in welcher besonders Bossuet, Fénélon, Fléchier, Bourdaloue und Massillon eine Berühmtheit erlangten, in welcher sie von keinem der nachfolgenden Kanzelredner erreicht worden sind.

Jacques Benigne Bossuet, geboren am 27. September 1627 zu Dijon, zeigte schon frühe eine ungewöhnlich reiche geistige Begabung, die sich unter der Leitung der Jesuiten auf's Glänzendste ausbildete. Seine Familie hatte ihn für die juristische Laufbahn bestimmt; aber der Ernst und die Tiefe seines Geistes zogen ihn unwiderstehlich zum geistlichen Stande hin. Nachdem er in Paris Theologie und Philosophie studiert, dann in Metz zwei Jahre lang dem Studium der Kirchenväter, namentlich des heiligen Augustin, obgelegen und im Jahre 1650 die Doktorwürde erlangt hatte, erhielt er im Jahre 1652 die Priesterweihe und wurde Kanonikus in Metz, wo er sechs Jahre in tiefgehenden Studien und eifriger priesterlicher Thätigkeit verbrachte und insbesondere erfolgreich für die Bekehrung der Protestanten wirkte, von welchen viele durch seine Milde für die katholische Kirche gewonnen wurden.

Im Jahre 1659 von dem Domkapitel von Metz zur Ordnung verschiedener Angelegenheiten nach Paris gesandt, riß Bossuet zehn Jahre lang den Hof und alle Kreise der Hauptstadt durch seine ergreifenden Predigten hin, in denen sich mit der höchsten Kraft und Würde der Sprache und dem erhabensten Gedankenflug die tiefste Kenntniß des Menschenherzens verband. Unerreicht geblieben ist er in seinen Trauerreden — Oraisons funèbres — „Noch nie", sagt Weiß, „hat Jemand schöner, ergreifender menschliche Größe in ihrer Nichtigkeit der Hoheit Gottes entgegen zu stellen verstanden und an den Hingang eines Sterblichen erhabenere Gedankenreihen zu knüpfen vermocht. Die Seele des Redners ist wie loderndes Feuer, welches, alles Irdische verzehrend, mit seiner Spitze den Himmel berührt. An der Großartigkeit der Bilder, an der Gedrängtheit der Worte sieht man, wie seine Seele sich nährte an dem Geist der heiligen Schrift."

Im Jahre 1670 wurde Bossuet von Ludwig XIV. zum Erzieher des Dauphin ernannt. Ganz von der hohen Bedeutung der ihm übertragenen Aufgabe erfüllt, schrieb er für denselben seinen berühmten, mit Recht als das Meisterwerk der französischen Prosa gefeierten „Discours sur l'histoire universelle", eine großartige Uebersicht der Geschichte der Menschheit bis auf Karl den Großen, in welcher er zuerst unter allen Geschichtschreibern die Weltgeschichte als ein Ganzes auffaßte und die Hand Gottes in der Leitung der menschlichen Geschicke nachwies. Nachdem Bossuet seine Aufgabe als Erzieher des Dauphin beendet hatte (1680), ernannte ihn Ludwig zum ersten Almosenier der Dauphine und zum Bischof von Meaux, in welch' letzterer Stellung er sich durch einen ungewöhnlichen Hirteneifer auszeichnete. In dieser Zeit entstand seine berühmte „Geschichte der Veränderungen des protestantischen Lehrbegriffs — Histoire des variations", die kein protestantischer Schriftsteller jener Zeit zu widerlegen vermochte.

Als der erste Redner Frankreichs eröffnete Bossuet das Nationalconcil vom Jahre 1681 mit einem meisterhaften, gedankenreichen Vortrag über die Einheit der Kirche, ließ sich jedoch nichtsdestoweniger, wie wir oben (S. 98) gesehen, durch seine allzugroße Hingebung an den König zur Vertheidigung der s. g. gallikanischen Freiheiten hinreißen.

Bossuet starb am 12. August 1704 zu Meaux, im Alter von siebenundsiebzig Jahren. Von dem hohen Ansehen, in welchem er bei den Zeitgenossen stand, zeugen die Worte Massillons: „In den ersten Jahrhunderten des Christenthums geboren, wäre er das Orakel der Kirche gewesen und hätte zu Nicäa und Ephesus den Vorsitz haben müssen.“

Eine von Bossuet wesentlich verschiedene Natur, aber gleichfalls eine Leuchte der Kirche, ein Muster geistlicher Beredtsamkeit und ein Vorbild priesterlicher Würde und Hoheit war der liebenswürdige, edle und milde François de Salignac de la Mothe Fénélon. Geboren auf dem Schlosse Fénélon in Perigord am 6. August 1651, bezog der reich begabte Fénélon schon früh die Universität Cahors, studierte dann zu Paris Philosophie und Theologie und erhielt im Jahre 1673 in dem Seminar St. Sulpice die Priesterweihe, worauf er drei Jahre in dieser Pfarrei als Prediger und Katechet thätig war. Während dieser Zeit verfaßte er seine „Abhandlung über die Existenz Gottes“, deren erster Theil aus einer glänzenden Schilderung der Schönheit und Ordnung der Natur besteht, während er in dem zweiten, den Leser von dem Sichtbaren zum Unsichtbaren fortführend, in die Tiefe der Metaphysik dringt und dabei nicht nur zu überzeugen, sondern auch das Herz zu erwärmen weiß.

Ein segensreicher Wirkungskreis eröffnete sich für den seeleneifrigen Fénélon, als er nach der Aufhebung des Edikts von Nantes von seinen Oberen nach Poitou gesandt wurde, um an der Bekehrung der dortigen Protestanten Theil zu nehmen. Uebte schon seine ganze Persönlichkeit, insbesondere seine Milde und Leutseligkeit, einen Zauber aus, der ihm zum Voraus die Herzen der zu Bekehrenden gewann, so vermochte kaum einer derselben seiner eindringlichen, überzeugenden Beredtsamkeit zu widerstehen, und keiner der übrigen Missionäre durfte sich dergleichen Erfolge rühmen, wie er.

Im Jahre 1689 wurde Fénélon von Ludwig XIV. auf die Empfehlung der Frau von Maintenon zum Erzieher des Herzogs von Bourgogne, des ältesten Sohnes des Dauphins, ernannt, und er unterzog sich der ihm gewordenen Aufgabe mit der aufopferndsten Hingebung und Pflichttreue und mit entsprechendem Erfolge. Nachdem ihn der König im Jahre 1695 zum Erzbischof von Cambray ernannt hatte, schrieb er für seinen königlichen Zögling als Lehrbuch der Regierungskunst seinen berühmten didaktischen Roman: „Die Abenteuer des Telemach“, der den künftigen Thronerben die Tugend lieben und das Laster meiden lehren sollte. Dieses Buch, in dem sich Fénélons reines und tugendhaftes Gemüth in der edelsten Sprache abspiegelt und das unter allen seinen Werken am meisten Anerkennung und Verbreitung gefunden, zog ihm nichtsdestoweniger die Ungnade des Königs zu, der in dem ganzen Roman nur eine Satire auf seinen Hof und seine Regierung erblicken wollte. Fénélon erhielt die Weisung, seinen Sprengel nicht zu verlassen, und seinem Zögling wurde jeder persönliche Verkehr mit ihm untersagt.

Welche Stellung Fénélon zu den vier gallikanischen Artikeln einnahm, haben wir bereits oben (S. 98) gesehen. War er hier, als Vertheidiger der Rechte der Kirche gegen die Uebergriffe der Staatsgewalt, Bossuet gegenüber im Rechte gewesen, so war dies bei einer später zwischen den beiden verdienstvollen Prälaten entstandenen heftigen Polemik nicht der Fall. Es war nämlich zu jener Zeit durch den Spanier Michael Molinos (geb. 1627 zu Saragossa, gest. 1698 in Rom) eine falsche Richtung der Mystik, der sogenannte „Quietismus", ins Leben gerufen worden, nach welchem die höchste Stufe der Vollkommenheit in dem gänzlichen Sichverlieren in Gott, d. h. darin bestehen sollte, daß sich die Seele jeder Selbstthätigkeit enthalte, weder nach dem Himmel verlange noch die Hölle fürchte, weder Akte des Glaubens erwecke noch besondere Gebete verrichte, sich jeder Hoffnung und Furcht gänzlich entschlage, den Versuchungen keinen Widerstand leiste, sondern, in ihr Nichts versunken, Gott allein in sich wirken lasse. Dieser Quietismus, den Molinos selbst nach seiner Verurtheilung durch Innocenz XII. abgeschworen, tauchte in gemilderter Form auch in Frankreich auf, wo eine durch Frömmigkeit und Beredtsamkeit hervorragende Frau, die verwittwete Johanna de la Mothe Guyon (geb. 1648 zu Montargis, gest. 1717 in Blois) denselben durch Wort und Schrift zu verbreiten suchte. Ihre Grundansicht war, daß es einen Zustand der reinen und uneigennützigen Liebe Gottes ohne Rücksicht auf Lohn und Strafe gebe, in welchem der Mensch selbst gegen sein Seelenheil gleichgiltig sei und Gott als das vollkommenste und liebenswürdigste Wesen nur um seiner selbst willen liebe, darin die volle Seligkeit finde und daher auch bereit sei, die Verdammniß zu tragen, wenn Gott sie ihr bestimmt habe. Ludwig XIV. veranstaltete die Konferenz zu Issy (1694), welche unter der Leitung Bossuets die Grundsätze der ächten Mystik im Gegensatze zu den Ansichten der Wittwe Guyon in vierunddreißig Artikeln feststellte, und Letztere unterzeichnete bereitwillig die gegen ihre Schriften erlassenen Censuren und erklärte feierlich, daß sie nie beabsichtigt habe, Etwas gegen die Lehre der Kirche zu sagen oder zu schreiben. Der Streit hörte damit aber nicht auf; denn Bossuets Schrift: „Von den Stufen des Gebetes" veranlaßte Fénélon in seiner Schrift:

„Die Grundsätze der Heiligen über das innere Leben" die Lehre von der uneigennützigen Liebe zu vertheidigen. Als jedoch Papst Innocenz XII., dem die Sache zur Entscheidung vorgelegt worden, dreiundzwanzig aus Fénélons Schrift gezogene Sätze verurtheilte, unterwarf er sich nicht nur vollständig diesem Spruch, sondern verbot selbst in einem Hirtenbrief seinen Diözesanen das Lesen seines Buches. Fénélon starb zu Cambray am 7. Januar 1715, im Alter von dreiundsechzig Jahren.

Esprit Fléchier (geb. am 10. Juni 1632, gest. 1710), der Sohn armer Eltern, begann seine Studien unter der Leitung seines Oheims, welcher Superior der Kongregation der christlichen Lehre in Avignon war. Nach dem Tode desselben kam er nach Paris, wo er durch die Gunst mehrerer vornehmen Großen in den Stand gesetzt wurde, seine theologischen Studien zu beendigen. Anfangs wurde er von Ludwig XIV. zum Bischof von Lavaux in Languedoc, später zum Bischof von Nimes ernannt, in welch' letzterer Stelle er durch seine Beredtsamkeit wie durch seine Tugenden zahlreiche Protestanten seiner Diözese für den katholischen Glauben gewann. Als einer der gefeiertsten Kanzelredner seiner Zeit erwarb er sich besonders hohen Ruhm durch seine Trauerreden, von denen viele, insbesondere die auf Bossuet und Turenne, noch jetzt als unübertreffliche Meisterwerke des Styls bewundert werden.

Louis Bourdaloue (geb. am 20. August 1632 zu Bourges, gest. 1704) trat, nachdem er nur mit Mühe von seinem Vater die Erlaubniß erhalten, sich dem geistlichen Stande zu widmen, in den Jesuitenorden und wurde bald durch seine Gelehrsamkeit und Beredtsamkeit wie durch seine Tugenden eine hervorragende Zierde desselben. Nachdem er längere Zeit in der Provinz mit großartigem Erfolg gepredigt, kam er im Jahre 1669 nach Paris, wo er durch die gewaltige Kraft seiner Rede Alles zur Begeisterung hinriß. „Nie hat ein Prediger", schrieb Frau von Sévigné, „so erhaben und so edel die christlichen Wahrheiten verkündet." Man verglich ihn mit Demosthenes und mit dem heiligen Augustin. Mehr bemüht, zu überzeugen als zu rühren, strebte er vor Allem nach Klarheit, scharfer Begrenzung der Begriffe und logischer Konsequenz. Dabei war er ein Sittenprediger von unnachsichtiger Strenge, der in seinen zehn Jahre nacheinander vor dem Hofe gehaltenen Fastenpredigten die sittliche Verderbniß seiner Zeit mit dem Freimuth eines Apostels und mit einem Feuer bekämpfte, vor welchem, nach dem Ausspruche der Frau von Sévigné, „die Höflinge erzitterten."

Jean Baptiste Massillon (geb. am 24. Juni 1663 zu Hyères, gest. 1742 zu Clermont) trat nach Beendigung seiner klassischen und philosophischen Studien in die Genossenschaft der Oratorianer und kam im Jahre 1696 nach Paris, wo er Gelegenheit fand, die hervorragendsten Kanzelredner seiner Zeit zu hören, die ihm in der Ausbildung seines eigenen glänzenden Rednertalentes Muster und Vorbild wurden. In den Fastenpredigten, die er in den Jahren 1701 und 1704 in Versailles hielt, entzückte er seine Zuhörer durch die Eleganz und Anmuth seiner Sprache, während er zugleich, mehr an das Herz als an den Verstand sich wendend, die Gemüther durch die edle Würde und Einfachheit seines Vortrags mächtig ergriff. Als ein tiefer Kenner des Menschenherzens verstand er es meisterhaft, in die geheimen Falten desselben einzudringen und die verborgenen Leidenschaften ans Licht zu ziehen, um sie mit der ganzen Schärfe der überzeugendsten Dialektik zu bekämpfen, und der Erfolg seiner Predigten war ein umso größerer, als Jeder fühlte, daß sie der Ausdruck der unerschütterlichsten Ueberzeugung waren und mühelos aus des Redners tiefstem Herzen hervorquollen. Nach dem Tode Ludwigs XIV. wurde Massillon von dem Regenten Philipp von Orleans zum Bischof von Clermont ernannt, wo er seitdem mit dem größten Eifer seines Hirtenamtes waltete und im Jahre 1742 starb.

Zu den ausgezeichnetsten Prosaikern aus der Zeit Ludwigs XIV. gehört auch Jean de la Bruyère (geb. 1644, gest. 1699), der in seinen geistreichen, mit Meisterhand gezeichneten und mit ungeheurem Beifall aufgenommenen „Charakteren" eine Menge origineller Skizzen menschlichen Thuns und Treibens in buntem Wechsel und schillerndem Farbenglanz an dem Leser vorüberführt. In diesen geistvollen Sittengemälden, die durch kurz gefaßte philosophische Betrachtungen mit einander verbunden sind, ist Alles in edler, klarer Sprache und glänzender Darstellung so scharf gezeichnet und so treu und wahr, daß noch jetzt jede Nation die Originale dazu darbietet.

Die Philosophie war schon vor Ludwig XIV. in eine neue Bahn gelenkt worden durch Descartes — latinisirt Cartesius — den man den „Vater der modernen Philosophie" genannt hat.

René Descartes, geboren 1596 zu La Haye in Touraine als der Sohn einer altadeligen Familie, hatte in dem Jesuiten-Kollegium zu Laflèche, wo er seine Erziehung erhalten, mit unersättlicher Wißbegierde den verschiedenartigsten Studien obgelegen, bis er sich in seinem sechzehnten Jahre, unbefriedigt durch den damaligen Stand der Wissenschaft, in den Strudel des Lebens warf und, um Welt und Menschen kennen zu lernen, Kriegsdienste nahm, erst in Frankreich selbst, dann in Holland und zuletzt in Deutschland, wo er unter Tilly in der Schlacht auf dem weißen Berge mitfocht. Nach Frankreich zurückgekehrt, wandte er sich mit seinem ganzen Wissensdurst dem Studium der Mathematik und der Philosophie zu, siedelte jedoch im Jahre 1624, da seine philosophischen Ansichten in Frankreich angefeindet wurden, nach Holland über, von wo er sich im Jahre 1649, einer Einladung der Königin Christine von Schweden folgend, nach Stockholm begab. Dort starb er, nur wenige Monate nach seiner Ankunft, am 11. Februar 1650.

Gleich den älteren Humanisten die Philosophie des Aristoteles verwerfend, stellte Descartes ein neues philosophisches System auf, dessen Ausgangspunkt der Zweifel war. Alle Voraussetzungen, so meinte er, müßten aufgegeben und nur das dürfe beibehalten werden, was keinem Zweifel mehr unterliege. Als das allein unzweifelhaft Feststehende erschien ihm der Satz: „Ich denke, darum bin ich“ —; „denn, es ist widersprechend“, sagte er, „zu meinen, daß das, was denke, nicht existire.“ Aus dem Selbstbewußtsein leitet er zunächst die Gewißheit von der Existenz Gottes her, indem er die der denkenden Seele innewohnende Vorstellung eines vollkommenen Wesens als den unwiderleglichsten Beweis für dessen Dasein betrachtet. Dieses Dasein Gottes aber ist hinwiederum für ihn die Bürgschaft für die objektive Wahrheit unserer Erkenntnisse. Obgleich Descartes der Kirche keineswegs feindlich gegenüberstand, verkannte man in Frankreich die Gefahren nicht, die der Cartesianismus der gesunden Lehre bereitete und die später bei der Entwicklung seiner Konsequenzen noch klarer an den Tag traten; daher erging, nachdem bereits im November 1663 in Rom das Cartesianische System verboten worden, bis es verbessert sein werde, am 30. Januar 1675 an die Universität Angers, an welcher dasselbe vorgetragen wurde, ein königliches Verbot gegen die Lehre des Cartesius, mit der Aufforderung, der Verbreitung derselben entgegenzuwirken; auch erklärten sich verschiedene theologische Fakultäten, sowie die Pariser Universität gegen das Cartesianische System. Das Gleiche geschah protestantischer Seits durch die Dordrechter Synode.

Unter den Anhängern des Descartes ragte besonders der fromme und edle Nicolas Malebranche, Priester des Oratoriums zu Paris (geb. 1638, gest. 1715) hervor, der das Cartesianische System hauptsächlich nach der religiösen Seite hin auszubilden und mit der christlichen Lehre in vollständigen Einklang zu bringen suchte.

Im Gegensatze zu Malebranche sagte sich der Cartesianer Pierre Bayle (geb. 1647 zu Carlat in der Grafschaft Foix als der Sohn eines reformirten Predigers, gest. 1706), anfangs Professor der Philosophie zu Sedan, dann zu Rotterdam, welcher die menschliche Vernunft nur für fähig erklärte, Irrthümer zu entdecken, nicht aber die Wahrheit zu erkennen, als vollendeter Skeptiker vollständig von dem christlichen Glauben los. Er erklärte die Religion für unnütz und den vollendeten Unglauben für besser als den Aberglauben. Ja, er verstieg sich sogar zu der Behauptung, daß es ganz gut Staaten geben könne, in denen Niemand an Gott und Unsterblichkeit glaube. Das Auftreten Bayle's wirkte um so verderblicher, als er sich nicht nur in seinen Werken, im Gegensatz zu den übrigen Gelehrten seiner Zeit, statt der lateinischen Sprache der französischen bediente, sondern auch zur leichteren Verbreitung seiner Lehren ein Journal gründete und dabei die Gabe großer Beredtsamkeit und Gewandtheit in der Darstellung besaß.

Der Cartesianismus war in vielen Punkten mit dem Jansenismus verwandt, zu welchem ein Buch des im Jahre 1638 verstorbenen Bischofs Jansenius von Ypern über das Verhältniß der Gnade zu der menschlichen Freiheit den Grund gelegt. Dieses zwei Jahre nach dem Tode des Jansenius veröffentlichte Werk führt den Titel „Augustinus“, enthält jedoch nicht, wie der Verfasser angibt, die Lehren des Bischofs von Hippo, sondern die Irrthümer Kalvins. Gegen das Werk des Jansenius traten zunächst die Löwener Jesuiten auf, indem sie mehrere aus demselben ausgezogenen falschen Sätze dem apostolischen Stuhle zur Prüfung vorlegten, was ein unterm 6. März 1642 erlassenes Verbot des „Augustinus“ durch den Papst Urban VIII. zur Folge hatte.

Indessen hatte sich der Streit nach Frankreich verpflanzt, wo er, da der „Augustinus“ dort sehr verbreitet war und ebenso eifrige Vertheidiger als Gegner gefunden, mit großer Heftigkeit geführt wurde. Diese Streitigkeiten veranlaßten im Jahre 1650 achtundachtzig französische Bischöfe, dem apostolischen Stuhle fünf aus dem „Augustinus“ ausgezogene Sätze vorzulegen und dessen Entscheidung zu erbitten, worauf Innocenz X. unterm 31. Mai 1653 diese fünf Sätze als falsch und häretisch verwarf. Indessen suchten die Jansenisten der päpstlichen Censur dadurch zu entgehen, daß sie die Behauptung aufstellten: die fünf verworfenen Sätze seien allerdings häretisch; aber Jansenius habe dieselben gar nicht oder wenigstens nicht in dem Sinne gelehrt, in welchem sie verdammt worden seien. Diese Behauptung wurde jedoch am 28. März 1654 von achtunddreißig französischen Bischöfen widerlegt und diese Widerlegung am 29. September 1654 durch den Papst bestätigt.

Damit hörte jedoch der Streit nicht auf, dessen Hauptherd die Abtei Port-Royal geworden. Dieses berühmte, im Jahre 1216 von der Gräfin Mathilde von Garlande in der Nähe von Paris unter dem Namen „Port-Royal des Champs“ gegründete Cistercienser-Nonnenkloster hatte in den zwei ersten Jahrzehnten des siebzehnten Jahrhunderts unter der frommen und seeleneifrigen, aber äußerst exaltirten Aebtissin Angelika Arnauld einen solchen Zuwachs erhalten, daß die vorhandenen Räume nicht mehr ausreichten, und war daher im Jahre 1626 nach Paris in die Vorstadt St. Jacques verlegt worden, während in der Nähe des alten Klosters Port-Royal des Champs von einer Anzahl gelehrter Männer, die sich dort angesiedelt hatten und sich strengen Bußübungen unterwarfen, die berühmte Schule von Port-Royal gegründet worden war. Sowohl diese „Einsiedler" von Port-Royal des Champs, als die theologisirenden Nonnen von Port-Royal von Paris hatten sich den Jansenisten angeschlossen. Nach dem Erscheinen der päpstlichen Bulle vom Jahre 1654 stellten sie die Behauptung auf, die Kirche sei allerdings unfehlbar, wenn sie eine Meinung als härctisch verwerfe; aber sie könne nicht mit unfehlbarer Gewißheit entscheiden, daß die von ihr als irrig verworfenen Sätze in dem Buche irgend eines Autors stünden. Man sei daher ihrem Ausspruche über Thatsachen nur ein ehrerbietiges Stillschweigen schuldig. Papst Alexander VII. verwarf am 16. Oktober 1656 die falsche Distinktion und ließ am 18. Februar 1665 dem französischen Klerus eine Erklärung zur Unterschrift vorlegen, des Inhalts, daß die fünf im „Augustinus" enthaltenen und von dem apostolischen Stuhle verdammten Sätze zu verwerfen seien. Der Streit ruhte hierauf bis zum Jahre 1702, wo er durch die Jansenisten aufs Neue heraufbeschworen wurde. Da die Nonnen von Port-Royal, ermuthigt durch das Beispiel der Einsiedler von Port-Royal des Champs, eine aufrichtige Unterwerfung verweigerten, wurde im Jahre 1710 auf Befehl Ludwigs XIV. die Abtei aufgehoben und zerstört. Die meisten Jansenisten wanderten hierauf nach den Niederlanden aus, wo sie sich als besondere, von Rom getrennte katholische Kirchenpartei erhalten haben, deren Oberhaupt der Erzbischof von Utrecht ist.

Zu den eifrigsten und gewandtesten Vertheidigern des Jansenismus gehörte der in der Schule des Cartesius gebildete Blaise Pascal (geb. 1628 zu Clermont, gest. 1662 zu Paris), einer der Einsiedler von Port-Royal, der einen erbitterten Kampf gegen die Jesuiten eröffnete, indem er in seinem vielgelesenen, als klassisch gepriesenen Buche: »Lettres provinciales« eine Anzahl anstößiger Sätze, die von den Feinden des Ordens aus den Büchern einzelner jesuitischer Moralisten ausgezogen worden, mit wenig Treue und Genauigkeit, aber mit großer Geschicklichkeit zu einem höchst nachtheiligen Bilde ihrer Sittenlehre verarbeitete. Einen edleren Zweck verfolgte Pascal in seinen »Pensées«, in welchen er die Nothwendigkeit des Glaubens nachzuweisen suchte.

IV.

England in der zweiten Hälfte des siebzehnten Jahrhunderts.

Die ersten Zeiten der englischen Republik.

(1649—1653.)

Nach der Hinrichtung Karls I. setzte das Unterhaus, das unter dem Namen „Parlament von England" alle Regierungsgewalt in sich vereinigte, zur Leitung der inneren und äußeren Staatsangelegenheiten einen Staatsrath von einundvierzig Mitgliedern ein, deren Vollmacht auf die Dauer von zwölf Monaten beschränkt wurde. Diese Behörde, in welcher neben Cromwell dessen vertraute Gesinnungsgenossen, Ireton, Harry Martin, Bradshaw und R. John, die Hauptrolle spielten, hatte jedoch zahlreiche Gegner, nicht allein in der königlichen Familie und den englischen Royalisten, sondern auch in den Presbyterianern und den Levellers, von welch Letzteren Cromwell offen des Strebens nach Alleinherrschaft beschuldigt wurde, ganz besonders aber in den Irländern und den Schotten. Auch die Unzufriedenheit des durch die Last der Abgaben niedergedrückten Volkes bereitete den Machthabern große Verlegenheiten.

Die verwittwete Königin lebte mit ihren Kindern seit der Hinrichtung ihres Gemahls in Paris, wo sie während der Unruhen der Fronde von dem Hofe so sehr vernachlässigt wurde, daß sie oft an dem Allernothwendigsten Mangel litt. Ihr ältester Sohn Karl hielt sich, unausgesetzt mit Plänen zur Wiedergewinnung seines väterlichen Thrones beschäftigt, meist in den Niederlanden bei seinem Schwager Wilhelm II. von Oranien auf. Seine Hoffnung beruhte hauptsächlich auf Schottland und Irland. In dem ersteren Lande hatte die Hinrichtung Karls I. einen so tiefen Eindruck gemacht, daß der größte Theil der Bevölkerung sich mit Abscheu von den Machthabern in London abwandte und eine bedingte Restauration des Königshauses verlangte. Der Graf von Argyle, der eifrigste Gegner der Stuarts, der in Schottland die gleiche Rolle zu spielen gedachte, wie sein Freund Cromwell in England, suchte zwar diesem Verlangen entgegen zu treten; er konnte jedoch nicht verhindern, daß mit dem Prinzen von Wales Unterhandlungen angeknüpft wurden, bei welchen die Schotten ihm ihre Krone unter der Bedingung anboten, daß er den Covenant bestätige.

Während Karl zögerte, auf diese Forderung einzugehen, kam im Norden Schottlands eine royalistische Bewegung zum Ausbruch, die seine bedingungslose Zurückführung auf den Thron seiner Väter zum Zwecke hatte. An der Spitze derselben stand Jakob Graham, Marquis von Montrose, der treueste und ritterlichste Anhänger Karls I., der mit einer Schaar von fünfhundert Deutschen auf den Orkneys-Inseln gelandet und von dort nach Schottland übergesetzt war, in der Hoffnung, daß nicht nur die Großen, die früher unter ihm für Karl I. gekämpft, sich ihm anschließen würden, sondern auch die Mehrzahl des Volkes sich um ihn schaaren werde. Aber nur Wenige leisteten seinem Aufrufe Folge; denn die puritanischen Geistlichen hatten ihm in fanatischen Predigten erfolgreich entgegengearbeitet. Ohne große Mühe wurde er mit seiner kleinen Schaar durch die Truppen, die das Parlament ihm unter David Leslie entgegensandte, am 17. April 1650 bei Corbiesdale in der Grafschaft Roß zurückgeschlagen. Es gelang ihm zwar, zu entkommen; er wurde jedoch, nachdem er vierzehn Tage lang verkleidet im Gebirge umhergeirrt, durch einen falschen Freund verrathen und barhaupt und gebunden auf einem Karren durch den Henker nach Edinburg gebracht, wo ihn das Parlament, dem Drängen der presbyterianischen Geistlichkeit nachgebend, die noch immer in der Verwaltung des Landes die einflußreichste Stimme hatte, zu einem schmachvollen Tode verurtheilte. Er sollte, zum abschreckenden Beispiel für alle Anhänger des Königs, drei Stunden lang an einem dreißig Fuß hohen Galgen hängen und dann in sechs Stücke zerhauen werden, die in Edinburg und den fünf andern größten Städten des Landes auf Pfähle genagelt und an den Hauptthoren aufgestellt werden sollten. Als ihm dieser furchtbare Spruch verkündet wurde, erklärte er: er rühme sich seines Geschicks und beklage nur, nicht Glieder genug zu haben, um alle Städte der Christenheit mit Beweisen seiner Treue versehen zu können. Um das Maaß des bitteren Hohnes zu füllen, mußte ihm der Henker vor seinem Gange zur Richtstätte (21. Mai 1650), seine letzte Proklamation sammt der Aufzählung seiner Waffenthaten um den Hals hängen. Er lächelte über die Bosheit seiner Feinde und sagte, es sei dies für ihn eine glänzendere Zierde, als der Hosenbandorden, womit ihn sein König beehrt habe. Die Würde und unerschütterliche Standhaftigkeit, womit er den Tod erlitt, gewann der Sache des Königs mehr Proselyten, als alle seine früheren Heldenthaten.

Der unglückliche Ausgang der durch Montrose veranstalteten Schilderhebung bewog den Prinzen von Wales, sich auf jede Bedingung den Schotten in die Arme zu werfen. Nachdem er ihnen alles bewilligt, was sie verlangt, schiffte er sich nach Schottland ein und erreichte, ungeachtet der Nachstellungen der englischen Flotte, am 23. Juni 1650 die schottische Küste. Er wurde zu Edinburg mit allen seiner Würde gebührenden Ehrenbezeigungen empfangen, und das Parlament bewilligte ihm ohne Schwierigkeit die zu seiner Hofhaltung nöthigen Geldmittel. Aber die unausgesetzten Mahnungen der puritanischen Prediger, seine Sünden zu bereuen, sowie die Schmähungen, die er fortwährend über die „Gottlosigkeit" seiner Eltern hören, und die endlosen Predigten, denen er Tag für Tag mehrmals beiwohnen mußte, machten die Lage des jungen, nach Lebensgenuß strebenden Herrschers zu einer äußerst unangenehmen. Nichtsdestoweniger fügte er sich mit Geduld den ihn umringenden Widerwärtigkeiten, weil er einsah, daß er die starren Herzen der Schotten um jeden Preis zu gewinnen suchen müsse, um sich ihrer Hilfe gegen England zu versichern.

Inzwischen hatten auch die Irländer den Prinzen von Wales zum König ausgerufen und den Herzog von Ormond, welchem Karl I. drei Monate vor seinem Tode Vollmacht ertheilt, ihnen alle ihre Forderungen zu bewilligen, als Statthalter Karls II. anerkannt. Um den Verlust Irlands zu verhüten, ging Cromwell, nachdem ihn das Parlament zum Lord-General ernannt hatte, mit acht durch das Loos bestimmten Regimentern im Juli 1650 dorthin ab, und schon im Mai des folgenden Jahres hatte er durch eine ebenso grausame als umsichtige Kriegführung, sowie durch geheime Unterhandlungen mit einzelnen Häuptern der Irländer die Kraft des Aufstandes so weit gebrochen, daß er die vollständige Bewältigung desselben seinem Schwiegersohn Ireton überlassen und nach England zurückkehren konnte, um den Oberbefehl über das Heer zu übernehmen, das zum Kampfe gegen die Schotten bestimmt war.

In Schottland hatte Cromwell anfangs einen schweren Stand, da das von dem General Leslie geführte schottische Heer ihm fast um das Doppelte überlegen war und es ihm bald an den nöthigen Lebensmitteln fehlte; die puritanischen Prediger, die als Kirchenausschuß das schottische Heer begleiteten, kamen ihm jedoch selbst zu Hilfe, indem sie, in der Besorgniß, daß das englische Heer entkommen könne, den General Leslie zwangen, von den Anhöhen bei Dunbar, auf welchen er sich in einer trefflichen Stellung verschanzt hatte, in die Ebene hinabzusteigen, um den Feind anzugreifen. „Sie kommen herab; der Herr hat sie in unsere Hände gegeben; lasset Ihn sich erheben und Seine Feinde zerstreuen!" rief der freudig überraschte Cromwell aus, und in kurzer Zeit hatte er den vollständigen Sieg errungen (3. Sept. 1650). Dreitausend Schotten lagen todt auf der Wahlstätte, und zehntausend Gefangene wurden sammt Geschütz, Munition und Gepäck die Beute der Sieger. Die Mitglieder des puritanischen Kirchenausschusses verfehlten nicht, die erlittene Niederlage, die ihre Voraussagungen zu Schanden gemacht, in einer „kurzen Erklärung und Warnung" der Sündhaftigkeit der Hauptleute, sowie den offenbaren Aergernissen, die der König durch seinen leichtsinnigen Lebenswandel gegeben, und andern ähnlichen Ursachen zuzuschreiben, „welche den Herrn gereizt, sein Antlitz von den Söhnen Jakobs abzuwenden und sein Volk mit einer schrecklichen, aber wohlverdienten Züchtigung heimzusuchen.“ Dagegen meinten andere Prädikanten: „Es sei sehr unklug von Gott, wenn er seinen Zorn zu weit treibe, da es doch am Ende sein eigener Schaden sein werde, wenn die Auserwählten auf der Erde unterdrückt würden und nur seine abgesagtesten Feinde übrig blieben.“

Obgleich Cromwell nach dem Siege bei Dunbar ohne Widerstand in Leith und Edinburg eingerückt war, in welch letzterer Stadt er mit den in die Citadelle entflohenen puritanischen Geistlichen einen theologischen Schriftwechsel eröffnete, um sie zu den Grundsätzen der Independenten zu bekehren, trug die Niederlage der Schotten mehr zur Erhöhung als zur Schwächung Karls II. bei. Er empfing am 1. Januar 1651 in der Kirche zu Scone, nachdem er feierlich gelobt, den Covenant zu halten, aus den Händen Argyles die Krone seiner Vorfahren, und die durch das erlittene Mißgeschick gewarnten Geistlichen überließen ihm die Führung des neu gesammelten Heeres. Zu seinem Unglück beschloß er, während Cromwell gegen Perth vordrang, mit elftausend Mann einen Einfall in England zu machen, in der Hoffnung, daß sich die dortigen Royalisten sogleich um ihn schaaren würden. Durch den unerwarteten Einbruch überrascht und ohnehin durch das Mißlingen ihrer früheren Aufstände entmuthigt, fanden sich dieselben nur in geringer Zahl bei dem königlichen Heere ein, während sich die Truppen des Parlaments von allen Seiten in der Gegend von W o r c e s t e r sammelten und durch den rasch herbeigeeilten Cromwell bis auf dreißigtausend Mann verstärkt wurden.

Nachdem Cromwell bei Worcester an zwei Punkten den Uebergang über die Severn erzwungen, wurde am 3. September, dem Jahrestag der Schlacht bei Dunbar, das Heer der Royalisten nach einem heißen Kampfe, in welchem der König selbst große Entschlossenheit und Tapferkeit gezeigt, vollständig zersprengt. Nur mit Mühe entrann Karl, dessen Hoffnungen mit e i n e m Schlage vernichtet waren, dem Loose der Gefangenschaft. Mit sechzig seiner schottischen Reiter legte er im Dunkel der Nacht, ohne anzuhalten, mehr als fünf deutsche Meilen zurück und trennte sich dann, auf den Rath des Grafen Derby, mit diesem von seinen übrigen Begleitern, um an der Grenze von Staffordshire bei einem dem Grafen wohlbekannten katholischen Pächter, Namens Penderel, Schutz zu suchen. Hier lebte er, von dem Pächter und seiner Familie mit der rührendsten Hingebung aufgenommen, als Bauer verkleidet mehrere Tage, während Cromwell'sche Streifwachen die Gegend durchzogen und Jedem mit dem Tode drohten, der den Aufenthalt des Königs verheimliche, Demjenigen aber, der ihn ausliefern werde, eine große Belohnung versprachen. Als die Gefahr immer dringender wurde, verbarg sich Karl mit dem Obersten Careleß, einem eifrigen Royalisten, der gleichfalls bei den Penderel eine Zufluchtsstätte gefunden, in den dicht belaubten Aesten einer alten Eiche — seitdem die „Königseiche" genannt — und blieb dort volle vierundzwanzig Stunden, während die Frau des Pächters, anscheinend Reiser suchend, in der Nähe weilte, um die umherstreifenden Soldatenhaufen zu beobachten und dem König, wenn nöthig, Warnungszeichen zu geben.

Von Penderel und seinen vier Söhnen begleitet, begab sich Karl weiter nach dem Städtchen Bentley, wo ihm Lord Wilmot, einer seiner Fluchtgenossen, bei dem der königlichen Sache treu ergebenen Obersten Lane eine Zufluchtsstätte gesichert hatte. Des langen Gehens in den plumpen Bauernstiefeln nicht gewöhnt, kam er mit wunden Fußsohlen in Bentley an, wo er seine treuen Begleiter mit warmem Dankgefühl entließ. Um seinem Gaste die Einschiffung nach Frankreich zu ermöglichen, brachte ihn Lane zu einer seiner Verwandten in der Gegend von Bristol, der Mistreß Norton, bei welcher er als Bedienter der Tochter Lane's eingeführt wurde. Unter dem Vorwande, daß er fieberkrank sei, wies ihm Mistreß Norton ein eigenes Zimmer an; dennoch wurde er von einem Aufwärter erkannt, der sich ihm zu Füßen warf und die Bitte des erschrockenen Königs, ihn nicht zu verrathen, mit der Versicherung unverbrüchlicher Ergebenheit beantwortete.

Die Reise nach Bristol war indessen eine vergebliche gewesen, da kein einziges Schiff zur Abfahrt bereit lag, und so mußte Karl seine gefahrvolle Wanderung nach einer andern Richtung fortsetzen. Er begab sich mit Lord Wilmot nach Trent bei Sherburn in Dorsetshire, zu dem Obersten Windham, gleichfalls einem bekannten Anhänger der Königspartei. Auch hier beeiferten sich Alle, dem verfolgten Gast ihre Liebe und Anhänglichkeit zu bezeigen. Die hochbetagte Mutter des Obersten zerfloß in Freudenthränen beim Anblick des verkleideten Königs und betheuerte, daß sie jetzt gern den Verlust ihrer drei im Kampfe für seinen Vater umgekommenen Söhne verschmerzen wolle, da ihrer Familie das Glück geworden, ein Werkzeug zu seiner Erhaltung zu werden.

Nach mehrtägigen vergeblichen Nachforschungen nach einem Fahrzeug, wurde zu Lyme ein Schiffseigenthümer gefunden, der sich bereit erklärte, für hohen Preis den Lord Wilmot und dessen Diener, für welchen sich der König ausgab, nach Frankreich zu bringen, worauf Beide sich nach Lyme begaben. Aber in der zur Abfahrt festgesetzten Nacht blieb der Schiffer aus, weil seine besorgte Frau ihn ängstlich gemacht, und so mußte Karl nach Trent zurückkehren. Auf dem Wege dahin fand er zu Bridport eine Heeresabtheilung von fünfzehntausend Mann, die zu einer Expedition nach der Insel Jersey eingeschifft werden sollte. Seine Bestürzung verbergend stieg er vom Pferde und führte dasselbe mit kühner Entschlossenheit mitten durch die murrenden Soldaten nach dem Wirthshause. Hier harrte jedoch seiner eine neue Gefahr: der Hausknecht begrüßte ihn, nur seiner Züge, nicht aber seiner Person sich erinnernd, als einen alten Bekannten aus der Zeit, wo er zu Exeter bei einem Herrn Potter in Dienst gestanden. Karl, der in der That während des Bürgerkriegs eine Zeitlang bei diesem gewohnt, hatte Geistesgegenwart genug, auch diesmal seinen Schrecken zu verbergen und mit dem Scheine der größten Ruhe dem Hausknecht zu antworten: „Ja, ich war einmal bei Herrn Potter in Dienst; jetzt aber habe ich keine Zeit und behalte mir vor, bei einem Glase Bier unsere Bekanntschaft zu erneuern, wenn ich von London zurückkomme.“

Glücklich wurde Trent wieder erreicht; aber bei den bedenklichen Gerüchten, die sich in der Umgegend verbreitet hatten, erschien ein längerer Aufenthalt des Königs im Hause des Obersten Windham nicht rathsam. Abermals mußte er seine gefährliche Wanderung fortsetzen, bis es endlich gelang, in dem Hafen von Shoreham in Sussex ein Fahrzeug aufzufinden, das im Begriffe stand, nach Frankreich unter Segel zu gehen und dessen Eigenthümer sich bereit finden ließ, die beiden Flüchtlinge, den König und Lord Wilmot, mitzunehmen. Nachdem das Fahrzeug ausgelaufen, beugte der Schiffsherr vor dem König, den er wohl erkannt hatte, das Knie und gelobte ihm, ihn sicher an die französische Küste zu bringen. Er erfüllte dies Versprechen, und am 17. Oktober stieg der gerettete König bei der normännischen Stadt Fecamp ans Land.

Die Theilnahme, die Karls I. tragisches Geschick in ganz Europa gefunden, hatte auch für das Unternehmen seines Sohnes allerwärts ein reges Interesse erweckt, und wie man sich nach seiner Niederlage bei Worcester den lebhaftesten Besorgnissen für ihn hingegeben, so wurde die Kunde von seiner Rettung überall mit Freude begrüßt. Der Muth, den er im Felde an den Tag gelegt, sowie die Umsicht und Geistesgegenwart, womit er den manigfachen Gefahren auf seiner Flucht entgegen getreten, hatten die Sympathien für ihn erhöht und allgemein die Ueberzeugung wach gerufen, daß er der Krone seiner Väter würdig sei. Sein späteres Auftreten rechtfertigte jedoch diese Ueberzeugung nicht. „Karl“, sagt Lingard, „hatte vielversprechende Blüthen entfaltet; aber sie welkten bald unter dem zerstörenden Einfluß der Zerstreuung und des Wohllebens.“

Noch ehe es Karl gelungen war, nach Frankreich zu entkommen, hatte der General Monk, der seit Cromwells Rückkehr nach England den Oberbefehl über das englische Heer führte, die meisten festen Plätze Schottlands eingenommen, und in kurzer Zeit war die Unterwerfung der Schotten vollendet. Das englische Parlament erklärte die Kronländereien für Gemeingut und verfügte die Confiskation des Vermögens aller Derjenigen, die dem König gefolgt waren. Alle Staatsgewalt, die nicht dem englischen Parlamente entsprang, wurde durch eine Proklamation für aufgehoben erklärt; alle Sheriffs und anderen Beamten von zweifelhafter Treue wurden durch solche ersetzt, die der Republik ergeben waren; englische Richter, denen drei oder vier Eingeborene beigegeben wurden, sollten das Land bereisen, die Rechtspflege übernehmen und an die Stelle der bisherigen Tribunale treten. Statt der freien Einquartierung wurde dem Lande eine jährliche Taxe von einhundertdreißigtausend Pfund zum Unterhalt der Truppen auferlegt.

Der Kummer der Schotten über diese Neuerungen wurde erhöht durch die Aussicht auf die Vereinigung beider Reiche zu einer einzigen Republik, wodurch Schottland zu einer englischen Provinz herabgewürdigt werden sollte. Diese „Union“, über welche längere Zeit zwischen Abgeordneten des englischen Parlaments und den Vertretern der schottischen Grafschaften, Städte und Burgflecken unterhandelt wurde, kam im Jahre 1654 zu Stande und hatte die Aufnahme von dreißig schottischen Deputirten in das Londoner Parlament zur Folge.

Ungleich trauriger noch, als für Schottland, gestalteten sich die Verhältnisse für Irland. Auf dem Wege Cromwells fortschreitend, hatte Ireton unter gräuelvollem Blutvergießen die Unterwerfung des Landes weiter geführt, als er im Herbste 1651, kurz nach der Eroberung von Limerick, einer pestartigen Krankheit erlag. Sein Nachfolger Fleetwood, der das Oberkommando seiner Verheirathung mit Iretons Wittwe verdankte, setzte die Gräuel des furchtbaren Vernichtungskrieges, den der religiöse und politische Fanatismus der englischen Machthaber den unglücklichen Irländern erklärt hatte, mit unverminderter Grausamkeit fort, und im Sommer 1653 war Irland vollständig unterworfen. Alles, was Englands frühere Herrscher an der irischen Nation durch Härte, Gewaltthätigkeit und Grausamkeit verbrochen, trat in den Hintergrund vor den Maßregeln, welche von den Häuptern der englischen Republik, die den König im Namen der Freiheit ermordet hatten, zur Knechtung der Irländer getroffen wurden.

Schon während des Krieges waren mit beispielloser Grausamkeit alle irischen Gefangenen nach Westindien geschickt oder verkauft worden; jetzt wurden, nachdem ein von den englischen Machthabern eingesetzter hoher Gerichtshof über zweihundert der ersten Männer des Landes als Veranstalter und Hauptförderer des Aufstandes dem Blutgerüste überantwortet hatte und dreißig bis vierzigtausend streitbare Männer, von der allen Hauptleuten und ehemaligen Kriegern ertheilten Erlaubniß zur Auswanderung Gebrauch machend, das Land verlassen hatten, um in Frankreich, Spanien, Oesterreich und Venedig Kriegsdienste zu nehmen, zur vollständigen Vernichtung der irischen Nationalkraft über zwanzigtausend Jünglinge, Weiber und Kinder willkürlich aufgegriffen und nach dem zu jener Zeit eroberten Jamaica oder andern Inseln Amerikas hinübergeführt. Hierauf wurde das bereits früher befolgte gewaltsame Kolonisationssystem in der umfassendsten Weise fortgesetzt. Alle, welche bei dem Aufstande als Führer oder Rathgeber betheiligt gewesen, wurden ihres gesammten Grundbesitzes verlustig erklärt; Diejenigen, die gegen das Parlament gekämpft, verloren zwei Drittheile und die, welche nicht für dasselbe die Waffen geführt, ein Dritttheil ihrer Ländereien. Auf diese Weise sollen damals an acht Milliarden Morgen Landes eingezogen worden sein, von denen die Regierung einen Theil für sich behielt, während sie das Uebrige unter ihre Soldaten oder an englische und schottische Kolonisten vertheilte. Um die Vernichtung des politischen Daseins der Nation zu vollenden, wurden alle Eingeborenen über den Shannon nach Connaught vertrieben und die Kolonisten ermächtigt, Jeden, der sich über den Fluß herüberwage, ohne Weiteres niederzustoßen. Auch wurde auf das Tragen und Aufbewahren von Waffen die Todesstrafe gesetzt.

Mit der politischen Existenz der Irländer sollte auch ihre Religion vernichtet werden. Zu diesem Ende erließen die Civilkommissäre, die das Parlament mit der Ordnung der irischen Angelegenheiten betraut hatte, ein allgemeines Verbot der Ausübung des katholischen Gottesdienstes und wiesen in einer Proklamation alle katholischen Priester an, bei Strafe des Hochverraths innerhalb zwanzig Tagen Irland zu verlassen, unter Androhung der Todesstrafe für Jeden, der einen derselben bei sich aufnehme. Auch wurden die Ortsbehörden ermächtigt, den Katholiken ihre Kinder wegzunehmen, um dieselben zur Erziehung nach England zu schicken, und von allen Personen, die das einundzwanzigste Jahr erreicht hatten, den Abschwörungseid zu fordern, dessen Verweigerung mit Kerkerhaft und theilweiser Vermögensconfiscation bestraft wurde.

Zur Durchführung aller dieser Maßregeln wurde das Kriegsheer in kleinen Abtheilungen über die Provinzen vertheilt, und Religionshaß und Gewinnsucht schärften das Auge der Aufpasser, deren Nachspürungen durch den Umstand erleichtert wurden, daß Niemand ohne besondern Erlaubnißschein der Behörde reisen durfte. Nichtsdestoweniger blieben zahlreiche Priester im Lande zurück.

Viele derselben büßten dafür am Galgen, während es Andern gelang, sich in Berghöhlen oder einsamen, in morastigen Gegenden gelegenen Hütten zu verbergen, von wo aus sie zur Nachtzeit die ärmlichen Wohnungen ihrer gedrückten Glaubensgenossen aufsuchten, um diesen den Trost der Religion zu spenden.

Während durch die Grausamkeit des englischen Parlaments die politische Existenz der Irländer und ihre religiösen Freiheiten vernichtet und die Schotten durch die Ausbeutung ihrer Hilflosigkeit zur Anerkennung der Union mit England gezwungen wurden, schritt Cromwell in diesem letzteren Lande selbst mit eiserner Konsequenz auf der Bahn weiter fort, die ihn zum alleinigen Herrscher über dasselbe führen sollte. Nachdem durch die strengsten Maßregeln jede Opposition gegen die bestehende Regierung unterdrückt worden, benutzte er ein Zerwürfniß zwischen dem Heere und dem Parlamente, um sich des letzteren und des aus demselben hervorgegangenen Staatsraths mit Hilfe des ersteren zu entledigen. Am 20. April 1653 erschien er in dem „Rumpfparlament", überhäufte die Mitglieder desselben mit Vorwürfen und Schmähungen und forderte sie auf, auseinander zu gehen, um besseren Leuten Platz zu machen. „Der Herr hat sich von euch losgesagt", rief er aus; „er hat andere Werkzeuge erkoren, sein Werk zu betreiben." Als ihm von verschiedenen Seiten widersprochen wurde, traten auf seinen Wink zwanzig Musketiere in den Saal und sprengten die Versammlung auseinander. Hierauf begab sich Cromwell in den Staatsrath und erklärte dessen Befugnisse in Folge der Aufhebung des Parlaments für erloschen. Der Präsident Bradshaw hielt ihm zwar die Erklärung entgegen, daß die Auflösung des Parlaments null und nichtig sei, da dessen Mitglieder allein das Recht hätten, dieselbe zu verfügen; seine Worte blieben jedoch wirkungslos, und die Räthe wurden auseinander getrieben.

Cromwell war jetzt in der That Alleinherrscher; er hielt es jedoch zur dauernden Begründung seiner Macht für rathsam, die Formen der Verfassung so weit zu schonen, als es mit seinen Zwecken vereinbar war. Daher sollte der Staatsrath, den er aus vier Rechtsgelehrten und acht Offizieren unter seinem eigenen Vorsitz gebildet, ein neues Parlament zusammen berufen. Damit dasselbe aus lauter „Begeisterten" und „Heiligen" bestehe, die er vermöge des ihm in diesen Kreisen zu Gebote stehenden Einflusses ganz nach seinem Willen leiten zu können hoffte, ließ er an sämmtliche Geistlichen der presbyterianischen Kirche, sowie an die Gemeinden der Independenten und Levellers die Aufforderung ergehen, Listen ihrer „gottesfürchtigsten, gläubigsten und enthaltsamsten" Glieder und Angehörigen aufzustellen, und aus diesen wählte der Staatsrath, unbekümmert um die Gerechtsame des Volkes, hundertfünfzig Abgeordnete, denen in ihren Einberufungsschreiben mitgetheilt wurde, welche Grafschaft oder welchen Ort ein Jeder zu vertreten habe. Für Irland wurden nur sechs und für Schottland nur vier Mitglieder ernannt.

Am 4. Juli 1653 eröffnete Cromwell dieses neue Parlament in dem Rathszimmer zu Whitehall mit einer ausführlichen, salbungsvollen Rede, in welcher er der Versammlung die Hand Gottes in den jüngsten Ereignissen zu zeigen suchte und sie aufforderte, der hohen Aufgabe getreu, zu welcher sie „durch die Wahl des Herrn" berufen worden, „das Gericht der Gnade und Wahrheit gewissenhaft zu üben und mit den Heiligen im Glauben zu verharren." „Wir sind berufen," so schloß er, „zu dem Krieg des Lammes mit seinen Feinden; wir sind angelangt an der Schwelle des Eingangs bei dem äußersten Saume der Prophezeiungen und Verheißungen; Gott hat sich erhoben, sein Volk aus den Tiefen zu retten und Juda heimzuführen in seine Sitze. Gott erschüttert die Berge, und sie taumeln. Gott hat auch einen hohen Hügel; sein Hügel ist wie der Hügel von Basan, und der Wagen Jehovah's sind zwanzigtausend Engel, und Gott wird wohnen auf diesem Hügel immerdar." Hierauf ließ er eine von ihm selbst unterzeichnete und besiegelte Schrift verlesen, wodurch er der Versammlung die oberste Gewalt auf fünfzehn Monate mit der Weisung übertrug, nach Ablauf dieser Zeit die Mitglieder der neuen Versammlung selbst zu wählen.

Den folgenden Tag widmeten die neuen Vertreter der Nation ausschließlich andächtigen Uebungen, zu welchen sie sich früh Morgens um acht Uhr in dem Sitzungssaale versammelten. Um „den Herrn zu suchen", wurde bis Abends sechs Uhr ununterbrochen gebetet und gepredigt. Das gleiche Gepräge pietistischer Konventikel trugen alle folgenden Sitzungen, die mit endlosen Anrufungen Jehovah's eröffnet und geschlossen wurden. Man hörte Nichts als Anspielungen auf das alte Testament und Sprüche aus demselben; alle politischen Verhältnisse wurden aus dem biblischen Gesichtspunkte betrachtet [1]).

Indessen zeigte das neue Parlament, das nach dem Lederhänd-

1) Besonders charakteristisch für den Zeitgeist ist die unter den „Heiligen" herrschend gewordene Sitte, nicht nur ihre gewöhnlichen Taufnamen gegen alttestamentliche, wie Hesekiel, Habakuk, Josua u. A., zu vertauschen, sondern sogar als „Wiedergeborne in dem Herrn" ganze Bibelsprüche als Vornamen anzunehmen. So nannte sich Einer Tödte die Sünde Pimple, ein Anderer Sei treu im Glauben Joiner, ein Dritter Kämpfe den guten Kampf White u. s. w. Der Bruder des Parlamentsmitgliedes Preise-Gott Barebone führte den Namen: Wäre Christus nicht für uns gestorben, so wären wir ewig verdammt (damn'd). Viele, denen der Name zu lang war, nannten ihn einfach Damn'd Barebone — Verdammter Barebone.

ler Preise-Gott Barebone, einem der eifrigsten Beter und Sprecher, auch das Barebone-Parlament genannt wurde, trotz der geistigen Beschränktheit der meisten seiner Mitglieder mehr praktischen Sinn und größere Selbstständigkeit, als Cromwell erwartet hatte, und da er nicht gewillt war, sich durch dasselbe irgend welche Machtbeschränkung auferlegen zu lassen, beschloß er, sich seiner ebenfalls zu entledigen. Nachdem er mit seinen vertrauten Anhängern, die gleichfalls in die Versammlung gewählt worden, die nöthige Rücksprache genommen, begaben sich diese am 12. Dez. 1653 zu früher Stunde in die Sitzung und brachten einen Beschluß in Vorschlag, kraft dessen das Parlament, „das so viele verkehrten Maßregeln ergriffen,“ sich auflösen und die Herrschaft in die Hände Desjenigen zurückgeben sollte, von welchem es dieselbe empfangen habe. Da sich Widerspruch erhob, verließen die Independenten mit dem Sprecher den Saal, worauf der Oberst White mit einer Kompagnie Soldaten erschien und die Zurückgebliebenen aus dem Hause trieb. Als dieselben auf die Frage White's, was sie hier noch machten, zur Antwort gaben: „Wir suchen den Herrn,“ soll ihnen der Oberst höhnisch zugerufen haben: „Dann müßt ihr anderswo hingehen; denn ich weiß gewiß, daß er schon seit mehreren Jahren nicht mehr hier gewesen.“

Vier Tage nach der Auflösung des Barebone-Parlaments erschien der General Lambert, einer der eifrigsten Anhänger Cromwells, mit den Mitgliedern des Kriegsraths vor dem Lord-General, um demselben den Entwurf einer neuen, von ihnen ausgearbeiteten Verfassung vorzulegen, nach welcher er mit dem Titel „Protektor der Republik“ die volle Würde und Gewalt eines Königs erhalten sollte. Cromwell erheuchelte Ueberraschung und erklärte, eine so schwere Last nicht übernehmen zu können; er ließ sich jedoch durch die Vorstellungen und Bitten Lamberts und der Offiziere unschwer bewegen, seinen Widerstand aufzugeben.

Noch an demselben Tage — 16. Dez. 1653 — fuhr Cromwell, zwischen acht in Parade aufgestellten Regimentern hindurch, in feierlichem Aufzuge von Whitehall nach Westminster. Vor ihm her gingen der Lord-Major und die Aldermänner von London, hinter ihm der Staatsrath und der Rath der Offiziere. Als Cromwell, der in schwarzen Sammt gekleidet war, in dem Saale des Kanzleigerichts auf einem Prunksessel Platz genommen, trat Lambert vor und bat, nachdem er den Anwesenden auseinandergesetzt, wie die bedenklichen Zeitumstände eine starke und feste Regierung erheischten, den Lord-General im Namen der Armee und der drei Nationen, die Würde eines Protektors von England, Schottland und Irland anzunehmen. Nach einigem Sträuben, in welchem die ihm zur Gewohnheit gewordene Verstellung nicht zu verkennen war, gab

Cromwell seine Zustimmung, worauf einer der Sekretäre des Staatsraths die neue Verfassung verlas. Die Hauptbestimmungen derselben waren die folgenden: Die gesetzgebende Gewalt ist bei dem Lord-Protektor und dem Parlamente, das alle drei Jahren berufen werden muß und vor Ablauf des fünften Monats seiner Sitzungszeit nicht aufgelöst werden darf. Zu demselben werden für England vierhundert und für Schottland und Irland je dreißig Mitglieder gewählt. Wer ein Vermögen von zweihundert Pfund besitzt, ist zur Theilnahme an den Wahlen berechtigt; gewählt werden kann Jeder, der über dreiundzwanzig Jahre zählt und unbescholten, gottesfürchtig und reinen Wandels ist. Die ausübende Gewalt ist bei dem Lord-Protektor, der befugt ist, unter Zuratheziehung des Staatsraths mit fremden Mächten zu unterhandeln und mit dessen Zustimmung Krieg zu erklären und Frieden zu schließen. Der Lord-Protektor hat die Verfügung über die Land- und Seemacht und besetzt die Staatsämter. Ohne Zustimmung des Parlaments können weder Gesetze gegeben, noch Abgaben erhoben werden. Die Civilliste des Protektors ist auf zwanzigtausend Pfund festgesetzt. Zur Aufrechthaltung der Ordnung und zum Schutze der Verfassung wird ein stehendes Heer von zwanzigtausend Fußsoldaten und zehntausend Reitern unterhalten; die Stärke der Flotte bleibt dem Ermessen des Protektors anheimgestellt. Alle, welche durch Jesum Christum an Gott glauben, sollen in ihren Religionsübungen geschützt werden, ausgenommen die „Papisten“ und Diejenigen, die unter dem Deckmantel der Religion ein zügelloses Leben predigen. Zum ersten Lord-Protektor wird der Lord-General Cromwell auf Lebenszeit ernannt; seinen Nachfolger ernennt der Staatsrath.

Nachdem die Verfassungsurkunde verlesen war, erhob Cromwell seine rechte Hand und schwur, die Augen mit feierlichem Ausdruck gegen Himmel gerichtet, die neue Verfassung gewissenhaft zu halten und für deren Befolgung Sorge zu tragen. Dann überreichte ihm Lambert knieend ein Bürgerschwert, worauf Cromwell seinen Degen ablegte, zum Zeichen, daß er fortan nicht durch Militärgewalt, sondern den Gesetzen gemäß regieren wolle. An demselben Tage wurde die Einführung der neuen Regierungsform unter Beobachtung aller bei der Thronbesteigung eines Monarchen üblichen Ceremonien durch Proklamation öffentlich verkündet.

England unter dem Protektorate Cromwells.

(1653—1658.)

Obgleich Cromwells Erhebung nur das Werk seiner Waffenbrüder war und die neue Verfassung den Engländern kaum mehr Rechte und Freiheiten gewährte, als sie unter Karl I. besessen, ließ sich die Nation, der häufigen Umwälzungen und der drückenden Militärherrschaft müde, gern einen Wechsel gefallen, der die Rückkehr ruhigerer Zeiten in Aussicht stellte. Der Protektor selbst war entschlossen, die ihm übertragene Gewalt mit der ganzen Kraft seines Herrschergeistes nach Innen wie nach Außen aufrecht zu halten. Dabei suchte er seine Gegner nach wie vor durch den Schein der Demuth und Uneigennützigkeit zu täuschen, indem er bei jeder Gelegenheit versicherte, daß er bei der Annahme des Protektorats nur dem Willen der Vorsehung und dem Gebote der Pflicht gehorcht und das eigene Glück dahin gegeben, um sein Vaterland vor Anarchie und Untergang zu bewahren, und daß er mit Freuden die schwere Bürde niederlegen werde, sobald es mit Sicherheit für die Nation geschehen könne. Seine Betheuerungen fanden jedoch nur noch bei seinen verblendetsten Anhängern Glauben. Viele seiner früheren Kameraden nannten ihn offen „einen listigen, meineidigen Bösewicht" und drohten ihm mit einem noch schlimmeren Ausgang, „als der des letzten Tyrannen gewesen." Cromwell wagte nicht, gegen dieselben mit äußerster Strenge vorzugehen. Er begnügte sich damit, einige von ihnen aus ihren Stellen zu entfernen; nur diejenigen, die ihm besonders gefährlich schienen, wurden in den Tower zur Haft gebracht. Unter diesen befand sich der Oberst Harrison, früher sein eifrigster Anhänger, jetzt als starrer Republikaner sein unversöhnlichster Feind. Mit den Royalisten, die er nicht in dem gleichen Grade fürchtete, machte Cromwell weniger Umstände; mehrere derselben, die beschuldigt worden, eine Verschwörung zu seiner Ermordung und zur Erhebung Karls II. angezettelt zu haben, wurden hingerichtet.

Obgleich der Staatsrath nicht verfehlt hatte, durch offene Eingriffe in die Wahlfreiheit die Wahlen zu dem neuen Parlament möglichst zu Gunsten Cromwells zu lenken, zeigte dasselbe, nachdem es am 3. September 1654 von dem Protektor mit königlichem Gepränge eröffnet worden, eine für denselben nichts weniger als beruhigende Haltung. Nicht nur die Auflösung des langen Parlaments wurde als eine gesetzwidrige bezeichnet, sondern auch die Giltigkeit der neuen Verfassung in Zweifel gezogen und mit derselben Cromwells ganze Stellung angegriffen. Um die Opponenten zur Ruhe zu zwingen, erklärte Cromwell in der Sitzung vom

12. September, die Versammlung sei nicht befugt, seine Würde, die ihm von Gott und dem Volke ohne sein Zuthun verliehen worden, irgend welcher Kritik zu unterziehen, und stehe selbst rechtlos da, wenn sie sich weigere, die Staatsgewalt anzuerkennen, durch welche sie berufen worden. Er habe eine die Anerkennung seiner Stellung und der neuen Verfassung enthaltende Erklärung abfassen lassen, die von den Mitgliedern der Versammlung zu unterzeichnen sei. Wer diese Erklärung nicht unterzeichne, schließe sich selbst von dem Parlamente aus. In der That wurden über hundert Mitglieder, die ihre Unterschrift verweigerten, am folgenden Tage von den Wachen nicht in den Sitzungssaal eingelassen. Da trotz dieser Gewaltmaßregel das verstümmelte Parlament fortfuhr, über Abänderungen der Verfassung zu berathen und die Verordnungen des Protektors einer Untersuchung zu unterziehen, löste Cromwell auch dieses Parlament, nachdem die gesetzlich vorgeschriebene Frist von fünf Monaten — allerdings nur Mondmonate zu achtundzwanzig Tagen — verstrichen war, am 22. Januar 1654 wieder auf.

Dieser Schritt konnte nur dazu beitragen, den allgemeinen Unwillen gegen den Protektor zu steigern. Auch wirkten andere Ursachen dazu mit, die Zahl seiner Anhänger zu verringern. Die geordnete Hofhaltung, mit welcher sich Cromwell, seiner hohen Stellung entsprechend, umgeben, hatte ihn mehr und mehr der religiösen Gemeinschaft mit den „Heiligen" entrückt, mit denen er nicht mehr so eifrig wie sonst „den Herrn suchte." Auch gegen die Offiziere, in deren Gesellschaft er früher bei fröhlichen Mahlen an den ausgelassensten Soldatenstreichen Theil genommen, wie sich überhaupt in seinem Charakter mit dem religiösen Enthusiasmus ein entschiedener Hang zu derber Spaßmacherei verband, bewies er eine größere Zurückhaltung, die ihm die Herzen Vieler unter ihnen entfremdete. Um das Volk gegen ihn aufzuwiegeln, verbreiteten seine Gegner Flugschriften aller Art, in denen seine Heuchelei und sein Eidbruch blosgelegt waren, und bald wechselten republikanische und royalistische Verschwörungen mit einander ab, die jedoch alle durch Cromwells schlaue und wohlbesoldete Spione leicht entdeckt und in Strömen Blutes gedämpft wurden.

Noch größer wurde die Unzufriedenheit, als der Protektor im April 1656 zur leichteren Unterdrückung der immer zahlreicher werdenden Aufstände, sowie zur rascheren Beitreibung der auf eine bis dahin unerhörte Höhe gestiegenen Steuern das ganze Reich in fünf Militärgouvernements eintheilte und den Vorstehern derselben, die den Rang von Generalmajoren erhielten, die Befugniß einräumte, nicht nur Truppen in ihren Bezirken auszuheben, nach Willkür Verhaftungen vorzunehmen und Güter einzuziehen, sondern auch die Aufsicht über Kirchen und Schulen zu führen. Daß militärischer

Despotismus das Ende so langer und blutiger Kämpfe sein sollte, erfüllte Jeden mit Erbitterung.

Ein höheres Ansehen, als in den drei von ihm beherrschten Reichen, genoß Cromwell im Auslande. Seine Erhebung hatte bei seinem bekannten Ehrgeiz die fremden Mächte nicht überrascht, und keine derselben verweigerte ihm die Anerkennung; die meisten beeilten sich sogar, theils um seine Freundschaft zu gewinnen, theils um seiner Feindschaft vorzubeugen, ihm ihre Glückwünsche darzubringen, und zahlreiche Botschafter und Gesandte drängten sich an seinen Hof. Cromwell empfing sie zu Whitehall, wo er mit seiner Familie die früheren königlichen Gemächer bezogen, in dem großen Banketsaal, auf einem Prachtstuhle sitzend, mit dem Prunke eines souveränen Herrschers.

Der glückliche Ausgang des Seekrieges mit Holland bewog den Protektor zu neuen kriegerischen Unternehmungen, durch welche er die Aufmerksamkeit seiner Unterthanen von den inneren Angelegenheiten abzulenken hoffte. Da ein Krieg gegen Spanien bei dessen in raschem Sinken begriffener Macht einen leichten Sieg und eine reiche Beute in Aussicht stellte, beschloß er, seine Waffen zunächst gegen diesen Staat zu richten. Um einen Vorwand zum Friedensbruch zu finden, stellte er an das Kabinet von Madrid Forderungen, die dasselbe nicht bewilligen konnte, und ließ auf dessen ablehnende Antwort zwei Flotten unter Segel gehen, von denen die eine unter dem berühmten Seehelden Blake nach dem Mittelmeere, die andere unter dem Admiral Penn nach Westindien ging. Da der Krieg gegen Spanien noch nicht erklärt war, griff Blake, der den geheimen Auftrag hatte, die mit den Schätzen Indiens beladene spanische Silberflotte hinweg zu nehmen, zuerst die drei Raubstaaten Algier, Tunis und Tripolis an und zwang deren Beherrscher zur Freigebung aller in der Sklaverei zurückgehaltenen Engländer, sowie zu der Zusage, künftig keine englischen Schiffe mehr zu berauben. Da inzwischen die Silberflotte glücklich in den Hafen von Carthagena eingelaufen war, kehrte er voll Mißmuth nach England zurück.

Inzwischen hatte Penn, nach einem vergeblichen Angriff auf San Domingo, im Mai 1655 Jamaica erobert, und im April 1657 gelang es Blake, in dem Hafen von Santa Cruz auf der Insel Teneriffa die spanische Silberflotte hinweg zu nehmen, die jedoch bei der Verbrennung der dieselbe eskortirenden Schiffe zu Grunde ging. Auf der Rückkehr von diesem Zuge starb er, als eben sein Schiff in den Hafen von Plymouth einlief.

Zur nachhaltigeren Bekämpfung Spaniens hatte sich Cromwell bereits im Jahre 1655 mit Frankreich verbündet, das ihm als Preis seiner längst erstrebten Bundesgenossenschaft die Verbannung der Stuarts von dem französischen Boden zugesagt. Das englische Hilfsheer von sechstausend Mann, welches die Franzosen in den Niederlanden unterstützen sollte, wurde dem Oberbefehle Turenne's unterstellt und nahm an der Eroberung von Dünkirchen (14. Juli 1658) Theil, welches den Engländern überlassen blieb.

Trotz des erhöhten Ansehens, das Cromwells kriegerische Unternehmungen und insbesondere der durch ihn bewirkte bedeutende Aufschwung der englischen Seemacht dem englischen Namen verschafft hatten, dauerte die Unzufriedenheit in England fort. Als der Protektor, theils wegen Geldnoth, theils um den Bestimmungen der Verfassung zu genügen, auf den 17. September 1656 ein neues Parlament berief, fielen fast an allen Orten die von ihm aufgestellten Kandidaten durch, und wo die Wahl derselben durchgesetzt worden, war dies durch offene Gewalt von Seiten der Beamten und Generalmajore geschehen. Dennoch war Cromwell entschlossen, keinen seiner erklärten Gegner zu dem Parlamente zuzulassen; er strich daher ohne Weiteres die Namen aller derjenigen Gewählten aus der Liste aus, für welche sich in angeblich nicht entsprechender religiöser oder sittlicher Gesinnung ein Grund der Ausschließung finden ließ. Obgleich er auf diese Weise ein Parlament zusammen gebracht, von welchem er Nichts befürchten zu müssen glaubte, zeigte sich auch in dieser Versammlung der alte Widerstandsgeist, der besonders durch eine heftige, von den ausgeschlossenen Parlamentsmitgliedern veröffentlichte Beschwerdeschrift geweckt worden war.

Die ungünstige Stimmung der neuen Stellvertreter der Nation berührte den Protektor um so unangenehmer, als er sich dem Ziele nahe geglaubt, auf welches längst sein ganzes Streben gerichtet gewesen. Der Protektor-Titel, so groß und furchtbar er denselben auch zu machen gewußt, genügte seinem Ehrgeiz nicht: im Besitze einer unumschränkteren Gewalt, als sie je von einem der rechtmäßigen Herrscher Englands ausgeübt worden, glaubte er es wagen zu dürfen, seine Hand nach der Königskrone auszustrecken, nach deren Erlangung er durch die Herstellung einer erblichen Monarchie seiner Familie den Fortbesitz der Herrschaft sichern zu können hoffte. Nachdem er sich mit seinen vertrautesten Freunden über die Sache eingehend berathen und eine vereitelte Verschwörung gegen sein Leben, die von den Richtern für Hochverrath erklärt worden, weil Protektor in gesetzlicher Beziehung gleichbedeutend sei mit König, eine unmittelbare Veranlassung geboten, die Wiedereinführung des Königthums im Parlament zur Sprache zu bringen, übernahm es einer seiner eifrigsten Anhänger, in der Versammlung den Wunsch auszusprechen: es möge dem Protektor gefallen, die Regierungsgewalt ganz nach der alten Verfassung zu übernehmen, da dies das sicherste Mittel sei, allen Komplotten ein Ende zu machen und die Freiheiten des Landes auf dem alten sicheren Grunde zu befestigen. Das Haus war überrascht; aber während die Einen die Verwegenheit des Redners tadelten, ließen sich Andere zustimmend vernehmen, und als in der nächsten Sitzung in aller Form der Antrag gestellt wurde, dem Protektor die Krone anzubieten, gelang es den Freunden Cromwells, für denselben die Mehrheit der Stimmen zu gewinnen.

Cromwell stand am Ziele seines Strebens; aber er gefiel sich darin, den Zögernden zu spielen, um sich den Anschein zu geben, als erblicke er in der Würde, welche der Gegenstand seiner heißesten Wünsche war, nur eine schwere Bürde. Als ihm der Sprecher des Hauses den in der Form eines „gehorsamen Gesuchs und Gutachtens“ abgefaßten Beschluß überreichte und dessen Motive in längerer Rede auseinander setzte, erklärte er: sein Gemüth erschrecke vor dem Gedanken, eine solche Last auf sich zu nehmen; er bedürfe Zeit, den Herrn und sein Inneres zu Rathe zu ziehen. Dabei ermangelte er jedoch nicht, seine Anhänger im Stillen zu ermuntern, auf ihrem Verlangen zu bestehen, damit seine Einwilligung als eine ihm abgerungene gelten könne.

Indessen zeigte sich unter den eifrigen Republikanern wie unter dem Heere eine so bedenkliche Stimmung, daß Cromwell zu keinem Entschluß kommen konnte. Eine von einer Anzahl fanatischer Independenten angezettelte Verschwörung, welche die Uebertragung der Regierungsgewalt an einen „Rath der Heiligen“ bezweckte, scheiterte zwar an der Wachsamkeit der Spione Cromwells, und die an derselben Betheiligten wurden in den Tower gesteckt; aber die Besorgnisse des Protektors waren damit nicht beseitigt; denn die angesehensten Offiziere, die Cromwell vergebens in Privatkonferenzen für sein Königthum zu gewinnen gesucht, übergaben dem Parlamente eine Petition, in welcher die dringende Bitte ausgesprochen war, die „gute alte Sache“, zu deren Vertheidigung sie ihr Leben hinzugeben bereit seien, aufrecht zu halten und zu schützen.

Dieser Schritt bewog endlich den Protektor, seinen lang genährten kühnen Hoffnungen zu entsagen. Um einer Debatte über die Petition der Offiziere vorzubeugen, ließ er am 8. Mai 1657 die Mitglieder des Parlaments nach Whitehall kommen und erklärte ihnen, daß er die ihm angebotene Krone nicht annehmen könne, „da die Sache nicht aus dem Glauben komme und daher eine Sünde sei.“ Das Parlament ertheilte ihm hierauf eine feierliche Bestätigung seines Protektorats und erkannte ihm das Recht zu, seinen Nachfolger selbst zu ernennen. Nachdem hierauf noch die Wiedereinführung einer ersten Kammer, für welche man jedoch statt des Namens Oberhaus die Bezeichnung „anderes Haus“ wählte, verfügt worden, mit der Bestimmung, daß dasselbe nicht unter vierzig und nicht über siebzig von dem Protektor zu wählenden und von dem Hause der Gemeinen zu bestätigende Mitglieder zählen solle, wurde das Parlament auf sechs Monate vertagt.

Seitdem Cromwells Hoffnung auf die Krone geschwunden war, verfolgte er eine andere Politik. Von der Volkspartei mit tiefem Grolle sich abwendend, suchte er den Adel für sich zu gewinnen. Er vermählte von seinen beiden noch unverheiratheten Töchtern die ältere mit Lord Falconberg und die jüngere mit dem Grafen Warwick, ernannte außer seinen beiden Schwiegersöhnen noch acht Peers vom alten Adel zu Mitgliedern des Oberhauses und ertheilte den zweiundfünfzig andern von ihm erwählten Mitgliedern desselben, die theils dem Heere, theils dem Beamtenstande angehörten, die Vorrechte der Peerschaft für sich und ihre Familien. Als er jedoch am 20. Januar 1658 die beiden Häuser zusammen berief, fand sich, außer Falconberg, von den alten Lords nur ein einziger ein, und das Unterhaus zeigte so große Widersetzlichkeit, daß er schon am 4. Februar das Parlament wieder auflöste.

Dieser neue Gewaltschritt erhöhte die allgemeine Erbitterung. Drohungen wurden laut und Schriften verbreitet, in denen die Ermordung des Protektors als eine gerechte und verdienstvolle Handlung dargestellt war. Auch die Armee murrte, weil die Auflösung des Parlaments vor der Bewilligung der Subsidien erfolgt war und ihr daher ihr rückständiger Sold nicht gezahlt werden konnte, und viele Offiziere sprachen offen von der Herstellung der Republik „ohne einen Mann an der Spitze." Zugleich hatten die Royalisten zahlreiche Presbyterianer für den in den Niederlanden weilenden Karl II. zu gewinnen gewußt, mit welchem eifrige Unterhandlungen gepflogen wurden.

Um seine Gegner zu schrecken und ihre Versuche zu seinem Sturze rascher und nachdrücklicher zu vereiteln, errichtete Cromwell einen neuen „hohen Gerichtshof," den er mit seinen ergebensten Anhängern besetzte. Die ersten Opfer dieses Tribunals waren zwei Royalisten, Sir Henry Slingsby, ein katholischer Edelmann, und Doctor Hewet, ein Geistlicher der Episkopalkirche. Beide wurden enthauptet, obgleich der Letztere in Cromwells Lieblingstochter Elisabeth Claypole eine warme Fürsprecherin gefunden. Der bald darauf erfolgte Tod Elisabeths, die auf ihrem Sterbebette gegen ihren Vater Zweifel an der Gerechtigkeit seiner Sache ausgedrückt und ihn ermahnt haben soll, die oberste Gewalt dem rechtmäßigen Eigenthümer zurückzustellen, trug nur dazu bei, die herbe und gereizte Stimmung des Protektors zu erhöhen.

Zu den Sorgen für die Behauptung seiner Stellung gesellte sich bei Cromwell eine immer größer werdende Furcht vor Mordanschlägen, gegen welche er sich durch alle nur erdenklichen Vorsichtsmaßregeln sicher zu stellen suchte. Er trug einen Panzer unter dem Kleide, hatte stets geladene Pistolen bei sich und beobachtete, wenn er Audienzen zu geben gezwungen war, mit der ängstlichsten Sorgfalt die Blicke und Bewegungen der Personen, die ihm näher kamen. Wollte er ausfahren, so war er darauf bedacht, daß Niemand vorher davon unterrichtet sei; überall hin mußten ihn starke Abtheilungen seiner Leibwache begleiten, und nie kehrte er auf demselben Wege zurück, den er zuerst eingeschlagen. In allen seinen Zimmern hatte er verborgene Ausgänge anbringen lassen, um bei einem etwaigen Ueberfall leichter entkommen zu können. Die Thüren seines Schlafzimmers, das er häufig wechselte, waren mit königlich bezahlten Wachen besetzt, und oft stand er in der Nacht, wenn die Furcht ihn nicht schlafen ließ, von seinem Lager auf, um sich zu versichern, ob sie auf ihrem Posten seien. Er, der so oft im Felde dem Tode festen Blickes ins Auge geschaut, zitterte jetzt beständig vor unbekannten, unsichtbaren Feinden, die sein Leben bedrohten.

Diese fortdauernde geistige Aufregung untergrub die sonst so starke Körperkraft Cromwells. Am 17. August 1658 befiel ihn ein Fieber, das die Aerzte als bedenklich erkannten, während er selbst sich überzeugt hielt, daß Gott, seine und Anderer Gebete erhörend, ihm ein längeres Leben beschieden habe, und bald ließen seine zunehmende Schwäche und seine häufige Bewußtlosigkeit keinen Zweifel mehr über seine nahe Auflösung. In der Nacht vom 2.—3. September fragte er seinen Kaplan Sterry, ob es möglich sei, aus der Gnade zu fallen, und als dieser seine Frage verneinte, rief er, wie von einer schweren Last befreit: „Nun, dann bin ich sicher! denn ich weiß gewiß, daß ich einmal in der Gnade war.“ Der folgende Tag, der Jahrestag seiner Siege bei Dunbar und Worcester, war sein Sterbetag. Als seine Diener unter Thränen und Klagen an das Lager des Dahingeschiedenen traten, rief der fanatische Sterry ihnen zu: „Hört auf zu weinen! Ihr habt mehr Ursache, euch zu freuen. Er war auf Erden euer Protektor, wird euch aber nun, wo er mit Christo zur rechten Hand des Vaters sitzet, mit weit größerer Macht beschützen.“

Die Leiche des Protektors wurde mit ungewöhnlichem Gepränge, bei welchem man das Ceremoniell zum Muster nahm, das bei der Beerdigung Philipps II. von Spanien beobachtet worden, in der Westminsterabtei neben den Gräbern der Könige Englands beigesetzt.

„Bis zum Anfang des neunzehnten Jahrhunderts,“ sagt Lingard, „wo der wundervolle Mann aufstand, der durch seiner Siege Glanz und seines Reiches Ausdehnung alle früheren Waglinge verdunkelte, war der Name Cromwell ohne Gleichen in der Geschichte des civilisirten Europas. Man sah mit einem Gefühle von Scheu auf den Glücklichen, der, ohne durch Geburt, Reichthum oder Verbindungen unterstützt zu sein, doch im Stande war, die Regierung dreier mächtiger Königreiche an sich zu reißen und das Joch der Knechtschaft auf die Nacken Derer zu legen, die zugleich mit ihm in den Kampf getreten waren, um die weniger willkürliche Herrschaft ihres erblichen Monarchen abzuschütteln. Daß, wer solches vollbracht, kein gewöhnlicher Mensch war, muß allgemein zugestanden werden, und doch finden wir, bei genauer Forschung, in seinem Charakter wenig Erhabenes oder auch nur Blendendes. Cromwell glich nicht dem Meteor, das durch Glanz und Schnelle seines Laufes überrascht und in Staunen setzt. In kalter Besonnenheit und berechneter Umsicht schlich er langsamen, wohl abgemessenen Schrittes voran, mitten im Genuß der heimlichen Freude über sein Aufsteigen zur Höhe stets bedacht, die Zuschauer zu überreden, eine äußere, unwiderstehliche Gewalt, der Gang der Ereignisse, die Rücksicht auf das gemeine Beste, der Wille des Heeres, ja die Beschlüsse des Allmächtigen drängten ihn fort. Ihm galt Verstellung als die Vollendung menschlicher Weisheit; sie mußte ihm zum Schlußstein des Gewölbes dienen, auf welchem er den Bau seines Glückes aufführte. Sein aufstrebender Ehrgeiz verbarg sich hinter dem Vorwande der Anhänglichkeit an die ‚gute alte Sache,‘ und sein geheimes Treiben zur Erlangung unbeschränkter Gewalt für sich und seine Nachkommen wußte er auszulegen, als wünsche er nur, seinen vormaligen Waffenbrüdern die Segnungen bürgerlicher und religiöser Freiheit, als der beiden großen Güter, für welche sie zuerst in den Streit gegangen, unverlierbar zu sichern. So ging sein ganzes Thun und Wesen auf List und Betrug hinaus.“

Günstiger als über Cromwells politischen Charakter urtheilt Lingard über seinen religiösen Standpunkt. Er hält ihn nicht, wie verschiedene andere Historiker, für einen religiösen Heuchler, der nur aus Eigennutz den Heiligen gespielt, sondern für einen religiösen Schwärmer, der jedoch seine Religion mit seinem Ehrgeiz in Einklang zu bringen gewußt. „Er glaubte,“ sagt dieser treffliche Geschichtschreiber Englands, „die Sache, für welche er sich erklärt hatte, sei die Sache Gottes; aber er glaubte ebenso fest, Gott habe ihn zum glücklichen Verfechter dieser Sache erkoren. So war in seiner Idee Gottes Ehre von seinem eigenen Wachsthum nicht zu unterscheiden, und die Schleichwege seiner Politik wurden in seinen Augen geadelt durch den letzten Zweck, zu welchem sie führen sollten.“

Die Wiederherstellung des Königthums.

(1660.)

Da Cromwell keine Bestimmung über seinen Nachfolger getroffen, ernannten die Mitglieder des Staatsrathes seinen ältesten Sohn Richard zum Protektor, obgleich derselbe weder das religiöse noch das militärische Ansehen seines Vaters besaß und wenig Neigung und Geschick zu den Staatsgeschäften zeigte, während sein jüngerer Bruder Heinrich, der bei des Vaters Tod Statthalter von Irland war, sich im Felde wie in der Verwaltung vielfache Erfahrungen erworben und in seinem ganzen Auftreten stets einen entschlossenen Sinn und einen gewandten Geist bekundet hatte.

Richards Erhebung stieß auf keinerlei Widerstand; ja es liefen von allen Seiten so zahlreiche Beileid- und Glückwunschadressen und so überschwengliche Huldigungen ein, daß es, wie Lingard sagt, schien, als hätten sich die freigeborenen Britten in ein Volk von Sklaven verwandelt. „Die Sonne sei untergegangen", so hieß es, „aber ohne daß eine Nacht gefolgt. Den Nährvater hätten sie verloren, der das Joch der Knechtschaft von dem Nacken und Gewissen der Gottesfürchtigen genommen und es zerbrochen habe; aber dagegen sei ihnen der edelste Zweig des glorreichen Stammes zu Theil geworden, ein Fürst, ausgezeichnet durch seine liebliche Gestalt, aber noch weit mehr durch des Gemüths vortreffliche Eigenschaften. Der verstorbene Protektor sei ein Moses gewesen, der Gottes Volk aus Aegypten geführt; in seinem Sohne aber erblühe ein Josue, der es zum vollen Besitz des gelobten Landes, der Wahrheit und des frommen Wandels leite. Elias sei gen Himmel aufgehoben worden; Elisäus aber verweile auf Erden, der Erbe seines Mantels und seines Geistes." Auch die fremden Mächte, die es für staatsklug erachtet hatten, des Vaters Freundschaft zu suchen, beeilten sich, dem Sohne ihre Glückwünsche darzubringen.

Aber nicht lange sollte sich der neue Protektor des ungestörten Besitzes der ihm übertragenen Macht erfreuen. Das Heer wollte Nichts von einem Herrscher wissen, der nie das Schwert für die „gute Sache" gezogen, und die Offiziere berathschlagten in geheimen Zusammenkünften über die Wiederherstellung der Militärherrschaft, der durch die „Usurpation Cromwells" ein Ende gemacht worden. Dagegen zeigte das Parlament, das der neue Protektor wegen gänzlicher Erschöpfung aller Geldmittel schon im Januar 1659 zusammenberufen mußte, auch seinerseits das unverkennbare Streben, sich selbst wieder die höchste Gewalt im Staate anzueignen. Die Gemeinen erkannten zwar die Nachfolge Richards an, aber nur unter dem Vorbehalt einer die Freiheit des Volkes sichernden Beschränkung seiner Rechte und Privilegien durch eine später zu erlassende Bill. Auch das neue Oberhaus, das im Gefühle seiner unsicheren Stellung sorgfältig bemüht war, jeden Conflikt mit den Gemeinen zu verhüten, wurde als parlamentarische Versammlung nur für die Dauer der gegenwärtigen Sitzungen anerkannt, da das dem verstorbenen Protektor persönlich zugestandene Recht, ein solches zu berufen, nicht auf dessen Nachfolger übergehe. Da das Parlament nicht nur eine von sechshundert Offizieren unterzeichnete „demüthige Vorstellung und Bitte“, ihre Soldforderungen zu befriedigen, neben dem Protektor, der kein Kriegsmann sei, einen Oberbefehlshaber zu ernennen und an der „guten alten Sache“ festzuhalten, zurückwies, sondern auch jede Zusammenkunft, Berathschlagung oder Beschlußfassung der Offiziere ohne Zustimmung des Protektors und des Parlaments als gesetzwidrig untersagte, bewogen die hitzigsten Hauptleute den jungen Protektor durch Drohungen, das Parlament aufzulösen. Als die Mitglieder desselben am 22. April 1659 nach kurzer Vertagung ihre Sitzungen wiedereröffnen wollten, fanden sie die Thüren verschlossen.

Da sich die zur Herrschaft gelangten Offiziere, die sich nach errungenem Siege um den Protektor nicht weiter kümmerten, über die Anordnung des zukünftigen Regiments nicht einigen konnten, geriethen sie auf den Gedanken, das „lange Parlament“ in der Gestalt, die es nach der Ausschließung der Puritaner gehabt, wieder herzustellen. Nachdem von den zerstreuten Gliedern desselben siebzig in London zusammengekommen, constituirten sich dieselben als die höchste Staatsgewalt in den drei Reichen und eröffneten am 7. Mai ihre Sitzungen mit einem Programm, das die Wiederherstellung der religiösen und politischen Freiheit und die Abschaffung des Protektorats zusagte. Für die Ausführung dieses Programms wurden dem Parlamente von den Offizieren in gebieterischem Tone die leitenden Gesichtspunkte vorgezeichnet, denen gemäß das Haus einen „Sicherheitsausschuß“ und einen Staatsrath einsetzte. Diese Vorgänge bewogen Richard Cromwell, der die Kraft nicht in sich fühlte, den drohenden Sturm zu beschwören, und der ohnehin durch die Beschlüsse des Parlaments thatsächlich abgesetzt war, am 25. Mai seine Würde nieder zu legen. Bald darauf wurde auch sein Bruder Heinrich von dem Heere zur Abdankung gezwungen. Das Parlament sagte Beiden einen Jahrgehalt zu, der ihnen jedoch nicht ausgezahlt wurde. Sie kehrten in das Privatleben zurück, in welchem sie ihre Tage ruhig und ungekränkt verlebten.

Obgleich das Parlament sich Anfangs den Forderungen der Offiziere willfährig gezeigt, nahm es bald eine andere Haltung an und berathschlagte über Maßregeln, durch welche den Anmaßungen des Heeres eine Grenze gezogen werden sollte. So entbrannte zwischen beiden Parteien ein Kampf, der mit dem Siege des Heeres endete. Das Parlament mußte sich am 13. Oktober 1659 zur Einstellung seiner Sitzungen bequemen und dem Heere das Recht zuerkennen, eine neue Verfassung zu entwerfen, die der Bestätigung eines neuen Parlaments unterbreitet werden sollte. Die Befehlshaber legten hierauf, „kraft der der Armee innewohnenden höchsten Gewalt", die Staatsverwaltung vorläufig in die Hände eines Sicherheitsausschusses von dreiundzwanzig Personen nieder.

Alle diese rasch aufeinander folgenden Veränderungen hatten in England eine Verwirrung hervorgerufen, die an vollständige Anarchie grenzte. Während die verschiedenen Parteihäupter diesen trostlosen Zustand im eigenen Interesse auszubeuten suchten, entwarf der Statthalter von Schottland, der General Monk, den Plan, durch die Herstellung des Parlaments dem Militärdespotismus ein Ende zu machen und die Rückkehr geordneter Zustände anzubahnen.

Im Jahre 1608 in Devonshire als der Sohn einer angesehenen Familie geboren, war Georg Monk, nachdem er an den Expeditionen gegen Kadix und La Rochelle theilgenommen hatte, in niederländische Dienste getreten und erst bei dem Beginne des schottischen Krieges nach England zurückgekehrt, wo er anfangs für den König gekämpft hatte, nach längerer Gefangenschaft aber in das Parlamentsheer eingetreten war. Seitdem Cromwell durch den Einfall Karls II. in England zur Rückkehr dorthin bewogen worden war, führte Monk den Oberbefehl über alle in Schottland stehenden Truppen. Gestützt auf die Anhänglichkeit seiner Soldaten und auf die allgemeine Sehnsucht des englischen Volkes nach der Beendigung der inneren Wirren, brach er am 1. Januar 1660 mit sechstausend Mann gegen London auf. In der Nähe von York stieß Fairfax, der sich seit Cromwells Erhebung in das Privatleben zurückgezogen, mit einem zahlreichen, meist aus Royalisten der umliegenden Grafschaften bestehenden Heereshaufen zu ihm, und am 2. Februar standen Beide vor den Thoren der Hauptstadt.

Hier hatten unterdessen die Bürger durch Waffengewalt die Zurückberufung des Rumpfparlaments erzwungen, das sogleich alle seine Gegner aus den Befehlshaberstellen des Heeres entfernt hatte. Ohne Schwierigkeiten gestattete dasselbe den Einzug Monks in die Hauptstadt und dankte dem General, als er in der Versammlung erschien, durch den Mund seines Sprechers für seine dem Vaterland erwiesenen Dienste. Monks Weigerung, den Abschwörungseid gegen die Stuarts zu leisten, erweckte jedoch das Mißtrauen des Hauses, und um seine Treue zu prüfen, ertheilte man ihm Befehl, die Bürger der City von London, die sich weigerten, irgend welche Steuern zu zahlen, bevor ein vollständiges und freies Parlament nach den alten Grundgesetzen des Landes an die Stelle des Rumpfparlaments getreten, durch Waffengewalt zum Gehorsam zu bringen. Monk vollzog diesen ihm unangenehmen Auftrag, ohne großen Widerstand zu finden; als jedoch hierauf das Parlament von ihm auch die Auflösung des Stadtraths der City verlangte, entwarf er, im Einvernehmen mit seinen Offizieren, ein an den Sprecher des Hauses gerichtetes Schreiben, worin das Militär sich darüber beklagte, daß es zum Werkzeug persönlicher Rache gegen die Bürger gebraucht worden sei, und die unverzügliche Vervollständigung des Hauses durch die Einberufung der ausgeschlossenen presbyterianischen Mitglieder verlangte, damit die nöthigen Vorbereitungen zur Einberufung eines neuen Parlaments getroffen werden könnten.

Dieser Schritt rief in der Hauptstadt einen ungeheuren Jubel hervor und verwandelte die Unzufriedenheit über Monks Vorgehen gegen die City in eine allgemeine Begeisterung für den entschlossenen General. Auf seine Einladung erschienen am 21. Februar die von Cromwell aus dem langen Parlament ausgeschlossenen Mitglieder der presbyterianischen Partei in dem Rumpfparlament. Da sie in demselben die Mehrzahl bildeten, verließen die meisten Republikaner das Haus. Dieses ernannte sofort Monk zum Oberbefehlshaber in allen drei Reichen und löste sich, nachdem es die Berufung eines neuen Parlamentes angeordnet, am 16. März auf. Bis zur Eröffnung der neuen Versammlung sollte ein von Monk errichteter Staatsrath die Regierungsgeschäfte leiten.

Unterdessen war in Monk der Entschluß zur Herstellung des Königthums zur vollständigen Reife gelangt, und er zögerte nicht, sich dieserhab mit Karl II., der eben in Brüssel weilte, in einen brieflichen Verkehr zu setzen, durch welchen die Restauration der Stuarts eingeleitet wurde. Inzwischen hatte der Ausfall der Wahlen zu dem neuen Parlament ihm auch die Gewißheit gegeben, daß sein Plan die Sympathien des Volkes für sich habe, und da in dem am 25. April eröffneten neuen Parlamente gleich von vornherein die Nothwendigkeit einer neuen Verfassung betont, Cromwells willkürliche Regierung verdammt und die Hinrichtung des Königs als ein die britische Nation schändender Flecken bezeichnet wurde, erkannte Monk, daß das Eis gebrochen und die Stunde gekommen sei, mit seinen wahren Absichten ans Licht zu treten.

In der Sitzung vom 1. Mai theilte er der Versammlung mit, daß Lord Greenville ihr Briefe Seiner Majestät des Königs Karl II. zu überreichen wünsche. Das Haus bewilligte demselben sofort Einlaß und nahm die königlichen Schreiben entgegen. Diesen war eine Urkunde, die sogenannte Deklaration von Breda, beigefügt, in welcher Karl Allen, die binnen vierzig Tagen zu Treue und Gehorsam zurückkehren würden, mit Ausnahme Derjenigen, die das Haus selbst bezeichnen werde, volle Amnestie bewilligte, allgemeine Gewissensfreiheit verhieß und dem Heere die Bezahlung aller Soldrückstände, sowie jedem Einzelnen das Verbleiben im Dienste des Königs mit Beibehaltung des bisherigen Grades zusagte. Beide Häuser — auch die presbyterianischen Peers waren im Oberhause zusammen getreten — faßten den Beschluß, daß, da nach den alten Grundgesetzen des Landes alle Regierungsgewalt bei dem König und den beiden Häusern des Parlamentes sei, es auch in Zukunft so gehalten werden solle, und luden Karl ein, nach England zu kommen und die Krone in Empfang zu nehmen, die ihm nach seiner Geburt zustehe. Um seinen dringendsten Bedürfnissen zu begegnen, übersandten sie ihm ein Geschenk von fünfzigtausend Pfund, denen zehntausend für Karls älteren Bruder, den Herzog von York, und fünftausend für den jüngeren, den Herzog von Glocester, beigefügt waren. Ein weiterer Beschluß verfügte die Vernichtung aller Wappen und Symbole der Republik und die Aufnahme des Namens des Königs in das Kirchengebet und bestimmte, daß die Zeit der Nachfolge Karls II. in der Regierung von dem Todestage seines Vaters an gerechnet werden solle.

Vergebens stellten mehrere Mitglieder des Parlaments den Antrag, einen Ausschuß zur Abfassung eines Vertrages niederzusetzen, durch welchen die Rechte und die Freiheit des Volkes gewahrt und alle zwischen dem Parlament und der Krone streitig gewesenen Punkte auf Grund einer gegenseitigen und dauerhaften Verständigung geordnet würden. Monk widersetzte sich diesem Antrag mit so großer Entschiedenheit und wurde dabei durch die im Parlamente sitzenden Kavaliere so nachdrücklich unterstützt, daß derselbe fallen gelassen wurde. Ob den General dabei der Wunsch, seinen Diensten in den Augen Karls II. einen höheren Werth zu verleihen, oder die Besorgniß geleitet, daß neue Verhandlungen den kaum unterdrückten Haß und die alte Eifersucht der Parteien wieder erwecken und sein ganzes Werk zum Scheitern bringen könnten, muß dahin gestellt bleiben; jedenfalls war es seine Schuld, daß Karl II. den Thron bestieg, ohne durch irgend eine Zusage gebunden zu sein, und daraus den Schluß zog, er sei zu der ganzen Machtfülle berechtigt, die sein Vater beim Beginne seines Kampfes mit dem Parlamente beansprucht hatte — ein Schluß, der die Wiederkehr des Zwiespaltes zwischen dem Herrscher und dem Volke und für das Haus Stuart den dauernden Verlust der englischen Krone zur Folge haben sollte.

Karl leistete der sehnsüchtig erwarteten Einladung zur Rückkehr nach England, wo er bereits am 8. Mai feierlich zum König ausgerufen worden, sofort Folge und landete, nachdem er sich zu Scheveningen auf der dorthin gekommenen englischen Flotte eingeschifft, am 23. Mai 1660 zu Dover. Hier empfing ihn Monk an der Spitze des Adels der benachbarten Grafschaften im Beisein einer zahllos herbeigeströmten Volksmenge. Karl umarmte ihn unter Thränen, nannte ihn seinen Vater und Wohlthäter und ließ ihn neben sich in dem königlichen Wagen Platz nehmen. Der Zug von Dover nach London war ein unausgesetzter Triumph; überall drängte sich das Volk in großen Schaaren herbei, um den König mit Jubelrufen zu begrüßen. Auch von der Armee, die zu Blackheath in Schlachtordnung aufgestellt war, wurde Karl mit freudigen Zurufen empfangen. Seinen Einzug in die Hauptstadt, an deren Thoren ihn der Lord-Mayor mit den Aldermännern erwartete, hielt Karl am 29. Mai, seinem dreißigsten Geburtstag. Alle Straßen, durch welche der Zug bis Whitehall führte, waren mit Blumen bestreut, die Häuser mit Teppichen behängt, und endloses Jubelgeschrei erfüllte die Luft. Zu Whitehall empfing Karl die Mitglieder der beiden Häuser, deren Sprecher ihn mit Reden voll der feurigsten Versicherungen treuer Gesinnungen begrüßten. „Gewiß“, äußerte Karl gegen einen seiner Vertrauten, „es muß meine Schuld gewesen sein, daß ich nicht früher gekommen bin; denn heute wenigstens habe ich Keinen getroffen, der nicht betheuert hätte, daß meine Wiedereinsetzung stets sein Wunsch gewesen.“

Karl II.

(1660—1685.)

Die frohen Hoffnungen, mit welchen man in England die Wiederherstellung der Monarchie begrüßt hatte, in deren Abschaffung man die Quelle alles erlittenen Unglücks erblickte, wurden erhöht durch Karls II. gewinnende Persönlichkeit. Mit einem schönen, männlichen Aeußeren verband er ein ansprechendes, leutseliges Benehmen, einen heiteren Sinn und eine gesunde Urtheilskraft. Diese Vorzüge wurden jedoch verdunkelt durch Eigenschaften, die ihm selbst und seinem Lande zum schweren Verhängniß werden sollten. Er war indolent bis zur Schwäche, liebte die Bequemlichkeit mehr, als es sich mit seinen Regentenpflichten vereinigen ließ, und war in seiner schrankenlosen Genußsucht stets bereit, die Staatsgeschäfte hintan zu setzen, wenn es sich um Zerstreuungen und Vergnügungen handelte. Beim Beginne seiner Regierung faßte er zwar, in der richtigen Erkenntniß, daß trotz des allgemeinen Freudentaumels und des ihm gewordenen glänzenden Empfangs sein Thron noch auf sehr unsicherem Boden stehe, den festen Entschluß, sich ganz den Regierungsgeschäften zu widmen, um die Schwierigkeiten seiner

Lage zu bewältigen, und seine Minister — meist Männer, die während seiner Verbannung sein Vertrauen gewonnen — wünschten sich Glück zu seiner veränderten Lebensweise. Aber seine guten Vorsätze hielten nicht lange Stand. Bald warf er den beengenden Zwang, den er sich selbst auferlegt, wieder ab und machte sich von der Last der Geschäfte los, um in Liebschaften oder im Kreise fröhlicher Weltleute, witziger Köpfe und wüster Schwelger Zerstreuung zu suchen.

Das Parlament zeigte gegen den König die äußerste Willfährigkeit und schien bereit, ihm die Freiheiten der Nation zu Füßen zu legen. Die Kavaliere sahen in der Erhöhung des Thrones nur ihren eigenen Triumph, und die Presbyterianer legten, reuigen Sündern gleich, das ängstlichste Bemühen an den Tag, die Erinnerung an ihre früheren Vergehungen zu tilgen; die Wenigen aber, in denen noch die Grundsätze der Republik fortlebten, wagten nicht, mit ihren Wünschen und Ansichten ans Licht zu treten.

Indessen konnte das Parlament nicht als eine vollkommen gesetzliche Versammlung gelten, weil seine Mitglieder nicht in Folge königlicher Ausschreiben erschienen waren; die Zusammenberufung eines neuen Parlaments schien daher geboten. Da es jedoch die Räthe des Königs für bedenklich erachteten, ein ihren Wünschen so bereitwillig entgegenkommendes Unterhaus zu entlassen, zogen sie vor, eine Akte in Vorschlag zu bringen, durch welche das Parlament sich selbst legalisire. Diese von dem Parlamente angenommene Akte enthielt die Erklärung, daß das im sechzehnten Regierungsjahre Karls I. (1640) einberufene Parlament seine Endschaft erreicht habe und die in Westminster gegenwärtig versammelten Repräsentanten der Nation die beiden Parlamentshäuser constituirten. Obgleich die Frage nahe lag, woher eine in ihrem Ursprung ungesetzliche Versammlung die Befugniß ableiten könne, sich selbst ein legales Dasein zu geben, wurde das sogenannte „Conventions-Parlament" von keiner Seite ernstlich angefochten.

Da eine angestellte Untersuchung zu dem Ergebniß geführt, daß die Ausgaben Karls I. weit bedeutender gewesen, als seine Einkünfte, und man in diesem Mißverhältniß die Ursache aller über die Nation hereingebrochenen Unglücksfälle erkannt zu haben glaubte, beschloß das Parlament, der Wiederkehr eines ähnlichen Mißverhältnisses durch die Erhöhung der jährlichen Einkünfte der Krone auf die bis dahin unerhörte Summe von ein Million zweimalhunderttausend Pfund vorzubeugen. Einen weiteren Beweis seiner Ergebenheit gab das Parlament dem König dadurch, daß es ihm durch die Bewilligung der zur Abzahlung aller Soldrückstände der Truppen nöthigen Geldmittel die Auflösung des Heeres ermöglichte, dessen rasch veränderte Stimmung die Minister mit Besorgnissen erfüllt hatte. Nur fünftausend Mann, die in den verschiedenen Städten des Reiches als Garnisonen vertheilt werden sollten, blieben unter den Waffen.

Minder einig, als in diesen finanziellen Fragen, zeigten sich die beiden Häuser in Bezug auf die von Karl in der Deklaration von Breda zugesagte Amnestie, indem die Lords von derselben nicht nur sämmtliche Richter Karls I., sondern auch alle Diejenigen ausgeschlossen wissen wollten, die jemals in einem hohen Justiztribunal über irgend einen gefangenen Royalisten zu Gericht gesessen, die Gemeinen dagegen eine viel weiter gehende Begnadigung verlangten. Endlich einigte man sich, nachdem Karl selbst den Lords Mäßigung empfohlen, in einer von dem König genehmigten Amnestieakte dahin, daß zwar eine große Anzahl von Personen von der Straflosigkeit ausgeschlossen bleiben, aber nur die in Haft befindlichen Richter Karls I. — die meisten derselben waren theils gestorben, theils entflohen — sowie Diejenigen, die in anderer Weise bei seinem Tode eine hervorragende Rolle gespielt, als Königsmörder vor Gericht gezogen werden sollten. Karl, dem man die strenge Bestrafung derselben als eine heilige Pflicht hingestellt, ließ dem gegen sie eingeleiteten Verfahren freien Lauf, und so starben zehn der Gefangenen, unter ihnen der Generaladvokat Coke, sowie die Obersten Harrison und Hacker, welcher Letztere den königlichen Gefangenen bewacht hatte, auf dem Blutgerüste. Auch wurden in Gemäßheit eines von beiden Parlamentshäusern erlassenen und von dem König genehmigten Befehls die Leichname Cromwells, Bradshaws und Iretons aus ihren Gräbern gerissen, nach Tyburn geschleift, am Todestage Karls I. an den drei Ecken des Galgens aufgehängt und am Abend unter demselben eingescharrt.

Gleich seinem Vater und seinem Großvater von der Ueberzeugung durchdrungen, daß der Episcopat die sicherste Stütze des Königthums sei, setzte Karl nicht nur in England die Episkopalkirche in alle ihre Rechte wieder ein, sondern stellte auch in Schottland, dessen Union mit England aufgegeben wurde, nach Beseitigung des Covenants die bischöfliche Verfassung wieder her. So schmerzlich auch die Schotten hierdurch getroffen wurden, war doch ihre Erschöpfung zu groß, als daß für den Augenblick irgend welcher Gedanke an Widerstand hätte aufkommen können; erst später lebte in diesem Lande der alte puritanische Eifer in seiner ganzen Stärke wieder auf und trat in ernsten Ruhestörungen zu Tage. Gegen die Presbyterianer, die Anfangs einige Zugeständnisse erlangt hatten, wurden, nachdem Karl das Conventions-Parlament aufgelöst hatte und am 8. Mai 1661 ein neues, meist aus Royalisten bestehendes Parlament zusammengetreten war, eine Reihe von Maßregeln erlassen, in Folge deren über zweitausend presbyterianische Geistliche, die sich den neuen

Verordnungen nicht fügen wollten, ihre Stellen verloren. Obgleich in diesen Maßregeln eine offene Verletzung der von Karl bestimmt zugesagten Gewissensfreiheit lag, wurde durch dieselben die Ruhe nicht gestört.

Ebensowenig als den Presbyterianern gelang es den Katholiken, die Duldung zu erlangen, welche die Deklaration von Breda auch ihnen in Aussicht gestellt. Der König hielt sich zwar im Hinblick auf die vielen Beweise von Treue und Ergebenheit, die sie ihm während seiner Verbannung gegeben, sowie durch frühere Zusagen verpflichtet, ihnen Erleichterung zu verschaffen; er konnte jedoch die Aufhebung des Treueides nicht durchsetzen, obgleich die Katholiken sich in einer an das Parlament gerichteten Petition bereit erklärt hatten, zu beschwören, daß sie dem Papste keinerlei weltliche Oberhoheit zugestanden, und sich eidlich zu verpflichten, selbst dem Papste mit Leben und Vermögen entgegen zu treten, wenn er jemals eine solche in England auszuüben versuchen sollte, dem Könige aber gegen jede fremde und einheimische Macht ohne irgend welche Beschränkung Gehorsam zu leisten. Auch Karls Absicht, die früher gegen sie erlassenen harten Strafgesetze zu mildern, scheiterten an dem Widerstand der anglikanischen Bischöfe, die ihren Sitz im Parlamente wieder eingenommen hatten.

Im Jahre 1662 vermählte sich Karl II. mit der portugiesischen Prinzessin Katharina, einer Schwester des Königs Alfons VI., die ihm außer den Festungen Tanger in Afrika und Bombay in Ostindien, eine baare Mitgift von dreihunderttausend Pfund Sterling zubrachte. Diese Vermählung war hauptsächlich das Werk Ludwigs XIV., der durch dieselbe England mit Spanien verfeinden und der letzteren Macht Verlegenheiten bereiten wollte. Zur Begründung einer dauernden Verbindung zwischen England und Frankreich hatte er bereits im vorhergehenden Jahre eine Vermählung seines Bruders, des Herzogs von Orleans, mit Karls II. Schwester Henriette zu Stande zu bringen gewußt.

Im Jahre 1662 ließ sich Karl, der durch seine verschwenderische Lebensweise die reiche Aussteuer seiner Gemahlin rasch vergeudet hatte, durch seine Geldverlegenheit zu dem Verkaufe von Dünkirchen an Frankreich hinreißen und verletzte dadurch aufs Tiefste den Nationalstolz der Engländer, die den Erwerb dieser wichtigen Stadt als einen vollständigen Ersatz für den Verlust von Calais mit der lebhaftesten Freude begrüßt hatten. Des Königs Lage wurde erschwert durch den ungünstigen Verlauf des Krieges gegen Holland (s. S. 66), sowie durch eine furchtbare Pest, die im Jahre 1665 zuerst London, dann von dort aus das ganze Königreich heimsuchte und in der Hauptstadt allein über hunderttausend Opfer hinwegraffte.

Auf diese schwere Heimsuchung, durch welche alle Bande der Ordnung gelöst wurden, folgte im Jahre 1666 eine neue in einem schreckenerregenden Brande, der vier Tage lang, vom 2.—4. September, in London wüthete und, aller zum Theil von dem König und seinem Bruder, dem Herzog von York, mit der bewunderungswürdigsten Selbstverläugnung persönlich geleiteten Löschversuche spottend, zwei Drittheile der Stadt in einen Aschenhaufen verwandelte. Der religiöse Fanatismus schrieb denselben, trotz der vollgiltigsten Gegenbeweise, den „Papisten" zu und verewigte nicht nur diese frevelhafte Verläumdung durch ein Monument, dessen von dem nachmaligen Dechanten von York verfaßte Inschrift die „papistische Faktion" als die Urheberin des Brandes bezeichnete, sondern beutete dieselbe auch zu einer neuen Katholikenverfolgung aus, die der König, der Forderung des Parlaments entsprechend, durch eine Proklamation anordnete.

Die mißmuthige, gereizte Stimmung, die sich in Folge aller dieser Unglücksfälle der Nation bemächtigt hatte, wandte sich weniger gegen den König selbst, als gegen dessen obersten Rathgeber, den zum Herzog von Clarendon ernannten Lord Hyde, der sich bei allen Parteien mißliebig gemacht hatte: bei den Freunden der Freiheit durch sein beharrliches Verfechten aller Ansprüche, die mit den Vorrechten der Krone in Verbindung zu stehen schienen, bei den Katholiken, Presbyterianern und andern Dissenters durch hartnäckigen und erfolgreichen Widerstand gegen die Aufrechthaltung der in der Deklaration von Breda zugestandenen Duldung und bei den Höflingen durch seine Bemühungen, ihren Einfluß auf den König zu beschränken. Von allen Seiten wurde an seinem Sturze gearbeitet, und der König, der den Spötteleien seiner Höflinge über den einflußreichen Minister und deren Klagen über Clarendons Anmaßung, ihn gänzlich beherrschen zu wollen, ein williges Ohr lieh, wandte sich endlich mit Widerwillen von ihm ab und entließ im Jahre 1667 den Mann, der ihm seit seiner frühsten Jugend nahe gestanden und bisher alle seine Schritte geleitet. Der Beschluß des Parlaments, den Minister in Anklagestand zu versetzen, um seine Rückkehr an das Staatsruder zu verhindern, bewog den König, ihn auf den Continent zu verbannen. Clarendon begab sich nach Rouen, wo er im Jahre 1674 starb.

Nach der Verbannung Clarendons löste sich das bei der Restauration gebildete Ministerium auf, und an seine Stelle trat das „Cabal-Ministerium", sogenannt nach den Anfangsbuchstaben der fünf Mitglieder desselben: Clifford, Ashley, Buckingham, Arlington und Lauderdale. Der erste Akt des neuen Ministeriums war der Abschluß der Triple-Allianz, durch welche dem Siegeslauf Ludwigs XIV. in seinem ersten Eroberungskriege eine Grenze gezogen wurde (s. S. 64).

Von den Mitgliedern des Cabalministeriums, an dessen Spitze der ebenso leichtsinnige und sittenlose als ehrgeizige Buckingham, der Sohn des Günstlings Jakobs I. und Karls I., stand, war nur der heimlich zur katholischen Kirche übergetretene Lord Clifford ein rechtschaffener und edeldenkender Mann, nach Lingard „ein Minister mit reinen Händen an einem bestechlichen und bestochenen Hofe"; alle übrigen waren Männer von höchst zweifelhaftem Charakter, welche, die eigenen Ueberzeugungen in politischen wie in religiösen Dingen hintansetzend, mehr oder weniger nur den persönlichen Vortheil im Auge hatten und vor Allem bemüht waren, sich dauernd in der Gunst des Königs festzusetzen.

Die größte Schwierigkeit bereitete dem neuen Ministerium Karls beständige Geldverlegenheit, für welche von dem Parlamente keine Abhilfe mehr zu erwarten stand. Diese Geldverlegenheit bewog den König, sich von Neuem Ludwig XIV. zu nähern, der ihm nach seiner Restauration Geldunterstützung zugesagt. Die zwischen beiden Monarchen angeknüpften Unterhandlungen wurden beschleunigt durch den zu jener Zeit erfolgten Uebertritt des Herzogs Jakob von York zur katholischen Kirche, indem dadurch in dem König der Gedanke geweckt wurde, den gleichen Schritt zu thun. Schon früher hatte Karl Hinneigung zum Katholicismus gezeigt; aber in dem Strudel seines leichtfertigen Lebens war er zu keiner ernsten Prüfung der Glaubenswahrheiten und noch weniger zu einem Entschluß gekommen, der seine Krone hätte gefährden und ihn nöthigen können, sein bequemes Leben aufzuopfern. Auf den Rath seiner Minister ließ er dem König von Frankreich seine Absicht eröffnen und erbot sich, ihn bei dem projektirten Einfall in Holland zu unterstützen, wenn ihn Ludwig durch eine jährliche Subsidie in den Stand setze, jede aufrührerische Bewegung in seinem Reiche zu unterdrücken, die in Folge seines Uebertritts entstehen könne. Ludwig rieth zwar, die Sache vorher reiflich zu überlegen, da eine übereilte Erklärung nicht nur seine Krone, sondern sogar sein Leben in Gefahr bringen könne, indem bei der ausgesprochenen Feindschaft von neun Zehntheilen seiner Unterthanen gegen den katholischen Glauben ein allgemeiner Aufstand zu befürchten stehe; er ging jedoch im Uebrigen bereitwillig auf Karls ihm höchst willkommene Vorschläge ein, und so kam im Jahre 1670 bei einem Besuche der Herzogin von Orleans in England durch ihre Vermittlung zu Dover der geheime Vertrag zu Stande, dessen wir oben (S. 67) gedacht haben. Aus der in demselben enthaltenen Zusage Karls: „zu einer Zeit, die ihm als die angemessenste scheinen werde, öffentlich zu erklären, daß er katholisch geworden," scheint hervorzugehen, daß Karl entweder bereits zur katholischen Kirche übergetreten oder zu diesem Schritt fest entschlossen war.

In der Hoffnung auf eine neue Geldbewilligung berief Karl das Parlament für den Herbst 1670 wieder ein und ließ demselben durch den Lord-Siegelbewahrer eröffnen, daß er Angesichts der umfassenden Kriegsrüstungen Frankreichs entschlossen sei, eine Flotte von fünfzig Segeln zum Auslaufen in Bereitschaft setzen zu lassen, um die britischen Küsten vor feindlichen Anfällen zu schützen. Da die Minister sich eine Majorität im Unterhause zu sichern gewußt, wurden, trotz der von verschiedenen Seiten über die Verschwendungen im Staatshaushalte erhobenen Klagen, die geforderten Geldmittel bewilligt. Dagegen wurden in beiden Häusern Beschwerden „über das Umsichgreifen des Papismus“ an den König gerichtet und neue Maßregeln zu dessen Unterdrückung gefordert, und Karl war schwach genug, trotz seines aller Wahrscheinlichkeit nach bereits erfolgten Uebertritts, in einer Proklamation zu erklären: „so wie er stets, allen Versuchungen zum Trotz, der wahren Religion, wie sie in der englischen Kirche gepredigt werde, angehangen habe, so wolle er auch fernerhin die äußerste Sorge und den größten Eifer anwenden, um sie aufrecht zu halten und zu vertheidigen.“ Er erließ zwar bald darauf, zur Beschwichtigung seines Gewissens bezüglich der in der Deklaration von Breda gegebenen Zusage, eine „Indulgenz-Akte“, welche den Dissenters einige Erleichterung gewährte; die Katholiken zogen jedoch aus derselben kaum irgend welchen Vortheil, da ihnen jeder öffentliche Gottesdienst untersagt blieb.

Obgleich die Betheiligung Englands an dem Kriege Frankreichs gegen Holland nicht in den Wünschen der Nation lag, weil die wachsende Macht Ludwigs XIV. in England große Besorgnisse erweckt hatte, bewilligte das am 5. Februar 1673 eröffnete Parlament abermals die dazu geforderten Geldmittel; der König mußte dieselben jedoch durch die Aufhebung der Indulgenz-Akte erkaufen, nachdem in dem Unterhause der Beschluß gefaßt worden, daß Strafverfügungen in kirchlichen Dingen nur durch Parlamentsakten suspendirt werden könnten. Bald darauf, am 28. Februar 1673, ging im Unterhause ein Antrag durch, kraft dessen Jeder, der sich weigern werde, den Treu- und Suprematseid zu leisten, die Transsubstantiation abzuschwören und das Abendmahl nach dem Ritus der anglikanischen Kirche zu nehmen, unfähig sein solle, irgend ein öffentliches Amt zu bekleiden. Dieser auch von dem Oberhaus angenommene, unter dem Namen Testakte bekannte Beschluß wurde von dem König bestätigt, nachdem man ihm vorgestellt, daß von der Genehmigung desselben die ferneren Geldbewilligungen des Unterhauses abhängen würden.

Der Erlaß der Testakte bewog den Herzog von York, sein Amt als Großadmiral der Flotten, das er mit Ruhm und Auszeichnung bekleidet hatte, nebst allen andern ihm vom König übertragenen Stellen nieder zu legen und sich offen als Katholik zu bekennen. Zu der gleichen Zeit und aus dem gleichen Grunde trat auch Clifford aus seinem Amte aus, obgleich der König Alles aufgeboten, ihn zum Bleiben in demselben zu bewegen.

Hatte schon der Uebertritt des Herzogs von York, der bei des Königs kinderlos gebliebener Ehe Thronfolger war, die religiöse Antipathie des Volkes aufgereizt, so brach dieselbe in vollen Flammen aus, als man erfuhr, daß sich derselbe am 30. September 1673, nachdem seine erste Gemahlin Anna, eine Tochter des Herzogs von Clarendon, bereits im Jahre 1671 gestorben war, durch einen Bevollmächtigten mit einer katholischen Prinzessin, der fünfzehnjährigen Maria von Este, der Schwester des regierenden Herzogs von Modena, vermählt habe. Das am 20. Oktober wieder zusammen getretene Parlament bat den König in einer Adresse, die Vollziehung dieser Vermählung nicht zu gestatten und zugleich einen allgemeinen Fasttag anzusetzen,. „um von Gott die Abwendung der Gefahren zu erflehen, mit welchen der Papismus das Land bedrohe“; es erreichte jedoch weder das Eine noch das Andere: Karl erklärte die Forderungen des Parlaments für ungebührlich und sprach am 4. November dessen Vertagung aus.

Obgleich der König, um die allgemeine Aufregung zu beschwichtigen, nicht nur der Gemahlin seines Bruders die ihr ausdrücklich zugestandene Einrichtung einer öffentlichen Kapelle verweigerte, sondern auch eine strenge Anwendung der Strafgesetze gegen die Katholiken anordnete, wiederholte das Parlament nach seiner Wiedereröffnung im Januar 1674 seine Bitte um die Ausschreibung eines öffentlichen Fastens zur Erflehung des Schutzes des Allmächtigen für Kirche und Staat „gegen die untergrabenden Praktiken papistischer Recusanten“ und verlangte zugleich die Entlassung der Minister Arlington, Buckingham und Lauderdale.

Nachdem der König bezüglich der beiden Ersteren vollständig und hinsichtlich Lauderdale's insofern nachgegeben, daß er ihn nur als Beamten der schottischen Krone beibehielt, und somit, da Ashley, den er zum Grafen von Shaftesbury ernannt hatte, schon im Jahre 1673 abgesetzt worden, in die gänzliche Auflösung des Cabalministeriums gewilligt, auch im Juni 1674 einen vortheilhaften Frieden mit den Generalstaaten geschlossen, wandte sich die Opposition hauptsächlich gegen den Herzog von York, um dessen Ausschluß von der Thronfolge durchzusetzen. Der Hauptagitator für diesen Zweck war Shaftesbury, der seit seiner Entlassung aus dem Ministerium als Mitglied der Opposition zu den entschiedensten

Feinden des Hofes zählte. An Jakobs Stelle dachten seine Gegner den Grafen von Monmouth, einen natürlichen Sohn Karls II. und dessen besonderen Liebling, zum Thronfolger vorzuschlagen. Der Herzog von York suchte ihren Plänen durch die Vermittlung eines neuen Bündnisses zwischen Karl II. und Ludwig XIV. entgegen zu arbeiten, durch welches er seinem Bruder ausreichende Geld-mittel zu verschaffen hoffte, um denselben in den Stand zu setzen, die Wiedereröffnung des Parlaments, dessen Vertagung Karl be-schlossen hatte, auf längere Zeit hinaus zu schieben. Dieses Bünd-niß kam in der That am 23. August 1674 zu Stande. Gegen die Zusage eines Jahrgehalts von hunderttausend Pfund versprach Karl dem König von Frankreich, in dessen fortgesetztem Kriege neutral zu bleiben.

Da diese Neutralität sich für England als ein Vortheil er-wies, indem sie dem Handel einen neuen Aufschwung verlieh, trat nach und nach unter dem Volke eine ruhigere Stimmung ein, ob-gleich die Gegner der Regierung Nichts versäumten, die frühere Unzufriedenheit wach zu halten; als jedoch der König sich durch neue Geldverlegenheiten genöthigt sah, im Februar 1677 das Par-lament wieder einzuberufen, wurden alsbald auch die alten Klagen über gefahrdrohende Umtriebe der Papisten aufs Neue laut. Da die Opposition zugleich ernste Bedenken gegen die wachsende Macht Frankreichs erhob und Karls Verhältniß zu Ludwig XIV. zur Sprache brachte, schritt der König am 26. Mai zu einer aberma-ligen Vertagung des Parlaments.

Im Jahre 1678 wurde das ganze Land durch eine angebliche papistische Verschwörung in eine ungewöhnliche Aufregung versetzt. Ein gewisser Titus Oates, der wegen Meineids und Sitten-losigkeit seine Stelle als anglikanischer Geistlicher verloren hatte, war auf den Rath eines Londoner Pfarrers, des Dr. Tonge, der überall Verschwörungen der Katholiken gegen die anglikanische Kirche witterte, nach Valladolid gegangen, um in einem dortigen Kloster englischer Jesuiten, wo er als angeblicher Katholik Auf-nahme suchte und fand, hochverrätherischen Plänen nachzuspüren — ein Spiel, das er, nachdem er in Valladolid durchschaut und aus dem Kloster vertrieben worden, in dem Kollegium englischer Jesui-ten in St. Omer fortsetzte, wo ihn das gleiche Schicksal traf, wie in Valladolid. Nach England zurückgekehrt, gab er vor, einer gro-ßen, von dem Papste gebilligten Jesuitenverschwörung auf die Spur gekommen zu sein, welche die Ermordung des Königs und die gewalt-same Vernichtung des Protestantismus in England zum Zwecke habe. Zur Begründung dieser Anklage benutzte er gefälschte Briefe, sowie eine im April 1678 von den Jesuiten in London abgehaltene geheime Zusammenkunft, bei welcher es sich jedoch nur um die Ernennung eines Prokurators und die Regulirung der inneren Angelegenheiten des Ordens gehandelt. Das ganze schmachvolle Lügengewebe, dem der König selbst keinen Glauben schenkte, wurde, besonders auf Shaftesbury's Betrieb, zu einer allgemeinen Katholikenverfolgung ausgebeutet. Sechs Jesuiten und zehn Laien starben auf dem Blutgerüste, und alle Kerker waren mit Katholiken angefüllt, die der Mitwissenschaft um die angebliche Verschwörung verdächtig schienen. Dagegen wurde Oates als der Retter des Vaterlandes gepriesen und mit Geschenken und Ehrenbezeugungen überhäuft.

Unterdessen war in dem am 21. Oktober zusammengetretenen Parlamente, das sogleich die ganze Sache in die Hand genommen, eine Bill in Vorschlag gebracht worden, nach welcher die Katholiken fortan weder Sitz und Stimme im Parlamente haben, noch in der Umgebung des Königs und in seinem Palaste geduldet werden sollten. Um die unter dem fanatisirten Volke herrschende Aufregung zu beschwichtigen, genehmigte der König nicht nur sofort diese Bill, sondern willigte sogar in die von beiden Häusern geforderte Entfernung seines Bruders Jakob aus London, indem er denselben bewog, auf einige Zeit nach Schottland zu gehen. Als jedoch das Unterhaus hierauf, durch des Königs Nachgiebigkeit zu weiteren feindlichen Schritten gegen den Hof ermuthigt, den Lord-Schatzmeister Danby, Karls einflußreichsten Rathgeber, in Anklagestand versetzte und Lord Russel im Oberhause den förmlichen Antrag stellte, den Herzog von York für unfähig zur Thronfolge zu erklären, löste Karl am 24. Januar 1679 das Parlament auf.

Obgleich der König, um die Opposition zu entkräften, Russel und Shaftesbury selbst in das Ministerium aufgenommen, zeigte sich das dritte Parlament, das am 6. März 1679 eröffnet wurde, von demselben Geiste beseelt, wie das vorhergehende. Um die geforderten Geldbewilligungen zu erlangen, mußte der König nicht nur Danby fallen lassen und in eine Untersuchung gegen denselben willigen, die den Minister in den Tower führte, sondern auch eine bereits früher in Vorschlag gebrachte Bill, die Habeas-Corpus-Akte — so genannt nach ihren Eingangsworten — genehmigen, durch welche festgesetzt wurde, daß kein Engländer verhaftet werden dürfe ohne einen schriftlichen, die Gründe der Verhaftung angebenden Befehl der vorgesetzten Behörde und jeder Verhaftete innerhalb vierundzwanzig Stunden zu einem vorläufigen Verhör zugelassen werden müsse. Der erneute Antrag des Unterhauses auf Ausschluß des Herzogs von York von der Thronfolge bewog den König, auch das dritte Parlament im Januar 1686 aufzulösen.

In seiner Rathlosigkeit nahm der stets geldbedürftige König aufs Neue seine Zuflucht zu Ludwig XIV., der ihm zwar abermals Subsidien zusagte, aber dabei nicht ermangelte, den Rath seines Gesandten Barillon zu befolgen, der ihm geschrieben hatte: „Karls Ansehen ist so gesunken, daß ein Bündniß mit ihm Nichts werth scheint. Besser den Parteihäuptern den Hof machen, damit die Uebelstände fortdauern." Um eine Einigung zwischen dem König und dem Parlamente zu erschweren, bewilligte er mehreren republikanischen Häuptern Jahrgelder und ermahnte sie, unter seinem mächtigen Schutze in der Vertheidigung der Freiheiten des Volkes fortzufahren, während er andrerseits den Herzog von York in der Meinung bestärkte, die königliche Gewalt könne nur durch die Herbeiführung eines Bürgerkrieges hergestellt werden.

Diese Machinationen verfehlten ihres Zweckes nicht. Immer größer wurde die Kluft zwischen dem König und seinem Volke, immer erbitterter der Streit der Parteien, der sich in Karls letzten Lebensjahren, während welcher er nach rasch aufeinander gefolgter Auflösung zweier neuer Parlamente ohne Zuziehung der Stände regierte, hauptsächlich um die Thronfolge drehte. Obgleich das Oberhaus eine von dem Unterhause erlassene Bill, die den Herzog von York für unfähig zur Thronfolge erklärte, verworfen hatte, beharrten die Gegner des Herzogs auf dessen Ausschließung und suchten die Krone dem Statthalter der Niederlande, Wilhelm III. von Oranien, als dem Gemahl der ältesten, im protestantischen Glauben erzogenen Tochter Jakobs, Maria von York, zuzuwenden.

Von den beiden Parteien, die einander so schroff gegenüber standen, daß der Wiederausbruch des Bürgerkriegs zu befürchten war, wurden die Anhänger der Regierung Tories und ihre Gegner Whigs genannt. Obgleich beide Benennungen Spott und Verachtung ausdrücken sollten, indem ursprünglich mit dem Namen Tories die durch die Tyrannei der englischen Regierung ihres Besitzes beraubten und dadurch zum Räuberleben getriebenen Irländer und mit dem Namen Whigs die schottischen Landleute bezeichnet wurden, die als Anhänger des Covenants die Rechte der Krone in kirchlichen Angelegenheiten bestritten, wurden dieselben von den Parteien selbst als Ehrennamen angenommen und sind seitdem in England als Bezeichnung der conservativen und der liberalen Partei in Gebrauch geblieben.

Die Entdeckung einer angeblich von den Häuptern der Whigs geleiteten Verschwörung gegen das Leben des Königs veranlaßte die Einleitung einer Untersuchung gegen die sechs hervorragendsten derselben, den Herzog von Monmouth, den Grafen Essex, die Lords Howard, Grey und Russell, Algernon Sidney und Hampden. Der Herzog von Monmouth und Lord Grey entkamen nach Holland; Graf Essex gab sich selbst im Gefängniß den Tod; Howard, Russell und Algernon Sidney starben auf dem Blutgerüste, während

Hampden zu einer Geldstrafe von vierzigtausend Pfund verurtheilt wurde.

Wie in England, so kam es auch in Schottland, als das Volk sich aus seiner Erschlaffung empor gerissen, zu aufrührerischen Bewegungen, die jedoch mehr religiöser als politischer Natur waren. Nachdem ein ernster Aufstand der Covenanters im Jahre 1667 durch Waffengewalt niedergeworfen und auf das Strengste bestraft worden, brach zwölf Jahre später ein zweiter aus, bei welchem der Erzbischof von St. Andrews, der als der Haupturheber aller gegen die Covenanters angewandten Gewaltmaßregeln galt, von einer Schaar fanatisirter Puritaner ermordet wurde. Auch dieser Aufstand wurde durch ein von dem Herzog von Monmouth geführtes englisches Heer im Juni 1679 unterdrückt, worauf die meisten der Empörer sich unterwarfen und sich zum Besuche des von den Bischöfen eingerichteten Gottesdienstes bequemten. Nur die wildesten Schwärmer, in Allem nur sechzig Mann, schaarten sich um ihren Prediger Cameron, nach welchem sie sich Cameronianer nannten, und erließen eine Erklärung, in welcher sie „als die Streiter Jesu Christi, des Feldherrn ihrer Seligkeit,“ dem König als Tyrannen und Usurpator den Krieg verkündeten, während ein Genosse Camerons denselben förmlich mit dem Bann belegte. Nachdem sie mit leichter Mühe überwältigt worden und Cameron im Kampfe den Tod gefunden, wurden schwere Strafen über sie verhängt. Denen, die zum Tode verurtheilt worden, bot der damals in Schottland weilende Herzog von York, dem der König die Regierung über dieses Land übertragen, Gnade an unter der Bedingung, daß sie nur die Worte: „Gott segne den König!“ aussprächen; sie zogen jedoch sämmtlich den Tod vor. Indessen suchte Jakob durch Milde und eine größere Duldung gegen die Puritaner eine dauernde Beruhigung des Landes herbeizuführen, und in der That begannen die Herzen sich ihm mit Vertrauen zuzuwenden; nach seiner Rückkehr nach England (1682) wurden jedoch die früheren Strafgesetze gegen die widerspenstigen Sekten wieder mit aller Strenge in Anwendung gebracht.

Am 1. Februar 1685 wurde Karl II. von einem Schlaganfall betroffen, und die Krankheit nahm einen tödtlichen Verlauf. Die anglikanischen Bischöfe drängten sich an das Lager des Kranken, um ihm das Abendmahl nach anglikanischem Ritus zu reichen; Karl wies jedoch ihren Beistand zurück. Als sich sein Zustand immer mehr verschlimmerte, fragte ihn der Herzog von York, ob er nach einem katholischen Priester schicken solle. „Um Gottes willen thue das sogleich“, erwiederte Karl. „Aber“, fügte er hinzu, „wirst du dich dadurch auch keiner Gefahr aussetzen?“ Jakob erklärte, er werde einen Priester herbeibringen, und wenn es ihn das Leben koste. Er holte den Kaplan der Königin, den Benediktinermönch Huddleston, der nach der Schlacht bei Worcester das Werkzeug der Rettung des Königs gewesen, und führte ihn seinem Bruder vor mit den Worten: „Sir, dieser würdige Mann rettete einst Ihr Leben; jetzt kommt er, Ihre Seele zu retten." Karl erklärte dem Priester auf dessen Frage, daß er in der Gemeinschaft der römisch-katholischen Kirche zu sterben wünsche, und empfing nach reumüthiger Beichte die hl. Kommunion und die letzte Oelung. Sein Tod erfolgte am 6. Februar 1685.

Jakob II.

(1685—1688.)

Trotz der von dem Unterhause gegen ihn erlassenen Ausschlußbill stieß Jakob II. bei seiner Thronbesteigung auf keinerlei Widerstand, und da er in einer an den geheimen Rath gerichteten und durch den Druck veröffentlichten Ansprache die bestimmte Erklärung abgegeben, daß er entschlossen sei, die rechtlich begründete Verfassung von Kirche und Staat aufrecht zu erhalten, sah man allgemein seiner Regierung mit Vertrauen entgegen. Das ganz unter dem Einfluß der Tories gewählte Parlament, das am 25. Mai 1685 eröffnet wurde, bewies ihm die größte Willfährigkeit; auch von dem schottischen Parlamente, das er noch vor dem englischen zusammen berufen, wurde ihm alles bewilligt, was er verlangte. Das offene Bekenntniß seines katholischen Glaubens, das er durch den Besuch der Messe in der Kapelle seiner Gemahlin und durch den Empfang der hl. Kommunion in derselben ablegte, rief zwar bei den Episkopalen die Befürchtung wach, daß er der katholischen Kirche Freiheiten zu bewilligen beabsichtige, die das Interesse der anglikanischen Hochkirche gefährden könnten, und diese Befürchtung steigerte sich, als Jakob mehrere Tausend gefangene Katholiken und zahlreiche andere Dissenters aus ihrer Haft entließ. Der Umstand, daß er sich durch den Erzbischof von Canterbury mit allen Gebräuchen der anglikanischen Kirche krönen ließ, beruhigte jedoch einigermaßen die ängstlichen Gemüther, denen die von Jakob in der That erstrebte allgemeine Religionsfreiheit als das größte aller Uebel erschien.

Unterdessen hatte der Herzog von Monmouth von Holland aus, wo er sich noch immer aufhielt, eine Schilderhebung vorbereitet und war mit ungefähr hundertfünfzig Mann an der westlichen Küste Englands gelandet, in der sicheren Erwartung, daß Jakobs entschiedenes Auftreten zu Gunsten der Katholiken eine allgemeine Erbitterung gegen denselben erzeugt habe und es ihm unter Mitwirkung der Whigs, mit deren Häupter er in fortdauernder Verbindung geblieben, leicht sein werde, den schwankenden Thron Jakobs umzustürzen und sein eigenes Haupt mit der ihm früher zugedachten Krone zu schmücken. In dieser Erwartung sah er sich jedoch getäuscht. Das Parlament setzte sofort einen Preis auf seinen Kopf, und die von Jakob gegen ihn entsandten Truppen überwältigten mit leichter Mühe seine zu dreitausend Mann angewachsene Schaar. Er selbst wurde auf der Flucht ergriffen und gefangen nach London gebracht. Auf Begnadigung durfte er um so weniger hoffen, als er nach seiner Landung in England eigenmächtig den Königstitel angenommen und in einem pomphaften, an die englische Nation gerichteten Manifest nicht nur Jakob II. mit den heftigsten Schmähungen überhäuft, ihn einen Mörder, Verräther, Tyrannen und Feind alles Guten und Edlen genannt, „der den Brand von London mit verschuldet, die papistische Verschwörung angezettelt, durch falsche Zeugen Unschuldige aufs Blutgerüst gebracht, seinem Bruder nach dem Leben getrachtet und ihn vergiftet habe,“ sondern auch das Parlament für eine aufrührerische und verrätherische Versammlung erklärt und alle Diejenigen mit den schwersten Strafen bedroht hatte, die, statt reumüthig zu ihm überzutreten, bei dem Usurpator ausharren würden. Er wurde zum Tode verurtheilt und am 25. Juli 1685 zu London enthauptet. Die Strenge, mit welcher gegen seine Anhänger vorgegangen wurde, von denen über zweihundert auf dem Blutgerüste starben, fällt weniger dem König selbst, als dem von ihm bestellten Oberrichter Jeffreys zur Last, dem Jakob allzu freie Hand ließ.

Der rasche und entscheidende Sieg, den der König über Monmouth davon getragen, und die Unterstützung, die er dabei in dem Parlamente gefunden, leitete ihn auf die verhängnißvolle Bahn, die ihn dem Sturze entgegenführen sollte. Die bis dahin beobachtete Zurückhaltung abwerfend, schritt er mit unerwarteter Kühnheit seinem Ziele, der Herstellung einer unumschränkten Königsgewalt, zu. Das Erste, wodurch er der bis dahin in sehr engen Schranken gebliebenen Opposition eine größere Stärke verschaffte, war die Beibehaltung des stehenden Heeres von fünfzehntausend Mann, das er während Monmouths Invasion unter die Waffen gebracht, und die gegen die Testakte verstoßende Anstellung zahlreicher katholischer Offiziere in demselben, sowie die Wiederanknüpfung des als Hochverrath geltenden Verkehrs mit dem heiligen Stuhle durch den Empfang eines päpstlichen Gesandten und die Entsendung eines solchen nach Rom. Daran reihte sich das Verbot der Kontroverspredigten und die Wiedereinführung eines hohen Kommissionshofes zur Bestrafung der Zuwiderhandelnden.

Den Widerspruch des Parlaments gegen alle diese Eingriffe in die bestehenden Gesetze suchte Jakob durch wiederholte Vertagung desselben zu entkräften, während er die ihm widerstrebenden anglikanischen Bischöfe theils absetzte, theils verhaften ließ. Die erstere Strafe traf am 6. September 1686 den Bischof Compton von London, den Führer der Opposition im Oberhause, der sich dem Verbot der Kontroverspredigten nicht fügen wollte. Andrerseits wurden anglikanische Geistliche, die zur katholischen Kirche übertraten, in dem Fortgenuß ihrer kirchlichen Revenüen belassen und überhaupt die Katholiken, der Testakte zum Trotz in allen Zweigen der Verwaltung bevorzugt.

Während der König durch dieses unkluge Vorgehen zu Gunsten der Katholiken eine große Aufregung unter den Anhängern der Hochkirche und den Puritanern hervorrief, erregte er zugleich durch sein ausschweifendes Leben großen Anstoß. Dazu kam als neue Quelle der Besorgniß die Aufhebung des Edikts von Nantes durch Ludwig XIV.; denn wenn auch Jakob die in großer Zahl nach England ausgewanderten französischen Protestanten wohlwollend aufnahm, so gaben doch seine intimen Beziehungen zu dem König von Frankreich zu der Befürchtung Anlaß, daß er gegen seine protestantischen Unterthanen ähnliche Maßregeln, wie dieser, ergreifen könne.

Nachdem Jakob kraft des von ihm als ein altes Privilegium der Krone in Anspruch genommenen „Dispensationsrechtes" in zahlreichen Fällen neben den Wirkungen der Testakte auch die der bestehenden Strafgesetze zu Gunsten der Katholiken aufgehoben hatte, proklamirte er im April 1687 allgemeine Religionsfreiheit für die drei Reiche. Die Erbitterung der strengen Episkopalen über diese die Vorrechte des anglikanischen Klerus gefährdende Maßregel wurde erhöht durch die von Jakob angeordnete gerichtliche Verfolgung aller Geistlichen, welche sich weigerten, das Toleranzedikt von den Kanzeln herab zu verlesen. Als dieselben durch den zu ihrer Aburtheilung eingesetzten Gerichtshof von aller Schuld freigesprochen wurden, erfüllte das in den Straßen versammelte Volk, dem König zum Hohn, die Luft mit endlosem Jubelgeschrei. Vergebens warnten nicht nur der spanische und der kaiserliche Gesandte, sondern auch Papst Innocenz XI. den König vor Ueberstürzung: Jakob fuhr fort, den Plan der Wiederherstellung des Katholicismus ohne jedwede Berücksichtigung der bestehenden Gesetze wie der Stimmung des Volkes zu verfolgen, und zog sich dadurch in immer höherem Grade den Haß seiner protestantischen Unterthanen zu, die sich in vielfachen Beziehungen beleidigt und zurückgesetzt fühlten. Auch das Nationalgefühl der Engländer wurde arg verletzt durch die Art und Weise, wie der König sich um die Freundschaft Ludwigs XIV. bewarb, dessen Politik für ihn in allen Stücken maßgebend geworden zu sein schien.

Während sich über dem Haupte des verblendeten Königs der politische Himmel immer mehr verdüsterte, wurde am 10. Juli 1688 durch die Geburt eines Thronerben sein sehnlichster Wunsch erfüllt. Aber dieses für ihn selbst so freudige Ereigniß, das dem Hause Stuart den dauernden Besitz des englischen Thrones zu sichern schien, diente nur dazu, den Sturz desselben zu beschleunigen. Jakobs Gegner, die sich bis dahin mit der Hoffnung getröstet hatten, daß bei dem Tode des alternden Königs die Krone an seinen Schwiegersohn Wilhelm III. von Oranien, als den Gemahl seiner ältesten Tochter Maria, übergehen und dieser alle Vorrechte der anglikanischen Kirche herstellen werde, erklärten das Kind für untergeschoben und reizten Wilhelm von Oranien auf, seine angeblichen Rechte durch die sofortige Entthronung seines Schwiegervaters zu sichern. Jakob wurde durch Ludwig XIV. von der ihm drohenden Gefahr in Kenntniß gesetzt; er verschloß jedoch, im blinden Vertrauen auf die Ergebenheit seiner Tochter und ihres Gemahls, allen Warnungsstimmen beharrlich sein Ohr. Erst als er am 20. September 1688 durch seinen Gesandten im Haag die unzweifelhafte Gewißheit erhielt, daß Wilhelm, von mehreren einflußreichen Großen zur Empfangnahme der Krone eingeladen, Vorkehrungen zu einer Landung in England treffe, für welche ihm die Generalstaaten die niederländische Flotte zur Verfügung gestellt, gingen ihm die Augen auf. Die volle Größe der Gefahr erkennend, suchte er auf jede Weise den Haß seiner Gegner zu entkräften. Um die anglikanischen Bischöfe zu versöhnen, machte er ihnen die weitgehendsten Zugeständnisse, während er das Volk durch die Zurücknahme der am meisten angefeindeten Verordnungen und durch die Zusage eines frei zu wählenden Parlaments zu befriedigen suchte und den nach London berufenen Großen unwiderlegliche Beweise von der Aechtheit der Geburt des Prinzen vorlegte. Alle diese Schritte blieben jedoch wirkungslos, und Jakob hatte sogar den Schmerz, auch seine Tochter Anna mit ihrem Gemahle Georg von Dänemark von sich abfallen zu sehen; als Alles sich von dem unglücklichen König zurückzog, verließen auch sie in aller Stille zu nächtlicher Stunde ohne sein Vorwissen den Hof von Whitehall.

Unterdessen hatte Wilhelm von Oranien am 5. November 1688 bei Torbay seine Landung bewerkstelligt. Auf seinem Zuge gegen Exeter fand er den erwarteten Empfang nicht, da diese Gegend der Schauplatz des durch Monmouth erregten Aufstandes gewesen und die Schrecken jener Zeit noch zu sehr in dem Gedächtniß der Bevölkerung fortlebten. Bald jedoch wurde es anders: eine Stadt nach der andern fiel ihm zu, und immer größer wurde die Zahl der Edelleute, die sich mit bewaffnetem Gefolge unter seine Fahne schaarten. Erst jetzt ließ Jakob, der durch eine unglückselige Zauderpolitik den Plänen seines Schwiegersohnes nur allzu großen Vorschub geleistet, den größten Theil seiner Truppen gegen Wilhelm vorrücken; aber in den Reihen der Führer hatte der Verrath bereits soweit um sich gegriffen, daß einer nach dem andern zu dem Prinzen überging. Selbst Jakobs persönliches Erscheinen bei dem Heere vermochte nicht mehr der allgemeinen Desertion Einhalt zu thun. Als auch der von ihm mit Gunstbezeigungen aller Art überhäufte Generallieutenant Churchill, in welchen er sein ganzes Vertrauen gesetzt, von ihm abfiel, verlor er den Muth und ordnete Gesandte mit Vergleichsvorschlägen an seinen Schwiegersohn ab.

Die Zurückweisung derselben durch den unaufhaltsam gegen die Hauptstadt vorrückenden Prinzen bewog den durch die beunruhigendsten Gerüchte geängstigten König zur Flucht. Nachdem er die Königin mit dem Prinzen von Wales nach Gravesend vorausgeschickt, von wo dieselben durch eine ihrer harrenden Yacht glücklich nach Calais übergesetzt wurde, verließ er selbst Whitehall in der Nacht zum 12. Dezember und entkam in einer Miethkutsche unangehalten aus London. Schon hatte er in Feversham ein für ihn gemiethetes Fahrzeug bestiegen und glaubte des Gelingens seines Fluchtplans sicher sein zu dürfen, als er durch drei kreuzende Boote entdeckt und nach Feversham zurückgebracht wurde.

Hier rieth man ihm dringend, nach London zurückzukehren, da sich dort die Stimmung leicht zu seinen Gunsten ändern könne. Entschlossen, diesem Rathe zu folgen, sandte Jakob an den Lord-Mayor und die Aldermänner von London, welche nach seiner Flucht im Vereine mit den Bischöfen und Peers die durch den Pöbel gestörte Ordnung in der Hauptstadt hergestellt und mit Hilfe der Stadtmiliz das Volk im Zaume hielten, ein Schreiben, worin er sich bereit erklärte, falls die städtischen Behörden ihm die Sicherheit seiner Person verbürgen wollten, sich ihren Händen anzuvertrauen, bis die Angelegenheiten des Landes durch ein freies Parlament geordnet worden. Obgleich diese Zuschrift ablehnend beantwortet wurde, da man sich bereits mit dem bis in die Nähe der Hauptstadt vorgerückten Prinzen von Oranien in Verbindung gesetzt, kehrte Jakob nach Whitehall zurück. Kaum war er jedoch hier angekommen, als vier Bataillone holländischer Truppen, von dem Prinzen entsandt, das Schloß besetzten und Wilhelm durch mehrere Abgeordnete seinen Schwiegervater auffordern ließ, Whitehall zu verlassen, da er selbst am folgenden Tage in London eintreffen werde. Seinem Verlangen gemäß wurde Jakob nach Rochester gebracht, wo man ihn, da der Prinz seine freiwillige Entfernung aus England wünschte, nur oberflächlich bewachte. Nach viertägigem Aufenthalt in Rochester entschloß sich Jakob abermals zur Flucht und erreichte diesmal unangefochten die französische Küste (2. Januar 1689). Ludwig XIV., der ihn mit der äußersten Zuvorkommenheit empfing, wies ihm und seiner Familie das Schloß St. Germain zum Wohnsitze an und setzte ihm einen bedeutenden Jahrgehalt aus, der ihm bis zu seinem Tode (1701) ausgezahlt wurde.

Wilhelm III.

(1689—1702.)

An dem gleichen Tage, an welchem Jakob zum andern Male das Schloß Whitehall verlassen (28. Dez. 1688), zog Wilhelm von Oranien in dasselbe ein. Die ihm von allen Seiten zuströmenden Huldigungen ließen keinen Zweifel darüber, daß seine Herrschaft gesichert war; aber noch fehlte derselben jede gesetzliche Grundlage, und das Recht der Eroberung konnte er umsoweniger geltend machen, als er bei seiner Landung ausdrücklich erklärt hatte, daß er nur gekommen sei, um Englands Verfassung und Religion sicher zu stellen, und alles Weitere der Entscheidung eines frei gewählten Parlaments überlassen werde. Da kein König da war, der das Parlament einberufen konnte, wurden die in London anwesenden Peers, sowie alle Diejenigen, die unter der Regierung Karls II. im Hause der Gemeinen gesessen, nebst dem Lord-Mayor und vierundzwanzig Gemeinderäthen von London eingeladen, mit dem Prinzen über die Lage des Landes und die Berufung eines freien Parlamentes zu berathen. Die Versammlung bat den Prinzen, die vorläufige Regentschaft zu übernehmen und das Parlament einzuberufen, wozu sich derselbe bereit erklärte. Während der Wahlen, die ganz zu Gunsten der beabsichtigten Thronveränderung ausfielen, schlossen sich auch die Schotten den Vorgängen in London an, indem auch sie den Prinzen um die einstweilige Uebernahme der Regierung in ihrem Lande baten.

Nachdem das am 22. Januar 1689 eröffnete Parlament gleich in seiner ersten Sitzung den englischen Thron in Folge der Flucht Jakobs II. für erledigt erklärt hatte, wurde am 16. Februar nach längeren heftigen Debatten, bei welchen die Lords dem englischen Volke das Recht absprachen, seinen König abzusetzen, die englische Krone, ohne Rücksicht auf die Rechte des Prinzen von Wales, der Prinzessin Maria, als der ältesten Tochter Jakobs, und ihrem Gemahle Wilhelm von Oranien zuerkannt, mit der Bestimmung, daß dieselbe, wenn Maria kinderlos versterbe, nach ihrem und ihres Gemahls Tode an ihre Schwester Anna übergehen solle. Um jeder Willkür von ihrer Seite in der Regierung vorzubeugen, mußten sie eine Urkunde, die sogenannte Bill of rights, bestätigen, in welcher die Rechte des Volkes der königlichen Gewalt gegenüber genauer als früher präcisirt waren. Diese Parlamentsakte sprach dem König das Recht ab, die Vollstreckung der Gesetze zu hemmen oder von denselben zu dispensiren und ohne Genehmigung des Parlaments Auflagen auszuschreiben oder in Friedenszeiten ein Heer zu unterhalten. Nachdem Wilhelm und seine Gemahlin diese Bill angenommen, wurden sie am 21. April zu Westminster gekrönt.

In Schottland wurde Wilhelm am 21. Mai 1689 zum König ausgerufen, nachdem er die Wiederherstellung der Presbyterialverfassung zugesagt hatte. Dagegen verfochten die Irländer, obgleich sie auch unter Jakob II. im eigenen Lande recht- und heimathlos geblieben waren, die Rechte des legitimen Königs gegen seinen verrätherischen Schwiegersohn. Als Jakob II. im März 1689 mit fünftausend Franzosen in Irland landete, sah er sich alsbald von vierzigtausend Kriegern umgeben, die bereit waren, für ihn zu sterben; er lähmte jedoch selbst gleich von Anfang an den Fortgang seiner Sache durch eine unheilvolle Halbheit und ein unzeitgemäßes Festhalten an den bestehenden Verhältnissen des Landes der Krone gegenüber, wodurch viele Irländer veranlaßt wurden, sich wieder von ihm abzuwenden. Dem Verlangen des von ihm zusammenberufenen Parlamentes, Irland für unabhängig von der englischen Krone zu erklären und die Insel zu einem besonderen Reiche zu gestalten, trat er entschieden entgegen, und ebensowenig konnte er sich zu der von dem Klerus geforderten Verzichtleistung auf den seit Heinrich VIII. von den Beherrschern Englands beanspruchten Supremat über die Kirche entschließen, obgleich derselbe mit deren Lehre und Verfassung im schärfsten Widerspruche stand. Am 1. Juli 1690 von Wilhelm von Oranien in der Schlacht an der Boyne (s. S. 90) vollständig besiegt, mußte er nach Frankreich zurückkehren. Die Irländer unterwarfen sich dem Sieger unter der Bedingung der freien Ausübung ihrer Religion, die ihnen in dem Vertrag von Limerick (Okt. 1690) in der Weise zugestanden wurde, wie sie unter Karl II. bestanden.

Wilhelm, der zu diesem Zugeständniß nur durch den Wunsch bewogen worden, seine Truppen sobald als möglich aus Irland zurückrufen zu können, um sie in den Niederlanden zu verwenden, hielt den Irländern sein Wort nicht; ihre Lage gestaltete sich vielmehr, in Folge neuer Gütereinziehungen und anderer Gewaltmaßregeln zur vollständigen Unterdrückung ihrer religiösen und politischen Freiheit, immer trostloser, weßhalb auch die Auswanderung von Jahr zu Jahr größere Dimensionen annahm.

Mit der Thronbesteigung Wilhelms III. wurde die auswärtige Politik Englands, die unter Karl II. und Jakob II. vollständig im Schlepptau Frankreichs gewesen, wieder eine selbstständige, und die durch ihre Isolirung fast bis zur gänzlichen politischen Bedeutungslosigkeit herabgesunkene Monarchie erlangte bald wieder einen großen Einfluß auf die Gestaltung der staatlichen Verhältnisse des übrigen Europa's. Welchen Antheil England unter Wilhelm III. an der Bekämpfung Ludwigs XIV. in dessem dritten Eroberungskrieg gehabt und wie der König von Frankreich in dem Frieden von Ryswick die Erhebung Wilhelms anerkannt, haben wir bereits oben (S. 86—92) gesehen.

Indessen fehlte es, trotz der glänzenden Erfolge der äußeren Politik Wilhelms III. und des bedeutenden Aufschwungs, den unter ihm Handel und Gewerbe im Inneren des Landes nahmen, auch unter seiner Regierung nicht an inneren Zerwürfnissen. Die Whigs, welche die Hauptwerkzeuge seiner Erhebung gewesen, überwachten nicht nur mit der größten Strenge alle Schritte des Königs, um jede Rückkehr zu absolutistischen Bestrebungen unmöglich zu machen, sondern waren auch entschieden gegen jede Maßregel, die eine dauernde Versöhnung der Parteien hätte herbeiführen können. Alles, was Wilhelm in dieser Beziehung durchsetzen konnte, war eine Toleranzbill, welche die protestantischen Sekten von den gegen sie erlassenen Strafgesetzen befreite; den Katholiken dagegen wurde das alte Joch in seiner ganzen Schwere wieder aufgebürdet. Hinrichtungen kamen zwar selten mehr vor, desto häufiger aber mehr oder weniger schwere Geld- und Kerkerstrafen; auch blieb die Testakte in voller Kraft.

Die Widersetzlichkeit der Whigs bewog den König, das Parlament, das ihm die Krone geschenkt, schon im Jahre 1690 aufzulösen und sich den Tories zu nähern, die in dem zweiten Parlamente die Majorität hatten; allein auch bei ihnen fand er die gehoffte Unterstützung nicht, da die meisten derselben noch immer in geheimer Verbindung mit dem entthronten Herrscher standen. Schon im Jahre 1692 hatte dieser, wie wir oben (S. 90) gesehen, eine Landung in England vorbereitet, zu welcher Ludwig XIV. die umfassendsten Vorkehrungen getroffen; das Unternehmen wurde jedoch durch den großen Sieg der vereinigten englisch-niederländischen Flotte bei La Hogue vereitelt. Ermuthigt durch die wachsenden Schwierigkeiten der Lage Wilhelms, bereitete Jakob mit Hilfe Ludwigs im Jahre 1696 zur Wiedererwerbung seiner Krone eine zweite Expedition vor, für welche zwanzigtausend Mann französischer Truppen zwischen Calais und Dünkirchen zusammen gezogen wurden, während geheime Agenten nach England gingen, um die früheren Anhänger Jakobs für einen Aufstand zu gewinnen. Die Sache wurde jedoch entdeckt, und die Einmüthigkeit, mit welcher das englische Parlament, alle Opposition für den Augenblick vergessend, dem König

Wilhelm zur Seite stand, bewog Ludwig XIV., die beabsichtigte Landung auf einen günstigeren Zeitpunkt zu verschieben, und da er schon im folgenden Jahre in dem Frieden von Ryswick die Herrschaft Wilhelms in England anerkannte, mußte das Unternehmen gänzlich aufgegeben werden.

Nach dem Abschluß des Friedens von Ryswick gerieth Wilhelm in einen Streit mit dem Parlamente wegen des in den Niederlanden stehenden Heeres, das er in der sicheren Voraussicht des baldigen Wiederausbruchs des Krieges mit Frankreich unter den Waffen zu behalten wünschte, während das Parlament aus Besorgniß vor etwaigen Angriffen auf die englische Verfassung die Herabminderung desselben auf siebentausend Mann und die Entlassung aller ausländischen Soldaten verlangte. Nachdem das Parlament in diesem Punkte seinen Willen durchgesetzt, kam es zwischen ihm und dem König zu einem neuen Zwist über die in Irland nach der Bewältigung des dortigen Aufstandes confiscirten Güter. Wilhelm hatte dieselben zum größten Theile seinen Generalen und sonstigen Anhängern geschenkt; das Unterhaus nahm sie jedoch für den Staat in Anspruch und erklärte nicht nur, ohne Rücksicht auf die Einwendungen Wilhelms, jene Schenkungen für null und nichtig, sondern ordnete auch den Verkauf der betreffenden Ländereien zu Gunsten des Staates an. Diese Kühnheit bewog den König, das Parlament am 26. November 1699 aufzulösen.

Größere Willfährigkeit fand Wilhelm bei dem neuen, im Jahre 1701 zusammengetretenen Parlamente, das nicht nur auf seinen Wunsch den bei seiner Erhebung bezüglich der Thronfolge gefaßten Beschluß dahin ergänzte, daß die englische Krone nach dem Tode seiner Schwägerin Anna, falls diese keine Kinder hinterlasse, mit beständiger Ausschließung aller katholischen Glieder des Hauses Stuart, auf die Nachkommen des Kurfürsten Friedrich V. von der Pfalz, als des Gemahls der Tochter Jakobs I., übergehen solle, sondern ihm auch für die Betheiligung an dem kurz vorher ausgebrochenen spanischen Erbfolgekrieg als Bundesgenosse Kaiser Leopolds I. gegen Ludwig XIV. die nöthigen Geldmittel mit ungewohnter Freigebigkeit bewilligte. Schon stand Wilhelm im Begriff, sich mit seinen Truppen nach den Niederlanden einzuschiffen, als ein unglücklicher Sturz mit dem Pferde auf der Jagd ihn aufs Krankenlager warf, das er nicht mehr verlassen sollte. Er starb am 19. März 1702 im Alter von neunundfünfzig Jahren. Da seine Gemahlin Maria schon sieben Jahre vor ihm ins Grab gesunken war, bestieg seine Schwägerin Anna den englischen Thron.

V.

Die englische Literatur im sechzehnten und siebzehnten Jahrhundert.

Seitdem in England die mittelalterliche Poesie der Menestrels erstorben war, hatte sich die englische Dichtung, sowohl im Epos als in der Lyrik, hauptsächlich auf die Nachahmung italienischer Vorbilder beschränkt; erst unter der Königin Elisabeth nahm sie, indem sie sich mit Vorliebe dem Drama zuwandte, einen neuen Aufschwung und erreichte in dieser Gattung ihre höchste Vollendung.

Wie bei allen andern christlichen Völkern, so bestanden auch bei den Engländern die ältesten theatralischen Darstellungen aus dialogisirten biblischen Geschichten, den sogenannten „Mysterien“, die meistens von Geistlichen verfaßt und in Klöstern und Schulen zur Aufführung gebracht wurden. Aus diesen Mysterien entwickelten sich nach und nach die „Moralitäten“, allegorisch-moralische Schauspiele, in welchen einzelne Tugenden oder Laster personificirt auftraten und deren Verfasser den Zweck hatten, eine Lehre zur Besserung des Lebenswandels aufzustellen. Zu diesen Moralitäten kamen in der ersten Hälfte des sechzehnten Jahrhunderts sogenannte „Zwischenspiele“ voll derben Humors. Nach und nach wandte man sich mehr profanen Stoffen zu und machte das wirkliche Leben zum Gegenstand des Drama's, zuerst in der Komödie, dann auch in der Tragödie.

Unter Elisabeth, die eine große Vorliebe für theatralische Darstellungen hatte, verbreitete sich der Sinn für dieselben von dem Hofe aus bald über das ganze Land, und so groß wurde nach und nach die Zahl der wandernden Schauspielergesellschaften, daß die weitere Vermehrung derselben bereits im Jahre 1572 gesetzlich beschränkt werden mußte. Die Bühne bestand ursprünglich aus einem Gerüste, das gewöhnlich in dem Hofe eines großen Wirthshauses errichtet war. Welchen Ort und welche Lokalitäten sie vorstellen sollte, war entweder auf ein Brett geschrieben, oder einer der Schauspieler sagte es den Zuschauern. Die Coulissen wurden durch aufgehängte Teppiche oder Tapeten ersetzt. Indessen entstanden schon unter Elisabeth in London stehende Theater, deren Zahl sich unter Jakob I. auf siebzehn erhöhte. Die Vorstellungen begannen um drei Uhr Nachmittags und dauerten selten länger als zwei Stunden. In den Zwischenakten aßen und tranken die Zuschauer oder rauchten und spielten Karten.

So war der Zustand der Bühne, für welche W i l l i a m S h a k e s p e a r e, der größte aller dramatischen Dichter der neueren Zeit, seine Stücke schrieb. Ueber die Jugendgeschichte dieses von der Nachwelt mehr noch als von den Zeitgenossen in seinem vollen Werthe erkannten Dichterfürsten wissen wir nur wenig Bestimmtes.

Vieles, was davon erzählt wird, gehört ohne Zweifel der Sage an. In Stratford am Flusse Avon in Warwickshire am 23. April 1564 geboren, erhielt er von seinem Vater, einem Handschuhmacher oder Wollhändler, der in der Folge mehrere städtische Aemter begleitete, eine gute Erziehung, besuchte die lateinische Schule seiner Vaterstadt und soll nach seinem Austritt aus derselben eine Zeitlang Schreiber bei einem Advokaten in Stratford gewesen sein. Schon in seinem neunzehnten Jahre verheirathete er sich mit der sieben Jahre älteren Tochter eines wohlhabenden Landmanns, die ihm mehrere Kinder schenkte. Im Jahre 1586 siedelte er nach London über, wo er sich dem Theater zuwandte, anfangs als Schauspieler, dann aber hauptsächlich als Schauspieldichter, in welch' letzterer Eigenschaft er bald der entschiedenste Liebling des Publikums wurde und insbesondere auch den Beifall der Königin Elisabeth fand, obwohl er, weit entfernt, ihr, gleich seinen Kunstgenossen, in seinen Dichtungen Weihrauch zu streuen und durch Schmeicheleien nach ihrer Gunst zu haschen, sich nicht scheute, in seinen Dramen der herrschenden Zeitrichtung entschieden entgegen zu treten und sich, wie Rio sagt, zur Aufgabe stellte, „so viel, als für ihn möglich war, die wilden und schmutzigen Wasser abzuleiten, welche seit dem Regierungsantritte der Königin Elisabeth den Strom der öffentlichen Meinung trübten." Auch seine Vermögensverhältnisse gestalteten sich bald so günstig, daß er schon im Jahre 1596 das schönste Haus in Stratford und 1602 eben daselbst bedeutende Grundstücke kaufen und im Jahre 1605 seiner Vaterstadt ein beträchtliches Darlehen machen konnte. Hierhin kehrte er im Jahre 1611 zurück, um seine letzten Lebensjahre in stiller Zurückgezogenheit hinzubringen. Er starb am 23. April 1616 mit Hinterlassung zweier Töchter und wurde in der Hauptkirche seiner Vaterstadt beigesetzt.

Shakespeare's Dramen stellen das Leben in seinen mannigfaltigsten Erscheinungen mit solcher Treue und Lebendigkeit dar, daß man, wie Göthe sagt, „vor den aufgeschlagenen ungeheuern Büchern des Schicksals zu stehen glaubt, in denen der Sturmwind des bewegtesten Lebens saust und sie mit Gewalt rasch hin- und wieder blättert," und enthüllen dabei mit unübertroffener Meisterschaft die innersten Tiefen des Menschenherzens. Alle Charaktere, mögen sie der Geschichte entlehnt oder ganz der Phantasie des Dichters entsprungen sein, tragen das Gepräge der vollendetsten inneren Wahrheit und treten uns dabei in einer Mannigfaltigkeit der Individualisierung entgegen, wie sie bei keinem andern dramatischen Dichter, weder vor noch nach Shakespeare, zu finden ist. Alle Regungen des Menschenherzens, von der zartesten Empfindung und tändelndem Scherz, sprudelndem Witz und neckender Laune bis zur erhabensten moralischen Kraftentfaltung und den furchtbarsten Schrecken der Leidenschaft, sind mit der gleichen Meisterschaft gezeichnet, und nicht minder glücklich ist der Dichter in der Schilderung des Lächerlichen, der kläglichen Schwäche und der moralischen Verkommenheit, sowie in der Charakterisirung der einzelnen Stände und der nationalen Eigenthümlichkeiten. Als wirkliche Lebensbilder zeigen selbst Shakespeare's Tragödien ein Gemisch von Ernst und Scherz, von Leid und Freud, und mit den erschütterndsten Scenen der Leidenschaft und des herbsten Seelenschmerzes wechseln heitere Bilder, die jedoch mit jenen so kunstvoll verflochten sind, daß durch die Gewalt des Gegensatzes das Tragische nur noch überwältigender wirkt. Shakespeare's Sprache beleidigt zwar in einzelnen Stellen, wo es sich um die Schilderung niederer Charaktere handelt, den Geschmack unserer Zeit; aber nach dem Urtheil August Wilhelm Schlegels ist sie in ihrer Gesammtheit „unmittelbar aus dem Leben gegriffen und meisterhaft mit dem höchsten poetischen Schmucke verschmolzen, ein noch unübertroffenes Vorbild im Starken und Erhabenen, im Gefälligen und Zarten."

Man hat in Shakespeare's Weltanschauung das „einfache, positive, biblische Christenthum der Protestanten" finden wollen; aber Nichts widerspricht mehr der Wahrheit als dieses auf den willkürlichsten Hypothesen und der vollständigsten Mißkennung des Charakters seiner Dichtungen beruhende Urtheil. Shakespeare gehörte nicht nur, als der Sohn eines glaubenstreuen Recusanten, durch seine Geburt der katholischen Kirche an, sondern ist auch, wie zahlreiche unzweideutige Stellen in seinen dramatischen Dichtungen beweisen, sein ganzes Leben lang, trotz aller an ihn herantretenden Versuchungen zum Glaubensabfall, seinen katholischen Anschauungen und Ueberzeugungen treu geblieben und, nach dem jedenfalls schwer wiegenden Zeugniß zweier anglikanischer Geistlichen, als „Papist" gestorben [1]).

Shakespeare's durchweg katholische Weltanschauung bildet den Grundton aller seiner Dichtungen. „Das Schicksal der Alten, welches als unabänderliche Nothwendigkeit der Freiheit der Handlung gegenüber auftritt," sagt Weiß, „findet sich bei Shakespeare nicht, sondern Schicksal und Gemüth sind bei ihm eins; in der Brust des Menschen leuchten die Sterne seines Schicksals. Der Mensch ist Herr seines Schicksals, wenn er auf die göttlichen Lebensgedanken eingeht; er verfällt den ewigen Gesetzen, auch wenn er noch so groß ist, sofern er der sittlichen Nothwendigkeit zuwider handelt." Eben darum enthalten auch Shakespeare's Dichtungen, wie Weiß weiter bemerkt, eine Fülle der tiefsten Lebensweisheit in schönster Form. In allen seinen tragischen Gestalten waltet eine heitere Ruhe,

1) Siehe Raich, Shakespeare's Stellung zur katholischen Kirche. Mainz. Fr. Kirchheim.

und neben der Kraft der Auffassung reißen uns die Tiefe des Gedankens, die durchsichtige Ruhe und die freudige Stärke zur Bewunderung hin.

Die berühmtesten unter den dramatischen Dichtungen Shakespeare — im Ganzen siebenunddreißig Stück — sind seine fünf großartigen Tragödien: „Romeo und Julie“ (1592), nach Lessings Ausspruch „das einzige Stück, das die Liebe diktirt hat;“ „Hamlet“ (1598), „ein Gedanken-Trauerspiel, durch anhaltendes und nie befriedigtes Nachsinnen über die menschlichen Schicksale, über die düstere Verworrenheit der Weltbegebenheiten eingegeben, und bestimmt, eben dieses Nachsinnen wieder in den Zuschauern hervorzurufen,“ (Schlegel); „König Lear“ (1605); „Macbeth“ (1609), ein Werk, das in seiner großartigen Furchtbarkeit an die Furien des Aeschylos erinnert, und „Othello“ (1612). Von seinen historischen Schauspielen stellen drei: „Julius Cäsar“ (1606), „Antonius und Kleopatra“ (1607) und „Coriolan“ (1608), das öffentliche Leben des alten Roms in der großartigsten und freiesten dramatischen Form dar; die übrigen zehn, die ihren Stoff aus der englischen Geschichte entlehnen: König Johann, Richard II., Heinrich IV., Heinrich V., Richard III., Heinrich VI. (in drei Abtheilungen, wahrscheinlich das älteste) und Heinrich VIII., bilden nach Schlegel eigentlich nur ein Werk, ein historisches Heldengedicht in dramatischer Form. „Die Hauptzüge der Begebenheiten,“ sagt Schlegel über dieselben, „sind so treu aufgefaßt; ihre Ursachen, sogar ihre Triebfedern sind so lichtvoll durchschaut, daß man daraus die Geschichte nach der Wahrheit erlernen kann, während die lebendige Darstellung sie der Einbildungskraft unauslöschlich einprägt.“ Von Shakespeare's Lustspielen gehören drei: der Sturm, das Wintermärchen und der Sommernachtstraum, ganz der Welt der Phantasie an; unter den übrigen sind die bedeutendsten „der Kaufmann von Venedig“ und „die lustigen Weiber von Windsor“, in welch letzterem Stücke John Oldcastle, das Haupt der Lollharden (s. B. IV. S. 478), unter der komischen Figur des Falstaff karrikirt erscheint.

Trotz des großen und wohlverdienten Beifalls, den Shakespeare's Dramen bei ihrem Erscheinen auf der englischen Bühne gefunden, sah der Dichter in seinen letzten Lebensjahren seinen hohen Ruhm durch eine unberechtigte Kritik geschmälert. Eine Gegenpartei, an deren Spitze zwei andere dramatische Dichter, Ben Johnson (geb. 1573, gest. 1637) und John Fletcher (geb. 1516, gest. 1625) standen, warfen ihm Mangel an Gelehrsamkeit und Mißachtung der Aristotelischen Regeln von den drei Einheiten vor und brachten, an die Stelle der poetischen Kraft und des hohen Gedankenflugs die nüchternste Auffassung des Lebens setzend, eine Geschmacksrichtung zur Geltung, die im Vereine mit dem immer weiteren Umsichgreifen des dem Theater feindlichen puritanischen Geistes die dramatische Kunst in England ihrem Verfalle entgegen führte.

Gleich nach dem Ausbruch des Bürgerkriegs ließ das Parlament in seinem puritanischen Eifer alle Schauspielhäuser schließen, und erst nach der Rückkehr Karls II. wurde das Verbot der Bühnenspiele wieder aufgehoben. Das englische Drama konnte sich jedoch nicht mehr zu seiner früheren Höhe emporschwingen; denn es lag vollständig in den Banden des von Karl II. nach England herübergebrachten französischen Geschmacks, gefiel sich nur in Aeußerlichkeiten, prunkvollen Costüms und Dekorationen, glänzenden Aufzügen und dergleichen, und neigte sich durch die Verbindung des Gesangs mit der Deklamation mehr und mehr der Oper zu. Der Hauptrepräsentant dieser Geschmacksrichtung war John Dryden (geb. 1631, gest. 1701), der von den Zeitgenossen als der besondere Günstling der Musen gepriesen und im Jahre 1668 als Dichter gekrönt wurde. Er hat an dreißig Opern, Lust- und Trauerspiele geschrieben, die längst dem verdienten Loose der Vergessenheit anheimgefallen sind.

Der dichterische Repräsentant des religiösen Schwunges der Presbyterianerzeit ist John Milton. Geboren zu London im Jahre 1608 als der Sohn eines Notars, der ihm eine treffliche Erziehung gab, bezog er schon in seinem sechzehnten Jahre die Universität Oxford, wo er anfangs, dem Wunsche seines Vaters entsprechend, Theologie studierte, sich aber bald fast ausschließlich der Dichtkunst zuwandte, für welche er schon frühe ein bedeutendes Talent an den Tag gelegt. Nachdem er in den Jahren 1638 und 1639 Frankreich und Italien durchreist hatte, nahm er bei seiner Rückkehr in die Heimath seine früheren literarischen Studien mit verdoppeltem Eifer wieder auf, las Dante, Petrarca, Homer und das alte Testament in der Ursprache und wußte bald die beiden letzteren fast ganz auswendig. Für seine Dichtungen, von denen die ältesten in lateinischer Sprache geschrieben sind, wählte er meist religiöse und moralische Stoffe, in deren Behandlung er nach klassischer Vollendung strebte. Von seiner Freiheitsliebe zum Anschluß an die Partei der Republikaner getrieben, entsagte er für eine Zeitlang der Poesie, um seine schriftstellerische Thätigkeit ausschließlich den öffentlichen Angelegenheiten zuzuwenden. Eine Schrift zur Vertheidigung der Hinrichtung Karls I. verschaffte ihm die besondere Gunst Cromwells, der ihn zum Staatssekretär ernannte. Obgleich seit dem Jahre 1652 vollständig erblindet, blieb er rastlos literarisch thätig, indem er seinen Töchtern diktirte und sich von ihnen vorlesen ließ. Nach der Wiederherstellung des Königthums wurden einige seiner Schriften durch Henkershand verbrannt; er selbst aber blieb unbeheiligt. „Ich höre," sagte Karl II., „daß Milton arm, krank und blind ist; da ist er genugsam bestraft."

Seit dieser Zeit bildete die Poesie wieder Miltons Hauptbeschäftigung, und im Jahre 1665 vollendete er seine großartigste Dichtung, „Das verlorene Paradies", in welcher das religiöse Epos der Engländer seine höchste Vollendung erreichte. Mit wunderbarer Kraft und Anmuth schildert der Dichter die erhabene Schönheit des Paradieses, das Glück und den Frieden des ersten Menschenpaares vor seinem Falle, mit ergreifenden Zügen einerseits in dem Satan und den gefallenen Engeln die Macht der Selbstsucht, gepaart mit dem schmerzlichen Bewußtsein des Verlustes der ursprünglichen Herrlichkeit, und andererseits in den aus dem Paradiese verstoßenen Stammeltern des Menschengeschlechts die furchtbaren Folgen des Sündenfalls. Nur mit Mühe gelang es Milton, für diese herrliche Dichtung einen Verleger zu finden, der ihm für dieselbe zehn Pfund zahlte; auch wurde das Werk von den Zeitgenossen Anfangs wenig beachtet. Im Jahre 1671 schrieb Milton als Gegenstück zu dieser ersten Dichtung eine zweite: „Das wiedergewonnene Paradies", in welchem er in der Versuchung des Heilandes, der für ihn mehr Mensch als Gott ist, die Ohnmacht des Bösen dem Göttlichen gegenüber darstellt. Obgleich er selbst dieser letzteren Dichtung einen höheren Werth beilegte, als der ersten, steht sie derselben doch bei Weitem nach. Außer diesen beiden Hauptdichtungen hat Milton auch treffliche kleinere lyrische Gedichte verfaßt; seine Ode auf die Geburt Christi gilt für die beste, die in englischer Sprache gedichtet worden.

Während Milton in seinen Dichtungen die Hoheit und Herrlichkeit der christlichen Religion feiert, stellte sich sein Zeitgenosse Samuel Buttler (geb. 1612, gest. 1673) die Aufgabe, die Thorheiten und Uebertreibungen der puritanischen Fanatiker mit der Geißel der Satire zu züchtigen. Zu diesem Ende schrieb er, nach dem Vorbilde des Don Quixote, ein komisches Epos, das er nach dem Helden, einem scheinheiligen puritanischen Ritter, der mit seinem Stallmeister Ralph ähnliche Abenteuer besteht, wie Don Quixote und Sancho Pansa, Hudibras nannte. Obgleich es diesem Gedichte nicht an Geist und Witz fehlt, hat der Verfasser doch sein großes Vorbild Cervantes nicht erreicht.

Ebensowenig förderlich als für die Künste, die zur Erheiterung und Verschönerung des Lebens dienen, konnten die Zeiten des Bürgerkrieges und der Herrschaft der Puritaner für die Wissenschaften sein, da den Machthabern bei ihrer einseitig religiösen Richtung die profanen Studien gleichgiltig, wenn nicht gar anstößig und verderblich erscheinen mußten, und in der That war das Streben des Barebone-Parlamentes auf nichts Geringeres gerichtet, als auf die gänzliche

Vernichtung der Universitäten. Dagegen zeigte sich Cromwell als Protektor den Gelehrten nicht ungünstig.

Auf dem Gebiete der Philosophie war schon zu Elisabeths Zeit durch Franz Baco, Sir von Verulam, einem der scharfsinnigsten Denker Englands — geboren 1561, von Elisabeth zu ihrem außerordentlichen Rath ernannt, unter Jakob I. Großsiegelbewahrer und Lord-Kanzler, im Jahre 1621 wegen Ertheilung von Aemtern und Privilegien für Geld von dem Oberhause angeklagt und zu einer Strafe von vierzigtausend Pfund und Einkerkerung im Tower verurtheilt, von Karl I. jedoch begnadigt, gestorben 1626 — der Grund zu einem neuen philosophischen Systeme gelegt worden, das auf der Ansicht basirte, daß die Beobachtung der äußeren Natur der einzige Weg zur Erkenntniß der Wahrheit sei. Dieses System, welches das Reich der äußeren Welt und der Erfahrung zum Mittelpunkte alles menschlichen Wissens und zum Kern der Philosophie machte, wurde weiter ausgebildet durch Baco's Freund Thomas Hobbes (geb. 1588, gest. 1679). Jeder religiösen Gesinnung bar, sah Hobbes in der Religion nur eine Menschenerfindung, ein den Herrschern nützliches Werkzeug zur Bändigung der Massen, in der Vernunft nur die anerlernte Stimme der Klugheit im Dienste des Eigennutzes und in dem Staate den Träger einer absoluten Gewalt, von der alles Recht ausgehe und der auch die Kirche sich vollständig unterordnen müsse. Im Gegensatz zu diesen neuen staatsrechtlichen Ansichten, die bei vielen Episkopalen Anklang fanden, vertrat Algernon Sidney (s. S. 159) die Rechte des Volkes, zu dessen Bestem die Regierung bestehe und das darum die Obrigkeit beschränken und gänzlich ändern könne.

Eine weitere, eigenthümliche Ausbildung erhielten Baco's Ansichten durch John Locke, der, im Jahre 1632 zu Wrington in der Grafschaft Somerset geboren, auf der Universität Oxford zuerst Arzneikunde, dann Philosophie studierte, seinen Gönner, den Grafen Shaftesbury, nach dessen Sturz nach den Niederlanden begleitete, im Jahre 1688 mit Wilhelm von Oranien nach England zurückkehrte und im Jahre 1704 starb. Gestützt auf den Satz: „Nihil est in intellectu, quod non fuerat in sensu — Nichts ist im Geiste, was nicht vorher in den Sinnen war,“ — leitete er alles menschliche Wissen aus der Erfahrung, d. h. aus der Beobachtung der äußeren Natur und der eigenen Geistesthätigkeit her und wurde dadurch der Vater des Sensualismus und Empirismus[1]), der bei seinen Schülern mehr und mehr in Materalismus überging.

1) Sensualismus nennt man dasjenige philosophische System, das die Sinnenwahrnehmung für die alleinige Quelle alles Wissens erklärt, und Empirismus dasjenige, welches alle Erkenntniß aus der Erfahrung herleitet.

Indem Locke die Behauptung aufstellte, daß der Vernunft die Entscheidung über die von den verschiedenen Religionsparteien als Offenbarungslehren vertretenen Meinungen zustehe, brach er den sogenannten **Freidenkern** oder **Deisten** die Bahn, die in der geoffenbarten Religion nur das gelten lassen wollten, was mit der sogenannten „natürlichen Religion“ übereinstimme.

Bald bildeten sich in England Gruppen von Männern, die Religion und Sittlichkeit, kirchliche und staatliche Ordnung gleichmäßig untergruben. Einer der einflußreichsten derselben war der Graf von **Shaftesbury**, der in seinen Unterhaltungsschriften die Bibel und die Wunder, die Religion und die Moral, die Regierung und das historische Recht mit Hohn und Spott übergoß und der Ansicht huldigte, daß man tugendhaft sein könne ohne Gott und daß die Forderungen der Sinnlichkeit und der Selbstsucht den Vernunftgesetzen nicht zuwiderliefen. Anton **Collins** (geb. 1676, gest. 1729), ein Freund und Zögling Locke's, schrieb gegen die Hochkirche wie gegen das Christenthum überhaupt und richtete seine Angriffe besonders gegen die Messianischen Weissagungen des alten Bundes; er war es, der den Namen „Freidenker“ in Aufnahme brachte. Von dem gleichen Geiste durchweht sind die Schriften des Irländers John **Toland** (geb. 1670, gest. 1721), der nach seinem Abfall von der katholischen Kirche die Geistlichkeit in vielen Pamphleten verspottete, die Vernunft für die höchste Richterin, auch der Bibel, erklärte, alle Mysterien leugnete und seinen Lehren auch an den Höfen von Hannover und Berlin Eingang zu verschaffen suchte, an welch' letzterem die Königin Charlotte Sophie (s. S. 39), sich große Mühe gab, ihn zu widerlegen. Zu den eifrigsten Bekämpfern des Christenthums gehörten auch der Rechtsgelehrte Matthäus **Tindal** (geb. 1656, gest. 1733), der die natürliche Religion für genügend erklärte und mit der Nothwendigkeit der Offenbarung diese selbst bestritt, und der frühere anglikanische Theologe Thomas **Woolston** (geb. 1669, gest. 1731), dessen die geschichtliche Glaubwürdigkeit der Bibel bekämpfende Abhandlungen reißenden Absatz fanden, sowie später der Viscount **Bolingbroke** (geb. 1672, gest. 1751), der in seinen Briefen über das Studium der Geschichte das Christenthum auf die schonungsloseste Weise angriff.

Während das Bestreben der englischen Philosophen jener Zeit, alles menschliche Wissen auf die Sinnenwahrnehmung und Erfahrung zurückzuführen, auf dem Gebiete der Religion und Moral die beklagenswerthesten Verheerungen anrichtete, führte der Weg der Beobachtung, auf welchen sie hingewiesen, auf dem Gebiete der Naturwissenschaften zu den überraschendsten Entdeckungen. Diese waren hauptsächlich das Werk des berühmten Mathematikers **Isaak**

Newton, geb. am 25. Dez. 1642 zu Woolsthorpe in Lincolnshire. Nachdem er im Jahre 1669 Professor zu Cambridge und drei Jahre später Mitglied der von Karl II. gestifteten königlichen „Societät der Wissenschaften" zu London geworden, veröffentlichte er seine epochemachende „Theorie des Lichtes und der Farben" und führte durch die von ihm entwickelten Grundsätze der Naturphilosophie eine völlige Umgestaltung der Naturwissenschaften herbei. Seine Verdienste wurden durch zahlreiche Auszeichnungen und Ehrenbezeigungen anerkannt: die Pariser Akademie ernannte ihn im Jahre 1699 zum auswärtigen Mitgliede; die Königin Anna erhob ihn im Jahre 1703 zum Präsidenten der Societät der Wissenschaften und im Jahre 1705 in den Ritterstand. Er starb im Jahre 1725, nach kurzem Krankenlager, im Alter von fünfundachtzig Jahren, nachdem er sich in den zehn letzten Jahren seines Lebens aller wissenschaftlichen Beschäftigungen hatte enthalten müssen, weil das Uebermaß der Anstrengung seine geistige Kraft erschöpft hatte. Georg I., der Nachfolger Anna's, ließ ihn mit königlichem Gepränge in der Westminsterabtei beisetzen. Trotz seines reichen Wissens war er stets bescheiden und anspruchslos und bewahrte bis an sein Ende die offene Unbefangenheit eines Kindes.

Unter den zahlreichen Sekten, die der religiösen Gährung unter Karl I. und in den Zeiten der Republik ihren Ursprung verdankten, war die eigenthümlichste die der Quäker. Der Stifter derselben war John Fox (geb. 1624, gest. 1691), ein aus der Lehre entlaufener Schusterbursche, der sich, nachdem er sich schon frühe einem träumerischen Sinnen über religiöse Fragen hingegeben, von Gott berufen glaubte, als Bußprediger auszuziehen, um dem Verderben seiner Zeit entgegen zu treten, das seiner Meinung nach nur von der Ueberschätzung der äußeren Seite der Religion und dem Verkennen des inneren Wesens derselben herrühre. Dieses bestehe, so lehrte er, in dem innerlichen Rufe des göttlichen Wortes, und nur Diejenigen, die demselben folgten, seien wahre Christen und würden durch die Macht des göttlichen Geistes vom Bösen gereinigt. Da er sich durch seinen schwärmerischen Eifer zur Störung des öffentlichen Gottesdienstes und zu heftigen Deklamationen gegen die Geistlichkeit hinreißen ließ, wurde er mehrmals gerichtlich verfolgt, erlangte jedoch immer seine Freiheit wieder, da ihm kein gesetzlich strafbares Vergehen nachgewiesen werden konnte und Cromwell ihn mit Schonung behandelt wissen wollte. Die allgemeine religiöse Gährung führte ihm zahlreiche Anhänger zu, die sich die „Gesellschaft der Freunde" oder die „Bekenner des Lichtes" nannten, von ihren Gegnern aber den Namen Quäker (Zitterer) erhielten, weil sie bei ihren gottesdienstlichen Versammlungen vor innerer Erregung häufig in convulsivisches Zittern geriethen.

Zu den Quäkern traten selbst mehrere gelehrten Männer über, die allmählich die Ansichten des Stifters der Sekte in ein geordnetes Lehrsystem brachten. Einer derselben, William Penn (geb. 1674, gest. 1718), der Sohn des früher (S. 138) erwähnten Admirals, gründete für seine in England vielfach bedrängten Glaubensbrüder in Nordamerika, wo Karl II. ihm am Delaware gegen eine von Penns Vater herrührende Schuldforderung von sechzehntausend Pfund einen bedeutenden Landstrich abgetreten, eine Kolonie, die nach ihm den Namen Pennsylvanien erhielt und sich bald zu hoher Blüthe emporschwang. In England erlangten die Quäker erst unter Jakob II. Duldung und unter Wilhelm III. vollständige Religionsfreiheit.

Nach der Lehre der Quäker findet sich in der Seele eines jeden Menschen ein Theil der göttlichen Vernunft, ein Funke der Weisheit, der aber durch den materiellen Leib verdunkelt und unterdrückt ist und entzündet werden muß, wenn man glücklich sein will. Durch dieses innere Licht, das die Ursache aller religiösen Erkenntniß und die Quelle des frommen Lebens ist, erhält die heilige Schrift erst Verständniß und Autorität. Da nach der Ansicht der Quäker der äußere Gottesdienst, die kirchlichen Ceremonien und die heiligen Sakramente unnütz und überflüssig sind, haben sie weder einen besonderen Predigerstand als Verwalter des göttlichen Lehramtes noch eine bestimmte Liturgie, auch keine Festtage und keine Kirche. Sie versammeln sich in schmucklosen Sälen, wo sie schweigend, mit bedecktem Haupte und den Blick zur Erde gesenkt, sitzen und harren, bis Einen, Mann oder Frau, „der Geist ergreift," daß er zu ihnen rede. Geschieht dies nicht, so gehen sie schweigend wieder auseinander. Im gewöhnlichen Leben zeichnen sie sich durch Einfachheit und Strenge der Sitten aus, verschmähen jeden Dienst der Mode und jedes weltliche Vergnügen, unterlassen jede Höflichkeitsbezeigung, nennen Jedermann du, bedienen sich keiner anderen Anrede als „mein Freund" und verweigern den Eid, den Kriegsdienst und die Uebernahme obrigkeitlicher Aemter.

VI.

Der spanische Erbfolgekrieg.

(1701—1714.)

Die drei ersten Kriegsjahre.

(1701—1703.)

Hatte das siebzehnte Jahrhundert seit dem Beginne des dreißigjährigen Krieges der europäischen Welt nur kurze Zwischenräume friedlicher Ruhe gegönnt, so sollte das achtzehnte ihm an verheerenden Kriegsstürmen nicht nachstehen. Gleich bei seinem Beginn ertönte aufs Neue das Waffengetöse, das durch die Friedensschlüsse von Ryswick und Karlowitz nur für kurze Zeit zum Schweigen gebracht worden, in zwei großen Kämpfen, die im Nordosten und im Südwesten zu gleicher Zeit entbrannten und alle Staaten Europa's in ihren Strudel rissen. Wir werden uns zunächst mit demjenigen beschäftigen, der um die Erbfolge in Spanien geführt wurde.

Schon seit einer längeren Reihe von Jahren hatte die Frage, wem nach dem Tode des kinderlosen Königs Karl II. von Spanien, dessen beständiges Siechthum ein frühes Ende erwarten ließ, die spanische Monarchie zufallen solle, die, wenn auch augenblicklich von ihrer früheren Höhe herabgesunken, doch noch immer durch ihr weit ausgedehntes, reiches und herrliches Gebiet als ein beneidenswerthes Erbe erschien, die Kabinette beschäftigt und zu den lebhaftesten Verhandlungen Veranlassung gegeben.

Die beiden Hauptbewerber um das spanische Erbe waren Ludwig XIV. und Kaiser Leopold I., die Beide von Töchtern Philipps III. abstammten und mit Töchtern Philipps IV. vermählt gewesen waren. Als Sohn der älteren Schwester und Gemahl der älteren Tochter Philipps IV., würde Ludwig unzweifelhaft ein näheres Erbrecht gehabt haben, als Leopold, der von der jüngeren Schwester Philipps IV. abstammte und mit dessen jüngerer Tochter vermählt gewesen, hätten nicht seine Mutter Anna von Oesterreich und seine Gemahlin Maria Theresia bei ihrer Verheirathung ausdrücklich auf das spanische Erbe Verzicht geleistet, während die Gemahlin Ferdinands III., Maria Anna, und die Gemahlin Leopolds I., Margaretha Theresia, sich bei ihrer Vermählung ausdrücklich ihr Erbrecht vorbehalten hatten. Außerdem konnte Leopold zur Begründung seiner Ansprüche nicht nur das alte Familienrecht der Habsburger, sondern auch das von den spanischen Cortes bestätigte Testament Philipps IV. geltend machen, kraft dessen in Ermangelung eines männlichen Erben Karls II. die gesammte spanische Monarchie der Gemahlin Leopolds und ihren Nachkommen zufallen sollte. Durch dieses Testament wäre allerdings das Erbrecht auf den jungen Kurprinzen Joseph Ferdinand von Baiern, als den Sohn der einzigen Tochter des Kaisers Leopold und der Margaretha Theresia, übergegangen, wenn erstere bei ihrer Vermählung mit dem Kurfürsten Maximilian Emmanuel von Baiern auf Verlangen ihres Vaters, der die Ansprüche des habsburgischen Hauses nicht auf das Haus Wittelsbach übergehen sehen wollte, auf ihr Erbrecht Verzicht geleistet hätte. Da jedoch diese Verzichtleistung von den spanischen Cortes nicht anerkannt worden, hielt der Kurfürst von Baiern die Ansprüche seines Sohnes aufrecht, während Ludwig XIV. die seinigen auf die von seinen Rechtsgelehrten abgegebene Erklärung stützte, daß seine Verzichtleistung ungiltig sei, weil kein Fürst die Rechte seiner Nachkommen veräußern könne. Um jedoch der Besorgniß der übrigen Mächte vor einer Vereinigung der spanischen Monarchie mit der französischen unter einem Scepter entgegenzutreten, verlangte er dieselbe weder für sich selbst, noch für den Dauphin, noch für dessen ältesten Sohn, sondern für seinen jüngeren Enkel, den Herzog Philipp von Anjou, wie auch Leopold aus dem gleichen Grunde sein Erbrecht auf seinen zweiten Sohn Karl übertragen hatte.

Trotz dieser von den beiden Hauptbewerbern zur Beruhigung des übrigen Europa's getroffenen Maßregeln war die Besorgniß vor der Störung des europäischen Gleichgewichts durch den Heimfall der gesammten spanischen Monarchie an eines der beiden Häuser nicht geschwunden, und ebenso lebhaft war der Wunsch der Kabinette, dem Ausbruch eines Krieges zwischen Frankreich und Oesterreich vorzubeugen. Angesichts dieser Sachlage brachte Ludwig selbst, dem es hauptsächlich darum zu thun war, die beiden Seemächte England und Holland in trügerische Sicherheit einzuwiegen, noch vor dem Tode Karls II. von Spanien bei diesen beiden Mächten eine Theilung der spanischen Monarchie in Vorschlag, und in der That kam nach einigen Unterhandlungen am 11. Oktober 1698 zwischen Frankreich, England und Holland ein geheimer Theilungsvertrag zu Stande, nach welchem der französische Prinz Neapel und Sicilien nebst Guipuzcoa, der österreichische die flandrischen Provinzen mit Mailand und der Kurprinz von Baiern die ganze übrige spanische Monarchie erhalten sollte. Der Kurfürst von Baiern, mit welchem Ludwig längst insgeheim Unterhandlungen angeknüpft, erklärte sich mit dieser Theilung einverstanden; dagegen legte der Kaiser gegen jede Verkürzung seines Erbrechts entschieden Verwahrung ein.

Indessen war das zwischen den drei Mächten getroffene Abkommen, von welchem nur der Kaiser und der Kurfürst von Baiern in Kenntniß gesetzt werden sollten, auch am Hofe von Madrid bekannt geworden, und Karl II., der von einer Theilung seines schönen Reiches Nichts wissen wollte und überdies heftig darüber erzürnt war, daß fremde Mächte sich unterfingen, noch bei seinen Lebzeiten über dasselbe zu verfügen, ernannte am 14. November 1698 den Kurprinzen von Baiern zu seinem alleinigen Erben. Ludwig ließ sofort durch seinen Gesandten in Madrid gegen diese Ernennung Protest einlegen, während der Kurfürst von Baiern, der damals als Statthalter der spanischen Niederlande in Brüssel weilte, schleunigst Vorkehrungen traf, um seinen Sohn nach Spanien bringen zu lassen. Die ganze Sachlage wurde jedoch durch den unerwarteten Tod des siebenjährigen Kurprinzen verändert. Da hierdurch die Frage der Erbfolge wieder in ihr ursprüngliches Stadium zurückgetreten war, kam im März 1700 zwischen Frankreich, England und Holland ein zweiter Theilungsvertrag zu Stande, in welchem Ludwig sogar gegen eine bedeutende Vergrößerung seines eigenen Antheils in die Erhebung des Erzherzogs Karl auf den spanischen Thron willigte, unter der Bedingung, daß derselbe binnen drei Monaten dem Vertrage beitrete und sich verpflichte, bei Lebzeiten Karls II. weder nach Spanien noch nach Mailand zu gehen, auch keine österreichische Kriegsmacht in spanische Länder einrücken zu lassen; doch auch diesmal erhob Leopold feierlich Protest gegen jede Theilung der spanischen Monarchie.

Am Hofe zu Madrid setzte unterdessen der französische Gesandte, der Marquis von Harcourt, alle Hebel in Bewegung, um von dem mit raschen Schritten seinem Ende entgegengehenden König eine testamentarische Bestimmung zu Gunsten des Herzogs von Anjou zu erlangen, und da ihm der Vertreter Oesterreichs, der alte Graf Harrach, an Schlauheit nicht gewachsen war, gelang es demselben nicht, ihm erfolgreich entgegen zu arbeiten. Am 1. Oktober 1700 unterzeichnete Karl II. ein Testament, worin er Philipp von Anjou zu seinem Nachfolger ernannte. Vier Wochen später, am 1. November 1700, erlag er seinem langen, verzehrenden Siechthum.

Als dieses Testament, von welchem außer Denjenigen, die zu demselben mitgewirkt, Niemand eine Ahnung gehabt, bekannt wurde, erheuchelte Ludwig Ueberraschung. Obgleich er sich am Ziele seiner Wünsche sah, war er Angesichts des kaum geschlossenen zweiten Theilungsvertrags, den unter allen Umständen treu und fest zu halten er auf das Bestimmteste zugesagt, einen Augenblick schwankend, ob er dasselbe annehmen solle; doch bald siegten sein Ehrgeiz und seine Eroberungssucht über alle Bedenken. Nachdem am 16. November der spanische Gesandte in Versailles knieend den Herzog von Anjou als König von Spanien begrüßt hatte, ließ

Ludwig die Flügelthüren öffnen und erklärte den versammelten Großen: „Meine Herren, Sie sehen hier den König von Spanien! Die Natur hat ihn dazu gemacht; der verstorbene König hat ihn dazu ernannt; das spanische Volk sehnt sich nach ihm, und ich gebe meine Zustimmung!“ Dann sich zu seinem Enkel wendend, fügte er hinzu: „Ihre erste Pflicht ist nunmehr, ein guter Spanier zu sein; aber vergessen Sie nicht, daß Sie von Geburt Franzose sind und daß von der Einigkeit beider Kronen das Glück der Völker und die Erhaltung des Friedens abhängt.“ Acht Tage später, am 24. November 1700, wurde der Herzog von Anjou zu Madrid als Philipp V. zum König ausgerufen. Als er am 14. Dezember Versailles verließ, um von seinem neuen Königreich Besitz zu nehmen, verriethen Ludwigs Abschiedsworte: „Mein Sohn, jetzt gibt es keine Pyrenäen mehr!“ in unzweideutiger Weise die stolzen Herrschaftspläne, mit denen sich der ehrgeizige König trug.

Am 18. Februar 1701 hielt Philipp V. seinen Einzug in Madrid, und bald lief aus allen spanischen Nebenländern die Nachricht ein, daß er in denselben gleichfalls als König anerkannt worden. Von den auswärtigen Fürsten war der Kurfürst von Baiern, den Ludwig durch die Aussicht auf die seinem Hause zu verleihende erbliche Statthalterschaft in den Niederlanden ganz in sein Interesse zu ziehen gewußt, der Erste, der seinem Vetter Philipp Glück wünschte und ihm in allen erforderlichen Fällen seine Dienste anbot. Seinem Beispiele folgte bald auch sein Bruder, der Kurfürst Joseph Clemens von Köln, den Ludwig gleichfalls durch glänzende Zusagen zu ködern gewußt. In Italien fand Ludwig Bundesgenossen in dem Herzog Victor Amadeus von Savoyen, der als der Schwiegervater des neuen Königs von Spanien sogleich auf dessen Seite getreten, und dem Herzog Karl IV. von Mantua. Da weder die Generalstaaten noch England zum Kriege gerüstet waren und Wilhelm III. sich überdies gerade damals durch eine ungünstige Stimmung des Parlaments am freien Handeln gehindert sah, mußten auch sie sich zur Anerkennung Philipps bequemen; doch trafen beide Mächte im Stillen ihre Vorkehrungen, um, falls der Kaiser zu den Waffen greife, im geeigneten Momente in die Aktion eintreten zu können.

So schien Ludwigs Ränkespiel vollkommen gelungen und das spanische Erbe für Oesterreich verloren zu sein. Dem war jedoch nicht so. Leopold, der das Testament Karls II. für erschlichen erklärte, war fest entschlossen, für das unbestreitbare Rechte seines Hauses Alles einzusetzen und trotz der Erschöpfung seiner Staaten den Krieg mit Frankreich aufzunehmen. In diesem Vorsatze bestärkte ihn besonders der Prinz Eugen, dessen staatsmännischer Scharfblick wohl erkannte, daß mit dem Besitz der spanischen

Monarchie das Uebergewicht des Hauses Bourbon in Europa entschieden sein werde, und der den Kaiser umsomehr zu raschem Handeln drängte, als er überzeugt war, daß sich nach dem ersten Sieg der österreichischen Waffen Bundesgenossen für denselben finden würden.

Ganz allein stand indessen Leopold auch beim Beginne des Krieges nicht. Außer dem neuen König von Preußen, der ihm ein Hilfsheer von achttausend Mann zugesagt, hielt sich auch der Kurfürst von Hannover durch den Dank, den er dem Kaiser für die seinem Hause bewilligte Rangerhöhung schuldete, zu dessen Unterstützung verpflichtet. Dagegen hatte Leopold von Seiten des Reiches, das die ganze Angelegenheit als eine den Kaiser persönlich betreffende betrachtete, für den Augenblick keine Hilfe zu erwarten. Der Kurfürst von Sachsen, der in den vorhergehenden Kriegen sein Bundesgenosse gewesen, sah sich durch den im Norden entbrannten Krieg, an welchem er als König von Polen betheiligt war, in die Unmöglichkeit versetzt, für Oesterreichs gutes Recht irgendwie einzutreten; Baiern und Köln standen ohnehin auf Frankreichs Seite, und die übrigen Stände begnügten sich damit, unter einander ein Bündniß zu gemeinsamer Abwehr eines etwaigen Angriffs auf ihre Gebiete zu schließen.

Nachdem Leopold seine Streitkräfte auf achtzigtausend Mann erhöht hatte, brach Eugen im März 1701 mit einem Heere von dreißigtausend Mann nach Italien auf, um den Franzosen die dortigen spanischen Nebenländer zu entreißen. Da Venedig sich für neutral erklärt und Catinat, dem Ludwig auch diesmal den Oberbefehl in Italien übertragen, die Tyroler Pässe gesperrt hatte, beschloß der Prinz, sich über das Gebirg im Rücken des Feindes einen Weg zu bahnen. Durch unwegsame Thäler und auf steilen Bergpfaden, die nur den Hirten und Jägern bekannt waren, ließ er durch einige seiner Regimenter, denen die umwohnenden Gebirgsbewohner bereitwillig Beistand leisteten, Wege herstellen für die Reiterei und das Geschütz, und wo den Pferden das Ziehen zu schwer ward, legten Soldaten und Bauern mit Hand an. Nach unsäglichen Mühen, Beschwerden und Gefahren, denen Menschen und Thiere in großer Zahl erlagen, stieg zum Erstaunen Catinats, den Eugen durch vorgenommene Recognoscirungen in dem Glauben zu erhalten gewußt, daß er an der Etsch durchzubrechen beabsichtige, das kaiserliche Heer zu Anfang Juni in die Ebene von Verona hinab. Eugen fuhr fort, seinen Gegner durch geschickte Hin- und Hermärsche zu täuschen und schlug ihn, nachdem es ihm gelungen, die Etsch zu überschreiten, am 7. Juli bei Carpi, trotz der numerischen Uebermacht der Franzosen, durch einen unerwarteten Angriff so vollständig, daß Catinat sich über den Mincio und den Oglio zurückziehen und den

Kaiserlichen das ganze Gebiet zwischen diesen Flüssen und der Etsch überlassen mußte.

Die Nachricht von dieser Niederlage versetzte den König von Frankreich in den heftigsten Zorn. Er entzog sofort dem tüchtigen Catinat den Oberbefehl und übertrug denselben dem Marschall von Villeroi, seinem besonderen Günstling, den er mit einer Verstärkung von zwanzigtausend Mann nach Italien sandte. Villeroi, der die Vertreibung der Kaiserlichen aus Italien für ein Kinderspiel hielt, ging gleich nach seiner Ankunft im französischen Lager über den Oglio, um den Prinzen, der bei Chiari in trefflich gewählter Stellung ein verschanztes Lager bezogen, mit einem dem kaiserlichen um das Doppelte überlegenen Heere anzugreifen. Der Angriff erfolgte, trotz der Abmahnungen Catinats, am 1. September und endete mit einem zweiten glänzenden Siege der Kaiserlichen, die während des ganzen Gefechtes, gegen die französischen Kugeln gedeckt, hinter hohen Verschanzungen gestanden hatten und daher nur sechsunddreißig Todte und einundachtzig Verwundete zählten, während der Feind über zweitausend Todte und unter denselben zweihundert Offiziere auf dem Schlachtfelde zurückließ. Nachdem beide Feldherren einander noch zwei Monate lang beobachtet, bezogen sie die Winterquartiere, welche die Franzosen im Mailändischen und die Oesterreicher in Guastalla nahmen.

Mitten im Winter überfiel Eugen zu nächtlicher Stunde die Festung Cremona. Fünfhundert kaiserliche Grenadiere drangen durch einen trocken liegenden Kanal in das Innere der Stadt, überrumpelten die Thorwache und öffneten dem Hauptkorps den Eingang. Rasch ergossen sich die kaiserlichen Truppen durch die Straßen Cremona's und zwangen Villeroi, der in seinem Bette überfallen wurde, sich gefangen zu geben. Ehe jedoch ein zweites Korps, das unter dem Prinzen von Vaudemont von dem Brückenkopfe aus in die Stadt eindringen sollte, angekommen war, hatten sich die Franzosen von dem ersten Schrecken der Ueberraschung erholt, und nach einem zehnstündigen heißen Straßengefecht, das den Franzosen zwölfhundert, den Kaiserlichen sechshundert Mann kostete, mußte sich Eugen, da inzwischen die Brücke zerstört worden war, über welche Vaudemont eindringen sollte, zur Räumung der Stadt entschließen. Den gefangenen Villeroi sandte Eugen nach Innsbruck; die Pariser aber forderten in einem Spottlied die Armee auf, dem Kriegsgotte für ihr beispielloses Glück zu danken, daß sie „Cremona behalten und ihren General verloren habe.“ Ludwig ersetzte ihn durch den tapferen und kriegskundigen Herzog von Vendome, der mit bedeutenden Verstärkungen in Italien anlangte.

Inzwischen hatten die Seemächte England und Holland, nachdem sie vergebens von Ludwig XIV. eine billige Entschädigung für den Kaiser und bestimmte Zugeständnisse zur Sicherung ihrer durch den Uebergang der spanischen Monarchie an das Haus Bourbon gefährdeten Handelsinteressen zu erlangen gesucht, ermuthigt durch die Fortschritte Eugens in Italien, im September 1701 im Haag mit dem Kaiser zur gemeinsamen Bekämpfung Ludwigs ein Bündniß, die „große Allianz“, geschlossen. Die Verbündeten verpflichteten sich, den Krieg gegen Frankreich so lange fortzuführen, bis dem Kaiser Genugthuung für seine Ansprüche geworden, die Seemächte die gewünschten Sicherheiten für ihre Handelsinteressen erhalten haben würden und hinreichende Bürgschaft dafür erwirkt sein werde, daß Frankreich und Spanien nie unter dem nämlichen Scepter vereinigt werden würden. Das englische Parlament hatte zwar Anfangs dem König Schwierigkeiten bezüglich der nöthigen Geldmittel gemacht, da in demselben die Friedenspartei die Oberhand hatte, und die englische Nation selbst mit Wilhelms kriegerischer Politik wenig einverstanden war; allein Ludwig führte durch eine neue Vertragsverletzung einen raschen Umschwung in der Stimmung der Engländer herbei. Uneingedenk der im Frieden von Ryswick gegen Wilhelm III. eingegangenen Verpflichtungen, erkannte er nach dem Tode Jakobs II. (16. Sept. 1701) dessen Sohn Jakob Eduard, der den Namen Jakob III. annahm, als den rechtmäßigen König von England an, in der Hoffnung, dadurch in England einen neuen Kampf der Parteien hervor zu rufen. Das englische Volk, das hierin eine unbefugte Einmischung in seine inneren Angelegenheiten erblickte, zeigte sich über Ludwigs Anmaßung aufs Höchste erbittert, und das neue, unter dem Einfluß der gänzlich veränderten Stimmung gewählte Parlament bewilligte dem König ohne Schwierigkeit die nöthigen Geldmittel für die Anwerbung von vierzigtausend Mann Landtruppen und ebenso vielen Matrosen (s. S. 169).

Wilhelm übertrug den Oberbefehl über das Landheer, den er wegen seiner Erkrankung nicht selbst übernehmen konnte, dem zum Grafen von Marlborough ernannten Generallieutenant Churchill, der sich im März 1702 nach den Niederlanden einschiffte. Kaum waren jedoch die englischen Truppen in Holland gelandet, als die Nachricht von dem Tode Wilhelms eintraf. Der Thronwechsel, der in den Niederlanden wie in Oesterreich die Besorgniß einer minder thatkräftigen Kriegführung von Seiten Englands hervorrief, änderte jedoch Nichts an den getroffenen Maßregeln, indem sich die durchaus unselbstständige Königin Anna durch die zur Obersthofmeisterin ernannte Herzogin von Marlborough, ihre Jugendfreundin, unschwer bewegen ließ, das Programm ihres Vorgängers in allen Punkten aufrecht zu halten.

Da inzwischen außer Preußen und Hannover auch vier Reichskreise, der fränkische, der schwäbische und die beiden rheinischen, der großen Allianz beigetreten waren, schloß sich das Reich in seiner Gesammtheit, dem Verlangen des Kaisers entsprechend, gleichfalls an dieselbe an und erklärte am 6. Oktober 1702 an Frankreich den Krieg, worauf der französische Gesandte zu Regensburg die Weisung erhielt, binnen drei Tagen die Stadt zu verlassen.

Den Oberbefehl über alle Kriegsvölker am Oberrhein, sowohl die kaiserlichen als die von dem Reiche zu stellenden, übertrug Leopold dem bewährten Markgrafen Ludwig von Baden, bei welchem sich auch der römische König Joseph einfand, um sich persönlich an dem Kampfe zu betheiligen. Der Markgraf eröffnete die Feindseligkeiten mit der Belagerung von Landau, das von dem berüchtigten Mélac vertheidigt wurde. Nachdem ein von Catinat geführtes Entsatzheer zurückgeschlagen worden, mußte sich Mélac am 11. September 1702 zur Kapitulation verstehen. Schon stand der Markgraf im Begriff, in das offenstehende Elsaß einzudringen, als die Nachricht eintraf, daß der Kurfürst von Baiern, der bisher nur insgeheim mit Frankreich im Bunde gestanden, sich am 8. September durch einen nächtlichen Ueberfall der Reichsstadt Ulm bemächtigt und dieselbe nebst mehreren andern Städten des schwäbischen Kreises besetzt habe. Dieses verrätherische Vorgehen nöthigte den Markgrafen, am Oberrhein zu bleiben, um die Vereinigung des Kurfürsten mit dem Marschall Villars zu verhindern, der kurz nach der Uebergabe von Landau mit großer Geschicklichkeit ein starkes französisches Heer bei Hüningen über den Rhein geführt hatte. Am 14. Oktober kam es bei Friedlingen zwischen den beiden Feldherren zu einer Schlacht, die zwar unentschieden blieb, aber das französische Heer so sehr geschwächt hatte, daß Villars sich wieder über den Rhein zurückziehen mußte. In den Niederlanden war unterdessen Marlborough gegen den erfahrenen Marschall Boufflers im Vortheil geblieben und hatte die Festungen Venloo und Lüttich erobert.

In Italien kam es im Jahre 1702 zu keiner entscheidenden Waffenthat. Da Eugen dem unter Vendome auf achtzigtausend Mann angewachsenen französischen Heere nur vierzigtausend Mann gegenüberstellen konnte und seine Truppen überdies bei der Geldnoth des Wiener Hofes an dem Nothwendigsten Mangel litten, mußte er sich auf die Defensive beschränken und sah sich sogar außer Stand, den Entsatz der Festung Mantua durch die Franzosen zu verhindern. Als jedoch Vendome, um ihn aus seiner unangreifbaren Stellung bei Curtatone herauszubringen, den Po überschritt und Guastalla und Brescello bedrohte, wo kaiserliche Besatzungen lagen, rückte der Prinz ihm kühn entgegen und griff ihn am 15. August in seinem Lager bei Luzzara an. Nach einem heißen Kampfe, in welchem das Kriegsglück sich bald auf die eine, bald auf die andere Seite neigte, sah sich Vendome, trotz seiner bedeutenden numerischen Ueberlegenheit, zum Rückzug hinter seine Verschanzungen genöthigt.

Als Herr des Schlachtfeldes durfte Eugen sich die Ehre des Sieges zuschreiben; allein an ein Verfolgen desselben konnte er bei dem trostlosen Zustande seines Heeres nicht denken. Als Vendome, auf jeden weiteren Angriff verzichtend, zu Anfang November die Winterquartiere bezogen hatte, trat der Prinz den Oberbefehl an den Grafen Guido von Starhemberg ab und eilte nach Wien, entschlossen, sein Kommando niederzulegen, falls er nicht rasche Abhilfe der unhaltbar gewordenen Lage des Heeres erlangen könne.

Eugen fand in Wien nicht nur die Finanznoth größer, als er sich gedacht, sondern auch die Verwaltung des Kriegswesens in einem Zustande, der ihm die ernstesten Besorgnisse für den Verlauf des Krieges einflößte. Mit dem ihm eigenen Freimuth enthüllte er dem Kaiser die zahlreichen Mängel in dem Heerwesen wie in der Finanzverwaltung, und dieser lieh nicht nur seinen Reformvorschlägen ein williges Ohr, sondern ernannte ihn selbst zum Präsidenten des Hofkriegsraths.

Obgleich es dem Prinzen trotz der einsichtsvollsten und rastlosesten Thätigkeit unmöglich war, alle Mängel eines Systems, das Jahrhunderte hindurch unangefochten bestanden, mit einem Schlage zu beseitigen, machten sich bald die heilsamen Folgen der von ihm eingeführten Reformen im reichsten Maße geltend; doch war es dem Prinzen zunächst nicht vergönnt, dieselben auf dem italienischen Kriegsschauplatze zu verwerthen, da seiner eine andere Aufgabe harrte.

Die Bemühungen der kaiserlichen Regierung, in Ungarn nicht nur durch die Hebung des Ackerbaues und Gewerbes, sondern auch durch strenge Handhabung der Gerechtigkeit und wachsames Niederhalten aller Ordnungsstörungen die Wunden zu heilen, die der lange, verheerende Krieg dem Lande geschlagen, hatte unter den Großen, die auch jetzt noch die Ungebundenheit nicht aufgeben wollten, an welche sie sich während der langjährigen Kriegswirren gewöhnt, die frühere Unzufriedenheit wieder erweckt, und der Fürst Franz Leopold Ragoczy, der Stiefsohn des in der Verbannung lebenden Emmerich Tököly, hatte dieselbe zur Anzettlung einer neuen Empörung gegen den Kaiser benutzt, die, von geheimen Agenten Ludwigs XIV. eifrig geschürt, bei der nahezu vollständigen Entblößung des Landes von kaiserlichen Truppen immer bedenklichere Dimensionen gewann.

Da Niemand geeigneter schien, diese neue Gefahr für das Kaiserhaus zu beschwören, als Eugen, übertrug ihm Leopold den

Oberbefehl über sämmtliche zur Bewältigung des Aufstandes verfügbaren Truppen und sandte ihn nach Preßburg mit dem Auftrage, die Insurgenten entweder auf dem Wege friedlicher Unterhandlungen oder durch Waffengewalt zum Gehorsam zurückzuführen. Eugen erkannte bald, daß nur das letztere Mittel zum Ziele führen könne, und zögerte nicht, dasselbe mit aller Energie zur Anwendung zu bringen; aber bei der Geringfügigkeit der ihm zu Gebote stehenden Streitkräfte und dem gänzlichen Mangel an Geldmitteln blieben seine Bemühungen zur Unterwerfung der Aufständischen erfolglos, und als er im Januar 1704 während der winterlichen Waffenruhe nach Wien zurückkehrte, um durch seine Gegenwart die Vorkehrungen für den Feldzug des nächsten Jahres zu beschleunigen, rief ihn der Verlauf des großen Kampfes um das spanische Erbe auf den westlichen Kriegsschauplatz zurück, wo glänzendere Lorbeeren seiner harrten.

Das Jahr 1703 war nicht allein durch den ungarischen Aufstand eines der gefahrdrohendsten in der wechselvollen Regierung Leopolds I. geworden: auch im Kampfe gegen Frankreich hatte den Kaiser vielfaches Mißgeschick betroffen. Nach zwei vergeblichen Versuchen, sich mit dem Kurfürsten von Baiern zu vereinigen, war der Marschall Villars, der den Oberbefehl im Elsaß führte, zu Anfang Mai zum dritten Male über den Rhein gegangen und, nach einem vergeblichen Angriff auf die deutschen Linien bei Stollhofen, vermittelst eines geschickten Marsches durch den Schwarzwald und das Kinziger Thal über Donaueschingen bis nach Tuttlingen in Schwaben vorgerückt, wo der Kurfürst ihn erwartete. Dieser war hierauf, während Villars Baiern deckte, in Tyrol eingefallen und hatte die wichtige Festung Kufstein besetzt; selbst die Hauptstadt Innsbruck hatte sich ihm am 25. Juni ergeben. Zu der gleichen Zeit war Vendome, gegen welchen Starhemberg sich bei dem trostlosen Zustande seiner durch Hunger und Krankheit fast auf die Hälfte reducirten Truppen nur durch seine seltene Kriegsgewandtheit und ruhmwürdige Ausdauer hatte halten können, von Italien aus in die Gebirge des südlichen Tyrols eingedrungen, um sich mit dem Kurfürsten zu gemeinsamem Vorgehen gegen Wien zu vereinigen. Diese Vereinigung war zwar nicht zu Stande gekommen; denn die treuen Tyroler hatten sich inzwischen unter dem tapferen Landrichter Martin Sterzinger zum Kampfe für ihren Kaiser zusammengeschaart und aus allen Schluchten und von allen Felsspitzen herab mit ihren sicheren Kugeln und herabgestürzten Baumstämmen und Felsblöcken die vordringenden Baiern so erfolgreich angegriffen, daß der Kurfürst, der selbst nur dadurch dem ihm von einem Tyroler Scharfschützen zugedachten Tode entgangen, daß dieser den neben ihm reitenden, reicher gekleideten Grafen Arco für ihn gehalten, schleunigst Befehl zum Rückzug hatte geben müssen und nur mit der Hälfte seines Heeres nach Baiern zurückgekehrt war: — aber dafür hatten die Kaiserlichen in Baiern selbst und am Rheine empfindliche Schläge erlitten. Der General Styrum war am 20. September bei Höchstädt durch die vereinigten Franzosen und Baiern aufs Haupt geschlagen worden; die wichtigen Festungen Breisach und Landau hatten sich den Franzosen ergeben müssen; Regensburg hatte der Kurfürst von Baiern, Augsburg der französische Oberbefehlshaber Marsin, der Nachfolger Villars, besetzt; ja selbst das wichtige Passau, der Schlüssel zu Oberösterreich, war in die Hände der Baiern gefallen.

Glücklicher war der Feldzug von 1703 für Marlborough verlaufen, dem seit dem Anfang des Jahres der nach neunmonatlicher Kriegshaft von dem Kaiser ohne Lösegeld freigegebene Villeroi gegenüberstand. Da dieser sorgfältig jedem ernsten Zusammenstoße mit dem Feinde auszuweichen suchte, konnte Marlborough ungehindert seinen Festungskrieg in den spanischen Niederlanden und im Kölnischen fortsetzen und Bonn, Huy, Limburg und Geldern in seine Gewalt bringen, wofür ihm die Königin Anna den Herzogstitel verlieh.

Unterdessen hatte die große Allianz zwei neue Genossen erhalten. Nachdem bereits im Sommer 1702 der König Pedro II. von Portugal, durch die Zusage der Abtretung mehrerer spanischen Festungen für den Erzherzog Karl gewonnen, sich den Verbündeten angeschlossen, entsagte auch der Herzog Victor Amadeus von Savoyen, der durch das immer deutlicher hervortretende Bestreben Frankreichs, die allein leitende Macht in Italien zu werden, seine Selbstständigkeit gefährdet sah und sich überdies durch Ludwigs Anmaßungen vielfach verletzt fühlte, dem französischen Bündniß und schloß am 8. November mit dem Kaiser einen Allianzvertrag, in welchem er sich gegen die Ueberlassung des mantuanischen Theiles von Montferrat, sowie die Städte Valenza und Alessandria zur Stellung eines Hilfsheeres von fünfzehntausend Mann verpflichtete. Da der König von Portugal darauf drang, daß der Erzherzog Karl persönlich nach Spanien komme, wo inzwischen der Einfluß, den der schwache Philipp V. der Oberhofmeisterin der Königin, der klugen und geistvollen, aber herrschsüchtigen Prinzessin Ursini, auf alle Regierungsangelegenheiten einräumte, eine große Unzufriedenheit hervorgerufen hatte, entschloß sich der Kaiser, wenn auch mit schwerem Herzen, seinen Sohn nach Spanien zu senden. Am 19. September 1703 verließ Karl Wien, um sich zunächst über Holland nach England zu begeben, von wo er am 7. März 1704 auf spanischem Boden eintraf.

Die Schlacht bei Höchstädt.

(13. August 1704.)

Da Eugen klar erkannte, daß die österreichische Monarchie und mit ihr das deutsche Reich nur durch die rasche Beseitigung der ihr von Baiern her drohenden Gefahr gerettet werden könne, aber für diese schwere Aufgabe, deren glückliche Lösung ihm zugleich einen günstigen Verlauf des ganzen Krieges zu verbürgen schien, die kaiserlichen Streitkräfte nicht für ausreichend erachtete, beschloß er mit Zustimmung Leopolds, den Herzog von Marlborough zu ersuchen, mit dem größten Theile seines Heeres nach dem oberen Deutschland zu ziehen, um im Vereine mit ihm und dem Markgrafen von Baden die Franzosen und Baiern zu schlagen und den Feind über den Rhein zurückzudrängen. Zu diesem Plane, auf welchen Marlborough mit Begeisterung eingegangen, weil er einen glänzenden Sieg, der dem englischen Nationalgefühl schmeichle, zur Befestigung seiner durch das Emporkommen der Tories ins Schwanken gerathenen Stellung für nöthig erachtete, gab die Königin Anna ihre Zustimmung; auch die Generalstaaten ließen nach einigem Zögern den Herzog ziehen, weil er sie in dem Glauben zu erhalten gewußt, daß es sich nur um einen Zug nach der Moselgegend handle. Nachdem er im Frühjahr seine Truppen bei Maestricht zusammengezogen, rückte er rheinaufwärts bis Koblenz und von da, um ebensowohl die Holländer als die Franzosen zu täuschen, moselaufwärts bis gegen Trier; dann wandte er sich plötzlich wieder nach dem Rhein, überschritt denselben am 26. Mai bei Koblenz und stand bereits am 3. Juni bei Ladenberg am Neckar.

Am 10. Juni trafen Eugen und Marlborough in Mindelheim zum ersten Male zusammen, und wenige Augenblicke genügten, zwischen den beiden größten Feldherren ihrer Zeit ein dauerndes Freundschaftsband herzustellen. Drei Tage später hielten sie in Groß-Heppach mit dem Markgrafen Ludwig von Baden eine Berathung über das gemeinsame Vorgehen gegen die Baiern und Franzosen. Eugen und Marlborough, die sich bereits ins vollständigste Einvernehmen gesetzt, suchten den Markgrafen zu bestimmen, mit seiner Armee zur Beobachtung des im Elsaß stehenden Marschalls Tallard, der dem Kurfürsten von Baiern ein zweites französisches Korps zuführen sollte, am Rhein zu bleiben, während sie selbst gegen Marsin und den Kurfürsten aufbrechen wollten, die zwischen Lauingen und Dillingen ein festes Lager bezogen hatten; da jedoch der Markgraf durchaus mit Marlborough gegen Baiern vorgehen wollte, entschloß sich Eugen mit edler Selbstverleugnung zu der Uebernahme der geringeren Aufgabe, an der Spitze eines Observationskorps den Rhein zu decken. Marlborough und der Markgraf wandten sich hierauf gegen die Donau, erstürmten am 2. Juli die Verschanzungen, die ein baierisches Korps unter dem Grafen Arco auf dem Schellenberge bei Donauwörth errichtet hatte, um den Verbündeten den Uebergang über die Donau zu erschweren, und besetzten Donauwörth. Da der Kurfürst und Marsin sich jetzt in ihrem Lager bei Lauingen nicht mehr sicher hielten, zogen sie sich auf Augsburg zurück. Von hier knüpfte der Kurfürst mit Marlborough Unterhandlungen an, um Zeit für die Vereinigung mit Tallard zu gewinnen, dessen Uebergang über den Rhein Eugen mit seiner geringen Truppenmacht nicht hatte verhindern können. Als Tallard am 3. August zu ihm gestoßen, wies er die von Malborough gestellten Friedensbedingungen mit Hohn zurück.

Unterdessen war auch Eugen, der mit achtzehntausend Mann dem Tallard'schen Korps in Eilmärschen nachgerückt, in Donauwörth angekommen, und nachdem es ihm und Marlborough gelungen, den Markgrafen, durch dessen allzugroße Bedächtigkeit sie sich beengt fühlten, zur Belagerung von Ingolstadt zu bestimmen, brachen Beide auf, um den Feind anzugreifen, der bereits die Donau überschritten und bei dem Flecken Höchstädt, wo im vorhergehenden Jahre die Oesterreicher unter dem General Styrum eine Niederlage erlitten hatten, Stellung genommen. Hier kam es am 13. August 1704 zu einer der blutigsten und zugleich folgenreichsten Schlachten des ganzen Krieges.

Schon in der frühsten Morgenstunde rückten die Verbündeten in der Stärke von zweiundfünfzigtausend Mann gegen den sechzigtausend Mann zählenden Feind vor, dem ein dichter Nebel ihr Herannahen verbarg. Marlborough führte den linken Flügel, Eugen den rechten; die Reiterei bildete das Centrum. Als um sieben Uhr die Sonne den Nebel durchbrach, erkannten Eugen und Marlborough, daß der Feind seine Stellung trefflich gewählt hatte und der Sieg für sie kein leichter sein werde. Der rechte Flügel des feindlichen Heeres unter Tallard hatte in dem Dorfe Blindheim, das Centrum unter Marsin in Ottenheim feste Deckung; die Stellung des linken Flügels unter dem Kurfürsten stützte sich auf Lutzingen und war überdies durch Wald und Moräste gedeckt.

Schon um neun Uhr begann die Kanonade, die eigentliche Schlacht jedoch erst gegen ein Uhr Nachmittags, weil Eugen mit dem rechten Flügel einen beschwerlichen Marsch auszuführen hatte, ehe er in die Schußlinie des Feindes gelangte. Den Kampf eröffnete Marlborough mit einem Angriff auf das Dorf Blindheim, wo Tallard die Hauptstärke des französischen Heeres concentrirt hatte. Nachdem drei mit ungestümer Tapferkeit ausgeführte Stürme blutig zurückgeschlagen worden, warf sich der Herzog mit der Hauptmasse seiner Regimenter gegen das französische Centrum, aus welchem Tallard eine Verstärkung von zwölftausend Mann zu dem rechten Flügel herübergezogen, und ließ den Angriff auf Blindheim nur noch zum Scheine fortsetzen. Aber trotz der erlittenen Schwächung leistete die französische Kavallerie des Centrums so erfolgreichen Widerstand, daß die Schlachtlinie des Herzogs in die äußerste Gefahr gerieth; sie wurde jedoch durch mehrere Kürassierregimenter gerettet, die Eugen dem Letzteren zu Hilfe sandte.

Inzwischen hatte auch Eugen den Angriff auf den linken feindlichen Flügel begonnen. Seine Stellung war noch schwieriger, als die des Herzogs; denn ihm gegenüber standen Marsin und der Kurfürst, und der Letztere, der bei seiner genauen Kenntniß des Schlachtfeldes jeden Morast, jeden Hügel, jedes Gebüsch in Berechnung ziehen konnte, entfaltete an diesem Tage, an welchem, wie er wohl fühlte, Alles für ihn auf dem Spiele stand, seine ganze Kriegskunst und Tapferkeit. Eine feindliche Batterie, deren verheerendes Feuer die Reihen Eugens lichtete, wurde von den Preußen im ersten Anlauf genommen und zugleich die französische Reiterei durch die kaiserliche in die Flucht geschlagen; allein der rasch mit der Reserve herbeigeeilte Kurfürst entriß den Tapferen die errungenen Vortheile. Zum zweiten Male ließ Eugen seine zurückgedrängte Reiterei ansprengen; allein auch diesmal wurde sie von dem Kurfürsten mit bedeutenden Verlusten zurückgeworfen. Auch bei einem dritten Angriff brachen sich ihre Anstrengungen an dem kräftigen Widerstande der kurfürstlichen Gardekavallerie; in voller Unordnung wichen die Kaiserlichen zurück und wandten sich zur Flucht. Eugen, der die Fliehenden vergebens zum Stehen zu bringen gesucht, stellte sich, dem Herzog von Württemberg und dem Prinzen von Hannover die Sorge für die Wiederherstellung der Ordnung unter der aufgelösten Reiterei überlassend, an die Spitze seines Fußvolks und stürmte mit demselben aufs Neue gegen die feindliche Schlachtlinie vor. Seine kühne Todesverachtung entflammte die Seinigen zur äußersten Tapferkeit, und in kurzer Zeit waren Marsin und der Kurfürst bis auf Lutzingen zurückgedrängt. Ein erneuter stürmischer Angriff vertrieb sie aus ihren letzten Stellungen und nöthigte sie, den Rückzug anzutreten.

Zu der gleichen Zeit hatte sich auch auf dem linken Flügel der Sieg vollständig auf die Seite der Verbündeten geneigt. Da Eugens Erfolge Marsin verhinderten, an Tallard, der von Marlborough immer mehr in die Enge getrieben worden, Verstärkungen abzusenden, erlag die gänzlich erschöpfte französische Reiterei einem letzten entscheidenden Angriff des Herzogs. Die Verbindungslinie zwischen den Dörfern wurde von den Engländern besetzt und Tallard selbst, als er sich gegen Blindheim durchzuschlagen suchte, gefangen genommen. Die zersprengten Ueberreste seines Korps wandten sich zur Flucht. Nur zehntausend in Blindheim verschanzte Franzosen setzten, Marlboroughs Aufforderung zur Kapitulation zurückweisend, noch eine Zeitlang den Kampf fort, bis die einbrechende Nacht und ihre vollständige Erschöpfung sie zwangen, sich gefangen zu geben.

Der blutige Tag hatte auf beiden Seiten schwere Opfer gekostet. Der Verlust der Verbündeten an Todten und Verwundeten betrug nahezu zwölftausend Mann; von den Baiern und Franzosen waren zwanzigtausend Mann gefallen und fünfzehntausend in Gefangenschaft gerathen. In dem feindlichen Lager fanden die Sieger, außer der reichgefüllten Kriegskasse, einhundertsiebzehn Kanonen, einhundertsiebenundzwanzig Mörser, einhundertneunundzwanzig Fahnen, einhunderteinundsiebzig Standarten, dreitausendsechshundert Zelte und fünftausenddreihundert Wagen mit Lebensmitteln und Kriegsbedarf.

Der Sieg bei Höchstädt rettete die österreichische Monarchie, indem er nicht nur die Gefahr beseitigte, die derselben von Westen her gedroht, sondern auch dem Aufstand der Ungarn mit der entschwundenen Aussicht auf Unterstützungen von Seiten Frankreichs die Spitze abbrach. Der hocherfreute Kaiser drückte dem Prinzen Eugen in einem äußerst huldvollen Schreiben seinen tiefgefühlten Dank aus und erhob dessen Palast zu Wien zum privilegirten adeligen Freihause, das für ewige Zeiten von jeder Besteuerung, Einquartierung oder sonstigen Belastung befreit sein solle; den Herzog von Marlborough ernannte er zum Fürsten des heiligen römischen Reiches.

Nach der Schlacht bei Höchstädt machte Eugen dem Kurfürsten von Baiern die vortheilhaftesten Anerbietungen, um ihn auf die Seite des Kaisers zu ziehen; denn er achtete die Tapferkeit seines alten Waffengefährten und verkannte die Vortheile nicht, die der Anschluß Baierns an die Allianz für Oesterreich haben konnte; allein der Kurfürst zog die Zusagen Ludwigs der Hoffnung auf Leopolds Gnade vor und folgte, nachdem er seiner Gemahlin die Verwaltung Baierns übertragen, dem gänzlich entmuthigten Marsin mit den Trümmern des französischen Heeres über den Rhein, um sich von dort als spanisch-französischer Statthalter nach Brüssel zu begeben. Sein Land wurde in Folge eines am 22. November 1704 zu Ilbersheim zwischen der Kurfürstin und dem römischen König Joseph getroffenen Abkommens, kraft dessen der Ersteren nur die Stadt und das Rentamt München verbleiben sollte, von den Kaiserlichen besetzt und erhielt einen österreichischen Statthalter. Von den baierischen Truppen trat der größte Theil in kaiserliche Dienste.

Inzwischen waren Eugen und Marlborough mit dem Markgrafen von Baden, der auf Eugens Wunsch die Belagerung von Ingolstadt in eine einfache Blockade verwandelt hatte, an den Rhein gezogen, wo Landau am 24. November zurückerobert wurde.

Während Marlborough hierauf die Franzosen aus den Moselgegenden vertrieb und Trier und Trarbach besetzte, kehrte Eugen nach Baiern zurück, um den Vertrag von Ilbersheim zur Ausführung zu bringen. Nachdem dies geschehen und er den königlichen Beamten auf das Dringendste Schonung des erschöpften und erbitterten Volkes anempfohlen, begab er sich im Dezember 1704 nach Wien, um mit dem Kaiser für den nächstjährigen Feldzug die nöthigen Vereinbarungen zu treffen. Für Ludwig XIV., dem seit dem Tage von Höchstädt das Glück entschieden den Rücken gewandt, begann jetzt eine fast ununterbrochene Reihe von Unglücksfällen und Demüthigungen.

Die beiden ersten Regierungsjahre Josephs I.

(1705 und 1706.)

Der Sieg bei Höchstädt war der letzte Lichtblick in dem wechselvollen, vielbewegten Leben Leopolds I. Schon seit längerer Zeit hatten sich bei ihm die Vorboten der Brustwassersucht eingestellt, und im Frühjahr 1705 verkündete eine rasche Abnahme der Körperkräfte die dem Leben des Kaisers drohende Gefahr. Am 28. April übergab Leopold die Führung der Regierungsgeschäfte seinem Sohn Joseph, um sich ausschließlich der Vorbereitung auf den Tod hinzugeben. Am 5. Mai empfing er zum letzten Male mit tiefer Andacht und Demuth die heilige Kommunion, nachdem das heilige Meßopfer in seinem Zimmer gefeiert worden. Dann nahm er Abschied von seiner Gemahlin Eleonore, empfahl seinem Sohne Joseph in warmen Worten treues Festhalten an der gerechten Sache seines in Spanien kämpfenden Bruders Karl und ertheilte ihm, sowie sämmtlichen Mitgliedern der kaiserlichen Familie, auch seinem Neffen, dem jungen Herzog Joseph von Lothringen, seinen väterlichen Segen. Nachdem ihm die letzte Oelung gespendet worden, ließ er sich das Kruzifix reichen, von welchem sein Großvater Ferdinand einst die Zusage vernommen zu haben geglaubt: „Ferdinand, ich will dich nicht verlassen," und umfaßte es mit dem Ausrufe: „Von Dir habe ich Scepter und Krone empfangen; zu Deinen Füßen lege sie heute willig nieder!" Gleich darauf verschied er mit den Worten des sterbenden Erlösers: „Es ist vollbracht; in Deine Hände empfehle ich meinen Geist."

Leopolds siebenundvierzigjährige Regierung, die in dem Hause Oesterreich an Länge nur von der Friedrichs III. übertroffen worden, war an großen Thaten und Ereignissen eine der reichsten. „Obwohl er hierbei", sagt K. A. Menzel, „keine glänzenden Herrschergaben zur Anschauung gebracht und die Nachwelt den Ehrennamen des Großen, welcher von Schriftstellern seiner und der nächsten Zeit ihm beigelegt wurde, mit ihrem höheren Maßstabe für Fürstengröße nicht übereinstimmend gefunden hat, so ist doch die von ihm gewählte und beharrlich festgehaltene Politik als der rechte Weg Oesterreichs auch im weiteren Fortschritte erprobt worden, und seiner Einsicht und Festigkeit in deren Bestimmung, seiner standhaften Ausdauer in gefaßten Entschlüssen und seiner Unverzagtheit in jeglichem Mißgeschick kann ohne Ungerechtigkeit ihr Werth und ihr großer Antheil an dem, was Oesterreich heute in Europa bedeutet, nicht abgesprochen werden."

Leopolds Nachfolger, der siebenundzwanzigjährige Joseph I., war ein jugendlich frischer, stattlicher Fürst von regem, hochstrebendem Geiste, eine heitere, wohlwollende, prunkliebende Natur, ein Freund ritterlicher Uebungen und der Jagd mit Leidenschaft ergeben. Mit einer hohen Vorstellung von seinem Regentenberufe verband er ein nicht minder klares Bewußtsein der ihm selbst daraus erwachsenden Pflichten, zugleich aber auch einen ungleich stärkeren Hang zu staatlichem Absolutismus, als Leopold I., weßhalb auch sein Verhältniß zur Kirche häufig ein getrübtes war. Auch ohne die dringende Mahnung seines sterbenden Vaters würde er den Krieg gegen Frankreich im Interesse seines Bruders mit aller Entschiedenheit fortgesetzt haben; denn er empfand gegen Ludwig XIV. eine noch ungleich tiefere Abneigung, als Leopold.

Indessen verlief Josephs erstes Regierungsjahr ohne bedeutende kriegerische Ereignisse. In Italien, wohin Eugen schon im April zurückgekehrt war, stand noch immer Vendome mit überlegener Macht; dennoch gelang es dem Prinzen durch Ueberlistung des Feindes, den Oglio zu überschreiten. Um einen Uebergang über die Adda (Etsch) zu erzwingen, griff er am 18. August ein französisches Korps bei Cassano an; er mußte jedoch, da Vendome selbst zur Unterstützung desselben herbeigeeilt war, nach einem mehrstündigen Kampfe, in welchem der neunzehnjährige heldenmüthige Herzog Joseph von Lothringen tödtlich verwundet wurde, den Rückzug antreten, den der Feind nicht zu stören wagte.

Fast zu derselben Zeit, wie Eugen in Italien, war Marlborough am Rhein eingetroffen, um nach der Vereinigung mit dem Reichsheere gegen den an der Mosel stehenden Marschall Villars vorzugehen und den Krieg nach Frankreich selbst hinüber zu tragen; allein der Markgraf von Baden zögerte mit dem Aufbruch so lange, daß Marlborough sich zur Rückkehr nach den Niederlanden entschließen mußte, wo unterdessen Villeroi und der Kurfürst von Baiern die Belagerung von Lüttich begonnen hatten. Während er hier die Franzosen über die Dyle zurückwarf, nahm Villars, der gegen das kleine Reichsheer ein leichtes Spiel hatte, Saarbrücken und Trier und vertrieb, nachdem er sich mit Marsin vereinigt, am 4. Juli das Reichsheer auch aus seinen Linien bei Weißenburg.

Unterdessen herrschte in Baiern, wo trotz der ernsten Mahnungen Eugens die österreichischen Beamten mit äußerster Willkür und Härte auftraten, eine dumpfe Gährung, und im Oktober 1705 machte sich die allgemeine Erbitterung gegen die Fremdherrschaft in einem offenen Aufstande Luft. In großen Schaaren rotteten sich die Bauern zusammen, griffen einzelne österreichische Heerhaufen an, um ihnen die ausgehobene junge Mannschaft wieder zu entreißen, zwangen mehrere festen Plätze zur Ergebung und drangen in der Stärke von dreißigtausend Mann unter der Führung zweier Studenten aus Ingolstadt, Meindl und Plinganser, gegen München vor. Der kaiserliche Statthalter sah sich zu Unterhandlungen mit ihnen genöthigt und erlangte den Abschluß eines Waffenstillstandes, während dessen es den Oesterreichern gelang, von verschiedenen Seiten Reichstruppen herbeizuziehen, mit deren Hilfe der Aufstand, der ohnehin durch Uneinigkeit und Verrath an innerer Kraft verloren, im Januar 1706 bewältigt wurde. Meindl und Plinganser retteten sich durch die Flucht; von den übrigen Häuptern des Aufstandes wurden mehrere hingerichtet.

Obgleich der Kurfürst erklärte, daß er an dem Aufstand keinerlei Antheil gehabt und denselben von Anfang an mißbilligt habe, sprach der Kaiser über ihn und seinen Bruder, den Kurfürsten Joseph Clemens von Köln, am 29. April 1706 mit Zustimmung des Kurfürsten-Kollegiums die Reichsacht aus, durch welche Beide aller ihrer Rechte, Ehren, Aemter, Lande und Leute verlustig erklärt wurden. Die Söhne des Kurfürsten von Baiern ließ Joseph I. nach Klagenfurt bringen, wo sie unter dem Namen Grafen von Wittelsbach erzogen wurden. Baiern selbst wurde zerstückelt. Die Oberpfalz mit dem Erztruchsessenamt erhielt der Kurfürst Johann Wilhelm von der Pfalz zurück, wogegen das für das kurpfälzische Haus geschaffene Erzschatzmeisteramt an Hannover überging. Donauwörth wurde wieder freie Reichsstadt; einige Gebietsstriche von Baiern erhielten die Reichsstädte Ulm und Augsburg als Entschädigung für die durch den Kurfürsten erlittenen Verluste; ein ausgedehnter Bezirk zwischen Passau und Salzburg wurde zu dem österreichischen Lande ob der Ens geschlagen. Die in ein Reichsfürstenthum verwandelte Herrschaft Mindelheim schenkte der Kaiser dem Herzog von Marlborough.

Inzwischen hatten sich auch in Spanien, wo der Krieg seit 1702 mit abwechselndem Glücke geführt worden, die Verhältnisse für die Verbündeten günstig gestaltet. Nachdem der Erzherzog

Karl im Jahre 1704 von Portugal aus, wo er seine Landung bewerkstelligt, an der Spitze eines englisch-holländischen Heeres und von einem portugiesischen Hilfsheere begleitet, in Spanien eingerückt war und die vereinigte englisch-holländische Flotte am 4. August 1704 Gibraltar hinweggenommen und im folgenden Jahre auch Barcelona zur Ergebung gezwungen, hatten sich Catalonien, Valencia und Aragonien für ihn erklärt und ihn als Karl III. zum König ausgerufen. Im Juni 1706 rückten ein portugiesisches und ein englisches Heer sogar in Madrid ein, nachdem Philipp V., der bei der vergeblichen Belagerung von Barcelona fast sein ganzes Heer eingebüßt, mit dem Hofe nach Burgos entflohen war; da jedoch die Eilboten, welche die Heerführer der Verbündeten an den bei Saragossa stehenden Karl III. entsandt, um ihn einzuladen, schleunigst mit seinem Heere nach der Hauptstadt zu kommen, von den Spaniern aufgefangen wurden und es den Franzosen gelang, den endlich heranrückenden König und den ihm entgegengezogenen portugiesischen Heerführer von der Hauptstadt abzuschneiden, konnte Philipp V. im September wieder nach Madrid zurückkehren.

In den Niederlanden hatte unterdessen Marlborough am 23. Mai 1706 bei dem Dorfe Ramillies, südlich von Löwen, über Villeroi einen Sieg erfochten, der für die Franzosen den Verlust des größten Theiles der Niederlande zur Folge hatte. Während der geschlagene Villeroi sich mit dem Kurfürsten von Baiern bis hinter die Schelde zurückzog, zwang Marlborough sämmtliche Städte von Brabant und Flandern, Karl III. als ihrem Landesherrn zu huldigen, und setzte in dessen Namen zu Brüssel einen Staatsrath ein.

Die Schlacht bei Turin.

(7. September 1706.)

Nicht minder glücklich als in den Niederlanden verlief für die Verbündeten der Feldzug des Jahres 1706 in Italien. Eugen, der den Winter in Wien zugebracht, hatte, nachdem er im April auf den italienischen Kriegsschauplatz zurückgekehrt, nach Ueberwindung zahlloser Schwierigkeiten seine Truppen in der Gegend von Verona zusammengezogen, wo er die im Anzuge begriffenen Verstärkungen aus dem Reich zu erwarten gedachte. Als er jedoch die Nachricht erhielt, daß der Herzog de la Feuillade, welchen Ludwig mit einem zweiten Heere nach Piemont gesandt, am 26. Mai die Belagerung von Turin begonnen, das dem Herzog von Savoyen von allen seinen Städten allein noch geblieben war, brach er sogleich von Verona auf, um seinem schwerbedrängten Vetter zu Hilfe zu eilen, der sich, die Vertheidigung seiner Hauptstadt dem kaiserlichen Feldmarschall Daun überlassend, mit seinem Heere nach Asti zurückgezogen. Da es für Eugen keinem Zweifel unterlag, daß der ihm mit einer ungleich größeren Truppenzahl gegenüberstehende Vendome Alles aufbieten werde, um den Durchbruch der Kaiserlichen zu verhindern, suchte er ihn über den Punkt zu täuschen, an welchem er seinen Uebergang über die Etsch zu bewerkstelligen gedachte, und dies gelang ihm auch so gut, daß er nicht nur bei Badia ungehindert die Etsch überschreiten, sondern auch seinen Uebergang über den Po vollziehen konnte, ehe die Franzosen, die ihn an der oberen Etsch erwartet, Zeit fanden, ihm ihre Streitkräfte entgegen zu werfen. Im Begriffe, mit dem Aufgebote seiner ganzen Macht dem unaufhaltsam vordringenden Eugen entgegen zu treten, wurde Vendome aus Italien abberufen, um in den Niederlanden, wo den Interessen Frankreichs die größere Gefahr zu drohen schien, an Villeroi's Stelle den Oberbefehl zu übernehmen. Zu seinem Nachfolger hatte Ludwig seinen Bruder, den Herzog Philipp von Orleans, ernannt, dem der Marschall Marsin als Rathgeber beigegeben worden.

Unterdessen hatte Eugen mit kühner Entschlossenheit seinen Zug fortgesetzt, obgleich die Gefahren und Beschwerden desselben sich täglich mehrten. Die glühende Hitze verursachte heftige Krankheiten unter den rastlos dahineilenden Truppen. Brunnen und Quellen waren versiegt; viele Soldaten blieben verschmachtet auf der Straße liegen; andere stürzten während des Marsches todt nieder. Da das Heer sich auf keine wohl versehenen Festungen stützen konnte, fehlte es demselben bei seinem raschen Vordringen bald auch an den nöthigen Lebensmitteln; dennoch hielt der Prinz die strengste Mannszucht aufrecht und duldete keinerlei Plünderung, um seinen an Mühen und Gefahren ohnehin überreichen Marsch nicht durch eine feindliche Gesinnung der Bevölkerung noch mehr erschwert zu sehen. Von einem zahlreichen feindlichen Heere bald im Rücken, bald in der Flanke bedroht, rückte er durch das Gebiet von Parma gegen Piacenza vor und gelangte, da der Herzog von Orleans versäumt hatte, den Engpaß von Stradella zu besetzen, am 31. August in die Nähe von Asti. Am folgenden Tage stießen seine Truppen zu denen des Herzogs von Savoyen.

Da das vereinigte savoyisch-kaiserliche Heer nur dreißigtausend Mann zählte, wünschte der Herzog von Orleans, demselben in offenem Felde eine Schlacht zu liefern, deren Ausgang ihm bei seiner bedeutend stärkeren Truppenzahl nicht zweifelhaft schien; allein Marsin, dessen Energie seit seinem Aufbruche nach Italien durch eine düstere Todesahnung gelähmt war, erklärte sich dagegen, und da das Uebergewicht seines Ansehens die übrigen Generale mit fortriß, wurde der Beschluß gefaßt, den Feind in den Verschanzungen von Turin zu erwarten.

Während die Franzosen die Belagerungsarbeiten fortsetzten und immer neue Befestigungswerke in ihrem Lager herrichteten, gingen die Verbündeten über den Po und nahmen zwischen der Stura und der Dora Stellung, da hier die feindlichen Verschanzungen am schwächsten schienen. In der Frühe des 7. September verließen sie ihr Lager, um zum Angriff gegen dieselben vorzugehen, und trotz des mörderischen Feuers, mit welchem sie von den Franzosen empfangen wurden, hatten sie in kurzer Zeit auch ihre Geschütze in Batterien aufgepflanzt. Es entspann sich hierauf eine zweistündige große Artillerieschlacht, in welcher die Kaiserlichen, da sie dem durch seine Verschanzungen gedeckten Feind ohne Schutzwehr gegenüber standen, empfindliche Verluste erlitten.

Unterdessen war die Schlachtlinie der Verbündeten formirt worden, und nachdem das Zeichen zum Angriff erfolgt war, rückte zuerst der linke Flügel, bestehend aus den Grenadierbrigaden der verschiedenen Reichscontingente und den Preußen unter dem tapferen Fürsten Leopold von Dessau, dem nachmals so berühmt gewordenen „alten Dessauer“ — von Eugen nur der „Bullenbeißer“ genannt —, zum Sturme vor. Unbeirrt durch das furchtbare Feuer des Feindes drangen die tapferen Schaaren, ohne selbst einen Schuß zu thun, bis in die Nähe der französischen Verschanzungen vor; hier wurde jedoch der feindliche Kugelregen so dicht, daß sie zurückwichen. Um ihnen Luft zu machen, ließ Eugen, der sich und dem Herzog von Savoyen den allgemeinen Oberbefehl vorbehalten, auch das aus dem kaiserlichen Fußvolk gebildete Centrum und den rechten Flügel, der hauptsächlich aus Pfälzern und Sachsen bestand, sofort zum Angriff vorgehen. Nachdem längere Zeit von beiden Seiten mit gleich großer Tapferkeit und Ausdauer gekämpft worden, sprengte Eugen, um eine raschere Entscheidung herbeizuführen, nach dem linken Flügel, stellte sich an die Spitze der Preußen und führte sie zum Sturme gegen die Verschanzungen. Begeistert durch die ihnen gewordene Auszeichnung, warfen sie sich, mit kühner Todesverachtung dem geliebten Führer folgend, in den dichtesten Kugelhagel, stürmten über die Wallgräben weg den Verschanzungen zu und erstiegen dieselben. Im blutigen Handgemenge wurde dem Prinzen das Pferd unter dem Leibe erschossen; doch augenblicklich sich erhebend, rief er seinen erschrockenen Kriegern aufs Neue sein „Vorwärts!“ zu und trieb sie an zu neuem blutigen Ringen.

Während die Preußen auf Eugens Befehl die erstürmten

feindlichen Werke demolirten, drang auch der Prinz von Württemberg mit seinen Grenadieren in die Verschanzungen ein, und zu der gleichen Zeit entschied sich im Centrum, wo Philipp von Orleans und Marsin dem Herzog von Savoyen gegenüberstanden, der Kampf ebenfalls zum Vortheil der Verbündeten. Nachdem Marsin zu Tode getroffen und auch der Herzog von Orleans schwer verwundet worden, gelang es den Kaiserlichen, die feindlichen Verschanzungen zu ersteigen und in denselben feste Stellung zu nehmen. Nur auf dem rechten Flügel schwankte noch die Entscheidung. Nach einem zweistündigen heißen Kampfe war es zwar dem Prinzen von Sachsen-Gotha gelungen, sich der französischen Verschanzungen zu bemächtigen; aber der rasch gesammelte Feind stand auf dem Punkte, ihn wieder aus denselben zurückzudrängen. Da sprengte Eugen an der Spitze der Infanterie auf die stürmisch herandringenden Franzosen ein und warf sie nach kurzem Kampfe zurück. Die Niederlage der Franzosen war eine vollständige; nach allen Richtungen hin stoben ihre aufgelösten Regimenter auseinander, ihr ganzes Belagerungsgeschütz — zweihundertdreizehn Stück — mit allen Munitionsvorräthen, darunter über achtzigtausend Fässer Pulver, sowie dreitausend Pferde und ihre reich gefüllte Kriegskasse den Siegern zurücklassend.

Da der Herzog von Orleans in Pignerol, wohin er sich mit den Trümmern seines geschlagenen Heeres zurückgezogen hatte, keinerlei Vorräthe fand und seine Truppen vollständig entmuthigt waren, trat er den Rückzug nach Frankreich an. So konnte der Herzog von Savoyen sein Land ohne Schwertstreich wieder in Besitz nehmen, während Eugen, unter Zurücklassung eines Observationskorps von zwölftausend Mann an der französischen Grenze, zur Vertreibung der Franzosen aus Mailand und den übrigen noch von ihnen besetzten kleineren Festungen aufbrach. Wie im Triumphe durchzog er den Norden Italiens, dessen Städte ihm meist freiwillig ihre Thore öffneten, und hielt am 26. September seinen Einzug in Mailand, wo er mit begeisterten Zurufen als der „Befreier Italiens vom französischen Joch" begrüßt wurde. Kaiser Joseph übersandte ihm als Zeichen seiner Dankbarkeit einen prächtigen, reich mit Diamanten besetzten Degen und ernannte ihn zum Statthalter von Mailand. Auch aus England, Holland und dem deutschen Reiche erhielt der Prinz zahlreiche Beweise der höchsten Anerkennung und Verehrung. So vermachte ihm eine unverheirathete englische Dame auf ihrem Sterbebette zweitausend Pfund Sterling mit dem Ausdruck des Bedauerns, „dem Sieger von Turin nicht das Hundertfache hinterlassen zu können", und ein Gärtner in London bedachte ihn in seinem Testamente mit hundert Pfund, der Hälfte seines Vermögens.

Am 13. März 1707 schloß Eugen zu Mailand im Namen Karls III. von Spanien mit dem Bevollmächtigten Frankreichs einen Vertrag, die sogenannte „Generalkapitulation“, worin Ludwig XIV. gegen die Gestattung des freien Abzugs der französischen Besatzungstruppen die unverzügliche Räumung Italiens zusagte und zugleich versprach, während der Dauer des Krieges kein Heer mehr dorthin zu schicken.

Der französische Einfluß in Italien wurde vollständig beseitigt durch die Eroberung von Neapel, mit welcher Eugen den heldenmüthigen Vertheidiger von Turin, den Grafen Daun, beauftragt hatte. Wie in der Lombardei, so wurden auch hier die kaiserlichen Truppen von dem Volke mit Jubel empfangen. Ein Aufstand in Neapel nöthigte am 7. Juni 1707 den Vicekönig zur Flucht, und bald war das ganze Land für Karl III. gewonnen.

Einen andern Ausgang, als das Unternehmen gegen Neapel, hatte der auf das Verlangen der Seemächte im Juli 1707 von Eugen und dem Herzog von Savoyen zum Zwecke der Eroberung von Toulon ausgeführte Zug in das südliche Frankreich. Obgleich die Stadt von der Seeseite durch die englisch-holländische Flotte und von der Landseite durch die kaiserlichen und savoyischen Truppen vollständig eingeschlossen wurde, scheiterte das Unternehmen, von welchem Eugen in richtiger Würdigung der damit verbundenen Schwierigkeiten gleich von Anfang an abgerathen, an der Ueberlegenheit des von Ludwig zum Entsatze von Toulon entsandten Heeres und an dem Mangel an Zufuhren für die Belagerungstruppen. In der Nacht zum 12. August trat Eugen in aller Stille den Rückzug an, auf welchem er durch meisterhaft ausgeführte Märsche die ihn verfolgenden Franzosen so zu täuschen wußte, daß er ohne nennenswerthe Einbuße am 30. August wieder an dem Grenzflusse Var anlangte. Indessen blieb das fehlgeschlagene Unternehmen nicht ganz ohne Vortheil für die Verbündeten, indem es dem Prinzen auf dem Rückzuge gelang, die von den Franzosen noch besetzte wichtige Festung Susa, den Schlüssel zu Piemont von Frankreich aus, zur Ergebung zu zwingen.

Für das deutsche Reich hatte das Kriegsjahr 1707 unter wenig günstigen Aussichten begonnen. An die Stelle des am 4. Januar 1707 im Alter von zweiundfünfzig Jahren verstorbenen Markgrafen Ludwig von Baden war der Markgraf Christian Ernst von Baireuth, ein bereits betagter, kränklicher und unentschlossener Mann, getreten, der es in keiner Weise mit dem im Elsaß stehenden Marschall Villars aufnehmen konnte. So war es diesem ohne Mühe gelungen, im Mai über den Rhein zu gehen und sich der Stollhofener Linien zu bemächtigen, worauf er unter furchtbaren Brandschatzungen bis Franken und Schwaben vorgedrungen. Vom ganzen Reiche mit Vorwürfen überhäuft, legte der Markgraf den Oberbefehl nieder, und unter seinem Nachfolger, dem ungleich tüchtigeren und thätigeren Kurfürsten Georg Ludwig von Hannover, nahmen die Dinge eine andere Wendung. Nachdem derselbe dem gänzlich verwahrlosten Zustande der Reichsarmee ein Ende gemacht, traf er so energische Vorkehrungen zur Vertreibung der Franzosen aus den von ihnen besetzten Gebieten, daß Villars, in dessen Heer sich ein empfindlicher Mangel eingestellt, es vorzog, ohne Schwertstreich über den Rhein zurückzukehren.

Die Schlachten bei Oudenarde (11. Juli 1708) und bei Malplaquet (11. Sept. 1709).

Bei der ungünstigen Wendung, welche die Dinge für Frankreich genommen, und der gänzlichen Erschöpfung seines Landes hatte Ludwig die Unmöglichkeit erkannt, die gesammte spanische Monarchie zu behaupten, und zeigte sich daher geneigt, den Frieden durch große Zugeständnisse zu erkaufen; da jedoch seine Gegner sich auf keinerlei Friedensunterhandlungen einlassen wollten, so lange er sich nicht zur Verzichtleistung auf das gesammte spanische Erbe bereit erkläre, beschloß er, den Krieg fortzusetzen. Indessen hatten die sieben vorausgegangenen Kriegsjahre auch die Kräfte des Kaiserhauses nahezu erschöpft, und Eugen sah ein, daß ein baldiger Friedensschluß für Oesterreich kaum minder nothwendig war, als für Frankreich. Er war daher eifrig bemüht, durch einen Hauptschlag eine rasche Beendigung des Krieges herbeizuführen, und da auch Marlborough eines entscheidenden Sieges bedurfte, um seine Partei in England am Ruder zu erhalten, wurden für den Feldzug des Jahres 1708 die umfassendsten Vorkehrungen getroffen. Zur gänzlichen Befreiung der Niederlande sollte Marlboroughs Heer auf sechzigtausend Mann erhöht, ein zweites Heer von vierzigtausend Mann unter Eugen in den Moselgegenden aufgestellt werden, um sich den Operationen Marlboroughs anzuschließen, und ein drittes von fünfzigtausend Mann unter dem Kurfürsten von Hannover den Mittel- und Oberrhein decken.

Um die Pläne seiner Gegner zu durchkreuzen, stellte Ludwig XIV. schon im Frühjahr 1708 ein Heer von neunzigtausend Mann an der Grenze von Flandern auf. Die Führung desselben übertrug er dem fünfundzwanzigjährigen Herzog von Bourgogne, dem ältesten Sohne des Dauphins, seinem besonderen Liebling, dem er den erfahrenen Vendome als Rathgeber zur Seite stellte. Da Marlboroughs Heer die vorgesehene Stärke noch nicht erreicht hatte und auch Eugen noch nicht nach der Mosel hatte aufbrechen können, gestaltete sich der Beginn des Feldzugs für die Franzosen günstig. Marlborough mußte sich nach Löwen zurückziehen und konnte die Eröffnung der Belagerung von Oudenarde nicht verhindern. Indessen traf Eugen, dem es unsägliche Mühe gekostet, die Langsamkeit der Reichsfürsten in der Aufstellung ihrer Contingente zu überwinden, frühe genug ein, um sich mit Marlborough zum Entsatze von Oudenarde zu vereinigen. Vor den Mauern dieser Stadt kam es am 11. Juli 1708 zu einer blutigen Schlacht, in welcher das französische Heer, trotz seiner bedeutenden numerischen Ueberlegenheit, hauptsächlich in Folge der zwischen dem Herzog von Bourgogne und Vendome herrschenden Uneinigkeit so vollständig geschlagen wurde, daß der Rückzug desselben sich zu einem fluchtartigen gestaltete.

Während das gänzlich zerrüttete französische Heer hinter den Mauern von Gent Schutz suchte, wurde in dem Kriegsrathe der Verbündeten der Beschluß gefaßt, das in den Niederlanden errungene Uebergewicht durch die Eroberung eines starken Waffenplatzes an der französischen Grenze zu sichern und zu diesem Zwecke zur sofortigen Belagerung der wichtigen Festung Lille zu schreiten. Nachdem die holländischen Festungen das fehlende Belagerungsmaterial geliefert, brachen Eugen und Marlborough gegen Lille auf, und während der Erstere zur Deckung des Belagerungskorps in der Nähe der Stadt eine wohlgewählte Stellung nahm, eröffnete Eugen am 11. August die Belagerung der Festung, die als Vaubans Meisterwerk galt und von den Franzosen für uneinnehmbar gehalten wurde. Obgleich dieselbe von dem Marschall Boufflers mit der zehntausend Mann starken Besatzung aufs Tapferste vertheidigt wurde und der Mangel an tüchtigen Genieoffizieren, sowie die Schwierigkeit, bei der Unterbrechung der Verbindung mit Brüssel die nöthigen Lebensmittel für das Belagerungsheer zu beschaffen, die Operationen Eugens sehr erschwerten, trug die Umsicht und Ausdauer des Prinzen den Sieg davon. Nachdem Boufflers sich bereits am 22. Oktober durch die Bitten der ausgehungerten Bevölkerung zur Uebergabe der Stadt hatte bewegen lassen, sah er sich am 9. Dezember gezwungen, auch die Citadelle unter ehrenvollen Bedingungen zu räumen. Der Uebergabe derselben folgte am 2. Januar 1709 auch die von Gent. Da hierauf auch Brügge von den Franzosen geräumt wurde und die übrigen minder bedeutenden Plätze, die während des Feldzugs von den Franzosen noch besetzt gewesen, sich den Verbündeten ergaben, war die Aufgabe, welche die beiden Feldherren sich gestellt, auf das Glänzendste gelöst: ganz Flandern war von den Franzosen befreit.

Mit den schweren Verlusten, die Frankreich in dem Feldzug

von 1708 zu erleiden gehabt, war für Ludwig das Maß der Heimsuchungen nicht erschöpft. Gleich nach der Beendigung desselben trat eine so ungewöhnliche Kälte ein, daß das ganze Jahrhundert keinen gleich strengen Winter aufzuweisen hatte. An den Küsten gefror das Meer wie im hohen Norden. Nicht nur die Weinstöcke und Oelbäume, auch die Saat unter der Erde erfror. Selbst in ihren Wohnungen erlagen ganze Familien der furchtbaren Kälte. Wie die Natur, so schien auch das gesammte öffentliche Leben erstarrt. Theater und Gerichte, selbst die meisten Kaufläden blieben geschlossen. Und als endlich der heißersehnte Frühling erschien, kam neuer Jammer: Ueberschwemmungen, Hungersnoth und Krankheiten rafften Tausende hinweg. Das allgemeine Elend steigerte die Unzufriedenheit des Volkes über die längst unerträglich gewordenen Lasten des Krieges zur äußersten Erbitterung: Schmähschriften auf den König wurden verbreitet, Drohungen gegen sein Leben an den Straßenecken angeschlagen. Der gebeugte Ludwig bot aufs Neue die Hand zum Frieden, indem er sich zur Verzichtleistung auf die ganze spanische Monarchie mit alleiniger Ausnahme von Neapel und Sicilien bereit erklärte. Allein die Verbündeten, weit entfernt, sich mit diesem Friedensangebot zu begnügen, stellten ihm im Vollgefühle ihrer Ueberlegenheit noch härtere Bedingungen, als vorher. Außer der Verzichtleistung auf die gesammte spanische Monarchie verlangten sie die Zurückgabe der Städte Straßburg, Breisach und Landau an das deutsche Reich.

Die französischen Gesandten erklärten zwar diese Bedingungen für unannehmbar, setzten aber dennoch die Unterhandlungen fort, in der Hoffnung, daß es ihnen gelingen werde, durch die Trennung der Verbündeten zu dem von Ludwig erstrebten Ziele zu gelangen. Diese wiesen jedoch die Anerbietungen, die Ludwig ihnen einzeln machen ließ, mit Entschiedenheit zurück und fügten sogar ihren früheren Bedingungen die weitere hinzu, daß Ludwig selbst sich an der Vertreibung seines Enkels betheilige, falls derselbe sich weigere, Spanien zu räumen. Diese Forderung bewog Ludwig, die Unterhandlungen abzubrechen und die letzten Kräfte seines erschöpften Landes zu einem neuen verzweifelten Kampfe zusammen zu raffen. Der Gehalt der Münzen wurde durch Umschmelzen um den vierten Theil verringert; die königlichen Forsten wurden gelichtet und die gefällten Eichen um einen Spottpreis verkauft, die Steuern der nächsten drei Jahre zum Voraus erhoben und Anlehen zu dem höchsten Zinsfuße aufgenommen. Der König selbst schickte sein Goldgeschirr in die Münze. So gelang es noch einmal, ein Heer von neunzigtausend Mann unter die Waffen zu bringen; doch konnte Ludwig sich nicht verhehlen, daß es das letzte sei, das er einzusetzen im Stande sein werde. Den Oberbefehl über dasselbe übertrug er dem Marschall Villars, dem einzigen unter seinen Feldherren, der bis dahin unbesiegt geblieben. Dieser brach sofort nach den Niederlanden auf und nahm bei Douai eine feste Stellung, die er durch Verschanzungen deckte; als jedoch Eugen und Marlborough, die auch in diesem Jahre gemeinsam in den Niederlanden operirten, nach der Eroberung von Tournai zur Belagerung von Mons schritten, brach er zum Entsatze dieser wichtigen Festung auf. Eugen und Marlborough zogen ihm entgegen und fanden ihn bei dem Dorfe Malplaquet, zwischen Valenciennes und Maubeuge, wo er auf die Kunde von dem Heranziehen der Verbündeten Halt gemacht und Verhaue und Verschanzungen hatte anlegen lassen.

Trotz der Schwierigkeiten, die Villars günstige Stellung für einen Angriff darbot, schreckten Eugen und Marlborough nicht vor demselben zurück. Sobald am Morgen des 11. September die Sonne den dichten Nebelschleier zerrissen, der bei Tagesanbruch die ganze Gegend bedeckt hatte, rückte das Heer der Verbündeten gegen die feindlichen Verschanzungen vor. Eugen, der mit dem rechten Flügel den Kampf eröffnete, wurde gleich anfangs durch einen Streifschuß am Hinterkopfe verwundet; er nahm sich jedoch nicht die Zeit, sich einen Verband anlegen zu lassen, sondern steckte einfach sein Taschentuch unter den Hut und stürmte weiter, den Seinigen voran, dem Feinde entgegen, um wo möglich den von Villars selbst geführten linken Flügel des Feindes zu umzingeln. Um dies zu verhüten, zog Villars seine Schlachtlinie weiter zurück, und mehrere Stunden lang rangen die beiden Feldherren in blutigem Kampfe um den Sieg, bis Villars, von einem Schusse durch das Knie getroffen, ohnmächtig vom Pferde stürzte und von dem Kampfplatze weggetragen werden mußte. Eugen benutzte die hiedurch unter dem Feinde entstandene Verwirrung zur raschen Erneuerung seines Angriffs, und es gelang ihm, den linken Flügel der Franzosen vollständig aus seiner Stellung zu vertreiben und zum Rückzug zu nöthigen. Sofort sandte er die gesammte kaiserliche Reiterei dem Herzog von Marlborough zu Hilfe, der bis dahin vergeblich den Widerstand des von dem Marschall Boufflers befehligten rechten feindlichen Flügels zu bewältigen gesucht hatte, und entschied dadurch auf dieser Seite gleichfalls den Sieg der Verbündeten. Dem gewaltigen Massenangriffe weichend, trat auch Boufflers den Rückzug an, den er in der Richtung auf Valenciennes einschlug und mit gewohnter Meisterschaft ausführte.

Die Schlacht bei Malplaquet, die letzte bedeutende des langjährigen Krieges und zugleich die mörderischste des ganzen Jahrhunderts, hatte den Verbündeten zwanzigtausend Mann gekostet, während die Franzosen siebzehntausend Todte und Verwundete auf der blutigen Wahlstätte zurückließen. Die nächste Folge des von Eugen und Marlborough errungenen Sieges war der Fall von Mons, das sich am 20. Oktober den Verbündeten ergeben mußte.

Da Ludwig keine Möglichkeit sah, den Kampf mit irgend welcher Aussicht auf einen besseren Erfolg fortzusetzen, mußte er sich entschließen, seinen Gegnern neue Friedensvorschläge zu machen. Unter der Bedingung, daß man ihm die Betheiligung an der Vertreibung seines Enkels erlasse, erklärte er sich nicht nur zur Verzichtleistung auf die gesammte spanische Monarchie mit alleiniger Ausnahme von Sicilien, sowie zur Herausgabe Straßburgs und des ganzen Elsasses bereit, sondern erbot sich sogar, den Verbündeten Hilfsgelder zur Bekämpfung seines Enkels zu zahlen, falls derselbe Widerstand leisten werde.

Der Kaiser war zur Nachgiebigkeit geneigt und zwar umsomehr, als Eugen schon früher vor dem allzu strammen Anspannen des Bogens gewarnt hatte; allein die Seemächte, die hinter den Zugeständnissen Ludwigs eine trügerische Schlinge vermutheten, beharrten bei ihren Forderungen, und am 13. Juli erklärten die Generalstaaten im Namen der Verbündeten den französischen Gesandten: erst dann könne ein definitiver Friede geschlossen werden, wenn Ludwig im Vereine mit den alliirten Mächten seinen Enkel aus Spanien vertrieben und zur Verzichtleistung auf die gesammte spanische Monarchie gezwungen haben werde. Obgleich aller Aussicht auf eine günstigere Gestaltung der Dinge beraubt, wies Ludwig diese Forderung als eine mit seiner Ehre unvereinbare zurück, und so nahm der Krieg seinen Fortgang.

Der Sturz Marlboroughs (1711) und der Tod Josephs I. (17. April 1711).

Das Jahr 1710 brachte den Verbündeten neue Vortheile. Das von Eugen und Marlborough belagerte Douai sah sich, nachdem Villars vergebens Alles aufgeboten, um dasselbe zu entsetzen, am 10. Juli zur Kapitulation gezwungen, und wenn auch die projektirte Belagerung von Arras unterbleiben mußte, so entschädigten sich die Verbündeten dafür durch die Eroberung von Bethune (31. August) und bemächtigten sich hierauf auch noch der Festungen St. Venant und Aire. Da hiermit auch die dritte Reihe jener Bollwerke durchbrochen war, durch welche Ludwig die Grenzen seines Reiches im Norden gesichert zu haben glaubte, durften die Verbündeten sich der Hoffnung hingeben, im nächsten Jahre ihrem Gegner in seinem eignen Lande den Frieden vorschreiben zu können.

Diese Hoffnung wurde erhöht durch den Verlauf, den die Kriegsereignisse inzwischen in Spanien genommen. Nachdem die Verbündeten im April 1707 auf der Ebene von Almanza eine bedeutende Niederlage erlitten, in Folge deren Valencia und Aragonien von den Franzosen erobert worden, war im Jahre 1710 ein bedeutender Umschwung zum Nachtheile Philipps V. eingetreten. Seine Generale waren von dem Grafen Starhemberg am 27. Juli bei Almenara und am 20. August bei Saragossa entscheidend geschlagen worden, und Karl III. hatte am 28. September seinen feierlichen Einzug in Madrid halten können. Für Ludwig schien Alles verloren und Nichts ihm übrig zu bleiben, als, wie Fénélon sich ausdrückte, „durch das caudinische Joch zu gehen.“ Aber während die Verbündeten ihres vollständigen Triumphes sicher zu sein glaubten, traten zwei unerwartete Ereignisse ein, welche die Lage der Dinge gänzlich veränderten und den tiefgebeugten König mit neuen Hoffnungen erfüllten.

Den ersten Lichtstrahl brachte dem Schwerbedrängten der Sturz des Whigministeriums, welches seit dem Jahre 1705 an der Spitze der englischen Regierung gestanden und im Einvernehmen mit Marlborough, der dasselbe vollständig beherrschte, eine entschieden kriegerische Politik verfolgt hatte. Schon seit längerer Zeit hatte die ungeheure Vermehrung der Staatsschuld und der wachsende Steuerdruck, den der langjährige Krieg dem Lande aufgebürdet, unter dem englischen Volke eine große Unzufriedenheit hervorgerufen, die von den Tories zu Angriffen gegen das Whigministerium benutzt wurde. Da die Königin selbst mehr toristisch als whigistisch gesinnt war, blieben die Bemühungen der Tories, die Whigs bei ihr zu verdächtigen, nicht erfolglos; ihr Ziel erreichten sie jedoch erst, nachdem das Herz Anna's sich vollständig von der Herzogin von Marlborough losgerissen, von welcher sie sich bis dahin willenlos hatte leiten lassen. Schon längst war die Königin der Anmaßungen der herrschsüchtigen Oberhofmeisterin müde geworden, ohne jedoch den Muth zu haben, sich ihrer Tyrannei zu entreißen; als dieselbe jedoch die Entfernung ihrer Verwandten Abigail Hill, der nachmaligen Lady Masham, die sie selbst als Kammerdame an den Hof gebracht, aus Eifersucht über die Zuneigung, welche die Königin derselben geschenkt, im Vertrauen auf ihre eigene Unentbehrlichkeit mit Gewalt erzwingen wollte, kam es zwischen ihr und der Königin zum förmlichen Bruch. Sie wurde im April 1710 aller ihrer Hofämter entsetzt und erhielt den Befehl, den Hof zu meiden.

Der Sturz der Herzogin von Marlborough hatte die Entlassung der whigistischen Räthe der Königin, die alle theils Verwandte, theils Geschöpfe Marlboroughs waren, und die Bildung eines toristischen Ministeriums zur Folge. Das einflußreichste Mitglied desselben war der später zum Viscount von Bolingbroke erhobene frühere Staatssekretär Harry St. John, ein Mann, der mit einer ungewöhnlichen Körperschönheit eine übersprudelnde Lebenskraft, gewandte Manieren, hervorragende Geistesgaben, glühenden Ehrgeiz und eine hinreißende Beredtsamkeit, zugleich aber auch die größte Gewissenlosigkeit und die verderblichsten religiösen und sittlichen Grundsätze verband (s. S. 177).

Das Hauptstreben des neuen Ministeriums war darauf gerichtet, durch einen möglichst raschen Friedensschluß den Herzog von Marlborough überflüssig zu machen und seiner glorreichen Siegeslaufbahn ein Ziel zu setzen. Um das Ministerium in seinen Bestrebungen zu unterstützen und den Tories die Herrschaft dauernd zu sichern, löste die Königin das Parlament auf, und da das Volk in seiner Gesammtheit mit den Friedensbestrebungen des Ministeriums einverstanden war, fielen die Neuwahlen ganz in toristischem Sinne aus.

Die neuen Hoffnungen, zu welchen die in England eingetretenen Veränderungen Ludwig XIV. berechtigten, wurden noch vor Ablauf des Jahres durch die unerwartete Wendung erhöht, welche die Dinge in Spanien genommen. Der Herzog von Vendome, der in Philipps V. Dienste getreten war, hatte im Vereine mit dem Marschall von Noailles, den Ludwig mit frischen Hilfstruppen nach Spanien gesandt hatte, am 9. Dezember 1710 bei Brihuela über den englischen General Stanhope einen glänzenden Sieg erfochten und am folgenden Tage bei Villaviciosa den Grafen von Starhemberg zum Rückzuge gezwungen, so daß Philipp V. nach Madrid hatte zurückkehren können.

Zu dieser zweiten Rettungsaussicht sollte sich für Ludwig, dessen alter Stolz mächtig aufzuleben begann, eine dritte von ungleich größerer Tragweite gesellen. Kaiser Joseph I. starb am 17. April 1711 im Alter von zweiunddreißig Jahren an den Kinderblattern, und da er keine männlichen Nachkommen hinterließ, gingen die österreichischen Erblande an seinen Bruder Karl über. Dadurch war die ganze Sachlage mit einem Schlage verändert; denn es unterlag keinem Zweifel, daß die Bundesgenossen Oesterreichs, die das Schwert ergriffen hatten, um die Universalmonarchie Ludwigs XIV. nicht aufkommen zu lassen, auch die Vereinigung der gesammten spanischen Monarchie mit der österreichischen nicht zugeben würden, und so war an eine Fortsetzung des Krieges zu den bisherigen Zwecken nicht mehr zu denken.

Sobald Eugen die Nachricht von dem unerwarteten Tode des Kaisers erhalten hatte, nahm er die gesammte Armee für den König Karl in Eid und Pflicht und eilte dann nach Deutschland, um den Kurfürsten von Mainz, als den Erzkanzler des Reiches, zur sofortigen Ausschreibung der Kaiserwahl zu veranlassen und zugleich nach besten Kräften für die Wahl Karls zu wirken. Während er hierauf die westliche Reichsgrenze besetzte, um einerseits einem Einfall von Seiten Frankreichs vorzubeugen und andererseits den Kurfürsten von Baiern von jeder die Kaiserwahl störenden Aktion abzuhalten, wurde am 12. Oktober 1711 von den zu Frankfurt versammelten Kurfürsten Karl III. von Spanien als Karl VI. zum deutschen Kaiser gewählt.

Dieser hatte sich bereits, nachdem er die Regierung in Spanien, das er nur ungern verließ, seiner Gemahlin, der jugendlichen Elisabeth von Braunschweig-Wolfenbüttel, einer der schönsten und edelsten Frauen ihrer Zeit, übertragen, am 27. September in Barcelona zur Rückkehr nach Deutschland eingeschifft. In Mailand überreichte ihm der Pfalzgraf Karl Philipp von Neuburg das Wahldekret, und am 22. Dezember empfing er zu Frankfurt, nachdem er am vorhergehenden Tage seine Wahlkapitulation beschworen, aus den Händen des Kurfürsten von Mainz unter den üblichen Feierlichkeiten die Kaiserkrone.

Unterdessen hatte Marlborough, der anfangs auf die Nachricht von den Vorgängen in England den Gedanken gehabt, durch freiwillige Niederlegung seiner Stelle den feindlichen Absichten seiner Gegner zuvorzukommen, von Eugen jedoch zum Bleiben bewogen worden, den Krieg in den Niederlanden gegen Villars erfolgreich fortgesetzt, ohne daß es jedoch zu bedeutenden Kämpfen gekommen. Nachdem er am 13. September 1711 Bouchain zur Kapitulation gezwungen, kehrte er nach London zurück, um die Pläne seiner Feinde zu vereiteln. Das Parlament klagte ihn jedoch der Veruntreuung öffentlicher Gelder an, und am 1. Januar 1712 entsetzte ihn die Königin aller seiner Aemter. Vergebens bot Eugen, der sich im Januar 1712 im Auftrag Karls VI. nach London begeben, um einen einseitigen Friedensschluß von Seiten Englands abzuwenden, Alles zur Vertheidigung seines Waffengefährten auf: er konnte nichts Anderes erreichen, als die Unterdrückung der bereits gegen Marlborough eingeleiteten gerichtlichen Verfolgung. Nach dem Tode der Königin Anna (1714) wurde Marlborough, der inzwischen mit seiner Gemahlin in Holland und Deutschland gelebt, wo er überall mit der größten Auszeichnung aufgenommen worden, von Georg I. in alle seine Würden wieder eingesetzt; doch brach schon im Jahre 1716 ein Schlaganfall seine Kraft; ein zweiter machte im Jahre 1722 seinem Leben ein Ende. Ebenso ausgezeichnet als Diplomat, wie als Feldherr, und dabei einer der schönsten und stattlichsten Männer seiner Zeit, war Marlborough zugleich ein durch feine, gewinnende Umgangsformen hervorragender Hofmann und ein Virtuose in der Kunst der Menschenbehandlung; aber diese blendenden Eigenschaften waren verdunkelt durch einen kalt berechnenden Egoismus und eine schrankenlose Habsucht.

Die Friedensschlüsse von Utrecht, Rastadt und Baden.

Schon zu Anfang des Jahres 1711 hatte England geheime Friedensunterhandlungen mit Frankreich angeknüpft und nach der Entfernung Marlboroughs von seinem Kommando durch dessen Nachfolger, den Herzog von Ormond, den Krieg in den Niederlanden nur noch zum Scheine fortsetzen lassen. Nachdem beide Mächte sich über die Friedenspräliminarien geeinigt und das englische Parlament denselben im Juni 1712 seine Zustimmung gegeben, ließen sich auch die Generalstaaten, trotz der Gegenbemühungen Eugens, der Alles aufbot, um durch eine erfolgreiche Fortführung des Krieges von Ludwig einen die Interessen des Kaiserhauses sichernden Frieden zu erwirken, durch das englische Kabinet zur Theilnahme an den Friedensunterhandlungen bewegen, worauf am 29. Januar 1712 zu Utrecht eine Friedensconferenz eröffnet wurde, an welcher außer Frankreich, England und Holland, auch Portugal, Preußen und Savoyen Theil nahmen.

Der Abschluß des Friedens erfolgte am 11. April 1713. In demselben wurden Spanien und dessen außereuropäische Besitzungen Philipp V. zuerkannt, doch mit der ausdrücklichen Bestimmung, daß Frankreich und Spanien nie unter einem Scepter vereinigt werden dürften. England erlangte von Frankreich die Anerkennung der Successionsakte vom Jahre 1701, welche die katholische Linie des Hauses Stuart von der Erbfolge ausschloß, sowie die Abtretung von Neuschottland, Neufundland und der Hudsonsbai und die Zusage der Zerstörung des Hafens und der Festungswerke von Dünkirchen; von Spanien, Gibraltar und Minorka, sowie den sogenannten „Assientotraktat“, durch welchen der englischen „Südsee-Kompagnie“ auf dreißig Jahre das ausschließliche Recht zum Negerhandel in den spanischen Kolonien zugestanden wurde. Dagegen mußte sich Holland mit einigen Handelsvortheilen und dem Besatzungsrecht von acht niederländischen Festungen begnügen. Der Herzog von Savoyen erhielt eine Reihe von Festungen an der französischen Grenze und für seine Ansprüche an die spanische Monarchie, außer den Bezirken, die ihm Kaiser Leopold bereits im Jahre 1703 abgetreten, die Insel Sicilien als ein Königreich mit voller Souveränität, sowie die Anwartschaft auf die spanische Krone nach dem Aussterben des bourbonischen Hauses. Preußen erlangte die Anerkennung seiner Königswürde, sowie die Abtretung von Ober-Geldern und die Bestätigung der Souveränität über Neufchâtel und Valengin; dagegen überließ es an Frankreich das Fürstenthum Orange, auf welches König Friedrich I. als der Sohn einer oranischen Prinzessin Ansprüche hatte.

Nach der Unterzeichnung des Friedens von Utrecht überreichten die französischen und englischen Unterhändler dem Vertreter des Kaisers ein Friedensangebot, nach welchem Karl VI., gegen die Verzichtleistung auf Spanien und Indien und die Genehmigung zur Wiedereinsetzung der Kurfürsten von Baiern und Köln, die Niederlande und alle ehemaligen spanischen Besitzungen in Italien, mit Ausnahme der dem Herzog von Savoyen zugesagten Insel Sicilien zuerkannt werden sollten. Karl VI. konnte sich jedoch nicht dazu entschließen, auf das ihm lieb gewordene Spanien zu verzichten, und zog es daher vor, in Verbindung mit dem Reiche den Krieg gegen Frankreich fortzusetzen.

Indessen mußte Eugen bald erkennen, daß auf die Hilfe des Reiches wenig zu zählen sei. Der Reichstag hatte zwar vier Millionen Thaler für den Krieg bewilligt; aber als der Prinz am 13. Mai 1713 in seinem Hauptquartier zu Mühlberg ankam, fand er die Kriegskasse vollständig leer und konnte nur durch die Verpfändung seines fürstlichen Ehrenwortes von einem Frankfurter Wechsler für die nothwendigsten Bedürfnisse des Heeres einen Vorschuß von hundertfünfundzwanzigtausend Gulden erhalten. Auch trafen die Kontingente der verschiedenen Stände nur äußerst langsam und in ungenügender Zahl ein und befanden sich überdies in dem trostlosesten Zustande, da ihnen in dem müßigen, nur durch unbedeutende Vorpostengefechte und kleine Streifereien unterbrochenen Lagerleben, in welchem ihnen die letzten Jahre verstrichen waren, alle Zucht und aller kriegerische Geist abhanden gekommen.

Unter diesen Umständen konnte es Eugen trotz der unermüdlichsten Thätigkeit und Ausdauer nicht verhindern, daß Villars, der ihm mit einem bedeutend überlegenen Heere gegenüberstand, das wichtige Landau eroberte (20. Aug. 1713), alle offenen Städte in dieser Gegend: Kaiserslautern, Speier, Worms u. a., mit schweren Brandschatzungen belegte, dann sogar über den Rhein ging, um auch am rechten Ufer Alles zu verwüsten und die nächst gelegenen Reichskreise auszusaugen, und endlich, am 16. November 1713 das nur schwach besetzte Freiburg nach sechswöchentlicher tapferer Vertheidigung zur Kapitulation zwang.

Nach diesem traurigen Ausgange des Feldzuges vom Jahre 1713 hielt es der Kaiser für gerathen, die Friedensvorschläge, die Villars ihm im Auftrage Ludwigs durch die Vermittlung des Kurfürsten von der Pfalz zukommen ließ, nicht zurückzuweisen. Am

26. November 1713 kamen Eugen und Villars zur Feststellung der Friedensbedingungen in Rastadt zusammen, und da für Frankreich das Friedensbedürfniß nicht minder groß war, als für Oesterreich, gelang es Eugen, die übertriebenen Forderungen Ludwigs herabzustimmen, die eine Zeitlang das Friedenswerk zu stören gedroht. Am 6. März 1714 kam der Friedensvertrag zu Stande, und am folgenden Morgen zwischen drei und vier Uhr wurde derselbe, nachdem die Anfertigung der Abschriften die ganze Nacht in Anspruch genommen, von den beiden Feldherren unterzeichnet, worauf dieselben, hingerissen von der hohen Bedeutung des Augenblicks, einander voll tiefer Rührung in die Arme fielen.

In dem Frieden von Rastadt gestand Frankreich dem Kaiser die spanischen Niederlande, sowie Neapel, Mailand, Sardinien, Mantua, — dessen letzter, wegen seines Anschlusses an Frankreich in die Reichsacht erklärter Herzog Karl IV. im Jahre 1708 gestorben war, — und die toskanischen Seehäfen an der westlichen Küste zu, gab seine Eroberungen am Rheine, mit Ausschluß von Landau, dem Reiche zurück und anerkannte die hannöverische Kur. Dagegen sagte der Kaiser die Lossprechung der Kurfürsten von Baiern und Köln von der Reichsacht und die Wiedereinsetzung derselben in ihre Länder und Würden zu. Für das Reich wurde die Wiederherstellung des Zustandes vor dem Kriege auf Grund der Friedensschlüsse von Nymwegen, Münster und Ryswick vereinbart. „Das große Tagewerk zu Rastadt ist vollendet," schrieb Eugen an Marlborough. „Ich mußte leider auf die Sünde der Seemächte im Namen meines Souveräns das Siegel drücken."

Karl VI. setzte in einem Dekrete vom 24. März 1714 den Reichstag zu Regensburg von dem zu Rastadt zwischen ihm und Frankreich getroffenen Abkommen in Kenntniß, indem er es den Ständen anheim gab, ob sie selbst ihren Frieden mit Ludwig abschließen oder ihn dazu bevollmächtigen wollten. Nachdem sie sich für das Letztere entschieden, traten im Juni 1714 kaiserliche und französische Bevollmächtigte zu Baden in der Schweiz zu neuen Verhandlungen zusammen, die mit dem Beitritt des Reiches zu den Friedensbedingungen von Rastadt endeten. Die Friedensurkunde wurde am 8. September von Eugen und Villars unterzeichnet, die zu diesem Zwecke zu Baden aufs Neue zusammen getroffen waren.

Vier Tage nach dem Abschluß des Friedens von Baden, der das Ende des spanischen Erbfolgekrieges besiegelte, erlosch die Kriegesfackel auch in Spanien. Mit unermüdlicher Standhaftigkeit hatten die heldenmüthigen Catalonier, denen Philipp V. nur gegen die Verzichtleistung auf ihre Rechte und Freiheiten Verzeihung bewilligen wollte, den Kampf fortgesetzt; nachdem jedoch Barcelona, das Philipps Truppen seit der Abreise der Kaiserin im Jahre 1713 verschiedene Male vergeblich belagert, mit Hilfe eines neu angekommenen französischen Heeres von dreißigtausend Mann erstürmt worden, gaben sie ihren Widerstand auf. Trotz der Fürsprache, die Karl VI. bei den Unterhandlungen von Rastadt und Baden für die treuen Catalonier eingelegt, wurde die Verfassung der Provinz aufgehoben und damit der letzte Reste ständischer Rechte und Freiheiten in Spanien zerstört.

VII.

Ludwigs XIV. Ausgang.

Obgleich der vierzehnjährige Krieg um das spanische Erbe für Frankreich ungleich günstiger geendet, als es seit dem Tage von Höchstädt zu erwarten gestanden, konnte Ludwig sich nicht verhehlen, daß derselbe seinem Lande zum schweren Verhängniß geworden. Der Nationalwohlstand war vernichtet, das Land verödet; Handel, Gewerbe und Ackerbau lagen vollständig darnieder, und das Volk, von der Last unerschwinglicher Steuern erdrückt, schmachtete im tiefsten Elend. Die Schuldenlast war zu der Höhe von neunhundert Millionen Thalern angewachsen, und man konnte nicht einmal die Zinsen derselben zahlen, noch weniger die laufenden Ausgaben bestreiten. Der König selbst, zu welchem das Volk einst mit Stolz und Bewunderung aufgeschaut, war der Gegenstand des Hasses geworden, und nur die Gewohnheit des willenlosen Gehorsams hielt das Volk von offener Empörung zurück. Den letzten Rest des Vertrauens und der Achtung hatte Ludwig bei seinen Unterthanen dadurch zerstört, daß er sich, theils aus Neugierde, theils aus Mißtrauen, nicht nur durch geheime Kundschafter, die sogar seine Gesandten an den fremden Höfen belauschen mußten, alle Stadtgespräche, selbst alles, was in den Familienkreisen vorging, zutragen, sondern sogar alle mit der Post einlaufenden Briefe eröffnen und sich über den Inhalt derselben Bericht erstatten ließ.

Nicht minder traurig, als in seinem einst so blühenden Reiche, sah es in des greisen Königs eignem Hause aus; denn innerhalb weniger Jahre hatte der Tod in seiner Familie eine furchtbare Ernte gehalten. Von den sechs Kindern, die seine Gemahlin ihm geboren, waren die fünf jüngsten früh gestorben; nur der Dauphin war am Leben geblieben, und Nichts war versäumt worden, um ihn zu einem tüchtigen, mit den reichsten Kenntnissen ausgestatteten Regenten heranzubilden. Wie Bossuet hauptsächlich für ihn seinen berühmten Abriß der Weltgeschichte geschrieben, so war ausschließlich für seinen Unterricht eine ganze Reihe von Ausgaben römischer Klassiker auf königliche Kosten — man berechnete dieselbe auf zweihunderttausend Livres — veranstaltet worden, die auf dem Titel die Worte in usum Delphini führen. Aber alles, was für seine Erziehung gethan worden, sollte für Frankreichs Zukunft fruchtlos bleiben; denn es war ihm nicht beschieden, den Thron zu besteigen, für welchen er in so glänzender Weise ausgebildet worden. Er starb am 14. April 1711, mitten unter dem Jammer, den der spanische Erbfolgekrieg für Frankreich heraufbeschworen, im Alter von nahezu fünfzig Jahren an den Kinderblattern. Nach seinem Tode beruhten die Hoffnungen der Nation auf seinem Sohne, dem geistvollen, allgemein beliebten Herzog von Bourgogne, und dessen liebenswürdiger Gemahlin; allein im folgenden Jahre erlagen Beide einem hitzigen Fieber, die Dauphine am 12. und ihr Gemahl am 18. Februar. Da der Tod ihren ältesten Sohn schon im Jahre 1705 hinweggerafft, war der zweite, der noch im Knabenalter stehende Herzog Karl von Bretagne, Thronerbe; doch auch er folgte schon nach wenigen Wochen (6. März 1712) seinen Eltern ins Grab. Ein dritter Enkel Ludwigs, der Herzog von Berry, des Herzogs von Bourgogne jüngster Bruder, fand am 4. Mai 1714 den Tod durch einen Sturz vom Pferde, und so blieb dem am Rande des Grabes stehenden König von allen seinen Nachkommen, außer dem König von Spanien, nur noch ein Urenkel, der jüngste, im Jahre 1710 geborne Sohn des Herzogs von Bourgogne, der nachmalige Ludwig XV.

Indessen bewegte sich das Leben des vereinsamten Königs, der trotz der Verarmung des Landes seine prunkvolle Hofhaltung aufrecht hielt, in dem gewohnten Geleise des Hergebrachten, wobei die Maintenon Alles aufbot, seinen wachsenden Trübsinn durch Zerstreuungen aller Art zu bekämpfen, was ihr umso schwerer wurde, als seine Empfänglichkeit für geistige Unterhaltung immer mehr abnahm.

Im Sommer 1715 verfiel die Gesundheit des Königs sichtlich, und bald verkündete die rasche Abnahme seiner Kräfte das Herannahen seines Todes. Mit großer Fassung vernahm er die Mittheilung seines Arztes, daß er nur noch wenige Tage zu leben habe. Nachdem er am 25. August die letzte Oelung empfangen, ließ er am folgenden Tage die Minister und den Dauphin vor sich kommen, empfahl den Ersteren Treue gegen seinen Nachfolger und ermahnte seinen Urenkel zur Gottesfurcht, zur Sparsamkeit, zum Frieden und zu allem Guten, das er selbst nicht habe thun können. Mit Schmerzen nahm er wahr, daß seine Hofleute bei seinem herannahenden Tode sich von ihm zurückgezogen, um sich seinem Neffen, dem Herzog Philipp II. von Orleans, zuzuwenden, dem als dem nächsten Anverwandten des jungen Königs die Regentschaft zufallen mußte. In seinen beiden letzten Lebenstagen hatte Ludwig nur wenige lichte Augenblicke, in welchem man ihn wiederholt beten hörte: „Mein Gott, hilf mir! Eile, mich zu erlösen!“ Ruhig und gefaßt entschlief er am 1. September 1715, früh um acht Uhr, während er mit seinem Beichtvater die Sterbegebete verrichtete. Das Volk, das ihn einst vergöttert hatte, brach bei der Nachricht von seinem Tode in lauten Jubel aus, und der Pöbel verfolgte den Leichenzug mit Verwünschungen und Beschimpfungen aller Art, so daß man den Sarg mit der Leiche des Königs auf Nebenwegen nach St. Denis bringen mußte.

VIII.

Rußland unter Peter dem Großen.

(1682—1725.)

In Rußland war, wie wir Bd. V, S. 323 gesehen, im Jahre 1584 mit dem kinderlosen Czaren Feodor der Stamm Ruriks in männlicher Linie erloschen und im Jahre 1613, nach längeren Thronstreitigkeiten, der mütterlicherseits dem Hause Ruriks entstammende Michael Feodorowitsch zum Czaren erwählt worden. Michael III. Feodorowitsch (1613—1645), der die Reihe der Regenten aus dem Hause Romanow eröffnete, befestigte seinen Thron durch Klugheit und Milde und stellte in dem zerrütteten Reiche Ruhe und Ordnung her. Sein Sohn Alexei Michaelowitsch (1645—1676), der schon im Alter von fünfzehn Jahren die Regierung antrat, nahm die Kosaken, die sich gegen die Republik Polen empört hatten, unter seinen Schutz und bewilligte ihnen, als Preis ihres Anschlusses an Rußland, Steuerfreiheit, eigene Gerichtsbarkeit und das Recht, sich selbst ihren Hetman — diesen Titel führte ihr Oberhaupt — zu wählen, wogegen sechzigtausend Kosaken, denen ein bestimmtes Jahrgeld zugesagt wurde, für den Dienst des Czaren unter den Waffen bleiben sollten. In dem Waffenstillstand, den er im Jahre 1667 zu Andrussow mit dem König Johann Kasimir von Polen schloß, wurde das Land der Kosaken zwischen der Republik und Rußland so getheilt, daß der Dnieper die Grenze bilden sollte; auch erhielt er in demselben die Provinzen Severien und Smolensk zurück. Für die Hebung der Bildung des russischen Volkes, das noch in einer an vollständiger Barbarei grenzenden Rohheit versunken war, traf Alexei eine Reihe trefflicher Einrichtungen.

Alexei's Sohn und Nachfolger Feodor Alexeiwitsch führte die Regierung in dem Geiste seines Vaters fort und machte sich besonders dadurch um das Reich verdient, daß er durch die Vernichtung der sogenannten „Rosrjädbücher“, in welchen alle Privilegien des hohen Adels verzeichnet waren, dessen Ansprüche auf den erblichen Besitz aller höheren Beamtenstellen beseitigte. Unter ihm wurden die Russen zum ersten Male in einen Krieg mit den Türken verwickelt, der zum Nachtheil der Letzteren verlief.

Feodor starb schon im Jahre 1682, nach nur sechsjähriger Regierung, im Alter von fünfundzwanzig Jahren, und da er keine Kinder hinterließ, gebührte die Krone seinem älteren Bruder Iwan, Alexei's zweitem Sohne. Dieser war jedoch nicht nur körperlich schwach, sondern auch geistig so gering begabt, daß er zur Regierung unfähig schien; daher erkannten die Großen, die sich gleich nach Feodors Tode zu Moskau versammelt hatten, die Krone seinem zehnjährigen Stiefbruder Peter, einem jüngeren Sohne Alexei's aus dessen Ehe mit Natalie Narischkin, zu.

Um Peters Thronbesteigung zu vereiteln, reizte seine Stiefschwester, die ebenso kluge und ehrgeizige als entschlossene Prinzessin Sophia, die für ihren Bruder Iwan die Regierung führen zu können gehofft, die Strelitzen (Strielzi=Schützen, ein von Iwan IV. errichtetes stehendes Heer) durch das Vorgeben, daß Peter sie auflösen wolle und seinen Bruder Iwan ermordet habe, zur Empörung auf. Unter dem Rufe: „Nieder mit dem Mörder Iwans!“ umzingelten sie den Kreml und hieben Peters Oheim Iwan Narischkin nebst mehreren andern Gliedern der Familie seiner Mutter nieder (15. Mai 1682). Selbst als Iwan sich an Peters Seite zeigte, legte sich der Aufruhr nicht. Endlich riefen die Strelitzen Iwan zum Czaren aus; als dieser jedoch selbst sich, zum großen Verdrusse seiner Schwester, seinen Bruder Peter zum Mitregenten erbat, gaben sie seinem Wunsche nach, und so wurden beide Brüder am 23. Juni 1682 zu Moskau gemeinschaftlich gekrönt. Während ihrer Minderjährigkeit sollte die Großfürstin Sophia die Regentschaft führen, die sie mit ihrem Günstling, dem Fürsten Galitzin, theilte.

Indessen sah sich die Czarewna selbst bald in ihrer Stellung von den Strelitzen bedroht, die sich von ihr zurückgesetzt glaubten und von einigen ihrer Führer, besonders von den beiden Fürsten Chowanski, in ihren meuterischen Gesinnungen bestärkt wurden. Sophia entfloh mit dem Hofe nach dem Kloster des heiligen Sergei zu Troizkoi, einem neun Meilen von der Hauptstadt entfernten Wallfahrtsorte, und wußte auch die Chowanski dorthin zu locken. Kaum waren dieselben jedoch erschienen, als sie mit siebenunddreißig Strelitzen ihrer Begleitung ermordet wurden. Sofort erstürmten die übrigen Strelitzen das Kloster, um Rache zu nehmen an dem

Czaren Peter, auf welchen Sophia alle Schuld gewälzt, und schon war einer der Aufrührer im Begriffe, denselben am Altar der Kirche, wo er mit seiner Mutter Schutz gesucht, niederzustoßen, als ein anderer, von Scheu vor dem heiligen Orte ergriffen, ihn davon mit den Worten zurückhielt: „Nicht hier am Altare, Bruder! Er wird uns nicht entwischen!“ Unterdessen war der Adel der Umgegend zum Schutze seiner Herrscher herbeigeeilt, und so wurde Peter gerettet. Von den Aufrührern wurden dreißig als die Haupträdelsführer enthauptet, die übrigen auf ihr flehentliches Bitten begnadigt.

Sophia benutzte den mißglückten Strelitzenaufstand zur Entfernung Peters vom Hofe, indem sie ihm mit seiner Mutter einen von seinem Vater erbauten Landsitz in dem Dorfe Preobraschenskoi unweit Moskau zum Aufenthalte anwies. Sie selbst trat seit der Demüthigung der Strelitzen mit voller Selbstständigkeit auf. Unter den kaiserlichen Verordnungen erschien ihr Name neben den Namen ihrer beiden Brüder; die Münzen trugen auf der Rückseite ihr Bild mit Krone und Scepter, und die Umschrift bezeichnete sie als „Beherrscherin von Groß- und Klein-Rußland.“ Uebrigens führte sie die Regentschaft nicht ohne Geschick und wußte Rußlands Ansehen auch nach Außen aufrecht zu halten. Von dem König von Polen, Johann Sobieski, erlangte sie die Verwandlung des Waffenstillstandes von Andrussow in einen definitiven Frieden. Ihrer Betheiligung an dem letzten Türkenkriege Leopolds I. haben wir bereits oben (S. 20) gedacht.

Unterdessen war Peter zu Perobraschenskoi zum Jüngling herangewachsen. Von einer Schaar junger Russen aus den ersten Familien des Landes umgeben, überließ er sich einer völlig ungebundenen Lebensweise. Wenn jedoch seine Schwester die Hoffnung nährte, daß er sich durch Ausschweifungen körperlich und geistig zu Grunde richten werde, so sah sie sich darin vollständig getäuscht; denn hinter Peters zügellosem Jugendtreiben verbarg sich ein tiefer Ernst. In seiner Umgebung befanden sich mehrere Ausländer, unter denen besonders Lefort, ein Kaufmannssohn aus Genf, hervorragte, der nach einem abenteuerlichen, in französischen und holländischen Kriegsdiensten hingebrachten Jugendleben als Sekretär der dänischen Gesandtschaft nach Rußland gekommen. Sein einnehmendes Wesen, sein entschiedener Charakter und die vielfachen Kenntnisse, die er sich bei seinem Wanderleben angeeignet, gewannen ihm bald die besondere Zuneigung des jungen, lebhaften und wißbegierigen Czaren, der nicht müde wurde, ihm zuzuhören, wenn er die Lebensart gebildeter Völker, ihre bürgerlichen und häuslichen Einrichtungen in anschaulichen Schilderungen an ihm vorüberführte und ihm von ihrem Handel und ihren Künsten, ihrem

Heer- und Seedienst erzählte. Bald kannte Peter keinen höheren Wunsch, als die Bildung des Auslandes nach Rußland zu verpflanzen. Mit großem Eifer erlernte er von Lefort die deutsche, holländische und französische Sprache und ließ sich von ihm und dem Schotten Gordon im Gebrauche der Waffen auf abendländische Art unterrichten. Zugleich bildete er aus seinen adeligen Kameraden, die er seine „Poteschnie" (Spielgefährten) nannte, eine Compagnie, in welche er selbst als Gemeiner eintrat, um den Dienst durch alle Stufen hindurch zu erlernen. Bald wuchs die Zahl der von Lefort und Gordon einexercirten Poteschnie so sehr, daß sie in Perobraschenskoi nicht mehr alle Platz finden konnten, und so wurde in dem nahen Dorfe Semenowskoi eine zweite Compagnie errichtet. Aus diesen beiden Compagnien gingen später zwei Garderegimenter hervor, die noch heute den Namen der beiden Dörfer führen.

Sophia sah dieses Soldatenspiel nicht ungern; denn sie hoffte, daß dasselbe ihren Bruder von den Staatsangelegenheiten ablenken werde. In dieser Hoffnung sah sie sich jedoch getäuscht; denn je mehr der junge Czar unter solchen Beschäftigungen seine Kraft fühlen lernte, desto drückender erschien ihm die Unfreiheit, in welcher seine Schwester ihn fortwährend zu halten suchte. Als er im Jahre 1688 zum ersten Male seinen Sitz im Staatsrathe einnahm, zeigte ihr seine ganze Haltung, daß ihre Herrschaft in der ernstesten Gefahr schwebe. Noch höher stieg ihre Besorgniß, als Peter sich im Jahre 1689 auf Betrieb seiner klugen Mutter, die seinen Zügellosigkeiten ein Ziel zu setzen und ihn zugleich dem Volke näher zu führen wünschte, mit Eudoxia Lapuchin, der Tochter eines Bojaren, vermählte. Sie erkannte, daß Peters Tod allein ihr den Fortbesitz der Herrschaft sichern könne, und begünstigte daher eine Verschwörung der über seine Neigung zu dem auswärtigen Heerwesen aufgebrachten Strelitzen gegen sein Leben. Indessen erhielt Peter Kunde von der ihm drohenden Gefahr und suchte Schutz in dem Kloster Troizkoi, wo sich alsbald außer den Poteschnie die von ihm aufgerufenen Bojaren in so großer Zahl um ihn versammelten, daß die Strelitzen keinen Angriff wagten. Mit den Großen erklärten sich auch der Patriarch von Moskau und das Volk für ihn. Die Strelitzen mußten sich unterwerfen, und die Hauptschuldigen erfuhren die ganze Strenge des siegreichen Czaren. Die meisten derselben wurden hingerichtet, andere nach Sibirien geschickt, dessen unter Iwan IV. begonnene Eroberung unter Feodor I. vollendet worden und das seitdem als Verbannungsort für Staatsverbrecher diente. Auch der Fürst Galitzin wurde, nachdem er aller seiner Güter verlustig erklärt worden, mit einem täglichen Kostgelde von drei Kopeken (neun Pfennigen) nach einem kleinen Flecken am Eismeere verwiesen, Sophia selbst in ein Kloster zu Moskau gebracht, wo sie den Schleier nehmen mußte. So war Peter im Alter von siebzehn Jahren zur Alleinherrschaft gelangt, die ihm Iwan willig überließ, obgleich auch er bis an seinen Tod (1696) den Czarentitel führte.

Unverzüglich schritt Peter zur Ausführung des längst entworfenen Planes, sein Reich durch die Einführung europäischer Kultur und Einrichtungen den civilisirten Staaten Europa's einzureihen und ihm unter denselben eine geachtete Stellung zu verschaffen. Dazu erschien ihm vor Allem ein nach europäischer Weise eingerichtetes und geschultes Heer nothwendig, mit welchem er nicht nur im Inneren seines Reiches jeden Widerstand gegen die von ihm beabsichtigten Reformen niederwerfen, sondern auch dessen Grenzen durch Eroberungen erweitern könne; denn er erkannte, daß es ihm ohne den Besitz von Küstenländern, die eine leichte Verbindung mit dem Auslande gewährten, unmöglich sein werde, Bildung, Handel und Gewerbfleiß in Rußland einzuführen. Während Lefort und Gordon ihm ein trefflich geschultes Heer von zwölftausend Mann schufen, dessen Kern die beiden Compagnien von Perobraschenskoi und Semenowskoi bildeten, schritt er zugleich zur Gründung einer Flotte, durch welche Rußlands Bodenreichthum verwerthet und der Verkehr mit dem Auslande gehoben werden sollte.

Peters Eroberungspläne waren einerseits auf die schwedischen Ostseeländer und andererseits auf die Nordküste des schwarzen Meeres gerichtet. Um zunächst an der letzteren festen Fuß zu fassen, begann er im Jahre 1695 die Belagerung des stark befestigten Asow am Ausfluß des Don; seine Bemühungen, sich in den Besitz der Stadt zu setzen, blieben jedoch fruchtlos. Erst nachdem ihm der Kaiser Leopold und der Kurfürst von Brandenburg auf sein Verlangen eine Anzahl Ingenieure gesandt, wurde Asow am 8. Juli 1696 erobert. Um sich im Besitze dieses wichtigen Schlüssels zum schwarzen Meere behaupten zu können, ließ Peter fünfundfünfzig neue Kriegsschiffe bauen und zugleich einen Kanal anlegen, der den Don mit der Wolga verband. Auch sandte er eine Anzahl junger Russen nach Italien, Holland und Deutschland zur besseren Erlernung des Schiffsbaus und des Kriegsdienstes.

Unterdessen hatten Peters Neuerungen und insbesondere die Verwendung so vieler Ausländer im gesammten Kriegswesen nicht nur den Unwillen der Strelitzen erhöht, sondern auch unter einem großen Theile des russischen Adels eine so erbitterte Stimmung hervorgerufen, daß zu Anfang des Jahres 1697 eine Verschwörung gegen das Leben des Czaren zu Stande kam. In der Nacht zum 2. Februar sollte Feuer angelegt und der Czar, der bei solchen Gelegenheiten herbeizueilen pflegte, um selbst am Löschen Theil zu nehmen, im Gedränge ermordet werden; dann wollte man die Czarewna Sophia aus dem Kloster holen und auf den Thron erheben. Schon war der verhängnißvolle Tag gekommen, als zwei reuige Offiziere der Strelitzen dem Czaren den ganzen Anschlag entdeckten. Dieser ließ sie verhaften und gab dem Gardehauptmann Trubetzkoi Befehl, um elf Uhr in der Nacht das Haus des Staatsraths Sokownin, in welchem sich die Verschworenen versammeln sollten, in aller Stille zu umzingeln. Er selbst begab sich, in der Meinung, daß er den Gardehauptmann schon für zehn Uhr bestellt habe, zu dieser Stunde dorthin und trat, die Wache schon im Hause glaubend, mitten unter die Verschworenen. Obgleich er die Gefahr nicht verkannte, in welche er sich durch seine Uebereilung gestürzt, faßte er sich schnell, grüßte die Versammelten freundlich und erklärte ihnen, er sei am Hause vorübergefahren und habe aus dem hellen Schein der Lichter auf eine lustige Gesellschaft geschlossen; daher sei er eingetreten, um noch ein Glas mit ihnen zu leeren. Die Verschworenen, die anfangs über sein Erscheinen bestürzt gewesen, tranken auf seine Gesundheit, und er selbst that ihnen nach seiner Weise wacker Bescheid. Als er jedoch hörte, wie einer der Verschworenen halblaut zu Sokownin sagte: „Jetzt, Bruder, ist es Zeit!“ und dieser ihm leise erwiderte: „Noch nicht!“, sprang er im höchsten Zorne auf und versetzte mit den Worten: „Ha, wenn es bei dir noch nicht Zeit ist, so ist es bei mir Zeit!“ dem Sokownin einen so heftigen Faustschlag ins Gesicht, daß derselbe zu Boden stürzte. Glücklicherweise trat in dem nämlichen Augenblicke, mit dem Schlage elf Uhr, der Gardehauptmann mit seinen Leuten in das Zimmer. Die Verschworenen, die Alles verloren sahen, baten fußfällig um Gnade; sie wurden jedoch gebunden fortgeführt und starben auf dem Blutgerüste.

Schon längst hatte Peter die Absicht gehabt, die wichtigsten Staaten Europa's zu bereisen, um ihren Kulturzustand aus eigener Anschauung kennen zu lernen. Diesen Plan brachte er jetzt zur Ausführung. Nachdem er für die Dauer seiner Abwesenheit den obersten Reichsbeamten die Regierung und Gordon den Oberbefehl über die Truppen übertragen, trat er im April 1697 seine Reise an. Da er alles Aufsehen haßte und unbekannt zu bleiben wünschte, gab er seinem zahlreichen Gefolge das Ansehen einer Gesandtschaft, an deren Spitze er Lefort stellte, während er selbst den Titel eines Oberkommandeurs annahm. Die Reise ging über Riga und Mitau nach Königsberg, wo der prachtliebende Kurfürst Friedrich III. von Brandenburg, in einem scharlachnen, mit Diamanten besetzten Gewande unter einem carmoisinrothen, reich mit Gold durchstickten Thronhimmel sitzend und von seinem zahlreichen Hofstaate umringt, die Gesandtschaft aufs Feierlichste empfing und seinem hohen Gaste zu Ehren, der gleich anfangs erkannt worden, glänzende Festlichkeiten veranstaltete. Nachdem Peter sich von den brandenburgischen Verhältnissen und vielen andern Dingen, die seine Wißbegierde erregt, sorgfältig unterrichtet hatte, reiste er am 9. Juni mit seiner Gesandtschaft weiter nach Berlin, wo er sich in der Kriegskunst prüfen und ein Zeugniß darüber ausstellen ließ. Von hier ging er über Magdeburg und Hannover nach Amsterdam, nachdem er sich, um keinen Augenblick mit leeren Förmlichkeiten und Ceremonien verschwenden zu müssen, schon in Emmerich von der Gesandtschaft getrennt hatte.

In Amsterdam fesselten das Gewühl der Kaufleute, Schiffer und Soldaten, die Werkstätten der Künstler und Handwerker, die Mühlen, Dämme, Maschinen und Schleusen und vor Allem die Menge der Schiffe die Aufmerksamkeit des Czaren so sehr, daß er sich vom frühen Morgen bis in die späte Nacht keine Ruhe gönnte, um Alles aufs Genaueste in Augenschein zu nehmen. Um selbst die Schiffsbaukunst gründlich zu erlernen, begab er sich nach dem durch seine bedeutenden Werften berühmten Dorfe Saardam, wo er sich unter dem Namen Peter Michaelow bei einem Schiffszimmermeister als Geselle einschreiben ließ und, um nicht erkannt zu werden, mit den übrigen Zimmerleuten auf völlig gleichem Fuße lebte. Sein Eifer und seine Lernbegierde kannten keine Grenzen. Als gemeiner Matrose gekleidet, erschien er mit der Axt auf der Schulter schon in frühester Morgenstunde auf der Werft und war des Abends der Letzte bei der Arbeit. Selbst nachdem er erkannt worden, duldete er nicht, daß man ihm irgend welche Auszeichnung erwies, und wollte nicht anders genannt sein, als „Meister Peter.“ Den Winter brachte er zum großen Theile in Amsterdam zu, wo er theils in den Werften der ostindischen Kompagnie arbeitete, theils sich in der Mathematik und Naturkunde unterrichten ließ, die Vorlesungen des berühmten Anatomen Ruysch besuchte und sich selbst in chirurgischen Operationen, sogar im Zahnausreißen, übte. Als die Stadt Amsterdam ihm ein Schiff schenkte, woran er selbst mit gearbeitet, sandte er dasselbe mit vielen in Holland angeworbenen Seeleuten, Offizieren und Künstlern aller Art nach Archangel.

Einer Einladung Wilhelms III. von England folgend, begab sich Peter im Januar 1698 nach London, wo er seine Wohnung zu Deptford bei den Werften der Admiralität nahm und sich fleißig mit den Arbeitern unterhielt. Auch in London wollte er Alles sehen und Alles kennen lernen. In englischer Matrosentracht schweifte er Tage lang in den Straßen der Stadt, in Gärten und Kaffeehäusern, Kirchen und Schauspielen umher, besuchte die bedeutendsten Fabriken, sowie zahlreiche Werkstätten von Künstlern und Handwerkern und ließ sich in der Sternkunde unterrichten. Ein Seetreffen, das der König ihm zu Ehren durch die englische Flotte in Spithead vorstellen ließ, entzückte ihn so sehr, daß er in die Worte ausbrach: „Ha fürwahr, wäre ich nicht Czar von Rußland, so möchte ich ein englischer Admiral sein.“ Nachdem er eine große Anzahl Marineoffiziere und Lootsen, sowie zweihundertfünfzig Kanoniere und über fünfhundert Handwerker und Künstler in seinen Dienst genommen, kehrte er nach Holland zurück, von wo er sich über Tresden nach Wien begab, um sich auch über das österreichische Kriegswesen aufs Genaueste zu unterrichten. Schon rüstete er sich, nach einem mehrmonatlichen Aufenthalte am Hofe Leopolds I., zur Weiterreise nach Italien, als die Nachricht von einem neuen Strelitzenaufstand ihn zur schleunigen Rückkehr nach Rußland bewog.

Als Peter am 4. September 1698 nach Moskau zurückkam, fand er den Aufstand bereits durch den General Gordon bewältigt, der die gegen die Hauptstadt heranziehenden Rebellen am 28. Juni bei dem Kloster Woscresensk zurückgeschlagen und über viertausend derselben zu Gefangenen gemacht. Nicht zufrieden damit, daß Gordon die schuldigsten unter den gefangenen Aufrührern sogleich hatte erschießen lassen, ließ Peter über alle an dem Aufstand Betheiligten ein furchtbares Strafgericht ergehen. Nachdem er vergebens durch die schauerlichsten Folterqualen den Gefangenen Geständnisse über die Betheiligung seiner Schwester an dem Aufstande zu entreißen gesucht, wurden über zweitausend Strelitzen, zum Theil unter schauerlichen Qualen, hingerichtet, wobei der Barbar nicht nur selbst Henkersdienste verrichtete, indem er an hundert Strelitzen mit eigener Hand enthauptete, sondern auch viele der vornehmsten Bojaren zwang, seinem Beispiele zu folgen. Obgleich es ihm nicht gelungen, Beweise für die Mitschuld seiner Schwester zu erlangen, blieb auch sie von seiner Rache nicht verschont. Vor dem Kloster, in welches sie verbannt worden, ließ er achtundzwanzig Galgen errichten, an welchen nach und nach hundertfünfzig Strelitzen aufgehängt wurden. Drei derselben hingen unmittelbar vor dem Fenster ihrer Klosterzelle, und bis zu dem Tode der unglücklichen Fürstin (1704) durften die vermoderten Gebeine nicht herabgenommen werden. Auch seine Gemahlin Eudoxia verwies der Czar, indem er sie, wahrscheinlich nur aus persönlicher Abneigung gegen sie, gleichfalls der Mitwissenschaft an der Verschwörung beschuldigte, in ein Kloster und zwang sie, den Schleier zu nehmen. Das Korps der Strelitzen wurde vollständig aufgehoben.

Im folgenden Jahre (1699) hatte Peter den Schmerz, seine beiden bewährtesten Freunde und thätigsten Mitarbeiter, Lefort und Gordon, rasch hintereinander ins Grab sinken zu sehen. Sein bevorzugter Rathgeber wurde jetzt Menczikow, ein Mann von niederer Herkunft, wahrscheinlich der Sohn eines Bauern aus der Gegend von Moskau. Lefort hatte denselben als Pastetenbäckerjungen auf den Straßen von Moskau getroffen und ihn wegen seines klugen, lebhaften Wesens unter seine Dienerschaft aufgenommen. Dadurch hatte ihn auch Peter kennen gelernt, und da er großes Gefallen an ihm gefunden, hatte er ihn für seinen eigenen Dienst ausbilden lassen und ihn später zu seinem Adjutanten ernannt. Da er in dieser Stellung unausgesetzt um den Czaren war, gelang es dem ehrgeizigen jungen Manne, sich in der Gunst desselben so fest zu setzen, daß nach Leforts Tode dessen ganzer Einfluß ihm zufiel. So stieg er von Stufe zu Stufe bis zum Staatsminister und Feldmarschall empor und wurde von Peter, der Nichts ohne seinen Rath unternahm und ihn in allen Dingen zu seinem Vertrauten gemacht, in den Fürstenstand erhoben, was jedoch den Czaren nicht verhinderte, ihn bisweilen durchzuprügeln. Veranlassung dazu gaben ihm besonders die häufigen Veruntreuungen, zu denen Menczikow sich durch seine schmähliche Habsucht verleiten ließ, die jedoch den Czaren nicht bestimmen konnten, sich gänzlich von seinem Günstling loszusagen. Trotz dieser Veruntreuungen, die einen schweren Schatten auf Menczikows Charakter und Leben werfen, kann nicht in Abrede gestellt werden, daß er ein tüchtiger Staatsmann und Feldherr und ein äußerst thätiger Mitarbeiter Peters war und daß Rußland die Begründung seines Ansehens im Auslande zum großen Theile ihm verdankt.

Die Eindrücke, die Peter von seiner Reise zurückgebracht, hatten seinen Eifer für die Umgestaltung Rußlands verdoppelt, und er betrieb dieselbe mit ebenso vieler Rücksichtslosigkeit als Thatkraft. Mehr jedoch noch, als seine Reformen, beschäftigte ihn zu jener Zeit sein Lieblingsplan, an der Ostsee festen Fuß zu fassen und an der Mündung der Newa eine Hafen- und Handelsstadt zu gründen; denn zum Erwerb der im Besitze Schwedens befindlichen östlichen Küstenländer der Ostsee schienen ihm gerade damals die Verhältnisse besonders günstig, da der im Jahre 1697 eingetretene Tod Karls XI. von Schweden einen fünfzehnjährigen König auf den schwedischen Thron geführt hatte und Dänemark und Polen sich geneigt zeigten, sich mit ihm zu einem gemeinsamen Kriege gegen Schweden zu verbinden. Bevor wir zur Darstellung dieses Krieges übergehen, müssen wir einen Blick auf die drei übrigen bei demselben betheiligten Staaten werfen.

IX.

Polen in der zweiten Hälfte des siebzehnten Jahrhunderts.

Als Wladislaw IV., der im Kriege gegen den russischen Czaren Michael III. Feodorowitsch die Integrität des polnischen Reiches aufrecht gehalten (s. Bd. V, S. 323), im Jahre 1648 starb, war die Republik schwer bedroht durch einen Aufstand der Kosaken, die seit dem fünfzehnten Jahrhundert den Königen von Polen, wenn auch mehr dem Namen als der That nach, unterworfen und durch einen Beschluß des polnischen Reichstags im Jahre 1638 des bis dahin von ihnen geübten Rechtes, ihren Hetman selbst zu wählen, beraubt worden waren. Obgleich unter diesen Umständen die sofortige Wiederbesetzung des Thrones dringend geboten erschien, konnte sich der zur Wahl eines neuen Königs zusammengetretene Adel erst nach fünfwöchentlichen Streitigkeiten über die Erhebung Johann Kasimirs, des jüngeren Bruders Wladislaws, auf den polnischen Thron einigen (20. Nov. 1648). Da es dem neuen König an den nöthigen Mitteln zur erfolgreichen Bekämpfung der aufrührerischen Kosaken fehlte, knüpfte er mit dem Führer derselben, dem tapferen Bogdan, Unterhandlungen an, und schon waren dieselben ihrem Abschlusse nahe, als ein verrätherischer Ueberfall des Kosakenlagers durch eine Anzahl polnischer Edelleute den Kampf aufs Neue entzündete. Der von dem Khan der Tataren unterstützte Bogdan schlug die Polen in mehreren Gefechten und zwang den König Johann Kasimir zu einem Frieden, in welchem den Kosaken ihre frühere Verfassung und den Tataren ein jährlicher Tribut zugesagt wurde. Mehrfache Verletzungen dieses Vertrags von Seiten der Polen waren es, was die Kosaken bewog, sich im Jahre 1654 unter den Schutz des Czaren Alexei Michaelowitsch zu stellen, und diesem Veranlassung zu einem Kriege mit Polen gab (s. S. 216).

Zu der gleichen Zeit wurde Polen durch den bereits oben (S. 8) erwähnten Krieg mit Karl Gustav von Schweden an den Rand des Verderbens geführt. Im Jahre 1655 rückte der Schwedenkönig, der sich, von Ruhmbegierde und Eroberungslust verzehrt, die Aufgabe gestellt hatte, Gustav Adolfs Pläne der Unterwerfung der Ostseeküsten zur vollständigen Ausführung zu bringen und dadurch Schwedens Hegemonie im Norden für immer zu befestigen, mit einem zahlreichen Heere von Pommern aus in Groß-Polen ein und sah sich, durch die Unzufriedenheit vieler polnischen Großen mit dem König Johann Kasimir in seinen Eroberungsplänen unterstützt, bald im Besitze von Warschau. Auch Krakau, wohin Johann Kasimir hatte fliehen müssen, ergab sich, nachdem der gleichzeitig von den Schweden und den Russen bedrohte König, der Uebermacht weichend, den Boden seines Reiches verlassen hatte, um in Schlesien Schutz zu suchen. Unaufhaltsam rückten die Schweden vor, und in wenigen Monaten war Karl Gustav Herr von ganz Polen. Daß es ihm nicht gelang, das Eroberte im Kampfe gegen Polens Bundesgenossen, den Kaiser Leopold, den Kurfürsten Friedrich Wilhelm von Brandenburg und den König Friedrich III. von Dänemark, zu behaupten, haben wir bereits oben (S. 8) gesehen.

Nach dem Abschluß des Friedens von Oliva, durch welchen Polens Selbstständigkeit gerettet wurde, dauerte der Krieg mit Rußland noch sieben Jahre fort, bis er im Jahre 1667 durch den dreizehnjährigen Waffenstillstand von Andrussow zum Vortheil Rußlands beendigt wurde (s. S. 216).

Hatten die Verträge von Oliva und Andrussow dem polnischen Reiche die Ruhe nach Außen wieder gegeben, so wurde dagegen die innere Zerrissenheit von Jahr zu Jahr größer. Schon im Jahre 1652 hatte der Reichstag, der nach und nach nicht nur alle gesetzgebende Gewalt, sondern auch das Recht an sich gerissen, Auflagen zu erheben, Krieg anzukündigen und Frieden und Bündnisse zu schließen, das sogenannte »Liberum Veto« eingeführt, nach welchem jedem einzelnen Landboten das Recht zustand durch die Worte: „Ich will nicht," alle Beschlüsse der Versammlung aufzuheben. Obgleich dieses Liberum Veto alle Gesetzgebung und jede geregelte Staatsverwaltung unmöglich machte, wurde es von der Mehrzahl der Großen für das Palladium der Freiheit erklärt und, trotz der durch dasselbe unaufhörlich hervorgerufenen Verwirrungen, von den verblendeten Aristokraten zum Verderben des Landes mit der hartnäckigsten Entschiedenheit aufrecht gehalten.

Johann Kasimir sah sich durch diesen neuen Staatsgrundsatz, dessen verhängnißvolle Folgen er vergebens den Polen in prophetischen Worten vor Augen geführt, sowie durch die immer weiter gehenden Anmaßungen des Adels so sehr an jedem erfolgreichen Wirken gehemmt, daß er am 19. August 1668 die Krone niederlegte. Er zog sich nach Frankreich zurück, wo er im Jahre 1672 als Abt des Klosters des heiligen Martin zu Nevers starb.

Die Wahl eines neuen Königs führte so heftige Streitigkeiten herbei, daß mehr als einmal das Wahlfeld in ein förmliches Schlachtfeld auszuarten drohte, und nur dem energischen Auftreten des Kronfeldherrn Johann Sobieski, der eben von einem siegreichen Feldzug gegen die rebellischen Kosaken zurückgekehrt, hatte man es zu verdanken, daß verschiedene blutige Auftritte sich nicht in allgemeine Kämpfe verwandelten. Erst am 19. Juni 1669, sechs Wochen nach der Eröffnung des Wahltags, wurde ein polnischer Edelmann, Michael Wisnowiezki, als Nachkomme jenes litthauischen Fürsten Korybut, der während der Husitenkriege eine Zeitlang über Böhmen geherrscht (s. Bd. IV, S. 433), zum König gewählt. Da er selbst fühlte, daß er der seiner harrenden Aufgabe in keiner Weise gewachsen war, weigerte er sich, die Krone anzunehmen; man drang jedoch so lange in ihn, bis er nachgab.

Unter Michaels schwacher Regierung, die zu seinem eigenen wie zu Polens Glück nur vier Jahre dauerte, da er schon am 10. November 1673 starb, herrschte nicht nur im Innern die zügelloseste Anarchie, sondern das Reich war auch von Außen durch den Sultan Mohammed IV., dessen Schutz der empörte Kosakenhäuptling Dorozenko angerufen, auf das Schwerste bedrängt. Schon hatten die Schaaren des Sultans den Polen Podolien mit der wichtigen, für unüberwindlich gehaltenen Festung Kaminiecz entrissen und standen im Begriffe, in das Innere des Landes einzudringen, als Sobieski ihnen bei Choczim eine blutige Niederlage bereitete, durch welche sie zum Rückzug genöthigt wurden. Der Ruhm dieses Tages war es hauptsächlich, was die Wahl der Magnaten auf den heldenmüthigen Sobieski leitete; am 21. Mai 1674 wurde derselbe als Johann III. zum König von Polen ausgerufen.

Von dem Wahlfelde eilte Sobieski sogleich auf den Kriegsschauplatz zurück und erhöhte den Glanz seines Namens durch eine Reihe neuer glorreicher Siege. Aber Mangel an Lebensmitteln, sowie das Ausbleiben der erwarteten Verstärkungen und die gewaltigen Heeresmassen, die der Sultan ihm stets aufs Neue entgegen warf, nöthigten ihn im Jahre 1676, mit der Pforte einen Vertrag abzuschließen, kraft dessen Podolien mit der Festung Kaminiecz in den Händen der Türken blieb.

Nachdem sechs Jahre lang die Waffen geruht hatten, rief die Bedrängniß Wiens durch die Türken den hochherzigen Sobieski zu neuen Thaten. Obwohl er sich nach der Einnahme von Gran (s. S. 19) von den Kaiserlichen getrennt, setzte er den Kampf gegen die Türken fort; doch hinderten ihn die Ränke einer von Ludwig XIV. gewonnenen Partei, sowie der Neid vieler Großen an bedeutenden Unternehmungen. Um die Unterstützung Rußlands gegen die Türken zu gewinnen, ging er im Jahre 1686 auf die Verwandlung des Waffenstillstandes von Andrussow in einen definitiven Frieden ein (s. S. 218). Die ihm von Rußland zugesagte Hilfe blieb jedoch aus, und so gelang es ihm bei der Geringfügigkeit der von dem Reichstag bewilligten Geldmittel nicht, sich, wie er gehofft, durch Eroberungen an der türkischen Grenze für den Verlust der dauernd an Rußland übergegangenen polnischen Gebiete zu entschädigen. So gering jedoch auch die Ergebnisse seiner letzten Feldzüge gegen die Ungläubigen im Vergleiche zu den früheren glänzenden Erfolgen seiner Waffen waren, so gewährten sie doch dem Kaiser den Vortheil, daß durch dieselben ein Theil der türkischen Streitkräfte beschäftigt war und insbesondere die Tataren sich dadurch an einem Einfall in Ungarn gehindert sahen.

Im Innern des Reiches hatte Sobieski mit den gleichen Schwierigkeiten zu kämpfen, wie sein Vorgänger. Trotz der unermüdlichsten Ausdauer in seinem Streben, die entschwundene Grundlage eines geordneten Staatswesens herzustellen, gelang es ihm nicht, mit den von ihm beabsichtigten Reformen durchzudringen; denn wenn auch einmal ein Reichstag nach endlosen Verhandlungen in seine Vorschläge einwilligte, so hatte der folgende nichts Eifrigeres zu thun, als die gemachten Zugeständnisse zurückzunehmen. Ebenso erfolglos wie seine Reformbestrebungen blieben Sobieski's Bemühungen, dem ältesten seiner drei Söhne noch bei seinen Lebzeiten die Thronfolge sichern zu lassen, theils weil der Adel darin eine Beeinträchtigung seines freien Wahlrechts erblickte, theils weil Ludwig XIV. ihm insgeheim entgegen arbeitete.

Es war dem edlen Sobieski nicht beschieden, den Abschluß des Friedens von Karlowitz zu erleben, der Polen das verlorene Podolien mit Kaminiecz zurückgab: er erlag am 27. Juni 1696 im Alter von zweiundsiebzig Jahren einem Schlaganfall.

Nach dem Tode Sobieski's erneuerten sich die Wahlunruhen, und so sehr wichen die Meinungen und Interessen der polnischen Großen von einander ab, daß der Wahltag erst am 15. Mai 1697 eröffnet werden konnte. Von den verschiedenen Bewerbern behielt der Kurfürst Friedrich August II. von Sachsen, wegen seiner ungewöhnlichen Körperkraft „der Starke“ genannt, der zweite Sohn des Kurfürsten Georg III. und der Bruder des im Jahre 1694 verstorbenen Kurfürsten Georg IV., die Oberhand, weil er sich am Freigebigsten in Geldversprechungen gezeigt. Daß die Söhne Sobieski's umgangen wurden, hatte seinen Grund hauptsächlich in der Abneigung der Polen gegen die verwittwete Königin, die ehrgeizige Maria Kasimira d'Arquien, eine Französin, die mit Maria von Nevers und Mantua, der Gemahlin Wladislaws IV., nach Polen gekommen und durch ihre Ränkesucht und Herrschbegierde nicht wenig dazu beigetragen, Sobieski's Stellung zu erschweren, wie sie sich auch durch ihren Stolz und ihre Anmaßungen die Herzen der edelsten Polen entfremdet hatte.

Nachdem der Kurfürst August II. durch seinen Uebertritt zur katholischen Kirche das letzte Hinderniß hinweggeräumt, das seiner Erhebung auf den polnischen Thron noch im Wege gestanden, wurde er am 28. Juni 1697 zum König von Polen gewählt und am 15. September zu Krakau gekrönt. Zu seinem eigenen wie zu Polens Unglück hatte er bei seiner Wahl die Verpflichtung übernommen, die an Schweden abgetretenen polnischen Provinzen zurück zu erobern — eine Verpflichtung, die ihm selbst das Leben verbittern und Polen mehr und mehr seinem Untergang entgegenführen sollte.

X.

Dänemark unter Friedrich III. (1648—1670) und Christian V. (1670—1699).

Als Christian IV., der schon im Alter von elf Jahren den Thron bestiegen, im Jahre 1648 nach sechzigjähriger, vielbewegter Regierung ins Grab gesunken war, hielt sich der Adel, in Folge der von ihm ausgegangenen Erhebung Friedrichs I. gegen Christian II., zur Wahl und Bestätigung des neuen Königs berechtigt; daher mußte Friedrich III., der Sohn Christians IV., ehe er den Thron besteigen durfte, eine Wahlkapitulation unterzeichnen, in welcher dem Adel so bedeutende Vorrechte zugestanden wurden, daß die königliche Gewalt zum bloßen Schatten herabgedrückt war.

Trotz der Erschöpfung, die Christians IV. Kriege für Dänemark zur Folge gehabt, glaubte Friedrich III. den Augenblick, wo sein ländersüchtiger Nachbar Karl Gustav von Schweden Polen mit Krieg überzogen, zu einem Versuche der Wiedereroberung der an Schweden verlorenen Gebiete benutzen zu müssen; er sandte deßhalb der von Karl Gustav blockirten Stadt Danzig seine Flotte zu Hilfe und ließ zugleich ein Heer in das den Schweden gehörige Herzogthum Bremen einrücken. Auf die Kunde von diesem feindlichen Vorgehen des Königs von Dänemark brach Karl Gustav, der eben in Litthauen stand, sogleich mit dem größten Theile seines Heeres zu einem Rachezuge gegen Friedrich auf (Juni 1657). Während sein Feldherr Karl Gustav Wrangel die Dänen aus den schwedischen Wesergegenden vertrieb, drang er selbst siegreich in die dänische Halbinsel ein und zwang den Feind zum Rückzug nach den Inseln. Die Natur selbst schien seine Eroberungspläne begünstigen zu wollen; denn der Winter brachte eine so ungewöhnliche Kälte, daß die beiden Belte zufroren, so daß man zu Fuße auf dem Eise von Jütland nach Fünen und von dort nach Seeland hinüber gehen konnte. Mit einem Heere von zwölftausend Mann unternahm der verwegene Kriegsheld im Januar 1658 den Zug über das Eis, wobei zwei vollständige Kompagnien einbrachen und ertranken, bemächtigte sich der Inseln Fünen, Langeland und

Laland und erreichte Seeland, nachdem er den Dänen auf dem Eise ein Treffen geliefert.

Da Friedrich III. bei der Geringfügigkeit der Streitkräfte, die ihm zur Vertheidigung der Hauptstadt zu Gebote standen, an Widerstand nicht denken konnte, mußte er sich zum Frieden entschließen, der nach kurzen Unterhandlungen am 26. Februar 1658 zu Roeskilde geschlossen wurde. Dänemark trat in demselben an Schweden die Provinzen Schoonen und Blekingen mit den umliegenden Inseln, die norwegische Landschaft Bahus und das Stift Drontheim, sowie die Insel Bornholm ab und leistete für immer auf Halland Verzicht. Zugleich wurde für den Herzog Friedrich III. von Holstein-Gottorp, den Schwiegervater Karl Gustavs, die Aufhebung des Lehensverhältnisses zu Dänemark ausbedungen.

Der Friede von Roeskilde war jedoch nur ein kurzer Waffenstillstand; denn kaum war derselbe geschlossen, als Karl Gustav bei dem Gedanken, daß er aus der vollständigen Hilflosigkeit Dänemarks ungleich größere Vortheile hätte ziehen können, Reue über seine Uebereilung empfand. Rasch entschlossen, das Versäumte nachzuholen, ließ er seine Truppen auf den dänischen Inseln stehen und erschien unerwartet am 8. August 1658 mit einem zahlreichen Heere zum anderen Male auf Seeland. Als Friedrich III. ihn fragen ließ, was ihn zu dieser Verletzung des Völkerrechts berechtige, ließ ihm der ländergierige Schwedenkönig die Antwort zukommen: wenn er Dänemark erobert habe, werde es ihm nicht schwer werden, seine Rechte darauf zu beweisen.

Indessen hatte die Entrüstung über den Wortbruch Karl Gustavs unter der Bevölkerung von Kopenhagen den einmüthigen Entschluß wachgerufen, dem König, der weder von Flucht noch von Ergebung reden hören wollte, mannhaft zur Seite zu stehen und für die Vertheidigung der Hauptstadt Gut und Blut einzusetzen. So konnte Friedrich, als Karl Gustav gegen Kopenhagen heranrückte, die Aufforderung desselben zur Uebergabe der Stadt mit der Erklärung zurückweisen: er werde ihm an der Spitze seiner Unterthanen entgegen gehen und sein Leben theuer verkaufen.

Wie einst Karthago und Konstantinopel, so rüstete sich die dänische Hauptstadt zum Verzweiflungskampf für ihr eigenes und des Landes Dasein. Alles griff zu den Waffen, und Reichsräthe, Hofleute, Geistliche, Kaufleute, Handwerker und Studenten wetteiferten mit einander in den angestrengtesten Arbeiten auf den Wällen; selbst Weiber und Kinder betheiligten sich an denselben. Der König bot seinerseits Alles auf, um die Opferwilligkeit seiner Unterthanen zu erhöhen. Er erweiterte die Privilegien der Stadt, ertheilte den Bürgern das Recht, adelige Güter zu erwerben, gestattete ihnen den Zutritt zu allen öffentlichen Aemtern, schenkte den Grundstücken der

Bürger adelige Freiheiten und versprach den Tapfersten von ihnen die Erhebung in den Adelsstand.

Inzwischen hatte Karl Gustav die wichtige Festung Kronberg erobert und war dadurch in den Besitz bedeutender Kriegsvorräthe gekommen. Als er endlich am 6. September die Belagerung von Kopenhagen eröffnete, fand er den hartnäckigsten Widerstand; die Belagerten machten überdies häufige Ausfälle und zerstörten dabei wiederholt die von den Schweden angelegten Batterien. Der Muth der Belagerten stieg, als es im November 1658 einer holländischen Hilfsflotte nach einem hartnäckigen Gefecht mit der schwedischen Seemacht gelang, die Durchfahrt durch den Sund zu erkämpfen und Mannschaft und Lebensmittel in die Stadt zu bringen. Während des Winters entstand zwar in derselben neuer Mangel und Noth mancherlei Art; die Bürger blieben jedoch unverzagt und schlugen am 9. und 11. Februar 1659 die heftigsten Stürme der Schweden mit der ruhmwürdigsten Tapferkeit zurück.

Unterdessen hatten auch die Norweger, denen der König gleichfalls große Belohnungen für ihre Betheiligung an dem Kampfe in Aussicht gestellt, die Waffen gegen die Schweden ergriffen. Die Einwohner von Trontheim und der Insel Bornholm warfen das verhaßte schwedische Joch ab und vertrieben die fremden Beamten und Kriegsleute. Auch hatte der heldenmüthige Widerstand der Hauptstadt den Gegnern Schwedens, dem Kaiser, dem Kurfürsten von Brandenburg und dem König Johann Kasimir von Polen, Zeit verschafft, dem König von Dänemark, der sich in seiner Bedrängniß an sie gewandt, zu Hilfe zu kommen. Ein aus Brandenburgern, Oesterreichern und Polen bestehendes Heer von zweiunddreißigtausend Mann, das unter der Führung des Kurfürsten von Brandenburg in Holstein erschien, vertrieb die Schweden aus dem dänischen Festlande und würde ohne Zweifel die vollständige Befreiung Dänemarks bewerkstelligt haben, hätte nicht die eingetretene strenge Kälte die Ueberfahrt der Truppen nach den Inseln, zu welcher Friedrich III. ihnen seine Flotte gesandt, unmöglich gemacht. Im folgenden Jahre schlug ein brandenburgisch-polnisches Korps, das auf holländischen Schiffen nach Fünen übergesetzt, im Vereine mit sechstausend Dänen bei Nyeborg eine schwedische Heeresabtheilung so vollständig, daß nur Wenige entkamen. Da jedoch de Ruyter, der Befehlshaber der holländischen Flotte, sich weigerte, die Sieger nach Seeland überzufahren, indem die Holländer nur Dänemarks vollständige Vernichtung hindern, ihm aber nicht zu einem vortheilhaften Frieden verhelfen wollten, konnte Karl Gustav, trotz des ungünstigen Verlaufs, den inzwischen der Krieg in Polen für ihn genommen, die Belagerung von Kopenhagen fortsetzen. Erst nachdem er am 23. Februar 1660 zu Gothenburg im

Alter von sechsunddreißig Jahren einem bösartigen Fieber erlegen, hatte die Bedrängniß der dänischen Hauptstadt ihr Ende erreicht. Auf seinem Sterbebette hatte er seiner Gemahlin, welcher die vormundschaftliche Regierung für den vierjährigen Thronerben Karl XI. zufiel, dringend anempfohlen, nach seinem Tode einen raschen Frieden mit Dänemark zu schließen. Derselbe kam am 27. Mai 1660 zu Kopenhagen zu Stande und war im Allgemeinen nur die Bestätigung des Friedens von Roeskilde; die einzige für Dänemark günstigere Bedingung war die Verzichtleistung Schwedens auf den Besitz von Drontheim und Bornholm.

Der Heldenmuth und die Entschlossenheit, die Friedrich III. während des schwedischen Krieges an den Tag gelegt, hatten ihm in hohem Grade die Liebe und das Vertrauen seiner Unterthanen erworben. Insbesondere zeigte sich die Bürgerschaft, die in den schweren Drangsalen dieses Krieges den in schlaffer Unthätigkeit verharrenden Adel durch die aufopferndste Hingebung an König und Vaterland beschämt hatte, von diesen Gefühlen durchdrungen. Dagegen war der Adel unvorsichtig genug, nicht nur seinen Unwillen über die Vergünstigungen, welche der König der Bürgerschaft während der Belagerung von Kopenhagen bewilligt, offen zu zeigen, sondern sogar Versuche zu machen, ihr dieselben zu verkürzen und zu verkümmern. Dadurch war zwischen beiden Ständen eine Spannung entstanden, die zu einer gänzlichen Umgestaltung der dänischen Verfassung Veranlassung gab.

Auf dem Reichstag, den der König zur Berathung über die Beseitigung der durch den Krieg erzeugten Finanznoth auf den 10. September 1660 nach Kopenhagen zusammenberufen, setzte der Bürgerstand unter Mitwirkung der Geistlichkeit, trotz des anfänglichen Widerspruchs der Edelleute, nicht nur die Aufhebung der Wahlkapitulation durch, auf welcher die Herrschaft des Adels beruhte, sondern zwang auch den letzteren durch seine entschiedene Haltung, zu der Verwandlung Dänemarks in eine Erbmonarchie seine Zustimmung zu geben. Am 13. Oktober 1660 erklärten sämmtliche Stände, den Reichsrath an der Spitze, in einer vom König gegebenen Audienz das Wahlreich für aufgehoben. Bei der Berathung über die Frage, was an die Stelle der bisherigen Wahlkapitulation zu setzen sei, führte die Besorgniß vor einem heftigen Kampf zwischen dem Aristokratismus und dem Demokratismus zu dem die ursprüngliche Absicht der Bürgerschaft weit überschreitenden Beschuß, Alles voll Vertrauen in die Hand des Königs zu legen. Nachdem die Kapitulationsurkunde feierlich vernichtet worden, nahm Friedrich III. am 18. Oktober von den Ständen die neue Huldigung als erblicher Herrscher entgegen. Um jeden Zweifel über die Rechtmäßigkeit des Geschehenen zu beseitigen, erließen die Stände eine Erklärung, in welcher sie die volle und unumschränkte Gewalt der Krone ausdrücklich anerkannten.

So war Friedrich III. durch die sogenannte „dänische Revolution“ absoluter Herrscher geworden; aber er zeigte sich des Vertrauens seines Volkes nicht unwürdig. Um der Wiederkehr ähnlicher Gefahren vorzubeugen, wie der letzte Krieg gegen Schweden sie für Dänemark heraufbeschworen, errichtete er ein stehendes Heer von vierundzwanzigtausend Mann. Die dem Lande nachtheiligen Adelsvorrechte hob er auf; doch ging er dabei mit großer Schonung zu Werke, wie er auch in seinen übrigen Reformen Nichts überstürzte. Der Reichsrath, ohne dessen Zustimmung er früher weder Krieg beginnen noch Frieden schließen, noch Bündnisse eingehen, ja selbst nicht einmal außerhalb des Reiches reisen konnte und dessen Beschlüsse auch ohne königliche Genehmigung Giltigkeit gehabt, wurde in eine berathende Behörde verwandelt, der keinerlei Entscheidung zustand. Da nunmehr alle Regierungsgewalt ausschließlich in den Händen des Königs lag, so daß er Gesetze geben und aufheben, Krieg erklären und Frieden schließen, Steuern auflegen und überhaupt Alles im Lande nach seinem alleinigen Willen regeln konnte, war von einer Zusammenberufung der Stände keine Rede mehr.

Die von Friedrich III. im Jahre 1665 erlassene neue Verfassungsurkunde, das sogenannte „Königsgesetz“, das jedoch erst bei der Krönung seines Sohnes Christian V. publicirt wurde, verpflichtete die Könige, bei der Augsburgischen Confession, als dem Glauben des Landes, zu beharren und ihre Unterthanen zu derselben anzuhalten.

Friedrichs III. Sohn und Nachfolger, Christian V., (1670—1699), ein ländersüchtiger Fürst, gerieth wegen der seit dem Jahre 1667 erledigten Grafschaften Oldenburg und Delmenhorst, die sein Vater in Besitz genommen, in einen Streit mit dem Herzog Christian Albrecht von Holstein-Gottorp, den der letzte Graf von Oldenburg zum Miterben eingesetzt. Da der Herzog ein Bündniß mit Schweden geschlossen, nahm ihn Christian V. bei einer Zusammenkunft Beider gefangen und zwang ihn, ihm in dem Rendsburger Vertrag (10. Juli 1675) seine Festungen abzutreten und auf die durch den Frieden von Roeskilde erlangte Souveränität zu verzichten. Erst im Jahre 1689 erhielt Christian Albrecht durch das Dazwischentreten Englands, Hollands, Schwedens, Brandenburgs und der braunschweigischen Herzoge in dem Altonaer Vergleich seine Besitzungen nebst der Souveränität zurück. Von dem oldenburgischen Erbe verblieb die Hälfte dem König von Dänemark.

Während des zweiten Eroberungskrieges Ludwigs XIV. schloß sich Christian V., wie wir oben (S. 74) gesehen, an den Kurfürsten Friedrich Wilhelm von Brandenburg zu gemeinsamer Bekämpfung der Schweden an, in der Hoffnung, sich für die in den Friedensschlüssen von Roeskilde und Kopenhagen erlittenen Verluste schadlos halten zu können, und errang in der That nicht unbedeutende Erfolge; doch wurde er nach dem Abschluß des Friedens von Nymwegen durch einen Einfall französischer Truppen in sein oldenburgisches Gebiet zu dem Vertrag von Lund gezwungen, in welchem er den Schweden alle seine Eroberungen zurückgeben mußte. Ebenso erfolglos, wie seine Unternehmungen gegen Schweden, blieben seine Bemühungen, die Stadt Hamburg, in deren Nähe sein Vater zur Beschränkung des Hamburger Handels die Stadt Altona angelegt, durch Waffengewalt zur Anerkennung der dänischen Herrschaft zu zwingen.

In seinen ersten Regierungsjahren stand Christian V. in dem von ihm zum Grafen von Greifenfeld erhobenen Peter Schuhmacher, dem Sohne eines Weinhändlers in Kopenhagen, ein trefflicher Minister zur Seite. Dieser hervorragende Mann, der sich durch seine seltenen Geistesgaben und reichen Kenntnisse schon die Gunst Friedrichs III. erworben hatte und unter Christian V. von einer Ehrenstelle zur andern emporgestiegen war, wurde von seinen zahlreichen Neidern des Mißbrauchs der ihm übertragenen Gewalt beschuldigt und demzufolge unter der Anklage des Hochverraths verhaftet. Obgleich seine Schuld nicht erwiesen werden konnte, lautete der Spruch der Richter auf den Tod, und der König bestätigte das Urtheil. Schon stand der Graf auf dem Blutgerüste, und das Schwert des Henkers war über ihm geschwungen, als ihm verkündet wurde, der König habe aus Gnade die Todesstrafe in lebenslängliches Gefängniß verwandelt (1676). Zweiundzwanzig Jahre lang schmachtete er, jedes Mittels der Beschäftigung und Zerstreuung beraubt, in enger Haft auf dem Schlosse Munkholm, bis ihm im Jahre 1698 die Freiheit zurückgegeben wurde. Schon im folgenden Jahre starb er, kurz vor dem König, der den Folgen einer auf der Jagd erhaltenen Wunde erlag.

In seinen letzten Regierungsjahren war Christian V. mit dem Herzog Friedrich IV. von Holstein-Gottorp, dem Sohne Christian Albrechts und Schwiegersohne Karls XI. von Schweden, in einen Zwist gerathen, in welchem der Herzog bei seinem Schwiegervater und nach dessen Tode bei seinem Schwager Karl XII. Beistand gefunden. Diese Unterstützung, sowie der Wunsch, die an Schweden verloren gegangenen Provinzen wieder zu erobern, bewogen Christians V. Sohn, Friedrich IV., der am 25. August 1699 den dänischen Thron bestiegen, im November des gleichen Jahres mit dem Czaren Peter und August II. von Sachsen und Polen ein Bündniß zu schließen, in welchem die drei Mächte sich zu einem gleichzeitigen

Angriff auf Schweden und zu gegenseitiger Unterstützung in der Durchführung ihrer Eroberungspläne verpflichteten.

XI.

Schweden unter Karl XI. (1660—1697) und in den drei ersten Regierungsjahren Karls XII.

Nach dem Tode Karls X. Gustav, dessen ganze Regierungszeit in Eroberungskriegen verstrichen war, gab seine Wittwe, Hedwig Eleonore von Holstein, die im Vereine mit den fünf höchsten Kronbeamten für ihren vierjährigen Sohn Karl XI. die vormundschaftliche Regierung führte, durch die Verträge von Oliva (s. S. 8) und von Kopenhagen (s. S. 232) dem Lande den langentbehrten Frieden wieder. Seitdem blieb die auswärtige Politik Schwedens, wie dies bereits seit dem Beginne des siebzehnten Jahrhunderts der Fall gewesen, sowohl unter der Regentschaft als unter der selbstständigen Regierung Karls XI. an das Interesse Frankreichs geknüpft. Nur im Jahre 1668 gelang es der anti-französischen Partei, eine Störung des zwischen den beiden Mächten bestehenden freundschaftlichen Verhältnisses herbeizuführen und den Anschluß Schwedens an die Triple-Allianz zu bewirken. Ludwig XIV. wußte jedoch bald durch Bestechungen und erhöhte Jahrgelder die frühere Verbindung herzustellen und Schweden trotz aller aus seiner Betheiligung an den französischen Kriegen ihm erwachsenden Nachtheile im Schlepptau Frankreichs zu erhalten, wogegen er allerdings auch Sorge trug, seinen bewährten Bundesgenossen bei dem Friedensschluß mit seinen verschiedenen Gegnern vor jeder Gebietseinbuße zu bewahren.

Indessen hatte der junge König aus den Erfahrungen, die er im Laufe dieses Krieges zu machen Gelegenheit gehabt, die Ueberzeugung gewonnen, daß Schweden nur durch eine friedliche Regierung aus seiner Erschöpfung gerissen und auf der Höhe erhalten werden könne, auf welche es unter Gustav Adolf und Karl X. emporgestiegen; daher beschloß er, das nicht unbedeutende kriegerische Talent, das er im Kampfe für die Interessen Frankreichs an den Tag gelegt, ruhen zu lassen und, im Gegensatze zu seinem eroberungslustigen Vater, seine ganze Sorge den inneren Angelegenheiten seines Landes zuzuwenden.

Hier galt es vor Allem, den Adel, der während der Minderjährigkeit des Königs nicht nur nahezu alles, was der Krone von Domänen noch geblieben, an sich zu bringen, sondern auch seine ohnehin schon so bedeutenden Rechte noch weiter auszudehnen gewußt hatte, in seine Grenzen zurückzuweisen, was um so nothwendiger erschien, als die Mitglieder der höchsten Adelsklassen die errungene Macht vielfach zum Nachtheil des Landes mißbrauchten. Um diesen Mißständen ein Ende zu machen und den überwiegenden Einfluß des Adels zu brechen, berief der König im Juli 1681 die Stände des Reiches und fand bei der Geistlichkeit wie bei den Bürgern und Bauern für seine Reformpläne die gewünschte Unterstützung. Nachdem eine zur Untersuchung der Amtsführung der bei der Regentschaft betheiligt gewesenen Kronbeamten eingesetzte Kommission diese der Erpressung und Verschwendung für schuldig erklärt und zum Schadenersatz verurtheilt hatte, erkannte der Reichstag dem König die gesetzgebende Gewalt in ihrem ganzen Umfange ohne Mitwirkung der Stände zu. Karl XI., der sich auf diese Weise mit einer ähnlichen Machtfülle bekleidet sah, wie sie die dänischen Könige seit der Revolution von 1660 besaßen, verfügte hierauf die Einziehung aller derjenigen Domänen, die seit den letzten hundert Jahren von dem Adel widerrechtlich in Besitz genommen oder demselben von der Krone verpfändet worden, indem er erklärte, daß seine Vorgänger kein Recht gehabt, Krongüter anders als auf Lebenszeit zu verleihen. Nur diejenigen von dem Adel angekauften Güter, für welche der volle Werth gezahlt worden, sollten den Käufern verbleiben. Auf diese Weise kamen zehn Grafschaften und siebzig Baronien an die Krone zurück, was in Verbindung mit den von dem König eingeführten finanziellen Reformen eine so bedeutende Erhöhung der königlichen Einkünfte zur Folge hatte, daß Karl sich in der Lage sah, nicht nur die aufgehäuften Schulden abzuzahlen, sondern auch Manufakturen und Handel zu unterstützen, die im letzten Kriege vernichtete Flotte neu herzustellen und neben den stehenden Truppen, die in die deutschen Besitzungen Schwedens und dessen übrige Ostseeprovinzen verlegt wurden, zur Vertheidigung des Hauptlandes eine Landwehr zu schaffen.

Da die Stände aus eigener Initiative jedem Anspruch auf Betheiligung an der Gesetzgebung entsagt hatten, war nicht mehr die Rede von „des schwedischen Reiches Rath und Ständen“, sondern von „des Königs Reichsrath und Ständen“, und wenn Karl XI. auch ferner noch Reichstage berief, so geschah dies nur aus Klugheit und weil er sie in keiner Weise mehr fürchtete oder zu fürchten Ursache hatte.

Da Karls XI. Erziehung vollständig vernachlässigt worden, indem seine Mutter auf wissenschaftliche Bildung keinen Werth legte und die Regentschaftsräthe der Ansicht gewesen, daß ein ununterrichteter König weder für die Vergangenheit Rechenschaft fordern, noch in der Zukunft ihren Einfluß beschränken werde, hatte er wenig Sinn für Künste und Wissenschaften, weßhalb sich dieselben auch keiner besonderen Unterstützung von seiner Seite zu erfreuen hatten. Den Buchhandel ließ er durch einen Censor streng überwachen, der jährlich ein Verzeichniß aller gedruckten und eingeführten Bücher einreichen mußte, und die Professoren wurden angewiesen, den Reichstagsbeschlüssen gemäß zu lehren: die Königsgewalt stamme unmittelbar von Gott und sei unbeschränkt.

Wie unter seinen Vorgängern, so blieb auch unter Karl XI. das Lutherthum bei harten Strafen ausschließliche Religion, und wer von demselben abwich, mußte auswandern. Als nach der Aufhebung des Edikts von Nantes französische Reformirte in Schweden einwanderten, wurden sie unter sorgfältige Aufsicht gestellt und angehalten, nicht nur den lutherischen Gottesdienst zu besuchen, sondern auch ihre Kinder im lutherischen Glauben erziehen zu lassen. Theologische Streitigkeiten wurden auf Reichstagen und Kirchenversammlungen mit der größten Leidenschaft verhandelt und zur Erhöhung der dem Volke vollständig abhanden gekommenen „Frömmigkeit“ allerlei Kirchenbußen eingeführt. Wie es jedoch dabei mit der „Aufklärung“ bestellt war, zeigt der großartige Hexenprozeß zu Mora, dessen wir oben (S. 46) gedacht haben.

Karl XI. starb am 15. April 1697, erst einundvierzig Jahre alt. Obgleich es seiner Regierung nicht an mancherlei Ungerechtigkeiten und Willkürhandlungen gefehlt, bleibt ihm das große Verdienst, Schweden aus der Bahn wilder Eroberungslust auf die einer friedlichen Entwicklung hingezwungen und einen wohlgeordneten Staatshaushalt begründet zu haben.

Karls XI. Sohn und Nachfolger Karl XII. zählte bei dem Tode seines Vaters erst fünfzehn Jahre. Bis zu seinem siebenten Jahre war der begabte Knabe der ausschließlichen Leitung seiner frommen Mutter Ulrike Eleonore, der Tochter Friedrichs III. von Dänemark, überlassen geblieben, die ihn durch Wort und Beispiel an Sanftmuth, Gerechtigkeit und Wohlthätigkeit zu gewöhnen und insbesondere in seinem empfänglichen Herzen eine innige Frömmigkeit und ein tiefes Gefühl für die hohen Pflichten seines künftigen Herrscherberufes zu wecken gesucht und bis zu seinem elften Jahre, wo sie ihm durch den Tod entrissen wurde, auch seinen Unterricht überwacht hatte, der ihm von trefflichen Lehrern ertheilt wurde. Die deutsche Sprache, damals die Hofsprache in Stockholm, hatte er neben der schwedischen erlernt; das Lateinische betrieb er mit Eifer; dagegen war ihm die französische Sprache verhaßt, und als man ihm bemerkte, daß er dieselbe verstehen müsse, um sich mit den französischen Gesandten zu unterhalten, antwortete er: „Wenn ein französischer Gesandter hierherkommt, so ist es schicklicher, daß er um meinetwillen schwedisch lernt, als daß ich um seinetwillen französisch lernen sollte." Unter den Wissenschaften zog ihn hauptsächlich die Mathematik an, in welcher er sich nicht unbedeutende Kenntnisse erwarb. Nichts sagte ihm mehr zu, als ritterliche Uebungen. Ein kühner Ritt, eine verwegene Jagd war seine höchste Lust. Besonders zog ihn die Bärenjagd an, weil es dabei wirkliche Gefahren zu bestehen gab. Schon im Alter von dreizehn Jahren hatte er mehrere Bären erlegt, wie er in dem gleichen Alter auch alle Uebungen der Soldaten mitmachte und dabei, gleich einem ergrauten Krieger, Hunger und Durst und alle Strapazen ohne Murren ertrug. Ueberhaupt zeigte er von seiner frühsten Kindheit an eine ungewöhnliche Festigkeit des Willens, dabei jedoch einen großen Starrsinn, den nur die Liebe zur Mutter und die Furcht vor dem Vater mitunter zu beugen vermochten, und einen so entschiedenen Hang zum Widerspruch, daß man ihm oft das Gegentheil von dem rieth, was man von ihm erlangen wollte.

Nach den Bestimmungen seines Vaters sollte Karl XII. erst nach seinem vollendeten achtzehnten Lebensjahre die Regierung antreten und dieselbe bis dahin von seiner Großmutter, der Königin Hedwig Eleonore, im Vereine mit fünf Reichsräthen geführt werden; auf den Betrieb des Staatsraths Grafen Piper, dem Karl bei einer Truppenschau seinen Mißmuth darüber ausgedrückt haben soll, daß man ihn unter die Vormundschaft einer Frau gestellt, erklärten ihn jedoch die Reichsstände schon am 15. November 1697 für mündig und setzten, trotz des Widerspruchs der Regentin, seine Krönung auf den 24. Dezember desselben Jahres fest. Bedeutungsvoll erschien es Vielen, daß der junge König bei dieser Feierlichkeit dem Erzbischof von Upsala die Krone aus der Hand nahm und sie sich selbst aufs Haupt setzte. Indessen ging die durch diesen Zug von Stolz und Selbstbewußtsein geweckte Erwartung, daß er sofort als selbstständiger Herrscher auftreten werde, nicht in Erfüllung: Karl überließ vielmehr dem Grafen Piper alle Regierungsgeschäfte und schien für nichts Anderes Sinn zu haben, als für Bärenjagden, Schlittenfahrten, Maskeraden und andere derartigen Zerstreuungen. Der Hof von Stockholm erhielt ein vollkommen verändertes Ansehen, und schon im Jahre 1700 war der von dem sparsamen Karl XI. gesammelte Schatz gänzlich erschöpft; ja man hatte sogar bereits wieder zu Anlehen seine Zuflucht nehmen müssen. Alles dies konnte natürlich an den auswärtigen Höfen von dem jungen Schwedenkönig keine besonders günstige Meinung erwecken; daher hielten auch die drei Nachbarmächte, Rußland, Polen und Dänemark, den Zeitpunkt für gekommen, wo es ihnen leicht sein werde, Schweden diejenigen Provinzen zu entreißen, nach welchen sie Lust trugen. Nur zu bald sollten sie erfahren, wie sehr sie sich in dem jungen König getäuscht hatten.

XII.

Der nordische Krieg.

(1700—1721.)

Der dänische Krieg (Aug. 1700) und die Schlacht bei Narwa (30. Nov. 1700).

Als die Nachricht von den Rüstungen der drei Nachbarstaaten und dem bereits erfolgten Einfall der Sachsen in Livland nach Stockholm kam, entstand im schwedischen Reichsrathe große Bestürzung. Viele waren der Ansicht, man müsse sofort Unterhandlungen anknüpfen und den Frieden um jeden Preis aufrecht zu halten suchen; aber der junge König erklärte mit einer Festigkeit, die Alle in Staunen versetzte: er werde nie einen ungerechten Krieg anfangen, einen gerechten jedoch nur mit dem Untergang seiner Feinde beenden. Sofort wurden die nöthigen Anordnungen getroffen, um Heer und Flotte in kriegstüchtigen Stand zu setzen, wobei der König den lebhaftesten Geist zeigte und eine fieberhafte Thätigkeit entfaltete.

Zuerst sollte der König von Dänemark, der im März 1700 Truppen in das Gebiet des Herzogs Friedrich IV. von Hollstein-Gottorp, des Gemahls der Lieblingsschwester Karls XII., hatte einrücken lassen, für diesen Friedensbruch gezüchtigt werden. Nachdem Karl die nöthigen Anordnungen bezüglich der Regierung seines Landes getroffen, begab er sich von Stockholm, das er — gleich wie einst Gustav Adolf und Karl X., als sie zu ihren Eroberungskriegen ausgezogen — nicht wiedersehen sollte, nach Karlskrona, wo er sich am 3. August mit fünfzehntausend Mann auf dreißig Linienschiffen und vielen andern kleineren Fahrzeugen nach der Insel Seeland einschiffte. Nachdem er am folgenden Tage ein fruchtloses Bombardement gegen die dänische Hauptstadt eröffnet, beschloß er, noch am nämlichen Tage in der Nähe von Kopenhagen seine Landung zu bewerkstelligen. Es geschah gegen sechs Uhr Abends unter dem heftigsten Feuer der Dänen. Da die Kähne nicht rasch genug ans Ufer kommen konnten, sprang Karl selbst mit dem Degen in der Hand ins Wasser und drang, von seinen jubelnden Soldaten gefolgt, muthig gegen die feindlichen Batterien vor. Rasch waren dieselben erstürmt und die dänischen Soldaten hinter die Mauern von Kopenhagen zurückgedrängt.

Dem König von Dänemark blieb bei der Ueberlegenheit der schwedischen Macht und der Unmöglichkeit, von seinen entfernten

Bundesgenossen Hilfe zu erhalten, Nichts übrig, als mit Karl Unterhandlungen anzuknüpfen, die am 18. August zu dem Frieden von Travendahl führten. In demselben trat Friedrich IV. von dem Bündniß mit dem Czaren und August II. zurück, entsagte allen Ansprüchen auf die Länder des Herzogs von Holstein-Gottorp, erkannte dessen Souveränität an und verpflichtete sich zur Zahlung einer Kriegsentschädigung an Schweden. Karl XII. hätte ohne Zweifel seinem gedemüthigten Gegner härtere Bedingungen stellen können; aber die Gefahr, die seinen östlichen Provinzen drohte, und der Wunsch, baldmöglichst zu deren Schutz aufbrechen zu können, bewogen ihn, von allem abzustehen, was das Friedenswerk hätte stören können.

So hatte der achtzehnjährige König innerhalb vierzehn Tagen seinen ersten Krieg ruhmvoll beendigt. Unverweilt kehrte er nach Schweden zurück, um die nöthigen Anordnungen zur Einschiffung seiner Truppen nach Livland zu treffen, wo bereits im Dezember 1699 ein sächsisches Heer zur Belagerung von Riga erschienen war, nachdem ein von Karl XI. schwer gekränkter livländischer Edelmann, Reinhold Patkul, August II. das Versprechen gegeben, den gesammten livländischen Adel auf seine Seite zu bringen. Die Hoffnungen, die August auf dieses Versprechen gesetzt, erwiesen sich jedoch als trügerisch: der livländische Adel erhob sich nicht für ihn, und der schwedische Befehlshaber von Riga, der fünfundsiebzigjährige General Dahlberg, leistete dem sächsischen Belagerungsheere so tapferen Widerstand, daß sich dasselbe zurückziehen mußte. Vergebens erneuerte August persönlich nach der Einnahme von Dünamünde (26. März 1700) die Belagerung von Riga: auch er mußte sich, nach mehrmaliger erfolgloser Beschießung der Stadt, im September 1700 zum Rückzug entschließen.

Schon stand Karl im Begriff, sich zu Karlshamn mit seinen Truppen einzuschiffen, als er, gleichzeitig mit der Kunde von der Aufhebung der Belagerung von Riga, die Nachricht erhielt, daß der Czar Peter mit einem Heere von achtzigtausend Mann in Esthland eingerückt sei und Narwa belagere. Sofort beschloß er, sich zunächst gegen diesen Feind zu wenden. Nachdem er am 17. Oktober mit einem Heere von achtzehntausend Mann im Hafen von Pernau gelandet, eilte er mit dreitausend Reitern und fünftausend Mann Fußvolk dem Hauptheere voraus und stand am 29. November vor Narwa. Da Peter eben das Belagerungsheer verlassen hatte, um neue Truppen herbei zu ziehen, beschloß Karl, die Ankunft seiner übrigen Mannschaft nicht abzuwarten, sondern gleich am folgenden Tage in „Gottes Namen" den ihm mindestens fünffach überlegenen Feind anzugreifen. Als er gegen die feindlichen Verschanzungen vorrückte, war die Luft durch ein so dichtes Schneegestöber verdunkelt, daß die Russen den Feind erst bemerkten, als er nur noch zehn Schritte weit von ihnen entfernt war. „Gott, der das Recht beschützt und das Unrecht straft, wird uns beistehen!“, rief Karl den Seinigen zu. „Ich werde euch ein Beispiel geben, dem ihr nachfolgen könnt; wer aber nicht kämpfen will, mag zurückbleiben.“ Einstimmig riefen Alle: sie wollten mit ihm leben und sterben. Gleich im Anfang des Gefechtes wurde dem König sein Pferd erschossen. „Die Russen wollen mich reiten lehren,“ sagte er kaltblütig und bestieg ein anderes. Gleich darauf verlor er in einem Moraste, durch den sein Weg ihn führte, sein zweites Pferd, und einer seiner Stiefel blieb im Sumpfe stecken; aber viel zu ungeduldig, um sich mit dem Wiederanziehen desselben aufzuhalten, jagte er auf rasch gewechseltem Pferde im Strumpfe weiter. In weniger als drei Stunden war das russische Heer zersprengt und das feindliche Lager erobert, in welchem die Sieger außer der Kriegskasse einhundertfünfundfünfzig Geschütze und ungeheuere Vorräthe erbeuteten. Achtzehntausend Russen hatten theils im Kampfe, theils in den Fluthen der Narowa den Tod gefunden. Zu den zahlreichen Gefangenen, die während der Schlacht den Schweden in die Hände gefallen, kam am folgenden Tage noch ein ganzes Korps von achtzehntausend Mann, die sich dem König freiwillig ergaben, da sie gehört, daß derselbe die Gefangenen mit großer Milde behandle.

Unter dem Donner der Kanonen zog Karl in das befreite Narwa ein, dessen Bevölkerung ihn mit stürmischem Jubel empfing. Sein erster Gang war in die Kirche, wo er knieend Gott für den errungenen Sieg dankte. So wichtig dieser Sieg indessen auch für den Augenblick für ihn war, gereichte er ihm doch insofern zum Nachtheile, als er ihn veranlaßte, die Russen als feige zu verachten und ihre Macht für vernichtet zu halten, die seinige dagegen zu überschätzen. Für den Czaren aber hatte die erlittene Niederlage, so empfindlich ihn auch der Gedanke berührte, von einem achtzehnjährigen König mit so geringen Streitkräften besiegt worden zu sein, den großen Vortheil, daß er die Nothwendigkeit erkannte, in der Fortsetzung des Krieges alle seine Kräfte aufzubieten und durch Vorsicht zu ersetzen, was den Russen an Kriegserfahrung abging. „Die Schweden werden uns noch oft schlagen“, sagte er; „aber zuletzt werden sie uns auch siegen lehren.“

Der polnische Krieg.

(1700—1706.)

Nachdem Karl XII. im Frühjahr 1701 ansehnliche Verstärkungen aus Schweden an sich gezogen, brach er am 17. Juni von Dorpat nach Riga zum Kampfe gegen August II. auf. Unterhalb dieser Stadt setzte er am 8. Juni im Angesichte eines sächsisch-russischen Heeres über die Düna und griff den Feind an, noch ehe das schwedische Geschütz vollständig aus den Kähnen herausgehoben war. Die Sachsen leisteten anfangs tapferen Widerstand; da jedoch die Russen, von einem panischen Schrecken ergriffen, alsbald das Weite suchten, geriethen auch sie in Unordnung und mußten unter Zurücklassung ihres ganzen Gepäckes und aller ihrer Kanonen das Schlachtfeld räumen. Während sie sich ins Preußische zurückzogen, besetzte Karl Kurland, das auf Augusts II. Seite getreten war, und drang dann in Litthauen ein. Als hierauf die Polen ihn durch einen Gesandten um Schonung ihres Gebietes bitten ließen, da die Republik keinen Antheil an dem Kriege habe, den ihr König als Kurfürst von Sachsen gegen Schweden führe, gab er dem Gesandten die Antwort: er hege keinerlei feindliche Absichten gegen die Republik, sondern wolle im Gegentheil die verletzte Wahlfreiheit derselben herstellen, den König August, dessen willkürliche Regierung jeden freien Polen erbittern müsse, zur Abdankung zwingen und eine bessere Verfassung begründen; deßhalb hege er auch die sichere Erwartung, daß er überall günstige Aufnahme, willigen Beistand und eine freie Verpflegung finden werde. Ohne eine weitere Erklärung des polnischen Reichstages abzuwarten, ließ er nicht nur Lieferungen aller Art, sondern auch hohe Kriegssteuern beitreiben, und da er dabei seine Generale zur Strenge ermunterte, hatte das Land unter Willkürlichkeiten und Erpressungen schwer zu leiden.

Um dem Schwedenkönig den Beweis zu liefern, daß die Polen mit dem Kriege Augusts Nichts zu schaffen haben wollten, und ihn dadurch zur Schonung des Gebietes der Republik zu bewegen, verweigerte der polnische Reichstag dem König August II. jede Unterstützung und gestattete weder die Vereinigung des sächsischen Heeres mit dem polnischen Kronheere, noch die Verwendung des letzteren gegen die Schweden. Der aufs Aeußerste bedrängte August suchte Frieden zu schließen um jeden Preis und sandte zu diesem Ende seine Geliebte, die ebenso schlaue als schöne Gräfin Aurora von Königsmark — die Mutter des nachmals so berühmt gewordenen Marschalls Moritz von Sachsen — eine geborene Schwedin, in Karls Lager; der junge König ließ sie jedoch nicht einmal vor sich. Auch der Gesandte, den August nach diesem mißglückten Versuche mit Friedensvorschlägen an ihn abschickte, wurde abgewiesen. Nichts vermochte den halsstarrigen König von seinem Entschluß abzubringen, nicht eher Frieden zu schließen, bis er seinem verhaßten Gegner die polnische Krone entrissen haben werde.

Ganz von diesem Gedanken erfüllt, ordnete Karl für den Feldzug des folgenden Jahres die umfassendsten Vorkehrungen an. Er selbst war dabei rastlos thätig und scheute weder Anstrengungen noch Beschwerden. Als ein abgesagter Feind jeder Weichlichkeit, bezog er den ganzen Winter hindurch kein Haus, sondern blieb in seinem von Stroh umflochtenen Zelte, in welchem er sich, wenn die Kälte zu heftig wurde, durch glühende Kohlen erwärmte. Seine Lebensweise war die einfachste: er trank weder Wein noch Branntwein und begnügte sich mit der allergewöhnlichsten Kost. Seine Kleidung bestand aus einem für unsern Geschmack höchst unzierlichen Soldatenrock mit großen messingenen Knöpfen, und aus gelben Unterkleidern; dazu trug er große Reiterstiefel und lederne Handschuhe, deren mächtige Stulpen bis an die Ellenbogen hinaufreichten. Nur an dem furchterweckenden Ernst im Blick, welcher Stolz, Eigensinn und Kühnheit zugleich ausdrückte, erkannte man den König. Diese Eigenschaften zeigte er jedoch nur dem Feinde; gegen seine Offiziere und Soldaten war er ein milder und leutseliger Herr, welcher Fehler, wenn kein böser Wille zu Grunde lag, gern entschuldigte, nie duldete, daß von Abwesenden Böses gesprochen werde, und treue Dienste königlich belohnte. Selten brauste er auf; nur ein finsteres Zusammenziehen der Augenbraunen verkündete seinen Zorn oder sein Mißfallen.

Während August Alles aufbot, seine Streitkräfte zu erhöhen, zog Karl am 24. Mai 1702 in Warschau ein, das sich auf seine erste Aufforderung ergeben hatte. Nach einem vierwöchentlichen Aufenthalte in der polnischen Hauptstadt, während dessen ihn die polnischen Magnaten vergebens wegen der Absetzung Augusts auf andere Gedanken zu bringen suchten, brach er nach Süden auf, um seinem von Krakau heranziehenden Gegner eine Schlacht anzubieten. Sie fand Statt am 19. Juli 1702 bei Klissow und endete mit einer vollständigen Niederlage der Sachsen, die mit einem Verluste von mehreren tausend Todten und Verwundeten das Schlachtfeld räumen und außerdem ihr ganzes Gepäck, sowie die Kriegskasse und den größten Theil des Geschützes in den Händen der Sieger zurücklassen mußten. Unter den Gefangenen befanden sich auch einige hundert Offiziersdamen, die Karl sogleich durch einige Reiterschwadronen an die schlesische Grenze bringen und dort in Freiheit setzen ließ. Als August diese Höflichkeit durch die Freilassung eines gefangenen schwedischen Rittmeisters erwiderte, sandte ihm Karl, den dieser Wetteifer verdroß, fünfundzwanzig sächsische Offiziere zurück.

Nach der Schlacht bei Klissow zog Karl in Eilmärschen gegen Krakau. Als der polnische Befehlshaber sich weigerte, die Schweden einzulassen, versetzte ihm Karl, der selbst an das halb geöffnete äußere Thor getreten, mit seiner Reitpeitsche einen so heftigen Hieb ins Gesicht, daß er betäubt zurücktaumelte, worauf der König rasch mit seinem Gefolge in die Stadt eindrang und sich des Schlosses bemächtigte. Die bestürzte Besatzung ergab sich ohne Widerstand und wurde durch eine schwedische ersetzt.

Da August, der bisher den Krieg ausschließlich auf Kosten seines Kurfürstenthums geführt, seine Mittel mehr und mehr versiegen sah, suchte er eine Vereinigung der polnischen Großen zu seiner Unterstützung zu Stande zu bringen; allein die zu diesem Zwecke zu Sendomir veranstaltete Versammlung des polnischen Adels zeigte aufs Neue das traurige Bild des Parteihasses, des Neides und des Argwohnes. Alles, worüber man sich einigen konnte, war die nochmalige Abordnung einer Friedensgesandtschaft an Karl. Aber auch dieser Schritt hatte keinen Erfolg. „Und wenn ich fünfzig Jahre in Polen bleiben müßte,“ erklärte der starrsinnige Karl, „so werde ich es nicht eher verlassen, bis ich diesen König vom Throne gestoßen habe.“ Vergebens setzte ihm sein Minister Piper, der sein ganzes Vertrauen besaß, in einer eigenen Denkschrift auseinander, wie er durch die Entthronung des Königs von Polen nicht nur sich selbst unsägliche Mühen und Verdrießlichkeiten bereiten und ohne jeglichen Vortheil für das eigene Land die Blüthe der schwedischen Nation aufopfern, sondern auch den allgemeinen Haß auf sich laden werde, während er durch die Annahme der Friedensvorschläge Augusts diesen an sein Interesse knüpfen und an ihm einen nützlichen Bundesgenossen gegen den Czaren gewinnen würde — Karl blieb taub gegen alle Vorstellungen und beharrte selbst dann noch auf der Fortsetzung des Krieges, als die Mehrheit der polnischen Großen auf einer Versammlung zu Lublin die von ihm vorgeschlagene Entthronung Augusts verworfen und Beschlüsse zur Unterstützung desselben gefaßt hatte.

Während die herrschende Uneinigkeit der Ausführung dieser Beschlüsse hindernd in den Weg trat, blieb das Glück dem Schwedenkönig treu. Am 1. Mai 1703 trug er bei Pultusk über die Sachsen einen abermaligen Sieg davon, brachte bald darauf Danzig und Elbing in seine Gewalt und zwang am 15. Oktober 1703 Thorn durch ein heftiges Bombardement zur Ergebung.

Unterdessen war August zur Beschaffung neuer Kriegsmittel nach Sachsen gegangen, und der Kardinal-Primas von Polen, das Haupt und die Seele der von Karl gewonnenen Partei, benutzte seine Abwesenheit zur Berufung eines Reichstags nach Warschau, der am 30. Januar 1704 zusammentrat und am 6. Februar den polnischen Thron für erledigt erklärte, weil August fremde Soldaten ins Reich geführt, den Krieg ohne Beschluß der Republik unternommen, ein nachtheiliges Bündniß mit Rußland geschlossen und die Interessen Polens auf jede Weise geschädigt habe. Zur Wahl eines neuen Königs sollten sich die polnischen Großen am 12. Juli wieder zu Warschau zusammenfinden.

Karl, der selbst keine Lust trug, die polnische Krone anzunehmen, indem er, wie er dem Grafen Piper bemerkte, „lieber Königreiche geben als nehmen wollte“, hatte anfangs die Absicht, einen der Söhne Sobieski's auf den polnischen Thron erheben zu lassen; allein August, der von dieser Absicht Kenntniß erhalten, ließ die beiden ältesten Sobieski, die sich in der Gegend von Breslau aufhielten, durch sächsische Reiter aufheben und als Gefangene nach der Pleißenburg bringen, und der jüngste lehnte zu Karls Verdruß die Krone ab. Karl schlug hierauf den polnischen Großen den siebenundzwanzigjährigen Grafen Stanislaus Lescinski, Wojewoden von Posen, der durch seine schöne, männliche Gestalt, sein lebhaftes und doch bescheidenes Wesen und seine gewinnende Beredtsamkeit sein besonderes Wohlgefallen erregt hatte, zum König vor und erzwang dessen Wahl gegen den Willen des Kardinal-Primas, indem er an dem Wahltage mit seinem ganzen Heere vor Warschau Stellung nahm und den Wahlplatz mit schwedischen Truppen besetzen ließ. Als der neue König am anderen Tage in dem schwedischen Lager erschien, um seinem Beschützer zu danken, empfing ihn Karl aufs Herzlichste und sagte ihm seinen nachdrücklichsten Beistand zur Behauptung seiner Krone zu.

Inzwischen war August nach Polen zurückgekehrt und hatte zu Sendomir nicht nur von dem Czaren durch einen Gesandten, sondern auch von einem großen Theile der polnischen Magnaten die Zusage kräftiger Unterstützung erhalten. In der That gelang es ihm, während Karl zur Eroberung von Lemberg ausgezogen war, sich der Hauptstadt Warschau zu bemächtigen und Stanislaus zur Flucht zu zwingen. Allein Karl, der unterdessen Lemberg erstürmt hatte, eilte herbei, um seinen Schützling nach Warschau zurückzuführen, und August sah sich, nachdem er sich vergebens bemüht hatte, ihm den Uebergang über die Weichsel streitig zu machen, zum Rückzug nach Sachsen genöthigt. Der feierlichen Krönung des neuen Königs stellten sich jedoch so viele Hindernisse entgegen, daß Karl dieselbe erst im Oktober des folgenden Jahres durchsetzen konnte.

Da unterdessen ein starkes russisches Heer in Litthauen eingerückt und ein sächsisches zur Vereinigung mit demselben im Anzuge war, brach Karl mitten im Winter (11. Januar 1706) dorthin auf, um den Feind zu überfallen. Obgleich Hunderte der Seinen der furchtbaren Kälte erlagen, drang er, unbekümmert um Schnee und Eis, rastlos weiter bis vor Grodno. Während er zwischen dieser Stadt und Wilna Stellung nahm, griff sein Feldherr Rhenskiöld am 13. Februar das vereinte russisch-sächsische Heer unter Schulenburg bei Fraustadt mit solchem Erfolge an, daß von demselben nur wenige Trümmer übrig blieben. Nachdem hierauf der größte Theil des litthauischen Adels Stanislaus als König anerkannt, drang Karl unter unsäglichen Beschwerden und Gefahren bis tief in Volhynien ein, wohin die Russen sich zurückgezogen, und erzwang auch dort die Anerkennung seines Schützlings. Dann wandte er sich nach Schlesien, um von dort nach Sachsen vorzudringen und dem Kurfürsten in seinen Erblanden den Frieden zu diktiren. Den Schrecken, den das Erscheinen der schwedischen Schaaren in Sachsen hervorrief, schlug er zwar durch strenge Mannszucht nieder, bedrückte aber das Land durch die Erpressung von Geldzahlungen und Lieferungen aller Art. Nachdem er bis in die Nähe von Leipzig vorgedrungen, bezog er bei Altranstädt ein festes Lager, während er einen Theil seines Heeres gegen Dresden vorrücken ließ. Zu schwach zum Widerstand, sah sich August genöthigt, Friedensunterhandlungen mit ihm anzuknüpfen, die am 24. September 1706 zum Abschluß kamen. In dem an diesem Tage in Karls Hauptquartier unterzeichneten Altranstädter Frieden leistete August auf die polnische Krone Verzicht, erkannte Stanislaus Lescinski als König von Polen an, entsagte allen Verbindungen gegen Schweden und versprach, die Brüder Sobieski freizugeben, seine Truppen aus den noch von ihm besetzten polnischen Städten zurückzuziehen und die Reichskleinodien, das Kriegsgeräth, die Gefangenen und die schwedischen Ueberläufer, sowie den in russischen Diensten stehenden und von August völkerrechtswidrig gefangen gehaltenen Livländer Patkul auszuliefern. In der Bestrafung des Letzteren ließ Karl seinem unversöhnlichen Hasse in einer Weise Lauf, die seinem Namen einen unauslöschlichen Flecken angeheftet. Der Unglückliche, der schon im Lager bei Altranstädt drei Monate lang in Ketten an einen Pfahl geschlossen hatte stehen müssen, wurde am 10. Oktober 1707, nachdem ihn ein Kriegsgericht als Landesverräther zum Tode verurtheilt, bei dem Kloster Kasimierz, acht Meilen von Posen, von unten auf gerädert, wobei seine Qualen durch die Ungeschicklichkeit des Henkers in so grauenerregender Weise erhöht und verlängert wurden, daß man ihm zuletzt auf sein flehentliches Bitten das Haupt abschlug.

Die Gründung von St. Petersburg.

(1703.)

Während Karl XII. in seinem verblendeten Starrsinn seine ganze Zeit und Kraft an die Entthronung Augusts II. gesetzt, nur um seinen persönlichen Haß zu befriedigen, hatte der Czar die Eroberungszwecke, für welche er das Schwert gegen Schweden in die Hand genommen, nahezu erreicht und dabei die Lehren, die er aus der Niederlage bei Narwa gezogen, aufs Beste verwerthet. Wie er seitdem in seiner Kriegführung mit ungleich größerer Vorsicht zu Werke gegangen, so hatte er auch die Kriegstüchtigkeit seiner Truppen bedeutend erhöht und insbesondere das Selbstgefühl seiner Krieger dadurch gehoben, daß er allen in das Heer eintretenden Leibeigenen die Freiheit verlieh.

Da Karl, einzig mit seinen Plänen auf Polen beschäftigt, zum Schutze seiner Ostseeprovinzen höchstens zehntausend Mann, einschließlich der Miliz, zurückgelassen, war es dem Czaren nicht schwer geworden, den Schweden ganz Ingermanland hinwegzunehmen und sich in einem Theile von Livland und Esthland festzusetzen. Nachdem er am 22. Oktober 1702 das am Ende des Ladogasee's gelegene Nöteburg erobert, dem er nach einer bedeutenden Erweiterung der Festungswerke den passenden Namen Schlüsselburg gab, zwang er im Jahre 1703 das eine Meile vom finnischen Meerbusen liegende schwedische Fort Nienschanz zur Ergebung und sah sich dadurch im Besitze eines freien und bequemen Handelsplatzes am Ausflusse der Newa. In der sicheren Zuversicht, daß ihm die Schweden das eroberte Ingermanland nicht mehr würden entreißen können, so furchtbar sich auch ihr kriegerischer König bis dahin zu machen gewußt, traf er sogleich Anstalten, an dieser Stelle eine feste Stadt zu erbauen, welche die erstrebte engere Verbindung zwischen Rußland und dem übrigen Europa herstellen und zugleich als künftige Hauptstadt ein Stützpunkt der russischen Herrschaft auf dem baltischen Meere werden sollte. Den Grundstein zu dieser neuen Stadt, dem jetzigen St. Petersburg, legte er am 27. Mai 1703, und zwar zuerst zu der Hütte, die er selbst bewohnen wollte. Es war ein ungeheueres Werk, auf diesem morastigen Boden, der erst durch aufgetragene Erde befestigt und erhöht werden mußte, eine Stadt zu erbauen; aber Peter schreckte vor keiner Schwierigkeit zurück. Auch verschaffte ihm die russische Leibeigenschaft Werkleute in Menge: Hunderttausende von Leibeigenen, auf zweihundert Meilen weit zusammengeholt, arbeiteten unter Peters eigener Aufsicht Tag und Nacht. Die meisten kamen in Bettlerlumpen gehüllt, in welchen sie auch, in Ermangelung von Schuhkarren, die zur Erhöhung des Bodens nöthige Erde herbeitrugen. Viele starben in Folge der übermäßigen Anstrengung, der elenden Nahrung und der ungesunden Luft; aber die Abgegangenen wurden immer neu ersetzt und zu diesem Zwecke selbst Kalmücken und Tataren herbeigetrieben.

Bei solchem Eifer waren die Festungswerke in unglaublich kurzer Zeit vollendet und auch der Bau der Wohnhäuser, die anfangs nur aus Holz errichtet wurden, rückte so rasch voran, daß die Stadt schon im zweiten Jahre bewohnt werden konnte. Da jedoch der Aufenthalt in jenen Morästen weder angenehm noch sicher war, glaubte der Czar, um die neue Stadt zu bevölkern, zu Zwangsmaßregeln seine Zuflucht nehmen zu müssen. Eine große Zahl von Edelleuten, Kaufleuten und Handwerkern aus Moskau und andern Städten erhielten den strengsten Befehl, unverzüglich mit ihren Familien nach Petersburg überzusiedeln, und aus Furcht vor Peters Zorn wagte Niemand, sich diesem Befehle zu widersetzen. Bald hatte auch der Czar die Freude, ein holländisches Schiff in die Newa einfahren zu sehen, um den Bewohnern der neuen Stadt seine Ladung anzubieten. Da allmählich viele russischen Großen, um sich bei ihrem Beherrscher beliebt zu machen, sich in Petersburg niederließen und neue Stadttheile anlegten, wuchs Peters Schöpfung schon zu seinen Lebzeiten zu einer bedeutenden Stadt heran; zu dem prachtvollen Czarensitz, als welche sie jetzt dasteht, haben sie jedoch erst die folgenden russischen Herrscher gemacht.

Da dem Czaren die Festung Schlüsselburg zum Schutze der neuen Stadt nicht genügend erschien, ließ er im Jahre 1704 unter Menczikows Leitung auf der nahen Insel Retusari eine zweite Festung, das wichtige **Kronstadt**, erbauen. In demselben Jahre gelang es ihm auch, Dorpat und Narwa nach längerer Belagerung zur Ergebung zu zwingen.

Der russische Krieg.

(1708—1709.)

Obgleich in dem Altranstädter Frieden für die schwedischen Truppen nur bis zum Frühjahre Quartiere in Sachsen zugestanden worden, dehnte Karl unter mancherlei Vorwänden seinen Aufenthalt in diesem Lande über den größten Theil des Sommers aus. Erst zu Ende August 1707 brach er mit einem Heere von vierundvierzigtausend Mann, das zum Theile aus angeworbenen Deutschen bestand, aus seinem Lager von Altranstädt auf, um auch seinen letzten und mächtigsten Gegner, den Czaren Peter, zu Boden zu werfen.

Statt jedoch zunächst nach den Ostseeprovinzen zu ziehen, um durch deren Zurückeroberung die unentbehrliche Verbindung mit Schweden herzustellen, wandte er sich, da er durchaus seinem Gegner den Frieden in der alten Czarenstadt Moskau vorschreiben wollte, im blinden Vertrauen auf seine Unbesiegbarkeit ostwärts, um durch Polen in das Innere Rußlands vorzudringen, ohne sich jedoch dabei einen bestimmten Feldzugsplan entworfen zu haben. Nachdem er zu Anfang des Jahres 1708 die Weichsel überschritten, nahm er am 28. Februar Grodno und setzte dann, da die Russen überall vor ihm zurückwichen, seinen Zug bis nach Wilna fort, wo er sein Heer so lange rasten ließ, als die dort vorhandenen Vorräthe ausreichten. Im Juni brach er gegen die Beresina auf, die am 18. bei Borissow überschritten wurde, besiegte am 13. Juli bei Holowczim am Flusse Bibitsch den dort verschanzten russischen General Scheremetew, überschritt bald darauf den Dniepr und drang bis in die Nähe von Smolensk vor.

Der Weg nach Moskau stand dem König offen; aber ungeahnte Schwierigkeiten traten seinem weiteren Vordringen in den Weg. Da die Russen bei ihrem Zurückweichen in das Innere des Landes, um den nachziehenden Feind auszuhungern, Alles auf ihrem Wege verwüstet, die Magazine zerstört und die Dörfer niedergebrannt hatten, fehlte es den Schweden bald an den nöthigen Lebensmitteln, und der immer fühlbarer werdende Mangel erzeugte, verbunden mit den übermäßigen Anstrengungen, die Karl seinen Truppen zumuthete, Krankheiten, Unzufriedenheit und Muthlosigkeit. Piper und Andere aus Karls Umgebung, welche die Gefahren der Lage wohl erkannten, boten Alles auf, um den König von weiterem Vordringen abzuhalten und ihn zu bestimmen, sich durch eine rückgängige Bewegung mit dem General Löwenhaupt zu vereinigen, der mit einem Heere von zwölftausend Mann aus Livland heranzog und bedeutende Vorräthe von Lebensmitteln und Kriegsbedarf mit sich führte. Statt jedoch diesen Rath zu befolgen, ließ sich Karl zu seinem Unglück durch den Kosakenhetman Mazeppa bewegen, sich südwärts nach der Ukraine zu wenden und sich auf diese Weise immer weiter von seinen Hilfsquellen zu entfernen.

Iwan Mazeppa (geb. um das Jahr 1645), der Sohn eines mittellosen polnischen Edelmanns, hatte an dem Hofe Johann Kasimirs, wohin er als Page gekommen, mit der Gattin eines polnischen Großen ein Liebesverhältniß angeknüpft, wofür derselbe sich dadurch an ihm rächte, daß er ihn nackt auf den Rücken eines Pferdes binden ließ und diesem die Freiheit gab. Das Pferd eilte mit ihm in die heimathlichen Steppen der Ukraine, wo der dem Tode nahe Mazeppa, der mit dem erschöpften Pferde zu Boden gestürzt, von Bauern aufgefunden und losgebunden wurde.

Er schloß sich den dortigen Kosaken an und erwarb sich bei denselben bald durch Gewandtheit und Tapferkeit, sowie durch seinen Verstand und seine Kenntnisse ein so hohes Ansehen, daß sie ihn im Jahre 1687 nach dem Tode ihres Hetmans zu dessen Nachfolger wählten. Peter der Große, dem er in seinem Türkenkriege, besonders bei der Belagerung von Asow, wichtige Dienste geleistet, ernannte ihn zum Fürsten der Ukraine; aber dies genügte dem ehrgeizigen Mazeppa nicht: sein Streben ging auf vollständige Unabhängigkeit von dem Czaren. Da er dieses Ziel am sichersten durch Karls XII. Mitwirkung zu erreichen hoffte, bot er ihm ein Hilfsheer von dreißigtausend Kosaken, sowie Lebensmittel in Ueberfluß für seine Truppen an, wenn er, anstatt geraden Wegs nach Moskau zu gehen, den Umweg durch die Ukraine machen und sich dort mit ihm vereinigen wolle. Gegen den Rath aller Sachverständigen im schwedischen Heere, deren Einwände nur umsomehr des Königs Starrsinn reizten, ging Karl auf diesen Vorschlag ein und trat, nachdem er dem General Löwenhaupt Befehl gesandt, ihm nachzufolgen, den Zug nach der Ukraine an.

Mit ebenso großer Befriedigung als Verwunderung sah der Czar den Schwedenkönig südwärts ziehen; denn er durfte sich der Hoffnung hingeben, daß derselbe seinem Verderben entgegengehe. In der That erlagen Tausende der schwedischen Krieger in den endlosen Wäldern und wüsten Steppen, in welchen man weder bewohnte Orte noch Lebensmittel fand, dem Hunger, den Anstrengungen und den durch die anhaltende Nässe und die mangelhafte Bekleidung erzeugten Krankheiten, und eine Menge Kanonen blieben in den Morästen stecken. Die einzige Hoffnung der schwedischen Generale stand auf Löwenhaupt und Mazeppa; aber keiner von Beiden ließ sich blicken. Endlich, am 23. Oktober, erschien der Erstere, doch nur mit sechstausend Mann und ohne jedwede Zufuhr: wiederholte Kämpfe mit überlegenen russischen Heeresabtheilungen hatten ihm die Hälfte seines Heeres und sein ganzes Gepäck gekostet. Auch Mazeppa, der bald nachher eintraf, führte dem König, statt der versprochenen dreißigtausend Kosaken, nur einen Heerhaufen von fünftausend Mann zu und brachte weder Lebensmittel noch Geld mit. Die Nachricht, daß der Czar mit einem furchtbaren Heere heranrücke, hatte alle seine Bemühungen, die Kosaken zum Abfall von demselben zu bringen, fruchtlos gemacht.

Während Karls Offiziere ihrem Unmuth über Mazeppa freien Lauf ließen, gefiel sich der König darin, seinen Verdruß zu verbergen und dem Hetman kein unfreundliches Wort zu sagen. Unter unaufhörlichen Beunruhigungen durch die Russen, deren Heerhaufen den Schweden immer zur Seite streiften, wurde am 22. November Baturin, Mazeppa's Wohnort, erreicht, wo man Rast zu halten gedachte; aber Menczikow, der kurz vorher dort gewesen, hatte die Stadt in einen Aschenhaufen verwandelt, Mazeppa's Bildniß an den Galgen gehängt und einen anderen Hetman ernannt. Auf dem weiteren Marsche ging das Gepäck meist verloren; ein großer Theil der Pferde erlag dem Hunger, und die Menschen hatten zur Nahrung nur trockenes, meist verschimmeltes Brod und Wurzeln; denn die Russen, die unter Menczikow die Gegend durchstreift, hatten Alles niedergebrannt. Dazu kam die ungeheure Kälte, die den Winter von 1708—1709 zu einem der denkwürdigsten des Jahrhunderts gemacht. Die Reiterei mußte absitzen, um nicht zu erfrieren, und das Fußvolk stets in vollem Laufe fortziehen. Dennoch erlagen an viertausend Menschen, theils der Kälte selbst, theils dem durch dieselbe erzeugten Elend.

Noch immer wäre es für den König Zeit gewesen, nach Polen zurückzukehren, und Piper beschwor ihn, im Vereine mit Mazeppa, von einem weiteren Vordringen abzustehen und den Rückweg einzuschlagen; aber der starrsinnige König konnte weder durch diese Warnungsstimmen noch durch den Anblick des grenzenlosen Elendes seiner Soldaten zu einem Schritte bewogen werden, der ihm als Furcht hätte gedeutet werden können oder einer Flucht ähnlich gesehen haben würde. Erst müsse man, meinte er, die Russen aus der Ukraine vertreiben und sich in der Hauptstadt Pultawa festsetzen; dann könne man noch immer thun, was man wolle.

Endlich wurde, nachdem das eingetretene Thauwetter in den fast ungangbar gewordenen Wegen und den zu Strömen angeschwellten Bächen neue Schwierigkeiten geschaffen, zu Anfang April 1709 Pultawa erreicht. Karl traf sogleich Anstalten zur Belagerung der festen, mit Lebensmitteln reichlich versehenen und von einer achttausend Mann starken russischen Besatzung vertheidigten Stadt; aber bei seinen ungenügenden Streitkräften — sein Heer zählte kaum mehr noch zwanzigtausend Mann — und der geringen Zahl der ihm gebliebenen Geschütze hatte die Belagerung umsoweniger Aussicht auf Erfolg, als das zum Entsatz der Stadt herangerückte Heer von fünfundsechzigtausend Mann, bei welchem Peter sich persönlich eingefunden, bereits ganz in der Nähe stand.

Nach mehreren kleinen Vorpostengefechten kam es am 8. Juli vor den Mauern von Pultawa zur Entscheidungsschlacht. Da Karl in einem der letzten Scharmützel an dem Knöchel des linken Fußes eine gefährliche Schußwunde erhalten hatte und daher nicht zu Pferde steigen konnte, führte der General Rhenskiöld den Oberbefehl über das schwedische Heer; doch ließ sich Karl, um die Tapferkeit der Seinigen zu entflammen, in einer Sänfte auf dem Schlachtfelde herumtragen. Der Ausgang des ungleichen Kampfes konnte nicht zweifelhaft sein, und in der That genügten zwei Stunden, um das schwedische Heer fast gänzlich zu vernichten und den bisher nie besiegten Schwedenkönig zum ärmsten Flüchtling zu machen. Mehr als neuntausend Schweden und Kosaken fanden im Kampfe den Tod, und mehrere schwedischen Generale, unter ihnen Rhenskiöld selbst, Piper und der Prinz Maximilian Emmanuel von Württemberg, wurden gefangen genommen. Das ganze Gepäck mit der reichen, sieben Millionen Thaler enthaltenden Kriegskasse fiel den Siegern in die Hände. Dem Könige half man auf ein Pferd und brachte ihn dann glücklich in eine Kalesche, in welcher er eiligst, von einer Schaar schwedischer Reiter und einigen hundert Kosaken begleitet, gegen den Dniepr hin entfloh (8. Juli 1709).

Der General Löwenhaupt, dem es gelungen, die Reste des zersprengten Heeres zu sammeln, ergab sich, die Unmöglichkeit einsehend, es mit dem übermächtigen Feinde aufzunehmen, an Menczikow unter der Bedingung, daß das ganze Heer während der Gefangenschaft anständig behandelt und nach dem Friedensschlusse frei ausgeliefert werde. Diese Bedingung wurde jedoch nicht erfüllt. Von den gefangenen Schweden sahen nur einige wenigen die Heimath wieder; die übrigen wurden durch das ganze russische Reich zerstreut, und viele starben in den sibirischen Bergwerken.

Der Czar, der, obgleich selbst kein hervorragender Feldherr, in der Schlacht bei Pultawa großen persönlichen Muth und die kaltblütigste Entschlossenheit gezeigt, feierte bei seiner Rückkehr nach Moskau den errungenen Sieg, durch welchen das Schicksal des Nordens entschieden und Rußlands Herrschaft vom Eismeer bis zur kaspischen See und von Finnland bis zum schwarzen Meere ausgedehnt wurde, durch einen Triumphzug, bei welchem der Graf Piper sinnbildlich von Narren umgeben war und immer ein Russe mit verbundenen Augen je zehn zusammengekoppelte Schweden einherführte.

Karl XII. in der Türkei.

(1709–1714.)

Nachdem Karl XII. mit seiner berittenen Begleitung unter Mazeppa's Führung glücklich den Dniepr erreicht hatte, setzte die flüchtige Schaar ihren Ritt unter der brennendsten Sonnenhitze durch unbewohnte Wüsteneien, fortwährend mit Hunger und Durst kämpfend, nach der damals durch den Bug gebildeten türkischen Grenze fort, die am 15. Juli erreicht wurde. Die Türken machten anfangs Schwierigkeiten, der bewaffneten Schaar die Ueberfahrt über den Bug zu gestatten; der Pascha von Bender gab jedoch Befehl, dem König und seiner Begleitung, denen ein nachsetzender Kalmückenschwarm hart auf den Fersen war, zu derselben behilflich zu sein, und sandte ihm zugleich einen Aga mit einer türkischen Reiterschaar entgegen, um ihn nach Bender zu geleiten, wo er ihn mit großer Ehrerbietung empfing und ihm ein stattliches Haus zur Wohnung anwies. Da jedoch Karl sich nur im Außergewöhnlichen gefiel, schlug er vor der Stadt ein Lager auf, das bald durch den Umbau der Zelte in Baracken das Ansehen einer förmlichen Stadt gewann, wie auch Karls Begleitung durch neu hinzugekommene Schweden und Polen zu einem kleinen Heere heranwuchs, mit welchem er täglich militärische Uebungen hielt. Der Sultan Achmet III. versah ihn reichlich mit Lebensmitteln und ließ ihm daneben täglich fünfhundert Thaler auszahlen. Außerdem nahm Karl große Summen zu hohen Zinsen auf, nur um Geld unter seine Leute wie unter die Janitscharen ausstreuen und seine Freunde in den Stand setzen zu können, mit fürstlicher Pracht zu leben, während er selbst seine gewohnte einfache Lebensweise fortsetzte.

Unterdessen hatte Karls Mißgeschick alle seine früheren Feinde wieder unter die Waffen gerufen. Schon vor der Schlacht bei Pultawa hatte Friedrich IV. von Dänemark bei einem Besuche, den er auf der Rückkehr von einer italienischen Reise am Hofe von Dresden gemacht, sein früheres Bündniß mit August II. erneuert. Jetzt erklärte dieser den Altranstädter Frieden als einen erzwungenen für null und nichtig und rückte mit einem Heere von dreizehntausend Mann in Polen ein. Hier erlangte er bald ein so bedeutendes Uebergewicht, daß Stanislaus nach Pommern entfliehen mußte, von wo er sich später zu Karl XII. nach Bender begab, der ihm zu seinem Unterhalte die Einkünfte des Herzogthums Zweibrücken anwies. Am 7. Oktober erneuerte auch der Czar sein Bündniß mit August II., mit welchem er zu diesem Zwecke in Thorn zusammengekommen, und bald darauf erfolgte der Abschluß eines neuen Vertrags zwischen dem Czaren und Friedrich IV. Der Letztere erklärte am 28. Oktober an Schweden den Krieg, und am 12. November landete ein dänisches Heer von vierundzwanzigtausend Mann unter den Generalen Reventlow und Ranzau in Schoonen. Aber noch war Schwedens Kraft nicht gebrochen. Zwar standen nur achttausend Mann regulärer Truppen im Lande; aber mit denselben vereinigten sich über zwölftausend Bauern, und obgleich diese ungeübt und nur schlecht bewaffnet waren, gelang es doch dem erfahrenen General Stenbock, mit ihnen und seinen eigenen Truppen am 10. März 1710 dem Feinde in dessen Lager bei Helsingborg eine so vollständige Niederlage zu bereiten, daß sich die dänischen Feldherren auf ihre Schiffe zurückziehen mußten. Glücklicher waren die tief in Esthland und Livland eingedrungenen Russen, gegen deren Uebermacht sich die kleinen schwedischen Besatzungen nicht lange halten konnten: schon zu Ende des Jahres 1710 sah sich Peter im Besitz beider Länder, sowie Kareliens und eines Theiles von Finnland.

Bei dieser bedenklichen Sachlage wäre für Karl XII. die schleunigste Rückkehr in seine Staaten nicht nur das erste Gebot der Klugheit, sondern auch eine unabweisbare Regentenpflicht gewesen, und der Weg dahin stand ihm durch Ungarn und Deutschland offen; aber sein Stolz sträubte sich gegen den Gedanken, sich, nachdem er die Welt durch seine Waffenthaten mit dem Ruhme seines Namens erfüllt, seinen Unterthanen als ein Feldherr ohne Heer wiederzuzeigen und als ein Flüchtling durch halb Europa zu reisen. Nur auf einem einzigen Wege glaubte er mit Ehren zurückkehren zu können, nämlich durch eben dieses Rußland, in welchem er zum ersten Male besiegt worden, und zwar an der Spitze eines türkischen Heeres, das von ihm siegen gelernt. Ganz von diesem abenteuerlichen Plane erfüllt, bot er Alles auf, dem Sultan Achmet begreiflich zu machen, daß die Sicherheit des türkischen Reiches ein Herabdrücken der russischen Macht erheische, und ihn dadurch zu einer sofortigen Kriegserklärung gegen Rußland zu bewegen, wobei er sich ihm als Bundesgenosse anbot. In seinen Bemühungen arbeitete ihm jedoch Peter, dem reichere Geldmittel zur Bestechung der Umgebungen des Sultans zu Gebote standen, so erfolgreich entgegen, daß der von ihm nach Konstantinopel entsandte, ebenso schlaue als gewandte Graf Poniatowski, der Vater des nachmaligen Königs von Polen, erst nach dreizehnmonatlichen vergeblichen Bemühungen zum Ziele gelangte. Nachdem er durch die feinsten diplomatischen Ränke und Kunstgriffe die Absetzung zweier von Rußland gewonnenen Großveziere bewirkt hatte, zeigte sich endlich der dritte den Wünschen Karls günstig.

Am 17. November 1710 erklärte die Pforte an Rußland den Krieg, und im Frühjahr 1711 rückte ein türkisches Heer von zweimalhunderttausend Mann unter der Führung des Großveziers gegen die russische Grenze vor. Peter, der demselben mit einem ansehnlichen, von dem General Scheremetew geführten Heere entgegenzog, ließ sich durch die Hospodaren der Moldau und Wallachei, die ihm heimlich versprochen hatten, von der türkischen Herrschaft abzufallen, sobald die Russen auf ihrem Gebiete erschienen sein würden, in die Moldau locken, wo es ihm bald, da die Moldauer sein Heer nur unzureichend mit Vieh versorgten und die aus der Wallachei erwarteten Zufuhren gänzlich ausblieben, an den nöthigen Lebensmitteln fehlte. Unter großen Beschwerden, die durch Hunger, Durst und eine brennende Hitze erhöht wurden, zogen die Russen den Pruth hinunter bis zum Dorfe Falczi, wo sie sich plötzlich durch den inzwischen über den Pruth gezogenen Großvezier so vollständig eingeschlossen sahen, daß keine Möglichkeit des Entkommens vorhanden war. Da bei ihrer gänzlichen Erschöpfung an einen erfolgreichen Kampf mit dem weit überlegenen feindlichen Heere kaum gedacht werden konnte, schien den Russen nicht Anderes übrig zu bleiben, als die Waffen zu strecken. Schon hatte der Czar ein Schreiben an den Senat nach Moskau entsandt, mit der Meldung, daß er ohne besondere göttliche Hilfe nichts Anderes vor Augen sehe, als eine gänzliche Niederlage, und mit Verhaltungsmaßregeln für den Fall seiner Gefangenschaft oder seines Todes, als es seiner Gemahlin Katharina [1]), die ihn in den Krieg begleitet hatte, unter Mitwirkung mehrerer höheren Offiziere gelang, durch Preisgebung ihrer Juwelen den habsüchtigen und überdies des Krieges vollkommen unkundigen Großvezier zum Abschluß eines Friedens zu bewegen, der am 2. Juli 1711 nach kurzen Unterhandlungen zu Stande kam. In demselben wurde dem russischen Heere freier Abzug bewilligt, wogegen Peter versprach, Asow herauszugeben, seine Festungen an der türkischen Grenze zu schleifen und der Rückkehr des Königs von Schweden in seine Staaten kein Hinderniß in den Weg zu legen.

Vergebens hatte Poniatowski Alles aufgeboten, um den Abschluß des Friedens zu hintertreiben; auch sein Protest gegen denselben wurde nicht beachtet. Ebensowenig vermochte Karl selbst, der herbeigeeilt war, um den Triumph zu genießen, seinen gefährlichsten Gegner als Gefangenen zu sehen, den Frieden rückgängig zu machen. Als er den Großvezier mit Vorwürfen überhäufte, antwortete ihm dieser: „Gott befiehlt uns, dem Feinde zu verzeihen, der sich vor uns demüthigt und um Gnade bittet. Wer sollte Rußland regieren, wenn ich ihm seinen Herrscher nähme?“ Bei dem Abzug der Russen erbot sich Karl, sie mit einer türkischen Heeres-

---

1) Peters zweite Gemahlin Katharina war nach Einigen die Tochter eines katholischen Bauern aus Litthauen, Namens Slawonski; nach Andern war ihr eigentlicher Name Martha Rabe und ihr Vater schwedischer Quartiermeister. Als die sehr junge Frau eines schwedischen Dragoners war sie im Jahre 1702 nach der Eroberung des livländischen Städtchens Marienburg den Russen in die Hände gefallen und dem russischen General Bauer als Beuteantheil zuerkannt worden. Dieser trat sie an Menczikow ab, dessen Aufmerksamkeit sie durch ihre Schönheit und ihren Verstand erregt hatte. Als Peter sie in Menczikows Haus sah, entbrannte er in heftiger Leidenschaft zu ihr und zwang den Fürsten, sie ihm zu überlassen. Nach ihrem Uebertritt zur griechischen Kirche, bei welchem sie die Namen Katharina Alexejewna annahm, vermählte sich der Czar im Jahre 1707 heimlich mit ihr, und am Tage seines Auszugs gegen die Türken (17. März 1711) erklärte er sie öffentlich für seine Gemahlin. Durch die Geduld, mit welcher sie alle seine Launen, sowie seine zeitweiligen Mißhandlungen ertrug, sowie durch ihr kluges Eingehen auf alle seine Ideen, wußte sie sich ihm unentbehrlich zu machen und sich bis an seinen Tod im Besitze seiner Zuneigung zu erhalten.

abtheilung anzugreifen und zu besiegen; der Großvezier versagte jedoch hierzu seine Einwilligung, und so blieb die letzte, von ihm auf so schmachvolle Weise verkaufte Gelegenheit, das türkische Reich gegen den gewaltig wachsenden Nachbar zu befestigen, unwiederbringlich verloren.

Als Karl voll Mißmuth nach Bender zurückkam, fand er sein Lager durch eine starke Austretung des Dniepr so vollständig unter Wasser gesetzt, daß er sich entschließen mußte, dasselbe einige Meilen weiter hinauf nach Warnitza zu verlegen, wo er für sich und die Seinigen festere Häuser bauen ließ. Da es Poniatowski gelungen war, die Absetzung des Großveziers durchzusetzen, gab er sich der Hoffnung hin, daß der Friede von Falczi nicht von langer Dauer sein werde, und in der That machte es Peter selbst durch die Nichterfüllung der eingegangenen Bedingungen Poniatowski möglich, von dem Sultan eine neue Kriegserklärung gegen Rußland zu erlangen. Durch das Dazwischentreten Englands und Hollands wurde jedoch, noch ehe die Feindseligkeiten begonnen hatten, der zu Falczi abgeschlossene Friede auf fünfundzwanzig Jahre verlängert.

Trotz dieses abermaligen Fehlschlagen seiner Hoffnungen gab Karl dieselben nicht auf, und in der That brachte es Poniatowski nach dem abermaligen Sturze eines Großveziers dahin, daß am 12. November 1712 eine dritte Kriegserklärung gegen Rußland erlassen wurde; aber auch diesmal hatte dieselbe keine Folgen, da die russischen Unterhändler durch Geld und Vorspiegelungen Alles wieder auszugleichen wußten. Ihrem Einflusse gelang es auch, den Sultan dahin zu bringen, daß er an Karl die Aufforderung ergehen ließ, die Türkei zu verlassen. Dieser erklärte jedoch, er bedürfe, um mit Ehren abreisen zu können, einer halben Million Thaler zur Bezahlung seiner Schulden, und als der Sultan ihm hierauf zwölftausend Beutel — sechsmalhunderttausend Thaler — auszahlen ließ, verlangte er, um einen neuen Vorwand zu längerem Bleiben zu finden, noch weitere tausend Beutel. Jetzt endlich war die Geduld des Sultans erschöpft. Er versammelte den Divan, um demselben die Frage zu unterbreiten, ob er nun wohl, ohne die Pflichten des Gastrechtes zu verletzen, den Fremdling aus seinen Staaten jagen dürfe, und nachdem sämmtliche Räthe diese Frage bejaht, ließ er an den Pascha von Bender und den Khan der Tataren den schriftlichen Befehl ergehen, den König mit Gewalt zu vertreiben.

Als der Pascha von Bender Karl XII. diesen Befehl verkündete und ihn fragte, ob er nicht lieber als Freund abreisen wolle, antwortete ihm der König mit zornfunkelndem Blick: „Gehorche Deinem Herrn, wenn Du das Herz dazu hast; aber geh mir aus den Augen." Sogleich wurden alle dem König bewilligten Lieferungen eingestellt und die Polen und Kosaken, die bisher noch um denselben gewesen, durch den Pascha bewogen, sich nach Bender zurückzuziehen, so daß Karl mit seinen Offizieren und etwa vierzehnhundert Schweden allein blieb. Obgleich sich allmählich dreizehntausend Türken und Tataren um Warnitza zusammenzogen, war Karl tollkühn genug, an Gegenwehr zu denken, und gab Befehl, das Lager wohl zu verschanzen. Vergebens boten seine Beamten und Offiziere im Vereine mit den im Lager anwesenden Geistlichen Alles auf, um ihn zum Nachgeben zu bewegen: er blieb taub gegen ihre Vorstellungen wie gegen ihre Bitten und gebot ihnen, fortzugehen, wenn sie nicht mit ihm kämpfen wollten.

Nachdem der Pascha am 12. Februar 1713 nochmals einen vergeblichen Versuch gemacht, den König zur Vernunft zu bringen, gab er am folgenden Tage Befehl zur Erstürmung des schwedischen Lagers. Die um dasselbe aufgepflanzten Kanonen wurden abgefeuert, und in wenigen Augenblicken waren die Verschanzungen erstiegen und die meisten Häuser in Brand gesteckt. Die Schweden, die nur Schritt für Schritt zurückgewichen, ergaben sich der Uebermacht; nur Karl zog sich mit etwa fünfzig der Seinigen in sein noch unversehrtes Haus zurück, verrammelte die Thüren und ließ aus den Fenstern feuern. Als endlich das von den Türken in Brand gesteckte Dach über den Kämpfenden zusammen zu stürzen drohte, beschloß Karl auf den Rath eines Trabanten, sich nach einem anderen festeren Hause durchzuschlagen; als er jedoch mit seinem dicht gedrängten Häuflein unter einer guten Pistolensalve auf die Türken aus der Thüre hinausstürmte, verwickelte er sich in seine Sporen und stürzte zu Boden, worauf er von den Janitscharen nicht ohne große Mühe entwaffnet wurde. Man brachte ihn in das Zelt des Pascha's, der ihn mit Ehrerbietung empfing und ihn zum Sitzen einlud, „weil er wohl müde sein werde."

Nachdem Karl noch einige Zeit in Bender zugebracht, wohin der Pascha ihn hatte führen lassen, wurde ihm Demotika bei Adrianopel zum Aufenthaltsorte angewiesen, wo man ihm, wie früher, Naturallieferungen, jedoch kein Geld bewilligte. Noch immer nährte er die Hoffnung, es bei dem Sultan zu einer neuen Kriegserklärung gegen Rußland zu bringen, und schränkte sich, um nur bleiben zu können, auf das Aeußerste ein. Um in seiner ärmlichen Wohnung keinen Besuch annehmen zu müssen, stellte er sich krank, blieb oft ganze Wochen in seinem Bette liegen und kam zehn Monate lang gar nicht aus dem Zimmer.

Inzwischen befand sich Schweden in der traurigsten Lage. Es fehlte zur Fortsetzung des Krieges an Geld, wie an Soldaten und Kriegsbedarf; der Handel stockte, das Land seufzte unter der Last unerschwinglicher Abgaben, und die unter allen Klassen der Bevölkerung herrschende Unzufriedenheit trat immer mehr in lautem Murren zu Tag. Dabei hatten die verbündeten Gegner Karls nach und nach alle schwedischen Besitzungen in Deutschland bis auf Stralsund, Wismar und die Insel Rügen in Besitz genommen. Der General Stenbock erfocht zwar am 20. Dezember 1712 bei Gadebusch über die Dänen einen vollständigen Sieg, mußte sich aber, nachdem er am 9. Januar 1713, um die theilweise Zerstörung von Stade durch die Verbündeten zu rächen, das völlig wehrlose Altona niedergebrannt, vor einem heranrückenden russisch-sächsischen Heere in das feste Töningen zurückziehen, in welchem er von den Verbündeten so vollständig ausgehungert wurde, daß er sich am 16. Mai gezwungen sah, sich mit seinem ganzen Heere zu ergeben. Die Macht der Schweden war damit in diesen Gegenden gänzlich vernichtet; Schleswig aber wurde dem jungen Herzog Karl Friedrich von Holstein-Gottorp, Karls Neffen, dessen Vater Friedrich IV. in der Schlacht bei Klissow den Tod gefunden, abgesprochen und mit Dänemark vereinigt.

Trotz dieser verhängnißvollen Wendung der Dinge wollte Karl von keinem Frieden hören und erklärte Jeden, der dazu rathe, für einen Verräther. Dabei bestand er mit seinem gewohnten Starrsinn darauf, Alles von der Türkei aus regieren zu wollen, und als im Dezember 1713 die Reichsstände zusammen getreten waren, um über die trostlose Lage des Landes und über die Herbeiführung des Friedens zu berathen, erklärte er dies für einen freventlichen Eingriff in seine Rechte und sandte den Reichsständen den Befehl, sofort auseinander zu gehen. Sie gehorchten, sandten aber zu gleicher Zeit den General Liewen an den König ab, um ihn dringend zur unverzüglichen Rückkehr aufzufordern. Die Schilderung, die Liewen dem König von der Lage des Landes und der allgemein herrschenden Unzufriedenheit machte, und dessen unumwundene Erklärung, daß, falls Karl noch länger mit seiner Rückkehr zögere, die Reichsstände ohne ihn Frieden schließen und den Thron anderweitig besetzen würden, rissen endlich den König aus seiner Erstarrung. Er ordnete eine glänzende Gesandtschaft, zu deren Ausstattung er sich nur unter den exorbitantesten Bedingungen das nöthige Geld hatte verschaffen können, nach Konstantinopel ab, um dem Sultan die Mittheilung machen zu lassen, daß er entschlossen sei, nach Schweden zurückzukehren. Nachdem ihm Achmet III. noch ein prächtiges, mit Gold gesticktes Zelt, einen Säbel mit diamantenem Griffe, acht schöne arabische Pferde mit silbernem Geschirr und Steigbügeln und sechzig Wagen mit Lebensmitteln zum Geschenk übersandt, brach er am 1. Oktober 1714 von Demotika auf, und ein zahlreiches türkisches Ehrengefolge gab ihm das

Geleite bis zur Grenze. In der Wallachei trennte er sich von seinen schwedischen Begleitern und behielt nur die beiden Obersten Rosen und Düring bei sich, mit denen er unter dem Namen eines schwedischen Hauptmanns Frisch die Reise durch Ungarn und Deutschland fortsetzte. So unaufhaltsam stürmte er vorwärts, daß der erschöpfte Rosen schon nach den drei ersten Tagen zurückbleiben mußte. Ohne Rast und Ruhe ging die Reise fort, am Tage zu Pferde und bei Nacht zu Wagen, bis endlich am 22. November Nachts um ein Uhr Stralsund erreicht wurde. Innerhalb vierzehn Tagen hatten Karl und Düring zweihundertachtzig deutsche Meilen zurückgelegt.

In Stralsund rief die Nachricht von der Rückkehr des Königs eine allgemeine und aufrichtige Freude hervor. Als er am folgenden Tage die Straßen der Stadt durchritt, drängte sich Alles um ihn, und von allen Seiten begrüßte ihn heller Jubelruf. Um der Bürgerschaft seine Dankbarkeit zu beweisen, erließ er der Stadt auf zehn Jahre alle Abgaben und erhob die vornehmsten Rathsherren in den Adelstand.

Karls XII. Ausgang. — Ende des nordischen Krieges.

(1718—1721.)

Als Karl XII. sich zur Rückkehr nach Schweden entschloß, glaubte er nur gegen seine drei früheren Verbündeten den Kampf wieder aufnehmen zu müssen; die Zahl seiner Gegner vermehrte sich jedoch bald um zwei neue. Zuerst trat Friedrich Wilhelm I. von Preußen, Friedrichs I. Sohn und Nachfolger (seit 1713), der einem mit Sachsen und Rußland geschlossenen Vertrage gemäß einen großen Theil von Schwedisch-Pommern besetzt hatte, dem Bündniß gegen Schweden bei, weil Karl sich weigerte, die von ihm als Preis der Räumung Stettins geforderte Entschädigung von viermalhunderttausend Thalern zu zahlen. Hierauf schloß Georg I., König von England und Kurfürst von Hannover, am 26. Juni 1715 zu Kopenhagen mit Friedrich IV. einen Vertrag, in welchem der Letztere für die Summe von achtmalhundertsiebenundsiebzigtausend Thalern die den Schweden entrissenen Herzogthümer Bremen und Verden an Hannover abtrat und Georg I. sich dagegen zur Betheiligung an dem allgemeinen Kriege gegen Schweden verpflichtete.

Obgleich Schwedens Kräfte vollständig erschöpft waren, nahm Karl den Kampf mit seinen übermächtigen Gegnern auf und eröffnete die Feindseligkeiten durch die Besetzung der Insel Usedom;

er wurde jedoch durch ein preußisches Heer, das, durch dänische, sächsische und hannöverische Truppen verstärkt, gegen Stralsund und Wismar heranrückte, wieder aus derselben vertrieben. Am 15. November setzten fünfzehntausend Preußen, Dänen und Sachsen unter der Führung des Fürsten Leopold von Dessau nach der Insel Rügen über, und ein dichter Nebel erleichterte ihnen die Besetzung derselben. Bei dem vergeblichen Versuche, die Insel zu vertheidigen, gerieth Karl nicht nur selbst in Lebensgefahr, sondern verlor auch seinen Reisegefährten Düring, der im Kampfe den Tod fand. Auch Stralsund, das von einem aus Preußen, Dänen und Sachsen bestehenden Heere belagert wurde, vermochte Karl, trotz der heldenmüthigsten Vertheidigung nicht zu halten. Als die Außenwerke genommen waren, schiffte er sich, die Zwecklosigkeit eines längeren Widerstandes einsehend, am 21. Dezember 1715 heimlich nach Schoonen ein, worauf die Stadt am 23. den Belagerern übergeben und von den Dänen besetzt wurde. Mit Wismar, das sich im folgenden Jahre, durch Hunger bezwungen, gleichfalls dem preußisch-dänischen Belagerungsheere ergeben mußte, büßte Schweden den letzten Rest seiner deutschen Besitzungen ein.

Trotz alledem verlor Karl den Muth nicht. Er besaß in dem in seine Dienste getretenen holsteinischen Baron Görz einen trefflichen Finanzminister, der dem gänzlich zerrütteten Staatshaushalt durch die Einführung von Papiergeld und kupfernen Thalern wenigstens für den Augenblick aufhalf und dadurch den König in den Stand setzte, für die unabweisbarsten Bedürfnisse des Heeres, das sich im elendesten Zustande befand und nicht einmal gehörig bekleidet war, Sorge zu tragen. Um dem Feinde keine Zeit zur Erholung zu gönnen, unternahm Karl zu Anfang des Jahres 1716 einen Winterfeldzug nach Norwegen, bei welchem er zwar aufs Neue glänzende Proben des Muthes und einer durch Nichts zu ermüdenden Ausdauer gab und im März 1716 das von seinen Bewohnern verlassene Christiania besetzte, aber dennoch dem Feinde keinen erheblichen Schaden zufügte, indem seine Flotte, die dem Heere frische Lebensmittel und Kriegsbedürfnisse zuführen sollte, im Hafen von Friedrichshall von dem Admiral Tordenschild überfallen und verbrannt wurde, so daß er sich genöthigt sah, sein von Allem entblößtes Heer schleunigst nach Schweden zurückzuführen, worauf er den Winter zu Lund in Schoonen zubrachte.

Unterdessen hatte Görz, um Schwedens gesunkene Macht aufs Neue zu heben, Pläne von ungewöhnlich kühner, doch wohlberechneter Tragweite entworfen, die Karls vollste Zustimmung erhielten. Durch die Ueberlassung von Ingermanland und Esthland sollte der Czar, Karls gefährlichster Gegner, auf Schwedens Seite gezogen und für die Unterstützung Karls im Kampfe gegen dessen übrige Feinde, sowie für die Betheiligung an der Wiedereinsetzung Stanislaus Lescinski's gewonnen werden; dagegen sollte sich Karl für die an Rußland abgetretenen Länder zunächst durch die Eroberung von Norwegen entschädigen, dann von dort nach Schottland übersetzen, um Georg I. zu Gunsten des Prätendenten Jakob III. vom Throne zu stürzen, und sich dadurch nicht nur den Wiedererwerb der von Hannover angekauften Herzogthümer Bremen und Verden, sondern auch die Vereinigung von Hannover mit Schweden sichern. Der Czar, mit welchem sich Görz bereits ins Einvernehmen gesetzt, zeigte sich umso geneigter zum Abschluß eines Separatfriedens mit Schweden, sowie zur Unterstützung der von dem schwedischen Minister entworfenen Pläne, als er nicht nur erreicht hatte, was er gewollt, sondern auch auf Dänemarks Herrschaft im Sunde und Englands Besitznahme von Bremen und Verden eifersüchtig war, und schon hatte man sich bei einem im Mai 1718 auf Losoe, einer der Alandsinseln, eröffneten Kongreß über sämmtliche Hauptpunkte geeinigt, als ein unerwarteter Tod der stürmischen Laufbahn des sechsunddreißigjährigen Schwedenkönigs ein Ziel setzte.

Um die Eroberung von Norwegen zu bewerkstelligen, hatte Karl im August 1718 den Baron Armfeld mit einer Heeresabtheilung von zehntausend Mann über die Kiölen nach Drontheim entsandt und war demselben im November mit dem Hauptheere auf südlichem Wege über die norwegische Grenze gefolgt, worauf er am 4. Dezember die Belagerung der Festung Friedrichshall eröffnet hatte. Nachdem er selbst am 9. mit dem Degen in der Hand eine Hauptschanze erobert hatte, begab er sich am 11. — einem Sonntage — spät Abends, trotz der schneidenden Nachtluft, mit dem Oberingenieur Megret und dem Generaladjutanten Siquier, zweien Franzosen, hinaus, um zu sehen, wie weit man mit den Arbeiten in den Gräben gekommen. Während er, über eine Brustwehr hingelehnt, den Kopf auf beide Arme gestützt, beim Licht der Sterne den Arbeiten zusah, entfernten sich seine beiden Begleiter, so daß er allein zurückblieb. Als sie nach Verlauf einer Stunde mit einigen andern Offizieren zurückkamen, fanden sie den König todt. Rückwärts gegen die Brustwehr gelehnt, hielt er die rechte Hand am Degen; Kopf und Handschuhe waren mit Blut bedeckt. Alle waren bestürzt und tief erschüttert; nur die beiden Franzosen zeigten keine Ueberraschung, und Megret sagte kaltblütig: „Das Spiel ist aus; wir wollen nach Hause gehen." Um das Unglück geheim zu halten, hüllten die Offiziere Karls Leiche in einen Mantel und trugen sie ins Hauptquartier. Der bei dem Heere anwesende Prinz Friedrich von Hessen-Kassel, der Gemahl der schwedischen Prinzessin Ulrike Eleonore, Karls jüngerer Schwester, hob sofort die Belagerung von Friedrichshall auf und führte das

Heer nach Schweden zurück. Von Armfelds Heer, das zwar Drontheim nach unsäglichen Beschwerden erreicht, aber die starke und wohl vertheidigte Festung nicht zu erobern vermocht, sahen kaum fünfhundert Mann die Heimath wieder; alle Uebrigen waren bei dem mitten im Winter angetretenen Rückzuge auf den Eisfeldern der Kiölen der Kälte, dem Hunger und den Anstrengungen erlegen.

Unstreitig hatte Karls XII. Charakter eine edle Grundlage. Seine Frömmigkeit war eine aufrichtige, und seine Sittenreinheit, seine Einfachheit und Mäßigkeit bilden einen wohlthuenden Gegensatz zu der Sittenverderbniß, der Prunksucht und Ueppigkeit, die an den meisten Fürstenhöfen jener Zeit zur unbeschränkten Herrschaft gelangt waren. Dabei war er ein abgesagter Feind von Lug und Trug und Schmeichelei und sein Sinn von Anfang an auf das Große gerichtet. Aber mit seinen guten Eigenschaften verbanden sich schwerwiegende Fehler. Der Starrsinn, in welchen die Festigkeit seines Willens ausgeartet war, machte ihn nicht nur unzugänglich gegen jeden guten Rath, selbst wenn sich derselbe auf die triftigsten und einleuchtendsten Gründe stützte, sondern auch unempfindlich gegen die Leiden seines Volkes. Seine Furchtlosigkeit und heldenmüthige Tapferkeit wurde nicht selten zur Tollkühnheit, und das Bewußtsein, für sein gutes Recht das Schwert gezogen zu haben, riß ihn zu blinder Rachsucht hin. Daß er durchaus kein hervorragender Feldherr war, geht schon aus der völligen Planlosigkeit seiner Feldzüge, sowie aus der gänzlichen Vernachlässigung auch der gewöhnlichsten und nothwendigsten Vorsichtsmaßregeln bei denselben hervor. Während das Unglück ihn nicht zu beugen vermochte, verleitete ihn das Glück zur Ueberschätzung der eigenen Kraft und zu unverzeihlichen Thorheiten. So vergeudete er durch den Mißbrauch seiner reichen Gaben nutzlos die Kräfte seines Landes und stürzte Schweden von der Höhe und politischen Bedeutsamkeit herab, zu welcher es durch Gustav Adolf und Karl X. emporgehoben worden.

Obgleich es im höchsten Grade unwahrscheinlich erschien, daß eine feindliche Kugel den König getödtet habe, und das allgemeine Gerücht die beiden Franzosen so ungescheut als seine Mörder bezeichnete, daß der Name Siquier in „Sicaire“ verwandelt wurde, geschah nicht das Mindeste zur Klarstellung der näheren Umstände des traurigen Ereignisses. Man ließ es als ausgemacht gelten, daß der König von einer aus der Festung herübergekommenen dänischen Kugel getroffen worden. Erst achtundzwanzig Jahre später, am 11. Juli 1746, wurde die Leiche ärztlich untersucht, wobei sich herausgestellt haben soll, daß der Tod des Königs nur durch eine Pistolenkugel herbeigeführt worden sein könne, die ihn an der rechten Schläfe getroffen habe und an der linken Seite des Schädels wieder herausgedrungen sei. Wenn indessen Karl, wie kaum zu bezweifeln, durch Meuchelmord gefallen, so ist er sicher nicht das Opfer einer Privatrache geworden, sondern dem Hasse des mit seiner unumschränkten Regierung längst unzufriedenen Adels erlegen, unter welchem erwiesener Maßen eine Verschwörung gegen sein Leben bestanden hatte.

Der schwedische Adel versäumte auch nicht, den Tod des Königs in der ausgiebigsten Weise auszunutzen. Mit Umgehung des jungen Herzogs Karl Friedrich von Holstein-Gottorp, der als der Sohn der älteren, im Jahre 1708 zu Stockholm verstorbenen Schwester Karls die nächsten Rechte auf den erledigten Thron zu haben schien, obgleich nach den von den vorhergehenden Königen bezüglich der Erbfolge getroffenen Bestimmungen Zweifel darüber obwalten konnten, entschied sich der Reichsrath für Karls jüngere Schwester Ulrike Eleonore, die Gemahlin Friedrichs von Hessen, nachdem dieselbe zu Gunsten des Adels auf die unumschränkte Königsgewalt verzichtet und die Wiedereinführung der alten Regierungsweise zugesagt. Mit Zustimmung der Reichsstände übertrug sie im Jahre 1720 die Regierung ihrem Gemahle.

Mit der Thronbesteigung der Königin Ulrike Eleonore war auch das Schicksal des Barons Görz besiegelt, der als Ausländer und als der vertrauteste Rathgeber Karls für den herrschsüchtigen Adel längst ein Gegenstand des bittersten Hasses geworden. Alles Unheil, das seit Jahren durch Karls Willkür oder durch den Drang der Umstände über Schweden gekommen, wurde ihm zur Last gelegt und eine Reihe von Anklagen gegen ihn erhoben, zu deren Widerlegung man ihm weder einen Rechtsbeistand noch eine schriftliche Vertheidigung bewilligte. Obgleich ihm kein einziges Staatsverbrechen nachgewiesen werden konnte, wurde er, mit der gröblichsten Verletzung aller Rechtsformen, nach einem einzigen Verhöre zum Tode verurtheilt und am 2. März 1719 hingerichtet.

Der nordische Krieg wurde zwischen den Jahren 1719 und 1721 durch eine Reihe von Friedensschlüssen beendet, die Schweden durch mehr oder weniger große Opfer erkaufen mußte. Statt sich, dem Gebote der Klugheit gemäß, zuerst mit dem Czaren, als dem mächtigsten und gefährlichsten Gegner, abzufinden, brach das schwedische Kabinet, den Haß gegen Görz auch auf dessen politisches System übertragend, die Unterhandlungen mit Rußland ab, in der Hoffnung, nach der Herstellung des Friedens mit den übrigen Mächten gegen den Czaren leichteres Spiel zu haben. Zuerst erfolgte am 20. November 1719 der Abschluß des Friedens mit Georg I. von England und Hannover, der Bremen und Verden behielt und dafür an Schweden eine Million Thaler zahlte; dann wurde am 5. Januar 1720 ein Abkommen mit August II. getroffen, kraft dessen Schweden ihn als König von Polen anerkannte gegen die von ihm übernommene Verpflichtung, an Stanislaus Lescinski, dem der königliche Titel verbleiben sollte, eine Million Thaler zu zahlen. Mit Friedrich Wilhelm I. von Preußen einigte man sich unterm 1. Februar 1770 dahin, daß demselben das von ihm besetzte Stettin, sowie Vorpommern bis an die Peene nebst den Inseln Usedom und Wollin gegen die an Schweden zu leistende Zahlung von zwei Millionen Thalern verblieben. Dänemark behielt in dem am 14. Juni 1720 abgeschlossenen Frieden den Gottorp'schen Antheil von Schleswig und erhielt außerdem von Schweden eine Summe von sechsmalhunderttausend Thalern, wogegen es die demselben entrissenen Eroberungen herausgab und auf die bisher genossene Zollfreiheit im Sunde Verzicht leistete.

Diese verschiedenen Friedensschlüsse brachten den Czaren gegen die ihm ohnehin verhaßte schwedische Regierung so sehr auf, daß er sich zu rächen und Schweden zum Frieden zu zwingen beschloß. Russische Truppen rückten in Upland ein, plünderten und verbrannten dort zahlreiche Städte, Dörfer, adelige Güter und Mühlen, legten ganze Strecken schöner Waldungen in Asche, zerstörten Eisenwerke und Kupfergruben und schleppten Menschen und Vieh mit sich fort. Diese Barbareien zwangen endlich die Schweden, sich den Forderungen des Czaren zu fügen, und so kam am 10. September 1721 der Friede von Nystädt zu Stande, in welchem Schweden an Rußland, gegen die Zahlung von zwei Millionen Thalern und die Rückgabe von Finnland, die Provinzen Ingermanland, Esthland, Livland und den größten Theil von Karelien abtrat. Nach dem Abschluß dieses Friedens, der Schwedens Macht für immer vernichtete, nahm Peter am 22. Oktober 1721 den Kaisertitel an, und der Senat erkannte ihm die Ehrennamen „der Große“ und „der Vater des Vaterlandes“ zu.

XIII.

Peters des Großen Reformen und letzte Lebensjahre.

(1721—1725).

So sehr auch Peters des Großen Thätigkeit durch seine Eroberungspläne, die nicht auf den Erwerb der schwedischen Ostseeprovinzen beschränkt blieben, sondern auch die Vereinigung Polens mit Rußland zum Gegenstande hatten, in Anspruch genommen war, verlor er doch zu keiner Zeit die Sorge für die innere Umgestaltung seines Reiches aus den Augen. Der Hauptgegenstand seiner Aufmerksamkeit blieb das Heerwesen, das mehr und mehr nach europäischem Muster eingerichtet wurde. Außer dem stehenden Heere, in welchem er die strengste Mannszucht aufrecht hielt, suchte er auch eine Art Landwehr zu bilden, und ein im Jahre 1713 erlassenes Gesetz verpflichtete den gesammten Adel zum Kriegsdienste. Für die Hebung der Seemacht geschah so viel, daß bei Peters Tod die russische Flotte achtundvierzig Linienschiffe und achthundert kleinere Kriegsfahrzeuge mit einer Bemannung von achtundzwanzigtausend Seeleuten zählte.

Neben dem Heerwesen lag dem Czaren besonders die Hebung des Handels und des Gewerbfleißes am Herzen. Zur Erleichterung des inneren Verkehrs wurden Landstraßen und Kanäle angelegt und durch die Verbindung der inneren Schifffahrt mit dem Meere neue Handelswege eröffnet. Zur Veredlung der Schafzucht wurden Schäfer und Schafe aus Polen und Schlesien verschrieben und zur Anlegung von Leinwandmanufakturen, Lederfabriken, Papiermühlen, Glashütten u. dergl. zahlreiche Ausländer ins Land gezogen. Sehr nützlich erwiesen sich für die Hebung der Gewerbethätigkeit in Rußland die durch das ganze Reich zerstreuten schwedischen Kriegsgefangenen vom Jahre 1709, denen nach dem Abschluß des Friedens von Nystädt viele ihrer Landsleute freiwillig nachfolgten. Eine ganz besondere Sorgfalt verwandte Peter auch auf den Bergbau. Er ließ in Sibirien und im Ural zahlreiche Bergwerke anlegen und errichtete im Jahre 1718 eine eigene Bergschule.

Um dem Adel jeden Einfluß auf die Regierung zu entziehen, hob Peter den „Bojarenhof“ auf und errichtete im Jahre 1711 als obersten Gerichtshof des Reiches einen Senat, dessen Mitglieder von ihm ernannt wurden. Wer die Sitzungen desselben versäumte oder zu denselben zu spät kam, verfiel in Strafe. Dem Senate, in welchem der Czar gewöhnlich selbst den Vorsitz führte, stand, außer der Entscheidung über Fragen der Gesetzgebung und der obersten Aufsicht über den Vollzug der Gesetze, das Recht zu, Rangstufen zu ertheilen und in den Adelstand zu erheben. Alle von demselben ausgehenden Erlasse — Ukase — hatten Gesetzeskraft, wenn der Czar sie nicht ausdrücklich aufhob. Für die einzelnen Zweige der Staatsverwaltung waren Collegien, zehn an der Zahl, eingesetzt, deren Räthe und Beisitzer vom Senate ernannt wurden, während die Ernennung der Präsidenten und Vicepräsidenten von dem Czaren ausging. Eine europäisch organisirte Polizei wachte, im Vereine mit der geheimen Inquisitionskanzlei, über die öffentliche Sicherheit und über das Treiben unzufriedener Russen. Die Gerechtigkeit wurde streng und ohne Ansehen der Person gehandhabt; die höchsten Staatsbeamten mußten begangene Ungerechtigkeiten durch

Verbannung nach Sibirien büßen. Besonders suchte Peter mit großem Ernste das Volk vor Bedrückungen und Willkür von Seiten der Beamten und Edelleute zu schützen; es gelang ihm dies jedoch nur in sehr beschränktem Maße, da das Uebel allzu tief eingewurzelt war.

Den alten Adel theilte Peter in drei Klassen — Fürsten, Grafen, Barone —, den mit gewissen Aemtern und Würden verbundenen Rangadel in vierzehn, von denen acht mit dem erblichen, sechs mit dem persönlichen Adel, alle aber mit Privilegien verbunden waren, den Bürgerstand in sechs Klassen mit entsprechenden Privilegien. Die Bischöfe wurden den hohen militärischen Rangklassen zugetheilt.

Um sich der schismatisch-griechischen Kirche gegenüber, welche in Rußland die allein herrschende war, eine unbeschränkte Macht zu sichern, ließ Peter nach dem Tode des Patriarchen Adrian II. von Moskau (1700) dessen Stelle unbesetzt und ernannte während zwanzig Jahren nur Verweser des Patriarchats, die über Nichts selbstständig bestimmen konnten, sondern über Alles mit den Bischöfen vorher berathen und dann den Czaren um Genehmigung ihrer Verfügungen bitten mußten. Als im Jahre 1721 die Geistlichkeit um die Einsetzung eines neuen Patriarchen bat, schlug sich der Czar auf die Brust mit den Worten: „Hier ist euer Patriarch!“ An die Stelle des abgeschafften Patriarchats trat, als höchste kirchliche Behörde, die am 25. Februar 1721 errichtete „heilige, dirigirende Synode“, deren Mitglieder dem Czaren „als ihrem natürlichen und wahrhaften Oberherrn“ Treue und Gehorsam schwören und dabei bekennen mußten, daß der Kaiser aller Reußen der höchste Richter in geistlichen Angelegenheiten sei. Die Synode, deren die Reinerhaltung der Lehre, des Kultus und der Disciplin umfassender Geschäftskreis auf das Genaueste vorgezeichnet war und die ihre Instruktionen von dem Czaren selbst empfing, erließ alsbald auf Peters Veranlassung eine Reihe von Vorschriften für den Welt- und Ordensklerus, welche einen Einblick in den traurigen Zustand der russischen Kirche zu jener Zeit eröffnen und insbesondere den ungeheueren Abstand zwischen dem verkommenen russischen und dem in hoher Blüthe stehenden abendländischen Mönchthum erkennen lassen. An die Aufhebung des Patriarchats reihte sich die Einziehung aller Erzbisthümer, mit alleiniger Ausnahme von Kiew und Nowgorod. Die erledigten Stühle wurden mit Bischöfen besetzt; doch behielt sich der Czar vor, verdienstvolle Männer durch die Verleihung des Titels eines Erzbischofs oder Metropoliten auszuzeichnen. Peter hatte sich zwar eine Zeitlang von dem Wesen der katholischen Kirche so sehr angezogen gefühlt, daß er dem Papste Clemens XI. die Versicherung hatte geben lassen: er werde im ganzen Umfange seines Reiches die freie und öffentliche Ausübung des katholischen Kultus gestatten; seine katholikenfreundliche Stimmung war jedoch später in das Gegentheil umgeschlagen, und nach der Aufhebung des Patriarchats trat er nicht nur entschieden feindlich gegen die katholische Kirche auf, sondern schien es sich sogar zur besonderen Aufgabe gemacht zu haben, die päpstliche Würde auf jede Weise zu verhöhnen. Die damals gegründete St. Petersburger Zeitung erhielt als wöchentliche Beilage verschiedene ins Russische übersetzte Brochüren, in welchen die katholische Kirche verläumdet und verspottet wurde.

Für die Hebung der Volksbildung sorgte Peter durch die Anlegung von Schulen, für welche er Lesebücher und Katechismen ausarbeiten ließ. Sowohl die Edelleute wie die Beamten waren gehalten, ihre Söhne vom zehnten bis zum fünfzehnten Jahre in diese Schulen zu schicken. Für die weitere Fortbildung der Söhne des Adels wurden besondere Kriegsschulen errichtet. Zur allgemeineren Verbreitung der Bildung ließ Peter Druckereien anlegen und fremde Schriftwerke ins Russische übersetzen, zu welchem Zwecke er talentvolle junge Russen ins Ausland sandte. Für höhere Bildung, für Künste und Wissenschaften fehlte dem Kaiser ebensowohl der Sinn als das Verständniß, wie überhaupt nur das für ihn Werth hatte, was für das praktische Leben Gewinn bringen konnte. Er legte zwar ein anatomisches Museum, Naturaliensammlungen, Bibliotheken und Gemäldesammlungen an, für welch' letztere er besonders Seestücke und Gemälde holländischer Künstler ankaufte, und errichtete sogar im Jahre 1725 nach einem von Leibnitz entworfenen Plane eine Akademie der Wissenschaften; aber dies Alles geschah meist nur des äußeren Prunkes wegen.

Auch das gesellschaftliche Leben der Russen suchte Peter zu reformiren. Um sie an die Höflichkeitsformen und die geselligen Vergnügungen des civilisirten Europa's zu gewöhnen, hielt er die Wohlhabenderen dazu an, zu gewissen Zeiten Abendgesellschaften zu geben, wobei sie geladene wie ungeladene Gäste freundlich empfangen und wenigstens mit Thee bewirthen mußten. Der Czar selbst erschien bisweilen ganz unerwartet in diesen Gesellschaften. Auch gab er mitunter einen Hofball, der durch Trommelschlag in den Straßen angekündigt wurde, und musterte, am Eingang des Palastes stehend, die Ankommenden. Herren und Damen zogen aus Urnen die Nummer, welche ihnen angab, mit wem sie sich während des Balles zu unterhalten hätten. Die Großfürstinnen reichten Erfrischungen: Thee, Meth, Bier und Branntwein.

Damit die Russen auch in der äußeren Erscheinung den übrigen Europäern ähnlich würden, verbot Peter bei schwerer Strafe das Tragen langer Bärte und Röcke. Die letzteren durften nur so lang sein, daß sie beim Knieen eben den Boden berührten. An sämmtlichen Stadtthoren von Moskau waren deutsche und holländische Röcke ausgehängt, die in dieser Beziehung zum Muster dienen sollten, und wer sich mit einem längeren Rocke zeigte, dem wurde er ohne Weiteres auf der Straße unten abgeschnitten. Diese Neuerung verletzte indessen das Nationalgefühl der Russen so sehr, daß sie überall auf offenen Widerstand stieß. Als der Statthalter von Astrachan dieselbe mit Gewalt durchführen wollte, kam es zu einem förmlichen Aufstande, bei welchem er selbst mit einer großen Zahl dort ansässiger Fremden erschlagen wurde. Angesichts dieses entschiedenen Widerstandes zog es Peter vor, das erlassene Verbot wieder aufzuheben, belegte aber dafür das Tragen langer Bärte und Röcke mit einer hohen Steuer, welche die Meisten willig zahlten, um nur die Tracht ihrer Väter beibehalten zu können.

Wie folgenreich aber auch Peters Neuerungen für Rußland geworden sind und in wie vortheilhafter Weise insbesondere die Umgestaltung seines Reiches in eine Militärmacht die ganze Stellung desselben zu dem übrigen Europa verändert hat, so war doch der Erfolg seiner civilisatorischen Wirksamkeit kaum mehr als ein äußerer, weil er den Russen eine fertige, ihrem Wesen fremdartige Bildung mit gewaltsamer Unterdrückung ihrer nationalen Eigenthümlichkeiten durch Zwang, Druck und Mißhandlung aufdrang, statt sie durch wahre innere Bildung und durch Erweckung ihres Ehrgefühls für seine Neuerungen zu gewinnen. Eben dadurch erhielt auch seine ganze Schöpfung das Gepräge eines inneren Widerspruchs, der bis auf den heutigen Tag in den Zuständen des russischen Reiches und Volkes fortlebt.

Peter selbst war in seiner Lebensweise wie in seiner Kleidung höchst einfach, und sein ganzer Hofhalt kostete jährlich kaum sechzigtausend Silberrubel. Er besaß kein Silbergeschirr; Messer und Gabeln hatten hölzerne Stiele. Im Essen war er mäßig, dagegen aber dem Trunke, dem Nationallaster der Russen, dem Weiber und Männer in gleichem Maße fröhnten, in der ausschweifendsten Weise ergeben. Sein Lieblingsgetränk war der Branntwein, den er sich mit großer Sorgfalt selbst bereitete. Auch über die Rohheit seines Volkes vermochte sich Peter nicht zu erheben. Wie er nicht selten seine Minister und Günstlinge, selbst den Fürsten Menczikow, durchprügelte und sogar seine Gemahlin Katharina mitunter thätlich mißhandelte, so scheute er sich auch nicht, in anderer Weise Sitte und Anstand in der gröbsten Weise zu verletzen. So riß er einmal in Danzig während der Predigt dem neben ihm sitzenden Bürgermeister die Perücke vom Kopfe und setzte sie sich selbst auf, weil ihm der Kopf kalt geworden. Ein andermal stopfte er dem General Golowkin, der keinen Salat essen konnte, bei einem von dem österreichischen Gesandten gegebenen Festmahl mit Gewalt Salat in den Mund und goß ihm den Essig in Mund und Nase, bis der heftigste Husten und Nasenbluten eintrat. Einem vornehmen Beamten, dem der Ungarwein zuwider war, zwang er, so lange davon zu trinken, bis er bewußtlos zu Boden sank; dann ließ er ihn von seinen Bedienten ausziehen und in den tiefsten Schnee werfen.

In ungleich höherem Grade noch und in wahrhaft ekelerregender Weise trat Peters Rohheit in den festlichen Aufzügen zu Tage, die er nach der Aufhebung des Patriarchats zur Verhöhnung der Papstwahl abhalten ließ. Bei denselben spielte sein Hofnarr Sotow, auf einem Fasse reitend und gefolgt von zahlreichen Betrunkenen, die als Dominikaner, Franziskaner und dergleichen vermummt waren, den neu gewählten Papst, während den berüchtigsten Branntweintrinkern die Rollen von Kardinälen zugewiesen waren. Das Ganze endete mit einem Trinkgelage, das sich schließlich unter der Betheiligung des als Matrosen verkleideten Czaren zur widrigsten Orgie steigerte. Auch bei der Wasserweihe im Januar und in der sogenannten „Butterwoche“ vor den großen Fasten fanden Feste Statt, die ein Augenzeuge als wahre Bacchanalien der schlimmsten Art bezeichnet.

Kaum minder streng nahm es der Czar mit der Beobachtung des Anstandes und der guten Sitte bei den Festlichkeiten, zu denen die fremden Gesandten geladen wurden. Als er im Juni 1715 sein neu erbautes Lustschloß Peterhof einweihte, kamen die Botschafter zwei Tage lang aus dem Rausche nicht heraus; dazwischen mußten sie in Gemeinschaft mit ihm einen etwa hundert Schritt langen Baumgang aushauen, dann auf elenden Bauernpferden ohne Sattel und Zügel einen steilen Berg hinanreiten und endlich den Czaren im furchtbarsten Sturm und Platzregen zu Wasser nach Kronstadt begleiten, so daß die Festlichkeit für Alle mit einem heftigen Fieber endigte. Mitunter trat bei solchen Gelegenheiten auch die rohe Gefühlsweise des Czaren in der empörendsten Weise zu Tage. Bei dem ersten Gastmahle, zu welchem er den Gesandten Friedrichs I. von Preußen einlud, ließ er, wie Friedrich der Große in seinen Werken erzählt, zu seinem Vergnügen zwanzig gefangene Strelitzen herbeischleppen und hieb bei jedem Glase Branntwein, das er leerte, einem derselben den Kopf herunter; ja er lud sogar den Gesandten ein, an diesem Vergnügen Theil zu nehmen, und war sehr ungehalten, als derselbe dies mit der Erklärung ablehnte, daß dergleichen in seinem Lande nicht Sitte sei. Dieselbe Rohheit, bis zur entsetzlichsten Sittenlosigkeit gesteigert, zeigte Peter in seinem Umgang mit dem weiblichen Geschlecht; doch gab auch seine Gemahlin Katharina ihm in Bezug auf die Verletzung der ehelichen Treue Nichts nach.

Noch während des nordischen Krieges unternahm Peter eine zweite große Reise durch einen Theil von Europa, auf welcher ihn seine Gemahlin Katharina begleitete. Zu Anfang des Jahres 1716 begab er sich über Danzig nach Stettin zu einer Besprechung mit dem König von Preußen und von dort nach Hamburg, wo er eine Zusammenkunft mit Friedrich IV. von Dänemark hatte. Von hier reiste er weiter nach Pyrmont, von wo er zum Besuche seiner mit dem Herzog von Mecklenburg vermählten Nichte Katharina, der Tochter Iwans, nach Schwerin zurückkehrte. Da er in Hamburg dem König von Dänemark seine Unterstützung zu einer Landung in Schoonen zugesagt, hatte er inzwischen eine bedeutende Truppenmacht von Rostock aus nach Seeland übersetzen lassen, und am 17. Juli begab er sich selbst mit seiner Gemahlin nach Kopenhagen, wo er mit großen Ehrenbezeigungen empfangen wurde. Die Landung in Schoonen unterblieb jedoch in Folge eines zwischen ihm und Friedrich IV. eingetretenen Mißverhältnisses.

Nach seiner Rückkehr von Kopenhagen setzte Peter seine Reise nach Holland fort und kam am 16. Dezember in Amsterdam an, wo Alles aufgeboten wurde, ihn angenehm zu unterhalten. Bald nach seiner Ankunft besuchte er auch Saardam wieder, um seiner Gemahlin das Haus zu zeigen, in welchem er als Schiffszimmermann gewohnt. Erst im April 1717 verließ er Holland, um sich, während seine Gemahlin in Amsterdam zurückblieb, über Antwerpen, Brüssel, Gent, Brügge und Dünkirchen nach Paris zu begeben. Sein Hauptzweck war, den Herzog von Orleans, der damals für Ludwig XV. die Regentschaft führte, zu einem Bündniß gegen England zu bewegen. Dies gelang ihm zwar nicht; doch ließ man es an Zuvorkommenheiten und Aufmerksamkeiten nicht fehlen. Von der Akademie wurde ihm eine Lobrede gehalten, und in der Münze, wo er das Geldprägen mit anzusehen gewünscht, schlug man ihm zu Ehren in seiner Gegenwart eine Denkmünze mit seinem wohlgetroffenen Bildniß. Alle Sehenswürdigkeiten nahm er mit dem lebhaftesten Interesse in Augenschein. Bei dem Anblick des marmorenen Denkmals Richelieu's rief er aus: „Großer Mann, die Hälfte meiner Staaten würde ich dir geben, könntest du mich die andere regieren lehren!“ Den siebenjährigen Ludwig XV. nahm er auf den Arm und küßte ihn mit den Worten: „Ich wünsche, daß Euere Majestät wohl aufwachsen und löblich regieren mögen; vielleicht werden wir einander mit der Zeit brauchen können.“ Auch die Frau von Maintenon besuchte er und drang, um sie zu sehen, fast mit Gewalt in ihr Zimmer, wie er es überhaupt auch hier mit der Beobachtung des Anstandes und der feinen Sitte so wenig genau nahm, daß er sich, abgesehen von manchem anderen Anstößigen in seinem Benehmen, bei einer Einladung in Fontainebleau bis zur vollständigen Bewußtlosigkeit betrank.

Nach einem zweimonatlichen Aufenthalte in Paris kehrte der Czar zu seiner Gemahlin nach Amsterdam zurück, von wo Beide zu Anfang September über Berlin und Danzig nach Rußland zurückreisten.

Bei seiner Heimkehr harrte seiner die schwere und bedenkliche Aufgabe, über seinen eigenen Sohn Alexei, das einzige Kind aus seiner Ehe mit Eudoxia Lapuchin, zu Gericht zu sitzen. Peter hatte die Abneigung, die er gegen Alexei's Mutter empfand, auch auf diesen übertragen; daher war schon frühe zwischen Vater und Sohn ein Mißverhältniß entstanden, das von der altrussischen Partei dazu benutzt worden, den geistig wenig begabten Jüngling, für dessen Erziehung Peter kaum irgend welche Sorge getragen, mit Mißtrauen gegen seinen Vater zu erfüllen und ihm einen entschiedenen Widerwillen gegen dessen Neuerungen einzuflößen. Peter, der durch die offen zur Schau getragenen Gesinnungen seines Sohnes seine ganze Schöpfung gefährdet sah, glaubte ihn durch die Vermählung mit einer deutschen Fürstentochter für europäische Anschauungen gewinnen zu können, und seine Wahl fiel auf die Schwester der Gemahlin Kaiser Karls VI., die Prinzessin Charlotte Christine von Braunschweig-Wolfenbüttel, mit welcher Alexei im Jahre 1711 bei einer Reise des Czaren nach Sachsen zu Torgau getraut wurde. Allein die Hoffnungen, die Peter auf diese Vermählung gesetzt, schlugen fehl. Alexei, der sich schon frühe dem Trunke ergeben, überließ sich den größten Ausschweifungen und mißhandelte seine edle und liebenswürdige Gemahlin in so roher Weise, daß der Gram darüber schon im Jahre 1715, kurz nach der Geburt ihres zweiten Kindes, des nachmaligen Peter II., ihren Tod herbeiführte.

Der aufs Höchste erzürnte Czar ermahnte seinen Sohn, der sich krank stellte, um seinem Vater auszuweichen, in einem Schreiben, seinen Lebenswandel zu ändern und sich der Thronfolge würdig zu zeigen, indem er ihn sonst von derselben ausschließen werde. Mit erheuchelter Demuth antwortete ihm Alexei, er fühle seine Unfähigkeit zur Regierung und wünsche in ein Kloster einzutreten. Als hierauf der Czar, der eben im Begriffe stand, seine zweite Reise anzutreten, ihm noch einmal persönlich die Besserung seines Lebenswandels ans Herz legen und zugleich von ihm Abschied nehmen wollte, schützte er abermals, um ihn nicht sehen zu müssen, eine Krankheit vor, wohnte aber gleich nach des Kaisers Abreise einem wüsten Trinkgelage bei. Während Peters Abwesenheit entfloh er nach Wien zu seinem Schwager Karl VI. und von dort nach Neapel, in der Absicht, im Auslande den Tod seines Vaters abzuwarten, nach welchem er mit Hilfe seiner Anhänger ohne Schwierigkeiten den Thron besteigen zu können hoffte. Als Peter von seiner Flucht Kunde erhielt, schickte er Bevollmächtigte an ihn ab, die ihn unter der Zusage der Verzeihung des Czaren zur Rückkehr auffordern sollten. Alexei leistete Folge und ließ sich, nachdem er im Februar 1717 wieder in Moskau eingetroffen, zur feierlichen Verzichtleistung auf die Thronfolge bewegen, worauf sein im vorhergehenden Jahre geborener Stiefbruder Peter, Katharinens ältester Sohn, zum Thronfolger ernannt wurde.

Indessen ergaben sich bald gewichtige Gründe für die Annahme, daß es Alexei weder mit seiner Thronentsagung aufrichtig gemeint, noch bei den Geständnissen, die sein Vater als unerläßliche Bedingung seiner Verzeihung von ihm verlangt hatte, alle Mitwisser und Begünstiger seiner Flucht und sonstigen Theilnehmer seiner gegen Peters Neuerungen gerichteten Pläne genannt habe, und da zugleich Beweise einer weit verzweigten Verschwörung vorlagen, an welcher auch die geschiedene Kaiserin Eudoxia, Alexei's Mutter, betheiligt war, überwog bei dem Czaren die Sorge um seine Schöpfung alle übrigen Rücksichten: er überwies seinen Sohn einem aus hundertvierundzwanzig geistlichen und weltlichen Würdenträgern zusammengesetzten Gerichte, mit dem ausdrücklichen Befehl, über denselben ohne jedwede Rücksicht auf seine Person das Urtheil zu sprechen, das seine Vergehen verdienten. Der Spruch der Richter lautete auf den Tod. Als derselbe dem Großfürsten verkündet wurde, verfiel er aus Schrecken in Krämpfe, und bald erschien sein Zustand hoffnungslos. Als der herbeigerufene Czar mit den Vornehmsten seines Hofes zu ihm kam, bekannte er ihm unter heißen Thränen seine ganze Schuld und bat ihn flehentlich, den Fluch zurückzunehmen, den er über ihn ausgesprochen, und ihm seinen Segen zu ertheilen. Tief ergriffen willfahrte Peter seinem Wunsche und nahm dann Abschied von ihm (18. Juli 1718). Gegen Abend ließ ihn Alexei nochmals zu sich bitten, doch fand ihn Peter nicht mehr am Leben.

Gegenüber dieser auf den officiellen Berichten beruhenden Darstellung des Verlaufes der Sache haben Viele den natürlichen Tod Alexei's in Abrede gestellt und behauptet, er sei im Gefängnisse getödtet worden, und zwar nach den Einen durch Enthauptung, nach den Andern durch Gift; diese Behauptungen, für welche allerdings gewichtige Gründe zu sprechen scheinen, sind jedoch niemals erwiesen worden. Von Alexei's Mitschuldigen wurden viele, zum Theil unter grausamen Martern, hingerichtet.

Im Jahre 1722 unternahm Peter zur Sicherstellung des russischen Handels auf dem kaspischen Meere einen Zug gegen

Persien, der im September 1723 durch einen Vertrag beendet wurde, durch welchen Rußland, außer den Städten Derbent und Baku, die drei persischen Provinzen Masanderan, Asterabad und das seidenreiche Ghilan erhielt. Diese drei Provinzen mußten jedoch schon unter Peter II. wieder an Persien zurückgegeben werden.

Peters letzte Lebensjahre wurden theils durch schwere körperliche Leiden, die Folgen seiner Ausschweifungen, theils durch die Sorge um den Fortbestand seiner Schöpfung getrübt. Dazu kam der Schmerz über den Tod der beiden Söhne, die Katharina ihm geboren. Schon im Jahre 1719 starb der von ihm zum Thronfolger eingesetzte vierjährige Peter und drei Jahre später auch dessen jüngerer Bruder Paul. Von seinen Kindern blieben dem Czaren jetzt nur noch die beiden Töchter Anna und Elisabeth, von denen die Erstere im Jahre 1725 mit dem Herzog Karl Friedrich von Holstein-Gottorp, dem Neffen Karls XII. von Schweden, vermählt wurde. Nach dem bestehenden Erbrecht würde die Thronfolge Peters gleichnamigem Enkel, dem Sohne Alexei's, zugefallen sein; da derselbe jedoch von Vielen als der künftige Vertreter altrussischer Ansichten betrachtet wurde, erließ der Czar im Februar 1722 eine neue Erbfolgeordnung, nach welcher ihm selbst, sowie nach ihm dem jedesmaligen Beherrscher Rußlands das Recht zustehen sollte, ohne Rücksicht auf den Grad der Verwandtschaft den Würdigsten zum Nachfolger zu ernennen. Am 18. Mai 1774 setzte er selbst seiner Gemahlin Katharina die Kaiserkrone auf und schien dadurch anzudeuten, daß er sie zu seiner Nachfolgerin bestimmt habe; doch brach bald darauf zwischen den beiden Ehegatten ein Mißverhältniß aus, das den Kaiser bestimmte, ihre Ernennung zu verzögern.

Indessen verfiel Peters Gesundheit mehr und mehr, und mit seinem zunehmenden Leiden wuchs sein Trübsinn. „Es ist erstaunend", heißt es in einem Bericht des sächsischen Gesandten Lefort, „wie jener (der Czar) verändert ist, was er auch thue, um es zu verbergen. Der Schmerz ist so auf seinem Gesichte ausgedrückt, daß ein Jeder ihn beklagt." Eine heftige Erkältung, die er sich durch einen Sprung ins Wasser zugezogen, indem er ein gestrandetes Schiff retten helfen wollte, beschleunigte sein Ende. Er starb am 8. Februar 1725 unter furchtbaren Schmerzen, nach einem sechzehnstündigen Todeskampfe, ohne über die Thronfolge irgend welche Bestimmung getroffen zu haben.

XIV.

Rußland unter den vier ersten Nachfolgern Peters des Großen.

(1725—1762.)

Katharina I. (1725—1727), Peter II. (1727—1730) und Anna (1730—1740).

Nach dem Tode Peters gedachte die altrussische Partei den Sohn Alexei's auf den Thron zu erheben und die Vormundschaft der Kaiserin und dem Senate zu übertragen; allein Menczikow, der Katharina die unumschränkte Herrschaft zu verschaffen wünschte, kam ihr zuvor. Nachdem er die Leibgarde auf die Seite der Kaiserin gezogen hatte und mit den vornehmsten Offizieren zugleich eine große Zahl anderer einflußreicher Männer durch Katharina's Versicherung, daß sie den Thron dem Großfürsten Peter erhalten werde, für ihre Erhebung gewonnen worden waren, ließ er sie als Katharina I. zur „Selbstherrscherin aller Reußen" ausrufen, ohne daß die überraschten Großen von der altrussischen Partei dagegen Einspruch zu erheben wagten. Indessen ließ die Kaiserin, theils freiwillig, theils gezwungen, alle Regierungsgewalt in den Händen Menczikows, während sie selbst sich ihrer Neigung zum Trunke in so zügelloser Weise hingab, daß ihre Gesundheit vollständig untergraben wurde und sie mit raschen Schritten ihrem Ende entgegen ging. Sie starb am 17. Mai 1727 nach kaum zweijähriger Regierung.

Um sich auch nach dem Tode Katharina's die Fortdauer seiner Herrschaft zu sichern, hatte Menczikow die Kaiserin bewogen, in das Testament, durch welches sie den Großfürsten Peter zu ihrem Nachfolger ernannte, die Bestimmung aufzunehmen, daß derselbe mit Menczikows ältester Tochter Maria vermählt werden solle. Auf dieses Testament gestützt, ließ Menczikow gleich nach dem Ableben der Kaiserin die Verlobung des jungen Czaren mit seiner Tochter vollziehen und leitete zugleich, um die Verbindung seiner Familie mit dem Kaiserhause unauflöslich zu machen, die Verlobung seines Sohnes mit Peters II. Schwester Natalie ein. Der Herzog von Holstein-Gottorp, der unter der Regierung seines Neffen eine einflußreiche Rolle spielen zu können gehofft hatte, obgleich ihm zu derselben jede Befähigung fehlte, sah sich so sehr bei Seite gesetzt, daß er schon im Jahre 1727 mit seiner Gemahlin von Petersburg abreiste.

Indessen ertrug der junge Czar den Despotismus, den Menczikow auch gegen ihn ausübte, nur mit Widerstreben, und die zahlreichen Feinde des allgewaltigen Ministers ermangelten nicht, seinen Unwillen über denselben auf jede Weise zu schüren. Insbesondere zeigte sich die angesehene Familie Dolgorucki eifrig bemüht, den Sturz Menczikows herbeizuführen, und dieser beschleunigte selbst die Katastrophe durch seine Dreistigkeit. Als der Kaiser ein Geschenk von neuntausend Rubeln, das ihm von Abgeordneten einer Landschaft überreicht worden, seiner Schwester überschickte, nahm Menczikow das Geld dem Boten ab und behielt es für sich. Der aufs Aeußerste erzürnte Kaiser ließ ihn verhaften und einen Prozeß gegen ihn einleiten, in Folge dessen er wegen zahlreicher Veruntreuungen und anderer ihm zur Last gelegten Vergehen seines ganzen Vermögens verlustig erklärt und mit seiner Familie nach dem sibirischen Städtchen Berezow verbannt wurde. Im September 1727 reiste er mit seiner Gemahlin, seinem Sohne und seinen beiden Töchtern dorthin ab. Seinen jähen Sturz von schwindelnder Höhe in die Tiefe des Elendes ertrug er mit Standhaftigkeit und Würde und fand seinen Trost in dem Bau einer kleinen hölzernen Kirche, zu welchem er sich die Mittel von dem Taggeld von zehn Rubeln ersparte, das ihm zu seinem und seiner Familie Unterhalt angewiesen worden. Als jedoch der Gram zuerst seine Gemahlin, dann auch seine ältere, einst zur Kaiserin bestimmte Tochter tödtete, versank er in tiefe Schwermuth, sprach kein Wort mehr und nahm nichts Anderes zu sich, als Wasser und Brod, bis er am 2. November 1729 seinem Kummer erlag. Seinem Sohne und seiner jüngeren Tochter wurde später die Rückkehr nach Rußland gestattet, wo man ihnen einen kleinen Theil ihres väterlichen Vermögens zurückgab.

Nach dem Sturze Menczikows führten die Dolgorucki den jungen Czaren nach Moskau und trafen Anstalten zur Beseitigung der Reformen Peters des Großen und zur Herstellung der altrussischen Verfassung. Vor Allem aber waren sie bestrebt, den zwölfjährigen Kaiser ganz von der Regierung fern zu halten, um selbst die Rolle Menczikows fortzuspielen, und dies gelang ihnen auch vollständig. Der leidenschaftliche junge Herrscher gab sich der launenhaftesten Willkür hin und überließ sich zugleich, in Gesellschaft seines Lieblings Iwan Dolgorucki, dem ausschweifendsten Leben. Um sich im Besitze ihres Einflusses zu sichern, bewogen die Dolgorucki Peter II., sich mit Iwans Schwester Katharina zu verloben, und schon war der Tag der Vermählung festgesetzt, als der Czar von den Blattern befallen wurde, die ihn am 30. Januar 1730 im Alter von fünfzehn Jahren hinwegrafften. Mit ihm erlosch der Mannsstamm des Hauses Romanow.

Obgleich die Kaiserin Katharina in ihrem Testamente die Bestimmung getroffen, daß im Falle des kinderlosen Absterbens Peters II. die Erbfolge an ihre Töchter und deren Nachkommen übergehen solle, bewogen die Dolgorucki, im Vereine mit den übrigen Mitgliedern des Staatsraths, den Senat und die Großen, die jüngere Tochter des blödsinnigen Iwan, die siebenunddreißigjährige verwittwete Herzogin Anna von Kurland, zur Thronerbin zu erklären, weil sie hofften, daß diese Fürstin, die von allen Gliedern der Romanow'schen Familie als die Wenigstberechtigte erschien, aus Dankbarkeit für den ihr gegebenen Vorzug sich dazu verstehen werde, in die von ihnen für nothwendig erklärten Beschränkungen der kaiserlichen Macht zu willigen. In der That unterzeichnete Anna ohne Bedenken die Kapitulation, die ihr durch drei Abgeordnete des Staatsraths, des Senats und des Adels übersandt worden, worauf sie am 15. Februar 1730 in Moskau als Kaiserin gekrönt wurde.

Indessen harrte Derer, die im Interesse ihrer eigenen Machtstellung die Wahl Anna's betrieben hatten, eine bittere Enttäuschung. Die lange Dauer der Alleinherrschaft und die kraftvolle Art, in welcher dieselbe gehandhabt worden war, hatte die Nation dergestalt an diese Staatsform gewöhnt, daß der bloße Name des Gebieters das Gefühl und den Trieb blinder Unterwerfung erweckte. Unter diesen Verhältnissen konnte es der neuen Kaiserin, der mehrere entschlossenen Rathgeber zur Seite standen, nicht schwer fallen, sich eine Partei zu bilden, die bereit war, sie in der Behauptung der unbeschränkten Herrschergewalt zu unterstützen. Schon am 25. Februar erschienen über sechshundert Edelleute mit einer Anzahl von Bischöfen, Generalen und Senatoren im Kreml, um der Kaiserin eine Bittschrift zu überreichen, in welcher sie ersucht wurde, „die seit undenklichen Zeiten bestehende und dem russischen Reiche allein angemessene unbeschränkte Regierung herzustellen.“ Sie erklärte, sie habe, in der Meinung, damit dem Willen der Nation zu entsprechen, eine Schrift unterzeichnet, die ihr entgegengesetzte Verpflichtungen auferlege, und befahl dieselbe zu holen und der Versammlung vorzulesen. Nachdem auf ihre bei jedem einzelnen Punkte wiederholte Frage, ob dies der Wille der Nation gewesen, stets mit einem lauten Nein geantwortet worden, zerriß sie die von ihr unterzeichnete Kapitulation und verwies die Dolgorucki nebst den übrigen hervorragendsten Urhebern der die Kaisergewalt beschränkenden Urkunde auf ihre Güter. Hierauf verlegte sie den Sitz der Regierung wieder nach Petersburg und richtete sich einen neuen, aus einundzwanzig Personen bestehenden „dirigirenden Senat,“ sowie einen geheimen Kabinetsrath ein. In dem letzteren erhielt Ostermann, ein Predigerssohn aus Westfalen, der schon unter Peter dem Großen nach Rußland gekommen und unter Katharina und Peter II. eine hervorragende Rolle gespielt, als Kanzler den Vorsitz. Die obere Leitung des Kriegswesens, das seit dem Tode Peters des Großen sehr vernachlässigt worden, wurde dem talentvollen, zum Feldmarschall ernannten oldenburgischen Grafen Münnich übertragen, der im spanischen Erbfolgekrieg in Italien und den Niederlanden unter dem Prinzen Eugen und Marlborough die Kriegskunst erlernt hatte und gleichfalls schon unter Peter dem Großen in russische Dienste getreten war.

Den bedeutendsten Einfluß aber übte auf alle Staatsangelegenheiten Anna's Günstling Biron — er hieß eigentlich Bühren, hatte aber Namen und Wappen der alten französischen Herzoge von Biron angenommen —, ein Mann von geringer Herkunft, der sich durch sein einnehmendes Aeußere die Gunst der Herzogin von Kurland in so hohem Grade erworben, daß er sie vollständig beherrschte. Was ihm an gediegener Bildung abging, ersetzte er durch Schlauheit, Gewandtheit und Kühnheit. Gegen die ausdrückliche Bedingung des Senates, daß er in Kurland zurückbleibe, war er der Kaiserin zur Krönung nach Moskau gefolgt, und bald herrschte er, da Anna, selbst ohne Neigung zum Regieren, ihm die oberste Leitung der Staatsgeschäfte übertrug, über das ganze Land mit despotischer Gewalt. Alle, die ihm entgegenzutreten wagten, mußten seine Rache im vollsten Maße fühlen. Als die Dolgorucki einen Versuch machten, die Gunst der Kaiserin wieder zu erlangen, verhängte er über die ganze Familie ein furchtbares Strafgericht. Iwan Dolgorucki, der besondere Liebling Peters II., wurde gerädert, und fünf andere Glieder seiner Familie fanden gleichfalls nach und nach den Tod durch Henkershand; die übrigen wurden nach Sibirien verbannt und ihre Güter confiscirt. Selbst der ehemaligen Braut des Kaisers ließ man kaum die nothwendigste Kleidung. Auch auf die Anhänger der Dolgorucki erstreckte sich die Rache Birons: Tausende derselben mußten in die Verbannung nach Sibirien wandern. Selbst die Bitten der Kaiserin, die sich sogar ihrem übermächtigen Günstling unter Thränen zu Füßen geworfen haben soll, vermochten nicht, die Unglücklichen vor seinem Zorne zu schützen.

Wie die Kaiserin selbst, so überhäuften auch fremde Fürsten den stolzen Emporkömmling mit Ehren und Geschenken. Kaiser Karl VI. ernannte ihn zum Reichsgrafen und übersandte ihm sein mit Brillanten besetztes Bildniß, das einen Werth von dreißigtausend Thalern hatte, und August III. von Sachsen und Polen belehnte ihn im Jahre 1737, nach dem Aussterben des in Kurland regierenden Kettler'schen Hauses, auf den Wunsch der Kaiserin, die ihm zur Erlangung der polnischen Krone behilflich gewesen, mit diesem Herzogthum.

Da die russischen Machthaber ihre wichtigste Aufgabe in der Behauptung ihrer Herrschaft gegenüber der altrussischen Partei erblickten, geschah unter Anna's Regierung wenig Bedeutendes weder nach Innen noch nach Außen. Nur das Kriegswesen nahm unter Münnichs Leitung einen neuen Aufschwung. Im Jahre 1731 wurde zu Petersburg eine Landkadettenschule errichtet und im folgenden Jahre der Bau eines Kriegshafens bei Kronstadt begonnen. Auch unternahm der kühne Jütländer Behring, der bereits im Jahre 1728 die Nordküste Sibiriens befahren und die nach ihm benannte Straße entdeckt hatte, im Auftrag der russischen Regierung weitere, auch nach dem Tode Anna's fortgesetzte Entdeckungsreisen, bei welchen er im Jahre 1741 von Ochotzk aus an der Nordwestküste von Amerika landete.

Das wichtigste auswärtige Unternehmen unter Anna's Regierung war ein im Jahre 1736 begonnener Krieg gegen die Türkei, zu welchem verschiedene verheerende Streifereien der unter türkischer Hoheit stehenden Tataren in das Gebiet der russischen Kosaken den Vorwand boten. Der Krieg nahm unter Münnichs umsichtiger Leitung einen für Rußland günstigen Verlauf. Während Lascy, ein seit 1697 in russischen Diensten stehender irischer Graf, Asow eroberte, drang Münnich, nach der Einnahme der Festung Perekop, in die Krim ein, bemächtigte sich der Stadt Koslow, des bedeutendsten Handelsplatzes der Halbinsel, sowie Bagdscheserai's, der Residenz des Khans; doch zwangen ihn Krankheiten in seinem Heere zur Rückkehr nach der Ukraine. Im folgenden Jahre (1737) erstürmte er das wichtige Oczakow, das jedoch wegen Mangels an Lebensmitteln und einer im russischen Heere ausgebrochenen pestartigen Krankheit nicht behauptet werden konnte, weßhalb Münnich sich zur Schleifung der Festungswerke entschloß. Minder glücklich war für die Russen der Feldzug von 1738. Dagegen erfocht Münnich am 28. August 1739 bei dem Dorfe Stawutschane in der Nähe der Gegend, wo einst Peter der Große am Pruth eingeschlossen worden war, über ein ungleich stärkeres türkisches Heer einen entscheidenden Sieg, welcher die Uebergabe der Festung Choczym zur Folge hatte. Die glänzenden Hoffnungen, zu denen dieser Sieg den russischen Feldherrn berechtigte, wurden jedoch durch den Frieden vereitelt, welchen Oesterreich, das seit dem Jahre 1737 an dem Kriege Theil genommen, nach einer am 7. Juli 1739 bei Kruzko erlittenen schweren Niederlage geschlossen hatte. In dem Frieden, zu welchem sich nun auch die Kaiserin Anna genöthigt sah, erhielt Rußland nicht einmal die freie Schifffahrt auf dem schwarzen und Asow'schen Meere und Asow nur mit geschleiften Festungswerken.

Ein Jahr nach der Beendigung des Türkenkrieges, am 28. Oktober 1740, starb die Kaiserin Anna, nachdem sie, selbst kinderlos, den einjährigen Iwan, den Sohn ihrer mit dem Herzog Anton Ulrich von Braunschweig-Bevern vermählten Nichte Anna von Mecklenburg, der Tochter ihrer älteren Schwester Katharina, zu ihrem Nachfolger ernannt hatte.

Elisabeth.

(1741—1762.)

Nach der von der Kaiserin Anna auf ihrem Sterbebette getroffenen Bestimmung sollte während der Minderjährigkeit Iwans Biron als Regent des Reiches die vormundschaftliche Regierung führen. Dadurch fühlten sich jedoch die Eltern des jungen Czaren in ihren Rechten verletzt, und da sich auch Münnich von dem Herzog-Regenten, der sich von dem Senate den Titel „Kaiserliche Hoheit“ hatte verleihen lassen, zurückgesetzt sah, verband sich derselbe mit dem Herzog und der Herzogin von Braunschweig zum Sturze Birons. An der Spitze der von ihm gewonnenen Preobraschenskoischen Garde überfiel er ihn in seinem Palast und ließ ihn gefangen nach Schlüsselburg bringen, wo eine Untersuchung gegen ihn eingeleitet wurde, die seine Verbannung nach Sibirien zur Folge hatte. Hierauf erließ die Herzogin Anna ein Manifest, in welchem sie erklärte, daß sie als Großfürstin von Rußland die Regierung für ihren unmündigen Sohn übernommen habe. Ihr Gemahl wurde zum Oberfeldherrn und Mitregenten und Münnich zum ersten Minister ernannt. Die Leitung der auswärtigen Angelegenheiten behielt Ostermann.

Indessen kam es bald zwischen der Regentin und Münnich zu Zerwürfnissen, indem der Letztere den Herzog von Braunschweig, dem er die Oberfeldherrnwürde nicht gönnte, in wegwerfender Weise behandelte, und da die Regentin sich durch Ostermann, der seinerseits auf Münnich eifersüchtig war, bewegen ließ, in ihrer Stellung zum Auslande eine den Ansichten Münnichs entgegengesetzte Politik zu befolgen, forderte dieser seine Entlassung, in der Meinung, daß er unentbehrlich sei und man ihm Zugeständnisse machen werde, um ihn zum Verbleiben in seinem Amte zu bewegen. In dieser Erwartung sah er sich jedoch getäuscht: die Regentin, die froh war, sich von einem lästigen Theilnehmer an der Regierung befreit zu sehen, entließ ihn ohne Zögern.

Die Entfernung des thatkräftigen Grafen Münnich ermuthigte die Prinzessin Elisabeth, Peters des Großen Tochter, zur Ausführung des längst genährten Planes, sich selbst auf den Thron zu schwingen. Sie hatte bisher, scheinbar unbekümmert um die Regierungsangelegenheiten, aber nichtsdestoweniger von dem vorsichtigen Münnich wohlbeobachtet, keinerlei ehrgeizige Bestrebungen an den Tag gelegt, dabei jedoch nicht versäumt, sich durch große Leutseligkeit bei dem Volke, das ohnehin mit Widerwillen Deutsche über sich herrschen sah, beliebt zu machen, ganz besonders aber durch kluge Herablassung sich die Gunst der Soldaten zu erwerben. Ihr Vertrauter und die eigentliche Seele ihrer Pläne war ihr Leibarzt Lestocq. Auch der französische Gesandte La Chetardie wußte um dieselben, und da er Oesterreich, auf dessen Seite die Regentin getreten war, eines wichtigen Bundesgenossen zu berauben wünschte, verschaffte er der Prinzessin die nöthigen Geldmittel. Die Gesandten Oesterreichs und Englands, die aus seinem Verkehr mit der Prinzessin Verdacht geschöpft, warnten die Regentin; diese ließ sich jedoch durch die Versicherungen, die ihr Elisabeth unter Thränen von ihrer Anhänglichkeit und Treue gab, vollständig beruhigen.

Da Elisabeths Vertraute der Ansicht waren, daß es Angesichts des erwachten Argwohns gefährlich sei, mit der Ausführung des beschlossenen Unternehmens länger zu zögern, begab sich die Großfürstin in der Nacht zum 6. Dezember 1741, von Lestocq und ihrem Kammerjunker Woronzow begleitet, in die Kaserne der Preobraschenskoischen Garde und trat, ein Gewehr in der Hand haltend, vor die Grenadiere mit den Worten: „Ihr wißt, wer ich bin, Peters des Großen Tochter und eure rechtmäßige Kaiserin; wollt ihr mir folgen?“ Als sich Alle dazu bereit erklärt, erhob sie ein Kreuz und forderte die Grenadiere auf, zu schwören, daß sie entschlossen seien, nöthigenfalls mit ihr und für sie zu sterben. Nachdem alle Anwesenden diesen Schwur geleistet, brach sie mit dreihundert Mann ganz in der Stille nach dem Winterpalast auf, wo sich ihr die Wache gleichfalls anschloß. Ohne irgend welchen Widerstand zu finden, drang sie in die Gemächer der großfürstlichen Familie ein und ließ dieselbe gefangen nehmen. Zu der gleichen Zeit wurden auch die Grafen Münnich und Ostermann in ihren Wohnungen überfallen und verhaftet.

Als am anderen Morgen die Vorgänge der Nacht bekannt wurden, brach das Volk in lauten Jubel aus; die Vornehmen drängten sich glückwünschend zu der neuen Kaiserin, und Militär und Civil leisteten ihr den Eid der Treue. Alle, die bei dem Staatsstreiche mitgewirkt, erhielten reiche Belohnungen. Lestocq wurde in den Grafenstand erhoben und zum wirklichen Geheimenrath mit einem Gehalt von siebentausend Rubeln ernannt; auch schenkte ihm Elisabeth ihr reich in Diamanten gefaßtes Bildniß im Werthe von zwanzigtausend Rubeln. Die dreihundert Grenadiere, welche den Winterpalast besetzt hatten, erklärte die neue Kaiserin für ihre Leibgarde; die Gemeinen erhielten den Rang von Lieutenants, die Korporale den von Hauptleuten und Majors, und die Offiziere wurden zu Generalmajors und Generallieutenants befördert. Dagegen verfuhr Elisabeth gegen Alle, die bei dem vorausgegangenen Thronwechsel betheiligt gewesen, mit empörender Grausamkeit. Der unglückliche Iwan, der kaum ins zweite Lebensjahr getreten, wurde in die Festung Schlüsselburg eingeschlossen, wo er in trostloser Einsamkeit ohne jedweden Unterricht aufwuchs und in steter Todesgefahr schwebte, da der wachthabende Offizier Befehl hatte, ihn sogleich niederzustechen, falls ein Versuch zu seiner Befreiung gemacht werden sollte. Seine Eltern ließ Elisabeth nach Kolmogori, einer Insel in der Dwina am weißen Meere, bringen, wo Anna im Jahre 1746 nach harter Behandlung starb. Ihr Gemahl erhielt von Katharina II. die Erlaubniß zur Rückkehr in sein Vaterland; doch machte er von derselben keinen Gebrauch und starb im Jahre 1776 an dem Orte seiner Verbannung; ihre vier jüngeren Kinder wurden im Jahre 1780 nach Dänemark gebracht, wo sie sämmtlich ohne Nachkommen starben. Münnich und Ostermann wurden mit mehreren anderen Gefangenen zum Tode verurtheilt, aber auf dem Blutgerüste begnadigt und nach Sibirien verwiesen. Als Münnich auf der Reise dorthin durch die Vorstadt von Kasan fuhr, begegnete er dem Herzog Biron, der mit vielen andern unter der vorigen Regierung nach Sibirien Verwiesenen von Elisabeth begnadigt worden. Sie blickten sich starr an und fuhren, ohne ein Wort zu wechseln, aneinander vorüber. Im Jahre 1762 wurde Münnich von Peter III. aus der Verbannung zurückberufen und in seine früheren Würden wieder eingesetzt. Dagegen war es Ostermann nicht beschieden, aus der Verbannung zurückzukehren: er starb im Jahre 1747 in dem sibirischen Städtchen Beresow.

Unter den aus Sibirien Zurückgekehrten befand sich auch Bestuchew, einer der Minister der Kaiserin Anna, der als ein besonders eifriger Anhänger Birons in dessen Sturz verwickelt worden. Auf Lestocqs Verwenden ernannte ihn Elisabeth zum Vicekanzler und erhob ihn in den Grafenstand. Nichtsdestoweniger wurde er in der Folge Lestocqs gefährlichster Feind und die Ursache seines Sturzes. Da nämlich Lestocq für Preußen Partei genommen, während er selbst zu Oesterreich hielt, bewog er die Kaiserin, ihre Hand von dem Manne abzuziehen, der das erste und thätigste Werkzeug ihrer Erhebung auf den Thron gewesen, und ihn dem Hasse seines Gegners preiszugeben. Unter der Anklage auf Hochverrath wurde Lestocq verhaftet und, nachdem ihm durch Knutenhiebe das Geständniß seiner angeblichen Schuld entrissen worden, zum Verluste seiner Güter und zur Verbannung nach Sibirien verurtheilt (1748).

Von da an war Bestuchew die Seele der russischen Politik und der vorzüglichste Leiter aller Staatsgeschäfte, bis ihn im Jahre 1758 das gleiche Schicksal traf, das er Lestocq bereitet hatte. Elisabeth selbst hatte den Thron nur gesucht, um ihrem Vergnügen leben zu können. Während sie die Regierung ihren Günstlingen überließ, gab sie sich den zügellosesten Ausschweifungen hin und fand ihre Befriedigung in dem niedrigsten Sinnengenuß und zugleich in einer so beispiellosen Putzsucht, daß man nach ihrem Tode in ihrer Garderobe nicht weniger als dreißigtausend Kleider gefunden haben soll. Dabei trieb sie jedoch eine abergläubische Furcht zur strengsten Beobachtung aller kirchlichen Gebräuche. Während ihr Hof der Schauplatz der schmachvollsten Sittenlosigkeit und der niedrigsten Ränke war, herrschten im ganzen Lande Unordnung und Willkür, und eine geheime Inquisition verwandelte oft die Pflege des Rechts in die Ausübung der schreiendsten Ungerechtigkeit. „Es ist nicht der geringste Schatten mehr übrig von Treue, Ehre, Vertrauen, Scham oder Billigkeit", so heißt es in einem Berichte des holländischen Gesandten vom Jahre 1777; „man sieht Nichts, als unbeschreibliche Eitelkeit und Verschwendung, welche zum Untergange führen. Die alten Familien und das gemeine Volk sind aufs Grausamste unterdrückt durch alle diese aus dem Nichts emporgehobenen Leute."

In welcher Weise Rußland unter Elisabeth in den Gang der übrigen europäischen Angelegenheiten eingriff, werden wir später hören. Als die Kaiserin am 5. Januar 1762 nach längerer Krankheit einem Blutsturz erlag, bestieg ihr Neffe Karl Peter Ulrich von Holstein-Gottorp, der Sohn ihrer verstorbenen älteren Schwester Anna, den sie schon im Jahre 1742 zum Nachfolger ernannt und nach Petersburg hatte kommen lassen, als Peter III. den russischen Thron.

XV.

Schweden unter Friedrich I.

(1720—1751.)

Noch ehe Schweden sich durch den Abschluß des Nystädter Friedens vollständige Ruhe von Außen verschafft hatte, war die von der Königin Ulrike Eleonore als Preis ihrer Erhebung auf den Thron zugestandene Umgestaltung der inneren Verfassung ins Werk gesetzt worden. Nach derselben war die gesetzgebende Gewalt bei den Reichsständen, denen auch die Entscheidung über Krieg und Frieden, sowie das Recht der Besteuerung und des Vorschlags zu den erledigten Reichsrathsstellen vorbehalten blieb. Die Regierung sollte von der Königin und dem Reichsrathe gemeinsam geführt werden, und in dem letzteren, der alle Angelegenheiten nach Stimmenmehrheit entschied, wurden der Königin zwei Stimmen zuerkannt. Als Ulrike Eleonore im Jahre 1720 die Regierung ihrem Gemahl Friedrich I. überließ, erhielten die Rechte der Krone neue Beschränkungen, durch welche die Souveränität vollständig an die

Reichsstände kam. Alle Behörden wurden ihnen verpflichtet, alle Stellen im Reichsrathe wie im Heere, vom Obersten aufwärts, durch sie besetzt; jeder Angriff auf die Unabhängigkeit der Reichsstände wurde für ein Majestätsverbrechen erklärt.

Im Schooße der herrschenden Aristokratie entstanden bald zwei Parteien, die Gyllenborg'sche und die Horn'sche, die, nach dem Ausspruch König Gustavs III., aus der Nation zwei verschiedene Völker machten, welche gemeinsam nach dem Verderben des Vaterlandes strebten. Die Gyllenborg'sche Partei stand im Solde Frankreichs; die Horn'sche hatte sich an Rußland verkauft, und je nachdem die eine oder die andere im Reichstage die Oberhand behielt, trat Schweden für die Interessen Frankreichs oder Rußlands in die Schranken. Statt sich mit den Angelegenheiten des Landes zu beschäftigen, waren beide Parteien nur darauf aus, sich auf den Reichstagen möglichst viele Stimmen zu verschaffen, wobei sie mitunter in so heftigen Streit geriethen, daß Blut vergossen wurde. Auf dem Reichstage des Jahres 1738 brachte die Gyllenborg'sche Partei, den von Frankreich erhaltenen Instruktionen gemäß, einen Krieg gegen Rußland in Vorschlag, und da die Horn'sche die Aufrechthaltung des Friedens befürwortete, wurden ihre Anhänger von den Gegnern Schlafmützen genannt. Seitdem erhielten die beiden Parteien die Namen der Mützen und der Hüte. Da die Hüte durch Erkaufen der Stimmen die Oberhand behielten und es ihnen gelungen war, durch den Hinweis auf die im Nystädter Frieden erlittenen Verluste und auf den Umstand, daß Rußland eben in einen Krieg mit den Türken verwickelt und daher der Augenblick für die Wiedereroberung der verlorenen Provinzen günstig sei, die Kampflust der Nation aufzureizen, wurde am 4. August 1741 der Krieg an Rußland erklärt, obgleich dasselbe in der Zwischenzeit mit der Pforte Frieden geschlossen.

Der unklug unternommene Krieg nahm einen für Schweden äußerst ungünstigen Verlauf. Die russischen Generale Keith und Lascy drangen in Finnland ein und schlugen die Schweden am 3. September 1741 bei Willmansstrand. Nichtsdestoweniger stellte die schwedische Regierung, nachdem ihr die Kaiserin Elisabeth einen Waffenstillstand angetragen, in der Meinung, Rußland müsse um jeden Preis Frieden schließen, unannehmbare Forderungen und versäumte dabei zugleich, für die Fortsetzung des Krieges die nöthigen Rüstungen anzustellen. Die Russen rückten hierauf aufs Neue in Finnland ein und trieben das schwedische Heer von einem Posten zum andern bis nach Helsingfors, wo dasselbe eingeschlossen und am 20. August 1742 zur Ergebung gezwungen wurde.

Zum Glück für Schweden, das sich in Gefahr sah, den Frieden durch die Abtretung von ganz Finnland erkaufen zu müssen, fand sich ein minder kostspieliges Mittel zur Ausgleichung. Da König Friedrich I. kinderlos war, lag die Frage vor, wer ihm auf dem schwedischen Thron folgen solle. Als der nächstberechtigte Erbe erschien der Herzog Peter Ulrich von Holstein-Gottorp, der Enkel des bei Klissow gefallenen Herzogs Friedrich IV. und der älteren Schwester Karls XII. Da derselbe jedoch bereits als der Enkel Peters des Großen zum Nachfolger der Kaiserin Elisabeth auf dem russischen Throne bestimmt war, brachte diese, um Rußland einen dauernden Einfluß auf Schweden zu sichern, dessen mütterlicherseits gleichfalls mit dem Hause Wasa verwandten Vetter Adolf Friedrich in Vorschlag, indem sie sich im Falle der Annahme desselben als Thronerben zu einem billigen Frieden bereit erklärte. Der Adel ging auf diesen Vorschlag ein, und so kam im Jahre 1743 der Friede von Abo zu Stande, in welchem sich die Kaiserin mit der Abtretung einiger finnländischen Gebietsstrecken zur Sicherung ihrer Grenzen begnügte. Obgleich die erlittene Einbuße in keinem Verhältniß zu dem Verluste stand, von welchem sich Schweden bedroht gesehen, mußten die schwedischen Generale Budenbrock und Löwenhaupt für den nachtheiligen Ausgang des Krieges, den der Reichsrath ihnen allein beimaß, mit ihren Köpfen büßen. Acht Jahre später (1751) starb König Friedrich, und der zu seinem Nachfolger erwählte Herzog Adolf Friedrich von Holstein-Gottorp bestieg den schwedischen Thron.

XVI.

Frankreich unter der Regentschaft des Herzogs von Orleans.

(1715—1723.)

Obgleich Ludwig XIV. ein Testament hinterlassen, in welchem er seinem natürlichen Sohne, dem Herzog von Maine, nicht allein den Oberbefehl über das Heer, sondern auch die Erziehung des jungen Königs, und seinem Neffen Philipp II. von Orleans die Regentschaft, von welcher er ihn nicht gänzlich ausschließen konnte, nur dem Namen nach übertragen hatte, indem derselbe an einen Rath von vierzehn Männern gebunden sein und nur bei Stimmengleichheit das Recht der Entscheidung haben sollte, wurde der Herzog von Orleans von dem Parlamente, das er durch seine Schmeicheleien zu gewinnen gewußt, ohne Rücksicht auf Ludwigs testamentarische Bestimmungen in alle Rechte eines Regenten eingesetzt und ihm zugleich der Oberbefehl über das Heer zuerkannt, während sich der

Herzog von Maine mit einer untergeordneten Stellung im Regentschaftsrathe begnügen mußte.

Philipp II. von Orleans, der damals im einundvierzigsten Lebensjahre stand, war ein Mann von angenehmem Aeußeren und in jeder Beziehung von der Natur mit reichen Gaben ausgestattet. Mit einem scharfen Verstand und einer leichten Auffassung verband er ein glückliches Gedächtniß und ein richtes Urtheil; auch hatte er sich in der Mathematik, der Chemie, der Erdkunde und der Geschichte nicht unbedeutende Kenntnisse erworben und verstand sich auf Malerei und Musik. Dabei war er liebenswürdig im Umgang, heiter und mild, voll Muth und Tapferkeit und doch zugleich ein Freund des Friedens. Aber alle diese guten Eigenschaften wurden verdunkelt nicht nur durch die äußerste Indolenz und den vollständigsten Mangel an religiösen und sittlichen Grundsätzen, sondern auch durch die tiefste moralische Verkommenheit, die Folge einer schlecht geleiteten Erziehung und eines in den zügellosesten Ausschweifungen hingebrachten Lebens, und in allen Stücken bewährte sich die Wahrheit des schmerzlichsten Geständnisses seiner Mutter, der pfälzischen Prinzessin Elisabeth Charlotte: „Die Feen haben meinem Sohne alle Talente gegeben, nur nicht das, einen guten Gebrauch davon zu machen.“ Seine Charakterschwäche war so groß, daß er, obgleich zum Herrschen berufen, sich vollständig von Andern und selbst von Solchen beherrschen ließ, denen er sich weit überlegen fühlte und die er mit Recht verachtete. Um sich ungestört seinen niederen Leidenschaften hingeben zu können, hatte er sich gänzlich von dem Glauben an Gott und an die Tugend losgesagt; aber während er die Wahrheiten des Christenthums als leeren Wahn verspottete, war er dem grassesten Aberglauben verfallen: er suchte Rath bei Wahrsagerinnen und dachte allen Ernstes daran, mit dem Teufel einen Bund zu schließen.

Trotz seiner tiefen sittlichen Versunkenheit schien es der Herzog Anfangs mit der Erfüllung seiner Regentenpflichten ernst nehmen zu wollen, und seine ersten Regierungshandlungen waren geeignet, das Vertrauen der Nation zu erwecken. Er entließ einen Theil des Heeres und gab dem Parlamente das Recht zurück, Vorstellungen zu machen. Auch wurden die verhaßtesten Minister aus ihren Stellen entfernt und in die Staatsverwaltung verschiedene zweckmäßige Reformen eingeführt. Aber bald übertrug der jeder Anstrengung abgeneigte Regent die gesammte Staatsverwaltung seinem Erzieher, dem unwürdigen, aber talentvollen Abbé Dubois, einem Manne, der trotz seiner Glaubens- und Sittenlosigkeit nach dem Purpur strebte. Der apostolische Stuhl wies lange Zeit dieses Ansinnen zurück, bis es endlich den vereinten Bemühungen des Regenten, des Kaisers und der Könige von England und Spanien gelang, Papst Innocenz XIII. zu bewegen, dem Verlangen Dubois' zu willfahren. Während dieser über Frankreich herrschte, überließ sich der Herzog-Regent den zügellosesten Ausschweifungen. Allabendlich versammelte er im Palais-Royal einen Kreis der lasterhaftesten Männer und Frauen, mit denen er den größten Theil der Nacht in Ueppigkeit und Schwelgereien verbrachte. Dabei ließ er jedoch den Genossen seiner nächtlichen Bacchanalien seine volle Verachtung fühlen; denn er nannte sie nicht anders, als seine Roués (Geräderte), weil sie nach ihren nächtlichen Gelagen wie gerädert einherschlichen, oder weil sie, wie er sagte, verdienten, auf dem Rade zu sterben. So bot unter der Regentschaft des Herzogs von Orleans der französische Hof ein Bild von Lasterhaftigkeit und Verworfenheit dar, das an die schlimmsten Zeiten der römischen Kaiserherrschaft erinnerte.

Die Erziehung des jungen Königs hatte der Herzog-Regent dem ebenso anmaßenden als geistlosen Marschall Villeroi übertragen, dem als Lehrer des königlichen Knaben der ehrwürdige Fleury, Bischof von Frejus, zur Seite stand. Während der Letztere durch Milde und Sanftmuth auf das Gemüth seines Zöglings einzuwirken suchte und in der That dessen vollste Zuneigung gewann, flößte der Marschall demselben schon frühe eine hohe Meinung von der königlichen Machtvollkommenheit ein. Wenn er mit ihm ausfuhr und das Volk den Ruf erschallen ließ: „Es lebe der König!" pflegte er ihm zu sagen: „Sehen Sie, gnädigster Herr, alle diese Leute gehören Ihnen, sind Ihr Eigenthum; Sie sind der Herr von Allem!" Da der Knabe wegen seiner schwächlichen Gesundheit möglichst geschont werden sollte, wurden seine geistigen Anlagen wenig entwickelt, und er wuchs heran ohne Ruhmbegierde, aber auch ohne Lust zur Arbeit und Anstrengung und ohne die richtige Vorstellung von der hohen Aufgabe, die seiner als Herrscher harrte.

Die größte Schwierigkeit verursachte dem Regenten der trostlose Zustand der Finanzen. Statt jedoch durch eine weise Sparsamkeit das ungeheuere Mißverhältniß zwischen den Einkünften und den Ausgaben des Staates auszugleichen, scheuten sich die Minister nicht, zu den ungerechtesten Maßregeln zu greifen. Viele Forderungen an den Staat wurden mit der größten Willkür für ungiltig erklärt, die Münzen verschlechtert und zahlreiche Einnehmer und Finanzpächter wegen angeblicher Unterschleife vor ein besonderes peinliches Gericht gezogen, das sie zu großen Strafsummen verurtheilte. Das durch diese Gewaltmittel gewonnene Geld wurde jedoch nicht zum Vortheil des Staates verwendet, sondern floß in die Taschen des Regenten und seiner Günstlinge. So stieg die Noth von Tag zu Tag, und schon war, wenn auch unter dem heftigsten Widerspruch, der Gedanke in Anregung gebracht worden, die beiden steuerfreien

Stände, den Adel und die Geistlichkeit, zu den Abgaben heranzuziehen, als sich dem Regenten ganz unerwartet die Aussicht auf eine rasche und vollständige Abhilfe aller Finanznoth zu eröffnen schien.

Ein Schotte, Johann Law, der Sohn eines Goldschmieds zu Edinburg, der sich seit längerer Zeit vielfach mit dem Rechnungs- und Finanzwesen beschäftigt hatte, überreichte nämlich im April 1716 dem Regenten einen Plan, durch welchen nicht nur, wie er versprach, die ganze ungeheuere Staatsschuld in wenigen Jahren getilgt, sondern auch der Nation eine unversiegbare Quelle der Bereicherung erschlossen werden sollte. Diesem Plane gemäß ertheilte ihm der Regent die Ermächtigung zur Errichtung einer Zettelbank — Banque d'escompte —, die am 3. Mai 1716 mit einem Aktienkapital von sechs Millionen Livres eröffnet wurde. Die Noten dieser Bank fanden bald großes Vertrauen und wurden überall um so lieber statt baaren Geldes angenommen, als das Gold zu jener Zeit umgeprägt und im Nennwerthe erhöht wurde, während die Bank ihre Noten nach der alten Währung einzulösen versprach.

Um das in die Bank fließende baare Geld zu verwerthen und zugleich für das Publikum eine neue Lockspeise zu schaffen, wurde eine mit der Bank verbundene Handelsgesellschaft, die „abendländische Gesellschaft" oder „die Mississippi-Kompagnie" genannt, errichtet, welcher der König das Gebiet von Louisiana mit dem Privilegium abtrat, Ländereien zu kaufen und zu verkaufen, Städte zu bauen, Festungen anzulegen, Stellen zu besetzen, Krieg zu führen, Frieden zu schließen u. dergl. Da man dort bedeutende Gold- und Silbergruben zu entdecken hoffte, erschien das Unternehmen als ein äußerst gewinnversprechendes; daher beeilte sich Alles, sich bei demselben durch den Ankauf von Aktien der Gesellschaft zu betheiligen, für welche außer den festgesetzten vier Prozent Zinsen eine bedeutende Dividende in Aussicht gestellt wurde. Die ganze Nation war wie von einem Schwindel ergriffen. Jeder fürchtete, zu spät zu kommen, und so war Laws Comptoir vom frühen Morgen bis in die späte Nacht von einer Menge von Menschen umlagert, die sich mit Lebensgefahr herzudrängten, um ihr Geld gegen Aktien umzutauschen. Diese stiegen denn auch bald so sehr im Preise, daß sie schließlich um das Zehnfache ihres Nennwerthes verkauft wurden.

Der Finanzminister Noailles und der Kanzler d'Aguesseau, die ihre Stimmen gegen Laws Neuerungen erhoben, wurden entlassen, und als auch das Parlament gegen dieselben Einsprache erhob, verbot der Regent demselben im August 1718 in einer königlichen Sitzung jede Einmischung in Finanz- und Staatsangelegenheiten. Hierauf wurde im Dezember 1718 die Law'sche Bank in eine königlich verwandelt und zugleich die Errichtung von Bankcomptoirs in verschiedenen Provinzialstädten verfügt. Nicht zufrieden, durch alle Mittel der Verlockung Tausende veranlaßt zu haben, nicht allein ihr baares Geld gegen Bankscheine hinzugeben, sondern auch ihr Besitzthum zu verkaufen, um für den Erlös desselben Aktien der Bank zu erwerben, suchte nunmehr die Regierung dem Umlauf des Papiergeldes durch Zwangsmaßregeln noch eine weitere Ausdehnung zu geben. So durfte nach einem Edikt vom December 1719 keine Zahlung über zehn Livres mehr in Silbergeld und keine über dreihundert Livres in Gold gemacht werden, und im Februar 1720 wurde ein Edikt erlassen, nach welchem Niemand mehr als fünfhundert Livres in gemünztem Golde in seinem Hause behalten und keine Auszahlung über hundert Livres anders als in Banknoten gemacht werden durfte. Ja, es wurden sogar alle bei den Gerichten hinterlegten Gelder, eingezahlte Bürgschaften, das Vermögen unmündiger Waisen u. dergl., mit Gewalt eingezogen und in Banknoten verwandelt.

Diese Maßregeln erweckten indessen nicht nur Unzufriedenheit, sondern auch Mißtrauen. Man fing an, die Frage zu erwägen, ob es der Bank bei der ungeheueren Menge der ausgegebenen Noten möglich sein werde, dieselben jemals wieder einzulösen, und die darüber auftauchenden Zweifel wurden erhöht durch die geringen Ergebnisse der in Louisiana begonnenen Ansiedlungen. Als nun gar der Regent, der selbst die Unmöglichkeit einsah, die ausgegebenen Banknoten in ihrem vollen Werthe zurückzuzahlen, am 21. Mai 1720 den Werth derselben, trotz der Gegenvorstellungen Laws, auf die Hälfte herabsetzte, in der Hoffnung, dadurch ein rechtes Verhältniß herzustellen, war mit einem Schlage aller Credit des Papiergeldes vernichtet. Wie vordem zum Ankauf der Aktien, so drängte sich jetzt Alles zur Einlösung der Noten an die Bank heran, und da ihr die Mittel fehlten, den massenhaften Anforderungen zu genügen, mußte sie ihre Zahlungen einstellen. Die Nation erwachte bei dem plötzlichen Zusammensturz des Luftgebäudes wie aus einem Traume. Der ganze Vermögenszustand hatte sich verändert. Während einzelne durch den gewinnreichen Wiederverkauf ihrer Aktien ungeheuere Reichthümer erworben hatten, sahen sich an zwanzigtausend Familien an den Bettelstab gebracht und über hunderttausend des größten Theils ihres Vermögens beraubt. Handel und Gewerbe lagen vollständig darnieder. Nur die allgemeine Erschlaffung, die auf den sinnlosen Schwindel gefolgt war, verhinderte den Ausbruch eines offenen Aufstandes. Der Regent befahl zwar, den Verkäufern der Aktien zum Besten der zu Grunde gerichteten Familien ihren Gewinn wieder abzunehmen; aber diese Maßregel ließ sich um so weniger durchführen, als die meisten derselben das gewonnene Geld bereits über die Grenze zu schaffen gewußt. Law selbst war gleich nach dem Zusammensturz der Bank, um der Rache des Volkes zu entgehen, aus Frankreich geflüchtet und starb 1729 zu Venedig in Dürftigkeit. Von den dreißigtausend Millionen Papiergeld, die ausgegeben worden, wurde ein Drittel vernichtet, das Uebrige in einprocentige Staatsrenten verwandelt.

Der Regierung überdrüssig, beeilte sich der Regent, den König, sobald derselbe sein dreizehntes Lebensjahr vollendet hatte, für mündig erklären zu lassen, worauf Ludwig XV. dem Namen nach die Regierung selbst antrat (16. Februar 1723). Dies änderte jedoch Nichts in der Staatsverwaltung, da der Kardinal Dubois in seiner Stelle als erster Minister verblieb. Zum Glück für Frankreich starb derselbe im August des gleichen Jahres. Auch der Herzog von Orleans, der sich nach Dubois' Tod auf die Bitte des Königs dazu verstanden hatte, die Last der Geschäfte wieder zu übernehmen, erlag am 2. Dezember 1723 den Folgen seiner Ausschweifungen.

Nach dem Tode des Herzogs von Orleans übertrug der König auf den Rath Fleury's die Leitung der Staatsgeschäfte dem vierunddreißigjährigen Herzog von Bourbon-Condé, als dem nächsten Prinzen von Geblüte. Dieser stand jedoch so sehr unter dem Einfluß seiner Buhlerin, der Marquise von Prie, daß dieselbe die eigentliche Beherrscherin Frankreichs war. Auf ihre Veranstaltung wurde die zur Gemahlin Ludwigs XV. bestimmte achtjährige spanische Infantin Maria Anna, die zu ihrer Erziehung nach Frankreich gebracht worden, nach Madrid zurückgeschickt und der König am 16. August 1725 mit Maria Louise Lescinska, der Tochter des damals in Frankreich lebenden entthronten Polenkönigs Stanislaus, vermählt.

Das Streben der Marquise von Prie, den Bischof de Fleury aus der Nähe des Königs zu entfernen, bewog letztern, dem Herzog von Bourbon im Jahre 1726 die Leitung der Staatsgeschäfte zu entziehen und dieselbe dem dreiundsiebzigjährigen Fleury selbst zu übertragen, dem Papst Benedikt XIII. im folgenden Jahre den Purpur verlieh. Die siebzehnjährige bis zu seinem Tode (1743) fortgesetzte Staatsverwaltung Fleury's war eine Wohlthat für das erschöpfte Frankreich, indem er vor Allem darauf bedacht war, dem Lande den Frieden zu erhalten, durch weise Sparsamkeit dem zerrütteten Staatshaushalte aufzuhelfen, durch Förderung des Handels, des Ackerbaus und der Manufakturen, sowie der Künste und Wissenschaften den Wohlstand und das Ansehen der Nation zu erhöhen und zugleich durch die Hebung der Land- und Seemacht dem Reiche dem Auslande gegenüber die Fortdauer einer achtunggebietenden Stellung zu sichern.

XVII.

Spanien unter Philipp V.

(1700—1746.)

Philipp V. besaß bei vieler natürlichen Gutmüthigkeit durchaus nicht die Eigenschaften eines Herrschers. Nur im Stolze seinem Großvater Ludwig XIV. ähnlich, war er trägen Geistes, unentschlossen, unfähig zu jeder Anstrengung und aller Arbeit abgeneigt. In der ersten Zeit seiner Regierung stand er ganz unter der Herrschaft seiner Gemahlin Maria Louise von Savoyen; doch war nicht sie es, welche die Angelegenheiten des Landes leitete, sondern ihre Oberhofmeisterin, die Prinzessin Ursini[1]), die durch die Ueberlegenheit ihres Geistes einen so bedeutenden Einfluß auf das Königspaar erlangt hatte, daß die Herrschaft über Spanien thatsächlich in ihrer Hand lag. Nach dem Tode der Königin nährte sie, trotz ihres vorgerückten Alters — sie hatte damals schon das siebzigste Lebensjahr überschritten — die Hoffnung, die Maintenon von Spanien zu werden; da Philipp V. jedoch, obgleich zur Wiedervermählung entschlossen, keine Lust trug, dem Beispiel seines Großvaters zu folgen, suchte sie ihm eine Gemahlin zu verschaffen, von welcher sie keine Schmälerung ihres Einflusses zu befürchten habe, und benahm sich darüber mit dem Geschäftsträger des Herzogs von Parma am spanischen Hofe, Julius Alberoni, der sich ihr volles Vertrauen zu erwerben gewußt.

Dieser reichbegabte Mann, der Sohn eines Gärtners in der Nähe von Piacenza, hatte sich, nachdem ihm durch den Bischof von Piacenza der Eintritt in den geistlichen Stand ermöglicht worden, durch Geist und Gewandtheit die Gunst des Herzogs von Vendome erworben, der ihn als Kaplan und Sekretär in seine Dienste nahm. Nach dem Tode Vendome's, den er nach Spanien begleitet hatte, war er von dem Herzog von Parma zu dessen Gesandten am Hofe zu Madrid ernannt und in den Grafenstand erhoben worden. Aber sein Ehrgeiz strebte nach einer einflußreichen Stellung in Spanien selbst; daher schlug er der Prinzessin Ursini zur Gemahlin Philipps die Nichte des Herzogs von Parma, Elisabeth Farnese, vor, und da er ihr dieselbe als eine geistig beschränkte, anspruchslose und lenksame Fürstin schilderte, die keinen Ehrgeiz kenne und nur Sinn habe für Putz und Tändeleien, knüpfte sie sogleich mit dem Hofe von Parma Unterhandlungen an, in Folge deren die Vermählung

1) Diese merkwürdige Frau war eine Französin aus dem Hause Tremouille und die Wittwe Flavio Orsini's, Herzogs von Araccano, mit welchem sie sich nach dem im Jahre 1675 zu Rom erfolgten Tode ihres ersten Gemahles, eines Prinzen von Chalais, vermählt hatte.

Philipps V. mit Elisabeth Farnese am 17. September 1714 durch Prokuration vollzogen wurde.

Die neue Königin war indessen in allen Stücken ganz das Gegentheil von dem, was die Prinzessin Ursini nach Alberoni's Schilderung erwartet hatte. Nach dem Ausspruche Friedrichs des Großen „stolz wie eine Spartanerin, hartnäckig wie ein Engländer, fein wie ein Italiener und lebhaft wie ein Franzose“, verband sie mit einer ungemessenen Herrschsucht den unbeugsamsten Eigensinn und eine ungewöhnliche Kühnheit. Als die Prinzessin Ursini, deren Entfernung vom spanischen Hofe bei ihr bereits beschlossene Sache war, sie in Guadalaxara, wohin sie ihr entgegengereist, in der sicheren Erwartung begrüßte, in ihr eine dankbare und fügsame Gebieterin zu finden, fing Elisabeth ohne allen Grund Streit mit ihr an und befahl schließlich dem Anführer der Leibwache, sie von der „alten Thörin“ zu befreien. Ihrem Befehle gemäß wurde die Prinzessin, trotz der winterlichen Kälte und ihrer leichten Kleidung, sofort in einen Wagen gepackt und über die spanische Grenze gebracht. Ganz Europa staunte über diese Behandlung einer Frau, welche Spanien so lange nicht ohne Einsicht regiert hatte. Ludwig XIV., den man, und vielleicht nicht ohne Grund, beschuldigte, bei der ganzen Sache die Hand im Spiele gehabt zu haben, weil die Prinzessin sich nicht in allen Stücken seinem Willen gefügt, empfing sie zu Paris, zwar kalt, aber achtungsvoll, und wies ihr einen Jahrgehalt von vierzigtausend Livres an. Sie selbst ertrug ihren Sturz mit würdevoller Fassung und war noch im Vollbesitze ihrer geistigen Frische und Lebhaftigkeit, als sie am 5. Dezember 1722 zu Rom im Alter von achtzig Jahren starb.

Indessen hatte die Königin Elisabeth alsbald über ihren schwachen Gemahl, die gleiche Gewalt erlangt, wie seine erste Gemahlin, und herrschte daher auch über Spanien, wie vordem die Ursini. Da ihr jedoch für die Leitung der Staatsgeschäfte die nöthigen Kenntnisse fehlten, überließ sie dieselbe ganz dem Manne, der den ersten Grund zu ihrer Erhöhung gelegt. An die Spitze der Verwaltung gestellt und zum spanischen Granden ernannt, bot Alberoni, welchem Papst Clemens XI. die Kardinalswürde verlieh, Alles auf, um das Ansehen Spaniens wieder zu der früheren Höhe emporzuheben, und seiner Thatkraft und Umsicht gelang es, Ordnung und Sparsamkeit in das zerrüttete Staatswesen zu bringen, Ackerbau, Gewerbe und Handel neu zu beleben und eine ansehnliche Seemacht zu schaffen. Dabei nahm er jedoch nicht die geringste Rücksicht auf die Rechte und Freiheiten des Volkes; von einer Berufung der Cortes war keine Rede mehr, und die Provinzen, die im Erbfolgekrieg zu Karl III. gehalten, wurden wie eroberte Länder behandelt. Auch blieb Alberoni's Ehrgeiz bei den in der Verwaltung eingeführten Verbesserungen nicht stehen. Spanien sollte nicht nur innerlich neu erstarken, sondern auch die Ausdehnung und die politische Bedeutsamkeit wieder erlangen, die es unter Karl V. und Philipp II. besessen. Trotz der entgegenstehenden Bestimmungen des Utrechter Friedens nährte er, im Hinblick auf die schwache Gesundheit Ludwigs XV., die für denselben kein langes Leben erwarten ließ, in Philipp V. die Hoffnung, den Thron seines Großvaters zu besteigen; der Königin Elisabeth aber, die ihre Söhne mit fremden Fürstenthümern ausgestattet zu sehen wünschte, weil zwei Prinzen aus Philipps erster Ehe ihnen die Aussicht benahmen, auf den Thron Spaniens selbst zu gelangen, versprach er, zu diesem Zwecke die an Oesterreich übergegangenen italienischen Nebenländer Spaniens zurückzuerobern, auf welche Philipp bis dahin noch ebensowenig förmlich Verzicht geleistet, wie Karl VI. auf Spanien selbst.

Um die Verwirklichung dieser ehrgeizigen Pläne anzubahnen, näherte Alberoni sich den Seemächten und suchte zunächst den König Georg I. von England, den Nachfolger Anna's, durch das Anerbieten, die Beschränkungen des englischen Handels mit Spanien zu ermäßigen, die noch streitigen Punkte des Assiento (s. S. 211) auszugleichen und mit England einen vortheilhaften Handelsvertrag zu schließen, für ein Bündniß mit Spanien zu gewinnen. Die englische Regierung hielt es jedoch für wichtiger, durch den Anschluß an Frankreich dem Prätendenten Jakob III. die Unterstützung des Regenten zu entziehen, und da dieser selbst durch die Pläne Alberoni's sein Erbrecht auf die französische Krone gefährdet sah, kam es, statt zu einem spanisch-englischen Bündniß, zu einem solchen zwischen Frankreich, England und Holland, das am 4. Januar 1717 geschlossen wurde. Der Regent versprach in demselben, den Prätendenten über die Alpen zu schaffen; dagegen leistete England Gewähr für die Bestimmung des Utrechter Friedens, nach welcher für den Fall der Erledigung des französischen Thrones durch den Tod Ludwigs XV. dem Hause Orleans die Nachfolge zugesichert war. Dessenungeachtet verzichtete Alberoni nicht auf seine Pläne; er beschloß vielmehr, allein zu den Waffen zu greifen, und sandte im Juli 1717 eine Flotte von zwölf Kriegsschiffen mit einem Landheere von neuntausend Mann von Barcelona nach der Insel Sardinien ab, die nach kurzer Gegenwehr erobert wurde. Den gleichen Erfolg hatte ein im nächsten Jahre unternommener Angriff auf die Insel Sicilien.

Die Folge dieses Friedensbruchs war der Abschuß eines gegen Spanien gerichteten Bündnisses zwischen dem Kaiser, England und Frankreich, das am 2. August 1718 zu Stande kam und mit Rücksicht auf den sicher erwarteten Beitritt Hollands, die Quadrupel-

Allianz genannt wurde. Nach den zwischen den Verbündeten vereinbarten Bestimmungen sollte der Kaiser in aller Form auf die spanische Monarchie Verzicht leisten und Philipp V. aufgefordert werden, das Gleiche bezüglich der an den Kaiser übergegangenen spanischen Nebenländer zu thun, Savoyen das ihm im Utrechter Frieden zuerkannte Sicilien an Oesterreich abtreten und dagegen Sardinien erhalten, dem ältesten Sohne Philipps und Elisabeths aber die Anwartschaft auf Toscana, Parma und Piacenza zuerkannt werden, da in diesen Ländern die männlichen Linien der Häuser Medici und Farnese dem Aussterben nahe waren.

Während der Herzog von Savoyen auf den von ihm verlangten unvortheilhaften Tausch ohne Widerspruch einging, verweigerte Spanien die Annahme der ihm gemachten Vorschläge, weil die dem spanischen Prinzen in Aussicht gestellten Länder weder Alberoni noch der Königin Elisabeth genügten.

Um den Forderungen der Quadrupel-Allianz Nachdruck zu geben, sandte England eine Flotte unter dem Admiral Byng nach dem Mittelmeere, und am 11. August 1818 kam es beim Cap Passaro zu einem Treffen, in welchem die spanische Flotte eine vollständige Niederlage erlitt. Alberoni, der das Vorgehen Englands für einen Bruch des Völkerrechts erklärte, obgleich er selbst durch die Eroberung von Sardinien und Sicilien den Frieden gebrochen, verlor trotzdem den Muth nicht; denn er setzte große Hoffnungen auf den von dem schwedischen Minister Görz entworfenen und von ihm unterstützten Plan eines Angriffs Karls XII. auf Schottland, zum Behufe des Sturzes des hannöverischen Thrones und der Wiedereinsetzung der Stuarts (s. S. 261 f.). Auch sollte Oesterreich durch einen neuen Aufstand der Ungarn in Verlegenheit gebracht, der Herzog-Regent von Frankreich aber durch eine von Alberoni gewonnene Partei am französischen Hofe festgenommen und an Spanien ausgeliefert werden. Die Entdeckung dieser von dem spanischen Gesandten Cellamara in Paris geleiteten Verschwörung, sowie der unerwartete Tod Karls XII. durchkreuzten die Pläne Alberoni's, und als Frankreich und England am 9. Januar 1719 eine förmliche Kriegserklärung an Spanien abgehen ließen, mußte er erkennen, daß sein Ehrgeiz sich höher verstiegen, als die Kräfte Spaniens reichten. Von einem französischen Hilfskorps unter dem Generallieutenant Grafen Bonneval unterstützt, eroberte der kaiserliche General Graf Mercy im Jahre 1719 Sicilien zurück, und zu der gleichen Zeit überschritt ein französisches Heer von dreißigtausend Mann unter Berwick die spanische Grenze, besetzte Guipuzcoa und drang siegreich in Catalonien ein.

Während die Lage Alberoni's sich unter diesen Verhältnissen immer schwieriger gestaltete, wurde zugleich an dem Hofe von Madrid der Boden untergraben, auf welchem das Gebäude seiner

Macht errichtet war. Um die Königin Elisabeth für die Bestimmungen der Quadrupel-Allianz zu gewinnen, stellte ihr der Herzog-Regent als Preis der Annahme derselben die Vermählung ihrer Tochter mit Ludwig XV. in Aussicht, und dieses Mittel führte zum Ziele. Dem Verlangen der Verbündeten entsprechend, zog Elisabeth ihre Hand von dem Manne ab, welcher der Herstellung des Friedens im Wege stand, und am 5. Dezember 1719 erhielt Alberoni ein königliches Schreiben, das ihn aller seiner Stellen entsetzte und ihm aufgab, binnen vierundzwanzig Stunden Madrid und innerhalb acht Tagen das Königreich zu verlassen. Er kehrte nach Italien zurück, wo er, nachdem er längere Zeit in Rom gelebt, von Papst Clemens XII. zum Legaten von Ravenna ernannt wurde. Seine Reichthümer verwendete er meistens zur Gründung verschiedener Wohlthätigkeitsanstalten und zog sich zuletzt nach Piacenza zurück. Hier starb er 1752 im Alter von zweiundneunzig Jahren.

Nach der Entfernung Alberoni's kam am 26. Januar 1720 im Haag ein Friede zu Stande, in welchem, den ursprünglichen Bestimmungen der Quadrupel-Allianz gemäß, der Kaiser auf die spanische Monarchie und Philipp V. auf die italienischen Nebenländer derselben Verzicht leistete, dem spanischen Infanten Carlos, dem ältesten Sohne der Königin Elisabeth, die Anwartschaft auf Toskana, Parma und Piacenza bei dem Aussterben des Mannesstammes der Medici und Farnese zuerkannt und dem Herzog von Savoyen für das an Oesterreich abgetretene Sicilien die Insel Sardinien mit der Königswürde zugesprochen wurde.

An Alberoni's Stelle trat der spanische Graf Ripperda, der nach dem Aufgeben des Projekts bezüglich der Vermählung Ludwigs XV. mit der spanischen Infantin von Seiten Frankreichs (s. S. 289) einen Anschluß Spaniens an Oesterreich bewirkte. Nachdem er im Jahre 1726 in Folge seiner Unfähigkeit entlassen worden, wurde der genuesische Graf Grimaldi der Rathgeber der Königin Elisabeth. Philipp V. selbst, der im Jahre 1724 in einem Anfall von Schwermuth und Gewissensangst die Krone zu Gunsten seines ältesten siebzehnjährigen Sohnes Ludwig niedergelegt, nach dessen bald darauf erfolgtem Tode aber den Thron aufs Neue bestiegen, zog sich in Folge seines wachsenden Trübsinns, der sich zeitweise zu vollständiger Geisteszerrüttung steigerte, mehr und mehr von allen Regierungsgeschäften, wie überhaupt von allem Verkehr mit der Welt zurück. Oft konnte er Monate lang nicht dazu bewogen werden, zu Bette zu gehen; dann stand er wieder Monate lang gar nicht auf, ließ Bart und Nägel wachsen und konnte nur mit großer Mühe dazu gebracht werden, die Wäsche zu wechseln. Es kamen wohl auch wieder Zeiten, wo er sich etwas reger zeigte; doch waren sie immer nur von kurzer Dauer. Zuletzt konnte man nur noch durch List für die wichtigsten Erlasse seine Unterschrift erlangen. Aus seinem langen geistigen Siechthum erlöste ihn der Tod am 9. Juli 1746.

XVIII.

England unter Georg I. (1715—1727) und Georg II. (1727—1760).

Die Königin Anna überlebte die Beendigung des spanischen Erbfolgekrieges, der den Hauptmoment ihrer Regierungsgeschichte bildet, nur um wenige Monate: sie starb am 1. August 1714. Für die inneren Verhältnisse des britischen Reiches war ihre Regierung besonders wichtig durch die am 1. Mai 1707 vollzogene Vereinigung Englands und Schottlands zu dem Königreich Großbritannien. Da die Mehrheit der Schotten wohl erkannte, daß durch diese Union das selbstständige Leben ihres Landes vernichtet und das Königreich der Duncans und Malcolms zu einer Provinz des mächtigen Nachbarstaates herabgedrückt werden würde, war es den englischen Ministern nur mit Mühe gelungen, die längst beschlossene Maßregel durchzusetzen. Die Parlamente beider Reiche wurden verbunden und die besonderen Rechte der Schotten aufgehoben. Nur die schottische Kirche behielt ihre eigenthümliche Verfassung und mit derselben der bischöflichen Kirche Englands gegenüber ihre volle Selbstständigkeit.

Wie wir oben (S. 169) gesehen, war durch die auf Veranlassung Wilhelms III. im Jahre 1701 von dem Parlament erlassene Successionsakte die Thronfolge in derart festgesetzt worden, daß nur diejenigen Abkömmlinge des Hauses Stuart, die sich zur protestantischen Kirche bekannten oder bekennen würden, in den Besitz der Krone Englands gelangen sollten. Dadurch war, da von Anna's dreizehn Kindern keines am Leben geblieben, die hochbetagte verwittwete Kurfürstin Sophie von Hannover, als die Enkelin Jakobs I. von dessen Tochter, der Pfalzgräfin Elisabeth, die nächstberechtigte Thronerbin geworden. Indessen wünschte die Königin Anna, da sie die Ausschließung ihres Bruders Jakob von dem englischen Throne für eine unrechtmäßige hielt, eine Aenderung der festgesetzten Thronfolgeordnung zu Gunsten ihres Neffen, des Prätendenten Jakob III., herbeizuführen, und seitdem die dem Hause Stuarts geneigten Tories wieder ans Ruder gekommen, schien dieses Streben größere Aussicht auf Erfolg zu haben. Doch noch ehe etwas Entscheidendes in dieser Beziehung hatte geschehen können, machte der Tod der Königin den Besorgnissen der Whigs bezüglich der Rückkehr der Stuarts ein Ende.

Da die Kurfürstin Sophie am 8. Juni 1714 gestorben war, ging das Erbrecht auf ihren Sohn, den bereits im fünfundfünfzigsten Lebensjahre stehenden Kurfürsten Georg Ludwig über, und als derselbe am 18. September 1714 in Greenwich landete, wurde er freudig empfangen und bestieg ohne Widerspruch als Georg I. den Thron, worauf er die bisherigen Minister entließ und ein neues Ministerium aus entschiedenen Whigs bildete.

Ohne höhere geistige Bildung und Gewandtheit und der englischen Sprache nicht mächtig, überließ Georg I. die Regierung vollständig seinen Ministern, unter denen Robert Walpole, ein friedliebender, einsichtsvoller, äußerst thätiger Staatsmann und gewandter parlamentarischer Kämpfer, als Kanzler der Schatzkammer den meisten Einfluß erlangte. Der nach England zurückgekehrte Marlborough erhielt aufs Neue den Oberbefehl über das Heer; dagegen wurden die drei Häupter des aufgelösten Toryministeriums, Bolingbroke, Ormond und Oxford, wegen des Utrechter Friedens und wegen Begünstigung des Prätendenten in Anklagestand versetzt. Bolingbroke und Ormond entzogen sich der ihnen drohenden Verhaftung durch die Flucht nach dem Festlande, während Oxford in den Tower gesetzt wurde, wo er verblieb bis im Jahre 1717 seine Freisprechung erfolgte. Bolingbroke erhielt im Jahre 1723 die Erlaubniß zur Rückkehr nach England und beschäftigte sich seitdem, da man ihm seinen Sitz im Oberhause nicht zurückgab, hauptsächlich mit schriftstellerischen Arbeiten (s. S. 177).

Unterdessen hatte der Prätendent Jakob III., der sich seither in Lothringen aufgehalten, ermuthigt durch die Unzufriedenheit der Schotten über die Union mit England, den Entschluß gefaßt, nach Schottland überzusetzen, um den Versuch zu machen, wenigstens die schottische Krone zu erlangen. In der That erhoben sich, nachdem der Graf Mar die Fahne der Stuarts aufgepflanzt und den Prätendenten zu Castletown als Jakob III. zum König ausgerufen, zahlreiche Mißvergnügte für ihn; die englischen Minister trafen jedoch, von dem Parlamente auf das Nachdrücklichste unterstützt, sofort energische Gegenmaßregeln. Nachdem auf den Kopf des Prätendenten ein Preis von einmalhunderttausend Pfund gesetzt worden, wurde die Habeas-Corpus-Akte suspendirt und der Herzog von Argyle mit einer starken Truppenabtheilung nach Schottland geschickt. Während dieser einen Theil der Jakobiten unter dem Grafen Mar bei Dumblain zurückschlug und dadurch ihre Vereinigung mit denen im Süden verhinderte, wurde ihre übrige Macht durch den General Carpenter bei Preston zersprengt. So fand der Prätendent bei seiner Landung in Schottland seinen ganzen Anhang zerstreut und sah sich nach einem kurzen Aufenthalt zu Perth genöthigt, nach Frankreich zurückzukehren. Drei Lords und eine große Anzahl geringerer Anhänger der Stuarts büßten ihre Betheiligung an dem mißglückten Aufstand mit dem Leben.

Eine wichtige Neuerung aus der Regierung Georgs I. war der Erlaß der sogenannten „Septennial-Bill,“ durch welche die bisherige dreijährige Dauer des Parlaments in eine siebenjährige verwandelt wurde, so daß fortan nur alle sieben Jahre Neuwahlen vorgenommen wurden. Unter dem Einflusse dieser in beiden Häusern mit großer Majorität durchgegangenen Verfassungsänderung entwickelte sich in dem gleichen Grade, in welchem durch dieselbe die Macht der Volksvertretung gehoben wurde, für das neue Herrscherhaus eine größere Abhängigkeit von der Gewalt nationaler Anschauungen und Interessen, so daß es im Laufe der Zeit für die Könige von England immer schwerer wurde, in der Regierung ihre eigene Persönlichkeit geltend zu machen, und sie immer mehr als bloße Würdenträger eines von innern Kräften bewegten und im Gange erhaltenen Gemeinwesens erschienen.

Unter Georg I. tauchte in England ein ähnlicher Schwindel auf, wie ihn das Law'sche Finanzsystem und die Gründung der Missisippi-Kompagnie in Frankreich erzeugt hatten. Ein gewisser Blount hatte der Regierung einen Plan vorgelegt, nach welchem die gesammte Staatsschuld auf die neugegründete „Südsee-Kompagnie“ übertragen und diese dadurch zum alleinigen Staatsgläubiger gemacht werden sollte. So gewichtige Stimmen sich auch gegen diesen Plan erhoben hatten, fand derselbe doch die Genehmigung des Parlaments, und da die Gesellschaft ungeheuere Vortheile in Aussicht stellte, beeilte sich Jedermann, seine Schuldforderungen an den Staat auf die Kompagnie zu übertragen. Bald darauf entstand das Gerücht, die Regierung beabsichtige, von Spanien mehrere Plätze in Peru gegen Gibraltar und Port Mahon einzutauschen, und da man sich daraus für die Südsee-Kompagnie einen unberechenbaren Gewinn versprach, strömte Alles, Staatsmänner und Geistliche, Whigs und Tories, Aerzte, Kaufleute und Gewerbtreibende, selbst Schaaren von Frauen, zu dem Komptoir der Kompagnie, um Aktien einzukaufen. Alle anderen Bestrebungen und Geschäfte wurden vernachlässigt: man kannte nur den einen Gedanken, als Aktionär der Südsee-Gesellschaft in kurzer Zeit reich zu werden. So stiegen innerhalb weniger Monate die Aktien der Gesellschaft weit über ihren wahren Werth. Auch entstanden, da die Südsee-Kompagnie allein den allgemeinen Gelddurst nicht befriedigen konnte, über hundert andere ähnliche Unternehmungen, die meist auf den sinnlosesten Voraussetzungen beruhten, nichtsdestoweniger aber willige Theilnehmer fanden. Die Summen, welche für alle diese Schwindeleien erhoben wurden, beliefen sich nach einer ungefähren Abschätzung auf dreihundert Millionen Pfund Sterling.

Indessen trat bald der unausbleibliche Rückschlag ein. Die Aktien der Südsee-Kompagnie, die auf achthundertneunzig Prozent gestiegen waren, sanken auf einhundertfünfzig Prozent herab; die der übrigen Unternehmungen wurden zum Theil vollständig werthlos. Die Folgen des Aktienschwindels traten jedoch in England in minder schreckenerregender Weise zu Tage, als in Frankreich, da Walpole, der von Anfang an dem ganzen Treiben mit Einsicht und Nachdruck widersprochen hatte, sofort zweckmäßige Maßregeln ergriff, um den angerichteten Schaden auf das geringste Maß zu beschränken.

Auf Walpole's Vorschlag wurde zur Gründung eines Tilgungsfonds für die auf fünfzig Millionen Sterling angewachsene Staatsschuld der Zinsfuß von fünf auf vier Prozent herabgesetzt. Dieser Fonds wurde zwar späterhin nicht ausschließlich zu seinem ursprünglichen Zwecke verwendet; dennoch trug er wesentlich zur Hebung des Kredits und dadurch zugleich zur weiteren Entwicklung des gesammten Anleihewesens bei, das für England eine um so größere Wichtigkeit hatte, als die im Interesse des in immer großartigerer Weise sich entfaltenden englischen Handels- und Gewerbfleißes für nothwendig erachtete Behauptung der Seeherrschaft stets neue Kämpfe erforderte, welche große Summen verschlangen.

Da Georg I. die Verhältnisse seiner deutschen Erbländer mehr am Herzen lagen, als sein Königreich, so wurden dieselben vorzugsweise maßgebend für seine auswärtige Politik. So war seine Betheiligung an dem nordischen Kriege lediglich eine Folge des Ankaufs der den Schweden durch Dänemark entrissenen Herzogthümer Bremen und Verden für sein Kurfürstenthum Hannover. In welche Verbindungen England unter ihm mit den übrigen europäischen Mächten trat, haben wir in den vorhergehenden Abschnitten gesehen.

Georg I. starb am 22. Juni 1727 zu Osnabrück, auf einer Reise, die er in seine deutschen Erbstaaten gemacht, und hinterließ den englischen Thron nebst dem Kurfürstenthum Hannover seinem Sohne Georg II. Da dieser Walpole als ersten Minister beibehielt und demselben vollständig freie Hand ließ, führte der Thronwechsel in der innern wie in der äußern Politik Englands keinerlei Aenderung herbei. In den ersten zwölf Jahren der neuen Regierung genoß England die Segnungen eines ungestörten Friedens; dagegen wurde im Jahre 1739 ein Krieg mit Spanien begonnen, angeblich wegen Beeinträchtigungen des englischen Handels in den amerikanischen Meeren von Seiten der Spanier, thatsächlich aber, weil diese den von den Engländern nach den spanischen Kolonien getriebenen großartigen Schleichhandel nicht dulden wollten und daher die Durchsuchung der englischen Schmuggelschiffe angeordnet hatten. Vergebens hatte der friedliebende Walpole diesen Krieg durch einen mit Spanien geschlossenen Vertrag zu verhindern gesucht; seine Bemühungen waren an dem Entgegenwirken seiner Feinde, die eine Gelegenheit zu seinem Sturze herbeizuführen wünschten, sowie an dem stürmischen Verlangen der Nation gescheitert, durch Waffengewalt die Lösung aller Fesseln herbeizuführen, durch welche Spanien noch den britischen Handel in seinen amerikanischen Kolonien einengte. Der Verlauf des Krieges entsprach jedoch den von den Engländern gehegten Erwartungen nicht, und die allgemeine Unzufriedenheit wandte sich gegen Walpole, den man beschuldigte, die Handelsinteressen Englands nicht genügend geschützt zu haben. Da auch der Prinz von Wales sich der Opposition anschloß, erhielt dieselbe ein solches Uebergewicht, daß Georg II. seinen Minister nur durch sofortige Entlassung vor einer öffentlichen Anklage schützen konnte (Febr. 1742); doch bekundete er ihm seine persönliche Zufriedenheit durch seine Ernennung zum Grafen von Oxford. Walpole starb am 10. März 1745 und nahm den Ruhm mit ins Grab, seine langjährige Verwaltung in keiner Weise zur eignen Bereicherung ausgebeutet zu haben.

Kurz nach dem Ausbruch der Feindseligkeiten mit Spanien sah sich Georg II. auch in den nach dem Tode Kaiser Karls VI. ausgebrochenen österreichischen Erbfolgekrieg verwickelt, in welchem er auf der Seite Oesterreichs stand, während Frankreich ein Bündniß mit dessen Gegnern, Spanien, Baiern und Sachsen, geschlossen hatte, und die großen Opfer, welche die Betheiligung an diesem Kriege England auferlegte, steigerten die Unzufriedenheit der Nation und mit derselben die Macht der Opposition im englischen Parlamente.

Die Verlegenheiten der englischen Regierung wurden erhöht durch einen neuen Versuch der Stuarts, das hannöverische Haus von dem englischen Thron zu stoßen. Von Frankreich unterstützt, landete der Stuart'sche Prinz Karl Eduard, der Sohn des Prätendenten Jakob III., nachdem ein erster Versuch, mit einer bedeutenden Landmacht von Dünkirchen aus nach Schottland überzusetzen, durch Stürme und das Erscheinen einer englischen Flotte vereitelt worden, am 27. Juni 1745, während Georg II. in Deutschland war und der größte Theil seines Heeres unter dem Herzog von Cumberland, seinem dritten Sohne, in den Niederlanden stand, mit einem einzigen Schiffe und nur wenigen Begleitern bei Moydart an der westlichen Küste von Schottland. Der Anfang des Unternehmens schien glückversprechend; denn die Häuptlinge der schottischen Hochländer schlossen sich sogleich dem ritterlichen Sprößlinge ihres alten Königshauses an, und mit ihrer Hilfe gelang es dem Prinzen, einen von Edinburg gegen ihn entsandten Heerhaufen zurückzuschlagen und Perth zur Ergebung zu zwingen, worauf ihm am 19. September auch Edinburg die Thore öffnete. Nachdem er hier seinen Vater als König und sich selbst als Regenten der drei Königreiche hatte ausrufen lassen, schlug er am 21. September bei Preston-Pans ein englisches Korps von viertausend Mann und führte dann, als Hochländer gekleidet, seine Getreuen, deren Zahl sich durch den Anschluß vieler alten Freunde seines Hauses bedeutend vergrößert hatte, über die englische Grenze. Schon war er bis Derby vorgedrungen, als das Ausbleiben des erwarteten Zulaufs, sowie der Mangel an Geld und Geschütz ihn nöthigten, vor den mittlerweile aus den Niederlanden herübergerufenen und von dem Herzog von Cumberland geführten englischen Truppen nach Schottland zurückzuweichen, wohin ihm der Herzog nachfolgte. Hier erfocht er zwar am 23. Januar 1746 noch einmal bei Falkirk mit seiner kleinen Schaar einen Sieg; allein die unter den schottischen Häuptlingen herrschende Uneinigkeit, der er nicht Herr zu werden vermochte, sowie die gänzliche Erschöpfung seiner Geldmittel bereiteten ihm so große Schwierigkeiten, daß er sich nach den Hochlanden zurückziehen mußte. Am 27. April 1746 wagte er bei Culloden eine entscheidende Schlacht; aber die todesmuthige Tapferkeit der Hochländer vermochte Nichts gegen die Bajonette und das Geschütz des übermächtigen Feindes. Eduard, dessen Niederlage vollständig war, verließ als Flüchtling das Schlachtfeld und irrte mehrere Monate in den Wildnissen des Hochlandes umher. Obgleich Georg II. einen Preis von dreißigtausend Pfund Sterling auf seinen Kopf gesetzt hatte und englische Späher jeden Winkel des Gebirges durchsuchten, erreichte er, durch die Treue und Anhänglichkeit der Hochländer geschützt, glücklich die Küste; doch gelang es ihm erst nach fünfmonatlichem gefahrvollen Umherirren auf den westlichen Eilanden, ein französisches Schiff zu finden, das ihn nach Frankreich zurückbrachte. Nachdem er von dort in Folge des den österreichischen Erbfolgekrieg beendenden Friedens von Aachen (1748) ausgewiesen worden, begab er sich nach Italien, wo er sich nach dem Tode seines Vaters (1766) mit einer Gräfin Stolberg vermählte. Er starb im Jahre 1788 zu Rom, ohne Kinder zu hinterlassen. Mit seinem Bruder, dem Kardinal von York, erlosch im Jahre 1807 die männliche Linie der Stuarts.

Ueber Eduards Anhänger ließ die englische Regierung ein schweres Gericht ergehen. Nachdem bereits nach der Schlacht von Culloden das siegreiche Heer gegen die Verwundeten und Gefangenen in schauerlicher Weise gewüthet und die Besitzungen und Güter der zu Eduards Anhang zählenden schottischen Großen verheert hatte, wurden alle gefangenen Häuptlinge, sowie viele anderen hervorragenden Anhänger der Stuarts, unter ihnen der Graf Kilmarnok und der Lord Balmerino, zum Tode verurtheilt und hingerichtet, während zahlreiche andere im Kerker starben.

Den Katholiken brachte der Uebergang der englischen Krone an das hannöverische Haus keinerlei Erleichterung, weder in England noch in Irland. Ein im Jahre 1737 im englischen Parlamente gestellter Antrag, die Testakte aufzuheben, wurde mit bedeutender Majorität abgelehnt, „weil jeder Staat einer Staatskirche bedürfe und die bestehenden Gesetze zur Vertheidigung und Aufrechthaltung derselben nothwendig seien; es auch recht und gesetzlich erscheine, Jeden, der diese Ansicht nicht theile, von allen Aemtern auszuschließen.“ In Irland wollte man nicht einmal das Dasein der Katholiken gesetzlich anerkennen, und gegen die Bedrückungen und Mißhandlungen ihrer protestantischen Gutsherren gewährte kein Gericht ihnen Schutz. Trotz ihrer Armuth mußten sie nicht nur ihre Priester selbst unterhalten, sondern auch dem heerdenlosen anglikanischen Klerus, dem über zwei Millionen Morgen Landes überwiesen worden, den Zehnten entrichten und sich unbarmherzige Aussaugungen gefallen lassen.

Georg II. starb am 25. Oktober 1760, im Alter von siebenundsiebzig Jahren, mitten unter den Wirren des siebenjährigen Krieges, an welchem er als Bundesgenosse seines Neffen Friedrichs des Großen Theil nahm, und eines gleichzeitigen Seekrieges Englands gegen Frankreich. Da sein ältester Sohn Friedrich Ludwig bereits im Jahre 1751 gestorben war, folgte ihm auf dem Throne sein Enkel als Georg III. (1760—1820).

Die englische Literatur, auf deren Fortentwicklung der Hof, im Gegensatze zu dem französischen, ohne Einfluß blieb, weil sowohl Georg I. als Georg II. kaum mit der Sprache des Landes vertraut waren, trieb im achtzehnten Jahrhundert auf dem Gebiete der Poesie hauptsächlich nur in den untergeordneten Gattungen: der Satire, dem Roman, der beschreibenden, didaktischen und reflektirenden Dichtung, reichere Blüthen; Drama und Epos waren, gleich der lyrischen Poesie, nur durch vereinzelte, im Allgemeinen wenig bedeutende Erscheinungen vertreten.

Der geistreichste und darum auch der gefürchtetste Satiriker war Jonathan Swift, geboren 1667 in Dublin als der Sohn eines dort ansässigen Engländers. Durch die Noth zu dem Studium der Theologie getrieben, für welche er als kalte, hochmüthige und negative Natur durchaus nicht geeignet war, gerieth er auf vielfache Abwege, mischte sich, unter häufigem Wechsel der Parteistellung, in die Politik und starb, nachdem er sich nach allen Seiten hin verhaßt gemacht, im Jahre 1745 im Wahnsinn. Unter seinen satirischen Werken haben, neben seinem „Märchen von der Tonne,“ in welchem er die verschiedenen Confessionen als feindliche Gegensätze zu dem wahren Christenthum darzustellen sucht, „Gullivers Reisen,“ eine Satire auf das politische und wissenschaftliche Leben Englands voll Haß gegen die Menschheit und kalter Menschenverachtung, am meisten Berühmtheit erlangt.

Ungleich edler gehalten sind die Satiren Joseph Addisons (geb. 1672, gest. 1719), der mit einem unverwüstlichen Humor und einer unerschöpflichen Erfindungsgabe einen ungemein gewandten und anziehenden Styl verbindet. Im Vereine mit seinem Freunde Richard Steele (geb. 1671, gest. 1729) gründete Addison den „Spectator,“ eine später unter dem Titel „The Guardian“ von Steele allein fortgesetzte Wochenschrift, welche sich die Aufgabe gestellt, die herrschenden Thorheiten und Verkehrtheiten bald mit würdevollem Ernst, bald mit Spott und scharfer Ironie ans Licht zu ziehen und in treffenden Charakterbildern ein Sittengemälde jener Zeit zu liefern. Großen Beifall fand auch Addisons Trauerspiel Cato, das nach seinem Erscheinen im Jahre 1717 einen ganzen Monat lang Tag für Tag unter ungeheuerem Zudrang des Publikums zur Aufführung gebracht und von Voltaire für „die erste genießbare Tragödie, die ein Engländer gedichtet,“ erklärt wurde, nichtsdestoweniger aber den Beweis liefert, daß es dem Verfasser bei allem sonstigen schriftstellerischen Talent an wahrhaft poetischer Begabung durchaus fehlte.

Auf dem Gebiete des Romans ist zunächst Daniel Defoe (geb. 1661, gest. 1731), der Verfasser des vielgelesenen, auf einer wahren Begebenheit beruhenden Volksbuches „Robinson Crusoe,“ zu erwähnen. Samuel Richardson (geb. 1689, gest. 1761) schrieb Familienromane in Briefform, die von großem sittlichem Ernst, sowie von unverkennbarem Talent für Charakter- und Sittenschilderung zeugen, jedoch zu sehr in die Breite gezogen sind und die Absicht des Moralisirens allzu deutlich hervortreten lassen. Eine meisterhafte Schilderung des schlichten Familienlebens gibt Oliver Goldsmith (geb. 1728, gest. 1774) in seinem „Vicar of Wakefield,“ einem Romane, der trotz mancher Mängel im Plane und einzelner Unwahrscheinlichkeiten ein Lieblingsbuch nicht nur der Engländer, sondern aller Nationen geworden ist.

Als Verfasser komischer und humoristischer Romane verdienen Erwähnung: Henri Fielding (geb. 1707, gest. 1754) und Tobias Smolett (geb. 1721, gest. 1771), die Beide, im Gegensatze zu Richardson, ganz nach der Natur malen, dabei jedoch in ihren Schilderungen bisweilen zur gemeinen Alltäglichkeit herabsinken, vor

Allen aber Laurence Sterne (geb. 1713, gest. 1768), der in der Regellosigkeit, in der Unerschöpflichkeit der Laune, in der Frische des Gefühls, im Reichthum des Witzes vielfach an Jean Paul erinnert, demselben jedoch an Reinheit nachsteht.

Wie der Roman, so wurde auch das Trauerspiel bürgerlich, weßhalb auch an die Stelle der metrischen Form die ungebundene Rede trat; dasselbe fand jedoch keinen einzigen hervorragenden Bearbeiter. Dagegen brachte der berühmte Schauspieler David Garrick (geb. 1716, gest. 1769), der sich auch als Lustspieldichter einen Namen erwarb, die Dramen Shakespeare's bei seiner Nation wieder zu Ansehen. Unter den zahlreichen Lustspieldichtern nimmt Richard Sheridan (geb. 1751, gest. 1816), dessen „Lästerschule — the chool for scandal — zu den besten Lustspielen der neueren Zeit gehört, die erste Stelle ein.

Auf dem Gebiete der didaktischen Poesie genoß besonders Alexander Pope (geb. 1688, gest. 1744), der „Fürst des Reimes" und „der große Verstandesdichter," wie ihn die Engländer noch heute nennen, eines hohen Ansehens. Auch seine Schäfergedichte, sowie sein beschreibendes Gedicht: „der Wald von Windsor" und sein satirisch-komisches Epos „der Lockenraub" trugen dem ehrgeizigen Dichter reichen Beifall ein.

Hohen Ruhm erwarb sich als Lehrdichter auch Edward Young (geb. 1721, gest. 1770) durch seine „Nachtgedanken," die wegen der Tiefe und Wahrheit der darin ausgedrückten Gefühle nicht nur in England, sondern auch in Frankreich, Deutschland und Italien großen Anklang fanden.

Im beschreibenden Gedichte glänzt besonders James Thomson (geb. 1700, gest. 1748), dessen fast in alle Sprachen Europa's übersetzte „Jahreszeiten" als ein Musterbild in dieser Gattung gelten. Auch in der dramatischen Dichtung versuchte sich Thomson mit Glück, und der Schlußgesang seines Maskenspiels „Alfred" ist wegen des stolzen Refrains: „Rule Britannia, rule the waves — Britons never shall be slaves" ein Lieblingslied der Engländer geworden.

Als elegischer Dichter ragt besonders Thomas Gray (geb. 1716, gest. 1771) hervor, dessen „Elegie auf einem Dorfkirchhofe" zu den schönsten Perlen der englischen Dichtung zählt. Das Höchste leistete jedoch auf dem Gebiete der lyrischen Dichtung der Schotte Robert Burne, ein unbemittelter Gärtnerssohn, der im Jahre 1796 nach einem wechselvollen, aufreibenden Leben im Alter von 37 Jahren einem Fieber erlag, aber trotz seines frühen Todes auf die Verjüngung der Dichtung seiner Heimath einen tiefgreifenden Einfluß ausgeübt hat, weil er in seinen den vollen Zauber der Poesie athmenden Liedern nur Selbstgefühltes aussprach. Göthe zählt ihn zu den ersten Dichtergeistern, welche das achtzehnte Jahrhundert hervorgebracht.

Von großem Einfluß auf die Hebung der englischen Poesie war die genauere Bekanntschaft mit den alten Balladen und Volksliedern, von denen der Bischof Thomas Percy im Jahre 1765 unter dem Titel „Tho reliquies of anciens english poetry“ eine reichhaltige, mit großem Beifall aufgenommene Sammlung herausgab, durch welche zahlreiche Nachahmungen veranlaßt wurden. Ungeheueres Aufsehen erregten die im Jahre 1762 von dem Schotten James Macpherson als Gesänge des vermeintlichen altschottischen Barden Ossian herausgegebenen Dichtungen, deren Unächtheit auf das Evidenteste nachgewiesen ist.

Unter den prosaischen Schriftstellern Englands aus der Zeit Georgs I. und Georgs II. sind die namhaftesten die Geschichtschreiber David Hume, ein Schotte aus einem wenig begüterten Zweig der Familie der Grafen von Home (geb. 1711, gest. 1776), der eine Geschichte Englands geschrieben; William Robertson (geb. 1721, gest. 1793), der Verfasser verschiedener Geschichtswerke, unter andern einer Geschichte Karls V., und Edward Gibbon (geb. 1737, gest. 1794), dessen „Geschichte des Verfalls und Untergangs des römischen Reiches“ von Manchen für das beste Werk über diesen Gegenstand gehalten wird. Alle drei waren Deisten — Robertson und Gibbon Schüler Voltaire's. Indessen war seit dem Jahre 1740 das Ansehen der Freidenker in England geschwunden, und die offenen Angriffe auf den Offenbarungsglauben wurden seltener, da man die englische Freiheit für gesichert hielt und zum Kampfe gegen den Despotismus nicht mehr des Anstürmens gegen den als sein Bollwerk betrachteten Altar zu bedürfen glaubte. Die englischen Freidenker zogen sich nach und nach in die geheimen Gesellschaften, insbesondere in die Logen der Freimaurer zurück, deren erste im Jahre 1717 in London eröffnet wurde.

XIX.

Kaiser Karl VI.

(1711—1740.)

Karls VI. erster Türkenkrieg.

(1716—1718.)

Auch nach der Beendigung des spanischen Erbfolgekrieges war der erschöpften österreichischen Monarchie keine Zeit der Ruhe beschieden. Kaum war der Friede von Rastadt geschlossen, als neue

Wetterwolken von Osten heraufstiegen. Die Osmanen, die durch den Frieden von Karlowitz aus dem größten Theile von Ungarn verdrängt und auf Temeswar und Belgrad zurückgeworfen worden, konnten die erlittenen Verluste nicht verschmerzen, und da die Venetianer sich auf der in ihren Besitz übergegangenen Halbinsel Morea durch vielfache Bedrückungen der Griechen verhaßt gemacht, glaubte die Pforte dieselbe mit leichter Mühe zurückerobern zu können. Sie erklärte daher im Jahre 1715 der Republik den Krieg, indem sie gleichzeitig eine Gesandtschaft an den Kaiser abordnete, um denselben durch die Versicherung der freundschaftlichsten Gesinnungen gegen Oesterreich von einer Einmischung zu Gunsten der Venetianer abzuhalten. Während Karl VI. den Ausbruch des von der Pforte geplanten Krieges durch das Anerbieten seiner Vermittlung zur Herbeiführung eines gütlichen Abkommens mit den Venetianern zu verhindern suchte, war bereits ein zahlreiches türkisches Heer über die Landenge von Korinth nach Morea vorgedrungen, und bald war der ohnehin nur schwache Widerstand der venetianischen Truppen auf der ganzen Halbinsel niedergeworfen. Die Venetianer wandten sich hierauf an den Kaiser mit der Bitte um seinen Beistand zur Aufrechthaltung der Stipulationen des Karlowitzer Friedens, und da der von der Pforte begangene Vertragsbruch nicht nur das Interesse des christlichen Glaubens schwer gefährdete, sondern auch für den österreichischen Staat neue Gefahren heraufbeschwor, indem jeder von der Pforte errungene Machtzuwachs für den Großherrn ein Sporn werden konnte, die Wiedereroberung der im Frieden von Karlowitz an Oesterreich zurückgekommenen Gebiete zu versuchen, schloß der Kaiser, auf den Rath des Prinzen Eugen, am 13. April 1716 mit den Venetianern ein Schutz- und Trutzbündniß und ließ zugleich an die Pforte die Aufforderung ergehen, die Bestimmungen des Karlowitzer Friedens zu respektiren und der Republik Venedig den ihr zugefügten Schaden zu vergüten, widrigenfalls er sofort seinen Gesandten von Konstantinopel abberufen werde. Statt dieser Aufforderung nachzukommen, erklärte die Pforte, berauscht durch die auf Morea errungenen Erfolge und im Vertrauen auf Oesterreichs Erschöpfung, an den Kaiser den Krieg, für welchen sofort die umfassendsten Rüstungen angestellt wurden.

Indessen war auch Prinz Eugen, dem als dem Präsidenten des Hofkriegsraths das gesammte österreichische Heerwesen unterstand, nicht müßig geblieben, und als der Großvezir zu Anfang August 1716 mit einem Heere von zweimalhunderttausend Mann vor Peterwardein, dem Sammelplatze der österreichischen Truppen, erschien, fand er daselbst ein Heer von fünfundsechzigtausend Mann, das, von unbedingtem Vertrauen auf seinen bewährten Führer erfüllt und mit allem

Nöthigen ausreichend versehen, vor Begierde brannte, dem treubrüchigen Feinde der Christenheit ein zweites Zenta zu bereiten. Die Aufforderung des Großvezirs, die Festung gegen freien Abzug der Besatzung zu übergeben, wurde keiner Antwort gewürdigt, und als hierauf die Türken Miene machten, zur Belagerung derselben zu schreiten, beschloß Eugen, ohne Verzug zum Angriff gegen das ungleich stärkere feindliche Heer vorzugehen, und stellte zu diesem Ende am 5. August seine Truppen in Schlachtordnung auf.

Nach einem fünfstündigen heißen Kampfe, in welchem die kaiserliche Reiterei von Anfang an bedeutende Vortheile errungen, während das Fußvolk mehrmals von den Janitscharen zurückgeworfen worden, lösten sich die türkischen Reihen. Vergebens suchte der Großvezir, der die Fahne des Propheten entfaltet hatte, an der Spitze seiner Leibgarde dem stürmischen Vordringen der Kaiserlichen Einhalt zu thun und ihnen den kaum mehr zweifelhaften Sieg zu entreißen: von einer Kugel durch die Stirn getroffen, stürzte er vom Pferde. Sein Tod machte die Verwirrung in dem geschlagenen türkischen Heere vollständig: in regelloser Flucht eilten die zersprengten Schaaren, in ihrem verlassenen Lager den Siegern eine unermeßliche Beute an Geschützen, Fahnen, Pferden, Kameelen und Kostbarkeiten aller Art zurücklassend, der Save zu.

Eugen ordnete für den glorreichen Sieg, der den Kaiserlichen an Todten und Verwundeten dreitausend Mann gekostet, während der Verlust der Türken sich auf das Doppelte belief, einen feierlichen Dankgottesdienst an, und der stürmische Jubel, mit welchem die Siegesbotschaft in Wien begrüßt wurde, fand in ganz Europa begeisterten Widerhall. Dem siegreichen Prinzen Eugen sandte Papst Clemens XI., der von Anfang an das lebhafteste Interesse für den Krieg gezeigt und dem Kaiser zur leichteren Bestreitung der Kosten desselben den Zehnten aller geistlichen Einkünfte in dessen Erbländern bewilligt hatte, einen geweihten Hut und Degen, das übliche Zeichen der Anerkennung hervorragender kriegerischer Verdienste um die gesammte Christenheit und die katholische Kirche.

Um den errungenen Sieg möglichst auszubeuten, schritt Eugen ohne Verzug zur Belagerung von Temeswar, die am 1. September eröffnet wurde. Da der Kommandant der Festung, der tapfere Mehemed Aga, sicher auf baldigen Ersatz rechnen durfte, wies er die Aufforderung Eugens zur Uebergabe des Platzes mit Entschiedenheit zurück; nachdem jedoch das am 23. September erschienene Entsatzheer durch einen energischen Angriff von Seiten Eugens zum Rückzug über die Temes gezwungen und am 1. Oktober die stark befestigte Vorstadt von Temeswar von den Kaiserlichen erstürmt worden, entschloß sich Mehemd Aga am 12. Oktober zur Kapitulation, unter der Bedingung freien Abzugs für die von achtzehntausend auf zwölftausend Mann zusammengeschmolzene Besatzung, sowie für die türkische Bevölkerung der Stadt.

Durch die Eroberung von Temeswar, das hundertvierundsechzig Jahre lang ununterbrochen in den Händen der Türken gewesen, gelangte das siegreiche kaiserliche Heer in den Besitz des ganzen Banats. Nachdem Eugen den General der Kavallerie, Grafen Mercy, zum Oberbefehlshaber dieses Landes bestellt und Streifzüge nach Bosnien, Serbien und der Wallachei angeordnet, deren Bevölkerung durch die Befreiung des Banats von der Türkenherrschaft mit neuen Hoffnungen auf die endliche Erlösung von dem Joche der Ungläubigen erfüllt worden, kehrte er zur Leitung der nöthigen Vorkehrungen für den Feldzug des kommenden Jahres nach Wien zurück, wo ihm ein glänzender Empfang zu Theil wurde.

Unterdessen hatte die Pforte, durch die bedeutenden Erfolge der kaiserlichen Waffen aus dem Siegestaumel gerissen, in welchen sie durch die rasche Eroberung von Morea versetzt worden, an den Kaiser Friedensvorschläge gelangen lassen; da dieselben jedoch in keinem Verhältniß zu den Ansprüchen standen, zu welchen die bereits errungenen Vortheile den kaiserlichen Hof berechtigten, wurden sie zurückgewiesen und die nachdrücklichste Fortsetzung des Krieges beschlossen.

Nachdem sich Eugen am 14. Mai 1717 von seinem kaiserlichen Kriegsherrn verabschiedet hatte, um auf den Kriegsschauplatz zurückzukehren, zog er die einzelnen Truppentheile bei Peterwardein zusammen und brach von dort am 9. Juni mit dem ganzen Heere, das auch diesmal wieder fünfundsechzigtausend Mann zählte, zur Ueberschreitung der Donau auf, an deren rechtem Ufer er am 16. Juni im Angesichte von Belgrad Stellung nahm. Von dem Wunsche getrieben, unter dem größten Feldherrn ihrer Zeit im ruhmvollen Kampfe gegen den Erbfeind der Christenheit die ersten Lorbeeren zu erringen, hatten sich zahlreiche deutsche Fürstensöhne, unter ihnen die beiden Söhne des Kurfürsten Maximilian Emmanuel von Baiern mit sechstausend Mann baierischer Truppen, sowie der Prinz Emmanuel von Portugal und zwei lothringische Prinzen nebst einer großen Schaar französischer Edelleute bei dem kaiserlichen Heere eingefunden.

Obgleich sich der Belagerung von Belgrad bei dessen Lage dicht am Einfluß der Save in die Donau und der weiten Ausdehnung der trefflich angelegten Befestigungswerke, insbesondere bei der Unzugänglichkeit der steil abfallenden Citadelle, die größten Schwierigkeiten entgegenstellten und überdies ein Heer von zweimalhundertfünfzehntausend Mann zum Entsatze der Festung heranrückte, war Eugen fest entschlossen, den Kampf um den Besitz derselben zu wagen. Nachdem zur Aufrechthaltung der Verbindung mit den kaiserlichen Ländern sowohl über die Donau, als auch über die Save

20*

Brücken geschlagen und zum Schutze des kaiserlichen Lagers gegen einen Angriff des türkischen Entsatzheeres bedeutende Verschanzungen angelegt worden, begannen die eigentlichen Belagerungsarbeiten, die so rasch zu Ende geführt wurden, daß schon am 22. Juli, fünf Tage nach einem siegreich zurückgeschlagenen Ausfall der dreißigtausend Mann starken türkischen Besatzung, zur Beschießung der Stadt geschritten werden konnte. Schon nach wenigen Tagen war der größte Theil der eigentlichen Stadt in einen Trümmerhaufen verwandelt. Auch die Festungswerke hatten so sehr gelitten, daß die Belagerer ihrem Ziele nahe zu sein schienen, als am 31. Juli das von der Besatzung sehnlichst erwartete Entsatzheer anlangte und im Angesichte des kaiserlichen Lagers eine befestigte Stellung nahm.

Bei der gewaltigen Uebermacht des Feindes und der Erschöpfung der kaiserlichen Truppen, unter denen überdies die ungeheueren Anstrengungen der letzten Zeit, sowie die Belagerungskämpfe und ausgebrochenen Krankheiten bedeutende Lücken geschaffen, war die Lage des kaiserlichen Heeres eine äußerst bedenkliche; dennoch verlor Eugen den Muth nicht. Da ein Rückgang über die Brücken im Angesichte des Feindes nicht möglich war und ein längeres Zuwarten die Lage des kaiserlichen Heeres nur verschlimmern konnte, beschloß er, ohne Zögern zum Angriff auf das türkische Heer zu schreiten, für welchen er den 16. August festsetzte.

Schon um Mitternacht verließen die kaiserlichen Völker in lautloser Stille ihr Lager, um sich außerhalb der Verschanzungen in Schlachtordnung aufzustellen. Als der Tag anbrach, breitete sich über die ganze Gegend ein dichter Nebel aus, der zwar dem Feinde die Annäherung der Kaiserlichen eine Zeitlang verbarg, zugleich aber auch den Bewegungen des kaiserlichen Heeres die nöthige Sicherheit raubte. Das plötzliche Erscheinen der österreichischen Reiterei des rechten Flügels vor einer frisch aufgeworfenen türkischen Redoute brachte Bewegung unter die Türken, und in wenigen Minuten war das ganze feindliche Lager in Schlachtbereitschaft.

Da bei dem rasch auf der ganzen Linie entbrannten Kampfe der fortdauernde Nebel jedes geordnete Zusammengehen verhinderte, geschah es, daß ein Theil des kaiserlichen Fußvolkes im Anschluß an die Bewegungen der beiden Flügel zu weit nach rechts oder nach links abschwenkte, und als gegen acht Uhr endlich ein frischer Morgenwind den dichten Nebelschleier zerriß, gewahrte Eugen mit Schrecken, daß, während seine beiden Flügel siegreich vorgedrungen waren und den Feind aus seinen Verschanzungen zurückgeworfen hatten, die kaiserliche Schlachtlinie auseinander gerissen worden und das türkische Fußvolk in vollem Vordringen in den entstandenen Zwischenraum begriffen war, so daß für die Kaiserlichen die Gefahr vorlag, im Rücken und in der Flanke überfallen zu werden. Rasch entschlossen, stellte er sich selbst an die Spitze des zweiten Treffens und stürmte mit kühner Todesverachtung den vordringenden Janitscharen entgegen. Während seine Schaaren mit begeistertem Ungestüm mit den Janitscharen rangen, die sich den errungenen Vortheil nicht entreißen lassen wollten, entschied Eugen durch einen an der Spitze einiger Kürassierschwadronen ausgeführten Flankenangriff den blutigen Kampf zu Gunsten der Kaiserlichen. Die von zwei Seiten angegriffenen Janitscharen wichen zurück, und nachdem die kaiserliche Schlachtlinie hergestellt worden, sahen sich die Türken alsbald aus ihrer ganzen Stellung verdrängt. Nur eine einzige türkische Batterie von achtzehn schweren Geschützen leistete im Centrum des Feindes, von den Spahis gedeckt, noch verzweifelten Widerstand; doch auch sie wurde durch eine Sturmkolonne von zehn Grenadierkompagnien und vier Bataillonen Infanterie, die, einer Mauer gleich, bis zu der feindlichen Batterie vordrangen, ohne das verheerende Feuer derselben mit einem einzigen Schusse zu erwidern, und sich dann mit gefälltem Bajonett auf die Feinde stürzten, nach einem heißen Ringen erobert. In wilder Hast verließ das geschlagene türkische Heer sein Lager und suchte, von den kaiserlichen Husaren verfolgt, sein Heil in einer regellosen Flucht, mehr als zwanzigtausend Todte und Verwundete auf der blutgetränkten Wahlstätte zurücklassend. Den siegreichen Kaiserlichen, die nur fünfzehnhundert Todte und dreitausendfünfhundert Verwundete zählten, fiel auch diesmal in dem verlassenen türkischen Lager eine unermeßliche Beute in die Hände.

Zwei Tage nach der Schlacht kapitulirte Belgrad, unter der Bedingung des freien Abzugs der Besatzung und der türkischen Bevölkerung der Stadt, und am 22. August nahm Eugen von der Festung Besitz. Mit derselben fielen ihm sechshundert Geschütze und ungeheuere Munitionsvorräthe zu; auch die ganze Donauflotille wurde eine Beute der Sieger.

In Wien rief die Nachricht von dem glorreichen Siege bei Belgrad, der letzten großartigen Waffenthat des Prinzen Eugen, einen unbeschreiblichen Jubel hervor. Kaum vermochte der Ueberbringer derselben, der Generalfeldwachtmeister Hamilton, sein Pferd durch die jauchzende Menge nach der kaiserlichen Burg zu bringen, und bis in die späte Nacht erscholl in den Straßen das Vivatrufen der begeisterten Wiener. Ihr Jubel fand auch diesmal in allen Ländern Europa's den freudigsten Widerhall, und von vielen gekrönten Häuptern erhielt Eugen die ehrenvollsten Beglückwünschungsschreiben. Mit unauslöschlichen Zügen aber hatte der ruhmgekrönte Türkenbezwinger durch den glorreichen Sieg bei Belgrad seinen Namen in das Herz des deutschen Volkes eingeschrieben, und das Lied von Prinz Eugenius, dem „edlen Ritter," das Eugens tapfere Krieger in dem nassen Feldlager vor Belgrad während der Friedensunterhandlungen gedichtet hatten, wurde ein Volkslied in des Wortes weitester Bedeutung.

Nach dem Falle von Belgrad machte der Sultan dem Kaiser neue Friedensvorschläge, und da Karl VI. schon wegen der durch Alberoni's Entwürfe herbeigeführten politischen Verwicklungen wünschen mußte, baldmöglichst freie Hand zu gewinnen, ging er bereitwillig auf dieselben ein. So kam am 21. Juli 1718 in dem serbischen Städtchen Passarowitz, das auf den Vorschlag Eugens zum Kongreßorte bestimmt worden, ein für Oesterreich äußerst vortheilhafter Friede zu Stande. Der Kaiser erhielt durch denselben Belgrad mit dem nördlichen Theile von Serbien, sowie Temeswar mit dem Banate, die Wallachei bis an die Aluta und einen Theil von Kroatien, Slavonien und Bosnien und außerdem das Schutzrecht für seine auf türkischem Boden lebenden Unterthanen, sowie die Ermächtigung, zur Sicherung des österreichischen Handels mit der Levante Konsuln und Agenten anzustellen.

Die pragmatische Sanction.

Schon im Jahre 1713 hatte der damals noch kinderlose Kaiser Karl VI., um die österreichische Monarchie für den Fall, daß er ohne männliche Nachkommen sterbe, gegen ähnliche Gefahren zu schützen, wie sie der Tod Karls II. für Spanien heraufbeschworen, ein neues Erbfolgegesetz, die sogenannte pragmatische Sanction[1]), errichtet, nach welchem die gesammten österreichischen Staaten in Ermangelung eines männlichen Erben ungetheilt an seine Töchter und deren Descendenten nach dem Rechte der Erstgeburt übergehen, für den Fall seines kinderlosen Ablebens jedoch den Töchtern Josephs I. und deren Nachkommen, gleichfalls nach dem Rechte der Erstgeburt, zufallen sollten. Da sein einziger, am 13. April 1716 geborener Sohn Leopold schon am 4. November des gleichen Jahres gestorben war, lag ihm Nichts mehr am Herzen, als der ältesten seiner drei Töchter, Maria Theresia, den ungeschmälerten und unbestrittenen Besitz des österreichischen Staates zu sichern. Zu diesem Ende ließ er nicht nur die beiden Töchter Josephs I., von denen die ältere die Gemahlin Augusts III. von Sachsen, und die jüngere die des Kurfürsten Karl Albert von Baiern wurde, bei ihrer Ver-

---

1) Der Name „pragmatische Sanction" ist eine sehr alte, schon von Kaiser Justinian gebrauchte Bezeichnung für Gesetze von unwiderruflicher Natur, durch welche wichtige Verhältnisse dauernd geordnet werden sollen. So nannte auch Karl VII. von Frankreich das Gesetz, wodurch er im Jahre 1438 die gallikanische Kirche ordnete, pragmatische Sanction.

mählung eidlich auf ihr Erbrecht Verzicht leisten, sondern holte auch, um jedweden Anspruch, der von irgend einer anderen Seite auf die gesammte österreichische Monarchie oder einzelne Theile derselben nach seinem Tode erhoben werden könnte, zum Voraus unwirksam zu machen, für die pragmatische Sanction die ausdrückliche Anerkennung der Stände seiner sämmtlichen Erbländer ein, worauf das neue Hausgesetz am 6. December 1724 feierlich proklamirt wurde.

Um die pragmatische Sanction gegen jede Anfechtung sicher zu stellen, suchte der Kaiser für dieselbe die Anerkennung und Gewährleistung sowohl des deutschen Reichs als auch der auswärtigen Mächte zu erlangen. Vergebens bemerkte ihm der Prinz Eugen, der die Arglist und Willkür der damaligen Staatskunst besser durchschaute, als der Kaiser, daß ein kampfbereites Heer von zweimalhunderttausend Mann und ein wohlgefüllter Staatsschatz eine sicherere Bürgschaft für die Aufrechthaltung seines Hausgesetzes sein würden, als alle nur denkbaren Verträge: Karl VI., der selbst von dem strengsten Rechtsgefühl erfüllt war und dabei einen großen Werth auf Förmlichkeiten legte, konnte sich nicht von der Ueberzeugung losreißen, daß unter dem Schutze der urkundlichen Anerkennung und Gewährleistung seines Hausgesetzes von Seiten der übrigen Mächte das Erbrecht seiner Tochter keinerlei Anfechtung leiden werde, und glaubte daher kein Opfer scheuen zu dürfen, um diese zu erlangen.

Die erste Macht, die sich zur Anerkennung der pragmatischen Sanction bereit finden ließ, war Spanien. Wie wir oben (S. 294) gesehen, war der Streit zwischen der Quadrupel-Allianz und dem Hofe von Madrid im Jahre 1720 durch den im Haag abgeschlossenen Frieden beigelegt worden. Dabei war zur vollständigen Ausgleichung einzelner bezüglich der durch die Bestimmungen der Quadrupel-Allianz geschaffenen Verhältnisse zwischen Oesterreich und Spanien noch obschwebender Differenzen ein Kongreß vereinbart worden, der im Jahre 1722 zu Cambray eröffnet wurde. Die vermittelnden Mächte, England und Holland, führten jedoch auf demselben eine so anmaßende Sprache, daß der Kaiser und der König von Spanien sich dadurch in gleicher Weise verletzt fühlten. Die hierdurch zwischen beiden Mächten bewirkte Annäherung wurde gefördert durch das Zerwürfniß, das in Folge der Zurücksendung der zur Gemahlin Ludwigs XV. bestimmt gewesenen spanischen Infantin nach Madrid zwischen Spanien und Frankreich entstanden war. Der von der Königin Elisabeth nach Wien gesandte Graf Ripperda (s. S. 294), der Nachfolger Alberoni's in der Leitung der spanischen Angelegenheiten, brachte, nachdem der Kongreß von Cambray resultatlos verlaufen, ohne jedwede fremde Einmischung eine vollständige Aussöhnung zwischen Oesterreich und Spanien zu Stande, indem er am 30. April 1725 mit dem Kaiser einen Vertrag schloß, in welchem die Bestimmungen der Quadrupel-Allianz bestätigt und alle noch obschwebenden Differenzen ausgeglichen wurden.

Zugleich gelang es Ripperda, den Kaiser nicht nur für das von der Königin Elisabeth entworfene Projekt einer Vermählung ihrer beiden Söhne mit den beiden ältesten Töchtern Karls zu gewinnen, sondern ihn auch trotz der Gegenvorstellungen Eugens zu einem Vertrage zu bestimmen, in welchem Karl VI. Spanien wieder zum Besitze von Gibraltar zu verhelfen versprach und beide Mächte für den Fall eines Krieges mit Frankreich und England einander nachdrücklichen bewaffneten Beistand zusagten. Obgleich der definitive Abschluß der projektirten Verlobungen einer späteren Zeit vorbehalten blieb, übernahm Spanien die Gewährleistung der pragmatischen Sanction und bewilligte überdies dem Kaiser für die von demselben zu Ostende errichtete ostindische Handelsgesellschaft in einem am 1. Mai 1725 geschlossenen Handelsvertrag die gleichen Vorrechte und Freiheiten bezüglich des Verkehrs mit Spanien und Indien, welche früher die vereinigten Niederlande genossen hatten.

Ungeachtet der Kaiser bezüglich des zwischen ihm und Spanien abgeschlossenen Bündnisses die strengste Geheimhaltung ausbedungen, kam dasselbe durch die Unvorsichtigkeit des Grafen Ripperda zur Kenntniß Englands und Frankreichs, und da sich zu der gleichen Zeit das Gerücht verbreitete, daß auch die Kaiserin Katharina von Rußland demselben beigetreten, schlossen beide Mächte ihrerseits ein Bündniß und bewogen auch den König Friedrich Wilhelm I. von Preußen zum Beitritt, indem sie ihm versprachen, ihn bei dem Tode des kinderlosen Kurfürsten von Pfalz-Neuburg in der Geltendmachung seiner Ansprüche auf Jülich und Berg zu unterstützen. Auch Holland, Dänemark, Schweden und Sardinien schlossen sich ihnen an. Bei der ersten feindlichen Bewegung Oesterreichs sollte ein gleichzeitiger Angriff auf Neapel, Mailand und Schlesien erfolgen.

Indessen gelang es dem Einfluß des Prinzen Eugen, die Politik des Kaisers ohne übereilte Lösung des mit Spanien geschlossenen Bündnisses von den Banden der spanischen Abhängigkeit zu befreien und ihr wieder eine entschieden deutsche Richtung zu geben. Die nächste Folge davon war der Rücktritt des Königs von Preußen von dem Bündniß mit England und Frankreich. Am 12. Oktober 1726 schloß derselbe mit dem zu diesem Zwecke nach Berlin entsandten Grafen Seckendorf, der schon bei einer früheren Mission des Königs vollstes Vertrauen zu gewinnen gewußt, den Vertrag von Wusterhausen, in welchem der König sich gegen die Zusicherung der Unterstützung des Kaisers zur Geltendmachung seiner bergischen Erbansprüche bereit erklärte, die pragmatische Sanction zu gewährleisten. Zwei Jahre später, am 23. Dezember 1728, wurde dieser Vertrag durch den „Berliner Traktat" in ein förmliches Schutz- und Trutzbündniß verwandelt, in welchem der Kaiser und der König einander den Besitz ihrer Länder verbürgten und der Letztere nicht nur die pragmatische Sanction in aller Form gewährleistete, sondern auch dem künftigen Gemahle Maria Theresia's seine Stimme bei der Kaiserwahl zusagte, jedoch unter der ausdrücklichen Bedingung, „daß derselbe weder ein Spanier, noch ein Franzose, sondern ein Deutscher sei." Auch mit Rußland war schon im Jahre 1726 ein Bundesvertrag zu Stande gekommen, in welchem die Kaiserin Katharina gleichfalls die pragmatische Sanction anerkannt hatte.

Die Gefahr eines allgemeinen Krieges, den die allseitigen Rüstungen in sichere Aussicht zu stellen schienen, wurde abgewandt durch das vermittelnde Dazwischentreten des päpstlichen Nuntius Grimaldi in Wien, dem es gelang, zwischen den streitenden Mächten einen Vergleich zu Stande zu bringen, dessen Hauptpunkt in der von dem Kaiser bewilligten Suspension der ostindischen Handelsgesellschaft bestand. Die übrigen Streitfragen sollten auf einem Kongreß untersucht und entschieden werden, der in der That in Soissons abgehalten wurde, die gehegten Erwartungen jedoch nicht erfüllte.

Inzwischen war das Projekt der Vermählung Maria Theresia's mit einem spanischen Prinzen definitiv aufgegeben worden, indem die Kaiserin ihre Tochter mit dem Herzog Franz Stephan von Lothringen zu vermählen wünschte und diese Verbindung von dem Prinzen Eugen auf das Wärmste befürwortet wurde. Die hierdurch tief gekränkte Königin Elisabeth schloß hinter dem Rücken des Kaisers am 9. November zu Sevilla mit England und Frankreich einen Allianzvertrag, in welchem die Entsendung von sechstausend Mann spanischer Truppen nach Italien zur Sicherstellung der dem spanischen Infanten Karlos zugesagten Erbfolge in Toskana, Parma und Piacenza vereinbart wurde.

Die Freundschaft zwischen Spanien und den beiden Westmächten war jedoch von noch kürzerer Dauer, als das Bündniß der Königin Elisabeth mit Karl VI. Als der Prinz Eugen Namens des Kaisers den Verbündeten die von entsprechenden Rüstungen begleitete Erklärung zugehen ließ, daß Oesterreich das Erscheinen eines einzigen spanischen Soldaten in Italien als einen Kriegsfall ansehen werde, versagten England und Frankreich der Königin Elisabeth ihre Mitwirkung zu der projektirten Ueberführung spanischer Truppen nach Italien, worauf Spanien auch seinerseits sich weigerte, die ihnen in dem Traktat von Sevilla bewilligten Handelsvortheile einzuräumen. Die nächste Folge der Aufhebung dieses Traktats war die Annäherung Englands an den Kaiser, die am 16. März 1731 zum Abschluß eines Vertrags führte, in welchem England und Holland die pragmatische Sanction gewährleisteten und Karl VI. seinerseits versprach, den Unterthanen beider Seemächte freien Handel nach Sicilien zu gestatten und die Handelsgesellschaft zu Ostende dauernd aufzuheben.

Die Anerkennung und Gewährleistung der pragmatischen Sanction von Seiten des deutschen Reiches erfolgte, trotz der Protestation der Kurfürsten von Sachsen, Baiern und der Pfalz, im Jahre 1732.

Der polnische Thronfolgekrieg.

(1733—1735.)

Nachdem August II. durch den Ausgang des russischen Feldzugs Karls XII. die polnische Krone wieder erlangt hatte, war sein Streben vor Allem darauf gerichtet, durch die Vernichtung der unbeschränkten Herrschaft des Adels, der, obgleich er nur den zwanzigsten Theil der Bevölkerung bildete, doch so sehr alle staatlichen Rechte an sich gerissen, daß er allein die Nation darstellte, eine wirkliche Königsgewalt herzustellen. Dieses Ziel hatte ihm schon bei der versuchten Eroberung Livlands vor Augen geschwebt; da er es jedoch auf diesem Wege nicht hatte erreichen können, verfolgte er jetzt eine entgegengesetzte Politik: er knüpfte Unterhandlungen mit Rußland und Preußen an, um beide Mächte durch die Abtretung beträchtlicher polnischer Gebietsstrecken zu bewegen, ihm zur Verwandlung des Ueberrestes in ein souveränes Erbkönigthum behilflich zu sein. Aber indem er zum Zwecke der Durchführung seiner Pläne die sächsische Armee in Polen zurückbehielt, ohne in der Lage zu sein, derselben den nöthigen Unterhalt zu verschaffen, brachte er besonders den niederen Adel, der durch die von den sächsischen Truppen verübten Erpressungen schwer geschädigt wurde, so sehr gegen sich auf, daß derselbe zu den Waffen griff. Bald entstanden zahlreiche „Conföderationen" — außerordentliche Verbindungen, zu welchem der Adel seine Zuflucht nahm, um durch Gewalt zu erreichen, was auf gesetzlichem Wege nicht zu bewirken war, — und da auch die Großen, auf welche August gezählt, sich der allgemeinen Bewegung anschlossen, blieb dem König nichts Anderes übrig, als die Vermittlung des Czaren in Anspruch zu nehmen. Diesem gelang es, am 3. November 1716 einen Vergleich zu Stande zu bringen, nach welchem August seine Sachsen entlassen, gleichzeitig aber auch die Nationalarmee weit unter die Hälfte ihres füheren Bestandes herabgesetzt werden sollte, was der König nach dem zwischen ihm und der Nation bestehenden widersinnigen Verhältniß als einen von ihm errungenen Vortheil ansah.

Da August zur der Ueberzeugung gelangt war, daß der Weg der Gewalt ihn nicht zu der erstrebten Wiederherstellung der königlichen Macht führen werde, suchte er sich den polnischen Adel durch dessen Gewöhnung an eine erhöhte Prunk- und Genußsucht zu eigen zu machen, zu welchem Ende er an seinem Hofe zu Warschau die äußerste Pracht und Ueppigkeit entfaltete. Aber auch dieses Mittel führte ihn nicht zum Ziele, und als er am 1. Februar 1733 während eines Reichstages zu Warschau starb, war es ihm, trotz der eifrigsten Bemühungen, noch nicht einmal gelungen, seinem Sohne die Nachfolge auf dem polnischen Throne zu sichern.

Die Blicke der Polen wandten sich bei der neuen Königswahl hauptsächlich auf Stanislaus Lescinski, und der französische Hof betrachtete es als eine Ehrensache, seinen ganzen Einfluß einzusetzen, um dem Schwiegervater Ludwigs XV. wieder zu der verlorenen polnischen Krone zu verhelfen. In diesem Streben unterstützte ihn besonders der Primas Potocki, ein eifriger Anhänger Lescinski's, und nachdem derselbe auf dem gleich nach dem Tode Augusts II. ausgeschriebenen „Convocationsreichstage“ — so wurden in Polen die Reichstage genannt, auf welchen Zeit und Ort der Königswahl festgesetzt wurde — den Beschluß durchgesetzt, daß jeder auswärtige Fürst von der Wahl ausgeschlossen sein und nur ein Piast, d. h. ein Eingeborener, gewählt werden solle, schien die Rückkehr Lescinski's auf den polnischen Thron um so mehr gesichert, als der französische Gesandte Monti durch Geld und Versprechungen fast die ganze Nation für denselben gewonnen hatte.

Den Bemühungen Frankreichs waren jedoch Kaiser Karl VI. und die Kaiserin Anna von Rußland entgegengetreten, welche den neuen Kurfürsten von Sachsen, August III., Augusts II. Sohn, auf den polnischen Thron zu bringen suchten, weniger noch um Polen dem Einfluß Frankreichs zu entziehen, als aus persönlichen Gründen. August III. hatte nämlich dem Kaiser als Preis seines Beistandes zur Erlangung der polnischen Krone die Anerkennung der pragmatischen Sanction und damit zugleich die Verzichtleistung auf die Ansprüche zugesagt, welche er als Gemahl der ältesten Tochter Josephs I. auf die österreichische Monarchie etwa geltend machen könne, und die Kaiserin Anna war von dem Kurfürsten durch das Versprechen gewonnen worden, falls er König von Polen werde, ihrem Günstling Biron die Belehnung mit dem erledigten Herzogthum Kurland zu ertheilen. Beide Mächte erklärten, daß sie, da Stanislaus durch einen früheren Beschluß der Nation für immer von dem polnischen Throne ausgeschlossen worden, dessen Wiedererhebung auf denselben als eine Verletzung der polnischen Verfassung betrachten müßten, deren Aufrechthaltung zu überwachen sich durch ältere Verträge verpflichtet seien.

Unterdessen war Stanislaus Lescinski selbst heimlich, als Kaufmann verkleidet, durch Deutschland nach Polen gereist und erschien am 12. September 1733 auf dem Wahltage zu Warschau, wo er mit Jubel empfangen und zugleich mit großer Majorität zum König gewählt wurde. Dagegen rief eine schwache Gegenpartei, an deren Spitze die Bischöfe von Krakau und Posen standen, am 5. Oktober 1733, unter dem Schutze eines über die Grenze gekommenen russischen Heeres, auf einem bei dem Dorfe Komiek gehaltenen Wahltag den Kurfürsten von Sachsen als August III. zum König aus.

Da Lescinski sich in Ermangelung eines kampfbereiten Heeres gegen die russische Kriegsmacht in Warschau nicht behaupten zu können glaubte, floh er nach Danzig, wo er die Ankunft der französischen Hilfsvölker zu erwarten gedachte. Der Magistrat erklärte sich im Vereine mit der gesammten Bürgerschaft sofort für ihn; die Stadt wurde jedoch durch ein russisches Heer unter Münnich, das alsbald zu ihrer Belagerung erschien, nach einem zweimaligen vergeblichen Versuche der von Dünkirchen nach der Ostsee entsandten französischen Flotte, den Belagerten Verstärkungen und Lebensmittel zuzuführen, am 9. Juli 1734 zur Ergebung gezwungen. Stanislaus, der selbst, von der Nutzlosigkeit eines längeren Widerstandes überzeugt, die Stadtbehörden zu Kapitulationsunterhandlungen veranlaßt hatte, entfloh, als Fruchthändler verkleidet, aus Danzig und erreichte, nachdem er mehrere Male in Gefahr geschwebt, dem Feinde in die Hände zu fallen, die preußische Stadt Marienwerder, von wo er sich nach Königsberg unter den Schutz Friedrich Wilhelms I. von Preußen begab, der anfangs auf der Seite Oesterreichs und Rußlands gestanden hatte, aber durch die Weigerung Augusts, ihm die verlangten Zugeständnisse zu machen, und verschiedene Rücksichtslosigkeiten von Seiten Rußlands der Sache der Verbündeten entfrembet worden war. Die Stadt Danzig wurde, nachdem sie August III. gehuldigt, im Besitze ihrer Freiheiten und Verfassung belassen, mußte aber an Rußland eine Geldbuße von zwei Millionen Thalern entrichten. Die polnischen Großen, die ihren König nach Danzig begleitet hatten, erkannten die Wahl Augusts III. als eine rechtmäßige an; auch der Primas, der mit dem französischen Gesandten gefangen in das russische Lager geführt worden, unterwarf sich demselben.

Unterdessen hatte Frankreich von der Wahl Augusts III. zum König von Polen Veranlassung genommen, an den Kaiser den Krieg zu erklären, obgleich derselbe kein Heer nach Polen entsandt, sondern nur Truppen in Schlesien zusammengezogen hatte, und dem Beispiele des französischen Hofes waren auch die Königin von Spanien und der König Karl Emmanuel von Sardinien gefolgt, jene weil sie den Augenblick für günstig erachtete, in Italien weitere Gebietserwerbungen zu machen, und dieser, weil auch er aus den neuen Verwicklungen Vortheile für sein Haus ziehen zu können hoffte. Nach dem zwischen den drei Mächten geschlossenen Bundesvertrage sollte der Kaiser aller seiner italienischen Besitzungen beraubt werden, der spanische Infant Don Karlos auf Toskana, Parma und Piacenza zu Gunsten seines jüngeren Bruders Philipp verzichten und dafür Neapel und Sicilien, der König von Sardinien aber das Mailändische erhalten und dafür Sardinien an Frankreich abtreten.

Unmittelbar nach erfolgter Kriegserklärung ließ Frankreich drei Heere ins Feld rücken. Das eine unter dem Marschall Berwick überschritt den Rhein bei Straßburg und zwang am 28. Oktober 1733 die Reichsfestung Kehl nach mehrtägiger Belagerung zur Ergebung; das zweite besetzte Lothringen, und das dritte unter Villars ging nach Italien, wo es sich mit dem von Karl Emmanuel selbst geführten sardinischen Heere vereinigte. Während die beiden letzteren Heere mit leichter Mühe das nur mit einer schwachen Besatzung versehene Mailand eroberten und hierauf die ganze Lombardei besetzten, zog ein spanisches Heer, das in Toskana gelandet, unter dem Infanten Karlos, den der Kaiser im Jahre 1731 bei dem Tode des letzten Herzogs von Parma aus dem Hause Farnese mit diesem Herzogthum belehnt hatte, gegen das von kaiserlichen Truppen fast gänzlich entblößte Neapel, und in kurzer Zeit war auch dieses Königreich Karl VI. entrissen.

Am Hofe zu Wien herrschte die größte Bestürzung, und zu spät erkannte der Kaiser, wie richtig der Prinz Eugen die Lage der Dinge beurtheilt hatte, als er von jeder Einmischung in die polnischen Angelegenheiten abzuhalten gesucht. Vergebens bemühte er sich, die Seemächte, die beide seine Betheiligung an den polnischen Wahlhändeln mißbilligt hatten, zu sich herüberzuziehen: sowohl Holland als England versagten ihm ihren Beistand. Selbst das deutsche Reich zögerte, trotz des von Frankreich durch die Eroberung von Kehl begangenen offenen Friedensbruches, sich ihm anzuschließen, und nur mit Mühe gelang es ihm, die deutschen Stände zu einer schwachen Unterstützung zu bewegen.

Obgleich die Körperkraft des Prinzen Eugen durch die Last der Jahre und mehr noch durch die Mühen und Anstrengungen seines thatenreichens Lebens gebrochen war, übernahm er noch einmal den Oberbefehl am Rhein; doch war es ihm bei der Geringfügigkeit der Streitkräfte, die er gegen den übermächtigen Feind ins Feld zu führen hatte — siebenunddreißigtausend Mann, theils Kaiserliche, theils Reichstruppen, gegen einmalhunderttausend Franzosen — nicht möglich, den Fortschritten desselben Einhalt zu thun. Die festen Plätze Trier und Trarbach wurden gleich zu Anfang des Feldzugs von

1734 durch die Franzosen erobert, und am 18. Juli mußte sich ihnen auch die Reichsfestung Philippsburg ergeben, obwohl der Marschall Berwick bei der Belagerung derselben den Tod gefunden hatte.

Im folgenden Jahre schien das Herannahen eines russischen Hilfsheeres unter dem General Lascy den Kaiserlichen etwas günstigere Aussichten zu eröffnen; allein die Ankunft dieses sehnlich erwarteten Korps wurde durch die Schwierigkeiten verzögert, die der Kurfürst von Baiern dem Durchmarsch desselben durch die Oberpfalz in den Weg legte, und als dasselbe endlich auf dem Kriegsschauplatze anlangte, waren bereits auf den Antrag des Kardinals Fleury geheime Friedensunterhandlungen zwischen Oesterreich und Frankreich angeknüpft worden. Der Umstand, daß seit der Einnahme von Danzig durch die Russen die polnische Thronfolgefrage thatsächlich erledigt war, indem dieselbe die Anerkennung Augusts III. als König von Polen auch von Seiten der früheren Anhänger Lescinski's zur Folge gehabt, hatte Frankreich zu einer Verständigung mit dem Kaiser geneigter gemacht, und zwar umsomehr, als demselben eine entsprechende Entschädigung für seinen Schützling Lescinski und mit derselben zugleich ein großer eigener Vortheil in Aussicht gestellt worden. Diese Entschädigung sollte in den Herzogthümern Lothringen und Bar bestehen, auf welche der zum Gemahl Maria Theresia's, der ältesten Tochter Karls VI., bestimmte Herzog Franz Stephan gegen die ihm zuzuerkennende Anwartschaft auf Toskana zu Gunsten des entthronten Polenkönigs Verzicht zu leisten bereit war, und welche nach dem Tode Lescinski's als Erbtheil der Gemahlin Ludwigs XV. an Frankreich fallen sollten. Da jedoch Toskana bereits dem spanischen Infanten Karlos zugesagt worden, sollte derselbe im Besitze von Neapel und Sicilien verbleiben, dagegen aber nicht nur auf Toskana, sondern auch auf Parma und Piacenza zu Gunsten des Kaisers verzichten. Der König von Sardinien sollte durch die von dem Herzogthum Mailand zu trennenden Gebiete von Tortona und Novara zufrieden gestellt werden, das deutsche Reich die von den Franzosen eroberten Festungen zurückerhalten und Frankreich außerdem die pragmatische Sanction gewährleisten.

Nachdem diese Hauptbedingungen zwischen dem Kaiser und Frankreich vereinbart worden, wurden am 3. Oktober 1735 in Wien die Friedenspräliminarien unterzeichnet. Spanien weigerte sich anfangs, dem Frieden beizutreten, weil die Königin Elisabeth außer Neapel und Sicilien auch Toskana, Parma und Piacenza behalten zu können gehofft hatte; da jedoch dem Hofe von Madrid die Mittel fehlten, seine Forderungen durchzusetzen, verstand er sich dazu, am 21. November 1736 seinen Rechten auf Parma und Piacenza zu Gunsten des Kaisers und seinen Ansprüchen auf Toskana zum Besten des Hauses Lothringen zu entsagen. Dagegen übertrug der

Kaiser am 11. December des gleichen Jahres Neapel und Sicilien an den Infanten Karlos.

Stanislaus Lescinski, der als König von Polen anerkannt worden und hierauf am 28. Januar 1736 zu Königsberg feierlich seine Rechte auf die polnische Krone an August III. übertragen hatte, nahm am 3. April 1737 von seinem neuen Lande Besitz und wählte Luneville zu seiner Residenz. Da die ihrem alten Herrscherhause treu ergebenen Lothringer ihren Herzog mit tiefem Bedauern hatten scheiden sehen, hatte der neue Fürst, der den Namen eines Königs von Polen fortführte, anfangs einen schweren Stand; doch erwarb er sich bald die volle Zuneigung seiner Unterthanen durch seine Leutseligkeit und Freigebigkeit, sowie durch die Milde und Weisheit seiner Regierung, durch welche er der Wohlthäter des Landes wurde. So war seine Stellung ungleich beneidenswerther, als die seines Rivalen August III., der in Polen selbst ohne Macht und Ansehen und nach Außen der Sklave Rußlands war.

Nach einer neunundzwanzigjährigen segensreichen Regierung fand der vielgeprüfte Lescinski im Alter von achtundachtzig Jahren durch einen Unfall den Tod. Am Kamine sitzend, kam er dem Feuer zu nahe; die Flammen ergriffen seine Kleider, und er erhielt dadurch so schwere Brandwunden, daß er denselben erlag. (23. Febr. 1766.)

Der Herzog Franz Stephan von Lothringen, der Enkel jenes Karl V., der unter Leopold I. so ruhmvoll gegen die Türken gekämpft, vermählte sich am 11. April 1736 mit Karls VI. Tochter Maria Theresia und hielt, nachdem das ihm zuerkannte Großherzogthum Toskana am 9. Juli 1737 durch den Tod des Großherzogs Johann Gaston seinen letzten Herrscher aus dem Mediceischen Hause verloren, am 20. Januar 1737 mit seiner jugendlichen Gemahlin seinen feierlichen Einzug in Florenz. Wie Lothringen unter Stanislaus, so erfreute sich auch Toskana unter seinem neuen Herrscher einer milden und segensreichen Regierung.

Niemand hatte den Abschluß des Wiener Friedens mit größerer Befriedigung begrüßt, als der Prinz Eugen, der bei der absoluten finanziellen Hilflosigkeit des Kaisers und dessen nahezu vollständiger Isolirung in einem raschen Friedensschluß das einzige Rettungsmittel für die österreichische Monarchie erblickt und für dieselbe noch Schlimmeres als den Verlust von Neapel und Sicilien befürchtet hatte. Trotz seines zunehmenden Brustleidens setzte er seine geschäftliche Thätigkeit mit unermüdlichem Eifer fort, und der Kaiser faßte auch jetzt noch keinen entscheidenden Entschluß, ohne des Prinzen Gutachten eingeholt zu haben. Die letzte Angelegenheit, bei welcher Eugen als Rathgeber Karls mitgewirkt, war die Vermählung Maria Theresia's, zu deren Beschleunigung er den Kaiser dringend aufgefordert, „damit allen übrigen Bewerbungen ein für allemal ein

Ziel gesetzt und das Glück seiner Tochter, sowie die Ruhe seiner Erblande gesichert werde.“ Eugen selbst überlebte diese Verbindung, durch welche das Haus Habsburg-Lothringen begründet wurde, nur um kurze Zeit. Nachdem mit dem Herannahen des Frühlings sein Zustand sich merklich zu bessern geschienen, fand man ihn am Morgen des 21. April 1736 todt in seinem Bette. Eine Lungenlähmung hatte seinem Leben ein Ende gemacht, und seine ruhige Lage, sowie der milde Ausdruck seines Gesichtes bekundeten, daß sein Hingang ein sanfter und schmerzloser gewesen.

Prinz Eugen von Savoyen — von Friedrich dem Großen, der im polnischen Thronfolgekrieg als Volontair in dem preußischen Reichscontingente eine Zeit lang unter ihm gedient, mit Recht „der Schutzgeist Oesterreichs“ genannt — zählt unstreitig zu den größten Feldherren der Weltgeschichte. Seine Schlachtpläne, die er inmitten des Kampfgewühles je nach den Umständen trefflich zu modificiren wußte, sind wahre Meisterstücke der Kriegskunst, und der Genialität des Entwurfs entsprach die kühne Entschlossenheit der Ausführung. Dabei besaß er in hohem Grade das auch Napoleon I. eigene Talent, die Siegeszuversicht, die ihn selbst erfüllte, auch seinen Soldaten einzuflößen, so daß sie, unter seiner Führung sich für unüberwindlich haltend, ihm voll Begeisterung folgten, wenn er sich an ihrer Spitze mit kühner Todesverachtung mitten in das dichteste Schlachtgetümmel stürzte.

Mit seinem ungewöhnlichen Feldherrntalent verband Eugen auch eine seltene staatsmännische Begabung, durch welche er gleichfalls dem Kaiserhause die wichtigsten Dienste leistete. Dabei war er, was höher anzuschlagen ist als alles Andere, ein durchaus edler und hochherziger Mensch, der die Pflicht zur einzigen Richtschnur seines Lebens nahm, die unvermeidlichen Drangsale des Krieges nach Kräften zu mildern suchte und mit edler Selbstverleugnung den eigenen Vortheil gern dem Wohle Aller zum Opfer brachte. Wie sehr er sich auch in seiner staatsmännischen Thätigkeit von allen Ränken und diplomatischen Winkelzügen fern hielt, obgleich er dieselben bei Andern klar durchschaute und mit Geschick zu vereiteln wußte, beweist der Ausspruch Villars über die Haltung des Prinzen bei den Rastadter Verhandlungen. „Nichts hat mir“, so sagt er, „in meinem Leben so viele Mühe gekostet, als die Redlichkeit Eugens nicht zu beleidigen; sein Charakter flößt Jedem Ehrfurcht ein.“

Eugens aufrichtige und tiefe Religiosität bewährte sich ebensowohl in der entschiedenen Anhänglichkeit und Treue, die er bei aller Duldsamkeit gegen die Ueberzeugungen Andersgläubiger sein ganzes Leben hindurch seinem katholischen Glauben bewahrte, als in der gewissenhaftesten Erfüllung seiner kirchlichen Pflichten. „Eugen haßte“, sagt der Jesuit Peikhart, „die Uebertretung der göttlichen

Gebote. Falsche Lehrgründe und Sätze der Gottlosigkeit, von welchen sich die heranreifende Jugend insgemein anhauchen läßt, hat er verachtet. Zweier geistlicher Bücher, welche von der Ehre Gottes und den Pflichten des Christen handeln, bediente er sich fast täglich, und wer mit ihm in Angelegenheiten der Religion sprechen wollte, fand stets ein geneigtes Gehör. Den Gebrauch der heiligen Sakramente hat er zu gebotener Zeit niemals übergangen. Gewöhnlich war, noch bevor er ins Feld zog, die Aussöhnung mit Gott schon vorgenommen, obgleich dieselbe auch mitten im Kriege nicht unterblieb. Und so ließ er sich denn auch noch zwei Wochen vor seinem Tode mit den heiligen Sakramenten versehen."

Als ein eifriger Freund der Künste und Wissenschaften verwandte Prinz Eugen einen großen Theil seiner Einkünfte und seines Vermögens zur Ansammlung von Kunstwerken und zur Anlegung einer äußerst reichhaltigen Bibliothek, deren Werke für ihn der Gegenstand des ernstesten Studiums waren. Auch stand er mit den hervorragendsten Künstlern und Gelehrten seiner Zeit theils in persönlichem, theils in brieflichem Verkehr, und sein Haus war den Trägern der Bildung jederzeit gastfreundlich geöffnet. Mit Leibnitz, den er während des letzten Aufenthaltes desselben in Wien kennen und schätzen gelernt, verband ihn die innigste Freundschaft, die ihren Ausdruck in einem immer reger sich gestaltenden Briefwechsel fand. Zu des Prinzen vertrautesten Freunden gehörten auch der geistreiche und kunstsinnige Kardinal Alberto Albani, ein Neffe Clemens XI. und in noch höherem Grade der Kardinal Dominico Passionei, der ebenso gelehrte als eifrige Vorkämpfer für die Rechte der Kirche, der als päpstlicher Bevollmächtigter auf den Kongressen von Utrecht und Baden sich Eugens vollste Hochachtung erworben hatte.

Bei aller seiner Größe war Eugen von seltener Bescheidenheit und stets geneigt, den Verdiensten Anderer volle Gerechtigkeit widerfahren zu lassen. „Niemals habe ich", schreibt der französische Lyriker Jean-Baptiste Rousseau, der, aus seinem Vaterlande verbannt, von Eugen mit Wohlthaten überhäuft worden war, ihm aber nichtsdestoweniger mit Undank lohnte, „in einem Manne soviel Größe mit soviel Einfachheit vereinigt gesehen. Sein Urtheil ist von einer wunderbaren Richtigkeit, und in Allem ist er unterrichtet. Er ist ein kriegerischer Philosoph, der seine Würde und seinen Ruhm mit Gleichgiltigkeit betrachtet und die Fehler, die er gemacht hat, mit derselben Offenheit erzählt, als ob von einem Anderen die Rede wäre; kalt bei der ersten Begegnung, äußerst vertraulich bei längerem Umgange, ein weit größerer Bewunderer der Tugenden Anderer, als seiner eigenen."

Karls VI. zweiter Türkenkrieg.

(1737—1739.)

Mit dem Hinscheiden des Prinzen Eugen hatte der österreichische Staat sein eigentliches leitendes Haupt verloren. Fortan wurde der wohlmeinende, aber fremdem Einfluß allzu zugängliche Kaiser meist von Ministern und Generalen geleitet, die theils des richtigen Verständnisses für die Lage der Dinge entbehrten, theils den eigenen Vortheil mehr als den des Staates im Auge hatten. Unglücklicherweise brachten sie ihn auf den Gedanken, sich durch die Betheiligung an dem im Jahre 1736 von Rußland gegen die Pforte eröffneten Kriege (s. S. 278) für die im polnischen Thronfolgekrieg erlittenen Verluste zu entschädigen. Als Vorwand zum Beginne der Feindseligkeiten, zu welchen die Pforte diesmal keinerlei Veranlassung gegeben, wurde die seit dem polnischen Thronfolgekrieg zwischen Oesterreich und Rußland bestehende Allianz gebraucht, kraft deren man sich für verpflichtet erklärte, an dem Kampfe der Bundesgenossen Theil zu nehmen.

Nachdem am 9. Januar 1737 das österreichisch-russische Bündniß durch den Gesandten des Kaisers in Petersburg mit besonderer Bezugnahme auf den von nun an gemeinsam zu führenden Krieg gegen die Türken erneuert worden, ließ Karl VI. der Pforte Friedensbedingungen übermitteln, in welchen er für Oesterreich sowohl wie für Rußland Gebietsabtretungen verlangte, und da diese von der Pforte verweigert wurden, erfolgte im Juli 1737 die Kriegserklärung Oesterreichs an den Sultan. Zu der gleichen Zeit rückte ein österreichisches Heer unter dem Grafen Seckendorf, einem fränkischen Edelmanne, der sich in sächsischen und kaiserlichen Kriegsdiensten hervorgethan und später als Gesandter Karls VI. am Hofe zu Berlin mit großer diplomatischer Gewandtheit die Interessen Oesterreichs vertreten hatte, in die Wallachei ein, um zunächst die Festung Nissa zu erobern.

Der Anfang des Unternehmens schien glückversprechend; denn schon am 2. August mußte sich Nissa ergeben. Auch ein Streifzug des Obersten Lentulus in das südwestliche Serbien hatte guten Erfolg: Novi-Bassak wurde genommen, und die Christen der Umgegend schöpften neue Hoffnung auf die endliche Befreiung von dem türkischen Joche. Aber bald wandte das Glück den Kaiserlichen den Rücken. Die Türken hatten bedeutendere Streitkräfte aufgebracht, als man in Wien erwartet, und so mißlang der Angriff Seckendorfs auf Widdin; auch Lentulus konnte sich in den von ihm besetzten Gebietsstrichen nicht behaupten. Da man in Wien die Befürchtung hegte, daß die Türken durch Bosnien in Steiermark,

Kärnthen und Krain eindringen möchten, erhielt Seckendorf Befehl, sofort zur Deckung der Linie an der Save aufzubrechen. Die Folge davon war der Fall von Nissa, in welchem nur eine schwache Besatzung hatte zurückgelassen werden können. Als der Pascha von Rumelien, Achmed Köprili, mit einem Heere von einmalhundertzwanzigtausend Mann zur Wiedereroberung dieser Festung heranrückte, verlor der Kommandant derselben, der Schweizer Doxat, so sehr den Muth, daß er der Aufforderung zur Ergebung gegen freien Abzug der Besatzung sofort Folge leistete. Er wurde dafür von einem Kriegsgerichte zum Tode verurtheilt und das Urtheil vom Kaiser bestätigt. Auch gegen Seckendorf, der am Wiener Hofe zahlreiche Gegner hatte, wurde unter der Anklage einer mangelhaften Führung ein gerichtliches Verfahren eingeleitet, in Folge dessen er als Gefangener auf die Festung Gratz abgeführt wurde.

Indessen war Seckendorfs Nachfolger im Oberbefehl, der Graf Königsegg, im Feldzuge des Jahres 1738 nicht glücklicher. Er mußte nicht nur die von ihm eroberte Festung Mehadia wieder räumen, sondern konnte auch die Einnahme von Neu-Orsowa und Semendria durch die Türken nicht verhindern und sah sich genöthigt, sich bis nach Belgrad zurückzuziehen. Auch er wurde abberufen und das Kommando dem Grafen Wallis übertragen. Unter diesem neuen Feldherrn nahmen die Dinge eine noch schlimmere Wendung. Er erlitt am 22. Juli 1739 bei Grotzka gegen den Großvezier eine so vollständige Niederlage, daß er nichts Besseres thun zu können glaubte, als eiligst einen Unterhändler mit Friedensanträgen in das türkische Lager zu senden. Dieser bot dem Großvezier Belgrad als Preis des zu bewilligenden Friedens an, und der Graf Neipperg, den der Kaiser auf die Nachricht von dem bedenklichen Stande der Dinge sofort mit Vollmachten zu Friedensunterhandlungen in das Lager des Großveziers entsandt hatte, ließ sich durch den Drang der Umstände bewegen, nicht nur dieses Anerbieten, von welchem der Großvezier nicht mehr abgehen wollte, aufrecht zu halten, sondern auch mit demselben unter der Vermittlung des im türkischen Lager anwesenden französischen Gesandten Villeneuve, der nicht wenig dazu beigetragen, die Verlegenheiten Neippergs zu vermehren, einen Präliminarfrieden abzuschließen, durch welchen die Festungen Belgrad und Sabacz nebst Serbien, der österreichischen Wallachei und der Insel und Festung Orsowa den Türken zuerkannt wurden. Da der von dem Kaiserhofe abgesandte Kurier, der den Abschluß eines übereilten Friedens verhindern sollte, nach seinem Eintreffen im österreichischen Lager von Wallis nach Siebenbürgen abgefertigt worden war, kamen die Depeschen erst in Neippergs Hände, nachdem derselbe bereits am 18. September 1739 den definitiven Friedensvertrag, den sogenannten „Frieden von Belgrad,“ unterzeichnet hatte. Die Grafen

Neipperg und Wallis wurden zur Strafe ihres Verhaltens zu längerer Festungshaft verurtheilt; aber die Länder, die durch Eugens Siege dem Kaiser gewonnen und durch ihre Ungeschicklichkeit in die Hände der Türken zurückgebracht worden, blieben für Oesterreich verloren.

Der Kummer über den unglücklichen Verlauf dieses Krieges nagte an Karls VI. Leben. Nach längerem Kränkeln starb er am 20. Oktober 1740 in seinem sechsundfünfzigsten Lebensjahre. Er war ein milder, wohlwollender Fürst von seltener Herzensgüte, dabei vielseitig gebildet und voll des besten Willens, seinen Regentenpflichten zu genügen; aber ihm fehlte die nöthige Herrscherkraft, und der mit Ehre und Treue spielenden Politik des Jahrhunderts war seine schlichte Rechtlichkeit nicht gewachsen.

Das deutsche Reich unter Karl VI.

Unter Karl VI. sank die Kaisergewalt zu noch größerer Bedeutungslosigkeit herab, als unter seinen beiden Vorgängern. Das Reich hatte sich thatsächlich aufgelöst in einen Staatenverein von mehr als dreihundert Gliedern — größeren und kleineren, beschränkten und unbeschränkten, geistlichen und weltlichen Fürsten und Herren und einer großen Zahl theils aristokratisch, theils demokratisch constituirter Stadtgemeinden —, in welchen der nationale Sinn gänzlich erstorben war und vor den Interessen des Einzelnen die Rücksicht auf das Gesammtwohl vollständig in den Hintergrund trat. Von der früheren Kaiserherrlichkeit war nichts Anderes übrig geblieben, als die Prunkformen der Krönung, die gleich den Förmlichkeiten der Kaiserwahl genau nach den Satzungen der goldenen Bulle beibehalten wurden.

Während die Gesammtkraft der Nation und mit derselben des Reiches Ehre und Ansehen ihrem vollständigen Verfalle entgegen gingen, wetteiferten die Reichsfürsten in dem Bestreben, nicht nur an Macht und Regierungsgewalt zu wachsen, sondern auch in Rang und Titeln sich den mächtigsten Potentaten gleich zu stellen und an Pracht und Glanz des Hofstaates einander zu überbieten. Für die meisten derselben war der prunkvolle Hofhalt Ludwigs XIV. Muster und Vorbild geworden, und mit den blendenden Formen und der verschwenderischen Einrichtung des Hofes von Versailles hatte auch das an demselben herrschende Sittenverderbniß an den deutschen Höfen Eingang gefunden.

Der glanzvollste und zugleich der üppigste unter den deutschen Fürstenhöfen war der sächsische. Schon der Kurfürst Johann Georg II. (1656—1680) hatte durch seine Prachtliebe und Vergnügungssucht seinem Lande die schwersten Lasten aufgebürdet, und sein Enkel und zweiter Nachfolger Johann Georg IV. (1691—1694) war in dieser Beziehung ganz in seine Fußstapfen getreten. Weit schlimmer jedoch noch wurde es unter dem Bruder und Nachfolger des Letzteren, August II. dem Starken, der nicht nur durch seine alles Maß überschreitende Prunksucht und Verschwendung den ohnehin durch seine Kriege schwergeschädigten Wohlstand Sachsens vollständig zu Grunde richtete, sondern auch sich selbst und das Land durch Buhlerinnen beherrschen ließ, an welche er Millionen verschenkte, während das Volk im tiefsten Elende seufzte.

Die gleiche Verschwendung herrschte an dem sächsischen Hofe unter Augusts II. Sohn und Nachfolger August III., der zwar keine andere Leidenschaft kannte, als die Jagd, aber aus Gewohnheit seinem Vater in dem verschwenderischen Prunk der Hofhaltung nachahmte und, wie dieser, ungeheuere Summen für die Ansammlung von Kunstschätzen, insbesondere kostbarer Gemälde, verausgabte. Ohne jedwede Geisteskraft und gelangweilt durch alles, was die Regierung seines Landes betraf, überließ er die Leitung der Staatsgeschäfte vollständig seinem Günstling, dem Grafen Heinrich von Brühl, der es meisterhaft verstand, seinen Herrn in vollständigster Abhängigkeit von seinem eigenen Willen und dabei zugleich in dem Wahne zu erhalten, daß er Alles selbst entscheide. In der Prunksucht wetteiferte der allgewaltige Minister mit seinem Herrn, und sein Hofstaat, der ungeheure Summen verschlang, blieb an Glanz kaum hinter dem königlichen zurück. Außer einer Dienerschaft von zweihundert Personen unterhielt er eine Ehrenwache von Adeligen, die höher besoldet waren, als die königlichen Kammerjunker, und der Luxus seiner Tafel wie seiner häuslichen Einrichtung und seiner Kleidung überstieg alles Maß. „Brühl“, sagt Friedrich der Große, „war der Mann dieses Jahrhunderts, der die meisten Kleider, Uhren, Spitzen, Stiefeln, Schuhe und Pantoffeln hatte. Cäsar würde ihn zu jenen schön frisirten und parfümirten Köpfen gezählt haben, die er nicht fürchtete.“ Da sein Gehalt von zweiundfünfzigtausend Thalern zur Bestreitung seines maßlosen Aufwandes bei Weitem nicht ausreichte, ließ er sich von dem Könige die reichsten Besitzungen schenken und kümmerte sich wenig darum, daß das Land durch seine Verschwendung zu Grunde gerichtet wurde und die Schuldenlast des Kurfürstenthums unter seiner Verwaltung auf das Fünffache anwuchs.

Neben dem sächsischen Hofe that sich auch der baierische unter dem ganz an Frankreich hingegebenen Kurfürsten Maximilian Emmanuel (1679—1726) durch die Entfaltung eines maßlosen Prunkes hervor. Der Hof, den sich Maximilian Emmanuel als Statthalter der Niederlande in Brüssel eingerichtet, war ein treues Abbild des französischen, und um die Kosten desselben aufzubringen, wurde Baiern eine fast unerschwingliche Steuerlast aufgebürdet. Auch unter Maximilian Emmanuels Sohn und Nachfolger Karl Albert dem nachmaligen Kaiser Karl VII., zählte der baierische Hof zu den glänzendsten in Deutschland und trug in seinen prunkvollen Festlichkeiten ein entschieden französisches Gepräge.

Von den kleineren deutschen Fürstenhöfen zeigte besonders der württembergische unter dem Herzog Eberhard Ludwig (1693 bis 1733) und dessen zweitem Nachfolger Karl (1737—1793), dem Sohne des zur katholischen Kirche übergetretenen Herzogs Karl Alexander, der seinem Vetter, dem kinderlos verstorbenen Eberhard Ludwig, in der Regierung gefolgt, neben einem die Kräfte des Landes verzehrenden Prunk das traurige Bild einer großen Entsittlichung; doch suchte der Herzog Karl in seinen letzten Regierungsjahren durch größere Sparsamkeit und eine umsichtigere Staatsverwaltung den seinem Lande zugefügten Schaden möglichst gut zu machen.

Einen wohlthuenden Gegensatz zu den meisten übrigen vollständig französirten Fürstenhöfen Deutschlands bildete der Hof zu Wien, der sich wie unter Leopold I., so auch unter Karl VI. durch Einfachheit und Sittenreinheit auszeichnete. Karl VI. hielt zwar an demselben die Etiquette aufrecht, an welche er sich als König von Spanien gewöhnt hatte; doch ließ er keinerlei französische Unsitte aufkommen. Seine Lieblingserholungen waren Scheibenschießen, Jagd und Concerte, bei welch' letzteren er, selbst ein großer Kenner der Musik, oft persönlich mitwirkte. Bei besonders festlichen Gelegenheiten entfaltete jedoch auch der Hof zu Wien eine wahrhaft kaiserliche Pracht.

Neben dem kaiserlichen Hofe zeichnete sich auch der brandenburgische unter dem großen Kurfürsten durch eine würdige Haltung aus. Anders wurde es allerdings, zum großen Nachtheil des Landes, unter Friedrich Wilhelms Sohn und Nachfolger Friedrich, dem ersten König von Preußen, unter welchem auch der Hof von Berlin einen völlig französischen Anstrich erhielt, ohne daß jedoch an demselben mit der Pracht und Sitte des Hofes von Versailles auch das französische Sittenverderben Eingang fand. Zu welcher Einfachheit dagegen der preußische Hof unter Friedrichs I. Sohn, Friedrich Wilhelm I. zurückgeführt wurde, werden wir später hören.

XX.

Italien vom westfälischen Frieden bis in die Mitte des achtzehnten Jahrhunderts.

Die Päpste von 1655—1758.

Nach dem Tode Innocenz' X. (s. B. V. S. 665) verzögerte sich die Wiederbesetzung des päpstlichen Stuhles, in Folge des von dem Kaiser sowie von dem König von Spanien erhobenen Anspruchs auf das nirgends urkundlich zugestandene Recht der „Exclusive", d. h. der Ausschließung einer ihnen mißliebigen Persönlichkeit von der Papstwahl, bis zum 7. April 1655, an welchem Tage der Kardinal Fabio Chigi von Siena als Alexander VII. den päpstlichen Thron bestieg. Da seine wohlbekannte Weisheit, Frömmigkeit und Einfachheit zu den besten Hoffnungen für sein Pontifikat berechtigten, wurde seine Wahl von den Römern mit Jubel begrüßt. In der That rechtfertigte der Anfang seiner Regierung vollständig die von derselben gehegten Erwartungen: er ließ keinen seiner Nepoten nach Rom kommen und traf viele treffliche Anordnungen. Als ihm jedoch von verschiedenen Seiten vorgestellt wurde, daß er in Mißhelligkeiten mit dem toskanischen Hofe gerathen könne, wenn er seine Verwandten als einfache Bürger in Siena leben lasse, und daß überdies die fremden Gesandten größeres Vertrauen in einen Minister setzen würden, welcher der Familie des Papstes angehöre, berief er, nachdem das Consistorium seine Frage, ob er sich seiner Verwandten zum Dienste des apostolischen Stuhles bedienen dürfe, bejaht hatte, seinen Bruder Mario mit dessen Sohn Flavio nach Rom und übertrug dem Ersteren den Oberbefehl über die päpstlichen Truppen, während er den Letzteren zum Kardinal erhob, ohne ihm jedoch einen allzu großen Einfluß einzuräumen. Ein anderer seiner Neffen, Augustin Chigi, wurde mit einer farnesischen Prinzessin vermählt, und Siena, die Vaterstadt des Papstes, erhielt zahlreiche Gunstbezeigungen.

Welche schweren Unbilden Alexander VII. von Ludwig XIV. zu erdulden hatte, haben wir oben (S. 62 u. f.) gesehen. Einen Lichtblick seines Pontifikats bildete der Uebertritt der Königin Christine von Schweden zur katholischen Kirche (s. B. V. S. 673).

Der Nachfolger Alexanders VII. war der Staatssekretär Julius Rospigliosi, welcher am 20. Juni 1667 „als der beste, gütigste Mann, der sich nur finden lasse," auf den päpstlichen Thron erhoben wurde und den Namen Clemens IX. annahm. Gleich seinem Vorgänger dichterisch begabt und kenntnißreich, war er nichtsbestoweniger äußerst bescheiden, in allen Dingen gemäßigt und dabei von großer Sittenstrenge. Während er seinen eigenen Verwandten keine besonderen Vergünstigungen zu Theil werden ließ, bewies er den Verwandten seines Vorgängers großes Wohlwollen. Obgleich er nach allen Seiten hin Wohlthaten spendete und die Venetianer in ihrem Kriege gegen die Türken (s. B. V. S. 668) mit großen Geldsummen unterstützte, gelang es ihm durch weise Sparsamkeit für sich selbst wie für den Staatshaushalt, dem unter seinem Vorgänger in Verfall gerathenen Finanzwesen des Kirchenstaates wieder aufzuhelfen. Er vermittelte im Jahre 1668 den Frieden von Aachen zwischen Spanien und Frankreich und suchte Ludwig XIV. von seinen Eroberungsplänen abzubringen. Großes Verdienst erwarb er sich um die auswärtigen Missionen, insbesondere auch dadurch, daß er den Missionären alle Handelsgeschäfte verbot. Der Schmerz über den unglücklichen Verlauf des venetianisch-türkischen Krieges, durch welchen Kandia der christlichen Herrschaft entrissen wurde, beschleunigte seinen Tod. Er starb am 9. Dezember 1669, im Alter von neunundsechzig Jahren.

Nach fünfmonatlicher Erledigung des päpstlichen Stuhles bestieg denselben der achtzigjährige Aemilian Altieri als Clemens X. (1670—1676). Bei seinem hohen Alter mußte seine Thätigkeit eine beschränkte bleiben; doch trat er den vielfachen Ausschreitungen Ludwigs XIV. mit Entschiedenheit entgegen, unterstützte die Polen in ihren Kämpfen gegen die Türken und erwarb sich die Liebe seiner Unterthanen durch seine Gerechtigkeit und Milde.

Auf Clemens X. folgte am 21. September 1676 der edle Kardinal Odescalchi aus Como als Innocenz XI. Voll Eifer für die Erfüllung seiner hohen Pflichten, wachte er insbesondere über die Sittenreinheit des Klerus, ging bei der Besetzung der geistlichen Stellen mit der größten Vorsicht zu Werke und erließ viele heilsamen Verordnungen. Seines Konfliktes mit Ludwig XIV. wegen der gallikanischen Artikel und des vom Papste abgeschafften Asylrechts der Gesandtschaftsquartiere in Rom haben wir oben (S. 97 und 99) ausführlich gedacht. Das denkwürdige Ereigniß aus seinem Pontifikat war der glorreiche Sieg der christlichen Waffen über das türkische Belagerungsheer vor den Mauern von Wien, zu dessen Herbeiführung er selbst durch die Vermittlung des Bündnisses Leopolds I. mit dem heldenmüthigen Sobieski so wesentlich mitgewirkt. Von dem römischen Volke wie ein Heiliger verehrt und selbst von den protestantischen Höfen hochgeachtet, starb Innocenz XI., nach einem dreizehnjährigen reich gesegneten Pontifikate, am 10. August 1689.

Innocenz' XI. Nachfolger, der hochbetagte Kardinal Pietro Ottoboni aus Venedig, der den Namen Alexander VIII. annahm, leitete die Angelegenheiten der Kirche nur zwei Jahre (1689—1691), während welcher er die Schulden des Kirchenstaates verminderte, die Bibliothek der verstorbenen Königin Christine von Schweden für den Vatikan erwarb, seine Vaterstadt in dem Kriege gegen die Türken mit bedeutenden Subsidien unterstützte und von Frankreich eine theilweise Genugthuung für die dem apostolischen Stuhl zugefügten Beleidigungen erlangte.

Nach dem Tode Alexanders VIII. (1691) wurde der Kardinal Anton Pignatelli aus der Familie der Herzoge von Monte Leone als Innocenz XII. auf den päpstlichen Stuhl erhoben. Gütig, leutselig, wohlthätig und sparsam wie Innocenz XI., den er sich zum Vorbild genommen, war er gleich diesem ein entschiedener Gegner des Nepotismus, gegen welchen er eine eigene, mit den Kardinälen vereinbarte Bulle erließ. Auch dem damals noch in Rom wie in vielen anderen europäischen Staaten bestehenden Gebrauche des Verkaufs der Aemter machte er ein Ende und gab den Käufern den Kaufpreis zurück. Durch seine väterliche Fürsorge für Arme und Waisen, sowie durch den Erlaß vieler trefflichen Gesetze für die Gerechtigkeitspflege und das Verwaltungswesen wurde er der besondere Wohlthäter des Kirchenstaates. Daß unter ihm die Zurücknahme der gallikanischen Beschlüsse durch Ludwig XIV. und die Unterwerfung der widerrechtlich erwählten französischen Bischöfe unter die Autorität der Kirche erfolgte, haben wir bereits oben (S. 98) gesehen. Da die Friedensschlüsse von Ryswick und Karlowitz der europäischen Welt, wenn auch nur auf kurze Zeit, den Frieden zurückgegeben, konnte Innocenz XII. das große Jubiläum von 1700 ankündigen, zu welchem unzählige Pilger herbeiströmten. Während der Dauer desselben starb der fünfundachtzigjährige Papst am 27. September, tief betrauert von der ganzen Christenheit.

Der Nachfolger Innocenz' XII., Franz Albani, ein gelehrter Theologe und eifriger Prediger, der den Namen Clemens XI. annahm, trat ganz in die Fußstapfen seines Vorgängers, dessen Vertrauen er in hohem Grade genossen hatte. Als Kirchenfürst wandte er seine Fürsorge ganz besonders der Hebung der Missionen, der Reinerhaltung des Glaubens und der Wahrung der Rechte des apostolischen Stuhles zu. In das Pontifikat Clemens' XI. fielen, außer der Erhebung Preußens zu einem Königreich, gegen welche er vergebens protestirte (s. S. 82), der spanische Erbfolgekrieg und der erste Türkenkrieg Karls VI. Daß er in dem letzteren, für welchen er das regste Interesse an den Tag legte, den Kaiser durch die Ueberlassung eines Theiles des Kirchenzehnten in den österreichischen Landen unterstützte, wurde bereits mitgetheilt. Da er in dem Kampfe Philipps V. und Karls III. um das spanische Erbe beiden Theilen gerecht zu werden suchte, wurde er von Frankreich wie von Oesterreich als Feind angesehen und der Kirchenstaat durch das österreichische Heer, das nach der Schlacht bei Turin unter Daun zur Eroberung Neapels auszog, auf Befehl Kaiser Josephs I. mit schweren Bedrückungen heimgesucht. Nachdem ihn der Kaiser im Jahre 1709 zu einem Vertrage gezwungen, in welchem er Karl III. als König von Spanien anerkannte, verbot Philipp V. allen Verkehr Spaniens mit Rom, vertrieb den päpstlichen Nuntius aus Madrid und sperrte dessen Tribunal.

Auch in Italien selbst hatte der vielgeprüfte Papst schwere Kämpfe zu bestehen. Der Herzog Victor Amadeus II. von Savoyen, der durch den Utrechter Frieden König von Sicilien geworden, erlaubte sich so vielfache Eingriffe in die Rechte der Kirche und nahm gegen den Klerus eine so feindliche Haltung an, daß Clemens XI. über das Königreich Sicilien, dessen Bevölkerung sich nur gezwungen der savoyischen Herrschaft gefügt, das Interdikt verhängte. Nachdem Sicilien durch den Friedensbruch Alberoni's unter die Herrschaft Spaniens gekommen, wurde, nach vorausgegangenen Unterhandlungen des spanischen Hofes mit dem päpstlichen Stuhle, das Interdikt aufgehoben, doch dauerte der Streit mit Victor Amadeus fort. Während über die Beilegung desselben unterhandelt wurde, starb Clemens XI. am 19. März 1721 im Alter von zweiundsiebzig Jahren, nachdem er in seinem vielbewegten Pontifikate fast unausgesetzt den Schmerz gehabt, die Rechte des apostolischen Stuhles, für welche er hochherzig gekämpft, von allen Seiten verkürzt und beinahe alle seine Schritte von den weltlichen Mächten, die, unbekümmert um die Rechte der Kirche, nur ihren eigenen Vortheil verfolgten, mißdeutet und angefeindet zu sehen.

Zum Nachfolger Clemens' XI. wurde der Kardinal Michael Angelo Conti aus einer vornehmen römischen Familie erwählt, der unter dem Namen Innocenz XIII. nicht volle drei Jahre (1721—1724) den päpstlichen Stuhl inne hatte. Während seines kurzen Pontifikats wurden die Rechte der Kirche vielfach verletzt, insbesondere durch die Uebertragung der Herzogthümer Parma und Piacenza an den spanischen Infanten Karlos, wobei von der uralten päpstlichen Oberlehensherrlichkeit keinerlei Notiz genommen wurde. Das Wohl der Kirche förderte Innocenz XIII. durch vielfache heilsame Verordnungen. Großen Kummer bereitete ihm die gebieterische Forderung des französischen Hofes, dem unwürdigen Abbé Dubois den Purpur zu verleihen, und nur gezwungen und unter Thränen unterzeichnete er dessen Ernennung zum Kardinal.

Auf Innocenz XIII. folgte am 29. Mai der gelehrte, dem Dominikanerorden angehörige Kardinal Vincenz Maria Orsini als Benedikt XIII. Obgleich sein Eifer vor Allem den kirchlichen Angelegenheiten und insbesondere der Hebung des geistlichen Standes und der wissenschaftlichen Bestrebungen desselben galt, versäumte er nicht, Handel und Industrie im Kirchenstaate zu fördern. Auch war er bemüht, mit den verschiedenen Höfen ein gutes Einvernehmen herzustellen, wobei er jedoch den Mißgriff beging, dem von ihm zum Kardinal erhobenen unwürdigen Nikolaus Coscia bei den mit denselben geführten Unterhandlungen allzu freie Hand zu lassen, wodurch den weltlichen Mächten mehr bewilligt wurde, als mit den Interessen der Kirche verträglich war. Nichtsdestoweniger erfuhr der Papst von den meisten Höfen nichts als Kränkungen.

Nach dem Tode Benedikts XIII. (21. Februar 1730) wählten die Kardinäle den fünfundsiebzigjährigen Lorenz Corsini aus Florenz, der den Namen Clemens XII. annahm und während seines zehnjährigen Pontifikats seines hohen Amtes in würdiger Weise waltete. In richtiger Erkenntniß der Gefahren, welche der zu Anfang des achtzehnten Jahrhunderts in England entstandene Freimaurerorden in sich barg, verbot er im Jahre 1738 bei Strafe des Bannes den Eintritt in denselben. Mitten unter schweren Sorgen, die ihm durch Feindseligkeiten von Seiten Spaniens und Sardiniens bereitet wurden, starb Clemens XII. im Februar 1740, im Alter von achtzig Jahren.

Nach einem sechsmonatlichen Conclave wurde am 17. August 1740 der fünfundsechzigjährige Kardinal Prosper Lorenz Lambertini als Benedikt XIV. auf den päpstlichen Stuhl erhoben. Ausgezeichnet durch eine ebenso gründliche als umfassende Gelehrsamkeit, förderte Benedikt XIV. die Wissenschaften, theils durch eigene Werke, theils durch die Errichtung mehrerer gelehrten Gesellschaften, sowie durch die Anregung, die er zu zahlreichen schriftstellerischen Arbeiten gab. Besonders groß war er als kirchlicher Gesetzgeber. Seine Bullen waren oft gelehrte Abhandlungen; aber ihr Inhalt zeugte von hoher Umsicht und Weisheit. Den erschöpften Finanzen des Kirchenstaates suchte er hauptsächlich durch große Sparsamkeit aufzuhelfen; auch trug er Sorge für die Hebung des Ackerbaues und der Industrie, sowie für die Beschränkung des Luxus und für eine geeignetere Organisation der Behörden. Von der Ueberzeugung ausgehend, daß der Streit zwischen der geistlichen und weltlichen Gewalt nur den Feinden der Religion Gewinn bringe, glaubte Benedikt XIV. in seinen Beziehungen zu den weltlichen Mächten bis an die äußerste Grenze der Zugeständnisse gehen zu müssen; aber wenn es ihm auch dadurch gelang, mit den in ihren Forderungen immer weiter gehenden Höfen einen zeitweiligen Frieden herbeizuführen, so wurden doch durch die vielfachen, nur für den Augenblick berechneten Transaktionen die obschwebenden Differenzen nicht dauernd beseitigt, und die oft zu weit getriebene Nachgiebigkeit des päpstlichen Stuhles diente nur dazu, die auf die förmliche Unterjochung des kirchlichen

Gebietes ausgehende weltliche Macht zu immer kühnerem Auftreten zu ermuthigen.

Auf den Wunsch mehrerer katholischen Regierungen verminderte Benedikt XIV. die Zahl der kirchlichen Festtage. Den Fürstabt von Fulda erhob er im Jahre 1752 zum Bischof. Er war der erste Papst, der das preußische Königthum anerkannte und in späteren Erlassen den preußischen Souverän als königliche Majestät bezeichnete. Der letzte Erlaß Benedikts XIV. war ein Breve vom 1. April 1758, in welchem er, dem sich gegen die Jesuiten vorbereitenden Sturme nachgebend, eine Visitation der Kollegien und übrigen Häuser des Ordens in Portugal anordnete. Einen Monat später, am 3. Mai 1758, starb der gefeierte Papst im Alter von dreiundachtzig Jahren.

Toskana, Savoyen, Venedig und Genua.

Während sich Toskana unter der Regierung Cosmo's II. und Ferdinands II. (s. Bd. V. S. 665) noch auf der Höhe des künstlerischen und wissenschaftlichen Ruhmes erhalten hatte, zu welchem es seit den ersten Zeiten der Mediceer emporgestiegen, sank es unter Ferdinands Sohn und Nachfolger Cosmo III. (1670—1723) gänzlich von derselben herab, und da Cosmo kein anderes Streben kannte, als sich in der Gunst Ludwigs XIV. zu erhalten und an dem Hofe von Florenz die Pracht und Verschwendung von Versailles nachzuahmen, verschwand mit der geistigen Bedeutsamkeit seines Großherzogthums zugleich der letzte Rest seines Einflusses auf die Verhältnisse der Halbinsel. Als mit Cosmo's III. Sohn Johann Gaston im Jahre 1737 das Haus der Mediceer ausstarb, befand sich das Land in dem Zustande äußerster Erschöpfung und Zerrüttung. Erst unter Franz von Lothringen und dessen zweitem Sohne Leopold, der nach dem Tode seines Vaters das Großherzogthum Toskana als eine von Oesterreich getrennte „Secundogenitur“ erhielt, kehrten für dasselbe bessere Zeiten zurück.

Wie Toskana unter Cosmo III. von Medici, so war auch Savoyen seit dem pyrenäischen Frieden ganz an das französische Interesse gekettet, bis der Herzog Victor Amadeus II. (1675 bis 1730) sich, zunächst im dritten Eroberungskriege Ludwigs XIV. und später im spanischen Erbfolgekriege, aufs Neue an die Gegner Frankreichs anschloß. Victor Amadeus, der, wie wir oben gesehen, im Utrechter Frieden Sicilien mit der Königswürde erhalten, im Jahre 1718 jedoch genöthigt worden, dieses Land gegen Sardinien an den Kaiser abzutreten, und seitdem als Victor Amadeus I. den Titel eines Königs von Sardinien führte, gab seinem Lande eine streng militärische Einrichtung, wobei ihm die des preußischen Staates zum Vorbilde diente, und legte im September 1730 die Regierung zu Gunsten seines Sohnes Karl Emmanuel nieder. Als er im folgenden Jahre die Absicht zu erkennen gab, den Thron wieder zu besteigen, wurde er auf Befehl seines Sohnes verhaftet und auf das Schloß Rivoli gebracht, wo er bis zu seinem Tode (1732) als Staatsgefangener lebte.

Karl Emmanuel I. (1730—1773) stellte die Militärkraft seines Landes, das er im Interesse seiner kriegerischen Zwecke mit den schwersten Abgaben drückte, in den Dienst fremder Mächte, wobei er oft, der Politik seiner Zeit getreu, mitten im Kampfe die Bundesgenossenschaft wechselte, wenn der Anschluß an den Gegner größere Vortheile in Aussicht stellte.

Venedig, das durch den unglücklichen Verlauf seines vierundzwanzigjährigen Türkenkrieges die Insel Kandia verloren (s. Bd. V. S. 667), fand als Bundesgenosse Kaiser Leopolds in dessen im Jahre 1783 ausgebrochenem Türkenkriege für diesen schwer empfundenen Verlust einen Ersatz durch die Eroberung der Halbinsel Morea, die durch den früheren heldenmüthigen Vertheidiger von Kandia, den Dogen Francesco Morosino, im Jahre 1687 nach heißen Kämpfen den Türken entrissen und im Frieden von Karlowitz den Venetianern zuerkannt wurde. Die Unzufriedenheit der griechischen Bevölkerung der Halbinsel über den von den venetianischen Landpflegern geübten schweren Druck erleichterte den Türken die Wiedereroberung Morea's, und im Frieden von Passarowitz mußte sich Venedig zur Verzichtleistung auf dasselbe gegen die Abtretung der Felseninsel Cerigo verstehen. Seitdem blieb der Besitzstand Venedigs fest normirt, und die hin und wieder aufs Neue beginnenden Feindseligkeiten gegen die Türken dienten nur dazu, der in immer größere Erschlaffung versinkenden Republik Demüthigungen aller Art zu bereiten.

Genua, das seit der ihm im Jahre 1684 durch Ludwig XIV. auferlegten schweren Heimsuchung mit Frankreich in Frieden gelebt hatte und von den Wirren des spanischen Erbfolgekrieges unberührt geblieben war, hatte seit dem Jahre 1729 harte Kämpfe gegen die Insel Korsika zu bestehen, in deren Besitz es im Jahre 1285 gekommen. Nachdem die Korsen sich schon in den vorhergehenden Jahren wiederholt in vereinzelten Aufständen gegen die drückende genuesische Herrschaft aufgelehnt hatten, ohne daß es ihnen gelungen war, das verhaßte Joch abzuschütteln, erhob sich im Jahre 1729 die Gesammtbevölkerung der Insel zum gemeinsamen Kampfe gegen ihre Bedrücker, und erst im Jahre 1733 gelang es den Genuesen, unter der Mitwirkung von achttausend Mann österreichischer Truppen, die ihnen Kaiser Karl VI. zu Hilfe gesandt, ihre Herrschaft auf Korsika herzustellen. Der Kampf brach jedoch aufs Neue aus, als im März 1736 ein deutscher Edelmann aus Westfalen, Theodor Neuhof, der sich längere Zeit als politischer Abenteuerer an verschiedenen Höfen umhergetrieben, mit einem Schiffe unter englischer Flagge, das reichlich mit Kriegsbedarf versehen war, an der korsischen Küste erschien und sich den Korsen zum Befreier anbot, wenn sie ihn zu ihrem Fürsten wählen wollten. In der That wurde er im April des gleichen Jahres als Theodor I. zum König von Korsika ausgerufen und, in Ermangelung einer wirklichen Krone, mit einem Lorbeerkranze gekrönt, worauf er zahlreiche Hofämter errichtete, den Vornehmen des Landes Titel und Würden verlieh, den Orden des Erlösers stiftete und Münzen schlagen ließ.

Indessen bildete sich bald unter den Korsen eine Partei gegen den neuen König, und da sich derselbe überdies in Geldverlegenheit befand, indem die von ihm ausgeschriebenen Steuern nur mangelhaft eingingen, begab er sich im November 1736, nachdem er für die Dauer seiner Abwesenheit eine Regentschaft eingesetzt, nach Amsterdam, wo ihn ein Theil der Kaufmannschaft gegen das Versprechen gewisser Handelsvortheile auf Korsika mit Geld und neuem Kriegsbedarf versah.

Unterdessen hatten sich die Genuesen um Hilfe an Frankreich gewandt und von dem französischen Hofe die Zusage bewaffneter Unterstützung zur Bewältigung des korsischen Aufstandes erhalten, und als Theodor im September 1737 mit drei holländischen Kriegsschiffen nach Korsika zurückkam, hatte sich ein Theil der Bevölkerung bereits durch den Führer der inzwischen auf der Insel angelangten französischen Truppen zu einem Vertrage mit Genua bestimmen lassen, in welchem dieses den Korsen als Preis ihrer Rückkehr unter seine Herrschaft eine vollkommene Amnestie und eine eigene Regierung bewilligte. Während seine Anhänger den Kampf fortsetzten, verließ Theodor, auf dessen Kopf ein Preis gesetzt worden, aufs Neue die Insel, kehrte jedoch im Jahre 1743 zum andern Male dahin zurück, diesmal mit englischen Kriegsschiffen, zu welchen ihm Londoner Kapitalisten verholfen; aber das Volk war so sehr entmuthigt, daß er alsbald, an seiner Sache verzweifelnd, sich wieder nach London einschiffte, wo er am 11. Dezember 1755 in der äußersten Dürftigkeit starb.

Da die Genuesen die den Korsen gemachten Zugeständnisse nicht erfüllten, griffen diese aufs Neue zu den Waffen, und der von ihnen zum Oberbefehlshaber ernannte edle und heldenmüthige Pascal Paolo, dem zugleich die Verwaltung des Landes übertragen worden, führte eine Zeitlang den Krieg gegen die Genuesen mit so entschiedenem Glück, daß diese abermals die Hilfe Frankreichs in Anspruch nehmen mußten. An der Möglichkeit verzweifelnd, sich im Besitze der Insel erhalten zu können, traten sie im Mai 1768 ihre Rechte auf dieselbe gegen eine bedeutende Geldsumme an Frankreich ab, dessen Truppen sich inzwischen auf einem Theile von Korsika festgesetzt hatten. Paolo legte auf einer Versammlung der Korsen in Corte vor ganz Europa gegen das Unrecht, das Frankreich und Genua an Korsika begangen, feierlich Verwahrung ein und begeisterte seine Landsleute zum äußersten Widerstand; nachdem jedoch jede Hoffnung auf den erwarteten Beistand Englands geschwunden, gab er im folgenden Jahre, nach einer bei Ponte Nuovo erlittenen Niederlage, den aussichtslosen Kampf auf und schiffte sich am 11. Juli nach Pisa ein, von wo er sich später nach England begab. Nach dem Ausbruch der französischen Revolution wurde er zum Statthalter seiner heimathlichen Insel ernannt, die am 12. Juni 1769 — zwei Monate vor der Geburt Napoleon Buonoparte's, des größten ihrer Söhne, der durch die Vernichtung der genuesischen Republik und die Unterjochung Frankreichs der Rächer seines Volkes werden sollte, — definitiv in den Besitz Frankreichs übergegangen war; er wurde jedoch im Jahre 1793 als Gegner der Republik geächtet, worauf er, der Aufforderung Georgs III. von England folgend, nach London zurückkehrte. Hier starb er im Jahre 1807.

XXI.

Das Königreich Preußen unter Friedrich I. und Friedrich Wilhelm I.

(1688—1740.)

Friedrich I.

(1688—1713.)

Nachdem der zu Anfang des siebzehnten Jahrhunderts durch den Heimfall des Herzogthums Preußen an das brandenburgische Haus entstandene preußisch-brandenburgische Staat unter dem schwachen Kurfürsten Georg Wilhelm (1619—1640) während der Stürme des dreißigjährigen Krieges in die tiefste Zerrüttung und Ohnmacht versunken war, wurde derselbe durch die kraftvolle Regierung des „großen Kurfürsten“ Friedrich Wilhelm (1640—1688), des Sohnes und Nachfolgers Georg Wilhelms, zu einer ungeahnten Blüthe emporgehoben.

Friedrich Wilhelm war ein Herrscher von hochstrebendem Geiste, seltenem Scharfblick und rastloser Thätigkeit, dabei eine durch und durch majestätische Erscheinung. „Biegsam wie die Weide und hart wie der Stahl, je nachdem es galt, sein Ziel zu erreichen,“ war er ebenso gewandt und besonnen in Unterhandlungen, als rasch und kühn zur That. Seiner Betheiligung an den verschiedenen politischen Verwicklungen und kriegerischen Ereignissen seiner Zeit haben wir bereits früher gedacht. Besonders bedeutsam für die Zukunft seines Hauses war der am 19. September 1657 während des schwedisch-polnischen Krieges zwischen ihm und dem König Johann Kasimir von Polen abgeschlossene Vertrag von Welau, durch welchen die Lehensabhängigkeit des Herzogthums Preußen von Polen aufgehoben wurde.

Wie Friedrich Wilhelms erste Sorge bei seinem Regierungsantritt darauf gerichtet war, Ordnung in den gänzlich zerrütteten Finanzverhältnissen des brandenburg-preußischen Staates zu schaffen und dessen Einnahmequellen zu erweitern, so blieb auch in der Folge die Hebung des Wohlstandes seines Landes ein bevorzugter Gegenstand seiner Regententhätigkeit. Zu diesem Ende nahm er, wie wir oben (S. 100) gesehen, zwanzigtausend ausgewanderte Hugenotten in die durch die verheerenden Kriegsstürme zum größten Theile verödeten Städte der Marken auf und führte dadurch in denselben ein rasches Wiederaufblühen der Gewerbe und eine erhöhte Kunstthätigkeit herbei; auch zog er zur Förderung des Ackerbaues zahlreiche Holländer in die Havelländer und nach dem Warthebruch und erleichterte den inneren Verkehr durch die Anlage des die Oder mit der Spree verbindenden Friedrich-Wilhelms-Kanals und die Einführung regelmäßiger Postfahrten. Ganz besonders lag ihm die Erweiterung und Verschönerung von Berlin am Herzen. Auch für die Hebung der Bildung sorgte er durch die Gründung verschiedener höherer Unterrichtsanstalten.

Das Hauptaugenmerk Friedrich Wilhelms war jedoch, dem in der Richtung der Zeit liegenden Streben nach Ländererwerb und Machtzuwachs entsprechend, auf die Hebung der Militärkraft seines Landes durch die Bildung eines stehenden Heeres gerichtet. Um dazu die nöthigen Mittel zu gewinnen, führte er, unbekümmert um den Widerstand der Stände, außer mehreren andern neuen Abgaben eine allgemeine Verbrauchssteuer, die sogenannte Accise, ein. Ebenso wenig wie bei dieser Veranlassung ließ er sich in andern Fällen durch die Einwendungen der Stände in seinen Entschließungen hemmen; denn er war der Ansicht, daß der fürstliche Wille durch die ständischen Rechte nicht beschränkt werden dürfe, wenn der Staat nach Innen und Außen erstarken und mächtiger werden solle.

Dieses Ziel, auf welches alle seine Schritte gerichtet waren, erreichte er in der That; denn bei seinem Tode (29. April 1688) war sein Land um ein Drittheil gewachsen und die Bevölkerung desselben in dem gleichen Maße gestiegen, während die Einnahmen des Staates sich verfünffacht hatten. König Friedrich II., für welchen er in vielen Stücken Muster und Vorbild geworden, stellt seinem von ihm hochverehrten Ahnherrn das glänzende Zeugniß aus: „Durch seine Weisheit der Wiederhersteller eines verwüsteten Landes, durch seine Politik und Klugheit der Erwerber neuer Provinzen, durch seine Tapferkeit eine Stütze seiner Bundesgenossen, ein Vertheidiger seiner Unterthanen, ist er immer gleich groß in allem, was er unternimmt.“

Friedrich III., der Sohn und Nachfolger des großen Kurfürsten, war körperlich wie geistig ganz das Gegentheil seines Vaters. Von Gestalt klein, schwächlich und verwachsen und dabei von durchaus gewöhnlicher Gesichtsbildung, war er als Regent, nach dem Ausspruche Friedrichs des Großen, „groß in allen kleinen Dingen und klein in den großen.“ Seine Eitelkeit und maßlose Prunksucht verleiteten ihn zu einem Aufwand, der die Kräfte seines Landes weit überstieg und Auflagen nöthig machte, durch welche das Volk schwer gedrückt und der Staatshaushalt vollständig zerrüttet wurde. Dabei war Friedrich III. von so schwachem Charakter, daß er, jedem Einfluß nachgebend, der Spielball seiner Schmeichler wurde, die, von ihm mit einflußreichen Aemtern und hohen Würden bedacht, im Lande nach Willkür schalteten und durch ihre Habsucht die Unterthanen aussaugten.

Indessen fehlte es dem neuen Kurfürsten auch nicht an lobenswerthen Eigenschaften. Er war im höchsten Grade leutselig, gutherzig und wohlwollend, dabei von unverbrüchlicher Treue und voll Eifer für die Sache Deutschlands. Wie er im Jahre 1689 an dem Reichskriege gegen Ludwig XIV. persönlich Theil nahm (s. S. 88), so unterstützte er im Jahre 1691 den Kaiser in dessen Türkenkrieg, sowie später im spanischen Erbfolgekrieg aufs Nachdrücklichste, und wir haben gesehen, welch hervorragenden Antheil seine Truppen an den Siegen von Höchstädt und Turin gehabt.

Wenn auch Friedrich III. nicht gleich seinem Vorgänger auf Eroberungen ausging, so fehlte es ihm doch nicht an Ehrgeiz. Seitdem sein Vetter Wilhelm von Oranien König von England und sein Nachbar August von Sachsen König von Polen geworden, ließ ihm der Wunsch, seinem Lande die gleiche Rangerhöhung zu erwerben, keine Ruhe mehr, und wir haben oben (S. 31) angegeben, in welcher Weise er zu diesem Ziele gelangte. Kaum hatte er die Nachricht von dem am 16. November 1700 erfolgten Abschluß des „Kontraktats“ erhalten, der ihn zu der Annahme des königlichen Titels ermächtigte, als er mitten im Winter mit seiner Familie und seinem ganzen Hofe nach Königsberg eilte, um seine und seiner Gemahlin Krönung ins Werk zu setzen.

Nachdem die nöthigen Vorbereitungen zu den Krönungsfeierlichkeiten getroffen worden, riefen am 15. Januar 1701 reichgekleidete, berittene Herolde in den Straßen von Königsberg unter Glockengeläute und Kanonendonner die Erhebung des Herzogthums Preußen zu einem Königreiche aus, und zwei Tage später gründete Friedrich, zum ewigen Gedächtniß dieses wichtigen Ereignisses, den schwarzen Adlerorden, mit welchem sogleich die höchsten Würdenträger des Landes geschmückt wurden. Am folgenden Tage, dem 18. Januar, setzte Friedrich III., in dem Audienzsaale des Schlosses auf einem reich geschmückten Throne sitzend und bedeckt mit einem carmoisinrothen, mit goldgestickten Adlern und Kronen übersäten Mantel, in Gegenwart aller Großen des Reichs und der fremden Gesandten zuerst sich selbst, dann seiner vor ihm knieenden Gemahlin die Königskrone auf, worauf sein Sohn und seine Brüder ihm knieend ihre Huldigung darbrachten. Darnach begab sich der ganze Hof in die Kirche, wo der König und die Königin sich auf zwei, zu beiden Seiten des Altares errichteten prachtvollen Thronen niederließen. Nachdem Beide von zwei Oberhofpredigern, die Friedrich eigens zu diesem Zwecke zu Bischöfen ernannt hatte, in Kreuzesform auf die Stirne gesalbt worden, wurde das Selbstaufsetzen der Krone noch einmal vor dem versammelten Volke vorgenommen. Den Schluß der Feierlichkeit bildeten Gesänge, Predigt und Spendung des Abendmahls.

Um den Prunk des Festes vollständig zu machen, fehlte es auch an den bei den Kaiserkrönungen üblichen Spenden für das Volk nicht: ein Springbrunnen sprudelte weißen und rothen Wein, und ein ganzer gebratener Ochse wurde der Menge preisgegeben. Ein Gnadenakt, durch welchen allen Gefangenen, Todtschläger und Schuldenmacher ausgenommen, die Freiheit zurückgegeben wurde, beschloß den festlichen Tag; doch dauerten die Lustgelage fast ununterbrochen fort bis zum 8. März. Am 6. Mai hielt der neue König seinen feierlichen Einzug in Berlin durch die Straße, die seitdem den Namen „Königsstraße" trägt.

Nach dem Vorgange der übrigen Kurfürsten, die ohne Schwierigkeit der diesbezüglichen Aufforderung des Kaisers Folge leisteten, erkannten die meisten Staaten Europa's die preußische Königswürde sofort an; von Seiten Spaniens und Frankreichs geschah dies erst im Utrechter Frieden. Daß die Einsprache des Papstes gleich der des Großmeisters des deutschen Ritterordens wirkungslos blieb, haben wir oben gesehen. Für Preußens Zukunft war die erlangte Rangerhöhung von eminenter Bedeutung. Sie war nach dem Ausspruche König Friedrichs II.: „eine Lockspeise, welche Friedrich allen seinen Nachfolgern hinwarf und wodurch er ihnen zu sagen schien: „Macht euch des Titels würdig, den ich euch verschafft; vollendet den Bau, dessen Grundstein ich gelegt habe.“

Außer der Königswürde verdankt der preußische Staat Friedrich I. auch einen nicht unbedeutenden Länderzuwachs. Wie ihm als dem Sohne der oranischen Prinzessin Louise Henriette, der ältesten Tochter des Erbstatthalters Friedrich Heinrich, durch den Tod Wilhelms III. von Oranien die Grafschaften Lingens und Mörs, sowie die Fürstenthümer Neufchatel und Valengin (Valendis) zugefallen waren, so erwarb er durch Kauf die Grafschaft Tecklenburg, die Erbschirmvogtei über das Stift Quedlinburg, die Reichsvogtei zu Nordhausen und die Anwartschaft auf Baireuth.

Der belebende Mittelpunkt des glanzvollen Berliner Königshofes war Friedrichs I. Gemahlin Sophie Charlotte, eine Tochter des Herzogs und nachmaligen Kurfürsten Ernst August von Hannover. Obgleich die ebenso liebenswürdige als geistreiche und hochgebildete Königin höhere Genüsse kannte, als die prunkvollen Festlichkeiten, in welchen Friedrich I. sein Glück fand, entzog sie sich denselben aus Rücksicht für ihren Gemahl nicht, sondern bemühte sich, deren Reiz durch sinnreiche und geschmackvolle Anordnungen zu erhöhen und zu veredeln, und mit Recht sagt Friedrich der Große von ihr: sie habe den Geist feinerer Geselligkeit, die wahre Bildung und die Liebe zu den Künsten und den Wissenschaften in Preußen heimisch gemacht. Sie selbst fand ihr Glück in der Beschäftigung mit Kunst und Wissenschaft und verbrachte ihre Musestunden am liebsten in dem von ihr erbauten Schlosse zu Lützow — später nach ihr Charlottenburg genannt — wo sie einen Kreis geistreicher und gelehrter Männer um sich versammelte. Ihres Verkehrs mit Leibnitz und der durch sie veranlaßten Gründung der Berliner „Societät der Wissenschaften“ ist schon oben (S. 39) gedacht worden.

Auch Friedrich I. hatte Sinn für die Kunst, wovon außer der von ihm gestifteten Maler- und Bildhauerakademie zu Berlin zahlreiche hervorragende Bauwerke Zeugniß ablegen, durch welche er seine Hauptstadt verschönerte. Das dortige königliche Schloß ließ er zu einem Prachtbau umgestalten und den größten Theil der Friedrichstadt, sowie das großartige Zeughaus und die „lange Brücke“ erbauen, die mit der bronzenen Reiterstatue des großen Kurfürsten, dem Meisterwerke des berühmten Baumeisters und Bildhauers Schlüter, geschmückt wurde.

Für die Wissenschaften wurde durch die Gründung der Universität Halle eine neue Pflegestätte geschaffen, welche, da die theologischen Lehrstühle ausschließlich mit Freunden und Anhängern Speners (s. S. 37) besetzt wurden, zum wissenschaftlichen Mittelpunkte der pietistischen Richtung des Protestantismus heranwuchs.

22*

Zu den von Friedrich I. nach Halle gezogenen Lehrern der Theologie gehörte auch der von den orthodoxen Lutheranern aus Leipzig vertriebene August Hermann Franke, der Gründer des Hallischen Waisenhauses.

Der hervorragendste unter den damaligen Professoren der neuen Universität war indessen der Philosoph Christian Wolf. Er war der Sohn eines Gerbers in Breslau und hatte frühe schon, neben der Mathematik, die Schriften von Descartes und Leibnitz zum Hauptgegenstande seiner Studien gemacht. Von Leipzig, wo er zuerst eine Anstellung als Lehrer der Philosophie erhalten, wurde er im Jahre 1706 als Professor der Mathematik und Naturlehre nach Halle berufen und erwarb sich hier bald durch die Klarheit seines Vortrags und die Gründlichkeit seiner Untersuchungen großes Ansehen. Seine Philosophie, welcher Leibnitzens System zu Grunde lag, basirte zwar noch, gleich dieser, auf christlichen Ideen, stellte aber nichtsdestoweniger die positiven christlichen Dogmen vor der „natürlichen Religion“ in den Schatten und vermochte daher auch nicht, dem Umsichgreifen der in England und Frankreich laut verkündigten neuen Meinungen zu steuern. Seine freieren Ansichten verwickelten ihn in einen Streit mit den Hallischen Pietisten, was dem Nachfolger Friedrichs I., Friedrich Wilhelm I., Veranlassung gab, ihn im Jahre 1723 als Irrlehrer seiner Stelle zu entsetzen und ihn „bei Strafe des Stranges“ aus den preußischen Landen zu verweisen. Er begab sich nach Marburg, wo der Landgraf Karl von Hessen-Kassel ihm eine Professur angetragen hatte. Im Jahre 1733 erhielt er von Friedrich Wilhelm, der inzwischen zu seinen Gunsten umgestimmt worden, eine ehrenvolle Einladung zur Rückkehr nach Halle; er lehnte dieselbe jedoch ab und siedelte erst im Jahre 1740 nach seiner Zurückberufung durch Friedrich II. wieder dahin über. Von Kaiser Karl VII. in den Reichsfreiherrenstand erhoben, starb er im Jahre 1754 als Vicekanzler der Universität Halle.

Friedrich I. erlag am 25. Februar 1713 im Alter von sechsundfünfzig Jahren einem Brustleiden, an welchem er seit längerer Zeit gekränkelt hatte.

Friedrich Wilhelm I.

(1713—1740.)

Friedrich Wilhelm I., der einzige Sohn Friedrichs I., zählte vierundzwanzig Jahre, als ihn der Tod seines Vaters zur Regierung berief. Weder von dem freien Wesen seiner hochgebildeten Mutter und der Vorliebe derselben für Kunst und Wissenschaft, noch von der verschwenderischen Prunksucht seines Vaters war das Geringste auf ihn übergegangen: eine durch und durch derbe Natur von unbeugsamer Willenskraft und maßloser Heftigkeit, war er ein abgesagter Feind aller Hofformen und jedes verschwenderischen Prunkes und ein entschiedener Verächter aller Gelehrsamkeit. Nur das Praktische hatte Werth für ihn, und Sparsamkeit, Strenge und Thätigkeit galten ihm, besonders im Hinblick auf die vollständig zerrüttete Finanzlage des Landes und die mannigfachen Unordnungen, die durch seines Vaters Schwäche in der Staatsverwaltung herbeigeführt worden, als die ersten seiner Regentenpflichten.

Von der Leiche seines Vater hinweg eilte Friedrich Wilhelm I. in sein Kabinet, um ungesäumt durch die weitgehendste Reduktion seines Hofstaates allen weiteren unnützen Ausgaben zu steuern. Von den hundert Kammerherren seines Vaters behielt er nur vier, von der zahlreichen kostspieligen Hofdienerschaft nur zwei Pagen, zwei Kammerdiener, einige Reitknechte, einen Haushofmeister, zwei Kellermeister und zwei Köche bei. Auch seiner Gemahlin, der Königin Sophie Dorothea, einer Tochter Georgs I. von England, gestattete er nur die allernothwendigste Bedienung. Von den verabschiedeten Hofbeamten erhielten viele gar keinen, die übrigen nur einen sehr geringen Ruhegehalt, und die im Dienste Verbleibenden mußten sich eine bedeutende Verringerung ihres Gehaltes gefallen lassen. Die aufgehäuften Schätze von Edelsteinen und Perlen, die kostbaren Weine aus dem Schloßkeller und die Luxuspferde aus dem Marstall wurden versteigert, die kunstvollen Gold- und Silbergeräthe in die Münze geschickt und eingeschmolzen. Den ganzen Hofhalt richtete der König so einfach ein, daß er einen durchaus bürgerlichen Anstrich erhielt. Auch überwachte er die Ausgaben desselben mit der größten Genauigkeit; sogar die Küchenrechnungen ließ er sich vorlegen und rügte es aufs Strengste, wenn ihm nur ein Pfennig zu viel verausgabt zu sein schien. Seine Lebensweise war ganz die eines einfachen Landedelmanns, und seine Mahlzeiten bestanden aus Hausmannskost: weder Zuckerwerk noch französische und spanische Weine durften auf seinem Tisch erscheinen. Wie er selbst keine andere Kleidung trug, als die Obersten-Uniform des Potsdamer Grenadierregiments, so duldete er auch bei seinen Umgebungen keinerlei Kleideraufwand. Die Schauspiele, die unter Friedrich I. am Berliner Hof eine so hervorragende Rolle gespielt, stellte er sofort ab, verabschiedete die Kapelle und die Oper und ließ die Garderobe unter die Armen vertheilen. Den Berlinern blieben im Allgemeinen zur Unterhaltung nur Seiltänzerkünste und Puppenkomödien gestattet.

Friedrich Wilhelm selbst fand sein Vergnügen und seine Erholung in den rohen Parforce-Jagden, die in dem von ihm angelegten, mehrere Meilen umfassenden „Parforcegarten" bei Wusterhausen abgehalten wurden, in seinen Truppeninspektionen und dem Spiele seiner Hautboisten, ganz besonders aber in seinem weltberühmten „Tabakskollegium." Zu demselben versammelte er allabendlich in einem Zimmer des Berliner Schlosses seine „guten Freunde", Generale, Minister u. A., zu ungezwungener Unterhaltung. Man saß auf hölzernen Stühlen, trank Bier und rauchte Tabak, wobei man die Pfeife nach holländischer Weise mit einer Torfkohle anzündete, die zu diesem Zwecke in einem Becken bereit gehalten war. Wer nicht rauchte, mußte wenigstens eine Pfeife in den Mund nehmen. Dabei wurde erzählt, gelacht und nicht selten auf Kosten einiger Einfältigen oder Gutmüthigen, die sich dazu hergaben, unfeiner Scherz getrieben; doch blieben auch ernste Gespräche über die wichtigsten Staatsangelegenheiten nicht ausgeschlossen, und da dieselben in der Form zwangloser Unterhaltung gepflogen wurden, benutzten die fremden Gesandten, die gleichfalls Zutritt zu dem Tabakskollegium hatten, gern diese Gelegenheit, um sich über die Stimmung des Königs und dessen Pläne zu orientiren.

Die gleiche Sparsamkeit, wie an seinem Hofe, führte der König auch in den Staatshaushalt ein. Die Gehalte der meisten Beamten, besonders der höheren, die unter seinem Vater einen fürstlichen Aufwand hatten treiben können, wurden bedeutend herabgesetzt und manche Stellen ganz eingezogen. Die Akademie für bildende Künste ließ der König sofort eingehen, und mit der Societät der Wissenschaften gedachte er das Gleiche zu thun; doch ließ er sich durch die Vorstellung, daß sie ihm gute Wundärzte für sein Heer bilden könne, von diesem Gedanken zurückbringen, entzog ihr aber nichtsdestoweniger die meisten ihrer Einkünfte.

Des Königs Fürsorge für die Aufbesserung des vollständig zerrütteten Finanzwesens beschränkte sich indessen nicht auf die Reduktion der Ausgaben: es sollten auch neue Einnahmequellen geschaffen und die bereits bestehenden ergiebiger gemacht werden. Zu diesem Ende wurden die adeligen Lehengüter, die bisher fast steuerfrei gewesen und nur im Kriege sogenannte „Lehenpferdegelder" statt des persönlich zu leistenden Kriegsdienstes zu entrichten hatten, in freie Erbgüter verwandelt und nach Maßgabe der Zahl der Ritterpferde, mit welchen sie veranschlagt waren, steuerpflichtig gemacht. Auch wurde für alle geschäftlichen und gerichtlichen Urkunden, für Eingaben u. dgl., Stempelpapier eingeführt. Vor Allem war der König darauf bedacht, durch die Förderung des Ackerbaues, der Gewerbe und des Handels den Wohlstand seines Landes zu heben und damit zugleich dessen Steuerkraft zu erhöhen, und scheute, wo es diesem Zwecke galt, selbst bedeutende Ausgaben nicht. So ließ er viele durch Brandschäden herunter gekommene Städte wieder aufbauen, vollendete die von seinem Vater begonnene Friedrichsstadt in Berlin und erweiterte das zu jener Zeit noch wenig bedeutende Potsdam zu einer der ansehnlichsten Städte des Landes. Sowohl hier als in Spandau ließ er durch holländische Schwertfeger und Büchsenmacher Gewehrfabriken anlegen, aus denen selbst auswärtige Heere ihre Waffen bezogen, und in Berlin das sogenannte „Lagerhaus“ errichten, worin das zur Bekleidung des gesammten Heeres nöthige Tuch in vorzüglicher Qualität verfertigt wurde. In die verödeten Gegenden Preußens nahm er zahlreiche arme Familien aus der Schweiz und verschiedenen Gegenden Deutschlands als Ansiedler auf und versah sie mit dem nöthigen Reisegeld, sowie mit Baumaterial und Ackergeräthe. Dabei überwachte er selbst aufs Genaueste die Ausführung aller von ihm getroffenen Anordnungen, ließ sich über Alles bis in die kleinsten Details Rechenschaft ablegen und bestrafte aufs Strengste selbst die geringste Pflichtversäumniß oder Veruntreuung von Seiten der Beamten.

Als eine durch und durch despotische Natur und im thatsächlichen Besitze jener unumschränkten Herrschergewalt, zu welcher sein Großvater durch die vollständige Unterdrückung aller ständischen Rechte den Grund gelegt, verlangte Friedrich Wilhelm von seinen Unterthanen blinden Gehorsam und verfuhr dabei in vielen Stücken mit einer wahrhaft tyrannischen Rücksichtslosigkeit und Willkür. So wies er wohlhabenden Leuten oder hohen Beamten in den Städten, die er empor bringen wollte, namentlich in Berlin und Potsdam, Bauplätze an und zwang sie, auf denselben ansehnliche Häuser zu errichten, auch wenn ihr Vermögen darüber zu Grunde ging. Um die inländische Leinenweberei und Wollenfabrikation zu heben, erließ er ein strenges Verbot des Verbrauchs von Baumwollstoffen und ordnete Haussuchungen an, um die Zuwiderhandelnden zur Strafe zu ziehen; ja er ließ sogar den Bürgersfrauen auf offener Straße ihre Kattunkleider vom Leibe reißen. Auch verbot er die Korneinfuhr, selbst wenn Mangel war, und nöthigte seine Unterthanen, ihm das in seinen Magazinen aufgehäufte Getreide zu einem von ihm selbst bestimmten Preise abzukaufen.

Nirgends trat der rücksichtslose Despotismus des Königs in schrofferer und empörenderer Weise zu Tage, als in der Gerechtigkeitspflege. Er führte allerdings in das Rechtswesen verschiedene heilsame Reformen ein, insbesondere dadurch, daß er die Rechtsformen vereinfachte und für eine raschere Erledigung der Rechtssachen Sorge trug, als es bei dem damaligen schleppenden Gerichtsgange der Fall war; auch schaffte er die Hexenprozesse ab: aber er griff dafür auf die willkürlichste Weise in die Kriminaljustiz wie in die Gesetzgebung ein, verordnete, ohne Rücksicht auf frühere Gesetze oder auf das Herkommen, ja selbst auf die Forderungen der Menschlichkeit, was er selbst im Augenblicke als das Zweckmäßigste erachtete, verschärfte die von den Richtern verhängten Strafen, wenn sie ihm zu mild erschienen, und führte neue Strafarten sowie die grausamsten Torturen ein. Kindsmörderinnen wurden in Säcken, die sie selbst nähen mußten, ins Wasser geworfen; Hausdiebe ohne weiteren Prozeß vor der Thüre des Hauses, in welchem sie gestohlen hatten, aufgehängt; junge Leute, die ihr Vermögen verschwendeten, nach Spandau oder in ein anderes Zuchthaus gebracht. Wer in irgend einer Weise, sei es durch Thaten oder durch Worte, das Mißfallen des Königs erregt hatte, mußte bei persönlicher Begegnung seinen Stock fühlen oder wurde zu den härtesten Strafen verurtheilt. Auf der Straße suchte man ihm möglichst auszuweichen, weil er die Vorübergehenden, wenn sie irgendwie seine Aufmerksamkeit auf sich zogen, anzuhalten und auszufragen und bei nicht befriedigenden Antworten auszuschelten oder gar durchzuprügeln pflegte. Selbst auf die Mode erstreckten sich seine polizeilichen Vorschriften, bei denen es ihm hauptsächlich darum zu thun war, der Putzsucht eine Schranke zu ziehen und insbesondere die französischen Trachten zu verbannen, denen er, wie allem französischen Wesen, einen unversöhnlichen Haß geschworen.

Des Königs hitzige Gemüthsart und sein unermüdlicher Hang zur Thätigkeit trieben ihn an, überall selbst nachzusehen und möglichst viel selbst zu thun. Alle wichtigen Berichte las er selbst und schrieb an den Rand einen kurzen, bestimmten, oft derben Bescheid, bei Ablehnungen mitunter nur das Wort „Narrenpossen.“ Den Sitzungen der Kammer wohnte er häufig persönlich bei. Seinem Ansehen durfte Niemand zu nahe treten; entschiedener Widerspruch, von welcher Seite er auch kommen mochte, riß ihn nicht selten zu Thätlichkeiten hin, und ein heftiges, in abschreckendem Tone hervorgestoßenes: „Raisonnir Er nicht!“ schnitt alle Einwendungen ab. Da ihm jede freie Aeußerung über Staatssachen als Staatsverbrechen galt, durfte anfangs in seinem Lande gar keine Zeitung erscheinen; erst als seine Armee sich im Kampfe gegen die Schweden hohen Ruhm erwarb, gestattete er das Wiedererscheinen der Berliner Zeitungen, damit die Großthaten seiner Truppen allgemein bekannt würden. Dabei blieben sie jedoch einer so strengen Censur unterworfen, daß, wer wissen wollte, was in Potsdam vorging, die Leydner Zeitung halten mußte.

In der gleichen despotischen Weise, wie in weltlichen Dingen, schaltete Friedrich Wilhelm auch in den kirchlichen. In dem kalvinischen Bekenntnisse geboren und erzogen und demselben mit großem Eifer zugethan, zwang er der lutherischen Geistlichkeit die reformirte Kirchenordnung auf, verbot bei den Begräbnissen der Lutheraner die Vortragung des Kruzifixes, als eine aus dem Papstthum übrig gebliebene „ärgerliche Gewohnheit,“ und untersagte aufs Strengste jede andere Form des Gottesdienstes, als die in Potsdam und in der Garnisonskirche zu Berlin übliche; auch schrieb er den Geistlichen vor, bei einer an die Kirchenkasse zu entrichtenden Strafe von zwei Thalern, an allen Sonn- und Feiertagen genau eine Stunde lang zu predigen und in jeder ihrer Predigten ihre Zuhörer mit gehörigem Eifer zu allen Leistungen zu ermahnen, welche die Pflicht der Treue und des Gehorsams den Unterthanen dem Könige gegenüber auferlegten. Da er die beiden protestantischen Konfessionen zu verschmelzen wünschte, wobei die Lutheraner zu Gunsten der Reformirten alle Ueberreste der altkirchlichen Formen und Gebräuche aufgeben sollten, untersagte er den Geistlichen beider Bekenntnisse bei Strafe der Amtssuspension, die unter Umständen noch in willkürlicher Weise verschärft werden sollte, alle Streitfragen über die Verschiedenheit der beiden Konfessionen auf die Kanzel zu bringen.

Gegen die Katholiken dauerte unter Friedrich Wilhelm I., der allem katholischen Wesen in hohem Grade abgeneigt war, die Unduldsamkeit der früheren brandenburgischen Herrscher fort. Der König ließ zwar aus Rücksicht auf die vielen Katholiken, die sich in seinem Heere befanden, im Jahre 1738 in Potsdam eine katholische Kirche erbauen, in welcher ein Dominikaner aus Halberstadt, der den Titel „apostolischer Missionär beim katholischen Leibregiment“ führte, den Gottesdienst hielt, und gestattete in Berlin, Stettin und Spandau die Anwesenheit ähnlicher Missionäre für seine Soldaten; auch bildeten sich in Stendal und Frankfurt a. d. Oder wieder katholische Gemeinden: allein die öffentliche Religionsübung blieb den Katholiken untersagt, und ihre Geistlichen durften keine Pfarrhandlungen vornehmen. Der Uebertritt zur katholischen Kirche war nicht gestattet, und noch weniger wurde „auswärtigen Kirchenobern“ irgend welcher Einfluß zugestanden.

Der bevorzugte Gegenstand der Regententhätigkeit Friedrich Wilhelms blieb das Heerwesen, für welches er schon in frühster Jugend eine entschiedene Vorliebe an den Tag gelegt. Da er in einem zahlreichen und gut geschulten Heere die sicherste Bürgschaft für Preußens Selbstständigkeit und Machtstellung erblickte, erhöhte er seine Streitkräfte von dreißigtausend auf achtzigtausend Mann, die durch den „alten Dessauer“ unter des Königs eigener Mitwirkung in trefflicher Weise, aber mit empörender Strenge eingeübt wurden und dadurch eine bewunderungswürdige Schlagfertigkeit erlangten. Auch auf das Aeußere sah der König bei seinen Truppen mit unerbittlicher Strenge: wie in der Haltung, so mußte der Soldat in Rüstung und Kleidung bis auf Zopf und Knopf im tadellosesten

Zustande sein, wenn er nicht schwere Prügelstrafe zu gewärtigen haben wollte.

Bei der Ergänzung und Vermehrung des Heeres wurde mit der rücksichtslosesten Willkür zu Werke gegangen: alle dienstfähigen jungen Leute wurden mit Gewalt in die Regimenter eingereiht und Diejenigen, die sich durch die Flucht dem Kriegsdienste zu entziehen suchten, als Deserteure nach der ganzen Strenge der Kriegsgesetze bestraft. Da jedoch die Zahl der Fahnenflüchtigen immer größer wurde, führte der König, der eine allgemeine Entvölkerung seines Landes zu fürchten begann, im Jahre 1733 die „Kantonverfassung" ein, durch welche das ganze Land in Bezirke eingetheilt wurde, von denen jeder aus der jungen Mannschaft der niederen Stände den ihm zugetheilten Regimentern den nöthigen Bedarf an Rekruten liefern mußte. Auch wurden Ausländer in großer Zahl für das Heer geworben.

Zu den größten Willkürakten und der vollständigsten Außerachtlassung aller Pflichten der Gerechtigkeit verleitete den König seine Leidenschaft für hochgewachsene Soldaten. Um sich in der „Potsdamer Garde" ein Leibregiment von lauter Riesen zu bilden, ließ er nicht nur in seinem eigenen Lande Alle, die sich durch Körpergröße auszeichneten, ohne jedwede Rücksicht auf Lebensverhältnisse, Stand und Beschäftigung gewaltsam aufheben, sondern auch im Auslande durch seine Werbeoffiziere einen förmlichen Menschenhandel und Menschenraub ausüben. Soldaten, die in fremden Diensten standen, wurden entführt, Reisende in den Wirthshäusern, Studenten, Künstler, Kaufdiener, Fabrikarbeiter auf den Straßen aufgegriffen und gefangen nach Potsdam gebracht. Wer aber einmal in die Potsdamer Garde eingereiht war, den konnte keine Verwendung von Seiten des Gesandten seines Landes mehr aus derselben losreißen. Nicht selten drohten die Gewaltthätigkeiten der preußischen Werbeoffiziere ernste Verwicklungen mit den fremden Regierungen herbeizuführen. In Sachsen wurde ein solcher zum Tode verurtheilt und nur auf die Drohung Friedrich Wilhelms, daß er im Falle der Vollstreckung des Urtheils den sächsischen Gesandten hängen lassen werde, wieder frei gegeben. Dagegen ließen die Holländer einen anderen preußischen Werbeoffizier, der mehrere ihrer Soldaten zur Fahnenflucht verleitet hatte, in Mastricht erschießen, was den König in so heftigen Zorn versetzte, daß der Ausbruch eines Krieges nur durch das vermittelnde Dazwischentreten des Kaisers abgewendet werden konnte.

Indessen suchten viele fremden Fürsten den König durch die Uebersendung „großer Kerle" in ihr Interesse zu ziehen. Wie sie hierbei über ihre Unterthanen mit empörender Willkür verfügten, so blieb hierin auch Friedrich Wilhelm nicht zurück. Dem Czaren

Peter, der ihm wiederholt langgewachsene Russen zum Geschenke machte, sandte er dagegen Stahlschmiede aus der Grafschaft Mark in Westfalen, die ohne Weiteres aufgegriffen und gleich Verbrechern von Militärposten zu Militärposten bis zur russischen Grenze transportirt wurden, um dort den Russen zur Einrichtung ihrer Fabriken übergeben zu werden,

Für die Spielerei mit der Potsdamer Garde scheute der sonst so sparsame König keine Kosten. Einzelne Grenadiere erhielten eine tägliche Löhnung von zwei Thalern und die geringsten eine solche von einem Gulden; mancher hatte ihn bei der Anwerbung Tausende von Thalern gekostet — waren ihm doch einmal für die Anwerbung eines Irländers 1266$^1/_2$ Pfund Sterling, also beinahe 8500 Thaler, berechnet worden —, und im Ganzen sollen während der Jahre 1713—1735 an Werbegeldern zwölf Millionen Thaler in das Ausland gegangen sein. Zur Bestreitung dieses Aufwandes hatte Friedrich Wilhelm eine eigene Kasse, die sogenannte „Rekrutenkasse", eingerichtet, in welche, außer allen Strafgeldern und sämmtlichen Sporteln für die Ausfertigung der Anstellungsdiplome, der Ertrag des Verkaufs der Stellen und der Titel floß, der bei der allgemeinen Rang- und Titelsucht jener Zeit ein sehr bedeutender war. Da der König aus seiner Verachtung des gesammten Rang- und Titelwesens, sowie überhaupt alles Ceremoniels und jeder Etiquette kein Hehl machte, vielmehr dieselbe bei jeder Gelegenheit geflissentlich an den Tag legte, kann er in keiner Weise als der Urheber oder Förderer des Mißbrauchs, Rang und Titel zu kaufen, angesehen werden; er beutete einfach die Thorheit seiner Unterthanen im Interesse seiner eigenen thörichten Liebhaberei aus. Weit schärferen Tadel, als der Verkauf der Titel verdient der im ausgedehntesten Maße betriebene Verkauf der Stellen, der freilich damals in den meisten deutschen Staaten gebräuchlich war. Wie weit dieses Unwesen in Preußen ging, beweist der Umstand, daß sogar Sackträger für ihre Stelle, die nicht mehr als zehn Thaler monatlich eintrug, sechshundert Thaler gezahlt haben sollen.

Trotz seiner leidenschaftlichen Vorliebe für das Militärwesen, war Friedrich Wilhelm kein kriegerischer Fürst, und bei der bedeutenden Erhöhung seiner Kriegsmacht hatte er als Zweck weit mehr die Erhaltung als die Erweiterung seiner Macht im Auge. An dem nordischen Kriege, der ihm den von dem großen Kurfürsten vergebens erstrebten Besitz von Pommern verschaffte, nahm er fast wider Willen Theil.

Die gleiche despotische Strenge, durch welche Friedrich Wilhelm seine Unterthanen in Furcht und Zittern hielt, beobachtete er auch gegen seine Familie, von der er in allen Stücken die absoluteste Unterwerfung unter seinen Willen verlangte. Auf die Neigungen und Liebhabereien seiner Kinder nahm er nicht die geringste Rücksicht. Seine Söhne, die in ihrem Taschengeld äußerst knapp gehalten wurden, mußten schon als Knaben den Soldatendienst von unten auf erlernen. Den Kronprinzen Friedrich trieb er durch seine maßlose Strenge so sehr zur Verzweiflung, daß dieser sich durch die Flucht der väterlichen Tyrannei zu entziehen suchte, was ihn in Gefahr brachte, sein Leben auf dem Schaffot zu beenden. Seine älteste Tochter Wilhelmine, die nachmalige Gemahlin des Erbprinzen von Baireuth, war einmal nahe daran, von ihm erstochen zu werden, weil sie es gewagt, ihm zu widersprechen. Der König war daher auch für seine Kinder weit mehr ein Gegenstand der Furcht, als der Liebe.

Obgleich in der Erziehung Friedrich Wilhelms, besonders von Seiten seiner Mutter, Nichts versäumt worden, um seinen Sinn für Kunst und Wissenschaft zu wecken, hatten die Bemühungen seiner Lehrer nur geringen Erfolg gehabt, wozu allerdings ihre seinem ganzen Wesen widerstrebende pedantische Unterrichtsmethode wesentlich beigetragen haben mochte. Seine wissenschaftliche Bildung war daher eine sehr beschränkte geblieben: von Poesie und Philosophie oder dem, was damit verwandt ist, hatte er keinen Begriff; nur in denjenigen Wissenschaften, die für das praktische Leben Werth hatten, hatte er sich einige Kenntnisse erworben. Nicht einmal seine Muttersprache verstand er gründlich; denn er schrieb dieselbe ebenso ungrammatisch, als unorthographisch. Das Lateinische, das damals bei der Unterweisung der höheren Stände in Deutschland zur Grundlage diente, war ihm so verhaßt, daß er den Erziehern des Kronprinzen auf das Strengste verbot, seinen Sohn in demselben zu unterrichten. Der französischen Sprache dagegen war er vollkommen mächtig und bediente sich derselben auch, wenn der Anstand dies bei fremdem Besuche erforderte, wie er auch seine Kinder, dem Gebote der Nothwendigkeit sich fügend, darin unterrichten ließ; dagegen sprach er, der herrschenden Hofsitte zuwider, mit seiner Familie und mit den Gesandten deutscher Mächte nur deutsch und duldete auch in seinen Abendzirkeln keine andere Sprache.

Wie Friedrich Wilhelms ganze Natur, so war auch seine politische Gesinnung eine durch und durch deutsche. Trotz mehrfacher Zerwürfnisse mit dem Kaiserhofe hing er mit unverbrüchlicher Treue an Kaiser und Reich und an der ganzen bestehenden Rechtsordnung, allerdings wohl mit aus dem Grunde, weil er in derselben zugleich die sicherste Grundlage seines eigenen Staates erblickte. „Degen und Pistolen," sagte er einst zu dem von ihm hochverehrten Prinzen Eugen, „will ich meinen Kindern in die Wiege legen, damit sie für den Kaiser kämpfen lernen."

Neben der ächt deutschen Gesinnung Friedrich Wilhelms verdient insbesondere seine Sittenreinheit und Sittenstrenge rühmende Anerkennung, wenn es sicher auch nicht zu billigen ist, daß er unter dem preußischen Volke durch Stockschläge eine bessere Zucht herbeizuführen suchte. Hatte er von seinem Hofe mit jeder fürstlichen Pracht auch alle feineren Genüsse des Lebens verbannt, so fand sich dagegen an demselben auch keine Spur der an den meisten andern Höfen herrschenden tiefen sittlichen Entartung.

Friedrich Wilhelms oft in Geiz ausartende Sparsamkeit setzte ihn nicht nur in den Stand, alle von seinem Vater dem Lande aufgebürdeten Schulden abzutragen, sondern auch für fünf Millionen neue Krongüter und für zwei Millionen Landgüter für seine jüngeren Söhne anzukaufen, anderthalb Millionen in Silbergeräthe aller Art, als einem nicht so leicht anzugreifenden, im Falle der Noth jedoch unschwer wieder in Geld umzusetzenden Kapitale, anzulegen und dabei seinem Nachfolger eine baare Summe von acht Millionen siebenmalhunderttausend Thalern zu hinterlassen. Dieser bedeutende Staatsschatz, sowie die von Friedrich Wilhelm I. in das gesammte Staatswesen eingeführte Ordnung und das trefflich geschulte Heer von achtzigtausend Mann, das bei des Königs Tod (30. Mai 1740) unter den Waffen stand, machten es seinem Sohne Friedrich II. möglich, die günstige Konjunktur zu benutzen, die ihm sechs Monate nach seiner Thronbesteigung der Tod Kaiser Karls VI. für die Ausführung seiner längst genährten Eroberungspläne geschaffen.

Friedrichs II. Jugendjahre.

(1712—1740.)

Friedrich II. — in der Taufe Karl Friedrich genannt, da neben seinem Großvater Friedrich I. der Kaiser Karl VI. sein Taufpathe war —, geboren zu Berlin am 24. Januar 1712, verlebte seine ersten Kinderjahre unter den Augen einer reformirten, durch die Aufhebung des Edikts von Nantes nach Brandenburg gekommenen französischen Dame, der verwittweten Obristin von Rocoulles, die auch schon seines Vaters Erzieherin gewesen. Durch sie erhielt er mit der ersten Kenntniß der französischen Sprache auch jene entschiedene Vorliebe für dieselbe, die ihn zur Mißachtung und gänzlichen Vernachlässigung seiner Muttersprache verleitete.

Mit dem Eintritt in sein siebentes Lebensjahr wurde Friedrich unter männliche Leitung gestellt. Zu seinem Oberhofmeister ernannte der König den sechzigjährigen Generallieutenant Grafen von Finkenstein, der sich im spanischen Erbfolgekrieg, besonders bei Malplaquet, ausgezeichnet hatte, zum Untergouverneur den Obersten von Kalkstein und übergab ihnen eine von ihm selbst ausgearbeitete ausführliche Instruktion, an welche sie sich in der Erziehung des Kronprinzen streng zu halten hatten. In derselben war ihnen als Hauptaufgabe vorgeschrieben, in dem Prinzen eine wahre christliche Frömmigkeit und Gottesfurcht, insonderheit aber die kalvinische „Rechtgläubigkeit" zu wecken und zu nähren, dagegen ihm „vor der katholischen Religion, so viel als immer möglich, ein Abscheu zu machen und deren Ungrund und Absurdität vor Augen zu legen und wohl zu imprimiren," ihm Ehrfurcht und Gehorsam gegen seine Eltern einzuprägen, auf das Strengste über seine Sittlichkeit zu wachen, keinen Stolz und Hochmuth in ihm aufkommen zu lassen und ihn zur Leutseligkeit und Demuth, zur Mäßigkeit, Sparsamkeit, Ordnung und einem wohl geregelten Fleiß anzuhalten. Bezüglich des wissenschaftlichen Unterrichts waren nur die praktisch zu verwerthenden Kenntnisse ins Auge gefaßt. Das Lateinische war ausdrücklich ausgeschlossen. In der deutschen und französischen Sprache sollte der Prinz hauptsächlich sich durch Uebungen einen fließenden Styl anzugewöhnen suchen; dagegen sollte er in der Rechenkunst, Mathematik, Artillerie und Oekonomie gründlich unterrichtet werden. „Die alte Historie", hieß es weiter, „kann ihm nur obenhin, diejenige aber von unsern Zeiten und von hundertfünfzig Jahren her muß ihm aufs Genaueste beigebracht werden, wie auch Natur- und Völkerrecht, Geographie und was in jedem Lande merkwürdig, die Geschichte Preußens und der benachbarten Länder." Dabei sollte auch in geeigneter Weise für eine tüchtige körperliche Ausbildung und Abhärtung des Prinzen Sorge getragen werden. „Absonderlich", so schließt die Instruktion, „haben Sie Beide sich äußerst angelegen sein zu lassen, Meinem Sohne die wahre Liebe zum Soldatenstande einzuprägen und Ihm zu imprimiren, daß, gleich wie Nichts in der Welt einem Prinzen Ruhm und Ehre zu geben vermag, als der Degen, Er in der Welt ein verachteter Mensch sein würde, wenn Er solchen nicht gleichfalls liebte und die einzige Gloria in demselben suchte."

Den bedeutendsten Einfluß auf die geistige Entwicklung des Prinzen gewann sein Lehrer Duhan de Jandun, ein ausgewanderter Franzose, der ihn nach und nach in die französische Literatur einweihte und ihm für dieselbe jene Begeisterung einflößte, die ihn bis in sein spätestes Alter mit Geringschätzung auf die inzwischen gleichfalls zu hoher Blüthe gelangte vaterländische Literatur herabblicken ließ.

Da der König, so wenig er auch im Allgemeinen von den Künsten hielt, eine gewisse Freude an der Musik hatte, ließ er seinen Sohn, der selbst einen regen Sinn für dieselbe an den Tag legte, durch einen Domorganisten im Klavierspiel unterrichten. Seitdem jedoch der Prinz im Jahre 1728 bei einem mit seinem Vater am Dresdener Hofe gemachten Besuche den berühmten Tonkünstler Quantz auf der Flöte gehört, hatte er sich mit entschiedener Vorliebe diesem Instrumente zugewandt, und auf das Verwenden seiner Mutter erhielt Quantz von August II. die Erlaubniß, zweimal im Jahre auf eine Zeitlang nach Berlin zu reisen, um den lernbegierigen Kronprinzen, natürlich ohne Vorwissen des Vaters, im Flötenspiele zu unterrichten, in welchem es Friedrich bekanntlich zu einer großen Meisterschaft brachte.

Der Unterricht in der Religion wurde dem Kronprinzen durch zwei Hofprediger ertheilt; doch hatte derselbe nicht den von dem König erwarteten Erfolg, weil er des Prinzen Herz kalt ließ und die reformirten Dogmen ihn weder anzogen noch befriedigten. Dazu kam die Langeweile, die ihm das vorgeschriebene häufige Anhören langer, geistloser Predigten verursachte. Auch die Wahrnehmung, daß des Königs Frömmigkeit und kalvinische Rechtgläubigkeit keinerlei Einfluß auf dessen rauhe Gemüthsart und sein tyrannisches Walten auszuüben vermochte, war wenig geeignet, den religiösen Sinn des Prinzen zu beleben. Vollständig entfremdet wurde er dem Christenthum durch die Schriften der französischen Religionsspötter, die ihn schon frühe auf die Bahn des Unglaubens führten.

Da der Kronprinz vor allen Dingen zu einem tüchtigen Soldaten herangebildet werden sollte, hatte der König schon im Jahre 1717 zu seiner Uebung im kleinen Waffendienste eine kronprinzliche Kadettenkompagnie errichtet, die später zu einem ganzen Bataillon erweitert wurde; auch mußte der Prinz schon im zartesten Knabenalter die Kinderkleider gegen eine militärische Uniform vertauschen. In seinem vierzehnten Jahre wurde er zum Hauptmann, im fünfzehnten zum Major und im siebzehnten zum Oberstlieutenant ernannt. In allen diesen Stellen hatte er, wie jeder Andere, den regelmäßigen Dienst zu thun. Sagte dies schon an sich dem lebhaften Geiste des Prinzen wenig zu, so wurde ihm der militärische Dienst vollständig verleidet, seitdem er nach seiner Ernennung zum Oberstlieutenant an dem unablässigen Einexerciren der Truppen theilnehmen und dadurch Zeuge der unmenschlichen Härte sein mußte, mit welcher die beklagenswerthen Soldaten dabei von seinem Vater und dem Fürsten von Dessau behandelt wurden. Je weniger er aber sein Mißfallen darüber zu verbergen wußte, desto mehr sank er in der Meinung seines Vaters, der ihn für einen zu einem rechten Soldaten untauglichen Weichling hielt. Beide waren grundverschiedene Naturen, die einander mehr abstießen als anzogen; gleich waren sie nur in der Entschiedenheit des Willens, und je eigenartiger sich des Kronprinzen Charakter und ganzes Wesen entwickelte, desto mehr wuchs des Vaters Abneigung gegen ihn.

An Veranlassungen zur Unzufriedenheit fehlte es dem König nicht. Zu dem Kummer, den er über die religiöse Gleichgiltigkeit des Kronprinzen empfand, gesellte sich der Unmuth über dessen entschiedene Vorliebe für wissenschaftliche Beschäftigungen, für französische Lektüre und französischen Luxus, sowie über seinen Mangel an Sparsamkeit und häuslichen Sinn. Auch verdroß es den Vater, daß der Prinz weder an den rohen Parforcejagden im Parke von Wusterhausen, noch an den derben Soldatenspäßen im Tabakskollegium Gefallen fand, in welches er als wirkliches Mitglied aufgenommen worden; daß er ernst blieb, wo der Vater lachte, und sich bisweilen im Gefühle seiner geistigen Ueberlegenheit eine spöttelnde Bemerkung über Dinge und Personen erlaubte, die dem Vater werth waren. Er beschuldigte ihn des Stolzes und der Hoffart und hielt es für nöthig, ihn in um so strengerer Zucht zu halten. Er überwachte alle seine Schritte, verbot, als er in Erfahrung gebracht, daß der Prinz Schulden mache, bei schwerer Strafe einem Minderjährigen, „und wenn es der Kronprinz wäre," irgend Etwas zu borgen, und zwang ihn, täglich vom frühen Morgen bis zur Mittagstafel auf dem Exercierplatz zu bleiben, so daß der Prinz seinen Lieblingsbeschäftigungen nur die Nachmittagsstunden widmen konnte. Als er ihn einst beim Flötenspiel in einem goldbrokadenen Schlafrock überraschte, hielt er ihm eine donnernde Strafpredigt, ließ ihn sofort seine Uniform wieder anlegen, warf den Schlafrock ins Feuer und sandte die französischen Werke, die auf des Prinzen Tische lagen, zu dem Buchhändler zurück.

Noch größer wurde des Königs Erbitterung gegen den Kronprinzen, als er erfuhr, daß derselbe, seitdem er bei dem oben erwähnten Besuche in Dresden die große Welt mit ihren verführerischen Reizen kennen gelernt, sich an Ausschweifungen gewöhnt habe. Zu welchen Wuthausbrüchen sich der leidenschaftliche Vater bei dieser Gelegenheit hinreißen ließ, erhellt aus einem Briefe Friedrichs an seine Mutter vom Jahre 1729. „Ich bin", so schreibt er, „in der größten Verzweiflung! Was ich immer befürchtete, ist mir endlich begegnet. Der König hat gänzlich vergessen, daß ich sein Sohn bin, und mich wie den niedrigsten Menschen behandelt. Ich trat diesen Morgen wie gewöhnlich in sein Zimmer. Sobald er mich sah, ergriff er mich und schlug mich mit seinem Stocke auf die grausamste Art der Welt. Vergebens suchte ich mich zu vertheidigen; er war in einer so furchtbaren Aufregung, daß er sich nicht mehr kannte und nur aus Ermüdung wieder aufhörte. Ich bin aufs Aeußerste gebracht, habe zuviel Ehrgefühl, um solche Behandlung zu ertragen, und bin entschlossen, auf eine oder die andere Art der Sache ein Ende zu machen."

Der durch die Tyrannei des Vaters geweckte Widerstandsgeist

des Prinzen wurde erhöht durch den Hinterhalt, den Friedrich an seiner Mutter fand. Statt nach der einen Seite hin begütigend, nach der andern abmahnend einzuwirken, ließ sich die Königin durch das eigene Unbehagen an dem glanzlosen preußischen Hof, wo sie Nichts als Entbehrungen und Unzuträglichkeiten gefunden, und durch die unwürdige Behandlung, die auch sie mitunter von ihrem leidenschaftlichen und argwöhnischen Gemahle zu erdulden hatte, dazu verleiten, in des Kronprinzen Klagen über seinen Vater einzustimmen und seine Neigungen hinter dessen Rücken zu begünstigen, wodurch sie nicht wenig zur Förderung des bestehenden Mißverhältnisses beitrug. Auch Friedrichs Schwester Wilhelmine, die entschieden auf des Kronprinzen Seite stand und in deren, die Erlebnisse ihrer Jugend schildernden Memoiren sich eine bis zum Haß gesteigerte, das Gefühl des Lesers tief verletzende Bitterkeit gegen ihren Vater ausspricht, versäumte nicht, das Feuer zu schüren.

Die Spannung in der königlichen Familie erreichte den höchsten Grad im Sommer 1730, als die schon seit längerer Zeit diskutirte Frage der Vermählung des Kronprinzen zur Entscheidung gebracht werden sollte. Es war ein Lieblingswunsch der Königin, ihre Tochter Wilhelmine mit ihrem Neffen, dem Prinzen von Wales, und den Kronprinzen mit dessen Schwester, der schönen englischen Prinzessin Amalie, zu vermählen, und die Neigungen ihrer Kinder stimmten mit diesem Wunsche überein. Auch der König war anfangs diesem Vermählungsprojekt, mit welchem nicht nur der König Georg II., sondern aus Gründen der Politik auch das englische Parlament und Volk vollständig einverstanden waren, nicht abgeneigt; als aber später die von seinen Werbern in Hannover verübten und von ihm in Schutz genommenen Ungebührlichkeiten ein ernstes Zerwürfniß zwischen ihm und seinem Schwager herbeigeführt, wollte er von der geplanten Doppelheirath Nichts mehr wissen, und als er erfuhr, daß Friedrich selbst die Sache eifrig betreibe und bereits dieserhalb heimlich nach England geschrieben habe, gerieth er in so heftigen Zorn, daß er den Prinzen öffentlich mit Stockschlägen aufs Gröblichste mißhandelte und sich dabei an die Anwesenden mit den Worten wandte: „Wäre ich von meinem Vater so behandelt worden, so hätte ich mich todtgeschossen; aber *er* läßt sich Alles gefallen; denn er hat keine Ehre im Leibe und ist ein Feigling."

Diese schmachvolle Behandlung brachte den von dem Prinzen längst genährten Plan, sich durch die Flucht nach England der Tyrannei seines Vaters zu entziehen, zur raschen Reife. Zur Ausführung dieses Planes, in welchen er nur seine Schwester Wilhelmine und die beiden Lieutenants von Keith und von Katte, seine vertrautesten Freunde, eingeweiht hatte, gedachte er die Reise zu benutzen, die sein Vater mit ihm im Juli 1730 durch Sachsen, Franken Schwaben und die Rheinlande machen wollte. Obgleich dem König Gerüchte von diesem Fluchtplan, wahrscheinlich durch eine Unvorsichtigkeit Katte's, zu Ohren gekommen, nahm er den Prinzen mit, ertheilte aber drei höheren Offizieren, die mit demselben in dem nämlichen Wagen fuhren, den geheimen Auftrag, ihn nicht aus den Augen zu lassen.

Nachdem der Prinz mehrere Male den Versuch gemacht, zu entfliehen, aber immer daran verhindert worden, wurde dem König in Frankfurt ein Brief zugestellt, den der Kronprinz von Ansbach aus an den Lieutenant von Katte geschrieben, auf dessen Adresse er jedoch in der Eile den Bestimmungsort anzugeben vergessen. Da dieser Brief dem König über seines Sohnes Absichten vollständige Gewißheit gab, ließ er denselben sofort verhaften und auf ein Schiff bringen, das ihn nach Wesel führen sollte. Als er am folgenden Tage gleichfalls das Schiff bestieg, loderte sein Zorn bei dem Anblick des Prinzen so heftig auf, daß er ihn bei den Haaren ergriff und ihm mit seinem Stockknopf das Gesicht blutig schlug. In Wesel ließ ihn der König aufs Neue vor sich bringen und drang, als der Prinz ihm auf seine Frage, warum er habe desertiren wollen? zur Antwort gab: „er habe nur gethan, was sein Vater selbst an seiner Stelle gethan haben würde," mit gezogenem Degen auf ihn ein, um ihn zu durchbohren. Nur das Dazwischentreten des Generals Mosel, der dem König mit den Worten: „Tödten Sie mich; aber verschonen Sie Ihren Sohn!" in den Arm fiel, rettete des Prinzen Leben.

Vergebens suchte der Graf Seckendorf, der den König auf seiner Reise begleitete, denselben milder gegen seinen Sohn zu stimmen, indem er ihm des Prinzen Fluchtversuch als einen verzeihlichen Jugendstreich darstellte: Friedrich Wilhelm schien zwar einen Augenblick geneigt, der Fürsprache des Grafen Folge zu geben; als er jedoch erfuhr, daß der in Wesel stehende Lieutenant von Keith, den der Prinz rechtzeitig durch einige Zeilen hatte warnen können, sich durch die Flucht der ihm zugedachten Strafe entzogen, kehrte seine volle Erbitterung zurück, und er sprach den festen Entschluß aus, sowohl gegen den Kronprinzen, als gegen den Lieutenant von Katte, der inzwischen auf einen nach Berlin abgegangenen geheimen Befehl verhaftet worden, nach der ganzen Strenge der Kriegsgesetze vorzugehen. „Ich habe", schrieb er an seine Gemahlin, „den Schurken, den Fritz, festnehmen lassen und werde ihn behandeln, wie es seine Verbrechen und seine Feigheit verdienen. Ein solcher Elender verdient nicht mehr zu leben."

Für die königliche Familie kamen schwere Tage; denn Friedrich Wilhelm vermuthete geheime Einverständnisse der Königin und der

Prinzessin Wilhelmine mit dem Kronprinzen. Als er nach seiner Rückkehr in die Hauptstadt der Letzteren ansichtig wurde, rief er ihr mit zornglühenden Blicken zu: „Infame Canaille, wie, du wagst es noch, dich vor mir zu zeigen? Geh' und leiste deinem Schurken von Bruder Gesellschaft!“ Dabei gab er ihr so heftige Faustschläge ins Gesicht, daß sie ohnmächtig zusammenstürzte. Ihre Brüder und Schwestern warfen sich ihm zu Füßen, umklammerten seine Kniee und baten ihn schluchzend um Schonung für die Prinzessin, während die Königin verzweifelnd die Hände rang und keine anderen Worte finden konnte als: „Mein Gott, mein Sohn!“ Beim Anblick des Lieutenants von Katte, der eben gefangen nach dem Schlosse geführt wurde, rief er: „Jetzt werde ich den Schurken Fritz und die Canaille Wilhelmine überführen können, und ich werde hinreichende Gründe finden, um ihm den Kopf vor die Füße zu legen!“ Als der unglückliche Katte in einem leinenen Gendarmenkittel vor ihm erschien, riß er ihm das Ordenskreuz vom Halse und gab ihm so heftige Stockhiebe und Ohrfeigen, daß ihm das Blut über das Gesicht strömte. Zu den Füßen des Königs niederfallend, betheuerte derselbe, daß der Prinz keine andere Absicht gehegt, als nach England zu entfliehen und sich unter den Schutz dieser Krone zu stellen, nie aber den geringsten Plan weder gegen die Person des Königs noch gegen den Staat entworfen habe. Der König hegte nämlich den Argwohn, daß es bei des Prinzen Fluchtplan zugleich auf sein Leben abgesehen gewesen. „Mich gedachten sie vermuthlich zu vergiften,“ äußerte er im Vertrauen zu Seckendorf. „Hätte mir Fritz in Wesel ehrlich Alles gestanden, so hätte ich es in der Stille mit ihm abgemacht; aber nun muß die Sache ihren Lauf nehmen, und die Welt soll richten zwischen uns.“

Des Königs leidenschaftliches Wüthen dehnte sich auf Alle aus, die seinem Sohne nahe gekommen. Mehrere Herren und Damen vom Hofe wurden verhaftet oder fortgejagt. Der Minister Knyphausen, der im Verdachte stand, dem Prinzen Geld geliehen zu haben, erhielt seinen Abschied. Friedrichs Lehrer Duhan, den der König beschuldigte, dem Prinzen das Gift des französischen Geistes und des Unglaubens beigebracht zu haben, wurde nach Memel verbannt, der erste Kammerdiener des Kronprinzen zu Zwangsarbeit verurtheilt, die sechzehnjährige Tochter des Rektors in Potsdam, die ein Geschenk von dem Prinzen angenommen, von dem Henker durch die Straßen der Stadt gepeitscht und zu lebenslänglicher Haft in das Zuchthaus nach Spandau gebracht, während ihre unglücklichen Eltern die Strafe schimpflicher Landesverweisung traf. Den Berlinern, unter denen eine so große Aufregung herrschte, daß das Volk das Schloß umdrängte und die Wache ausrücken mußte, um dasselbe zu vertreiben, wurde bei Strafe des Ausreißens der Zunge verboten, über die ganze Angelegenheit zu sprechen, und der englische Gesandte erhielt die Weisung, seinem Hofe zu melden, daß an eine Heirathsverbindung mit demselben nicht mehr zu denken sei.

Unterdessen hatte der König den Kronprinzen nach dem drei Meilen von Berlin entfernten Mittenwalde bringen lassen und zu seiner Vernehmung eine Militärkommission niedergesetzt. Der Prinz legte ein ähnliches Geständniß ab, wie Katte; als jedoch der das Verhör leitende Feldmarschall und Minister von Grumbkow, der zu seinen persönlichen Gegnern zählte, sich damit nicht begnügen wollte und ihm mit der Anwendung der Folter drohte, verweigerte er in den stärksten Ausdrücken jede weitere Antwort, als mit seiner Würde unvereinbar. Er wurde hierauf nach Küstrin gebracht und in dem dortigen Schlosse, wo in der Wohnung des Kammerpräsidenten von Münchow ein Zimmer für ihn in eine Gefängnißzelle umgewandelt worden, als Staatsgefangener in strengstem Gewahrsam behalten. Seine Uniform mußte er gegen die gewöhnliche Sträflingskleidung aus grobem blauem Tuch vertauschen, und das Essen, das man ihm aus einer Garküche, Mittags für sechs und Abends für vier Groschen, holte und das er auf einem hölzernen Schemel verzehren mußte, wurde ihm zerschnitten gebracht, weil er, wie ein zum Tode Verurtheilter, weder Messer noch Gabel haben sollte. Tinte und Feder, sowie die Flöte waren ihm versagt und zur Lektüre nur die Bibel und einige Andachtsbücher gestattet. Niemand durfte zu ihm gelassen werden, und seinen Wächtern war aufs Strengste verboten mit ihm zu sprechen. Alles schien darauf berechnet, ihn mit dem Gedanken an den schlimmsten Ausgang vertraut zu machen.

In der That hatte der König dem Kriegsgerichte, das er im Oktober 1730 zur Aburtheilung Friedrichs und Katte's nach Köpenik berufen, Befehl gegeben, über den „Oberstlieutenant Fritz“ wegen der von ihm beabsichtigten Desertion, ohne irgend welche Rücksicht auf seine Geburt, nach der ganzen Strenge der Kriegsgesetze Recht zu sprechen, und schien entschlossen, das Urtheil, das nach dem Buchstaben des Gesetzes nur auf den Tod lauten konnte, vollstrecken zu lassen. Die Fürsprache, welche die einflußreichsten seiner Generale für den Prinzen einlegten, wies er mit Entschiedenheit zurück; dagegen zeigte er sich den von dem kaiserlichen Gesandten Grafen Seckendorf aufs Nachdrücklichste unterstützten Fürbitten verschiedener Höfe gegenüber minder fest. Entscheidend für seinen Entschluß war das dringende Verwenden des Kaisers für sein Pathenkind. „Eurer Kaiserlichen Majestät lediglich“, schrieb er an Karl VI., nachdem er ihm den Kummer über das Betragen seines Sohnes geschildert, „hat er es in gebührender Erkenntlichkeit zu danken, daß

Sie Dero Fürwort ihm haben angedeihen lassen; denn nur dadurch bin ich bewogen worden, ihm zu verzeihen."

Indessen sollte dem Prinzen der Schmerz nicht erspart bleiben, seinen unglücklichen Freund Katte um seinetwillen den Tod erleiden zu sehen. Das von dem König eingesetzte Kriegsgericht hatte denselben, den Umstand, daß er sich nicht von seinem Regiment entfernt hatte und seine verbrecherische Absicht nicht zur That geworden, als Milderungsgrund annehmend, nur zur Kassation und mehrjähriger Festungshaft verurtheilt; dieses Urtheil war jedoch von dem König als viel zu mild höchst ungnädig aufgenommen worden. Er hatte das Vergehen Katte's für ein Majestätsverbrechen erklärt und die über ihn verhängte Strafe aus eigener Machtvollkommenheit in die der Enthauptung verwandelt, mit der ausdrücklichen Bestimmung, daß dieselbe vor den Augen des Kronprinzen an dem Unglücklichen vollzogen werden solle. Vergebens flehten der Vater des Verurtheilten, der Generallieutenant von Katte, und sein Großvater, der greise, verdiente Feldmarschall von Wartensleben, fußfällig mit den rührendsten Worten für ihren Sohn und Enkel: der König war unerbittlich und erklärte, er erweise sich gegen den Verbrecher noch sehr gnädig, da derselbe für sein Vergehen glühende Zangen und den Galgen verdient habe.

Dem königlichen Befehle gemäß wurde Katte, der sein Urtheil mit großer Fassung vernommen und nur bittere Reue über sein früheres leichtfertiges Leben und über seinen Ehrgeiz, durch welchen er den Seinen so schweren Kummer bereite, ausgedrückt hatte, am 5. November nach Küstrin gebracht und in der Frühe des folgenden Morgens zur Hinrichtung geführt, die auf dem Walle hinter dem Schlosse stattfinden sollte. Der Prinz stand am Fenster, als der Unglückliche, von zwei Geistlichen begleitet, vorüberschritt. „Mein lieber Katte", rief er ihm unter Thränen zu, „vergeben Sie mir, daß ich Sie in dieses Unglück gestürzt habe!" — „Dessen bedarf es nicht, Hoheit" antwortete Katte; „wenn ich tausend Leben hätte, würde ich sie mit Freuden für Sie hingeben." Vom Schmerz überwältigt, fiel der Prinz in Ohnmacht, und als er wieder zur Besinnung kam, war Alles vorüber.

Der Feldprediger Müller, der den Abgeschiedenen zum Tode vorbereitet, überbrachte dem Prinzen mit der letzten Betheuerung seines Freundes, daß er ihm keinerlei Schuld wegen seines Todes beimesse, eine Schrift, in welcher Katte den Prinzen in den eindringlichsten Worten bat, sein Herz den Wahrheiten des christlichen Glaubens zuzuwenden, zu welchen er sich selbst in seiner Kerkerhaft bekehrt hatte, und sich in aller Demuth als gehorsamer Sohn seinem Vater zu unterwerfen. Diese Ermahnungen eines

Freundes, der um seinetwillen den Tod erlitten, machten auf den vom Schmerz gebeugten Prinzen einen so tiefen Eindruck, daß er den Wunsch aussprach, den Prediger Müller noch einige Zeit bei sich behalten zu können, und den Bemühungen desselben gelang es, das Herz des Prinzen für den christlichen Glauben zu erwärmen und ihn zu reuiger Unterwerfung unter die väterliche Autorität geneigt zu machen.

Die Berichte, die der Prediger über die Sinnesänderung des Prinzen nach Berlin sandte, bewogen den hocherfreuten König, der noch immer fortdauernden Sorge Friedrichs um sein Leben ein Ende zu machen. Er versprach ihm Begnadigung, wenn er eidlich gelobe, sich nie an irgend Jemandem wegen des Vorgefallenen zu rächen und ihm künftig in allen Stücken ein gehorsamer Sohn zu sein. Nachdem Friedrich diesen Eid am 19. November in der von seinem Vater vorgeschriebenen Form vor einer Kommission von Ministern und Generalen abgelegt, erhielt er Orden und Degen zurück und wurde aus seiner strengen Haft entlassen.

Indessen hielt der König zur gehörigen Dämpfung des hochfahrenden Sinnes seines Sohnes noch eine Verlängerung seiner Strafzeit, wenn auch in gemilderter Form, für nöthig. Er verordnete daher, daß der Prinz noch einige Jahre in Küstrin bleiben, ein Haus in der Stadt beziehen, Civilkleider tragen, nicht aus den Stadtthoren kommen, bei der Kriegs- und Domänenkammer vom Morgen bis zum Abend arbeiten und sich weder mit Musik noch französischer Lektüre beschäftigen, auch keine andern Briefe schreiben solle, als von Zeit zu Zeit an seine Eltern. Wenn sich der Prinz auch der ihm auferlegten Arbeit nur aus Gehorsam gegen seinen Vater unterzog, so hatte sie doch für ihn den großen Vortheil, daß er sich durch dieselbe eine gründliche Kenntniß der wichtigsten Verwaltungszweige erwarb.

Am 15. August 1731 sah der König bei seiner Anwesenheit in Küstrin zum ersten Male seinen Sohn wieder. Anfangs überhäufte er ihn mit Vorwürfen; als jedoch der Prinz ihn knieend um Verzeihung bat und Alles aufzubieten gelobte, um des Vaters Zufriedenheit wieder zu erlangen, zeigte er sich milder und erklärte, er wolle, da er seine Reue für aufrichtig halte, ihm etwas größere Freiheit gewähren. Er erlaubte ihm, die Festung zu verlassen und die benachbarten Aemter zu bereisen; auch sollten ihm Pferde und Wagen zur Verfügung gestellt werden. Zugleich erhielt der Prinz Sitz und Stimme in der Domänenkammer. Dagegen blieb ihm noch jede Zerstreuung durch französische Bücher, Musik, Spiel und Tanz untersagt, wie auch die strenge Vorschrift regelmäßiger Betstunden am Morgen und Abend aufrecht gehalten wurde.

Unterdessen hatte der König, nachdem die englischen Vermählungsprojekte definitiv aufgegeben worden, den Beschluß gefaßt, seine Tochter Wilhelmine mit dem Erbprinzen von Baireuth zu vermählen, und den Widerstand der Prinzessin durch die Zusage gebrochen, daß er, falls sie gutwillig sich seiner Absicht füge, alles Geschehene vergessen und dem Kronprinzen gestatten werde, den Vermählungsfeierlichkeiten beizuwohnen. In der That durfte der Prinz am 23. November 1731, dem Vermählungstage der Prinzessin, nach Berlin zurückkehren. Man fand ihn nicht nur in seiner äußern Erscheinung, sondern auch in seinem Wesen bedeutend verändert: die harten Erfahrungen der letzten Zeit hatten den neunzehnjährigen Prinzen zum Manne gereift.

Einige Tage nach Friedrichs Ankunft begaben sich sämmtliche in Berlin anwesenden Generale und Obersten, an ihrer Spitze der Fürst von Dessau, zu dem König, um von ihm die Wiederaufnahme des Prinzen in das Heer zu erbitten. Der König sagte dieselbe zu; doch sandte er den Prinzen nach Küstrin zurück, damit er noch einige Zeit an der Domänenkammer fortarbeite.

Im Februar 1732 meldete der König dem Kronprinzen, er habe ihm die Prinzessin Elisabeth Christine von Braunschweig-Bevern, eine Nichte der Gemahlin Kaiser Karls VI., zur Frau gewählt, „da er sie wohl aufgezogen und modest gefunden, wie Frauen sein müßten.“ Friedrich antwortete ihm, daß er sich ganz seinem Willen unterwerfe, und versicherte ihn zugleich, „daß ihm nichts Lieberes geschehen könne, als wenn er Gelegenheit habe, seinem allergnädigsten Vater seinen blinden Gehorsam zu bezeigen.“ Zu der gleichen Zeit schrieb er jedoch an den Minister von Grumbkow: man möge um Gotteswillen den König enttäuschen und ihm zu bedenken geben, daß er sich nicht für ihn, sondern für sich selbst verheirathe; denn die Prinzessin könne er unmöglich lieben und wolle sie nicht. Schließlich fügte er sich ohne Widerrede dem Willen seines Vaters, worauf ihn dieser zur Feier der Verlobung von Küstrin zurückberief. Nachdem dieselbe am 16. Mai 1732 zu Berlin stattgefunden, wurde am 12. Juni 1733 zu Salzdahlum, einem Lustschlosse des Herzogs von Braunschweig, die Vermählung vollzogen. Das Loos der liebenswürdigen und reichbegabten Kronprinzessin war nicht beneidenswerth; denn wenn auch der König ihr stets die zuvorkommendste Freundlichkeit bewies und selbst die ihr ursprünglich so wenig gewogene Königin ihr bald eine warme Theilnahme bezeigte, so ließ doch Friedrich, bei aller Anerkennung, die er ihrer Herzensgüte, ihrer Sanftmuth und ihrem eifrigen Bestreben, jedem seiner Wünsche zuvorzukommen, zu zollen genöthigt war, in seinem ganzen Benehmen deutlich merken, daß er zur Ehe mit ihr gezwungen worden. Er ließ ihr zwar volle Freiheit, ihren Neigungen gemäß zu leben; aber er hatte kein Herz für sie und glaubte seiner Pflicht Genüge geleistet zu haben, wenn er sich mit der Bezeigung einer kühlen Achtung gegen sie abfand. Nach dem Tode seines Vaters schien sie überhaupt für ihn nicht mehr zu existiren.

Unterdessen hatte sich der zum Obersten beförderte Kronprinz, dem der König das Städtchen Ruppin zum Wohnorte angewiesen, durch den Eifer, mit welchem er seinen militärischen Dienstpflichten oblag, sowie durch die unbedingteste Unterwürfigkeit in der Gunst seines Vaters immer fester zu setzen gewußt. Im Jahre 1734 sandte ihn der König mit den Truppen, die er in dem polnischen Thronfolgekrieg zu dem kaiserlichen Heere stoßen ließ, an den Rhein, um unter dem Prinzen Eugen das Kriegshandwerk zu erlernen, wozu der Feldzug jenes Jahres ihm jedoch wenig Gelegenheit darbot. Friedrich bewies dem ruhmgekrönten kaiserlichen Feldherrn die aufrichtigste Verehrung und erklärte später oft, daß er stolz darauf sei, sich als dessen Schüler ansehen zu dürfen. Nach seiner Rückkehr bezog er mit seiner Gemahlin das Schloß Rheinsberg, das der König für ihn angekauft und mit einem Kostenaufwand von fünfzigtausend Thalern hatte umbauen und erweitern lassen.

Der strengen Beaufsichtigung seines Vaters entzogen, der ihm überhaupt jetzt nicht mehr die gleichen Beschränkungen auferlegte, wie früher, überließ sich Friedrich in Rheinsberg ganz seinen Lieblingsneigungen, der Pflege der Wissenschaften und der Musik und den Genüssen eines verfeinerten gesellschaftlichen Lebens, und in einem ausgewählten Kreise talentvoller und geistreicher Männer gestaltete sich sein dortiger Aufenthalt zu seiner glücklichsten Zeit. „Wir haben“, schreibt er an den sächsischen Gesandten von Suhm, der oft in Rheinsberg weilte, „unsere Beschäftigungen in zwei Klassen, in nützliche und angenehme, eingetheilt. Zu den nützlichen rechne ich das Studium der Philosophie, der Geschichte und der Sprachen; die angenehmen sind die Musik, die Lust- und Trauerspiele, die wir aufführen, die Maskeraden und Gastmähler, die wir geben. Ernsthafte Beschäftigungen behalten indessen den Vorzug.“ In den Concerten, die der Prinz allabendlich in seinem Salon veranstaltete, trug er nicht selten eigene Compositionen auf der Flöte vor, auf welcher er es bereits zu einer wirklichen Meisterschaft gebracht hatte.

Ueber die Pflege der Wissenschaften und der Musik vergaß Friedrich keineswegs die Kriegskunst. Er studierte mit großem Eifer die Feldzüge der berühmtesten Feldherren und suchte seine Kenntnisse in diesem Fache durch eingehende Gespräche mit den älteren und erfahreneren der in Rheinsberg anwesenden Offiziere zu erweitern. Um dieser Beschäftigung einen poetischen Reiz zu verleihen, stiftete er eine Art Ritterorden von zwölf Mitgliedern, zu denen, außer ihm selbst, seine beiden Brüder, der Herzog Ferdinand von Braunschweig, der Herzog Wilhelm von Bevern und seine vertrautesten militärischen Freunde gehörten. Der Schutzpatron dieser ritterlichen Verbindung war Bayard und das Sinnbild des Ordens ein auf einem Lorbeerkranze liegender Degen mit der Umschrift: Sans peur et sans reproche. Zum Großmeister des Ordens hatte Friedrich den von ihm besonders hochgeschätzten Major von Fouqué erwählt. Von ihm erhielten die zwölf Ritter, an ihrer Spitze Friedrich selbst, den Ritterschlag, nachdem sie in seine Hände das Ordensgelübde abgelegt, das sie zu ritterlichen Thaten und insbesondere zur Vervollkommnung der Kriegskunst und der Heerführung verpflichtete. Die Ritter trugen als Ordenszeichen einen Ring, der die Form eines rundgebogenen Schwertes hatte, mit der Inschrift: „Es lebe, wer sich nie ergibt.“ (Vive le sans-quartier) und führten altfranzösische Bundesnamen. Friedrich hieß Le Constant, Fouqué le Chaste, der Herzog Ferdinand le Sobre, der Herzog von Bevern le Gaillard u. s. w. Auch schrieben sie sich Briefe in altfranzösischem Ritterstyl.

Im Jahre 1739 ließ sich Friedrich bei einem Besuche in Braunschweig in den Freimaurerorden aufnehmen, dessen aller positiven Religion feindliche Tendenz seiner eigenen Geistesrichtung zu sehr entsprach, als daß er nicht dem verlockenden Reize des geheimen Dunkels bereitwillig hätte folgen sollen, in welches dieser Orden sich hüllte. Da der König ein entschiedener Gegner der Freimaurer war, fand die Aufnahme des Prinzen insgeheim zu nächtlicher Stunde statt; nach dem Tode Friedrich Wilhelms jedoch erklärte sich Friedrich als Landesherr offen zum Großmeister der zu Berlin eröffneten Loge „Zu den drei Weltkugeln.“

Während seines Aufenthalts in Rheinsberg knüpfte Friedrich einen eifrigen Briefwechsel mit Voltaire an, der für seine religiöse Entwicklung entscheidend wurde. Dieser Mann, damals der gelesenste und einflußreichste Schriftsteller Frankreichs, der durch eine seltene Vielseitigkeit und Geschmeidigkeit des Geistes die ihm fehlende Tiefe und Gründlichkeit zu verdecken wußte, hatte durch die bestechenden Eigenschaften seiner Schriftwerke: die fließende Sprache, den leichten Scherz, die feine Satire, den treffenden Witz, die Bestimmtheit des Ausdrucks, die Fülle anmuthiger Gedanken und geistreicher Wendungen, insbesondere auch durch die in seinen Tragödien zur Schau getragenen erhabenen Gesinnungen Friedrichs Bewunderung in so hohem Grade erregt, daß er ihm nicht nur als der vollendetste Schriftsteller seines Jahrhunderts, sondern auch als einer der größten Geister aller Zeiten erschien, dessen Beifall, wie er ihn in seinen Briefen versicherte, ihm mehr galt, als der des halben menschlichen Geschlechts. „Sehen Sie“, schreibt er ihm, „meine Handlungen künftig als die Früchte Ihrer Lehren an. Durch diese ist mein Herz gerührt worden, und ich habe es mir zum unverbrüchlichen Gesetz gemacht, sie mein ganzes Leben hindurch zu befolgen.“

Der Verkehr mit diesem hervorragendsten Vertreter der materialistischen Richtung des damaligen Schriftstellerthums, der sich die Vernichtung des Christenthums durch Verleumdung, Spott und Hohn zur Lebensaufgabe gestellt,. vollendete in Friedrich II. den dauernden Bruch mit allen christlichen Anschauungen, welchen der von seiner frühsten Kindheit an ihm auferlegte religiöse Zwang und das aus den Werken der französischen Religionsspötter gesogene Gift längst in ihm vorbereitet. Eine Zeitlang schien es zwar, als solle das Studium der „Metaphysik“ von Wolf, die er sich durch den sächsischen Gesandten von Suhm ins Französische hatte übersetzen lassen, weil er sich in seiner Voreingenommenheit gegen seine Muttersprache nicht dazu entschließen konnte, deutsche Werke zu lesen, ihn wieder zu christlichen Ideen zurückführen; denn er drückte in einem Briefe vom 23. Mai 1740 dem gelehrten Verfasser seine volle Anerkennung aus: aber bald kehrte unter dem Einflusse Voltaire's seine Zweifelsucht in ihrer ganzen Stärke zurück, um fortan in Verbindung mit einem starren, bis zum Fatalismus gesteigerten Prädestinationsglauben die dauernde Grundlage seiner philosophischen Anschauungen zu bilden.

Der ehrgeizige Drang nach schriftstellerischem Ruhme trieb den Prinzen während seines Aufenthaltes zu Rheinsberg zu literarischen Versuchen an. Durch die Schmeicheleien Voltaire's angeregt, der ihm sein Entzücken über die Entdeckung ausdrückte, „daß es in dieser Welt einen Prinzen gebe, der als Mensch denke, einen philosophischen Fürsten, der die Menschen glücklich machen werde und dem die ganze Menschheit verpflichtet sei für die Mühe, die er sich gebe, seine zum Herrschen geborene Seele zu bilden,“ schrieb er seine „Betrachtungen über den gegenwärtigen Zustand Europa's,“ in welchen er sich, um sich der Lobsprüche Voltaire's würdig zu zeigen, offen zu den Staatsgrundsätzen der neueren englischen und französischen Philosophen bekannte, nach denen der Fürst nur der erste Diener des Staates ist. Auf diese erste größere Arbeit folgte im Jahre 1739 sein „Anti-Machiavel,“ eine Art politischen Glaubensbekenntnisses, in welchem er, ohne das Werk des berühmten Florentiners „vom Fürsten“ mit Unbefangenheit und wissenschaftlicher Schärfe zu widerlegen, der in demselben entwickelten Staatskunst das Ideal eines Fürsten im Sinne der neueren Zeit entgegenstellt. Der Engländer Macaulay nennt dieses Buch, das im Jahre 1740 durch die Vermittlung Voltaire's ohne Namen des eigentlichen Autors in Holland im Druck erschien, „eine erbauliche Predigt gegen

Raubsucht, Treulosigkeit, Willkürherrschaft und ungerechte Kriege, kurz gegen fast alles, wegen dessen der Verfasser im Andenken der Menschen fortlebt."

Unterdessen war das Jahr 1740 herangekommen, und das Leben Friedrich Wilhelms ging zur Neige. Nachdem er bereits seit dem November 1739 gekränkelt, begab er sich am 27. April 1740, im Vorgefühle seines nahen Hinscheidens, nach Potsdam, wo er zu sterben wünschte. Hier bereitete er sich ernstlich auf den Tod vor; doch hatte der Probst Roloff, den er zu sich berufen ließ, große Mühe, ihn zu überzeugen, daß er durch die Härte seiner Regierung, durch den erzwungenen Häuserbau in Berlin, durch willkürliche Strafschärfungen und verschiedene ungerechte Hinrichtungen mehr Sünden begangen habe, als er selbst wähnte. Für sein Leichenbegängniß, das äußerst einfach gehalten werden sollte, traf er selbst die nöthigen Anordnungen bis in die kleinsten Einzelnheiten; auch ließ er sich schon bei seinen Lebzeiten einen eichenen Sarg anfertigen. Der Kronprinz, den die Königin am 27. Mai von Rheinsberg nach Potsdam berufen, zeigte große Theilnahme an den Leiden seines Vaters, wie sich überhaupt das Verhältniß zwischen Beiden seit des Prinzen Rückkehr von Küstrin, wenigstens äußerlich, von Jahr zu Jahr freundlicher gestaltet hatte. Der König besprach sich mit ihm wiederholt längere Zeit unter vier Augen über die Angelegenheiten des Staates, und sein Ausruf: „Mein Gott, ich sterbe zufrieden, weil ich einen so würdigen Sohn zum Nachfolger habe!" beweist, daß ihn Friedrichs Ansichten befriedigt hatten.

Am Morgen seines Todestages — 31. Mai 1740 — ließ der König die höheren Offiziere und Minister zu sich kommen, um Abschied von ihnen zu nehmen. Da er dem Fürsten von Dessau und mehreren Andern Pferde zum Andenken bestimmt hatte, mußte man ihm seinen Sessel an das Fenster rücken, damit er sie ihnen zeigen könne. Als er sah, daß die Stallknechte, welche Befehl erhalten hatten, die Pferde herauszuführen, denselben falsche Sättel aufgelegt, erwachte noch einmal seine zornige Natur. „Ach, wenn ich nur gesund wäre," rief er, „ich wollte die Schurken derb abprügeln! Gehe doch einer hinunter und haue sie tüchtig zusammen." Hierauf übergab er feierlich das Reich und Regiment dem Kronprinzen, empfahl demselben die Königin und ermunterte seine jüngeren Söhne, brave Soldaten zu werden und ihrem älteren Bruder treu und gehorsam zu sein. Dies Alles hatte ihn jedoch so sehr angegriffen, daß er sich in sein Bett zurückbringen lassen mußte. Mehrere Stunden später gab er mit dem Ausrufe: „Herr Jesu, du bist mein Gewinn im Leben und im Sterben!" den Geist auf. Er hatte ein Alter von zweiundfünfzig Jahren erreicht.

Friedrichs II. Regierungsantritt.

(31. Mai 1740.)

Das eifrige Streben nach schriftstellerischem Ruhme, in welchem Friedrichs ganzes Wesen aufzugehen schien, und seine ausgesprochene Vorliebe für heiteren Lebensgenuß hatten, verbunden mit den Ansichten, die er in seinem Anti-Macchiavel über die Pflichten der Fürsten ausgesprochen, zu der allgemeinen Erwartung Veranlassung gegeben, daß er als König durch eine milde, friedliche Regierung sein Volk zu beglücken suchen und außerdem kein anderes Streben kennen werde, als den Hof von Berlin zu einer Pflegestätte der Kunst und Wissenschaft und einer prunkvollen Geselligkeit zu gestalten, und die ersten Schritte des Königs schienen in der That diese Erwartungen zu rechtfertigen. Da in Folge des vorausgegangenen strengen Winters große Theuerung entstanden war, ließ Friedrich die königlichen Vorrathshäuser öffnen und verkaufte das darin aufgehäufte Korn zu billigen Preisen. Die Folter, sowie die von seinem Vater eingeführten, das richtige Maß überschreitenden Strafbestimmungen hob er auf und sorgte für eine unparteiische Rechtspflege. Den Offizieren empfahl er eine menschlichere Behandlung der Soldaten. Das aus lauter Riesen bestehende Potsdamer Grenadierregiment, das seinen Vater so große Summen gekostet, wurde aufgelöst und aus dem Budget der Hofhaltung die Ausgabe für die königlichen Hofnarren gestrichen. Der von seinem Vater nur in verstümmelter Form geduldeten Akademie der Wissenschaften gab der König ihre frühere Bedeutsamkeit zurück und übertrug die Neugestaltung derselben dem von ihm zu ihrem Präsidenten ernannten französischen Mathematiker Maupertuis, der sich durch ein äußerst schmeichelhaftes Schreiben Friedrichs zur Uebersiedlung nach Berlin hatte bewegen lassen. Den Philosophen Wolf berief er nach Halle zurück und ernannte ihn zum Vicekanzler der Universität mit einem Gehalt von dreitausend Thalern. Um sich auch in religiöser Beziehung als Philosoph auf dem Throne zu bewähren, verkündete er, daß in seinen Staaten Jeder nach seiner eigenen Façon selig werden könne"; auch überraschte er die Welt durch die Freigebung der Presse. Dem Hofe gab er eine prunkvollere Einrichtung und entschädigte insbesondere seine Mutter für so manche frühere Entbehrung durch einen glänzenden Hofstaat. In Berlin wurde der Bau eines Opernhauses begonnen, und der Kapellmeister Graun erhielt den Auftrag, in Italien eine Kapelle zu werben.

Indessen zeigte sich bald, daß der französische Gesandte in Berlin richtig geurtheilt, wenn er bereits vor dem Tode Friedrich

Wilhelms bezüglich des Lebens und Treibens Friedrichs in Rheinsberg an den französischen Hof berichtet hatte: „der eigentliche Gegenstand seines Strebens sei der Ruhm und zwar der Kriegsruhm; er brenne vor Begierde, in die Fußstapfen seines Ahnherrn, des großen Kurfürsten, zu treten.“ Trotz der bedeutenden Stärke, welche die preußische Kriegsmacht schon unter Friedrich Wilhelm I. erlangt hatte, erhöhte Friedrich II. dieselbe bald nach seiner Thronbesteigung um weitere zwanzigtausend Mann. Hatte man sich im Reiche über seines Vaters Kriegsmacht längst beruhigt, da dessen friedfertiger Sinn so allgemein bekannt war, daß man von ihm zu sagen pflegte: „er spanne zwar stets den Hahn, drücke aber niemals los,“ so mußten die von Friedrich II. angeordneten Werbungen um so größere Bedenken erregen, als derselbe schon im ersten Monate seiner Regierung deutlich zu erkennen gegeben, daß er in Reichssachen keine andere Entscheidung anerkenne, als die Gewalt. Als bei der Erledigung der Grafschaft Hanau der Kurfürst von Mainz Ansprüche auf die Herrschaft Rumpenheim erhob, wandte sich der Landgraf von Hessen-Kassel, dem die Grafschaft zugefallen, an den neuen König von Preußen und erhielt von demselben sofort die Zusage, daß er ihn mit Gewalt im Besitze von Rumpenheim schützen werde.

In ähnlicher Weise trat Friedrich gegen den Bischof von Lüttich auf. Aus dem oranischen Erbe war seinem Vater die Herrschaft Herstal an der Maas zugefallen, über welche dem Bischof von Lüttich die Lehensherrlichkeit zustand. Dieses Verhältniß, sowie der von Friedrich Wilhelms Werbern auf dem Gebiete des Bischofs getriebene Unfug hatten zu Streitigkeiten geführt, bei welchen der König dem Bischof den Vorschlag gemacht, ihm die Herrschaft Herstal abzukaufen; die Sache war jedoch zu Friedrich Wilhelms Lebzeiten nicht mehr zur Erledigung gekommen. Als nun nach Friedrichs Thronbesteigung die Herstaler Schwierigkeiten machten, ihm zu huldigen, bevor er von dem Bischof belehnt worden, beschuldigte der König den Letzteren der Aufreizung der Bevölkerung und ließ Truppen in das Bisthum Lüttich einrücken. Der Bischof klagte über Landfriedensbruch und brachte die Sache vor den Kaiser. Dieser richtete am 4. Oktober ein abmahnendes Schreiben an Friedrich; er erhielt jedoch von demselben eine Antwort, die deutlich erkennen ließ, daß der König seine Stellung als Reichsfürst vollständig vergessen habe. Ohne irgend welche Rücksicht auf Kaiser und Reich, zwang er durch drückende Einquartierung den Bischof zum Ankauf der Herrschaft Herstal zu dem von ihm selbst bestimmten Preise.

Zu der gleichen Zeit ließ er, um bei dem zu erwartenden Tode des achtzigjährigen Kurfürsten von Pfalz-Neuburg seine Erbansprüche auf Jülich und Berg geltend zu machen, unbekümmert um die Satzungen des Reichs, bei Büderich, Wesel gegenüber, Feldverschanzungen anlegen. Doch noch ehe die fraglichen Länder zur Erledigung gekommen, gab der Tod Kaiser Karls VI. seinen kriegerischen Gelüsten eine andere Richtung. Daß er diese bereits längst im Auge gehabt, erhellt aus einem Briefe, den Suhm, damals sächsischer Gesandter in Petersburg, bei dieser Gelegenheit an ihn richtete. „Mein lebhaftes Interesse an dem Glanze und Glücke der Regierung, welche Sie Ihren theueren Unterthanen verheißen", so schrieb ihm dieser Vertraute seiner geheimen Eroberungspläne, „erlaubt mir nicht, von diesem Ereigniß zu sprechen, ohne im Voraus Eurer Majestät Glück zu wünschen wegen der großen Konjunkturen, welche Ihnen nun die Gelegenheit darbieten, Ihren Ruhm zu vermehren, indem Sie arbeiten für die Interessen und das Glück Ihrer Staaten."

XXII.

Der österreichische Erbfolgekrieg.

(1740—1748.)

Maria Theresia's Regierungsantritt.

(26. Oktober 1740.)

Nach dem Tode Karls VI. trat seine älteste Tochter, die dreiundzwanzigjährige Maria Theresia, kraft des von ihrem Vater erlassenen und von sämmtlichen Mächten Europa's gewährleisteten neuen Hausgesetzes, der pragmatischen Sanction, unter dem Titel einer Königin von Ungarn und Böhmen die Regierung über die österreichischen Erbländer an. Die neue Herrscherin, von welcher der venetianische Gesandte Foscarini an seine Regierung berichtete: „Man würde sie als Erbin des Hauses Oesterreich berufen, wenn unter allen Frauen der Welt die Wahl frei stünde", vereinigte, nach dem schönen Ausspruch von Weiß, „die glänzenden Eigenschaften vieler Träger des mit ihrem Vater erloschenen habsburgischen Namens: die Klugheit, Klarheit und Festigkeit des ersten Rudolf; die Schönheit seines Enkels Friedrich; die Gabe, die Herzen zu bezaubern, welche der erste Maximilian besessen; die tiefe Religiosität, welche Karl V. so viele schweren Schicksale mit Ruhe ertragen und einer Weltherrschaft entsagen ließ, um Frieden in Gott zu finden." Nachdem sie, erfüllt von tiefem Schmerz über den Hingang ihres Vaters, dessen Liebling und Trost sie gewesen, unter Thränen und Schluchzen die Huldigung der Minister und der Spitzen der Behörden empfangen, ernannte sie ihren Gemahl Franz Stephan von Lothringen, nunmehrigen Großherzog von Toskana, zum Mitregenten und ihren Schwager Karl von Lothringen zum Feldmarschall. Tief durchdrungen von dem Bewußtsein ihrer Herrscherpflichten und durchglüht von Eifer für deren gewissenhafteste Erfüllung, traf sie sogleich verschiedene heilsame Anordnungen zur Abstellung der dringendsten Mißstände, die sich während der Regierung ihres Vaters in die Staatsverwaltung eingeschlichen. So wurde zur Aufbesserung der gänzlich zerrütteten Finanzen der Hofhalt vereinfacht und den vielfachen Unterschleifen im Staats- und Hofhaushalt gesteuert, und die wegen des unglücklichen Verlaufs des letzten Türkenkrieges in Festungshaft gehaltenen Generale Seckendorf, Wallis und Neipperg erhielten nicht nur ihre Freiheit zurück, sondern wurden auch in ihre Aemter und Würden wieder eingesetzt.

Da die meisten Höfe Europa's Maria Theresia als die rechtmäßige Erbin der österreichischen Monarchie anerkannt und beglückwünscht hatten, schien dem ruhebedürftigen Oesterreich unter dem milden Scepter seiner ebenso umsichtigen als thatkräftigen jungen Herrscherin eine Zukunft voll Frieden und Glück bevorzustehen und der hochherzigen Königin keine andere Aufgabe zu harren, als die Förderung des Wohles der verschiedenen ihr entgegen jubelnden Völker ihres großen Reiches. Aber es kam anders: nicht das Glück einer friedlichen Regierung im unangefochtenen Besitze ihrer Erbstaaten war der Tochter Karls VI. beschieden, sondern in schweren Kriegesstürmen sollte sich die Stahlkraft ihrer Seele wie die zähe Kraft und die unverbrüchliche Treue ihrer Völker bewähren.

Gleich in den ersten Tagen nach dem Regierungsantritt Maria Theresia's gab der baierische Gesandte am Wiener Hofe, der Graf Perusa, die Erklärung ab, daß sein Herr, der Kurfürst Karl Albert (der Sohn des im Jahre 1726 verstorbenen Maximilian Emmanuel) die Herzogin von Lothringen und Großherzogin von Toskana nicht als Erbin der österreichischen Monarchie anerkennen könne, da er selbst nähere Rechte auf dieselbe habe, und zwar nicht nur als Nachkomme der ältesten Tochter Ferdinands I., sondern auch und hauptsächlich in Folge einer testamentarischen Bestimmung dieses Kaisers, kraft deren nach dem Aussterben der männlichen Linie des habsburgischen Hauses die Erbfolge in sämmtlichen österreichischen Ländern an die Nachkommen dieser Tochter übergehen solle. Obgleich nach dem Wortlaut des fraglichen Testamentes, dessen in Wien aufbewahrtes Original Maria Theresia am 3. November in Gegenwart aller fremden Gesandten verlesen ließ, den

Nachkommen der ältesten Tochter Ferdinands I. die Erbfolge nur für den Fall des Aussterbens der ehelichen, nicht aber der männlichen Descendenten der Söhne dieses Kaisers vorbehalten worden, verließ der baierische Gesandte am 20. November Wien unter Zurücklassung einer von dem Kurfürsten ausgestellten Erklärung, in welcher derselbe seine angeblichen Rechte auf die österreichische Monarchie im vollsten Umfange aufrecht hielt mit dem Bemerken, daß der von seiner Gemahlin, als einer Tochter Kaiser Josephs I. bei ihrer Vermählung zu Gunsten der pragmatischen Sanction geleistete Verzicht diesen besonderen, bei demselben gar nicht erwähnten Rechten keinen Abbruch habe thun können.

Bei der augenfälligen Grundlosigkeit der von dem Kurfürsten erhobenen Ansprüche hielt man es in Wien für undenkbar, daß auch andere Mächte, welche die pragmatische Sanction nicht nur feierlich anerkannt, sondern auch gewährleistet hatten, die Giltigkeit derselben anfechten würden. Dennoch geschah dies, und zwar zunächst von Seiten des französischen Hofes. Dort war es einem ebenso gewandten als verschlagenen Politiker, dem Grafen von Belleisle, der sich durch die Zertrümmerung der österreichischen Monarchie um Frankreichs Machtstellung besonders verdient zu machen und sich selbst einen unsterblichen Namen zu erwerben hoffte, trotz der Gegenbemühungen des friedliebenden Kardinals Fleury gelungen, mit dem von ihm entworfenen Plane der Ungiltigkeitserklärung der pragmatischen Sanction durchzudringen. Wenn auch Frankreich selbst keine Erbansprüche erheben konnte, so sollten im Interesse der geplanten Zertrümmerung der österreichischen Monarchie die angeblichen Rechte anderer Mächte unter Mitwirkung Frankreichs mit Waffengewalt zur Geltung gebracht werden. Zunächst wurde der Hof von Madrid veranlaßt, mit der Erklärung hervorzutreten, daß die von ihm ausgegangene Anerkennung und Gewährleistung der pragmatischen Sanction ungiltig sei, weil dieselbe die unveräußerlichen Rechte der spanischen Krone auf die österreichische Monarchie verletze, welche Rechte man aus dem Umstande ableitete, daß die Könige von Spanien aus dem österreichischen Hause und die nach Spanien vermählten österreichischen Prinzessinnen sich das Recht der Erbfolge in den Besitzungen der deutschen Linie für den Fall des Erlöschens des Mannsstamms derselben vorbehalten hätten.

Nachdem mit dem Hofe von Madrid die nöthigen Vereinbarungen getroffen worden, begab sich Belleisle, der zum Marschall von Frankreich und zum Botschafter dieser Krone bei dem zur Wiederbesetzung des erledigten Kaiserthrones auszuschreibenden Wahlconvent ernannt worden war, zur Befürwortung der Wahl des Kurfürsten Karl Albert von Baiern zum deutschen Kaiser an die Höfe der Kurfürsten von Köln, Trier, Mainz und Sachsen und suchte dann den neuen König von Preußen, der inzwischen bereits die Waffen gegen Maria Theresia ergriffen, um Schlesien zu erobern, in seinem Lager zu Brieg auf, um mit ihm einen Vertrag über die Theilung der österreichischen Monarchie zu verabreden, der jedoch damals noch nicht zum definitiven Abschlusse kam. Von Brieg reiste er nach München, wo ihn der Kurfürst Karl Albert aufs Glänzendste empfing und ihm in dem Lustschlosse Nymphenburg eine Wohnung anwies. Hier wurde am 22. Mai 1741 zwischen Frankreich, Spanien und Baiern ein Bundesvertrag geschlossen, in welchem Frankreich und Spanien sich verpflichteten, die Wahl des Kurfürsten Karl Albert zum Kaiser durch Geld und Truppen zu unterstützen, Karl Albert dagegen die schmachvolle Verpflichtung übernahm, dem König von Spanien zur Erwerbung der österreichischen Besitzungen in Italien in jeder Weise behilflich zu sein, die Länder und Städte aber, welche die Franzosen am Rhein besetzen würden, als Kaiser niemals zurückzufordern. Nach den in Betreff der geplanten Theilung der österreichischen Monarchie getroffenen Vereinbarungen sollten Böhmen, Oberösterreich, Tyrol und Breisgau an Baiern, Oberschlesien und Mähren an Sachsen, Niederschlesien an Preußen, die Lombardei, Parma und Piacenza an den König von Spanien, als den Abkömmling Karls V. in gerader, wenn auch weiblicher Linie fallen, die belgischen Provinzen an Frankreich kommen und der Königin Maria Theresia nur Nieder- und Innerösterreich nebst dem Königreich Ungarn verbleiben.

Der erste schlesische Krieg.

(1740—1742.)

Mit dem Tode Karls VI. war für Friedrich II. der Augenblick gekommen, die Eroberungspläne ins Werk zu setzen, für welche er, nach seinem eigenen Geständniß, seine Kriegsmacht in so ansehnlicher Weise erhöht hatte. Es galt für ihn, seine angeblichen Rechte auf Schlesien mit Waffengewalt geltend zu machen.

Schon der große Kurfürst hatte, in Folge eines im Jahre 1537 zwischen dem Kurfürsten Joachim II. von Brandenburg und dem Herzog Friedrich II. von Liegnitz, Brieg und Wohlau abgeschlossenen, von Kaiser Ferdinand I. jedoch für ungiltig erklärten Erbvertrag Ansprüche auf diese drei Herzogthümer erhoben; er hatte jedoch auf dieselben, wie wir oben (S. 84) gesehen, in einem mit Kaiser Leopold vereinbarten Vertrage gegen die Ueberlassung des Schwiebuser Kreises Verzicht geleistet. Nichtsdestoweniger nahm Friedrich II. diese Ansprüche wieder auf, weil der Schwiebuser Kreis von Friedrich I. wieder an Oesterreich zurückgegeben worden war. Welche neuen Ansprüche jedoch auch Preußen immerhin aus diesem Umstande hätte herleiten können, so waren dieselben, abgesehen davon, daß Friedrich Wilhelm I. ihrer nie Erwähnung gethan, durch den geheimen Berliner Vertrag vom Dezember 1728 förmlich und feierlich beseitigt. Auch konnte von Seiten Oesterreichs mit vollem Rechte jeder Anspruch Preußens für verjährt erklärt werden. „Ist es nicht völlig klar," sagt der englische Staatsmann und Geschichtschreiber Macaulay, „daß die Welt nie einen Tag lang Frieden haben wird, wenn es gestattet ist, veraltete Ansprüche gegen neue Verträge und langen Besitz geltend zu machen? Die Gesetze aller Völker haben die weise Einrichtung einer Verjährungszeit getroffen, so daß Besitztitel, wie unrechtmäßig sie auch begonnen haben mögen, nach einer gewissen Frist nicht mehr angetastet werden dürfen. Die Gesammtheit der Bürger darf fordern, daß es für jeden Streit ein Ende gebe."

Als Friedrich II. die Nachricht von dem Tode Karls VI. erhielt, lag er fieberkrank in Rheinsberg darnieder. Gegen den Rath der Aerzte nahm er starke Dosen Chinin, „da er", wie er erklärte, „wichtigere Dinge zu thun habe, als seinem Fieber abzuwarten." Entschlossen, sofort Schlesien zurückzufordern und, falls es ihm verweigert werde, den Vortheil, den die eigene Kriegsbereitschaft und Oesterreichs zerrüttetes Heer- und Finanzwesen ihm gewährten, zur gewaltsamen Besitzergreifung der schlesischen Herzogthümer zu benutzen, berief er den Feldmarschall Grafen Schwerin, einen bewährten Feldherrn aus Eugens und Marlboroughs Schule, und den Minister Podewils, den Schwiegersohn des im Jahre 1739 verstorbenen Grumbkow, zu sich, um sie in seine Pläne einzuweihen. Beide riethen ihm dringend ab: dennoch blieb er bei seinem Entschluß und ließ sofort an seine sämmtlichen Regimenter den Befehl ergehen, sich marschbereit zu halten; doch blieb das Ziel des beabsichtigten Feldzugs noch Geheimniß.

In der Frühe des 13. Dezember reiste Friedrich, nachdem er während des größten Theiles der Nacht einem Hofballe beigewohnt, von Berlin ab, um sich an die Spitze seines Heeres zu stellen, das sich bereits in der Stärke von dreißigtausend Mann nach Schlesien zu in Bewegung gesetzt hatte. Bei seinem Auszuge aus der Hauptstadt rief er dem französischen Gesandten zu: „Ich stehe, glaube ich, im Begriff, Ihr Spiel zu spielen. Wenn mir die Assen zufallen, so werden wir theilen." Am 16. überschritt das preußische Heer die schlesische Grenze, und an demselben Tage verkündete ein vom 1. Dezember datirtes Manifest den Schlesiern, daß der König von Preußen nur in das Land gerückt sei, um bei den gefährlichen Weiterungen, welche beim Erlöschen des österreichischen Mannsstamms sich zum Theil schon geäußert, zum Theil in vollen Flammen auszubrechen im Begriff stünden, das Herzogthum Schlesien, welches den Reichslanden des Königs zur Vormauer diene, gegen Diejenigen sicher zu stellen, die an die Erblande des Hauses Oesterreich einige Prätension zu haben vermeinen könnten. „Niemand möge daher“, hieß es in demselben weiter, „irgend welche Feindseligkeit befürchten; vielmehr dürfe Jeder, weß Standes und welcher Religion er sei, sich seiner Rechte und des königlichen Schutzes versichert halten.“

Gleichzeitig mit seinem Aufbruch von Berlin hatte Friedrich den Grafen Gotter als besonderen Bevollmächtigten nach Wien gesandt, um der Königin die brandenburgische Kurstimme für die Wahl ihres Gemahls zum Kaiser, sowie den Beistand seiner ganzen Macht für die Aufrechthaltung der pragmatischen Sanction und einen Baarvorschuß von zwei Millionen Thalern anzubieten, falls sie geneigt sei, ihm Schlesien freiwillig abzutreten. Der Graf hatte zugleich Vollmacht, für den vorausgesehenen Fall der Ablehnung seines Antrags an Oesterreich den Krieg zu erklären.

Friedrichs feindliches Auftreten traf den Wiener Hof vollständig unvorbereitet; denn trotz der Meldungen des kaiserlichen Gesandten in Berlin von Anzeichen eines sich zusammenziehenden Gewitters hatte man an die Möglichkeit eines so unerhörten Bruches des Rechtes und der Treue nicht glauben können; nichtsdestoweniger lehnte Maria Theresia den Antrag Friedrichs mit höflichen, aber festen Worten ab. „Sie erkenne“, so lautete ihre Antwort, „den vollen Werth der Freundschaft Seiner Majestät des Königs von Preußen und habe sich keinen Vorwurf zu machen, irgend Etwas, wovon deren Erhaltung abhängig sei, verabsäumt zu haben; sie sei jedoch nicht Willens, ihre Regierung mit der Zerstücklung ihrer Staaten anzufangen, da Ehre und Gewissen ihr die Pflicht auferlegten, die pragmatische Sanction gegen alle mittelbaren und unmittelbaren Angriffe zu vertheidigen, und könne daher zu keiner Veräußerung Schlesiens, weder des Ganzen noch eines Theiles, ihre Zustimmung geben. Was den von dem König angebotenen Beistand zur Aufrechthaltung der pragmatischen Sanction betreffe, so glaube sie bemerken zu müssen, daß schon das Band, das alle Glieder des deutschen Reiches vereinige, sowie die ausdrückliche Verordnung der goldenen Bulle jeden Reichsstand verpflichte, Demjenigen beizustehen, der in einem Theile seiner zum Reiche gehörigen Staaten angegriffen werde, und daß diese allgemeine Verpflichtung durch die vom Reichskörper ausdrücklich übernommene Garantie der Sanction verdoppelt werde. Wegen der angebotenen Stimme zur Kaiserwahl fühle sie sich dem König unendlich verpflichtet; die Kaiserwahl müsse jedoch frei sein und nach den Vorschriften der goldenen Bulle geschehen. Die angebotenen zwei Millionen Thaler würden nicht hinreichen, den von den preußischen Truppen in Schlesien angerichteten Schaden zu ersetzen. Zur Erneuerung aufrichtiger Freundschaft mit dem Könige sei sie dessenungeachtet noch immer bereit, wenn dies ohne Verletzung der Rechte eines Dritten geschehen könne und Schlesien ungesäumt von den preußischen Truppen geräumt werde."

Ebenso überrascht, wie in Wien, war man im gesammten Deutschland über Friedrichs unerhörtes Vorgehen, und überall sprach sich gegen dasselbe die entschiedenste Mißbilligung aus, die der König auf den Neid der übrigen Fürsten über die von ihm erstrebte Vergrößerung seines Landes zurückzuführen suchte. Selbst von Seiten seiner Unterthanen erfuhr Friedrich scharfen Tadel, was die sofortige Unterdrückung der von ihm zugestandenen Freiheit der Presse zur Folge hatte, den eroberungslustigen und ruhmbegierigen König jedoch in der Verfolgung seiner Pläne umsoweniger irre machte, als er wohl wußte, daß der Erfolg, der ihm nach den bereits errungenen Vortheilen zweifellos schien, nicht verfehlen werde, die allgemeine Stimmung zu seinen Gunsten umzuwandeln.

Da in Schlesien bei dem Einbruch Friedrichs nur siebentausend Mann österreichischer Truppen standen und die meisten Festungen verfallen waren, konnte von einer nachhaltigen Vertheidigung des Landes kaum die Rede sein; der österreichische Feldmarschall Graf Browne, der den Oberbefehl in Schlesien führte, zog sich daher, nachdem er die Garnisonen in den festen Plätzen möglichst verstärkt hatte, mit den ihm verbleibenden Truppen hinter die Neiße zurück. So wurde noch vor Ablauf des Jahres der größte Theil des offenen Landes von den Preußen besetzt und Liegnitz durch Ueberrumpelung genommen. Während Friedrich die Festung Glogau durch den Erbprinzen Leopold von Dessau einschließen ließ, rückte er selbst vor Breslau, das ihm, von Truppen gänzlich entblößt, gegen die Zusage der Neutralität und unter Vorbehalt des eigenen Besatzungsrechtes am 4. Januar 1741 seine Thore öffnete. Die österreichischen Behörden mußten die Stadt verlassen, und die von Jesuiten geleitete Universität wurde geschlossen; auch belegte der König die österreichischen Kassen mit Beschlag. Am 6. Januar ergab sich Ohlau gegen freien Abzug der schwachen Garnison; das Gleiche that Ottmachau, nachdem die kleine Besatzung von zweihundertsechsundfünfzig Grenadieren vier Tage lang den muthigsten Widerstand geleistet. Namslau erlag dem schweren preußischen Geschütz. Die Festung Neiße, welche die Aufforderung zur Kapitulation zurückgewiesen, wurde nach vergeblichem dreitägigem Bombardement blockirt; das Gleiche geschah mit Brieg. Glogau wurde am 8. März durch den Erbprinzen von Dessau erstürmt.

Unterdessen war es der Königin Maria Theresia möglich gewesen, größere Streitkräfte zur Vertheidigung Schlesiens zu sammeln, und im März 1741 rückte der Feldmarschall Neipperg mit einem Heere von fünfzehntausend Mann aus Mähren in Oberschlesien ein, um Neiße zu entsetzen. Um dies zu verhindern, zog ihm Friedrich, nachdem er sich durch die Belagerungstruppen von Brieg verstärkt und mit dem Feldmarschall Schwerin vereinigt hatte, in Eilmärschen entgegen, und bei dem Dorfe Mollwitz, unweit Brieg, kam es am 10. April zu einer blutigen Schlacht, deren Leitung Friedrich dem erfahrenen Schwerin überließ. Die österreichische Kavallerie eröffnete den Kampf mit einem so stürmischen Angriff auf die preußische, daß diese alsbald, vollständig zersprengt, das Weite suchte und von den sechzig Kanonen, welche die Preußen gegen sechzehn österreichische ins Treffen geführt, viele dem Feinde in die Hände fielen. Da Schwerin an dem günstigen Ausgang der Schlacht zu verzweifeln begann, rieth er dem König dringend, sich zu dem bei Strehlen stehenden Korps des Herzogs von Holstein-Beck zu begeben, um mit demselben für den schlimmsten Fall den Rückzug des preußischen Heeres zu unterstützen und zugleich Ohlau zu decken. Während der König, diesem Rathe folgend, mit geringer Begleitung nach Oppeln eilte, entriß die preußische Infanterie, die der feindlichen an Zahl weit überlegen war, den Oesterreichern den bereits halb errungenen Sieg. Als Schwerin am Abend seine Linie zu einem letzten Angriff zusammenzog, trat Neipperg den Rückzug an.

Die nächste Folge des Sieges der Preußen bei Mollwitz war die Uebergabe der Festung Brieg. Wichtiger jedoch war für Friedrich der Abschluß des Nymphenburger Bündnisses, zu dessen Zustandekommen die Erfolge der preußischen Waffen, wie ohne Zweifel auch die zwischen ihm und Belleisle getroffenen geheimen Vereinbarungen, wesentlich mitgewirkt.

Neipperg hatte sich nach der Schlacht bei Mollwitz hinter Neiße zurückgezogen. Nachdem er hier eine Zeitlang eine beobachtende Stellung eingenommen, brach er plötzlich auf, um das preußische Heer zu umgehen und sich in den Besitz von Breslau zu setzen. Friedrich kam ihm jedoch zuvor, indem er, nachdem der Magistrat den geforderten Durchmarsch eines preußischen Korps zugestanden, demselben andere Truppen folgen und so die Stadt besetzen ließ, worauf er den geschlossenen Neutralitätsvertrag für aufgehoben erklärte. Da Neipperg sich in eine Stellung zurückgezogen, in welcher ihm nicht beizukommen war, mußte der Gedanke, ihn nochmals anzugreifen und wo möglich ganz aus Schlesien hinauszuschlagen, aufgegeben werden.

Unterdessen war in Folge der zu Nymphenburg getroffenen Vereinbarungen der Kampf um das österreichische Erbe durch einen erfolgreichen Einfall des Kurfürsten von Baiern in das Erzherzogthum Oesterreich eröffnet worden, und die schwerbedrängte Maria Theresia erkannte die Unmöglichkeit, bei ihren geringen Streitkräften den Krieg nach zwei Seiten hin mit Aussicht auf Erfolg zu führen; sie entschloß sich daher, dem Rathe Englands, sich zunächst Friedrichs als ihres gefährlichsten Gegners durch eine von den Umständen gebotene Nachgiebigkeit zu entledigen, Folge zu leisten, und da Friedrich, der inzwischen dem Nymphenburger Bündniß beigetreten, sich dem Abschluß eines geheimen Friedens nicht abgeneigt zeigte, wurde am 9. Oktober 1741 bei einer Zusammenkunft des Letzteren mit den österreichischen Generalen Neipperg und Lentulus auf dem Starhembergischen Schlosse Kleinschnellendorf unter Mitwirkung des englischen Gesandten am preußischen Hofe, Lord Hyndfort, ein Vertrag vereinbart, kraft dessen zwischen den Oesterreichern und Preußen ein geheimer Waffenstillstand eintreten, die Festung Neiße nach einer zum Scheine geführten Belagerung den Letzteren übergeben werden und Neipperg sich nach Mähren zurückziehen, im künftigen Frieden aber ganz Niederschlesien nebst einem Theile von Oberschlesien an Preußen überlassen werden sollte.

Unmittelbar nach dem Abschluß des Kleinschnellendorfer Vertrags zog sich Neipperg nach Mähren zurück, und am 21. Oktober übergab der Kommandant von Neiße nach einem kurzen Scheinwiderstand die Festung den Preußen. Dagegen wurde der geschlossene Vertrag von Friedrich nicht gehalten. Schon am 4. November schloß derselbe mit dem Kurfürsten von Baiern ein Schutz- und Trutzbündniß, in welchem er diesem Fürsten Böhmen, Oesterreich und Tyrol und Karl Albert ihm dagegen außer Schlesien auch die zu Böhmen gehörige Grafschaft Glatz gewährleistete. Diesen Vertragsbruch suchte der König zwar durch den Drang der Umstände und insbesondere dadurch zu entschuldigen, daß das bei der getroffenen Uebereinkunft ausbedungene Geheimniß von Seiten Oesterreichs nicht gewahrt worden; doch ist Arneth ohne Zweifel im vollen Rechte, wenn er sagt: „Friedrich schloß das Uebereinkommen nur ab, um Neiße ohne Blutvergießen in seine Gewalt zu bekommen, um Neippergs Heer nicht mehr gegenüber zu haben, sich in aller Ruhe ausbreiten zu können und seinen durch einen elfmonatlichen Feldzug erschöpften, schon mißgestimmten Truppen Erholung zu gönnen. Er schloß es ab in der Absicht, die Königin von Ungarn zu hintergehen.“ Diesem Urtheil scheint auch der Preuße Stenzel vollständig beizupflichten, wenn er sagt: „Es sei das beim Schließen und Brechen des Kleinschnellendorfer Vertrags beobachtete Verfahren nicht zu rechtfertigen oder auch nur einigermaßen zu entschuldigen: das müsse man den dazu bestimmten eigentlichen und uneigentlichen Staats-, Hof- und Haushistoriographen überlassen.“

Drei Tage nach dem Abschluß des Bündnisses mit dem Kurfürsten von Baiern, am 7. November 1741, ließ sich Friedrich zu Breslau von den niederschlesischen Ständen als Landesherr huldigen. Der Minister Podewils setzte denselben in einer längeren Rede auseinander, daß der Schaden, den das Haus Brandenburg durch die lange Entziehung der vier schlesischen Fürstenthümer erlitten habe, den Werth des ganzen Landes Schlesien übersteige, wodurch dem Könige das Recht vindicirt werden sollte, aus demselben Summen in beliebiger Höhe zu ziehen. Friedrich selbst, der bei der Feierlichkeit in einer abgenutzten Uniform erschien, verhielt sich vollständig schweigsam. Nachdem er die Huldigung der katholischen Geistlichkeit sitzend und bedeckten Hauptes entgegengenommen, stand er beim Herantritt der Ritterschaft auf und nahm den Hut ab, in welcher Stellung er auch bei der Eidesleistung der Städte verblieb. Wie durch sein prunkloses Auftreten im einfachen Kriegsrock, so gab Friedrich auch durch sein beredtes Schweigen seinen neuen Unterthanen zu erkennen, daß er ihr unumschränkter Herr und daß, wie die Fülle der Majestät allein in seiner Person, so die Kraft derselben allein in seinem Degen enthalten sei. Mit dem ständischen Wesen hatte es in der That seitdem in Schlesien ein Ende.

Zur Fortsetzung des Krieges gegen Maria Theresia ließ Friedrich den Feldmarschall Schwerin in Mähren einrücken, und während derselbe am 27. Dezember Olmütz eroberte und in der Umgebung dieser Stadt die Winterquartiere nahm, bemächtigte sich der Erbprinz Leopold von Dessau im Januar 1742 der Stadt und Grafschaft Glatz und führte hierauf seine Truppen zur winterlichen Ruhe nach Böhmen.

Unterdessen war Friedrich nach Dresden gereist, um August III., der sich inzwischen gleichfalls dem Bündniß gegen Oesterreich angeschlossen hatte und dessen Truppen durch einen glücklich ausgeführten Ueberfall in den Besitz von Prag gelangt waren, zur nachdrücklichsten Unterstützung seiner kriegerischen Operationen aufzufordern, die auch von dem Grafen Brühl zugesagt wurde. Von Dresden eilte er nach Prag, um auch mit den dort stehenden baierischen und französischen Feldherren die nöthigen Vereinbarungen in Betreff des bevorstehenden Feldzugs zu treffen. Nachdem er am 25. Januar 1742 wieder zu seinem Heere zurückgekehrt war, schritt er, von sächsischen Truppen unterstützt, zur Belagerung von Brünn, das von dem österreichischen General Roth aufs Tapferste vertheidigt wurde.

Inzwischen hatte Maria Theresia den ungarischen Heerbann aufgeboten, und mit den in Masse zu ihren Fahnen geströmten Ungarn waren auch aus ihren übrigen Provinzen zahlreiche Mannschaften herbeigeeilt, um für das gute Recht ihrer geliebten Herrscherin in den Kampf zu ziehen. So war es der Königin möglich gewesen, zwei neue Heere ins Feld zu senden, und während das eine unter dem Grafen Khevenhiller, dem die Generale Bärenklau, Trenck und Menzel unterstellt waren, die Baiern und Franzosen aus Oesterreich vertrieb und siegreich in das baierische Gebiet eindrang, rückte das andere unter Karl von Lothringen in Böhmen ein, um Prag zurückzuerobern und die Aufhebung der Belagerung von Brünn zu erzwingen. Friedrich zog demselben entgegen, und bei der von den Oesterreichern besetzten Stadt Czaslau kam es am 17. Mai 1742 zu einem blutigen Treffen. Beide Heere waren ungefähr gleich stark; doch gab eine ungleich größere Zahl schwerer Geschütze den Preußen über die Oesterreicher ein Uebergewicht, das durch keine Tapferkeit der Letzteren ausgeglichen werden konnte. Nach einem vierstündigen heißen Kampfe — von 7 bis 11 Uhr Morgens — entschied Friedrich durch eine unerwartete, geschickt ausgeführte Schwenkung die Schlacht zu seinem Vortheil; doch zogen sich die Oesterreicher in so guter Ordnung zurück, daß von einer erlittenen Niederlage kaum die Rede sein konnte. Die Zahl ihrer Todten und Verwundeten betrug dreitausend, die der Preußen viertausend.

Der Ausgang der Schlacht bei Czaslau — von dem Flecken Chotusitz, dem Mittelpunkt der preußischen Stellung, auch die Schlacht bei Chotusitz genannt — beschleunigte den Abschluß des Friedens, für dessen Zustandekommen auch diesmal England mit aller Macht thätig war; denn wie Maria Theresia die Nothwendigkeit erkannte, sich mit einem vom Glücke so entschieden begünstigten Gegner zu vertragen, um ihre ganze Streitmacht gegen ihre übrigen Feinde verwenden zu können, so war auch Friedrich zu der Ueberzeugung gelangt, daß Oesterreich nicht so leicht zu Boden zu werfen sei, als er geglaubt.

Nachdem Lord Hyndfort, als Bevollmächtigter Maria Theresia's, und der preußische Minister Podewils zu Breslau die zwischen ihnen vereinbarten Friedenspräliminarien unterzeichnet hatten, kam am 28. Juli zu Berlin, wohin der König am 12. zurückgekehrt, der definitive Friede zu Stande. In demselben trat Maria Theresia Ober- und Niederschlesien, mit Ausnahme des Fürstenthums Teschen und eines Theiles der Fürstenthümer Troppau, Jägerndorf und Neiße,, desgleichen auch die Grafschaft Glatz, an den König von Preußen und dessen Erben und Nachkommen beiderlei Geschlechts ab, wogegen Friedrich sich zur Zahlung einer Summe von einer Million siebenmalhunderttausend Thalern, welche die Engländer und Holländer pfandweise an Oesterreich auf Schlesien geliehen hatten, sowie zur sofortigen Zurückziehung aller seiner Truppen aus den Ländern der Königin und zum Rücktritt von dem Nymphenburger Bündnisse verpflichtete und kein weiteres Bündniß mit den Feinden Oesterreichs einzugehen versprach. Für die katholische Religion in Schlesien wurde volle Freiheit und Aufrechthaltung ihres Besitzstandes, jedoch ohne Beeinträchtigung der Religionsfreiheit der Protestanten und der dem Souverän des Landes zustehenden Gerechtsame zugesagt.

Während Friedrich über das Gelingen seines Eroberungsplanes triumphirte, durch welchen der preußische Staat um siebenhundert Quadratmeilen mit einer Million viermalhunderttausend Einwohnern, also um ein volles Drittheil, vergrößert und dessen jährliches Einkommen, nach Friedrichs Berechnung, um drei Millionen sechsmalhunderttausend Thaler erhöht wurde, empfand Maria Theresia über den Verlust Schlesiens, des „schönsten Edelsteins ihrer Krone," den herbsten Schmerz. „Lord Hyndfort," schrieb der englische Gesandte in Wien an seine Regierung, „kann in der Ferne leicht davon reden, daß eine Amputation nöthig war; wenn man aber einer sochen Operation beiwohnt, so leidet man mit dem Kranken und durch den Kranken. Der Schmerz der Königin ist sehr groß. Alle Uebel scheinen ihr gering gegen die Abtretung Schlesiens; sie vergißt die Königin und bricht wie ein Weib in Thränen aus, wenn sie einen Schlesier sieht."

Der österreichische Erbfolgekrieg bis zum Tode Kaiser Karls VII.

(1741—1745).

Während das einzige Heer, das Maria Theresia zur Aufrechthaltung ihres Besitzstandes ins Feld stellen konnte, in Schlesien gegen Friedrich II. kämpfte, setzten sich von allen Seiten Truppen gegen Oesterreich in Bewegung. Den Krieg eröffnete der Kurfürst von Baiern durch die Ueberrumpelung von Passau und der in der Nähe liegenden wichtigen Festung Oberhaus. Durch ein französisches Heer von zwanzigtausend Mann unter dem Marschall Belleisle verstärkt, das am 15. August bei Fort Louis über den Rhein gegangen und durch Schwaben nach Baiern vorgedrungen, rückte er im September 1741 in Oberösterreich ein, nahm am 16. Linz ohne Schwertstreich und ließ sich am 19. von den dort versammelten Ständen als Erzherzog von Oesterreich huldigen. An dem gleichen Tage trat auch August III. von Sachsen und Polen dem Nymphenburger Bündniß bei und ließ ein Heer von zwanzigtausend Mann zur Besitzergreifung der ihm zuerkannten Markgrafschaft Mähren in Böhmen einrücken.

Von Seiten des Reichs hatte Maria Theresia keine Hilfe zu erwarten; denn der Kurkanzler erklärte, die ganze Sache gehe nur die Höfe von München und Wien an, und die Kurfürsten von Köln und der Pfalz standen, als nahe Verwandte Karl Alberts von Baiern, auf dessen Seite. Nur Georg II. von England hatte, als Kurfürst von Hannover, ein Heer von dreißigtausend Mann zur Unterstützung Maria Theresia's in seinem Stammlande zusammengezogen und stand im Begriffe, mit demselben in die preußischen Staaten einzudringen; er wurde jedoch durch ein französisches Heer, das unter dem Marschall Maillebois bei Düsseldorf über den Rhein gegangen, von der einen und durch ein an der Elbe stehendes preußisches Heer von der anderen Seite eingeschlossen und sah sich dadurch genöthigt, auf einen Vertrag einzugehen, in welchem er sich durch das Versprechen, der Königin von Ungarn keinen weiteren Beistand zu leisten und bei der Kaiserwahl dem Kurfürsten von Baiern seine Stimme zu geben, Neutralität erkaufte. Der Königin Maria Theresia blieb somit kein anderer Bundesgenosse als Rußland; aber die Hilfe, die sie von dort erwarten durfte, wurde ihr durch den Krieg entzogen, den Schweden im August 1741 auf Frankreichs Betrieb an die Regentin Anna erklärt hatte (s. S. 279 u. 283).

So stand Maria Theresia ihren zahlreichen Gegnern vollständig isolirt gegenüber, und bei ihren ungenügenden Streitkräften und dem traurigen Zustande der österreichischen Finanzen schien ihr kaum irgend welche Hoffnung auf Rettung übrig zu bleiben. Aber dennoch verzagte sie nicht: sie setzte ihr Vertrauen auf Gott und ihr gutes Recht, und dieses Vertrauen sollte nicht zu Schanden werden.

Zunächst wurde ihre Bedrängniß durch die Fehler ihrer Gegner vermindert. Wäre Karl Albert von Linz aus geraden Wegs gegen Wien vorgerückt, an dessen Vertheidigung bei dem elenden Zustande der dortigen Festungswerke und der schwachen Besatzung von siebentausend Mann kaum hätte gedacht werden können, so dürfte die österreichische Monarchie verloren gewesen sein. Aber die Besorgniß, daß August III. mit dem Gedanken umgehen könne, durch seine in Böhmen eingerückten Truppen dieses Land für sich erobern zu lassen, da auch er mit Ansprüchen auf die gesammte österreichische Monarchie hervorgetreten, bewog ihn, sich gegen den Rath Friedrichs II. gleichfalls nach Böhmen zu wenden. Am 26. November 1741 bemächtigten sich die Sachsen durch einen nächtlichen Ueberfall der Hauptstadt Prag, und am 19. Dezember empfing Karl Albert, der inzwischen den Titel eines Königs von Böhmen angenommen, nach erfolgter Krönung, auf dem Prager Schlosse die

Huldigung von mehr als vierhundert Personen aus den vier Ständen des Königreichs, die sich auf ein von ihm erlassenes Ausschreiben zu diesem Akte eingefunden.

Während Karl Albert sich in dem Prunke seiner Königswürde gefiel und an keine Möglichkeit eines Umschwunges dachte, hatte Maria Theresia Zeit und Mittel gefunden, das Erbe ihrer Väter zu retten. Im Juni 1741 hatte sie sich zum Empfang der ungarischen Krone nach Preßburg begeben und schon bei dieser Gelegenheit sowohl durch die Anmuth ihrer Erscheinung, als durch ihr würdevolles und zugleich kluges Auftreten die Herzen der Ungarn gewonnen. Nachdem sie sich am 7. September mit den vornehmsten Magnaten über den Nothstand der Monarchie berathen, berief sie auf den 11. die ungarischen Stände nach Preßburg, um ihre Hilfe zur Rettung derselben in Anspruch zu nehmen.

In ungarischer Trauerkleidung, die Krone des heiligen Stephan auf dem Haupte und sein Schwert an der Seite, trat sie in die Versammlung ein und schritt langsam und majestätisch durch die Reihen der Großen zum Throne. Nachdem der Kanzler Batthyani die Lage der Dinge geschildert und die Gefahr betont, die nicht nur gegen die österreichische Hauptstadt, sondern auch gegen Ungarn heranziehe, erhob sich die Königin und richtete an die Versammlung eine Ansprache, in welcher sie in ebenso rührenden als würdevollen Worten den Hoffnungen Ausdruck gab, die sie, von Allen verlassen, für sich und ihre Kinder wie für die Zukunft der Monarchie auf die Treue und Opferwilligkeit der Ungarn und den alten Heldengeist der Nation setze. Als sie ihrer Kinder gedachte, brach sie in Thränen aus und war eine Zeitlang unfähig, weiter zu reden. Der Anblick der schönen, unglücklichen Herrscherin riß alle Anwesenden zu begeisterter Theilnahme hin. Im Auflodern des ritterlichen Sinnes und des Heldenzornes entblößten die ungarischen Edelleute ihre Säbel und schwangen sie empor mit dem Ausrufe: „Leben und Blut für Eure Majestät! Wir wollen sterben für unsern König Maria Theresia!“

Auf den Wunsch der Königin ernannten die ungarischen Stände am 20. September ihren Gemahl, den Großherzog Franz, zum Mitregenten, und am folgenden Tage legte derselbe als solcher vor ihnen den Eid ab. Bei dieser Gelegenheit, nicht, wie gewöhnlich erzählt wird, bei jener ersten Versammlung der Stände am 11. September, war es, wo Maria Theresia ihren damals sechs Monate alten Sohn, den nachmaligen Kaiser Joseph II., der am vorhergehenden Tage nach Preßburg geflüchtet worden und nach den Worten eines Augenzeugen „wie ein Eichhörnchen auf das in gewaltiger Menge herzudringende Volk herabblickte,“ den Ständen zeigte und dadurch aufs Neue unter ihnen einen Sturm der Begeisterung wachrief, der in einem wiederholten Schwur, für die Königin und ihre Familie zu sterben, Ausdruck fand.

Am 29. Oktober schloß Maria Theresia den ungarischen Landtag, nachdem sie durch umfassende Zugeständnisse den Wünschen der Nation Rechnung getragen und den Ständen das Versprechen gegeben, öfters in Ungarn zu residiren. Inzwischen war durch eine von den Ständen eingesetzte Kommission eifrig an der Organisirung der von der Königin verlangten Streitkräfte gearbeitet und im ganzen Lande, in den Hütten wie auf den Schlössern, auf den Bergen wie in den Ebenen, zum Krieg gerüstet worden, und noch vor dem Schlusse des Landtags hatten sich fünfzehntausend berittene Edelleute in Preßburg eingefunden, mit denen sich zahlreiche Mannschaften aus allen Comitaten vereinigten. Auch über die anderen österreichischen Erbländer ergoß sich wie ein Gluthstrom die in Ungarn erwachte Begeisterung für die Sache der schwer bedrängten Königin, und so sah sich Maria Theresia in kurzer Zeit im Besitze zweier neuen Heere, durch welche die Rettung der österreichischen Monarchie bewerkstelligt werden sollte. Während das eine dieser Heere unter dem Prinzen Karl von Lothringen in Böhmen einrückte, eroberte das andere unter dem Grafen Khevenhiller Ober-Oesterreich zurück und drang im Januar 1742 siegreich in Baiern ein (s. S. 376).

Unterdessen war der Kurfürst Karl Albert schon in den letzten Tagen des Jahres 1741 von Prag über Dresden nach München zurückgekehrt, wo er nicht die günstigste Stimmung gefunden, da man sein Unternehmen nie gebilligt und für dasselbe keinen glücklichen Ausgang erwartete, und hatte sich von dort nach Mannheim, der damaligen Residenz seines Vetters Karl Philipp von der Pfalz, begeben, wo er seine Erwählung zum Kaiser abwarten wollte.

Obgleich die Wahl Karl Alberts nach der Lage der Dinge keinem Zweifel unterliegen konnte, da Kurpfalz schon durch einen im Jahre 1724 abgeschlossenen Hausvertrag zum engsten Zusammengehen mit Baiern verpflichtet war, Köln, Sachsen und Brandenburg auf Baierns Seite standen, der Kurfürst von Hannover in dem Neutralitätsvertrag vom 17. September 1741 dem Kurfürsten Karl Albert seine Stimme zugesichert und die Kurfürsten von Mainz und Trier durch die Drohungen Belleisle's genöthigt worden, ein Gleiches zu thun, hatten die Wahlbotschafter bereits zwei Monate getagt, ohne zu einer Entscheidung gekommen zu sein, da sie, nach der spöttischen Bemerkung Friedrichs II., „statt ein Oberhaupt zu wählen, sich über goldene Franzen oder Spitzen stritten, welche die Gesandten vom zweiten Range ebensowohl zu tragen verlangten, als die vom ersten Range.“ Endlich brachte das Drängen Friedrichs, der die Sache baldmöglichst erledigt zu sehen wünschte, die Verhandlungen in etwas rascheren Gang. Um die Wahl durch Beseitigung jedweden Widerspruchs zu einer ganz einstimmigen zu machen, wurde durch einen Beschluß des Kur-Kollegiums die böhmische Kurstimme, welche Maria Theresia für ihren Gemahl in Anspruch genommen, während Karl Albert sie als ihm gebührend betrachtete, für diesmal außer Kraft gesetzt und in Folge dessen der Botschafter Maria Theresia's von dem Wahlgeschäfte ausgeschlossen. Nachdem der Antrag, den Kurfürsten von Baiern in der Wahlkapitulation als König von Böhmen und Erzherzog von Oesterreich anzuerkennen, abgelehnt worden war, erfolgte am 24. Januar 1742 die einstimmige Wahl Karl Alberts zum deutschen Kaiser, worauf derselbe am 31. Januar seinen Einzug in Frankfurt hielt und am 12. Februar als Karl VII. feierlich gekrönt wurde.

Während Karl VII. sich in Frankfurt im Glanze der Kaiserkrone sonnte, die er hauptsächlich der Gnade Frankreichs zu verdanken hatte, zogen die Oesterreicher unter Bärenklau und Menzel in München ein, das sich ihnen am 13. Februar gegen die Zusage der Sicherheit der Person und des Eigenthums, der Achtung der städtischen Freiheiten und der Schonung der kurfürstlichen Schlösser, ohne Versuch zum Widerstande ergeben hatte. So saß Karl VII. in Frankfurt, auf die geringen Erträge des Kaiserthums und den Beistand Frankreichs und Preußens beschränkt; denn ebensowenig wie das Reich als solches für die Aufrechthaltung der von ihm gewährleisteten pragmatischen Sanction eingetreten, nahm es an dem Kriege des neuen Kaisers gegen Oesterreich Theil, und der permanente Reichstag, der seinen Sitz von Regensburg nach Frankfurt verlegt hatte, vermochte nicht einmal, die Verabfolgung des in Wien befindlichen, zur Fortführung der Reichsgeschäfte unentbehrlichen Reichsarchivs an das neue Oberhaupt zu bewirken, da Maria Theresia die Wahl Karls VII. wegen der Ausschließung Böhmens von dem Wahlgeschäfte für ungiltig erklärt hatte. Die Ankunft eines neuen französischen Heeres, das unter dem Marschall Harcourt zur Vertreibung der Oesterreicher in Baiern eingerückt war, sowie die Siege der preußischen Waffen in Mähren und Böhmen hielten zwar noch eine Zeitlang Karls VII. Hoffnungen aufrecht; aber der Friede, den der König von Preußen nach der Schlacht von Czaslau mit Maria Theresia schloß, und die darauffolgende Aussöhnung Sachsens mit Oesterreich schlugen dieselben gänzlich darnieder.

Das Uebergewicht, das dieser Friedensschluß den österreichischen Waffen verlieh, zeigte sich zunächst in Böhmen. Die französische Armee, die in der Stärke von vierzehntausend Mann unter Belleisle in diesem Lande stand, sah sich genöthigt, sich nach Prag zurückzuziehen, und wurde dort von den Oesterreichern unter dem Fürsten Lobkowitz eingeschlossen. Man hielt sie für gefangen und zweifelte nicht daran, daß der Hunger sie zur Ergebung zwingen werde. Aber Belleisle faßte, um dieser Schmach zu entgehen, einen verzweifelten Entschluß. In einer finsteren Winternacht — es war der 17. Dezember 1742 — zog er heimlich, unter Zurücklassung einer schwachen Besatzung von tausend Invaliden, aus Prag, um sich nach Eger zurückzuziehen, das noch von einem französischen Heere unter dem Marschall Broglio besetzt war. Als die Oesterreicher die in der Stadt vorgegangene Veränderung wahrnahmen, setzten sie sogleich den Abgezogenen nach; diese hatten jedoch bereits einen zu großen Vorsprung gewonnen und erreichten Eger nach einem elftägigen mühevollen Marsche, jedoch mit einem Verluste von sechstausend Mann, die der Kälte, den Anstrengungen und den Angriffen der nachsetzenden österreichischen Husaren erlegen waren. Die in Prag zurückgebliebenen Invaliden, deren Zahl von Lobkowitz bedeutend überschätzt worden, kapitulirten gegen die Bewilligung freien Abzugs nach Baiern.

Inzwischen war es dem Feldmarschall Seckendorf, der aus österreichischen in baierische Dienste getreten, in den letzten Wochen des Jahres 1742 gelungen, die österreichischen und ungarischen Truppen, die Baiern noch besetzt hielten, über die Grenze zu treiben, so daß die aus Böhmen kommenden Franzosen in dem baierischen Gebiete sichere Quartiere fanden und Karl VII. selbst am 19. April 1743 nach München zurückkehren konnte. Seckendorf, der die Lage der Dinge klarer durchschaute, als der Kaiser, und insbesondere überzeugt war, daß es den Franzosen mit dem Kriege kein rechter Ernst mehr sei, bot alle seine Beredtsamkeit auf, um Karl VII. zu einem Friedensschlusse mit Oesterreich zu bewegen; dieser konnte sich jedoch nicht dazu entschließen, sich friedesuchend der Tochter Karls VI. zu nähern, nachdem er erst kurz vorher deren Kronen als sein Eigenthum in Anspruch genommen.

Während Karl VII. noch immer seine Hoffnung auf den französischen Hof setzte, an welchem seit dem kurz vorher (29. Januar 1743) erfolgten Tode des Kardinals Fleury jede einheitliche Politik aufgehört hatte, wurde eine baierische Heeresabtheilung von siebentausend Mann, die unter dem General Minuzzi bei Simpach unweit Braunau stand, von den Oesterreichern unter Khevenhiller und dem Prinzen Karl von Lothringen angegriffen und fast gänzlich aufgerieben. Da Broglio zu der gleichen Zeit, statt zum Schutze des Kaisers herbeizueilen, von Eger nach dem Rheine aufbrach, stand Baiern den Oesterreichern offen, und so blieb Karl VII. Nichts übrig, als aufs Neue seine Hauptstadt zu verlassen. Während er zuerst in Augsburg, dann zum andern Male in Frankfurt eine Zufluchtsstätte suchte, schloß Seckendorf am 27. Juni 1723 in seinem Auftrag mit den österreichischen Feldherrn, deren Vordringen in Baiern er mit seiner kleinen Truppenmacht von zehntausend Mann nicht zu hindern vermochte, einen Räumungsvertrag, kraft dessen das baierische Heer bestimmte Quartiere bezog und das Land den Oesterreichern überlassen wurde.

Unterdessen hatte Frankreich in dem im Jahre 1739 ausgebrochenen englisch-spanischen Kriege (s. S. 298) Partei für Spanien ergriffen und dadurch das englische Parlament bewogen, dem König Georg II., der längst aus der ihm aufgezwungenen Neutralität herauszutreten gewünscht hatte, die nöthigen Geldmittel zur nachdrücklichen Unterstützung Oesterreichs zu bewilligen. Nachdem es dem König gelungen war, die Generalstaaten zur Betheiligung an dem Kampfe für die Aufrechthaltung der auch von ihnen gewährleisteten pragmatischen Sanction zu gewinnen, rückte er im Februar 1743 mit einer in den Niederlanden gesammelten Armee von fünfzigtausend Mann, die ihres Zweckes wegen die „pragmatische“ genannt wurde, ohne Rücksicht auf die von dem Kaiser und dem König von Preußen erhobene Protestation, durch das Jülich'sche und Kurkölnische Gebiet zur Vereinigung mit den Oesterreichern in die Rhein- und Maingegenden ein. Ein sofort von Frankreich nach Deutschland entsandtes und von dem Herzog von Noailles geführtes Heer von sechzigtausend Mann suchte dem König bei Dettingen, unweit Aschaffenburg, den Weg zu versperren, wurde jedoch von demselben am 27. Juni 1743 geschlagen und zum Rückzug über den Rhein genöthigt.

Im August führte Georg II. die pragmatische Armee, die inzwischen durch zwanzigtausend Holländer verstärkt worden, gleichfalls über den Rhein, und im September folgte ihm der Prinz Karl von Lothringen mit einem österreichischen Heere von achtzigtausend Mann auf das linke Rheinufer nach. Der Letztere wünschte, den Krieg im Vereine mit der pragmatischen Armee nach Frankreich hinüber zu tragen; er fand jedoch den König Georg wenig geneigt, sich an diesem Unternehmen, das ihm allzu gewagt schien, zu betheiligen, und da Frankreich inzwischen zu umfassenden Rüstungen Zeit gefunden, blieb den Verbündeten Nichts übrig, als ihre Truppen in die Winterquartiere zu verlegen, die von der pragmatischen Armee in Flandern und von der wieder über den Rhein zurückgekehrten österreichischen in Schwaben und Baiern genommen wurden.

Während auf diese Weise der mit so glänzenden Erwartungen begonnene Feldzug ohne irgend welches militärische Ergebniß blieb, hatte derselbe den Abschluß eines förmlichen Bündnisses zwischen Oesterreich, England, Holland und Sardinien zur Folge, das am 23. September 1743 zu Worms, dem Hauptquartiere Georgs II., zu Stande kam und der Königin Maria Theresia alles dasjenige gewährleistete, was sie vermöge der pragmatischen Sanction besitzen sollte. Diesem Bündnisse trat am 21. Dezember 1743 auch August III. von Sachsen und Polen bei.

Der Uebergang Georgs II. und des Prinzen von Lothringen über den Rhein gab dem König von Frankreich, der bis dahin nur als Bundesgenosse der Prätendenten des österreichischen Erbes an dem Kampfe um dasselbe Theil genommen, Veranlassung, als selbstständige kriegführende Macht aufzutreten, zu welchem Ende er am 26. April 1744 der Königin Maria Theresia und am 15. Mai desselben Jahres an England den Krieg erklärte. Als Zweck desselben wurde die Eroberung der österreichischen Niederlande ins Auge gefaßt.

Da die Herzogin von Chateauroux, die damalige Geliebte Ludwigs XV., diesen vom Kriegsruhme umstrahlt zu sehen wünschte, bewog sie den König, sich persönlich zu der Armee zu begeben, was Friedrich II., der inzwischen seine Verbindung mit Frankreich zum Behufe neuer Feindseligkeiten gegen Oesterreich erneuert hatte, für eine so großmüthige, ja heroische That von Seiten der Herzogin erklärte, „die für Frankreich die Interessen ihres Herzens und ihres Glückes geopfert,“ daß dieselbe in den Jahrbüchern der Geschichte aufgezeichnet zu werden verdiene.

Die Operationen der französischen Armee in den österreichischen Niederlanden bestanden hauptsächlich in der Belagerung der festen Plätze, und da diese meist schwach besetzt waren und überdies von dem in den Niederlanden stehenden englischen Heere zehntausend Mann zum Schutze Englands gegen die Gefahr einer französischen Landung oder einer Erhebung der Jakobiten in die Heimath zurückberufen worden, hatte das französische Heer in kurzer Zeit nicht unbedeutende Erfolge aufzuweisen, an denen jedoch der König keinerlei Antheil hatte, da er einen müßigen Zuschauer abgab und sich darauf beschränkte, täglich Berichte über die Kriegsereignisse entgegenzunehmen. Courtray ergab sich am 18. Mai, Menin am 12. Juni, Ypern am 25. Juni, Knoke am 29. Juni und Furnes am 11. Juli.

Unterdessen hatte der Prinz Karl von Lothringen am 3. Juli in der Nähe von Karlsruhe mit einem zahlreichen österreichischen Heere den Rhein überschritten und war in das Elsaß eingerückt. Es war sein militärisches Meisterstück, der Höhepunkt seines Ruhmes; denn während Seckendorf mit achtzehntausend Mann sogenannter „kaiserlicher Truppen“ bei Philippsburg stand, hatte sich ein zahlreiches französisches Heer unter Coigny längs des Stromes ausgebreitet, und beide Feldherren waren mit scharfem Auge allen Bewegungen des Prinzen gefolgt, um ihm an jeder Stelle, wo er den

Rheinübergang zu bewerkstelligen suchen werde, den Weg zu verlegen. Unaufhaltsam drangen die Oesterreicher im Elsaß vor, und bald standen ihre Vorposten in Zabern. Stanislaus Lescinski entfloh aus Luneville; denn mit dem gesammten Elsaß schien auch Lothringen aufs Ernstlichste bedroht.

Auf die Nachricht von dem erfolgten Rheinübergang des Prinzen von Lothringen war Ludwig XV. mit dem größten Theile seines Heeres aus den Niederlanden nach dem Elsaß aufgebrochen, um die Wiedereroberung der dem deutschen Reiche entrissenen überrheinischen Landschaften durch die siegreichen österreichischen Schaaren zu verhindern. Der beabsichtigte Angriff auf Karl von Lothringen wurde jedoch durch eine heftige Erkrankung des Königs verzögert, die denselben längere Zeit in Metz zurückhielt, und als er genesen, waren die Oesterreicher wieder über den Rhein zurückgegangen; denn neue Feindseligkeiten von Seiten Friedrichs II. hatten Maria Theresia genöthigt, den Prinzen von Lothringen schleunigst zum Schutz des schwer bedrohten Böhmens zurückzuberufen. Wie der erste Rheinübergang des Prinzen, so war auch sein Rückzug ein Meisterstück, und ebenso rasch und glücklich führte er sein Heer durch Schwaben, Franken und Baiern nach Böhmen zurück, das zwar inzwischen von den Preußen vollständig erobert worden war, aber noch in demselben Jahre (1744) von ihnen wieder geräumt werden mußte.

Der Abzug der Oesterreicher aus Oberdeutschland hatte es dem Kaiser möglich gemacht, am 23. Oktober 1744 wieder in seine Hauptstadt München einzuziehen; aber auch diesmal schien er nur dahin zurückgekehrt zu sein, um sich zum andern Male genöthigt zu sehen, seine Zufluchtsstätte in Frankfurt wieder aufzusuchen; denn bei der Wendung, welche die Dinge in Böhmen genommen, mußte er, da er ein neues Bündniß mit Friedrich II. geschlossen, darauf gefaßt sein, abermals von den siegreichen Oesterreichern aus seinem Lande vertrieben zu werden. Vor diesem Geschick bewahrte ihn ein unerwarteter Tod, der am 20. Januar 1745 in Folge einer zurückgetretenen Fußgicht seinen körperlichen und geistigen Leiden ein Ziel setzte. Sterbend ermahnte er seinen Sohn und Nachfolger Maximilian Joseph, sich vor dem Ehrgeiz zu hüten, durch welchen er selbst so schweres Unglück über sich und sein Land gebracht, und sich sein Beispiel zur Warnung dienen zu lassen, „da es bitter sei, aus seinem Lande fliehen und von der Barmherzigkeit Anderer leben zu müssen.“

Der zweite schlesische Krieg.

(1744—1745.)

Die Erfolge der österreichischen Waffen im Kampfe gegen Baiern und Frankreich beunruhigten den König von Preußen umsomehr, als er annehmen zu müssen glaubte, daß dem zwischen Maria Theresia, England, Holland, Sardinien und Sachsen zur Aufrechthaltung der pragmatischen Sanction geschlossenen Bündniß die Absicht zu Grunde liege, ihm Schlesien wieder zu entreißen. Diese Besorgniß, sowie der Wunsch, weitere Vortheile gegen Oesterreich zu erringen, bewogen ihn, zu Gunsten Karls VII. aufs Neue in die Aktion einzutreten. Zu diesem Ende schloß er am 22. Mai 1744 mit dem Kaiser, dem König Friedrich I. von Schweden, als Landgrafen von Hessen-Kassel, und dem Kurfürsten Karl Theodor von der Pfalz, dem Nachfolger Karl Philipps (seit 1742), ein Bündniß, die sogenannte „Frankfurter Union", als deren Zweck die Erhaltung des Kaisers und der Reichsverfassung bezeichnet wurde. „Da aber zu besorgen stehe", so hieß es in den getroffenen Vereinbarungen, „daß gütliche Auskunft ohne Wirkung bleibe, so könne es nothwendig werden, daß man zu den Waffen greife, in welchem traurigen Falle die Verbündeten suchen wollten, außer den baierischen Kurlanden für den Kaiser das Königreich Böhmen als eine angemessene Ausstattung für das Reichsoberhaupt zu erobern; doch solle der König von Preußen als Lohn für seine Mühe die an Schlesien grenzenden böhmischen Kreise Königgrätz, Bunzlau und Leitmeritz erhalten. Keine der verbündeten Mächte dürfe für sich allein Frieden schließen, sondern alle müßten zu gemeinsamer Demüthigung des Hauses Oesterreich standhaft zusammenbleiben."

Mit Frankreich schloß Friedrich am 6. Juni ein besonderes Bündniß, in welchem er versprach, falls die Oesterreicher zur Eroberung des Elsasses und Lothringens über den Rhein rücken sollten, mit einem Heere von achtzigtausend Mann in Böhmen einzubrechen, um die Königin von Ungarn zu zwingen, ihre Truppen aus dem Elsaß zurückzuberufen, wogegen Ludwig XV. sich verpflichtete, die Letzteren über den Rhein hinaus verfolgen zu lassen, um sie womöglich zu vernichten, und zugleich durch die Entsendung eines Heeres nach Westfalen Hannover zu bedrohen. Um Rußland dauernd von Oesterreich fern zu halten und dem preußischen Interesse dienstbar zu machen, hatte er eine Vermählung des Thronerben Peter von Holstein-Gottorp mit der Prinzessin Sophie von Anhalt-Zerbst [1])

1) Bei ihrem am 9. Juli 1744 erfolgten Uebertritt zur griechischen Kirche nahm dieselbe den Namen **Katharina** an, unter welchem sie später als Kaiserin eine so hervorragende Rolle spielen sollte.

vermittelt, deren Vater General in preußischen Diensten und ihm sehr ergeben war. Auch Schweden war durch die Vermählung des zum Thronfolger erwählten Herzogs Adolf Friedrich von Holstein-Gottorp (s. S. 282) mit Friedrichs Schwester Ulrike Eleonore auf Preußens Seite gezogen worden.

Am 7. August 1744 ließ Friedrich durch seinen Gesandten am Wiener Hofe, den Grafen Dohna, der Königin von Ungarn eröffnen: er könne als Kurfürst nicht mit gleichgiltigem Auge ansehen, daß die Würde des Kaisers unterdrückt, die Verfassung des deutschen Reiches umgestürzt und dessen Ständen Gewalt angethan werde; der Wiener Hof habe seine bisherigen Warnungen unbeachtet gelassen und ihn dadurch gezwungen, mit dem Kaiser und einigen Fürsten eine Union abzuschließen und dem Ersteren einige seiner Truppen als Hilfsvölker zu überlassen.

Während sich zu der gleichen Zeit achtzigtausend Preußen, die als „kaiserliche Hilfsvölker" bezeichnet wurden, gegen Böhmen in Bewegung setzten, erschien ein Manifest, in welchem Friedrich erklärte: „Alle seine Bemühungen für den Frieden in Deutschland seien vergeblich gewesen; Maria Theresia habe die Friedensanträge des Kaisers hochmüthig verworfen; sie schlage aus unbegrenztem Ehrgeiz die deutsche Freiheit in Fesseln und spiele mit Treue und Glauben. Wie aber die alten Germanen durch Jahrhunderte ihr Vaterland und ihre Freiheit gegen die ganze Herrlichkeit der Römerwelt beschützt, so würden auch ihre Nachkommen die bedrohte Freiheit des Vaterlandes vertheidigen. Darum ergreife auch er jetzt die Waffen für die Freiheit des Reiches, für die Würde des Kaisers, für die Ruhe Europa's; er habe dabei nicht das geringste persönliche Interesse und verlange für sich gar nichts." Trotz dieser hochtönenden Worte bezeichneten schon damals Viele die drei böhmischen Kreise als die alleinige Ursache des Krieges.

Die zur Eroberung Böhmens ausrückende Truppenmacht bestand aus drei Heersäulen, von denen die eine unter Schwerin von Schlesien aus und die zweite unter dem Erbprinzen von Dessau durch die Lausitz heranzog, während der König selbst mit der dritten den Weg durch Sachsen nahm. An dem gleichen Tage, an welchem er „im Namen des Kaisers" freien Durchzug durch das Kurfürstenthum verlangte, überschritt er auch schon die sächsische Grenze, so daß der Protest des Dresdener Hofes, den der König für Reichsfeindschaft erklärte, keine Wirkung mehr haben konnte und die wehrlose sächsische Regierung sich gezwungen sah, den durchziehenden preußischen Truppen Lebensmittel zu liefern und ihnen die nöthigen Schiffe zu stellen, um über die Elbe zu setzen.

Nachdem sich die drei Kolonnen am 2. September bei Prag vereinigt hatten und innerhalb acht Tagen das schwere Geschütz zur Stelle gebracht worden, wurde am 11. das Bombardement der

Stadt eröffnet. Vier Tage lang leistete der Befehlshaber Harsch mit der schwachen Besatzung von sechzehnhundert Mann, von den Studenten wacker unterstützt, den Belagerern tapferen Widerstand; als jedoch am 16. die Preußen Miene machten zum Sturme zu schreiten, pflanzte er, dem ungestümen Verlangen der Bürgerschaft nachgebend, die weiße Fahne auf und übergab die Stadt am folgenden Tage den Preußen, nachdem er sich vergebens bemüht hatte, für die Besatzung freien Abzug zu erlangen. Friedrich ließ dieselbe nach Schlesien abführen und in verschiedene Festungen vertheilen. Von den Studenten steckte er viele unter seine Regimenter, „weil sie zum Kriegshandwerk mehr Lust gezeigt hätten, als zu den Büchern.“

Auf die Einnahme der böhmischen Hauptstadt folgte noch im Monat September die von Tabor, Budweis und Frauenberg, und bevor der von Maria Theresia schleunigst aus dem Elsaß zurückberufene Prinz von Lothringen die böhmische Grenze erreichen konnte, war fast das ganze wehrlose Land von den Preußen besetzt.

So hatte Friedrich seinen Feldzug glänzend eröffnet; aber mit der Rückkehr Karls von Lothringen erfolgte ein jäher Umschwung. Friedrich hatte es, indem er seinem Siegesrausche zu rasch nach dem Süden Böhmens vorgedrungen, dem aus Baiern zurückberufenen österreichischen Feldherrn Batthyani möglich gemacht, eine Stellung zu nehmen, durch welche er nicht nur mit Sachsen in Verbindung blieb, sondern auch dem Prinzen von Lothringen die Hand reichen konnte. Nachdem das Heer des Letzteren sich am 1. Oktober mit dem Korps Batthyani's vereinigt hatte, suchten beide Feldherren den König von Preußen, unter Vermeidung eines Zusammenstoßes, durch geschickte Märsche und gut gewählte Stellungen mehr und mehr in die Enge zu treiben und ihm durch ihre leichten Truppen die nöthigen Zufuhren abzuschneiden, damit die Noth ihn zur Räumung Böhmens zwinge. In diesen Bemühungen wurden sie durch die allgemeine Abneigung der Böhmen gegen die Preußen trefflich unterstützt. Die Landleute zogen sich überall mit allen Lebensmitteln vor den preußischen Truppen aus ihren Dörfern in Wälder und Schluchten zurück und unterrichteten das Heer ihrer Königin von allen Bewegungen des Feindes, während die Preußen über die Oesterreicher nicht das Mindeste erfahren konnten, da alle von ihnen ausgesandten Kundschafter aufgegriffen wurden. Um sich in dem Besitz von Prag zu sichern, brach Friedrich wieder nach dem Norden auf, worauf Tabor und Budweis, in welchen er starke Posten zurückgelassen, durch die Oesterreicher wieder erobert wurden.

Nachdem das Heer des Prinzen von Lothringen durch zwanzigtausend Sachsen, die am 21. Oktober zu ihm gestoßen, auf siebzigtausend Mann erhöht worden, durfte derselbe hoffen, den König aus einer festen Stellung nach der andern verdrängen zu können. In der That sah sich Friedrich, dessen Lage nicht nur durch wachsenden Mangel, sondern auch durch zahlreiche Desertionen unter seinen Truppen von Tag zu Tag bedenklicher wurde, nach vergeblichen Bemühungen, sich durch eine entscheidende Schlacht Luft zu machen, zum Rückzug über die Elbe genöthigt, um der Gefahr zu entgehen, von Schlesien abgeschnitten zu werden. Mit großem Verluste und unter unaufhörlichen Angriffen der leichten österreichischen Reiterei erreichte er in den letzten Tagen des November die schlesische Grenze, die er am 1. Dezember in der traurigsten Verfassung überschritt. Der Verlust seines gesammten schweren Geschützes, das die preußische Besatzung von Prag bei ihrem schleunigen Abzug hatte zurücklassen müssen; ein auf die Hälfte zusammengeschmolzenes, demoralisirtes Heer und eine vollständig erschöpfte Kasse — das war das einzige Ergebniß des mit so großer Zuversicht unternommenen Feldzugs. „Das große Kriegsheer, welches Böhmen verschlingen und selbst Oesterreich überschwemmen sollte," so gesteht Friedrich selbst in seiner Schilderung jenes Feldzugs, „hatte das Schicksal jener Flotte, die den Namen der unüberwindlichen Armada führte." Er erkannte, daß der Krieg von Seiten der österreichischen Feldherren meisterhaft geführt worden, während er selbst große Fehler begangen; ganz besonders schrieb er jedoch seine Mißerfolge dem Wortbruch der Franzosen zu, die, statt dem aus dem Elsaß abziehenden Heere Karls von Lothringen zu folgen, um dasselbe von Böhmen fern zu halten, sich auf die Belagerung von Freiburg im Breisgau beschränkt hatten, weil es sich für die damaligen Lenker der Geschicke Frankreichs vor Allem darum handelte, dem König, der fortwährend persönlich bei dem Heere anwesend war, leichten Kriegsruhm zu verschaffen und ihn dadurch in kriegerischer Aufregung zu erhalten.

Friedrichs Lage wurde erschwert durch den Tod Kaiser Karls VII., da ihm durch denselben nicht nur jeder Vorwand zur Fortsetzung des Krieges gegen Maria Theresia entzogen, sondern auch dem Großherzog Franz von Toskana die Aussicht auf die Kaiserkrone eröffnet wurde, indem der achtzehnjährige Kurfürst Maximilian Joseph von Baiern noch nicht das von der goldenen Bulle für die Wahlfähigkeit vorgeschriebene Alter hatte. Der französische Hof suchte zwar dem Gemahle Maria Theresia's in August III. von Sachsen und Polen einen Nebenbuhler in der Bewerbung um die Kaiserkrone zu erwecken — ein Plan, dem Friedrich II. umso bereitwilliger zugestimmt, als er in demselben das sicherste Mittel erblickte, Sachsen mit Oesterreich dauernd zu verfeinden, — und bemühte sich zu diesem Ende eifrig, eine Aussöhnung zwischen den Höfen von Dresden und Berlin zu Stande zu bringen; die Abneigung Augusts III. und besonders des Grafen Brühl gegen eine Verbindung mit Preußen, das durch sein Emporsteigen Sachsen in eine niedere Stellung herabgedrückt, war jedoch so groß, daß sie selbst durch das Angebot der Kaiserkrone und der nöthigen Hilfsgelder für sechzigtausend Mann nicht überwunden werden konnte. Auch hatte Sachsen bereits in einem am 8. Januar 1745 zu Warschau mit England, Holland und Oesterreich geschlossenen Bündniß die Verpflichtung übernommen, dem Gemahle Maria Theresia's bei der Kaiserwahl seine Stimme zu geben und zur Bekämpfung Friedrichs auf das Nachdrücklichste mitzuwirken.

Ein harter Schlag für Friedrich war es, daß der junge Kurfürst Maximilian Joseph von Baiern sich durch die vollständige Aussichtslosigkeit seiner Lage bestimmen ließ, am 22. April 1745 mit Maria Theresia den Frieden von Füssen abzuschließen, in welchem er gegen die Rückgabe der von den Oesterreichern in seinem Lande gemachten Eroberungen allen Ansprüchen auf das österreichische Erbe entsagte und dem Großherzog Franz seine Stimme zur Kaiserwahl zusicherte; denn nun stand der König im Kampfe gegen Oesterreich allein, und nachdem er selbst den Breslauer Vertrag gebrochen, in welchem Maria Theresia ihm Schlesien abgetreten, konnte er nicht daran zweifeln, daß auch sie sich ihres Wortes für entledigt erachtete und entschlossen war, ihm seine Eroberung wieder zu entreißen. In der That sprach Maria Theresia diesen Entschluß offen in einem an die Bewohner Schlesiens und der Grafschaft Glatz gerichteten Aufruf aus, in welchem sie alle Ansprüche Friedrichs auf diese Länder als durch seine vielfachen Vertragsverletzungen und insbesondere durch den in dem Angriff auf Böhmen begangenen Friedensbruch für verwirkt erklärte.

Indessen war Friedrich entschlossen, Schlesien um jeden Preis zu behaupten, und bot zu diesem Zwecke alle Kräfte seines Landes auf. So brachte er ein Heer von einmalhunderttausend Fußgängern und fünfundvierzigtausend Reitern zusammen, mit welchem er auf die Nachricht, daß Karl von Lothringen, mit dessen fünfundachtzigtausend Mann starkem Heere sich bei Trautenau dreißigtausend Sachsen vereinigt hatten, von dort gegen die schlesische Grenze heranrückte, am 1. Juni 1745 zwischen Schweidnitz und Striegau ein festes Lager bezog, obgleich inzwischen starke ungarische Reiterschaaren in Oberschlesien eingerückt waren und am 27. Mai die wichtige Festung Kosel erstürmt hatten. Als der in seinem Lager anwesende französische Gesandte Valori ihm sein Erstaunen darüber ausdrückte, daß er alle Pässe offen gelassen, entgegnete er ihm: „Mein Freund, wenn man die Maus fangen will, macht man die Falle nicht zu." Sein Plan war, von seiner gut gewählten Stellung aus, die wegen der vielen Anhöhen jener Gegend den Blicken des Feindes fast verborgen blieb, dem heranziehenden österreichischen Heer durch einen unerwarteten Angriff den Untergang zu bereiten.

Als sich das Heer des Prinzen von Lothringen am 3. Juni an der Landstraße von Jauer nach Landshut zeigte, ließ Friedrich in der Nacht zum 4. das seinige in aller Stille gegen Hohenfriedberg vorrücken, um den ahnungslosen Feind zu überfallen, und beim ersten Morgengrauen erdröhnten die Gebirge ringsumher von dem Donner der preußischen Geschütze. Noch ehe das österreichische Heer sich vollständig gesammelt, waren die Sachsen, denen der erste Angriff galt, von allen Seiten umringt; nach längerem tapferen Widerstand wurde ihre Reiterei zersprengt, und um sieben Uhr war das ganze sächsische Korps zurückgeschlagen. Der Prinz von Lothringen, der auf die Nachricht von dem Erscheinen der Preußen mit Blitzesschnelle aus seinem Nachtquartier in Hausdorf herbeigeeilt war, um sein Heer in Schlachtordnung zu stellen, sah, nachdem die Sachsen dem stürmischen Angriff der Preußen erlegen, auch seine österreichischen Regimenter im Rücken und in der Fronte zugleich gefaßt; dennoch hielt er dem Feinde noch volle zwei Stunden Stand: erst als beim sechsten Anlauf des Feindes die österreichische Reiterei geworfen worden und auch das Fußvolk sich nicht mehr zu halten vermochte, gab er Befehl zum Rückzug, der in bester Ordnung vor sich ging. Der Verlust der Oesterreicher und Sachsen betrug an Todten, Verwundeten und Gefangenen fünfzehntausend Mann; daneben waren sechsundsechzig ihrer Kanonen und siebenundsechzig Fahnen dem Feinde in die Hände gefallen.

Der Prinz von Lothringen zog sich, von Friedrich gefolgt, nach Böhmen zurück, wo er bei Königgrätz ein unangreifbares Lager bezog, während Friedrich zuerst bei Chlum, dann bei Jaromirz eine nicht minder günstige Stellung nahm. Da beide Theile sich durch Truppenentsendungen geschwächt hatten — Friedrich in der Absicht, die Ungarn aus Oberschlesien zu vertreiben, Karl, um ein unter Conti heranziehendes französisches Heer von Frankfurt abzuhalten, wo eben die Kaiserwahl begonnen hatte — kam es zwischen ihnen während eines Vierteljahres nur zu kleinen Gefechten, durch welche man sich gegenseitig Vortheile abzugewinnen suchte.

Unterdessen hatte König Georg II., der, durch die Schilderhebung des Stuart'schen Prinzen Karl Eduard (s. S. 299 f.) mit Besorgnissen für seinen Thron erfüllt und eine Landung der Franzosen in England fürchtend, den Streit zwischen Preußen und Oesterreich beendigt zu sehen wünschte, damit Maria Theresia ihre gesammten Streitkräfte gegen Frankreich verwenden könne, mit Friedrich II. Unterhandlungen angeknüpft, die am 26. August 1745 in dem „Vertrag von Hannover" ihren Abschluß fanden. In demselben versprach Friedrich dem Gemahle Maria Theresia's bei der

Kaiserwahl seine Stimme zu geben, wogegen Georg II. sich anheischig machte, die Königin von Ungarn zum Frieden auf Grund des Breslauer Vertrags zu bestimmen und dem König von Preußen die Gewährleistung der übrigen Mächte für den Besitz Schlesiens zu erwirken. Maria Theresia war jedoch umsoweniger dazu zu bewegen, auf die Anträge des Königs von England einzugehen, als ihr Gemahl bereits am 13. September 1745 unter Ausschluß der brandenburgischen und kurpfälzischen Stimmen zum Kaiser erwählt worden war. Mit ruhiger Entschiedenheit erklärte sie dem englischen Gesandten: sie könne auf Schlesien nicht freiwillig Verzicht leisten und sei entschlossen, den Ausgang einer neuen Schlacht abzuwarten. Den eigentlichen Grund jedoch, der sie zur Ablehnung der englischen Friedensvorschläge bewog, theilte sie in einem vertraulichen Gespräche dem venetianischen Gesandten mit. „Sie habe sich", so sagte sie, „über den Verlust von Schlesien bereits beruhigt gehabt und niemals daran gedacht, den Breslauer Frieden zu brechen. Der offene Treubruch des Königs von Preußen aber, welcher sie ohne jede Ursache in dem Augenblicke angegriffen habe, in welchem sie hoffen konnte, daß ihr am Rhein stehendes Heer ihr eine Schadloshaltung für den Verlust Schlesiens erkämpfen werde, habe sie mit der Ueberzeugung erfüllt, daß, so lange dieser Fürst so mächtig bleibe, sie in steter Beängstigung schweben müsse und sich niemals des ruhigen Besitzes ihrer Staaten erfreuen könne. Es sei daher nicht Eigensinn von ihr, sondern ein Gebot der Nothwendigkeit, wenn sie in dem gegenwärtigen Augenblick die Hand zum Frieden nicht biete. Sie erkenne es als ihre Pflicht, in diesem Punkte unbeugsam zu bleiben; denn sie sei überzeugt, daß der König von Preußen nur an den Frieden denke, um sie einzuschläfern und sie neuerdings zu überfallen, wenn sich eine günstige Gelegenheit dazu darbiete."

Da Maria Theresia die auf den 4. Oktober festgesetzte Krönung ihres Gemahls durch einen Sieg über Friedrich verherrlicht zu sehen wünschte, forderte sie ihren Schwager dringend auf, demselben eine Schlacht zu liefern. Obgleich der Prinz es vorgezogen hätte, die Kräfte seines Gegners durch den kleinen, ermüdenden Krieg zu erschöpfen, brach er, um dem Wunsche Maria Theresia's nachzukommen, nach der schlesischen Grenze auf, in der sicheren Erwartung, daß der König ihm dahin folgen werde. Friedrich suchte ihm zuvorzukommen und schlug, von den Oesterreichern gefolgt, seinen Weg in der Richtung nach Trautenau ein. Der Prinz von Lothringen fand ihn am 30. September bei Soor in einem ungedeckten Lager, das er eben abbrechen zu lassen im Begriffe stand. Ein rascher Angriff der Oesterreicher würde ohne Zweifel für ihn eine entscheidende Niederlage zur Folge gehabt haben; der Prinz zögerte jedoch mit demselben, wahrscheinlich in der Meinung, daß der König sogleich den Rückzug antreten werde, auf welchem er dessen Heer vollständig vernichten zu können hoffte, und ließ so seinem Gegner Zeit, selbst zum Angriff zu schreiten, zu welchem sich Friedrich, obgleich er den fünfunddreißigtausend Oesterreichern nur zweiundzwanzigtausend Mann entgegen stellen konnte, rasch entschlossen hatte, weil er es für minder gefährlich hielt, den Kampf mit dem Feind zu wagen, als in dessen Angesicht den Rückzug durch Engpässe anzutreten.

Friedrich eröffnete die Schlacht, indem er sein Heer sogleich eine Viertelschwenkung nach rechts machen ließ, um der Fronte der Oesterreicher eine parallel laufende Fronte entgegenzustellen. Wie er durch diese Maßregel eine glänzende Probe seines Feldherrntalentes gab, so lieferte die Raschheit, mit welcher dieselbe mitten unter dem heftigsten feindlichen Feuer ausgeführt wurde, einen nicht minder glänzenden Beweis von der trefflichen Kriegszucht und Tapferkeit seiner Truppen. Durch diese Art des Angriffs entzog der König den Oesterreichern auf dem engen Terrain, auf welchem die Schlacht ausgefochten wurde, den Vortheil der numerischen Ueberlegenheit, und so blieb nach vierstündigem heißen Ringen der Sieg den Preußen.

Während sich Karl von Lothringen in das Gebirge zurückzog, hielt Friedrich bei Soor, um die Ehre des Sieges zu wahren, noch eine fünftägige Rast und trat dann den Rückweg nach Schlesien an, weil die ganze Gegend so vollständig ausgesogen war, daß er keinen Unterhalt mehr auftreiben konnte. Da er den diesjährigen Feldzug für beendigt hielt, legte er sein Heer zwischen Schweidnitz und Striegau in die Winterquartiere und kehrte am 28. Oktober nach Berlin zurück. Kaum war er jedoch in seiner Hauptstadt angelangt, als er durch den schwedischen Gesandten am Dresdener Hofe die Kunde erhielt, daß seine Gegner nach einem von dem Grafen Brühl entworfenen Plane einen Einbruch in seine Erbstaaten auszuführen gedachten. Von dem österreichischen Heere, das unter dem Grafen Traun am Rheine stand, sollten zehntausend Mann unter dem General Grünne gegen Leipzig rücken, um von dort im Vereine mit einem sächsischen Korps in die Kurmark einzufallen, und der Prinz von Lothringen zu der gleichen Zeit von Böhmen aus durch die Lausitz gegen Sagan und Crossen ziehen, um die Preußen im Rücken zu fassen.

Um diesen Plan zu vereiteln, kehrte Friedrich sofort nach Schlesien zurück, zog rasch seine Truppen zusammen, besetzte alle Pässe nach Böhmen und der Lausitz, damit seine Gegner keine Kundschaft von ihm erhalten könnten, und rückte am 23. November in aller Stille gegen Görlitz vor. Bei Katholisch-Hennersdorf stieß er auf einen sächsischen Heerhaufen, welcher die Vorhut des Prinzen von Lothringen bildete und durch das unerwartete Erscheinen der Preußen überrascht, nach kurzem Kampfe zersprengt wurde. Karl selbst, der den ganzen Plan verrathen sah, zog sich rasch nach Böhmen zurück, um von dort über Pirna zum Schutze Dresdens nach Sachsen zu ziehen. Auch der Graf Grünne, der sich bereits der brandenburgischen Grenze genähert hatte, hielt es für gerathen, umzukehren, um sich mit dem sächsischen Hauptheere zu vereinigen, das unter dem Grafen Rutowsky bei Dresden stand.

Nachdem Friedrich in Görlitz eingerückt, sandte er dem alten Fürsten von Dessau Befehl, mit seinem bei Halle versammelten Heere in das kursächsische Gebiet einzurücken und die Sachsen bei Dresden anzugreifen. Dieser nahm zuerst Leipzig durch Kapitulation ein und erschien, nachdem er sich am 13. Dezember mit dem aus der Lausitz herangezogenen General Lehwald vereinigt hatte, den Friedrich zu seiner Verstärkung abgeordnet, am 25. vor der sächsischen Hauptstadt, aus welcher August III. mit dem Grafen Brühl nach Prag entflohen war.

Obgleich der alte Dessauer das sächsische Heer mit dem Korps des Grafen Grünne auf einer Anhöhe bei Kesselsdorf in trefflicher Stellung verschanzt fand, schritt er, durch den Vorwurf zu großer Langsamkeit, den ihm Friedrich während des Vormarsches gegen Dresden brieflich gemacht, in seiner Feldherrnehre schwer verletzt, um zwei Uhr Nachmittags zum Angriff auf dasselbe. Mit kühner Todesverachtung trotzten die preußischen Grenadiere dem Feuer des Feindes; dennoch wurden sie zurückgeworfen, und die Schlacht würde für die Dessauer verloren gewesen sein, hätten nicht die Sachsen und Oesterreicher, in der Meinung, den Sieg bereits errungen zu haben, ihre Verschanzungen verlassen, um den Feind vollständig in die Flucht zu schlagen. Sofort erneuerte der preußische Feldherr den Angriff, und keine Tapferkeit der Sachsen und Oesterreicher vermochte den begangenen Fehler wieder gut zu machen. Während Kesselsdorf, in welches der General Lehwald eingedrungen, in Brand gerieth, erstieg der preußische linke Flügel die Anhöhe, und beim Einbruch der Nacht befand sich das aufgelöste sächsisch-österreichische Heer auf dem fluchtartigen Rückzuge, dreitausend Todte und sechstausend Gefangene mit achtundvierzig Kanonen auf dem Kampfplatze zurücklassend. Der Prinz von Lothringen, der bis in den Plauen'schen Grund vorgedrungen, ging nach der Niederlage seiner Bundesgenossen über die böhmische Grenze zurück.

Friedrich erhielt die Nachricht von dem Siege bei Kesselsdorf in Meißen, wohin er an dem gleichen Tage mit dem Hauptheere aufgebrochen, um den Ausgang der Schlacht abzuwarten. Am folgenden Tage ließ er seine Truppen zu denen des Fürsten von Dessau stoßen, und am 18. Dezember hielt er seinen Einzug in

Dresden, das ihm ohne Widerstand die Thore öffnete. In ganz Sachsen wurden schwere Brandschatzungen erhoben; dagegen befahl der König seinen Truppen strenge Mannszucht an und suchte die Bevölkerung der Hauptstadt durch ein herablassendes Benehmen zu gewinnen.

August III. erklärte sich von Prag aus brieflich zum Frieden bereit. Auch Maria Thersia erkannte die Nothwendigkeit, sich mit Friedrich zu vertragen; sie sandte daher den Statthalter von Böhmen, den Grafen Harrach, mit Vollmachten zu Friedensunterhandlungen nach Dresden. Da Friedrichs finanzielle Kräfte vollständig erschöpft waren — in seiner Kasse fanden sich nur noch fünfzehntausend Thaler — und er überdies wußte, daß die Kaiserin-Königin zwischen dem Frieden mit ihm oder mit Frankreich geschwankt hatte und mit der letzteren Macht bereits in Unterhandlungen getreten war, hütete er sich wohl, das Friedenswerk durch weiter gehende Forderungen als die in dem Vertrage von Hannover enthaltenen zu gefährden, und so konnte schon am 25. Dezember der Friede von Dresden unterzeichnet werden. In demselben verzichtete Maria Theresia zum andern Male auf Schlesien, wogegen Friedrich ihren Gemahl als Kaiser anerkannte. Sachsen verpflichtete sich zur Zahlung einer Million Thaler an den König von Preußen und gewährleistete demselben den Besitz von Schlesien; auch leistete die Gemahlin Augusts III. ausdrücklich auf alle Ansprüche Verzicht, die sie als Tochter Kaiser Josephs I. an dieses Land haben könne. Der Kurfürst von der Pfalz wurde in den Frieden eingeschlossen und anerkannte Franz I. als Kaiser.

Die vier letzten Jahre des österreichischen Erbfolgekrieges.

(1745—1748.)

Nach dem Tode Karls VII. drangen die Oesterreicher unter Bärenklau und Batthyani in Baiern ein und vertrieben sowohl die baierischen als die französischen Truppen aus dem ganzen Lande, so daß der junge Kurfürst Maximilian Joseph sich aus seiner Residenz nach Augsburg flüchten mußte. Auch das französische Heer, das unter dem Marschall Maillebois an der Lahn stand und Befehl hatte, nöthigenfalls in Baiern zu Gunsten Maximilian Josephs einzuschreiten, wurde durch den aus den Niederlanden heranziehenden kaiserlichen Feldherrn Aremberg zurückgedrängt. Bei dieser Sachlage blieb dem Kurfürsten, der anfangs bestimmt erklärt hatte, dem Bündniß mit Frankreich und Preußen treu bleiben zu wollen, Nichts übrig, als sich mit Oesterreich auszusöhnen, wozu ihm nicht nur Seckendorf, der kurz vor dem Tode Karls VII. den Oberbefehl über das baierische Heer niedergelegt, sondern auch seine eigene Mutter dringend riethen. So kam am 22. April 1745 der Friede von Füssen zu Stande, in welchem Maximilian Joseph allen Ansprüchen auf das österreichische Erbe entsagte, der von dem Reiche übernommenen Gewährleistung der pragmatischen Sanction beitrat und seine Stimme bei der bevorstehenden Kaiserwahl dem Gemahle Maria Theresia's zusicherte, wogegen diese ihm unter Verzichtleistung auf alle Entschädigungsansprüche seine sämmtlichen Länder zurückstellte und die Kaiserwürde seines Vaters anerkannte.

Eine Hauptsorge Maria Theresia's war die Sicherung der Wahl ihres Gemahls zum Kaiser, wofür ihr außer der baierischen Kurstimme die der drei geistlichen Kurfürsten, sowie die von Sachsen, Hannover und Böhmen gewiß waren. Da Ludwig XV. Friedrich II. auf das Bestimmteste zugesagt hatte, daß er sich, selbst mit Gefahr einer Schlacht, der Erwählung des Großherzogs von Toskana widersetzen werde, galt es vor Allem, das französische Heer, das in der Stärke von fünfzigtausend Mann unter dem Prinzen Conti den Rhein überschritten und zwischen Darmstadt, Aschaffenburg und Gießen Stellung genommen, wieder von dem Reichsboden zu vertreiben, damit derselbe für die auf den 2. Juni anberaumte Eröffnung des Wahltages frei sei. Zu diesem Ende führte der österreichische Feldmarschall Traun, der im vorhergehenden Jahre unter Karl von Lothringen an der Vertreibung Friedrichs aus Böhmen einen hervorragenden Antheil gehabt, die noch in Baiern stehenden Oesterreicher an den Main, während Aremberg mit einer Heeresabtheilung aus den Niederlanden heranzog. Nachdem beide Feldherren ihre Truppen in Orb vereinigt, übernahm der Großherzog Franz Stephan selbst den Oberbefehl über dieselben. Die Franzosen ließen es jedoch zu keiner eigentlichen Schlacht kommen, sondern zogen sich unter kleinen Gefechten und steten Verlusten über den Rhein zurück.

So war die Kaiserwahl jedem fremden Einfluß entzogen, und da die gegen die Wahlhandlung erhobene Einsprache des brandenburgischen und des kurpfälzischen Gesandten keine Berücksichtigung fand, wurde am 13. September 1745 „der durchlauchtigste Herr Franziskus Stephanus, Herzog von Lothringen und Bar, Großherzog von Toskana und König von Jerusalem“ mit den sieben übrigen Stimmen als Franz I. zum Kaiser gewählt. Die feierliche Krönung des neuen Kaisers, dessen Wahl von dem Volke mit Jubel begrüßt worden, erfolgte am 4. Oktober in Gegenwart Maria Theresia's, die es sich nicht hatte versagen können, sich zu derselben nach Frankfurt zu begeben, und auf ihrer Reise über Regensburg, Nürnberg und Aschaffenburg aller Orten mit begeistertem Jubel empfangen worden war. Als der Krönungszug sich vom Dome in den Römer zurückbewegte, gab sie vom Balkon eines nahen Hauses herab, auf welchem sie demselben zuschaute, durch den Ruf: „Vivat Kaiser Franz!“ das Zeichen zu jauchzender Begrüßung des neuen Kaisers. Sie selbst konnte jedoch durch kein Zureden bewogen werden, sich zur Kaiserin krönen zu lassen; dennoch führte sie fortan den Titel Kaiserin-Königin.

Mit dem Abschluß des Dresdener Friedens, durch welchen dem Streit unter den verschiedenen Reichsgliedern ein Ziel gesetzt worden, hatte der österreichische Erbfolgekrieg auf deutschem Boden sein Ende erreicht; nur in den Niederlanden und in Italien sowie zur See dauerte er noch zwischen Oesterreich, Holland, England und Sardinien einerseits und Frankreich und Spanien andererseits fort.

In den Niederlanden, wohin Ludwig XV. im April 1745 zum andern Male mit einem Heere von achtzigtausend Mann aufgebrochen war, verschaffte der in französische Dienste getretene und zum Marschall von Frankreich ernannte Graf Moritz von Sachsen, ein natürlicher Sohn Augusts II. (s. S. 242), seinem Vater wie an Körperkraft so auch an Sittenverderbniß ähnlich, aber dabei ein ausgezeichneter Feldherr, den Franzosen durch eine Reihe glänzender Waffenthaten ein entschiedenes Uebergewicht. Bei dem Dorfe Fontenoi, unweit Tournai, erfocht er am 11. Mai 1745, in einem der blutigsten Treffen des ganzen Krieges, über die von dem Herzog von Cumberland und dem österreichischen Feldmarschall Königsegg geführte pragmatische Armee einen Sieg, der außer der Uebergabe der von den Franzosen seit längerer Zeit vergeblich belagerten Festung Tournai den Fall von Brügge, Oudenarde und mehrerer anderen wichtigen Plätze zur Folge hatte.

Noch ungünstiger gestalteten sich für die Verbündeten die Verhältnisse in den Niederlanden, nachdem der Herzog von Cumberland mit einem Theile des englischen Heeres zur Bekämpfung des Jakobitenaufstandes nach England abberufen worden (s. S. 300). Auf die Eroberung der Hauptstadt Brüssel (20. Februar 1746), in welche Ludwig XV. am 4. Mai seinen Einzug hielt, folgte rasch nach einander die von Mecheln, Löwen, Antwerpen, Mons, Charleroi und Namur, und nach dem blutigen Sieg, den Moritz von Sachsen am 11. Oktober bei Raucoux über den Prinzen Karl von Lothringen erfocht, wurden die gesammten österreichischen Niederlande bis auf Luxemburg und Limburg von den Franzosen besetzt.

Um die Generalstaaten zum Frieden zu zwingen, ließ Ludwig XV. im April 1747 seine Truppen in das holländische Gebiet einrücken und gab dadurch Veranlassung zu einem ähnlichen

Umschwung in den Verhältnissen der Republik, wie dies Ludwig XIV. durch seinen Einbruch im Jahre 1672 gethan (s. S. 68). Nach dem Tode Wilhelms III., der auch als König von England die Statthalterwürde beibehielt, hatte in den Niederlanden die aristokratische Partei über die oranische das Uebergewicht erlangt und im Jahre 1703 die Abschaffung der Erbstatthalterwürde durchgesetzt, die Wilhelm III. vergebens seinem Vetter Johann Wilhelm von Nassau-Oranien aus dem Hause Nassau-Dietz, dem Statthalter von Friesland und Gröningen, zu sichern gesucht. So war die obere Leitung der gesammten niederländischen Politik wieder an den Groß- oder Rathspensionär zurückgekommen. Der ungünstige Verlauf des Krieges, in welchen sich die Republik als Bundesgenosse Oesterreichs eingelassen, hatte jedoch das Volk gegen die herrschende aristokratische Partei erbittert, und da die Anhänger des Hauses Oranien nicht ermangelten, diese Erbitterung zu schüren und die Wiederherstellung der Erbstatthalterschaft als das einzige Mittel zur Rettung der Republik zu bezeichnen, wurde der Prinz Wilhelm von Oranien, der Sohn des obengenannten Johann Wilhelm und gleich diesem Statthalter von Friesland und Gröningen, am 2. Mai 1727, unter eifriger Mitwirkung Georgs II. von England, seines Schwiegervaters, von sämmtlichen Provinzen als **Wilhelm IV.** zum Generalstatthalter, Generalkapitän und Oberadmiral von Holland ernannt und im Jahre 1748 die Statthalterwürde auch in weiblicher Linie für erblich erklärt, wodurch die Republik thatsächlich zur Erbmonarchie wurde.

Indessen war auch der neue Statthalter — ein leutseliger, redlicher Mann, der Nichts von der Gewandtheit und Verschlossenheit des ersten, noch von der Rauheit und Derbheit des dritten Wilhelm, aber auch Nichts von der Kriegstüchtigkeit Beider besaß — nicht im Stande, den Fortschritten der Franzosen Einhalt zu thun. Am 2. Juli 1747 erfocht Moritz von Sachsen bei dem Dorfe **Lawfeld** einen neuen großen Sieg über den Herzog von Cumberland, dessen Niederlage den Franzosen den Weg zur Belagerung von Mastricht bahnte, das ihnen im Mai 1748 in die Hände fiel. Auch das wichtige Bergen op Zoom wurde in der Nacht vom 5. auf den 6. September 1747 durch den französischen Feldherrn Löwenthal erstürmt.

In **Italien** war der Krieg zwischen Spanien und Oesterreich seit dem Jahre 1742 mit abwechselndem Glück geführt worden. Da es sich dabei für Spanien zunächst um die Besitzergreifung von Parma und Piacenza handelte, die ihm in dem Nymphenburger Bündniß als Beuteantheil an der zu zerstückelnden österreichischen Monarchie zuerkannt worden, war das nördliche Italien in der ersten Zeit der Hauptschauplatz des Krieges. Von entscheidender Wichtigkeit erschien die Stellung, die der König Karl Emmanuel von Sardinien zu den beiden Parteien nehmen werde, da er nicht nur über dreißigtausend Mann gutgeschulter Truppen verfügte, sondern auch die Schlüssel zu Italien in seiner Hand hatte; für ihn selbst aber war nichts Anderes maßgebend als der größere Vortheil, und da er diesen auf der Seite Oesterreichs zu finden glaubte, schloß er, nachdem er sich Anfangs Spanien genähert, am 1. Februar 1742 mit Maria Theresia einen Vertrag, in welchem er gegen die Abtretung alles westlich vom Tessino gelegenen Landes die Operationen des österreichischen Heeres, das unter dem Grafen Traun in Italien erschienen war, mit seiner gesammten Kriegsmacht zu unterstützen versprach. Da der Herzog von Modena sich insgeheim an Spanien angeschlossen hatte, besetzten Traun und Karl Emmanuel dessen Gebiet, worauf der Herzog sich nach Venedig zurückzog. Zu der gleichen Zeit (August 1742) wurde der König Karl III. von Neapel, der bereits zwölftausend Mann zu dem im Kirchenstaate stehenden spanischen Heere unter dem Herzog Montemar hatte stoßen lassen, durch ein englisches Geschwader, das unerwartet in der Bucht von Neapel erschien und die Stadt mit einem Bombardement bedrohte, zur Zurückberufung seiner Truppen und zur Zusicherung unbedingter Neutralität gezwungen. Dagegen drohte Karl Emmanuel von Sardinien im folgenden Jahre, durch glänzende Anerbietungen von Seiten Frankreichs und Spaniens verlockt, von Oesterreich abzufallen, und konnte nur durch neue Gebietsabtretungen, zu denen Maria Theresia sich auf das Drängen Englands entschloß, zur Erneuerung des eingegangenen Bündnisses bewogen werden.

Im Jahre 1744 führte der Befehl, den Maria Theresia dem Fürsten Lobkowitz, dem Nachfolger Trauns im Oberkommando über die in Italien stehenden österreichischen Truppen, zum Einrücken in das Königreich Neapel gegeben hatte, den König Karl III. auf den Kriegsschauplatz zurück, worauf im mittleren Italien ernste Kämpfe stattfanden, bis sich Lobkowitz im August 1744 genöthigt sah, sich mit der österreichischen Hauptmacht nach dem Norden zurückzuziehen, um dem von Spaniern und Franzosen schwer bedrängten König von Sardinien zu Hilfe zu kommen.

Der Feldzug des Jahres 1745 verlief für die verbündeten Oesterreicher und Sardinier noch ungünstiger, da nicht nur Frankreich und Spanien im Bunde mit Neapel und Modena bedeutendere Streitkräfte in den Kampf führten, sondern auch Genua sich der Allianz gegen Oesterreich angeschlossen hatte. Während der König von Sardinien durch den Marschall Maillebois bis nach Turin zurückgedrängt wurde, besetzte der Infant Don Philipp mit einer spanisch-französischen Heeresabtheilung nicht nur Parma und

Piacenza, sondern auch einen großen Theil des toskanischen und mailändischen Gebietes, und hielt am 19. Dezember seinen Einzug in Mailand, wo ihm wie dem rechtmäßigen Herrscher gehuldigt wurde.

Italien schien für Oesterreich verloren und zwar um so sicherer, als der König von Sardinien abermals durch die Höfe von Versailles und Madrid in der Treue gegen seinen bisherigen Bundesgenossen wankend gemacht worden war. Indessen bewog die Besorgniß, nach der Vertreibung der Oesterreicher aus Italien in vollständige Abhängigkeit von den Bourbonen zu gerathen, den König Karl Emmanuel, sein Bündniß mit Maria Theresia aufrecht zu halten, und der Sieg, den die Oesterreicher unter dem Fürsten Lichtenstein am 16. Juni 1746 bei Piacenza über das spanisch-französische Heer unter Gages und Maillebois erfochten, entriß ihren Gegnern die meisten der im vorhergehenden Jahre errungenen Vortheile. Genua selbst fiel am 5. September in die Hände der Oesterreicher, und schon standen dieselben im Begriffe, durch einen Einfall in die Provence den Krieg nach Frankreich hinüber zu tragen, als sie durch einen Volksaufstand wieder aus Genua vertrieben wurden.

Unterdessen hatte der Tod Philipps V. von Spanien (9. Juli 1746) in dem Verhalten des Hofes von Madrid eine für Oesterreich günstige Aenderung herbeigeführt, indem der neue König Ferdinand VI. (1746—1759) keine Lust trug, die Kräfte seines Landes noch mehr zu erschöpfen, um seinem Stiefbruder Philipp Gebiete in Italien zu erobern, und daher den Krieg in diesem Lande mit ungleich geringerem Eifer betrieb, als es seine Stiefmutter gethan, deren Herrschaft mit dem Tode Philipps V. ihr Ende erreicht hatte.

Auch zur rascheren Herbeiführung des Friedens wirkte der Thronwechsel in Spanien mit, indem Ferdinand VI. durch seine Gemahlin, eine portugiesische Prinzessin, zu einer Annäherung an England bewogen wurde. Dieser Umstand, verbunden mit dem Schaden, den die Engländer der Seemacht und dem Handel der Franzosen durch erfolgreiche Angriffe auf deren Kriegs- und Kauffahrteischiffe zufügten, und der immer fühlbarer werdenden Erschöpfung, machte auch den Hof von Versailles zum Frieden geneigt, und da bei den übrigen kriegführenden Mächten das Friedensbedürfniß nicht minder groß war, trat im März 1748 zu Aachen ein Friedenskongreß zusammen. Schon am 30. April hatte man sich über die Präliminarien geeinigt; der definitive Friede wurde jedoch erst am 18. Oktober — hundert Jahre nach dem westfälischen Frieden — unterzeichnet. Die Grundlage desselben bildete die gegenseitige Wiedererstattung aller gemachten Eroberungen, mit alleiniger Ausnahme von Parma und Piacenza, die, nebst dem kleinen, seit dem Jahre 1746 durch den Tod des kinderlosen Herzogs Joseph aus einer Seitenlinie des Hauses Gonzaga erledigten Herzogthum Guastalla, als ein neuer, selbstständiger Staat dem spanischen Infanten Don Philipp, dem Sohne der Elisabeth Farnese, zuerkannt wurden. Dem König von Sardinien verblieb der westlich vom Tessino gelegene Theil des Herzogthums Mailand. Diese Gebiete waren, nebst dem größten Theile von Schlesien und der Grafschaft Glatz, die Verluste, mit welchen Maria Theresia aus dem großen, zur Zertrümmerung der österreichischen Monarchie unternommenen Kriege hervorging.

XXIII.

Oesterreich und Preußen nach dem österreichischen Erbfolgekriege.

(1748—1756.)

Maria Theresia als Regentin.

Haben wir die hochherzige Tochter Karls VI. im Kampfe um ihr väterliches Erbe mit männlichem Muthe ihren zahlreichen Gegnern die Stirne bieten und auch inmitten der gefährlichsten Stürme die Fahne Oesterreichs hochhalten sehen, so zeigt sie sich nach demselben nicht minder groß und bewunderungswürdig in ihrem friedlichen Wirken für die Hebung der inneren Kraft ihres Reiches und für die Beglückung ihrer Völker. „Der Erfolg," sagt Weiß, „hatte Maria Theresia nicht geblendet, der Jubel der Anerkennung sie nicht übermüthig gemacht. Der Anker, der sie festhielt, wo so Viele gestrauchelt wären, blieb ihr tiefes Pflichtgefühl. Fern von sträflicher Zuversicht, war sie immer vor sich selber auf der Hut und fürchtete, auf ihrer schweren Laufbahn zu wanken und nach irgend einer Seite hin Unrecht zu thun."

Die Maßregeln, durch welche Maria Theresia die innere Kräftigung der österreichischen Monarchie zu bewerkstelligen und das Wohl ihrer Unterthanen zu fördern hoffte, bestanden in einer größeren Centralisation der Verwaltung mit möglichster Schonung alter Formen und Ueberlieferungen, in der Aufbesserung der Civil- und Strafrechtspflege, des Kriegs-, Finanz- und Unterrichtswesens durch heilsame und zeitgemäße Reformen, wobei sie jedoch mit großer Vorsicht und ruhiger Ueberlegung zu Werke ging und dem „guten Herkommen" pietätvoll Rechnung trug, sowie in der eifrigsten Fürsorge für die Hebung des Handels und der Industrie und für die Erleichterung des Looses der Landbevölkerung durch die Milderung der Frohndienste.

Der hervorragendste Rathgeber der Kaiserin in der Durchführung der meisten dieser Maßregeln war der Graf Haugwitz, ein Schlesier, der unter ihrem Vater Rath bei dem Oberamte in Breslau gewesen und in dessen Staatsklugheit sie hauptsächlich deßhalb ein unbedingtes Vertrauen setzte, weil die Vorsicht, die er ihr nach dem Abschluß des Friedens von Breslau gegen weitere Eroberungspläne des Königs von Preußen anempfohlen, sich als nothwendig herausgestellt hatte und alles, was er ihr darüber vorausgesagt, in Erfüllung gegangen war. Auch jetzt mahnte er sie auf das Eindringlichste, sich durch die Erhöhung ihrer Streitkräfte und eine angemessene Reorganisation des Heerwesens für die Eventualität eines neuen Krieges bereit zu halten. Die Kaiserin befolgte diesen Rath, und da man es in Wien nicht für eine Erniedrigung hielt, auch von dem Feinde zu lernen, wurden viele Einrichtungen des preußischen Heerwesens in das österreichische aufgenommen. Besonders wurden häufige Feldlager abgehalten, da man darin das beste Mittel zur Heranbildung kriegstüchtiger Truppen erkannte. Dabei hielt die Kaiserin, die diesen Uebungen persönlich beizuwohnen pflegte, strenge darauf, daß ihre Soldaten menschlich behandelt würden, und erhöhte dadurch deren Anhänglichkeit an ihre Herrscherin. „Hart wäre es," so meinte sie, „wenn man solche Leute als wie Sklaven hielte. Bin völlig der Meinung, daß jemehr Freiheit gelassen wird, desto mehr man auf solche Leute trauen kann." In jeder Beziehung war sie bemüht den Soldatenstand auszuzeichnen und zu einem ehrenvollen zu machen; doch duldete sie nicht die geringste Erhebung desselben auf Kosten friedlicher Bürger.

Um ein tüchtiges Offizierkorps heranzubilden, gründete Maria Theresia im Jahre 1752 die Militärakademie zu Wiener-Neustadt, mit einer Vorschule für hundert arme adelige Knaben oder Söhne von Offizieren, und im Jahre 1754 auch in Wien eine Militärakademie. Selbst ihr Gegner Friedrich II. konnte nicht umhin, ihrem erfolgreichen Wirken für die Hebung des österreichischen Militärwesens Gerechtigkeit widerfahren zu lassen. „Die Kaiserin", sagt er, „hatte im vorigen Kriege die Nothwendigkeit einer besseren Kriegszucht eingesehen. Sie wählte thätige Generale, welche geschickt waren, Kriegszucht unter den Truppen einzuführen; die alten und für den Dienst ihrer Stellen untüchtigen Offiziere wurden auf Pension gesetzt und an ihrer Stelle junge Leute von Stande angestellt, die voll Eifer und voll Liebe zum Kriegsdienst waren. Alle Jahre wurden Lager in den Provinzen errichtet, in welchen die Truppen von Inspektions-Bevollmächtigten, die mit den großen

Kriegsmanövern sehr wohl bekannt waren, geübt wurden; die Kaiserin begab sich selbst verschiedene Male in die Lager bei Prag und Olmütz, um die Truppen durch ihre Gegenwart und ihre Freigebigkeit anzufeuern. Besser als irgend ein Fürst verstand sie es, jene Ehrenzeichen, auf welche man einen so hohen Werth legt, geltend zu machen; sie belohnte die Offiziere, welche ihr von ihren Generalen empfohlen waren, und so erweckte sie überall Wetteifer. Unter der Leitung des Fürsten Lichtenstein bildete sich eine eigene Schule der Artillerie; er brachte dieses Korps auf sechs Bataillone, den Gebrauch der Kanonen aber zu einem bisher ganz unerhörten Grade."

Um die Einnahmen des Staates dem gesteigerten Bedürfniß entsprechend zu erhöhen, wurden die adeligen Grundbesitzer, die bis dahin steuerfrei gewesen, in der gleichen Weise wie die Bauern, wenn auch zu einem andern Procentsatz, zu den Abgaben herangezogen und außerdem in das gesammte Finanzwesen, auf den Vorschlag des Grafen Haugwitz, so treffliche Reformen eingeführt, daß die Staatseinkünfte unter Maria Theresia, trotz des Verlustes von Schlesien und der italienischen Herzogthümer, noch einmal so viel betrugen, als unter Karl VI.

Die Rechtspflege wurde unter Maria Theresia bedeutend gehoben durch die Trennung derselben von der Verwaltung und durch die Einführung einer neuen, für sämmtliche deutschen Erbländer giltigen Gerichtsordnung, durch welche insbesondere eine raschere Erledigung der Prozesse ermöglicht wurde. Zur Durchführung der neuen Regierungsgrundsätze wurden die Kreisämter ins Leben gerufen. Den Kreishauptleuten lag nach der Instruktion der Kaiserin, die Pflicht ob, „ein sorgfältiges Augenmerk zu richten auf die reine Beibehaltung und Fortpflanzung der katholischen Religion und auf Abstellung alles ärgerlichen und lasterhaften Lebens; die reifere Jugend zum Besuch der Christenlehre anzuhalten und namentlich für die christliche und ehrbare Erziehung der Jugend emsige Sorgfalt zu tragen; Straßen und Wege in gutem Stand zu halten und die Bevölkerung vor Störung der Ruhe, vor Betrug durch falsches Maß und Gewicht und vor Vergewaltigung durch herrschaftliche Beamte zu schützen."

Die in das Unterrichtswesen eingeführten Reformen bezogen sich ebensowohl auf die Volksschulen, bei welchen die Kaiserin besonders auf die Anstellung „anständiger und genugsam erfahrener Schulmeister" drang, als auf die höheren Bildungsanstalten. Bei den Mittelschulen hielt die Kaiserin besonders auf gründliches Wissen im Latein und fehlerlosen Gebrauch der deutschen Sprache; nutzlose Gedächtnißübungen sollten unterbleiben, dagegen die Schüler an selbstständiges Denken gewöhnt werden. Zur Heranbildung eines tüchtigen Gewerbstandes wurden Anstalten gegründet, für welche, in ähnlicher Weise wie für unsere Realschulen, Arithmetik, Geometrie, Physik, Mechanik, Zeichnen, Buchhaltung und Korrespondenz, Handelswissenschaft, Geschichte und Geographie als Lehrfächer bezeichnet waren. Um dem weniger bemittelten Adel Gelegenheit zu bieten, seine Söhne zu verwendbaren Staatsdienern ausbilden zu lassen, gründete die Kaiserin in ihrem Lustschlosse Favorita das sogenannte „Theresianum“ und zur Förderung des diplomatischen Verkehrs mit der Türkei die „orientalische Akademie“, zu welcher sie durch den Jesuiten Joseph Franz den Plan hatte entwerfen lassen. Auch die Hebung der Universitätsstudien lag der Kaiserin sehr am Herzen; insbesondere hatte sie sich die Aufgabe gestellt, die juristische Fakultät zu solcher Blüthe zu bringen, daß keine Hochschule Europa's sich hervorragenderer Rechtsgelehrten rühmen dürfe.

Trotz ihrer wahren und innigen Frömmigkeit ließ sich Maria Theresia durch den später (1764) in den Fürstenstand erhobenen Grafen Kaunitz, der auf dem Friedenskongreß zu Aachen die Interessen Oesterreichs mit Eifer und Gewandtheit verfochten und nach dem Friedensschluß von Maria Theresia zum Staatsminister ernannt worden, sowie durch ihren Leibarzt, den Holländer van Swieten, und andere, gleich diesen Beiden der materiellen Richtung des Zeitalters huldigende Beamten zu verschiedenen Schritten verleiten, die den katholischen Interessen und den päpstlichen Rechten gleichmäßig nachtheilig waren, und gerieth dadurch in ein gespanntes Verhältniß zu dem apostolischen Stuhle; dasselbe wurde jedoch unter Benedikt XIV. wieder vollständig ausgeglichen. Gegen die Protestanten bewies sich die Kaiserin duldsam; sie sicherte ihnen den Vollgenuß ihrer Rechte zu und zeigte sich allen gegründeten Beschwerden von ihrer Seite zugänglich; doch verbat sie sich jede Verwendung fremder Gesandten für sie.

In der Wahl ihrer vertrauten Räthe war Maria Theresia immer glücklich; selten wurde sie getäuscht. Indessen gewann keiner ihrer Minister einen überwiegenden Einfluß auf sie: sie ließ sich überzeugen, aber nie in einer ihre Selbstständigkeit beeinträchtigenden Weise leiten. In ihrer unermüdlichen Thätigkeit, wie in ihrem rastlosen Eifer für das Wohl ihrer Unterthanen blieb sie sich ihr ganzes Leben lang gleich. Im Sommer stand sie schon um fünf, im Winter um sechs Uhr auf, kleidete sich nach ihrem Morgengebete vollständig an, wohnte in ihrer Kapelle einer heiligen Messe bei, frühstückte und widmete dann den größten Theil des Tages den Geschäften. Jeden Morgen um 10 Uhr konnten Alle, die eine Bittschrift zu überreichen hatten, bei ihr Audienz erlangen, und dabei gestattete die leutselige Kaiserin den Bittstellern, ihr ganzes

Herz vor ihr auszuschütten. So behielt sie stets Fühlung mit ihrem Volke und blieb für dasselbe der Gegenstand der höchsten Verehrung wie der unerschütterlichsten vertrauensvollsten Anhänglichkeit.

Obgleich Maria Theresia ihren Gemahl zum Mitregenten ernannt hatte, nahm derselbe an den Regierungsgeschäften keinerlei Antheil, wie er auch als Kaiser in die zerfahrenen Verhältnisse des Reiches in keiner Weise entscheidend eingriff. Fern von jedem Ehrgeiz und ohne jedwede Neigung, sich in die Staatsangelegenheiten einzumischen, dabei zugleich, im Gegensatze zu den letzten Habsburgern, ein entschiedener Feind aller Etiquette, gefiel er sich sogar darin, öffentlich zu zeigen, daß er sich am Wiener Hofe nur als Privatmann betrachte. Als eines Tages die Kaiserin eine feierliche Audienz ertheilte, zog er sich in eine Ecke des Saales zurück, wo er sich neben zwei Damen niederließ. Diese wollten sogleich aufstehen; er hielt sie jedoch zurück mit den Worten: „Achten Sie nicht auf mich; ich will hier bleiben, bis der Hof sich zurückzieht, und mich an dem Anblick der Menge ergötzen.“ Als eine der Damen ihm bemerkte, der Hof sei da, wo Seine kaiserliche Majestät sich befinde, erwiderte er lächelnd: „Sie irren sich; die Kaiserin und meine Kinder machen den Hof aus; ich bin hier nur Privatmann.“

Uebrigens war die Ehe der Kaiserin eine sehr glückliche, und nie wurde das gute Einvernehmen zwischen den beiden Gatten durch die Verschiedenheit der Charaktere und Anschauungen gestört. Und wie über den häuslichen Frieden, so wachte Maria Theresia mit ihrem feinen Gefühl für alles Sittliche und Sittige auch über die Ehre des Kaiserhofes, der unter ihr das gleiche Bild der Sittenreinheit und Würde darbot, wie in der guten alten Zeit. Das Schauspiel und die Tonkunst wurden an demselben ebenso gut gepflegt, wie an dem Hofe Friedrichs II. Insbesondere war die Kaiserin, die selbst eine wohlklingende, gut geschulte Stimme besaß, eine Freundin und Kennerin der Musik, weßhalb sie auch an Concerten ein großes Vergnügen fand. Indessen kamen glänzende Feste am Wiener Hofe, namentlich in den späteren Regierungsjahren Maria Theresia's, nur bei besonderen Gelegenheiten vor. Die Kaiserin fühlte kein Bedürfniß nach geräuschvollen Zerstreuungen und fand ihre Erholung im Familienkreise. Auch war ihr Sinn fast ausschließlich auf die Regierungsangelegenheiten und die Erziehung ihrer Kinder gerichtet, denen sie zwar eine zärtliche, zugleich aber auch eine strenge Mutter war.

Maria Theresia kannte keine anderen persönlichen Feinde, als die des Staates. Eine entschiedene Abneigung hegte sie gegen Friedrich II., und zwar nicht nur aus politischen Gründen, sondern weil sein ganzes Wesen, das zu dem ihrigen einen scharfen Kontrast bildete, ihr antipathisch war und seine politischen wie seine religiösen Anschauungen und Grundsätze ihre eigenen tief verletzten. In ihrer Lebhaftigkeit und ihrem tiefen Gerechtigkeitsgefühl war sie leicht aufgebracht, aber ebenso leicht wieder besänftigt; eine zerstörende Leidenschaft hat sie nie gekannt. Persönliche Schmeichelei fand bei ihr keinen Boden, wohl aber wurde sie bisweilen durch Heuchelei getäuscht. Geleistete Dienste vergaß sie niemals, und ihre Wohlthätigkeit kannte keine Grenzen. „Man kann", sagt ihr trefflicher Biograph Wolf, „tiefer denken von den Formen der Gesellschaft, von den Gestaltungen des Staatslebens, von den Räthseln der Geschichte; aber man kann nie hochherziger handeln für das Volk und das Land, nie tiefer überzeugt sein von den Pflichten des Lebens, als Maria Theresia. Niemand hat sie je gehaßt; Niemand konnte sie verachten. Ihre Individualität übte auf Alle, die ihr näher gestellt waren, einen unwiderstehlichen Zauber aus."

Friedrichs II. Regententhätigkeit und Privatleben.

Nicht minder eifrig, als Maria Theresia, zeigte sich Friedrich II. nach dem wiedergekehrten Frieden bemüht, die Wunden zu heilen, welche die beiden schlesischen Kriege auch seinem Lande geschlagen, die der Staatsverwaltung anklebenden Mängel zu beseitigen, durch zweckentsprechende Maßregeln die Einnahmequellen des Staates zu erweitern und sich dadurch in den Stand zu setzen, neuen kriegerischen Eventualitäten die Stirne zu bieten und sich im Besitze der gemachten Eroberungen zu behaupten. Daß er hauptsächlich diesen Zweck im Auge hatte, verrieth er selbst durch den Ausspruch: „Die Ameisen sammeln im Sommer, damit sie im Winter zu verzehren haben." Dieser Winter war für ihn der Krieg, den er noch einmal gegen Oesterreich führen zu müssen fest überzeugt war. „Sicherheit gegen Oesterreich" war der Grundgedanke seines gesammten Wirkens, Thuns und Strebens, wie der Haß gegen diese Macht das System seines Staates wurde.

Seinem Regierungsprogramme getreu, nach welchem nur der Staat wohl regiert ist, in welchem der Souverän selbst als oberster Richter, General und Großschatzmeister die Posten der ersten Beamten ausfüllt und seine Minister nur die Werkzeuge in der Hand eines weisen und geschickten Meisters sind, wollte Friedrich mit seiner Thätigkeit Alles umfassen und Alles durchdringen und sich in der Leitung der inneren Angelegenheiten seines Staates in der gleichen glänzenden Weise bewähren, wie er es als Politiker und in den schlesischen Kriegen als Feldherr gethan.

Friedrichs Thätigkeit war in Wirklichkeit eine staunenswerthe. Fünf bis sechs Stunden Schlaf genügten ihm; im Sommer stand er gewöhnlich schon um vier, im Winter um fünf Uhr auf, kleidete sich ohne fremde Beihilfe an und las die wichtigeren der eingegangenen Briefe und Berichte der Behörden durch, während ihm die Kabinetsräthe von den übrigen kurze Auszüge machen mußten. Dann erschien der Adjutant zur Berichterstattung und zum Empfang seiner Befehle. Nachdem er gefrühstückt, ergriff er seine Flöte, der er oft zwei volle Stunden widmete, wobei jedoch, wie er erzählt, seine Gedanken weniger beim Spiele, als bei den öffentlichen Angelegenheiten weilten. Nachdem er sein Spiel geendet, las er die von den Kabinetsräthen gefertigten Auszüge durch und gab an, was auf die eingelaufenen Briefe und Eingaben zu antworten sei. Nach der Beendigung der Kabinetsgeschäfte las oder schrieb er bis um zwölf Uhr, wo er zur Mittagstafel ging, für welche er sich, als ein großer Freund culinarischer Genüsse, schon früh Morgens den Küchenzettel zur Durchsicht hatte bringen lassen. Nach der Tafel, an welcher er einen Kreis geistreicher Männer um sich versammelte, blies er wieder eine halbe Stunde auf der Flöte, unterzeichnete dann die inzwischen im Kabinette abgefaßten Briefe, trank Kaffee und besah seine Anlagen. Die Stunden von vier bis sechs waren gewöhnlich seinen schriftstellerischen Arbeiten gewidmet; dann folgte von sechs bis sieben Uhr ein Concert, in welchem er selbst mehrere Solos zu spielen pflegte, und hierauf die Abendtafel, die unter anregenden oder witzigen Gesprächen über die neuesten Erscheinungen der Literatur — mit Ausschluß der deutschen, die der König nicht der Beachtung werth hielt — oder über Fragen der Philosophie und Geschichte oft bis Mitternacht verlängert wurde.

Einen Staatsrath hatte Friedrich II. nicht; der Verkehr mit seinen Ministern war ein schriftlicher: auf eingereichte Berichte erhielten sie die von dem König getroffenen Verfügungen schriftlich aus dessen Kabinet zurück. Auf sein eigenes Ansehen war Friedrich so eifersüchtig, daß selten ein, wenn auch noch so trefflicher Vorschlag Berücksichtigung fand, wenn er ihm nicht in der Form einer bescheidenen Anfrage oder Andeutung unterbreitet worden; doch kam er gewöhnlich auf solche Vorschläge zurück, um sie als seine eigenen Gedanken zur Ausführung zu bringen.

Friedrichs Hauptsorge war auf die Verstärkung und Vervollkommnung seiner Kriegsmacht gerichtet. Für die Rekrutirung wurde die von Friedrich Wilhelm I. eingeführte Kantonverfassung beibehalten und bei der Rekrutenaushebung mit der gleichen Strenge und Willkür verfahren, wie unter diesem. Zur Erhöhung des kriegerischen Geistes, den der König in drei Dinge: Ordnung, Gehorsam und Tapferkeit, setzte, wurden große Feldübungen gehalten; auch schrieb der König für seine Generale eine „Taktik", d. h. eine Sammlung militärischer Grundsätze, die sie vor dem Feinde geheim halten mußten. Da Friedrich der Ansicht war, daß dem Bürgerstande mit geringen Ausnahmen das militärische Talent und das Gefühl der Ehre fremd seien, wurden die Offizierstellen, einige vereinzelte, fast nur in Kriegszeiten vorgekommene Fälle abgerechnet, ausschließlich mit Adeligen besetzt; das Höchste, was der Bürgerliche, der freiwillig oder gezwungen in den Militärstand trat, erreichen konnte, war der Unteroffiziersgrad.

Nächst der Hebung des Heerwesens lag dem König vor Allem die Aufbesserung der durch seine beiden Kriege schwer geschädigten Finanzen am Herzen. Zwischen Einnahmen und Ausgaben wurde das richtige Verhältniß hergestellt und in der gesammten Staatsverwaltung die gleiche Sparsamkeit beobachtet, wie unter Friedrich Wilhelm I. Auch in der größtmöglichen Ausnutzung der Arbeitskräfte der Beamten, wie in der strengsten Beaufsichtigung derselben, trat Friedrich II. ganz in die Fußstapfen seines Vaters. Um den Nationalreichthum und dadurch zugleich die Staatseinkünfte zu erhöhen, wandte er seine besondere Sorgfalt dem Fabrikwesen und dem Handel zu, für welche er eine eigene Behörde errichtete, ließ Sammet- und Seidenarbeiter aus Italien und Fabrikanten von Drapd'or aus Frankreich kommen und verschrieb zur Gewinnung feinerer Wolle Merinoschafe aus Spanien; auch wurden, damit für Messer und Scheeren kein Geld ins Ausland gehe, Schmiede aus Ruhla und Schmalkalden zur Uebersiedlung nach Preußen bewogen. Zur Erleichterung des inneren Handelsverkehrs ließ Friedrich mehrere Kanäle anlegen: den Plauen'schen zwischen der Elbe und der Havel, den Finow'schen zwischen der Havel und der Oder und den Bromberg'schen zwischen der Brahe und der Netze.

Dagegen wurde der Verkehr mit dem Auslande durch das von Friedrich eingeführte Prohibitivsystem in sehr enge Grenze eingezwängt. „Die preußischen Lande", sagt Dohm, ein jüngerer Zeitgenosse Friedrichs, der im Jahre 1779 aus kurhessischen in preußische Dienste trat, „waren fähig, der Sitz eines blühenden und die Unterthanen bereichernden Handels zu werden; aber Friedrich wies diesen Handel geflissentlich zurück. Die hohen Abgaben, welche fremde Waaren beim Eintritt in das Land oder bei der Durchfuhr bezahlen mußten, noch mehr die mannigfachen Plackereien und der Aufenthalt, dem man bei der Untersuchung durch die Zollbedienten ausgesetzt war, hielten die Fuhrleute und Schiffer von den preußischen Grenzen zurück. Man schug alle Wege ein, um nur den preußischen Boden nicht zu berühren. Man zog einen weiteren kostspieligeren Weg vor, wenn man nur nicht an die preußische Grenze kam."

Um den Oderbruch und andere noch unbebaute Gebietsstrecken urbar zu machen und zugleich im Interesse seiner kriegerischen Zwecke die Bevölkerung seines Landes zu vermehren, zog Friedrich, gleich seinem Vater und Urgroßvater, zahlreiche Kolonisten ins Land, die mit allem zum Anbau des Bodens und zu ihrer Ansiedlung Nothwendigen reichlich versehen und, um weiteren Zuzug anzulocken, für eine Reihe von Jahren von Abgaben und Militärdienst befreit wurden. Während diese Ausländer auf jede Weise begünstigt wurden, blieb der eingeborene Bauernstand unter dem vollen Druck der Feudalunterthänigkeit, die in keinem andern Staate so schwer auf der Landbevölkerung lastete, wie in Preußen.

Auch die Verbesserung der Rechtspflege, die noch sehr im Argen lag, ließ Friedrich sich angelegen sein; doch wurden durchgreifende Reformen auf diesem Gebiete erst in seiner späteren Regierungszeit eingeführt.

Ueber den Geschäften blieben Künste und Wissenschaften nicht vergessen. Eine ganz besondere Aufmerksamkeit wandte der König der von ihm hergestellten Akademie der Wissenschaften zu, deren Präsidium er nach Maupertuis' Tode (1759) selbst übernahm, da der berühmte Mathematiker d'Alembert die ihm angetragene Präsidentenstelle abgelehnt hatte. Große Summen wurden für Bauten verausgabt, die der König theils in Berlin, theils in Potsdam ausführen ließ. Nachdem im Jahre 1748 das große, für tausend Personen eingerichtete Invalidenhaus eingeweiht worden, wurde der Grund zu der neuen Domkirche gelegt, die fortan als königliches Erbbegräbniß dienen sollte, und zu der gleichen Zeit der Bau der katholischen Hedwigskirche begonnen, zu welcher der König jedoch nur den Platz schenkte, während das für den Bau nöthige Geld durch Sammlungen unter den Katholiken von ganz Europa zusammengebracht wurde.

Schon während der Vorbereitungen zum zweiten schlesischen Kriege hatte Friedrich selbst den Plan zu einem Lustschloß entworfen, das er sich auf einer eine halbe Stunde von Potsdam entfernten Anhöhe erbauen lassen wollte, und die Ausführung des Baues dem berühmten Architekten Freiherrn von Knobelsdorf übertragen. Am 1. Mai 1747 wurde das neue Lustschloß durch ein fröhliches Fest eingeweiht und blieb fortan unter dem Namen Sanssouci des Königs Lieblingsaufenthalt. Hier suchte er, getrennt von seiner Gemahlin, der er gleich nach dem Todes seines Vaters das Schloß Schönhausen zum Wohnsitz angewiesen, wo er sie nur ein einziges Mal besuchte, während sie selbst nie nach Sanssouci kam, seine Erholung in einem Kreise von Künstlern und

Gelehrten oder geistreichen und witzigen Männern. Von Denen, die ihm einst zu Rheinsberg nahe gestanden, waren mehrere gestorben, während Andere sich vor des Königs wechselnder Stimmung zurückgezogen hatten, um nur aus der Ferne in brieflichem Verkehr mit ihm zu bleiben; nur Wenige gehörten noch dem Kreise von Sanssouci an, der meist aus Ausländern bestand.

Eine bevorzugte Stelle nahmen in dem Vertrauen und der Gunst des Königs zwei Schotten ein, die Brüder Georg und Jakob Keith, die wegen ihrer Betheiligung an dem Jakobitenaufstand vom Jahre 1745 aus ihrem Vaterlande hatten entfliehen müssen. Der jüngere Bruder, Jakob Keith, den Friedrich zum preußischen Feldmarschall ernannt hatte, starb in der Schlacht bei Hochkirch (1758) den Heldentod, während der andere, Georg Keith, der als Erbmarschall von Schottland gewöhnlich der „Lord-Marschall" genannt wurde, dem König, welcher sich seiner besonders zu wichtigen diplomatischen Missionen bediente, bis in dessen späteres Lebensalter erhalten blieb.

Den höchsten Reiz erhielt für Friedrich das Leben in Sanssouci durch das Erscheinen Voltaire's. Schon lange hatte sich der König vergebens bemüht, den gefeierten Dichter, den Gegenstand seiner begeisterten Bewunderung, in seine Nähe zu ziehen: erst im Jahre 1750 ließ sich derselbe herbei, der dringenden Einladung des Königs Folge zu leisten, weil ihm gerade damals der Aufenthalt in Paris und Versailles durch verschiedene Mißhelligkeiten verleidet worden war. Bereitwillig hatte ihm der sonst so sparsame König das geforderte Reisegeld von viertausend Thalern zugesandt und ihm, außer freier Wohnung und Tafel sowie einer Equipage, einen Jahrgehalt von fünftausend Thalern zugesagt. Als Voltaire endlich am 10. Juli 1750 in Sanssouci eintraf, ging ihm der König bis an den Wagen entgegen, umarmte ihn und führte ihn selbst in die für ihn bereit gehaltenen Zimmer, worauf der ganze Hof sich beeilte, dem Gefeierten die Aufwartung zu machen. Um ihn dauernd an seinen Hof zu fesseln, sandte ihm der König den Kammerherrenschlüssel und das Kreuz des Verdienstordens mit einem Schreiben, worin es unter Anderem hieß: „Sie sind Philosoph; ich bin es auch: was ist natürlicher, als daß zwei Philosophen, gemacht, mit einander zu leben, durch gleiche Studien, gleichen Geschmack und gleiche Denkart verbunden, sich diese Genugthuung geben? Ich achte Sie als meinen Lehrer in Beredtsamkeit und Wissen; ich liebe Sie als meinen tugendhaften Freund. — Ich habe nicht die thörichte Anmaßung, zu meinen, daß Berlin Paris aufwiegen könne. Wenn Reichthum, Größe und Pracht eine Stadt liebenswerth machen, so treten wir gegen Paris zurück. Wenn der gute Geschmack an einem Orte der Welt seinen Sitz hat, so gestehe ich, es ist in Paris. Aber bringen sie diesen Geschmack denn nicht überall hin, wo Sie sind? Wir haben Hände, Ihnen Beifall zu klatschen, und was das Gefühl betrifft, so räumen wir keinem Orte der Welt den Vorrang ein. — — Sie werden hier glücklich sein, so lange ich lebe. Sie werden als der Vater der Wissenschaft und des Geschmacks angesehen werden und in mir alle die Tröstungen finden, die ein Mann von Ihrem Verdienst von einem anderen erwarten kann, der ihn zu schätzen weiß."

Die Anwesenheit Voltaire's verdoppelte den Eifer des Königs für seine eigenen schriftstellerischen Arbeiten, die er ihm zur Beurtheilung und zur Abrundung des Styls übergab. Unter Voltaire's Mitwirkung wurden die beiden ersten Theile der „Geschichte meiner Zeit" und der „Memoiren zur Geschichte des Hauses Brandenburg" vollendet. In dem ersteren Werke, in welchem Friedrich von sich selbst in der dritten Person spricht und sich kurzweg den König nennt, tritt sichtlich das Bestreben hervor, sein Auftreten im günstigsten Lichte zu zeigen; sogar der Tadel, den er hin und wieder sich selbst ausspricht, verbirgt im Grunde nur die Forderung der Anerkennung von Seiten Anderer. Seine Denkwürdigkeiten des brandenburgischen Hauses tragen, trotz seiner feierlichen Versicherung, daß er sich über alle Vorurtheile erhoben und Alles mit unparteiischem und „philosophischem" Auge betrachtet habe, das Gepräge des unversöhnlichsten Hasses gegen das Kaiserhaus. So sagt er von dem Kardinal Richelieu, nachdem er dessen Stolz und Rachsucht mit scharfen Worten gegeißelt: „Ich erkenne ihm den Titel eines erleuchteten Ministers nur insofern zu, als er sich mit Schweden verband, um in Deutschland den österreichischen Despotismus niederzuschlagen."

Außer diesen beiden Werken wurden verschiedene Gedächtnißreden, die Friedrich auf seine Freunde und andere Männer von Verdienst für die Akademie verfaßt hatte, sowie eine Reihe von ihm verfertigter Gedichte mannigfacher Art: Oden, gereimte Briefe, ein Lehrgedicht über die Kriegskunst u. s. w., an denen nichts Anderes poetisch ist, als die Form, von Voltaire revidirt und unter dem Titel: „Werke des Philosophen von Sanssouci" in einer Prachtausgabe gedruckt. Friedrich hatte zu diesem Zwecke in dem Thurme des Berliner Schlosses eine eigene Druckerei eingerichtet; daher führen jene Werke auf ihrem Titel die Ortsangabe: „Au donjon du château" (Im Thurme des Schlosses). Auf dem Titelblatt der Gedichte steht außerdem noch: „Avec le privilège d'Apollon" (Mit dem Privilegium Apollo's).

Die Ankunft Voltaire's hatte unter den Schöngeistern in Sanssouci einen wahren Wetteifer geweckt, bei den glänzenden Abendmahlzeiten, an welchen der ganze Kreis Theil nahm, einander in sprudelndem Witze zu überbieten. Auch bei der Aufführung der Tragödien des Dichters war Jeder eifrig bemüht, in der Durchführung der ihm zugetheilten Rolle allen Anforderungen Voltaire's zu genügen.

Indessen untergrub Voltaire selbst bald durch die Herrschsucht und Mißgunst, die neben dem schmutzigsten Geize die hervorstechendsten Züge seines Charakters bildeten, die glänzende Stellung, die ihm des Königs ungewöhnliche Gunst in Sanssouci geschaffen. Wie der viel gepriesene Dichter sich nach einer allgemein geglaubten Erzählung nicht scheute, heimlich in den Sälen von Sanssouci die halb abgebrannten Wachskerzen einzustecken, um sie verkaufen zu lassen, und wegen eines ihm zur Last gelegten betrügerischen Handels in einen scandalösen Prozeß mit einem Berliner Juden gerieth, der ihn offen der Fälschung von Quittungen beschuldigte, so fiel er mit der Wuth eines eifersüchtigen Weibes auf Jeden los, der sich neben ihm der Gunst des Königs zu erfreuen hatte, und verlästerte mit der hämischesten Bosheit Diejenigen, deren moralischen Werth nicht aufzuwiegen er sich bewußt war. In den Abendunterhaltungen wollte er allein neben dem König das Wort führen und schlug nicht selten, wenn Alles in der heitersten Laune war, den einen oder den andern der Tischgenossen, der es wagte, eine andere Meinung auszusprechen, als die seinige, auf so verletzende Weise nieder, daß der König selbst darüber unwillig wurde.

Der Hauptgegenstand seines neidischen Grolles war Maupertuis, dessen Stelle als ständiger Präsident der Berliner Akademie er gern selbst bekleidet hätte. Eine von Maupertuis veröffentlichte Schrift, die neben einzelnem Guten viel Verschrobenes und Phantastisches enthielt, gab ihm eine erwünschte Veranlassung zur Abfassung einer ebenso witzigen, als boshaften Satire, die er trotz des ausdrücklichen Verbotes des Königs in Dresden drucken ließ, um seinen verhaßten Nebenbuhler vor der ganzen Welt lächerlich zu machen. Der aufs Aeußerste erbitterte König ließ diese Schmähschrift zu Berlin auf öffentlicher Straße durch Henkershand verbrennen, was Voltaire ihm so übel nahm, daß er ihm sofort sein Jahrgehaltsdekret, sowie den Kammerherrenschlüssel und das Ordenskreuz zurückschickte. Indessen bereute er bald diesen Schritt und suchte denselben durch einen an den König gerichteten Brief wirkungslos zu machen, in welchem er demselben die Gefühle vollständiger Trostlosigkeit über die erlittene Kränkung, zugleich aber auch seinen tiefen Schmerz darüber ausdrückte, „daß er das Unglück gehabt, dem König zu mißfallen." Dieser Brief verfehlte seinen Zweck nicht: noch an demselben Tage erhielt Voltaire die Zeichen der königlichen Gnade zurück.

Indessen erkannte Voltaire bald, daß das alte Verhältniß zwischen ihm und dem König nicht wieder herzustellen sei; er zog es daher vor, den Hof Friedrichs zu verlassen. Unter dem Vorwande, daß seine geschwächte Gesundheit einer Badekur in Plombières bedürfe, reiste er am 26. März 1753 mit Zustimmung des Königs von Potsdam ab, entschlossen, nicht mehr dahin zurückzukehren. Da er nichtsdestoweniger dem König das Versprechen gegeben, im September wieder zu kommen, hatte er sein Ordenskreuz und den Kammerherrenschlüssel, sowie einen Band von Poesien, die der König nur in zwölf Exemplaren für seine vertrautesten Freunde hatte drucken lassen, mitnehmen dürfen; als er jedoch, statt nach Frankreich zu reisen, nach Leipzig ging und dort eine neue Schmähschrift gegen Maupertuis drucken ließ, sandte Friedrich nach Frankfurt am Main den Befehl, den Dichter bei seiner Durchreise so lange gefangen halten zu lassen, bis derselbe den Kammerherrenschlüssel nebst dem Ordenskreuz und den Gedichten herausgegeben haben werde. Voltaire, der am 31. Mai in Frankfurt ankam, lieferte sofort Schlüssel und Orden ab; da jedoch die Kiste, in welcher sich die Gedichte befanden, noch in Leipzig war, durfte er erst nach deren Eintreffen seine Reise fortsetzen. Zum Dank für alle Gunst, mit welcher Friedrich ihn überhäuft hatte, überschüttete er denselben in seinen nach seinem Tode gedruckten Memoiren mit den niedrigsten Schmähungen.

Unter den französischen Schöngeistern und frivolen Vertretern der alles Uebersinnliche leugnenden „Philosophie der Aufklärung," die außer Voltaire am Hofe Friedrichs lebten, nahmen der Arzt La Mettrie und der Marquis d'Argens in der Gunst des Königs die erste Stelle ein.

Julien La Mettrie (geb. 1709 zu St. Malo als der Sohn eines reichen Kaufmanns), der geistig unbedeutendste, zugleich aber auch der frivolste und frechste der damaligen Religionsspötter, der mit der größten Unwissenheit die Unverschämtheit verband, fremde Ideen für seine eigenen auszugeben, brachte die Spöttereien und Witzeleien Voltaire's und Anderer in ein förmliches System bodenloser Sittenlosigkeit und gottloser Sinnlichkeit. Wie in Frankreich die katholische Geistlichkeit, so erhoben sich in Holland, wohin er nach seiner Verbannung aus seinem Vaterlande ausgewandert, die reformirten Prediger gegen ihn, so daß er auch dieses Land verlassen mußte, nachdem in Leyden, wie vorher in Paris, seine Schriften durch Henkershand verbrannt worden waren. Friedrich, der in ihm nur ein Opfer religiöser Unduldsamkeit sah, berief ihn nach Berlin und behielt ihn, durch seine unverwüstliche heitere Laune gefesselt, nicht nur bis an sein Lebensende als Vorleser und Spaßmacher an seinem Hofe, sondern schrieb sogar nach La Mettrie's

Tode (1751) eine Lobrede auf ihn, die er in der Berliner Akademie durch seinen Sekretär vorlesen ließ.

Der Marquis d'Argens (geb. 1704 zu Aix in der Provence) war, nachdem er sich durch Ausschweifungen und Schuldenmachen mit seiner Familie entzweit hatte, nach Holland übergesiedelt, wo er sich als Schriftsteller zu ernähren suchte. Die Dreistigkeit, mit welcher er in seinen oberflächlichen, von Haß gegen das Christenthum durchdrungenen Werken — schlüpfrige Romane, Briefe in der Art der „Lettres persanes" von Montesquieu und eine Zusammenstellung seiner philosophischen Ansichten unter dem Titel: Philosophie des gesunden Menschenverstandes (philosophie du bon sens) — gegen alles Höhere zu Felde zog und die Lehren der neuen Philosophie verkündete, verschaffte ihm die besondere Gunst Voltaire's, auf dessen Empfehlung ihn Friedrich II. an seinen Hof zog. Hier wurde er bald durch seine Lebhaftigkeit, seinen Witz, seine feinen Manieren und seine Lebenserfahrungen, die er in der Unterhaltung in geistreicher Weise zu verwerthen wußte, der bevorzugte Gesellschafter des Königs, der ihn auch in wichtigen Angelegenheiten zu Rathe zog und in dessen Vertrauen er sich bis zu seinem Tode (1771) zu erhalten wußte.

Unter dem Einflusse dieser und anderer französischer Schöngeister bildete sich an Friedrichs Hofe jene frivole Religionsspötterei zum „guten Tone" aus, die das Heiligste in den Staub zog und deren verhängnißvolle Nachwirkungen bald in ganz Deutschland, besonders in den höheren Kreisen der Gesellschaft, in einer immer tiefer gehenden Erschütterung des religiösen Bewußtseins zu Tage traten. Indessen war es dem Könige vorbehalten, die verderblichen Früchte des unter seinen Augen und von ihm selbst ausgestreuten Samens der Religionsverachtung zunächst in seinem eigenen Lande reifen zu sehen. Er, der in seinen Schriften die heiligsten Lehren des Christenthums mit Hohn und Spott überschüttet und sogar Blasphemien gegen die Person des Erlösers unter das Volk gebracht, äußerte einmal in seinen letzten Lebensjahren gegen seinen Großkanzler Carmer: „Glaub' Er mir, meine schönste Bataille wollte ich darum geben, wenn ich Religion und Moralität unter meinem Volke wieder da haben könnte, wo ich sie bei meiner Thronbesteigung gefunden."

Noch vor dem Beginn des zweiten schlesischen Krieges hatte Friedrich Ostfriesland in Besitz genommen, dessen Vereinigung mit dem brandenburg-preußischen Staate durch den großen Kurfürsten vorbereitet worden. Zu der Zeit, als die Niederländer gegen Spanien für ihre Unabhängigkeit kämpften, lagen die ostfriesischen Fürsten mit ihren Ständen im Streit, und da sie, gleich allen übrigen lutherischen Fürsten des Reichs, spanisch gesinnt waren, schlugen sich die

Generalstaaten auf die Seite der ostfriesischen Stände. Nachdem sie sich den Fürsten als Vermittler aufgedrungen, warfen sie Truppen ins Land und erzwangen für die Stände eine für die Fürsten äußerst drückende Verfassung, deren Gewährleistung sie übernahmen. Als später die sinkende Macht der Holländer die ostfriesischen Fürsten zu dem Versuche ermuthigte, die verhaßten Fesseln zu brechen, bot der Kurfürst Friedrich Wilhelm, der sich mit weitausschauenden Plänen auf Welthandel und Kriegsflotten trug und dafür die trefflichen Häfen von Ostfriesland zu benutzen gedachte, den ostfriesischen Ständen seine Unterstützung gegen ihre Landesherren an und ließ zu diesem Ende Truppen in Ostfriesland einrücken; auch erwarb er von Kaiser Leopold I. die Anwartschaft auf dieses Land beim Aussterben des fürstlichen Hauses, worauf die schwer gekränkten ostfriesischen Fürsten mit dem stammverwandten Hause Hannover eine Erbverbrüderung schlossen.

Gleich nach seiner Thronbesteigung knüpfte Friedrich II. Unterhandlungen mit dem Magistrate von Emden an und erlangte von demselben, gegen die Zusicherung der Bestätigung aller Privilegien der Stadt, das Versprechen sofortiger Huldigung nach dem Tode des noch jungen Fürsten, der keine männlichen Erben hatte. Dieser starb am 13. Mai 1744, und am folgenden Tage sandte der König von Preußen Truppen in das Land und verlangte aller Orten von den erstaunten Einwohnern die Huldigung. Nachdem in die bedeutenderen Orte preußische Besatzungen eingerückt waren, erkannten die von dem preußischen Kriegsminister Cocceji nach Aurich zusammenberufenen ostfriesischen Stände am 6. Juni 1744 den König als ihren Fürsten und Herrn an und gelobten ihm, auf Grundlage der alten Verträge, Treue und Gehorsam, worauf der König ihre Privilegien bestätigte.

Friedrich begnügte sich jedoch nicht mit dem eigentlichen Ostfriesland, auf welches er kraft der dem großen Kurfürsten ertheilten kaiserlichen Anwartschaft Anspruch erheben durfte, sondern nahm auch die beiden Aemter des Harlinger Landes, eines besonderen Besitzthums der fürstlichen Familie, welches in der Urkunde der Anwartschaft ausdrücklich ausgeschlossen war, in Besitz, und die von den übrigen Bewerbern bei dem Reichsgerichte erhobene Protestation blieb wirkungslos, da Friedrich II. stärker war, als die Reichsgerichte.

Wie vollständig sich Friedrich bereits damals von dem Reiche losgelöst hatte, bekundet der Umstand, daß seit dem Jahre 1750 in den preußischen Kirchen auch das übliche sonntägliche Gebet für den Kaiser aufhörte.

XXIV.

Der siebenjährige (dritte schlesische Krieg.)

(1756—1763.)

Veranlassung und Ausbruch des Krieges.

Der Friede von Aachen, den die allgemeine Erschöpfung zur gebieterischen Nothwendigkeit gemacht, hatte die Streitfragen, welche zu dem achtjährigen Kriege Veranlassung gegeben, nicht dauernd ausgeglichen und wurde in der That von den meisten betheiligten Mächten nur als ein Waffenstillstand angesehen, den man geschlossen, um den definitiven Austrag des Streites auf einen günstigeren Zeitpunkt zu vertagen. Am wenigsten war auf einen dauernden Frieden zwischen England und Frankreich zu rechnen, da die Bevollmächtigten beider Mächte bei dem Friedensschlusse zu Aachen versäumt hatten, die Grenzen des englischen und französischen Gebietes in Nordamerika, die schon bei dem Utrechter Frieden in ungenügender Weise festgestellt worden, so genau zu bestimmen, daß kein Zweifel mehr darüber übrig bleiben konnte.

Wie in diesen ungenügenden Grenzbestimmungen die Keime unausbleiblicher neuer Zerwürfnisse zwischen England und Frankreich lagen, so war in Deutschland der Friede durch die fortdauernde Spannung zwischen Oesterreich und Preußen bedroht. Wenn einerseits Maria Theresia den Schmerz über den Verlust Schlesiens nur schwer verwinden und zu dem eroberungssüchtigen Nachbar kein Vertrauen mehr fassen konnte, so sah andrerseits Friedrich II. mit wachsender Besorgniß den verhaßten österreichischen Staat unter der umsichtigen Leitung seiner thatkräftigen Herrscherin zu neuer innerer Kraft und Blüthe emporsteigen; denn nur bei der fortdauernden Schwäche Oesterreichs schien ihm der Besitz Schlesiens gesichert.

Diese Spannung führte naturgemäß zu dem Bestreben, sich beiderseitig durch Bündnisse zu stärken. Die Gemeinsamkeit der Interessen wie des Hasses gegen Oesterreich schien auch diesmal Frankreich und Preußen zusammen führen zu müssen, und in der That glaubte Friedrich auf die fortdauernde Bundesgenossenschaft des Hofes von Versailles zählen zu können, wie auch dieser seinerseits sich als die unentbehrliche Stütze der rasch emporgewachsenen preußischen Macht ansah. Ebenso erschien nach den Verhältnissen, in welchen das Haus Hannover seit seiner Erhebung zur kurfürstlichen Würde zu dem Kaiserhofe gestanden, und nach der Rolle, die König Georg II. im österreichischen Erbfolgekriege gespielt, England als der natürliche Bundesgenosse Oesterreichs, und zwar umsomehr, als Georg II. über den König von Preußen wegen der Besitzergreifung von Ostfriesland tief erbittert war.

Aber wider alles Erwarten gestalteten sich die Dinge anders. Der österreichische Minister Graf Kaunitz war der Ansicht, daß die nächste Aufgabe der Politik des Kaiserhauses darin bestehe, dem König von Preußen den Beistand Frankreichs, als der bedeutendsten europäischen Landmacht, zu entziehen und den Hof von Versailles für ein Bündniß mit Oesterreich zu gewinnen, das er für weit wichtiger erklärte, als das bisherige mit England, da das letztere für den Fall eines Krieges ungleich geringere Vortheile gewähre. Obgleich Maria Theresia das gute Einvernehmen mit Georg II. aufrecht zu halten wünschte, war sie doch mit den Anschauungen ihres Ministers einverstanden, und so sandte sie denselben nach Versailles, um das erstrebte Bündniß anzubahnen.

Kaunitz hatte anfangs am französischen Hofe kein leichtes Spiel, da Preußen insgeheim seinen Bemühungen entgegen arbeitete und überdies nicht nur die allgemeine Stimmung einem Bündniß entgegen war, das mit allen politischen Traditionen des Landes im Widerspruche stand, sondern auch die gewiegtesten Staatsmänner sich gegen ein Zusammengehen mit Oesterreich erklärten; allein der Einfluß der Marquise von Pompadour, die den schwachen Ludwig XV. vollständig beherrschte und die Kaunitz in sein Interesse zu ziehen gewußt hatte, brachte allmählich die schleppenden Unterhandlungen in rascheren Gang.

Unterdessen war es zwischen England und Frankreich wegen der streitigen Grenzfragen in ihren nordamerikanischen Gebieten zu so ernsten Verwicklungen gekommen, daß der Krieg zwischen beiden Mächten als unvermeidlich erschien. Da zu erwarten stand, daß die Franzosen denselben mit einem Angriff auf Hannover eröffnen würden, wobei die Haltung Friedrichs II. für oder gegen Frankreich schwer in die Wagschale fallen mußte, hielt es der König von England für gerathen, seine persönliche Abneigung gegen seinen Neffen zum Schweigen zu bringen und demselben ein Bündniß anzutragen. Zu der gleichen Zeit bemühte sich auch Frankreich, das Bündniß mit Friedrich II. zu erneuern. „Schreiben Sie Ihrem Könige," sagte der französische Minister Bouillé zu dem preußischen Gesandten Knyphausen, daß er uns gegen Hannover beistehen solle. Es gibt dabei Etwas zu plündern. Der Schatz des englischen Königs dort ist gut gefüllt. Der preußische König braucht ihn nur hinwegzunehmen und thut dabei einen guten Fang." Friedrich war eine Zeitlang im Zweifel darüber, auf welcher Seite ihm der größere Vortheil winke; die Erwägung, daß er durch die Unterstützung eines französischen Angriffs auf Hannover sich nicht nur die Engländer, sondern auch die Oesterreicher und die mit England in den besten Beziehungen stehenden Russen auf den Hals ziehen werde, durch den Abschluß eines Bündnisses mit England dagegen wahrscheinlich den von Frankreich geplanten Einfall in Hannover verhindern könne und somit freie Hand in Deutschland haben werde, bewog ihn jedoch, die Anträge Georgs II. anzunehmen, und so kam am 16. Januar 1756 der Vertrag von Westminster zu Stande, in welchem beide Mächte sich verpflichteten, nicht zu gestatten, daß eine fremde Macht Truppen in Deutschland einrücken lasse.

Der Abschluß dieses Vertrags, der in Versailles als ein definitiver Abfall Friedrichs von Frankreichs betrachtet wurde und die natürliche Abneigung Ludwigs XV. gegen Preußen aufs Höchste steigerte, war entscheidend für die von Kaunitz mit dem französischen Hofe gepflogenen Allianzverhandlungen: am 1. Mai 1756 schlossen Frankreich und Oesterreich zu Versailles ein Defensivbündniß, in welchem sie sich verpflichteten, einander in der Vertheidigung ihrer in Europa gelegenen Staaten mit einer Truppenmacht von vierundzwanzigtausend Mann beizustehen. Der Absicht eines Angriffs auf Friedrich II. war in demselben in keiner Weise gedacht.

Außer dem Bündniß mit Frankreich hatte Kaunitz, dem die Kaiserin nach seiner Rückkehr von Paris die oberste Leitung der Geschäfte übertrug, auch eine engere Verbindung mit Rußland dringend befürwortet. Schon im Jahre 1746 war zwischen den Höfen von Berlin und Petersburg ein Vertrag zu gegenseitiger Hilfeleistung im Falle eines Angriffs geschlossen worden, und in einem diesem Vertrage beigefügten geheimen Artikel hatte die Kaiserin Elisabeth die spezielle Verpflichtung übernommen, für den Fall, daß Friedrich II. den Dresdener Frieden breche, der Kaiserin-Königin ihren Beistand zur Wiedereroberung von Schlesien und der Grafschaft Glatz zu leihen. Seitdem war das Verhältniß zwischen der Czarin und dem König von Preußen ein immer gespannteres geworden, theils weil Friedrich II. unausgesetzt gegen den Willen der Kaiserin russische Unterthanen für den preußischen Dienst anwerben ließ, theils wegen der beißenden Spöttereien, die sich der König über Elisabeths unsittlichen Lebenswandel erlaubte und die derselben von dienstbeflissenen Zwischenträgern hinterbracht wurden. Auch sah das russische Volk selbst das Emporsteigen Preußens mit großem Mißtrauen, und der Senat zu Petersburg stellte im Mai 1753 den Grundsatz auf, daß man sich einer ferneren Zunahme der preußischen Macht widersetzen und die erste passende Gelegenheit ergreifen müsse, um das Haus Brandenburg wieder herabzudrücken.

In diesen Gesinnungen war Rußland durch Georg II. bestärkt worden, so lange derselbe noch Preußen für den Verbündeten Frankreichs gehalten; ja es war sogar zwischen beiden Mächten zu einem

Vertrage gekommen, der offenbar auf einen Krieg gegen Preußen zielte. Elisabeth war daher über den Abschluß des preußisch-englischen Bündnisses aufs Höchste entrüstet und drückte, sobald sie von demselben Kenntniß erhalten, dem österreichischen Gesandten Esterhazy ihre Bereitwilligkeit aus, dem seinem Abschlusse nahen Bündnisse Oesterreichs mit Frankreich beizutreten.

Wie Rußland, so stand auch Kursachsen entschieden zu Oesterreich, nicht nur wegen des persönlichen Hasses Brühls gegen Friedrich II., sondern auch weil das sächsische Volk die in dem letzten Kriege von den Preußen in Sachsen verübten Gewaltthätigkeiten nicht vergessen konnte. Die Erbitterung des Dresdener Hofes hatte in einem eifrigen Schriftwechsel Brühls mit den leitenden Personen an den Höfen von Wien und Petersburg einen leidenschaftlichen Ausdruck gefunden; doch war es noch zu keinerlei Vereinbarungen zwischen den drei Mächten in Bezug auf ein gemeinsames feindliches Vorgehen gegen Preußen gekommen.

Inzwischen war Friedrich durch einen bestochenen Sekretär der österreichischen Gesandtschaft in Berlin und durch einen gleichfalls in seinem Solde stehenden sächsischen Kabinetssekretär in den Besitz von Abschriften geheimer Papiere gelangt, aus welchen er, laut einer nach dem Ausbruch des Krieges von seinem Minister, dem Grafen Herzberg, zu seiner Rechtfertigung veröffentlichten Staatsschrift, die Ueberzeugung geschöpft, daß Oesterreich, Rußland und Sachsen übereingekommen seien, ihn im kommenden Frühjahre anzugreifen, um sich in seine Länder zu theilen. Obgleich in den fraglichen Papieren, wie Herzberg später offen bekannte, nichts Anderes enthalten war, als mehr oder minder heftige Ausfälle gegen den König und eventuelle Theilungsvorschläge für den in den geheimen Artikeln des vorerwähnten österreichisch-russischen Defensivvertrags vom Jahre 1746 vorgesehenen Fall eines Friedensbruchs von Seiten des Königs von Preußen, beschloß Friedrich die ihm gewordenen „Enthüllungen“ zu einem sofortigen Angriff auf Sachsen und Oesterreich zu benutzen, da dieselben für den Augenblick noch allein standen und nicht gerüstet waren, während er selbst sich in voller Kriegsbereitschaft befand.

Indessen erkannte Friedrich, daß er zur Eröffnung der Feindseligkeiten irgend eines Vorwandes bedürfe, und dazu mußten ihm Truppenansammlungen dienen, die eben in Böhmen und Mähren stattfanden. Er ließ durch seinen Gesandten am Wiener Hofe der Kaiserin eine Denkschrift überreichen, worin er von ihr unter dem Hinweis auf die „ihm zugekommenen zuverlässigen Nachrichten von einem zwischen ihr und der Kaiserin von Rußland geschlossenen, gegen ihn gerichteten Angriffsbündniß“, sowie auf Oesterreichs Rüstungen eine förmliche Versicherung darüber verlangte, daß sie auf keine Art gesonnen sei, ihn weder in diesem noch im folgenden Jahre feindlich anzugreifen. Dieser Forderung war die Erklärung beigefügt, daß der König eine ungewisse und unschlüssige Antwort als ein Eingeständniß feindseliger Absichten und somit für einen Kriegsfall ansehen werde. Die Kaiserin ließ ihm erwiedern: „Die ihr übergebene Denkschrift sei nach Inhalt und Ausdruck eine derartige, daß sie gar nicht darauf antworten könne, ohne die Schranken der Mäßigung zu überschreiten. Sie habe jedoch befohlen, dem Gesandten zu eröffnen, daß die Nachricht von einem zwischen ihr und Rußland gegen Seine preußische Majestät gerichteten Angriffsbündniß sowie alle Angaben in Betreff der dabei getroffenen Verabredungen völlig falsch und erdichtet seien, und daß ein derartiger Traktat gegen den König von Preußen nicht existire, noch jemals existirt habe. Uebrigens könnten die von ihr getroffenen militärischen Vorkehrungen den König umso weniger befremden, als er ja selbst schon längst mit bedrohlichen Rüstungen beschäftigt sei."

Diese Antwort wurde von Friedrich für ungenügend erklärt und demgemäß gleich am Tage nach dem Eintreffen derselben, am 26. August 1756, den Truppen Marschbefehl ertheilt. Der erste Angriff galt Sachsen, das der König durch eine rasche Besetzung entweder von dem angeblichen Bündniß mit Oesterreich loszureißen und zu seinem eigenen Bundesgenossen zu machen oder, was ihm als das Vortheilhaftere erschien, für seine kriegerische Zwecke auszubeuten gedachte.

Am 29. August erklärte der preußische Gesandte in Dresden: „Der Wiener Hof zwinge den König, nach Böhmen zu marschiren, und der Weg müsse durch Sachsen genommen werden," und an demselben Tage überschritt ein preußisches Heer von sechzigtausend Mann die sächsische Grenze. Wittenberg, Torgau, Leipzig und viele anderen Städte wurden ohne Schwierigkeit besetzt, und schon am 9. September stand Friedrich vor den Mauern von Dresden. Da die Stadt nicht vertheidigt werden konnte, indem das Land ohne alle Kriegsbereitschaft war, entfloh August III. mit dem Grafen Brühl nach Pirna, wo sein Feldmarschall Graf Rutowsky mit einem in der Eile zusammengebrachten Heere von siebzehntausend Mann ein festes Lager bezogen hatte.

So konnte Friedrich ohne Schwierigkeit in die sächsische Hauptstadt einziehen. Hier ließ er das Archiv im kurfürstlichen Schlosse gewaltsam öffnen, obgleich die in Dresden zurückgebliebene Kurfürstin den Eingang zu demselben mit ihrem Rücken zu decken suchte, und aus demselben alle für ihn wichtigen Urkunden herausnehmen, aus welchen dann sein Minister Herzberg den Stoff zu der oben erwähnten, später von ihm selbst zum größten Theile dementirten Staatsschrift: „Gründliche Nachricht von den gefährlichen Absichten der Höfe zu Wien und zu Dresden“ schöpfte.

Da August III. das von Friedrich ihm angetragene Bündniß ablehnte und sich nur zum Abschluß eines Neutralitätsvertrags bereit erklärte, wurde Sachsen wie ein erobertes Land behandelt. Die Zeughäuser zu Dresden, Weißenfels und Zeiz wurden ausgeräumt und die Waffen sammt dem Geschütz nach Magdeburg geschafft, die öffentlichen Kassen, sowie die Bergwerke, die Münze und die Porzellanfabrik mit Beschlag belegt und die Kanzleien versiegelt. In Dresden errichtete Friedrich, nachdem er das sächsische Conferenzministerium außer Thätigkeit gesetzt, eine preußische Landesverwaltung und in Torgau ein Kriegskommissariat, welches durch Ausschreiben allen Einnehmern kurfürstlicher Gefälle gebot, dieselben nicht mehr an den Landesherrn, sondern an den König von Preußen zu entrichten.

Unterdessen hatte Friedrichs unerhörtes Vorgehen gegen Sachsen im deutschen Reiche allgemeinen Unwillen hervorgerufen, und Herzbergs Rechtfertigungsschrift fand wenig Glauben. An Friedrich erging ein kaiserliches Manifest, worin er aufgefordert wurde, dem König von Polen allen ihm zugefügten Schaden zu ersetzen und seine Truppen unverzüglich aus Sachsen zurückzuziehen. Statt dieser Aufforderung Folge zu leisten, schritt Friedrich zur Einschließung des sächsischen Lagers bei Pirna, das ihn an der Ausführung seines beabsichtigten Einbruchs in Böhmen hinderte. Da das sächsische Heer sich in einer unangreifbaren Stellung befand und in sicherer Erwartung eines baldigen Entsatzes durch die Oesterreicher zum äußersten Widerstand entschlossen war, blieb ihm nichts anderes übrig, als dasselbe auszuhungern.

Inzwischen hatte der österreichische Feldmarschall Browne in Böhmen fünfunddreißigtausend Mann zusammengebracht, mit welchen er gegen die sächsische Grenze vorrückte, um den eingeschlossenen Sachsen Luft zu machen. Friedrich zog ihm sogleich mit dreißigtausend Mann entgegen, und bei dem böhmischen Städtchen Lowositz kam es am 1. Oktober zu einer Schlacht, die von sieben Uhr Morgens bis drei Uhr Nachmittags unentschieden hin- und herwogte, da die gebirgige Gegend, sowie ein dichter Nebel, der sich erst zur Mittagszeit zu zerstreuen begann, die Bewegungen beider Heere erschwerten. Nachdem ein von dem Herzog von Bevern mit dem linken preußischen Flügel geschickt ausgeführtes Manöver die Auflösung des rechten kaiserlichen Flügels herbeigeführt, trat Browne den Rückzug nach Budin an. Friedrich, der siebentausend Todte auf dem Schlachtfelde zurückließ, während der Verlust der Oesterreicher nur zweitausend Mann betrug, konnte nicht umhin, seinem Gegner das Zeugniß der einsichtsvollsten und tapfersten Vertheidigung auszustellen. „Es sind nicht mehr die alten Oesterreicher, die ich bei Lowositz fand", schrieb er an den Grafen von Schwerin. „Sie sind weit klüger als sonst, und, glauben Sie mir auf mein Wort, es wird unzählige Menschen kosten, sie zu schlagen, wenn wir ihnen anders nicht eine überwiegende Masse von grobem Geschütz entgegenzustellen vermögen."

Friedrich eilte nach Sachsen zurück, um das eingeschlossene sächsische Heer, in welchem inzwischen die Noth aufs Höchste gestiegen, zur Kapitulation zu zwingen. Nach einem vergeblichen Versuche, zu nächtlicher Stunde über die Elbe zu gehen und sich durch die Preußen durchzuschlagen, um sich mit Browne zu vereinigen, der ihnen bereits bis Schandau entgegengekommen, blieb den vollständig erschöpften und dem Verhungern nahen sächsischen Truppen Nichts übrig, als sich zu ergeben. Am 14. Oktober wurde zwischen dem Grafen Rutowsky und dem preußischen Generallieutenant von Winterfeld, Friedrichs vertrautestem Rathgeber und dem Hauptanstifter des Krieges, ein Kapitulationsvertrag geschlossen, nach welchem sich das ganze, noch aus vierzehntausend Mann bestehende sächsische Heer mit allen Waffen und Kriegsvorräthen, doch ohne die Fahnen und Standarten, gefangen geben mußte. Die Offiziere wurden auf ihr Ehrenwort, nicht gegen Preußen zu dienen, freigelassen, die Gemeinen dagegen, in denen Friedrich nur willenlose Werkzeuge zu erblicken gewohnt war, zum Eintritt in das preußische Heer gezwungen. Die sächsischen Soldaten zeigten jedoch eine höhere Gesinnung, als Friedrich ihnen zugetraut: die meisten derselben bewahrten ihrem Kurfürsten die ihm zugeschworene Treue und entwichen, den ihnen abgezwungenen Fahneneid für nicht verbindlich erachtend, schaarenweise nach Polen, wohin August III. sich mit seinen beiden Söhnen und mit seinem Minister Brühl begeben hatte.

Während die Oesterreicher sich in das Innere Böhmens zurückzogen, nahmen die Preußen ihre Winterquartiere in Schlesien und Sachsen. Friedrich selbst verbrachte den Winter in Dresden, wo er, seine Zeit zwischen weiteren Kriegsvorbereitungen, schriftstellerischen Arbeiten und Kunstgenüssen theilend, die Rolle des gebietenden Landesherrn spielte.

Die Schlachten bei Prag, Kollin, Roßbach und Leuthen.

(1757.)

Der Friedensbruch, den der König von Preußen durch seinen Einfall in Sachsen begangen, hatte in ganz Europa das größte Aufsehen und eine allgemeine Entrüstung erregt. Die Kaiserin von Rußland ließ dem Kurfürsten von Sachsen die Versicherung zukommen, daß sie das Unglück, das ihn betroffen, aufrichtig mitfühle und es für ihre besondere Pflicht erachte, ihm wegen der gegen seine Erbstaaten geübten Gewaltthätigkeit eine Genugthuung zu verschaffen, die weniger nach Maßgabe des zugefügten Schadens zu bestimmen sei, als nach der Abscheulichkeit des durch den König von Preußen rücksichtslos begangenen Friedensbruches. Um zu zeigen, daß es ihr mit dieser Versicherung Ernst sei, ordnete sie sogleich die umfassendsten Rüstungen an.

Die gleichen Gesinnungen zeigte Ludwig XV., dessen ältester Sohn, der Dauphin Ludwig, mit einer Tochter Augusts III. vermählt war. Er gab Befehl, bei Metz ein Heer von vierundzwanzigtausend Mann zusammenzuziehen, und als Friedrich dem französischen Gesandten am Dresdener Hofe, dem Grafen Broglio, die Erlaubniß verweigerte, dem bei Pirna eingeschlossenen Kurfürsten persönlich ein Schreiben seines Königs zu überbringen, wurde der französische Gesandte von Berlin abberufen, worauf Friedrich seinem Gesandten in Paris gleichfalls den Befehl zur sofortigen Abreise zukommen ließ. Der zwischen Frankreich und Oesterreich geschlossene Defensivvertrag wurde durch den am 1. Mai 1757 unterzeichneten direkt gegen Preußen gerichteten sogenannten „zweiten Vertrag von Versailles“ ergänzt, in welchem sich Ludwig XV. verpflichtete, die Kaiserin-Königin in ihrem Kampfe gegen Friedrich II. mit einer Truppenmacht von einmalhundertfünfzehntausend Mann und namhaften Hilfsgeldern zu unterstützen, wogegen ihm Maria Theresia für den Fall der erstrebten Wiedereroberung von Schlesien und der Grafschaft Glatz bedeutende Gebietsabtretungen in den Niederlanden zusagte.

Der Reichstag zu Regensburg sprach zu Anfang des Jahres 1757 über Friedrich wegen des von ihm begangenen, die Reichsverfassung verletzenden Friedensbruchs die Achtserklärung aus und ordnete zu deren Vollstreckung die Aufstellung eines Reichsheeres an. Auch Schweden wurde durch französisches Geld und den Einfluß der Kaiserin Elisabeth, sowie durch die Hoffnung auf den Wiedererwerb von Vorpommern für die Betheiligung an dem Kriege gegen Preußen gewonnen.

So sah sich Friedrich einem Bunde gegenüber, dessen Streitkräfte die seinigen, einschließlich der von seinen Bundesgenossen

England, Hessen-Kassel, Braunschweig und Gotha zu erwartenden Verstärkungen, bei Weitem nicht gewachsen waren. Dennoch erschien seine Lage für den Augenblick nicht allzu ungünstig; denn während er durch die ausgiebigste Benutzung der reichen Hilfsquellen, die das von ihm besetzte Sachsen ihm gewährte, für den Feldzug des kommenden Jahres die umfassendsten Vorbereitungen hatte treffen können, waren die Rüstungen seiner Gegner noch lange nicht beendigt, und überdies war es ihm gelungen, den russischen Großkanzler Bestuchew durch bedeutende Geldsummen dahin zu bringen, daß derselbe dem Abmarsch der russischen Truppen auf den Kriegsschauplatz alle nur erdenklichen Hindernisse in den Weg legte; auch die Wahl des durchaus unfähigen Grafen Apraxin zum Oberbefehlshaber des russischen Heeres bekundete, daß Bestuchew vollständig für Friedrichs Interesse gewonnen war.

Nach dem von Friedrich für den Feldzug des Jahres 1757 entworfenen Plane sollte seinen Bundesgenossen die Abwehr der Franzosen überlassen bleiben und gegen die Russen, von welchen er für den Augenblick wenig zu fürchten hatte, der alte Feldmarschall Lehwald mit zehntausend Mann entsandt werden, die preußische Hauptmacht aber in Böhmen einfallen und Prag erobern, nach dessen Einnahme der König in der Lage zu sein hoffte, den Krieg in das Innere Oesterreichs zu verpflanzen und der Kaiserin-Königin in Wien selbst den Frieden zu diktiren. Den mit seinen Feldherren getroffenen Verabredungen gemäß, über welche das strengste Geheimniß bewahrt wurde, rückte das preußische Heer im April in vier Abtheilungen von vier verschiedenen Seiten her in Böhmen ein, nahm überall, da der Einbruch den Oesterreichern völlig unerwartet gekommen, die Magazine hinweg, so daß es für längere Zeit reichlich mit allem Nöthigen versehen war, und stand am 6. Mai, dem zur Vereinigung der verschiedenen Heersäulen bestimmten Tage, vor P r a g, wo unterdessen das österreichische Heer unter dem Prinzen Karl von Lothringen und dem Feldmarschall Browne Stellung genommen.

Obgleich der alte Feldmarschall Schwerin dem König dringend rieth, bevor er zum Angriff schreite, das Terrain genau zu erkunden und seinen ermüdeten Truppen einen Tag Ruhe zu gönnen, bestand Friedrich auf einem sofortigen Angriff und ordnete selbst sein Heer zur Schlacht. Aber schon beim Aufmarschieren stieß man in dem sumpfigen und bergigen Erdreich auf unvorhergesehene Schwierigkeiten, so daß der Angriff erst um ein Uhr Nachmittags beginnen konnte. Die Preußen wurden bei dem Versuche, die Höhen zu erstürmen, aus den wohl angebrachten österreichischen Batterien mit einem so mörderischen Feuer empfangen, daß ganze Regimenter niederstürzten und ihre Reihen sich zu lösen begannen.

Der dreiundsiebzigjährige Schwerin, der einem fliehenden Fähnrich die Fahne aus der Hand gerissen und an der Spitze seines Fußvolks aufs Neue gegen die verderbensprühenden feindlichen Batterien vorgedrungen war, sank, von vier Kartätschenkugeln durchbohrt, todt zu Boden. Immer größer wurde die Entmuthigung im preußischen Heere, und schon schien der Sieg für die Oesterreicher gesichert, als der Feldmarschall Browne durch eine feindliche Kugel tödtlich verwundet wurde und bewußtlos aus dem Kampfgewühle fortgetragen werden mußte. Da der Prinz von Lothringen fast zu der gleichen Zeit, während er in höchster Erregung den in der Auflösung begriffenen österreichischen rechten Flügel zum Stehen zu bringen suchte, durch einen plötzlichen heftigen Brustkrampf der Besinnung beraubt wurde, gerieth das österreichische Heer in vollständige Verwirrung, und nachdem es dem König gelungen, das feindliche Centrum zu durchbrechen, war der Sieg für ihn entschieden. Aber es war ein theuer erkaufter Sieg; denn mehr als sechzehntausend Preußen lagen theils todt, theils verwundet auf der blutigen Wahlstätte, und der Verlust Schwerins wog, nach dem Ausspruch Friedrichs, schwerer, als wenn er zehntausend Mann mehr eingebüßt hätte.

Da der Prinz von Lothringen sich mit vierzigtausend Mann hinter die Mauern von Prag zurückgezogen und überdies ein zweites österreichisches Heer unter dem Feldmarschall Daun bei Kuttenberg stand, wurde die Aufforderung zur Uebergabe der Stadt zurückgewiesen, und so sah sich Friedrich genöthigt, zur Belagerung derselben zu schreiten. Diese Aufgabe übernahm er selbst, während er den Herzog von Braunschweig-Bevern mit zwanzigtausend Mann zur Beobachtung Dauns gegen Kuttenberg entsandte.

Unterdessen war ein französisches Heer von hunderttausend Mann in Westfalen eingerückt, und ein gleich starkes russisches Heer zog gegen Preußen heran. Als Friedrich hiervon Kunde erhielt, beschloß er, nachdem er bereits fünf Wochen lang die böhmische Hauptstadt erfolglos hatte beschießen lassen, selbst dem Heere Dauns entgegenzuziehen, in der Hoffnung, daß ein Sieg über dasselbe, woran er bei seiner geringen Meinung von Dauns Feldherrntalent nicht zweifelte, eine sofortige günstige Wendung des Krieges für ihn zur Folge haben werde. Mit zweiunddreißigtausend Mann brach er am 13. Juni zur Vereinigung mit Bevern von Prag auf und traf mit demselben am 15. bei Kaurzim zusammen. Da Daun inzwischen von Wien Befehl erhalten, Alles zum Entsatze von Prag aufzubieten, hatte er seine Truppen zum Vormarsch gegen das preußische Belagerungsheer bei Kollin zusammengezogen, wo er auf die Nachricht von Friedrichs Heranziehen eine treffliche Stellung nahm. Hier griff ihn Friedrich am 18. Juni um ein Uhr

Nachmittags an. Die Schlacht wurde, nach dem von dem König entworfenen Plane, durch den rechten preußischen Flügel unter dem General Ziethen eröffnet, der die Oesterreicher von der Seite angriff und ihnen trotz der heftigsten Gegenwehr nicht unbedeutende Vortheile abgewann. Aber während Alles sich aufs Günstigste für die Preußen zu gestalten schien, änderte Friedrich plötzlich seinen Schlachtplan, indem er mehreren Infanterieregimentern, die zur Verstärkung des rechten Flügels heranrückten, Befehl ertheilte, den Feind in der Fronte anzugreifen. Vergebens machte ihn der Prinz Moritz von Dessau, der diese Regimenter befehligte, auf die unausbleiblichen Folgen dieser Aenderung aufmerksam: der König, der sich schon seit längerer Zeit in einer so gereizten Stimmung befand, daß er auf keinen Rath hörte, wies ihn mit heftigen Worten zurück und sprengte endlich, als der Prinz seine Einwendungen zu wiederholen wagte, mit entblößtem Degen auf ihn ein, indem er ihn fragte, ob er gehorchen wolle oder nicht? Der Prinz fügte sich; aber was kommen mußte, kam: die preußischen Generale konnten sich nicht sofort in die neuen Anordnungen finden, und so gingen mehrere auf eigene Gefahr von den ursprünglichen Befehlen Friedrichs ab. Die daraus für die Oesterreicher erwachsenden Vortheile wurden von Daun, dem Friedrich selbst das Zeugniß ausstellt, sich bei dieser Gelegenheit als „großer Heerführer“ bewährt zu haben, aufs Trefflichste ausgebeutet, und so blieb der Sieg den Oesterreichern. Mit einem Verluste von vierzehntausend Mann an Todten, Verwundeten und Gefangenen, darunter dreihundertsechsundzwanzig Offiziere, und unter Zurücklassung von fünfundvierzig Geschützen und zweiundzwanzig Fahnen und Standarten mußte der König den Rückzug antreten.

Mit der Niederlage von Kollin war Friedrichs hochfahrenden Plänen ein Ziel gesetzt: von dem Angriff mußte er zur Vertheidigung übergehen. Nachdem er die Belagerung von Prag aufgehoben, ordnete er die allmähliche Räumung Böhmens an. Sein Bruder August Wilhelm, der den Auftrag hatte, einen Theil des Heeres nach der Lausitz zurückzuführen, erlitt bei dem Ausgang aus den böhmischen Pässen empfindliche Verluste, worüber Friedrich ihn mit so verletzenden Vorwürfen überhäufte, daß der Kummer darüber den trefflichen, allgemein verehrten Prinzen, den der König schon längst als seinen Nachfolger mit Argwohn zu betrachten sich gewöhnt hatte, in ein frühes Grab stürzte.

Während Friedrich nach der vollständigen Räumung Böhmens ein festes Lager bei Görlitz bezog, nahm das österreichische Heer, das ihm unter dem Prinzen von Lothringen und Daun gefolgt war, an der Neiße eine so treffliche Stellung, daß der König, der vor Begierde brannte, die bei Kollin erlittene Scharte durch einen Sieg auszuwetzen, von einem Angriff auf dasselbe abstehen mußte.

Unterdessen waren von allen Seiten Unglücksbotschaften eingelaufen. Die Russen waren in Preußen eingebrochen, hatten am 5. Juli Memel erobert und plünderten und verheerten die von ihnen durchzogenen Gegenden in grauenvoller Weise. Die Franzosen hatten Friedrichs rheinische und westfälische Länder besetzt, die sie mit schweren Brandschatzungen heimsuchten, und das von Friedrichs deutschen Bundesgenossen aufgebrachte und von dem Herzog von Cumberland geführte Hilfsheer war am 26. Juli bei Hastenbeck, unweit Hameln, von dem französischen Marschall d'Etrées vollständig geschlagen worden, worauf die Franzosen sich über ganz Niedersachsen verbreitet hatten.

Das Heranziehen eines zweiten französischen, von dem Prinzen Soubise, einem Günstling der Marquise von Pompadour, geführten Heeres, das im Vereine mit dem unter dem Oberbefehle des Prinzen von Hildburghausen stehenden Reichsheere die Preußen aus Kursachsen vertreiben sollte, bewog den König, das Lager von Görlitz dem Herzog von Braunschweig-Bevern zu überlassen und sich selbst im August mit zwölftausend Mann nach Dresden zu begeben, von wo er seine Truppen in kleinen Schaaren bis nach Halberstadt hin vertheilte.

Während Friedrich in Sachsen stand, erlitt der sechsundsiebzigjährige Feldmarschall Lehwald am 30. August bei Großjägerndorf, unweit Welau, gegen den russischen Feldherrn Apraxin, dessen Heer dem preußischen um das Vierfache überlegen war, eine Niederlage, die ohne Zweifel den Verlust von ganz Preußen zur Folge gehabt haben würde, wäre nicht Apraxin unerwartet mit seinem Heere durch Bestuchew abberufen worden. Der Grund davon lag in einer plötzlichen gefährlichen Erkrankung der Kaiserin Elisabeth, nach deren sicher erwartetem Tode Bestuchew sich des Heeres zum Sturze des zum Thronfolger ernannten Großfürsten Peter bedienen wollte. Die Genesung Elisabeths und die Entdeckung seiner Absichten führten seine Verbannung nach Sibirien herbei.

Nach dem Abzug der Russen wandte sich der Feldmarschall Lehwald gegen die Schweden, die in der Stärke von zweiundzwanzigtausend Mann in Pommern eingefallen waren, und drängte sie bis nach Stralsund und der Insel Rügen zurück.

Minder günstig als im Osten hatten sich inzwischen im Westen die Dinge für Friedrich gestaltet. Nach der Schlacht bei Hastenbeck hatte sich der Herzog von Cumberland von dem Herzog von Richelieu, dem Nachfolger d'Etrées, so sehr in die Enge treiben lassen, daß er sein Heer nur durch den am 8. September unter der Vermittlung Dänemarks geschlossenen Vertrag von Kloster-Seeven vor Kriegsgefangenschaft retten konnte. Dieser Vertrag, in welchem er sich verpflichtete, alle Truppen seines Heeres mit Ausnahme der

Hannoveraner auseinandergehen zu lassen, mit diesen sich über die Elbe zurückzuziehen und den Franzosen die bis jetzt von ihm besetzten Länder einzuräumen, wurde zwar von Georg II. nicht ratificirt; aber die Franzosen blieben dessenungeachtet nicht nur im Besitz des Kurfürstenthums Hannover, sondern besetzten auch Bremen, Braunschweig und Wolfenbüttel, sowie das Gebiet des Landgrafen von Hessen-Kassel, der sich nach Hamburg zurückzog.

Unterdessen war Friedrich von Dresden nach Erfurt aufgebrochen, um Soubise und den Prinzen von Hildburghausen von Sachsen abzuhalten. In seiner wachsenden Bedrängniß hatte er es nicht unter seiner Würde gehalten, der von ihm so viel geschmähten Marquise von Pompadour als Preis der Vermittlung eines für ihn vortheilhaften Friedens zuerst fünfmalhunderttausend Thaler und dann sogar das Fürstenthum Neuchatel nebst Valengin anzubieten; seine Anträge waren jedoch in Versailles entschieden zurückgewiesen worden. Auch die Bemühungen des durch schmeichelhafte Briefe Friedrichs und bedeutende Geldspenden in das preußische Interesse gezogenen Herzogs von Richelieu, Ludwig XV. zur Lösung des Bündnisses mit Oesterreich zu bewegen, waren erfolglos geblieben; doch hatte Friedrich durch Richelieu den Abschluß eines sechsmonatlichen Waffenstillstandes erlangt, der es ihm möglich machte, einen Theil seiner Truppen aus Niedersachsen zurückzuziehen.

Eben im Begriff, gegen Soubise und den Prinzen von Hildburghausen vorzurücken, erhielt Friedrich die Nachricht, daß der österreichische General Haddik mit einer Abtheilung Kroaten in die Mark eingefallen und bis Berlin vorgedrungen sei. Er brach sogleich mit einem Theile seines Heeres von Erfurt auf, um nach seiner Hauptstadt zu eilen; Haddik hatte sich jedoch bereits, nachdem er Berlin mit einer Brandschatzung von zweimalhundertfünfzigtausend Thalern heimgesucht, vor dem mit sieben Regimentern heranrückenden Moritz von Dessau wieder zurückgezogen.

Inzwischen hatten Soubise und der Prinz von Hildburghausen die Saale überschritten und die Städte Weißenfels, Merseburg und Halle besetzt. Sogleich zog Friedrich alle seine verfügbaren Truppen zusammen und rückte an der Spitze eines Heeres von achtundzwanzigtausend Mann gegen die Saale vor, wo er bei dem Dorfe Roßbach, unweit Merseburg, ein Lager bezog. Da das verbündete Heer dem seinigen um das Doppelte überlegen war, zweifelten die Franzosen nicht daran, daß es ihnen ein Leichtes sein werde, ihn zu vernichten; ihre einzige Sorge war nur, daß der König ihnen entrinnen könne. Um dies zu verhindern, brachen sie schleunigst auf und begannen am Morgen des 5. November das preußische Lager zu umgehen. Friedrich, der wohl wußte, daß er von dem bunt zusammengewürfelten, undisciplinirten Reichsheere wenig zu fürchten habe, und von dem Feldherrntalent des Prinzen von Soubise eine sehr geringe Meinung hatte, blieb ruhig in seinem Zelt; erst nachdem er unter den Klängen der französischen Feldmusik das Mittagsmahl eingenommen, gab er Befehl, die Zelte abzubrechen, und in wenigen Augenblicken war, zum Erstaunen des Feindes, das preußische Heer in Schlachtordnung aufgestellt. Beim ersten Anstürmen der von dem General Seydlitz geführten preußischen Reiterei löste sich das Reichsheer in verworrene Flucht auf, und nach kaum anderthalbstündigem Kampfe waren auch die Franzosen vollständig zersprengt. Die früh einbrechende Dunkelheit rettete die Fliehenden vor der gänzlichen Vernichtung; doch fielen an siebentausend derselben, darunter neun Generale und dreihundertzwanzig andere Offiziere, den nachsetzenden Preußen als Gefangene in die Hände. Auf dem Schlachtfelde, auf welchem das geschlagene Heer siebenhundert Todte und zweitausend Verwundete zurückließ, wurden von den Siegern dreiundsechzig Kanonen und zweiundzwanzig Fahnen und Standarten erbeutet. Den Preußen soll der leicht errungene Sieg, der bei der allgemeinen Erbitterung über die Raubsucht und Zuchtlosigkeit der Franzosen in ganz Deutschland großen Jubel hervorrief, nur hundertsechzig Mann gekostet haben.

Die nächste Folge des Sieges, den Friedrich bei Roßbach errungen, war die Ungiltigkeitserklärung des Vertrags von Kloster-Seeven, zu welcher der neu ernannte englische Staatsminister William Pitt den König Georg II. bewog, nachdem das englische Volk, das die Nachricht von der Niederlage der Franzosen mit lautem Jubel begrüßte, die nachdrücklichste Unterstützung des siegreichen Preußenkönigs gefordert hatte. Den Oberbefehl über das neugebildete verbündete Heer erhielt, nach Friedrichs eigener, von England eingeholter Wahl, der Prinz Ferdinand von Braunschweig.

Nachdem Friedrich sich durch den Sieg bei Roßbach im Besitze Sachsens gesichert hatte, brach er mit seinem Heere nach Schlesien auf, wo die Verhältnisse sich inzwischen für ihn äußerst ungünstig gestaltet hatten. Schon am 7. September hatten die Oesterreicher unter dem General Nadasdi einer preußischen Heeresabtheilung, die unter Winterfeld bei dem Dorfe Moys, unweit Görlitz, Stellung genommen, durch einen Ueberfall schwere Verluste zugefügt, und in dem Gefechte war Winterfeld selbst, zu Friedrichs großem Schmerze, durch einen Schuß in die Brust getödtet worden. Der Herzog von Bevern war hierauf mit seinem gesammten Korps nach Schlesien aufgebrochen, um dieses Land gegen die Oesterreicher zu decken, und hatte bei Breslau Stellung genommen. Hier gedachte Friedrich sich mit dem Bevern'schen Korps zu vereinigen. Schon in Görlitz erfuhr er, daß der Kommandant von Schweidnitz diese wichtige Festung, welche die böhmischen Pässe deckte, am 11. November dem General Nadasdi, der nach vierzehntägiger Belagerung derselben zum Sturme geschritten war, mit allen dort aufbewahrten Vorräthen und der Besatzung von sechstausend Mann übergeben habe. Auf diese Nachricht folgte schon in den nächsten Tagen eine noch niederschlagendere: Bevern war am 22. November bei Breslau von einem ungleich stärkeren österreichischen Heere unter Karl von Lothringen und dem Feldmarschall Daun geschlagen worden, und zwei Tage später hatte der Befehlshaber von Breslau in der ersten Bestürzung die schlesische Hauptstadt, ohne irgendwelchen Versuch zur Vertheidigung derselben, den Oesterreichern übergeben. Bevern selbst war an dem gleichen Tage bei einer Recognoscirung den Oesterreichern in die Hände gefallen. Viele glaubten, er habe sich absichtlich gefangen nehmen lassen, um dem Zorne Friedrichs zu entgehen, der ihn für die Behauptung Schlesiens mit seinem Kopfe verantwortlich gemacht.

Friedrich erkannte, daß Schlesien für ihn verloren war, wenn es ihm nicht gelang, noch in diesem Feldzug die Oesterreicher aus demselben zu vertreiben: er beschloß daher, trotz der bedeutenden Ueberlegenheit des österreichischen Heeres eine Schlacht zu wagen, obgleich er sich wohl bewußt war, daß er dabei Alles auf e i n e Karte setze. Nachdem ihm Ziethen am 2. Dezember in Parchwitz die Reste des Bevern'schen Korps zugeführt hatte, verfügte er über eine Truppenmacht von dreißigtausend Mann, während das österreichische Heer achtzigtausend Mann zählte. Die gehobene Stimmung des Heeres, das er von Roßbach herbeigeführt, verscheuchte bald die Entmuthigung der schlesischen Truppen, und da der König Alles aufgeboten, sein kleines Heer mit Siegeszuversicht zu erfüllen, harrten Alle mit Ungeduld des Befehls zum Aufbruch.

Am 4. Dezember führte Friedrich sein Heer von Parchwitz nach Neumarkt. Da er hier erfuhr, daß der Prinz von Lothringen ihm entgegen ziehe, brach er am folgenden Morgen noch in der Dunkelheit auf, um seinen Gegner aufzusuchen, und schon nach wenigen Stunden erblickte man in der Gegend des Dorfes L e u t h e n das österreichische Lager. Der König, der den Vortheil einer sehr genauen Ortskenntniß für sich hatte, entwarf einen meisterhaften, den Eigenthümlichkeiten des Terrains vollkommen angepaßten Schlachtplan, der von seinen kampfbegierigen Truppen ebenso meisterhaft ausgeführt wurde. Die Grundlage desselben bildete die sogenannte „schräge Schlachtordnung," nach welcher die ganze Wucht des Angriffs auf den linken österreichischen Flügel unter Nadasdi gerichtet war. Nachdem derselbe, in der Fronte, in der Flanke und im Rücken zugleich gefaßt, nach kurzem tapferen Widerstand zersprengt worden, gerieth die ganze österreichische Schlachtlinie, die den Fehler einer allzu weiten Ausdehnung hatte, in Verwirrung, und alle Bemühungen der Führer, die sich auflösenden Regimenter neu zu formiren, blieben fruchtlos. In dem kurzen Zeitraum von drei Stunden — von ein bis vier Uhr Nachmittags — war eine der blutigsten Schlachten des Jahrhunderts geschlagen und für Friedrich einer der wichtigsten Siege errungen. Die Oesterreicher zählten zehntausend Todte oder Verwundete, darunter siebzehn Generale und fast alle Offiziere, und zwölftausend Gefangene, die Preußen sechstausenddreihundert Todte und Verwundete. Beinahe das ganze österreichische Geschütz, hunderteinundsechzig Kanonen, war mit einundfünfzig Fahnen den Siegern in die Hände gefallen.

Da die hereinbrechende Nacht die Verfolgung des geschlagenen österreichischen Heeres unmöglich machte, hielt das ermattete preußische Heer auf dem Schlachtfelde eine kurze Rast. Friedrich selbst, dem viel daran lag, das Abbrechen der bei Lissa über das Schweidnitzer Wasser führenden Brücke zu verhindern, über welche die Oesterreicher sich zurückgezogen, brach noch an demselben Abend mit einem Trupp Husaren nach diesem Orte auf. Als er, dort angekommen, mit nur wenigen Begleitern über die Zugbrücke in den Schloßhof eintritt, sah er sich plötzlich von einer großen Anzahl österreichischer Offiziere umringt, die ihm mit Lichtern entgegentraten. Die Ueberraschung war auf beiden Seiten gleich groß; Friedrich verbarg jedoch die seinige unter der anscheinend vollständig ruhigen Begrüßung: „Bon soir, messieurs." Sie haben mich hier wohl nicht erwartet? Kann man denn noch mit unterkommen?" Ein ehrfurchtsvolles Ah! war die einzige Antwort, und Keiner wagte die Hand an den König zu legen. Als jedoch bald darauf Friedrichs Generale eintraten, die dem mittlerweile gleichfalls gegen Lissa aufgebrochenen preußischen Heere vorangeeilt waren, ließ er die österreichischen Offiziere gefangen nehmen.

Der Prinz von Lothringen war unterdessen mit seinem vollständig entmuthigten Heere nach Schweidnitz zurückgekehrt, von wo er sechzehntausend Mann nach Breslau entsandte; mit dem Reste seines Heeres — nur noch siebenunddreißigtausend Mann — zog er sich nach Böhmen zurück, wo er alsbald den Oberbefehl niederlegte, um als Statthalter nach den Niederlanden zu gehen. Hier starb er im Jahre 1780, nachdem er sich durch seine milde Verwaltung des Landes den Namen des „guten Herzogs" erworben.

Nach dem Abzug des österreichischen Heeres war Friedrich unverweilt zur Belagerung von Breslau geschritten, das sich ihm nach vierzehntägigem Widerstand mit allen seinen Vorräthen, einer wohlgefüllten Kriegskasse und seiner achtzehntausend Mann starken Besatzung ergeben mußte. Von ganz Schlesien blieb den Oesterreichern nur noch Schweidnitz.

Die Schlacht bei Zorndorf und der Ueberfall bei Hochkirch.

(1758.)

Der Sieg bei Leuthen hatte Friedrich aus der äußersten Bedrängniß gerettet und ihm für den Augenblick den Fortbesitz von Schlesien gesichert: aber er mußte sich auf neue schwere Kämpfe gefaßt halten; denn seine Gegner verdoppelten ihre Anstrengungen, um ihm die errungenen Vortheile wieder zu entreißen. Schon im Winter kehrte das russische Heer, diesmal von dem Grafen Fermor geführt, nach Preußen zurück; Frankreich sandte bedeutende Verstärkungen unter dem zum Nachfolger des abberufenen Herzogs von Richelieu ernannten Grafen von Clermont nach Niedersachsen gegen Ferdinand von Braunschweig, und in Böhmen war Daun eifrig bemüht, die Lücken zu ergänzen, die der Tag von Leuthen in dem österreichischen Heere geschaffen hatte.

Friedrichs erste Sorge war, durch die Wiedereroberung von Schweidnitz die Oesterreicher gänzlich aus Schlesien zu verdrängen. Nachdem diese Festung am 18. April nach längerer tapferer Vertheidigung mit Sturm genommen worden, erwartete Jedermann, daß der König in Böhmen einfallen werde, um Daun eine Schlacht anzubieten. Statt dessen brach er jedoch in Mähren ein und eröffnete am 3. Mai die Belagerung von Olmütz, nach dessen von ihm nicht bezweifelter Eroberung er rasch gegen Wien vorzudringen gedachte, um Maria Theresia zum Frieden zu zwingen. Aber der ganze Plan scheiterte an dem hartnäckigen Widerstand, den ihm die mit allem Nöthigen reichlich versehene und von einem ebenso umsichtigen als entschlossenen Befehlshaber vertheidigte Festung leistete, und als ihm der österreichische General Loudon (spr. Laudon) mit großem Geschick eine Zufuhr von dreitausend Wagen weggenommen, zwang ihn die Noth zur Aufhebung der Belagerung und zur schleunigen Räumung Mährens. Nachdem er durch fingirte Anordnungen die österreichischen Feldherren Daun und Loudon in der Meinung bestärkt, daß er sich direkt wieder nach Schlesien wenden werde, und sie dadurch veranlaßt hatte, ihre Streitkräfte nach dieser Seite zu werfen, um ihm den Rückzug abzuschneiden, brach er in der Nacht zum 2. Juli nach der böhmischen Grenze auf. Der Rückzug durch dieses Land gehört zu Friedrichs ruhmvollsten Kriegsthaten. Unter steten Gefechten mit dem nachziehenden österreichischen Heere erreichte er mit seinem gesammten Geschütz und Gepäck am 14. Juli Königgrätz, von wo der Rückzug nach Schlesien ohne weitere Gefahr bewerkstelligt werden konnte.

Kaum hatte Friedrich in Landshut ein festes Lager bezogen, in welchem er die Bewegungen Dauns abzuwarten gedachte, als ihn das immer weitere Vordringen der Russen, die schon im Januar ganz Preußen besetzt und in Königsberg die Huldigung für die Kaiserin Elisabeth erzwungen hatten, zum sofortigen Ausbruch nach der Neumark zwang, die gleich Pommern von den mordbrennerischen russischen Schaaren mit gräuelvollen Verwüstungen heimgesucht wurde. Bei Zorndorf stieß er am 25. August auf das russische Heer, das eben die Stadt Küstrin, wohin die umwohnenden Landbesitzer ihre Habe geflüchtet, nach vergeblicher Beschießung der Festungswerke, bis auf drei Häuser in Asche gelegt hatte. Obgleich dasselbe dem seinigen bedeutend überlegen war — Fermors Heer zählte zweiundfünfzigtausend, das preußische Heer zweiunddreißigtausend Mann — und sich in einer durch Sumpf und Wald und einen kleinen Fluß gedeckten Moorwildniß trefflich verschanzt hatte, schritt er sofort zum Angriff. Da er, aufs Höchste erbittert über die von den Russen verübten Gräuelthaten, befohlen hatte, keinem Russen Pardon zu geben, gestaltete sich die Schlacht von Anfang an zu einem ungeheueren Gemetzel, das von neun Uhr Morgens bis zum späten Abend unter stetem Wechsel des Kriegsglückes fortdauerte. Den endlichen Sieg verdankte Friedrich, wie kurz vorher bei Roßbach, hauptsächlich dem unermüdlichen Seydlitz, der an der Spitze der preußischen Reiterei, stets den rechten Augenblick erfassend, bald der zurückgeworfenen preußischen Infanterie Luft schaffte, bald in stürmischem Anlaufe die russische Kavallerie zurückdrängte und in Verwirrung brachte. Zuletzt kämpfte nur noch Mann gegen Mann ohne jedwede Ordnung. Russen und Preußen, Infanterie und Kavallerie, Alles war in dichten Knäueln durcheinander gedrängt. Kein Theil blieb hinter dem andern an Muth zurück; die bessere Kriegszucht allein verschaffte den Preußen das Uebergewicht. Als die sinkende Nacht dem furchtbaren Ringen ein Ende machte, waren die Russen vom Schachtfelde zurückgedrängt. Der schreckliche Kampf, der mörderischste des ganzen Krieges, hatte den Preußen an Todten und Verwundeten elftausend Mann gekostet; die Russen ließen nahezu die doppelte Zahl auf der grauenvollen Wahlstätte zurück.

Am folgenden Morgen suchte Fermor, der während der Nacht seine zerstreuten Schaaren wieder gesammelt hatte, den Preußen den errungenen Sieg noch einmal streitig zu machen; die beiderseitige Erschöpfung ließ es jedoch zu keinem ernstlichen Kampfe mehr kommen, und nach einer mehrstündigen Kanonade verließ das russische Heer das Schlachtfeld, um bald darauf den Rückweg nach Landsberg an der Warthe anzutreten. Nach einer vergeblichen Belagerung von Kolberg ging Fermor über die Weichsel, um in Preußen und Polen die Winterquartiere zu nehmen.

Unterdessen war Friedrich, mit Zurücklassung einer Heeresabtheilung unter dem Grafen Dohna zur Abwehr der Russen und Schweden, nach Sachsen aufgebrochen, um seinem Bruder Heinrich zu Hilfe zu kommen, der in seinem Lager bei Dresden von Daun auf das Ernstlichste bedroht war. Auf die Nachricht von dem Heranrücken des Königs zog sich Daun, der bereits Anordnungen zum Ueberschreiten der Elbe getroffen hatte, um den Prinzen Heinrich aus Sachsen zu vertreiben, in ein festes Lager bei Stolpen zurück. Von hier aus besetzte er alsbald die Höhen von Kittlitz, um dem König den Rückweg nach Schlesien abzuschneiden, wo die Oesterreicher eben Neiße und Kosel belagerten. Friedrich, der rasch den Weg über Bautzen und Görlitz gewinnen wollte, hätte ihn umgehen können; auf den Schrecken seines Namens und auf Dauns bekannte Unentschlossenheit vertrauend, war er jedoch unvorsichtig genug, mit seinem ungleich schwächeren Heere trotz der Abmahnungen seiner erfahrensten Generale bei dem Dorfe Hochkirch im Angesichte seines Gegners in einer leicht angreifbaren Stellung ein Lager aufzuschlagen. Nachdem er hier drei Tage lang ruhig gestanden, beschloß er, dem Drängen seiner Feldherren nachzugeben und am folgenden Morgen, dem 14. Oktober, den gefährlichen Posten zu verlassen. Allein Daun, der inzwischen seinen Angriffsplan entworfen, kam ihm zuvor. Während der Nacht näherten sich die Oesterreicher in aller Stille dem Dorfe Hochkirch, und mit dem Schlage fünf Uhr Morgens wurden die Preußen, nachdem ihre Vorposten überwältigt worden, durch Kriegsgeschrei und Gewehrfeuer aus dem Schlafe geweckt. Sie stürzten aus ihren Zelten, aber die Dunkelheit der Nacht ließ sie Nichts erkennen: sie hörten nur den heranstürmenden Feind. Sofort entspann sich ein mörderisches Gefecht, dessen Schrecken durch den Umstand erhöht wurden, daß man Freund und Feind nicht zu unterscheiden vermochte. Ziethen, der in der Besorgniß eines Ueberfalles seiner Reiterei ohne Vorwissen des Königs Befehl gegeben, gerüstet zu bleiben, griff sogleich in den Kampf ein; auch die übrigen Führer, sowie der König selbst, der anfangs nicht an einen allgemeinen Angriff der Oesterreicher hatte glauben wollen, boten Alles auf, um die Regimenter in Schlachtordnung aufzustellen, und in der That bewährte sich die musterhafte Disciplin des preußischen Heeres auch in dieser Schreckensnacht aufs Glänzendste. Indessen gelang es den Oesterreichern, sich einer bei dem Dorfe Hochkirch aufgepflanzten großen preußischen Batterie von sechsundzwanzig Geschützen zu bemächtigen, die nun auf die in den engen Gassen desselben zusammengedrängten Preußen gerichtet wurde und furchtbare Verheerungen unter ihnen anrichtete. Bald ging das Dorf in Flammen auf, die weithin die Gräuel des furchtbaren nächtlichen Kampfes beleuchteten.

Um die Batterie wieder zu gewinnen, drang der Feldmarschall

Keith an der Spitze mehrerer Bataillone von der Seite in das brennende Dorf ein; aber gleich darauf sank er, von zwei Kartätschenkugeln durchbohrt, entseelt zu Boden. Dem tapferen Prinzen Franz von Braunschweig, der mit neuen Truppen herbeieilte, riß eine Kanonenkugel den Kopf hinweg; auch der Prinz Moritz von Dessau wurde tödtlich verwundet aus dem Kampfgewühle fortgetragen.

Endlich brach der Tag an; aber er änderte Nichts an der Lage der Dinge; denn ein dichter Nebel bedeckte den Kampfplatz. Bis gegen neun Uhr suchte sich der König in seiner Stellung zu behaupten; dann gab er Befehl zum Rückzug, der trotz der erlittenen schweren Verluste in solcher Ordnung ausgeführt wurde, daß die Oesterreicher ihn nicht zu stören wagten. Außer sechstausend Todten und Verwundeten, die der König auf der blutigen Wahlstätte zurückließ, war sein sämmtliches Geschütz und sein ganzes Gepäck verloren. Indessen hatten auch die Oesterreicher schwere Verluste erlitten; die Zahl ihrer Todten und Verwundeten betrug fünftausendsechshundert.

Während Friedrich sofort auf den Höhen von Bautzen ein neues Lager aufschlug, zeigte sich Daun in der Benutzung des errungenen Sieges so säumig, daß es dem Prinzen Heinrich möglich war, seinem Bruder siebentausend Mann nebst frischem Kriegsvorrath zuzuführen. Da es ihnen gelang, das Daun'sche Lager zu umgehen und Görlitz zu erreichen, von wo dem König der Eintritt in Schlesien nicht mehr verwehrt werden konnte, sah sich Daun um die Früchte seines Sieges betrogen. Friedrich ließ seinen Bruder mit einer Heeresabtheilung bei Landshut stehen und eilte selbst nach Schlesien, wo er alsbald die Aufhebung der Belagerung von Neiße und Kosel erzwang.

Unterdessen war Daun zur Befreiung Sachsens aufgebrochen, wo er sich mit dem Reichsheere, das bereits bis Leipzig vorgedrungen war, zu gemeinsamer Aktion zu vereinigen gedachte; dasselbe wurde jedoch, noch ehe er selbst die sächsische Grenze überschritten hatte, von dem Grafen Dohna, der inzwischen aus der Neumark zurückgekehrt war, zum Rückzug nach Franken genöthigt, wo es die Winterquartiere nahm. Als Daun endlich mit seinem Heere vor Dresden erschien und Anstalten zur Belagerung traf, ließ der Kommandant der Stadt, Graf Schmettau, einen Theil der schönen Vorstädte derselben abbrennen, damit die Oesterreicher sich nicht darin festsetzen könnten, und wies die Aufforderung zur Uebergabe mit der Antwort ab: er werde sich von Straße zu Straße vertheidigen und sich im äußersten Falle unter den Trümmern des kurfürstlichen Schlosses begraben. Da Daun auf dieses Aeußerste es nicht ankommen lassen wollte und überdies die Nachricht erhalten hatte, daß Friedrich wieder von Schlesien heranrücke, zog er sich nach Böhmen zurück, um dort die Winterquartiere zu nehmen. Friedrich, der in der That schon am 20. November in Dresden ankam, traf dort alle nöthigen Anordnungen zur Vertheidigung Sachsens, die er abermals seinem Bruder Heinrich übertrug, und kehrte dann zur Ueberwinterung nach Breslau zurück.

So war auch der Feldzug des Jahres 1758 für Friedrich, trotz der Unfälle von Olmütz und Hochkirch, ohne wesentlichen Nachtheil zu Ende gegangen. Auf dem westlichen Kriegsschauplatz hatten sogar die Dinge für ihn eine günstigere Wendung genommen. Ferdinand von Braunschweig war über den Rhein gegangen und hatte am 23. Juni bei Krefeld über den Grafen von Clermont einen vollständigen Sieg erfochten. Das Eintreffen bedeutender Verstärkungen für die französische Rheinarmee unter dem tüchtigeren Marquis von Contades, der an Clermonts Stelle trat, sowie der Einbruch eines zweiten französischen Heeres unter Soubise und Broglio in das hessische Gebiet hatten ihn zwar zum Rückzug auf das rechte Rheinufer genöthigt; hier hatte er jedoch an der Lippe eine so trefflich gewählte Stellung genommen, daß die französischen Feldherren ihre beabsichtigte Vereinigung nicht bewerkstelligen konnten, sondern Contades seine Winterquartiere zwischen dem Rhein und der Maas nehmen und Soubise Hessen wieder räumen mußte, worauf Ferdinand sein Heer für den Winter in die westfälischen Bisthümer verlegte.

Die Schlacht bei Kunersdorf.

(12. August 1759.)

Der Feldzug des Jahres 1758 hatte den unglückseligen Krieg seiner Entscheidung um keinen Schritt näher geführt; das Ergebniß desselben war, nach Friedrichs eigenem Geständniß, kein anderes, als „der Verlust vieler braven Leute, das Unglück vieler auf immer verkrüppelten armen Soldaten, der Ruin einiger Provinzen, die Verwüstung, Plünderung und der Brand einiger blühenden Städte.“ Von allen Seiten wurde daher für den neuen Feldzug mit der größten Anstrengung gerüstet.

Für Friedrich wurde es indessen immer schwerer, die Kosten des Krieges zu bestreiten, obgleich England ihm nach dem am 1. April 1758 abgeschlossenen Subsidienvertrag für die Erhaltung und Vermehrung seiner Streitkräfte jährlich vier Millionen Thaler zahlte. Um die fehlenden Geldmittel beizubringen, verschlechterte er nicht nur die Münzen in immer höherem Grade, sondern beutete auch die von ihm besetzten Länder in der unbarmherzigsten

Weise aus. So mußte Sachsen für den Feldzug des Jahres 1759 an Lieferungen und baarem Gelde neun Millionen Thaler — nach der Berechnung der Sachsen sogar elf Millionen — entrichten und zwölftausend Rekruten stellen. In Leipzig wurden die reichsten Kaufleute festgenommen oder mit der Wegführung und Versteigerung aller ihrer Waaren bedroht, bis die der Stadt aufgebürdete Kontribution von dreimalhunderttausend Thalern erpreßt war. Mecklenburg mußte zur Strafe dafür, daß es schwedischem Kriegsvolk den Durchzug gestattet hatte, zwei Million viermalhunderttausend Thaler zahlen.

Besonders schwer lag des Königs Hand auf den Katholiken, namentlich in Schlesien. Am 19. Dezember 1758 erhielt die katholische Geistlichkeit Befehl, den zehnten Theil ihres Einkommens an die Militärkasse abzuliefern, „weil es eine reichskundige Sache sei, daß der Wiener Hof zur Fortsetzung des Krieges vom Papste die Vollmacht erlangt habe, von den katholischen Stiftern und der ganzen Klerisei in den gesammten Reichslanden den zehnten Theil ihrer Einkünfte zu beziehen.“ Da häufig katholische Schlesier fahnenflüchtig wurden, entstand bei dem König wie bei vielen preußischen Befehlshabern die Meinung, daß diese Soldaten von den katholischen Geistlichen, als geheimen Verbündeten Oesterreichs, zur Desertion verleitet würden. Es wurde daher dem katholischen Klerus für den Fall dieses Vergehens mit der ganzen Strenge der Kriegsgesetze gedroht, nach welchen, kraft einer von dem König erlassenen Verordnung, Alle, die einen Soldaten zur Desertion verleiten oder ihm dazu behilflich sein würden, ohne weitläufigen Prozeß ohne Gnade und ohne Zulassung eines Geistlichen neben dem Deserteur aufgehängt werden sollten. Diese Strafe traf einen Geistlichen, Andreas Faulhaber, weil er nach der Aussage eines eingefangenen Ausreißers, der sich dadurch Begnadigung zu erkaufen hoffte, diesem in der Beichte gesagt haben sollte, die Fahnenflucht sei zwar eine schwere Sünde, doch könne man für dieselbe Verzeihung von Gott erlangen. Während den Deserteur, der inzwischen seine Aussage widerrufen hatte, später aber zu derselben zurückgekehrt war, nur die Strafe des Gassenlaufens traf, wurde der Priester auf Befehl des Königs am 29. Dezember 1758 an einem Galgen aufgehängt, an welchem bereits ein Deserteur hing. Er starb mit dem Muthe und der Freudigkeit eines Martyrers.

Nachdem Friedrich seine Rüstungen beendet hatte, bezog er mit einem Heere von fünfundvierzigtausend Mann bei Landshut ein festes Lager, entschlossen, diesmal den Angriff seiner Feinde abzuwarten. Sachsen war durch den Prinzen Heinrich und Oberschlesien durch den General Fouqué gedeckt. Längs der böhmischen Grenze stand ein österreichisches Heer von dreiundachtzigtausend Mann unter Daun und Loudon.

Auf die Nachricht, daß das russische Heer, das unter dem

Grafen Soltikow, dem Nachfolger Fermors im Oberbefehl, bereits Ende April die Weichsel überschritten hatte, gegen die Oder vorrücke, um sich mit einem österreichischen Korps von zwanzigtausend Mann zu vereinigen, das ihm unter Loudon entgegenziehe, sandte Friedrich dem Grafen Dohna, der eben die Schweden in Stralsund belagerte, Befehl, sofort nach Polen aufzubrechen, um womöglich die Russen in einzelnen Heerhaufen zu schlagen und dadurch ihre Vereinigung mit den Oesterreichern zu verhindern. Dohna konnte diesem Befehl nicht nachkommen, da er sich in Polen der ganzen russischen Armee gegenüber sah, und mußte sich, ohne eine passende Gelegenheit zu einer Schlacht gefunden zu haben, bis zur Oder zurückziehen. Der König rief ihn mit allen Zeichen seiner Ungnade zurück und sandte an seine Stelle den Grafen von Wedel, der sich bereits im zweiten schlesischen Kriege den Ehrennamen des preußischen Leonidas erworben und auch bei Leuthen sich aufs Rühmlichste hervorgethan, mit dem Titel und der Vollmacht eines Diktators und dem Befehle, die Russen zu schlagen, wo er sie finde. Diesem Befehle gemäß griff Wedel am 22. Juli bei dem Dorfe Kay, unweit Züllichau, das ihm an Zahl dreifach überlegene und in einer äußerst vortheilhaften Stellung verschanzte russische Heer an; er wurde jedoch mit einem Verlust von achttausend Todten, Verwundeten und Gefangenen und von fünfundzwanzig Geschützen zurückgeschlagen. Die Vereinigung Soltikows mit Loudon war nun nicht mehr zu verhindern; sie erfolgte am 3. August bei Krossen.

Auf die Kunde von der Niederlage seines Diktators beschloß Friedrich, selbst unverweilt den Russen entgegenzuziehen. Er rief seinen Bruder Heinrich aus Sachsen herbei, wo derselbe den General Fink mit neuntausend Mann zurückließ, und übertrug ihm den Oberbefehl in Schlesien. Nur von einem Trupp Husaren begleitet, ging er am 30. Juni nach Sagan ab, um sich an die Spitze des geschlagenen Wedel'schen Heeres zu stellen. Mit achtundvierzigtausend Mann überschritt er am 11. August die Oder und sah sich bald dem vereinigten russischen und österreichischen Heere gegenüber, das sich in der Stärke von sechzigtausend Mann — zweiundvierzigtausend Russen und achtzehntausend Oesterreicher — unweit Frankfurt a. d. O. auf den Anhöhen von Kunersdorf verschanzt hatte. Obgleich er demselben an Zahl nicht gewachsen war, beschloß er, am folgenden Tage, dem 12. August, zum Angriff zu schreiten. Derselbe erfolgte um 11 Uhr Vormittags. Die Hitze war drückend und das den Preußen nicht genügend bekannte Terrain äußerst schwierig; auch sprühten die zahllosen Feuerschlünde, mit denen die Anhöhen besetzt waren, Tod und Verderben auf die anstürmenden Preußen; dennoch drangen sie unaufhaltsam vor, eroberten die Batterien, die den linken Flügel der Russen deckten, und warfen diesen selbst in voller Auflösung zurück.

Bei der Verwirrung, die in dem feindlichen Lager zu herrschen schien, und im Besitze von siebzig erbeuteten Kanonen, hielt Friedrich die Niederlage des russischen Heeres für entschieden und zögerte daher nicht, einen Kurier mit der Siegesbotschaft nach Berlin abzufertigen. Aber seine Siegesfreude war verfrüht. Noch stand der rechte Flügel der Russen unerschüttert, und die Oesterreicher waren noch gar nicht ins Gefecht gekommen; auch sammelten sich viele Flüchtige des linken russischen Flügels wieder, weil der König in seiner Siegeszuversicht Befehl gegeben, während der Schlacht Frankfurt zu besetzen, damit den Russen, die er durchaus gänzlich vernichtet wissen wollte, der Rückzug abgeschnitten sei.

Die meisten Generale riethen dem König dringend, von der Fortsetzung des Kampfes abzustehen, da seine Truppen erschöpft seien und die Russen sich wohl sicher während der Nacht zurückziehen würden; aber Friedrich, der die Sache um jeden Preis vollständig entschieden sehen wollte, bestand auf der Erneuerung des Angriffs. Kaum hatte jedoch der Kampf mit dem rechten russischen Flügel begonnen, als das Glück dem König entschieden den Rücken wandte. Die Preußen konnten die erbeuteten russischen Kanonen nicht benutzen, weil für dieselben keine Munilion mehr vorhanden war, und während sie sich vergebens bemühten, die eigenen in dem sandigen Boden voranzubringen, wüthete das Feuer der feindlichen Geschütze in furchtbarer Weise in ihren Reihen. Friedrich sah kein anderes Mittel der Rettung, als seine Reiterei gegen den Feind anstürmen zu lassen. Seydlitz, der den Untergang derselben vor Augen sah, erhob Einwendungen; als jedoch der König seinen Befehl mit zornigen Worten wiederholte, stürmte er gegen die russischen Schanzen vor. Aber von den mörderischen Kartätschenkugeln wurden Mann und Roß zu Boden gerissen, und Seydlitz selbst mußte schwerverwundet aus dem Kampfgewühle fortgetragen werden. Auch den Tapfersten entsank der Muth. Noch einmal ordnete Friedrich selbst die gelichteten Reihen seines Fußvolks und führte sie von Neuem ins Feuer. In diesem Augenblick erschien jedoch Loudon, der, von den Preußen ungesehen, mit seinen Reiterschaaren eine tiefe Schlucht, seitdem der Loudonsgrund genannt, durchzogen hatte, in der Flanke und im Rücken des preußischen Heeres und vollendete dessen grauenvolle Niederlage. Von einem panischen Schrecken ergriffen, wandte sich Alles zur Flucht. Vergebens suchte der König, der noch immer den Sieg an sich reißen zu können hoffte, einige Bataillone zum Stehen zu bringen. Zwei Pferde wurden ihm unter dem Leibe erschossen, und als er das dritte besteigen wollte, zerschmetterte ihm eine Musketenkugel sein goldenes Etui in der Westentasche. Das Nutzlose seiner Bemühungen erkennend, rief er voll Verzweiflung: „Kann mich denn keine verwünschte Kugel erreichen!“ Schon schwebte er, fast von allen seinen Truppen verlassen, in Gefahr, von einer Schaar heransprengender Kosaken getödtet oder gefangen genommen zu werden, als sein Adjutant, der Rittmeister Prittwitz, mit einem Trupp Husaren herbeieilte und ihn in Sicherheit brachte. Während der Flucht schrieb er auf dem Rücken seines Adjutanten mit Bleistift an seinen Minister Finkenstein in Berlin die bekannten Worte: „Alles ist verloren; retten Sie die königliche Familie. Adieu für immer!“ Außer achtzehntausend Todten und Verwundeten hatte ihn der verhängnißvolle Kampf sein ganzes Geschütz gekostet, und der Rest seines Heeres war zersprengt. Dagegen zählten die Oesterreicher nur zweitausend Todte und Verwundete, die Russen allerdings ungleich mehr; ihr Verlust soll sich auf vierzehntausend Mann belaufen haben.

Friedrich brachte die Nacht in dem kleinen Dorfe Oetscher a. d. O. in einer verödeten Bauernhütte zu. Hier schrieb er, da die an seiner Seele vorüberziehenden Bilder einer schrecklichen Zukunft ihn nicht schlafen ließen, einen Brief an Finkenstein, der einen kurzen Bericht des Verlaufs der Schlacht enthielt und mit den Worten schloß: „Ich habe keine Hilfsquellen mehr, und um die Wahrheit zu sagen, ich halte Alles für verloren. Ueberleben werde ich den Untergang meines Vaterlandes nicht. Leben Sie wohl auf ewig!“

Der König schien sich entschieden mit Selbstmordgedanken zu tragen. Schon nach der Schlacht bei Kollin hatte er in einer an den Marquis d'Argens gerichteten poetischen Epistel die Absicht ausgesprochen, sich das Leben zu nehmen, und Thatsache ist, daß er während des ganzen Krieges Giftpillen bei sich trug, die man nach seinem Tode noch eingepackt fand. Die fragliche Epistel, die mit einer Anspielung auf eine Stelle aus einem Trauerspiele Voltaire's schloß [1]), hatte er diesem Letzteren zugesandt, und der erschrockene Dichter hatte nicht ermangelt, seine ganze Beredtsamkeit aufzubieten, um ihn von der ausgesprochenen Absicht, „die seinem Ruhme nachtheilig und eines Philosophen unwürdig sei,“ zurückzubringen. Nichtsdestoweniger kam Friedrich im Verlaufe des Krieges wiederholt auf dieselbe zurück. Gfrörer meint jedoch: wer sich eine Kugel durch den Kopf schießen wolle, spreche nicht auf offenem

---

1) Mérope, Acte II., Scène VII.

Quand on a tout perdu, quand on n'a plus d'espoir,
La vie est un opprobre, et la mort un devoir.

(Wenn Alles uns verläßt, die Hoffnung selbst zerbricht,
Dann ist das Leben Schmach, und Sterben wird uns Pflicht.)

Markte davon; jene Epistel sei nur auf Effekt berechnet gewesen und habe die Welt in Staunen setzen sollen.

Am 13. August zog Friedrich in aller Frühe mit den Trümmern seines Heeres, die sich während der Nacht in der Stärke von fünftausend Mann wieder um ihn gesammelt, über die Oder nach Reitwein, wo sich noch zahlreiche Flüchtlinge bei ihm einfanden, und wandte sich von dort, nachdem er einige in der Nähe stehende Truppenabtheilungen an sich gezogen und Geschütz aus Berlin und Küstrin hatte herbeischaffen lassen, nach Fürstenwalde. Hier gedachte er dem vereinigten Heere der Oesterreicher und Russen entgegen zu treten, von denen er einen Angriff auf Berlin mit Sicherheit erwartete. Diese Erwartung erfüllte sich jedoch nicht. Soltikow, der ohnehin keine Sympathien für die Oesterreicher hatte und es im Hinblick auf die preußenfreundlichen Gesinnungen des russischen Thronfolgers für gerathen erachtete, den König nicht allzusehr ins Gedränge zu bringen, erwiderte auf ein Schreiben Dauns, worin dieser ihn zu gemeinsamem weiteren Vorgehen gegen Friedrich aufforderte: „Ich habe zwei Schlachten gewonnen und warte nur noch, um weitere Bewegungen zu machen, auf die Nachricht zweier Siege von Ihnen; denn es ist nicht billig, zu verlangen, daß die Truppen meiner Kaiserin allein agiren.“ Da sich Daun hierauf nach Böhmen wandte, kehrte Soltikow durch Niederschlesien nach Polen zurück. So hatte sich die Wetterwolke verzogen, die den König mit gänzlicher Vernichtung bedroht hatte.

Unterdessen hatte das Reichsheer, das unter dem Herzog von Zweibrücken in das von preußischen Truppen fast gänzlich entblößte Sachsen eingedrungen war, nach der Eroberung von Torgau und Wittenberg die Belagerung von Dresden begonnen, und da der Kommandant der Stadt, der tapfere Graf Schmettau, unmittelbar nach der Schlacht von Kunersdorf von dem König den Befehl erhalten, es nicht bis aufs Aeußerste kommen zu lassen, indem er auf keinen Entsatz zu rechnen habe, sondern nur die königlichen Kassen zu retten, hatte er am 4. September kapitulirt. Am folgenden Tage erhielt er von Friedrich den schriftlichen Befehl, Dresden auf jede mögliche Weise zu behaupten, da von Torgau aus, das inzwischen gleich Wittenberg von dem General Wunsch zurückerobert worden, ein Entsatzheer heranziehe; dieser Befehl kam jedoch zu spät. Dem Grafen Schmettau aber, der nur buchstäblich der Ordre Friedrichs nachgekommen war, entzog der durch den Verlust von Dresden gänzlich außer Fassung gebrachte König nicht nur für immer seine Huld, sondern entließ ihn auch aus seinen Diensten.

Inzwischen war der Prinz Heinrich mit vierzigtausend Mann nach Sachsen zurückgekehrt, worauf sich Daun, der bei Dresden ein festes Lager bezogen hatte, ängstlich und unentschlossen wie immer, nach Wils=

druf zurückzog. Am 13. November traf Friedrich selbst in Sachsen ein. Hocherfreut über Dauns Rückzug, ertheilte er sofort seinem General Fink Befehl, mit zwölftausend Mann nach Maxen aufzubrechen und dem im Plauen'schen Grunde stehenden Daun in den Rücken zu fallen, um demselben den Rückzug nach Böhmen abzuschneiden — ein Befehl, den Napoleon für einen unbegreiflichen und unverzeihlichen Fehler Friedrichs erklärt, da Nichts auf die Absicht Dauns gedeutet, Sachsen, dessen Hauptstadt er besaß, durch einen Rückzug nach Böhmen dem Feinde preiszugeben. Fink, der die Unausführbarkeit des ihm gewordenen Auftrags erkannte, versuchte Gegenvorstellungen zu machen; Friedrich schnitt dieselben jedoch mit den barschen Worten ab: „Er weiß, ich kann die Difficultäten nicht leiden. Mach' er, daß er fortkommt!" Fink gehorchte; er sah sich jedoch, nachdem er kaum bei Maxen angelangt, von der gesammten österreichischen Macht eingeschlossen und nach einem vergeblichen Versuche, sich durchzuschlagen, zu einer Kapitulation gezwungen, kraft deren er sich mit seinem ganzen Korps den Oesterreichern kriegsgefangen gab (20. November). Auch Fink mußte sein Unglück als ein Vergehen büßen. Nach einem Ausspruche des Kriegsgerichts wurde er seiner Stelle entsetzt und erhielt dieselbe auch später von Friedrich nicht zurück.

Indessen hatte der „Finkenfang bei Maxen", der in Wien mit umso größerer Freude begrüßt wurde, als er so wenig Blut gekostet, nicht, wie Maria Theresia hoffte, die Räumung Sachsens durch die Preußen zur Folge. Obgleich das preußische Heer durch den Unfall bei Maxen auf vierundzwanzigtausend Mann reducirt worden war, bezog Friedrich bei Wilsdruf, Daun gegenüber, ein festes Lager, in welchem er trotz der fürchterlichen Kälte, die in seinem Heere Tausende hinwegraffte, bis über den Jahreswechsel hinaus aushielt, nur damit Daun auch in dem seinigen festgehalten werde und die gleichen Verluste erleide. Erst am 10. Januar 1760 ließ er, nachdem ihm Ferdinand von Braunschweig eine Verstärkung von zehntausend Mann gesandt hatte, seine Soldaten die Winterquartiere beziehen, wobei er das Hauptquartier nach Freiberg verlegte.

Auf dem westlichen Kriegsschauplatz hatten die Franzosen den Feldzug von 1759 mit der Besetzung von Frankfurt eröffnet, in welches der Prinz von Soubise am 3. Januar unter dem Vorwand eines einfachen Durchmarsches eingerückt war. Um sie wieder aus dieser Stadt zu vertreiben, die ihnen als Hauptwaffenplatz diente und die Verbindung des am Oberrhein stehenden Armeekorps mit der Armee am Niederrhein sowie mit der Reichsarmee in Franken deckte, und sie über den Main zurückzudrängen, brach Ferdinand von Braunschweig mit dreißigtausend Mann aus seinen Winterquartieren auf; er erlitt jedoch am 13. April bei Bergen gegen den in sehr vortheilhafter Stellung verschanzten Herzog von Broglio eine Niederlage, die ihn zum Rückzug nöthigte und die Wiederbesetzung Hessens durch die Franzosen, sowie den Verlust von Minden und Münster zur Folge hatte, die im Juni und Juli von Contades erobert wurden. Alle errungenen Vortheile wurden jedoch den Franzosen durch den Sieg wieder entrissen, welchen Ferdinand von Braunschweig am 1. August bei Minden über den ihm fast um die doppelte Truppenzahl überlegenen Contades erfocht.

Die Schlachten bei Liegnitz und Torgau.

(1760)

Nach den in dem abgelaufenen Kriegsjahre erlittenen schweren Einbußen und den gewaltigen Rüstungen seiner Gegner konnte Friedrich den Feldzug des Jahres 1760 nur mit geringen Hoffnungen auf eine günstigere Gestaltung der Dinge beginnen. Während Oesterreich und Rußland über zweimalhunderttausend Mann gegen ihn ins Feld zu führen hatten, war es ihm mit Anstrengung aller Kräfte nicht möglich gewesen, mehr als neunzigtausend Mann zusammen zu bringen, und überdies konnten die neu eingestellten Rekruten, die mit List und Gewalt zu seinen Fahnen geschleppt worden waren, die alten Kernschaaren nicht ersetzen, mit denen er seine früheren Siege erfochten hatte. Auch seine finanzielle Bedrängniß hatte sich bedeutend gesteigert, und nur durch die schrankenloseste Ausbeutung der besetzten Länder, namentlich Sachsens, wo sogar die Wälder ausgehauen wurden, um das Holz in klingende Münze umzusetzen, konnten die nöthigen Geldmittel zur Fortsetzung des Krieges beschafft werden.

Hatte es Friedrich im vorhergehenden Jahre der Klugheit angemessen erachtet, sich beim Beginne des Feldzugs auf die Defensive zu beschränken, so zwangen ihn in diesem Jahre die Verhältnisse dazu. Diesmal wollte er selbst mit vierzigtausend Mann die Vertheidigung Sachsens übernehmen, wo Daun bei Dresden ein verschanztes Lager bezogen hatte. Fouqué sollte mit fünfzehntausend Mann Schlesien decken und der Prinz Heinrich mit fünfunddreißigtausend Mann die Russen von der Mark abhalten. Als jedoch im Juni aus Schlesien die Nachricht einlief, daß der österreichische General Harsch das wichtige Glatz eingeschlossen habe und Fouqué in seinem Lager bei Landshut von Loudon schwer bedrängt werde, überließ Friedrich die Vertheidigung Sachsens seinem General Hülsen und brach nach Schlesien auf, in der Hoffnung, dadurch auch Daun aus Sachsen herauszuziehen. Dieser folgte ihm in der That auf dem Fuße nach, und eine Zeitlang zogen beide Heere unter beständigen Scharmützeln dicht neben einander her.

Als Friedrich bei Bautzen die Spree überschritten hatte, erhielt er die Nachricht, daß Fouqué's Heer geschlagen und der Führer selbst gefangen sei. Loudon hatte denselben am 23. Juli mit bedeutender Uebermacht angegriffen und nach mehrstündiger verzweiflungsvoller Gegenwehr der Preußen und der Gefangennehmung Fouqué's den Sieg errungen. Das Fußvolk war theils getödtet, theils zur Ergebung gezwungen worden, während die Reiterei sich zum größten Theile durchgeschlagen hatte.

Statt seinen Weg nach Schlesien fortzusetzen, wandte sich Friedrich rasch um und kehrte nach Sachsen zurück, wo er Dresden durch Ueberraschung hinwegzunehmen hoffte, bevor Daun ihn einholen könne. Da ihm dies nicht gelang, indem der Kommandant von Dresden wohl auf seiner Hut und zur nachdrücklichsten Abwehr des Feindes entschlossen war, ließ er gegen die Stadt ein furchtbares Bombardement eröffnen, durch welches fünf Kirchen und zahlreiche Paläste, sowie vierhundertsechzehn Häuser in Asche gelegt, viele Einwohner getödtet und unzählige anderen an den Bettelstab gebracht wurden. Die Ankunft Dauns und die Nachricht, daß Glatz am 26. Juli in die Hände der Oesterreicher gefallen sei, bewogen ihn, die Belagerung von Dresden aufzuheben und zum Schutze von Breslau und Schweidnitz nach Schlesien aufzubrechen. Daun zog ihm nach, um ihm den Weg zu verlegen, und nachdem sich derselbe mit dem ihm entgegen ziehenden Loudon vereinigt hatte, sah sich der König in Gefahr, von der österreichischen Uebermacht erdrückt zu werden. Das Gefährliche seiner Lage wurde erhöht durch das Heranziehen Soltikows, der mit sechzigtausend Russen bereits in der Nähe von Breslau stand und dessen Vereinigung mit dem österreichischen Heere bisher nur durch seine Eifersucht auf Daun verzögert worden.

Um seine Gegner irre zu leiten, wechselte Friedrich von Tag zu Tag seine Stellung. So zog er sich in der Nacht vom 14. August ganz in der Stille aus seinem von den österreichischen Generalen genau erspähten Lager bei Jeschkendorf, oberhalb Liegnitz, auf die unterhalb dieser Stadt gelegenen Anhöhen von Pfaffendorf zurück, wo er seine Mannschaft die ganze Nacht hindurch in voller Kampfbereitschaft hielt. Gegen zwei Uhr Morgens wurde ihm gemeldet, daß der Feind heranziehe. Es war Loudon, der die Absicht hatte, gleichfalls die Höhen von Pfaffendorf zu besetzen, da die österreichischen Feldherren dem König einen ähnlichen Ueberfall wie bei Hochkirch zugedacht hatten. Friedrich ließ sogleich sein Heer in Schlachtordnung aufstellen, und so wurde Loudon, der keine Ahnung von der Anwesenheit der Preußen hatte, mit einem heftigen Geschützfeuer empfangen. Rasch gefaßt suchte er seine Truppen in Schlachtreihen zu ordnen, doch hinderte das ungünstige Terrain eine genügende Ausbreitung derselben; auch vermochte er im Dämmerlichte des Morgens nicht, den wahren Stand des Feindes zu erkennen: dennoch feuerte er die Seinen zu muthigem Vorgehen gegen denselben auf und gab ihnen selbst das Beispiel der kühnsten Todesverachtung. Als er jedoch beim vollständigen Anbruch des Tages erkannte, daß er nicht, wie er vermuthet hatte, nur einem Theile des preußischen Heeres, sondern der ganzen Macht des Königs gegenüberstand, und Daun, der von der anderen Seite den Feind hatte angreifen sollen, sich nicht blicken ließ, trat er um sechs Uhr, unter Zurücklassung von sechstausend Todten, Verwundeten und Gefangenen und zweiundachtzig Kanonen, den Rückzug an, den er in solcher Ordnung ausführte, daß Friedrich seiner Umgebung voll Bewunderung zurief: „Da seht den Loudon! Von dem kann man retiriren lernen; er räumt das Feld wie ein Sieger!“ Daun hatte sich zwar zur bestimmten Zeit auf den in der Nacht von den Preußen verlassenen Höhen eingefunden; aber ein widriger Wind hatte ihn verhindert, den Donner der Geschütze von dem entfernten Kampfplatze her zu vernehmen.

Gleich am Morgen nach der Schlacht trat Friedrich den Weg nach Parchwitz an und erreichte ungefährdet Breslau, das inzwischen von Loudon vergeblich belagert worden war, aber durch die stattgehabte Beschießung bedeutend gelitten hatte. Da Daun Miene machte, ihn von Schweidnitz abzuschneiden, mußte er ihm in dieser Richtung folgen. Beide lagerten sich schließlich in der Nähe von Dittmannsdorf; doch kam es zwischen ihnen nur zu kleinen Scharmützeln, da keiner von Beiden das Wagniß unternehmen wollte, den Andern in seiner trefflichen Stellung anzugreifen.

Unterdessen war es den österreichischen Feldherren gelungen, den Feldmarschall Soltikow, der sich, ohne jedweden Eifer für den Krieg und aufgebracht über Dauns Langsamkeit, von Breslau wieder über die Oder zurückgezogen hatte, für ein gemeinsames Unternehmen gegen Berlin zu gewinnen. Am 3. Oktober erschienen fünfzehntausend Oesterreicher unter Lascy und zwanzigtausend Russen unter Czernitschew vor der preußischen Hauptstadt, und da ein herbeigeeilter preußischer Heerhaufen sich zu ihrem Entsatze zu schwach erwies, ergab sich dieselbe am 9. Oktober. Der Stadt wurde eine Kriegssteuer von einer Million fünfhunderttausend Thalern und zweihunderttausend Thaler als Geschenk für das Heer auferlegt.

Die Nachricht von der Besetzung seiner Hauptstadt durch die Russen und Oesterreicher bewog den König, sofort in Eilmärschen dahin aufzubrechen; er erfuhr jedoch schon in Guben, daß Lascy und Czernitschew am 12. Oktober auf die Kunde von seinem Herannahen Berlin wieder geräumt hätten. Anstatt nach Schlesien zurückzukehren, wandte er sich nach Sachsen, wo unterdessen das Reichsheer Leipzig erobert und Hülsens kleinen Heerhaufen zur Räumung von Torgau und Wittenberg gezwungen hatte. Hier hatte sich Daun, der gleichzeitig mit Friedrich von Schlesien aufgebrochen war, auf einer Hügelreihe bei Torgau, den Siptitzer Höhen, in fast unangreifbarer Stellung verschanzt. Während der General Hülsen Leipzig und Wittenberg zurückeroberte und das Reichsheer zum Rückzug gegen Thüringen zwang, ging Friedrich am 26. Oktober bei Dessau über die Elbe, um Daun anzugreifen. Er verhehlte sich nicht, daß er bei diesem Angriff Alles aufs Spiel setze, da für den Fall eines ähnlichen Ausgangs wie bei Kunersdorf, der bei Dauns numerischer Ueberlegenheit und dessen trefflich gewählter Stellung nicht zu den Unmöglichkeiten gehörte, nicht nur Sachsen für ihn verloren war, sondern auch die Besetzung der Mark durch die siegreichen Oesterreicher und die bei Landsberg an der Warthe stehenden Russen nicht mehr verhindert werden konnte; aber er war, wie er an den Marquis d'Argens schrieb, entschlossen, „in diesem Feldzuge Alles zu wagen und die verzweifeltsten Dinge zu unternehmen, um zu siegen oder ein ehrenvolles Ende zu finden.“

Nach dem von Friedrich entworfenen Schlachtplane sollte der Angriff auf das österreichische Heer am 3. November gleichzeitig von zwei Seiten aus erfolgen, im Norden durch ihn selbst mit der Hauptmacht und im Süden durch Ziethen mit einem getrennten Korps. Sein Heer zählte vierundvierzigtausend, das österreichische vierundsechzigtausend Mann. Schon in der frühsten Morgenstunde setzte sich der König mit seinen Regimentern, die in vier Kolonnen getheilt waren, in Bewegung; da er jedoch einen Weg von mehreren Stunden zurückzulegen hatte, wurde es ein Uhr Nachmittags, ehe er im Angesichte des österreichischen Heeres anlangte. Kaum hatte er begonnen, sein Heer in Schlachtordnung aufzustellen, als gegen zwei Uhr von der entgegengesetzten Seite ein heftiger Kanonendonner herüberdrang. Friedrich zweifelte nicht, daß Ziethen bereits den Kampf eröffnet habe, und da er nur von einem gleichzeitigen Angriff einen günstigen Ausgang erwarten zu dürfen glaubte, führte er sogleich, ohne die vollständige Aufstellung seiner Regimenter abzuwarten, einige Bataillone gegen den Feind. Aber Daun, dem der Angriff nicht unerwartet kam, hatte seine Vorkehrungen zu einem furchtbaren Empfange getroffen: aus mehr als zweihundert Geschützen ergoß sich über die Anstürmenden ein Feuer, das ganze Regimenter niederschmetterte. „Es war“, erzählt der Preuße Archenholtz, der als junger Offizier an dem blutigen Treffen Theil nahm, in seiner Geschichte des siebenjährigen Krieges, „ein Bild der Hölle, die sich zu öffnen schien, ihren Raub zu empfangen.

Die ältesten Krieger beider Heere hatten nie eine solche Feuerscene gesehen; selbst der König brach wiederholt gegen seine Adjutanten in die Worte aus: ‚Welch' schreckliche Kanonade; haben Sie je eine ähnliche gehört?' Auch war die Wirkung über alle Vorstellung gräßlich. In einer halben Stunde lagen die fünftausendfünfhundert Grenadiere, welche den Angriff machten, todt oder verwundet auf die Wahlstatt gestreckt, größtentheils noch ehe sie ihre Gewehre hatten abfeuern können; nur sechshundert waren am andern Tage noch zum Dienste übrig. Es regnete stark; allein der Donner des Geschützes, der so gewaltsam und ununterbrochen die Luft zerriß, zertheilte die Wolken in der Region des Kampfplatzes, und der Himmel wurde etwas heiterer. Mittlerweile rückte die Hauptkolonne aus dem Walde an. Noch ehe die Preußen den Feind ins Auge fassen konnten, fielen die Wipfel der Bäume, von den Kugeln zerschmettert, auf ihre Häupter. Das Brüllen der Kanonen widerhallte gräßlich durch den Wald; es waren gleichsam Posaunen des Todes. Und nun beim Ausgang sahen die neu anrückenden Preußen, die sich in Wogen durch den Pulverdampf fortschlängelnden, keine siegversprechenden Scenen, sondern eine Wahlstatt voller Todten und gräßlich verstümmelter Körper, die sich keuchend in ihrem Blute wälzten."

Nur mit unsäglicher Mühe brachten die Preußen ihre Kanonen vorwärts, da Pferde und Führer niedergeschossen und die Lafetten zertrümmert wurden. Friedrich stand mitten im heftigsten Feuer. Rechts und links schlugen die feindlichen Kugeln in die Erde, so daß sein Pferd in beständiger Bewegung blieb. Auch traf ein Streifschuß seine Brust, der ihm die Besinnung raubte. Lautlos sank er vom Pferde; doch bald kam er wieder zu sich; denn die Verwundung war keine schwere, da ein Pelz und sein Sammtrock die Wirkung der Kugel geschwächt hatten. Mit den Worten: „An meinem Leben liegt heute am wenigsten. Jeder thue seine Pflicht, und wehe Denen, die sie nicht thun!" schwang er sich wieder aufs Pferd und stürmte von Neuem in den Kampf. Auch Daun, der an der Spitze seines Fußvolks auf die Preußen eingestürmt, hatte eine Wunde erhalten, die er sich mitten im Kampfgewühl, auf dem Boden sitzend, verbinden ließ, ohne seine Befehle zu unterbrechen.

Indessen war der Angriff der Preußen bereits dreimal zurückgeschlagen worden, und mit jeder Viertelstunde sank Friedrichs Hoffnung mehr; denn der Kern seiner Infanterie lag auf dem Blutfelde hingeschlachtet, und noch hatte man sich der feindlichen Verschanzungen nicht bemächtigt. Endlich nöthigte ihn die früh einbrechende Nacht, Befehl zum Rückzug in die Ebene zu geben, während Daun, der sich seiner Wunde wegen nach Torgau hatte bringen lassen müssen, einen Kurier mit der Siegesbotschaft nach Wien entsandte.

Doch wie im vorhergehenden Jahre bei Kunersdorf, so trat auch hier ein unerwarteter Umschwung ein. Ziethen hatte nämlich, nachdem er längere Zeit durch einen österreichischen Vorposten aufgehalten worden, gegen welchen er Kanonen hatte aufführen lassen müssen, den Angriff verzögert, um den seiner Meinung nach von dem König siegreich zurückgeworfenen Oesterreichern beim Herabsteigen von den Höhen den Rückzug abzuschneiden. Erst als er die Ueberzeugung gewonnen, daß Friedrichs Angriff abgeschlagen worden, warf er sich mit aller Macht auf die Oesterreicher, und da ihm die Flammen des in Brand gesteckten Dorfes Siptitz zur Leuchte dienten, gelang es ihm, an einer unbesetzten Seite bis auf die Anhöhe vorzudringen. Hier entspann sich alsbald ein heftiger Kampf, in welchem Ziethen durch verschiedene zersprengten Regimenter, die auf Friedrichs Seite gekämpft und sich inzwischen wieder gesammelt hatten, aufs Nachdrücklichste unterstützt wurde. Da den durch den unerwarteten Angriff ohnehin in Verwirrung gerathenen Oesterreichern die Munition ausgegangen, sandte Daun von Torgau aus Befehl, den Rückzug über die Elbe anzutreten.

Friedrich brachte, während seine Truppen sich auf der Torgauer Haide an unzähligen Wachtfeuern gelagert, die Nacht in der kleinen Kirche des Dorfes Elsnig zu, weil alle Bauernhäuser mit Verwundeten angefüllt waren. Mit fieberhafter Ungeduld erwartete er den Anbruch des Tages, um sein Heer aufs Neue in Schlachtordnung aufzustellen. In der ersten Morgendämmerung warf er sich auf sein Pferd und ritt zum Dorfe hinaus, um sich Gewißheit über den Stand der Dinge zu verschaffen. Da erblickte er in der Ferne einen Trupp Husaren, und alsbald sprengte Ziethen ihm mit den Worten entgegen: „Eure Majestät, der Feind ist geschlagen; er zieht sich zurück.“ Friedrich umarmte ihn und drückte ihm tief bewegt seinen Dank aus.

Der heiße Tag hatte auf beiden Seiten schwere Opfer gekostet. Von den Preußen lagen zehntausend Mann todt oder verwundet auf der blutbedeckten Wahlstätte und viertausend waren als Gefangene den Oesterreichern in die Hände gefallen; das Heer Dauns zählte achttausend Todte und Verwundete und ebenso viele Gefangenen. Obgleich Friedrich seinen Zweck, die Oesterreicher aus Sachsen zu vertreiben, nicht erreicht hatte, da Daun seinen Rückzug auf Dresden genommen, so hatte er durch den Sieg bei Torgau doch so viel gewonnen, daß Soltikow von einem Einbruch in die Mark abgehalten wurde und er selbst die Winterquartiere noch einmal in Sachsen nehmen konnte, wo er diesmal sein Hauptquartier in Leipzig aufschlug. Die Russen zogen sich alsbald nach Polen zurück, während Loudon sein Heer in der Grafschaft Glatz die Winterquartiere beziehen ließ.

Zwischen den französischen Armeen und den verbündeten Truppen unter dem Prinzen Ferdinand von Braunschweig war es in diesem Feldzug zu keinem bedeutenden Ereigniß gekommen, obgleich die ersteren einmalhundertzwanzigtausend Mann zählten und der Prinz Ferdinand achtundneunzigtausend Mann unter seinem Kommando hatte; nur der kleine Krieg war eifrig geführt worden. Man hatte beiderseitig Städte genommen und ebenso schnell wieder verloren, und am Ende des Jahres befanden sich die beiderseitigen Heere ungefähr wieder in der gleichen Stellung, wie am Anfang desselben.

Die zwei letzten Kriegsjahre und der Hubertsburger Friede.

(1761—1763.)

Im Laufe des Winters waren von verschiedenen Seiten Friedensunterhandlungen in Anregung gebracht worden, und die meisten der am Kriege betheiligten Mächte hatten sich für die Abhaltung eines Friedenskongresses entschieden, der im Juli 1761 zu Augsburg eröffnet werden sollte; da jedoch die Gegner Friedrichs vorher noch größere Vortheile über ihn zu erlangen hofften, hatte der Krieg seinen ungehinderten Fortgang. Der König konnte in der That dem neuen Feldzug nur mit der größten Besorgniß entgegensehen; denn seine Lage war eine immer bedrängtere geworden. Die zahlreichen Lücken in seinen Heeren wurden zwar durch die im ganzen Reiche angestellten und durch jede nur erdenkliche List unterstützten Werbungen wieder ausgefüllt; aber die neuen Soldaten mußten erst während des Krieges einexercirt werden, und auf die Gefangenen, die man, ohne sie zu fragen, ob sie unter des Königs Fahnen dienen wollten, mit Gewalt unter die preußischen Regimenter steckte, war kein Verlaß. Dazu kam die Wandlung, die in der Politik Englands seit dem Regierungsantritte Georgs III., des Enkels Georgs II. (s. S. 301) eingetreten war und die dem König von Preußen nicht nur eine minder eifrige Betheiligung Englands an dem Kriege, sondern auch den Abgang der englischen Subsidien in Aussicht stellte. Zu der Beschaffung der nöthigen Geldmittel reichte die fortgesetzte Verschlechterung der Münzen nicht aus, und wie die Kräfte seiner eigenen Länder vollständig erschöpft waren, so versiegten auch die Hilfsquellen, die ihm bisher in Sachsen zu Gebot gestanden, mehr und mehr.

Nach dem zwischen den Höfen von Wien und Petersburg vereinbarten Feldzugsplane sollten Loudon und Buturlin, der an Soltikows Stelle getreten, Schlesien vollständig erobern und die Mark besetzen, Daun dagegen den König in Sachsen beschäftigen. Friedrich überließ jedoch den Oberbefehl in diesem Lande seinem Bruder Heinrich und brach nach Schlesien auf, um die Vertheidigung dieser Provinz in Person zu übernehmen. Drei Monate lang suchte er durch künstliche Märsche und Manöver die Vereinigung Loudons mit dem von der polnischen Grenze heranziehenden Buturlin zu verhindern; dessenungeachtet erfolgte dieselbe am 17. August bei Striegau. Um nicht von der feindlichen Uebermacht erdrückt zu werden — das verbündete Heer zählte einmalhundertdreißigtausend Mann, das seinige nur sechzigtausend — verschanzte er sich bei Bunzelwitz, unweit Schweidnitz, so fest, daß sein Lager einer Festung glich. Dennoch würde er verloren gewesen sein, hätte nicht Buturlin, der den Krieg ebenso lässig betrieb, wie sein Vorgänger, sich dem von Loudon geforderten Angriff auf das preußische Lager entschieden widersetzt. Als Loudon schließlich zu Vorwürfen gegen seinen Mitbefehlshaber überging, zog sich dieser, nachdem Beide das preußische Heer zwanzig Tage lang eingeschlossen, am 9. September wieder hinter die Oder und von dort nach Polen zurück, indem er nur zwölftausend Mann bei dem österreichischen Heere zurückließ. Um ihm die Rückkehr von dort für die nächste Zeit unmöglich zu machen und dadurch die Mark gegen einen Einbruch von seiner Seite zu schützen, ließ Friedrich durch den ihm nachgesandten General Platen alle in seinem Rücken befindlichen Vorrathshäuser niederbrennen.

Um Loudon aus dem Gebirge in die Ebene zu locken und ihn durch einen Ueberfall zur Schlacht zu zwingen, verließ Friedrich sein festes Lager und wandte sich gegen Neiße; er gab jedoch dadurch die Festung Schweidnitz seinem Gegner preis, und Loudon beeilte sich, aus dieser Unvorsichtigkeit seines Gegners Vortheil zu ziehen. Er brach in aller Stille gegen Schweidnitz auf und nahm diese wichtige Festung in der Nacht zum 1. Oktober durch einen glücklich ausgeführten Ueberfall. Mit der schwachen Besatzung von dreitausend Mann, die sich ihm ohne Kapitulation ergeben mußte, fiel ihm ein reicher Vorrath von allen möglichen Kriegsbedürfnissen in die Hände.

Es war ein schwerer Schlag für Friedrich, der anfangs gar nicht daran glauben wollte und den Adjutanten, welcher ihm die Unglücksbotschaft überbrachte, mit den Worten anfuhr: „Ich sag' ihm aber, es ist nicht wahr! Scheer er sich zum Teufel!" An eine Vertreibung der Oesterreicher aus Schlesien konnte er jetzt nicht mehr denken; er mußte nur auf die Rettung der Hauptstadt und der übrigen Festungen bedacht sein. Zu diesem Ende ließ er seine Truppen in den Dörfern bei Strehlen lagern und nahm selbst in dem Dorfe Woiselwitz, in der Nähe dieser Stadt, sein Hauptquartier. Hier blieb er bis zum 10. Dezember, wo er sein Heer längs der Oder zwischen Brieg und Glogau in die Winterquartiere legte, während er selbst seine Wohnung in Breslau nahm. Kaum dort angekommen, erhielt er die Nachricht, daß das wichtige Kolberg, das seit dem 20. August von einem russischen Heerhaufen unter dem Grafen Romanzow mit Hilfe einer russisch-schwedischen Flotte belagert und von dem Kommandanten der Festung, Oberst Heyden, mit Umsicht und Entschlossenheit vertheidigt worden war, sich am 16. Dezember aus Mangel an Lebensmitteln und Schießbedarf hatte ergeben müssen.

Wie in Schlesien, so war es auch auf den übrigen Kriegsschauplätzen während des Feldzugs von 1761 zu keinem irgendwie entscheidenden Ereigniß gekommen. Die Schweden, deren Thatkraft durch das auf die Armee zurückwirkende Parteigetriebe des im Alleinbesitze der Macht befindlichen Adels gelähmt wurde, waren durch den General Belling mit verhältnißmäßig geringen Streitkräften im Schach gehalten worden. In Sachsen hatte Daun, trotz seiner bedeutenden Uebermacht, den Prinzen Heinrich nicht aus seiner Stellung zu verdrängen vermocht, während die Reichsvölker durch den wieder genesenen Seydlitz hinter der Elster zurückgehalten worden waren. Am Rhein und an der Weser hatten die französischen Heere, obschon sie auf die Stärke von einmalhundertvierzigtausend Mann gebracht worden und von Kampfslust erfüllt waren, gegen den ebenso umsichtigen als entschlossenen Herzog von Braunschweig Nichts ausrichten können, weil es dem Herzog von Broglio, der die Armee des Oberrheins befehligte, bei all' seiner sonstigen Tüchtigkeit an Besonnenheit, und dem Prinzen von Soubise, dem Oberanführer der Armee des Niederrheins, an Thatkraft fehlte und Beide überdies durch Neid und Eifersucht an einem einmüthigen Zusammengehen gehindert wurden.

So hatte auch der Feldzug des Jahres 1761 Nichts entschieden, die Lage Friedrichs aber bedeutend verschlimmert. Mit Schweidnitz hatte er die Hälfte von Schlesien und mit Kolberg die Hälfte von Pommern verloren, und in beiden Ländern hatten seine Gegner zum ersten Male die Winterquartiere nehmen können. Von Sachsen hatte er nur einen Theil inne, und seine gesammten Streitkräfte in diesem Lande, wie in Schlesien, bestanden nur noch aus etwas mehr als sechzigtausend Mann.

Welche Hoffnungen konnten dem König unter diesen Verhältnissen für den Feldzug des kommenden Jahres bleiben? „Der größte Theil der Provinzen," sagt er selbst, „war erobert oder verheert; man sah nicht mehr ab, woher man Rekruten nehmen, wo man Pferde und Geschirre bekommen, wo man Lebensmittel finden sollte, noch wie man mit Sicherheit die Kriegsbedürfnisse zur Armee schaffen könnte." In seiner Noth verschmähte er es nicht, den türkischen Sultan und den Khan der Tataren zum Kriege gegen Oesterreich und Rußland aufzustacheln; glänzende Geschenke wurden nach Konstantinopel gesandt, um den Sultan Osman III. zu einem Einfall in Ungarn zu bestimmen. Als auch dieses erhoffte Rettungsmittel fehl schlug, wies Friedrich seinen Gesandten in London an, Alles zum Sturze des neuen Ministers Bute aufzubieten, durch dessen Einfluß ihm die früher gezahlten Subsidien entzogen worden waren; aber seine Depeschen gelangten zur Kenntniß Georgs III., und so wurde das Verhältniß zwischen ihm und England nur um so gespannter. In den Augen von ganz Europa galt seine Sache als eine verlorene. „Man kann jetzt drei gegen eins wetten," schrieb Voltaire an den französischen Minister Choiseul, „daß Luc (diesen Spottnamen hatte er dem König gegeben) mit seinen Versen, Späßen und Beschimpfungen und mit seiner Politik, die alle zusammen gleich schlecht sind, verloren ist." Doch als die Noth für Friedrich aufs Höchste gestiegen, eröffnete sich ihm in dem Thronwechsel in Rußland die sichere Aussicht auf Rettung.

Am 5. Januar 1762 erlag die Kaiserin Elisabeth nach längerer Krankheit einem Blutsturz, und ihr Neffe Peter von Holstein-Gottorp, der noch an demselben Tage als Peter III. den russischen Thron bestieg, war ein so schwärmerischer Verehrer Friedrichs, der ihm als das Ideal eines Fürsten galt, daß er einen Ring mit dessen Bild stets als höchstes Kleinod am Finger trug und dieses Bild oft vor den Russen mit Begeisterung küßte. Gleich nach seiner Thronbesteigung gab er allen preußischen Gefangenen, deren Auslösung Elisabeth beharrlich verweigert hatte, ohne Lösegeld die Freiheit zurück, verbot das fernere Aushauen der preußischen Wälder, schenkte den verarmten pommer'schen Ständen bedeutende Geldsummen und räumte ihnen seine Magazine in Stargard ein. Friedrich sandte ihm hierauf gleichfalls die russischen Gefangenen zurück und verordnete die Wiedererstattung aller aus dem Fürstenthum Anhalt-Zerbst, dem Geburtslande der neuen Kaiserin Katharina, beigetriebenen Brandschatzungen und Lieferungen. Am 16. März wurde zu Stargard zwischen beiden Mächten ein Waffenstillstand geschlossen, und am 5. Mai erfolgte zu Petersburg der Abschluß eines Friedens, durch welchen Friedrich alle von den Russen eroberten preußischen Gebiete zurückerhielt. Dieser Friede wurde am 8. Juni in ein förmliches Bündniß verwandelt, worin der Czar dem König alle seine Staaten nach den Friedensschlüssen von Breslau und Dresden garantirte. Zu der gleichen Zeit erhielt der noch in Polen stehende Czernitschew Befehl, mit zwanzigtausend Mann zu dem preußischen Heere zu stoßen.

Die nächste Folge der Herstellung des Friedens zwischen Rußland und Preußen war der Abschluß eines Waffenstillstandes zwischen Preußen und Schweden, der am 7. April durch die Vermittlung des Czaren zu Stande kam und am 22. Mai zu Hamburg in einen definitiven Frieden verwandelt wurde. Schweden sagte sich in demselben von dem Bunde mit den Gegnern Friedrichs los, und beide Theile verpflichteten sich zur gegenseitigen Freigebung der Gefangenen, sowie zur Herstellung der Grenzen, wie sie vor dem Kriege gewesen.

Friedrichs schwerste Bedrängniß war vorüber, und er konnte nun alle seine Kräfte gegen Oesterreich wenden, wozu er unverzüglich die nöthigen Anordnungen traf. Der aus Pommern zurückgekehrte General Belling wurde zur Verstärkung des Prinzen Heinrich nach Sachsen gesandt, während Friedrich mit Hilfe Czernitschews die Festung Schweidnitz wieder zu erobern und die Oesterreicher gänzlich aus Schlesien zu verdrängen gedachte. Um Daun, der wieder an Loudons Stelle den Oberbefehl in Schlesien führte und zum Schutze von Schweidnitz heranzog, den Entsatz dieser Festung unmöglich zu machen, griff er den bei Adelsbach stehenden linken Flügel des österreichischen Heeres an, und da er gegen denselben Nichts auszurichten vermochte, beschloß er, seinen Angriff gegen den auf den Höhen von **Burkersdorf** verschanzten rechten Flügel Dauns zu richten. Kaum hatte er jedoch dazu die nöthigen Anordnungen getroffen, als Czernitschew aus Petersburg Befehl erhielt, mit seinen zwanzigtausend Mann sofort nach Rußland zurückzukehren.

Ein neuer Thronwechsel hatte dort Alles umgestaltet. Peter III., der sich durch mißliebige Neuerungen verhaßt gemacht, war auf Anstiften seiner Gemahlin gestürzt und bald darauf ermordet worden, und diese selbst hatte als **Katharina** II. den russischen Thron bestiegen. Da sie nicht nur die Neuerungen ihres Gemahls, sondern auch dessen unwürdiges Benehmen gegen sie selbst dem Einflusse Friedrichs zuschrieb, hatte sie unmittelbar nach ihrer Thronbesteigung ein Manifest erlassen, in welchem Preußen als der Todfeind Rußlands bezeichnet und alles für nichtig erklärt war, was zwischen Peter III. und Friedrich vereinbart worden; nachdem sie jedoch aus verschiedenen, unter Peters Papieren vorgefundenen Briefen des Königs die Gewißheit geschöpft, daß Friedrich diesen vor allen unvorsichtigen Neuerungen gewarnt und ihm eine würdigere Behandlung seiner Gemahlin dringend empfohlen, nahm sie die gegen Preußen erlassenen Beschlüsse zurück, doch blieb es bei der Abberufung Czernitschews.

Diese Abberufung war für Friedrich ein Donnerschlag; er verbarg jedoch seine Bestürzung und bat den russischen Feldherrn nur, ihn nicht vor der Beendigung der Schlacht zu verlassen. Dazu ließ sich Czernitschew denn auch bewegen und trug dadurch wesentlich zu einer für Friedrich günstigen Entscheidung des Treffens bei, indem Daun, der die Russen noch immer für Feinde hielt, sich genöthigt sah, dem in Schlachtordnung aufgestellten russischen Korps eine entsprechende Truppenzahl gegenüberzustellen, und dadurch an der Verwendung seiner gesammten Truppenmacht gegen das preußische Heer verhindert war. Nachdem der von Friedrich angegriffene rechte österreichische Flügel mehrere Stunden lang mit Löwenmuth gegen die preußische Uebermacht gekämpft, mußte Daun mit einem Verluste von nahezu dreitausend Mann das Schlachtfeld räumen (21. Juli 1762). Während er sich nach der böhmischen Grenze zurückzog, schlug Czernitschew den Rückweg nach Rußland ein.

Nach dem Abzuge der Oesterreicher traf Friedrich sofort Vorkehrungen zur Belagerung von Schweidnitz, die am 8. August eröffnet wurde und neun volle Wochen dauerte. Nachdem ein Versuch Dauns, die Festung zu entsetzen, fehlgeschlagen war, ergab sich dieselbe am 9. Oktober nach dem heldenmüthigsten Widerstand, der den Belagerten dreitausendfünfhundert und den Belagerern dreitausend Mann gekostet hatte.

Mit dem Falle von Schweidnitz war der Krieg in Schlesien beendet; in Sachsen, wo es inzwischen nur zu verschiedenen kleinen Gefechten gekommen, dauerte er noch bis zum 29. Oktober fort, an welchem Tage Prinz Heinrich bei Freiberg über die Reichsarmee und die Oesterreicher unter dem Fürsten von Stolberg einen Sieg erfocht, der den Kampf auf dem gesammten östlichen Kriegsschauplatze abschloß, indem am 24. November ein Waffenstillstand zwischen Oesterreich und Preußen zu Stande kam, dem bald der ersehnte Friede folgen sollte.

Da die Reichstruppen in den geschlossenen Waffenstillstand nicht einbegriffen waren, ließ Friedrich, der seine Truppen von Thüringen durch Sachsen und die Lausitz hindurch bis Schlesien in die Winterquartiere vertheilt und sein Hauptquartier in Leipzig genommen, den Obersten Kleist mit zehntausend Mann in Franken einbrechen, um Brandschatzungen beizutreiben und zugleich die dortigen Reichsstände zur Neutralität zu zwingen, welcher Zweck auch bei den Kurfürsten von Baiern und Mainz, sowie bei den Bischöfen von Bamberg und Würzburg erreicht wurde.

Auf dem westlichen Kriegsschauplatze hatte Ferdinand von Braunschweig, der auch in diesem Feldzuge rühmlich gegen die Franzosen gefochten, am 1. November Kassel erobert, und da zwei Tage später, am 3. November, die Friedenspräliminarien zwischen England und Frankreich unterzeichnet wurden, hörte auch in diesen Gegenden der lange verheerende Krieg auf.

So standen Maria Theresia und Friedrich einander allein

gegenüber, und da der König mehr als je entschlossen war, nicht das Geringste von dem aufzugeben, was er in den vorhergehenden Kriegen gewonnen, und trotz der gänzlichen Erschöpfung seines Landes Vorkehrungen zu einem neuen Feldzuge traf, blieb der Kaiserin keine andere Wahl, als den Krieg mit dem Aufgebote aller Kräfte ihres Reiches allein fortzusetzen oder durch die nochmalige und definitive Verzichtleistung auf Schlesien und Glatz den Frieden zu erkaufen. Sie entschied sich für das Letztere im Hinblick auf die geringe Wahrscheinlichkeit, mit ihren alleinigen Kräften mehr zu erreichen, als im Vereine mit so vielen mächtigen Bundesgenossen, sowie mit Rücksicht auf die Sehnsucht ihrer Völker nach Frieden und auf die bedenkliche Höhe, zu welcher die österreichische Staatsschuld während des Krieges angewachsen war. Nachdem sie dem König durch den Kronprinzen von Sachsen die Erklärung hatte zukommen lassen, „daß sie zu einem baldigen billigen und dauerhaften Frieden wahrhaft geneigt sei," willigte Friedrich, dessen Friedensbedürfniß nicht minder groß war, als das ihrige, in die Abhaltung eines Congresses, der am 31. Dezember 1762 auf dem sächsischen Jagdschlosse Hubertsburg, zwischen Meißen und Wurzen, eröffnet wurde. Oesterreich war auf demselben durch den Hofrath von Kollenbach, Preußen durch den Geheimen Legationsrath von Herzberg und Sachsen durch den Geheimenrath Fritsch vertreten. Da man sich von allen Seiten über die Friedensbedingungen zum Voraus klar geworden, stieß das Friedenswerk auf keine erheblichen Schwierigkeiten. Nach einem vergeblichen Versuche des Vertreters Oesterreichs, Friedrich II. zur Verzichtleistung auf die Grafschaft Glatz zu bewegen, kam am 15. Februar 1763 der Friede zu Stande. Die Hauptbedingung desselben war die allseitige Anerkennung des Besitzstandes der drei Staaten, wie er vor dem Kriege gewesen. Außerdem sagte Friedrich II. dem ältesten Sohne der Kaiserin, dem Erzherzog Joseph, seine Stimme zu der römischen Königswahl zu. In den Frieden mit Oesterreich wurde auch das deutsche Reich aufgenommen. Die Zurückziehung der preußischen Truppen aus Sachsen und der österreichischen aus Schlesien erfolgte, der getroffenen Vereinbarung gemäß, drei Wochen nach dem Abschluß des Friedens.

So ging Friedrich aus dem langen, schlachtenreichen Kampfe als Sieger hervor und hatte erreicht, was er erstrebt: die Stellung Preußens als einer europäischen Grossmacht war gesichert, und der Glanz seiner Thaten hatte das Andenken an die Rechtswidrigkeit seines Vorgehens in den Hintergrund gedrängt. Die traurigen Folgen des verhängnißvollen Krieges aber traten in den meisten der an demselben betheiligt gewesenen Staaten in schreckenerregender Weise zu Tage. Frankreich und Schweden waren dem

Bankerotte nahe; die englische Nationalschuld hatte sich verdoppelt, die österreichische war um hundert Millionen Gulden gewachsen; das von Freunden und Feinden ausgesogene Sachsen berechnete seinen Kriegsschaden auf siebzig bis achtzig Millionen Thaler. In Preußen war nach Friedrichs eigenem Geständniß, der neunte Theil der Bevölkerung theils in Schlachten, theils durch Krankheiten zu Grunde gegangen; einzelne Städte waren gänzlich zerstört, andere lagen zur Hälfte in Trümmern; zahlreiche Dörfer waren sammt ihren Bewohnern verschwunden; die Felder lagen brach, weil es an Saatkorn, an Vieh und an Händen zur Bebauung fehlte. Ueberall herrschte Noth; der Kredit war vernichtet, die Ordnung untergraben, der Richterstand zerrüttet und die Kriegszucht gelockert. Am Traurigsten sah es in denjenigen Ländern aus, in welchen die Russen und die Franzosen gehaust. In Preußen, Pommern und der Neumark waren ganze Gegenden vollständig verödet; an dreißigtausend wehrlose Menschen sollen dort von den wilden Kosakenschwärmen niedergemetzelt worden sein. Ein fast noch schlimmeres Andenken hatten die Franzosen in Westfalen, Niedersachsen und Hessen zurückgelassen. Selbst im fränkischen Kreise, wo sie nicht auf feindlichem Boden gestanden, hatten sie dergestalt gebrandschatzt und geplündert, daß ein französischer Offizier nach der Schlacht bei Roßbach an einen Freund schrieb: „Das Land ist auf dreißig Meilen in die Runde geplündert und verheert, wie wenn Feuer vom Himmel gefallen wäre. Kaum haben unsere Nachzügler und Marodeurs die Häuser stehen lassen."

Die schlimmste Folge des unheilvollen Krieges war jedoch die Besiegelung des durch Friedrich II. begründeten Dualismus in Deutschland. „Der König Friedrich II.," sagt Onno Klopp, „hat die Einheit eines deutschen Reiches und einer deutschen Nation unmöglich gemacht. Nicht die Kirchenspaltung des sechzehnten Jahrhunderts hat das vermocht, nicht der dreißigjährige Krieg und der westfälische Friede. Sie konnten das Reich lockern. Der entsetzliche Krieg und der traurige Friede konnten Wohlstand und bürgerliche Freiheit zertrümmern, die Stände und Korporationen dem Willen der Territorialfürsten opfern, das Recht und die Macht des obersten Richters im Reiche verkümmern bis auf ein Geringes; aber noch blieben die Formen, die unter günstigen Umständen ein neu erwachender Nationalgeist wieder erfüllen und beleben konnte. Mit dem Auftreten Friedrichs II. war das vorbei. Was von einem deutschen Reiche noch vorhanden war, das opferte dieser Mann, dessen Seele frühe sich gelöst hatte von allen heiligen Banden der Pietät, dem Phantome seines hohlen Ruhmes. Er allein zerspaltete das Reich. Er schuf den Dualismus. Denn das mußte auch ihm klar sein, daß selbst im günstigsten Falle, wenn es ihm gelang, Schlesien nicht blos zu gewinnen, sondern auch zu behalten, ein herzlicher Friede mit dem Kaiserhause niemals wieder möglich sein werde, weniger noch von jener Seite, als vielmehr von der seinigen. Das war nicht blos mehr ein Zwiespalt, eine Eifersucht von zwei fürstlichen Häusern im Reiche, wie es vordem gewesen war, etwa zwischen Hohenzollern und Welfen, über welchen ausgleichend und vermittelnd der deutsche Kaiser stand, sondern es war ein Spalt des Reiches selbst. Verblieben auch dem Kaiser rechtlich die Befugnisse des Kaisers: so mußten dieselben thatsächlich scheitern an dem Widerstreben Friedrichs, der nicht mehr sich unterordnen wollte. Ein Angriff auf das Kaiserhaus, zumal wenn er glücklich war, zerriß die deutsche Nation. Auch in der alten lockeren Form war sie fähig gewesen, den Stürmen von Ost und West zu widerstehen, weil zur Zeit noch die ganze Kraft dem Rufe des Einen folgte. Zerspalten und zerrissen, war sie gelähmt nach Ost und West; denn die kleineren Splitter müssen nach dem Gesetze der Gravitation dem Gewichte der schwereren Massen folgen."

XXV.

Der siebenjährige englisch-französische Krieg auf dem Meere und in den Kolonien.

(1756—1762.)

Die unmittelbare Veranlassung zu diesem Kriege gaben, wie wir oben (S. 416) gesehen, die ungenügenden Grenzbestimmungen, die im Utrechter und im Aachener Frieden bezüglich der englischen und französischen Besitzungen in Nordamerika getroffen worden. Der dieserhalb entstandene Streit bezog sich einerseits auf Akadien, das Frankreich im Utrechter Frieden an England abgetreten und von dem die Engländer behaupteten, daß es sich bis an den Lorenzostrom erstrecke, während die Franzosen darunter nur die Halbinsel Neuschottland verstanden wissen wollten, und andererseits auf die Grenzen von Louisiana, welche die Franzosen bis zu den großen Seen auszudehnen suchten, während die Engländer alle jenseits des Alleghani-Gebirgs gelegenen Küstenländer als von ihnen entdeckt in Anspruch nahmen.

Diese letztere Streitfrage war für beide Theile von umso größerer Wichtigkeit, als Frankreich, wenn es mit seinen Forderungen durchdrang, sich in der Lage befand, eine Verbindung zwischen Louisiana und Canada herzustellen, wodurch die Interessen Englands schwer gefährdet worden wären. Die Engländer beeilten sich daher, in den streitigen Gegenden Ansiedlungen anzulegen, und als die Franzosen dies durch Gewalt zu verhindern suchten und sich dabei zugleich in ihren eigenen Niederlassungen befestigten und verstärkten, wurde der Major Washington, der später in dem nordamerikanischen Freiheitskampfe eine so hervorragende Rolle spielen sollte, von Virginien aus an den französischen Befehlshaber abgesandt, um demselben Vorstellungen zu machen und zugleich einen wichtigen Punkt am Ohio zu besetzen; da jedoch die Franzosen bereits an derselben Stelle das Fort du Quesne angelegt, mußte Washington unverrichteter Dinge zurückkehren. Die englische Regierung sandte hierauf zu Anfang des Jahres 1755, noch vor erfolgter Kriegserklärung, den Admiral Boscawen mit vierundzwanzig Kriegsschiffen nach den Küsten von Nordamerika, um das französische Geschwader aufzufangen, das von Brest mit Verstärkungen nach dem Lorenzostrome abgegangen war. Der Angriff auf dasselbe mißlang jedoch, und ebensowenig Erfolg hatten die Unternehmungen des englischen Generals Braddock gegen die französischen Ansiedlungen am Ohio. Dagegen gelang es den Engländern im folgenden Jahre, den Franzosen zweihundertundfünfzig Kauffahrteischiffe hinwegzunehmen.

Um sich für diese Gewaltthat zu rächen, sandte die französische Regierung eine Flotte, die zwölftausend Mann unter dem Oberbefehl des Herzogs von Richelieu an Bord hatte, nach der Insel Minorka, und nachdem eine zum Schutze derselben herbeigeeilte englische Flotte von einer zweiten französischen zurückgeschlagen worden, mußte sich die Hauptstadt Port Mahon am 28. Juli 1756 ergeben.

Der fortdauernd ungünstige Verlauf des Krieges in Nordamerika, sowie die Anstalten, die in Frankreich zu einer Landung in England getroffen wurden, steigerten die Aufregung unter dem englischen Volke, das ohnehin mit den Grundsätzen der Regierung unzufrieden war, in so hohem Grade, daß der König Georg II. sich genöthigt sah, im Dezember 1756 ein neues Ministerium zu bilden, in welchem der volksbeliebte William Pitt eine hervorragende Stelle erhielt. Dieses Ministerium war jedoch nur von kurzer Dauer, da die persönliche Abneigung des Königs gegen Pitt durch dessen Widerspruch gegen seine und des Herzogs von Cumberland Ansichten über den Krieg auf dem Festlande erhöht wurde: schon am 5. April 1757 sah sich Pitt genöthigt, seine Stelle niederzulegen. Die allgemeine Unzufriedenheit über seinen Rücktritt, sowie die Bittschriften, die von allen bedeutenden Städten und Körperschaften des Landes für seine Wiederanstellung an den König gerichtet wurden, bestimmten diesen jedoch, Pitt noch in demselben Jahre wieder in das Ministerium aufzunehmen, dessen eigentliche Seele er fortan blieb.

Unter der umsichtigen und thatkräftigen Leitung Pitts, dessen Verwaltung für England eine neue Aera der Macht und des Ansehens herbeiführte, nahm der Krieg für England eine andere Wendung, wie in Deutschland, so auch in Nordamerika. Während englische Geschwader die Küsten Frankreichs durch Landungen beunruhigten, die Werke von Cherbourg zerstörten und die für Canada bestimmten Verstärkungen in den französischen Häfen zurückhielten, führte der Admiral Boscawen zwölftausend Mann Landtruppen unter dem General Amherst nach Halifax, welche sich, durch die amerikanische Landwehr verstärkt, verschiedener französischer Festungen bemächtigten und sich dadurch den Weg zu weiteren Unternehmungen auf Canada bahnten.

Im Jahre 1759 rückten drei englische Heeresabtheilungen von drei verschiedenen Punkten aus in Canada ein, um sich vor der Hauptstadt Quebeck zu vereinigen; doch erreichte nur die von dem General Wolf geführte ihr Ziel. Nachdem dieser treffliche Führer alle Schwierigkeiten seines Zuges überwunden, nöthigte er am 13. September das vor Quebeck stehende französische Heer zu einem Treffen, doch mußte er den Sieg mit seinem Leben erkaufen. Unter Mitwirkung der englischen Flotte wurde Quebeck erobert und im folgenden Jahre, nachdem ein Versuch der Franzosen, die Stadt wieder zu gewinnen, vereitelt worden, durch die Eroberung von Montreal die gänzliche Vertreibung der Franzosen aus Canada vollendet.

Während die Engländer in Nordamerika die Macht der Franzosen vernichteten, vereitelten sie auch in Europa die Hoffnungen, die Frankreich auf die geplante Landung in England gebaut. Die Flotte von Toulon, die sich zu diesem Zwecke mit der von Brest vereinigen sollte, um die in der Bretagne gesammelte Kriegsmacht nach England oder Irland überzusetzen, wurde am 18. August 1759 bei dem Cap Lagos, an der Südküste von Portugal, durch den Admiral Boscawen, und die von Brest am 20. November bei Quiberon durch den Admiral Hawkes gänzlich geschlagen. Ein kleines Geschwader, dem die Ausfahrt aus Dünkirchen geglückt, landete zwar an der Küste von Irland, fiel jedoch, ohne dort etwas ausgerichtet zu haben, am 28. Februar 1760 den Engländern in die Hände.

Diese Unfälle machten den Hof von Versailles zum Frieden geneigt; aber während er zur Herbeiführung desselben Unterhandlungen mit England angeknüpft hatte, leitete er zu der gleichen Zeit um für den Fall, daß die englische Regierung zu hohe Forderungen stellen sollte, den Krieg mit verstärkten Kräften fortführen zu können, ein Bündniß mit Spanien ein, dessen neuer König Karl III., der frühere König von Neapel, sich den Wünschen des französischen Hofes geneigter zeigte, als sein im vorhergehenden Jahre gestorbener Stiefbruder Ferdinand VI., der, dem Einfluß seiner Gemahlin nachgebend, in dem Kriege Frankreichs mit England vollständig parteilos geblieben war.

Während die Unterhandlungen von Pitt absichtlich in die Länge gezogen wurden, weil derselbe durch die Eroberung der Insel Belleisle an der französischen Küste ein Ausgleichungsobjekt für das verlorene Minorka in die Hand zu bekommen wünschte, gelang es dem französischen Minister Choiseul, am 15. August 1761 den sogenannten „bourbonischen Familienpakt“ mit Spanien zu Stande zu bringen, durch welchen eine so enge Verbindung der Höfe von Versailles und Madrid hergestellt werden sollte, daß beide Reiche fortan dem Auslande gegenüber nur eine Macht bildeten. Zu diesem Ende erklärten die Könige von Frankreich und Spanien, daß in Zukunft jede Macht, welche die Feindin des Einen werde, auch als die Feindin des Anderen gelten solle, und gewährleisteten einander ihre gesammten Besitzungen, welche Gewährleistung auch auf die Länder des Königs von Neapel und des Herzogs von Parma ausgedehnt wurde. In einem geheimen Vertrage verpflichtete sich Spanien, am 1. Mai 1762 an England den Krieg zu erklären, falls bis dahin der Friede zwischen Frankreich und England nicht zu Stande gekommen sein sollte; dagegen versprach der König von Frankreich, diesen Frieden nicht eher abzuschließen, bis Spanien von England für alle seine Beschwerden volle Genugthuung erlangt habe. Die Forderungen, die dieserhalb von dem französischen Hofe an die englische Regierung gestellt wurden, führten, da England dieselben auf das Entschiedenste zurückwies, den sofortigen Abbruch der Friedensunterhandlungen herbei.

Da Pitt eine Kriegserklärung von Seiten Spaniens voraussah, drang er darauf, daß man dem Hofe von Madrid darin zuvorkomme, damit man in der Lage sei, die spanische Silberflotte hinwegzunehmen, bevor dieselbe in Sicherheit gebracht werden könne; er stieß jedoch bei dem König, der sich ganz von Lord Bute, einem Schotten von gebildetem Geiste und unbestrittener Ehrenhaftigkeit, aber unbeliebt wegen seines kalten und stolzen Benehmens, leiten ließ, auf Widerstand, und als er hierauf seine Entlassung forderte, bewog Bute den König, dieselbe anzunehmen. So erfolgte also die Kriegserklärung nicht von Seiten Englands, sondern von Spanien. Da die portugiesische Regierung sich weigerte, dem Verlangen Spaniens gemäß den Engländern ihre Häfen zu verschließen, erklärten Spanien und Frankreich auch an Portugal den Krieg.

Trotz der Betheiligung Spaniens an dem Kriege gegen England, blieb dieses nach wie vor im Vortheil. Die ganze Gruppe der Antillen, von denen Guadeloupe und Dominique bereits früher von England erobert worden waren, ging für Frankreich verloren, und am 11. August 1762 mußte sich Havanna, die Hauptstadt von Cuba, die den Mittelpunkt des spanisch-westindischen Handels bildete, nach längerer tapferer Vertheidigung mit der in ihrem Hafen liegenden Flotte den Engländern ergeben. Zwei Monate später, am 6. Oktober, eroberten dieselben auch Manila, die Hauptstadt der Philippinen. Die an beiden Orten gemachte Beute von fünf Millionen Pfund Sterling war indessen nur ein kleiner Beitrag zur Deckung der Kriegskosten Englands, welche die Schuldenlast des Landes bereits von achtzig auf einhundertvierzig Millionen Pfund Sterling gesteigert hatten.

In seinen Hoffnungen auf einen günstigeren Verlauf des Krieges getäuscht, machte Frankreich aufs Neue Friedensvorschläge, und da der heftige Parteikampf, der zwischen den Anhängern Pitts und denen des Lord Bute ausgebrochen, dem englischen Ministerium große Verlegenheiten bereitete, zeigte sich dasselbe entgegenkommend. So kamen am 3. November 1762 zu Fontainebleau die Friedenspräliminarien zu Stande, die am 10. Februar 1763 zu Paris in einen definitiven Frieden verwandelt wurden. Durch denselben erhielt England Canada nebst der Insel Cap Breton, die kleineren unter den eroberten Antillen, die Halbinsel Florida sowie das Senegalgebiet in Afrika; auch wurde ihm Minorka zurückgegeben. Für das abgetretene Florida wurde Spanien, das seine Besitzungen auf Cuba sowie Manila zurückerhielt, durch Louisiana entschädigt, auf welches Frankreich zu seinen Gunsten Verzicht leistete. In der Benutzung des einträglichen Fischfangs an der Küste von Neufundland wurden den Franzosen bedeutende Beschränkungen auferlegt, und auf den ihnen abgetretenen Inseln St. Pierre und Miquelon durften sie keine Festungswerke anlegen.

Portugal, dessen Truppen unter der umsichtigen Führung des von England mit Verstärkungen dorthin gesandten Grafen von Schaumburg-Lippe die Angriffe der Spanier zum größten Theile zu vereiteln gewußt, blieb in dem Besitzstande, in welchem es sich vor dem Kriege befunden hatte.

Auch in Ostindien, wohin sich der Krieg zwischen England und Frankreich gleichfalls verbreitet hatte, blieb England im Vortheil. Im Jahre 1758 sandte die französische Regierung den Grafen Lally Tolendal (eigentlich Tully-Dale), den Abkömmling einer mit den Stuarts nach Frankreich ausgewanderten irischen Familie, als Gouverneur mit bedeutenden Verstärkungen nach Pondichery, der Hauptstadt der französischen Niederlassungen in Ostindien. Mit großer persönlicher Tapferkeit, durch welche er sich besonders in der Schlacht bei Fontenoi hervorgethan, verband derselbe einen glühenden Eifer für die Bekämpfung der englischen Macht in Ostindien; aber ihm fehlte nicht nur jede politische Klugheit, sondern auch die zu einer erfolgreichen Kriegführung nöthige Kenntniß des Charakters und der Sitten der Indier. Während er einerseits durch das rücksichtsloseste Einschreiten gegen die in die Verwaltung der französisch-ostindischen Kompagnie eingerissenen Mißbräuche die gesammte Beamtenwelt gegen sich aufbrachte, zog er sich zugleich den Haß der Eingeborenen durch die gänzliche Nichtbeachtung ihrer nationalen und religiösen Vorurtheile zu. Indessen schien der Anfang seiner kriegerischen Unternehmungen glückversprechend; denn er eroberte das Davidsfort, das er dem Erdboden gleich machen ließ. Dagegen mißlang sein Angriff auf Madras: die im Dezember 1758 begonnene Belagerung dieser Stadt mußte im Februar des folgenden Jahres bei dem Erscheinen einer englischen Ersatzflotte aufgehoben werden, und so groß war die Mißbeliebtheit Lally's bei seinen eigenen Landsleuten, daß die Nachricht von seinem Abzug von Madras in Pondichery mit Jubel begrüßt wurde. Da Lally zur Unterstützung dieser Unternehmung den General Bussy aus den nördlichen Besitzungen der Franzosen herbeigerufen hatte, gingen auch diese für Frankreich verloren, indem die Engländer sich von Bengalen aus darin festsetzten. Nachdem dieselben im Jahre 1759 Massulipatam erobert, wurde am 22. Januar 1760 in einem Treffen bei Wandiwash die französische Macht gänzlich aufgerieben. Ihr letzter Kampf galt der Erhaltung von Pondichery; doch auch diese Stadt mußte sich am 16. Januar 1761 nach tapferer Vertheidigung den Engländern ergeben, und ehe das Jahr zu Ende ging, waren die Franzosen gänzlich aus Ostindien vertrieben.

Als Lally, der kriegsgefangen nach England gebracht worden, erfuhr, daß man ihm allein den Verlust der so hoch gehaltenen indischen Besitzungen zur Last legte und ihn offen des Verraths beschuldigte, erwirkte er sich von der englischen Regierung die Erlaubniß, zu seiner Rechtfertigung nach Paris zu gehen. Er wurde sogleich in die Bastille gebracht und nach einer neunzehnmonatlichen harten Gefangenschaft zur Beschwichtigung der leidenschaftlich erregten öffentlichen Meinung von dem Parlamente zum Tode verurtheilt. Mit einem Knebel im Munde auf einem schmutzigen Karren zur Richtstätte geführt, starb er am 9. Mai 1766 auf dem Blutgerüste.

Obgleich Pondichery im Frieden von Paris an Frankreich zurückgegeben wurde, war die Macht der Franzosen in Ostindien durch die Bestimmung gebrochen, daß sie dort keine Festungswerke mehr errichten dürften, und im Jahre 1770 ging die ostindische Kompagnie vollständig zu Grunde. Dagegen gewann die englische Herrschaft in Ostindien immer festeren Boden und eine immer weitere

Ausdehnung, wozu der Eifer und die Geschicklichkeit des später von Georg III. zum Lord Plassey ernannten Obersten Clive, der schon im Jahre 1756 durch glänzende Unternehmungen gegen die eingeborenen Fürsten, die „Nabobs“, den Grund zu der Unterwerfung von ganz Bengalen gelegt, das Meiste beitrug. Calcutta, das schon früher ein Ansiedlungsplatz der Engländer gewesen, wurde, nachdem es dauernd in ihren Besitz übergegangen, die Hauptstadt eines großen, der englisch-ostindischen Gesellschaft gehörigen, wenn auch dem Namen nach von den abhängig gewordenen Fürsten beherrschten Reiches, zu welchem außer den Besitzungen von Bengalen die ganze östliche Küste, von Cuttak bis zum Cap Comorin gehörte. Auch hatten sie in der von ihnen geübten Vormundschaft über den Großmogul — den ehemaligen, jetzt auf das Gebiet von Delhi beschränkten Beherrscher von Hindostan — das Mittel in Händen, ihrem Vorgehen gegen die indischen Fürsten, die früher dessen Vasallen gewesen, einen Schein des Rechtes zu leihen und sich selbst die erworbenen Provinzen zu Lehen geben zu lassen. Das Gesammtgebiet der ostindischen Kompagnie umfaßte zehn Millionen Einwohner und trug einen Reingewinn von mindestens sieben Millionen Thalern ein. Dieser zerrann jedoch in den Händen der Direktoren in Europa und der habsüchtigen Beamten in Indien, deren Verwaltung sich überdies weder durch Menschlichkeit noch durch Gerechtigkeit empfahl.

Einen wesentlichen Bestandtheil der Heeresmacht, auf welche sich die Herrschaft der Engländer in Ostindien stützte, bildeten die Sepoys, indische Rekruten, denen sie europäische Zucht und Abrichtung beibrachten, ohne sie mit der europäischen Kriegskunst vertraut zu machen.

Während des nordamerikanischen Freiheitskrieges erstand der englischen Herrschaft in Ostindien ein gefährlicher Feind in Hyder Ali, dem Fürsten des in dem südlichen Theile der Halbinsel gelegenen Reiches Mysore. Das Glück, mit welchem derselbe seit dem Jahre 1767 die Engländer bekämpfte, regte auch andere von den zahlreichen Staaten der Halbinsel gegen sie auf, unter denen die der Mahratten — eines aus der alten indischen Kriegerkaste hervorgegangenen Volkes, das sich des ganzen Nordens der Halbinsel bemächtigt hatte — die gefährlichsten waren. Nur dem ungewöhnlichen Geschick und der unermüdlichen Ausdauer des neuen Statthalters Warren Hastings, den die englische Regierung im Jahre 1774 nach Ostindien sandte, hatte England den ungeschmälerten Fortbestand seiner Herrschaft in jenen Gegenden zu verdanken; doch dauerte der durch Hyder Ali erregte Kampf über dessen Tod (1782) hinaus fort. Erst mit dem neuen Beherrscher von Mysore, Tippo Saib, Ali Hyders Sohn, wurde im

Jahre 1784 ein Friede geschlossen, der die ostindische Kompagnie im Besitze ihres gesammten Gebietes beließ.

XXVI.

Frankreich unter Ludwig XV.

(1715—1774.)

Ludwigs XV. Privatleben.

Als Ludwig XV. im Jahre 1726 dem Herzog von Bourbon die Leitung der Staatsangelegenheiten entzogen, hatte er (s. S. 289) auf Fleury's Rath erklärt, daß er fortan selbst regieren werde; er nahm jedoch an der Leitung der Regierungsgeschäfte kaum irgend welchen Antheil, weil es ihm dazu ebensowohl an Lust, als an der nöthigen Einsicht fehlte, sondern überließ dieselbe, zum Heile Frankreichs, vollständig dem zum Staatsminister ernannten Kardinal Fleury. Dagegen gab er seinen Unterthanen das Beispiel eines durchaus sittenreinen Lebens. An seiner ebenso liebenswürdigen als frommen Gemahlin hing er mit rührender, warm und treu erwiderter Zärtlichkeit, und die Ehe des Königspaares, das am 8. Dezember 1728 durch die heiß ersehnte Geburt eines Thronerben erfreut wurde, nachdem die Königin bereits am 14. August 1727 ihrem Gemahle Zwillingstöchter geboren, schien für das Land das Vorbild häuslicher Tugend und häuslichen Glückes werden zu sollen.

Aber nur zu bald wurde es anders. Da die den König umgebenden Höflinge nicht nur ihren Einfluß auf denselben durch den der Königin gefährdet sahen, sondern auch von einer geregelten Lebensweise des Herrschers den Verlust aller Gelegenheiten zur Befriedigung ihrer theils ehrgeizigen, theils gewinnsüchtigen Begierden fürchteten, suchten sie ihn durch die Aufreizung seiner Sinnlichkeit in die Bahn des Lasters hineinzuziehen. Anfangs sträubte sich Ludwigs bessere Natur gegen diese Bemühungen, bis endlich seine Schwäche den Kunstgriffen der Verführer erlag. Der Gräfin von Mailly, die man ihm zur Buhlerin auserwählt, weil man von ihr keine allzu ehrgeizigen Bestrebungen befürchten zu müssen glaubte, gelang es, ihn seiner Gemahlin vollständig zu entfremden; doch wurde sie selbst bald durch die Wittwe des Marquis de la Tournelle, die der in leidenschaftlicher Liebe zu ihr entbrannte König zur Palastdame der Königin und zur Herzogin von Chateauroux erhob, aus Ludwigs Gunst verdrängt, worauf sie durch strenge Bußübungen und einen bis an ihr Lebensende fortgesetzten musterhaften Wandel ihre Vergehungen zu sühnen suchte. Der König aber war für sein ganzes Leben dem Laster verfallen und sank immer tiefer in einen Abgrund von Unsittlichkeit, aus welchem er sich trotz zeitweise wiederkehrender besserer Regungen nicht mehr emporzuarbeiten vermochte.

Um sich in voller Freiheit der ungebundensten Sinnlichkeit hingeben zu können, nahm Ludwig seit dem Jahre 1738 seinen Aufenthalt vorzugsweise in dem Schlosse Choisy, das er mit der verschwenderischsten Pracht hatte ausschmücken und mit allem versehen lassen, was die üppigste Phantasie zur Vervielfältigung und Verfeinerung aller Sinnengenüsse nur erdenken konnte. Hier wurden nächtliche Festgelage gehalten, die in Nichts den berüchtigten Bacchanalien des Herzogs von Orleans nachstanden.

Unterdessen lag die ganze Last der Regierung auf den Schultern Fleury's; der König wohnte nur den allerwichtigsten Berathungen im Staatsrathe bei. In den ersten Zeiten legte er dabei noch ein gewisses Interesse für die Regierungsgeschäfte an den Tag, und wenn er, was jedoch bei seiner angeborenen Schüchternheit nur selten geschah, eine eigene Meinung aussprach, so bekundete dieselbe gewöhnlich ein richtiges und scharfes Urtheil. Je tiefer er jedoch in den Strudel der Ausschweifungen versank, desto mehr erstarb in ihm aller Sinn für ernste Beschäftigungen, und so bekümmerte er sich schließlich kaum mehr um die Interessen des Staates.

Während der Wirren des österreichischen Erbfolgekrieges, in welchen Frankreich wider den Willen des friedliebenden Kardinals Fleury verwickelt worden, starb dieser umsichtige Staatsmann im Alter von nahezu neunzig Jahren, ohne während seiner siebzehnjährigen segensreichen Staatsverwaltung weder sich selbst noch seine Verwandten irgendwie auf Kosten des Staates bereichert zu haben.

Nach dem Tode Fleury's (1743) schien sich Ludwig XV. aus seiner Erschlaffung aufraffen zu wollen; denn er sprach den Entschluß aus, selbst die Leitung der Staatsangelegenheiten in die Hand zu nehmen; aber schon nach wenigen Tagen war sein Eifer für die Kabinetsarbeiten verraucht, und Alles blieb den Ministern und seinen Buhlerinnen überlassen. Indessen gelang es, wie wir oben (S. 384) gesehen, der Herzogin von Chateauroux, den vollständig in ihren Banden liegenden König zur persönlichen Theilnahme an dem Kriege in den Niederlanden zu bewegen, wohin er sich am 3. Mai 1744 begab. Die Herzogin hatte gehofft, ihm dahin folgen zu dürfen; aber der Marineminister Maurepas hatte den König durch die Vorstellung, daß ihre Anwesenheit die durch sein Erscheinen unter dem Heere geweckte Begeisterung niederschlagen werde, bewogen, ihr dies zu untersagen. Unbekümmert um Ludwigs Verbot reiste sie ihm nach und erhielt dafür unschwer Verzeihung.

Die Siege, die unter Ludwigs Augen von den französischen Truppen in den Niederlanden erfochten wurden, begeisterten die französische Nation, und da dieselben allein dem Einfluß des Königs zugeschrieben wurden, weckten sie aufs Neue die noch immer nicht erstorbene Liebe des Volkes zu seinem Herrscherhause. Als Ludwig auf seinem Zuge nach dem Elsaß zu Metz schwer erkrankte, war ganz Paris in der bangsten Besorgniß; die Post, das Schloß und die Paläste der Vornehmen waren Tag und Nacht von Menschen umlagert, die mit Ungeduld auf Nachrichten über das Befinden des Königs harrten, und die Kirchen waren mit Andächtigen gefüllt, die heiße Gebete für die Erhaltung seines Lebens zu Gott emporsandten. Die Kunde von seiner Genesung rief in Paris einen solchen Freudentaumel hervor, daß der Eilbote, der dieselbe überbracht, fast erdrückt wurde und das Volk sogar sein Pferd und seine Stiefeln küßte. Die Zünfte veranstalteten festliche Aufzüge und religiöse Feierlichkeiten, und mehrere Wochen lang kam Paris gar nicht aus den Lustbarkeiten heraus. Nichts glich dem Jubel, mit welchem der König bei seiner Rückkehr in die Hauptstadt begrüßt wurde, und dem glänzenden Empfang, den man ihm bereitet hatte. Er selbst war davon so tief ergriffen, daß er in die Worte ausbrach: „O Gott, womit habe ich so viele Liebe verdient!“ Drei Tage blieb er in dem Palaste der Tuilerien, wo Jedermann ihn sehen durfte; auch nahm er eine Einladung zu einem Mahle auf dem Rathhause an.

Während Ludwigs schwerer Krankheit, die Alles für sein Leben fürchten ließ, hatte ihm sein Beichtvater, der Bischof von Soissons, erklärt, daß er ihm die Sterbesakramente nur spenden könne, wenn er seine Buhlerin, die Herzogin von Chateauroux, aus seiner Nähe entferne, mit aufrichtigem Herzen jedem ferneren Verkehr mit ihr entsage und in Gegenwart des ganzen Hofes Gott wegen des gegebenen Aergernisses um Verzeihung bitte. Willig war Ludwig dieser Forderung nachgekommen, und auf seinen Befehl hatte die Herzogin sofort von Metz abreisen müssen; seiner Gemahlin aber, die auf die erste Nachricht von seiner Erkrankung, aller erlittenen Kränkungen vergessend, nach Metz geeilt war, um selbst seine Pflege zu übernehmen und ihm Trost zu spenden, hatte er unter heißen Thränen Abbitte gethan und ihr geschworen, von nun an ihr allein zu leben. Aber mit den letzten Spuren seiner Krankheit war auch die Erinnerung an alle guten Vorsätze verschwunden. Die schamlosen Gelage im Schlosse zu Choisy wurden wieder aufgenommen, erst zwar nur heimlich, bald aber ganz ungescheut. Die Chateauroux kehrte an den Hof zurück, und auf ihr Verlangen ertheilte der König seinem Beichtvater Befehl, sich in seinen Sprengel zu begeben. Indessen konnte die Herzogin sich nicht lange ihres Triumphes freuen: sie starb schon im folgenden Jahre eines plötzlichen Todes.

Einen noch ungleich größeren und verderblicheren Einfluß, als die Chateauroux, erlangte auf den schwachen König deren Nachfolgerin, die mit dem Finanzpächter d'Etioles verheirathete Jeanne Poisson, die natürliche Tochter eines niederen Beamten, der wegen Betrügereien hatte flüchtig werden müssen. Jung, schön und von ihrer sittenlosen Mutter, deren Liebhaber, der reiche Generalpächter Lenormand, ihr eine sorgfältige Ausbildung hatte geben lassen, in allen Künsten der Verführung unterrichtet, kannte sie kein anderes Streben, als in der Gunst Ludwigs an die Stelle der Herzogin von Chateauroux zu treten, und sie erreichte dies Ziel, nachdem ein von ihr bestochener Kammerdiener des Königs ihr Zutritt zu demselben verschafft hatte. Ludwig erhob sie am 6. Mai 1745 unter der Verleihung des Titels Marquise von Pompadour in den Adelstand, und in kurzer Zeit hatte sie sich seines Willens so vollständig bemächtigt, daß alle Höflinge es für rathsam erachteten, sich um ihre Gunst zu bewerben. Jede ihrer Launen wurde befriedigt, und der Glanz ihrer Lebensweise, die Menge ihrer Landgüter und Lustschlösser, die Summe ihrer Einkünfte stieg von Jahr zu Jahr. Durch die Aufmerksamkeit, welche sie den Erscheinungen der zeitgenössischen Literatur zuwandte, und die Unterstützungen, die sie neuen Berühmtheiten auf diesem Gebiete zu Theil werden ließ, zog sie auch die hervorragendsten Schriftsteller in ihr Interesse. Nachdem ihrem Verlangen, unter die Ehrendamen der Königin aufgenommen zu werden, Genüge geschehen, obgleich zu dieser Stellung nur die Gemahlinnen der Prinzen und Pairs berechtigt waren, setzte sie auch ihre Erhebung zur Palastdame durch. Seitdem empfing sie selbst Prinzen und Prinzessinnen nur dann, wenn sie um Audienz gebeten hatten oder wenn sie ihnen Verweise geben wollte. Alle mußten stehen bleiben, während sie selbst auf einem Stuhle saß, hinter welchem ihr Haushofmeister, ein Ritter vom Ludwigsorden, stand.

Obgleich des Königs Leidenschaft für die Pompadour sich allmählich abkühlte und er selbst bisweilen die Herrschaft, die sie über ihn ausübte, drückend empfand, fehlte ihm doch der Muth, ihr Joch abzuschütteln. Sie blieb die unbeschränkte Gebieterin Frankreichs, und die Leitung der äußeren wie der inneren Angelegenheiten lag ganz in ihrer Hand. In ihrem Palaste zu Versailles wurde Staats- und Ministerrath gehalten; sie entnahm nach Belieben Geld aus den Staatskassen, setzte die Minister und Generale ein und ab, empfing die fremden Gesandten und stand im Briefwechsel mit den

30*

meisten auswärtigen Höfen. Die Unglücksfälle des siebenjährigen Land- und Seekrieges, durch welche der innere Verfall Frankreichs und insbesondere die finanzielle Zerrüttung des Landes bedeutend vermehrt wurden, fallen hauptsächlich ihr zur Last, da sie zu Generalen und Admiralen nur ihre zum großen Theile durchaus unfähigen Günstlinge ernannte.

Um sich dem König unentbehrlich zu machen und keinen Gedanken an eine selbstständige Regierung bei ihm aufkommen zu lassen, strengte die Pompadour alle ihre Erfindungsgabe an, um stets neue Zerstreuungen für ihn zu ersinnen. Sie suchte sein Interesse für die Baukunst zu wecken, errichtete zu Vincennes die berühmte, später nach Sèvres verlegte Porzellanfabrik und veranlaßte ihn, dieselbe öfter zu besuchen; auch ließ sie durch reich bezahlte Dichter und Musiker neue Opern und Schauspiele für den Hof verfassen, bei deren Aufführung sie selbst mitwirkte, und führte zur Ermunterung der Maler und Bildhauer jährliche öffentliche Kunstausstellungen in den Sälen des Louvre ein. Da jedoch dieser anständige Zeitvertreib, zu welchem noch das Vergnügen der Jagd kam, dem Ludwig leidenschaftlich ergeben war, dem König nicht genügte, so trug sie kein Bedenken, ihm auch für den niedrigsten Sinnengenuß Gelegenheit zu verschaffen.

Einen scharfen Kontrast mit dem unwürdigen Leben des Königs, welcher sich wenig um seine Familie kümmerte, bildete das stille, der Tugend und Frömmigkeit geweihte Leben seiner Gemahlin und seiner Kinder. Die Königin, die nur zu gut wußte, daß ihr Vater ganz von der Gnade Frankreichs abhing, ertrug die Kränkungen, mit denen sie sich überhäuft sah, mit einer an Schwäche grenzenden Geduld. Der mit einer Tochter Augusts III. von Sachsen vermählte Dauphin Ludwig, welcher mit einer gediegenen Bildung die aufrichtigste Frömmigkeit und ein tiefes Pflichtgefühl verband, seufzte im Stillen über das unwürdige Leben seines Vaters, dessen verhängnißvolle Folgen er voraussah, und widmete, von der Regierung gänzlich ferngehalten, seine Zeit ausschließlich seiner Mutter, seiner Gemahlin und seinen Kindern, deren Erziehung und Unterricht beide Ehegatten selbst mit der gewissenhaftesten Sorgfalt leiteten.

Zu Anfang des Jahres 1657 wurde ein Attentat auf den König gemacht. Als er am 5. Januar, einem kalten und trüben Wintertage, um sechs Uhr Abends aus der Marmorhalle des Schlosses zu Versailles trat, um in den eben vorgefahrenen Wagen zu steigen, der ihn nach Trianon bringen sollte, erhielt er einen Stoß in die Seite, und als er mit der Hand nach der getroffenen Stelle fuhr, bemerkte er an dem herabträufelnden Blute, daß ihm zugleich ein Stich versetzt worden. Den Thäter hatte Niemand gesehen; doch erkannte ihn der König an dem Umstand, daß derselbe in der Aufregung den Hut abzuziehen vergessen hatte und als der allein Bedeckte dastand. Mit der Hand auf ihn hindeutend, rief er seiner Umgebung zu: „Der Mensch da hat mich verwundet! Nehmt ihn fest; aber fügt ihm kein Leid zu!“

Der Vorfall erregte ungeheueres Aufsehen. Man vermuthete eine Verschwörung zum Umsturz des Thrones oder zu Gunsten des Dauphin; aber von der Aufregung und Theilnahme, die Ludwigs Erkrankung in Metz unter den Parisern hervorgerufen, zeigte sich keine Spur. Der Verbrecher, der sogleich unter starker Bedeckung nach Paris gebracht und einem Verhöre unterzogen wurde, hieß Franz Damiens und war Bedienter bei mehreren Parlamentsräthen gewesen, wodurch er oft Gelegenheit gehabt, von der schlechten Verwaltung des Staates und von der Sorglosigkeit des Königs, sowie von dessen ausschweifendem Leben zu hören. Nachdem er lange darüber nachgedacht, wie man den König seinen Lüsten entreißen und ihn zur Erkenntniß seiner Pflicht bringen könne, war er zu dem Entschluß gekommen, ihn durch eine ungefährliche Verwundung an den Tod zu mahnen. Für die Wahrheit dieser Aussage sprach der Umstand, daß er sich bei dem Attentat auf den König nur eines Federmessers mit ganz kurzer Klinge bedient hatte. Auch war die Verwundung so unbedeutend, daß der König schon nach wenigen Tagen vollständig genesen war.

Obgleich bei dieser Sachlage an keine Verschwörung, deren Werkzeug Damiens gewesen, gedacht werden konnte, sondern es klar am Tage lag, daß es sich nur um die That eines Wahnwitzigen handelte, wurde der Unglückliche den schauerlichsten Folterqualen unterworfen, um von ihm die Angabe von Mitschuldigen zu erpressen, weil sowohl das Parlament, als auch die Jansenisten und die Pompadour Beweise für die Betheiligung der ihnen Allen gleich verhaßten Jesuiten an dem Attentate beizubringen wünschten; er beharrte jedoch, selbst unter den furchtbarsten Martern, bei der Aussage, daß Niemand um sein Vorhaben gewußt habe. Das Parlament verurtheilte ihn zur Strafe Ravaillac's, und am 28. März 1747 wurde dieselbe auf dem Grèveplatz an ihm vollzogen. Nachdem ihm die rechte Hand abgehauen, dann der Körper mit glühenden Zangen gezwickt und siedendes Oel in die Wunden gegossen worden, wurde er durch vier Pferde in Stücke zerrissen, was erst gelang, nachdem man ihm die Sehnen durchgeschnitten. Der Rumpf wurde mit den abgerissenen Gliedern verbrannt und die Asche in die Seine gestreut. Dieser barbarischen Hinrichtung, die fünf Viertelstunden lang dauerte, sahen aus den Fenstern und von den abgedeckten Dächern der den Grèveplatz umgebenden Häuser, wo die Plätze zu hohen Preisen vermiethet worden waren, viele Tausende, darunter die vornehmsten Herren und Damen, mit gespannter Aufmerksamkeit zu.

Am 15. April 1764 starb die Marquise von Pompadour in ihrem dreiundvierzigsten Lebensjahre, nach langer Abzehrung. Trotz des beispiellosen Glanzes, der sie umgab, war ihr, nach ihrem eigenen Geständniß, das Leben zur Last geworden, da sie sich der allgemeinen Verachtung preisgegeben sah, die sich in zahllosen anonymen Spottgedichten aussprach, und der Haß gegen sie sich so sehr gesteigert hatte, daß sie es nicht mehr wagen durfte, sich ohne starke Bedeckung an einem öffentlichen Orte sehen zu lassen. Sie hinterließ ihren Verwandten viele Millionen, und die Versteigerung ihres Nachlasses, der eine Fülle der seltensten Kunstwerke und Kostbarkeiten enthielt, dauerte ein volles Jahr.

Die Aufhebung des Jesuitenordens in Frankreich.

(1764.)

Durch die ausgezeichnete Wirksamkeit ihrer Mitglieder hatte die Gesellschaft Jesu in allen katholischen Ländern einen hervorragenden Einfluß erlangt; es fehlte ihr jedoch auch nicht an mächtigen Gegnern, zu denen, außer den Protestanten aller Bekenntnisse und den Jansenisten, sowie den von diesen gewonnenen Mitgliedern der französischen Parlamente, ganz besonders die Vertreter der neuen, mit den Wahrheiten des Christenthums zugleich alle kirchliche und staatliche Ordnung bekämpfenden Philosophie gehörten.

Zu diesen Gegnern gesellten sich in der zweiten Hälfte des achtzehnten Jahrhunderts die durch ihre französische Weltbildung mit der modernen Welt- und Staatsweisheit befreundeten Minister, die zu jener Zeit in sämmtlichen bourbonischen Staaten am Ruder standen und sich in ihren Bestrebungen, den Grundsätzen eben dieser Weisheit gemäß die Omnipotenz des Staates auch über alle kirchlichen Angelegenheiten auszudehnen, durch den Einfluß der Jesuiten, als der entschiedensten Vertheidiger der Rechte und Interessen der Kirche, beengt sahen. Alle diese haßerfüllten Gegner der Gesellschaft Jesu vereinigten sich zu einem großen Vernichtungskampfe gegen dieselbe, indem sie die schändlichsten Verleumdungen gegen die Jesuiten ersannen und durch ihre bezahlten Helfershelfer in allen Kreisen der Gesellschaft verbreiten ließen. Insbesondere beschuldigten sie die Jesuiten einer laxen Moral, des Mißbrauchs der Beichte, des Strebens nach weltlicher Herrschaft und der Einmischung in die

Politik, der Mißachtung der Bischöfe, des Stolzes und der Habsucht, ohne für alle diese Anklagen andere Beweise beibringen zu können, als vereinzelte, theils sehr übertriebene, theils gänzlich erfundene Thatsachen.

In Frankreich hatten die Jansenisten vorzugsweise in dem Parlamente von Paris einen mächtigen Rückhalt gefunden, da dasselbe, von jeher gallikanisch gesinnt, die Jesuiten als Vertheidiger der päpstlichen Gewalt mit bitterem Hasse verfolgte. Hand in Hand mit den Jansenisten und dem Parlamente gingen in der Bekämpfung der Jesuiten einerseits Voltaire und seine Gesinnungsgenossen, die mit der Ausrottung des Ordens die Vernichtung des Christenthums anbahnen wollten, und andererseits die Marquise von Pompadour, die es den Jesuiten nicht verzeihen konnte, daß keiner derselben ihr Beichtvater sein wollte, so lange sie die Buhlerin des Königs sei, sowie ihr Schützling, der Minister Choiseul, der es, abgesehen von seiner persönlichen Hinneigung zu den Ansichten der Freidenker und Schöngeister, seinem Interesse angemessen fand, den Haß des Parlaments gegen die Jesuiten ungestört walten und zur offenen Verfolgung werden zu lassen, um mit demselben in gutem Einvernehmen zu bleiben. Im Publikum wurde eine Masse von Schmähschriften gegen die Jesuiten verbreitet, in welchen dieselben für alles verantwortlich gemacht wurden, was jemals Schwärmer und Bösewichter Thörichtes, Verwerfliches oder Frevelhaftes gethan, und der Orden bald als Wortredner, wo nicht als Urheber des Despotismus der Könige und des grobsinnlichsten Aberglaubens, bald als Verkündiger staatsgefährlicher Lehren und als Anstifter aller jemals an Königen und Ministern verübten oder versuchten Gewaltthaten dargestellt war. Weil der spanische Jesuit Mariana zwei Jahrhunderte vorher in seinem Werke: „de Rege et de Regis Institutione“ die Tödtung eines Tyrannen unter gewissen Voraussetzungen für erlaubt erklärt hatte, sollte Damiens durch die Jesuiten zu seinem Mordanfall auf den König verleitet worden sein, obgleich derselbe mit Jesuiten gar nicht in Verbindung gestanden, vielmehr den Jansenisten angehangen hatte. Auch die Vorgänge in Portugal, wo, wie wir weiter unten hören werden, der Minister Pombal eine angebliche Verschwörung gegen den König zur Vertreibung der Jesuiten ausgebeutet hatte, wurden als Waffe gegen die Jesuiten benutzt. Diese Verleumdungen verfehlten ihren Zweck nicht: das Publikum wurde vielfach irre geführt und theilweise gegen den Orden eingenommen.

Indessen fanden die Jesuiten in Frankreich warme Vertheidiger an der Mehrzahl der Bischöfe; auch der Dauphin, sowie die Königin und die Prinzessinnen standen entschieden auf ihrer Seite, und selbst den schwachen König vermochte die Pompadour nicht zu einem feindlichen Vorgehen gegen die Jesuiten zu bewegen. Endlich bot ein Rechtsstreit dem Parlamente eine erwünschte Handhabe zum Sturze des Ordens in Frankreich. Ein gewisser La Valette, der als Prokurator des Ordenshauses auf der Insel Martinique durch großartige Handelsspekulationen die französischen Kolonien in Flor gebracht hatte, aber dem Orden nicht mehr angehörte, war durch den Verlust mehrerer reichbeladenen Schiffe, die während des Krieges von den Engländern weggenommen worden waren, in Bankerott gerathen, und ein Handelshaus von Marseille, das von ihm ausgestellte Wechsel im Betrag von vier Millionen Livres acceptirt hatte, verlangte Entschädigung von dem Orden; dieser verweigerte jedoch dieselbe, weil La Valette von ihm nicht zum Handel beauftragt, vielmehr deßhalb strenge gerügt und schließlich ausgestoßen worden war. Indessen gewann das Handelshaus den von ihm angestrengten Prozeß nicht nur vor dem Consulate in Marseille, sondern auch vor der großen Kammer des Pariser Parlaments, und dieses letztere machte, von Choiseul zu weiterem Vorgehen gegen die Jesuiten ermuthigt, aus dem Civilprozeß einen Kriminalprozeß, indem es am 17. April 1761 die Vorlage der Constitutionen und Privilegien des Ordens verlangte und zur Prüfung derselben eine zum Theil aus Jansenisten bestehende Commission einsetzte.

Das Ergebniß der vorgenommenen Prüfung war die Erklärung, daß einzelne der in den Constitutionen enthaltenen Sätze aufreizend und gefährlich, die Regeln in ihrer Gesammtheit aber, gleich den dem Orden von den Päpsten ertheilten Privilegien, schädlich, den Staatsgesetzen und den gallikanischen Freiheiten entgegen und darum nichtig seien. Obgleich der König dem Parlamente am 2. August verbot, vor Ablauf eines Jahres irgend welchen Beschluß gegen den Orden zu fassen, erließ dasselbe schon am 6. August mehrere Dekrete, worin es viele Schriften älterer Jesuiten zum Feuer verurtheilte und allen Franzosen den Besuch der Jesuitenschulen sowie den Eintritt in den Orden verbot.

Um auch die öffentliche Meinung für die Vernichtung des Ordens zu gewinnen, wurden durch eine Parlamentskommission sogenannte „Auszüge“ aus den Schriften der Jesuiten angefertigt, durch welche ihnen unmoralische und staatsgefährliche Doktrinen nachgewiesen werden sollten. Während dieses elende, in Rom entschieden verdammte und auch von mehreren französischen Bischöfen in Hirtenbriefen censurirte Machwerk, das Stellen aus den Werken verschiedener Jesuiten aus dem Zusammenhange riß und Irrthümer Einzelner dem ganzen Orden zur Last legte, in ganz Frankreich verbreitet wurde, ordnete das Parlament die öffentliche Verbrennung der Apologien des Ordens an und schnitt demselben jedes Mittel der Vertheidigung ab.

Der König, der die Jesuiten zu retten wünschte, aber im Strudel seiner Vergnügungen der ganzen Angelegenheit eine viel zu geringe Aufmerksamkeit schenkte, ließ sich durch die Versicherung beruhigen, daß es nicht auf eine gänzliche Aufhebung des Ordens, sondern nur auf eine Verbesserung seiner Einrichtungen abgesehen sei. Um diese herbei zu führen, beantragte Ludwig, obgleich eine von ihm zusammenberufene Versammlung von mehr als fünfzig Bischöfen im November 1761 in ihrer überwiegenden Mehrheit dem Orden in Bezug auf Wandel und Tüchtigkeit seiner Mitglieder das glänzendste Zeugniß ausgestellt und die von dem Parlamente gegen denselben erhobenen Anklagen vollständig entkräftet hatte, bei dem Papste Clemens XIII. eine Umgestaltung der Ordensverfassung, insbesondere die Bestellung eines Generalvikars für Frankreich. Diese Forderung wurde jedoch, unter ausführlicher Darlegung der dagegen sprechenden wichtigen Gründe von Seiten des Generals Ricci wie des Papstes, abgelehnt, wobei Clemens XIII. nicht ermangelte, dem König zu schreiben, „der Sturm gegen die Jesuiten sei von der Art, daß er Altar und Thron zugleich bedrohe, die bestimmt seien, dem Unglauben als Schlachtopfer zu fallen.“ Das Parlament hob hierauf unterm 6. August 1762 die Gesellschaft Jesu auf, „weil dieselbe in ihren Lehren gottlos und sakrilegisch und in ihrem Wirken der Kirche und dem Staate verderblich sei [1]),“ und der schwache König konnte sich nicht zu einem energischen Auftreten gegen dieses Aufhebungsdekret entschließen, obgleich nicht nur der ganze französische Episkopat gegen dasselbe Protest erhob, sondern auch der Papst am 3. September den die Aufhebung des Ordens verfügenden Beschluß des Parlaments für null und nichtig erklärte. Nachdem ein von dem Erzbischof von Paris zur Vertheidigung des Ordens und der Rechte des päpstlichen Stuhles erlassener Hirtenbrief auf Anordnung des Parlaments durch Henkershand verbrannt und der Erzbischof von dem König auf vierzig Meilen von Paris verwiesen worden war, verfügte ein neuer Parlamentsbeschluß die Verbannung aller derjenigen Jesuiten, die sich weigern würden, ihren Orden für verderblich und staatsgefährlich zu erklären, was von Tausenden kaum einer that. Der König sanctionirte unterm 1. Dezember 1764 das von dem Parlament erlassene Aufhebungsdekret; doch gestattete er den Mitgliedern des Ordens, als Weltpriester unter der Gerichtsbarkeit der Bischöfe in Frank-

1) In Portugal wurden die Jesuiten vertrieben, weil sie, „von der Heiligkeit ihres Institutes“ abgefallen seien. Das eine war so unwahr wie das andere.

reich zu bleiben; auch rief er den Erzbischof von Paris aus seinem Exil zurück.

Die Nachtheile, welche die Aufhebung des Jesuitenordens für Frankreich zur Folge hatte, traten zunächst in dem Rückgang der Schulen zu Tage, in welchen besonders der Unterricht in den alten Sprachen in den kläglichsten Verfall gerieth.

Ludwigs XV. letzte Regierungszeit.

(1764—1774.)

Der Tod der Marquise von Pompadour, der den König vollständig kalt gelassen, hatte keinerlei Aenderung in der Regierung herbeigeführt, da der von ihr zum Staatsminister ernannte Herzog von Choiseul (früher Graf Stainville) ganz in ihrem Geiste fortwirkte. Auch des Königs ausschweifende Lebensweise blieb unverändert. Der Dauphin, an dessen Leben der Gram über seines Vaters schwere Verirrungen nagte, starb am 20. Dezember 1765, und schon am 13. Mai 1767 folgte ihm seine edle Gemahlin ins Grab. Bald darauf, am 25. Juni 1768, starb auch die von ihrem Gemahl so schmählich vernachlässigte und so schwer gekränkte Königin.

Ludwig blieb bei diesen Todesfällen nicht gleichgiltig: wie er seine Schwiegertochter bei dem Tode des Dauphin mit herzlichen Worten zu trösten gesucht hatte, so umarmte er den Leichnam seiner Gemahlin mit allen Zeichen der Reue und Rührung. Aber diese besseren Regungen waren nicht mehr im Stande, dauernd auf seinen Willen einzuwirken; er führte vielmehr sein sündhaftes Leben fort, und es schien fast, als lege er es darauf an, dem Throne alle Achtung zu rauben und den Umsturz desselben vorzubereiten. Nach dem Tode der Pompadour gerieth der unwürdige König ganz in die Gewalt einer gemeinen Buhlerin, die er mit dem verkommenen Grafen Dubarry vermählte. Sie erlangte einen solchen Einfluß auf Ludwig XV., daß sich bald alle Höflinge, auch ein Theil des Adels und die Minister, außer Choiseul, der vergebens ihre Erhöhung zu hintertreiben gesucht und sich nicht enthalten konnte, ihr seine Verachtung zu zeigen, in niedriger Kriecherei vor ihr beugten.

Unterdessen hatte Choiseul im Einvernehmen mit Kaunitz eine Vermählung des sechzehnjährigen Dauphin Ludwig mit der um ein Jahr jüngeren Erzherzogin Maria Antoinette von Oesterreich, der jüngsten Tochter der Kaiserin Maria Theresia, eingeleitet, welche Letztere ihre Einwilligung zu dieser Verbindung in der sicheren Erwartung gab, daß dadurch das für den Frieden

Europa's ersprießliche Bündniß Oesterreichs und Frankreichs auf längere Zeit sicher gestellt sein werde. Auf die Vermählung des künftigen Königspaares, die am 16. Mai 1770 zu Versailles vollzogen wurde, warfen indessen verschiedene Vorfälle einen dunklen Schatten, gleichsam als Vorboten des tragischen Geschickes, dem die Neuvermählten entgegengingen. Während der Einsegnung tobte ein furchtbares Gewitter, und vierzehn Tage später entstand bei einem Feuerwerk, das die Stadt Paris zum Schlusse der Vermählungsfeierlichkeiten auf dem Platz Louis XV. veranstaltet hatte, in Folge mangelhafter Vorkehrungen ein so furchtbares Gedränge, daß über tausend Personen zu Schaden kamen und über dreihundert erdrückt oder zertreten wurden.

Indessen sah sich Choiseul in der Hoffnung getäuscht, durch diese Verbindung sein Ansehen und seine Stellung für immer befestigt zu haben. Die Geringschätzung, die er nach wie vor gegen die Dubarry an den Tag legte, wurde von Ludwig höchst übel aufgenommen; daher fand der Kanzler Maupeou, ein persönlicher Gegner Choiseuls, der dem König darzuthun suchte, daß der Minister den Oppositionsgeist der ihm befreundeten Parlamente im Stillen begünstige und nähre, für seine Einflüsterungen ein geneigtes Ohr. Das Parlament von Paris hatte nämlich aus dem Gebrauche, daß ihm die königlichen Edikte zur Einregistrirung zugefertigt wurden, die Folgerung gezogen, daß die Giltigkeit derselben von dieser Einregistrirung abhänge und daß ihm das Recht zustehe, dieselbe zu verweigern, falls seine gegen mißliebige Edikte erhobenen Vorstellungen kein Gehör fänden. Dieses vermeintliche Recht, das dem Parlamente als einem einfachen Gerichtshofe gar nicht zustehen konnte, war demselben im Jahre 1766 von dem König in einem sogenannten „lit de justice" — einer im Schlosse zu Versailles abgehaltenen feierlichen Versammlung, in welcher der König persönlich dem opponirenden Parlamente die Einregistrirung eines Edikts befahl — durch die Erklärung abgesprochen worden, daß es zu keinem Widerspruche berechtigt, sondern zum Einregistriren verpflichtet sei, weil er seine Krone allein von Gott habe. Nichtsdestoweniger dauerten die Streitigkeiten fort und wurden besonders heftig, als der König im Jahre 1770 einen von dem Parlamente zu Rennes gegen den früheren Gouverneur der Bretagne, den Herzog von Aiguillon, angestrengten Kriminalprozeß cassirt und den Herzog bei einem neuen, am 7. Dezember abgehaltenen lit de justice, bei welchem das Parlament von Paris einen scharfen Verweis erhielt, seinen Sitz unter den Pairs hatte nehmen lassen.

Ermuthigt durch den Rückhalt, den das Parlament bei dem allgemeinen Hasse gegen die Dubarry und der Unzufriedenheit über den auf dem Volke lastenden Abgabendruck in der öffentlichen Meinung fand, schritt dasselbe, nach wiederholten vergeblichen Vorstellungen gegen ein neues Steueredikt, zu dem gewöhnlich von ihm gebrauchten Mittel des Widerstandes, der Einstellung aller gerichtlichen Handlungen. Diese entschiedene Widersetzlichkeit des Parlaments führte den Sturz Choiseuls herbei. Der König entließ ihn am 24. Dezember 1770 mit allen Zeichen der Ungnade, indem er ihm Befehl ertheilte, sich innerhalb vierundzwanzig Stunden nach seinem Landsitz Chanteloup zu begeben, wo er fortan zu bleiben habe.

Da die zahlreichen Gegner des Hofes nicht versäumten in Masse nach dem Hotel des gestürzten Ministers zu eilen, um diesem ihre Theilnahme zu bezeigen, erhielt seine Verabschiedung das Ansehen eines Triumphes. Dies bewog den König oder vielmehr seinen Kanzler Maupeou, mit um so größerer Entschiedenheit gegen das in seiner Widersetzlichkeit verharrende Parlament vorzugehen. In der Nacht zum 20. Januar 1771 wurden Musketiere in die Wohnungen der Parlamentsräthe geschickt, um denselben den Befehl des Königs zum Wiederbeginn ihrer gerichtlichen Arbeiten zu überbringen und von ihnen eine bestimmte Antwort darüber zu verlangen, ob sie demselben Folge leisten würden. Im ersten Schrecken erklärten sich Alle bereit; am andern Tage nahmen sie jedoch nach einer gemeinsamen Berathung ihre bejahende Antwort zurück. In der folgenden Nacht wurde ihnen durch Gerichtsdiener ein Beschluß des Staatsrathes behändigt, der sie ihrer Aemter entsetzte und nach verschiedenen entlegenen Orten verwies.

Ohne Rücksicht auf den Widerspruch der Prinzen von Geblüt und mehrerer Pairs wurde das Parlament von Paris für aufgehoben erklärt und an seiner Stelle ein neuer Gerichtshof unter dem Namen des „großen Rathes“ — grand conseil — gebildet. Das Gleiche geschah bezüglich der Parlamente in den Provinzen, an deren Stelle sogenannte „Obergerichtshöfe“ — cours supérieures — traten. Zur feierlichen Bestätigung der neuen Ordnung der Dinge hielt der König am 11. April 1771 abermals ein lit de justice, in welchem er an die Versammelten eine Rede richtete, die mit den Worten schloß: „Ich verbiete euch jede Berathschlagung, die meinen Willensmeinungen entgegen ist, und alle Vorstellungen zu Gunsten meines gewesenen Parlaments; denn ich werde niemals eine Aenderung treffen.“

Da der Staatsgewalt ausreichende Militärkräfte zu Gebote standen, um jeder ihrer Anordnungen Nachdruck zu verleihen, und sie in den geheimen Verhaftsbefehlen, den sogenannten Lettres de cachet, ein leichtes Mittel hatte, sich ohne jede Rechtsform aller mißliebigen Personen durch deren Ueberführung in die Kerker der Bastille zu entledigen, kam es zu keinem ernsten Versuche des Widerstandes; die verbannten Mitglieder des Parlaments beeilten sich vielmehr, nachdem die opponirenden Prinzen und Pairs durch Gunstbezeigungen und Geldspenden zufrieden gestellt worden waren, sich durch vollständige Unterwerfung die Erlaubniß zur Rückkehr und Entschädigung für ihre verlorenen Aemter zu erkaufen.

Von der Opposition der Parlamente befreit, überließ sich der König mit der Dubarry und ihrem Anhang ohne jedwede Scheu der schrankenlosesten Verschwendung. Die Mittel dazu konnten nur durch eine stete Steigerung der Abgaben beschafft werden, und der Finanzminister Terray trug kein Bedenken, dazu in der gewissenlosesten Weise die Hand zu bieten. Die Zinsen der Staatsschuld wurden herabgesetzt, von den Finanzpächtern Strafgelder erpreßt und die drückendsten Steueredikte erlassen. Als einst eine Deputation der Geistlichkeit dem Minister die offenbare Ungerechtigkeit eines solchen Edikts darstellte, erwiderte er mit der größten Gelassenheit: „Aber wer sagt denn, daß das Edikt gerecht sein soll? Wozu wäre ich denn da?“

Während Terray, der Herzog von Aiguillon als Minister des Auswärtigen, der Kanzler Maupeou und die Dubarry, die den König vollständig willenlos gemacht hatten, nur auf ihre eigene Bereicherung bedacht waren und sich Millionen um Millionen aneigneten, herrschte im ganzen Lande eine so furchtbare Noth, daß in den Distrikten Lamarche und Limousin allein an viertausend Menschen dem Hunger erlagen. Dabei stieg die Schuldenlast zu einer schreckenerregenden Höhe. Der König selbst zeigte sich gegen das Elend des Volkes ebenso gleichgiltig, als gegen dessen wachsende Unzufriedenheit. Er konnte sich zwar nicht verhehlen, daß sein Thron auf einem untergrabenen Boden stand; allein er pflegte, wenn Besorgnisse darüber in seiner Umgebung laut wurden, mit apathischer Ruhe zu sagen: „Die Monarchie wird wohl halten, so lange wir leben. Après nous le déluge.“

Im Mai 1774 erkrankte Ludwig XV. an den Kinderblattern, die bei seinem vollständig zerrütteten Körper bald einen tödtlichen Charakter annahmen. Er selbst ahnte anfangs keine Gefahr, und seine Umgebungen suchten ihm dieselbe so lange als möglich zu verheimlichen. Als endlich ein treuer Kammerdiener ihm die Augen über seinen Zustand öffnete, ließ er der Dubarry den Befehl zugehen, sich auf ihre Güter zu begeben, weil er, wie er sagte, nicht wollte, daß die Auftritte von Metz sich wiederholten. Sie zögerte nicht, diesem Befehle nachzukommen, um für den kaum zu bezweifelnden Fall des Todes Ludwigs sich selbst und die dem Staate geraubten Millionen vor dem Hasse des Volkes in Sicherheit zu bringen.

Während die Gefahr der Ansteckung die meisten Höflinge von des Königs Lager verscheuchte, hielten seine drei so sehr von ihm vernachlässigten Töchter in der aufopferndsten Liebe bei ihm aus. Seinem Beichtvater, der ihn mit der größten Entschiedenheit zu der ernstlichsten Reue ermahnte, gestand er die Angst, mit welcher er im Hinblick auf sein lasterhaftes Leben der Ewigkeit entgegenging. Auf die Versicherung aufrichtiger Reue wurden ihm die Sterbesakramente gespendet. Sein Ende war schrecklich; denn während ihn Gewissensbisse und Todesfurcht verzehrten, mußte er noch lebend seinen Körper in Fäulniß übergehen sehen. Nach furchtbaren Leiden starb er am 10. Mai 1774, im Alter von zweiundsechzig Jahren.

Gleich nach dem Tode Ludwigs XV. verließ der Hof Versailles, um dem zu Choisy weilenden Dauphin als Ludwig XVI. zu huldigen; nur einige Diener blieben bei der Leiche des Königs, die kein Arzt einzubalsamiren sich entschließen konnte. An eine anständige Bestattung derselben dachte Niemand. Von vierzig Gardes du Corps und einigen Pagen mit Fackeln begleitet und gefolgt von den lauten Verwünschungen des Volkes, wurde der Sarg in einer gewöhnlichen Jagdkutsche, aus welcher er zu beiden Seiten hervorragte, in vollem Trabe nach der Königsgruft zu St. Denis gefahren. Das ganze Land athmete erleichtert auf, und der Beiname des „Ersehnten" — le désiré —, mit welchem der neue König bei seinem Regierungsantritt begrüßt wurde, bekundete die frohen Hoffnungen, die man auf den zwanzigjährigen ernsten und bescheidenen Herrscher setzte. Aber es war ein trostloses Erbe, das Ludwig XV. seinem Enkel hinterlassen hatte. Der Staatshaushalt befand sich im Zustande vollständigster Zerrüttung; das Volk seufzte unter der Last unerschwinglicher Abgaben; Ackerbau, Gewerbe und Handel lagen gänzlich darnieder; Irreligiösität und Sittenlosigkeit hatten namentlich unter den höheren Ständen in schreckenerregender Weise um sich gegriffen und alle Grundlagen der kirchlichen und bürgerlichen Ordnung untergraben; die von den Machthabern selbst mit Füßen getretenen Gesetze genossen keiner Achtung mehr, und der durch Ludwig XV. entehrte Thron war tief erschüttert. Ludwig XVI. war voll des besten Willens, diesen unheilvollen Zuständen ein Ende zu machen; aber zu der gänzlichen Erneuerung des tief gesunkenen Staatswesens, durch welche allein die Monarchie hätte gerettet werden können, fehlte ihm vielfach die nöthige Einsicht und Kraft.

XXVII.

Die französische Literatur im achtzehnten Jahrhundert.

Unter der Regierung Ludwigs XIV. hatte die französische Poesie ihre reichsten Blüthen entfaltet; mit dem Beginne des achtzehnten Jahrhunderts sank sie mehr und mehr von ihrer glänzenden Höhe herab, und wenn die Dichter jener Zeit noch immer zu den französischen Klassikern gezählt werden, so hat dieser Name für sie nur insofern Berechtigung, als er den Gegensatz zu der neuen „romantischen — richtiger modernen — Schule" bezeichnet, die in Frankreich während des Kaiserreichs vorbereitet und während der Restauration hauptsächlich durch Victor Hugo zur allgemeinen Herrschaft gebracht wurde; — klassisch im wahren Sinne des Wortes, d. h. mustergiltig, waren die Schöpfungen der französischen Dichtkunst im achtzehnten Jahrhundert, mit sehr geringen Ausnahmen, in keiner Weise.

Der hervorragendste unter den französischen Dichtern des achtzehnten Jahrhunderts, der eigentliche Repräsentant der gesammten Geistesrichtung seiner Zeit ist Voltaire, von welchem Kreiten [1]) ein vortreffliches Charakterbild entworfen hat, das uns den gefeierten Philosophen und Dichter in seiner ganzen Erbärmlichkeit erkennen läßt. François Marie Arouet — dies war der eigentliche Name des Dichters, den er aus unbekannten Gründen, nach der Behauptung seiner Gegner wegen des ominösen Gleichklangs mit à rouer (zu rädern), gegen den Namen Voltaire vertauschte, — war am 21. November 1694 zu Paris als der Sohn eines Sportelkassirers an der Rechnungskammer geboren und erhielt seine Erziehung in dem Kollegium Louis Le Grand, das von Jesuiten geleitet wurde, deren Unterrichtsmethode er später, trotz seines tödtlichen Hasses gegen den Orden, gerechte Anerkennung zollte. Nachdem er sich schon in dieser Anstalt, zu deren begabtesten Schülern er gehörte, mit Glück in der Dichtkunst versucht, schrieb er im Alter von siebzehn Jahren sein erstes Trauerspiel „Oedipus", in welchem er die erschütternde Einfachheit des griechischen Urbildes durch den glänzenden Lack einer conventionellen Eleganz unter Hinzufügung einer übel angebrachten Liebesintrigue zu ersetzen suchte. Für das Fehlschlagen seiner Hoffnung, durch diese Tragödie den von der Akademie ausgesetzten Preis zu erlangen, rächte er sich durch beißende Epigramme. Um seinen hierüber wie über seinen anstößigen Lebenswandel heftig erzürnten Vater zu versöhnen, widmete er sich, nach dessen Wunsch, dem Studium der Rechtswissenschaft; doch gab er dasselbe alsbald wieder auf, um ausschließlich der Dichtkunst zu leben.

1) Voltaire, Ein Charakterbild. Freiburg. 2. Aufl. 1886.

Nach dem Tode Ludwigs XIV. wurde der junge Arouet wegen einer Satire, die er auf denselben gedichtet, als Gefangener in die Bastille gebracht, wo er nahezu ein volles Jahr blieb. Hier entwarf er den Plan zu seiner „Henriade", einem Heldengedicht in zehn Gesängen zur Verherrlichung Heinrichs IV., und schrieb davon die beiden ersten Gesänge. Nach seiner Entlassung aus der Bastille gelang es ihm, seinen Oedipus auf die Bühne zu bringen, der fünfundvierzigmal nach einander mit ungeheurem Beifall gegeben wurde. Dieser Triumph, der ihn zum Helden des Tages machte, söhnte seinen Vater vollständig mit ihm aus. Voltaire war in seinem Elemente: sein Ehrgeiz wie seine Eitelkeit fanden reiche Befriedigung, und zugleich eröffnete sich ihm die Aussicht auf ein glänzendes Fortkommen in der Welt, auf Reichthum und Einfluß.

Indessen brachte den Dichter im Jahre 1726 ein Streit mit dem mächtigen Herzog von Rohan, dem er für eine schwere Beleidigung eine Herausforderung zugesandt hatte, zum andern Male in die Bastille, aus welcher er zwar nach kurzer Zeit wieder entlassen wurde, aber mit der Weisung, in das Ausland zu gehen. Er begab sich nach England, wo er drei Jahre blieb. Der Aufenthalt in diesem Lande war entscheidend für seine ganze Geistesrichtung und dem entsprechend für seine ganze Zukunft. War er schon in Paris seit seinem Eintritt in die Welt durch den Umgang mit ungläubigen und sittenlosen jungen Edelleuten seinem christlichen Glauben entfremdet worden, so wurde er in London durch den Verkehr mit den englischen Freidenkern zum vollendeten Deisten. Fortan kannte er keine andere Philosophie, als den Sensualismus, und keine andere Moral, als das wohlverstandene eigene Interesse. Im Laufe der Zeit wurde seine Irreligiösität zum leidenschaftlichsten Religionshaß. Die Religion war für ihn nichts Anderes mehr, als Aberglauben und Fanatismus; wo sie herrschte, war „drückende Geistessklaverei", und nur Bösewichter oder Dummköpfe konnten sie noch gegen den „Lichtglanz" der gesunden Vernunft vertheidigen.

Nach einem dreijährigen Aufenthalt in London, wo er seine inzwischen vollendete Henriade im Druck erscheinen ließ und im Verkehr mit den hervorragendsten Schriftstellern, selbst als Dichter hochgefeiert, sich sowohl mit der wissenschaftlichen als der belletristischen Literatur Englands vertraut machte, durfte er nach Frankreich zurückkehren. Hier war er vor Allem darauf bedacht, seine in England eingesogenen religionsfeindlichen Ideen dem französischen Volke zugänglich zu machen. Zu diesem Ende schrieb er seine „philosophischen Briefe", die jedoch wegen der darin enthaltenen offenen Angriffe auf das Christenthum und die französischen Staatseinrichtungen im Jahre 1734 in Folge eines Parlamentsbeschlusses durch Henkershand verbrannt wurden. Bald darauf erschien seine schamlose Parodie „la Pucelle d'Orléans", die schmachvollste Verhöhnung der edelsten Gestalt in der französischen Geschichte, der Jungfrau von Orleans, die in diesem verabscheuungswürdigen Machwerk in der empörendsten Weise herabgewürdigt wird. Es ist ein trauriges Zeichen der sittlichen Verkommenheit in der höheren französischen Gesellschaft, daß dieses schmutzbeladene Gedicht, das zuerst in zahlreichen Abschriften verbreitet wurde, bei Fürsten und Prinzessinnen reichen Beifall fand. Indessen war der Anstoß, den dasselbe in maßgebenden Kreisen erregte, so groß, daß Voltaire sich von einem neuen Haftbefehl bedroht sah. Um demselben zu entgehen, entfloh er nach der Champagne, wo er drei Jahre bei seiner Geliebten, der von ihrem Manne getrennt lebenden Marquise von Chatelet, seiner „göttlichen Emilie", zubrachte und verschiedene philosophische Werke, sowie mehrere seiner Tragödien schrieb.

Nach Paris zurückgekehrt, erlangte Voltaire durch die Vermittlung der Marquise von Pompadour, deren Gunst er durch niedrige Schmeicheleien gewonnen, die längst erstrebte Aufnahme in die Akademie, sowie seine Ernennung zum Kammerherrn und Historiographen von Frankreich. Der im Jahre 1749 eingetretene Tod der Marquise von Chatelet, sowie verschiedene Mißhelligkeiten mit dem Hofe bewogen ihn im Jahre 1750, der dringenden Einladung Friedrichs II. zur Uebersiedlung nach Sanssouci Folge zu leisten, und wir haben oben (S. 410 ff.) gesehen, welche Rolle er dort spielte. Nachdem er sich mit seinem königlichen Verehrer entzweit und dessen Hof verlassen hatte, siedelte er, nach einem kurzen Aufenthalt in verschiedenen Städten Frankreichs, nach der Schweiz über, wo er sich bei dem Dorfe F e r n e y, unweit Genf, ein prachtvolles Schloß erbaute. Hier verlebte er, mit einem Jahreseinkommen von einmalhundertvierzigtausend Livres, inmitten eines fürstlichen Prunkes seine letzten zwanzig Jahre, in regem brieflichem Verkehr mit vielen bedeutenden Persönlichkeiten, insbesondere mit Friedrich II. und der Czarin Katharina II., die ihm ihre Verehrung durch die Uebersendung ihres reich mit Brillanten besetzten Bildnisses und eines kostbaren Pelzes bekundete. Seine schriftstellerische Thätigkeit war, trotz seines hohen Alters, eine ganz ungewöhnliche. Er schrieb wechselsweise Tragödien, Romane und philosophische Werke. Dabei wuchs sein Haß gegen das Christenthum von Jahr zu Jahr. Wie er schon früher, nach seiner eigenen Erzählung, dem Polizeilieutenant Hérault in Paris auf dessen Bemerkung, daß es ihm trotz seiner Anstrengungen nicht gelingen werde, das Christenthum zu zerstören, die kurze Antwort gegeben: „Das werden wir sehen!" und bei einer anderen Gelegenheit erklärt hatte: „Es ärgere ihn, beständig hören zu müssen, daß zwölf Männer hingereicht hätten, um das Christenthum zu gründen; er hoffe, zu beweisen, daß nur ein einziger nöthig sei, um es zu zerstören," — so schrieb er am 25. Februar 1768 an d'Alembert: „Ich schließe alle meine Briefe mit den Worten: Ecrasez l'infâme!"

— eine andere Bezeichnung hatte er für das Christenthum nicht mehr — „Mein Abscheu vor demselben ist größer denn je.“ Schon unterm 3. Mai 1767 hatte er an Friedrich II. geschrieben: „Ein muthiger und weiser Fürst, der Geld, Truppen und Gesetze hat, bedarf, um zu regieren, der Religion nicht, die nur zum Betruge geschaffen ist. Die unserige ist die absurdeste und blutdürstigste, die je die Welt vergiftet hat. Eure Majestät werden daher dem menschlichen Geschlecht einen ewigen Dienst erweisen, wenn Sie diesen infamen Aberglauben vernichten.“ Bis zu welcher wahnsinnigen Wuth sein Haß gegen das Christenthum sich gesteigert, zeigt der in einem seiner Briefe ausgesprochene Wunsch: „auf einem Haufen ‚Frommer‘ zu sterben, die zu seinen Füßen niedergemetzelt worden.“

Im Jahre 1778 begab sich der „Patriarch von Ferney,“ wie seine Verehrer ihn nannten, trotz seiner vierundachtzig Jahre, mitten im Winter nach Paris, um der Aufführung seiner neuen Tragödien „Irene“ und „Agathokles“ beizuwohnen; aber während er hier im Uebermaß der Huldigungen schwelgte, die ihm von allen Seiten dargebracht wurden, trat der Tod an ihn heran. Die Aufregung und die ungewohnten Anstrengungen, zu denen seine Eitelkeit ihn antrieb, hatten seine Kraft erschöpft: er starb zu Paris, nach kurzem Krankenlager, am 30. Mai 1778. Da der Pfarrer von St. Sulpice ihm ein kirchliches Begräbniß verweigerte, ließ seine Familie den Leichnam heimlich in dem dreißig Meilen von Paris entfernten Dorfe Sellières beisetzen, wo sein Neffe Geistlicher war. Nach dem Ausbruch der französischen Revolution wurden seine Gebeine wieder ausgegraben und unter großem Gepränge in der in ein Pantheon verwandelten Kirche von St. Sulpice beigesetzt.

Unter Voltaire's dichterischen Werken sind in erster Linie seine Tragödien zu erwähnen, auf welche er unter allen seinen Arbeiten den meisten Fleiß verwandte, weil die dramatische Kunst nicht nur in Frankreich das höchste Ansehen genoß, sondern die französischen Tragödien auch im Auslande als unübertreffliche Musterwerke galten und er daher auf diesem Gebiete den höchsten Ruhm zu erringen hoffen durfte. Hatte bisher das französische Drama seinen Stoff meist der alten Geschichte entlehnt, so brachte Voltaire in seinen Tragödien, nach dem Vorgange Shakespeare's — den er übrigens durchaus nicht verstand und in seiner einseitigen Voreingenommenheit einen „plumpen Bauern“ nannte — auch Gestalten aus der neuern Geschichte auf die Bühne. Dabei dachte er jedoch nicht daran, die Schranken zu durchbrechen, in welche die Regel von den drei Einheiten die französische Tragödie eingeengt hatte, und da das Drama fortfuhr, Hofbelustigung zu sein, so blieb auch in Voltaire's Stücken die Etiquette das höchste Kunstgesetz. Alle seine

Tragödien sind Tendenzstücke, und sowohl deßhalb als auch wegen seiner sentenzenreichen Sprache, wegen der Leidenschaftlichkeit der Rede und wegen seiner Kunst, zu spannen, hat man ihn nicht ganz mit Unrecht den Euripides der französischen Tragödie genannt. Wie er schon in seinem „Oedipus“ bei den Hieben, die er den heidnischen Priestern versetzt, die katholische Geistlichkeit im Auge hatte, so tönt der Haß gegen das Christenthum auch aus allen seinen späteren Tragödien heraus, obgleich er in zweien derselben gerade aus der christlichen Religion die größten Schönheiten zog. Seinen „Mahomed,“ in welchem er den religiösen Fanatismus geißelt, hatte er sogar die Kühnheit, dem Papst Benedikt XIV. zu dediciren, indem er ihm schrieb: „Er widme dem Papst, als dem Haupte der wahren Religion, eine Schrift gegen den Stifter einer falschen und barbarischen.“ Daß diese Worte nur Heuchelei waren, beweisen zahlreiche Stellen aus Voltaire's gleichzeitigen Privatbriefen. Seine Tragödien „Brutus“ und „der Tod Cäsars“ sind, trotz einzelner Schönheiten in der Charakterschilderung, kalt und leblos wie Addisons „Cato,“ mit welchem sie Vieles gemein haben. Ungleich höher stehen als Kunstschöpfungen „Mahomed,“ „Mérope,“ „Sémiramis,“ „Tancred“ und „Zaïre,“ sein bestes Stück. Aber bei allem Glanze der Diktion lassen Voltaire's Tragödien kalt, weil den deklamatorischen Tiraden, den auf Effekt berechneten Versen die innere Wahrheit fehlt und seine Charaktere nicht der Wirklichkeit entsprechen, sondern eben nur Voltaire'sche Phantasiegebilde sind. Voltaire's Lustspiele, Opern und Festspiele, die fast alle für den Hof gedichtet wurden, sind durchaus unbedeutend.

Die gleiche Ruhmsucht, die den Dichter bewog, sein glänzendes Talent vorzugsweise auf dem Gebiete der Tragödie zu verwerthen, trieb ihn an, sich auch im Epos zu versuchen, weil, wie er sagte, Frankreich noch kein solches besitze; allein seine „Henriade,“ durch welche er nach seinen eigenen Worten „unsterblich“ zu werden hoffte und von welcher Friedrich II. sagte: „ein einziger Gedanke derselben wiege die ganze Iliade auf,“ ist trotz des Glanzes der Darstellung, der Vollendung des Versbaus und vieler schönen Sentenzen, eine kalte Dichtung ohne allen epischen Geist.

Voltaire's Romane und Erzählungen, durch welche er gleichfalls seine „philosophischen“ Anschauungen zu verbreiten suchte, zeichnen sich, wie alle seine Werke, durch einen leichten, gefälligen Stil und eine fesselnde Darstellung aus und sprudeln meist von Witz und Laune, gemischt mit beißendem Spott; viele derselben verletzen jedoch durch ihren Inhalt den Anstand und die gute Sitte.

Als politischer Dichter feierte Voltaire, besonders in seinen jüngeren Jahren, die Ideen von Freiheit und Gleichheit, mehr jedoch, um der Zeitströmung zu huldigen und aus Haß gegen das Parlament, als aus Abneigung gegen den Hof und die höhere Gesellschaft, in deren Kreisen er sich wohl fühlte, weil er sich in denselben bewundert und gefeiert sah, und nicht mit Unrecht hat ihn deßhalb die Revolution als ihren Vorläufer gepriesen. Er selbst sah diese Revolution voraus. „Alles, was ich rings um mich sehe," schrieb er schon im Jahre 1764, „wirft den Keim zu einer Revolution, die unfehlbar eintreten wird, von der ich jedoch nicht mehr das Vergnügen haben werde, Zeuge zu sein. Das Licht hat sich so sehr ausgebreitet, daß man bei der ersten Gelegenheit losbrechen wird, und dann wird es einen Höllenlärm geben. Glücklich die jungen Leute; sie werden schöne Dinge sehen!"

Die Geschichtswerke Voltaire's fesseln durch eine gewandte, anschauliche und geistreiche Darstellung und durch eine Fülle interessanter Details, durch welche dieselben zu lebensvollen Bildern werden; es fehlt denselben jedoch jede historische Treue; denn Voltaire schrieb ohne alle Kritik und machte sich kein Gewissen daraus, die Thatsachen seinen Grundsätzen oder seinen Zwecken anzupassen. Seine „Geschichte Karls XII.," mit welcher er sich schon während seines Aufenthalts in England als historischer Schriftsteller einführte, ist ein Meisterwerk fesselnder Darstellung. In seiner „Geschichte des Jahrhunderts Ludwigs XIV.," bei welcher er die vorhandenen Quellen mit größerem Fleiße benutzt hat, als in irgend einer andern seiner historischen Arbeiten, beleuchtet er in einer Reihe glänzend ausgearbeiteter Schilderungen die Regierung dieses Königs nach allen Richtungen hin, jedoch mit so entschiedener Voreingenommenheit, daß er dessen Zeitalter als das „glorreichste der Weltgeschichte" bezeichnet. Seine ganz im Interesse Rußlands und mit der Unterstützung der russischen Regierung geschriebene „Geschichte Peters des Großen" ist, gleich dem „Abriß der Regierung Ludwigs XV.," ein Gewebe lügnerischer Schmeicheleien: — stellte er doch bei der Abfassung derselben den Grundsatz auf, daß man die Schwächen der Fürsten nicht so sehr unter die Leute bringen dürfe und daß es Dinge gebe, welche die Geschichte verbergen müsse. Mit seinem „Versuche über die Sitten und den Geist der Nationen," betrat Voltaire die Bahn der philosophischen Geschichte; seine Philosophie, die überall nur die Oberfläche der Dinge berührt aus Furcht, in der Tiefe unliebsame Wahrheiten zu finden, bestand jedoch auch hier nur in der Bekämpfung und Herabwürdigung aller christlichen Anschauungen.

Außer Voltaire hat die dramatische Poesie im achtzehnten Jahrhundert in Frankreich nur wenige nennenswerthen Bearbeiter aufzuweisen. Die Trauerspiele Crébillon's (geb. 1674, gest. 1762), der Corneille und Racine nachzuahmen suchte, das Wesen der Tragödie jedoch nur in die Darstellung des Gräßlichen und Schreckenerregenden setzte, haben das achtzehnte Jahrhundert nicht überlebt. Auch das Lustspiel konnte sich nicht wieder zu der Höhe der Vollendung erheben, zu welcher es durch Molière emporgehoben worden. Als Lustspieldichter verdienen nur Erwähnung Alexis Piron (geb. 1689, gest. 1773), Jean Baptiste Gresset (geb. 1707, gest. 1777) und der originelle Caron de Beaumarchais (geb. 1732, gest. 1799), der aus seinen von Witz und beißendem Spotte sprudelnden Komödien eine politische Waffe machte, indem er in seiner Trilogie: „der Barbier von Sevilla," „die Hochzeit des Figaro" und „die strafbare Mutter" den Adel persiflirte und für den durch die Gestalt Figaro's repräsentirten „dritten Stand" in die Schranken trat.

Auf dem Gebiete des Romans und der Erzählung ist zunächst der Abbé Barthélémy (geb. 1715, gest. 1795), als Verfasser der „Reisen des jungen Anacharsis in Griechenland," zu nennen, eines Werkes, das unter der Form des Romans eine Fülle von Gelehrsamkeit entwickelt. Clairs de Florian (geb. 1758, gest. 1794) sucht in seinem „Numa Pompilius" ein Gegenstück zu Fénélons „Telemach" aufzustellen, ohne jedoch sein Vorbild auch nur annähernd zu erreichen. Gelungener sind sein „Gonsalvo de Cordova" und sein „Wilhelm Tell," ganz besonders aber sein „Don Quixote," eine freie Uebersetzung des spanischen Urbildes. Das Beste jedoch, das Florian geschrieben und das ihm den meisten Ruhm eingetragen, sind seine Fabeln. Als Verfasser moralischer Erzählungen verdient auch François de Marmontel (geb. 1728, gest. 1799) Erwähnung, der in seinem „Belisar" gleichfalls Fénélons Telemach nachzuahmen sucht, ohne dabei glücklicher zu sein, als Florian. Ungleich bedeutender als die Genannten ist Bernardin de St. Pierre (geb. 1737, gest. 1814), der schon zu den Vorläufern der romantischen Schule gehört. Sein Hauptwerk, „Paul et Virginie," eine wunderliebliche, durch Einfachheit und Lebendigkeit der Darstellung, wie durch Zartheit und Anmuth der Charaktere ausgezeichnete idyllische Novelle, fand einen solchen Beifall, daß sie über vierhundert Auflagen erlebte.

Als lyrische Dichter verdienen Erwähnung: Jean-Baptiste Rousseau (geb. 1670, gest. 1741), dessen Oden sich jedoch nur durch einen gewandten Versbau auszeichnen und der wegen seiner beißenden Satiren für immer aus Frankreich verwiesen wurde (s. S. 321); der Lothringer Laurent Gilbert (geb. 1751), ein äußerst talentvoller Dichter, der im Alter von neunundzwanzig Jahren dem Elend erlag und im Wahnsinn starb, und André Chénier (geb. 1762), der in der französischen Schreckenszeit auf dem Blutgerüste endete (1794).

Auf dem Gebiete der didaktischen und beschreibenden Dichtung, deren Ueberwuchern am deutlichsten den Verfall der Poesie in Frankreich kennzeichnet, erwarben sich besonderen Ruhm Jean Racine (geb. 1692, gest. 1763), der Sohn des berühmten Tragödiendichters, dessen hervorragendstes Lehrgedicht, „die Religion,“ die Lehre von der Sünde und der Gnade, vom Dasein Gottes und der Unsterblichkeit zum Gegenstand hat; Charles François de St. Lambert (geb. 1716, gest. 1803), der durch seine nach dem Vorbilde Thomsons gedichteten „Jahreszeiten“ die beschreibende Poesie in Frankreich einführte; Jean Antoine Roucher (geb. 1745), der im Jahre 1794 mit André Chénier hingerichtet wurde, und ganz besonders Jacques Delille (geb. 1738, gest. 1813), der wegen seiner korrekten Sprache, seines fließenden Versbaus und seiner Meisterschaft in Naturschilderungen trotz des geringen poetischen Gehalts seiner Dichtungen hoch gefeiert und den gepriesensten Dichtern des Alterthums gleichgestellt wurde.

Unter den französischen Prosaikern des achtzehnten Jahrhunderts haben, neben Voltaire, insbesondere die Encyklopädisten — die Mitarbeiter an einem äußerst umfangreichen Conversationslexikon, das unter dem Titel: „Encyclopédie ou dictionnaire raisonné des sciences, des arts et des métiers,“ das gesammte menschliche Wissen vom Standpunkte der neuen Philosophie aus erschöpfend und in allgemein faßlicher Weise darstellen sollte — das Gift des Unglaubens ausgestreut. Die einflußreichsten unter denselben waren Diderot, d'Alembert und der Baron Holbach.

Denis Diderot (geb. 1712, gest. 1784), der Gründer der „Encyklopädie,“ hatte schon früher in seinen „Pensées philosophiques,“ die er den berühmten Pensées Pascals entgegenstellte, die Wunder als Beweise für die Wahrheit der christlichen Religion angegriffen und den Atheismus für besser erklärt, als den Aberglauben. Noch feindseliger trat er gegen das Christenthum in seinem im Jahre 1749 veröffentlichten „Sendschreiben eines Blinden zum Nutzen der Sehenden“ auf, in welchem der Glaube als Blindheit und die von ihm und seinen Freunden verkündete neue Philosophie als Sehen dargestellt wird. Dieses Sendschreiben brachte ihn als Gefangenen in den Thurm von Vincennes; seine Haft, die übrigens eine sehr milde war, schüchterte ihn jedoch so wenig ein, daß er gleich nach seiner Freilassung sich in seiner „Interprétation de la nature“ offen zum Atheismus bekannte. Die Materie erklärte er in diesem Werke für ewig, von keinem Gotte erschaffen noch erhalten, den freien Willen des Menschen für ein leeres Wort und die persönliche Unsterblichkeit für einen Traum. Obgleich Diderots Angriffe hauptsächlich gegen das Christenthum gerichtet waren, verschonte er mit seinem Hasse auch das Königthum nicht; sprach er doch einst den Wunsch aus: „mit den Gedärmen des letzten Priesters den letzten König erdrosselt zu sehen!“

Der erste Band der Encyklopädie, zu welcher Diderot im Jahre 1750 den Plan entworfen, erschien im Jahre 1751 und erregte ungeheueres Aufsehen. Es wurde zwar anfangs gegen dieses Werk, dessen Tendenz klar am Tage lag, von Seiten des Parlaments eingeschritten; da jedoch der Herzog von Choiseul das Unternehmen begünstigte, nahm es einen ungehinderten Fortgang. Im Jahre 1766 war das ganze Werk vollendet. Es zählt zweiundzwanzig Foliobände und war in viertausendfünfhundert Exemplaren gedruckt worden; dieselben waren jedoch so rasch vergriffen, daß alsbald zu einer zweiten Auflage geschritten werden mußte. Die letzten Exemplare wurden zu eintausendachthundert Livres verkauft.

Wie Voltaire, so fand auch Diderot, der sich vergebens um die Aufnahme in die Akademie bemühte, eine Gönnerin und Verehrerin in der Kaiserin Katharina II., die ihm, um seiner Geldnoth abzuhelfen, seine Bibliothek für fünfzehntausend Francs abkaufte, unter der Bedingung, daß er dieselbe für sie überwache und dafür als ihr Bibliothekar einen Jahrgehalt von tausend Livres annehme, welchen Gehalt sie ihm auf fünfzig Jahre vorausbezahlen ließ. Einer schmeichelhaften Einladung der Czarin folgend, reiste er im Jahre 1773 nach Petersburg, wo er mit großen Ehrenbezeigungen empfangen und von der Czarin reich beschenkt wurde. Natürlich ermangelte er nicht, bei seiner Rückkehr nach Paris das Bild seiner Gönnerin mit den schönsten Farben auszumalen.

Jean d'Alembert (geb. 1717, gest. 1783), einer der bedeutendsten Mathematiker seiner Zeit und schon seit seinem vierundzwanzigsten Lebensjahre Mitglied der Akademie, war Mitbegründer der Encyklopädie, für welche er eine meisterhaft stilisirte Einleitung schrieb. Ruhiger, nüchterner und politischer als der leidenschaftliche Diderot, suchte er dessen ungestümen Eifer für die Bekämpfung der christlichen Ideen zu mäßigen, um von der Encyklopädie den Schein des vollendeten Unglaubens fern zu halten. Seine Philosophie war der Sensualismus, der zwar nicht, wie der Materialismus, das Dasein Gottes und die Substanzialität der Seele, d. h. ihre Existenz als selbstständiges, den Körper überdauerndes Wesen, leugnet, aber alle Vorstellungen aus sinnlichen Eindrücken herleitet und daher nothwendig zum Materialismus führen muß.

Paul Friedrich Baron von Holbach (geb. 1723 in dem jetzt zum Großherzogthum Baden gehörigen pfälzischen Städtchen Heidelsheim, gest. 1789 zu Paris) war schon als Kind nach Paris gekommen, wo sein Vater, ein Emporkömmling, sich ein bedeutendes Vermögen erwarb, von welchem der junge Holbach zu Gunsten der

„Philosophen" einen verschwenderischen Gebrauch machte. Da er in seinem Hotel zu Paris oder auf seinem Schlosse Grandval, den Versammlungsorten der Freidenker und Schöngeister, zweimal wöchentlich für dieselben offene Tafel hielt, wurde er der „Maître d'hotel de la philosophie" genannt. Er selbst schrieb unter dem Pseudonym Mirabaud das „Système de la nature," ein vollständiges Lehrbuch des Atheismus, in welchem der trostloseste und zugleich absurdeste Materialismus gepredigt und alles Große, Edle und Wahre mit dem grassesten Cynismus in den Staub gezogen wird. Das Buch erregte das größte Aufsehen. Vielen graute vor dem Inhalt, und sogar Voltaire war bestürzt. Sowohl er als Friedrich II. suchten das Werk zu widerlegen; allein sie vermochten es nicht; denn der Verfasser des „Systems" hatte nur ihre eigenen Grundsätze bis in die äußersten Consequenzen durchgeführt.

Um den Ergebnissen der neuen Philosophie die weiteste Verbreitung zu sichern und sie insbesondere auch dem großen Haufen mundgerecht zu machen, schrieb Holbach einen kurzen Auszug seines „Systems" unter dem Titel „Le bon sens" — der gesunde Menschenverstand—, von welchem d'Alembert meinte, „man müsse ihn noch mehr zusammenziehen, damit er nur fünf Sous koste und auch den Bedienten und Köchinnen zugänglich werde."

Unter den Schriftstellern, die, ohne Mitarbeiter der Encyklopädie zu sein, doch ganz im Geiste der Encyklopädisten schrieben, ist besonders Claude Adrien Helvetius (geb. 1715, gest. 1771), ein reicher Generalpächter und Gutsherr, zu erwähnen, der in seinem Buche „de l'Esprit," zu welchem er die Ideen aus seinen Unterhaltungen mit den zu seinem Tische geladenen Philosophen geschöpft hatte, als der Apostel des gröbsten Materialismus auftrat. Nach Helvetius unterscheidet sich der Mensch vor dem Thiere nur durch eine größere Vollkommenheit seiner körperlichen Organe und hat bei seinen Handlungen keine anderen Triebfedern, als das eigene Interesse, die Liebe zum Genuß und die Furcht vor dem Unbehagen, vor Entbehrung und Schmerz. Für Helvetius ist die Tugend nichts Anderes, als der wohlverstandene Egoismus, und Laster nur, was eigenen Schaden bringt. Trotz der Erbärmlichkeit seines Inhaltes erlebte das Buch fünfzig Auflagen und wurde in die meisten Sprachen Europa's übersetzt — ein trauriges Zeugniß für den Geist der Zeit.

Während Voltaire und seine Gesinnungsgenossen ihre Angriffe mehr gegen das Christenthum als gegen die Staatsgewalt richteten, hielt sich Jean Jacques Rousseau für berufen, die Axt an die Wurzel der staatlichen und gesellschaftlichen Verhältnisse zu legen. Geboren zu Genf am 18. Juli 1712 als der Sohn eines geschickten, aber wenig bemittelten Uhrmachers, hatte Rousseau schon als Knabe mit Begeisterung Plutarchs Lebensbeschreibungen gelesen, und wie diese Lektüre ihm eine entschiedene Vorliebe für republikanische Staatseinrichtungen eingeflößt, so hatte sie in ihm auch jenen unbeugsamen Republikanersinn entwickelt, der neben einem ausgesprochenen Hang zur Sentimentalität und Naturschwärmerei einen Hauptzug seines Charakters bildete. Da sein Vater nicht in der Lage war, ihn studieren zu lassen, wurde er Gehilfe eines Stadtschreibers; diese Beschäftigung sagte ihm jedoch so wenig zu, daß sein Vater sich entschloß, ihn zu einem Kupferstecher in die Lehre zu geben. Doch auch hier war seines Bleibens nicht; er ließ sich zu jugendlichen Unbesonnenheiten hinreißen, und die Furcht vor der Strafe bewog ihn zur Flucht nach Savoyen. Hier empfahl ihn ein menschenfreundlicher Priester einer frommen Convertitin, der zu Annecy lebenden Frau von Warens, und diese versah ihn mit dem nöthigen Gelde zur Weiterreise nach Turin, wo er in einer Missionsanstalt zur katholischen Kirche übertrat, ohne jedoch bei diesem Schritt durch eigene Ueberzeugung geleitet zu sein. Nach mancherlei Abenteuern und Verirrungen kehrte er zu seiner Gönnerin zurück, bei welcher er während eines mehrjährigen Aufenthaltes Gelegenheit hatte, nicht nur seine Studien mit Erfolg fortzusetzen, sondern auch sein musikalisches Talent auszubilden.

Im Jahre 1742 kam Rousseau nach Paris, wo ihn der französische Gesandte in Venedig als Sekretär in seinen Dienst nahm. Sein ungebändigter Freiheitssinn konnte sich jedoch in diese abhängige Stellung nicht finden, und so kehrte er nach Paris zurück, um dort seine schriftstellerische Thätigkeit zu beginnen. Der traurige gesellschaftliche und politische Zustand Frankreichs und insbesondere der schwere Druck, der auf dem Volke lastete, steigerte seine Abneigung gegen die monarchische Regierungsform und erfüllte ihn mit Haß gegen die reicheren und höheren Stände, die inmitten des öffentlichen Elends im Ueberfluß schwelgten, und da er sah, daß sie als Gönner und Beschützer der Künste und Wissenschaften aus diesen selbst nur eine neue Würze ihrer üppigen gesellschaftlichen Freuden zogen, erschien ihm die gesammte Geistesbildung als eine Quelle des Unglücks und der Sittenverderbniß. Von diesen Gefühlen bewegt, schrieb er, als Antwort auf die von der Akademie zu Dijon gestellte Preisfrage: „Ob die Wiederherstellung der Künste und Wissenschaften (im fünfzehnten und sechzehnten Jahrhundert) zur Verbesserung der Sitten beigetragen habe?“, eine Abhandlung, in welcher er, der herrschenden Ansicht entgegen, die Künste und Wissenschaften als die Ursachen alles menschlichen Verderbens darstellte. Nichtsdestoweniger gewann er den Preis durch den täuschenden Glanz seiner Beredtsamkeit und durch die Neuheit der von ihm entwickelten Ansichten.

Bald darauf zog sich Rousseau durch die Veröffentlichung seines „Briefes über die französische Musik“, worin er die geistlose Trockenheit und falsche Gelehrsamkeit derselben tadelte, die Ungunst der Pariser in so hohem Grade zu, daß er sich genöthigt sah, die französische Hauptstadt zu verlassen. Er begab sich nach Genf, wo er, um das durch seinen Uebertritt zur katholischen Kirche verwirkte Bürgerrecht wieder zu gewinnen, öffentlich und feierlich zur reformirten Kirche zurückkehrte. Ein Streit mit Voltaire, dessen theatralische Aufführungen in Ferney ihm zuwider waren und der seinerseits es ihm nicht verzeihen konnte, daß er in einem Briefe an d'Alembert die Abschaffung des Theaters für eine Nothwendigkeit erklärt hatte, verbitterte ihm jedoch den Aufenthalt in seiner Vaterstadt so sehr, daß er ihr zum andern Male den Rücken wandte, um sich nach Chambery zu begeben, wohin die Freundin seiner Jugend, Frau von Warens, übergesiedelt war. Hier schrieb er, gleichfalls in Beantwortung einer von der Akademie zu Dijon gestellten Preisfrage, seine „Abhandlung über die Ursachen und den Ursprung der Ungleichheit unter den Menschen“, worin er die Behauptung aufstellte, daß die gesellschaftliche Verbindung und die daraus hervorgegangene Civilisation, indem sie das Eigenthumsrecht geschaffen und zur Einsetzung von Obrigkeiten geführt, die Menschen unglücklich und zu Verbrechern gemacht, und daß Tugend, Freiheit und Glück nur unter den Wilden zu finden seien. Obgleich er in dieser Schrift die Grundverhältnisse der bürgerlichen Gesellschaft angriff, wurde ihm auch diesmal der Preis zuerkannt.

Da sich inzwischen die Stimmung der Pariser wieder günstiger für ihn gestaltet hatte, kehrte er nach Frankreich zurück, nahm jedoch seinen Aufenthalt nicht in der Hauptstadt, sondern in einem Landhause zu Montmorency, der sogenannten „Einsiedelei“, wo er, außer seinem vielgelesenen, mit ungewöhnlicher Sprachgewandtheit und glühender Phantasie in Briefform geschriebenen, aber die Sittlichkeit schwer verletzenden Romane, der „neuen Heloise“, dessen glänzende Aufnahme in der vornehmen Welt Voltaire's Eifersucht in hohem Grade erregte, seine beiden einflußreichsten Werke, seinen „Contrat social“ (Gesellschaftsvertrag), und seinen „Emil, oder über die Erziehung“, verfaßte.

In seinem „Contrat social“, der im Jahre 1762 erschien und mit den Worten beginnt: „Der Mensch ist frei, und überall liegt er in Fesseln,“ stellt Rousseau, nach dem Vorgange der englischen Staatsphilosophen Hobbes, Algernon Sidney und Locke, das gesammte Staatswesen als auf einem Vertrage beruhend dar, durch welchen die Menschen im Naturzustande Einigen aus ihrer Mitte zur Handhabung der bürgerlichen Ordnung die obrigkeitliche Gewalt übertragen hätten, und zieht daraus den Schluß, daß der Gesammtwille des Volkes, welcher die Obrigkeiten mit der Ausübung der Gewalt um des gemeinen Nutzens willen betraut habe, fortwährend der Eigenthümer dieser Gewalt und folglich der eigentliche Oberherr sei, dem die Herrschaft unter allen Umständen verbleibe, und daß somit dem Volke das Recht zustehe, die mit der Vollstreckung seines Willens beauftragten Regenten als seine Diener nach Belieben ein- und abzusetzen. Obgleich dieses Werk im Allgemeinen wenig verstanden wurde und Rousseau selbst die darin ausgesprochenen Ansichten für praktisch unverwerthbar erklärte, fand es bei der herrschenden Stimmung und wegen der blendenden Hülle, mit welcher der stilgewandte, für seine Weltverbesserungsideen begeisterte Verfasser seine ebenso irrigen als verderblichen Ansichten zu bekleiden wußte, ungeheueren Beifall und bahnte den Weg zu der gewaltsamen Umwälzung, die siebenundzwanzig Jahre später zum Ausbruch kam.

In seinem gleichzeitig mit dem „Contrat social“ veröffentlichten „Emil“, einem Werke, das zwischen Roman und Lehrbuch die Mitte hält, stellt Rousseau, der seine eignen fünf Kinder ohne jedes Zeichen der Wiedererkennung in das Findelhaus schickte, Grundsätze der Erziehung auf, in denen Wahrheit und Irrthum aufs Wunderlichste gemischt sind. Rousseau's durchweg revolutionäre Erziehungslehre, die zwar manchen belebenden und befruchtenden Gedanken enthält, aber die Geschichte wie die Erfahrung gänzlich verkennt und mißachtet, bezweckt die Heranbildung des Kindes zu einem reinen „Naturmenschen“, für welchen er in dem Helden seines Buches ein Musterbild aufstellt, ohne dabei zu bedenken, daß sein Emil in das wirkliche Leben gar nicht paßt. Neben allen äußeren Zuchtmitteln will er aus der Erziehung auch den Religionsunterricht verbannt sehen, „da ein Kind, das an Gott glaube, nothwendig ein Götzendiener sei.“ Wie der Zögling ausschließlich durch die Entwicklung seiner Vernunft auf den Weg des Guten geführt werden soll, so soll er auch von Gott und den christlichen Glaubenswahrheiten erst dann Etwas erfahren, wenn sein Verstand die nöthige Reife erlangt hat, um sich für oder wider das Christenthum zu entscheiden und im ersteren Falle zwischen den bestehenden Confessionen zu wählen. Bis dahin soll in dem Kinde nur die Entwicklung einer „Herzensreligion“ begünstigt, d. h. sein Sinn auf die Herrlichkeit der Schöpfung gelenkt werden, damit es in derselben Gott ahnen lerne.

Obgleich Rousseau Mitarbeiter an der Encyklopädie war, für welche er die Artikel über die Musik lieferte, und mit Diderot, d'Alembert und Helvetius in den freundschaftlichsten Beziehungen stand, war er weder Atheist noch ein erklärter Gegner des Christenthums; in seinem „Emil“ spricht er sogar von der christlichen Religion und ihrem göttlichen Stifter mit einer Art begeisterter Verehrung: aber er bestreitet nicht nur die Nothwendigkeit, sondern sogar die Möglichkeit irgend welcher Offenbarung und sieht in der Natur die einzige Quelle der Gotteserkenntniß.

Sowohl der „Emil“ als der „Contrat social“ wurden auf Befehl des Parlaments durch Henkershand verbrannt — zur großen Freude Voltaire's, der in einem Briefe den Vorfall mit dem spöttischen Zusatz erzählt: „das kommt davon, wenn man die Philosophen und die Schauspiele anbellt“ —, und Rousseau selbst entging der Gefangenschaft nur durch die Flucht nach Genf. Aber auch hier fand er keine Aufnahme, da sein „Emil“ unter der dortigen reformirten Geistlichkeit die gleiche Entrüstung hervorgerufen hatte, wie unter der katholischen in Frankreich. Er begab sich nach Bern, und da er auch dort nicht geduldet wurde, nach Neuchatel, wo er eine Zeitlang in einem Dorfe unter dem Schutze Friedrichs II. lebte, bis ihn die feindliche Stimmung der von dem Pfarrer des Orts gegen ihn aufgereizten Bauern zur Flucht auf die Petersinsel im Bieler See bewog. Auch von hier durch die Berner Regierung ausgewiesen, folgte er einer Einladung Hume's nach England, wo er von den Freidenkern mit Begeisterung aufgenommen wurde. Aber sein argwöhnisches und reizbares Gemüth vertrug sich nicht lange mit dem kalten Geiste Hume's, und er verließ England, beladen mit dem Vorwurf der Undankbarkeit. Im Jahre 1766 nach Paris zurückgekehrt, entzweite er sich mehr und mehr mit Allen, die ihm nahe standen, und schien nur bemüht, durch ein auffallendes, einsiedlerisches Leben die öffentliche Aufmerksamkeit zu fesseln. Da er Niemanden eine Verbindlichkeit schuldig sein wollte, lehnte er die von Georg III. von England ihm angebotene Unterstützung ab und begnügte sich mit dem, was seine Werke ihm eintrugen und was er durch Notenabschreiben erwarb. Seine letzte Arbeit war die Vollendung seiner „Bekenntnisse“, in welchen er mit großer Offenheit, jedoch nicht ohne durchschimmernde Selbstgefälligkeit seinen ganzen Lebenslauf mit allen seinen Verirrungen schildert. Vollständig mit sich selbst und mit der Welt zerfallen, starb er am 3. Juli 1778 zu Ermenonville, wo ihm der Marquis von Girardin, einer seiner besonderen Verehrer, auf seinem Landsitze ein Asyl angeboten, eines plötzlichen Todes, nach Einigen an einem Schlagfluß, nach Andern an Gift, wodurch er freiwillig seinem Leben ein Ende gemacht.

Wie Rousseau, so hatte auch Charles de Secondat, Baron de la Brède und de Montesquieu (geb. 1689, gest. 1755), in seinen beiden Hauptwerken: „Ueber die Ursachen der Größe und des Verfalls der Römer", und „Geist der Gesetze", durch welche er die Staatswissenschaft zur Lieblingsbeschäftigung seines Volkes erhob, die allgemeine Aufmerksamkeit auf die Mängel der staatlichen Verhältnisse Frankreichs gelenkt; doch waren seine Bemühungen nicht auf die Herbeiführung einer gewaltsamen Umwälzung, sondern nur auf die Anbahnung der von ihm für nothwendig erachteten staatlichen Reformen gerichtet, wobei ihm die englische Verfassung, die er während eines zweijährigen Aufenthaltes in London zum Gegenstande eingehender Studien gemacht, als Vorbild vorschwebte. Auch er war als ausgesprochener Deist ein Verächter des Christenthums; doch nahm er keinen Antheil an den offenen Angriffen auf dasselbe, obgleich er in seinen geistreichen, mit großem Beifall aufgenommenen „Lettres persanes", seinem ersten Werke, worin er einen Perser in Frankreich reisen und an seine Freunde in der Heimath berichten läßt, wie er den Hof und das Volk, die Priester und die Gelehrten und das Leben in den geselligen Kreisen gefunden, mit den Ergüssen seines Spottes die Religion ebensowenig verschont, als die gesellschaftlichen und staatlichen Verhältnisse seines Landes.

Zu den französischen Freidenkern gehört auch der berühmte Naturforscher Jean Louis Leclerc, Graf von Buffon (geb. 1707, gest. 1788), dessen aus sechsunddreißig Bänden bestehende „Histoire naturelle, générale et particulière" wegen der unleugbaren Vorzüge der Darstellung, der lebhaften und anschaulichen Schilderungen und des pittoresken Stils, allgemeine Bewunderung erregte und in den weitesten Kreisen den Sinn für die Naturwissenschaften weckte, zugleich aber auch wegen der dem Werke zu Grunde liegenden antichristlichen Anschauungen, nach welchen Gott nicht als Schöpfer über der Natur steht, sondern in derselben als schaffende Kraft aufgeht, viel zur Verbreitung der herrschenden religionsfeindlichen Ideen beigetragen hat.

Gegen alle diese offenen und versteckten Feinde hatte die christliche Wahrheit keinen Schutz. In die Akademien wurde kein christlich gesinnter Mann mehr zugelassen: die Encyklopädisten allein saßen in denselben zu Gericht über alle Erscheinungen der Presse; auch der Schulen hatten sie sich vollständig bemächtigt. Die öffentliche Meinung und durch sie die äußerst schwache Regierung wurde ganz von der neuen „Aufklärung" beherrscht. Nichts fruchteten mehr die warnenden Stimmen der Prediger, die gehaltvollsten Schriften der kirchlichen Apologeten, die an den Thron gebrachten Klagen und Alarmrufe des versammelten Klerus und vieler anderer einsichtsvoller Männer. Alle Schriften mit einigermaßen katholischem Gepräge wurden von den Encyklopädisten unterdrückt, und das Verbrennen einzelner staats- und religionsfeindlicher Werke durch

Henkershand hatte keine Bedeutung. Die Gottlosigkeit und die Anarchie in den Geistern machte schreckenerregende Fortschritte; Unglaube und Unsittlichkeit wurden immer allgemeiner: — Alles war reif für eine furchtbare Umwälzung.

XXVIII.

Portugal unter Pombals Verwaltung.

(1750—1770.)

Unter den Königen aus dem Hause Braganza, das, wie wir oben (Bd. V. S. 651) gesehen, mit Johann IV. den portugiesischen Thron bestiegen, hatte Portugal seine frühere Bedeutsamkeit nicht wieder erlangt, sondern war mehr und mehr in ein abhängiges Verhältniß zu England gekommen.

Johanns IV. Sohn und Nachfolger Alfons VI., während dessen Minderjährigkeit seine Mutter Louise Guzman die Regierung führte, war ein geistig schwacher Fürst, der sich schon frühe den wildesten Ausschweifungen und Leidenschaften hingab. Nachdem er im Jahre 1662 im Alter von neunzehn Jahren seine Mutter gezwungen, ihm die Regierung zu übergeben, die er durch den Grafen Castelmelhor führen ließ, wurde er im November 1667 von seinem älteren Bruder Pedro gefangen genommen und zur Verzichtleistung auf die Regierung gezwungen, worauf sich Pedro selbst von den zusammenberufenen Cortes als Regent bestätigen ließ. Der entthronte König wurde als Staatsgefangener auf eine der Azoren gebracht; nach einiger Zeit gestattete man ihm jedoch die Rückkehr nach Portugal und wies ihm ein kleines Landhaus zu Cintra, in der Nähe von Lissabon, an, wo er im Jahre 1683 starb. Erst nach seinem Tode nahm sein Bruder den Königstitel an.

Obgleich Spanien in dem Frieden von Lissabon (s. Bd. V. S. 656) die Unabhängigkeit Portugals anerkannt hatte, vermochte Pedro II. nicht, dem von ihm despotisch regierten Reiche einen neuen Aufschwung zu geben; Portugal kam vielmehr unter ihm immer mehr unter das Schlepptau der englischen Politik. Die brasilianischen Besitzungen, welche den Portugiesen zum größten Theile von den Holländern entrissen, unter Johann IV. jedoch zurückerobert worden waren, wurden zwar bis zum La Plata-Strom erweitert, und die Missionen der Jesuiten drangen bis zum Marannon vor; dagegen gingen jedoch die portugiesischen Besitzungen in Ostindien bis auf Goa an die Holländer verloren.

Pedro II. starb im Jahre 1706 während des spanischen Erbfolgekrieges, an welchem er seit dem Jahre 1703 als Mitglied der großen Allianz Theil genommen (s. S. 190), und ihm folgte sein Sohn Johann V. (1706—1750), unter welchem die Regierung in dem gewohnten Geleise fortgeführt wurde. Des Königs Sorge war hauptsächlich auf die Ausführung von Prachtbauten gerichtet; auch wissenschaftliche Bestrebungen fanden bei dem Hofe Unterstützung; dabei ging jedoch die portugiesische Land- und Seemacht immer mehr ihrem Verfalle entgegen.

Johanns V. Sohn und Nachfolger, der schwache und wollüstige Joseph Emmanuel I. (1750—1777), überließ die Regierung gänzlich seinem Minister Jose de Carvalho, den er später zum Marquis von Pombal erhob. Dem niederen Adel angehörend, hatte Carvalho durch die Heirath mit einer reichen und vornehmen Wittwe ein bedeutendes Vermögen und Zutritt bei Hofe erlangt; doch hatten ihn die Hindernisse, die seiner Heirath durch mehrere der ersten Familien des Landes in den Weg gelegt worden, mit einem glühenden Hasse gegen den gesammten höheren Adel erfüllt. Als Gesandter in London und Wien hatte er ebensowohl die Grundsätze der neuen Staatsweisheit, die in der Förderung des materiellen Wohls das einzige Heil der Staaten sah, als auch die kirchenfeindlichen Anschauungen der Aufklärer in sich aufgenommen und suchte, nachdem die Gunst des Königs ihn als allgebietenden Minister an die Spitze der Verwaltung gestellt hatte, die im Auslande gewonnenen Ansichten mit dem schroffsten Absolutismus in der gänzlichen Umgestaltung Portugals zur Geltung zu bringen. Zur Hebung des gesunkenen Handels führte er das in den meisten Staaten Europa's beliebte Verbots- und Zwangswesen ein, untersagte, wie Friedrich Wilhelm I. von Preußen, die Benutzung ausländischer Fabrikate und ließ, wie dieser, Denen, die ausländisches Tuch trugen, auf offener Straße die Kleider vom Leibe reißen. Um den Ackerbau zu befördern, ordnete er die Ausrodung der Weinpflanzungen in der Provinz Alemtejo an, an deren Stelle Getreidefelder angelegt wurden. Während er auf diese Weise den Ertrag des Bodens bedeutend verminderte, richtete er zugleich die Weinbauer zu Grunde, indem er den gesammten Weinhandel, um die Vortheile desselben den Engländern zu entziehen, einer Kompagnie übertrug, bei welcher er selbst betheiligt war. Dem Adel entriß er im Jahre 1753 durch eine gewaltsame Reduktion den größten Theil der ausgedehnten Besitzungen in Amerika, welche demselben in früheren Zeiten von der Krone zugetheilt worden, und brachte dadurch diesen ihm ohnehin wenig geneigten Stand nur umso mehr gegen sich auf.

Neben der Förderung der materiellen Interessen des Landes

lag dem Minister besonders die Umgestaltung des Unterrichtswesens nach den Grundsätzen der „Aufklärung“ am Herzen. Die Universität von Coimbra erhielt eine neue Einrichtung und wurde durch die Herbeiziehung mehrerer ausländischer Lehrer in eine Pflanzstätte des Freimaurerthums verwandelt; auch wurde die Büchercensur der Geistlichkeit entzogen. Da den Neuerungen des Ministers auf diesem Gebiete besonders die Jesuiten im Wege standen, die als Beichtväter am Hofe und als Erzieher der Söhne des höheren Adels eines hohen Ansehens genossen und in Portugal, wie in allen anderen Ländern, als die eifrigsten Vertheidiger der Interessen des katholischen Glaubens auftraten, waren sie der besondere Gegenstand seines Hasses. Um ihren Sturz vorzubereiten, der bei ihm beschlossene Sache war, suchte er ihr Ansehen durch Pamphlete zu untergraben und verschmähte kein Mittel der Verleumdung, um sie bei dem schwachen König zu verdächtigen und dadurch vom Hofe zu verdrängen. Ein Aufstand zu Oporto gegen die zum ausschließlichen Weinhandel berechtigte Kompagnie sollte von ihnen angezettelt worden sein; selbst das furchtbare Erdbeben, das am 1. November 1758 fast die ganze Stadt Lissabon in einen Trümmerhaufen verwandelte, unter welchem an dreißigtausend Menschen ihr Grab fanden, sollten sie als ein Mittel zur Aufreizung des Volkes benutzt haben, indem sie dasselbe als ein Strafgericht Gottes für die Frevel der Regierung hingestellt. Auch der von den Jesuiten in Paraguay gegründete Musterstaat (s. Bd. V. S. 336), von welchem ein großer Theil im Jahre 1750 durch einen mit Spanien geschlossenen Vertrag an Portugal gekommen war, wurde von Pombal als eine Handhabe zu feindlichem Vorgehen gegen den von ihm so sehr gehaßten Orden benutzt. Nachdem er die Habsucht des Königs auf die angeblich von den Jesuiten in ihren Reductionen angehäuften Reichthümer und die in jenen Gegenden vermutheten bedeutenden Gold- und Silberminen gelenkt hatte, ordnete er, um diese letzteren zum Vortheil des Staates ausbeuten zu können, die Auswanderung aller dort wohnenden Indianer an, und als sich dieselben dieser Maßregel widersetzten, legte er ihre Auflehnung den Jesuiten zur Last. Auch beschuldigte er diese, am Marannon ein großes, bis jetzt unbekannt gebliebenes Reich gegründet zu haben, von wo aus sie ganz Südamerika ihrer Herrschaft zu unterwerfen beabsichtigten.

Nachdem es Pombal durch alle diese verleumderischen Anklagen gelungen war, den König zum Erlaß eines Befehls zu bestimmen, der alle Jesuiten aus dem königlichen Palaste verbannte, erpreßte er durch einen nach Rom gesandten lügnerischen Bericht, der den gänzlichen Verfall des Ordens nachweisen sollte, von Papst Benedikt XIV. ein Breve, durch welches der ganz unter dem Einfluß

Pombals stehende Kardinal Saldanha mit der Visitation der portugiesischen Ordenshäuser der Jesuiten betraut wurde. Ohne die Angeklagten nur gehört zu haben, erklärte Saldanha dieselben für strafbar und den Orden einer Verbesserung bedürftig und erwirkte von dem Patriarchen von Lissabon die Suspension der Jesuiten von dem Beichtstuhl und dem Predigtamt, wodurch ihr Einfluß in Portugal gebrochen wurde. Zu ihrer gänzlichen Vernichtung fand der Minister bald seinen erwünschten Vorwand.

Bei einer Ausfahrt, die der König am 3. September 1758 zu nächtlicher Stunde machte, wurde auf seinen Wagen geschossen und der Monarch selbst leicht verwundet. Obgleich die Sache ungeheueres Aufsehen erregte, verstrichen mehrere Monate, ehe eine Untersuchung darüber eingeleitet wurde. Aber die Rache brütete im Stillen, um ihre Opfer um so sicherer erreichen zu können. Am 13. Dezember wurden in der Frühe des Morgens sämmtliche Glieder der mit dem Königshause verwandten und dem Minister besonders verhaßten Familie von Tavora, sowie der Herzog von Aveiro verhaftet und die Häuser der Jesuiten besetzt, und am 7. Januar 1759 erklärte ein aus weltlichen und geistlichen Mitgliedern zusammengesetzter außerordentlicher Gerichtshof, nach einem mit der empörendsten Formlosigkeit und Ungerechtigkeit geführten Prozesse, bei welchem einzelnen Angeklagten durch die Folter Geständnisse erpreßt worden, den Herzog von Aveiro, den Marquis von Tavora, sowie die Gemahlin, die beiden Söhne und den Schwiegersohn des Letzteren für schuldig des beabsichtigten Königsmords, die Jesuiten aber für die Urheber des Mordanschlags, und verurtheilte die Ersteren als Hochverräther zum Tode.

Obgleich dieses Urtheil bei den meisten Angeklagten nur auf bloßen Verdacht hin erfolgt war und sogar behauptet wurde, Pombal selbst habe jenes nächtliche Attentat veranstaltet, um sowohl die angesehensten seiner Gegner aus dem hohen Adel, als auch die Jesuiten ins Verderben zu stürzen, wurden sämmtliche Verurtheilten am 13. Januar 1759 auf schauerliche Weise hingerichtet. Auf einem hohen, vor dem Schlosse zu Belem erbauten Gerüste wurde zuerst die Marquise von Tavora enthauptet; dann wurden ihre beide Söhne, ihr Schwiegersohn und drei ihrer Hausbedienten nach einander auf ein eisernes Kreuz gelegt und erdrosselt und hierauf ihre Gebeine mit Keulen zerschlagen, und endlich der alte Marquis von Tavora und der Herzog von Aveiro lebendig gerädert. Die Tochter des Königs, die nachmalige Königin Maria Isabella, gerieth bei dem Jammergeschrei der ihr sämmtlich genau befreundeten Unglücklichen, das bis in die Zimmer des königlichen Palastes drang, in eine so heftige Gemüthsbewegung, daß sie sich nicht mehr von der erlittenen Erschütterung erholen konnte und später in Wahnsinn verfiel. Nachdem zuletzt noch der Kammerdiener des Herzogs von Aveiro, der, in einem Winkel des Gerüstes an einen Pfahl gebunden, den Hinrichtungen hatte zusehen müssen, an seinem Pfahle mitten auf das Gerüst gesetzt worden, wurde dasselbe mit allen hingerichteten Körpern und den gebrauchten Marterwerkzeugen verbrannt und die Asche ins Meer geworfen. Die Paläste des Herzogs von Aveiro und der Familie von Tavora wurden niedergerissen, ihre Güter eingezogen, ihre Namen ausgelöscht und alle Spuren ihres Daseins vertilgt.

Von den angeklagten Jesuiten, gegen welche auch nicht die leiseste Spur eines Beweises der Mitschuld hatte beigebracht werden können, wurden drei, unter ihnen der zweiundsiebzigjährige, im Rufe der Heiligkeit stehende Pater Malagrida, durch das Inquisitionsgericht, welchem Pombal in seinem Bruder einen neuen Präsidenten gegeben hatte, als Ketzer zum Tode verurtheilt und am 20. September 1761 öffentlich hingerichtet.

Schon vorher, am 3. September 1759, war ein Dekret erlassen worden, durch welches der Orden der Gesellschaft Jesu in allen Ländern der portugiesischen Krone aufgehoben und die Einziehung seiner sämmtlichen Güter für den Staat verfügt wurde. Alle in Portugal anwesenden Glieder des Ordens wurden, mit Ausnahme der Gefangenen, zu Schiffe gebracht und an der Küste des Kirchenstaates „als ein Geschenk für den heiligen Petrus“, wie Pombal höhnisch bemerkte, ans Land gesetzt. Von den hundertvierundzwanzig Gefangenen wurden sechsunddreißig später gleichfalls nach Italien gebracht; siebenunddreißig starben hochbetagt im Kerker; die übrigen erhielten nach dem Sturze Pombals die Freiheit zurück.

Wie Pombal schon bei seinem Verfahren gegen die Jesuiten alle Vorstellungen und Ermahnungen des Papstes Clemens XIII. vollständig unberücksichtigt ließ, so schien er es auch in anderen Beziehungen förmlich darauf anzulegen, ihn zu kränken, um eine Veranlassung zu finden, Portugal gänzlich dem Einfluß des päpstlichen Stuhles zu entreißen. Von der durch den Minister veranstalteten Vermählung der Infantin Maria Isabella, der Erbin des portugiesischen Thrones, mit ihrem betagten Oheim Don Pedro erhielt unter allen fremden Gesandten der päpstliche Nuntius allein keine Anzeige, und als er in Folge dessen an der zur Feier derselben veranstalteten Illumination keinen Antheil nahm, erklärte Pombal dies für eine schwere Beleidigung des portugiesischen Hofes, ließ den Nuntius unter militärischer Escorte an die spanische Grenze bringen und hob die Nuntiatur auf. Auch wurden mit dem portugiesischen Gesandten in Rom alle dort lebenden Portugiesen zurückberufen, und die in Portugal lebenden Unterthanen des Papstes erhielten Befehl, sofort das Land zu verlassen. Erst unter Clemens' XIII. Nachfolger, Clemens XIV., wurde der Verkehr zwischen Portugal und dem römischen Stuhle wieder hergestellt.

Da Pombal in seinem Eifer für die inneren „Reformen" die bewaffnete Macht vollständig vernachlässigt hatte, brachte der Krieg, in welchen Portugal im Jahre 1762 als Bundesgenosse Englands mit Frankreich und Spanien verwickelt wurde (s. S. 460), das Land in die äußerste Gefahr, und nur der Umsicht und dem hervorragenden Feldherrntalent des Grafen von Lippe-Bückeburg, den England den Portugiesen als Führer gesandt, hatte es seine Rettung aus derselben zu verdanken. Dieser Krieg gab dem Minister Veranlassung, auch dem Heerwesen seine Sorge zuzuwenden, wodurch dasselbe unter der Mitwirkung des Grafen von Lippe-Bückeburg auf einen besseren Fuß gebracht wurde.

Pombals Schreckensherrschaft endete mit dem Tode des schwachen, von ihm geleiteten Königs. Die Infantin Maria Isabella, die ihrem Vater auf dem Thron folgte, begann ihre Regierung mit Pombals Entlassung und der Anordnung einer Revision des Prozesses der angeblichen Königsmörder. Nachdem das über dieselben gesprochene und in so grauenerregender Weise zur Vollstreckung gebrachte Urtheil für ungerecht und ungiltig erklärt, das Andenken der beiden Familien Aveiro und Tavora hergestellt und deren eingezogenes Vermögen ihren Verwandten zurückgegeben worden war, wurde Pombal selbst wegen seiner Amtsführung zur Rechenschaft gezogen und von dem zur Untersuchung derselben eingesetzten Gerichtshofe für schuldig befunden; doch wurde ihm die „exemplarische Strafe", die er nach dem Ausspruch der Richter verwirkt hatte, mit Rücksicht auf sein hohes Alter erlassen. Er blieb im Besitze seiner Revenüen und starb 1783, im Alter von vierundachtzig Jahren.

Trotz der despotischen Willkür und Härte, womit Pombal über Portugal schaltete — bei seinem Sturze fanden sich in den Kerkern des Landes gegen zehntausend Staatsverbrecher — wurde er von den Wortführern der Aufklärung und ihren Anhängern, besonders in Frankreich, als ein Freund der Menschheit gepriesen, und er selbst war verblendet genug, sich in einer Schrift, in welcher er nach seinem Sturze seine Verwaltung zu vertheidigen suchte, dem berühmten Sully an die Seite zu stellen; für Portugal jedoch hat die von ihm ausgestreute Saat keine anderen Früchte getragen, als Verwirrung der Ansichten und sittliche Auflösung.

XXIX.

Spanien unter Karl III.

(1759—1788.)

Karl III., der frühere König von Neapel, der im Jahre 1759 seinem kinderlosen, im Wahnsinn gestorbenen Halbbruder Ferdinand VI. auf dem spanischen Throne gefolgt war, hatte schon in Neapel die Grundsätze der Staatsweisheit des Jahrhunderts in sich aufgenommen und suchte die denselben entsprechenden „Reformen" auch in Spanien einzuführen; doch wurde dabei ungleich weniger gewaltthätig zu Werke gegangen, als dies in Portugal durch Pombal geschah. Des Königs nächste Sorge war darauf gerichtet, seine Einkünfte aus den spanischen Besitzungen in Amerika zu erhöhen; die Einrichtungen, die zu diesem Zwecke in denselben getroffen wurden, stießen jedoch, besonders in Quito, auf einen so bedenklichen Widerstand, daß die Regierung aus Besorgniß vor dem gänzlichen Abfall dieser Länder die beabsichtigten Neuerungen aufgab.

In Spanien selbst sah man es mit Recht ungern, daß der König die oberste Leitung der Staatsangelegenheiten einem Neapolitaner, dem Marchese Squillace, einem Parteigänger der Freimaurer, übertrug. Die Abneigung der Spanier gegen diesen Ausländer steigerte sich zum ausgesprochenen Hasse, als derselbe im Eifer des Reformirens auch solche Verfügungen traf, die theils drückend und lästig waren, theils die Gewohnheiten des Volkes verletzten, wie die Uebertragung der Versorgung von Madrid mit den nothwendigsten Lebensbedürfnissen an eine Kompagnie, wodurch eine erhebliche Steigerung der Preise herbeigeführt wurde, und das Verbot des Tragens langer Mäntel und breitkrämpiger Hüte, worin der Minister eine Gefährdung der öffentlichen Sicherheit sah, weil die breiten Krämpen das Gesicht verdeckten und unter den langen Mänteln leicht Waffen versteckt werden konnten.

Als am 23. März 1766 ein junger Mensch, der im langen Mantel und mit niedergeklapptem Hut an dem königlichen Palaste vorüberging, von der Wache festgehalten wurde, kam es zu einem Volksaufstand, der so drohende Proportionen annahm, daß der König sich zu förmlichen Unterhandlungen mit den Aufrührern gezwungen sah. Nur durch die Entlassung des Marquis von Squillace und durch die Zurücknahme der mißliebigsten seiner Verordnungen konnte die Ruhe hergestellt werden.

Eine Folge dieses Aufruhrs war der Sturz der Jesuiten, die Karl III. bis dahin gegen alle Anfeindungen in Schutz genommen. Der Nachfolger des entlassenen Ministers, der Graf von Aranda, ein unversöhnlicher Gegner des Ordens, stellte nämlich, im Verein mit andern Feinden der Kirche, dem König die Jesuiten als die Anstifter des Aufruhrs dar und bewog ihn sowohl dadurch, als durch die Lüge von einer großen, angeblich von ihnen angestifteten, auf den Umsturz des Thrones abzielenden Verschwörung, am 2. April 1767 ein Edikt zu unterzeichnen, durch welches der Jesuitenorden auch in Spanien aufgehoben und die Verbannung der Jesuiten aus den spanischen Territorien „auf ewige Zeiten", sowie die Konfiskation aller ihrer Güter verfügt wurde. Noch ehe dieses Edikt bekannt gegeben war, wurden die Jesuiten zu nächtlicher Stunde in ihren Häusern überfallen und ohne jedwede Rücksicht auf Krankheit oder Gebrechlichkeit an die Seeküste gebracht, um in den verschiedenen Häfen nach dem Kirchenstaate eingeschifft zu werden. Alle Vorstellungen und Proteste des Papstes gegen dieses Verfahren, dessen Gründe Karl III. „in seiner königlichen Brust unentdeckt zurückhalten zu wollen" erklärte, blieben wirkungslos: den Jesuiten wurde die Rückkehr nach Spanien bei Todesstrafe verboten.

Wie sein Vorgänger, so suchte auch Aranda Spanien durch die Einführung der von dem Zeitgeiste geforderten Neuerungen zu verjüngen; seine Reformen ließen jedoch in diesem Lande, mit Ausnahme einzelner, für den Bergbau und andere Kulturzweige eingeführten Verbesserungen und der Beschränkung der Gerichtsbarkeit der Inquisition, ebensowenig dauernde Spuren zurück, als die seines Gesinnungsgenossen Pombal in Portugal. Der durch seine gewaltthätigen Eingriffe in die kirchlichen Verhältnisse erregte Unwille der Spanier führte im Jahre 1773 seine Entfernung von dem Ministerium herbei, worauf er als Gesandter nach Paris ging.

Unter Aranda's Verwaltung setzte sich Don Pablo Olavide, der ihm als Mitarbeiter zur Seite stand, durch die Anlage deutscher und schweizerischer Kolonien auf der menschenleeren Sierra Morena ein bleibendes Denkmal, wobei er jedoch durch die besondere Begünstigung der Protestanten große Unzufriedenheit hervorrief. Sein offener Voltairianismus brachte ihn in Konflikt mit der Inquisition, die ihn im Jahre 1776 verhaften ließ und ihn zu achtjähriger Gefangenschaft verurtheilte. Als ihm der König im Jahre 1780 eine Reise nach Katalonien zum Gebrauch der dortigen Bäder gestattet hatte, entfloh er nach Frankreich. Durch die französische Revolution über die Konsequenzen seiner religiösen und politischen Grundsätze belehrt, widerrief er öffentlich seine früheren Ansichten und erhielt in Folge dessen im Jahrr 1796 die Erlaubniß zur Rückkehr nach Madrid, wo er im Jahre 1803 starb.

Während Aranda seine Thätigkeit mehr den inneren Angelegenheiten Spaniens zugewandt hatte, suchte sein Nachfolger, der neapolitanische Marchese Grimaldi, Spaniens Ansehen nach Außen zu heben, indem er im Jahre 1745 eine Expedition gegen Algier veranstaltete, die jedoch trotz der bedeutenden, dazu ausgerüsteten Kriegsmacht — siebenundsechzig größere und kleinere Schiffe und ein Heer von sechsundzwanzigtausend Mann — nichts Anderes zur Folge hatte, als den Verlust von fünftausend Menschenleben. Ein wegen der Kolonie San Sagramento mit Portugal entstandener Krieg wurde im Jahre 1778 unter Grimaldi's Nachfolger, dem Grafen Florida Blanca, durch den Frieden von Pardo beendigt, in welchem Portugal San Sagramento gegen ein Gebiet an der Grenze von Brasilien an Spanien abtrat. Von der Betheiligung Spaniens an dem nordamerikanischen Freiheitskriege, zu welchem es durch den bourbonischen Familienvertrag gezwungen wurde, werden wir später hören. Nachdem dieser Krieg im Jahre 1783 durch den Frieden von Versailles beendet worden, setzte der Graf Campomanes, der letzte Minister Karls III., die von seinen Vorgängern begonnenen Reformen mit Umsicht und Geschick fort und suchte insbesondere durch Ersparnisse in der Staatsverwaltung den durch den Krieg zerrütteten Finanzen aufzuhelfen.

Karl III. starb im Jahre 1788 und hinterließ den Thron seinem Sohne Karl IV. (1788—1808.)

XXX.

Italien in der zweiten Hälfte des achtzehnten Jahrhunderts.

Neapel, Parma, Toskana und Sardinien.

Als König Karl III. durch den Tod seines kinderlosen Halbbruders Ferdinand VI. auf den spanischen Thron berufen wurde, übergab er das Königreich beider Sicilien seinem dritten Sohne, dem achtjährigen Ferdinand, da sein ältester Sohn blödsinnig und sein zweiter Sohn Karl präsumtiver Thronerbe von Spanien war, das kraft eines von ihm erlassenen Reichsgesetzes nie mit Neapel unter einem Scepter vereinigt werden sollte; doch behielt er sich eine Art Vormundschaft über den jungen König vor. Die Regierungsangelegenheiten leitete während der Minderjährigkeit Ferdinands IV., der von 1759—1825 die neapolitanische Krone trug, der Marchese Tanucci, der schon Karl III. als Minister zur Seite gestanden und die Grundsätze der neuen Staatsweisheit in der Regierung Neapels zur Geltung gebracht hatte.

In Bezug auf die Jesuiten folgte Tanucci, der auch über die Minderjährigkeit des Königs hinaus die Zügel der Regierung in Händen behielt, da Ferdinand IV. in Folge seiner gänzlich vernachlässigten Erziehung zur persönlichen Leitung der Geschäfte durchaus unfähig war und kaum für etwas Anderes Sinn hatte, als für Jagd und Fischfang, dem Vorgange Spaniens. In der Nacht zum 21. November 1776 wurden die Jesuitenkollegien gewaltsam geöffnet und sämmtliche Glieder des Ordens durch königliche Beamte mit Militärgewalt nach den Seehäfen gebracht, um gleichfalls auf Kriegsschiffen nach der Küste des Kirchenstaates geführt und dort ans Land gesetzt zu werden. Die Vorstellungen des Papstes fanden bei dem neapolitanischen Hofe eben so wenig Gehör, als bei dem von Madrid. Die Gewaltthätigkeiten des Ministers beschränkten sich nicht auf die Ausweisung der Jesuiten, sondern dehnten sich auf die gesammte kirchliche Ordnung und Jurisdiktion aus, deren gänzliche Zerstörung das Ziel seines Strebens war.

Nachdem Ferdinand IV. sein achtzehntes Jahr erreicht hatte, wurde er mit der Erzherzogin Maria Carolina, der zweitjüngsten Tochter Maria Theresia's, vermählt, die bald einen bedeutenden Einfluß auf die Regierung erlangte. Nachdem sie im Jahre 1776 einen Thronerben geboren, erhielt sie, den Stipulationen ihres Ehevertrags gemäß, Sitz und Stimme im Staatsrathe, worauf Tanucci, der sich vergebens bemüht hatte, ihrem Uebergewicht die Wagschale zu halten, entlassen wurde.

Tanucci's Nachfolger war der Marchese Sambuca aus Palermo; doch wurde derselbe bald durch den Engländer Acton verdrängt, der aus dem Seedienste des Großherzogs von Toskana in neapolitanische Dienste gezogen worden, um das für das Königreich so wichtige Seewesen neu zu organisiren, und sich das Vertrauen der Königin in so hohem Grade erwarb, daß er die Seele der Regierung wurde. Unter seinem Regimente nahm die äußere Politik eine unfreundliche Haltung gegen Spanien und Frankreich an, um sich mehr auf die Seite Englands und Oesterreichs zu neigen; in der inneren Verwaltung, die im Geiste Tanucci's fortgeführt wurde, trat das Streben nach der Herstellung eines Staatskirchenthums immer entschiedener zu Tage. Bei Strafe der Verbannung wurde für jeden Rekurs nach Rom die Einholung der königlichen Erlaubniß vorgeschrieben, und die Ansprüche des Hofes auf die Verleihung der Bisthümer und höheren Beneficien gingen so weit, daß Papst Pius VI. sie lieber erledigt ließ, so daß im Jahre 1784 über dreißig Bischofsstühle unbesetzt waren. Sogar die alte, von Papst Leo IX. im elften Jahrhundert über die Normannen erworbene und von Clemens III. bei Uebertragung des Königreichs Neapel an das Haus Anjou erneuerte Lehensoberherrlichkeit des apostolischen Stuhles, als deren Zeichen die Könige von Neapel am St. Peterstage dem Papste einen weißen Zelter und eine Summe von siebentausend Goldthalern übersandten, wurde vom neapolitanischen Hofe nicht mehr berücksichtigt. Im Jahre 1788 erklärte derselbe dem päpstlichen Stuhle, er werde zwar fortfahren, die übliche Summe als ein freiwilliges Opfer seiner Frömmigkeit und Andacht gegen die Apostel Petrus und Paulus an die apostolische Kammer zahlen lassen, den Zelter jedoch nicht mehr übersenden.

Den Maßregeln der übrigen bourbonischen Höfe gegen den Jesuitenorden schloß sich auch der junge Herzog Ferdinand von Parma und Piacenza an, der im Jahre 1765 seinem Vater dem spanischen Infanten Philipp, in der Regierung gefolgt war und für den der Franzose du Tillot die Staatsgeschäfte leitete. Auch er erließ ein Verbannungsdekret gegen die Jesuiten, die gewaltsam aus dem Lande vertrieben wurden. Da er zugleich zu den schon von seinem Vater getroffenen kirchenfeindlichen Verordnungen neue fügte, durch welche die Aufsicht über das Kirchenwesen weltlichen Behörden übertragen, Vermächtnisse an Kirchen und Klöster untersagt oder beschränkt, die Recurse nach Rom aufgehoben, zu geistigen Pfründen nur Eingeborene für fähig erklärt, päpstliche Bullen, Breven, Reskripte und Indulden von der landesherrlichen Genehmigung abhängig gemacht wurden, erließ Clemens XIII., der sich nicht nur als Papst, sondern auch als Oberlehensherr in seinen Rechten verletzt sah, gegen den Herzog ein Monitorium, gegen welches sich sofort sämmtliche bourbonischen Höfe erhoben, indem sie nicht nur dessen Zurücknahme, sondern auch die Anerkennung der Souveränität des Herzogthums Parma und die Aufhebung des Jesuitenordens gebieterisch verlangten. Um diesen Forderungen größeren Nachdruck zu verleihen, ließ Frankreich Avignon und Venaissin, und Neapel die Enclaven Benevent und Ponte Corvo besetzen. Clemens XIII. nahm alle diese Bedrängnisse mit der unerschütterlichsten Standhaftigkeit hin und begnügte sich damit, öffentliche Gebete für die Kirche anzuordnen. Der spanische Hof suchte auch die Kaiserin Maria Theresia zu gemeinsamem feindlichen Vorgehen gegen den apostolischen Stuhl zu gewinnen; sie lehnte jedoch die Einmischung in diese „Staatssachen“ mit der Erklärung ab: sie habe keinen Grund, die Unterdrückung der Jesuiten zu fordern und den Papst gemeinsam mit den Bourbonen zu bedrängen. Erst nach Clemens' XIII. Tode wurde der Streit mit Parma durch Clemens XIV. beigelegt.

In Toskana regierte seit dem Tode Franz' I. (1765) dessen zweiter Sohn Peter Leopold. Seine Thronbesteigung war von seinen Unterthanen mit umso lebhafterer Freude begrüßt worden, als sie durch dieselbe wieder einen in ihrer Mitte residirenden Fürsten erhielten. Der neue Großherzog traf in der Verwaltung seines Landes mehrere treffliche Einrichtungen: er reformirte das Gerichtswesen durch die Aufhebung privilegirter Gerichtsstellen und durch die Abschaffung mancher Mißbräuche in der Rechtspflege, sowie durch Milderung der Strafgesetze, hob den Ackerbau durch geeignete Maßregeln zum besseren Anbau des Bodens, die Industrie durch die Abschaffung beschränkender Hemmnisse, erleichterte den Verkehr durch neue Kommunikationsmittel und suchte seine Unterthanen an größere Thätigkeit und erhöhten Kunstfleiß zu gewöhnen. Dagegen folgte er in Bezug auf die kirchlichen Verhältnisse ganz der kirchenfeindlichen Zeitströmung, obgleich er bei seinen diesbezüglichen Neuerungen mit größerer Vorsicht zu Werke ging, als sein Bruder Joseph II. Nachdem er bereits seit dem Jahre 1780 mehrere sogenannten Reformen eingeführt, die ebensoviele Eingriffe in die Rechte der Kirche waren, ließ er im Jahre 1786 seinen Bischöfen einen aus siebenundfünfzig Artikeln bestehenden „Reformplan" zur Prüfung und Annahme unterbreiten, der ganz auf jansenistischen Anschauungen beruhte. Die meisten oberhirtlichen Gutachten sprachen sich mit aller Entschiedenheit gegen die beabsichtigten „Reformen" aus; nur drei Bischöfe erklärten sich für dieselben: dennoch hoffte Leopold, seinen Plan mit Hilfe des ganz auf seiner Seite stehenden Bischofs Scipio Ricci von Pistoja und Prato zu verwirklichen, der schon in seiner Jugend für den Jansenismus gewonnen worden war.

Ricci berief im Jahre 1786 eine Diözesansynode nach Pistoja, und der antikirchliche Geist, der in ihren Verordnungen zu Tage trat, schien dem Großherzog das Gelingen seines Planes zu verbürgen. Er versammelte im Jahre 1787 seine sämmtlichen Bischöfe in Florenz, um mit ihnen die Abhaltung einer Nationalsynode zum Zwecke der Einführung seiner Reformen zu vereinbaren; aber auch jetzt scheiterte sein Reformprojekt an dem kirchlichen Sinne des toskanischen Episkopats. Leopold entließ die Versammlung mit dem Ausdruck seines Mißfallens und begann nun seine Reformen eigenmächtig einzuführen. Durch dieses Verfahren untergrub er jedoch die Zuneigung, mit welcher die Toskaner ihm bei seinem Regierungsantritt entgegen gekommen, so vollständig, daß man froh war, als er im Jahre 1790 bei dem Tode seines Bruders Joseph II. das Großherzogthum seinem zweiten Sohne Ferdinand übergab, um selbst die Regierung der österreichischen Erbländer zu übernehmen. Gegen Ricci war die Erbitterung so groß, daß er sich nach der Abreise Leopolds genöthigt sah, seine Stelle niederzulegen.

Weit weniger kirchenfeindlich, als die bourbonischen Höfe und der Großherzog von Toskana, zeigte sich der König Victor Amadeus II. von Sardinien (1773—1796), der Sohn und

Nachfolger Karl Emmanuels, obgleich auch er in seinem Gebiete Vieles willkürlich ordnete. Der Hauptgegenstand seiner Regententhätigkeit war das Heerwesen, das er ganz nach dem Muster des preußischen einrichtete. Obgleich selbst nicht ohne wissenschaftliche Bildung und im Ganzen gegen die Gelehrten seines Landes freundlich gesinnt, war er doch so sehr von seinen militärischen Liebhabereien erfüllt und schlug deren Wichtigkeit so hoch an, daß er wiederholt äußerte: „Ein Trommelschläger sei ihm mehr werth, als ein Gelehrter.“ Nichtsdestoweniger bestand das von ihm unterhaltene zahlreiche Heer, dessen Kosten die Kräfte seines Landes weit überstiegen, seine Probe schlecht, als es in den Stürmen der französischen Revolution zwischen ihm und Frankreich zum Kampfe kam.

Die drei letzten Päpste des achtzehnten Jahrhunderts.

(1758—1799.)

Nach dem Tode Benedikts XIV. (s. S. 332) bestieg der Kardinal Rezzonico aus Venedig, ein Mann des Gebetes, von heiligmäßigem Lebenswandel und voll der reinsten Absichten, als Clemens XIII. (1758—1769) den päpstlichen Thron. Sein Pontifikat war für den apostolischen Stuhl eine Zeit schwerer Bedrängniß; denn von allen Seiten lehnte sich der glaubenslose, kirchenfeindliche Geist des Jahrhunderts gegen denselben auf. In Deutschland trat der Weihbischof von Trier, Johann Nikolaus von Hontheim, als Wortführer der antipäpstlichen Partei auf, indem er im Jahre 1763 unter dem erdichteten Namen Febronius ein Buch veröffentlichte, das angeblich die Wiedervereinigung der Protestanten mit der Kirche anbahnen sollte, thatsächlich aber Grundsätze und Forderungen zur Geltung zu bringen suchte, die auf die Vernichtung der Gewalt des päpstlichen Stuhles zielten. Febronius gesteht nämlich dem Papste nur den Primat der Ehre, nicht aber den Primat der Gerichtsbarkeit zu. Nach seiner Darstellung nimmt der Papst den Bischöfen gegenüber nur die Stelle eines Vorsitzenden in einem Parlamente ein. Die Gesammtheit der Bischöfe steht über dem Papste, und er kann ohne deren Zustimmung weder Glaubensentscheidungen geben, noch Irrlehren verwerfen, noch Anordnungen für die Gesammtkirche erlassen, oder eine Gerichtsbarkeit in den einzelnen Bisthümern ausüben. Der „römischen Kurie“, erklärte Febronius weiter, müßten daher die Rechte, die sie sich im Laufe der Zeit angemaßt, um des Friedens willen wieder entzogen werden, und falls der Papst sich weigere, freiwillig auf dieselben Verzicht zu leisten, sei es die Aufgabe der Bischöfe, ihn unter Mitwirkung der weltlichen Fürsten dazu zu zwingen und durch die Abhaltung von Nationalconcilien die Herstellung der „ursprünglichen“ Verfassung der Kirche zu bewirken.

Obgleich das Werk Hontheims, das selbst Lessing „eine elende Schmeichelei der Fürsten“ nennt, nur ein aus protestantischen, jansenistischen und gallikanischer Schriften zusammengetragenes Machwerk voll innerer Widersprüche ist und allen logischen Zusammenhangs entbehrt, wurde dasselbe, weil von einem geistlichen Würdenträger ausgehend, von den Anhängern der „Aufklärung“ mit Jubel begrüßt, von allen antichristlichen Schriftstellern gepriesen, in verschiedene Sprachen übersetzt und von den kirchenfeindlichen Regierungen zu den weitgehendsten Eingriffen in die Rechte des apostolischen Stuhles ausgebeutet. Clemens XIII. sprach im Jahre 1764 das Verdammungsurtheil über das gefährliche Buch aus, und viele hervorragende Gelehrte wiesen in trefflichen Gegenschriften die Irrthümer und Inconsequenzen des Febronius schlagend nach; auch wurde Hontheim selbst im Jahre 1778 durch seinen Erzbischof zu einem leider unaufrichtigen Widerruf bewogen: — dennoch fuhr der ausgestreute böse Same fort, in der weiteren Entwicklung der neuen kirchlich-politischen Staatsgrundsätze seine verhängnißvollen Früchte zu tragen.

Gleich den hervorragendsten Prälaten seiner Zeit ein entschiedener Gönner der Jesuiten, bot Clemens XIII. Alles auf, um den schwer bedrohten Orden gegen die ungerechten Angriffe seiner mächtigen Gegner zu schützen; er hatte jedoch den Schmerz, ihn in den meisten katholischen Ländern: in Portugal, Frankreich, Spanien, Neapel und Parma, den schmachvollsten Verfolgungen erliegen zu sehen. Der Kummer über die nach dem Erlasse seines Monitoriums gegen den Herzog von Parma von den bourbonischen Höfen dem päpstlichen Stuhle zugefügten Unbilden, sowie über die wachsende Bedrängniß der Kirche und die immer mehr überhand nehmende Gottlosigkeit beschleunigte den Tod des schwergeprüften Papstes: er starb am 2. Februar 1769, ohne äußeres Zeichen einer Krankheit, im Alter von sechsundsiebzig Jahren.

Clemens' XIII. Nachfolger war der Kardinal Lorenz Ganganelli, der am 19. Mai 1769, nach einem dreimonatlichen Conclave, in welchem die den bourbonischen Höfen ergebenen Kardinäle eine ungewöhnliche Thätigkeit entfaltet hatten, als **Clemens** XIV. auf den päpstlichen Stuhl erhoben wurde. Er galt für mild, gemäßigt und freisinnig und ging in seiner Nachgiebigkeit gegen die weltlichen Regierungen noch weiter als Benedikt XIV., den er sich zum Vorbild genommen. Daß unter ihm der Streit mit Parma beigelegt und der Verkehr mit Portugal hergestellt wurde, haben wir bereits oben (S. 499 f. u. 504) gesehen.

Kaum hatte Clemens XIV. den päpstlichen Stuhl bestiegen, als die bourbonischen Höfe ihn mit Denkschriften über die Nothwendigkeit der Aufhebung des Jesuitenordens bestürmten. Er sagte dieselbe bedingungsweise zu, verlangte jedoch, daß man ihm Zeit lasse, Alles zu prüfen, und suchte inzwischen durch eine bedeutende Beschränkung der Wirksamkeit des Ordens die drängenden Höfe zu beschwichtigen und die Katastrophe abzuwenden, die ihm vor der katholischen Welt schwer zur Last fallen mußte; als jedoch die bourbonischen Höfe mit der Ausrottung aller geistlichen Orden und dem Abbruch ihrer Beziehungen zu Rom drohten, gab er seinen Widerstand auf und unterzeichnete am 21. Juli 1773 das Breve, durch welches der Orden, „da er seiner Bestimmung nicht mehr entsprechen könne und von vielen katholischen Fürsten bereits unterdrückt worden," kraft apostolischer Anordnung, „zur Wiederherstellung des Friedens" in der ganzen Christenheit aufgehoben und für die einzelnen Mitglieder, die als Weltpriester fungiren könnten, Vorsorge verheißen wurde. Dieses Breve wurde am 16. August den Jesuiten in Rom verkündet und ihr General Ricci mit mehreren seiner Assistenten gefangen in die Engelsburg gebracht, wo er später eingehende Verhöre zu bestehen hatte, durch welche jedoch nicht das Geringste zu seinem und des Ordens Nachtheil zu Tage gefördert wurde. Sowohl er als sämmtliche Oberen erklärten demüthig ihre Unterwerfung unter die päpstlichen Anordnungen, und ihrem Beispiele folgten die meisten Mitglieder des Ordens; nichtsdestoweniger erhoben die bourbonischen Höfe Widerspruch gegen die Freigebung der gefangenen Jesuiten und die Belassung mehrerer besonders ausgezeichneter Väter im Lehramte. Clemens XIV. erhielt zwar Avignon und Venaissin sowie die Enclaven im Neapolitanischen zurück; doch erfuhr er vielfache Kränkungen von Seiten der bourbonischen Höfe, die durch seine Nachgiebigkeit nur zu immer weiter gehenden Eingriffen in die Rechte des apostolischen Stuhles ermuthigt wurden.

Das päpstliche Aufhebungsdekret erregte überall, wo die Jesuiten bis dahin noch unangefochten gewirkt, großes Aufsehen: nichtsdestoweniger kam dasselbe in allen katholischen Ländern zur Vollziehung. Dagegen widersetzten sich zwei außerhalb der Kirche stehende Herrscher, Friedrich II. von Preußen und die Czarin Katharina II., der Verkündigung und Ausführung des päpstlichen Breve's. Beide wollten sich die Vortheile eines gediegenen Jugendunterrichts wahren, die der Orden ihnen in ihren Staaten gewährte, und verlangten von den in ihren Gebieten lebenden Jesuiten die Aufrechthaltung ihrer Collegien *gegen* die Anordnungen des Papstes. Friedrich II. verständigte sich im Jahre 1776 mit dem apostolischen Stuhle dahin, daß die preußischen Jesuiten sich zwar gleichfalls auflösen und ihr Ordenskleid ablegen, aber unter dem Namen „Priester des königlichen Schuleninstituts" ihre Lehranstalten fortbehalten sollten. In dieser Verfassung bestanden sie in Preußen auch unter Friedrichs II. Nachfolger, Friedrich Wilhelm II., fort; erst im Jahre 1800 wurden durch Friedrich Wilhelm III. die Lehranstalten der Jesuiten auf weltlichen Fuß gesetzt und ihre Güter zu einem Schulfond vereinigt.

Minder geneigt zu einer Verständigung mit Rom, als Friedrich II., zeigte sich die Czarin. Trotz der Vorstellungen des päpstlichen Nuntius zu Warschau verweigerte sie entschieden die Aufhebung des Ordens in dem bei der ersten Theilung Polens in ihren Besitz gelangten „Weißrußland," wo sich in den Woiwodschaften Polock und Mohilew zahlreiche Ordensniederlassungen befanden, und ordnete im Jahre 1778 die Einrichtung eines Noviziats für dieselben an, welche Verordnung Papst Pius VI. stillschweigend genehmigte. Im Jahre 1801 autorisirte Pius VII. förmlich die Niederlassungen des Ordens in Rußland. Erst dann ließ die Vorsehung, wie Hergenröther mit Recht hervorhebt, die Vertreibung des im Feuer der Verfolgung neu bewährten Ordens aus Rußland zu, als die katholischen Länder wieder nach seiner Aufnahme verlangten.

Clemens XIV., der viele liebenswürdigen Eigenschaften besaß und nur durch sein weiches, zur Furcht geneigtes Gemüth verleitet worden, dem Drängen der bourbonischen Höfe zur Unterdrückung eines um die Kirche so hochverdienten Ordens gegen seine eigene Ueberzeugung nachzugeben, verfiel bald nach dem Erlaß des Aufhebungsbreve's in eine an Tiefsinn grenzende Schwermuth, die wesentlich zur vollständigen Untergrabung seiner schon seit längerer Zeit geschwächten Gesundheit beitrug. Er starb am 22. September 1774, im Alter von neunundsechzig Jahren. Das vielfach verbreitete Gerücht, daß er vergiftet worden, entbehrt, nach den vollgiltigsten Zeugnissen, jeder Begründung.

Da das Conclave durch die Umtriebe der Höfe große Verzögerungen erlitt, erhielt Clemens XIV. erst am 15. Februar 1775 einen Nachfolger und zwar in der Person des achtundfünfzigjährigen Kardinals Johann Angelo Braschi, der den Namen Pius VI. annahm. Der neue Papst, ein frommer und milder, aber dennoch in seinen Grundsätzen fester Mann, der sein hohes Amt nur aus Gewissenspflicht als eine schwere Bürde übernommen, mißbilligte das gegen die unterdrückten Jesuiten eingehaltene harte Verfahren, in welchem er das Werk religionsloser Minister und den Triumph der Gottlosigkeit erblickte. Er ordnete sogleich die schleunige Erledigung des Prozesses gegen die in der Engelsburg gefangen gehaltenen Jesuiten an und verfügte, da sich durchaus nichts Strafbares gegen dieselben ergab, deren Freilassung. Der General Ricci erlebte dieselbe nicht mehr: er starb am 19. November 1775, nachdem er vor dem Empfang der Sterbesakramente eidlich und vor Zeugen erklärt hatte, daß die von ihm geleitete Gesellschaft keinen Grund zu ihrer Unterdrückung gegeben habe und er selbst seine harte Gefangenschaft nicht verdient zu haben glaube. Der Ausspruch: „Die Jesuiten sollen sein, wie sie sind, oder gar nicht sein“ — sint ut sunt, aut non sint — ist ihm fälschlich zugeschrieben worden. Trotz des von dem spanischen Gesandten gegen die Freilassung der gefangenen Jesuiten erhobenen anmaßenden Protestes ließ Pius VI. dem Verstorbenen eine glänzende Todtenfeier abhalten und ihn in der Profeßkirche des Ordens an der Seite seiner Vorgänger ehrenvoll bestatten. Auch die Lage der Exjesuiten, deren gesammtes Besitzthum, selbst bis auf ihre Manuskripte, eingezogen worden, suchte er nach Kräften zu mildern.

In der ersten, ruhigeren Zeit seines Pontifikats that Pius VI. sehr viel für den Kirchenstaat. Er förderte nicht nur den Ackerbau und die Industrie, sondern nahm auch die schon von mehreren seiner Vorgänger betriebene, seit Sixtus V. jedoch aufgegebene Austrocknung der pontinischen Sümpfe wieder auf und ließ, nachdem dieselbe in einem Zeitraum von zehn Jahren mit vieler Mühe und einem bedeutenden Kostenaufwand zu Ende geführt worden, durch diese öden Gegenden eine treffliche Heerstraße, die Linea Pia, anlegen, durch welche er sich ein bleibendes Denkmal stiftete.

Auch unter Pius VI. hatte der päpstliche Stuhl von Seiten der kirchenfeindlichen weltlichen Mächte viele Unbilden zu erleiden, und in den meisten Ländern blühte mehr oder weniger das Staatskirchenthum, ganz besonders in Neapel (s. S. 503). Großen Kummer bereiteten dem Papste die kirchlichen Neuerungen, die Kaiser Joseph II. nach dem Tode seiner Mutter in den österreichischen Erbstaaten vornahm. Da seine eindringlichen brieflichen Vorstellungen von dem Kaiser nicht berücksichtigt wurden, ging er selbst im Jahre 1781 nach Wien; doch hatte auch dieser Schritt nicht den geringsten Erfolg. Auch die drei, von aufgeklärten Professoren und unkirchlichen Räthen irre geleiteten geistlichen Kurfürsten Friedrich Karl Joseph von Mainz (1774—1802), Clemens Wenceslaus von Trier (1769—1812) und Maximilian Franz von Köln, Kaiser Josephs II. Bruder (1784—1801), suchten, im Verein mit dem Erzbischof Hieronymus von Salzburg, sich vom apostolischen Stuhle unabhängig zu machen und die geistliche Gerichtsbarkeit, welche die päpstlichen Nuntien in ihren Sprengeln ausübten, theils einzuschränken, theils gänzlich aufzuheben. Zu diesem Ende ließen sie von ihren Bevollmächtigten im August 1786 zu Ems die berüchtigte, aus dreiundzwanzig Artikeln bestehende „Emser Punktation“ entwerfen, durch welche die „ursprünglichen“ erzbischöflichen Rechte hergestellt werden sollten. Trotz des Beistandes, den die vier Erzbischöfe bei Joseph II. fanden, scheiterte ihr Vorhaben an dem Widerspruche der Bischöfe, welche für die Rechte des Papstes eintraten.

Welche schweren Prüfungen dem hochbetagten Pius VI. in den Stürmen der französischen Revolution vorbehalten waren, bis er am 25. August 1799 im Alter von zweiundachtzig Jahren sein Leben als französischer Staatsgefangener im Exile beschloß, werden wir später hören.

XXXI.

Kaiser Joseph II.

(1765—1790.)

Das deutsche Reich unter Joseph II.

So bedeutungslos auch die Kaiserwürde in Folge der immer weiter fortgeschrittenen Auflösung des deutschen Reiches geworden war, bemühte sich dennoch Maria Theresia eifrig, ihrem Hause mit der Kaiserkrone die alte Stellung zu den Reichsfürsten und den ersten Rang unter den europäischen Herrschern zu bewahren. Daher hatte sie auch bei den Friedensunterhandlungen zu Hubertsburg großes Gewicht auf die Erlangung der brandenburgischen Kurstimme für die Wahl ihres ältesten Sohnes Joseph zum römischen König gelegt. Diese Wahl erfolgte zu Frankfurt am 27. Mai 1765 mit Stimmeneinhelligkeit, in Gegenwart des Kaisers Franz I., und am Tage darauf fand unter den üblichen Prunkformen die feierliche Krönung des künftigen Kaisers statt.

Am 18. August des folgenden Jahres starb Kaiser Franz I. zu Innsbruck, wohin sich der Hof zur Feier der Vermählung des Erzherzogs Leopold mit der spanischen Infantin Maria Louise begeben hatte, ganz unerwartet an einem Schlaganfall. Die Kaiserin blieb ihrem dahingeschiedenen Gatten bis an ihr Lebensende in unwandelbarer Liebe und Treue zugethan. An jedem Jahrestage seines Todes stieg sie in die Kaisergruft bei den Kapuzinern zu Wien hinab, um in stillem Gebete und ernsten Betrachtungen sein Gedächtniß zu feiern. Auch legte sie die Trauerkleider nicht mehr ab; eine schwarze Florhaube bedeckte fortan das glattgestrichene und leicht gepuderte Haar.

Der römische König Joseph II., an welchen nunmehr auch die Kaiserwürde überging, war am 13. März 1747 unter den Stürmen des ersten schlesischen Krieges geboren und zählte somit bei seiner Thronbesteigung vierundzwanzig Jahre. In der Wahl seiner Erzieher war die Kaiserin nicht glücklich gewesen, und so war der junge Erzherzog, dessen vielversprechende Anlagen des Geistes und Herzens die Kaiserin zu den schönsten Erwartungen berechtigt hatten, unter den unheilvollen Einflüssen der materialistischen Anschauungen, die damals die europäische Welt beherrschten und mit dem christlichen Glauben zugleich die Grundlagen der staatlichen Ordnung unterwühlten, in jeder Beziehung zu einem Kinde seiner Zeit herangewachsen. Als ihn seine Mutter nach dem Tode seines Vaters zum Mitregenten für die österreichischen Staaten ernannte, war ihm auch schon seine Lebensrichtung und Regierungsmethode gegeben, und da die letztere mit der Regierungsart Maria Theresia's im vollsten Widerspruche stand, gestattete ihm dieselbe nur einen beschränkten Einfluß auf die Staatsgeschäfte, so daß er sich fast ausschließlich auf die Leitung des Militärwesens angewiesen sah. Da sein unruhiger Geist auf diesem Gebiete keine genügende Beschäftigung fand, beschloß er, seine Thätigkeit zunächst dem deutschen Reiche zuzuwenden, wobei er sich mit der eitlen Hoffnung trug, daß es ihm gelingen werde, dem abgestorbenen Reichskörper durch heilsame Reformen ein neues Leben einzuhauchen.

Einer der Hauptschäden des Reiches lag in den himmelschreienden Uebelständen, die sich in die Rechtspflege eingeschlichen hatten. Die Reichsjustiz wurde durch zwei, von einander unabhängige Gerichtshöfe, den Reichshofrath in Wien und das Reichskammergericht in Wetzlar, verwaltet, die in den zahllosen Streitigkeiten zwischen den einzelnen Ständen des Reiches und zwischen diesen und ihren Unterthanen im Namen des Kaisers Recht sprachen. Obgleich diese Reichsgerichte Zufluchtsstätten der Schwächeren gegen die Stärkeren sein sollten, waren sie weit entfernt, dieser Aufgabe zu genügen, und schon seit einem Jahrhundert waren von allen Seiten bittere Klagen über dieselben laut geworden. Die Prozesse schleppten sich an beiden Gerichtshöfen durch ganze Generationen hindurch, ohne daß eine Entscheidung erfolgte, und in den meisten Fällen konnte sich der Enkel glücklich preisen, wenn er die Erledigung einer Rechtssache erlebte, die der Großvater anhängig gemacht. Dabei gab selten das Recht allein den Ausschlag; denn bei der geringen Besoldung der Räthe und ihrer Verpflichtung zu standesgemäßem Aufwand war der Bestechung Thür und Thor geöffnet.

Um diesen Uebelständen zunächst bei dem unmittelbar unter seiner Leitung stehenden Reichshofrath abzuhelfen, richtete Joseph an denselben unterm 21. Oktober 1767 einen scharfen Kabinetsbefehl, worin er ihm die Annahme von Geschenken oder Regalien untersagte, „die unter allerlei Vorwänden angeboten, auch öfters angenommen worden;“ doch beging er dabei den Mißgriff, von

„sicheren Erfahrungen großartiger Bestechlichkeit“ zu sprechen, ohne in der Lage zu sein, Thatsachen anzuführen. Da er bei dem Reichskammergerichte weniger eigenmächtig einschreiten konnte, drang er angelegentlich auf die Abhaltung einer Visitation dieses Gerichtes, die schon im Jahre 1654 durch einen Reichstagsabschied angeordnet worden, aber niemals zur Ausführung gekommen war, und brachte es in der That dahin, daß der Reichstag zu diesem Geschäfte eine Deputation der Reichsstände ernannte; allein er kämpfte hier, wie in Wien, gegen einen Schlendrian, bei dem sich so viele Stände und Personen unendlich wohl befanden und der, durch tausenderlei Interessen gestützt, zur unüberwindlichen Mauer geworden. „Im Ganzen,“ sagt Sporschil, „blieb die Sache beim Alten, und Joseph hatte durch seine Schritte zwar bewiesen, daß er Reinheit und Schnelligkeit der Reichsgerechtigkeitspflege wolle, daß es ihm aber an Macht fehle, seinen Willen durchzusetzen.“

Die Macht des Kaisers im deutschen Reiche beschränkte sich in der That fast nur mehr auf Standeserhöhungen, Adelsverleihungen und die Gewährung unbedeutender Privilegien, wie beispielsweise die der Buchhändler, die jedoch, gleich den Standeserhöhungen, in den Reichsstaaten erst dann Giltigkeit erhielten, wenn die Landesherren sich damit einverstanden erklärt hatten. Ueber alle wichtigeren Angelegenheiten hatte der Reichstag zu entscheiden, oder es wurde über dieselben direkt von den Höfen untereinander verhandelt. Die Ernennung des Reichsvicekanzlers sowie die der übrigen Beamten der Reichskanzlei geschah nicht durch den Kaiser, sondern ging von dem Kurfürsten von Mainz, als dem Reichserzkanzler, aus. Die Einkünfte, die der Kaiser aus einigen Reichsstädten und dem „Judenzoll“ bezog, wurden auf höchstens dreizehntausend Gulden geschätzt. Dagegen ging das, was der Kaiser an die kleinen Fürsten und deren Anhang bei den verschiedensten Gelegenheiten schenken mußte, jährlich in die Hunderttausende. Was bei Reichsbelehnungen an Taxen einlief, wurde zur Erhaltung der Reichskanzlei und des Reichshofrathes verwendet. Wollte der Kaiser in Kriegsfällen von den kleineren Fürsten Geld und Kriegsvolk erlangen, so mußte er unterhandeln und förmlich schachern, und ohne die Gewährung verschiedener Vortheile oder mindestens darauf bezügliche Zusagen kam er gar nicht ans Ziel.

Wie weit die einerseits durch Rousseau und andererseits durch Voltaire und seine Gesinnungsgenossen vertretenen staats- und kirchenfeindlichen Anschauungen auch in Deutschland um sich gegriffen, beweist insbesondere der im Jahre 1776 von Adam Weishaupt, Professor des Kirchenrechts in Ingolstadt, gegründete Orden der Illuminaten. Anfangs war dieser Orden nur eine geheime Studentenverbindung, durch welche der Stifter die studirende Jugend dem Einfluß der Jesuiten zu entziehen und diese selbst zu stürzen beabsichtigte; bald aber erhielt derselbe eine neue, die gesammte staatliche und kirchliche Ordnung bedrohende Bestimmung. Durch das einmüthige Zusammenwirken „aufgeklärter“ und mächtiger Mitglieder, die Weishaupt für seinen Geheimbund zu gewinnen suchte, sollte das Regiment des Staates und der Kirche den „unfähigen weltlichen und geistlichen Machthabern, an welche es der Zufall gebracht habe,“ entrissen und in die Hände der „Einsichtigen und Wohlgesinnten“ gelegt werden, denen die Aufgabe zugedacht war, alles, was dem Stifter als politischer und kirchlicher Wahnglaube erschien, zu beseitigen und die bürgerliche Gesellschaft nach den Grundsätzen des Zeitgeistes umzugestalten.

Diesem Zwecke gemäß gab Weishaupt seinem Geheimbunde eine neue Organisation, für welche ihm die Verfassung des Jesuitenordens zum Vorbilde diente. Die Mitglieder wurden verpflichtet, den Oberen in allen Stücken unbedingten Gehorsam zu leisten, allenthalben angesehene Männer an sich zu ziehen, einander zur Erlangung wichtiger Stellen und Aemter behilflich zu sein, damit dem Orden ein entscheidender Einfluß auf die öffentlichen Angelegenheiten gesichert werde, und nicht nur über ihre eigenen sittlichen und geistigen Fortschritte monatliche Berichte einzureichen, sondern auch über Bekannte und Freunde Beobachtungen anzustellen und deren Ergebniß einzusenden, um das mit dem Sittenamt bekleidete Kollegium, von welchem alle Gnadensachen, Beförderungen und Dienstverleihungen abhingen, in den Stand zu setzen, über die Würdigkeit und Brauchbarkeit der Bewerber zu urtheilen und alle untauglichen Personen zu entfernen. Nach dem Muster des Freimaurerordens wurden geheime Grade eingeführt, zu welchen die Mitglieder unter Aufnahmeceremonien, die gleichfalls dem Freimaurerorden entlehnt waren, stufenweise emporstiegen. Nachdem sie auf den Vorstufen als „Minervalen“ und „Kleriker“ des Ordens mit vorbereitenden Studien beschäftigt und auf zukünftige Eröffnungen über die eigentlichen Zwecke der Verbindung hingewiesen worden, erfuhren die Erprobten auf den höheren Stufen, in den sogenannten „Mysteriengraden“, als Priester, Magier, Regenten und Könige, „daß das Unglück des Menschengeschlechts von der Religion und der Herrschaft der Mächtigen herrühre und daß, gleichwie die Religion aus Wahn und Priestertrug entsprungen, so auch die Sonderung der Menschen in Völker und Staaten durch List und Gewalt von glücklichen Anmaßern bewerkstelligt worden sei, daß aber die Vorsehung Mittel zur dereinstigen Erlösung der Menschheit aus dem Stande der Unterdrückung und Erniedrigung aufbewahrt habe.“ Dazu seien die geheimen Weisheitsschulen bestimmt, durch deren Wirken Fürsten und Gewalthaber von der Erde verschwinden und die Menschen nach Aufhebung der gesellschaftlichen Verschiedenheit unter dem Schutze der Vernunft, als des alleinigen Gesetzbuches, ohne Fürsten und Priester patriarchalisch zusammenleben würden. Das sei auch der geheime Sinn der Lehre des großen Meisters von Nazareth gewesen, der das Geheimniß des Himmelreichs seinen Freunden offenbart, den Andern nur in Gleichnissen angedeutet habe. Die Dogmen von dem Falle der Menschen, von der Erbsünde und von der Wiedergeburt und der Gnade hätten keine andere Bedeutung, als daß der Mensch aus dem Stande der ursprünglichen Freiheit und Reinheit durch die Macht der Triebe und Leidenschaften in den Zustand der Wildheit gerathen und aus diesem durch Priester, Staatsmänner und Gesetzgeber zu der jetzigen unvollkommenen Bildung geführt worden sei, durch die Kraft der aufgeklärten Vernunft jedoch zum Bewußtsein und freien Gebrauch seiner angestammten Würde wieder erhoben und in das Reich der Gnade versetzt werden solle. Das Symbol des Bundes war ein flammender Stern mit dem Buchstaben G., der die Gnade, Gratia, d. h. die Aufklärung bezeichnete, welche die von ihr Erfaßten und Geleiteten zu Illuminaten, Erleuchteten, mache.

Innerhalb weniger Jahre zählte der Bund, der ursprünglich nur aus Professoren und Studenten der Stadt Ingolstadt bestanden, Tausende von Mitgliedern, darunter viele angesehenen und einflußreichen Personen, die den übrigen Bundesbrüdern zu wichtigen Stellen in Staat und Kirche verhalfen und sie insbesondere zu Prinzenerziehern, Studienräthen und Professoren zu machen suchten. Die Orte und Landschaften, in welche der Bund sich Eingang verschafft hatte, erhielten Namen aus der älteren und mittleren Zeit, und ebenso nahmen die Mitglieder des Ordens bedeutsame geschichtliche Namen an. Weishaupt selbst nannte sich Spartakus, um anzudeuten, daß er die Sklavenketten der Welt zu sprengen beabsichtige. Im nördlichen Deutschland war der hannöverische Freiherr von Knigge, ein welterfahrener, mit dem Freimaurerwesen vertrauter Mann und gewandter Schriftsteller, der den Namen Philo angenommen, die Hauptstütze des Ordens. Um demselben im katholischen Deutschland einen nachhaltigen Einfluß zu sichern, sollte zu Mainz unter dem Protektorate des Koadjutors Karl von Dalberg, den man für den Orden zu interessiren wußte, eine Akademie der Wissenschaften gegründet werden, zu welcher ein Pfarrer Brunner in Tiefenbach den Plan entworfen. Es fehlte jedoch den Häuptern des Ordens der Adel der Gesinnung und die Kraft der Ueberzeugung. Weishaupt selbst spottete über die protestantischen Theologen, die in dem Illuminatismus den wahren Sinn der Lehre Jesu zu finden glaubten und von demselben das Heil der Welt erwarteten. „Sie können nicht glauben“, schrieb er an einen seiner Vertrauten, „welches Auf- und Ansehen unser Priestergrad bei den Leuten erweckt, so daß große protestantische und reformirte Theologen, die vom Orden sind, glauben, der darin ertheilte Religionsunterricht enthalte den wahren Geist und ächten Sinn der christlichen Religion. O Menschen, zu was kann man euch bereden! Hätte ich doch nicht geglaubt, daß ich noch ein neuer Glaubensstifter werden sollte."

Indessen konnte die Herrschaft eines Bundes, der über keine anderen Machtmittel verfügte, als über Versprechungen und Drohungen, auf die Dauer keinen Bestand haben. Ueberall traten der Eigennutz und die Selbstsucht der Einzelnen störend und verwirrend zu Tage. Die selbstdenkenden Mitglieder wollten nicht Werkzeuge, sondern Werkmeister sein; Andere sahen sich in ihren Hoffnungen auf einflußreiche Stellen getäuscht, weil zunächst Jeder selbst befördert sein oder die von ihm Empfohlenen befördert sehen wollte, und die an die Mitglieder gestellten Geldforderungen blieben in den meisten Fällen unbeachtet, so daß man schließlich nur noch aus dem Ertrag gedruckter Scherz- und Schmähbücher und von möglichen Lotteriegewinnsten Abhilfe der eingetretenen Geldnoth erwartete. So gerieth der ganze, auf unhaltbarer Grundlage aufgerichtete Bau ins Schwanken, um nach kurzer Dauer in sich selbst zu zerfallen.

Nachdem bereits zu Ende des Jahres 1783 mehrere baierische Mitglieder aus dem Orden ausgetreten waren, entzweite sich im folgenden Jahre Weishaupt mit Knigge, was die Entlassung des Letzteren aus dem Bunde zur Folge hatte. Weishaupt war unvorsichtig genug, seine Streitigkeiten mit den ausgetretenen oder entlassenen Ordensgliedern durch Druckschriften in die Oeffentlichkeit zu bringen und dadurch selbst die Aufmerksamkeit der baierischen Regierung auf den Orden und dessen Treiben zu lenken. Die Folge davon war der Erlaß einer kurfürstlichen Verordnung vom 22. Juli 1784, durch welche alle ohne landesherrliche Genehmigung errichteten Vereine verboten und deren Mitglieder zum Austritt aufgefordert wurden. Da die Illuminaten sich um diese Verordnung nicht kümmerten und der aus dem Bunde ausgetretene Joseph Utzschneider, Sekretär der Herzogin Maria Anna, dem Kurfürsten Karl Theodor selbst ausführliche Mittheilungen über den Orden gemacht hatte, gebot derselbe unterm 2. März 1785 durch ein scharfes Edikt bei schwerer Strafe die Auflösung der Illuminaten und der Freimaurer, wobei die Letzteren als eine „von ihrer ursprünglichen Stiftung allzuweit abgewichene Gesellschaft" bezeichnet wurden. Weishaupt, der kurz vorher seiner Professur entsetzt worden war und den von ihm unter Zurückweisung der ihm angebotenen Pension geforderten Abschied als ein „hochmüthiger, renommirter Logenmeister" erhalten hatte, hielt es für gerathen, sich weiteren Unannehmlichkeiten durch die Flucht zu entziehen. Nachdem die Tendenz des Ordens durch eingeleitete Untersuchungen noch klarer an den Tag gelegt worden, wurde ein Preis auf die Ergreifung Weishaupts wie auf die eines Verbrechers gesetzt; er fand jedoch in Gotha bei dem Herzog Ernst gastliche Aufnahme und eine sichere Zufluchtsstätte. Von hier ließ er, während in Baiern mehrere seiner Genossen mit Aemterverlust und Gefängniß bestraft wurden, verschiedene ausführliche Vertheidigungsschriften ausgehen, in welchen er seine und des Ordens Verfolgung lediglich dem Hasse der Priester gegen die von ihm verbreitete „Aufklärung" zuschrieb. Dagegen gaben mehrere der zuerst ausgetretenen Mitglieder umfassende Erörterungen über die gefährlichen Absichten des Bundes in Druck; auch wurden die mit Beschlag belegten Papiere zahlreicher Illuminaten auf Befehl des Kurfürsten von Baiern in München veröffentlicht. Die Erwartung, daß diese Publikationen großes Aufsehen erregen und auch anderen Regierungen Veranlassung zu ernsten Maßregeln gegen die Illuminaten geben würden, ging jedoch nicht in Erfüllung, theils weil die veröffentlichten Geheimlehren des Bundes über Religion und Staat im Wesentlichen nichts Anderes enthielten, als was die gefeiertsten Schriftsteller unter dem Beifall der meisten Fürstenhöfe in allen Tonarten vorgetragen hatten, theils auch weil viele Staatsmänner und Beamten zu dem Geheimbunde in enger Beziehung standen. Kein Fürst von Bedeutung hielt es der Mühe werth, von dem Vorgang irgendwie Kenntniß zu nehmen oder in seinem Lande Nachforschungen nach Illuminaten anstellen zu lassen, und so konnten die Mitglieder des Bundes in anderen Ländern im Verborgenen ungestört ihr Wesen forttreiben, wobei sie sich nur größerer Vorsicht und Zurückhaltung befleißigten; viele derselben zogen es jedoch vor, den Freimaurerlogen beizutreten.

Wie die Staatsumwälzungsideen Rousseau's, so fanden auch seine pädagogischen Grundsätze in Deutschland Anklang, namentlich im protestantischen Norden, wo der dumpfe Pedantismus des in geistlosen Formen erstarrten Unterrichts- und Erziehungswesens das Bedürfniß einer Reform besonders fühlbar gemacht. Im Jahre 1774 gründete Johann Bernhard B a s e d o w, ein protestantischer Theologe (geb. 1723 zu Hamburg, gest. 1790 zu Dessau), nach einem von ihm entworfenen, im Wesentlichen auf Rousseau's Ansichten beruhenden Plane, der neben der Ausbildung des Geistes durch eine rationellere Unterrichtsmethode auch die Entwicklung der Körperkraft durch angemessene, hauptsächlich auf Abhärtung zielende Uebungen, wie Schwimmen, Baden u. dgl., im Auge hatte und sich dabei, dem Geiste der Zeit entsprechend, die Aufgabe stellte, den Zögling vor Allem für die irdische Welt heranzubilden, zu

Dessau eine Musteranstalt, das sogenannte „Philantropin“, das jedoch im Jahre 1793, nachdem Basedow selbst schon im Jahre 1776 durch Zerwürfnisse mit seinen Mitarbeitern veranlaßt worden, die Leitung der Anstalt niederzulegen, aus Mangel an Geldmitteln wieder einging.

Obgleich von mehreren Schulmännern, die sich in dem Philantropin mit Basedows Grundsätzen vertraut gemacht, verschiedene ähnliche Anstalten ins Leben gerufen wurden, unter denen besonders die durch Salzmann zu Schnepfenthal gegründete längere Zeit eines bedeutenden Rufes genoß, hatte doch der „Philantropinismus“ keine Dauer, weil die Philantropinisten bei der Bekämpfung der früheren Unterrichtsmethoden in das entgegengesetzte Extrem verfielen und durch kindische Spielereien beim Unterricht ihren Zöglingen statt eines gediegenen Wissens eine seichte Vielwisserei und einen verderblichen Dünkel beibrachten. Indessen bleibt dem Philantropinismus das Verdienst, zur Abstellung mancher verjährten Mißstände im Erziehungs- und Unterrichtswesen des protestantischen Deutschlands beigetragen und insbesondere zu wesentlichen Verbesserungen im Volksschulwesen Veranlassung gegeben zu haben.

Die letzte Regierungszeit Maria Theresia's.

(1763—1780.)

Bis zu dem Tode Franz' I. war das Verhältniß Josephs zu seiner Mutter das herzlichste und zärtlichste gewesen; auch nach demselben dauerte das gute Einvernehmen zwischen Beiden noch eine Reihe von Jahren fort, obgleich die Geringschätzung, mit welcher Joseph seine zweite Gemahlin Josepha, eine Tochter Kaiser Karls VII., behandelte, weil sie ihm minder sympathisch war, als seine erste Gemahlin Isabella von Parma, die ihm im Jahre 1762 nach zweijähriger glücklicher Ehe durch eine Blatternepidemie entrissen worden, der Kaiserin großen Kummer bereitete. Allmählich jedoch entstanden Reibungen zwischen dem Kaiser und seiner Mutter, die ihren Grund ausschließlich in der Verschiedenheit ihrer Lebensanschauungen und Regierungsgrundsätze hatten, und bei dem Starrsinn, mit welchem Joseph an den Maximen der modernen Staatsweisheit, besonders in Bezug auf religiös-politische Fragen, festhielt, und der gereizten Stimmung, die er in der Vertheidigung derselben seiner Mutter gegenüber oft an den Tag legte, gestaltete sich das Verhältniß zwischen Beiden, namentlich in den letzten Lebensjahren Maria Theresia's, zu einem immer traurigeren; doch blieb das nicht mehr auszugleichende Zerwürfniß, in welches besonders eine Anzahl erst in neuester Zeit durch den Baron Kervyn in Brüssel aufgefundener und veröffentlichter Briefe der Kaiserin an ihre intime Freundin, die verwittwete Marquise d'Herzelle, einen tieferen Einblick gewähren, durch das Zartgefühl der Kaiserin den Augen der Welt verborgen, und wenn die tief bekümmerte Mutter bisweilen in Briefen an erprobte Vertraute ihrem bedrängten Herzen Luft machte, so bat sie stets am Schlusse derselben dringend, ihre Briefe sofort zu vernichten.

Schon vor der Thronbesteigung Josephs II. hatte der im Jahre 1763 erfolgte Tod Augusts III. von Sachsen und Polen Rußland und Preußen Veranlassung zu einer erneuten Einmischung in die Angelegenheiten Polens gegeben, die, wie wir weiter unten hören werden, im Jahre 1773 zu einer ersten gewaltsamen Theilung dieses Landes führte. Maria Theresia wies anfangs die Aufforderung zur Betheiligung an diesem Gewaltakte mit Entschiedenheit zurück; nachdem jedoch alle ihre Bemühungen zur Verhütung der beabsichtigten Zerstücklung Polens erfolglos geblieben und ein zwischen Rußland und Preußen geschlossener Theilungsvertrag dem Wiener Hofe die Gewißheit gegeben, daß die Anschläge der beiden Mächte auf Polen nur durch Waffengewalt vereitelt werden könnten, gab sie auf das Drängen Josephs und des Fürsten Kaunitz ihren Widerstand gegen den Beitritt zu dem von Friedrich und der Czarin entworfenen Theilungsplane auf. Allein sie schrieb an Kaunitz: „Als alle meine Länder angefochten wurden und ich gar nicht mehr wußte, wo ich ruhig niederkommen sollte, steifte ich mich auf mein gutes Recht und den Beistand Gottes. Aber in dieser Sache, wo nicht allein das offenbare Recht himmelschreiet wider uns, sondern auch alle Billigkeit und die gesunde Vernunft wider uns ist, muß ich bekennen, daß ich mich Zeitlebens nicht so beängstigt gefunden und mich sehen zu lassen schäme. Bedenk der Fürst, was wir aller Welt für ein Exempel geben, wenn wir um ein elendes Stück von Polen unsere Ehre und Reputation in die Schanze schlagen. Ich merke wohl, daß ich allein bin und nicht mehr en viguenr; darum laß' ich die Sachen, wiewohl mit meinem größten Grame, ihren Weg gehen."

Bereits vor der ersten Theilung Polens hatte die Furcht vor dem drohenden Anwachsen der russischen Macht durch einen glücklich geführten Türkenkrieg Friedrich II. zu einer Annäherung an Oesterreich bewogen, und da Joseph II. seinerseits schon lange wünschte, den König, von dessen Regentengröße er eine hohe Meinung hatte, persönlich kennen zu lernen, wurde zwischen beiden Monarchen eine Zusammenkunft verabredet, die am 25. August 1769 zu Neiße stattfand. Beide drückten einander die größte Hochschätzung aus und unterzeichneten einen geheimen Vertrag, in welchem sie sich verpflichteten, den zwischen Preußen und Oesterreich glücklich hergestellten Frieden mit aller Treue aufrecht zu halten und bei etwa eintretenden politischen Verwicklungen die vollkommenste Neutralität in Ansehung ihrer beiderseitigen Besitzungen zu beobachten.

Die zu Neiße zwischen beiden Monarchen ausgetauschten Freundschaftsversicherungen wurden im folgenden Jahre bei einer zweiten Zusammenkunft derselben zu Neustadt in Mähren (3. September) erneuert, und die Betheiligung Oesterreichs an der Zerstückelung Polens schien das zwischen den beiden Monarchen bestehende gute Einvernehmen für die Dauer sicher zu stellen. Nichtsdestoweniger wurde dasselbe bald gestört, indem Friedrich aus den Reformbestrebungen des Kaisers im deutschen Reiche und aus angeblichen Vereinbarungen desselben mit der Czarin die Absicht Josephs folgerte, nicht nur die frühere Macht des Kaiserthums herzustellen, sondern auch das österreichische Gebiet bedeutend zu erweitern, und entschlossen war, der Ausführung beider Pläne mit allen ihm zu Gebote stehenden Mitteln entgegen zu treten.

Allerdings lag es in der Absicht Josephs, seine Hausmacht in Deutschland zu verstärken, aber nicht auf dem Wege der Eroberung, sondern auf dem des Vertrags. Da der Kurfürst Maximilian Joseph von Baiern keine Söhne hatte, fiel das baierische Land nach seinem Tode an seinen Vetter, den Kurfürsten Karl Theodor von der Pfalz, und da dieser gleichfalls ohne erbberechtigte Nachkommen war, knüpfte Joseph II. mit demselben Unterhandlungen wegen der Abtretung eines großen Theils von Baiern an, auf welchen er ohnehin alle Erbansprüche geltend machen zu können glaubte. Karl Theodor war zu dieser Abtretung gegen die Zusage bedeutender persönlicher Vortheile bereit; doch noch ehe die Zustimmung seines eigenen Erben, des Herzogs Karl von Pfalz-Zweibrücken, zu dem zwischen ihm und dem Kaiser vereinbarten Vertrage hatte eingeholt werden können, starb der Kurfürst Maximilian Joseph von Baiern am 30. Dezember 1777 unerwartet an den Kinderblattern. Obgleich Maria Theresia wenig mit der ganzen Sache einverstanden war und zu derselben nur mit Widerstreben ihre Einwilligung gegeben hatte, besetzte Joseph sofort, auf Grund des mit Karl Theodor am 3. Januar 1778 zum Abschluß gekommenen Vertrags, das in Rede stehende baierische Gebiet.

Inzwischen hatte Friedrich II. gleich nach dem Tode des Kurfürsten Maximilian Joseph von Baiern den Grafen Görz an den Herzog von Pfalz-Zweibrücken entsandt, um denselben zur Geltendmachung seiner Erbansprüche unter Protest gegen den zwischen dem Kaiser und dem neuen Kurfürsten von Baiern geschlossenen Vertrag ermuntern und ihn zugleich auffordern zu lassen, bei Preußen Hilfe zu suchen. Obgleich der Herzog den Akt der Zustimmung zu dem fraglichen Vertrage bereits unterzeichnet hatte, ließ er sich bereden, denselben zurückzuhalten und mit dem König von Preußen am 8. März 1778 einen Vertrag zu schließen, in welchem der Letztere sich verpflichtete, die Rechte des Hauses Pfalz-Zweibrücken auf die Nachfolge in Baiern „gegen die ungerechten Ansprüche des Wiener Hofes“ mit seiner ganzen Macht zu vertheidigen.

Schon im Laufe des Monats Januar hatte Friedrich zu diesem Zwecke im Stillen eine Mobilmachung angeordnet. Da inzwischen auch von Kursachsen und Mecklenburg Ansprüche auf einzelne Theile des baierischen Gebietes erhoben worden waren, trat er in der Eigenschaft eines Sachwalters auf, obgleich seine Berechtigung dazu von Oesterreich bestritten wurde und Kaunitz die Erklärung abgegeben hatte: der kaiserliche Hof werde nicht zugeben, daß ein Reichsstand sich zum Vormund und Richter seiner Mitstände aufwerfe; um jedoch Zeit zu gewinnen, die Gesinnungen der großen Mächte zu erforschen und zu erfahren, auf wessen Beistand er zählen könne, zog er die ganze Sache geflissentlich in die Länge. An eine Einmischung Englands in diese Angelegenheit war wegen des im Jahre 1775 ausgebrochenen Krieges dieser Macht mit ihren nordamerikanischen Kolonien nicht zu denken; dagegen zählte Friedrich, wenn nicht auf die Hilfe, so doch auf eine entschiedene Neutralität Frankreichs, ganz besonders aber auf die Mitwirkung seiner getreuen Bundesgenossin, der Kaiserin Katharina, falls nicht etwa ein Krieg Rußlands gegen die Türkei, zu welchem alle Anzeichen vorhanden waren, die Kräfte der Czarin ausschließlich in Anspruch nähme. Während er selbst in Böhmen einzufallen gedachte, hoffte er die Czarin bestimmen zu können, durch Galizien und Lodomerien ein Heer in Ungarn einrücken zu lassen, um sowohl hier als in Kroatien, im Banat und in Siebenbürgen die schismatisch-griechischen Unterthanen Oesterreichs gegen ihr Herrscherhaus unter die Waffen zu bringen.

Unterdessen hatte Joseph seinerseits im Frühjahr 1778 aus Ungarn, Italien und Flandern Truppen nach Böhmen gezogen und dadurch dem König von Preußen Veranlassung gegeben, seine Kriegsvorbereitungen zu beschleunigen. Zwei preußische Heere, jedes von achtzigtausend Mann, setzten sich, das eine von Berlin, das andere von Schlesien aus, gegen die böhmische Grenze in Bewegung. Mit dem letzteren bezog Friedrich selbst, der sich am 4. April von Berlin nach Breslau begeben, ein verschanztes Lager in der Grafschaft Glatz. Von hier aus unterhielt er, um den Beginn des Krieges bis zum Eintreffen sicherer Nachrichten von dem gleichzeitigen Vormarsch der Russen verzögern zu können, mit Joseph II. einen lebhaften Briefwechsel, den er mit der Erklärung beendete, er werde die längere Weigerung Oesterreichs, seine Truppen aus Baiern zurückzuziehen, für einen Kriegsfall ansehen. Da Joseph bei seiner Weigerung beharrte, rückte Friedrich sofort in Böhmen ein.

Nachdem es hier zu einigen kleinen Scharmützeln gekommen, sandte Maria Theresia, die sehnlichst wünschte, den Frieden hergestellt zu sehen, im August 1778 ihren Minister Thugut in das Lager Friedrichs bei Braunau, mit dem Auftrag, hinter dem Rücken Josephs mit dem König über den Frieden zu unterhandeln, und in der That zeigte sich der König, dessen Heer sich diesmal in durchaus ungenügender Verfassung befand, weil Friedrich seiner Gewohnheit gemäß alle Anordnungen selbst hatte überwachen wollen, ohne bei seinem vorgerückten Alter dieser Aufgabe genügen zu können, zu einem gütlichen Ausgleich geneigt; allein Joseph, der in seinen kriegerischen Gelüsten durch Kaunitz bestärkt wurde, war sehr ungehalten über die gepflogenen Unterhandlungen und schrieb an seine Mutter: wenn sie Frieden schließen wolle, so werde er nie wieder einen Fuß nach Wien setzen.

Obgleich in Folge dessen der Krieg fortgesetzt wurde, kam es zu keinem irgendwie nennenswerthen Unternehmen, und schon im September zog sich Friedrich, der es, ohnehin nicht mehr der Alte, nicht wagte, das österreichische Heer in seiner trefflichen Stellung anzugreifen, und dessen Truppen überdies an allem Nöthigen Mangel litten, nach Schlesien zurück. Die Oesterreicher rückten hierauf gleichfalls in Oberschlesien ein; doch blieb es auch hier bei einigen unbedeutenden Gefechten, in welchen sich die österreichische Reiterei im Allgemeinen der preußischen überlegen zeigte.

Friedrich selbst, der sich in seinen auf Frankreich und Rußland gesetzten Hoffnungen getäuscht sah und bei der immer weiter um sich greifenden Demoralisirung seines Heeres auf keine bedeutenden Waffenerfolge hoffen konnte, wünschte jetzt sehnlich den Frieden, und da Joseph II. sich durch die Abneigung seiner Mutter gegen die Fortsetzung des Krieges in seinen Unternehmungen gleichfalls gehemmt sah, nahmen beide Mächte die von Frankreich und Rußland auf Maria Theresia's Betrieb angebotene Friedensvermittlung an. Nachdem im März 1779 ein Waffenstillstand geschlossen worden, wurde am 13. Mai der „baierische Erbfolgekrieg" — von den Soldaten wegen seiner unbedeutenden Ereignisse scherzweise der „Kartoffelkrieg" genannt — durch den von Frankreich und Rußland vermittelten Frieden von Teschen beendigt, in welchem Joseph gegen die Ueberlassung des von den Flüssen Donau, Inn und Salza umfaßten baierischen Gebietes, des sogenannten „Innviertels," allen weiteren Ansprüchen auf Baiern entsagte, während der Kurfürst von Sachsen für die von ihm erhobenen Ansprüche sechs Millionen Gulden erhielt und dem Herzog von Mecklenburg für die seinigen das Privilegium de non appellando — die Befreiung von der Verpflichtung, die Entscheidungen seiner Gerichtshöfe den Reichsgerichten zu unterwerfen — zugesprochen wurde. Da der Friede von Teschen nicht nur von Frankreich, sondern auch von der Czarin gewährleistet wurde, so war durch denselben für Rußland die Bahn zur Einmischung in die inneren Angelegenheiten Deutschlands gebrochen.

Maria Theresia überlebte die Herstellung des Friedens nur anderthalb Jahre. Ein Brustkatarrh, der sie am 20. November 1780 befallen, entwickelte sich bald zur ausgesprochenen Brustwassersucht. Trotz der steigenden Athmungsbeschwerden, die sie mit frommer Ergebung in den Willen Gottes ohne Laut der Klage und ohne jede Regung der Ungeduld ertrug, widmete sie den Staatsgeschäften fortwährend die regste Theilnahme. Nachdem sie die heiligen Sterbesakramente empfangen, nahm sie von ihren in Wien anwesenden Kindern Abschied, segnete sie und empfahl die Erzherzoginnen der besonderen Fürsorge des Kaisers. Als am Abend des folgenden Tages die Beklemmungen zunahmen, bat sie, die Fenster zu öffnen, und machte einen Versuch, sich aus dem Lehnstuhl zu erheben, in welchem sie die letzten Tage zugebracht; Joseph, der sie schwanken sah, sprang herzu, doch in demselben Augenblick sank sie entseelt zurück. Sie hatte ein Alter von vierundsechzig Jahren erreicht.

Die Nachricht von dem Hinscheiden der allverehrten Kaiserin rief in allen Ländern der österreichischen Monarchie die ungeheucheltste Trauer hervor. Jeder fühlte, daß ein großes, bedeutungsvolles, ruhmwürdiges Leben erloschen war, und die Erinnerung an die Kraft und Milde ihres Wesens, an den Segen, der von ihr ausgegangen, lebte fort in vielen Tausenden dankbarer Herzen. „Die wohlthätigen Wirkungen der Maßregeln, welche Maria Theresia ergriff", sagt Arneth, nachdem er die Hauptmomente ihrer segensreichen Wirksamkeit hervorgehoben, „wurden bald allgemein fühlbar, und noch jetzt wird die Zeit ihrer Regierung nicht nur in den Provinzen, welche den Kern der Monarchie bilden, sondern auch in den damaligen österreichischen Niederlanden, in der Lombardei und in Ungarn als diejenige der schönsten Blüthe dieser Länder einstimmig gepriesen [1])."

---

1) Von den sechzehn Kindern, welche Maria Theresia geboren, überlebten sie zehn: Joseph II., Kaiser und Erbe von Oesterreich; Leopold, Großherzog von Toskana, später Kaiser; Ferdinand, durch die Vermählung mit Maria Beatrix von Este, Herzog von Modena; Maximilian Franz, Großmeister des deutschen Ordens, später Koadjutor von Münster und Kurfürst

Der deutsche Fürstenbund.

(1785.)

Der Tod Maria Theresia's weckte aufs Neue die Besorgnisse Friedrichs II. bezüglich der Machtvergrößerungspläne des Kaisers. „Maria Theresia ist nicht mehr! Eine neue Ordnung der Dinge beginnt!“ schrieb er auf die erste Nachricht von dem Hinscheiden der Kaiserin an sein Kabinetsministerium. Seine Besorgnisse schienen jedoch unbegründet; denn in den ersten Zeiten seiner Alleinregierung wandte Joseph seine ganze Aufmerksamkeit der inneren Verwaltung seiner österreichischen Erbländer zu, deren vollständige Umgestaltung schon längst bei ihm beschlossene Sache gewesen. Das Projekt der Erwerbung Baierns hatte er jedoch nicht aufgegeben, und im Jahre 1785 machte er, im Einverständniß mit der Czarin, mit welcher er sich seit dem Frieden von Teschen zum großen Verdrusse Friedrichs mehr und mehr befreundet hatte, und dem gleichfalls mit ihm verbündeten französischen Hofe, dem Kurfürsten Karl Theodor von Pfalz-Baiern den Vorschlag, dem Hause Oesterreich gegen die Abtretung der österreichischen Niederlande, mit Ausschluß von Luxemburg und Namur, unter dem Titel eines Königreichs Burgund und die Zahlung einer Baarsumme von drei Millionen Gulden das Herzogthum Baiern, die Oberpfalz, die Fürstenthümer Neuburg und Sulzbach und die Landgrafschaft Leuchtenberg zu überlassen.

Karl Theodor, der mit seinen baierischen Unterthanen auf gespanntem Fuße lebte und für den Glanz einer Königskrone sehr empfänglich war, ging bereitwillig auf diesen Vorschlag ein. Um die Zustimmung des Herzogs von Pfalz-Zweibrücken zu erlangen, wurde der russische Gesandte am oberrheinischen Kreise, Graf Romanzow, beauftragt, denselben von dem getroffenen Abkommen in Kenntniß zu setzen und ihm dabei den beabsichtigten Tausch als eine fest beschlossene Sache darzustellen, die, von Rußland und Frankreich gebilligt, unter allen Umständen zur Ausführung gelangen werde. Der Herzog verweigerte nichtsdestoweniger die von ihm geforderte Einwilligung und beeilte sich, dem König von Preußen von den ihm gewordenen Eröffnungen Mittheilung zu machen. Friedrich schrieb sofort an die Czarin und beschwor sie, „bei ihrer

---

von Köln; Maria Anna, Aebtissin in Prag und Klagenfurt; Maria Christine, der besondere Liebling der Kaiserin, vermählt mit dem Herzog Albert von Sachsen-Teschen; Maria Elisabeth, Aebtissin in Innsbruck; Maria Amalie, Gemahlin des Herzogs Ferdinand von Parma; Maria Karoline, vermählt mit dem Könige Ferdinand IV. von Neapel, und Maria Antoinette, Gemahlin Ludwigs XVI. von Frankreich.

alten Freundschaft und Allianz, die er noch nicht ganz erloschen glaube," die Ausführung eines so gefährlichen Entwurfs, der ihr eigenes glorreiches Werk, den Frieden von Teschen, gänzlich zu zerstören drohe und dem er selbst sich mit allen seinen Kräften widersetzen müsse, nicht zuzugeben. Aehnliche Vorstellungen sandte der Herzog von Zweibrücken nach Petersburg. Die Czarin erklärte: „Sie sei weit entfernt, einen Zwang ausüben zu wollen. Sie habe geglaubt, daß ein freiwilliger und billiger Tausch mit dem Frieden von Teschen sehr wohl bestehen könne, und daß der von dem deutschen Kaiser vorgeschlagene Tausch nach den von demselben gestellten Bedingungen dem pfälzischen Hause nur Vortheile gewähre. Der Herzog von Zweibrücken möge jedoch ganz nach seinem Interesse handeln, und wenn er dem Tausche seine Zustimmung versage, so verstehe es sich von selbst, daß damit die Sache erledigt sei". Da Frankreich die gleiche Erklärung abgab, stand der Kaiser von seinem Plane ab, indem auch er erklärte, daß er nie daran gedacht habe, den beregten Austausch erzwingen zu wollen.

Die ganze Sache war somit erledigt, und Friedrich hatte keinerlei Grund zu weiteren Besorgnissen. Nichtsdestoweniger benutzte er den Vorfall zur Verwirklichung eines längst entworfenen Planes durch welchen jeder Machtvergrößerung Oesterreichs vorgebeugt und dem Kaiser die Möglichkeit benommen werden sollte, in die bestehenden Reichsverhältnisse irgendwie reformirend einzugreifen, oder nach Friedrichs Ausdrucksweise, „die Reichsverfassung zu verletzen." Um diesen Zweck zu erreichen, sollten die Reichsfürsten zu einem Bunde zusammentreten, der jedem Eingriff des Kaisers in die Rechte des einen oder des andern der deutschen Stände mit vereinten Kräften entgegenzutreten stets bereit sei.

Die Idee zu diesem „Fürstenbund" war in dem König erwacht, als der Kaiser im Jahre 1780 die Erwählung seines Bruders, des Erzherzogs Maximilian Franz, zum Coadjutor des Kurfürsten von Köln und Bischofs von Münster, Maximilian Friedrich, durch die betreffenden Domkapitel durchgesetzt hatte. „Unser Bündniß", heißt es in dem Entwurf, den Friedrich am 24. Oktober 1784 seinen Kabinetsministern Finkenstein und Herzberg zugeschickt, „soll nur die Besitzungen eines Jeden sichern und verhindern, daß ein herrschsüchtiger und unternehmender Kaiser einmal die ganze deutsche Verfassung umstürzt, indem er sie stückweise zerbricht. Wenn man nicht in Zeiten vorkehrt, so wird der Kaiser alle seine Vettern mit deutschen Bisthümern, Erzbisthümern und Abteien versorgen, dieselben dann säcularisiren und auf allen Reichstagen durch die Stimmen seiner Vettern das Uebergewicht behaupten. Das wäre für die geistlichen Fürsten. Aber auch die weltlichen haben ein Interesse, einem Bündnisse beizutreten, welches den Kaiser in allen Ansprüchen hemmen würde, die er auf ihre Staaten machen könnte, wie wir neuerlich in Baiern gesehen haben. Ein nicht minder wichtiger Gegenstand ist der Reichstag in Regensburg und das Kammergericht zu Wetzlar. Nimmt man nicht bei Zeiten gute Maßregeln, diese alten Einrichtungen zu erhalten, so wird der Kaiser sie benutzen, um seinen Despotismus in ganz Deutschland geltend zu machen."

Nach dem Scheitern des von Joseph entworfenen Tauschprojektes setzte sich Friedrich zunächst mit den Kurhöfen von Dresden und Hannover ins Einvernehmen, und da dieselben seine Besorgnisse wegen der Vergrößerungspläne des Kaisers theilten, fand er bei ihnen für seinen Plan ein geneigtes Ohr. Ohne Rücksicht auf die Mahnungen des Kaisers, der von den angeknüpften Unterhandlungen Kunde erhalten, „gehässigen Erdichtungen und falschen Vorstellungen von bedenklichen Absichten des Kaiserhofes keinen Glauben beizumessen und sich nicht zu verbünden gegen Kaiser und Reich," schlossen die drei Kurhäuser Brandenburg, Sachsen und Hannover den „deutschen Fürstenbund." In dem am 23. Juli 1785 von den Bevollmächtigten derselben zu Berlin unterzeichneten Bundesvertrag verpflichteten sich die Verbündeten, „gemeinsam über die Erhaltung der deutschen Reichsverfassung zu wachen, jeden Reichsstand in Besitz seiner Länder und Gerechtsame zu schützen und sich allen unerlaubten Maßregeln in dem Wege der Ordnung zu widersetzen." Außerdem gelobten sie in den dem Vertrage beigefügten geheimen Artikeln, dem Austausche von Baiern nachdrücklichst entgegen zu wirken, und stellten für den Fall eines dieserhalb ausbrechenden Krieges die Truppenzahl fest, welche jeder der drei Verbündeten für denselben zu stellen habe.

Der Einladung der drei Kurhöfe zum Anschluß an den Fürstenbund folgten bald die Herzöge von Braunschweig, von Sachsen-Gotha, von Weimar, von Zweibrücken und von Mecklenburg, die Markgrafen von Ansbach und von Baden, der Landgraf von Hessen-Kassel, der Bischof von Osnabrück und drei Fürsten von Anhalt, zuletzt sogar der im Jahre 1774 durch österreichischen Einfluß gewählte Kurfürst von Mainz, Friedrich Karl Joseph von Erthal, der sich, so lange Maria Theresia lebte, als treuer Anhänger des Erzhauses gezeigt hatte.

Trotz der feierlichen Versicherung Friedrichs, daß der Bund keinen anderen Zweck habe, als die Erhaltung und Sicherstellung der deutschen Reichsverfassung, erhoben sich zahlreiche Stimmen gegen denselben, und selbst der preußische Geheimerath Dohm, der bei dem Abschluß desselben eine hervorragende Rolle spielte, berichtet, daß nicht nur Anhänger Oesterreichs, sondern auch wohlgesinnte Patrioten sich mißbilligend über den Bund ausgesprochen und die Frage aufgeworfen hätten: „warum man die Bedenken, die man habe, nicht dem Reichsoberhaupte selber vortrage, das sich ja zu einer Verbindung mit allen Reichsständen erboten, welche die Verfassung in Gefahr glaubten, und was überhaupt geschehen sei, um so viel Mißtrauen hervor zu rufen? Der Kaiser habe dem pfälzischen Hause einen Tausch angeboten und auf die Weigerung eines Mitgliedes dieses Hauses sofort sein Angebot fallen lassen, — in seinem Vorgehen liege sicher nichts Unrechtes und Gewaltsames, noch irgend welche Bedrohung für das Recht und die Freiheit Anderer." Den geheimen Zweck aber, welchen Friedrich bei der Gründung des Fürstenbundes im Auge hatte, verrieth Dohm selbst, indem er schrieb: „Es ist für das Gleichgewicht Europa's von der äußersten Wichtigkeit, daß Frankreichs Macht gegen Oesterreich nicht allzusehr geschwächt werde. Allen Mächten muß daran gelegen sein, daß Oesterreich seine schwache Seite durch den Besitz der Niederlande nicht verliere und durch den Erwerb von Baiern nicht Frankreich für immer außer Stand setze, im deutschen Reiche Bundesgenossen zu haben und, wenn unter diesen, wie natürlich, der Regent Baierns sich befinde, durch den Besitz der Donau geführt, bis ins Herz der österreichischen Staaten einzudringen — ein in der That schon mehr als einmal entworfener und sehr einfacher Plan."

Josephs II. staatliche Reformen in seinen Erbländern.

(1780—1790.)

Je mehr sich Joseph II. bei Leibzeiten seiner Mutter in seinem Einfluß auf die Verwaltung Oesterreichs beschränkt gesehen hatte, desto größer war nach ihrem Tode sein Eifer für die Durchführung der von ihm für nothwendig erachteten Reformen. Eine Reise, die er im Jahre 1777 unter dem Namen eines Grafen von Falkenstein nach Frankreich machte, wo drei Jahre früher Ludwig XVI., der Gemahl seiner Schwester Maria Antoinette, den Thron bestiegen, hatte ihm Gelegenheit verschafft, die Wortführer der Aufklärung und der neuen Staatsweisheit: d'Alembert, Rousseau, Buffon, den Finanzmann Necker, Ludwigs XVI. Minister Turgot — das Haupt der „Physiokraten", die in der höchsten Blüthe des Landbaues die ergiebigste Quelle des Volksreichthums und des Staatswohles sahen — u. A., persönlich kennen zu lernen und im eifrig gepflogenen Verkehr mit ihnen, den er der Betheiligung an den ihm zu Ehren veranstalteten Hoffesten vorzog, sich eingehend mit ihren Ideen vertraut zu machen, und mit dem festen Entschluß, ihre Systeme in seinem Staate zu verwerthen, war er in seine Heimath zurückgekehrt. Aber wie seine verfehlte Erziehung seinen hochfahrenden Sinn, anstatt ihn zu veredeln, nur zurückgestoßen, so hatte ihn der mangelhafte Unterricht, den er in seiner Jugend genossen, nicht zu einem gründlichen Wissen, sondern nur zu einer einseitigen und oberflächlichen Auffassung der Dinge geführt. Als „erster Diener des Staates,“ als welchen er sich, gleich Friedrich II., den Grundsätzen der herrschenden Philosophie entsprechend, ansah, hielt er es für seine Pflicht, ausschließlich für das Wohl seiner Völker zu leben; aber das sogenannte „Gemeinwohl“, das zu fördern er als seine erste und höchste Aufgabe betrachtete, faßte er nicht nach den Bedürfnissen des unter den mannichfaltigsten Verhältnissen im Staate lebenden Menschen, sondern nach einem ganz abstrakten Begriffe vom Staate auf; daher gerieth er bei seiner reformatorischen Thätigkeit überall mit der Wirklichkeit in Konflikt und konnte für seine Schöpfungen nur durch das Zertrümmern der bestehenden Verhältnisse Boden gewinnen. Geblendet durch die Erfolge, die Friedrich II. bei seinem kühnen Durchbrechen alter Rechtsschranken errungen hatte, und von der Ueberzeugung erfüllt, daß seine beabsichtigten Neuerungen ebenso viele Verbesserungen seien, hielt auch er sich an die in seinen Staaten bestehenden Rechtszustände nicht gebunden und riß mit unerbittlicher Rücksichtslosigkeit alles nieder, was ihm im Wege stand.

War schon durch die Unzufriedenheit, die diese zerstörende Wirksamkeit unter den davon Betroffenen hervorrufen mußte, die Dauer der Neuerungen Josephs in Frage gestellt, so trug die Ueberstürzung, mit welcher er in seinem ruhelosen Thatendrang bei der Umgestaltung des österreichischen Staatswesens zu Werke ging, nicht weniger dazu bei, den Boden seiner Schöpfungen zu untergraben, und so hatte er nicht nur den Schmerz, für seine guten Absichten, wie er glaubte, Nichts als Undank zu ernten, sondern er sah sich auch genöthigt, verschiedene seiner vermeintlichen Reformen selbst zurück zu nehmen.

Josephs reformatorische Thätigkeit erstreckte sich über alle Gebiete des Staatslebens: über Ackerbau, Handel und Industrie, über die Rechtspflege, das Finanz- und Kriegswesen, über die Schulen und die kirchlichen Verhältnisse. Dabei wollte er, als Selbstherrscher im Geiste Friedrichs, den er sich nach seiner eigenen ausdrücklichen Erklärung zum Vorbilde genommen, von seinem Kabinette aus, in welchem er mit seinen Sekretären vom frühesten Morgen bis zum spätesten Abend rastlos arbeitete, nicht nur von Allem eingehend Kenntniß nehmen, sondern auch Alles selbst leiten und alle Entscheidungen bis ins Kleinlichste selbst treffen, ohne zu bedenken, daß dazu weder seine Kraft, noch seine Einsicht ausreichte. Die Schäden des Staatsorganismus durchschaute er zwar mit scharfem Blicke; aber in der Wahl der Heilmittel beging er die verhängnißvollsten Mißgriffe.

Unter den Rathgebern Josephs nahm der im Jahre 1764 von Franz I. in den Reichsfürstenstand erhobene Graf Wenzel von Kaunitz, der auch nach dem Tode Maria Theresia's, unter Joseph II., wie unter dessen Bruder und Nachfolger Leopold II., Hof- und Staatskanzler blieb, die erste Stelle ein. Als Staatsmann ganz ein Kind seiner Zeit, war Kaunitz zugleich ein Bewunderer Voltaire's, der ihm trefflich zu schmeicheln wußte, und seine Anschauungen über das Staats- und Kirchenleben übten auf den Kaiser einen bedeutenden Einfluß aus. Neben Kaunitz genoß das höchste Vertrauen des Kaisers sowie dessen besondere Freundschaft, der Graf Johann Philipp von Cobenzl, den Joseph besonders zu wichtigen Missionen gebrauchte. Auch die Häupter der Wiener Freimaurer: der Freiherr von Kreßl, der besonders die geistlichen Angelegenheiten der Monarchie leitete, der Leibarzt van Swieten, der Hofrath von Sonnenfels u. A., hatten sich im Rathe des Kaisers einen schwerwiegenden Einfluß zu verschaffen gewußt, obgleich Joseph selbst nicht Freimaurer war, vielmehr in seiner späteren Regierungszeit gegen das übermächtig gewordene Maurerthum, von dessen Fäden er sich rings umsponnen sah, einschränkende Maßregeln ergriff.

Um die einheimische Industrie zu heben, führte Joseph, nach dem Vorgange Friedrichs II., das Sperrsystem Colberts ein. Im Jahre 1784 erließ er im Sinne dieses Systems sein „Zollpatent“ und sperrte seine Staaten durch einen Zollcordon ab. Die Einfuhr aller fremden Kunstwaaren sowie derjenigen Naturprodukte, die der österreichische Staat selbst erzeugte oder erzeugen konnte, wurde nicht nur auf das Strengste verboten, sondern die Kaufleute mußten auch alle in ihren Magazinen noch vorhandenen prohibirten Waaren in ein großes Vorrathshaus bringen lassen und daselbst innerhalb einer gewissen Frist verkaufen; neue nachkommen zu lassen, war ihnen unter keiner Bedingung gestattet. Nur Privatleute, denen etwa einzelne ausländischen Handelsartikel unentbehrlich geworden, durften, nach vorher eingeholter Erlaubniß, auf einen ihnen eingehändigten Paß die fraglichen Waaren gegen Erlegung eines Zolles von sechzig Prozent des Werthes zum eigenen Gebrauche einführen. Wurden Waaren vorgefunden, die ohne Paß und Erlaubniß eingeführt worden, so ließ der Kaiser sie in den meisten Fällen ohne Weiteres vernichten. So wurde verschiedene Male eine große Menge eingeschmuggelter Taschenuhren öffentlich zerschlagen und am 6. August 1785 ein Wagen mit fremden Kleiderstoffen aus Seide, Wolle und Linnen, deren Gesammtwerth sich auf dreißigtausend Gulden belaufen haben soll, auf einem öffentlichen Platze zwischen der Burg und dem Schottenthor zum abschreckenden Beispiel verbrannt. Die Vorschriften des von Joseph angenommenen preußischen Zoll- und Mauthsystems wurden auf das Strengste gehandhabt, und da die Beamten sich selbst bei dem geringsten Versehen einer schonungslosen Härte ausgesetzt sahen, behandelten sie die Reisenden, welche die österreichische Grenze passirten, fast wie Verbrecher.

Um seinen Unterthanen bezüglich der Entbehrung ausländischer Produkte mit gutem Beispiel voranzugehen, verschenkte Joseph alle in seinem Hofkeller befindlichen ausländischen Weine an das Krankenhaus und gestattete auf seiner Tafel nur österreichische und ungarische Weine. Nichtsdestoweniger war die Unzufriedenheit unter der Kaufmannswelt, wie unter den Konsumenten, eine allgemeine, und trotz der belehrenden Patente, durch welche der Kaiser seinen Unterthanen die Wohlthätigkeit seiner Maßregeln einleuchtend zu machen suchte, erschollen von allen Seiten die lautesten Klagen. In der That zog Niemand aus dem durch das Zollpatent geschaffenen Monopole Vortheil, als die in Masse in Oesterreich einwandernden Ausländer, Engländer, Franzosen und Schweizer, die in den nach der Klosteraufhebung in großer Zahl von ihnen um einen Spottpreis angekauften Klostergebäuden Fabriken anlegten und meist schlechte Waare für hohe Preise verkauften, wodurch viele von ihnen in kurzer Zeit Millionäre wurden.

Die immerwährenden Kämpfe und Sorgen um das Zusammenhalten und den Fortbestand des österreichischen Ländercomplexes hatten den Beherrschern Oesterreichs wenig Zeit gelassen, den Produkten- und Waarenverkehr zu heben und dadurch den von der Natur reich gesegneten Ländern großartige Erwerbsquellen zu erschließen; daher fand Joseph auf diesem Gebiete Vieles nachzuholen und zu verbessern. Seine Bemühungen waren vor Allem darauf gerichtet, den Erzeugnissen seines Landes neue Absatzwege zu eröffnen. Nachdem er im Jahre 1783 seinen durch die Verbindung mit Rußland gewonnenen Einfluß auf die Pforte zum Abschluß eines vortheilhaften Handelsvertrags mit derselben benutzt hatte, durch welchen die Donau als Hauptverkehrsstraße erst ihre wahre Bedeutung für den Handel Oesterreichs erhielt, suchte er durch einen Gewaltakt die Fesseln zu sprengen, die dem niederländischen Handel durch die im westfälischen Frieden von Holland durchgesetzte Sperrung der Schelde angelegt worden.

Schon im Jahre 1781 hatte Joseph bei einer Reise nach den Niederlanden mit eigenen Augen gesehen, wie die Holländer, geschützt durch das bei dem Utrechter Frieden in dem sogenannten „Barrieretraktat“ erlangte Recht der Besetzung von acht niederländischen Festungen, sich durch ihren Handel auf Kosten der Niederländer bereicherten, und dies hatte ihn zu dem Entschluß gebracht, der Republik die ihr aus dem Barrierentraktat erwachsenden Vortheile durch die Schleifung der betreffenden Festungen zu entreißen, was er umso leichter ausführen zu können hoffte, als England im vorhergehenden Jahre an Holland den Krieg erklärt hatte. Er ließ demgemäß an die Generalstaaten die Aufforderung ergehen, ihre Besatzungen aus den niederländischen Festungen zurück zu ziehen, da er sich bei seiner neulichen Anwesenheit in den Niederlanden überzeugt, daß es aus vielen Gründen nicht zuträglich sei, alle Festungen in denselben beizubehalten, und daher die Schleifung der meisten derselben angeordnet habe. Die Generalstaaten erhoben zwar Einsprache gegen diesen Bruch der Verträge; sie fügten sich jedoch, da ihre Vorstellungen von Kaunitz für unbegründet erklärt wurden, dem kaiserlichen Machtspruch, indem sie sich mit einer diplomatischen Rechtsverwahrung begnügten.

Ermuthigt durch die Hilflosigkeit der Holländer und im Vertrauen auf den Rückhalt, den er bei dem mit ihm verbündeten Frankreich zu finden hoffte, beschloß Joseph, weiter zu gehen. Nachdem er eine Reihe unbegründeter Forderungen an die Republik gestellt, ließ er im Jahre 1784 den Generalstaaten eröffnen, daß er bereit sei, dieselben insgesammt gegen die Aufhebung der Scheldesperre fallen zu lassen. Da die Holländer, die in der Oeffnung der Schelde den Ruin ihres Handels erblickten, sich weigerten, auf diesen Vorschlag einzugehen, und sich dabei auf ihr verbrieftes Recht beriefen, ließ er ihnen die Erklärung zugehen: „Er betrachte die verlangte Freiheit der Schelde als eine bereits entschiedene Sache und werde jedes Hinderniß, das man der Schifffahrt seiner Unterthanen auf diesem Strome entgegensetzen werde, als offene Feindseligkeit und förmliche Kriegserklärung ansehen und ahnden.“

Um die Wirkung seiner Drohung zu erproben, verordnete Joseph, daß eine Brigantine von Antwerpen die Schelde hinunter und ein anderes kaiserliches Schiff von Ostende aus nach Antwerpen hinauf fahren solle, um in die Schelde einzulaufen. Gegen die Brigantine ließen die Holländer feuern und nöthigten sie zum Rückzuge; das andere Schiff aber brachten sie nach Vliessingen auf. Joseph war zum Kriege entschlossen; aber die öffentliche Meinung ergriff so entschieden für die Holländer Partei, und Ludwig XVI. rieth seinem Schwager so dringend zur Mäßigung, daß er vorzog, sich mit den Generalstaaten zu verständigen, wozu Frankreich seine Vermittlung anbot. So kam der Vertrag von Fontainebleau zu Stande, in welchem Joseph gegen eine Summe von zehn Millionen Gulden, die zur Hälfte von Frankreich bezahlt wurde, und die Abtretung einiger holländischen Grenzstriche, sowie die Freigebung eines unbedeutenden Theiles der inneren Schelde auf alle anderen Forderungen, insbesondere auf die verlangte gänzliche Aufhebung der Scheldesperre, Verzicht leistete.

Die gleiche Willkür und Ueberstürzung, wie in den zur Förderung der Industrie und des Handels getroffenen Maßregeln, trat auch in den Reformen Josephs bezüglich der Gerechtigkeitspflege zu Tage. In den verschiedenen Provinzen Oesterreichs hatte sich dieselbe nach den jeweiligen Bedürfnissen verschiedenartig gestaltet, und wenn auch in den diesbezüglichen Gesetzen und Gepflogenheiten, wie dies ja bei allen menschlichen Institutionen der Fall ist, manche Mängel lagen, so war doch jeder Provinz ihr ererbtes Justizwesen ehrwürdig; man war daran gewöhnt und fand sich darin zurecht. Josephs Hauptstreben war jedoch von Anfang an auf die Herstellung eines Einheitsstaates gerichtet, in welchem Alles, ohne irgend welche Rücksicht auf die Eigenthümlichkeiten der verschiedenen Theile der Monarchie, auf Abkunft, Sprache, Sitten, Kulturverhältnisse und bürgerliche Verfassung, von einem gemeinsamen Mittelpunkte aus und in völlig gleicher Weise, mit alleiniger Benutzung der deutschen Sprache als Gerichts- und Verwaltungssprache, geleitet werden sollte; daher wurden die alten Kommunalverfassungen in Städten und Märkten vernichtet und Bürgermeister, Richter, Rathsherren und Stadtschreiber, die alle früher von der Kommune frei gewählt wurden, durch Regierungsbeamte ersetzt. So war jedes Selbstgouvernement aufgehoben und die Konstitution der Länder und Städte mit einem Schlage gewaltsam gebrochen.

Durch die Reformen, die in die peinliche Gerichtsordnung Maria Theresia's eingeführt wurden, erwarb sich Joseph große, unleugbare Verdienste, indem er aus derselben die harten und grausamen Bestimmungen entfernte, die als ein trauriger Rest aus barbarischen Jahrhunderten von der Kaiserin, wie von allen übrigen deutschen Regierungen, noch beibehalten worden waren. Während beispielsweise nach der Theresianischen Gerichtsordnung jede vorsätzliche und wohlbedachte Gotteslästerung mit dem Ausreißen und Abschneiden der Zunge oder mit dem Abhauen der Hand, in beiden Fällen aber mit gleich darauffolgendem Feuertode bestraft wurde, hieß es in dem Josephinischen Gesetzbuch über Gotteslästerung: „Ein dieses Verbrechens Schuldiger ist als ein Wahnsinniger in einem Tollhause so lange festzuhalten, bis man seiner Besserung versichert ist.“ Die Strafgerichtspflege wurde in allen Erbländern, mit Ausnahme von Ungarn, sechsundsechzig Kriminalgerichten übertragen, die unter sechs Appellationsgerichten standen, von welchen der Verurtheilte noch an die oberste Justizstelle appelliren konnte.

Indessen war Joseph in seinen humanitären Bestrebungen nicht konsequent. Er hatte die Todesstrafe abgeschafft — den einzigen Fall des öffentlichen Aufruhrs ausgenommen, auf welchen die Strafe des Stranges gesetzt war — und dafür Gefängnißstrafen eingeführt, die durch Stockschläge und Zwangsarbeiten verschärft wurden. Die letzteren bestanden hauptsächlich in dem Schiffziehen auf der Donau und in dem öffentlichen Straßenkehren, wobei die Sträflinge beiderlei Geschlechts, zwei und zwei aneinander gekettet, in groben Kleidern und mit kurz geschnittenen Haaren die Straßen von Wien säubern mußten. Zu dieser Zwangsarbeit wurden, nach dem Grundsatze Josephs, daß vor dem Gesetze Alle, ohne Unterschied des Standes, gleich seien, selbst Personen vom höchsten Range herangezogen, die sich oft mit den gemeinsten Verbrechern zusammengekettet sahen; eben dadurch hörte jedoch die wirkliche Gleichheit der Strafe auf, indem die äußerlich gleiche Strafe die höheren Stände ungleich schwerer traf, als die niederen.

Die Unzufriedenheit, welche diese Neuerung in den höheren und mittleren Ständen hervorrief, wurde durch den Umstand gesteigert, daß Joseph, statt von dem ihm zustehenden Rechte der Begnadigung oder der Strafmilderung Gebrauch zu machen, nicht selten sogar das von den Gerichtshöfen festgesetzte Strafmaß eigenmächtig verschärfte. Erhielt schon dadurch sein Vorgehen einen ausgesprochenen Anstrich von Willkür, so war dies in noch weit höherem Grade der Fall, als Joseph, durch die Zunahme der schweren Verbrechen erschreckt und in seiner Ansicht von der Entbehrlichkeit der Todesstrafe umgestimmt, dieselbe plötzlich wieder einführte und zwar mit rückwirkender Kraft, so daß die Verbrecher nach einem anderen Gesetze gerichtet wurden, als demjenigen, unter welchem sie gefrevelt hatten.

Mit wahrhaft landesväterlicher Sorgfalt nahm sich Joseph des noch immer schwer gedrückten Bauernstandes an, und die Aufhebung der Leibeigenschaft, die er bei seiner Thronbesteigung noch in den meisten österreichischen Provinzen vorfand, bleibt sein unvergänglicher Ruhm. Das kaiserliche Patent, das den Bauern die persönliche Freiheit verlieh, erschien für sämmtliche österreichische Provinzen, mit Ausnahme von Ungarn, im Jahre 1782, für das letztere Land drei Jahre später. Durch dieses Patent wurde den von der Leibeigenschaft befreiten Bauern zugleich das Recht zuerkannt, über den Grund und Boden, den ihnen die Gutsherren gegen angemessene Kaufsummen abtreten mußten, als über ihr rechtmäßiges Eigenthum frei zu verfügen. Schon im Jahre 1781 hatte er durch sein für die österreichisch-böhmischen Provinzen erlassenes „Unterthanenpatent" der Willkürherrschaft der Gutsherren über die Bauern ein Ende gemacht, indem er durch dasselbe den Letzteren das Recht zuerkannt, ihre Streithändel mit den Herrschaften vor die Kreisämter zu bringen, ohne deren Zustimmung auch keine von der Gutsherrschaft verhängte Strafe vollzogen werden durfte.

Zur Hebung des Wohlstandes unter der Landbevölkerung führte Joseph, seinem Grundsatze von der Gleichheit aller Stände vor dem Gesetze getreu, eine gleichmäßige Besteuerung des Grundes und Bodens ohne Rücksicht auf den Stand des Besitzers ein, zu welchem Ende er eine allgemeine Vermessung der Grundstücke und eine genaue Abschätzung ihres Ertrags anordnete, eine Arbeit, deren große Schwierigkeiten durch die Eile erhöht wurden, mit welcher der Kaiser die Sache durchgeführt wissen wollte. Da es überdies vielfach an tüchtigen und rechtlich gesinnten Leuten zur Ausführung dieser Arbeit fehlte, fiel sowohl die Messung des Bodens als auch die Schätzung des Ertrags desselben meist unrichtig aus, und so führten des Kaisers wohlmeinende Absichten kaum zu etwas Anderem, als zu Streit und Mißvergnügen, selbst bei den Bauern, die mitunter nach dem neuen System mehr zahlen mußten, als nach dem früheren.

Die Unzufriedenheit des Adels über alle diese, seine Privilegien beeinträchtigenden Neuerungen des Kaisers wurde erhöht durch die Aufhebung der Fideicommisse, indem dadurch der Reichthum oder doch die Wohlhabenheit und das Ansehen vieler Familien zerstört wurde. Ein am 15. Mai 1785 über die Intestaterbfolge erlassenes Gesetz dehnte die Gleichheit des Erbrechts für sämmtliche Geschwister auch auf den Adel aus für den Fall, daß der Erblasser entweder gar kein Testament oder ein der Form nach ungiltiges hinterlassen habe.

Auch das bis dahin von den adeligen Gutsbesitzern geübte Recht, auf ihrem Besitzthum das Richteramt zu verwalten, gleichviel ob sie juristische Studien gemacht und hierüber eine Prüfung bestanden hatten oder nicht, wurde ihnen entzogen. Nur wenn der adelige Grundbesitzer studirt und ein Examen gemacht hatte, durfte er auf seinem Besitzthum Recht sprechen; im andern Falle mußte er sich einen geprüften Justiziär halten, der jedoch in seinen Urtheilssprüchen nicht mehr ihm, sondern dem kaiserlichen Appellationsgerichte verantwortlich war.

Für die Hebung des Volksunterrichtes sorgte Joseph mit dem anerkennenswerthesten Eifer, hauptsächlich durch eine bedeutende Vermehrung der Volksschulen. Der Hauptzweck, den er dabei im Auge hatte, war die Hebung des Ackerbaues und des Gewerbfleißes durch erhöhte Bildung, und somit die Förderung dessen, was ihm als der höchste Staatszweck erschien: Vermehrung der Produktion und Volkszahl, Erhöhung der Steuerkraft und in letzter Instanz die Vermehrung des materiellen Volkswohles.

Die Einrichtungen, welche den höheren Lehranstalten, hauptsächlich nach den Rathschlägen des Freiherrn von Sonnenfels und van Swietens, gegeben wurden, verriethen den rechnenden Geist, der auch auf dem Gebiete der Bildung für wenig Geld möglichst viel zu erlangen sucht. Die Lehrer wurden, wie die Lernenden, durch strenge Controle zum Studiren angehalten, Ferien fast gar nicht gestattet und vermittelst unablässig wiederkehrender Prüfungen die Ergebnisse des ertheilten Unterrichts zu Buch gebracht.

Da Schule und Wissenschaft nach des Kaisers Ansicht nur da waren, um dem Staate brauchbare Subjekte zu liefern, fanden in der Sorge, die auf die Pflege der Wissenschaften verwandt wurde, nur diejenigen Zweige Berücksichtigung, die für den Staat einen praktischen und in die Augen springenden Nutzen bringen konnten. Die spekulativen und die schönen Wissenschaften gingen leer aus. Bei den Universitäten, deren Zahl Joseph auf drei — die zu Wien und zu Prag und eine in Galizien — reducirt wissen wollte, wurde das Glaubensbekenntniß und der dem apostolischen Stuhle zu leistende Eid des Gehorsams abgeschafft, welchen letzteren Sonnenfels in einem Berichte an den Kaiser für „ein Ueberbleibsel aus der Zeit der Finsterniß und der römischen Usurpation“ erklärt hatte, „das nicht nur den Verstand, sondern auch den bürgerlichen Gehorsam beleidige.“ Allem, was für das Emporbringen der Universitäten geschah, lag nur die Absicht zu Grunde, den Landeskindern keinen Anlaß oder Vorwand zu geben, auswärts zu studiren und dadurch Geld aus dem Lande zu schleppen.

Die wunderlichste Mischung widersprechender Grundsätze zeigte sich in Josephs Verordnungen über die Freiheit des Bücherwesens. Die Beschränkungen, denen das Einbringen auswärtiger und das Drucken einheimischer Bücher trotz der von Maria Theresia geschaffenen Erleichterungen noch immer unterlag, erschienen dem Kaiser hauptsächlich deßhalb verwerflich, weil dadurch ein bedeutender Zweig des Verkehrs beeinträchtigt wurde; auch wünschte er dem von den Wortführern der „Aufklärung“ gestellten Verlangen nach Lese- und Druckfreiheit Genüge zu leisten: um aber zu verhüten, daß durch den Ankauf auswärtiger Bücher allzuviel baares Geld aus dem Lande gehe, wurde der Nachdruck derselben gestattet, obgleich Joseph selbst als Reichsoberhaupt vielen Autoren oder Verlegern Schutzbriefe gegen den Nachdruck verliehen hatte. Als dieselben über die Verletzung dieser Schutzbriefe Beschwerde führten, erhielten sie den Bescheid, daß die kaiserlichen Privilegien sich nur auf die nichtösterreichischen Länder bezögen und in diesen aufrecht erhalten werden sollten. Indessen wurde, um das Publikum vor schädlicher Lektüre zu schützen, unter Aufhebung der bisherigen Censurkommissionen in den Provinzen, eine „Büchercensur-Hauptkommission“ in Wien gegründet, welcher alle Werke von einiger Bedeutung zur Prüfung unterbreitet werden mußten. Dagegen sollten Kritiken, wenn sie nur keine eigentlichen Schmähschriften seien, nicht verboten sein, besonders wenn der Verfasser seinen Namen dazu drucken lasse und sich also für die Wahrheit der Sache verbürge, „da es Jedem, der die Wahrheit liebe, eine Freude sein müsse, wenn sie ihm auch auf diesem Wege zukomme.“ Joseph hatte dabei die Absicht, über seine Beamten aller Klassen eine Controle einzuführen, die er nicht zu bezahlen brauche, und gab sich selbst, um kein Geschrei hierüber aufkommen zu lassen, den Bücherschreibern preis, in der sicheren Erwartung, daß man an ihn sich nicht wagen oder an ihm Nichts zu tadeln finden werde. In dieser Erwartung sah er sich jedoch getäuscht, und die Ungebundenheit, mit welcher die Wiener Presse sich gegen ihn selbst wandte, veranlaßte ihn zu verschiedenen Gegenmaßregeln, die jedoch wenig Erfolg hatten.

Obgleich Joseph auf die deutsche Literatur nicht mit der gleichen Geringschätzung herabblickte, wie Friedrich II., und das Deutsche ungleich richtiger sprach und schrieb, als dieser, so schenkte doch auch er dem Geistesleben seiner Nation, das sich gerade zu seiner Zeit immer bedeutsamer entfaltete, kaum irgend welche Aufmerksamkeit, nicht nur, weil es ihm dazu an Zeit gebrach, sondern auch, weil es ihm zur Würdigung des deutschen Schriftthums an allem Sinn für Poesie und Kunst fehlte. Stellte er doch einmal den gesammten Buchhandel in seiner Schätzung u n t e r den Käsehandel, weil dieser mehr Geld ins Land bringe.

Bei seinem Bestreben, alle seine Unterthanen zu nützlichen Staatsbürgern zu machen, mußte der Kaiser mit seinen Reformen nothwendigerweise auch an die Juden herantreten, gegen welche Maria Theresia, nicht aus Religionshaß, der ihrem edlen Herzen durchaus fremd war, sondern mit Rücksicht auf die sociale Stellung derselben den Christen gegenüber, verschiedene beschränkende Verfügungen erlassen hatte. Diese Beschränkungen hob Joseph durch eine Reihe von Bestimmungen auf, durch welche die Juden dem Staate als Mitarbeiter an dem materiellen Gesammtwohl einverleibt werden sollten. Es sollte den Juden fortan gestattet sein, ihre Kinder in die öffentlichen Schulen zu schicken, sie zu öffentlichen Aemtern heranbilden zu lassen, Fabriken anzulegen und Landgüter zu pachten; dagegen wurde ihnen jedoch die Verpflichtung auferlegt, deutsche Namen anzunehmen, in ihren Synagogen sich der deutschen Sprache zu bedienen, Militärdienste zu thun und bei der Landwirthschaft und in den Fabriken nur jüdische Arbeiter anzunehmen, damit das der Handarbeit abgeneigte jüdische Volk mehr und mehr für dieselbe gewonnen werde. Dieser letztere Zweck, der dem Kaiser vor Allem am Herzen lag, wurde jedoch in keiner Weise erreicht: die Juden blieben bei ihren alten Beschäftigungen, drängten sich aber überall vor und suchten sich aller leichteren Erwerbsquellen auf Kosten der Christen so sehr zu bemächtigen, daß der Kaiser sich veranlaßt sah, in vielen Fällen gegen das Ueberwuchern des jüdischen Elementes einzuschreiten.

Die Humanitätsanstalten, die Joseph II. bei seiner Reise nach Frankreich in Paris kennen gelernt, hatten in seinem edlen Herzen den Gedanken angeregt, in Wien ähnliche Schöpfungen ins Leben zu rufen, und mit seinem gewohnten Eifer legte er rasch Hand ans Werk. So errichtete er, nach dem Vorbilde des Pariser Hôtel-Dieu, ein allgemeines Krankenhaus, mit welchem ein Thurm für Geisteskranke, der sogenannte „Narrenthurm," sowie ein Siechen- und ein Findelhaus verbunden wurde. Auch gründete er eine Hochschule für Militärärzte, das sogenannte „Josephinum," wodurch er der Wohlthäter der im Kriege verwundeten oder sonst erkrankten Soldaten wurde, die früher den sogenannten „Feldscheerern" überlassen geblieben waren, und im Jahre 1784 ein Taubstummeninstitut, für welches ihm der Erfinder des Taubstummenunterrichtes, der berühmte Abbé de l'Epée, den er persönlich in Paris kennen gelernt, in der Person des Weltpriesters Johann Stock einen tüchtigen Direktor ausgebildet hatte.

Josephs II. kirchliche Neuerungen.

Hatte Josephs reformatorische Thätigkeit schon auf dem Gebiete des staatlichen und gesellschaftlichen Lebens, trotz einzelner durch dieselbe geschaffener unleugbarer Verbesserungen, mehr Schaden als Nutzen gestiftet, so waren seine Neuerungen auf kirchlichem Gebiete für den österreichischen Staat geradezu verderblich. Der Kaiser war zwar kein Feind der Kirche, wie die Wortführer der Aufklärung, auch kein Verächter des Christenthums, wie Friedrich II.; aber der Einfluß der Zeitströmung, unter welcher er aufgewachsen war, hatte sein Urtheil getrübt, und bei seinem gänzlichen Mangel an tieferer Bildung waren ihm die eigentlichen Ziele der kirchenfeindlichen Philosophie und Staatskunst, die er zur Richtschnur seiner Regententhätigkeit nahm, verborgen geblieben. Er wähnte durch seine kirchlichen Neuerungen nur Schäden zu heilen und Mißbräuche auszurotten, die mit dem Wesen der Religion Nichts gemein hätten, aber das Wohl des Staates beeinträchtigten, und deßhalb hielt er sich für berechtigt, eigenmächtig und mit der rücksichtslosesten Entschiedenheit in die kirchlichen Verhältnisse seiner Länder einzugreifen.

Schon unter Maria Theresia hatten die Ideen des Febronius, durch Kaunitz, van Swieten und andere Anhänger der Aufklärung begünstigt, in Oesterreich Eingang gefunden; die kirchliche Gesinnung der Kaiserin war jedoch jedem offenen Angriff auf den apostolischen Stuhl hemmend in den Weg getreten. Kaum war indessen Joseph in den Besitz der Herrschaft gelangt, als er seine Regententhätigkeit, die nach seinem eigenen Ausspruche zunächst in „der Erhebung der Philosophie zur Gesetzgeberin seiner Staaten" bestehen sollte, mit der vollständigen Umgestaltung des Kirchenwesens nach den Grundsätzen der falschen Reformer eröffnete. Seine Neuerungen auf dem kirchlichen Gebiete, bei denen er nicht nur durch die religionsfeindlichen Schriftsteller und insbesondere durch die Freimaurer, sondern auch durch einzelne der Kirche entfrembete Geistliche geleitet und unterstützt wurde, galten der Heranbildung des Klerus, dem Verhältnisse Oesterreichs zum päpstlichen Stuhle, dem Klosterwesen, der Einrichtung des Gottesdienstes und den kirchlichen Gebräuchen.

Um einen den herrschenden Ansichten dienstbaren Klerus heranzubilden, mußten die theologischen Lehranstalten gänzlich der bischöflichen Aufsicht entzogen werden. Zu diesem Ende wurden die bischöflichen Seminarien aufgehoben und sogenannte „Generalseminarien" gegründet, die ausschließlich der Leitung und Aufsicht des Staates unterstanden und deren ganzer Lehr- und Erziehungsplan hauptsächlich darauf gerichtet war, die Alumnen zu guten „Staatsbürgern" heranzubilden. Bei der Wahl der Rektoren und Professoren, welche in denselben die Erziehung des Klerus leiten sollten, waren van Swieten und der Freiherr von Kreßl die einflußreichsten Rathgeber des Kaisers, und Beide machten wenig Hehl daraus, daß es in ihrer Absicht lag, die Theologen nach den Grundsätzen von Rousseau's „Contrat social" erziehen zu lassen.

Aus dem ganzen Lehrplan der Generalseminarien ging deutlich hervor, daß dieselben des katholischen Charakters vollständig entkleidet werden und nichts Anderes sein sollten, als Abrichtungsanstalten für den Staatszweck. So heißt es in einer Stelle des Reglements, in welcher von „der Religion des Christus" die Rede ist: „Die Diener dieser Religion müssen vor Allem nach den wahren Grundsätzen des Sokrates erzogen werden." Die Rektoren und Professoren waren angewiesen: „bei der Darstellung der stufenweise geschehenen Vervollkommnung des gesellschaftlichen Lebens besonders auf die k. k. Staaten die Anwendung zu machen und den Alumnen das Glück, in diesen Staaten zu leben, ans Herz zu legen und den Zöglingen keine anderen Lehren und Pflichten aufzudringen, als welche aus der heiligen Schrift, den Vätern und anderen l a n d e s h e r r l i c h e n und kirchlichen Verordnungen hergeleitet werden." Alle Lehr- und Lesebücher wurden vom Staate vorgeschrieben und die Wahl fiel vorzugsweise auf protestantische. Mit Recht bemerkt Theiner: „Kann es befremden oder zweifelhaft sein, daß eine Erziehung der katholischen Jugend nach solchen Grundsätzen zum Haß gegen die katholische Kirche, zur Vernichtung alles positiven Christenthums und zum Unglauben führte?"

Damit diejenigen Alumnen, die den in den Generalseminarien gepflegten Geist nicht vollständig in sich aufgenommen, von den kirchlichen Aemtern fern gehalten würden, durften die Bischöfe nur solche Kandidaten zu Priestern weihen, die ihnen zugeschickt wurden.

Wie bei allen andern Regierungsangelegenheiten, so wollte der Kaiser auch in Betreff der Generalseminarien Alles selbst leiten und überwachen, obgleich ihm für die ganze Angelegenheit jedes Verständniß abging. Wie sehr er sich dabei in Kleinlichkeiten verlor, beweist die nachfolgende, von ihm selbst getroffene Bestimmung: „Was das Barbieren anbelangt, sollen alle Seminaristen sich selbst barbieren und also dafür Nichts gezahlt werden; der ungeschickt ist, daß er es nicht erlernt, soll den Barbier aus seinem Säckel bezahlen."

Um den päpstlichen Einfluß auf die kirchlichen Angelegenheiten im Interesse der Omnipotenz des Staates zu vernichten, wurde nach den von Febronius aufgestellten Grundsätzen ein Kirchenrecht ausgebildet, nach welchem der Verkehr der Bischöfe mit dem römischen Stuhle theils gänzlich verboten, theils einer staatlichen Contole unterstellt wurde, vermittelst deren in jedem beliebigen Falle die Einwirkung des Papstes abgeschnitten werden konnte. Alle päpstlichen Bullen, Breven oder sonstigen Erlasse mußten vor ihrer Verkündigung der weltlichen Landesbehörde vorgelegt werden, und ihre Bekanntmachung durfte nur nach erfolgter allerhöchster Genehmigung geschehen. Auch für die Verkündigung von Hirtenbriefen und bischöflichen Verordnungen jeder Art mußte die staatliche Erlaubniß eingeholt werden. Die den Bischöfen von dem päpstlichen Stuhle ertheilten Dispensationsrechte wurden für aufgehoben erklärt; dagegen sollten die Bischöfe gehalten sein, von den kirchlichen Ehehindernissen, deren Feststellung der Kaiser als ein ausschließliches Recht des Staates in Anspruch nahm, aus eigener Macht gegen eine mäßige Taxe zu dispensiren. Zu den Bischofsstühlen wurden nur Solche zugelassen, deren unbedingte Unterwerfung unter die bereits erlassenen oder noch zu erlassenden staatlichen Verordnungen in kirchlichen Angelegenheiten zum Voraus erprobt worden war, und die Verleihung von Bisthümern wurde ausdrücklich als eine Belohnung von Seiten des Kaisers bezeichnet. Vor ihrer Consekration mußten die neu ernannten Bischöfe in die Hände des Landespräsidenten den Huldigungseid ablegen. Die Annahme eines vom Papste verliehenen Titels ohne vorausgegangene landesherrliche Genehmigung war auf das Strengste verboten. Die Verwaltung des Kirchenvermögens zog der Staat an sich, ohne dabei den Bischöfen noch irgend welche Betheiligung zu gestatten.

Nirgends tritt die einschneidende Rücksichtslosigkeit und Willkür Josephs greller zu Tage, als bei seinen Klosteraufhebungen. Wenn dem Kaiser die Zahl der Klöster in Oesterreich als eine zu große und eine Reduktion derselben ihm wünschenswerth erschien, so mußte er seine deßfallsigen Wünsche dem Oberhaupte der Kirche vortragen und die ihm nothwendig scheinenden Veränderungen durch dasselbe vornehmen lassen. Zugleich mußte auch auf die rechtmäßigen Besitzer, sowie auf die Stifter, welche diese Anstalten testamentarisch gegründet, und auf die Stiftbriefe, in welchen dieselben ihren Willen für die Nachwelt niedergelegt, gebührende Rücksicht genommen werden. Von alledem geschah jedoch Nichts: den Forderungen der Gerechtigkeit wurde ebensowenig Rechnung getragen, als denen der Billigkeit; das Vorgehen Josephs war einseitig, gewaltsam, rücksichtslos und in einzelnen Fällen sogar grausam, wenn auch Vieles, was in dieser Beziehung bei den Klosteraufhebungen geschah, nicht sowohl dem Kaiser selbst, als seinen theils fanatischen, theils habsüchtigen Beamten zur Last gelegt werden muß. An fünfzigtausend Personen, die in der Stille der Klosterzelle einem selbst gewählten Berufe lebten und in demselben ihre Befriedigung fanden, wurden aus den aufgehobenen Klöstern mit einem spärlich zugemessenen Jahresgehalt in die Welt zurückgestoßen, der Viele von ihnen vollständig entfremdet waren. Die Lobredner der Reformen Josephs suchten zwar das Gehässige dieser Maßregel durch die Behauptung zu beseitigen, daß die meisten Mönche und Nonnen froh seien, den düsteren Klostermauern entrissen zu sein; die Aufhebungsurkunden beweisen jedoch entschieden das Gegentheil.

Dem Kaiser lag zwar der Gedanke fern, aus dem Verkaufe der Klostergüter irgendwie eigenen Vortheil zu ziehen; der Erlös derselben wurde vielmehr zur Gründung eines sogenannten „Religionsfonds" verwendet, der zu kirchlichen und verwandten Zwecken: zur Gründung neuer Pfarren und besserer Dotirung der ärmeren, zur Errichtung von Priesterseminarien, Schulen, Wohlthätigkeitsanstalten u. dgl., benutzt werden sollte. Aber einestheils wurde der wirkliche, liegende, reale Besitz durch die Umwandlung des größten Theils der erzielten Kaufsummen in Staatsschuldenpapiergeld schwer geschädigt, und andererseits kamen bei der Veräußerung des Klostergutes so kolossale Verschleuderungen und Defraudationen vor, daß ein großer Theil des Klostervermögens dadurch verloren ging.

Zu dieser schwerwiegenden Schädigung der materiellen Interessen der Gesammtheit kam der nicht minder schwerwiegende Verlust so vieler Vortheile, welche die aufgehobenen Klöster insbesondere den ärmeren Volksklassen gewährt hatten. Wie von einer Klosterpforte kein Hungernder ungesättigt fortgeschickt wurde, so hatten zahlreiche unbemittelte Eltern in den Klosterschulen Gelegenheit gefunden, die Talente ihrer Söhne für einen höheren Lebensberuf ohne Kosten ausbilden zu lassen, wie auch andererseits die Frauenklöster sichere Zufluchtsstätten für unverheirathete Töchter des ehrbaren christlichen Volkes gewesen waren.

Das am 12. Januar 1782 erlassene Klosteraufhebungsdekret Josephs II. traf alle diejenigen geistlichen Genossenschaften, „die zum Besten des Nächsten und der Gesellschaft nichts Sichtbares beitrügen,“ also alle beschaulichen Orden. Diejenigen Klöster, welche wegen ihrer unverkennbaren Nützlichkeit, besonders für die Krankenpflege, nicht wohl zu entbehren waren, blieben zum größten Theil von der Aufhebung verschont; doch wurde auch ihnen der Lebensnerv durchschnitten, indem nicht nur aller Zusammenhang der österreichischen Klöster mit denen des Auslandes aufgehoben, sondern auch die Aufnahme neuer Mitglieder von der jedesmaligen Genehmigung der Regierung abhängig gemacht und durch die Bestimmung, daß die Obern nur für eine beschränkte Zeit gewählt werden dürften, die Handhabung der Ordnung erschwert und der Verfall der klösterlichen Zucht systematisch vorbereitet wurde. Durch alle diese Maßregeln wurde nicht nur das Recht der Kirche, Gesellschaften zu bilden, die ihrem Geiste und ihren Gesetzen entsprachen, gewaltsam vernichtet, sondern auch die bürgerliche Freiheit beeinträchtigt, kraft deren Jedem die Wahl einer seinem Lebenszwecke entsprechenden Lebensweise zustehen muß, insofern durch dieselbe die Rechte Anderer nicht verkürzt werden.

Im Jahre 1783 erließ Joseph eine ausführliche „Gottesdienstordnung,“ an welche sich sämmtliche Seelsorger in allen Erblanden bei Strafe halten mußten. Durch dieselbe wurden alle gottesdienstlichen Gebräuche von Staatswegen geregelt, Gebete, Litaneien und Lieder auf das Genaueste vorgeschrieben, alle Congregationen und Bruderschaften aufgehoben, die Prozessionen verboten und die Wallfahrten theils gänzlich untersagt, theils durch beschränkende Bestimmungen sehr erschwert. Der Glanz des Kultus wurde aus Sparsamkeitsgründen auf das geringste Maß beschränkt und sogar die Anzahl der Kerzen bestimmt, welche auf dem Altare angezündet werden durften, auch der Abbruch von Altären und Wallfahrtskirchen verfügt.

Noch größere Unzufriedenheit, als diese tief in das religiöse Leben des Volkes einschneidenden Neuerungen, erregte Josephs „Beerdigungsgesetz,“ nach welchem keinerlei Begräbnisse in Kirchen und Grüften mehr gestattet sein und zu möglichster Beschränkung des Bedürfnisses größerer Friedhofsräume, „die todten Körper, um sie desto geschwinder der Verwesung zuzuführen, mit Kalk gleich in den Todtentruhen genugsam bestreut werden sollten." Als von allen Seiten Berichte über den Unwillen einliefen, den diese jede Rücksicht auf die christliche Pietät außer Acht lassenden Bestimmungen hervorgerufen, verschärfte der heftig erzürnte Kaiser das erlassene Gesetz noch durch die Verfügung, daß fortan die todten Körper, ohne Rücksicht auf den Stand der Verstorbenen, in Leinwandsäcke eingenäht und ohne Truhen in sechs Schuh tiefe Gruben gelegt und allda mit Kalk beworfen werden sollten.

Diese neue Verordnung rief in allen Provinzen einen solchen Sturm der Entrüstung hervor, daß Joseph die Nothwendigkeit des Einlenkens erkannte. Er nahm die getroffene Verfügung zurück, konnte jedoch nicht umhin, in dem diesbezüglichen Erlaß seinem Unwillen durch die spöttische Bemerkung Luft zu machen: „Er wolle keinen Menschen zwingen, vernünftig zu sein, und so möge ein Jeder, was die Truhe anbelange, frei thun, was er für seinen todten Körper im Voraus für das Angenehmste halte." Der Grund, der ihn zu der Anordnung der neuen Begräbnißart bestimmt hatte, lag allein in seiner Sucht, die herrschenden Prinzipien der Nationalökonomie nach allen Richtungen hin zur Geltung zu bringen. Durch die Beschränkung der Friedhofsräume sollte dem Feldbau weniger Boden entzogen und durch die Ersparniß des für die Särge nöthigen Holzes eine größere Schonung der Wälder herbeigeführt werden.

Während Joseph bei allen diesen Neuerungen gegen die katholische Kirche die äußerste Intoleranz an den Tag legte, machte er aus der Duldung aller christlichen Bekenntnisse in seinen Staaten einen seiner obersten Regierungsgrundsätze und bethätigte diesen Grundsatz durch ein am 22. Juni 1781 erlassenes „Toleranzedikt," durch welches den Anhängern des lutherischen und reformirten Bekenntnisses sowie den nicht unirten Griechen die freie Uebung ihres Gottesdienstes, die Erbauung von Bethhäusern, doch ohne Thürme und Glocken, der Eid nach der Vorschrift ihres Bekenntnisses, die Erlangung von Bürger- und Meisterrechten und der Zutritt zu allen bürgerlichen und militärischen Aemtern zugesagt wurde. Bildete dieses Toleranzedikt schon einen seltsamen Contrast mit den in protestantischen Ländern damals noch bestehenden Zwangsgesetzen gegen die Katholiken, so wurde es außerdem noch vielfach zur Herabwürdigung der Kirche ausgebeutet. Eine nicht geringe Anzahl von Akatholiken erblickten in der von Joseph proklamirten Gewissensfreiheit einen Freibrief zu Insulten aller Art gegen die Katholiken und gingen darin so weit, daß Joseph die Nothwendigkeit erkannte, ein ausdrückliches Verbot gegen solche Ausschreitungen zu erlassen. Selbst der Protestant Ramshorn sagt: „Leider mischte sich nur zu bald zu der hohen Freude, welche mit Recht die Akatholiken über die ihnen zugestandene Freiheit an den Tag legten, Anmaßung und Uebermuth, der sogar in die unanständigsten Beleidigungen gegen die Bekenner der dominanten Religion (die Katholiken) ausartete und eine Menge höchst ärgerlicher Auftritte hervorrief. Als nun aber der Kaiser auch hiergegen eiferte und alsbald auch mehrere sein erstes Toleranzpatent ergänzende Verordnungen erließ, wodurch scheinbar den Akatholiken erst gewährte Freiheiten und Vorzüge theilweise wieder genommen wurden, so schrien auch sie wieder über Unduldsamkeit und Ungerechtigkeit."

Eine andere von dem Kaiser nicht vorhergesehene Folge des Toleranzedikts lag darin, daß Viele, die ihrem Glauben längst entfremdet waren, sich offen von der Kirche lossagten, in der Meinung, sich dadurch der kaiserlichen Gnade zu empfehlen, eine Meinung, gegen welche Joseph sich öffentlich und nachdrücklichst zu verwahren für nöthig fand.

Von dem Toleranzedikte ausgenommen waren alle Konfessionslosen, namentlich die böhmischen „Deisten" oder „Abrahamiten", eine aus Ueberresten des alten Husitenthums hervorgegangene Religionspartei, welche das Geheimniß der heiligsten Dreieinigkeit läugnete, Jesum für einen gewöhnlichen Menschen erklärte, die Lehre von seinem Versöhnungstode verwarf und von Taufe und Abendmahl als unnöthigen Ceremonien Nichts wissen wollte. Ein kaiserliches Edikt vom 19. August 1786 verfügte, daß alle Deisten, die sich weigern würden, zu einer der geduldeten Religionen überzutreten, ihr Vermögen verlieren und nach dem Banate übergeführt werden sollten.

Die meisten österreichischen Prälaten waren schwach genug, die kirchlichen Neuerungen Josephs schweigend hinzunehmen; einige ließen sich sogar herbei, dieselben zu vertheidigen; nur wenige, wie der Kardinal Migazzi, Erzbischof von Wien, der Fürst Esterhazy, Erzbischof von Agram, der Erzbischof Bathyani von Gran und der Graf Edling, Erzbischof von Görz, hatten den Muth, als Vertheidiger der Rechte der Kirche aufzutreten und dem Kaiser die eindringlichsten Vorstellungen zu machen; ihre Bemühungen, dem Verderben Einhalt zu thun, hatten jedoch nicht den geringsten Erfolg und gaben nur dem Kaiser Veranlassung zu einer äußerst unwürdigen Behandlung der protestirenden Bischöfe. Ebensowenig Berücksichtigung, als die Vorstellungen der österreichischen Prälaten, fanden die ernsten Warnungen des Kurfürsten Clemens Wenceslaus von Trier, eines Sohnes Augusts III. von Sachsen, die von dem Kaiser sehr übel aufgenommen und in einer den Anstand verletzenden Weise zurückgewiesen wurden.

Da auch die nachdrücklichen Ermahnungen und Vorstellungen, die Papst Pius VI. in mehreren eigenhändigen Schreiben an den

Kaiser gerichtet, diesen nicht zur Zurücknahme seiner kirchenfeindlichen Erlasse hatte bewegen können, entschloß sich derselbe, trotz seines vorgerückten Alters und seiner schwachen Gesundheit, selbst nach Wien zu reisen, in der Hoffnung, durch eine persönliche Besprechung mit Joseph bessere Erfolge zu erzielen. Der Kaiser, dem dieser Entschluß des Papstes äußerst ungelegen kam, suchte der Ausführung desselben durch die Andeutung vorzubeugen, daß er selbst in der Kürze nach Rom zu kommen beabsichtige; allein Pius VI. beharrte bei dem, was er als oberster Hirte der Christenheit für seine Pflicht hielt, und traf, nachdem er auf seiner ganzen Reise von dem katholischen Volke mit dem begeistertsten Jubel begrüßt worden, am 22. März 1782 in Begleitung des Kaisers, der ihm mit seinem Bruder, dem Erzherzog Maximilian, einige Meilen weit entgegen gefahren, in der österreichischen Hauptstadt ein, wo in der Hofburg die früher von Maria Theresia bewohnten Zimmer für ihn hergerichtet worden waren.

In Wien waren aus der ganzen Umgegend bis auf weite Entfernungen hin so viele Menschen zusammengeströmt, daß die Zahl Derjenigen, die in den Straßen und auf den Plätzen der Ankunft des Papstes harrten, auf mehr als zweimalhunderttausend geschätzt wurde und man wegen der nöthigen Lebensmittel für die ungeheuere Menschenmenge besorgt war. Nachdem Pius VI. unter dem nicht enden wollenden Jubel des Volkes in die Hofburg eingefahren war, begab er sich alsbald nach der ehemaligen Jesuitenkirche am Hofplatze, von deren Gallerie aus er der dicht gedrängten Menge den päpstlichen Segen ertheilte.

Ueber den vierwöchentlichen Aufenthalt des Papstes in der österreichischen Hauptstadt berichtet ein Protestant das Folgende: „Die Wirkung der Anwesenheit des Papstes in Wien ist außerordentlich. Ich war oft zugegen, wenn Pius dem Volke in der Kaiserstadt seinen Segen gab. Ich gehöre nicht zur katholischen Religion, auch nicht zu den weinerlichen Leuten; aber ich versichere Sie, ich wurde heftig erschüttert und bis zu Thränen gerührt. Sie können es nicht glauben, welchen Eindruck es macht, über achtzigtausend Menschen auf einem Platze versammelt zu sehen und die ganze große Menge in einem Momente zu überblicken, wo der Ausdruck der frömmsten Gefühle aus allen Mienen leuchtet und wo die Sehnsucht, den Segen für das diesseitige und jenseitige Leben in sich aufzunehmen, ihnen eine Andacht, ich möchte sagen, einen Enthusiasmus einflößt, der sie unempfindlich macht für die unbeschreiblichen Beschwerden, die sie in dem erstickenden Gedränge auszustehen hatten. Man denke sich nun das Erscheinen des Papstes mit dem ganzen Pompe, der diesen Vater der Christenheit umgibt, die dreifache Krone auf dem Haupte, in seinem heiligen Ornate, von den Kardinälen und hohen Würdenträgern umgeben, wie er sich gegen die Erde neigt, dann seine Arme gegen den Himmel erhebt, in einer Stellung, welche die volle Inbrunst eines Mannes ausdrückt, der das Gebet eines ganzen Volkes der Gottheit darbringt und mit seinen Blicken die Erhörung herabfleht; man stelle sich vor, daß diese Handlung durch einen Greis geschieht, dessen einnehmende Gestalt und edle Gesichtszüge unsere Herzen fesseln, und wie nun die Tausende in dem Augenblicke, wo er in der athemlosen, feierlichsten Stille die Worte des Segens ausspricht, auf ihre Kniee stürzen und von derselben Andacht und Innigkeit ergriffen werden, von der sie den segnenden Vater der Christenheit ergriffen sehen — wahrlich ein überwältigender, hinreißender Anblick."

Trotz des tiefen Eindrucks, den das Erscheinen des Papstes und dessen ganze Persönlichkeit in allen Kreisen der Bevölkerung Wiens hervorgebracht, und der begeisterten Verehrung, die ihm von allen Seiten erwiesen wurde, erreichte Pius VI. seinen Zweck nicht. Der Kaiser ließ es zwar an keiner der Ehrenerweisungen fehlen, die einem solchen Gaste gebührten, und zeigte dem liebenswürdigen Greise eine achtungsvolle, wie es schien auch aufrichtige Zuneigung; aber er wich allen Bemühungen des Papstes, mit ihm über die kirchlichen Angelegenheiten zu unterhandeln, der mit Kaunitz getroffenen Verabredung gemäß, mit dem Einwande aus: „Er sei kein Theologe und verstehe zu wenig vom kanonischen Rechte, um mündlich hierüber verhandeln zu können. Wenn Seine Heiligkeit gegen die von ihm zum Wohle seines Volkes getroffenen kirchlichen Verordnungen Erinnerungen zu machen habe, so bitte er, ihm dieselben schriftlich vorlegen zu wollen, damit er sie durch seinen Kanzler ausführlich beantworten lassen könne." Schon vor der Ankunft des Papstes hatte er an die gesammte österreichische Geistlichkeit, insbesondere an die Bischöfe, ein strenges Verbot ergehen lassen, sich wegen irgend welcher kirchlichen Angelegenheit schriftlich oder mündlich an den heiligen Vater zu wenden, so lange derselbe in Wien weilen werde, und Pius VI. wurde während der ganzen Dauer seines Besuches so genau bewacht, daß er Niemanden unbemerkt empfangen konnte.

Im Gegensatze zu dem Kaiser ließ Kaunitz in seinem Benehmen gegen den Papst nicht nur die dem Oberhaupte der Kirche schuldige Ehrfurcht, sondern sogar die Regeln des conventionellen Anstandes vollständig außer Acht. Als Pius VI., dem er nicht einmal einen Ehrenbesuch abgestattet, sich zu der Besichtigung der Sehenswürdigkeiten seines Palastes zu der von dem Fürsten bestimmten Stunde bei ihm einfand, empfing er ihn im Morgenanzug, schüttelte die ihm zum Kusse dargebotene Hand mit ungeziemender Vertraulichkeit und setzte, mit der Entschuldigung, daß sein Kopf die Kälte nicht vertrage, im Zimmer den Hut auf.

Auch Kränkungen anderer Art blieben dem Papste während seines Aufenthaltes in der österreichischen Hauptstadt nicht erspart. Unter seinen Augen erschien zu Wien eine Fluth von Flugschriften, die sich ungehindert in der Herabwürdigung und Verspottung des Primates ergingen. Der ganz den neuen Ideen huldigende Abt Rautenstrauch, Hofrath an der böhmisch-österreichischen Hofkanzlei, veröffentlichte unter dem Titel: „Vorstellung an seine päpstliche Heiligkeit," eine Flugschrift, in welcher er den Papst aufforderte, allem weltlichen Ansehen, aller zeitlichen Macht und Herrschaft freiwillig zu entsagen, „weil der Besitz derselben von Christo förmlich verboten worden sei." In noch unverschämterem Tone abgefaßt war die Schmähschrift des Hofkanonisten Eybel: „Was ist der Papst?", in welcher die Grundsätze des Febronius in der schneidendsten Form unter das Volk gebracht wurden.

Als Pius VI. am 22. April von Wien abreiste, wo er nichts Anderes erlangt hatte, als die Zusage des Kaisers, daß seine Reformen Nichts gegen die Dogmen der Kirche und die Würde ihres Oberhauptes enthalten sollten, gab ihm Joseph das Geleite bis zum Kloster Mariabrunn. Gleichsam als wolle er der Welt zeigen, wie wenig es dem Papste gelungen sei, ihn umzustimmen, hob er einige Stunden nach der Abreise seines hohen Gastes dieses Kloster auf.

Wie die Reise nach Wien, so gestaltete sich auch die Rückreise des Papstes nach Rom zu einem wahren Triumphzuge. Die andachtsvolle Hingebung, mit welcher aller Orten die katholische Bevölkerung ihrem Oberhirten entgegenströmte, theilte sich selbst vielen Protestanten mit. In München drängte sich die Gemahlin des englischen Gesandten mit Gewalt durch das Volk, um vor dem Papste nieder zu knieen und ihm die Hand zu küssen. In Augsburg hatte sich der protestantische Theil des Rathes und der Bürgerschaft mit dem katholischen zur Ueberreichung der an durchreisende Fürsten herkömmlichen Ehrengeschenke vereinigt, wofür Pius VI. seinen Dank mit dem Gebete begleitete, „daß Gott Diejenigen, welche seine Bürger und Hausgenossen seien, im Eifer seines Dienstes wachsen lassen, die Gäste und Zukömmlinge aber mit dem Geiste seiner Klarheit erleuchten und auf den Weg des Heiles führen wolle, damit er (der Papst) sie Alle mit gleicher Liebe zu umfassen sich freuen dürfe." Beim Besuche der Bibliothek begrüßte ihn der Bibliothekar und Rektor des lutherischen Gymnasiums, Andreas Mertens, knieend mit einer Anrede, in welcher er sein dreifaches Glück pries, „den Papst Pius VI., die Wonne des menschlichen Geschlechts, den heiligsten Vater, das Oberhaupt der christlichen Religion, Denjenigen, der geboren sei, alles Ungemach von den Sterblichen zu entfernen, mit innigster Bewegung von Angesicht zu sehen und seine heiligsten Füße zu küssen."

Am 23. Dezember 1783 erschien Joseph unerwartet zum Gegenbesuche in Rom, wo er glänzend empfangen wurde. Als er dem spanischen Diplomaten Azara seinen Plan der völligen Losreißung der deutschen Kirche von Rom eröffnete, rieth ihm dieser entschieden ab. Zur Vermeidung größerer Uebel entschloß sich der Papst, ihm in einem am 30. Januar 1784 abgeschlossenen Konkordate das Ernennungsrecht für die Bisthümer in den Herzogthümern Mailand und Mantua zuzugestehen. Der Kaiser zeigte sich seitdem zwar in seiner Handlungsweise etwas rücksichtsvoller gegen den Papst, als früher, schritt aber nichtsdestoweniger auf der Bahn seiner kirchlichen Neuerungen mit unverminderter Willkür fort und ließ auch die von ihm selbst erbetenen päpstlichen Bullen über neue Bisthümer nur mit seinem Placet verkündigen.

Die Revolution in den Niederlanden.

(1788—1790.)

Die niederländischen Provinzen Oesterreichs — seit Maximilians I. Zeit der „burgundische Kreis" genannt — erfreuten sich, seitdem die Kriege zwischen Frankreich und Oesterreich aufgehört hatten, einer behaglichen Ruhe. Ihre Verfassung, die Joyeuse entrée oder Blyde Inkomste (fröhlicher Einzug), — so genannt, weil die Urkunde derselben im Jahre 1423 bei dem ersten Einzug des Herzogs Philipp des Guten in Brüssel ausgestellt worden — sicherte ihren Ständen, außer dem Rechte der Steuerbewilligung, viele anderen Freiheiten und Befugnisse, in deren Genuß sich das Volk äußerst wohl fühlte. Ackerbau, Gewerbe und Handel blühten, und im ganzen Lande herrschte ein fröhlicher, heiterer Geist selbstbewußter Freiheit. Dabei hing das Volk mit unverbrüchlicher Treue an seinem katholischen Glauben und fand seine höchste Freude an den kirchlichen Festen und Aufzügen, die als wahre Volksfeste mit alterthümlichem Prunk und reichen Blumenspenden gefeiert wurden. Die in hohem Ansehen stehende Geistlichkeit hatte während des siebenjährigen Krieges dem Kaiserhause ihre Ergebenheit durch außerordentliche Hilfsgelder und Darlehen von hohem Betrage bethätigt. An der Spitze der Verwaltung stand ein Generalstatthalter, welche Stelle seit dem Tode des Herzogs Karl von Lothringen die Erzherzogin Marie Christine, eine Schwester Josephs, gemeinschaftlich mit ihrem Gemahl, dem Herzog Albert von Sachsen-Teschen, bekleidete. Dem Generalstatthalter war als Rathgeber ein Minister beigegeben, der ihn im Falle der Abwesenheit zu vertreten hatte. Die aus dem Adel, der Geistlichkeit und den Bürgerschaften bestehenden Stände übten jedoch, theils selbst, theils durch Ausschüsse einen großen Einfluß aus, indem nicht nur die Höhe, sondern auch die Erhebung und Verwendung der Abgaben von ihnen angeordnet wurde. Die meisten Landschaften hatten ihre eigenen Obergerichte, unter denen der „große Rath" von Brabant das höchste Ansehen genoß.

Obgleich Joseph bei seiner Thronbesteigung nicht nur alle Rechte, Freiheiten, Gesetze und Privilegien der Herzogthümer Grafschaften, Städte und Korporationen der Niederlande bestätigt, sondern auch die Joyeuse entrée öffentlich und feierlich beschworen hatte, griff er alsbald in die niederländische Verfassung mit der rücksichtslosesten Eigenmächtigkeit ein, deren Beweggrund umsoweniger in einer landesväterlichen Fürsorge für das Wohl dieser Provinzen gesucht werden konnte, als er dieselben kurz vorher an den Kurfürsten von der Pfalz gegen Baiern hatte vertauschen wollen. Er theilte das ganze Land, ohne Rücksicht auf die Abgrenzung und die besonderen Verhältnisse der einzelnen Provinzen, in neun Kreise, ernannte Kreishauptleute, statt der von den Ständen eingesetzten Kastellane und Oberamtleute, hob die bestehenden Obergerichtshöfe, den großen Rath von Brabant und die geistlichen Gerichtsstellen auf und vereinigte alle diese Behörden in einem höchsten Gerichtshofe, der seinen Sitz in Brüssel erhielt. Ebenso löste er die drei mit den Ständen zusammenhängenden Rathskollegien nebst den ständischen Ausschüssen auf und übertrug die gesammte Verwaltung des Landes einer unter der Leitung eines bevollmächtigten Ministers stehenden Regierungsbehörde, wodurch die Wirksamkeit der Generalstatthalterschaft auf die einfache Repräsentation beschränkt wurde.

Mit den staatlichen Neuerungen gingen die kirchlichen Hand in Hand. Joseph hob mehrere Klöster auf und setzte in anderen, die er fortbestehen ließ, eigenmächtig Kommandatar-Aebte ein, verbot durch ein eigenes Edikt jede Berufung an den Papst, nahm den Bischöfen die Entscheidung in den Eheangelegenheiten, untersagte die Wallfahrten, beschränkte die Prozessionen, verkümmerte den Schmuck der Kirchen, hob die bischöflichen Seminarien auf und errichtete in Löwen und Luxemburg Generalseminarien, in welchen für alle angehenden Kleriker des Landes die Theologie ohne jedwede bischöfliche Kontrole durch Professoren gelehrt werden sollte, die von dem Kaiser ernannt wurden.

Diese Neuerungen, gegen welche sowohl die belgischen Bischöfe, an ihrer Spitze der Kardinal von Frankenberg, Erzbischof von Mecheln, als auch die Stände energischen Protest erhoben, riefen im ganzen Lande eine dumpfe Gährung hervor, die im November 1786 in Löwen nach der Eröffnung des Generalseminars in offener Widersetzlichkeit zu Tage trat. Als die Seminaristen gegen die Frivolität und Unkirchlichkeit der von dem Kaiser ernannten Professoren protestirten und dafür von diesen eine schimpfliche Behandlung erfuhren, kam es zu Thätlichkeiten, die den Direktor der Anstalt veranlaßten, sich nach Brüssel zu begeben, um militärische Hilfe zu requiriren. Der Kardinal von Frankenberg ermahnte die Studirenden durch ein Schreiben zur Ruhe; da jedoch die Bürgerschaft von Löwen für dieselben Partei ergriff, dauerten die Ruhestörungen fort. Dem von der Regierung entsandten Militär gelang es zwar, die Ordnung herzustellen; allein die Seminaristen zogen, mit Ausnahme einiger wenigen, von dannen, um ihre Studien in einem anderen Lande zu machen.

Der heftig erzürnte Kaiser verwies den päpstlichen Nuntius, den er beschuldigte, die Seminaristen aufgereizt zu haben, aus Brüssel und berief den Kardinal von Frankenberg nach Wien, wo er ihn mit den Worten empfing: „Da Sie von dem jetzigen Systeme der Theologie und den Einrichtungen der Seminarien keine rechten Begriffe zu haben scheinen, so habe ich zwei Beisitzer der geistlichen Kommission beauftragt, Ihnen hierüber das nöthige Licht zu verschaffen.“ Entschlossener denn je, die Neuerungen des Kaisers zu bekämpfen, kehrte der Kardinal nach Belgien zurück, wo sich das über Josephs Staatskirchenthum erbitterte Volk immer fester um seine Bischöfe schaarte.

Zu abermaligen Ruhestörungen kam es, als im April 1787 die neue Einrichtung der Verwaltung und des Gerichtswesens ins Leben treten sollte. Die Stände von Brabant versagten, von dem ihnen verfassungsmäßig zustehenden Rechte Gebrauch machend, die verlangten Hilfsgelder, bis die Beschwerden des Landes abgestellt seien, verboten den Steuereinnehmern die Machtvollkommenheit der neuen Beamten anzuerkennen, hoben das Generalseminar zu Löwen auf, entboten die übrigen Landschaften zu einer allgemeinen Verbindung und richteten dringende Vorstellungen an den Generalstatthalter. Die Verhaftung eines Brüsseler Bürgers, der, in einer Lieferungssache des Betruges beschuldigt, den verfassungsmäßigen Rechten des Landes entgegen zur Untersuchung nach Wien abgeführt werden sollte, veranlaßte einen Tumult, der bald in anderen Städten Nachahmung fand. Strohpuppen, denen der Titel Kreishauptmann angeklebt war, wurden durch die Straßen geschleift und verbrannt und dem kaiserlichen Minister Belgiojoso, welcher für den hauptsächlichsten Urheber oder Beförderer der Neuerungen galt, die Fenster eingeworfen.

Da Niemand mehr den kaiserlichen Beamten gehorchen wollte, hielten es die Generalstatthalter für gerathen, eine Erklärung zu erlassen, welche die Zurücknahme aller eingeführten Neuerungen und die Entfernung aller mißliebigen Personen aus dem Rathe der Statthalterei zusagte. Diese Erklärung rief in Brüssel einen unbeschreiblichen Jubel hervor, der im ganzen Lande Nachhall fand, Kanonendonner und Glockengeläute ertönten; das Volk spannte sich vor den Wagen des Fürstenpaares, und im Theater wurden die Erzherzogin und ihr Gemahl mit stürmischem Applaus als die Wiederhersteller der öffentlichen Wohlfahrt und Freiheit begrüßt.

Joseph, der die Nachricht von diesen Vorgängen in Cherson erhielt, wohin er sich zu einer Zusammenkunft mit der Czarin begeben, war weit entfernt, mit der Nachgiebigkeit seiner Vertreter einverstanden zu sein. Sobald er nach Wien zurückgekehrt war, berief er die Generalstatthalter und den Minister Belgiojosa aus den Niederlanden ab und forderte die belgischen Stände auf, ihm durch Abgeordnete ihre Beschwerden vorlegen zu lassen, „die allein auf Mißverständnissen und falschen Auslegungen seiner nur auf das Wohl der Niederländer zielenden Absichten beruhen könnten.“ So sehr er auch wünschen mochte, seine Neuerungen aufrecht zu halten, nöthigte ihn doch der Umstand, daß er eben im Begriffe war, gemeinsam mit Rußland einen Feldzug gegen die Türken zu unternehmen, zu einiger Nachgiebigkeit. Er sagte den Abgeordneten der niederländischen Stände die Herstellung ihrer alten Landesverfassung bis auf einige wenigen, noch näher zu untersuchenden Punkte zu, sandte die Generalstatthalter, deren Abreise die Belgier gar nicht hatten zugeben wollen, nach den Niederlanden zurück, ernannte an der Stelle Belgiojoso's den Grafen von Trautmannsdorf zu seinem bevollmächtigten Minister und ersetzte den gleichfalls mißliebigen General Murray, der den Oberbefehl über die in den Niederlanden stehenden Truppen führte, durch den General d'Alton; da er jedoch auf den meisten seiner kirchlichen Neuerungen bestand, dauerte die Unzufriedenheit der Belgier fort. Die Stände von Hennegau und von Brabant verweigerten aufs Neue die Zahlung der Hilfsgelder, bis vollständige Abhilfe aller gerechten Beschwerden geschaffen worden. Da sie in ihrer Widersetzlichkeit verharrten, ließ der aufs Aeußerste gereizte Kaiser, nachdem er zuerst die Stände von Hennegau, dann auch die von Brabant durch Waffengewalt hatte auseinander treiben lassen, am 18. Juni 1789 die Joyeuse entrée für aufgehoben erklären.

Diese unkluge Maßregel steigerte, in Verbindung mit den gleichzeitigen verhängnißvollen Ereignissen in Frankreich — der Erstürmung der Bastille und der Erhebung der Nationalversammlung über den Thron — die allgemeine Gährung zu einem solchen

Grade, daß weder die Ausgleichungsversuche Trautmannsdorfs noch das schroffe Auftreten des Generals d'Alton den Ausbruch eines allgemeinen Aufstandes verhindern konnte. Während der an der Spitze der Opposition stehende Anwalt van der Noot mit Preußen und den Seemächten unterhandelte, die als Beschützer der Türkei zu Oesterreich in einem gespannten Verhältnisse standen, zogen Tausende von Unzufriedenen über die holländische Grenze und sammelten sich zu Breda, wo ihre Heeresmacht bald zu zwölftausend Mann anwuchs. In Brüssel wurden am 19. Oktober in Folge entdeckter Verbindungen mit den Ausgewanderten eine große Anzahl Personen aus allen Ständen verhaftet. Da sich auch auf dem Lande unruhige Bewegungen zeigten, erließ d'Alton eine Bekanntmachung, in welcher er alle Dörfer, in denen die Fahne des Aufruhrs aufgepflanzt werde, in Brand zu stecken drohte; als jedoch die unter der Führung eines ehemaligen österreichischen Offiziers, van der Marsch, über die Grenze gerückten Ausgewanderten am 26. Oktober eine bei Turnhoot stehende Abtheilung kaiserlicher Truppen mit bedeutendem Verluste zurückschlugen, verlor der ruhmredige d'Alton so sehr den Kopf, daß er der immer weiter um sich greifenden Empörung rathlos gegenüberstand. Die Städte Gent, Ostende, Brügge, Mons wurden von ihren Besatzungen geräumt, und von den in den Provinzen vertheilten Truppen gingen ganze Schaaren, von der Freigebigkeit der über bedeutende Geldmittel verfügenden Gegner verlockt, zu den Patrioten über.

Zu Ende Oktober erließ van der Noot, als der bevollmächtigte Agent des belgischen Volkes, ein Manifest, in welchem der Kaiser seiner Herzogswürde für verlustig und Belgien für unabhängig erklärt wurde. Trautmannsdorf ließ zwar am 3. November diese Schrift in Brüssel durch Henkershand verbrennen; die Lage der Hauptstadt schien jedoch bald durch die Fortschritte der Patrioten so sehr bedroht, daß die Generalstatthalter es für gerathen erachteten, mit dem Hofe abzureisen. Nachdem auch d'Alton am 12. Dezember 1789 in Folge eines durch die Beleidigung eines Bürgers von Seiten eines Offiziers erregten Aufstandes Brüssel geräumt, und zwar mit einer solchen Hast, daß drei Millionen baaren Geldes zurückblieben, proklamirten am 13. die Stände die Unabhängigkeit der Niederlande und constituirten sich als „großmögende Staaten von Niederlothringen, Brabant und Antwerpen." Die demokratischen Elemente, die sich in die Revolution eingeschlichen, unterlagen bald dem Uebergewichte des Adels und der Geistlichkeit, welche in der den Ständen übertragenen Souveränität die sicherste Bürgschaft für die Aufrechthaltung ihrer alten Rechte und Herkömmlichkeiten erblickten. Die am 7. Januar 1790 unter dem Vorsitze des Kardinals von Frankenberg zu Brüssel eröffnete Generalversammlung der Provinzen sanktionirte die Unabhängigkeit Belgiens und setzte, nachdem sie eine aus zwölf Artikeln bestehende Bundesakte entworfen, am 11. Januar einen Kongreß ein, an welchen alle politische Gewalt überging.

Vergebens hatte Joseph, nachdem bereits Trautmannsdorf am 20. November die Wiedereinsetzung der Universität Löwen in alle ihre Gerechtsame zugesagt, am 26. November eine Proklamation erlassen, in welcher er, unter Zurücknahme aller seiner staatlichen und kirchlichen Neuerungen, die Wiederherstellung der Joyouse entrée nach ihrem ganzen Umfange, die Wiedereinsetzung des großen Raths von Brabant, die Einberufung der Stände und eine allgemeine Amnestie verkündete. In seiner Bedrängniß rief er die Vermittlung des Papstes an; als jedoch Pius VI. die alle Rechte der Kirche herstellenden Zusagen des Kaisers den Bischöfen mit der Aufforderung übermittelte, in versöhnlichem Sinne zu wirken, erklärten sie ihm: „Die Belgier könnten, nachdem sie so oft in ihren Hoffnungen getäuscht worden, den Verheißungen ihres seitherigen Beherrschers kein Vertrauen mehr schenken, und da bereits eine neue Regierung eingesetzt, sei kaum mehr auf eine Rückkehr unter den Gehorsam des Kaisers zu hoffen."

Josephs II. Neuerungen in Ungarn.

Den gleichen Unwillen, wie in den Niederlanden, riefen die Reformen des Kaisers in Ungarn hervor, und auch hier war der Widerstand gegen dieselben ein so heftiger und drohender, daß Joseph nur durch rechtzeitiges Einlenken einer ähnlichen Katastrophe vorbeugen konnte, wie sie in Belgien zum Ausbruch gekommen.

Ungarn hatte damals in vielen Beziehungen Aehnlichkeit mit Polen; denn wie dort, so bildete auch hier der kriegerische, verschwenderische, zum Uebermuthe gegen die Schwächern und zum Ungehorsam gegen die Krone geneigte Adel die eigentliche Nation und stand auch in Bezug auf den unbändigen Nationalstolz, der die polnischen Großen zur Zeit ihrer Machtfülle beseelte, hinter diesen nicht zurück. Der Adel war steuerfrei; der Bauer allein trug alle Lasten, weßhalb auch das gemeine Volk in der Geschäftssprache offiziell die „misera contribuens plebs" — das arme steuernde Volk — genannt wurde. Zudem war die Bevölkerung des Landes eine bunt gemischte: Magyaren, Slaven verschiedener Stämme, Griechen (Rumänen) und Deutsche hausten, durch vielfache Feindseligkeit gespalten, neben- und durcheinander. Ungarn konnte daher auch als der am wenigsten ausgebildete Staat des ganzen christlichen Europa's gelten.

Daß hier Reformen Noth thaten, war nicht zu bestreiten; aber statt bei der Abschaffung so vieler veralteter und tief wurzelnder Mißstände mit doppelter Vorsicht zu Werke zu gehen und vor Allem die zur Anbahnung besserer Zustände nöthigen Grundsteine zu legen, ging der Kaiser auch hier mit seiner gewohnten Ueberstürzung vor, und indem er mit einem Schlage Alles ändern wollte, bereitete er sich unübersteigliche Hindernisse.

Gleich beim Beginne seiner Regierung hatte Joseph die Ungarn dadurch erbittert, daß er, statt sich, wie es das Herkommen erheischte, zum Empfange der Krone des heiligen Stephan nach Preßburg zu begeben, die Ueberführung derselben nach Wien anordnete, wodurch er anzudeuten schien, daß er als Erbe der habsburgischen Monarchie bereits König von Ungarn sei. Thatsächlich hatte er die Krönung nur deßhalb umgehen wollen, weil er durch die Ablegung des Krönungseides an die ungarische Verfassung, die umzuändern er entschlossen war, gebunden gewesen sein würde.

Joseph eröffnete seine Reformen in Ungarn durch die Erhebung der deutschen Sprache zur allgemeinen Geschäftssprache, wobei er den Beamten zur Erlernung derselben eine dreijährige Frist zugestand. Wer sie bis dahin nicht erlernt haben werde, sollte sein Amt verlieren. Hierauf wurde das gesammte Gerichtswesen umgestaltet und die Verwaltung zum größten Theile königlichen Bevollmächtigten oder Kommissarien übertragen. Kroatien, Slavonien, das Banat und Siebenbürgen erhielten eine neue Eintheilung, wodurch in dem letzteren Lande der bisherige Verfassungsunterschied der drei Nationen: Ungarn, Szekler und Sachsen aufgehoben wurde. Um die für den Kriegsdienst nachtheiligen Werbungen einstellen zu können, führte Joseph die Conscription ein, und ließ zu diesem Zwecke eine allgemeine Volkszählung vornehmen.

Während alle diese Neuerungen unter dem ungarischen Volke, dessen nationale Vorurtheile und Gewohnheiten sie verletzten, eine tief gehende Unzufriedenheit hervorriefen, die durch die ihm aus der Aufhebung der Leibeigenschaft und der in Aussicht stehenden gleichförmigen Besteuerung erwachsenden Erleichterungen nicht beschwichtigt werden konnte, war der Adel über die Beeinträchtigung seiner Standesvorrechte tief erbittert; auch die ungarischen Bischöfe zeigten den kirchlichen Neuerungen Josephs gegenüber eine ungleich entschiedenere Haltung, als die der deutschen Erbländer. So sah sich der Kaiser von allen Seiten mit Klagen und Gegenvorstellungen bestürmt, die ihres Eindrucks um so weniger verfehlen konnten, als einerseits Ungarn der Schauplatz des Krieges war, den Joseph im Bunde mit Rußland gegen die Pforte führte und dessen anfänglich für die Verbündeten wenig günstiger Verlauf die Ungarn in ihrer

Widersetzlichkeit nur bestärken konnte, und andererseits Preußen eine immer drohendere Haltung annahm und bereits Truppen an der schlesischen Grenze aufgestellt hatte. Da unter diesen Umständen die in Ungarn herrschende Gährung leicht in offene Empörung umschlagen konnte, hielt Joseph es für geboten, dem stürmischen Verlangen der Gesammtbevölkerung nach der Herstellung der früheren Zustände nachzukommen. Mit Ausnahme des Toleranzedikts, sowie der für die Seelsorge getroffenen Einrichtungen und der Aufhebung der Leibeigenschaft, widerrief er am 28. Januar 1790 alle für das Königreich Ungarn erlassenen Verordnungen und sagte die Einberufung des Reichstages zu, der seit den ersten Regierungsjahren Maria Theresia's nicht mehr abgehalten worden. „Er habe," so erklärte er den ungarischen Ständen, „mit den in einigen Zweigen der Verwaltung getroffenen Aenderungen nur die Förderung der Wohlfahrt des Landes bezweckt; da sie jedoch den früheren Zustand vorzögen, so nehme er keinen Anstand, denselben wieder herzustellen." Auch die Krone des heiligen Stephan schickte er nach Ofen zurück. In allen Orten, durch welche sie kam, waren Triumphbögen errichtet, und in Ofen wurde ihre Rückkehr durch eine glänzende Illumination gefeiert. In ganz Ungarn herrschte ein Jubel, als ob die Nation aus harter Knechtschaft erlöst worden wäre.

Josephs II. Ausgang.

Joseph II. hatte bei der oben (S. 550) erwähnten Zusammenkunft mit der Kaiserin Katharina von Rußland zu Cherson mit derselben ein Bündniß geschlossen, in Folge dessen er sich genöthigt sah, an dem im Jahre 1787 ausgebrochenen russisch-türkischen Kriege, über welchen wir weiter unten ausführlicher berichten werden, auf Seiten Rußlands Theil zu nehmen. Obgleich er nach den Stipulationen des Bundesvertrags nur zur Stellung eines Hilfsheeres von dreißigtausend Mann verpflichtet war, gewann in seinem Rathe die Ansicht die Oberhand, daß es besser sei, sich mit allen verfügbaren Kräften an dem Kriege zu betheiligen, um von den als unzweifelhaft betrachteten Eroberungen einen größeren Antheil für sich nehmen zu dürfen. Demgemäß ging, nachdem am 2. Februar 1788 die förmliche Kriegserklärung Oesterreichs an die Pforte erfolgt war, ein Heer von zweimalhunderttausend Mann unter dem General Lascy, der sich in diesem Kriege als ungeschickter Feldherr erwies, nach dem Banate ab und nahm in fünf Abtheilungen in einer weit ausgedehnten Strecke von der wallachischen Grenze bis zum adriatischen Meere Stellung. Der Kaiser selbst begab sich im Frühjahre zu dem bei Futak stehenden Hauptheere, um im Vereine mit Lascy die Leitung des Feldzuges zu übernehmen.

Der Verlauf desselben war in Folge des durchaus verfehlten Planes ein für Oesterreich unglücklicher. Die Türken durchbrachen den österreichischen Cordon und richteten die schwachen Truppenabtheilungen, die ihnen entgegen gestellt werden konnten, schmachvoll zu Grunde, während die größeren Korps in kunstvoll eingenommenen Stellungen müßig standen oder in wissenschaftlich berechneten Märschen hin- und herzogen, wobei Mangel und Krankheiten mehr Soldaten hinrafften, als eine bedeutende Schlacht gekostet haben würde. Joseph, der bei großem persönlichen Muthe dennoch kein hervorragender Feldherr war, entschloß sich endlich, dem allgemeinen Verlangen nachzugeben und den Oberbefehl dem hochbetagten, aber noch immer tüchtigen Loudon zu übertragen, der dem Krieg alsbald eine andere Wendung gab und das Glück zu den österreichischen Waffen zurückführte.

Joseph selbst kehrte im Dezember 1788 mißmuthig und ohne den erhofften Feldherrnruhm nach Wien zurück. Die Anstrengungen des Lagerlebens, in welchem er mit seinen Soldaten alle Beschwerden und Entbehrungen theilte, hatten ihm, verbunden mit den Einwirkungen eines heißen Sommers, dürrer Wüsten und morastiger Ausdünstungen, die für das ganze Heer eine ungewöhnliche Sterblichkeit zur Folge hatten, ein schweres Lungenleiden zugezogen, dessen Entwicklung durch den nagenden Schmerz über die Erfolglosigkeit aller seiner Bestrebungen beschleunigt wurde. Schon bei seiner Ankunft in Wien erklärten die Aerzte seinen Zustand für bedenklich. Wie er trotz seiner kirchenfeindlichen Neuerungen nie aufgehört hatte, durch den Empfang der Sakramente sein Festhalten an dem katholischen Glauben zu bekunden, so ließ er sich auch, nachdem er den Ausspruch der Aerzte vernommen, um von seiner katholischen Gesinnung noch einmal öffentlich Zeugniß abzulegen, am 16. Dezember in der Burgkapelle vor einer zahlreichen Versammlung das heilige Abendmahl reichen. An den Stufen des Altares sagte er mit lauter Stimme: „Vor dem hier gegenwärtigen Gott, den ich bald als meinen Richter erwarte, betheuere ich, daß ich alles, was ich während meiner neunjährigen Regierung gethan, nur in der Absicht angeordnet habe, das Wohl meiner Unterthanen zu befördern. Sollte ich gefehlt haben, so wird Gott in Rücksicht meiner Absicht und der menschlichen Schwäche, von der kein Sterblicher frei ist, mit mir Barmherzigkeit haben.

Josephs Ende war indessen so nahe noch nicht, als er selbst glaubte; es trat vielmehr in seinem Zustande eine merkliche Besserung ein, und der Sommer schien ihm volle Genesung bringen zu wollen. Allein er konnte der scheinbar wiederkehrenden Gesundheit nicht froh werden; denn allzuschwer lastete auf seiner Seele der Kummer über die bitteren, selbstverschuldeten Erfahrungen der letzten Jahre, über die gänzlich aus den Fugen getretenen Verhältnisse seiner Erbländer, über die Gefahren, die denselben bei der wachsenden Feindschaft Preußens auch von Außen drohten, ganz besonders aber über den Verlust Belgiens. „Die Räumung Brüssels ist mein Tod," sagte er zu dem niederländischen Prinzen von Ligne. „Ich sterbe; ich müßte sonst von Holz sein." Und ein anderes Mal äußerte er: „Ich wünschte, man schriebe auf mein Grab: Hier ruht ein Fürst, dessen Absichten rein waren, der aber das Unglück hatte, alle seine Pläne scheitern zu sehen."

Daß es in der That trostlos in den österreichischen Erbstaaten aussah, erhellt aus der nachfolgenden Schilderung Jägers: „Im Inneren der österreichischen Länder herrschte an einigen Orten volle Anarchie, in allen Mißvergnügen und Aufregung. Belgien war bereits verloren, Ungarn daran, seine eigenen Wege zu gehen, Tyrol fast im Aufstande wegen Schmälerung seiner verfassungsmäßigen Rechte und wegen all' der politischen und kirchlichen Neuerungen, in den vorderösterreichischen Ländern theilweise Bauernaufstände; Galizien, Böhmen, Ober- und Unterösterreich, Steiermark, Kärnthen und die Lombardei voll Klagen, Beschwerden und Schwierigkeiten, theils wegen der Neuerungen, theils wegen des Steuerdrucks, am allermeisten aber wegen der Beschränkung oder gänzlichen Beseitigung der verfassungsmäßigen Organe der Länder, der Provinzial-Landstände."

Mit dem Beginn des Winters kehrte das Uebel des Kaisers in verdoppelter Stärke zurück, und bald unterlag es keinem Zweifel mehr, daß es mit ihm zu Ende ging. Seine wachsenden körperlichen Leiden ertrug er mit der gleichen standhaften Ergebung, mit welcher er die harten Erfahrungen seiner letzten Lebensjahre hingenommen. Seine unermüdliche Thätigkeit erlosch erst mit seinem Leben: noch am Tage vor seinem Tode diktirte er seinen Kabinetssekretären bis zehn Uhr Nachts. Nachdem er am 13. und am 15. Februar 1790 die heiligen Sakramente empfangen, entschlief er am 20. Februar, in der Frühe des Morgens, ohne Todeskampf, im neunundvierzigsten Jahre seines Alters. Sein Denkmal in Wien trägt die Inschrift: „Josephus II. qui rei publicae non diu sed totus vixit — Joseph II., welcher für den Staat nicht lange, aber ganz lebte."

Von den vielen verschiedenen Urtheilen, die über Joseph II. gefällt worden, dürfte das nachstehende von Jäger das zutreffendste sein. „Es wird Niemand auch vom Standpunkte seiner subjektiven Ueberzeugung dem Kaiser die edle Absicht absprechen können, nur das Glück seiner Völker gewollt und angestrebt zu haben. Daß ihm der traurige Anblick nicht erspart wurde, seine Entwürfe scheitern zu sehen, hatte seinen Grund zum Theil in der Art, wie er dieselben ausführen zu müssen glaubte, zum Theil in der Natur seiner Entwürfe. Vieles von dem, was Joseph anstrebte, hätte als Samenkorn in die Erde gesät und dessen Entwicklung und Gedeihen der Zeit überlassen werden sollen. Joseph aber wollte schon in dem Augenblicke, als er den Samen ausstreute, Früchte pflücken; darum gedieh selbst das, was Lebenskraft in sich gehabt, in der Treibhaushitze seiner Verordnungen nur zu einem schnell vergänglichen Dasein. Joseph, der dem wirklichen Leben da, wo es seinen Theorien im Wege stand, keine Berechtigung zuerkannte, mußte mit demselben in nothwendigen Streit und Kampf gerathen und es erleben, daß seine Theorien und Doktrinen gegen die Macht der widerstrebenden Ueberzeugungen, Sitten und Rechtsansprüche der Völker selbst mit Despotismus nicht geschützt werden konnten."

In Uebereinstimmung mit diesem Urtheile sagt K. A. Menzel: „Seine (Josephs) menschenfreundliche Sorge für das Wohl der Grenzbewohner, die ihn den von Lascy vorgeschlagenen Cordon genehmigen ließ, und der plötzliche Widerwille gegen Blutvergießen, der ihn im entscheidenden Momente eines halb errungenen Sieges zum Zurückweichen vor den Türken bestimmte; — die Inschrift, die er auf das Eingangsthor des von ihm dem Volke geöffneten Augartens setzen ließ: „Allen Menschen gewidmet von ihrem Schätzer", — und die Antwort, womit er den Vorschlag, einen Theil des Gartens sich und den höheren Ständen vorzubehalten, zurückwies: ‚Wenn ich nur unter meines Gleichen sein wollte, so müßte ich mein Leben zwischen den Särgen meiner Vorfahren in der Kaisergruft zubringen' — waren der Ausdruck einer Denkungsart, der es nicht fehlen zu können schien, die Zuneigung des Volkes in ihrer ganzen Fülle zu gewinnen. Daß das Gegentheil eintrat und der volksfreundliche Kaiser bei seinen Lebzeiten weit mehr gehaßt als geliebt wurde, war aber nicht bloß der gewöhnliche Lohn, welchen Güte, ohne klugen Rückhalt gespendet, von der ungenügsamen Menge erhält; es entsprang auch nicht allein aus den zahlreichen Beeinträchtigungen und Verletzungen, welche seine Reformen den Rechten und Interessen der Einzelnen brachten, sondern es war zum größten Theil Wirkung der Härte, mit welcher er durch schonungslose Anwendung der im materialistischen Sinne aufgefaßten Begriffe: Gemeinwohl und Rechtsgleichheit, den Volkssitten und Volksgefühlen Hohn sprach."

XXXII.

Kaiser Leopold II.

(1790—1792.)

Da Joseph II. keine Kinder hinterließ — aus seiner ersten Ehe hatte er nur eine Tochter gehabt, die im Alter von sieben Jahren gestorben war; seine zweite Ehe war kinderlos geblieben — ging die österreichische Monarchie an seinen Bruder, den Großherzog Leopold von Toskana, über, der zunächst den Titel: „König von Ungarn und Böhmen annahm. Die Aufgabe, die diesem Fürsten in seinen Erblanden zufiel, war keine leichte; dennoch gelang es ihm, sie durch Mäßigung und Festigkeit zu lösen. Was ihm zunächst am Herzen lag, war die Zurückführung der Niederländer unter den Gehorsam seines Hauses. Um sich dafür die Zustimmung und eventuelle Mitwirkung Preußens und der Seemächte zu sichern, knüpfte er Unterhandlungen mit dem König Friedrich Wilhelm II. von Preußen, dem Neffen und Nachfolger Friedrichs II., an, die am 27. Juli 1790 zu dem Vertrag von Reichenbach führten. In demselben verpflichtete sich Leopold, den Belgiern ihre alte Verfassung, unter Bewilligung einer allgemeinen Amnestie, zurück zu geben und den Barrierevertrag herzustellen, mit der Pforte aber sofort einen Waffenstillstand zu schließen, und mit derselben über einen Frieden auf Grund des Besitzstandes vor dem Kriege zu unterhandeln, wogegen der König von Preußen ihm im Einvernehmen mit den Seemächten seine guten Dienste zur Herbeiführung einer friedlichen Rückkehr der belgischen Provinzen unter die österreichische Herrschaft zusagte.

Nachdem auf diese Weise das gute Einvernehmen zwischen Oesterreich und Preußen hergestellt war, begab sich Leopold nach Frankfurt, wo er am 30. September zum Kaiser gewählt und am 9. Oktober gekrönt wurde. Hierauf erließ er an die Niederländer ein Manifest, in welchem er sie unter der Zusage einer allgemeinen Amnestie zur Unterwerfung aufforderte und ihnen unter der Gewährleistung von England, Holland und Preußen das Versprechen gab, die niederländischen Provinzen nach den Konstitutionen und Privilegien zu regieren, die sie zur Zeit der Kaiserin Maria Theresia besessen, auch alles zu beseitigen, was unter der letzten Regierung gegen den Inhalt dieser Konstitutionen geschehen sein könnte. Außerdem enthielt das Manifest die Ankündigung, daß demnächst ein kaiserliches Heer von dreißigtausend Mann in den Niederlanden erscheinen werde.

Der niederländische Kongreß war zwar anfangs entschlossen,

seine Unabhängigkeit zu behaupten; allein die Kraft des Widerstandes war, in Folge der Wiedererstarkung der demokratischen Partei, durch innere Uneinigkeit gelähmt. Als England, Holland und Preußen zur Unterwerfung riethen, ergriffen die Stände den Ausweg, den dritten Sohn des Kaisers, den Erzherzog Karl, zum erblichen Großherzog von Belgien zu ernennen; der Bevollmächtigte des Kaisers, Graf Mercy d'Argenteau, und der Feldmarschall Bender, der Führer des kaiserlichen Heeres, nahmen jedoch von dieser Ernennung keine Notiz. Nachdem sich die kaiserlichen Truppen in Luxemburg gesammelt, rückte Bender mit denselben am 20. November über die Maas in Belgien ein und fand nur schwachen Widerstand. Van der Noot und die übrigen Häupter der demokratischen Partei entflohen, und am 3. Dezember 1790 hielten die Oesterreicher ihren Einzug in Brüssel. Noch vor Ablauf des Jahres waren sämmtliche Provinzen, gegen die Bestätigung ihrer Verfassungen, Privilegien und Gebräuche, wie solche ihnen durch die Huldigungsakte Karls VI. und Maria Theresia's zugesichert worden, unter den Gehorsam des Kaiserhauses zurückgekehrt.

Gleichzeitig mit der Unterwerfung Belgiens erfolgte die vollständige Beruhigung Ungarns. Die ungarischen Stände suchten zwar dem Kaiser eine Beschränkung der Königsgewalt durch einen neuen Krönungseid aufzuzwingen; ihre Bemühungen scheiterten jedoch an Leopolds Festigkeit. Nach seiner Krönung vereinbarte der Kaiser mit den ungarischen Ständen auf einem Reichstage die Erledigung aller aus der Zeit Josephs noch herrührenden Beschwerden, namentlich die Abschaffung der besonders mißliebigen Grundsteuer, die auch in den übrigen Erbländern von Leopold aufgehoben wurde. In den kirchlichen Verhältnissen stellte der Kaiser gleichfalls einige der störendsten Maßregeln ab, wenn er auch im Allgemeinen das von seinem Bruder eingeführte System aufrecht hielt. Mit den Türken wurde am 4. August 1791 zu Szistowa ein Friede geschlossen, in welchem Oesterreich das Gebiet von Alt-Orsowa erlangte.

Obgleich Leopold II. sich mit dem König Friedrich Wilhelm II. von Preußen bei einer Zusammenkunft Beider zu Pillnitz im August 1791 über gemeinsame Schritte zu Gunsten seines unglücklichen Schwagers Ludwig XVI., der inzwischen in Folge eines fehlgeschlagenen Fluchtversuchs der Gefangene seines Volkes geworden, berathen und geeinigt hatte, kam es zu keinem feindlichen Vorgehen beider Monarchen gegen Frankreich, indem die Annahme der neuen Konstitution von Seiten Ludwigs eine Einmischung in die französischen Angelegenheiten noch nicht als rathsam erscheinen ließ. — Leopold II. starb am 1. März 1792, nach einer kurzen, durch einen Diätfehler herbeigeführten Krankheit, im Alter von vierundvierzig Jahren.

XXXIII.

Katharina II. von Rußland.

(1762—1796.)

Thronbesteigung der Kaiserin Katharina.

(9. Juli 1762.)

Nachdem die Kaiserin Elisabeth am 5. Januar 1762 nach kurzer Krankheit einem Blutsturz erlegen war, bestieg, kraft der von ihr getroffenen Bestimmung, ihr Neffe, der Großfürst Peter Ulrich aus dem Hause Holstein-Gottorp, als Peter III. den russischen Thron. Eine seiner ersten Regierungshandlungen war, wie wir oben (S. 452) gesehen haben, die Einstellung aller Feindseligkeiten gegen Preußen, worauf alsbald der Abschluß des Friedens und ein förmliches Bündniß mit Friedrich II. folgte. Seine schwärmerische Verehrung für den Preußenkönig trieb ihn an, dessen Regierungsweise in jeder Beziehung zum Muster zu nehmen, freilich mehr den äußeren Formen als dem Geiste nach, und bis ins Kleinste alle preußischen Einrichtungen in seinem Reiche nachzuahmen. Nicht nur das Heerwesen, sondern die ganze Staatsverwaltung wurde, ohne Rücksicht auf die nationalen Eigenthümlichkeiten Rußlands, soviel als möglich auf preußischen Fuß gesetzt und dabei mit einer Hast zu Werke gegangen, die Nichts zu gehöriger Reife gelangen und selbst diejenigen Neuerungen des Kaisers, die wirkliche Verbesserungen waren, als Akte der Laune und despotischer Willkür erscheinen ließ.

Alles dies erhöhte die Mißstimmung, welche durch den plötzlichen Uebergang von einem langjährigen Kampfe zur Bundesgenossenschaft mit dem seitherigen Gegner in Rußland hervorgerufen worden. Die Bauern grollten dem Kaiser über die von ihm eingeführte Kopfsteuer, die Geistlichen über seinen geringen Eifer für die Gebräuche der russischen Kirche und über verschiedene kirchliche Neuerungen. Die Soldaten waren erbittert über die Vertauschung ihrer alten bequemen Tracht gegen die engen preußischen Uniformen und die Einführung der strammen preußischen Disciplin und mehr noch über die Vorliebe des Kaisers für seine holsteinischen Truppen, die er in der augenfälligsten Weise bevorzugte. Dies Alles kümmerte jedoch den Czaren wenig; er trug vielmehr geflissentlich eine so ausgesprochene Verachtung seines Volkes zur Schau, daß der ihm ganz ergebene englische Gesandte Keith die Aeußerung that: „Der Kaiser scheine seine Regierung mit dem Entschluß angefangen zu haben, sein Volk zu kränken, und werde damit enden, für dasselbe ein Gegenstand der Verachtung zu sein.“

Die Unzufriedenheit erreichte den höchsten Grad, als Peter III. Vorkehrungen zu einem Feldzuge gegen Dänemark traf, um an dem dortigen Königshause Rache zu nehmen für die Ungebühr, die dasselbe seiner Familie, insbesondere seinem Großvater Friedrich III., zugefügt. Vergebens suchte ihn Friedrich II., der von einem Umschlag in Rußland die schlimmsten Folgen für sich selbst zu fürchten hatte, von seinem Vorhaben abzubringen: Peter erklärte es für eine Ehrensache, sich von den Dänen Genugthuung zu verschaffen, und als der preußische Gesandte nochmals darauf zurückkam und ihn zur Vorsicht mahnte, erwiederte er: „Wenn Sie mein Freund sein wollen, so berühren Sie diese Sache nicht mehr!“

Ein Umsturz wurde allgemein erwartet, und am Kaiserhofe selbst, in Peters unmittelbarer Nähe, wurden die Fäden zu dem Netze gesponnen, das ihn umstricken und zu Falle bringen sollte. Die Kaiserin Katharina (geb. am 2. März 1729 zu Stettin, wo ihr Vater, der preußische Feldmarschall Christian August, Fürst von Anhalt-Zerbst, als Gouverneur stand), die am 1. September 1745 auf die Veranstaltung Friedrichs II. mit dem damaligen russischen Thronerben Peter vermählt worden (s. S. 386), lebte mit ihrem Gemahl in einer nichts weniger als glücklichen Ehe. Trotz ihrer seltenen Schönheit und ihrer reichen geistigen Begabung sah sie sich von ihrem Gemahle zurückgesetzt, weil sich derselbe anderen Neigungen hingegeben hatte, und selbst die im Jahre 1754 erfolgte Geburt eines Thronerben vermochte nicht, ein besseres Verhältniß zwischen beiden Ehegatten herbeizuführen. Nach seiner Thronbesteigung ließ Peter III. sogar die Absicht durchblicken, sich von seiner Gemahlin, die er auf die unwürdigste Weise behandelte, scheiden und sie in ein Kloster sperren zu lassen, um sich mit seiner damaligen Geliebten, einer Gräfin Woronzow, zu vermählen.

Die allgemeine Theilnahme, die sich der Kaiserin in um so höherem Grade zuwandte, als Peter III. sich von Tag zu Tag verächtlicher und verhaßter machte, brachte in ihr den Plan zur Reife, sich durch den Sturz ihres Gemahls den Weg zum Throne zu bahnen, als dessen Erben Peter, mit Umgehung seines eigenen Sohnes, zuerst den unglücklichen Großfürsten Iwan (s. S. 278 u. 280), dann einen seiner holsteinischen Vettern in Aussicht genommen hatte. Aus den Fehlern ihres Gemahls Vortheil ziehend, bewies sie der russischen Geistlichkeit das entschiedenste Wohlwollen, wohnte, obgleich längst als eifrige Verehrerin Voltaire's alles christlichen

Glaubens baar, mit großem Eifer dem Gottesdienste bei und beobachtete auf das Strengste alle Gebräuche der orthodoxen Kirche; auch gewann sie das Volk durch leutseliges Entgegenkommen, während das Heer durch ihre guten Freunde auf ihre Seite gezogen wurde.

Für Peters Sturz und Katharinens Erhebung wirkte besonders die eigene Schwester der Gräfin Woronzow, die neunzehnjährige, durch hervorragende Talente, weibliche Anmuth und eine glühende Vaterlandsliebe gleich ausgezeichnete Fürstin Daschkow, von welcher Herzen sagt: „In ihrer Person sei das russische Weib, aufgeweckt von der revolutionären Bewegung unter Peter dem Großen, zum ersten Male aus der früheren Beschränkung hervorgetreten und habe seine Fähigkeit zur Theilnahme an den öffentlichen Angelegenheiten, an der Reorganisation des Staates, an Künsten und Wissenschaften gezeigt.“ Durch sie wurde zunächst der einflußreiche Graf Panin, ein staatskluger Weltmann, für Katharinens Plan gewonnen. Neben diesen Beiden entfaltete die rührigste Thätigkeit für die Erhebung Katharinens Gregor Orlow, der Enkel eines von Peter dem Großen wegen seiner kecken Todesverachtung begnadigten Strelitzen und kaiserlicher Gardeoffizier, der durch seine außergewöhnliche Schönheit und seine herkulische Gestalt Aufsehen erregte und als der bevorzugte Günstling der Kaiserin Alles an das Gelingen ihres Planes setzte.

Im Vereine mit seinen beiden Brüdern Alexei und Feodor gewann Gregor Orlow der Kaiserin zahlreiche andere Offiziere der Artillerie und der Garde, die ohnehin gegen den Kaiser wegen seiner militärischen Neuerungen aufgebracht waren. Das von den Verschworenen an die Truppen gespendete Geld, das Gregor Orlow der von ihm verwalteten Kasse der Artillerie entnahm, verlieh den Gerüchten von den unheilvollen Plänen des Kaisers und von der seiner Gemahlin drohenden Gefahr ein größeres Gewicht. Von den höheren Offizieren selbst begünstigt, griff der Geist der Meuterei unter der Besatzung von Petersburg immer weiter um sich.

Ohne Ahnung von den gegen ihn geschmiedeten Plänen, verließ Peter III. Petersburg, um sich nach Oranienbaum zu begeben, wo er seine holsteinischen Soldaten exercirte und die Abende in Gesellschaft leichtfertiger Frauen im Theater oder an einer reichbesetzten Tafel zubrachte. Die durch eine unvorsichtige Aeußerung von Seiten eines der Verschworenen veranlaßte Verhaftung eines Offiziers beschleunigte die Katastrophe, indem sie die Freunde der Kaiserin zu der Ueberzeugung brachte, daß nur die unverzügliche Ausführung des entworfenen Planes das Gelingen desselben sichern könne. Während die Fürstin Daschkow ihren Bekannten bei der

Ismailow'schen Garde die Weisung zukommen ließ, Alles für die folgende Nacht (9. Juli 1762) bereit zu halten, eilte Alexei Orlow zu der in dem Lustschlosse Peterhof weilenden Kaiserin, um sie von der Lage der Dinge in Kenntniß zu setzen und ihre unverzügliche Rückkehr nach Petersburg zu veranlassen, zu welcher sie sich sofort bereit erklärte. Als sie in der Kaserne der Ismailow'schen Garde erschien, stürzten ihr die Soldaten entgegen, küßten ihr die Hände, die Füße, das Kleid und nannten sie ihre Retterin. Mit dem gleichen Enthusiasmus wurde sie in der Kaserne der Semenowskischen Garde empfangen, wohin sie sich unter dem Geleite der Ismailow'schen Garde begeben hatte, und als sich der Zug von dort nach der Kasankirche wandte, kamen ihr auch die Preobraschenskoi'schen Garden, von ihren Offizieren geführt, mit lautem Jubelruf entgegen. In der Kirche harrte der Erzbischof von Nowgorod mit den Popen, um der neuen Herrscherin, die ihren Sohn Paul zum Thronfolger hatte ausrufen lassen, die religiösen Weihen zu ertheilen. Nachdem die Kaiserin hierauf kriegerische Tracht nach russischem Schnitt angelegt, ließ sie die Truppen an sich vorüberziehen und begab sich dann nach dem Winterpalast, wo sie ihren Wohnsitz nahm.

Ein alsbald veröffentlichtes Manifest, in welchem sich die neue Herrscherin „Katharina II, von Gottes Gnaden Kaiserin und Selbstherrscherin aller Reußen“ nannte, verkündete der russischen Nation, daß sie, dem ungeheuchelten Verlangen ihrer Unterthanen nachgebend, den Thron des geliebten Vaterlandes bestiegen habe, um die orthodoxe Religion vor der Gefahr, durch einen fremden Glauben verdrängt zu werden, zu schützen, die durch den mit dem ärgsten Feinde des Reiches geschlossenen Frieden schwer geschädigte Staatsehre Rußlands zu retten und die von dem gänzlichen Umsturz bedrohte innere Verfassung, auf welcher das Wohl und die Grundveste des Vaterlandes beruhe aufrecht zu halten.

Die Revolution, die dem russischen Reiche eine deutsche Fürstentochter zur Herrscherin geben sollte, war innerhalb der russischen Hauptstadt vollendet, und ganz Petersburg schwelgte im Jubel. Am Nachmittage brach die Kaiserin, in Gardeuniform und zu Pferde, an der Spitze von zwanzigtausend Mann, unter denen sich viele Freiwilligen befanden, gegen Oranienbaum auf. Ihr zur Seite ritt, gleichfalls in der alten Uniform der Garde, die Fürstin Daschkow.

Inzwischen hatte Peter III., der sich von Oranienbaum nach dem Schlosse Peterhof begeben, um die letzten Anordnungen zu einem dort abzuhaltenden Feste zu treffen, von den Vorgängen in Petersburg Kunde erhalten. Münnich, den er gleich nach seiner Thronbesteigung mit den meisten übrigen hervorragenden Verbannten aus Sibirien zurückberufen und in seine Aemter und Würden wieder eingesetzt hatte, rieth ihm, sogleich nach dem nahen Kronstadt überzufahren, um sich der dortigen Flotte zu versichern und an der Spitze der zahlreichen Besatzung der Festung gegen die aufrührerische Hauptstadt vorzurücken. Schon war Alles zur Einschiffung bereit, als der Kaiser durch den Anmarsch seiner holsteinischen Truppen auf den Gedanken gebracht wurde, sich in Peterhof zu vertheidigen, da ihm die Ehre verbiete, zu entfliehen. Während hierzu die nöthigen Vorkehrungen getroffen wurden, raubte die Nachricht von Katharinens Heranziehen dem Kaiser den Muth. Eilig wurde jetzt die Ueberfahrt nach Kronstadt bewerkstelligt; allein die Kaiserin hatte in der Zwischenzeit den dortigen, ihrem Gemahl ergebenen Kommandanten abgesetzt und die Garnison für sich in Eid und Pflicht nehmen lassen, und so wurde dem Kaiser und seinen Begleitern die Landung verweigert.

Münnich drang in den Kaiser, nach Reval zu fahren und sich auf einem Schiffe der dortigen Flotte nach Preußen bringen zu lassen, um mit Hilfe der dort stehenden russischen Armee von achtzigtausend Mann seine Hauptstadt zum Gehorsam zurückzuführen. Statt diesem Rathe zu folgen, ließ sich Peter durch die Frauen und Höflinge überreden, einen Versuch zur Aussöhnung mit seiner Gemahlin zu machen, zu welchem Ende er sich nach Oranienbaum zurückbringen ließ. Von dort entsandte er einen Kammerherrn an die Kaiserin, um ihre Verzeihung zu erflehen und ihr die Theilung der Herrschaft anzubieten. Statt aller Antwort ließ ihm Katharina eine Entsagungsurkunde zur Unterzeichnung zustellen. Vergebens bat ihn Münnich, sich lieber an die Spitze seiner Holsteiner zu stellen, um als Kaiser zu sterben: der in Trunk und Wohlleben verkommene Czar war keines mannhaften Entschlusses fähig. Ohne Widerrede unterzeichnete er die Urkunde seines Sturzes, worauf der Ueberbringer derselben die Holsteiner entwaffnen und einsperren, den entthronten Kaiser aber nach dem Landhause Robschak bringen ließ.

Als Katharina in Peterhof die Huldigungen der Umgebung des Kaisers empfing, wandte sie sich an Münnich mit den Worten: „Sie haben gegen mich kämpfen wollen?“ — „Konnte ich“, erwiederte er, „weniger thun für einen Fürsten, der mich aus der Gefangenschaft befreit hatte? Jetzt ist es meine Pflicht, für Eure Majestät zu kämpfen, und ich werde dieselbe mit der gleichen Treue erfüllen.“ Die Kaiserin übertrug dem achtzigjährigen, um Rußland hochverdienten Greis die Leitung des Ladogakanalbaues und hielt ihn bis an seinen Tod (16. Okt. 1767) in hohen Ehren.

So groß auch der Jubel war, mit welchem Katharina bei ihrer Rückkehr nach Petersburg von der Bevölkerung begrüßt wurde, trübte doch der Gedanke, daß die wandelbare Volksgunst sich dem entthronten Enkel Peters des Großen wieder zuwenden und die kaum errungene Krone ihr wieder entrissen werden könne, ihre wie ihrer Freunde Ruhe. Den gestürzten Kaiser unschädlich zu machen, gab es, nach der Ansicht der Verschworenen, kein anderes Mittel, als seinen Tod; denn aus dem Auslande konnte er mit Heeresmacht zurückkehren, und im Inlande schien keine Festung stark genug, um bei einer zu seiner Befreiung geplanten Verschwörung sicheren Widerstand zu leisten. Dazu kam die Hoffnung Orlows, daß die Kaiserin sich mit ihm vermählen werde, sobald die nach den russischen Gesetzen unlösbaren Bande ihrer Ehe mit Peter III. gesprengt sein würden. So wurde die Ermordung des Czaren beschlossen, und Orlows Bruder Alexei übernahm die Ausführung des frevelhaften Vorhabens. Am 17. Juli erschien er mit mehreren anderen Offizieren, die er in das Geheimniß des beabsichtigten Verbrechens eingeweiht, zu Robschak in den Gemächern des Kaisers und gewann dessen Vertrauen durch die Zusage seiner baldigen Befreiung. Bei dem Mittagsmahle, das die Verschworenen mit dem Kaiser einnahmen, wurde dem Letzteren vergifteter Burgunderwein gereicht. Schon nach dem ersten Glase schöpfte er Verdacht und ließ sich Milch bringen, um die Wirkung des Giftes zu lähmen; die Verschworenen überfielen ihn jedoch und warfen ihn nach verzweiflungsvoller Gegenwehr zu Boden, worauf ihm mit einer Schlinge der Hals zugeschnürt wurde.

So endete Peter III. im Alter von vierunddreißig Jahren unter Mörderhänden. Die Bekanntmachung seines Todes enthielt die Erklärung, daß der gewesene Kaiser einem heftigen Kolikanfall erlegen sei. Damit Niemand an seinem Hinscheiden zweifeln könne, wurde die Leiche, obgleich sie deutliche Spuren eines gewaltsamen Todes trug, vor der feierlichen Bestattung in der Kirche des Alexander Newski-Klosters ausgestellt.

Ob Peter III. mit Wissen und Willen der Kaiserin ermordet worden, oder ob die Verschworenen die verbrecherische That aus eigenem Antrieb ausgeführt, darüber wird die Geschichte wohl nie ein vollgiltiges Urtheil fällen können. Für das Eine wie für das Andere hat man Beweise beizubringen gesucht; die größere Wahrscheinlichkeit spricht jedoch für eine direkte Mitschuld der Kaiserin. Jedenfalls bekunden die Belohnungen, die allen Denjenigen zu Theil wurden, welche bei dem Verbrechen mitgewirkt hatten, daß dasselbe mindestens ihre nachträgliche Billigung gefunden.

Katharina II. behauptet den russischen Thron.

Nachdem durch die Ermordung Peters III. nicht nur die nächste Gefahr, die dem Throne der Kaiserin drohte, sondern auch das Hinderniß beseitigt worden, das der Vermählung Katharina's mit Gregor Orlow im Wege gestanden, bot der Letztere Alles auf, um zu diesem Ziele zu gelangen, und der von Katharina aus Sibirien zurückberufene Bestuchew brachte, um sich nicht nur bei dem mächtigen Günstling, sondern auch bei der Kaiserin dauernd in Gunst zu setzen, zahlreiche Unterschriften für eine Bittschrift zu sammeln, in welcher Katharina im Namen des russischen Volkes beschworen wurde, ihr „glorreiches" Werk durch ihre Vermählung mit einem Russen zu krönen und zu ihrem Gemahle Denjenigen zu wählen, der ihr als der Würdigste erscheine. Das Projekt scheiterte indessen an dem entschiedenen Widerspruche Panins, der dasselbe für eine Beleidigung des gesunden Menschenverstandes erklärte, und Katharina selbst war klug genug, dem Grafen Panin auf seine Gegenvorstellungen zu erklären: „Ich habe den alten Ränkeschmied nie ermächtigt zu dem, was er jetzt gethan hat, und was Sie betrifft, so sehe ich in der Treue und Offenheit Ihres Benehmens zu viel Anhänglichkeit an meine Person, als daß ich jemals die Beweggründe desselben mißdeuten könnte."

Im September 1762 ließ sich Katharina, nachdem sie, um sich in der Gunst des Volkes zu befestigen, alle mißliebigen Neuerungen Peters III. aufgehoben hatte, zu Moskau mit großer Prunkentfaltung feierlichst krönen; der Adel zeigte jedoch bei dieser Gelegenheit eine so reservirte und das Volk eine so kühle Haltung, daß sie mit ernsten Besorgnissen erfüllt wurde. Nicht nur in ihrem Sohne Paul, den das Volk, wo es ihn erblickte, mit lautem Freudenruf begrüßte, sondern auch in dem unglücklichen Iwan, den Peter III. aus seiner strengen Haft in Schlüsselburg befreit hatte, sah sie einen gefährlichen Nebenbuhler, da es ihr nicht entgangen war, daß die Blicke vieler Unzufriedenen auf ihn gerichtet waren.

Um der Erhebung Iwans vorzubeugen, ließ sie ihn in die Kasematten von Schlüsselburg zurückbringen und übertrug seine Ueberwachung zweien zuverlässigen Offizieren, denen sie den schriftlichen Befehl einhändigte, ihn zu tödten, sobald irgend Jemand einen Versuch zu seiner Befreiung machen werde. Mit auffallender Planlosigkeit that dies am 20. Juni 1764 Wasil Mirowitsch aus der Ukraine, Unterlieutenant bei einem Infanterieregiment in der Festung Schlüsselburg. Mit drei Unteroffizieren, die er für seinen Plan gewonnen, begab er sich in der Nacht zu den Wachtposten und zeigte ihnen einen untergeschobenen Ukas des Senates, des Inhaltes, daß die Kaiserin, entschlossen, das russische Reich zu verlassen, dem

Großfürsten Iwan als dem rechtmäßigen Thronerben die Krone zurückzugeben beabsichtige und der Senat daher dessen Befreiung und Ueberführung nach Petersburg angeordnet habe. Von den jubelnden Soldaten begleitet, drang er gegen das Gefängniß Iwans vor; die Wächter des Prinzen verweigerten ihm jedoch den Einlaß, und als er Miene machte, das Thor mit Gewalt zu öffnen, stießen sie ihren Gefangenen, der sich vergebens zur Wehre zu setzen suchte, mit Degen- und Bajonettstichen nieder.

Als Mirowitsch seinen Plan vereitelt sah, gab er sich ohne Widerstand gefangen. Er wurde, nachdem man vergebens die Angabe von Mitschuldigen von ihm zu erpressen gesucht, am 28. September 1764 enthauptet. Dagegen erhielten die beiden Offiziere, die den unglücklichen Iwan getödtet, eine Belohnung; doch mußten sie auf einige Zeit nach Dänemark flüchten, um dem Unwillen des Volkes zu entgehen, das in solcher Menge und mit so sichtbaren Zeichen der Theilnahme zu dem Leichnam des in Matrosentracht vor der Kirche zu Schlüsselburg ausgestellten Iwan herbeigeströmt war, daß der Befehl gegeben worden, den Sarg zu schließen und ihn eiligst nach einem zweihundert Werste von Petersburg entfernten Kloster zu bringen.

Durch die Ermordung Iwans von der Besorgniß befreit, ihren Thron an einen Näherberechtigten zu verlieren, athmete Katharina freier auf, und die Sicherheit ihres Auftretens, ihre Allen fühlbare geistige Ueberlegenheit, ihr Talent, Jeden zu ihren Zwecken zu gebrauchen und Einen durch den Andern in Schranken zu halten, und endlich auch das Vertrauen, das sie gegen ihre Unterthanen zur Schau trug, bannten allmählich den Geist der Auflehnung. Dabei fesselte das ebenso zwanglose und freie als glänzende Leben, das sich an ihrem Hofe entfaltete und dessen Reiz durch die seltene Beweglichkeit ihres Geistes und die Anmuth ihrer Erscheinung erhöht wurde, die feinere Gesellschaft, während ihre auswärtige Politik den unternehmenderen Geistern reichliche Gelegenheit zur Befriedigung ihres Thatendurstes bot.

Elf Jahre lang hatte Katharina den inneren Frieden in ihrem Reiche aufrecht zu halten gewußt, als sie im Jahre 1773 in Gefahr gerieth, alle Früchte ihres ehrgeizigen Strebens an einen Mann von niederer Herkunft zu verlieren. Ein donischer Kosak, Pugatschew, der im siebenjährigen Kriege unter Elisabeth gegen die Preußen gekämpft und später an Katharina's erstem Türkenkriege Theil genommen hatte, war, weil er seinen Abschied nicht hatte erhalten können, nach Polen entflohen, und dort hatte ein durchreisender Offizier ihm die Bemerkung gemacht, daß er eine auffallende Aehnlichkeit mit dem verstorbenen Kaiser Peter III. habe. Sofort entwarf Pugatschew den Plan, sich bei seinen Landsleuten für diesen auszugeben, da er überzeugt war, daß sie ihm in Masse zufallen würden. Diese Ueberzeugung gründete sich auf den Umstand, daß die Kosaken meist Anhänger einer im siebzehnten Jahrhundert entstandenen griechischen Sekte waren und als Raskolniken (Schismatiker) vielfache Verfolgungen von Seiten der orthodoxen Geistlichkeit zu erdulden hatten, während sie unter Peter III. unbehelligt geblieben waren.

In der That fand Pugatschew bei den Kosaken am Jaik, zu denen er sich im September 1773 begab, die beste Aufnahme, und Niemand zweifelte an der Wahrheit seiner Erzählung, daß er der Kaiser Peter sei, der sich aus den Händen seiner Verfolger gerettet habe, während an seiner Stelle ein ihm ähnlicher Soldat der Leibwache getödtet worden. Wie ihn die schismatischen Kosaken als den Beschützer ihrer religiösen Freiheit hoch hielten, so gewann er die russischen Bauern durch das Versprechen, sie durch die Ausrottung des Adels von der Leibeigenschaft zu befreien, und bald sah er sich an der Spitze eines zahlreichen, meist aus Kosaken bestehenden Heeres, mit welchem er mehrere gegen ihn ausgesandte Truppenabtheilungen siegreich zurückschlug und die Städte Orenburg und Katharinenburg belagerte. Daß der Aufstand auch von anderen Seiten begünstigt und unterstützt wurde, bewiesen die durch ganz Rußland verbreiteten Manifeste, welche der russischen Nation die Rückkehr Peters III. und das Ende der Herrschaft Katharina's verkündeten, sowie neugeprägte Münzen mit dem Bildnisse Peters III., die in großer Menge im Lande in Umlauf gesetzt wurden.

Indessen wurde Pugatschew, dem der glückliche Erfolg seines Unternehmens seine anfängliche Besonnenheit und Mäßigung geraubt und der überall seinen Weg mit Brand, Raub und Mord bezeichnete, durch den von der Kaiserin zum Kampfe gegen ihn aufgerufenen Adel von Kasan und den benachbarten Provinzen, der selbst durch den Aufstand schwer bedroht war, zur Aufhebung der Belagerung von Orenburg gezwungen und erlitt in der Nähe dieser Stadt gegen den Fürsten Galitzin, den Führer des Regierungsheeres, eine so bedeutende Niederlage, daß er sich zum Rückzug in die Gebiete des Ural genöthigt sah; doch kam er bald an der Spitze eines neuen Heeres zurück und schritt zur Belagerung der alten und großen Hauptstadt Kasan, die sich ihm ergeben mußte. Während er die abgesondert von der Stadt liegende Citadelle belagerte, wurde er durch den Obersten Michelson angegriffen und nach einem heißen Kampfe genöthigt, mit einem schwachen Ueberreste seines Heeres in die Steppe zu fliehen. Dennoch verlor der große Haufe des Volkes das Vertrauen zu seinen Versprechungen nicht, und bald sah er sich aufs Neue an der Spitze eines zahlreichen Heeres von Kosaken, Kalmücken, Baschkiren und Bauern.

Inzwischen hatte Katharina mit der Pforte, mit welcher sie seit dem Jahre 1768 Krieg geführt, Frieden geschlossen, und so sah sich Pugatschew von dem durch den Grafen Romanzow aus der Türkei zurückgeführten Heere im Rücken bedroht. Er wandte sich daher nach der Wolga, um in die europäischen Provinzen und besonders gegen Moskau vorzudringen; eine russische Heeresabtheilung unter dem Obersten Michelson verlegte ihm jedoch den Weg und schloß ihn, als er im Begriffe stand, die Festung Zaritzin zu belagern, in eine Wüste ein, in welcher die Mehrzahl der Aufrührer, die von keiner Ergebung hören wollten, theils im Kampfe, theils in Abgründen und zwischen Felsen den Tod fanden. Pugatschew selbst rettete sich, indem er durch die Wolgau schwamm; doch nahte seine Laufbahn ihrem Ende. Sein Anhang schmolz immer mehr zusammen, und zuletzt ließen sich seine nächsten Freunde dazu herbei, ihn auszuliefern. Er wurde nach Moskau gebracht und dort am 21. Januar 1775 mit mehreren seiner Genossen enthauptet. Um die Erinnerung an den zweijährigen blutigen Aufstand zu tilgen, der eine große Zahl von Städten und Dörfern zerstört und mehr als einmalhunderttausend Menschen das Leben gekostet, erließ die Kaiserin einen Ukas, durch welchen der Name Jaik für ewige Zeiten abgeschafft und diesem Fluß der Name Ural verliehen wurde, während die an demselben gelegene Stadt Jatzkoi, in welcher Pugatschew zuerst die Fahne der Empörung aufgepflanzt, den Namen Uralsk erhielt.

Die erste Theilung Polens.

(1772.)

Das Bestreben, Rußlands Grenzen zu erweitern und zugleich durch glänzende kriegerische Erfolge die Gewaltthätigkeiten, durch welche sie zum Throne gelangt war, sowie das zweifelhafte Recht ihrer Herrschaft in Vergessenheit zu bringen, führte Katharina auf die Bahn der Eroberungen. Zwei Nachbarstaaten, Polen und die Türkei, boten ihr für diesen Zweck durch ihre innere Schwäche und Verwirrung einen trefflichen Spielraum, und in beiden gelangte sie durch die Entfaltung der perfidesten, durch gewaltige Streitkräfte unterstützten Politik zu dem erstrebten Ziele.

In Polen hatten die Einrichtungen, durch welche der seit der Verwandlung des Erbkönigthums in ein Wahlkönigthum zur absoluten Herrschaft gelangte Adel die Freiheit des Landes zu sichern geglaubt, in der That aber nur seine eigene, mit Unterdrückung aller wahren Volksfreiheit errungene Freiheit bis ins Schrankenlose erweitert hatte, die Grundlagen aller staatlichen Ordnung untergraben. Wie das von den verblendeten Aristokraten als das eigentliche Palladium ihrer Freiheit gepriesene Liberum Veto (s. S. 226 f.), indem es jedem einzelnen Landboten das Recht verlieh, durch seine verneinende Stimme alle Beschlüsse des Reichstags ungiltig zu machen, jede Gesetzgebung und jede geregelte Finanzverwaltung unmöglich machte, so lag in der Befugniß des Adels, sich Haustruppen in jeder beliebigen Stärke zu halten und zu bewaffneten Konföderationen zusammen zu treten, um in Zeiten besonderer Uneinigkeit und Verwirrung durch Stimmenmehrheit das durchzusetzen, was auf den Reichstagen, wo Stimmeneinhelligkeit erforderlich war, nicht durchgesetzt werden konnte, die Quelle steter Unruhen, die nicht selten in blutige Kämpfe ausarteten, da oft zu gleicher Zeit mehrere Konföderationen entstanden, die sehr verschiedene Zwecke verfolgten.

Während das Liberum Veto und die Konföderationen alle Eintracht unter dem Adel zerstört hatten, fehlte dem von einem Schattenkönig regierten Staate zugleich die Stütze eines kräftigen und opferwilligen Bürger- und Bauernstandes; denn alle Freiheiten dieser beiden Stände waren in den Vorrechten des Adels untergegangen. Die meisten Städte waren auf adeligem Grund erbaut und standen ohne allen Rechtsschutz und ohne korporative Selbstständigkeit zu ihren Gutsherren in einem völlig abhängigen Verhältniß; in den wenigen freien oder königlichen Städten aber war der Bürgerschaft durch den Adel jeder Antheil an der gesetzgebenden und richterlichen Gewalt entzogen worden. Daher befanden sich auch Handel, Gewerbfleiß und Wohlstand in dem Zustande gänzlichen Verfalles, während sich der Luxus und die Vergnügungssucht des Adels immer mehr gesteigert hatten.

Je kostspieliger aber mit dem wachsenden Luxus und der zunehmenden Vergnügungssucht die Lebensweise des Adels wurde, desto drückender wurden auch die dem leibeigenen Bauernstande aufgebürdeten Abgaben und Frohnden; denn die leibeigenen Bauern hatten, obgleich sie fünf Sechstel des ganzen Volkes bildeten, keine einzige gesetzliche Garantie und kein anderes Recht, als das des Daseins, und standen den Leidenschaften ihrer Gutsherren umso schutzloser gegenüber, als nach dem polnischen Gesetze der Todtschlag eines Hörigen durch seinen Herrn nur mit einer Geldbuße von zehn Mark, d. h. ungefähr vier Thalern, bestraft wurde.

Es fehlte nicht an warnenden Stimmen, welche dem Adel über die unausbleiblichen Folgen seiner Mißherrschaft die Augen zu öffnen suchten. „Es wird eine Zeit kommen," so verkündete ihm schon im Jahre 1605 der große Kanzelredner Pater Skarga, „wo ihr ohne Könige sein werdet, ohne Vaterland, verbannt auf fremder Erde und verachtet von Denen, die ehedem aus Furcht euch Hochachtung bewiesen.“ Und der edle König Johann Kasimir, der vergeblich im Jahre 1655 in der Kathedrale von Leopol die anwesenden Großen beschworen, die Strafen des Himmels über Polen dadurch abzuwenden, daß sie „die armen Landleute aus sklavischer Dienstbarkeit erlösten,“ sprach im Jahre 1661 vor dem öffentlichen Reichstage die prophetischen Worte: „Bei unserer inneren Zwietracht haben wir die Angriffe des Auslandes und die Theilung der Republik zu fürchten. Der Moskowiter — wolle Gott, daß ich ein falscher Prophet sei — wird uns Russisch-Polen und Litthauen entreißen; Brandenburg wird sich Großpolens und Westpreußens bemächtigen, und auch Oesterreich wird bei dieser Zerstückelung die Gelegenheit benutzen wollen und sich Krakau aneignen.“

Aber der Adel spottete dieser Befürchtungen. „Jeden Augenblick bereit, Gut und Blut fürs Vaterland zu opfern,“ sagt Janssen, „und voll jenes ritterlichen Heldengeistes, der im übrigen Europa längst schon untergegangen, sprach er (der polnische Adel) nur mit Verachtung vom Ausland, sah in der Einmischung desselben die Hauptursache aller inneren Wirren und Unglücksfälle und machte gleichzeitig selbst immer wieder das Land zu einem weiten Schauplatz ausländischer Intriguen. Man denke nur an die bei dem Tode eines jeden Königs immer wiederkehrenden verhängnißvollen Zeiten der Interregnen, die der Adel verschuldete, weil er dem König nicht einmal das Recht zuerkannte, bei seinen Lebzeiten an die Wahl eines Nachfolgers zu denken und der Nation einen geeigneten Kandidaten in Vorschlag zu bringen.“

Als Johann Kasimir im Jahre 1661 die erwähnte Prophezeihung aussprach, dachte man im Auslande wirklich bereits an eine Theilung Polens. Das erste derartige Projekt ging von dem Schwedenkönig Karl Gustav aus, der im Jahre 1656 dem Kurfürsten Friedrich Wilhelm von Brandenburg Vorschläge zu einer Theilung Polens machte, bei welcher auch der deutsche Kaiser und Rußland, sowie der Fürst Georg Ragoczy von Siebenbürgen bedacht werden sollten. Es kam in der That zwischen Schweden und Brandenburg zu mehreren diesbezüglichen Verträgen; der Kurfürst von Brandenburg trat jedoch von denselben zurück, nachdem durch den Vertrag von Welau das Herzogthum Preußen von der polnischen Lehensabhängigkeit befreit und für souverän erklärt worden. Nichtsdestoweniger blieben seit jener Zeit die Blicke des Berliner Hofes auf die Erwerbung von Polnisch-Preußen gerichtet.

Während des nordischen Krieges wurden von Peter dem Großen und Friedrich I. von Preußen neue Pläne zu einer Zerstücklung Polens entworfen, und der polnische Wahlkönig August II. bot sogar selbst, wie wir oben (S. 314) gesehen, den beiden Monarchen als Preis ihrer Mitwirkung zu seiner Erhebung zum Erbkönig die Abtretung eines Theiles von Polen an. Diese neuen Theilungsprojekte scheiterten jedoch an dem energischen Widerstande Oesterreichs und der Seemächte, und als später Friedrich Wilhelm I. von Preußen zu wiederholten Malen auf dieselben zurückkam, wollte Peter der Große von einer Zerstücklung Polens Nichts mehr wissen, weil er bereits das ganze Land als eine sichere Beute Rußlands betrachtete.

Auch nach dem Tode Peters des Großen blieb der Erwerb Polens das nächste Ziel der russischen Politik. Dieses Ziel sollte, den von Peter in seinem politischen Testamente gegebenen Vorschriften gemäß, vor Allem erreicht werden „durch die Aufrechthaltung der elenden polnischen Verfassung, durch die Anzettelung innerer Wirren und Parteiungen und durch Bestechungen und Intriguen aller Art.“ Die russischen Pläne wurden gefördert durch den unheilvollen polnischen Thronfolgekrieg, der dem deutschen Reiche die Provinz Lothringen kostete, das polnische Gebiet russischen Truppen zu beliebigem Schalten preisgab und den bisherigen polnischen Lehensstaat Kurland russischen Befehlen dienstbar machte (s. S. 277).

Im siebenjährigen Kriege arbeitete die Kaiserin Elisabeth an der Ausführung des politischen Testamentes ihres Vaters, indem sie den deutschen Bruderkrieg aus allen Kräften zu verlängern suchte, damit die deutschen Mächte desto mehr sich abschwächen und die russische Suprematie über Polen nicht behinderten, deren Aufrechthaltung das eigentliche Motiv der Theilnahme Rußlands an dem Kriege war. Obgleich das unglückliche Polen während jener Kriegsjahre nicht nur von russischen, sondern auch von preußischen Truppen mit schweren Brandschatzungen heimgesucht wurde und die preußischen Heerführer polnische Rekruten mit Gewalt zum Kriegsdienste zwangen, betrachteten die Polen Preußen als eine Schutzwehr gegen Rußland, und im ganzen Lande hielt man Friedrich II. für den Einzigen, von welchem Polen seine Befreiung von den übermüthigen Russen und die Abwehr noch schlimmerer künftiger Bedrängnisse von ihrer Seite erwarten dürfe.

Nur zu bald sollten die bethörten Polen erfahren, wie sehr sie sich in dem Preußenkönig getäuscht hatten; denn als sie endlich zu der Erkenntniß gekommen, daß der steigenden Noth des Landes nur durch innere Reformen abgeholfen werden könne, und zu diesem Ende von einer mächtigen Partei die Verwandlung des Wahlkönigthums in ein Erbkönigthum, die Abschaffung des Liberum Veto, die Verleihung politischer Rechte an den Bürgerstand und die Milderung der Leibeigenschaft in Vorschlag gebracht wurde, trat Friedrich II. in Gemeinschaft mit Rußland allen diesen Reformversuchen mit Entschiedenheit entgegen, indem er mit Peter III. bei dem Abschluß ihrer Offensiv- und Defensivallianz vom 8. Juni 1762 (s. S. 452) eine Reihe geheimer Artikel vereinbarte, in welchen beide Kontrahenten sich verpflichteten, jedem Versuche, das polnische Königthum erblich zu machen, mit allen Mitteln, nöthigenfalls mit Waffengewalt, entgegen zu treten, bei dem Tode Augusts III. nur einen Piasten zum polnischen Throne zuzulassen und sich über den passendsten Thron-Kandidaten zu vereinbaren und endlich den polnischen Dissidenten (schismatischen Griechen, Reformirten, Lutheranern u. s. w.) in religiöser und politischer Beziehung alle ehemaligen Privilegien und Prärogative wieder zu verschaffen. Was durch diese letztere Vereinbarung bezweckt wurde, gesteht Friedrich selbst, indem er in seinen Memoiren ausdrücklich sagt: „Die Dissidentenfrage sei die Hauptursache aller späteren inneren Unruhen und Kriege gewesen."

Die Ratifikation dieses völkerrechtswidrigen Vertrags wurde zwar durch die Entthronung Peters III. verhindert; aber Katharina II. bestätigte, obschon sie in ihrem ersten Manifest Friedrich II. als den ärgsten Feind Rußlands und den mit demselben geschlossenen Frieden als ein von ihrem Gemahl an der russischen Nation verübtes Verbrechen bezeichnet hatte, schon am 2. November 1762 das von Peter III. von Preußen geschlossene Bündniß, unter Beibehaltung der bezüglich Polens vereinbarten geheimen Artikel.

Während jedoch Friedrich zu Lebzeiten Peters III. bei dessen unbegrenzter Hingebung an seine Person zu der gegründeten Hoffnung berechtigt gewesen, in Polen wie im ganzen nördlichen Europa, einen dominirenden Einfluß ausüben zu können und im Hofe von Petersburg einen getreuen und gefügigen Alliirten und Förderer seiner Pläne zu finden, mußte er sich nach der Thronbesteigung Katharina's, wenn die Verbindung mit ihr Dauer haben sollte, nicht nur in die Launen und Entwürfe seiner Bundesgenossin fügen, sondern selbst zur Förderung ihrer persönlichen ehrgeizigen Zwecke mitwirken. Nannte ihn doch der russische Minister Graf Panin später in seinem Uebermuth „eine russische Schildwacht", die zufrieden sei, die zweite Rolle zu spielen, damit die Kaiserin die erste übernehme.

Als Katharina II. den russischen Thron bestieg, galt Rußland noch so wenig für eine europäische Macht, daß Friedrich II. im Jahre 1770 an seinen in Petersburg weilenden Bruder Heinrich schrieb: „er schicke ihm Nachrichten aus Europa", und daß die Polen auf eine Intervention der westlichen Staaten zu ihren Gunsten gegen die Moskowiter vorzüglich deßhalb hofften, weil es ihnen undenkbar schien, daß diese Staaten die Erhebung Rußlands „zu einer europäischen Macht“ zulassen würden. „Aber eben diese Erhebung, die nur durch die Beherrschung Polens erreicht werden konnte,“ sagt Janssen, „sah Katharina als ihre Lebensaufgabe an. Durch Polen bezweckte sie, wie sie in einer geheimen Instruktion an ihre Gesandten in Warschau deutlich ausspricht, die ganze europäische Politik zu beeinflussen, und scharf blickende Beobachter erkannten, daß sie Polen nicht nur seiner selbst wegen sich dienstbar machen wollte, sondern um es als Stützpunkt für die Hebel zu gebrauchen, mit denen sie Deutschland zu erschüttern hoffte. War aber die altrussische Staatsmaxime, ‚durch Polen nach Deutschland‘ erreicht, so war die russische Diktatur über Europa gesichert.“

Unmittelbar nach ihrer Thronbesteigung schrieb Katharina an den polnischen Grafen Stanislaus Poniatowski, der als Gesandter Augusts III. in Petersburg ihr bevorzugter Günstling gewesen: „Ich schickte sofort den Grafen Kayserlingk nach Polen, um Sie dort nach dem Tode Augusts III. zum König zu machen.“ Einstweilen sollte Kayserlingk dafür Sorge tragen, daß der polnische Lehensstaat Kurland, den August III. nach dem Sturze Birons seinem jüngeren Sohne Karl verliehen, dem von Peter III. begnadigte Biron, der durch niedere Schmeicheleien die Gunst der Czarin erlangt, zurückgegeben und dadurch aufs Neue unter russische Botmäßigkeit gebracht werde. Nachdem Friedrich II. am 22. Februar 1763 durch seinen Gesandten sein Einverständniß mit dieser neuen Interpretation des Völkerrechts hatte aussprechen lassen, rückte ein russisches Heer von fünfzehntausend Mann in Kurland ein, um von dem Herzog Karl die Räumung des Landes zu erzwingen. Dieser war Anfangs zum Widerstand entschlossen, gab denselben jedoch alsbald auf den Befehl seines Vaters auf. So kehrte Biron nach Kurland zurück, in dessen Besitze ihm nach seinem Tode (1772) sein Sohn folgte. Nachdem die Czarin auch Litthauen durch ihre Truppen hatte besetzen lassen, ging sie in ihrer Anmaßung so weit, daß sie an den König von Polen das Ansinnen stellte, ihr über die bisherige Verwaltung seines Königreichs Rechenschaft abzulegen.

Daß auch Friedrich II. Polen bereits als ein abhängiges Land betrachtete, beweist die Willkür, mit welcher auch er dort auftrat. Nach einem Berichte des englischen Gesandten in Warschau ließ er ganze Familien aufheben und mit Gewalt nach Preußen und Brandenburg bringen, um diese halb zu Grunde gerichteten Landschaften zu bevölkern, und trieb nach einer Berechnung des polnischen Kronsekretärs Skierski in den beiden Palatinaten Posen und Kalisch Kontributionen im Betrage von zwei Millionen Kronen ein.

Am 5. Oktober 1763 starb König August III. und sein Sohn Friedrich Christian, der ihm als Kurfürst nachfolgte, erklärte sich zur Annahme der polnischen Krone bereit, falls sie ihm angetragen werde und die benachbarten Mächte damit einverstanden seien; allein er starb schon am 13. Dezember desselben Jahres mit Hinterlassung eines minderjährigen Nachfolgers. So hatte die Czarin in der Wiederbesetzung des polnischen Thrones vollständig freie Hand. Schon vorher, am 6. November, hatte sie ihrem Gesandten Kayserlingk und dem Fürsten Repnin, den sie demselben zur Unterstützung zugesellt, eine Instruktion zukommen lassen, welche ihre perfide Politik gegen Polen vollständig enthüllt und deßhalb zu den bemerkenswerthesten geheimen Aktenstücken der Zeit gehört. Rußlands Interesse, heißt es darin, verlange gebieterisch, daß Polen niemals zu einer erblichen Monarchie erhoben werde; denn die Erblichkeit der Krone wäre der erste und sicherste Schritt „zu allen anderen Reformen, die den russischen Interessen schädlich seien." Das sächsische Fürstenhaus müsse vom polnischen Throne verdrängt, die Armee des Landes dürfe nicht verstärkt, und vor Allem müsse das Liberum Veto, d. h. die Anarchie Polens, aufrecht erhalten werden, weil Rußland darin seinen größten Nutzen und „die vorzüglichste Grundlage seines direkten Einflusses auf die europäische Politik" erkenne. Nur ein Piast, der den russischen Zwecken dienstbar sei, dürfe den polnischen Thron besteigen, und Stanislaus Poniatowski sei der für Rußland geeignetste Kandidat. Er müsse aber noch vor seiner Wahl bestimmte Garantien geben, daß er aus Dankbarkeit gegen die Czarin alle Pläne derselben zu jeder Zeit durchführen und die Interessen Rußlands stets als seine eigenen betrachten werde.

Zur Bestechung der Landboten auf den Landtagen im Interesse der Wahl Poniatowski's stellte Katharina ihren Gesandten ungeheuere Geldsummen zur Verfügung; auch ertheilte sie ihnen den Auftrag, dahin zu wirken, daß der Reichstag allen polnischen Dissidenten eine unbeschränkte Toleranz bewillige und die russische Intervention und Garantie für alle Gesetze, Privilegien und Freiheiten nachsuche. Dadurch gewinne sie, bemerkt die Czarin, einen „plausiblen Vorwand", sich in die polnischen Angelegenheiten einzumischen, und könne dann mit Bequemlichkeit alle Hebel, die sie für passend erachte, in Bewegung setzen. Schließlich spricht Katharina ihren Gesandten die Hoffnung aus, daß sie ohne Krieg zum Ziele ihrer Wünsche gelangen werde. Sollte aber, fügt sie hinzu, wieder Erwarten ihr Kronkandidat nicht gewählt werden, so sei sie entschlossen, im Einverständniß mit dem König von Preußen ohne alle vorausgegangene Kriegserklärung gleichzeitig alle polnischen Provinzen mit ihren Truppen zu überschwemmen, alle ihre Gegner als Rebellen zu betrachten und deren Güter mit Feuer und Schwert zu verheeren, und sie werde die Waffen nicht eher niederlegen, bis das ganze polnische Livland von der Republik getrennt und dem russischen Reiche einverleibt sei.

Im vollständigsten Widerspruch mit dieser ihre Pläne unumwunden enthüllenden Instruktion ließ die Czarin mehrere Wochen später den Polen durch den Fürsten Repnin amtlich die eidliche und feierliche Versicherung geben: es sei ein lügenhaftes Gerücht, daß sie polnisches Gebiet an sich zu reißen beabsichtige; sie denke an keine Eroberungen, sondern wolle lediglich „durch Gerechtigkeit, Menschlichkeit und Großmuth" ihre Unterthanen beglücken; sie werde weder selbst sich jemals an dem Besitzstande Polens vergreifen, noch zugeben, daß derselbe durch irgend eine andere Macht irgendwie Schaden erleide. Eine ähnliche Erklärung wurde am 24. Januar 1764 durch den preußischen Gesandten in Warschau abgegeben. „Der König", so ließ sich derselbe vernehmen, „sei mit Recht darüber indignirt, daß man ihm zutraue, er beabsichtige im Einverständnisse mit Rußland eine Theilung Polens; solche Pläne seien seiner ganzen Denkungsart entgegen, und er wolle vielmehr Alles thun, um das polnische Gebiet unverletzt zu erhalten."

Um die übrigen europäischen Mächte zu täuschen, sicherten Rußland und Preußen den Polen in öffentlichen Erlassen eine vollständige Wahlfreiheit zu; gleichzeitig aber ließ Katharina, „um die Freiheit der Königswahl zu sichern," ein Heer von fünfzehntausend Mann in Polen einrücken, und als die Polen hierüber, als über einen Bruch des Völkerrechtes, Klage erhoben, gaben ihnen die russischen Gesandten die höhnende Antwort: „Die so freie und große polnische Nation könne doch nicht wähnen, daß so wenige Russen im Stande wären, irgend Etwas gegen ihre Rechte zu unternehmen."

Ruhig sahen die übrigen europäischen Mächte diesen russischen Vergewaltigungen in Polen zu; denn Oesterreich war nach dem blutigen siebenjährigen Kriege erschöpft und die Pforte durch die russischen Vorspiegelungen in vollständige Täuschung eingewiegt; Frankreich aber wurde durch die kurzsichtige Politik des Herzogs von Choiseul, der auf nichts Anderes sann, als auf die Schwächung Englands, und überdies die polnische Anarchie als einen Vortheil für die französischen Interessen ansah, von jeder Einmischung zu Gunsten Polens abgehalten, und England gab für den Gewinn eines vortheilhaften Handelsvertrags mit Rußland der Czarin nicht nur Polen, sondern auch Schweden und Dänemark preis, wofür es von Seiten der russischen Minister nur Verachtung einerntete. Auch auf Frankreich nahm Katharina so wenig Rücksicht, daß sie den französischen Gesandten, Grafen Breteuil, auf dessen Anfrage, ob sie sich nicht mit dem Hofe von Versailles über einen polnischen Kronkandidaten verständigen wolle, mit den Worten abfertigte: „Die Landkarte wird Ihnen zeigen, ob es einem Anderen als mir zukömmt, den Polen einen König zu geben.“

Nachdem Katharina II. und Friedrich II. lange mit einander eine geheime Korrespondenz geführt hatten, schlossen sie am 11. April 1764 einen neuen Allianzvertrag, dem das zwischen Friedrich und Peter III. unterm 8. Juni 1762 vereinbarte Bündniß als Grundlage diente. Kraft dieses Traktates sollten die Polen durch Gewalt gezwungen werden, auf alle Reformen Verzicht zu leisten: die Wahlmonarchie sollte bestehen bleiben, das Liberum Veto beibehalten, der katholischen Kirche Polens durch Begünstigung der Dissidenten der Lebensnerv durchschnitten und die Dissidentenfrage als wirksamstes Mittel der Aufregung und als bequemer Vorwand zu fortgesetzter Einmischung benutzt werden. Es war das Todesurtheil Polens, das die beiden Monarchen mit diesem Traktate unterzeichneten.

Unterdessen hatte der Reichsprimas Lubienski, Erzbischof von Gnesen, dem polnischen Adel noch einmal alle Gefahren vor Augen geführt, die der innerlich zerrütteten Republik von dem Auslande drohten, und ihn mit feurigem Patriotismus ermahnt, bei der bevorstehenden Königswahl alle Zwietracht ruhen zu lassen und mit mannhafter Thatkraft zu Werke zu gehen. Aber so schwer auch schon damals das fremde Joch auf Polen lastete, schenkte dennoch der polnische Adel den Mahnungen des Primas kein Gehör: schroff und gewaltsam, wie kaum je vorher, traten die inneren Parteien bei der neuen Königswahl gegen einander auf. Der Reformpartei, an deren Spitze die mächtige Familie der Czartoryski's stand, gelang es zwar, auf dem am 7. Mai 1764 eröffneten „Konvocationsreichstage“ nach gewaltsamer Entfernung ihrer Gegner mehrere heilsamen Gesetze durchzubringen, durch welche die königliche Macht eine nicht unbedeutende Erweiterung erhalten mußte; als sie jedoch, um die Anarchie mit der Wurzel auszureißen, die Aufhebung des Liberum Veto zu bewirken suchte, legten die Gesandten Rußlands und Preußens im Namen ihrer Souveräne dagegen so entschiedenen Protest ein, daß die Partei sich gezwungen sah, dieses wichtigste Reformprojekt fallen zu lassen.

Dagegen ließen Rußland und Preußen, um die mächtige Partei der Czartoryski's, deren sie sich zur Regulirung der Königswahl in ihrem Sinne zu bedienen wünschten, nicht allzusehr gegen sich aufzubringen, den Reichstag in der Einführung mehrerer wesentlichen Verbesserungen in Betreff der Verwaltung des Landes und des Gerichtswesens, namentlich zu Gunsten des gedrückten Bürger- und Bauernstandes, ruhig gewähren; — wußten sie doch, daß es in ihrer Macht lag, deren Ausführung jederzeit zu verhindern.

Mit Hilfe der Reformpartei wurde am 7. September 1764 die Erhebung des russisch-preußischen Kronkandidaten Stanislaus Poniatowski, eines Neffen der Czartoryski's, auf den polnischen Thron zu Stande gebracht. Wenn jedoch die Letzteren gehofft hatten, auf diesen charakter- und sittenlosen Menschen einen bestimmenden Einfluß ausüben und ihn für die politische Wiedergeburt des Landes begeistern zu können, so sahen sie sich in dieser Hoffnung schmählich getäuscht; denn der neue König hatte vor seiner Wahl gegen Rußland und Preußen geheime Verpflichtungen eingegangen, durch welche er sich von vornherein zu einem bloßen Geschöpfe dieser Mächte erniedrigte.

Nachdem Katharina durch die Wahl Poniatowski's ihren nächsten Zweck in Polen erreicht hatte, stellte sie, um die Republik in vollständigster Abhängigkeit zu erhalten und sie in alle den polnischen Interessen fernliegenden russischen Eroberungskriege hineinziehen zu können, an den sogenannten „Krönungsreichstag" die Forderung, mit Rußland ein Schutz- und Trutzbündniß zu schließen, wofür sie die Verstärkung der polnischen Armee auf fünfzigtausend Mann gestatten wollte. Aber die Willfährigkeit der Czartoryski's gegen die Czarin hatte ihr Ende erreicht: die Absichten Katharina's durchschauend, setzten sie auf dem Reichstage die Verwerfung des verlangten Bündnisses durch, machten sich aber dadurch die Czarin zu ihrer unversöhnlichen Feindin.

Indessen schien mit dem Beginne der Regierung des neuen Königs, der bald von allen übrigen Mächten Europa's anerkannt wurde, für das unglückliche Polen eine bessere Zeit anbrechen zu wollen; denn die Geister beruhigten sich allmählich, und mit den Czartoryski's, denen, als den Häuptern der Reformpartei, die Befugniß eingeräumt worden, für die Durchführung der erlassenen neuen Gesetze und Verordnungen Sorge zu tragen, söhnten sich viele ihrer früheren Gegner aus.

Aber diese Wendung zum Besseren reizte den Zorn der Czarin. Sie setzte alle Hebel in Bewegung, um den König dem Einfluß der Czartoryski's zu entziehen, und unterstützte alle Gegner derselben. Ungestraft durften die in Polen stehenden russischen Truppen unerhörte Barbareien verüben, und als die auf dem Krönungsreichstag im Anfang des Jahres 1765 zur Schlichtung einiger zwischen Rußland und Polen obschwebenden Grenzstreitigkeiten eingesetzte Kommission wegen dieser Ausschreitungen den Beginn ihrer Arbeiten verzögerte, nahm sie selbst die „Grenzregulirung" in die Hand, indem sie durch mehrere neuen, zu diesem Zwecke nach Polen entsandten Regimenter die Grenzen dahin „berichtigen" ließ, daß sie der Republik in den östlichen Provinzen einen Landstrich von fünfzig Quadratmeilen mit einer Bevölkerung von einmalhundertsechzigtausend Familien entriß. Dabei hatten die russischen Truppen Befehl, alle Handwerker und Künstler, welche die polnischen Adeligen mit großen Kosten auf ihre Güter gezogen, unter militärischer Eskorte nach Rußland zu bringen.

Da Katharina in der Verführung Polens zum Schisma nicht nur das sicherste Mittel zur Verschärfung des für ihre Zwecke nothwendigen Parteihaders, sondern auch den geeignetsten Vorwand zur fortgesetzten Occupirung des polnischen Gebietes erblickte, hatten die Gesandten Rußlands und Preußens gleich nach der Wahl Poniatowski's an den Reichstag die Forderung gestellt, daß alle Dissidenten vollkommene Religionsfreiheit erhalten und zu allen Ehrenstellen und Staatsämtern zugelassen werden sollten.

Thatsächlich genossen die polnischen Dissidenten aller Stände volle religiöse Freiheit und den gleichen Schutz der Gesetze, wie die Katholiken, und der akatholische Adel besaß nicht nur alle Civilrechte des katholischen, sondern konnte auch ebenso gut wie dieser alle Magistratswürden und Gerichtsämter, ja sogar die höchsten Stellen in der Armee bekleiden; es lag daher am Tage, daß die Forderung der Interventionsmächte keinen anderen Zweck hatte, als dem dissidentischen Adel, der nur einige hundert Familien zählte, die Souveränitätsrechte des katholischen Adels, d. h. Sitz und Stimme im Reichstag und Zutritt zu den hohen Ehrenämtern, zu verschaffen, damit der Czarin im Senate und auf den Reichstagen eine ihr stets gefügige politische Partei zu Gebote stehe; ebendeßhalb stieß jedoch diese Forderung bei dem Reichstage auf den entschiedensten Widerstand. Nichtsdestoweniger gab Panin den Dissidenten die Versicherung: an ein Zurückziehen der russischen Truppen aus Polen sei nicht eher zu denken, bis seine Herrin mit ihren Wünschen durchgedrungen sei, und dem englischen Gesandten bemerkte er: wenn der polnische Reichstag die Forderungen wegen der Dissidenten nicht gutwillig bewillige, so würden von der einen Seite vierzigtausend Russen und von der anderen vierzigtausend Preußen in Polen einrücken, und wären die Dinge einmal zu diesem Aeußersten gekommen, so halte er sich von allen Stipulationen entbunden und völlig frei, weitere Forderungen zu stellen.

Auf dem Reichstage vom Jahre 1766 erneuerte Repnin die Forderungen für die Dissidenten, indem er im Namen der Czarin erklärte: Rußland und die übrigen akatholischen Mächte seien verpflichtet, für die „Ruhe der Republik“ zu sorgen, und die Czarin, die sich bereits um Polen unendliche Verdienste erworben, da sie großmüthig und uneigennützig eine freie Königswahl ermöglicht habe, werde ihr glorreiches Werk erst dann für vollendet erachten, wenn durch die Bewilligung dessen, was sie für die Dissidenten verlange, alle Ursachen innerer Unruhen gehoben seien.

Dem Drängen Rußlands und Preußens zu Gunsten der Dissidenten, für welche auch die Gesandten Englands, Schwedens und Dänemarks „im Namen der Humanität" ihre Stimme erhoben, obgleich in allen drei Ländern die Katholiken nicht die geringste Toleranz und noch viel weniger irgend welche politischen Rechte genossen, trat auf dem Reichstag am entschiedensten der edle Bischof Soltik von Krakau entgegen, unbekümmert um die Drohung Repnins, daß er ihn nach Sibirien bringen lassen werde, falls er der Czarin widerstrebe. Als Bischof, so erklärte er, müsse er über die Reinheit des Glaubens wachen, als Senator darauf hinweisen, daß Nichts der inneren Ruhe eines Staates verderblicher sei, als eine Vielheit von Sekten mit gleichen Rechten und gleicher Freiheit. Zudem widersprächen die Forderungen der Dissidenten den Grundgesetzen der Republik und den abgeschlossenen Traktaten. Man solle den Dissidenten ihre bisherigen Rechte gewährleisten, aber keine neuen Rechte zugestehen, und ihnen durch ein bestimmtes Gesetz unter Strafandrohung verbieten, in Zukunft ähnliche Ansprüche, wie jetzt, zu erheben und durch das Anrufen der Hilfe fremder Mächte die innere Ruhe der Republik zu stören. Obgleich nicht nur die Bischöfe, sondern auch die meisten Landboten sich mit diesem Vorschlage einverstanden erklärten, setzte der König es durch, daß die Dissidentenfrage einer aus den Bischöfen gebildeten Kommission zur Prüfung überwiesen und die Entscheidung darüber bis zum Schlusse des Reichstags vertagt wurde. Dabei erklärte er jedoch, daß er für die Religion seiner Väter leben und sterben wolle, und versicherte dem päpstlichen Nuntius, er habe der Czarin gemeldet, daß er auf ihre Anforderungen für die Dissidenten nicht eingehen könne.

„Ob der König", sagt Janssen, „in seinem Widerstande gegen Rußland damals ernste Absichten verfolgt habe, oder ob er, im Geheimen mit Repnin einverstanden, nur eine ‚orthodoxe Maske' vorgehalten, um die Nation zu täuschen, ist bei dem durchaus unzuverlässigen Charakter des Mannes schwer zu entscheiden. So viel aber steht fest, daß es der Czarin geringe Mühe kostete, seinen Widerstand zu brechen."

Nach der Vertagung der Dissidentenfrage legten die Czartorysti's dem Reichstage einen neuen Gesetzentwurf vor, der die Aufhebung des Liberum Veto zum Gegenstande hatte; die Gesandten Rußlands und Preußens erklärten jedoch: die „polnische Freiheit" bilde den kostbarsten Schatz der Nation, den ihre Monarchen in ihrer Fürsorge für dieselbe ihr nicht verkümmern lassen könnten; sie müßten daher auf einer ungeschwächten Aufrechthaltung des

Liberum Veto bestehen und würden die Annahme des fraglichen Gesetzentwurfs für eine Kriegserklärung ansehen. Um dieser Erklärung größeren Nachdruck zu geben, wurden sechstausend Russen in der Nähe von Warschau einquartirt und alle Adeligen, die sich dem Willen Rußlands und Preußens widersetzen würden, von Repnin mit der Verwüstung ihrer Güter bedroht.

Durch diese Maßregeln erlangten zwar Rußland und Preußen die Verzichtleistung der Czartoryski's auf ihre Reformpläne, nicht aber die Entscheidung der Dissidentenfrage in ihrem Sinne. Nach langen Verhandlungen beschloß der Reichstag, daß die bisherigen Staatsgesetze zu Gunsten der katholischen Kirche in Kraft bleiben und den Dissidenten nur einige neuen Privilegien ertheilt werden sollten. Diesen Beschluß des Reichstags erklärte Repnin für einen Verrath an Polen und kündigte der Republik im Namen der Czarin einen „Rachekrieg“ an. Den König aber beschuldigte Katharina des Bruches der bei seiner Thronbesteigung bezüglich der Dissidenten übernommenen Verpflichtung und drohte ihm mit Entthronung, falls er seine Gesinnungen nicht ändere. Zu der gleichen Zeit wurden die russischen Truppen in Polen verstärkt und die Dissidenten aufgefordert, zu einer bewaffneten Konföderation zusammenzutreten. Der eingeschüchterte König verpflichtete sich in einem eigenhändigen Briefe an die Czarin von Neuem, die Sache der Dissidenten zu der seinigen zu machen, mit dem Beifügen, daß er sich selbst des Thrones für verlustig erklären werde, wenn er diese Sache nicht zu einem glücklichen Ausgange führe. Zur vollständigen Herstellung seines guten Einvernehmens mit seiner Herrin bedurfte es jedoch der Bekräftigung seiner Zusagen durch einen vor Repnin abgelegten förmlichen und feierlichen Eid.

Auf Anstiften der Russen und unter dem Druck der in Polen stehenden russischen Truppen bildeten sich im März 1767 unter dem dissidentischen Adel zwei bewaffnete Konföderationen; doch traten denselben, trotz aller von den Russen angewandten Mittel der Ueberredung und Drohung, nicht alle Dissidenten bei. Viele warnten ihre Glaubensgenossen vor der Betheiligung an dem von Rußland verlangten bewaffneten Vorgehen, da es die Grundlagen Polens erschüttern und die Republik in den Abgrund stürzen werde. Auch liege, so erklärten sie, für die Dissidenten keinerlei Veranlassung zu Klagen vor, da die Toleranz, die sie genössen und die auf dem letzten Reichstag durch neue Privilegien erweitert worden, „die größte sei, die es in Europa gebe.“ Nichtsdestoweniger erklärte Katharina in einem zur Rechtfertigung ihrer Politik erlassenen Manifest: die Dissidenten befänden sich in Polen in einem Zustande der Knechtschaft, und da alle ihre bisherigen Bemühungen, sie derselben zu entreißen, vergeblich gewesen, hätten die Dissidenten sich genöthigt gesehen, von ihrem verfassungsmäßigen Rechte Gebrauch zu machen und eine Konföderation zu bilden, um die Ungerechtigkeit abzuschütteln und sich gegen die Verfolgungen zu schützen. Im „Interesse der Humanität" nehme sie diese Konföderation in Schutz, um als aufrichtige Freundin Polens die Freiheit und Gleichheit aller Polen für alle Zukunft sicher zu stellen. Um aber etwaige Unordnungen zu verhindern, die durch die Dissidenten entstehen könnten, habe sie in hochherziger Gesinnung ihre Heere in Polen verstärkt, da es ihr mütterlich fühlendes Herz höchlichst betrüben würde, wenn ein Pole das Blut eines anderen Polen vergösse. Alle Polen könnten sich ihr mit vollem Vertrauen anheim geben; denn sie erstrebe in ihrem ganzen Thun nur die Achtung Europa's und den süßen Trost, das Glück einer benachbarten Nation gefördert zu haben. Das Manifest schloß mit der Versicherung: sie verlange gar Nichts von Polen und werde niemals irgend einen Anspruch auf polnisches Gebiet erheben; ja sie werde die Integrität des Landes sichern, wenn sich irgend eine andere Macht je an Polen vergreifen sollte.

Mit den beiden Konföderationen der Dissidenten vereinigten sich im Juli 1767 mehrere gleichfalls durch die Russen ins Leben gerufenen Konföderationen des katholischen Adels zu der großen Generalkonföderation von Radom, welche die Wahrung der Rechte der „verletzten Nation" und die Aufrechthaltung der „altpolnischen Freiheit" auf ihre Fahne schrieb.

Zur rascheren Förderung ihrer Zwecke zwang die Czarin den König Stanislaus zur Zusammenberufung eines „außerordentlichen Reichstags," der am 4. Oktober 1767 zu Warschau beginnen sollte. Vor der Eröffnung desselben legte Repnin, den Katharina zum Diktator über alle in Polen stehenden Truppen ernannt hatte, den Versammelten einen Revers zur Unterschrift vor, der die Erklärung enthielt, „daß sie sich nie und in keiner Weise dem Verlangen des russischen Botschafters widersetzen und, falls sie dies Versprechen nicht hielten, sich der Strafe des Verlustes des Adels und der Einziehung ihrer Güter, ja selbst der Todesstrafe unterwerfen würden." Wer sich weigerte, diesen Revers zu unterzeichnen, sah sich den grausamsten Verfolgungen preisgegeben; die Paläste der „renitenten Adeligen" wurden von den russischen Truppen in Brand gesteckt und ihre Ländereien verwüstet.

Dem Bischof Soltik ließ Repnin mit der Verbannung nach Sibirien drohen, falls er auf dem Reichstage irgend Etwas sprechen oder thun werde, was dem Willen der Czarin zuwider laufe. Auch wurden, um den freimüthigen Vertheidiger der Rechte seines Vaterlandes „zur Vernunft zu bringen," russische Truppen in das

Bisthum Krakau gesandt, die alles bewegliche und unbewegliche Vermögen des Bischofs mit Beschlag belegten, die auf seinen Gütern ansässigen Bauern wegschleppten und selbst die Kirchengeräthe raubten. Als trotz alledem der hochherzige Patriot die Forderung der Czarin, daß der Reichstag mit ihr einen Vertrag schließe, in welchem die durch eine von Repnin eingesetzte Kommission umzuarbeitende polnische Verfassung unter russische Garantie gestellt werde, als eine Verletzung der Freiheit Polens mit aller Entschiedenheit bekämpfte und seine feurigen Worte auch Andere zum Widerstand hinrissen, kannte Repnins Wuth keine Grenzen mehr. In der Nacht vom 13. auf den 14. Oktober wurde der Bischof Soltik mit den übrigen freimüthigen Sprechern gewaltsam aufgegriffen und unter Mißhandlungen aller Art in das Innere von Rußland geschleppt.

Ganz Warschau war über diese völkerrechtswidrige Gewaltthat mit Trauer und Schrecken erfüllt. Die Repräsentanten der Nation eilten zu dem König Stanislaus, um von ihm einen Protest gegen die Willkür Repnins zu verlangen. Sie fanden ihn an seinem Schreibtische im Maleranzug, umgeben von Farbetöpfen und beschäftigt, eine neue Dienertracht für den Jahrestag seiner Krönung zu entwerfen. Ihrem stürmischen Drängen nachgebend, ließ er den russischen Botschafter, mit welchem er völlig einverstanden war, zum Schein durch drei Senatoren zur Rechenschaft über seine Frevelthat auffordern; als jedoch Repnin ihm die Antwort zukommen ließ: er sei nur seiner Souveränin Rechenschaft schuldig, blieb die Sache auf sich beruhen. Die Czarin aber wies die Bitte um Freigebung der Gefangenen mit der Erklärung zurück: „Die uneigennützige und reine Liebe, die sie dem edlen Volke der Polen zuwende, erlaube ihr nicht, dem Gesuche zu willfahren, sondern gebiete ihr, auf demselben Wege, auf welchem sie seither das Heil des Landes erstrebt habe, consequent fortzuwandeln. Ihr Botschafter in Warschau habe nur ihre Befehle vollzogen, als er die Aufwiegler aus dem Lande entfernt habe, und diese Feinde der Ruhe und Gesetzlichkeit in Freiheit setzen, hieße das Land ihren verderblichen Anschlägen gewissenlos opfern.“ Repnin aber erklärte den Mitgliedern der von ihm eingesetzten Kommission: die Polen hätten nicht mehr das Recht zu denken, sondern nur zu handeln, und zwar so zu handeln, wie seine gnädige Gebieterin es verlange. Wer auch nur murre, den werde er als Rebell behandeln. Seine Unverschämtheit ging so weit, daß er in die Akten des Reichstags die Erklärung eintragen ließ: „Wenn man der Czarin nicht gehorche, so werde er Warschau der Plünderung preisgeben, das Land verwüsten und allen Widerspenstigen das Haupt auf dem Blutgerüste abschlagen lassen.“ Russische Grenadiere umstanden, in Schlachtreihen aufgestellt, die Sitzungssäle, immer bereit, auf den ersten Wink Repnins einzuhauen.

Durch diese Gewaltmaßregeln kam die Czarin zum Ziele. Der von Rußland bezüglich der Gleichstellung der polnischen Dissidenten diktirte Traktat wurde unterzeichnet; alle durch die Czartoryski's und ihre Partei seit 1764 eingeführten Reformen wurden vernichtet und die von der Kommission mit Repnin vereinbarten neuen Staatsgesetze unter der ausdrücklichen Sanction des Königs in der Form eines für alle Zeit unabänderlich giltigen Vertrags unter die Garantie Rußlands gestellt. Das Unglück Polens war besiegelt: die Republik war „faktisch und rechtlich" ein russischer Vasallenstaat geworden.

Aber die Pläne der Czarin gingen noch weiter. Sie wollte Polen nicht nur staatlich russificiren, sondern die polnische Nationalität durch die Ausrottung der katholischen Kirche Polens für alle Zukunft zu Grunde richten. Nachdem sie durch die erwirkte politische Gleichstellung der Dissidenten mit dem katholischen Adel der katholischen Kirche in Polen den Lebensnerv durchschnitten hatte, trat sie offen mit der Absicht hervor, durch die Errichtung einer polnischen Nationalsynode nach dem Muster der „heiligen russischen Synode" Polen von Rom zu trennen, wozu der König Stanislaus ihr schon im Jahre 1764 seine Mitwirkung zugesagt hatte.

Gegen dieses Vorhaben protestirten die polnischen Bischöfe in einer an den König gerichteten ausführlichen Denkschrift, worin sie, unter dem Hinweis auf den feierlichen Eid, durch welchen der König sich bei seiner Krönung zum Schutze der katholischen Kirche verpflichtet habe, auseinander setzten, wie die von der Czarin verlangte Synode ein vollständiges Schisma Polens und einen endlosen Bürgerkrieg herbeiführen würde. Ihre Vorstellungen wie ihr Protest blieben wirkungslos; als jedoch die Aufregung der Gemüther im ganzen Lande sich in bedenklicher Weise steigerte und schon von einer neuen Konföderation die Rede war, die sich „für die Freiheit des Vaterlandes und die Religion" bilde, gab die Czarin, die es nicht für gerathen erachtete, die nationale Verzweiflung aufs Aeußerste zu bringen, ihrem Botschafter die Weisung, die Synode vorläufig fallen zu lassen.

Inzwischen war jedoch unter den polnischen Patrioten der Plan zu einem bewaffneten Widerstande gegen die von Repnin im Namen der Czarin ausgeübte Gewaltherrschaft zur Reife gekommen, und am 29. Februar 1768 vereinigten sich alle edlen Polen zu der bewaffneten Konföderation von Bar, um Polen von dem russischen Joche zu befreien. Zu der gleichen Zeit protestirte auch Papst Clemens XIII., der in Rom einen allgemeinen Bittgang für die Erhaltung der polnischen Kirche angeordnet, gegen die Gewaltschritte der russischen Herrscherin. Repnin verhöhnte diesen Protest, wie die Maßregeln der polnischen Patrioten. Widerstand gegen seine Herrin, sagte er, sei fruchtlos. Seine Herrin sei allmächtig.

Nachdem sich zuerst die Bevölkerung der durch die türkische Nachbarschaft gedeckten Provinz Podolien gegen die russische Tyrannei erhoben, bildeten sich in allen Provinzen bewaffnete Schaaren, und schon im April 1768 begann der Kampf mit den im Lande stehenden Russen, mit welchen der verrätherische König Stanislaus auch seine Kronvölker vereinigt hatte. Katharina selbst ließ am 29. Mai durch ihren Botschafter die Konföderirten, an deren Spitze neben Joseph Pulawski, dem eigentlichen Urheber der Verbindung, der Graf Potocki, der Fürst Radziwil und viele anderen angesehenen polnischen Großen standen, für „strafwürdige Rebellen und Feinde ihres Vaterlandes“ erklären, zu deren Vernichtung sie in ihrer uneigennützigen Vorsorge für Polen neue Truppen absenden werde. Auch Friedrich II. ließ den Polen am 9. Juni eröffnen: Er betrachte die Konföderirten von Bar als „Störer der öffentlichen Ruhe,“ die unter dem falschen Vorgeben, Religion und Freiheit zu schützen, ihr Vaterland in die größte Noth stürzten, und beharre unabänderlich bei den Maßnahmen, die er im Bunde mit Rußland zum Wohle der Republik getroffen.

Während der Bischof von Kaminiec die Konföderirten dringend ermahnte, sich jeder Gewaltthätigkeit gegen die Dissidenten zu enthalten, damit das durch Rußland betrogene Europa erkenne, daß ihr Krieg kein Religionskrieg sei, rief Katharina am 20. Juni die wilden Horden der Zaporeger Kosaken und der Haidamaken zum Kampfe gegen die Polen auf und entfesselte deren religiösen Fanatismus durch ein gräßliches Mordedikt, in welchem sie den Anführern derselben Befehl gab, „im Interesse der verfolgten heiligen Religion mit Hilfe Gottes alle Polen und Juden auszurotten und niederzumetzeln.“ Wie reißende Wölfe fielen die Zaporeger und Haidamaken in Polen ein, brannten Alles nieder und ermordeten, von russischen Popen angefeuert, Tausende von Frauen und Kindern, Greisen, Mönchen und Nonnen, die nicht zur schismatischen Kirche gehörten. Die in Polen stehenden russischen Truppen überboten sie womöglich noch in entsetzenerregenden Grausamkeiten. Es wurden sogar besondere Vorschriften gegeben, wie die gefesselten, unglücklichen Schlachtopfer langsam zu erdrosseln, zu erdolchen oder durch andere furchtbare Todesqualen zu martern seien.

Vergebens riefen die Konföderirten in verschiedenen beredten Manifesten alle Mächte Europa's um Hilfe an „für ihr armes, zertretenes Vaterland, das die Czarin unter lügnerischen Vorspiegelungen völlig zu unterjochen sich anschicke“: — die europäischen Mächte hatten kein Herz für die Leiden Polens. Nur zwei derselben traten für die geknechtete Nation ein: der Papst Clemens XIII. durch die Kraft des apostolischen Wortes und der Sultan Mustapha III. durch die Entfaltung von Waffengewalt.

Die Pforte, die sich lange Zeit durch die Vorspiegelungen Rußlands und Preußens, daß man „nur zum Schutze der polnischen Freiheit Truppen ins Land geschickt habe und gar nicht daran denke, dort Eroberungen zu machen," hatte täuschen lassen, wurde durch das entsetzenerregende Blutbad, das die russischen Truppen bei der Verfolgung der Konföderirten auf türkisches Gebiet in der Stadt Balta angerichtet, im Oktober 1768 zur Kriegserklärung an Rußland bewogen. „Erröthen Sie nicht", sagte der Großvezier zu dem russischen Gesandten in Konstantinopel, „vor Gott und vor den Menschen über die Gräuel, welche die russischen Truppen zum Hohn aller göttlichen Gesetze und zur Schmach der Menschheit in Polen begangen, in einem Lande, das euch nicht gehört?" Um Oesterreich für die Betheiligung am Kriege zu gewinnen, bot die Pforte dem Wiener Hof zur Wiedereroberung Schlesiens und zur Erhebung des Kurfürsten von Sachsen auf den polnischen Thron alle mögliche Unterstützung an; aber der Wiener Hof war nicht zum Kriege zu bewegen. Oesterreich, so ließ derselbe in Konstantinopel erklären, sei gewohnt, sein gegebenes Wort zu halten, und wolle deßhalb weder den mit dem König von Preußen vor einigen Jahren abgeschlossenen Frieden brechen, noch gegen den von ihm anerkannten König Stanislaus Poniatowski von Polen auftreten.

Katharina erließ ihrerseits gegen die türkische Kriegserklärung am 18. November 1768 ein Manifest, in welchem sie alle Thatsachen entstellend, auch den Krieg gegen die Pforte als einen Religionskrieg proklamirte. Sie habe, so erklärte sie, Alles aufgeboten, um diesen Krieg zu verhüten; da sie aber zu demselben gezwungen worden, so erflehe sie vom Himmel den Sieg für ihre Heere, „weil es sich ja um die Ehre des heiligen göttlichen Namens und um die Vertheidigung der heiligen orthodoxen Kirche handle, damit der Todfeind des christlichen Namens zu Boden geschmettert werde."

Unterdessen dauerte in Polen der erbitterte Nationalkampf gegen eine fremde revolutionäre Uebermacht fort, und seine Schrecken wurden erhöht durch eine verheerende Pest, durch Viehseuchen und Hungersnoth. Unzweifelhaft fochten die Polen mit demselben Rechte, mit welchem später die Tyroler und die Spanier gegen die Franzosen kämpften und mit welchem die Deutschen in den Freiheitskriegen sich gegen die französische Diktatur erhoben. „Aber der polnische Nationalkampf", sagt Janssen, „war nicht, wie der der Tyroler, Spanier und des gesammten Deutschlands, ein Kampf des ganzen Volkes, sondern nur ein Kampf jenes Standes, der sich bisher in Polen allein für die Nation gehalten, ein Kampf des Adels. Und darin lag seine Schwäche und der Grund seines Mißlingens. Die Bürger blieben ruhige Zuschauer, und noch weniger wollten die geknechteten Bauern für die adeligen Gutsherren zum Schwerte greifen: Bürger und Bauern betheiligten sich in Polen an dem Kampfe nur durch grauenhaftes Leiden. Nur der isolirte Adel focht und lernte in seiner Isolirtheit kennen, was in Zeiten der Noth die Unterdrückung des Bürger- und Bauernstandes bedeutet. Aber der Adel focht mit einem Muth, einer Ausdauer und einer Opferwilligkeit, die unsere volle Sympathie verdient. Es mischten sich in seine Kämpfe allerdings sehr viele unedle Elemente ein, es fanden gegen die Russen grausame Repressalien Statt, es herrschte Uneinigkeit zwischen den Führern; aber im Allgemeinen gebührt den Konföderirten das Zeugniß, daß sie innerlich größer wurden, je größer die sie umgebenden Gefahren, daß sie sich, von Allen verlassen, von ihren Leidenschaften zu reinigen suchten und zugleich den politischen Grund ihrer Schwäche erkannten. Während ihr Blut auf den Schlachtfeldern für die Befreiung Polens in Strömen floß, gingen sie die tüchtigsten Geister Europa's um Rathschläge an, welche Verfassung sie dem Vaterlande geben sollten, wenn ihnen dessen Befreiung gelungen."

Inzwischen waren in Warschau durch die Czartoryski's und den edlen Grafen Zamoiski, der der Reformpartei beigetreten, neue Reformpläne entworfen worden, nach welchen die polnische Verfassung nach dem Muster der englischen umgebildet werden sollte. Da zu der Durchführung dieser Pläne vor Allem die Pacifikation Polens nöthig war, stellte die Reformpartei am 29. September 1769 in dem Senate den Antrag, die Vermittlung Englands und Hollands nachzusuchen, um einerseits die Pforte zur Aufhebung der gegen den König von Polen erlassenen Kriegserklärung zu bewegen und andererseits von der Czarin die Freigebung der gefangenen Bischöfe und Senatoren, sowie die Zurückziehung ihrer Truppen aus Polen und die Aufhebung der durch Repnin auf dem letzten Reichstage erzwungenen Stipulationen zu erlangen. Nachdem der Senat diese Vorschläge am 6. Oktober 1769 zum Beschluß erhoben, wurden drei Gesandte nach England, Rußland und Frankreich abgeschickt. Der König, der hierzu seine Zustimmung gegeben, erhielt dafür von Panin im Namen der Czarin eine strenge Zurechtweisung mit der Drohung, daß, falls er sich nicht bessere, die Czarin zum Aeußersten schreiten werde; die Czartoryski's und andere Mitglieder der Reformpartei aber wurden für ihre „Empörung" durch die Beschlagnahme ihrer Güter bestraft.

Da der König, um die volle Gunst seiner Beschützerin wieder

zu erlangen, seinen Eifer gegen die Konföderirten verdoppelte, erklärten ihn diese am 9. April 1770 seiner Würde verlustig. Den letzten Schein von Macht und Ansehen verlor er in Polen nach dem geheimnißvollen „Attentat“ vom 3. November 1771. Als der König am Abend dieses Tages zwischen neun und zehn Uhr das Haus seines Oheims, des Großkanzlers von Litthauen, verließ, wurde er von zwölf bis fünfzehn Männern überfallen, die ihn aus dem Wagen rissen, seine Begleitung zerstreuten und ihn selbst aus der Stadt wegführten, wobei er durch ein zweimaliges Stürzen seines Pferdes eine Quetschung an der linken Seite erhielt. Da seine Entführer draußen im Gehölz das Herannahen russischer Truppen zu hören glaubten, zertreuten sie sich; nur ein einziger, Kosinsky, blieb bei dem König und brachte ihn, gegen die Zusage vollständiger Begnadigung, in der Frühe des Morgens nach Warschau zurück.

Obgleich das angebliche Attentat, als dessen Anstifter Pulawski bezeichnet wurde, aller Wahrscheinlichkeit nach von den Gegnern der Konföderirten, mit oder ohne Vorwissen des Königs, in Scene gesetzt worden, um dieselben als Königsmörder zu brandmarken, und die Konföderirten in mehreren Denkschriften feierlich jede Betheiligung oder Mitwissenschaft an demselben in Abrede stellten, hatte dasselbe doch die gewünschten Folgen. An den auswärtigen Höfen fanden die Darstellungen der Agenten Rußlands und Preußens Glauben, und die Konföderirten galten seitdem im Auslande als „Männer des Schreckens“, die weder Hilfe noch Mitleid verdienten. Der König Stanislaus aber warf sich vollständig den Russen in die Arme.

Unterdessen hatte der Krieg Katharina's gegen die Türken, in welchem sie von Friedrich II. durch reiche Subsidien unterstützt wurde, einen günstigen Verlauf genommen. Ihr Feldherr Romanzow hatte die Moldau und die Wallachei erobert, und Katharina schien entschlossen, beide Länder dauernd ihrem Reiche einzuverleiben. Diese Erfolge erhöhten durch Rußlands dominirende Stellung in Polen geweckten Besorgnisse Friedrichs für die Unabhängigkeit seines eigenen Staates; er nahm daher den alten Plan einer Theilung Polens von Neuem auf, in der Hoffnung, dadurch die Czarin zu einem billigen Frieden mit der Pforte bestimmen zu können und auf diese Weise weiteren Eroberungen Rußlands im Süden vorzubeugen. Nach dem von ihm entworfenen Theilungsprojekte sollte Rußland ihm selbst Polnisch-Preußen, Ermeland und das Protektionsrecht über Danzig überlassen, dem Wiener Hof für dessen Beistand gegen die Türken die Stadt Lemberg und ihre Umgebungen anbieten und für sich selbst, als Entschädigung für die gegen die Türken aufgewandten Kriegskosten, diejenigen Theile von

Polen annektiren, die ihm passend schienen. Dieses Theilungsprojekt fand jedoch in Petersburg keinen Anklang, da Katharina bereits ganz Polen als ihr gesichertes Eigenthum betrachtete.

Nach dem Fehlschlagen seines Theilungsplans schloß sich Friedrich der Politik Oesterreichs an, das von Anfang an zwischen Rußland und der Pforte zu vermitteln gesucht. Um ein vollständiges Zusammengehen mit dem Wiener Hofe zu erzielen, hatte er am 3. September 1770 die oben (S. 520) erwähnte Zusammenkunft mit Joseph II. zu Neustadt in Mähren. Schon bei der ersten Zusammenkunft beider Monarchen zu Neiße im August 1769 hatte Joseph dem König erklärt, weder Maria Theresia noch er würden je zulassen, daß die Russen im Besitze der Moldau und der Wallachei blieben, und diese Erklärung wiederholte jetzt der bei der Zusammenkunft in Neustadt anwesende Minister Kaunitz, indem er lebhaft die Gefahren schilderte, welche für Europa aus dem Uebergewichte Rußlands zu erwarten seien. Dem Antrage einer österreichisch-preußischen Allianz, die Kaunitz als den einzigen Damm bezeichnete, den man gegen den „überschwellenden Strom“ errichten könne, welcher ganz Europa zu überfluthen drohe, wich Friedrich aus; dagegen kam zwischen ihm und Joseph eine Vereinbarung über eine gemeinsame Intervention in dem russisch-türkischen Kriege zu Stande, und nachdem noch während der Zusammenkunft beider Monarchen ein Kurier aus Konstantinopel die Nachricht gebracht, daß die Pforte die preußisch-österreichische Intervention annehme, bot Friedrich Alles auf, um bei der Czarin das Gleiche zu erlangen.

Die polnischen Angelegenheiten wurden zwar auch zu Neustadt zur Sprache gebracht; doch muß die Behauptung, daß dort bereits über eine Theilung Polens verhandelt worden, als irrig bezeichnet werden. Nichtsdestoweniger besetzten die Oesterreicher, kurz nach der Zusammenkunft in Neustadt, in der Zipser Gespannschaft dreizehn Marktflecken und einige hundert Dörfer, welche König Sigismund von Ungarn im Jahre 1712 an Polen verpfändet hatte. Zu der gleichen Zeit ließ auch Friedrich II., angeblich um Grenzverletzungen zu bestrafen und sein Land gegen die in Polen ausgebrochene Pest zu schützen, seine Truppen in Polnisch-Preußen einrücken und, außer Ermeland nebst einem Theile der Palatinate von Kulm und Polnisch-Pommern, die längs der schlesischen Grenze gelegenen Distrikte der Palatinate von Kalisch und Posen besetzen. Dabei zwang er die jungen polnischen Burschen zum Eintritt in das preußische Heer, während die heirathsfähigen Töchter, welche die Eltern mit Vieh, Geld und Geräthe nach Vorschrift aussteuern mußten, nach Hinterpommern gebracht und dort an Männer verheirathet wurden, die ihnen bis dahin ganz unbekannt gewesen.

Obgleich Oesterreich inzwischen eine immer drohendere Haltung gegen Rußland angenommen hatte, und der Krieg zwischen beiden Mächten unvermeidlich schien, gelang es dem König von Preußen nicht, die Czarin zur Herabsetzung ihrer übertriebenen Friedensbedingungen zu bewegen; er sah sich sogar selbst von ihr mit einem Uebermuth behandelt, der ihn tief verletzte. Nichtsdestoweniger gab er seinem Bruder Heinrich, den er im Oktober 1770 mit neuen Vermittlungsvorschlägen zur Herbeiführung eines Friedens mit der Pforte nach Petersburg gesandt hatte, die Weisung, mit Lobsprüchen auf die Czarin nicht zu geizen, und verschwendete selbst in den zum Vorzeigen bestimmten Briefen eine Fülle der ausgesuchtesten Schmeicheleien gegen dieselbe. Dessenungeachtet ließ sich Katharina mit dem Prinzen Heinrich, den sie übrigens mit großen Ehrenbezeigungen empfangen, in keinerlei Verhandlungen bezüglich des Friedens ein, und als Friedrich drängte, stellte sie Bedingungen, die der König weder in Wien noch in Konstantinopel mitzutheilen wagte und die ihm selbst wie ein Spott gegen Preußen erschienen.

Indessen wurde die Czarin anderen Sinnes, nachdem sie von der Besetzung der Zipser Gespannschaft durch die Oesterreicher Kunde erhalten, und am 8. Januar 1771 gab sie dem Prinzen Heinrich zu verstehen, daß sie es nach dem Vorgange Oesterreichs natürlich finden werde, wenn auch Friedrich zugreife und Ermeland in Besitz nehme. Friedrich, dem sein Bruder sofort von der mit der Czarin gehabten Unterredung Nachricht gab, schrieb demselben anfangs, er halte den Krieg zwischen Rußland und Oesterreich für unvermeidlich und hoffe, größere Vortheile zu erlangen, wenn beide Mächte sich im Kriege erschöpft haben würden; das Bisthum Ermeland sei zu unbedeutend, „um ihn für das Geschrei zu entschädigen, das die Sache erregen werde.“ Nach der Rückkehr seines Bruders nach Berlin änderte er jedoch seine Ansicht und ließ durch seinen Gesandten in Petersburg, den Grafen Solms, der Czarin aufs Neue den Vorschlag machen, sich die Entschädigung für die Kriegskosten, auf welche sie mit Recht Anspruch erheben könne, durch polnische Grenzprovinzen zu verschaffen, da ja ohnehin Polen die eigentliche Veranlassung des Krieges gewesen. Auch er müsse dann, so erklärte er, zur Aufrechthaltung des Gleichgewichts gegen Oesterreich sich einiger polnischen Gebiete bemächtigen, die ihm ebenfalls zur Entschädigung für die der Kaiserin gezahlten Subsidien dienen würden; doch werde er sich mit dem Palatinate von Kulm oder dem Gebiete von Marienburg und dem Bisthum Ermeland begnügen, falls Rußland für die übrigen von ihm beanspruchten Gebiete Schwierigkeiten mache. Bezüglich der Verhandlungen mit den Türken werde er Alles aufbieten, damit der Friedensschluß für Rußland ein glorreicher werde. Auf die Antwort des Grafen Panin, daß man über das von Friedrich vorgelegte Theilungsprojekt keine Entscheidung treffen könne, bevor man bestimmt wisse, wie sich der Wiener Hof zu demselben stellen werde, suchte Friedrich diesen durch die Vermittelung des österreichischen Gesandten van Swieten in Berlin für den Theilungsplan zu gewinnen; dieser erhielt jedoch auf seinen nach Wien gesandten Bericht von Kaunitz die Antwort: eine Theilung Polens sei mit zu großen Schwierigkeiten und Gefahren verbunden und würde unberechenbare Verwicklungen mit den übrigen europäischen Mächten herbeiführen; er rathe daher von einer solchen ab und verspreche, daß Oesterreich, obgleich es nur ein ihm zugehöriges Territorium besetzt habe, seine Truppen aus Polen zurückziehen werde, sobald Rußland und Preußen die ihrigen zurückzögen.

Statt diese Antwort in Petersburg mitzutheilen, ließ Friedrich der Czarin seine Zuversicht ausdrücken, daß Oesterreich sich den russisch-preußischen Annexionen in Polen nicht mit den Waffen in der Hand widersetzen und daß, wenn Rußland auf die Moldau und die Wallachei verzichte, Alles ohne Blutvergießen ablaufen werde. Rußland möge mit Oesterreich bezüglich des mit den Türken zu schließenden Friedens in Unterhandlungen treten und sich mit Preußen über die Erwerbungen verständigen, die man russischer und preußischerseits in Polen machen wolle. Als Rußland mit der Antwort zögerte, wurde der Graf Solms ermächtigt, dem Grafen Panin zu erklären: der König lasse von seinem bezüglich Polens gefaßten Plane nicht mehr ab, und wenn Rußland keine bestimmten Zusicherungen gebe, so könne er nicht dafür stehen, welche Partei derselbe auf eigene Faust ergreifen werde. Diese drohende Sprache bewog die Czarin zum Nachgeben. Da die militärischen wie die finanziellen Kräfte ihres Reiches durch den Türkenkrieg erschöpft waren und überdies eine furchtbare Pest, die sich von der Moldau und der polnischen Ukraine aus über den größten Theil von Rußland verbreitete und ungeheuere Verheerungen anrichtete, sowie die massenhafte Auswanderung der Kalmücken und die drohende Haltung der Kosaken ihr große Verlegenheiten bereiteten, hielt sie es Angesichts der fortgesetzten Kriegsrüstungen Oesterreichs für bedenklich, die treue Bundesgenossenschaft Friedrichs aufs Spiel zu setzen; sie ermächtigte daher den Grafen Solms unterm 1. Juni 1771, seinem König zu melden, daß sie zu der Theilung Polens ihre Zustimmung gebe und dessen diesbezügliche näheren Vorschläge erwarte. Während über dieselben zwischen Rußland und Preußen verhandelt wurde, gab Katharina aufs Neue, zum siebenten Male seit ihrer Thronbesteigung, die feierliche Erklärung ab, daß sie nie eine Hand breit polnischen Gebietes sich aneignen werde.

Unterdessen hatte Oesterreich, das im Interesse seiner eigenen

Machtstellung die Donaufürstenthümer nicht an Rußland kommen lassen durfte, unterm 16. Juli 1771 mit der Pforte einen geheimen Subsidienvertrag zur bewaffneten Friedensvermittlung geschlossen, in welchem beide Mächte sich zugleich gegenseitig die Zusage gaben, daß die Unabhängigkeit und Freiheit Polens, welches den Krieg veranlaßt habe, keinerlei Einbuße erleiden solle. Nach dem Abschluß dieses Vertrags erneuerte Maria Theresia ihre Bemühungen, den mit ihr verbündeten Hof von Versailles zu energischen Maßregeln im Interesse der Pacifikation Polens zu veranlassen, für welche sie einen eingehenden Plan entworfen hatte, der geeignet gewesen wäre, die Integrität und innere Ruhe der Republik zu sichern; im November 1771 wurde ihr jedoch durch den französischen Gesandten in Wien die Eröffnung gemacht, daß sich der König von Frankreich weder unmittelbar noch mittelbar in die polnischen Unruhen oder in den Krieg zwischen den Russen und Türken einmischen wolle.

Nach mehrfachen vergeblichen Bemühungen Friedrichs, den Wiener Hof für die beabsichtigte Theilung Polens zu gewinnen, brachte endlich die am 17. Dezember 1771 von der Czarin abgegebene Erklärung, daß sie auf die Donaufürstenthümer Verzicht leiste, die Kabinette von Wien und Petersburg einander näher. Kaunitz erklärte sich bereit, bei der Pforte einen Waffenstillstand zum Behufe des Zusammentrittes eines Friedenskongresses in Vorschlag zu bringen, und ging, nachdem ein neues russisches Heer von vierzigtausend Mann in Polen eingerückt war, auf den Gedanken einer Theilung Polens ein.

Unterdessen war zwischen Rußland und Preußen bezüglich der von beiden Mächten in Besitz zu nehmenden polnischen Gebiete ein vollständiges Einvernehmen zu Stande gekommen, und am 17. Februar 1772 wurde der Theilungsvertrag ohne Zuziehung Oesterreichs unterzeichnet. Die Besitzergreifung der fraglichen Gebiete sollte im Monat Mai stattfinden und erst dann der Wiener Hof zur Theilnahme eingeladen werden, der Vertrag, über welchen vorläufig das strengste Geheimniß gewahrt wurde, jedoch auch in dem Falle in Kraft bleiben und ausgeführt werden, wenn Oesterreich demselben nicht beitrete. In einem geheimen Artikel verpflichteten sich beide Mächte zu gemeinsamem bewaffneten Vorgehen gegen Oesterreich für den Fall, daß sich dasselbe der Ausführung ihres Theilungsvertrags widersetzen sollte.

Zu einem Widerstand von Seiten Oesterreichs kam es jedoch nicht; Oesterreich trat vielmehr, in Folge des seit dem Monat Dezember 1771 in der Stimmung des Wiener Hofes eingetretenen Umschwungs, dem Theilungsvertrage bei. Für Maria Theresia war der Beitritt ein Werk der Noth, das ihr die herbsten Seelenkämpfe kostete. Noch zweimal hatte sie im Anfang des Jahres 1772 den Hof von Versailles dahin zu bringen gesucht, gemeinsam mit ihr der Zerstücklung Polens entgegenzutreten; aber sie hatte die Antwort erhalten: Frankreich nehme an den polnischen Angelegenheiten nur insofern Theil, als sie sich auf eine freie Königswahl bezögen, und begnügte sich im Uebrigen mit einer „passiven Rolle." Ebensowenig war auf ein Einschreiten von Seiten Englands zu hoffen; hatte doch das englische Kabinet seinen Gesandten in Warschau dahin instruirt, „daß Seine Majestät der König nicht geneigt sei, sich mit den polnischen Angelegenheiten zu belästigen." So stand Oesterreich gänzlich isolirt zweien Mächten gegenüber, die vertragsmäßig übereingekommen, ihren Raub an Polen nöthigenfalls mit Waffengewalt auszuführen. Bei dieser Sachlage hielt es Kaunitz für gerathener, die für Oesterreich bei dem Theilungsprojekte in Aussicht gestellten Vortheile zu ergreifen, als der Durchführung desselben mit bewaffneter Hand entgegen zu treten oder die beiden Nachbarmächte allein ihre Staaten in einer die Machtstellung Oesterreichs bedrohenden Weise vergrößern zu lassen.

Indessen machte Maria Theresia noch einen letzten Versuch, das ganze Theilungsprojekt zu hintertreiben, indem sie für Oesterreich mehr verlangte, als sie glaubte, daß man ihr bewilligen werde; ihre hohe Forderung hatte jedoch keinen anderen Erfolg, als daß auch die beiden anderen Mächte einen größeren Gebietsantheil, als den in dem Theilungsvertrag stipulirten, in Anspruch nahmen.

Maria Theresia unterzeichnete den Theilungsentwurf mit den Worten: »Placet, weil so viele große und gelehrte Männer es wollen. Wenn ich aber schon längst todt bin, wird man erfahren, was aus dieser Verletzung von allem, was bisher heilig und gerecht war, hervorgehen wird." Auch später betheuerte sie wiederholt, daß, wenn sie Rußland und Preußen zur Zurückgabe des polnischen Gebietes bewegen könne, sie ihrerseits von ganzem Herzen Alles zurückgeben und den Tag der Rückgabe für einen der glücklichsten ihres Lebens halten werde.

Nach dem Beitritt Oesterreichs zu dem zwischen Rußland und Preußen geschlossenen Theilungsvertrage setzten die drei Mächte die übrigen europäischen Höfe von der Theilung Polens in Kenntniß, und kein einziger Hof protestirte gegen die völkerrechtswidrige Gewaltthat. Papst Clemens XIV. allein erhob seine Stimme für das niedergetretene Polen; aber sie verhallte ungehört.

Da sich die Polen gegen die Zumuthung der Theilungsmächte, auf einem Reichstage den Theilungsakt zu bestätigen, mit aller Macht sträubten und der König die Zusammenberufung desselben von einem Termine zum andern verschob, kündigten ihm im November 1772 die Gesandten der drei Mächte an, daß sie, wenn nicht er und die Republik die geforderten Provinzen gutwillig abträten, das ganze Land unter sich theilen würden, und ein unterm 14. Dezember von Katharina an den König gerichteter Brief enthielt die gebieterische Forderung der unverzüglichen Einberufung des Reichstages, der bis Ende April 1773 alle Verhandlungen mit den Theilungsmächten abgeschlossen haben müsse, widrigenfalls sie sich jeder früheren „Verzichtleistung“ für entbunden halten und sich mit allen von ihr für passend erachteten Mitteln „Gerechtigkeit“ verschaffen würde.

Vollständig eingeschüchtert durch diese und andere Drohungen, berief endlich Stanislaus den Reichstag auf den 19. Mai 1773 nach Warschau zusammen. Für denselben durften aus den von den Theilungsmächten abgerissenen Provinzen keine Vertreter gewählt werden, und in den übrigen gingen zweiunddreißig Landtage auseinander, ohne Landboten gewählt zu haben, da sie sich an der „nationalen Selbstschändung Polens“ nicht betheiligen wollten. Nur einhundertelf Landboten, von denen die meisten durch die fremden Mächte bestochen worden waren, kamen in Warschau zusammen, das während der Dauer des Reichstags ganz von Truppen der drei Mächte überschwemmt war. Schon vorher hatte sich die Konföderation von Bar, von der Uebermacht der verbündeten Mächte erdrückt, nach dem wohlüberlegten Plane Pulawski's aufgelöst, „um sich für bessere Zeiten aufzusparen.“ Die Genehmigung des Theilungsvertrags von Seiten des polnischen Reichstags erfolgte am 13. September 1773. Durch denselben verlor Polen nahezu den dritten Theil seines bisherigen Gebietes und zwar seine reichsten und fruchtbarsten Provinzen. Von den der Republik entrissenen Gebieten nahm Rußland den Löwenantheil: die östlichen Provinzen zwischen der Düna und dem Dniepr; Preußen erhielt das jetzige Westpreußen mit Ausschluß von Danzig und Thorn, die bei Polen verblieben; Oesterreich Galizien und Lodomerien.

Auf dem Reichstage, der den Raub der Theilungsmächte sanktionirt hatte, wurde den Polen auch von den drei Höfen eine neue Verfassung dekretirt, die das polnische Königthum zu einem wesenlosen Schattenbild und Rußland, als den Garanten derselben, zum thatsächlichen Beherrscher Polens machte. Die Sache der Dissidenten, durch welche Rußland und Preußen den inneren Streit in Polen angefacht und das Land in Feuer und Flammen gesetzt, wurde, nachdem man erreicht, was man gewollt, einfach fallen gelassen. Die Dissidenten, so wurde festgesetzt, sollten auch in Zukunft von dem Eintritt in den Senat und in das Ministerium ausgeschlossen bleiben und zum Reichstag nur drei Landboten schicken dürfen. Katharina bezeichnete dies als einen Beweis ihrer Mäßigung;

dagegen klagten die Dissidenten laut über Verrath von Seiten desjenigen Hofes, welcher am lebhaftesten für sie Partei ergriffen und sie zu Schritten veranlaßt habe, die Vielen das Leben und den meisten der Uebrigen ihr Vermögen gekostet.

Während aber die Czarin die Dissidenten aufgab, ließ sie in den annektirten Provinzen die blutige Verfolgung gegen die griechisch-unirte Kirche fortsetzen, und mehr als zwei Millionen Katholiken wurden durch Gewalt zur schismatisch-russischen Kirche „bekehrt". „Die Verfolgung der katholischen Kirche Polens durch Rußland", sagt Janssen mit Recht, „ist ein Nachtstück in der Geschichte des neueren Europa's."

Katharina's erster Türkenkrieg.

(1768—1774.)

Obgleich die Kriegserklärung der Pforte an Rußland bereits im Oktober 1768 erfolgt war, rückte das türkische Heer unter der Führung des Großveziers erst im März 1769 gegen die Russen ins Feld, nachdem diese bereits sich der Festung Choczim genähert hatten. Gleich von Anfang an blieben die Türken gegen die ungleich weiter vorgeschrittene Kriegskunst der Russen und die keine Rücksicht auf Menschenleben nehmende Taktik der russischen Feldherren im Nachtheil. Der Fürst Galitzin erfocht am 17. September 1769 vor den Mauern von Choczim einen Sieg über das türkische Heer und besetzte vier Tage später die von den Türken verlassene Festung.

Noch weit bedeutendere Erfolge verschaffte den Russen der Feldzug des Jahres 1770. Der Graf Romanzow, Galitzins Nachfolger im Oberkommando, eroberte nach einem am 18. Juli am Pruth erfochtenen Siege die Moldau, und nach einem zweiten größeren am Kagul (1. August) auch die Wallachei. Einen Monat später nahm der Graf Panin durch einen nächtlichen Sturm, der Tausenden der stürmenden Russen das Leben kostete, die Festung Bender, worauf die Sieger die ganze Bevölkerung der Stadt erbarmungslos niedermetzelten und diese selbst in einen Trümmerhaufen verwandelten.

Unterdessen waren die Griechen durch russische Emissäre zur Erhebung gegen das türkische Joch gereizt worden, und eine russische Flotte, die in England ausgebessert worden und in Port Mahon überwintert hatte, war unter dem Oberbefehle Alexei Orlows in das ägäische Meer eingelaufen, um den Befreiungskampf der Griechen zu organisiren. Bei ihrem Erscheinen erhoben sich die Griechen im ganzen Peloponnes; allein die Hoffnungen, die sie auf den Beistand Rußlands gesetzt hatten, wurden grausam getäuscht. Während der Statthalter von Morea zur Niederwerfung des Aufstandes bessere Anstalten traf, als Griechen und Russen erwartet hatten, setzte die russische Flotte nur eine geringe Truppenzahl ans Land, und Alexei Orlow zeigte sich in keiner Weise seiner Aufgabe gewachsen. Nachdem er eine Zeitlang Koron vergebens belagert hatte, zog er sich in den Hafen von Navarino zurück, und als die von den Türken überall zurückgeschlagenen Griechen vor der Rache der Sieger bei ihm Schutz suchten, verweigerte er ihnen denselben. Bald darauf verließ er mit der gesammten russischen Macht den Peloponnes, die unglücklichen Griechen ihrem Schicksal preisgebend.

Furchtbar war die Rache, welche die Türken für den mißglückten Aufstand an den von ihren angeblichen Befreiern verlassenen Griechen nahmen, und mit ihnen wetteiferten die in großen Schaaren in den Peloponnes eingedrungenen Albanesen in Raub- und Mordlust. Nur ein kleiner Theil der griechischen Bevölkerung konnte sich in die Gebirge retten, um später den Kampf gegen ihre Bedrücker aufs Neue, doch ohne besseren Erfolg, aufzunehmen.

Inzwischen war die russische Flotte mit der von ihr aufgesuchten türkischen bei der Insel Skio zusammen getroffen, und hier kam es am 8. Juni 1770 zu einer Schlacht, in welcher das türkische Admiralsschiff von der Bemannung des russischen in Brand gesteckt wurde, in seinem Auffliegen aber auch dieses mit fortriß. Die türkische Flotte flüchtete sich in die enge Bai von Tschesme und wurde hier durch den russischen Admiral Elphinstone, einen in den Dienst der Czarin getretenen Engländer, mit einem Theil der russischen Flotte eingeschlossen. In der Nacht drang Dugdale, ein anderer Engländer, mit einer Anzahl von Brandern in die Bucht ein und befestigte einen derselben, trotz des heftigen Feuers der Türken, an ein türkisches Schiff, worauf er sich, mit zahlreichen Brandwunden bedeckt, ins Meer stürzte und zu den Seinen zurück schwamm.

Gleich darauf ertönte ein furchtbares Getöse, das bis in Athen gehört wurde, und bald stand die ganze türkische Flotte in Flammen. Bis nach Smyrna hin erbebte die Erde, und die russischen Schiffe, die in einiger Entfernung Zeugen des schauerlichen Schauspiels waren, wurden wie von einem heftigen Sturme hin und her getrieben. Die türkische Mannschaft rettete sich zum größten Theile durch Schwimmen und auf Schaluppen an die asiatische Küste, wo sie an der griechischen Bevölkerung furchtbare Rache nahm.

Nach der Zerstörung der türkischen Flotte drang Elphinstone, welcher der Czarin das Versprechen gegeben, die Dardanellen zu durchbrechen, auf das Nachdrücklichste darauf, daß die russische Flotte, den in Konstantinopel herrschenden Schrecken benutzend, ungesäumt dorthin aufbreche; allein Orlow widersetzte sich diesem Vorschlag, entweder aus Eifersucht auf den ihm überlegenen Admiral oder mit Rücksicht auf den schlechten Zustand der Schiffe, deren Bemannung fast nur noch aus Kranken und Verwundeten bestand.

Um der Czarin zu zeigen, daß die Lösung seines Versprechens möglich gewesen wäre, drang Elphinstone mit einem einzigen Fahrzeug in die Dardanellen ein, warf dort seine Anker aus, ließ seine Trompeter blasen und eilte mit Hilfe der Fluth wieder zurück. Bald darauf verließ er, mißmuthig und unbelohnt, den russischen Seedienst. Alexei Orlow aber, der sich nach Petersburg begeben, um der Kaiserin persönlich seine Entwürfe für die Fortsetzung des Krieges zu unterbreiten, wurde von seiner Herrin mit den größten Ehrenbezeigungen empfangen und durch den Beinamen „Tschesmenskoi" belohnt; auch erhielt er die Ermächtigung, mit der ihm untergebenen Flotte jede Unternehmung zu wagen, ohne jemals irgend welche Verantwortlichkeit dafür fürchten zu dürfen.

Orlows Blicke waren zunächst auf Aegypten gerichtet, wo sich ihm die Aussicht auf eine mächtige Bundesgenossenschaft eröffnet hatte. Dort hatte nämlich Ali Bey, ein Georgier, der sich zu einem jener Mameluckenhäupter emporgeschwungen, welchen damals die Herrschaft über Aegypten unter der Aufsicht des türkischen Statthalters gehörte, den türkischen Pascha vertrieben, dem Sultan den Gehorsam gekündigt und nach gewaltsamer Unterdrückung aller übrigen Bey's die Herrschaft vollständig an sich gerissen; auch war er bereits in Palästina eingedrungen und hatte sich, da der Krieg mit Rußland die Pforte an einem nachdrücklichen Vorgehen gegen ihn verhinderte, verschiedener Plätze in Syrien bemächtigt. Gegen seine Zusage, keine Zufuhr nach Konstantinopel gelangen zu lassen, unterstützte ihn die russische Flotte bei der Belagerung von Jaffa. Allein die großen Hoffnungen, die Orlow auf das Zusammengehen mit Ali Bey gebaut hatte, blieben unerfüllt; denn schon im Jahre 1771 wurde der kühne Emporkömmling von seinem Schwiegersohne aus Kairo vertrieben, und im folgenden Jahre fand er in einer Schlacht den Tod.

Im Ganzen richtete die russische Flotte im Mittelmeere wenig aus. Die Belagerung von Kandia führte zu keinem Ziele, und von Lemnos wurden die Russen durch ein kühnes Unternehmen eines türkischen Heerführers wieder vertrieben; die einzige Insel, die sie im Archipel besetzt hielten, war Paros.

Auch der Landkrieg war für die Russen nach den großen Erfolgen des Jahres 1770 zu einem Vertheidigungskriege an der Donau herabgesunken. Dagegen gelang ihnen unter der Führung Dolgorucki's im Jahre 1771 die Eroberung der Halbinsel Krim, die Mohammed II. im Jahre 1471 unter türkische Herrschaft gebracht hatte und die seitdem unter Khanen aus dem Geschlechte Dschingis-Khans gestanden, welche als Vasallen der Pforte von den osmanischen Herrschern ein- und abgesetzt worden. Nachdem Dolgorucki die Oberhäupter der tatarischen Bevölkerung zur Unterwerfung unter die russische Hoheit bewogen hatte, begab sich der neue, von ihm eingesetzte Khan nach Petersburg, um der Czarin seine Huldigung darzubringen.

Schon im Jahre 1769 hatten sich, wie wir oben (S. 589) gesehen, Preußen und Oesterreich, in gleicher Weise beunruhigt durch die Absicht Katharina's, die Donaufürstenthümer dauernd ihrem Reiche einzuverleiben, zu gemeinsamer Friedensvermittlung geeinigt, und nachdem in der ersten Theilung Polens ein Mittel gefunden worden war, die Czarin zur Verzichtleistung auf die Moldau und Wallachei zu bewegen, wurde zum Behufe der Einleitung von Friedensunterhandlungen zu Bukarest ein Waffenstillstand geschlossen, der bis zum 1. April 1773 dauern sollte. Da jedoch Gregor Orlow, den die Czarin zu ihrem Bevollmächtigten ernannt, nicht nur als vorläufige Friedensbedingung die Unabhängigkeit der Krim verlangte, sondern auch auf die Forderung der Abtretung der Donaufürstenthümer zurück kam, zerschlugen sich die angeknüpften Unterhandlungen, und nach dem Ablauf des Waffenstillstandes nahm der Krieg seinen Fortgang.

Die Russen, die unter Romanzow abermals über die Donau gegangen waren, griffen Silistria an; sie wurden jedoch von den Türken geschlagen und mit großem Verlust über die Donau zurückgetrieben. Da die zu dieser Zeit ausgebrochene Empörung Pugatschews der Czarin eine rasche Beendigung des Krieges wünschenswerth machte, ließ sie der Pforte den Frieden antragen; allein der neue Sultan Abdul Hamid, der aus den Verlegenheiten des russischen Hofes Nutzen ziehen wollte, wies ihre Friedensvorschläge zurück.

Indessen wandte sich das Kriegsglück, das den Türken auf einen Augenblick gelächelt, bald wieder den Russen zu. Während in Konstantinopel große Vorbereitungen getroffen wurden, um mit drei Heeren über die Donau zu gehen, überschritten die Russen im Sommer 1774 aufs Neue diesen Fluß und drangen bis in die Nähe von Schumla vor, wo sie den Großvezier in seinem Lager dergestalt einschlossen, daß ihm der Rückzug nach Adrianopel abgeschnitten war. Dies bewog den Sultan, jetzt seinerseits der Czarin Friedensvorschläge zu machen, und da das Friedensbedürfniß auf ihrer Seite fortdauerte, stellte sie annehmbare Bedingungen. So kam am 22. Juli 1774 zu Kutschuk-Kainardsche, unweit Silistria, ein Friedensschluß zu Stande, in welchem die Pforte den Russen freie Schifffahrt auf allen türkischen Gewässern einräumte, in die Unabhängigkeit der Krim willigte und Rußland das Schutzrecht über die der griechischen Kirche angehörigen Unterthanen des Sultans zuerkannte, wogegen die Czarin alle von ihr gemachten Eroberungen, mit Ausschluß der Städte Kertsch und Jenikale in der Krim und Kinburn an der Mündung des Dniepr, der Pforte zurückstellte. Für die unglücklichen Griechen, die sich im Vertrauen auf Rußlands Zusagen für die Wiedererlangung ihrer Selbstständigkeit erhoben, hatte die Czarin kein Gedächtniß mehr.

So gering auch die Vortheile, die der Friede von Kutschuk-Kainardsche der Czarin gewährte, im Vergleich zu dem waren, was sie erstrebt hatte, fand sie doch in der Aussicht auf den späteren Besitz der Krim, der für sie nach der Unabhängigkeitserklärung derselben keinem Zweifel mehr unterlag, reichen Ersatz für alles, was ihr für den Augenblick noch entgangen war; denn dieses Land erschien ihr als ein sicherer Stützpunkt, von welchem aus sie in einem zweiten Kriege gegen die Pforte das türkische Reich aus seinen Angeln heben zu können hoffte.

Katharina II. als Regentin.

Gleich Friedrich II. und Joseph II. entfaltete auch Katharina II. in der Verwaltung ihres weitläufigen Reiches eine ungewöhnliche, Alles umfassende und Alles mehr oder weniger umgestaltende Thätigkeit, an welcher ihre Ruhmsucht ebenso großen Antheil hatte, als ihr Interesse für das Wohl ihrer Völker.

Um als Gesetzgeberin zu glänzen und zugleich von den „philosophischen“ Stimmführern Europa's als „Philosophin auf dem Throne“ gepriesen zu werden, beschloß sie, ihrem Reiche nach vorausgegangenen Berathungen mit Abgeordneten aller Provinzen desselben ein neues Gesetzbuch nach den Grundsätzen der von den französischen Staatsphilosophen und Schöngeistern verkündigten Weisheit zu geben. Zu diesem Zwecke berief sie im Jahre 1767 eine „Ständeversammlung“ aus Vertretern von zwanzig Völkerschaften ihres Reiches: Christen, Anbetern des Dalai-Lama und Verehrern der Sonne, nach Moskau zusammen und legte ihnen eine ihrem Inhalte nach wörtlich aus Montesquieu entnommene, aber unter ihrem eigenen Namen veröffentlichte und auf ihren Befehl in zwanzigtausend Exemplaren verbreitete Instruktion voll der liberalsten Grundsätze vor, gegen welche ihr schrankenloser Despotismus und das herrschende Regiment der Günstlinge einen grellen Abstich bildeten. Das Ganze war, wie Janssen mit Recht bemerkt, nur eine lügenhafte, auf das verehrungssüchtige Ausland berechnete „Farce,“ die für den beregten Zweck nicht das geringste Resultat ergeben konnte. Bemerkenswerth war die Erklärung, welche die

Abgeordneten der Samojeden durch ihre Dolmetscher abgeben ließen. „Wir sind genügsam und gerecht,“ so lautete dieselbe; „wir weiden friedlich unsere Rennthiere und brauchen kein neues Gesetzbuch; aber macht Gesetzbücher für unsere Nachbarn, die Russen und für die Gouverneure, die ihr zu uns schickt, damit sie ihre Räubereien einstellen.“

Katharina benutzte den Ausbruch des ersten Türkenkrieges als Vorwand zur Auflösung ihrer „Ständeversammlung“, und diese ertheilte, bevor sie auseinanderging, der Kaiserin die Beinamen der Großen, der Weisen und der Mutter des Vaterlandes. Die „bescheidene“ Czarin nahm nur den letzten dieser Ehrentitel an. „Wenn sie sich des ersten würdig mache“, sagte sie, „so komme es der Nachwelt zu, ihn ihr zu ertheilen; die Weisheit sei eine Gabe des Himmels, dem sie dafür dankbar sein müsse, doch wage sie nicht, diese Eigenschaft sich zum Verdienste anzurechnen; der Beiname: Mutter des Vaterlandes sei ihr der wohlthuendste; ihn sehe sie als die rühmlichste Belohnung für die Arbeiten und Sorgen an, denen sie für ihr geliebtes Volk sich unterzogen habe.“

Das neue Gesetzbuch, das Katharina nunmehr allein ausarbeitete, hatte zunächst die innere Verwaltung des Staates zum Gegenstand. Schon vorher hatte sie der obersten Reichsbehörde für die inneren Angelegenheiten, dem Senate, eine mehr gegliederte, die Uebersicht erleichternde Form gegeben; an diese Neuerung reihte sie jetzt eine zweite, indem sie dem Reiche selbst eine bessere Gliederung gab. Die Statthaltereien, von denen einige an Umfang manchem Königreiche gleich kamen und deren Gouverneure so ausgedehnte Befugnisse hatten, daß sie dadurch selbst für die Krone gefährlich werden konnten, wurden nicht nur an Umfang verringert, und zwar so, daß jede ungefähr viermalhunderttausend Bewohner zählte, sondern auch wieder in mehrere Kreise von circa vierzigtausend Seelen eingetheilt. Den Mittelpunkt der ganzen Statthalterschaft bildete die Gouvernementsstadt, den jedes einzelnen Kreises die Kreisstadt. In diesen Städten hatten die Verwaltungsbehörden ihren Sitz. Den Gouverneuren, denen früher außer der Gerichtsbarkeit und der Polizei auch die Erhebung der Einkünfte und noch vieles Andere oblag, wurde nur noch die allgemeine Aufsicht gelassen. Die bürgerlichen und peinlichen Rechtssachen wurden getrennt und gesonderten Behörden zugewiesen. Auch wurde in jeder Statthalterschaft ein sogenanntes „Gewissensgericht“ eingesetzt, das die Streithändel in Güte zu schlichten suchen sollte. Vollständig ausgeschlossen von der „mütterlichen“ Fürsorge der Czarin blieben jedoch die Leibeigenen, für welche sie aus Rücksicht für den Adel nicht das Geringste that. Die Statthalter wurden zwar angewiesen, sie vor allzu harter Willkür von Seiten ihrer Gutsherren zu schützen; ein zu der gleichen Zeit von der Kaiserin erlassener Ukas, worin jeder Leibeigene, der auch nur eine Klage gegen seinen Gutsherrn zu erheben wage, mit der Knute und der Verbannung nach Sibirien bedroht wurde, ließ dies jedoch fast wie einen Spott erscheinen.

Eine Folge der veränderten Eintheilung des russichen Reiches war die Entstehung mehrerer neuen Städte, in welchen sich, da verschiedene neu errichteten Behörden in denselben ihren Sitz erhielten, ein regerer Verkehr und ein größerer Wohlstand entwickelten, als in vielen der älteren, deren Einwohner in manchen Beziehungen den Bauern gleich standen, da nur wenige russische Städte durch Peter den Großen und Elisabeth eine Art freier Verfassung erhalten hatten.

Um einen Mittelstand mit staatsbürgerlichem Leben und bestimmter Stellung in der Gesellschaft zu gründen, erließ Katharina eine neue Städteordnung, durch welche mit der Zahl der Städte auch die Freiheiten derselben vermehrt wurden. Die Bürger wurden nach ihren Beschäftigungen und ihrem Vermögensstande in gewisse Rangordnungen getheilt, von welchen die höheren besondere Vorrechte erhielten; auch wurde der Bürgerschaft das Recht zuerkannt, ihre obrigkeitlichen Personen selbst zu wählen.

Die Vorrechte des Adels, die hauptsächlich in gänzlicher Steuerfreiheit und in dem Rechte, Leibeigene zu besitzen, von denen sie nach Belieben Abgaben und Dienste fordern konnten, sowie in der Freiheit von allen Leibesstrafen bestanden, wurden von Katharina durch einen besonderen kaiserlichen Freibrief neu bestätigt.

Um den Handel durch die Erleichterung des inneren Verkehrs zu heben, ließ Katharina neue Straßen und Kanäle anlegen; auch hob sie die Handelsmonopole auf, welche sowohl die Krone als einzelne Großen noch besaßen, und gab gegen Erlegung einer bestimmten Abgabe den Handel mit inländischen Erzeugnissen frei, sowie auch Jedermann die Erlaubniß erhielt, Zuckersiedereien, Kattunfabriken und andere Manufakturen anzulegen. Im Jahr 1781 gab Katharina der Kaufmannschaft ein Seerecht und eine Schifffahrtsordnung und ließ ansehnliche Werfte für Kauffahrteischiffe bauen. Einen raschen Aufschwung nahm insbesondere nach dem ersten Türkenkrieg der Handel auf dem schwarzen Meere, an dessen Küste die Czarin im Jahre 1793 an der Stelle eines im Jahre 1789 während des zweiten Türkenkrieges eroberten türkischen Forts die Stadt Odessa gründete.

Eine ganz besondere Sorgfalt verwendete Katharina auch auf die Förderung der Wissenschaft und Kunst, die in Rußland, trotz der Bemühungen Peters des Großen, noch keinen Boden gewonnen hatten. Sie errichtete eine Erziehungskommission, welche neue Unterrichtsweisen angeben und Anstalten zur Bildung von Lehrern sowie Normalschulen im ganzen Reiche anlegen sollte. Für die

Ausbildung der russischen Sprache gründete sie eine eigene Akademie nach dem Muster der französischen und ließ durch dieselbe ein russisches Wörterbuch ausarbeiten. Das russische Schriftthum sollte durch Uebersetzungen wissenschaftlicher und dichterischer Werke gefördert werden, bei welchen sich die Czarin persönlich betheiligte, wie sie auch Schauspiele für die russische Bühne schrieb, die jedoch einen sehr untergeordneten Werth haben und meist politische Tendenzstücke sind. Ihre Bemühungen für die Hebung der russischen Volksbildung blieben jedoch ohne nennenswerthen Erfolg, theils weil sie der naturgemäßen Entwicklung derselben zu sehr vorgriff, theils auch weil Vieles wieder aufgegeben wurde, nachdem es kaum begonnen worden. Uebrigens schwand ihr Eifer für Volksbildung nach dem Ausbruche der französischen Revolution, weil sie dieselbe der Aufklärung des Volkes zuschrieb.

Wie sehr jedoch Katharina selbst den Grundsätzen huldigte, welche die französische Revolution ins Leben gerufen haben, zeigt uns nicht nur ihre begeisterte Verehrung für die französischen Philosophen und Schöngeister, insbesondere für Voltaire, der sie dafür seinerseits „seine Heilige“ nannte, und für Diderot, sondern auch ihre durchweg revolutionäre Politik. „Katharina“, sagt Janssen, „war die erste gekrönte Jakobinerin in Europa und befolgte in ihrer Politik alle jene destruktiven, revolutionären Grundsätze, die wir gewöhnlich als Erzeugnisse der französischen Revolution betrachten. Die französische Revolution hat lediglich dieselben Prinzipien proklamirt, welche die ‚neue Semiramis und Messalina des Nordens‘ ein Menschenalter hindurch beständig im Munde geführt und durch die sie alle Rechtsverletzungen, Vertragsbrüche und Eroberungen zu legitimiren gesucht hatte.“

Wie Katharina die von dem Geiste der Zeit aus Indifferentismus geforderte religiöse Duldung handhabte, haben wir in der Geschichte der ersten Theilung Polens sattsam erfahren. Die Religion war für sie nur eine Handhabe zur Erreichung politischer Zwecke, und wenn sie, wie wir oben (S. 509 f.) gesehen, den verfolgten Jesuiten eine sichere Zufluchtsstätte gewährte und sich ihrer Aufhebung in Rußland widersetzte, so geschah dies eben nur, weil sie ihr nützlich waren. Selbst mit der orthodoxen Kirche, gegen welche sie die unbedingteste Hingebung an den Tag legte, trieb sie ein heuchlerisches Spiel, indem sie das Besitzthum der Kirchen und Klöster einzog — wodurch sie ihre jährlichen Einkünfte um zwanzig Millionen Franken erhöhte — und dabei dem russischen Klerus erklärte: sie thue dies lediglich aus Vorsorge für die Kirche, die sie von den „widerrechtlichen Anmaßungen des Reichseigenthums“ befreien und zu der von Gott gewollten primitiven Einfachheit zurückführen müsse.

Potemkin der Taurier.

(1776—1791.)

Trotz ihres männlichen Charakters und der furchterweckenden äußeren Hoheit, womit sie Alles in den Schranken der Unterwürfigkeit zu halten wußte, stand Katharina, gleich ihrer Vorgängerin Elisabeth, mit welcher sie wie in der üppigen Pracht und Verschwendung ihres orientalischen Hofstaates, so auch in ihrem allen sittlichen Gefühlen hohnsprechenden Privatleben wetteiferte, in hohem Grade unter dem Einflusse ihrer zahlreichen Günstlinge; doch hatten sich die meisten derselben ihrer Neigung nur vorübergehend zu erfreuen. Eine Ausnahme machte zunächst Gregor Orlow, der sich, von der Czarin mit Glanz und Reichthum überschüttet, zehn Jahre lang die nächste Stelle an ihrem Throne zu wahren wußte; doch erhielt auch er seinen Abschied, als die Gunst Katharina's sich einem Andern zugewandt, dem es gelang, sich nicht nur zum vollständigen Gebieter der Czarin emporzuschwingen, sondern auch seine Stellung bis an sein Lebensende zu behaupten.

Dieser mächtigste unter den Günstlingen der Czarin war Gregor Potemkin, der Sohn eines verabschiedeten Offiziers aus dem niederen russischen Adel. Geboren im Jahre 1736 auf dem kleinen Landgute seines Vaters in der Nähe von Smolensk, hatte er, da ihn sein Vater zum geistlichen Stande bestimmt, seine Jugend in einer Erziehungsanstalt für Geistliche verlebt, wo er sich eine oberflächliche Bildung angeeignet, war jedoch später in die berittene Leibwache der Kaiserin Elisabeth eingetreten und hatte es in derselben bis zum Wachtmeister gebracht. Bei der Ermordung Peters III. wurde er von Orlow zu Hilfe gerufen, und seine Betheiligung an dieser Frevelthat verschaffte ihm den Rang eines Offiziers und die Stelle eines Kammerjunkers, als welcher er bald auch Zutritt zu den Hofkreisen erhielt.

Im Vertrauen auf seine Körperschönheit glaubte Potemkin es erreichen zu können, der Günstling der Kaiserin zu werden; allein Orlow, dem seine ehrgeizigen Absichten nicht entgingen, schickte ihn zu dem Heere nach der Türkei. Hier nahm er an mehreren Schlachten Theil, ohne sich jedoch durch besonderen kriegerischen Eifer hervorzuthun, weil seine Gedanken ausschließlich auf das Ziel gerichtet blieben, das sein Ehrgeiz sich gesteckt hatte. Als er im Jahre 1772 in Erfahrung brachte, daß Gregor Orlow durch seine Anmaßung und sein rohes Benehmen der Kaiserin lästig zu werden beginne, wußte er es dahin zu bringen, daß ihm eine Mission an den Kaiserhof übertragen wurde, und damit war der erste Schritt zu seiner Erhebung gethan. Katharina war bald so sehr für ihn eingenommen, daß er seines Sieges über den noch immer mächtigen Orlow gewiß sein durfte; doch verstrichen noch vier Jahre, ehe es ihm gelang, denselben gänzlich aus der Gunst der Kaiserin und damit zugleich aus deren Nähe zu verdrängen.

Nachdem Katharina ihren neuen Günstling in den Grafenstand erhoben hatte, verlieh sie ihm ein Ehrenamt nach dem andern und übertrug ihm nicht nur das Kriegswesen, sondern nach und nach auch die obere Leitung aller inneren und äußeren Staatsangelegenheiten. Um der Czarin zu gefallen und sich den einflußreichen Günstling geneigt zu machen, überhäuften ihn auch auswärtige Fürsten mit Beweisen ihrer Huld. Joseph II. verlieh ihm die Würde eines deutschen Reichsfürsten und Friedrich II. bot ihm seine guten Dienste an, falls er Herzog von Kurland zu werden wünsche. Neben dem Ehrgeiz war die Geldgier Potemkins vorherrschende Leidenschaft, und auch diese wurde durch die Gunst der Kaiserin im vollsten Maße befriedigt. Außer dem hohen Gehalte, den er für seine verschiedenen Aemter bezog, und den reichen Einkünften der ausgedehnten Güter, die Katharina ihm geschenkt hatte, erhielt er von ihr an jedem Neujahrstage einmalhunderttausend Rubel und ebensoviel an seinem Geburts- und Namenstagsfeste. Eine noch weit ergiebigere Quelle zur Vermehrung seiner Einkünfte lag in der ihm eingeräumten Befugniß, auf seinen bloßen Namen jede beliebige Summe aus den kaiserlichen Kassen zu entnehmen; denn er trug kein Bedenken, diese Befugniß zu seinem Vortheile in der gewissenlosesten Weise auszubeuten.

Wie sich Potemkin darin gefiel, seinen Reichthum in der Befriedigung der seltsamsten Launen einer übersättigten Sinnlichkeit zur Schau zu tragen, ohne daran zu denken, die Leute zu bezahlen, die für ihn arbeiteten oder ihm Lieferungen machten, so zeigte er in dem Uebermuth, womit er Diejenigen behandelte, die in sklavischer Unterwürfigkeit um seine Gunst buhlten, sowie in der Rücksichtslosigkeit, die er gegen die Kaiserin selbst an den Tag legte, indem er nicht nur ihrem Willen Trotz zu bieten wagte, sondern sogar oft absichtlich das Gegentheil von dem that, was sie wünschte, daß er sich seiner Machtvollkommenheit als unbeschränkter Gebieter Rußlands bewußt war.

Als Staatsmann war Potemkin besonders auf die Erweiterung der Grenzen des russischen Reiches bedacht, und der Plan zum Umsturz des türkischen Reiches war hauptsächlich sein Werk. Auf den Trümmern desselben sollte ein neues griechisches Reich für Katharina's zweiten, im Jahre 1779 geborenen Enkel errichtet werden, der deßhalb den alten Kaisernamen Konstantin erhalten hatte. Zur Förderung dieses Planes war Potemkin eifrig bemüht, eine engere Verbindung zwischen Rußland und Oesterreich zu Stande zu bringen, während das von Panin aufrecht gehaltene Bündniß mit Friedrich II., der im Stillen der Vergrößerung Rußlands entgegen arbeitete, immer lockerer wurde. Als Waffen- und Handelsplätze gegen die Türken wurden die Städte Katharinoslaw, Mariopol und Cherson errichtet, und über einem Thore der letzteren las man die bedeutungsvolle Inschrift: „Weg nach Byzanz."

Um die Verwirklichung des orientalischen Planes anzubahnen, wurden Schritte zur Vereinigung der Krim mit Rußland gethan, die mit Erfolg gekrönt waren. Nachdem der russische Hof den von ihm eingesetzten Khan Schahin Gherai vollständig auf seine Seite gezogen hatte, machte Potemkin im Jahre 1782 eine Reise nach Cherson, um durch Versprechungen und Geldspenden sowohl ihn, als auch andere Häupter der Tataren für die russischen Pläne zu gewinnen, und in der That gelang es ihm, den Khan zur Abordnung einer Gesandtschaft nach Petersburg zu bewegen, durch welche er der Czarin seine Unterthänigkeit erklären ließ. Die Brüder des Khans widersetzten sich zwar, unter dem Beistand eines Theiles der Bevölkerung; ihr Widerstand wurde jedoch durch russisches Militär niedergeworfen, das sogleich in das Land einrückte und Tausende der Gegner des Khans theils tödtete, theils zur Leibeigenschaft nach Rußland schleppte. Der Khan trat im Jahre 1783 seine oberherrlichen Rechte gegen die Zusage eines Jahrgeldes für sich und einige Glieder seiner Familie, dessen Auszahlung jedoch bald eingestellt wurde, an Rußland ab und verließ die Krim, die sofort von den Russen in Besitz genommen wurde. Die Bevölkerung erhob sich zwar in Masse gegen die russische Herrschaft; aber ihre Auflehnung hatte nur ein schauerliches Blutbad zur Folge, bei welchem auf Befehl Paul Potemkins, eines Verwandten des Fürsten, dreißigtausend Tataren, Männer, Weiber und Kinder, niedergemetzelt wurden.

Katharina suchte die gewaltsame Besitzergreifung der Krim durch die Erklärung zu rechtfertigen: „Die Tataren seien nicht fähig, das Glück der Unabhängigkeit zu genießen, das sie ihnen bei dem letzten Frieden verschafft habe; sie finde sich daher bewogen, zur Herstellung der Ruhe in der Krim, sowie zur Sicherheit ihres eigenen Reiches und zu einigem Ersatz der bereits für das Wohl der Tataren aufgewandten zwölf Millionen Rubel die Halbinsel Krim nebst Kuban und der Insel Taman unter ihre Herrschaft zu nehmen. Die von allen europäischen Mächten verlassene Pforte sah sich genöthigt, nicht nur die Herrschaft Rußlands über die Krim, Kuban und Taman anzuerkennen, sondern auch dem übermächtigen Nachbarstaate einen vortheilhaften Handelsvertrag zu gewähren. (1784.)

Für die mit Rußland vereinigte Krim, mit welcher Katharina

den sicheren Schlüssel zum osmanischen Reiche in Händen zu haben glaubte, wurde der alte Name Taurien erneuert, und Potemkin erhielt mit der Statthalterschaft über das neugewonnene Land den Auftrag, dasselbe zu einem Gliede des russischen Reiches umzugestalten. Er vollzog diesen Auftrag in der ihm eigenen schonungslosen Weise, indem er die bestehenden Einrichtungen gewaltsam vernichtete und dabei zugleich das Land zur Befriedigung seiner Habsucht in der schmachvollsten Weise aussaugte.

Um die hierüber von seinen Gegnern vor den Thron gebrachten Anklagen zu entkräften, bewog Potemkin die Kaiserin im Jahre 1787 zu einer Reise nach Taurien, zu welcher sie sich um so leichter entschloß, als der Tod ihres Günstlings Lanskoi sie schwermüthig gestimmt hatte und ihr daher eine Zerstreuung erwünscht war. Mit einem zahlreichen glänzenden Gefolge, unter welchem sich auch die Gesandten mehrerer fremden Höfe befanden, brach sie von Petersburg auf, und Feste, Schmeicheleien und Huldigungen aller Art gestalteten ihre Reise, für welche alle Pracht des Orients aufgeboten worden, zu einem Triumphzug.

In Kiew, bis wohin während der ganzen Fahrt die langen Nächte durch unzählige Scheiterhaufen erhellt worden waren, schiffte sich Katharina, nach einem mehrmonatlichen, durch den Eisgang des Dniepr veranlaßten Aufenthalt, auf einer kleinen Flotte von fünfzig Fahrzeugen nach den neu erworbenen Ländern ein. Als sie sich denselben näherte, wußte Potemkin sie durch ein Blendwerk zu täuschen, das ihr die menschenleeren, verödeten Gegenden im Lichte einer ungeahnten Blüthe zeigte. Auf vierzig Meilen weit waren große Volksmassen zusammengeholt worden, um die verschiedenen Orte, an welchen die Kaiserin vorüberfuhr, als reichbevölkert darzustellen; wenn sie diesen Zweck erfüllt hatten, ließ man sie vor Hunger umkommen. Die nämlichen Viehheerden wurden des Nachts von einem Ort zum andern getrieben, um der Kaiserin bald hier, bald dort den Wohlstand in der Ferne schimmernder gemalter Dörfer zu verkünden. In die Erde getriebene Mastbäume mit wehenden Wimpeln gaukelten ihr das Bild eines lebhaften Handels auf Flüssen und Kanälen vor. In dem Hafen von Sebastopol zeigte sich ihr bei einem prächtigen Feuerwerke das Trugbild einer ganzen Kriegsflotte. Von neuem Vertrauen in Potemkins schöpferischen Geist erfüllt, verlieh ihm die getäuschte Kaiserin den Beinamen „der Taurier“ und ertheilte dem Senate Befehl, eine Ruhmschrift auf ihn zu verfassen und dieselbe im ganzen Lande bekannt zu machen.

Wie die Reise der Kaiserin nach Taurien Potemkins Ansehen neu befestigte, so brachte sie auch seine Pläne bezüglich der Türkei ihrer Ausführung näher; denn während derselben kam zwischen der

Czarin und Joseph II., der mit ihr in Cherson zusammentraf und sie von dort auf ihrer weiteren Reise begleitete, das längst von Potemkin erstrebte Bündniß zu Stande, das ihr den Beistand Oesterreichs zu dem geplanten neuen Türkenkriege sicherte.

Katharina's zweiter Türkenkrieg.

(1788—1792.)

Seit der Zusammenkunft der Czarin mit Joseph II. unterlag es für die Pforte, wie für das gesammte übrige Europa, kaum mehr einem Zweifel, daß zwischen Beiden ein auf die Vernichtung des türkischen Reiches zielender Krieg vereinbart worden; denn der russische Hof schien es geflissentlich darauf anzulegen, durch neue unberechtigte Forderungen und Beschwerden aller Art die türkische Regierung zu reizen. Diese beschloß daher, im Vertrauen auf die Unterstützung Englands, Preußens und Schwedens, die alle mit Rußland aus verschiedenen Gründen auf gespanntem Fuße standen, auf Grund der zahlreichen seit dem Abschluß der Verträge von 1774 und 1784 von Rußland erlittenen Kränkungen der Czarin den Krieg zu erklären. Dies geschah am 24. August 1787, und an dem gleichen Tage wurde der russische Gesandte Bulgakow in das Schloß der sieben Thürme gesperrt.

Katharina beantwortete die türkische Kriegserklärung durch ein Manifest, in welchem sie, unter Versicherungen ihrer friedliebenden Gesinnungen und unter Verwünschungen gegen den Meineid und die Treulosigkeit der Pforte, die gesammte christliche Welt aufforderte, ihre Gebete und ihre Macht zur Vernichtung des Erbfeindes der Christenheit zu vereinigen.

Während Joseph II., wie wir oben (S. 555) gesehen, nach dem Plane Lascy's mit einem Heere von zweimalhunderttausend Mann durch das Banat einen weit ausgedehnten Cordon ziehen ließ, rückten zwei von Romanzow und Potemkin geführte russische Heere gegen die türkische Grenze vor. Auch wurden die Griechen zu einer erneuten Erhebung aufgefordert, und trotz der bitteren Erfahrungen, die sie im ersten Türkenkriege zu machen gehabt, leisteten Viele dieser Aufforderung Folge.

Diesmal schien die Türkei, die sich in ihren Erwartungen auf Unterstützung von Außen getäuscht sah, ihrem Schicksale nicht entgehen zu können; allein der Verlauf des ersten Kriegsjahres rechtfertigte in keiner Weise die Hoffnungen, welche die verbündeten Mächte auf ihre gewaltigen Streitkräfte gesetzt. Während die Oesterreicher in Folge des verfehlten Feldzugsplans Lascy's, statt zu einem erfolgreichen Angriff auf die Türkei schreiten zu können, sich mit schweren Verlusten in das Innere des Banats zurückgeworfen und zu einem einfachen Vertheidigungskrieg gezwungen sahen, verhinderte ein im Jahre 1788 begonnener Krieg Gustavs III. von Schweden gegen Rußland die Absendung der Ostseeflotte nach dem Mittelmeere, so daß die Flotte im schwarzen Meere es allein mit der türkischen Seemacht und ihrem tapferen Kapudan Pascha aufnehmen mußte.

Auch die beiden Landheere unter Romanzow und Potemkin befanden sich in einem nichts weniger als glänzenden Zustande; denn bei der durch die beispiellose Verschwendung der Günstlingsregierung herbeigeführten Erschöpfung der russischen Finanzen fehlte es den Truppen am Nöthigsten. Sechs Monate lang lag Potemkin unthätig vor der Grenzfestung Okzakow, durch welche sich die Russen im Besitze der Krim bedroht sahen, und nachdem die durch die Sommerhitze und Mangel aller Art erzeugten Krankheiten viele Tausende seiner Soldaten hinweggerafft hatten, drohte die Strenge des Winters ihnen noch größere Verluste zu bringen. Am 17. Dezember 1778 entschloß sich endlich Potemkin, der für die Verpflegung seiner Truppen nicht die geringste Sorge getragen, zu dem von den Soldaten selbst gewünschten Sturme, und nach einem furchtbaren Kampfe mit den zum äußersten Widerstande entschlossenen Türken drangen die Russen über die mit Leichen angefüllten Gräben in die Stadt ein, in welcher sie nicht nur die ganze türkische Besatzung niedermetzelten, sondern auch unter der Bevölkerung ein schauerliches Blutbad anrichteten.

Auf die erste Nachricht von der Erstürmung von Okzakow sandte Katharina dem siegreichen Potemkin mit einem kostbaren Degen das längst gewünschte große Band des Georgsordens, das sie ihm bisher nicht hatte verleihen können, weil es nur Derjenige tragen darf, der eine Hauptschlacht gewonnen oder eine Hauptfestung erobert hat. Noch größere Auszeichnungen harrten seiner in Petersburg, wohin er sich alsbald begab. Mehrere Nächte hindurch ließ die Czarin, in der vergeblichen Erwartung seiner Ankunft, mit großen Kosten drei Meilen weit den Weg erleuchten, auf welchem er eintreffen mußte, was jedoch den übermüthigen Günstling, der davon Kunde erhalten, nicht zur Beschleunigung seiner Reise bewegen konnte, und als er endlich angekommen war, machte sie ihm selbst den ersten Besuch. Am Osterfeste, an welchem sich der russische Hof um Mitternacht in der Kapelle des Winterpalastes zum Gottesdienste zu versammeln pflegt, umarmte sie ihn und dankte ihm, unter Ueberreichung eines mit den werthvollsten Diamanten reichbesetzten Ordenszeichens, mit erhobener Stimme für die wichtigen Dienste, die er ihr und ihrem Reiche geleistet. Mit dem alleinigen Oberbefehl über beide Heere betraut, reiste er am folgenden Tage wieder von Petersburg ab, nachdem er die Kaiserin gezwungen, ihm zur Fortsetzung des Krieges sechs Millionen Rubel zu behändigen.

Der Feldzug des Jahres 1789 brachte den Verbündeten ungleich größere Erfolge, als der vorhergehende. Potemkins Unterfeldherr Suwarow erfocht am 1. August, im Verein mit den Oesterreichern unter dem Prinzen von Koburg, bei Fokschany über ein türkisches Heer von fünfunddreißigtausend Mann einen glänzenden Sieg, an welchen sich am 22. September ein noch größerer bei Martinjesti am Rimnik reihte, wo die beiden Feldherren ein von dem Großvezier selbst befehligtes Heer von zweiundneunzigtausend Mann fast gänzlich vernichteten und dessen reiches Lager erbeuteten. Bald darauf, am 8. Oktober, eroberte der alte Loudon, der sich bereits Neugradeska's bemächtigt hatte, nach einer denkwürdigen Belagerung das wichtige Belgrad und warf die Türken bis hinter Nissa zurück. Zu der gleichen Zeit fielen Galacz, Akkierman und Bender, das letztere durch Verrath, in die Gewalt Potemkins.

Dieser trug sich unterdessen mit dem ehrgeizigen Plane, die von den Oesterreichern unter dem Prinzen von Koburg eroberte Moldau nebst der Wallachei bei der demnächstigen Theilung des türkischen Reiches als unabhängige Fürstenthümer für sich zu behalten, und das Leben, das er in Jassy führte, bekundete, daß er sich bereits als deren Herrscher betrachtete. Um die vornehmen Moldauer für sich zu gewinnen, umgab er sich mit einem königlichen Prunk, richtete eine fürstliche Kapelle ein, verschrieb Schauspieler und Tänzer aus Paris und ließ aus Frankreich die kostbarsten Schmuckgegenstände kommen, für welche der (nicht bezahlte) Zoll allein zwölftausend Rubel betrug.

Mit der Verwirklichung seiner Herrschaftspläne ging es indessen so rasch nicht, als er gehofft; denn der Sultan Selim, der seinem am 7. April 1789 verstorbenen Oheim Abdul Hamid auf dem Throne gefolgt war, zeigte sich, durch die feindliche Haltung Englands und Preußens gegen Rußland ermuthigt, zum äußersten Widerstand entschlossen, und der nach dem Tode Josephs II. von dessen Nachfolger Leopold II. mit ihm geschlossene Waffenstillstand, auf welchen am 4. August 1791 der Friede von Sistowa (s. S. 559) folgte, gestattete ihm, den Kampf gegen Rußland mit verdoppelten Kräften fortzusetzen.

Unterdessen hatte Katharina am 14. August 1790 mit Schweden Frieden geschlossen und konnte daher ihre gesammten Streitkräfte nach dem Süden richten, wo ihre Truppen alsbald neue Vortheile errangen. Besonders wichtig war die Eroberung der Festung Ismael, die am 22. Dezember 1790 durch Suwarow erstürmt wurde. Um sich für die bei der Belagerung und während des Sturmes erlittenen Verluste zu rächen, ließ der erbarmungslose Sieger in der erstürmten Stadt vierzigtausend Menschen niedermetzeln. Bald nach der Einnahme von Ismail überschritten die Russen die Donau und schlugen die Türken bei Macsin.

Trotz dieser Erfolge erkannte die Czarin die Nothwendigkeit, sich mit der Pforte zu vertragen; denn England und Preußen nahmen eine entschieden drohende Haltung gegen sie an, und die Polen zeigten sich entschlossen, den Türkenkrieg zur Abschüttelung der russischen Zwingherrschaft zu benutzen; auch waren Rußlands Hilfsquellen erschöpft: es fehlte an Geld und an Credit. Obgleich Potemkin selbst nach Petersburg eilte, um seinen ganzen Einfluß zur Fortsetzung des Krieges einzusetzen, erreichte er diesmal sein Ziel nicht: in der Hoffnung, sich zum anderen Mal an Polen schadlos halten zu können, knüpfte die Czarin Friedensunterhandlungen mit der Pforte an, und am 11. August 1791 kam zu Galacz ein Vertrag zu Stande, der am 9. Januar 1792 zu Jassy in einen definitiven Frieden verwandelt wurde. Rußland leistete zum andern Male auf die Donaufürstenthümer Verzicht und begnügte sich mit dem Gebiete von Oczakow bis an den Dniester, der fortan die Grenze zwischen beiden Reichen bilden sollte.

Noch vor dem Abschluß des Friedens von Jassy hatte der Tod der glanzvollen Laufbahn Potemkins ein Ziel gesetzt. Schon seit einiger Zeit war seine Lebenskraft durch eine Krankheit untergraben, die er durch Verachtung aller Vorsichtsmaßregeln unheilbar gemacht. Von innerer Unruhe getrieben, wollte er sich von Jassy nach Oczakow bringen lassen, wo er Erleichterung zu finden hoffte; auf der Reise dahin verschlimmerte sich jedoch sein Zustand so sehr, daß er sich mitten auf der Landstraße aus seinem Wagen heben und auf Teppichen, die man unter einem Baume ausgebreitet, niederlegen lassen mußte. Hier verschied er in den Armen seiner Nichte, der polnischen Gräfin Branicka (18. Okt. 1791).

Die zweite und dritte Theilung Polens.

(1793 und 1795.)

Durch die nach der ersten Theilung Polens von den drei Mächten der Republik aufgezwungene neue Verfassung hatte sich die Czarin die dauernde Herrschaft über Polen gesichert. Der aus dem Adel der Woiwodschaften gewählte „immerwährende Rath,“ der statt des abgeschafften Senats mit und neben dem König für die Vollziehung der Gesetze sorgen sollte und der eigentliche Inhaber der königlichen Gewalt war, stand ganz in ihrem Dienste und gehorchte den Befehlen ihrer Gesandten, während ihre Truppen, die im Lande blieben, „um die Ruhe Polens und dessen nationale Freiheiten zu schützen," das Volk mit den schwersten Bedrückungen heimsuchten. Die Sehnsucht nach Befreiung von diesem Drucke und dieser Schmach wuchs von Jahr zu Jahr und brach mit unwiderstehlicher Gewalt hervor, als Katharina's zweiter Türkenkrieg und die russenfeindliche Haltung Englands, Preußens und Schwedens für den Versuch, das geknechtete Land von seinen Fesseln zu befreien, einen glücklichen Ausgang in Aussicht zu stellen schien.

Es fehlte zwar nicht an Solchen, die theils aus Furchtsamkeit, theils aus Eigennutz den Strom der nationalen Begeisterung zu hemmen suchten; allein der im Jahre 1788 zusammengetretene Reichstag lieferte den Beweis, daß der vaterländisch gesinnte Theil der Nation, der die Vernichtung des russischen Einflusses verlangte, der bei Weitem stärkere war. Das von Katharina angetragene Bündniß gegen die Türkei wurde zurückgewiesen und der Beschluß gefaßt, das polnische Heer auf sechzigtausend Mann zu erhöhen, um der an Rußland gestellten Forderung, seine Truppen aus Polen zurückzuziehen und das Gebiet der Republik mit dem verheerenden Durchzug der nach der Türkei entsandten Heermassen zu verschonen, durch eine drohende Haltung den nöthigen Nachdruck verleihen zu können.

Nachdem die Czarin, durch den Doppelkrieg mit der Türkei und Schweden für den Augenblick zur Nachgiebigkeit gezwungen, ihre Truppen aus Polen zurückgezogen und die Zusage gegeben hatte, die Grenzen desselben fortan nicht mehr zu überschreiten, hoben die Polen den „immerwährenden Rath" auf und schritten, ermuthigt durch den Beifall Englands und Preußens, die ihnen Schutz und Unterstützung in Aussicht stellten, zu einer durchgreifenden Reform ihrer Verfassung, als dem einzigen Mittel, die verlorene Selbstständigkeit Polens herzustellen und seine Zukunft zu sichern.

Trotz der Gegenbemühungen der russenfreundlichen Partei nahm das Werk der inneren Regeneration Polens seinen ungehinderten Fortgang, und nachdem am 29. März 1790 mit Preußen ein Bündniß zu gegenseitiger Vertheidigung geschlossen worden war, setzten die Häupter der patriotisch gesinnten Partei, der Marschall Malachowski, der Bischof Krasinski von Kaminieck, der Bischof Soltik von Krakau und die Grafen Ignaz und Stanislaus Potocki, am 3. Mai 1791 in einer stürmischen Versammlung die Annahme der neuen Verfassung durch. Auch der König, der lange unentschlossen hin und her geschwankt, erklärte sich offen und nachdrücklich für dieselbe. Nachdem er von seinem Throne herab mit lauter Stimme die neue Verfassung beschworen hatte, begab er sich mit der ganzen Versammlung nach der Kathedrale, wo unter dem Donner des Geschützes und dem stürmischen Jubel der Stadt Warschau der im ganzen Lande begeisterten Nachhall fand, die Eidesleistung erneuert wurde.

Durch die neue Verfassung wurden alle diejenigen Institutionen beseitigt, aus welchen die innere Zerrüttung Polens hervorgegangen: das Liberum Veto, die Konföderationen und die Wählbarkeit des Königs. Für den Reichstag, der wie früher aus der Kammer der Landboten und der Senatorenkammer bestehen und alle zwei Jahre zusammenberufen werden sollte, wurde das Majoritätsvotum eingeführt und der Thron, bei der Kinderlosigkeit des Königs Stanislaus, in der Familie des Kurfürsten von Sachsen für erblich erklärt. Den königlichen Städten wurden Rechte zugesprochen, die eine allmähliche Verschmelzung des Bürgerstandes mit dem Adel anzubahnen geeignet waren. Sie erhielten nicht nur die Befugniß, ihre Magistratspersonen selbst zu wählen, sondern es sollte auch den Bürgern das Recht zustehen, adelige Güter zu erwerben, und jeder Bürger, der ein ganzes Dorf kaufe oder ein Ehrenamt im Heere oder in der Verwaltung bekleide, in den Adelstand erhoben werden. Für den Bauernstand blieb zwar die Leibeigenschaft in Kraft, doch wurde derselbe unter den Schutz der Gesetze und der Landesregierung gestellt.

Während alle wohlgesinnten Polen in der neuen Verfassung ein sicheres Unterpfand künftigen Glückes sahen, rief die russische Partei, an deren Spitze der Fürst Felix Potocki, der Krongroßfeldherr Branicki, der Bischof Kossakowski und der Graf Rzewuski standen, den Beistand der Czarin zur Vernichtung der von ihr als das Grab der polnischen Freiheit bezeichneten neuen Verfassung und der Wiedereinführung der alten an. Bereitwillig sagte ihnen Katharina, die eben mit den Türken Frieden geschlossen, ihre Hilfe zu, indem sie eine Erklärung erließ, in welcher sie sich in Klagen über den Reichstag erging, den sie des Undanks gegen sie und der Nichtachtung der „von den Vorfahren zum Heile Polens erlassenen Bestimmungen“ beschuldigte. Sie wolle zwar, fügte sie hinzu, vergessen, daß man sie selbst beleidigt und ihre Großmuth und Uneigennützigkeit verschmäht habe; aber sie könne nicht gleichgiltig bleiben gegen die Polen, die ihren Schutz anflehten. Die russische Partei schloß hierauf zu Targowicz eine Konföderation, zu deren Unterstützung die aus der Türkei zurückkehrenden Heere in der Stärke von einmalhunderttausend Mann gegen die polnische Grenze heranrückten.

Im Vertrauen auf die Hilfe Preußens sahen die Polen ruhig dem ihrer harrenden Kampfe entgegen; aber sie hatten die ebenso perfide, als selbstsüchtige Staatskunst des Jahrhunderts nicht in Betracht gezogen. Der König Friedrich Wilhelm II. wollte ihnen seine Hilfe nur um den Preis der Abtretung von Danzig und Thorn verkaufen, und da sie sich zu derselben nicht verstehen konnten, schloß er sich an die Czarin an. Vergebens riefen die Polen Oesterreich, Sachsen und die Türkei um Hilfe an: Sachsen war zu schwach, die Türkei erschöpft und Oesterreich mit den Franzosen im Kampfe.

So sahen sich die Polen auf ihre eigene Kraft beschränkt, und überdies wirkten geheime Anhänger der Russen, die der König in seinen Staatsrath aufgenommen hatte, verrätherischerweise der Ausführung dessen entgegen, was der Reichstag in Bezug auf das Heer beschloß. Dennoch verzweifelte die patriotische Partei nicht an ihrer gerechten Sache, und auch der König erneuerte vor Gott und dem ganzen Volke sein Gelübde, für die Vertheidigung der Verfassung und des Vaterlandes mit Gut und Blut einzustehen.

Indessen betrug die ganze Truppenmacht der Polen, die in zwei Heere getheilt, dem Feinde entgegenzog, nur fünfunddreißigtausend Mann. Die Hauptführer derselben waren Joseph Poniatowski, ein Neffe des Königs, und Thaddäus Kosciusko, ein polnischer Edelmann, der im nordamerikanischen Freiheitskampfe unter Washington seine Kriegsschule gemacht. Beide Heere wurden nach vielen zwar rühmlichen, aber unglücklichen Gefechten bis an den Bug zurückgedrängt. Hier kam es am 7. Dezember 1792 bei Dubienka zu einem blutigen Treffen, in welchem der heldenmüthige Kosciusko an der Spitze von sechstausend Polen einem russischen Heere von achtzehntausend Mann den Sieg streitig machte, bis ihn die Umgehung seines rechten Flügels durch die auf das neutrale österreichische Gebiet übergegangene russische Kavallerie zum Rückzuge zwang.

Inzwischen hatte der Reichstag das gesammte Volk zu den Waffen gerufen, und der König erklärte aufs Neue, daß er der Tapferkeit der Nation mit dem Schicksal des Staates zugleich sein eigenes anheimgebe, da er entschlossen sei, den Untergang des Reiches und den Sieg der Bösen nicht zu überleben. Aber während das Volk sich um die Fahnen seiner tapferen Führer schaarte, wurde der feige König an demselben zum Verräther. Nachdem die Czarin ihm in einem drohenden Briefe befohlen, der Targowiczer Konföderation beizutreten, erklärte er am 23. Juli 1792 seinem Staatsrathe: da die drei benachbarten Höfe sich, wie er in Erfahrung gebracht, gegen Polen verbündet hätten, könne man die drohende Gefahr nur durch inniges Anschließen an Rußland abwenden, worauf ihm die im russischen Solde stehenden Mitglieder desselben ihren Dank dafür aussprachen, „daß er das Vaterland selbst um den Preis der Schmälerung seines eigenen Ruhmes zu retten suche." Sofort erging an das Heer der Befehl, alle Feindseligkeiten einzustellen. Poniatowski und Kosciusko legten ihre Stelle nieder und verließen mit vielen anderen Patrioten ihr Vaterland.

Nachdem die frohlockenden Targowiczer Konföderirten Alles mit Gewalt zum Beitritte gezwungen hatten, wurde mit Zustimmung des Königs die neue Verfassung für aufgehoben erklärt und auf Befehl der Czarin ein Reichstag nach Grodno ausgeschrieben, um über eine neue, die alte polnische Freiheit sichernde Konstitution zu berathen. Während dieses Reichstags übergaben die Gesandten Rußlands und Preußens eine Erklärung ihrer Höfe, des Inhaltes, daß der in Polen eingedrungene Geist des Jakobinismus sie zwinge, dem Lande, im Interesse der dadurch bedrohten Nachbarstaaten, engere Grenzen zu ziehen und die Republik zu einer Mittelmacht herabzudrücken. Zu spät erkannten die Targowiczer Konföderirten, wohin der russische Schutz geführt, den sie in ihrer Verblendung angerufen hatten. Felix Potocki eilte nach Petersburg, um die Gerechtigkeit der Czarin anzuflehen; aber seine Bemühungen hatten keinen Erfolg.

Anfangs widersetzte sich der Reichstag der von Rußland und Preußen geforderten neuen Theilung; als jedoch der russische Gesandte Sievers, der zahlreiche Truppen in die Nähe der Stadt gezogen hatte, Geschütze gegen das Versammlungshaus auffahren und vier der muthigsten Landboten gefangen nehmen ließ, erlahmte der Widerstand. Nachdem am 17. August 1793 Rußland durch die Abtretung Kleinpolens und der Ukraine zufrieden gestellt worden war, wurde am 3. September auch der Vertrag unterzeichnet, durch welchen Preußen mit den beiden Städten Danzig und Thorn das zwischen Schlesien und dem Herzogthum Preußen gelegene Gebiet erhielt, welches seitdem „Südpreußen" genannt wird.

Nach der zweiten Theilung Polens erzwang die Czarin die Wiedereinführung des „immerwährenden Rathes", sowie den Abschluß eines neuen Bundesvertrags mit Rußland, der die Bestimmung enthielt, daß ohne Genehmigung des russischen Hofes keinerlei Veränderung in der Verfassung vorgenommen, keinerlei Verbindung mit auswärtigen Mächten eingegangen und den russischen Truppen zu keiner Zeit der Durchzug durch das polnische Gebiet verwehrt werden dürfe. Um den Polen das volle Gewicht des russischen Tyrannenjoches fühlbar zu machen, wurde der übermüthige Graf Igelström zum Gesandten in Warschau ernannt und der 3. Mai, der Jahrestag der Proklamation der neuen Verfassung, von der die Polen die Wiedergeburt ihres Landes erhofft hatten, zur Huldigung in den abgetretenen Provinzen bestimmt.

Das Uebermaß des Unglücks und der Schmach trieb die Polen zu einem letzten, verzweiflungsvollen Versuch, das unerträglich gewordene Joch abzuschütteln. Im Dunkel des tiefsten Geheimnisses bildete sich über eine das ganze Land verbreitete Verschwörung, an deren Spitze Kosciusko stand, der mit mehreren gleichgesinnten Freunden außerhalb des Vaterlandes eine Zufluchtsstätte gefunden. Der Aufstand kam zum Ausbruch, als in Folge der von Rußland und Preußen dekretirten Herabminderung des polnischen Heeres auf sechzehntausend Mann das zu Pultusk stehende Korps des Generals Madalinski aufgelöst werden sollte. (24. März 1794). Madalinski weigerte sich, dem dieserhalb an ihn ergangenen Befehle nachzukommen, und führte seine Brigade durch die neuen preußischen Besitzungen nach Krakau, wo alsbald auch der von den Patrioten zum Diktator ernannte Kosciusko erschien. Die Bürgerschaft von Krakau trat sofort, gleich dem Adel der ganzen Woiwodschaft, dem Aufstande bei, und ein Manifest, das die Wiederherstellung Polens für den Einzigen Zweck der Erhebung erklärte und jede Verdächtigung jakobinischer Bestrebungen mit Entschiedenheit zurückwies, forderte die ganze Nation zum Kampfe gegen die Bedrücker des Vaterlandes auf.

Ein Sieg, den Kosciusko am 4. April 1794 bei Wraclawice mit viertausend meist nur mit Sensen bewaffneten Polen ohne alles Geschütz über zwölftausend Russen erfocht, wirkte durchschlagend: das ganze Land schloß sich dem Aufstande an. Am 17. April erhob sich Warschau. Im Vereine mit den polnischen Soldaten fiel die Bürgerschaft über die russische Besatzung her, und nach einem sechsunddreißigstündigen mörderischen Kampfe wurde dieselbe, trotz des ihr zu Gebote stehenden zahlreichen Geschützes, überwältigt. Der General Igelström rettete sich durch die Flucht, und mit ihm entging nur ein kleiner Theil seiner Truppen der Gefangenschaft.

König Stanislaus wollte sich, als er sich von seinem gefürchteten Gebieter befreit sah, den Patrioten anschließen; allein diese ließen ihm, obgleich sie seine Königswürde durch eine anständige Behandlung ehrten, keinerlei Macht. Kosciusko, der auf die Nachricht von der Befreiung der Hauptstadt nach Warschau geeilt war, hob, kraft der ihm übertragenen Diktatur, den „immerwährenden Rath“ auf und setzte eine neue Oberbehörde ein; auch traf er Maßregeln, um den Mißbrauch der großen Bewegung durch Feinde der Ordnung zu verhindern; doch mußte er zugeben, daß vier der vornehmsten Anhänger Rußlands zum Tode durch den Strang verurtheilt und am 9. Mai gehängt wurden.

Unterdessen war Friedrich Wilhelm II. von Preußen mit einem Heere von vierzigtausend Mann in Polen eingerückt. Kosciusko zog ihm entgegen und wagte es, ihm mit seinem ungleich schwächeren und schlecht bewaffneten Haufen am 6. Juni bei Sczekozyn eine Schlacht anzubieten, die zum Nachtheil der Polen ausging. Von den Preußen verfolgt, zog er sich nach Warschau zurück, das zwei Monate lang von einem preußisch-russischen Heere belagert wurde, bis der durch Dombrowski in den an Preußen abgetretenen Gebieten erregte Aufstand, durch welchen sich das preußische Heer im Rücken bedroht sah, die Aufhebung der Belagerung herbeiführte.

Die Befreiung der Hauptstadt wurde von den Patrioten als ein sicheres Unterpfand für die Befreiung des ganzen Vaterlandes mit Jubel gefeiert. Allein ihre Siegeszuversicht erwies sich als eine trügerische. Mit Rußland und Preußen verband sich auch Oesterreich zur Bekämpfung des polnischen Aufstandes, weil man in Wien der Ansicht war, daß das Schicksal Polens doch nicht abgewendet werden könne und es der Klugheit angemessen sei, das dem Untergange geweihte Reich den beiden übrigen Mächten nicht allein zum Raube zu lassen.

Während Oesterreich Galizien besetzen ließ, sandte die Czarin ihren gefürchtetsten Feldherrn Suwarow, der eben mit der Entwaffnung der Polen in der Ukraine beschäftigt war, mit zahlreichen Streitkräften nach dem Inneren Polens. Vergebens suchte Sierakowski, der mit einem Heerhaufen von zehntausend Mann am Bug stand, seinem Vordringen Einhalt zu thun: er erlag in zwei blutigen Gefechten der Uebermacht.

Um die Vereinigung Suwarows mit dem russischen General Fersen zu verhindern, der an der Belagerung von Warschau Theil genommen und noch jenseits der Weichsel stand, brach Kosciusko gegen diesen auf und griff ihn am 10. Oktober 1794 bei Maciejowice an; aber weder sein hervorragendes Feldherrntalent noch seine heldenmüthige Tapferkeit vermochte dem übermächtigen Gegner den Sieg zu entreißen: sein kleiner Heerhaufe erlag, und er selbst fiel, nachdem er, mehrfach verwundet, mit dem Ausrufe: Finis Poloniae! vom Pferde gestürzt war, als Gefangener den Russen in die Hände.

Nachdem Suwarow alle in Polen stehenden russischen Heerhaufen an sich gezogen und verschiedene kleineren polnischen Schaaren vernichtet hatte, rückte er gegen Warschau vor und schritt am 4. November zum Sturme auf die Vorstadt Praga. In weniger als einer Stunde waren die Verschanzungen der Polen erstiegen, und mit wildem Siegesgeschrei drangen die rohen Schaaren in die Vorstadt ein, in welcher der herzlose Suwarow die Gräuel von Ismail erneuern ließ. Nach Ségurs Angaben wurden dreißigtausend Menschen ohne Rücksicht auf Alter und Geschlecht zum Theil unter schauerlichen Martern, von den Siegern niedergemetzelt.

Mit dem Falle von Praga war das Bollwerk Warschau's vernichtet, und der unglücklichen Bürgerschaft der Hauptstadt blieb keine Hoffnung mehr; sie knüpfte daher mit Suwarow Unterhandlungen wegen der Uebergabe an. Dieser verlangte, außer dem unverzüglichen Abzug der polnischen Besatzung, die Belassung des Königs Stanislaus in seiner Würde, allgemeine Entwaffnung und Freigebung der russischen Gefangenen und sagte dagegen Sicherheit des Lebens und des Eigenthums zu. Die Bürger nahmen die gestellten Bedingungen an; doch gelang es ihnen nur mit Mühe, die polnische Besatzung bei ihrem Abzuge zur Zurücklassung des Königs und der russischen Gefangenen zu bewegen.

Nachdem die polnischen Truppen Warschau geräumt, hielt Suwarow am 9. November 1794 seinen feierlichen Einzug in die Stadt, während die letzten Trümmer der bewaffneten Macht Polens durch einzelne russischen und preußischen Heerhaufen zerstreut und über die Grenze getrieben wurden. Obwohl Suwarow im Namen der Czarin eine allgemeine Amnestie zugesagt, ließ Katharina den Fürsten Ignaz Potocki und Andere gefangen nehmen und ihre Güter konfisciren. Kosciusko erhielt erst nach ihrem Tode die Freiheit zurück.

Am 25. November 1795 erging an den König Stanislaus der Befehl, seine Krone niederzulegen. Die gänzliche Vernichtung des Königreichs Polen war im Rathe der drei Mächte beschlossen worden. Ueber die Theilung des Landes hatten sich dieselben schon seit längerer Zeit geeinigt. Der bedeutendste Theil fiel auch diesmal Rußland zu: es erhielt zweitausend Quadratmeilen mit anderthalb Millionen Einwohnern; Preußen nahm neunhundert Quardratmeilen mit einer Million Einwohnern und Oesterreich achthundert Quadratmeilen mit der gleichen Seelenzahl in Besitz. Der Beuteantheil Rußlands, der Warschau in sich schloß, war durch den Bug von Oesterreich und durch den Niemen von Preußen getrennt, während die Weichsel die Grenze zwischen Preußen und Oesterreich bildete.

Am 15. März 1795 vereinigte Katharina auch Kurland mit ihrem Reiche, nachdem die kurländischen Stände bewogen worden, sich am 1. März durch eine „freiwillige und unbedingte" Unterwerfungsakte für Unterthanen der Czarin zu erklären. Der nach Petersburg berufene Herzog Peter Biron, der Sohn und Nachfolger des im Jahre 1772 verstorbenen Günstlings der Kaiserin Anna (s. S. 574), leistete der Aufforderung zum Verzicht auf seine Würde gegen die Zusage eines Jahrgehaltes Folge und lebte seitdem, gleich dem König Stanislaus, in Petersburg, wo der Letztere am 12. Februar 1798 starb.

Trotz des entschiedenen Verdammungsurtheils, das Katharina gegen die französische Revolution ausgesprochen, nahm sie keinen Theil an der Bekämpfung der französischen Republik. Dagegen traf sie im Jahre 1796 Vorkehrungen zu einem Kriege gegen Persien, um den Schah Mohammed für die Vertreibung des alten Fürsten Heraklius von Georgien, eines Vasallen Rußlands, aus Tiflis zu züchtigen. Schon war ein Heer von dreißigtausend Mann zum Aufbruch bereit, als die Czarin am 17. November 1796 im Alter von siebenundsechzig Jahren unerwartet einem Schlagflusse erlag. Eine der ersten Regierungshandlungen ihres Sohnes und Nachfolgers Paul I., der den Krieg gegen Persien aufgab, war die Freigebung Kosciusko's. Er selbst begab sich mit seinen beiden ältesten Söhnen in dessen Gefängniß, um ihm seinen Degen zurückzugeben. Kosciusko wies denselben mit den Worten zurück: „Ich bedarf keinen Degen mehr, weil ich kein Vaterland mehr habe." Er ging nach England und von dort nach Amerika. Im Jahre 1798 nach Europa zurückgekehrt, lebte er anfangs in Frankreich und zuletzt in der Schweiz, wo er sich in der Nähe von Solothurn ein kleines Landgut gekauft hatte. Hier starb er am 18. Oktober 1817 an den Folgen eines Sturzes mit dem Pferde, im Alter von einundsiebzig Jahren. Seine Leiche wurde nach Krakau gebracht und in der Gruft der polnischen Könige beigesetzt.

XXXIV.

Friedrichs II. letzte Regierungszeit.

(1763—1786.)

Nach dem Abschlusse des Hubertsburger Friedens war Friedrich vor Allem darauf bedacht, den schwer geschädigten Wohlstand seiner Provinzen herzustellen und dem zerrütteten Finanzwesen aufzuhelfen. Dabei versäumte er jedoch nicht, auch seinen gesunkenen Kriegsstand neu zu kräftigen, um für jede Eventualität gerüstet zu sein, welche die dem preußischen Staate errungene Machtstellung bedrohen oder Gelegenheit zu neuen Erwerbungen bieten könnte. Den Vorschlag Maria Theresia's, zur Verbürgung eines dauernden Friedens den Stand der beiderseitigen Heere in völlig gleichem Verhältnisse herabzusetzen und sich über einen dauernd beizubehaltenden Armeestand zu verständigen, aus leicht begreiflichen Gründen zurückweisend, brachte er sein Heer wieder auf einmalhundertfünfundneunzigtausend Mann, von denen ungefähr der fünfte Theil aus angeworbenen Ausländern bestand. Um die Lücken auszufüllen, die der Krieg unter den Offizieren geschaffen, welche Friedrich, wie bereits früher bemerkt, fast ausnahmslos dem Adelsstande entnahm, wurde nicht nur das für die militärische Ausbildung der jungen Edelleute bestimmte Kadettenhaus in Berlin bedeutend vergrößert, sondern auch zur Anlegung zweier kleineren Kadettenschulen zu Stolpe in Pommern und zu Kulm in Westpreußen geschritten. Auch errichtete Friedrich in Berlin noch eine besondere Militärakademie, für welche er die Lehrer aus Frankreich verschrieb. An der Herstellung des durch den Krieg sehr herunter gekommenen Feldgeräthes wurde mit einem Eifer gearbeitet, als stehe Preußen am Vorabende eines neuen Krieges. Auch wurden die Artillerieregimenter bedeutend vermehrt, die Festungen in besseren Stand gesetzt und alle Vorrathshäuser gefüllt.

Um dem gänzlich darniederliegenden Ackerbau aufzuhelfen, ließ Friedrich das Getreide, das bereits für den nächsten Feldzug angekauft worden, als Saatkorn unter die ganz verarmten Landleute vertheilen und gab die für die Artillerie und das Gepäck bestimmt gewesenen Pferde der Landwirthschaft zurück. In denjenigen Provinzen, welche am meisten durch den Krieg gelitten hatten, wurde ein Steuererlaß bewilligt, in Schlesien auf sechs Monate, in Preußen und der Neumark auf zwei Jahre; auch ließ der König viele zerstörte Wohnungen auf seine Kosten wieder aufbauen und half den am schwersten geschädigten Familien durch Geldvorschüsse auf. Ganz besonders wurde jedoch bei diesen Unterstützungen der Adel berücksichtigt. Den heruntergekommenen adeligen Familien schenkte der König bedeutende Summen zur Bezahlung ihrer Schulden und zur Herstellung und Aufbesserung ihrer Güter. Auch führte er in Schlesien, Pommern und Preußen das noch jetzt bestehende Kreditsystem ein, nach welchem jeder Rittergutsbesitzer Anlehen auf sein Grundstück bis zu einer bestimmten Höhe des Werthes, unter Gewährleistung der Provinzialstände, die zu diesem Zwecke sogenannte „Pfandbriefe“ ausstellen, zu einem äußerst geringen Zinsfuß aufnehmen kann.

Im Allgemeinen war das System, das Friedrich in der Verwaltung seines Landes befolgte, nach dem siebenjährigen Krieg das gleiche, wie vor demselben. Ungleich mehr, als für den Ackerbau, für dessen Würdigung als der wichtigsten materiellen Lebensfrage seiner Unterthanen dem König das Verständniß fehlte, geschah für das Fabrikwesen; doch wurde auch hier selten das Richtige getroffen. Die Leinenwebereien in Schlesien und Westfalen, sowie die metallischen Fabriken und die Wollenmanufakturen in der Mark, in Magdeburg und in Schlesien erhielten sich ohne Staatsunterstützung in Blüthe und zogen Geld ins Land; dagegen kosteten die privilegirten neuen Fabriken, durch welche die Einfuhr fremder Kunstprodukte verhütet werden sollte, im Ganzen dem Staate ungleich mehr, als sie ihm einbrachten. Für die von dem König selbst in Berlin gegründete Porzellanfabrik wurden die Juden tributpflichtig gemacht, indem ihnen die Verpflichtung auferlegt wurde, bei ihrer Verheirathung für einige hundert Thaler Porzellan zu kaufen, und zwar nicht nach eigener Auswahl, sondern nach derjenigen der Verwaltung.

Um den Handel möglichst nutzbringend für den Staat zu machen, wurden verschiedene Handelsartikel monopolisirt, was wegen der dadurch entstehenden Vertheuerung derselben große Unzufriedenheit erregte. So wurde im Jahre 1765 ein Monopol für den Tabaksverkauf zu Gunsten eines Franzosen geschaffen, der dafür eine Million Thaler Pacht zahlte. Später ging dasselbe, da der Pächter seine Verbindlichkeiten nicht erfüllte, an die Berliner Tabaksfabrikanten über, und endlich übernahm der König selbst die Sache für Rechnung des Staates. Noch verhaßter war das Kaffeemonopol, das dem Staat bedeutende Summen eintrug, zugleich aber auch den Aermeren den Genuß des Kaffee's nahezu unmöglich machte. „Arme Leute", meinte der König, „brauchten keinen Kaffee zu trinken; sie könnten sich an Biersuppe halten." Nur wer zwanzig Pfund auf einmal kaufen konnte, hatte das Recht, den Kaffee selbst zu brennen, und erhielt zu diesem Ende einen Brennschein; geringere Leute mußten gebrannten Kaffee kaufen, von welchem der König sich das Pfund mit einem Thaler bezahlen ließ, während der ungebrannte nicht halb so viel kostete, immer aber nahezu doppelt so theuer war, als in Hamburg. Das Kaffeebrennen ohne Brennschein wurde mit dreijähriger Festungshaft bestraft. Auch der Zucker, das Salz und das Brennholz wurden monopolisirt.

Indessen wurde der Nutzen, den der König aus allen diesen Monopolen sich herausgerechnet hatte, bedeutend verkürzt durch den immer mehr überhand nehmenden Schleichhandel, der, durch die zahlreichen Grenzen des preußischen Staates begünstigt, in einer Ausdehnung betrieben wurde, von welcher man sich heutigen Tages kaum eine Vorstellung machen kann.

Schon unter Friedrich Wilhelm I. waren die indirekten Steuern mit der größten Strenge beigetrieben worden; dennoch war Friedrich II. der Ansicht, daß bei einer noch schärferen Ueberwachung die Quelle dieser Abgaben für den Staat ungleich reichlicher fließen werde. Er zog darüber den eben in Berlin weilenden französischen Schriftsteller Helvetius zu Rathe, der als Generalpächter der französischen Finanzen in diesem Fache wohl bewandert war, und derselbe trat nicht nur vollständig seiner Ansicht bei, sondern sandte ihm auch fünf Franzosen, aus welchen der König im Jahre 1766 eine besondere, ganz nach französischem Muster eingerichtete „General-Zoll- und Accise-Administration" — gewöhnlich „Regie" genannt — bildete. Zur Durchführung des neuen Systems wurden noch einige hundert andere, im Zoll- und Accisewesen wohl geübte Franzosen ins Land gezogen, um als Accisebeamten in die Provinzen vertheilt zu werden. Welchen Eindruck diese Neuerung, deren schwerer Druck nur den Bürger- und Bauernstand traf, da der König ausdrücklich erklärt hatte, daß er den Adel, als gesetzlich steuerfrei, von demselben ausgenommen wissen wollte, unter dem Volke machte, erhellt aus den Worten eines begeisterten Zeitgenossen und Anhängers des Königs.

„Vielleicht", sagt Dohm, „ist kein Gedanke Friedrichs für sein Land je verderblicher gewesen, und wir glauben die Periode, wo die Ausführung desselben begann, als die traurigste der Regierung des Königs ansehen zu können. Zuverlässige Männer, die dies erlebten, haben uns den furchtbaren Eindruck nicht stark genug schildern können, als die anfangs kaum geglaubte, aber bald als wahr sich bewährende Nachricht erscholl: es sollten ganz ungewohnte, harte Abgaben eingeführt und dieselben durch eine solche Beschränkung aller natürlichen Freiheit und durch einen solchen Zwang bei den unschuldigsten Handlungen beigetrieben werden, daß der König sich nicht getraue, hierbei eigene Unterthanen zu gebrauchen, weil er bei ihnen zu viel menschliches Gefühl voraussetze, sondern unbarmherzige Fremdlinge kommen lasse, denen er sein Volk zur grausamsten Mißhandlung überliefern und denen er hierfür zum Lohne erlauben wolle, sich mit dessen Schweiße zu bereichern. Dieser erklärte königliche Wille empörte alle Gemüther und raubte dem Könige selbst einen guten Theil der Liebe und Achtung seiner Unterthanen, deren er bisher in so hohem Grade genossen hatte, und die durch die Wunderthaten des siebenjährigen Krieges bis zur höchsten Bewunderung und zärtlichsten Anhänglichkeit erhoben waren. Viele Unterthanen sahen von nun an in ihm nicht mehr den gütigen Landesvater, sondern einen durch den langen blutigen Krieg abgehärteten Tyrannen, der immer auf neue Entwürfe der Vergrößerung sinne und nun das zu deren Ausführung nöthige Geld von seinem Volke durch Fremde erpressen lassen wolle."

Noch ungleich schlimmer, als die bedeutende Erhöhung der indirekten Abgaben, war die Art ihrer Erhebung. Derselbe Gegenstand, so oft er in eine neue Form gebracht, zu einem neuen Gebrauche zugerichtet war, oft auch wenn man ihn nur aus einer Provinz in die andere verführt hatte, wurde wiederholten Abgaben unterworfen. Zu allen Tageszeiten drangen Zoll- und Accisebedienstete in das Haus jedes ehrlichen Mannes und durchsuchten Alles. Für jeden Gegenstand, der einer Abgabe unterworfen war, forderten sie den Beweis, daß diese Abgabe entrichtet worden. Konnte derselbe nicht beigebracht werden, so nahmen sie den Gegenstand weg und verwickelten den Eigenthümer, wenn es ihm an den nöthigen Mitteln fehlte, um sich mit ihnen abzufinden, in einen verdrießlichen Prozeß. Man hielt die Acciseangestellten, die der Gegenstand des allgemeinen Hasses waren, jeder Verruchtheit fähig. Nicht selten wurden sie beschuldigt, selbst Kontrebande eingeschleppt und dann behauptet zu haben, sie hätten sie in der betreffenden Wohnung gefunden.

Als die Klagen über die verschiedenen Finanzmaßregeln des Königs immer häufiger und dringender wurden, befahl der König dem Generaldirektorium, eine Untersuchung darüber anzustellen, in wiefern dieselben begründet seien. Die Minister Blumenthal und Hagen überreichten ihm ein Gutachten, in welchem seine handelspolitischen Neuerungen einer eingehenden Kritik unterzogen und die meisten derselben als die Ursache des nicht hinweg zu leugnenden Verfalls des Handels und der Gewerbe bezeichnet wurden. Der König nahm die Sprache der Wahrheit jedoch höchst ungnädig auf. „Ich erstaune über der impertinenten Relation, so Sie mir schicken," schrieb er eigenhändig unter das eingereichte Gutachten; „ich entschuldige die Ministres mit ihre Ignorance, aber die Malice und Corruption des Concipienten muß exemplarisch bestraffet werden, sonsten bringe ich die Canaillen niehmals in der Subordination." Die „exemplarische Strafe," welche den Verfasser des Gutachtens, den geheimen Finanzrath Ursinus, traf, bestand in Dienstentlassung und Festungshaft in Spandau.

Die Gerechtigkeit wurde unter Friedrich II. im Allgemeinen streng und unparteiisch gehandhabt: auch die ärmsten Unterthanen waren gegen Bedrückung und ungerechte Urtheilssprüche geschützt. Schon lange hatte sich der König mit dem Gedanken getragen, durch ein klares, bündiges Gesetzbuch die verwickelten Formen des Gerichtsverfahrens zu vereinfachen. Die Ausarbeitung dieses Gesetzbuches, des sogenannten „preußischen Landrechts," übertrug er dem Großkanzler Carmer; doch wurde dasselbe erst nach seinem Tode vollendet.

Obgleich auch das Schulwesen von Friedrichs Fürsorge nicht ausgeschlossen blieb, beschränkte sich dieselbe im Wesentlichen doch auf den wissenschaftlichen Unterricht; für das Volksschulwesen geschah unter ihm, nach dem Zeugnisse Dohms, nur sehr wenig. „Der größte Vorwurf," sagt derselbe, „der dem König Friedrich II. in Absicht der sittlichen Bildung seines Volkes gemacht werden kann, ist unstreitig der, daß er für die Erziehung der Jugend so wenig gethan hat. Daß diese und gute Unterrichtsanstalten von höchster Wichtigkeit sind und die aufmerksamste Beförderung der Regierung verdienen, darüber hat Friedrich sowohl in seinen Verordnungen, als in Schriften und Briefen sich mit solchem Nachdrucke erklärt, daß man an seiner Ueberzeugung von dieser Wahrheit nicht zweifeln kann. Allein er hat nicht dieser Ueberzeugung gemäß gehandelt. Die Schulen, besonders diejenigen für den Landmann, waren von der schlechtesten Beschaffenheit, und der König hat äußerst wenig, eigentlich gar nichts für sie gethan." Den Grund davon findet Dohm theils in der überwiegenden Richtung der Thätigkeit des Königs auf die äußere Politik, theils darin, daß bei den vielen sonstigen Ausgaben von den Einkünften des Staates nicht genug zur gründlichen Verbesserung der Schulen übrig geblieben sei.

Von der deutschen Literatur nahm der König in seinen späteren Lebensjahren ebensowenig Notiz, als er dies in seiner Jugend gethan. Ohne Ahnung von der hohen Vollkommenheit, zu welcher sich die vaterländische Poesie emporgeschwungen, schrieb er in seinen letzten Lebensjahren in französischer Sprache eine Abhandlung über die deutsche Literatur, worin er sie aus den Erinnerungen seiner Jugend schildert und die deutsche Sprache eine „barbarische" nennt, „die in so viele verschiedene Dialekte getheilt sei, als Deutschland Provinzen zähle, so daß es auch dem reichbegabtesten Schriftsteller physisch unmöglich sei, diese rohe Sprache in überlegener Weise zu handhaben." Diese Schrift schickte er im Jahre 1781 an d'Alembert mit der Bemerkung: „Sie werden über die Mühe spotten, die ich mir gegeben habe, einer Nation, die bisher Nichts verstand, als essen, trinken und sich schlagen, einige Begriffe von Geschmack und attischem Salze beizubringen. Indeß man will doch gern nützlich sein, und oft keimt ein Wort, welches man in einen fruchtbaren Boden sät, und bringt Früchte über Erwartung."

Friedrich hatte, wie wir oben (S. 364) gesehen, bei seinem Regierungsantritt erklärt: in seinen Staaten könne Jeder nach seiner Façon selig werden. Diese Worte, durch welche er seinen Unterthanen eine unverkürzte Religionsfreiheit zuzusichern schien, hielt er den Katholiken gegenüber insofern aufrecht, als er sie in seinen Staaten duldete und ihnen gestattete, an denjenigen Orten Kirchen zu bauen, wo sie bis dahin keine solchen hatten. Gleichberechtigt mit den Protestanten waren sie jedoch in keiner Weise; selbst in den überwiegend katholischen Gegenden seines Staates schloß ihr Religionsbekenntniß sie der Regel nach von den öffentlichen Anstellungen im Staatsdienste aus.

Man würde sehr irren, wenn man in dieser Zurücksetzung der Katholiken gegen die Protestanten eine Hinneigung Friedrichs zu dem protestantischen Bekenntniß erblicken wollte: dem glaubenslosen König war die eine Confession an sich ebenso gleichgiltig, wie die andere. Wenn er aber nichtsdestoweniger das protestantische Bekenntniß in seinen Staaten entschieden bevorzugte, so hatte das seinen Grund einzig und allein darin, daß nach seiner Anschauung die absolute Allgewalt des Königs nicht mit dem Katholicismus, sondern nur mit dem Protestantismus bestehen könne. Dies war auch der Hauptgrund, weßhalb er auf den Religionsunterricht der Jugend einen Werth legte. „Daß die Schulmeister auf dem Lande," sagt er, „den jungen Leuten Religion und Moral lehren, ist recht gut, und müssen sie davon nicht abgehen, damit die Leute bei ihrer Religion hübsch bleiben und nicht zur katholischen übergehen; denn die evangelische Religion ist die beste und weit besser als die katholische. Darum müssen die Schulmeister sich Mühe geben, daß die Leute Attachement zur Religion behalten, und müssen sie so weit bringen, daß sie nicht stehlen und morden."

Am wenigsten unter allen Glaubensparteien hatte sich die der Juden der Gunst Friedrichs II. zu erfreuen. Schon unter Friedrich Wilhelm I. waren die Juden in Preußen in mancher Beziehung hart behandelt worden; unter Friedrich II. gestaltete sich jedoch ihre Lage noch ungleich trauriger. Ein im Jahre 1750 zur Ordnung ihrer Angelegenheiten erlassenes Reglement untersagte ihnen alle gewöhnlichen bürgerlichen Gewerbe, sowie die Erlangung des Bürgerrechts und den Ankauf von Grundbesitz. Das Höchste, was sie erreichen konnten, war „Schutzjude" zu sein. Der Schutz, der entweder ein persönlicher oder ein erblicher war, im letzteren Falle aber nur auf ein Kind übergehen konnte, mußte durch schwere Opfer erkauft werden, die theils in der Zahlung einer gewissen Baarsumme an den König, theils in der Uebernahme von Waaren aus den königlichen Manufakturen nach der Wahl der Verwaltungen bestanden, welche außerhalb des Landes verkauft werden mußten. Allen Juden, die den königlichen Schutz nicht hatten, war das Heirathen untersagt. Aus dem eigentlichen Zwecke aller den Juden auferlegten Lasten machte der König kein Hehl; er wollte nicht, daß die Zahl der Juden zunehme. Zu diesem Ende erließ Friedrich im Jahre 1752 einen Befehl, kraft dessen die Schutzjuden nicht mehr nach Familien, sondern nach Köpfen gezählt und, falls sie die bestimmte Zahl überstiegen, die ärmsten aus dem Lande geschafft werden sollten.

In seinem Privatleben behielt Friedrich bis an sein Lebensende die gleiche Ordnung und Zeiteintheilung bei, die er sich bei seinem Regierungsantritt festgesetzt, und weder die Last der Jahre, noch zunehmende Kränklichkeit — er litt namentlich viel an Podagra — konnten ihn abhalten, seine eiserne Arbeitskraft in der gewohnten Weise auszubeuten. Seinen persönlichen Aufwand hatte er seit dem Hubertsburger Frieden auf das geringste Maß beschränkt, und es ist Thatsache, daß selten ein Fürst sparsamer gelebt hat, als Friedrich II. Von der Summe von einer Million zweimalhunderttausend Thalern, die er sich jährlich ausgesetzt, verbrauchte er für seine Privatbedürfnisse nie mehr als zweimalhundertzwanzigtausend Thaler. Hatte er früher für französische Tänzer, Sänger und Schauspieler bedeutende Summen verausgabt, so ließ er hierin große Beschränkungen eintreten und gestattete sich nur noch das Schauspiel. Eine eigentliche Hofhaltung hatte er nur in Berlin; doch brachte er dort nur einen Theil des Winters zu. Sein gewöhnlicher Aufenthalt blieb Sanssouci, wo er eine Art Einsiedlerleben führte und sich besonders an den Freuden der Tafel und der Musik ergötzte. Die Zahl seiner Diener hatte er auf das wirkliche Bedürfniß beschränkt. Die Vernachlässigung seiner Person artete zuletzt in Cynismus aus. Seine Kleidung, die Potsdamer Gardeuniform, war meist abgetragen; die schlaffen Stiefel, die er beim Aufstehen anzog und erst beim Schlafengehen abstreifte, waren fast roth und hingen unordentlich herunter. Der spanische Tabak, von dem er stets zwei gefüllte Dosen bei sich trug, entstellte mehr und mehr sein Angesicht.

Der Kreis, den der König vor dem siebenjährigen Krieg in Sanssouci um sich versammelte, hatte sich im Laufe der Zeit fast gänzlich aufgelöst. Im Jahre 1769 war der Marquis d'Argens in sein Vaterland zurückgekehrt und zwei Jahre später zu Toulon gestorben; im Jahre 1774 war ihm Fouqué und 1778 der Lord Marschall von Keith ins Grab gefolgt. So wurde es immer einsamer um den kinderlosen König, der die Freuden des Familienkreises sein ganzes Leben hindurch beharrlich von sich abgewiesen. Mit seiner Gemahlin, die er nur selten mehr sah, unterhielt er einen formellen Briefwechsel, der kaum etwas Anderes zum Gegenstand hatte, als sein Befinden. Den Kronprinzen Friedrich Wilhelm, auf den er das Mißtrauen übertragen hatte, durch welches er dessen im Jahre 1758 verstorbenen Vater, seinen Bruder August Wilhelm, so tief gekränkt, hielt er, wie von allen Regierungsgeschäften, so auch von seiner Person möglichst fern; auch mit seinen Brüdern Heinrich und Ferdinand pflog er keinen vertrauten Umgang, so sehr auch Beide sich seine französische Bildung und Geistesrichtung angeeignet hatten.

Dagegen wurde der gewohnte Briefwechsel mit Voltaire bis zu dessen Tod (1778), sowie mit d'Alembert auf das Eifrigste fortgesetzt, bis auch dieser im Jahre 1783 ins Grab sank. Beide unterhielten den König nicht nur über die neuesten Erscheinungen der französischen Literatur, sondern ergötzten ihn auch durch Neuigkeiten von dem Hofe von Versailles, wogegen Friedrichs Briefe an sie von den übertriebensten Schmeicheleien überflossen. „Ich habe," so schrieb er im Jahre 1777 an Voltaire, „in Berlin eine öffentliche Bibliothek bauen lassen. Voltaire's Werke hatten vorher eine zu unanständige Wohnung." Und an d'Alembert: „Schlachten haben viele Menschen gewonnen; viele haben Provinzen erobert: aber wenige haben ein so vollkommenes Werk wie die Vorrede zur Encyklopädie geschrieben."

Indessen wurde die Weltanschauung des Königs, der sich in seiner selbst geschaffenen Vereinsamung immer mehr auf sein eigenes Ich zurückzog und sich nur noch den „Einsiedler von Sanssouci" nannte, eine immer trübere. Hatte er sich in seinen früheren Jahren noch einigen Glauben an eine sittliche Kraft des Menschen bewahrt, so schwand in seinen letzten Lebensjahren auch dieser, und der nackte Materialismus gewann vollständig die Oberhand. „Ich betrachte", schrieb er unterm 18. Mai 1782 an d'Alembert, „den Menschen wie ein Maschinenwerk, welches den Gewichten und Rädern, durch die es geleitet wird, nothwendig folgen muß. Was man Weisheit und Vernunft nennt, ist nur die Frucht der Erfahrung, welche auf die Furcht oder die Hoffnung wirkt, auf diese beiden großen Triebfedern unserer Handlungen. Für unsere Eigenliebe ist dies freilich ein wenig demüthigend; aber unglücklicherweise ist es nur zu wahr."

Während sich der König von den Menschen immer mehr zurück zog, blieben seine Windspiele bis an sein Lebensende seine unzertrennlichen Gefährten. Sein Lieblingshund, dem die übrigen zur Gesellschaft dienten, lag stets auf einem besonderen Stuhle an der Seite seines Herrn und schlief des Nachts in dessen Bette. Ein Lakai führte die ganze Hundeschaar täglich spazieren, und wenn der König sich zu den Karnevalsfestlichkeiten nach Berlin begab, wurde sie ihm in einer sechsspännigen Kutsche nachgefahren, wobei der sie begleitende Lakai seinen Platz auf dem Rücksitz nehmen mußte. Starb einer dieser Hunde, so wurde er im Garten von Sanssouci begraben, und eine mit seinem Namen versehene Marmorplatte bezeichnete seine Grabstätte.

Friedrich hatte in seinen letzten Lebensjahren seine sonst so kräftige Gesundheit vollständig dadurch untergraben, daß er nicht Herr seines Gaumens war. Ohne Rücksicht auf die Warnungen seiner Aerzte gab er dem Gelüste nach fetten, stark gewürzten und schwer verdaulichen Speisen in so zügelloser Weise nach, daß er sich dadurch eine allgemeine Verderbniß der Säfte zuzog, die mit Wassersucht endete. Nachdem er den Winter von 1785 auf 86 unter großen Beschwerden in Potsdam zugebracht, begab er sich am 17. April 1786 nach Sanssouci, wo er im Genusse der frischen Landluft Erleichterung zu finden hoffte. Diese Hoffnung erfüllte sich jedoch nicht; seine Kräfte schwanden vielmehr zusehends, und im Juni wurden die Brustbeklemmungen in Folge der zunehmenden Geschwulst so heftig, daß er nicht mehr liegen konnte und daher den größten Theil der Nächte auf seinem Lehnstuhle in vorwärts gebückter Stellung zubringen mußte. Dennoch ermattete seine Thätigkeit nicht: bis zu seinem letzten Tage ließ er sich jeden Morgen die Kabinetssachen vorlegen, diktirte seine Erlasse und schrieb auch selbst noch einige Briefe. Nachdem am 16. August in seinem Zustande eine bedenkliche Verschlimmerung eingetreten und in der darauffolgenden Nacht halbverständliche Phantasien mit einem ruhigen

Schlummer abgewechselt, entschlief der König am 17., zwei Stunden nach Mitternacht, ohne sichtbaren Todeskampf in den Armen seines Lakaien. Außer diesem waren nur sein Arzt und zwei Kammerdiener Zeugen seines Todes.

Durch den Minister von Herzberg unverzüglich von dem Hinscheiden des Königs in Kenntniß gesetzt, eilte der Thronfolger Friedrich Wilhelm II. sofort nach Sanssouci, um die nöthigen Verfügungen zu treffen. Obgleich Friedrich im Garten von Sanssouci beerdigt zu werden gewünscht, hielt es der neue König für angemessener, ihn in der Garnisonskirche zu Potsdam an der Seite Friedrich Wilhelms I. beisetzen zu lassen.

XXXV.

Preußen unter Friedrich Wilhelm II.

(1786—1797.)

Friedrich Wilhelm II., der im Alter von zweiundvierzig Jahren den preußischen Thron bestieg, war ein Fürst von gutem natürlichen Verstande und wohlwollendem Herzen. Von der Ueberzeugung durchdrungen, daß das Wohl des Staates mit der Wohlfahrt des Volkes mehr in Einklang gebracht werden könne, als es unter seinem vielbewunderten Vorgänger der Fall gewesen, beschloß er, die drückendsten Einrichtungen des herrschenden Verwaltungssystems zu beseitigen. Zunächst wurde die verhaßte Regie aufgehoben und der an der Spitze derselben stehende Franzose de la Haye de Launay in Anklagestand versetzt; da jedoch die Untersuchung keinen Unterschleif von seiner Seite ergab, erhielt er alsbald die Freiheit zurück. Der Tabak- und Kaffeehandel wurde wieder freigegeben und dadurch ein großer Theil der lästigsten Verkehrsbeschränkungen und der gehässigsten Nachforschungen und Quälereien beseitigt.

Andere Erlasse und Einrichtungen des neuen Königs bezweckten eine menschlichere Behandlung der Soldaten und eine Erleichterung des schwer auf dem Lande lastenden Militärdrucks, und wenn auch hier wie in dem gesammten Verwaltungswesen nur Einzelnes geändert wurde, das System Friedrichs II. im Allgemeinen aber fortbestand, so hatten doch die von Friedrich Wilhelm II. getroffenen Aenderungen einen Aufschwung des Verkehrs und des gemeinen Wohlstandes, sowie ein freieres Aufathmen der Nation zur Folge.

Aber in dem Charakter des neuen Königs vereinigte sich Güte mit Schwäche. Während er sich fernhielt von dem despotischen

Eigenwillen Friedrichs II., ließ er sich von unwürdigen Personen leiten, und wenn sein Vorgänger zusammengescharrt an allen Ecken und Enden und Nichts verbraucht hatte für seine Person, so zeigte Friedrich Wilhelm II. eine verschwenderische Freigebigkeit gegen Günstlinge, die der Gegenstand der allgemeinen Verachtung waren. Auch bildete seine Vergnügungssucht zu der nie ermattenden Thätigkeit seines Vorgängers einen scharfen Gegensatz. Alles dies zusammengenommen mußte, nachdem einmal die Erinnerung an die durch Friedrich II. geschaffenen und durch seinen Nachfolger beseitigten drückenden Zustände in den Hintergrund getreten, bei dem Vergleiche der Persönlichkeit beider Herrscher den Ausschlag zu Gunsten Friedrichs II. geben.

Am schärfsten trat die Verschiedenheit der Regierungsweise Friedrich Wilhelms II. von der seines Vorgängers auf dem religiösen Gebiete zu Tage. Während der nahezu ein halbes Jahrhundert umfassenden Regierung Friedrichs II. hatte man sich in Preußen, besonders in den höheren Ständen, daran gewöhnt, nach dem Vorgang des Königs auf das Christenthum mit Geringschätzung herabzublicken. Unter dem Schutze dieser zum guten Ton gewordenen religiösen Gleichgiltigkeit war auf dem Gebiete der protestantischen Theologie jene dem positiven Christenthum feindliche Richtung zur Herrschaft gelangt, welche, gestützt auf das durch die Reformation sanktionirte Privilegium der „freien Forschung“, die Glaubenswahrheiten dem Urtheile der Vernunft unterworfen wissen will. Während Friedrich II. diese rationalistische Richtung sich ungehindert hatte entfalten lassen, hielt es Friedrich Wilhelm II. für seine Königspflicht, die orthodoxe Kirchenlehre, von deren Wahrheit er überzeugt war, in seinen Schutz zu nehmen. Er erließ daher, nachdem er den ehemaligen Pastor Wöllner, einen eifrigen Vertheidiger der alten Formen, zum Kultusminister ernannt hatte, am 9. Juli 1788 ein von diesem entworfenes Edikt, das den Geistlichen, Lehrern und Professoren bei Strafe der Amtsentsetzung verbot, sich auf der Kanzel und dem Katheder Abweichungen von dem Lehrbegriff und den Bekenntnißschriften der evangelischen Kirche zu erlauben, wobei jedoch ausdrücklich hervorgehoben wurde, daß der König keinerlei Gewissenszwang ausüben wolle und Keinen wegen seiner persönlichen Ueberzeugung zur Strafe ziehen werde, so lange diese innerhalb ihrer Schranken gehalten werde.

Dieses Edikt wurde sofort in zahlreichen Schriften auf das Heftigste angegriffen. Während die meisten protestantischen Prediger die Verpflichtung zur Verkündigung einer Lehre, an welche sie nicht mehr glaubten, für eine Aufforderung zur Heuchelei erklärten, wiesen die Wortführer des Nationalismus darauf hin, daß das Glaubensedikt mit der Lehrfreiheit, aus welcher die protestantische Theologie und Kirche hervorgegangen sei, im Widerspruch stehe und daß für die wissenschaftliche Behandlung der Theologie und den akademischen Lehrvortrag nicht die gleichen Schranken gesetzt werden könnten, wie für die Predigt und den Schulunterricht. Da Friedrich Wilhelm Nichts von der durchgreifenden Energie seines Vorgängers besaß, der sich bei allen seinen Verfügungen, unbekümmert um das Gerede der Menschen, Gehorsam zu erzwingen wußte, und der Kultusminister und seine Räthe weder durch ihre geistige Kraft noch durch ihre Amtsgewalt den Schwierigkeiten der Lage gewachsen waren, blieb das Edikt, trotz der mit großer Strenge gehandhabten Büchercensur, ohne irgend welchen Erfolg für den Zweck, zu welchem es erlassen worden war.

Obgleich Friedrich Wilhelm II. weder den Ehrgeiz noch die Eroberungssucht seines Vorgängers besaß, hielt er sich doch für berufen, nicht nur die Stellung Preußens als Großmacht zu wahren, sondern auch die Rolle seines Oheims als Oberhaupt des deutschen Fürstenbundes fortzuspielen; daher blieb die äußere Politik Preußens im Allgemeinen in den gleichen Bahnen, in welche Friedrich II. sie gelenkt hatte.

Das erste kriegerische Unternehmen Friedrich Wilhelms II. war gegen Holland gerichtet. In diesem Lande bestanden noch immer zwei Parteien: die „oranische“, welche die Macht der im Jahre 1747 unter Englands Einfluß hergestellten und erblich gemachten Statthalterschaft zu erhalten und wo möglich noch zu erweitern suchte, und die dem regierenden Hause abgeneigte „patriotische“ oder „ständische“, deren Hauptstütze die angesehenen Kaufleute der größeren Städte waren und die während der kraftlosen Verwaltung des Erbstatthalters Wilhelm V. ein entschiedenes Uebergewicht erlangt hatte. Sie war es, welche die Betheiligung Hollands an dem von Frankreich als Bundesgenossen des nordamerikanischen Freistaates gegen England geführten Kriege bewirkt hatte; nichtsdestoweniger legte sie den für Holland nachtheiligen Ausgang dieses Krieges dem Erbstatthalter zur Last, indem sie denselben beschuldigte, aus Freundschaft für England zweckwidrige Maßregeln getroffen und absichtlich den Verfall des Seewesens herbeigeführt zu haben. Die durch diese Beschuldigungen unter der Bevölkerung hervorgerufene Gährung wurde durch kecke Zeitungsschreiber und eifernde Kanzelredner so sehr gesteigert, daß es im Jahre 1786 zu einem allgemeinen Aufstande kam, in welchem die Truppen des Erbstatthalters gegen die überall gebildeten patriotischen Bürgermilizen den Kürzeren zogen. Der Erbstatthalter selbst sah sich, nachdem er seiner Aemter und Würden verlustig erklärt worden, zur Flucht aus dem Haag genöthigt. Er zog sich nach der Festung Nymwegen zurück und rief von dort die Hilfe Friedrich

Wilhelms II. von Preußen an, mit dessen Schwester er vermählt war.

Anfangs zögerte der König, aus Rücksicht auf das mit den Patrioten verbündete Frankreich, sich in die Sache einzumischen; ein wahrscheinlich absichtlich herbeigeführter Vorfall, der seinen Familienstolz tief verletzte, machte jedoch alsbald seinem Zögern ein Ende. Die Gemahlin des Erbstatthalters war nämlich plötzlich von Nymwegen abgereist, um nach dem Haag zurückzukehren; sie war jedoch auf der Reise von den Patrioten angehalten und durch Bürgermilizen wie eine Gefangene nach Nymwegen zurückgeführt worden.

Um diese dem königlichen Hause zugefügte Beleidigung zu rächen, ließ der König sofort in Westfalen ein Heer von vierundzwanzigtausend Mann unter dem Herzog Karl Ferdinand von Braunschweig zusammenziehen, das im September 1787 über Nymwegen und Arnheim in das holländische Gebiet einrückte. Da sich die Häupter der patriotischen Partei feige und kopflos zeigten und der Versuch, das Land durch Oeffnen der Schleusen unter Wasser zu setzen, wegen Wassermangels fehlschlug, fanden die Preußen kaum irgend welchen Widerstand. Die Festungen ergaben sich fast ohne Gegenwehr, und nach Verlauf von vier Wochen war das ganze Land von den preußischen Truppen besetzt. Es war ein Schicksalsmoment, der Preußen Gelegenheit bot, ein zu Deutschland gehöriges und in widernatürlicher Weise von demselben losgerissenes Land unter zweckentsprechenden Formen wieder in die rechte Stellung zu der deutschen Nation zu bringen und den Rheinstrom von seiner schimpflichen Sperre zu befreien; allein Preußen ließ diese Gelegenheit, sich zum wahrhaften Mehrer und Vertreter des Reiches zu machen, unbenutzt vorübergehen. Dem König genügte es, die Ehre seines Hauses gewahrt zu haben, und sein Minister Herzberg, der die auswärtigen Angelegenheiten der Monarchie leitete, hatte nur das Eine im Auge, Holland als Brücke zu gebrauchen, um zu einer engeren Verbindung Preußens mit England zu gelangen, auf welche er ein Schiedsrichteramt Preußens über das mittlere Europa zu gründen gedachte. So hatte der ebenso glücklich ausgeführte, als kühn unternommene Zug kein anderes Ergebniß, als die Wiedereinsetzung des Erbstatthalters in seine Aemter und Würden und den Abschluß eines Vertheidigungsbündnisses mit der Republik, das am 15. April 1788 zu Stande kam. Anstatt die Freiheit der Rheinschifffahrt zu fordern, begnügte sich Preußen mit der Festsetzung, daß bis zum Abschluß eines Handelsvertrags beide Staaten einander in Betreff des Handels und der Schifffahrt auf dem Fuß der am meisten begünstigten Nationen behandeln wollten. Der zweideutige Kriegsruhm aber, den das preußische Heer aus dem unblutigen Feldzug zurückbrachte, hatte für dasselbe die schlimmsten Folgen; denn er bestärkte es in dem durch Friedrichs II. Siege begründeten Wahne von der absoluten Unwiderstehlichkeit der preußischen Waffen.

Auf das Bündniß Preußens mit Holland folgte am 13. Juni 1788 ein ähnliches mit England, in welchem sich beide Staaten zur gegenseitigen Beschützung aller ihrer Besitzungen mit einer bestimmten Truppenmacht im Falle irgend eines feindlichen Angriffs verpflichteten. Dieses Bündniß war hauptsächlich gegen Rußland gerichtet, mit welchem England wegen Beschränkungen seines Handels entzweit war, während Friedrich Wilhelm II. sich durch die enge Verbindung Rußlands mit Oesterreich beunruhigt fühlte und überdies mit der Czarin in einem aus persönlicher Abneigung hervorgegangenen gespannten Verhältnisse lebte.

Um Oesterreich eine nachdrückliche Betheiligung an dem zweiten Türkenkriege Katharina's unmöglich zu machen, unterstützten die Verbündeten die Unruhen in Belgien; auch nährten sie andererseits die Gährung in Polen, um die Befreiung dieses Landes von dem russischen Joche herbeizuführen. Der günstige Verlauf des Krieges für Rußland und Oesterreich im Jahre 1789 bewog die beiden Mächte, entschiedener für die Aufrechthaltung des türkischen Reiches im Interesse des europäischen Gleichgewichts einzutreten, in welchem Herzberg die Grundbedingung der Machtstellung Preußens erblickte. Die feindliche Haltung, welche die preußische Regierung in Folge dessen gegen Oesterreich annahm, führte nach dem Tode Josephs II., wie wir oben (S. 559 f.) gesehen, den Abschluß eines Waffenstillstandes zwischen Oesterreich und der Pforte und später den Frieden von Sistowa herbei. Gegen Rußland schloß Preußen am 31. Januar 1790 einen Bundesvertrag mit der Pforte, in der sicheren Erwartung, daß England das Gleiche thun werde. Dies wurde jedoch durch die Oppositionspartei im englischen Parlamente verhindert, und so sah sich Preußen, nachdem der Friedensschluß der Czarin mit Gustav III. von Schweden den Russen freie Hand gegen die Türken verschafft hatte, zur Zusammenziehung bedeutender Streitkräfte längs der russischen Grenze genöthigt, um seinen gegen die Pforte eingegangenen Verpflichtungen zu genügen. Zu einer direkten Einmischung Preußens in den russisch-türkischen Krieg kam es jedoch nicht, indem die Czarin am 9. September 1792 mit der Pforte Frieden schloß.

Wie sich Friedrich Wilhelm II. für die im Interesse der Aufrechthaltung des türkischen Reiches gebrachten Opfer durch seine Betheiligung an der zweiten und dritten Theilung Polens schadlos hielt, haben wir oben gesehen; auch seiner Zusammenkunft mit Kaiser Leopold II. in Pillnitz haben wir S. 560 gedacht. Von dem

Feldzug, den er im Jahre 1792 im Bunde mit Kaiser Franz II. gegen Frankreich unternahm, um Ludwigs XVI. Befreiung und Wiedereinsetzung in seine Rechte zu erzwingen, sowie von seiner Betheiligung an dem ersten Koalitionskrieg gegen das republikanische Frankreich wird später die Rede sein.

XXXVI.

Die deutsche Literatur im achtzehnten Jahrhundert.

Im Gegensatz zu der französischen Literatur, die ihre Inspirationen vom Hofe und der vornehmen Welt erhielt, entwickelte sich das deutsche Schriftthum, wie im siebzehnten, so auch im achtzehnten Jahrhundert, in einem selbstständigen, mehr bürgerlichen Geiste, nicht unterstützt, aber auch nicht beeinflußt von den fast ausnahmslos dem französischen Geschmacke huldigenden Fürsten, und während aus dem zerrissenen Körper des Reiches jeder Nationalgeist entwichen war, fand er eine Heimstätte in den Schöpfungen der zu immer reicherer Blüthe sich entfaltenden Dichtkunst.

Nachdem schon zu Ende des siebzehnten Jahrhunderts die Unnatur und Geschmacklosigkeit der zweiten schlesischen Dichterschule (s. S. 36) eine Reaktion hervorgerufen, die jedoch zu keinem Heile führen konnte, weil ihre Träger in das entgegengesetzte Extrem verfielen und von dem Schwülstigen zum Wässerigen übergingen, entstanden in den zwanziger Jahren des achtzehnten Jahrhunders, gleichfalls zur Bekämpfung der Lohensteinischen Grundsätze, zwei neue Dichterschulen, die L e i p z i g e r und die s c h w e i z e r i s c h e, jene gegründet von dem gelehrten, um die Ausbildung der deutschen Sprache hochverdienten, aber pedantischen und durch und durch prosaischen Johann Christoph G o t t s c h e d (geb. am 2. Februar 1700 unweit Königsberg, gest. 1766 zu Leipzig als Professor der Philosophie und Dichtkunst), diese von den beiden Züricher Professoren Johann Jakob B o d m e r (geb. 1696, gest. 1783 in Zürich als Mitglied des großen Rathes) und Johann Jakob B r e i t i n g e r (geb. 1704, gest 1776 in Zürich).

Gottsched, der sich zum Diktator auf dem Gebiete der Dichtkunst aufwerfen wollte, die Poesie jedoch zur äußersten Nüchternheit herabzog, indem er allen Werth derselben in die Klarheit des Ausdrucks und in die Reinheit der poetischen Form setzte, lehnte sich in seinen Dichtungen, die nichts Anderes sind als gereimte Prosa, an französische Muster an, während die Gründer der Schweizer-Schule, von denen Bodmer ihm an dichterischem Talente überlegen war, ihre Vorbilder in England suchten und dabei zugleich die Aufmerksamkeit auf die Dichtungen der Minnesänger hinlenkten.

Zwischen den „Gottschedianern“ und den „Bodmerianern“ kam es zu einem heftigen Federkrieg über die Grundsätze der Dichtkunst, in welchem die Schweizer, weil von richtigeren Gesichtspunkten ausgehend, die Oberhand behielten.

Während dieses Streites, der durch die Klärung der Ansichten und die Schärfung des Urtheils über das Wesen der Poesie die Regeneration der deutschen Dichtkunst anbahnte, traten zwei Dichter auf, die, keiner der beiden Parteien sich anschließend, ihre eigenen Wege gingen und ungleich Besseres leisteten, als Gottsched und Bodmer sammt ihrem Anhang. Diese Dichter waren Albrecht von Haller (geb. 1708 zu Bern, gest. 1777 als Direktor der Salzwerke zu Bex), ein Stern erster Größe in der deutschen Gelehrtenwelt, fast in allen Wissenschaften, wie in allen Sprachen Europa's bewandert, und Friedrich von Hagedorn (geb. 1708 zu Hamburg, gest. ebendaselbst 1754), jener ein ernster, tiefer Dichter, dessen Lehrgedicht „die Alpen“ in dem Alpenvolk im Gegensatz zu der bereits überfeinerten Welt das Glück der Sitteneinfalt darstellen soll, dieser ein leichter, gefälliger Dichter von trefflichem, liebenswürdigem Charakter und glücklichem, mehr dem Heiteren zugewandten Talente, der eigentliche Schöpfer des leichteren Liedes.

Nachdem Gottsched durch die Angriffe der Schweizer von dem Piedestale seines Ruhmes herabgestürzt worden, bildete sich in Leipzig ein zweiter Dichterverein, die „sächsische Dichterschule“, deren Mitglieder ihren Vereinigungspunkt in der von ihnen gegründeten Zeitschrift: „Beiträge zum Vergnügen des Verstandes und Witzes,“ gewöhnlich nach dem (scheinbaren) Verlagsorte „Bremer Beiträge“ genannt, fanden. Der beliebteste Dichter dieser Schule, die im Allgemeinen noch ganz dem französischen Geschmacke huldigte, war der schlichte, fromme Christian Fürchtegott Gellert (geb. 1715 zu Hainichen im Königreich Sachsen, gest. 1769 als Professor der Philosophie in Leipzig), unstreitig eine der liebenswürdigsten Erscheinungen des vorigen Jahrhunderts und der einzige deutsche Dichter, dem Friedrich II. einige Aufmerksamkeit schenkte. Als Mensch mit Recht hochgeachtet wegen seiner aufrichtigen Frömmigkeit, seines milden, menschenfreundlichen Sinnes und seines musterhaften Lebens, wurde Gellert als Dichter von den Zeitgenossen, die ihre Verehrung für seine Person auch auf seine Werke übertrugen, über Gebühr gepriesen; denn seine Dichtungen zeichnen sich weder durch Tiefe der Anschauungen noch durch einen hohen Gedankenflug aus und stehen zum Theil noch ganz auf Gottsched'schem Boden. Am gelungensten sind seine Fabeln und seine poetischen Erzählungen, durch welche er hauptsächlich der Liebling des Volkes wurde. Seine geistlichen Lieder, von denen viele in den protestantischen Kirchengesang übergegangen sind, verherrlichen vorzugsweise die Größe und Güte des Schöpfers, wurzeln aber, dem Geiste der Zeit entsprechend, mehr in der natürlichen, als in der positiv-christlichen Religion. Gellerts dramatische Dichtungen, Lust- und Schäferspiele, sind höchst unbedeutend.

Zu der sächsischen Schule gehörten auch Gottlieb Wilhelm **Rabener** (geb. 1714, gest. 1771 zu Dresden), der sich als Satiriker einen unverdienten Ruhm erworben; Friedrich Wilhelm **Zachariä** (geb. 1726 zu Frankenhausen, gest. 1777 als Professor zu Braunschweig), der Verfasser komischer Epopöen, für welche er sich den englischen Dichter Pope zum Muster genommen; der Lyriker **Johann Adolf Schlegel** (geb. 1721 zu Meissen, gest. 1793 als Konsistorialrath in Hannover), der Vater der berühmten Romantiker August Wilhelm und Friedrich von Schlegel, und sein Bruder **Johann Elias Schlegel** (geb. 1718, gest. 1749), der sich nicht ganz ohne Glück in der dramatischen Dichtkunst versuchte; der Epigrammatist Abraham Gotthelf **Kästner** (geb. 1719, gest. 1800) u. A.

Gleichzeitig mit der Leipziger Dichterschule bildete sich zu Halle ein Dichterverein, der sich besonders der lyrischen Poesie zuwandte, daneben aber auch das Lehrgedicht, die Idylle und die beschreibende Dichtung pflegte. Das hervorragendste Mitglied dieses „hallischen" oder „preußischen Dichtervereins" war Ewald Christian von **Kleist** (geb. 1715 zu Zöblin bei Köslin, gest. 1759 zu Frankfurt a. d. Oder an den Folgen seiner in der Schlacht bei Kunersdorf erhaltenen Wunden), ein sanfter, inniger, sentimentaler, besonders für die Natur begeisterter Dichter, dessen Hauptgedicht: „Der Frühling", wohl das beste beschreibende Gedicht der Deutschen, sich durch liebliche, zarte und warme Gemälde aus dem ländlichen Stillleben auszeichnet.

Ein ungleich geringeres poetisches Talent, als Kleist, besaß Johann Wilhelm Ludwig **Gleim** (geb. 1719 zu Ermsleben bei Halberstadt, gest. 1803 in Halberstadt), der in seinen „Kriegsliedern eines preußischen Grenadiers", die Volkslieder sein sollten, aber vom Volke nie gesungen worden sind, die Großthaten Friedrichs II. verherrlichte. Den gleichen Gegenstand wählte Karl Wilhelm **Ramler** (geb. 1725 zu Kolberg, gest. 1768 in Berlin) für seine vielgepriesenen Oden, die sich zwar durch eine hohe Formvollendung auszeichnen, aber nur mühsam zusammengetragene Gedanken enthalten. Ungleich höher stehen in dieser Beziehung die Oden von Peter Johann **Uz** (geb. 1720 zu Ansbach, gest. ebendaselbst 1796) der, im Gegensatze zu Ramler und Gleim, von dem siebenjährigen Kriege in zürnendem Grolle singt: „Wie lang zerfleischt mit eigner Hand Germania ihr Eingeweide?"

Die eigentliche Blüthe der deutschen Dichtung, zu welcher die gutgemeinten, aber fehlgeschlagenen Versuche dieser verschiedenen Dichterschulen, durch die Nachahmung ausländischer Vorbilder der deutschen Poesie neues Leben einzuhauchen, wenigstens den Boden vorbereiteten, beginnt mit dem Auftreten Klopstocks. Friedrich Gottlieb Klopstock war am 2. Juli 1724 zu Quedlinburg geboren, wo sein Vater die Stelle eines Kommissionsrathes bekleidete. Nachdem er seine Vorbildung zuerst auf dem Gymnasium seiner Vaterstadt, dann auf der berühmten Schulpforte erhalten, bezog er im Jahre 1745 die Universität Jena, um Theologie zu studieren, ging jedoch schon im folgenden Jahre nach Leipzig, wo er mit den Herausgebern der „Bremer Beiträge“ einen innigen Freundschaftsbund schloß. Nach der Beendigung seiner Studien nahm er die Stelle eines Hauslehrers in Langensalza an, lebte dann eine Zeitlang bei Bodmer in Zürich und ging im Jahre 1750, der Aufforderung des dänischen Ministers Bernstorff folgend, nach Kopenhagen, wo er von dem König Friedrich V. einen Jahrgehalt von vierhundert Thalern erhielt. Im Jahre 1756 vermählte er sich mit einer Hamburgerin, der später von ihm unter dem Namen „Cidli“ besungenen Meta Moller, die ihm jedoch schon nach drei Jahren durch den Tod entrissen wurde. Nach der Entlassung seines Gönners Bernstorff siedelte er im Jahre 1771 mit dem Titel eines dänischen Legationsrathes nach Hamburg über, wo er am 14. März 1803 im Alter von neunundsiebzig Jahren starb.

Klopstock war ein Dichter im wahren und vollen Sinne des Wortes, erfüllt von den schönsten und edelsten Idealen, und dabei deutsch in seinem ganzen Sinn und Wesen, deutsch in seinem Ernste, wie in seiner Gemüthsinnerlichkeit, deutsch in Sitte und Leben, deutsch in seinen Bestrebungen, wie in seinen Erinnerungen und Hoffnungen. Mit kühner Entschlossenheit befreite er die deutsche Poesie von den Fesseln der Nachahmung und hob zugleich seine Muttersprache durch eine freie und glückliche Behandlung zu ungewöhnlicher Kraft und Würde. Dem deutschen Sinne Klopstocks entsprang sein tiefes Gefühl für Liebe und Freundschaft, sowie jene schwärmerische Freiheitsliebe, die ihn in der französischen Revolution die Morgenröthe einer neuen Aera des Völkerglückes erblicken ließ, bis ihre wilden Gräuel ihn aus seinem Wahne rissen. Mit seiner glühenden Vaterlandsliebe verband Klopstock eine begeisterte Hingebung an das Christenthum, die ihn antrieb, den Erlöser zum Gegenstande seiner ersten und großartigsten Dichtung, der „Messiade“, zu wählen, zu welcher er schon auf der Schulpforte den Plan entworfen. Was ihn zu dieser Dichtung begeisterte, war jedoch nicht ein festgewurzelter, lichtvoller Glaube, sondern ein tiefes, christliches Gefühl; daher ist auch seine Messiade nicht eine in dem Boden des Evangeliums wurzelnde, in ein poetisches Gewand gekleidete Lebensgeschichte Jesu, sondern eine vorwiegend lyrische Dichtung, die auf den Namen eines Epos kaum Anspruch machen kann. Den Gegenstand derselben bildet das Erlösungswerk, wie es in der überirdischen, unsichtbaren Welt sich vollzogen, in den Rathschlüssen des Vaters und den Entschlüssen des Sohnes sich entfaltet hat, durch himmlische Geister vorbereitet und gefördert und durch die Hölle vergebens bekämpft worden. Allerdings ist dieses sehr gewagte Phantasiegemälde voll der erhabensten Gedanken, der zartesten Gefühle und der lieblichsten Schilderungen, zugleich aber auch voll Willkürlichkeiten und Ueberschwänglichkeiten, in welchen sich jede Spur des festen, ernsten Christenthums zu verlieren droht. Dabei fehlt dem Werke, an welchem Klopstock nahezu fünfundzwanzig Jahre gearbeitet — die drei ersten Gesänge erschienen schon im Jahre 1748 in den „Bremer Beiträgen," die fünf letzten im Jahre 1773 — ein fester, klarer Plan und damit die künstlerische Einheit.

Die eigentliche dichterische Kraft Klopstocks liegt in seinen, zum großen Theile wahrhaft klassischen Oden, die sich meist durch hohen Gedankenflug, Erhabenheit des Ausdrucks und große Vollendung der dem Griechischen nachgeahmten Form auszeichnen; doch stehen seine späteren Oden, in denen er durch künstlich verschlungene Formen und Konstruktionen mitunter völlig unverständlich wird, den früheren bedeutend nach. Von Klopstocks geistlichen Liedern, in denen sich ein rein subjektives Gefühlschristenthum ausspricht, sind seine Auferstehungslieder: „Wenn ich einst von jenem Schlummer, welcher Tod heißt, aufersteh'," und: „Aufersteh'n, ja aufersteh'n wirst du, mein Staub, nach kurzer Ruh'," sowie sein Unsterblichkeitslied: „Selig sind des Himmels Erben," unstreitig die besten.

Klopstocks dramatische Dichtungen, zu denen er den Stoff theils dem alten Testamente („der Tod Adams," „Salomo" und „David"), theils der germanischen Urzeit („Hermanns Schlacht," „Hermann und die Fürsten" und „Hermanns Tod") entlehnte, sind durchaus mißglückte Schöpfungen. Die letzteren gaben, in Verbindung mit Klopstocks verfehltem Versuche, statt der griechischen Mythologie die nebelhafte nordische in die deutsche Poesie einzuführen, Veranlassung zur Entwicklung der kläglichen „Bardendichtung," die bald ein Gegenstand des Gespöttes wurde.

Einen scharfen Contrast zu dem Dichter des Messias bildet sein Zeitgenosse Gotthold Ephraim Lessing. Geboren am 22. Januar 1729 zu Kamenz in der Lausitz als der Sohn eines frommen und gelehrten Predigers, widmete sich Lessing gleichfalls dem Studium der Theologie, zu welchem Ende er im Jahre 1746 die Universität Leipzig bezog; er beschäftigte sich jedoch mehr mit den schönen Wissenschaften und wandte sich mit großer Vorliebe dem Theater zu, für welches er schon damals zu dichten anfing. Nachdem er sich auf den Wunsch seines Vaters in Wittenberg den Magistertitel erworben, lebte er, ausschließlich mit schriftstellerischen Arbeiten beschäftigt, abwechselnd in Leipzig und Berlin, bis er im Jahre 1767 die Leitung des Theaters in Hamburg übernahm. Seit 1770 Hofrath und Bibliothekar in Wolfenbüttel, starb er im Jahre 1785 auf einem Ausfluge nach Braunschweig.

In Lessings Dichtungen findet sich keine Spur weder von der nationalen und religiösen Begeisterung, noch von dem hohen Gedankenflug und der Gefühlsschwärmerei, die uns aus Klopstocks Oden und seinem Messias entgegenwehen; ebensowenig sind dieselben Ergüsse eines mühelos schaffenden und gestaltenden Dichtergeistes, sondern, wie er selbst sagt, Schöpfungen, „die nur durch Kritik und Nachahmung ermöglicht und hervorgebracht worden." Dafür besaß jedoch Lessing das plastische Element der poetischen Begabung in ungleich höherem Grade als Klopstock, und wenn ihm auch die gestaltende Durchführung seiner Ideen Mühe kostet und nur unter steter Zuratheziehung der Kritik gelingt, so stehen doch seine Gestalten klar und voll vor dem hellen Spiegel seiner Seele.

Lessings vielseitiger Geist hat sich in verschiedenen Gattungen der Poesie versucht; sein eigentliches Gebiet war jedoch die dramatische Dichtkunst, die durch ihn in neue Bahnen gelenkt worden. Nachdem er in seiner „Hamburger Dramaturgie" die französische Geschmacksrichtung mit dem glänzendsten Erfolge bekämpft, die Regeln von den drei Einheiten richtig gestellt und eine tief durchdachte, wenn auch nicht systematische Aesthetik des Drama's geschaffen hatte, gab er in seiner „Emilia Galotti," worin er den Tod, den die Römerin Virginia von der Hand ihres Vaters zur Rettung ihrer Unschuld erlitt, in moderne Hofverhältnisse versetzt, ein Musterbild der wahren Tragödie. Schon früher hatte er in seinem Lustspiel „Minna von Barnhelm," das jedoch eher den Namen eines Schauspiels verdient, mit entschiedenem Glück einen Griff in das volle Leben gethan und dabei den unheilvollen siebenjährigen Krieg, dem er den Stoff zu seinem Stück entlehnt, so geschickt behandelt, daß Göthe später die geistreiche Bemerkung machen konnte: „Minna von Barnhelm habe nach dem politischen Frieden zwischen Preußen und Sachsen auch den Frieden zwischen den Gemüthern bewirkt, wenigstens im Bilde bewirken wollen."

Die bedeutendste dramatische Dichtung Lessings ist sein „Nathan der Weise," ein Tendenzstück, das seine Entstehung einem theologischen Streite des Verfassers mit dem Hauptpastor Götze in Hamburg verdankt. Dieses Werk, dessen Bezeichnung „dramatisches Gedicht" schon darauf hinweist, daß der Dichter dasselbe nicht in die üblichen dramatischen Kategorien einzuregistriren wußte, ist weniger ein Drama, als ein auf die Folie einer Begebenheit aufgetragenes philosophisch-dialektisches Kunstwerk. Der Grundgedanke ist die Vereinigung der drei monotheistischen Religionen auf dem Boden der Humanität; die edle Toleranz, die das Ganze durchwehen soll, kommt jedoch am allerwenigsten dem Christenthum zu Gute. Wenn aber der Dichter in der dem Italiener Boccacio entlehnten Erzählung von den drei Ringen, die Frage, welche der drei Religionen die wahre sei, als unentschieden hinstellt und den Beweis für den ächten Ring allein in dessen die Handlungen des Menschen bestimmende Kraft setzt, so übersieht er, daß die Geschichte diesen Beweis längst zu Gunsten des Christenthums geführt hat. Der jambische Fünffüßler, den Lessing in seinem Nathan statt des bis dahin gebräuchlichen Alexandriners eingeführt, ist seitdem die bevorzugte Form des deutschen Drama's geblieben.

Unter Lessings prosaischen Werken, die den Grund zu einer gediegenen Prosa gelegt haben, ragt besonders sein durch Winkelmanns „Geschichte der Kunst des Alterthums" hervorgerufener „Laokoon oder über die Grenzen der Malerei und Poesie" hervor, ein Werk, das Lessings ganze Meisterschaft im prosaischen Stile enthüllt. Lessings eigentlicher Beruf war die Kritik, durch welche er im vollen Sinne des Wortes der Reformator des Geschmacks geworden, indem er dieselbe mit ebensoviel Schärfe als unbestechlicher, rücksichtsloser Unparteilichkeit geübt. — Durch seine theologischen Werke, unter welchen die „Erziehung des Menschengeschlechts" den ersten Rang einnimmt, ist Lessing der Vater des konsequenten, rationalistischen Protestantismus geworden.

Hatten Klopstock und Lessing die deutsche Literatur von den Fesseln des französischen Geschmacks befreit, so mißbrauchte der geistreiche Wieland sein hervorragendes dichterisches Talent zur Verbreitung der Encyklopädistenweisheit und zur Zurückführung der deutschen Poesie auf die Bahn der Nachahmung französischen Wesens.

Christoph Martin Wieland, geboren 1733 zu Oberholzheim bei Biberach, wo sein Vater Prediger war, fühlte sich anfangs durch Klopstocks Dichtungen angezogen und gab seiner durch dieselben geweckten nationalen Begeisterung in seinem Epos „Arminius" Ausdruck. Diese Dichtung verschaffte ihm die Gunst Bodmers, der ihn zu sich nach Zürich einlud. Während seines zweijährigen Aufenthaltes im Hause Bodmers dichtete er in der Manier der Schweizerschule ein religiöses Epos „der geprüfte Abraham," sowie eine größere Anzahl von Heroiden, — Briefe von Verstorbenen an hinterlassene Freunde — Hymnen, Oden u. dergl., in welchen er der streng gläubigen Richtung huldigte. Bald jedoch lenkte er in eine andere Bahn ein, und nachdem er im Jahre 1760 Kanzleidirektor in Biberach geworden, schlug seine religiöse Schwärmerei in das entschiedene Gegentheil um. Im Verkehr mit dem Kreise französisch gebildeter Männer und Frauen, die der ehemalige kurmainzische Minister Graf von Stadion auf seinem in der Nähe von Biberach gelegenen Gute Warthausen um sich versammelte, wurde Wieland mehr und mehr nicht nur für die Genüsse des verfeinerten Gesellschaftslebens, sondern auch für französische Anschauungen gewonnen, und seitdem trat seine Muse in den Dienst der französischen Freigeisterei und einer frivolen Sinnlichkeit. Er gefiel sich darin, lüsterne Scenen mit verführerischer Beredtsamkeit auszumalen, französische Salonweisheit auszukramen, dem ausschließlichen Streben nach irdischer Glückseligkeit das Wort zu reden und Verachtung alles Höheren und Idealen zur Schau zu tragen. Dies Alles that er zunächst in seinen „komischen Erzählungen," sowie in seinem Roman „Die Abenteuer des Don Sylvio von Rosalva oder der Sieg der Natur über die Schwärmerei," einer schwachen Nachahmung des Don Quixote, und in seinem „Agathon," worin er das griechische Leben in dem frivolen Geiste des modernen Franzosenthums behandelt. Das Beste, was er in prosaischer Form geschrieben, ist sein satirischer Roman „Geschichte der Abderiten," in welchem er in höchst ergötzlicher Weise die kleinstädtischen Thorheiten geißelt. Wielands Hauptwerk ist sein romantisches Epos „Oberon," zu welchem ihm ein altfranzösischer Ritterroman den Stoff geliefert, den er übrigens mehr in ironischer Weise behandelt. Leichtigkeit der Sprache, Vollendung im Versbau, Frische und Anmuth der Schilderungen verleihen diesem Gedichte, das Göthe „ein Meisterstück poetischer Kunst" nennt, einen eigenthümlichen Zauber und sichern ihm für die Dauer eine ehrenvolle Stelle in der deutschen Literatur.

Nachdem Wieland im Jahre 1769 einem Rufe als Professor der Philosophie nach Erfurt gefolgt war, wurde ihm im Jahre 1772 von der verwittweten Herzogin Amalie von Sachsen-Weimar die Stelle eines Erziehers ihrer beiden Söhne übertragen. Am Weimarischen Hofe, wo er mit Herder, Göthe und Schiller in Berührung kam, und auf seinem in der Nähe der Stadt gelegenen Gute Osmannstädt, das er von dem Ertrage einer Gesammtausgabe seiner Werke angekauft hatte, verbrachte er die letzte Hälfte seines Lebens, noch vierzig sorgenfreie Jahre. Er starb zu Weimar am 24. Januar 1813.

Das Auftreten Klopstocks, Lessings und Wielands hatte, besonders unter der deutschen Jugend, eine gewaltige Gährung hervorgerufen, und das mächtig angeregte Nationalgefühl trat zunächst in einem maßlosen Umgestaltungsdrang zu Tage. Mit allem Hergebrachten sollte aufgeräumt werden; Alles sollte ursprünglich, genial originell sein. Man nennt daher diese Zeit, die der reichsten Entfaltung der deutschen Dichtkunst voranging, die Periode der „Kraftgenies“ oder, nach einem von Max Klinger, dem leidenschaftlichsten und ungebundensten dieser „Kraftgenies“ gedichteten Drama, die „Sturm- und Drangperiode.“ Die Gefahren, die dieses anfangs regellose jugendliche Streben für die Entwicklung der deutschen Literatur in sich barg, wurden abgewendet durch das mehr und mehr sich Bahn brechende volle Verständniß der alten Klassiker, sowie durch die Erkenntniß der Nothwendigkeit, zur alten Volkspoesie zurückzukehren und auf den Spuren Homers und Shakespeare's zu wandeln.

Der Erste, der diese Bahn mit glänzendem Erfolge betrat, war Johann Gottfried Herder, geboren 1740 zu Morungen in Ostpreußen. Nachdem derselbe in Königsberg Theologie und Philosophie studiert und eine Zeitlang die Stelle eines Lehrers an der Domschule zu Riga bekleidet hatte, wurde er Reiseprediger des Prinzen von Holstein, lebte später als Superintendent und Konsistorialrath am Hofe zu Bückeburg und kam im Jahre 1776 durch die Vermittlung Göthe's, den er in Straßburg kennen gelernt, in der gleichen Eigenschaft nach Weimar, wo er im Jahre 1801 in den Adelstand erhoben wurde und 1803 als Vicepräsident des Oberkonsistoriums starb.

Schaffendes poetisches Talent war Herdern nur in bescheidenem Maße zu Theil geworden; dagegen besaß er, neben einer durch und durch klassischen Bildung, nicht nur das feinste poetische Gefühl, das ihn in den Stand setzte, dichterische Erscheinungen jeder Art zu würdigen, sondern auch die Gabe, die verschiedenartigsten Produkte des dichterischen Lebens fremder Völker in den anziehendsten Nachbildungen auf deutschen Boden zu verpflanzen. So entstanden seine „Stimmen der Völker in Liedern“, in welchen er in meist gelungenen Uebertragungen „hier in die Freiheitsluft des alten Griechenlands, dort unter die Kastanienschatten Spaniens, jetzt in die Barken Siciliens zum Abendgruß der heiligen Jungfrau, dann an Frankreichs sangesreichen Hof, über den Kanal zu den Reliquien Altenglands und in die Nebelwelt der Schotten, ja sogar über das weite Meer nach Grönland und Lappland führt und selbst den wilden Madagassen und Peruanern einzelne Töne abgelauscht hat.“ Erst nach seinem Tode erschien sein „Cid“, ein Cyclus spanischer Romanzen, zu einem romantischen Epos zusammengetragen, das sich zwar, weil nach einer französischen Bearbeitung der Cid-Romanzen ausgeführt, nicht allzu treu an die spanischen Originaldichtungen anschließt, dennoch aber das Eigenthümliche des südlichen Volksgesanges trefflich wiedergibt.

Mit besonderer Vorliebe schweifte Herder hinüber in den Orient, zu der Wiege des Menschengeschlechtes und der Poesie, und brachte von dort besonders die Parabel- und Paramythien-Dichtung zurück, die auch in seinem Gemüthe am reichsten sproßte. Auch das Andenken an die mittelalterliche Poesie frischte er auf und übertrug den Geist derselben in seine Legenden und christlichen Hymnen.

Wie Lessing, so wirkte Herder für die Hebung der deutschen Literatur auch durch die Kritik, die er besonders in seinen „Fragmenten über die neuere deutsche Literatur“ und in seinen „kritischen Wäldern oder Betrachtungen, die Wissenschaft und Kunst des Schönen betreffend“, in geistvoller, zwar strenger und mitunter selbst bitterer, immer aber durchaus unparteiischer Weise übte. Von den übrigen prosaischen Werken Herders sind besonders seine berühmten „Ideen zur Philosophie der Geschichte der Menschheit“ zu erwähnen, in welchen er jedoch das Christenthum, das er überhaupt nur von seiner ästhetischen Seite ins Auge zu fassen sich gewöhnt hatte, seines übernatürlichen Charakters entkleidet und als eine einfache „Religion der Humanität“ darstellt, die als Sache des Gemüths gar keiner Dogmen bedürfe, da sie nichts Anderes bezwecke, als die harmonische Ausbildung des natürlichen menschlichen Wesens.

Dem Stürmen und Drängen nach gänzlicher Erneuerung der deutschen Poesie im Geiste Klopstocks und Homers entsprang auch der „Göttinger Dichterverein“ oder der „Hainbund“, zu welchem im Jahre 1772 mehrere Musensöhne der Georgia Augusta zusammentraten. Die hervorragendsten Glieder dieses Bundes waren Gottfried August Bürger (geb. 1748 zu Wolmerswende im Halberstädtischen, gest. 1794 zu Göttingen, nach einem durch eigene Schuld vergifteten Leben), der Dichter der „Leonore“, einer Ballade, die Schlegel „den goldenen Ring“ nennt, „mit welchem der Dichter sich der Volksdichtung vermählte“, ein reichbegabter, formgewandter Dichter, dessen haltloses Leben jedoch in seinen Dichtungen nachklingt, in welchen er bald zu hoher Begeisterung emporsteigt, bald in den Ton eines Bänkelsängers herabfällt; der früh verstorbene fromme, biedere und tieffühlende, doch mitunter allzu sentimentale Ludwig Christoph Hölty (geb. 1748 zu Mariensee im Hannöverischen, gest. 1776); der geniale, für Vaterland und Glauben begeisterte Graf Friedrich Leopold zu Stolberg (geb. 1750 zu Bramstädt, gest. 1819 zu Sondermühlen bei Osnabrück), der nach seinem Uebertritt zur katholischen Kirche eine treffliche, leider nicht vollendete „Geschichte der Religion Jesu“ schrieb, und sein ungleich weniger genialer Bruder Graf Christian zu Stolberg (geb. 1748 zu Hannover, gest. 1821), Beide vorherrschend lyrische Dichter; Johann Heinrich Voß (geb. 1751 zu Sommersdorf in Mecklenburg, gest. 1826 als badischer Hofrath und Akademiker zu Heidelberg), der sich durch seine Uebersetzungen mehrerer alter Klassiker, besonders die des Homer, bei welcher er für die deutsche Rhythmik, namentlich für den Hexameter, zuerst die Regeln gefunden, ein ungleich größeres Verdienst um die deutsche Literatur erworben, als durch seine zwar vielgepriesenen, aber allzu sehr im Materiellen sich verlierenden Idyllen, und der unter dem selbstgewählten Namen des „Wandsbecker Boten" bekannte Volksdichter Mathias Claudius (geb. 1740 zu Rheinfeld im Holsteinischen, gest. zu Hamburg 1815), der mit ächt deutscher Gemüthlichkeit und einem liebenswürdigen Humor einen warmen Christenglauben verband.

Der Sturm- und Drangperiode gehört auch die erste Zeit der dichterischen Wirksamkeit der beiden Heroen unserer Literatur, Göthe und Schiller an, mit deren vereintem wetteifernden Streben am Hofe zu Weimar die eigentliche Glanzperiode der deutschen Dichtkunst anhebt.

Johann Wolfgang Göthe war am 28. August 1749 zu Frankfurt a. M. geboren, wo sein Vater als Doktor der Rechte und kaiserlicher Rath in angesehenen Verhältnissen lebte. Nachdem er im elterlichen Hause eine äußerst sorgfältige Erziehung genossen, bezog er im Jahre 1765 die Universität Leipzig, um die Rechte zu studieren. Im Jahre 1768 durch Krankheit zur Rückkehr nach Frankfurt genöthigt, verblieb er dort anderthalb Jahre und ging dann im April 1770 zur Beendigung seiner Studien nach Straßburg, von wo er 1771 mit dem Doktortitel in sein Vaterhaus zurückkehrte. In den beiden folgenden Jahren war er als Advokat bei dem Reichskammergerichte zu Wetzlar thätig. Hier dichtete er seinen „Götz von Berlichingen", ein unübertroffenes Musterbild der vaterländischen Ritterschauspiele, und seinen auf einer Thatsache beruhenden Roman „Werthers Leiden", in welchem er, um sich selbst von einer hoffnungslosen Liebe zu heilen, die Seelenqualen eines jungen Mannes schildert, der durch eine unglückliche Leidenschaft zum Selbstmord getrieben worden.

Im Jahre 1775 siedelte Göthe, einer Einladung des Herzogs Karl August folgend, nach Weimar über, wo er 1776 zum geheimen Legationsrath, 1779 zum wirklichen Geheimerath und 1782, unter Erhebung in den Adelsstand, zum Kammerpräsidenten ernannt wurde. Nachdem er bereits im Jahre 1779 mit dem Herzog von Weimar die Schweiz bereist hatte, unternahm er im Jahre 1786 eine Reise nach Italien, wo er zwei Jahre lang den ernstesten Kunststudien oblag, seine, ursprünglich in Prosa geschriebene „Iphigenie in Tauris" in harmonische Verse kleidete und seinen „Torquato Tasso" dichtete. Nach seiner Rückkehr nach Weimar vollendete er seinen bereits früher begonnenen „Egmont" und den ersten Theil seines großartigen Meisterwerkes „Faust". Mit dem Jahre 1794 beginnt die Zeit seines Zusammenwirkens mit Schiller, welcher neben vielen seiner schönsten kleineren Dichtungen: Balladen, lyrischen und didaktischen Gedichten, sein „Reinecke Fuchs“ und das idyllische Epos „Hermann und Dorothea“, sowie sein Roman „Wilhelm Meisters Lehrjahre“ und seine für die von ihm und Schiller gemeinsam redigirte Zeitschrift „die Horen“ verfaßte geschichtliche Skizze „Benvenuto Cellini“ angehören. Nach dem Tode Schillers, der in Göthe's Leben eine unausfüllbare Lücke geschaffen, entstanden sein Roman „die Wahlverwandtschaften“ und seine Selbstbiographie „Aus meinem Leben, Wahrheit und Dichtung“, an welche sich später „Wilhelm Meisters Wanderjahre“ und der zweite Theil des „Faust“ anschlossen.

Im Jahre 1815 wurde Göthe zum ersten Weimarischen Staatsminister ernannt; er zog sich jedoch im Jahre 1828, nach dem Tode des Herzogs Karl August, von allen Staatsgeschäften zurück, um ausschließlich seinen schriftstellerischen Arbeiten zu leben, und starb am 22. März 1833, im Alter von dreiundachtzig Jahren.

Kein Dichter der neueren Zeit hat auf die Entwicklung der deutschen Literatur einen tiefergehenden und nachhaltigeren Einfluß ausgeübt, als Göthe. Er vollendete die Befreiung der deutschen Poesie von willkürlichem Gesetzeszwange und ihre Zurückführung zur Natur und Wahrheit und erschloß derselben, indem er sie mit dem Leben verflocht, eine unerschöpfliche Quelle des mannigfaltigsten Stoffes. Wenn auch nicht alle seine Dichtungen seiner würdig sind, so hat er doch in allen Gattungen der Dichtkunst Mustergiltiges geschaffen: im einfachen Liede wie in der erhabenen, schwungvollen Ode, in der Elegie, der Romanze und der Ballade wie im Epigramm und in der Satire, in der Komödie wie in der Tragödie, im Epos wie im Romane. Dabei trägt jede seiner Dichtungen ein individuelles Gepräge, in Folge rein objektiver Auffassung und Behandlung des Stoffs. Aber nicht mitten im Sturme der Leidenschaft, nicht in der unruhigen Erregtheit des Augenblicks schuf er die künstlerische Form für die ihn drängenden Gefühle; daher die plastische Ruhe, die heitere, befriedigende Harmonie der Form und des Inhaltes, die seinen Dichtungen einen so hohen Reiz verleihen.

Der glanzvollen Lichtseite der Göthe'schen Muse fehlt jedoch die Schattenseite nicht. Der Naturalismus, in welchem Göthe's Christenglaube untergegangen, war für ihn nicht nur das Höchste, sondern Eines und Alles. „Das Leben der Völker“, sagt Lindemann, „wußte er nicht in den rechten Zusammenhang zu bringen; von Vaterlandsliebe ist kaum eine Spur; das Politische hielt er sich, wie sein eigener vornehmer Ausdruck lautet, ‚vom Leibe‘; Kälte und Mißtrauen setzte er der begeisterten Erhebung der deutschen Nation entgegen. Der religiöse Zug fand in dieser Seele keine anklingende Seite; die Fürstin Galitzin vermochte sein naturalistisches Credo nicht zu erschüttern: gleichgiltig nahm er ihren Abschiedswunsch hin, ihn, wo nicht hier, doch dort wiederzusehen. Die eigenen Glaubensgenossen waren nach dieser Seite hin ohne allen Einfluß auf ihn. Eine Naturreligion hatte bereits der Knabe für den Hausbedarf sich entworfen; spätere Jahre führten sogar zur entschiedenen Feindschaft gegen das Christenthum [1])."

Friedrich Schiller (im Jahre 1802 von dem Herzog von Weimar in den Adelsstand erhoben), der mit Göthe um den höhern Preis der deutschen Sprache und Dichtung ringen sollte, war am 11. November 1759 zu Marbach geboren. Der Stellung seines Vaters, eines württembergischen Hauptmanns, verdankte er seine Aufnahme in die später unter dem Namen „Karlsschule" zu einer Akademie erweiterte und nach Stuttgart verlegte Militärschule auf dem Schlosse Solitude, wo er Anfangs die Rechte, dann Medizin studierte. Nach bestandenem Examen wurde er im Jahre 1780 als Militärarzt angestellt. Schon auf der Karlsschule, wo die Strenge der Disciplin seinen Oppositionsgeist, und eingeschmuggelte Lektüre, besonders der Götz von Berlichingen, seine Begeisterung für das Theater weckte, hatte er seine „Räuber" gedichtet, die im Jahre 1783 in Mannheim zur Aufführung kamen. Da er dieser Vorstellung ohne Urlaub beigewohnt, erhielt er einen vierzehntägigen Arrest und wurde außerdem mit Festungshaft bedroht, falls er noch etwas schreiben werde, was nicht in sein Fach gehöre. Dies bewog ihn, seiner Heimath den Rücken zu wenden. Er entfloh nach Mannheim und von dort nach Bauerbach bei Meiningen, einem Gute der Frau von Wolzogen, wo er freundlich aufgenommen wurde. Hier vollendete er den „Fiesco" und „Kabale und Liebe", zwei Tragödien, in denen noch, wie in den „Räubern", die regellos aufstrebende Kraft und die ausschweifende Empfindung in vielfachen Uebertreibungen und Unwahrscheinlichkeiten zu Tage treten.

Im Jahre 1783 erhielt Schiller in Mannheim die Stelle eines Theaterdichters; da ihm jedoch sein dortiger Aufenthalt durch mancherlei Unannehmlichkeiten verleitet wurde, siedelte er im Jahre 1785, der Einladung mehrerer Freunde folgend, die seine Werke ihm gewonnen hatten, nach Leipzig und von dort nach Dresden über. In dem nahegelegenen Dorfe Loschwitz, auf dem Gute seines Freundes Körner, des Vaters Theodor Körners, vollendete er seine bereits in Mannheim begonnene Tragödie „Don Karlos", in welcher er den geistig wie körperlich verkommenen Sohn Philipps II. zum Träger des eigenen politischen und religiösen Liberalismus machte.

---

1) Eine meisterhafte, auf den eingehendsten Quellenstudien beruhende Biographie und Charakteristik Göthe's gibt Baumgartner, Göthe, Sein Leben und seine Werke. 3 Bände. Freiburg 1885.

Im Jahre 1787 lernte er auf einer Reise nach Weimar Herder und Wieland und im folgenden Jahre bei einem Besuche in Rudolstadt Göthe kennen, auf dessen Veranlassung er im Jahre 1789 außerordentlicher Professor in der philosophischen Fakultät zu Jena wurde. Hier beschäftigte er sich fast ausschließlich mit dem Studium der Geschichte und der Philosophie, die fortan die beiden Leitsterne für sein dichterisches Schaffen wurden, und schrieb außer mehreren kleineren, durch hohe Formvollendung hervorragenden, aber zum Theil ganz von heidnischen Anschauungen durchdrungenen didaktisch-reflektirenden Gedichten („Resignation", „die Götter Griechenlands", „die Künstler" u. a.), seine beiden, durch unleugbare Vorzüge in der Darstellung bestechenden, aber nach seinem eigenen Geständniß (s. Bd. V. S. 521) vollständig unzuverlässigen Geschichtswerke, den „Abfall der Niederlande" und den „dreißigjährigen Krieg", sowie seinen unvollendeten Roman „der Geisterseher".

Die reichste und herrlichste Dichterperiode Schillers beginnt mit seinem im Jahre 1794 mit Göthe geschlossenen Freundschaftsbund, der einige Jahre später, 1799, seine Uebersiedlung nach Weimar zur Folge hatte. In Weimar schuf Schiller außer seinen schönsten lyrisch-didaktischen Dichtungen (die „Glocke", der „Spaziergang" u. a.), Balladen und Romanzen („Rudolf von Habsburg", „der Kampf mit dem Drachen", „der Gang nach dem Eisenhammer" die alle ein durchaus christliches, speziell katholisches Gepräge tragen, „die Kraniche des Ibykus" u. a.), seine vollendetsten, unübertroffenen dramatischen Dichtungen: die Wallenstein-Trilogie — „Wallensteins Lager", „die beiden Piccolomini" und „Wallensteins Tod" — (1799), seine großartige Schöpfung: „Maria Stuart" (1800), in welcher der Dichter die schönsten und ergreifendsten Stellen aus der Poesie des Katholicismus zieht; „die Jungfrau von Orleans" (1801), worin er der Heldin Frankreichs die Glorie zurückgibt, die der frivole Voltaire ihr zu entreißen gesucht; „die Braut von Messina" (1803), eine Tragödie, in welcher Schiller den verfehlten Versuch machte, die antike Schicksalsidee und mit derselben den altgriechischen Chor in die Tragödie wieder einzuführen, in den herrlichen Chorgesängen jedoch sich zu dem Höchsten und Edelsten in der reflektirenden Lyrik emporgeschwungen hat, und „Wilhelm Tell" (1804), Schillers Schwanengesang, worin er die Idee der Freiheit, für welche er seit seiner frühesten Jugend geglüht, in der reinsten und objektivsten Weise darstellt und das von ihm nie gesehene Schweizerland mit einer Treue und Lebendigkeit schildert, daß, wie Schwab sagt, Jeder, welcher den „Tell" früher, als er in der Schweiz war, gelesen hat, wenn er nun diese Gegenden sieht, sie schon einmal im verklärenden Traum geschaut zu haben meint.

An der Vollendung einer weiteren Tragödie, für welche er das tragische Geschick des russischen Kronprätendenten Demetrius zum Gegenstande gewählt, wurde Schiller durch seinen frühen Tod verhindert. Von einer Reise nach Berlin, wo ihn König Friedrich Wilhelm III. vergebens zurückzuhalten suchte, kränkelnd nach Weimar zurückgekehrt, siechte er rasch dahin und starb am 9. Mai 1805, im Alter von sechsundvierzig Jahren.

„Schiller", sagt Lindemann, „ist vor Göthe ein Liebling der Nation, vor Allem der Liebling der Jugend und der Frauenwelt geworden. In der schwunghaften, schillernden Pracht der Darstellung haben Nachahmer ihn zu erreichen gesucht; mehr als das mußte die Hoheit, der Adel seines Wesens fesseln, die seine Werke über die Göthe's stellen. In seine religiöse Gesinnung dürfen wir nur einen schüchternen Blick werfen: er suchte ein Christenthum ohne Christus; das ästhetisch Schöne, das er in die Region des ethisch Guten erhob, war seine Religion, mit der er sein Volk bilden und erheben wollte. Die letzten Lebensjahre zeigen den Fortschritt, daß er daneben die Bedeutung der positiven Religion erkannte, zum Verständniß der christlichen Vergangenheit vordrang, eine sittlich-christliche Weltanschauung in seinen Werken ausprägte und daher gewiß auch wohl im Innern christliche Anklänge vernahm. Wie weit sein strebender Geist auf dieser Bahn gelangte, das liegt nur vor den Augen des Allwissenden offen; von einer ‚Conversion' des Dichters sprechen und ihm seit 1792 ‚seiner innersten Neigung, Gesinnung und Bestimmung nach als Christ und Katholik' hinstellen, das heißt doch den Briefen und Aeußerungen Schillers widersprechen."

Von der großen Zahl vereinzelter Dichter, die sich in der zweiten Hälfte des achtzehnten Jahrhunderts auf den verschiedenen Gebieten der Poesie versuchten und theils noch der früheren Geschmacksrichtung huldigten, theils sich mit einer äußeren Nachahmung Göthe's und Schillers begnügten, seien hier nur noch kurz erwähnt: der elsässische Fabeldichter Pfeffel (1736—1800); der geniale, aber verkommene Lyriker Schubart (1739—1794), der seine Ausschweifungen mit zehnjähriger strenger Haft auf dem Schlosse Hohenasperg büßen mußte; der gewandte, aber allzu elegische Naturmaler Matthisson (1761—1831) und sein Geistesverwandter Salis (1762—1834); der rhetorische Tiedge (1752—1841), der Verfasser des vielbewunderten, einer positiv christlichen Grundlage jedoch entbehrenden Lehrgedichtes „Urania"; der sentimentale Idyllendichter Kosegarten (1758—1818); der dramatische Dichter Iffland (1739—1814), dessen nur auf Rührung berechnete Schauspiele ihren Stoff dem bürgerlichen Leben entnehmen, und der frivole Lustspieldichter Kotzebue, der, 1761 in Weimar geboren, nach einem vielbewegten Leben im Jahre 1819 zu Mannheim von einem schwärmerischen Burschenschaftler, dem Kandidaten der Theologie Karl Sand, ermordet wurde.

Auf dem Gebiete der deutschen Prosa, die durch Lessing, Göthe und Herder zu ihrer höchsten Vollendung geführt wurde, ragt besonders der um die Verbreitung eines richtigeren Verständnisses der antiken Kunst hochverdiente Johann Joachim Winkelmann hervor. Geboren 1717 zu Stendal in der Altmark als der Sohn eines armen Schuhmachers, hatte er nur unter stetem Kampf mit Mangel und Entbehrungen aller Art zu Halle und Jena die Studien machen können, zu denen sein Wissensdurst ihn drängte. Seitdem er Gelegenheit gehabt, in Dresden die reichen, dort angesammelten Kunstschätze des Alterthums durch eigene Anschauung kennen zu lernen, war sein heißester Wunsch, in Rom die Kunst der Alten zu studieren; dieser Wunsch ging jedoch erst im Jahre 1754 nach seinem Uebertritt zur katholischen Kirche in Erfüllung. Nach einem vierzehnjährigen sehr glücklichen und für seinen Zweck im reichsten Maße ausgebeuteten Aufenthalt zu Rom, dessen Ergebniß, außer mehreren Abhandlungen über einzelne Fragen der Kunst, seine berühmte „Geschichte der Kunst des Alterthums“ war, wollte er im Jahre 1768 sein Vaterland noch einmal besuchen; doch schon in Tyrol trieb ihn eine unwiderstehliche Sehnsucht nach dem Süden zurück. Er reiste über Wien, wo er von der Kaiserin Maria Theresia aufs Huldvollste empfangen und reich beschenkt wurde, nach Triest, um sich dort nach Ancona einzuschiffen. Allein er kam nicht weiter: am 8. Juni 1768 erlag er dem Mordstahl eines nach seinen Kunstschätzen und Goldmünzen lüsternen Italieners, der mit ihm in dem gleichen Gasthofe wohnte. Ueber Winkelmanns blühenden, eleganten Stil sagt Göthe: „Die klassische Würde, die großartige Ruhe verlassen ihn im höchsten Schwunge der Begeisterung nicht; während seine Gedanken wie die schwerwuchtigen Spieße der Homerischen Helden andringen, treten sie dennoch klar und scharf geschnitten hervor, wie die Figuren auf den griechischen Gemmen.“

Unter den Geschichtschreibern des achtzehnten Jahrhunderts nimmt unstreitig Johannes von Müller (geb. 1752 in Schaffhausen, gest. 1809 in Kassel), der sich den Tacitus zum Muster nahm, jedoch auch Herodot und Thukydidus, sowie die alten Schweizer-Chroniken auf sich einwirken ließ, die erste Stelle ein. — Als Reisebeschreiber verdient Erwähnung Georg Forster (geb. 1754 in Ostpreußen, gest. 1794 in Paris, wohin ihn seine glühende Begeisterung für republikanische Ideen geführt), der als achtzehnjähriger Jüngling den englischen Kapitän Cook auf seiner Reise um die Welt begleitet hatte. Seine Schilderung dieser Reise zeichnet sich durch eine geistreiche, anschauliche und körnige Darstellungsweise aus.

Auf dem Gebiete der didaktischen Prosa sind als Nachfolger

Lessings zu erwähnen: der Buchhändler Christoph Friedrich Nicolai (1733—1811), der durch seine die gesammte christliche Weltanschauung bekämpfende „Allgemeine Bibliothek der schönen Wissenschaften“ die Sache der „Aufklärung“ zu fördern suchte; Moses Mendelssohn (1729—1786), der seinem Freunde Lessing zu dessen „Nathan“ manche Züge geboten haben soll; Christian Garve (1742—1798) und Johann Jakob Engel (1741—1802), dem es nicht selten gelang, dem Stile Lessings nahe zu kommen.

Während Mendelssohn, Garve, Engel u. A. die Philosophie durch populäre Darstellungen dem größeren Publikum zugänglich zu machen suchten, führte der Königsberger Professor Immanuel Kant (1724—1804) sie wieder zur strengsten Wissenschaftlichkeit zurück. Kants philosophisches System, die sogenannte „kritische Philosophie“, beruht auf dem Gedanken, daß die menschliche Vernunft zwar zur Erkenntniß des Uebersinnlichen unfähig sei, aber durch das in ihr selbst sich verkündigende Gebot der Pflicht zum Glauben an Gott, Tugend und Unsterblichkeit genöthigt werde. Der Glaube stützt sich nach Kant nicht auf die göttliche Offenbarung, sondern auf die Forderung der „praktischen Vernunft“, d. h. des Gewissens, aus dem sich sein ganzer Inhalt entwickeln lasse. Das Christenthum ließen die Anhänger der Kantischen Philosophie, die bald, weil dem Zeitgeiste ganz entsprechend, die völlige Obmacht zu erlangen schien, nur insofern gelten, als es durch den aufgeklärten Zeitgeist zu vervollkommnen sei.

XXXVII.

Schweden unter Gustav III.

(1771—1792.)

Gustavs III. Staatsumwälzung.

(1772.)

Als der von den schwedischen Ständen im Einvernehmen mit der Czarin Elisabeth zum Nachfolger des kinderlosen Königs Friedrich I. bestimmte Herzog Adolf Friedrich von Holstein-Gottorp im Jahre 1751 den schwedischen Thron bestieg (s. S. 284), war das Königthum bereits zum bloßen Schatten herabgesunken; dennoch suchte der in die Parteien der Mützen und Hüte gespaltene, in seiner Herrschsucht aber einige Adel, der alle Gewalt an sich gerissen hatte, die Rechte der Krone noch mehr zu beschränken. Bei seinem Regierungsantritt mußte der neue König nicht nur eine Versicherungsakte über die Unverletzlichkeit der bestehenden Verfassung unterzeichnen, sondern auch das feierliche Versprechen geben, daß er die Reichsstände ihres ihm geleisteten Eides für entbunden halten werde, wenn er jemals gegen diese königliche Versicherung oder gegen irgend ein von den Reichsständen erlassenes oder noch zu erlassendes Gesetz handeln sollte. Es erfolgte nun eine Reihe neuer Gesetze, die dem König den letzten Rest von Macht und Ansehen raubten; — verfügte doch eines derselben, daß in allen Regierungserlassen der Name des Königs durch einen Stempel beigesetzt werden solle, wenn die Unterschrift auf zweimaliges Ansuchen des Reichsraths nicht erfolge. Selbst in die Angelegenheiten des königlichen Hauses griffen der Adel und die Stände entscheidend ein. Ein Versuch der von den Hüten unterdrückten Mützen, der königlichen Gewalt wieder etwas aufzuhelfen, scheiterte an der Unentschlossenheit des Königs und diente nur dazu, die Macht der Hüte zu befestigen, indem dieselben die Hinrichtung der Haupturheber der Verschwörung, des Barons Horn und des Grafen Brahe, durchsetzten. Die Mißerfolge der schwedischen Waffen im siebenjährigen Kriege, in welchen Schweden durch die Hüte hineingerissen worden, verschaffte zwar den Mützen wieder das Uebergewicht; des Königs Lage wurde jedoch dadurch in keiner Weise verbessert, da derselbe nun wieder von dieser Partei tyrannisirt wurde.

Um auf dem Reichstag eine Veränderung der Verfassung durchzusetzen, forderte der König im Jahre 1768, im Einvernehmen mit den Hüten, die Zusammenberufung der Reichsstände. Der Reichsrath widersetzte sich zwar dieser Forderung, gab jedoch, aus Furcht vor einem Volksaufstande, nach, als der König durch die Niederlegung der Regierung alle Behörden des Landes außer Thätigkeit setzte.

Der auf den 26. April 1769 nach Norköping zusammenberufene Reichstag zog den Reichsrath wegen seines Verhaltens zur Verantwortung, und die meisten Mitglieder desselben wurden ihrer Stellen verlustig erklärt; nichtsdestoweniger fielen die beabsichtigten Verfassungsänderungen durch, und der Reichstag trennte sich mit der Erklärung, daß jede Neuerung unzweckmäßig sei.

Was der König Adolf Friedrich nicht hatte erreichen können, sollte seinem Sohn und Nachfolger Gustav III. gelingen, und zwar durch das kühne Mittel einer von dem Throne selbst ausgegangenen Revolution.

Gustav III., ein geistreicher, scharfblickender und kühner Fürst, der mit einer edlen Haltung eine herzgewinnende Liebenswürdigkeit verband, hatte als Kronprinz den Adel über seine Betheiligung an den Bestrebungen seines Vaters zur Wiederherstellung der königlichen Selbstständigkeit durch scheinbare Gleichgiltigkeit gegen alle Staatsangelegenheiten zu täuschen gewußt. Er war eben auf einer Reise nach Frankreich begriffen, als der Tod seines Vaters ihn im Jahre 1771 auf den schwedischen Thron berief. Die unbeschränkte Königsgewalt, die er am Hofe zu Versailles kennen gelernt hatte, mußte ihn die tiefe Herabwürdigung der schwedischen Krone nur um so schmerzlicher empfinden lassen, und da der Minister Choiseul, der im Interesse Frankreichs die Herstellung eines absoluten Königthums in Schweden wünschte, ihm zu derselben seine Unterstützung durch Hilfsgelder zusagte, trat er die Rückreise in seine Heimath mit dem festen Entschlusse an, Alles an die Ausführung seines kühnen Planes zu setzen.

Um das schwedische Volk für sein Unternehmen zu gewinnen, bewies Gustav gegen dasselbe eine nie gesehene Leutseligkeit, wobei ihm der Umstand trefflich zu Statten kam, daß er des Schwedischen, das die beiden letzten Könige nicht verstanden hatten, als seiner Muttersprache vollkommen mächtig war, wie er sich überhaupt mit großer Leichtigkeit und Gewandtheit auszudrücken wußte. Diese Gabe der Beredtsamkeit beutete er besonders den schwedischen Ständen gegenüber mit großem Geschicke aus. Den ersten Reichstag eröffnete er mit einer Rede, in welcher er erklärte, er finde seine Ehre darin, der erste Bürger eines freien Staates zu sein. Dabei verstand er es meisterhaft, seine Absichten unter der Maske der größten Unbefangenheit zu verbergen und den Adel durch den Schein einer absoluten Gutheißung der bestehenden Zustände sicher zu machen. Als man ihm die Akte, durch welche ihm die gleichen Verpflichtungen und Zusagen auferlegt wurden, wie seinem Vater bei dessen Regierungsantritt, zur Unterzeichnung vorlegte, unterschrieb er sie, ohne sie gelesen zu haben, mit der Bemerkung: man werde sicher bei der Abfassung derselben nur das Beste des Staates im Auge gehabt haben. Sein Wunsch, in der Ebene von Upsala, bei den Morasteinen, an der Wahl- und Krönungsstätte der alten Nationalkönige Schwedens, die Krone zu empfangen, fand keine Berücksichtigung, weil die Aristokratie davon einen ihre Interessen gefährdenden Eindruck auf das schwedische Volk befürchtete; dagegen wurde Gustavs Krönung zu Stockholm mit ungewöhnlicher Pracht vollzogen.

Nach dem Empfang der Krone begab sich Gustav, unbekümmert um die noch fortdauernden Berathungen des Reichstags, auf seinen Landsitz Eckholmsund, wo er nur der Pflege der schönen Künste zu leben schien. Unterdessen waren mehrere von ihm ausgesandte Personen eifrig bemüht, in den verschiedenen Provinzen Schwedens unter dem Volke Unzufriedenheit über die bestehende Verfassung zu erregen, indem sie eine im Lande herrschende Theuerung der schlechten Verwaltung zur Last legten. Mehr jedoch noch, als durch diese Aufreizungen, wurden Gustavs Pläne durch die fortdauernde Zwietracht zwischen den Mützen und den Hüten gefördert, die einander auf dem Reichstage in einem erbitterten Kampfe das Uebergewicht streitig machten, bis sich schließlich die unterliegenden Hüte in ihrem Unmuth über den Sieg der Mützen, der sie alles Einflusses beraubte, zum größten Theile aus dem Reichstage zurückzogen.

Unterdessen hatte der für Gustavs Pläne gewonnene Oberst Sprengporten über hundertfünfzig Offiziere von der Besatzung der Hauptstadt auf die Seite des Königs gezogen, während Gustavs beide Brüder Karl und Friedrich in den Provinzen Schoonen und Gothland, zu deren Statthalter sie ernannt wurden, für den gleichen Zweck erfolgreich thätig waren. Nachdem Alles genügend vorbereitet war, erhob der dem König warm ergebene Hauptmann Hellichius, Kommandant der Festung Christianstadt, der ihm zugetheilten Rolle gemäß, am 12. August 1772 die Fahne des Aufruhrs, indem er ein Manifest gegen die Anmaßungen der Aristokratie erließ und den Ständen den Gehorsam kündigte. Dadurch erhielt der Prinz Karl einen Vorwand zur Zusammenziehung von Truppen, mit welchen er, angeblich zur Stillung des ausgebrochenen Aufstandes, gegen Christianstadt aufbrach.

Als diese Vorgänge in Stockholm bekannt wurden, schöpfte die herrschende Partei sogleich Verdacht; der König wußte jedoch, trotz seiner leicht begreiflichen Aufregung, den Schein der Unbefangenheit so gut zu wahren, daß sie ihm nichts anhaben konnte. Dem Grafen Ribbing, der ihm bei einem Abendessen die Bemerkung machte: es sei auffallend, daß der wachthabende Offizier am Thore zu Christianstadt ausgesagt habe, es geschehe Alles auf königlichen Befehl, antwortete er, ohne durch den scharf beobachtenden Blick des Grafen aus der Fassung gebracht zu werden: „Sie irren; nach dem Berichte an den Reichsrath, den ich selbst gelesen, war es die Schildwache und nicht der Offizier." Da seine Macht so beschränkt war, daß er nicht einmal einem Garderegiment nach seinem Willen Befehle ertheilen konnte, hielt er es für nöthig, sich um die Gunst der bewaffneten Bürgerschaft zu bewerben, und zog zu diesem Ende mit den von dem Reichsrathe angeordneten Streifwachen durch die Straßen von Stockholm, während mehrere seiner Vertrauten mit der Garde und der Artillerie Unterhandlungen anknüpften.

Inzwischen hatte der noch immer mißtrauische Reichsrath Truppen nach der Hauptstadt beordert und dem Prinzen Karl den Befehl zugehen lassen, die von ihm zusammengezogenen Schaaren einem anderen Befehlshaber zu übergeben: der König sah sich also in die Nothwendigkeit versetzt, sofort zu handeln, wenn nicht das ganze Unternehmen scheitern sollte. Als er am Morgen des 19. August nach einer in banger Sorge durchwachten Nacht in den versammelten Reichsrath trat, wurde er aufgefordert, einen Brief vorzulesen, den er während der Nacht von seinem Bruder erhalten hatte, und als er dies als ein ungebührliches Verlangen verweigerte, sprachen einige der Reichsräthe von der Nothwendigkeit, sich seiner Person zu versichern. In wirklichem oder verstelltem Zorne die Hand an den Degen legend, verließ er sofort die Versammlung. Nachdem er zunächst an die vor dem Zeughause aufgestellte Garde, deren Offiziere zum größten Theile für ihn gewonnen waren, eine freundliche Ansprache gehalten und eine Abtheilung derselben abgeordnet, um die Reichsräthe in ihrem Sitzungssaale festzuhalten, begab er sich mit mehreren Offizieren seines Anhangs nach dem Schlosse, wo sich unterdessen sowohl die aufziehende als die abziehende Wache versammelt hatte, berief die anwesenden Offiziere in die Wachtstube und enthüllte ihnen in begeisternden Worten sein Vorhaben, die aus fremdem Golde geschmiedeten Ketten zu brechen, mit denen das Vaterland geknechtet worden, und die uralte, gesetzmäßige Freiheit des Königreichs herzustellen. Auf seine Frage, ob er hierbei auf ihre Unterstützung zählen könne, erscholl von allen Seiten ein freudiges Ja. Gustav band hierauf ein weißes Tuch um seinen Arm und forderte Jeden, der mit ihm sein wolle, auf, das Gleiche zu thun, damit alle seine Anhänger sich an diesem Zeichen erkennen möchten. Wie die Offiziere, so erklärten sich auch die Soldaten bereit, für ihn zu sterben, und das Volk, das auf die absichtlich verbreitete falsche Nachricht, der König sei gefangen, in großen Schaaren herbeigeströmt war, stimmte in das freudige Jauchzen ein. Noch größer wurde die Begeisterung, als Gustav, der jeden zufälligen Umstand zu benutzen wußte, ausrief: „Seht, meine Freunde, es weht von Norden! Ein gutes Zeichen; denn derselbe Wind blies, als Gustav Wasa mit seinen Thalmännern aufbrach, um das Land von seiner Zwingherrschaft zu befreien!"

Vergebens bot der Gouverneur von Stockholm, der General Rudbeck, Alles auf, um die Truppen wieder auf die Seite des Reichsrathes zu ziehen, indem er das Unternehmen des Königs als ein Attentat auf die Freiheit des Landes bezeichnete: Gustav, der mit dem Degen in der Hand die Straßen durchritt, fand größeren Glauben für seine Versicherung, daß er sich erhoben habe, um die Freiheit des Vaterlandes zu retten. Das Volk drängte sich jubelnd um ihn und schwur ihm Treue und Gehorsam. Auch die auf das Rathhaus zusammenberufene Stadtobrigkeit leistete ohne Widerspruch den verlangten Eid. Das Gleiche geschah von Seiten der Admiralität auf dem Schiffsholm. Die beiden durch den Reichsrath nach Stockholm beorderten Bataillone Upland und Südermanland, die bereits bis in die Nähe der Stadt gekommen waren, erhielten Befehl zur Umkehr, während ihr Führer, der dem Reichsrath ganz ergebene Oberstlieutenant Cederström, in die Hauptstadt berufen wurde. Da die Kunde von den Vorgängen in Stockholm noch nicht zu ihm gedrungen war, leistete er ohne Bedenken dem erhaltenen Befehle Folge. Gleich ihm wurden verschiedene andere Personen, die zum Nachtheil des Königs hätten wirken können, durch strenge Ueberwachung unschädlich gemacht.

Nachdem der König am folgenden Tage, dem 20. August, die Huldigung aller Kriegs- und Staatsbeamten empfangen und auch die Bürgerschaft ihm bereitwillig den Eid der Treue geleistet hatte, versammelte er am 21. die Stände in dem Ritterhause, um ihnen die von ihm beabsichtigten Verfassungsänderungen zur Genehmigung vorzulegen, wobei er nicht versäumte, durch Aufstellung von Militär rings um das Ritterhaus jedem gewaltsamen Widerstand vorzubeugen. In einer feurigen Rede schilderte er die Mißstände der bestehenden Verfassung, sowie das Unheil und die Schmach, welche die bisherigen Machthaber durch ihre Feilheit und ihre beständigen Zwistigkeiten über das Reich gebracht hätten, und forderte Jeden, der die Wahrheit seiner Worte bestreiten könne, auf, hervorzutreten und zu reden. Da Alles schwieg, schloß er mit der Versicherung, daß er seinen Schwur, die Freiheit und das Recht zu schützen, niemals brechen werde und die Verfassung nur zu dem Zwecke zu verändern beabsichtige, damit die Zügellosigkeit und Willkür in der Verwaltung ein Ende nehme.

Hierauf wurde das neue Verfassungsgesetz vorgelesen. Dasselbe erkannte dem König freie Verfügung über die gesammte Kriegsmacht zu Wasser und zu Lande, über alle Staats- und Kriegsämter, sowie das Recht zu, Frieden und Bündnisse zu schließen und einen Vertheidigungskrieg zu führen, während zu einem Angriffskriege die Einwilligung der Stände nothwendig sein sollte. Die Berathungen des Reichstags, dessen Zusammenberufung dem König allein vorbehalten blieb, sollten sich auf das beschränken, was der König demselben vorlegen werde. Der Reichsrath wurde in eine berathende Behörde verwandelt, der keinerlei Entscheidung zustand.

Nachdem die Versammlung auf die Frage des Königs, ob sie diese Verfassung genehmige, mit einem lauten Ja geantwortet, las ihr Gustav den auf dieselbe zu leistenden Eid vor, der von Allen ohne Widerspruch abgelegt wurde. Hierauf zog Gustav ein Gesangbuch aus der Tasche und intonirte, indem er seine Krone ablegte, das Te Deum, in welches die ganze Versammlung einstimmte.

Ebensowenig Schwierigkeiten, wie in der Hauptstadt, fand der König für seine Staatsumwälzung in den Provinzen, in welchen seine Brüder das Volk und die Truppen auf die neue, den Meisten ganz unbekannte Verfassung vereideten. Gustav selbst befestigte die bereits über die Gemüther seiner Unterthanen gewonnene Herrschaft durch die im folgenden Winter unternommene „Riksgata" — die altherkömmliche Rundreise der schwedischen Könige —, die er in der altväterlichen Weise zu Pferde machte und bis an die Grenze von Norwegen ausdehnte. Wie sich die ganze Revolution ohne Blutvergießen vollzogen hatte, so trübte auch kein Akt der Rache den errungenen Sieg. Niemand wurde wegen der Vergangenheit zur Rechenschaft gezogen. Dagegen erhielten Diejenigen, die sich durch besonderen Eifer für die Sache des Königs hervorgethan, die verdiente Belohnung. Den Hauptmann Hellichius ernannte Gustav zum Obersten und verlieh ihm den ehrenden Namen Gustavschild; den Oberst Sprengporten erhob er zum Chef des Garderegiments, dessen sämmtliche Offiziere um zwei Grade befördert wurden, während die Unteroffiziere Denkmünzen und Zulagen erhielten. Die weiße Binde, die der König am 19. August zum Erkennungszeichen seiner Anhänger bestimmt hatte, sollte fortan das schwedische Heereszeichen bleiben. Um jede Erinnerung an die Zeit der Schmach und Zwietracht zu tilgen, wurden die Parteinamen „Hüte" und „Mützen" ausdrücklich verboten.

Gustavs III. Staatsverwaltung.

Nachdem Gustav durch seinen unblutigen Sieg über den herrschsüchtigen Adel die volle Königsgewalt hergestellt hatte, zeigte er den ernsten Willen, die Zusagen zu erfüllen, mit denen er seine Regierung angetreten, und durch eine unparteiische Handhabung der Gerechtigkeit, durch eifrige Sorge für die allgemeine Wohlfahrt und durch die Erhaltung des Friedens sein Volk zu beglücken. Diesem löblichen Bestreben entsprangen in seinen ersten Regierungsjahren mehrere treffliche Einrichtungen. In das zerrüttete Finanzwesen wurde Ordnung gebracht, durch die Anlegung von Kanälen der Verkehr erleichtert, durch die Errichtung von Kranken- und Waisenhäusern für die Hilfsbedürftigen Sorge getragen und durch die Einsetzung von vierundzwanzig Landschaftsärzten eine leichtere und bessere Behandlung der Kranken ermöglicht. Mit dem rühmlichsten Eifer sorgte Gustav für die Aufbesserung des Gerichtswesens. Die Folter wurde abgeschafft, jeder Mißbrauch in der Gerechtigkeitspflege auf das Schärfste geahndet, das Hofgericht zu Jönköping einer strengen Untersuchung unterzogen und die Veröffentlichung gerichtlicher Verhandlungen durch den Druck gestattet. Ganz besonders lag dem König die Verbesserung der Lage Finnlands am Herzen, das er selbst bereiste, um sich einen genauen Einblick in die Landesverfassung zu verschaffen und deren vieljährigen Gebrechen abzuhelfen.

So sehr indessen auch alle diese Maßregeln geeignet waren, die Wohlfahrt Schwedens zu befördern, zeigte sich in denselben schon der Hang des Königs zu Ueberstürzungen. Gleich Joseph II. wollte auch er Früchte sehen, nachdem kaum der Same in den Boden gestreut worden; daher sprang auch er von einer neuen Einrichtung zur andern über, ohne das Begonnene gehörig zu Ende zu führen, und so blieb Vieles unvollendet liegen. Dabei trat mehr und mehr des Königs Vorliebe für eine glänzende Aeußerlichkeit zu Tage, die ihn den inneren Werth oder Unwerth der Dinge übersehen ließ. Seinen Hang zu äußerem Prunk bekundete das von ihm veranstaltete glänzende Turnier zu Eckholmsund, zu welchem alle turnierfähigen Ritter in voller Rüstung mit Streitkolben, Wurfspießen, Degen und Pistolen sich einfinden mußten. Auch der Gedanke, eine allgemeine schwedische Volkstracht als äußeres Zeichen der inneren Eintracht einzuführen, entsprang dieser Gesinnung. Diese Tracht, durch welche zugleich der Putzsucht und Verschwendung gesteuert werden sollte, fiel jedoch so bühnenmäßig aus, daß sich die Schweden in derselben geradezu lächerlich fanden.

Ungleich größeren Nachtheil, als dieser verfehlte Versuch, brachte dem Lande das Streben des Königs, den Glanz des Hofes von Versailles nach Stockholm zu verpflanzen, indem der dazu erforderliche Aufwand die Kräfte des Staatshaushaltes weit überstieg. Auch auf das Theater verwandte Gustav mehr Ernst und mehr Zeit, als die Würde seines Berufes, und mehr Geld, als die Staatseinkünfte erlaubten. Wie sein Oheim Friedrich II. ein begeisterter Verehrer der französischen Sprache und Literatur, errichtete er eine Akademie nach französischem Muster und suchte die höhere Bildung, die er dem schwedischen Volke zu geben bemüht war, ganz nach der oberflächlichen Weltanschauung zu gestalten, von welcher die französische Literatur beherrscht war.

Während Gustav durch alles dies im ganzen Lande eine große Verstimmung hervorrief, brachte er durch das Verbot des Branntweins, der den Schweden durch Gewohnheit und Luftbeschaffenheit zum Bedürfniß geworden, insbesondere den Bauernstand gegen sich auf. Nach den auch von ihm getheilten staatswirthschaftlichen Grundsätzen seiner Zeit erschien ihm das Geld, das für die jährliche Korneinfuhr aus dem Lande ging, als ein baarer Verlust, und um denselben auf das geringste Maß zu beschränken, legte er der Nation eine Entbehrung auf, die sie nur seiner Willkür zuschrieb. Indessen war, da sich die Landbevölkerung ihren Bedarf an Branntwein selbst zu brennen pflegte, das Verbot des Königs leicht zu umgehen; Gustav beschloß daher, dasselbe wieder aufzuheben, aber die Verfertigung des Branntweins zu einem Staatsmonopol zu machen. Es wurden daher in den verschiedenen Städten des Landes königliche Branntweinbrennereien angelegt, aus welchen die Bauern ihren Bedarf beziehen sollten. War diese Einrichtung schon an sich bei der geringen Zahl von Städten für die meist sehr entfernt wohnenden Landleute äußerst unbequem, so wurde sie wegen der beständigen Aufsicht und Nachsuchung, die zur Verhinderung alles eigenen Brennens geübt werden mußte, geradezu verhaßt. Die Unzufriedenheit darüber war so groß, daß in Dalekarlien ein förmlicher Aufstand ausbrach, der zwar durch die bewaffnete Macht unterdrückt wurde, jedoch eine so bedenkliche Gährung der Gemüther hinterließ, daß der König es für gerathen erachtete, das Branntweinbrennen wieder frei zu geben.

Wie Gustav unter dem Bauernstand zuerst durch das Verbot des Branntweins, dann durch das Branntweinmonopol eine gereizte Stimmung hervorgerufen, so hatte er der Erbitterung des Adels durch die auf die Entkräftung dieses Standes berechnete Wiedereinführung der alten Eintheilung desselben in Grafen und Herren, Ritter und Knappen, neue Nahrung gegeben, indem sich der bei weitem größere Theil der Edelleute durch die Versetzung unter die Knappen alles Einflusses beraubt sah.

Allgemeine Mißbilligung fand es, daß der König im Jahre 1783, während das Land durch Mißwachs und Theuerung heimgesucht wurde, eine Reise nach Frankreich und Italien antrat, deren politischer Zweck: die Erlangung der Insel St. Barthelemy in Westindien und die Erneuerung des alten Freundschaftsbündnisses zwischen Schweden und Frankreich, die bedeutenden Kosten derselben nicht im entferntesten aufwog. Der allgemeine Mißmuth über diese Reise wurde erhöht durch das von Gustavs Gegnern in Umlauf gesetzte Gerücht, daß er während seines Aufenthaltes in Rom, wo er verschiedene Male mit Pius VI. zusammen gekommen, zur katholischen Kirche übergetreten sei und die Absicht habe, dieselbe wieder in Schweden einzuführen.

Wie sehr das gute Einvernehmen zwischen Gustav und seinen Unterthanen geschwunden war, zeigte sich besonders auf dem im Jahre 1786 von ihm zusammenberufenen Reichstage, auf welchem alle seine Vorschläge auf einen so entschiedenen Widerspruch stießen, daß er keinen einzigen durchzusetzen vermochte. Besonders peinlich war es ihm, daß sich die Stände der Wiedereinführung einer alten Reichstagsordnung widersetzten, vermöge deren bei eintretender Meinungsverschiedenheit unter den Ständen die Entscheidung dem Könige zustehen sollte.

Gustavs III. Krieg gegen Rußland.

(1788—1790.)

Als Gustav die Anhänglichkeit der Schweden an seine Person wanken sah, erschien ihm ein kriegerisches Unternehmen, das dem schwedigen Nationalgefühle schmeichle, als das sicherste Mittel, die Herzen seiner Unterthanen wieder zu gewinnen und zugleich sein sinkendes Ansehen neu zu befestigen. Dieser Gedanke sagte ihm um so mehr zu, als der Kriegsruhm einen hohen Reiz für ihn besaß und die Land- und Seemacht Schwedens, auf deren Hebung er große Sorge verwandt hatte, ihm genügend schien, um seinem Königreich die verlorene Machtstellung wieder zu verschaffen.

Der Kampf sollte Rußland gelten, daß sich im Nystädter Frieden so bedeutend auf Schwedens Kosten vergrößert hatte, und die Wiedereroberung der verlorenen Ostseeprovinzen war das Ziel, das Gustav sich gesteckt. Zur Erreichung dieses Zieles schienen die Umstände günstig zu liegen; denn Rußland war nicht nur in einem Krieg mit den Türken begriffen, sondern sah sich auch durch die feindliche Haltung Preußens und Englands mit neuen Verwicklungen bedroht. Als Vorwand zu dem geplanten Kriege diente dem König ein seit dem Jahre 1730 zwischen Schweden und der Pforte bestehendes Bündniß, das jeder der beiden Mächte die Verpflichtung auferlegte, der andern im Falle eines Angriffs von Seiten Rußlands zu Hilfe zu kommen, und andererseits die angeblich feindselige Gesinnung des russischen Hofes, den Gustav beschuldigte, sich in die inneren Angelegenheiten Schwedens zu mischen, um die Unzufriedenheit des Adels zu nähren und Zwietracht und Aufruhr zu befördern, weil die Czarin die Absicht habe, Finnland an sich zu reißen. Als Katharina diese Beschuldigungen in einer von ihrem Gesandten in Stockholm überreichten Erklärung zurückwies, die nicht nur an den König, sondern auch an alle bei der Regierung betheiligten Glieder der Nation gerichtet war, bezeichnete Gustav dies als einen Versuch, ihn von seinem Volke oder von einem Theile desselben zu trennen, und ließ dem russischen Gesandten den Befehl zugehen, unverzüglich Stockholm zu verlassen.

Da Gustav nach den Erfahrungen des letzten Reichstags nicht wagte, denselben zur Einholung der für einen Angriffskrieg nothwendigen ständischen Genehmigung zusammen zu berufen, ging er eigenmächtig vor, indem er sich am 23. Juni 1788 mit seinem Heere nach Finnland einschiffte. Kaum hatten hier die Feindseligkeiten ihren Anfang genommen, als die Czarin ein Manifest erließ, worin sie die schwedische Nation daran erinnerte, daß der König, indem er den Krieg ohne Einwilligung der Stände begonnen, sich einer Verfassungsverletzung schuldig gemacht habe.

Noch hielt die Siegeszuversicht des Königs, die durch die Lage Rußlands und die Geneigtheit der Esthländler, sich ihm anzuschließen, gerechtfertigt schien, die schwedischen Offizire, unter welchen bereits im Dunkel die Fäden einer Verschwörung gesponnen worden waren, in den Banden des Gehorsams zurück; als jedoch Gustav nach einem ersten, unentschieden gebliebenen Seetreffen bei der Insel Hogland (17. Juli 1788), statt geraden Weges gegen Petersburg vorzugehen, zur Belagerung der Festung Friedrichshamm schritt, weigerten sie sich, in dem verfassungswidrigen Kriege weiter zu kämpfen. Vergebens wandte sich Gustav an die Soldaten: auch sie legten die Waffen nieder, mit der Erklärung, daß sie ohne Befehl ihrer Offiziere keinen Schritt vorwärts thun würden.

Die Verlegenheit des Königs wurde erhöht durch die Kriegserklärung Dänemarks, das als Bundesgenosse Rußlands in den Kampf eintrat, indem es ein Heer von fünfzehntausend Mann unter dem Prinzen Karl von Hessen von Norwegen aus in Schoonen einrücken ließ. Dem König blieb Nichts übrig, als nach Schweden zurückzukehren, um bei dem schwedischen Volke die Hilfe zu suchen, die das Heer ihm verweigerte. Die Bürgerschaft von Stockholm, die ihm ohnehin besonders anhänglich war, erklärte sich einmüthig zu seiner Unterstützung bereit und übernahm die Bewachung der Hauptstadt. Während er alle in Schweden zurückgebliebenen Truppen gegen die Dänen sandte, eilte er selbst nach Dalekarlien, um die dortigen Bauern unter die Waffen zu rufen, und sein Erscheinen begeisterte sie so sehr, daß sich mehrere Tausende sofort um seine Fahnen schaarten. Da die übrigen Provinzen dem Beispiel der Dalekarlier folgten, sah sich der König bald an der Spitze eines Heeres, mit welchem er dem von den Dänen belagerten Gothenburg zu Hilfe eilen konnte. Ehe es jedoch zu einem entscheidenden Kampfe mit dem dänischen Heere gekommen, bewogen Preußen und England den König von Dänemark durch Kriegsandrohung zum Abschluß eines Waffenstillstandes mit Schweden, der im folgenden Frühjahr in einen definitiven Frieden verwandelt wurde.

Bevor Gustav den Krieg mit Rußland wieder aufnahm, berief er im Februar 1789 den Reichstag nach Stockholm zusammen, und da er seit seiner Rückkehr nach Schweden durch sein ganzes Auftreten die Masse der Nation wieder für sich gewonnen hatte, feierte er auf demselben einen entschiedenen Sieg über seine adeligen Gegner. Nachdem die Furcht vor den ehrgeizigen und herrschsüchtigen Absichten des Adels die Abgeordneten der Geistlichkeit, der Bürgerschaft und des Bauernstandes ausnahmslos auf seine Seite geführt, bewilligte ihm der Reichstag nicht nur die zur Fortsetzung des Krieges nöthigen Geldmittel, sondern erkannte ihm auch, trotz des heftigsten Widerspruchs von Seiten des Adels, volle Souveränität zu. Er erhielt die freie Verfügung über alle Aemter, sowie das Recht, auch einen Angriffskrieg ohne vorhergegangene Anfrage bei den Ständen zu unternehmen. Der Reichsrath wurde gänzlich aufgehoben und statt seiner ein höchster Gerichtshof eingesetzt. Dreißig der Hauptwortführer des Adels wurden unter der Anklage des Ungehorsams, der Verrätherei und des Aufruhrs in Haft gebracht und die Regimentsbefehlshaber in Finnland, die inzwischen auf eigene Hand einen Waffenstillstand mit Rußland geschlossen, als Hochverräther zum Tode verurtheilt, von dem Könige jedoch, gleich den gefangenen Reichstagsmitgliedern, begnadigt.

Während aller dieser Vorgänge hatten die Russen Zeit gehabt, sich gegen Schweden zu rüsten; ihr Landheer war verstärkt und die Flotte in besten Stand gesetzt worden: es bedurfte daher von Seiten Gustavs bei der Wiederaufnahme des Krieges ungleich größerer Anstrengungen, als beim Beginne desselben. Der Kampf, in welchem der König ebenso viel persönlichen Muth, als Umsicht und Entschlossenheit an den Tag legte, wurde hauptsächlich zur See geführt. Das Treffen, das Gustavs Bruder, der Herzog Karl von Südermanland, und der russische Admiral Tschitschagow am 26. Juli 1789 bei der Insel Bornholm einander mit den Hauptflotten lieferten, blieb unentschieden; dagegen unterlag die schwedische Scheerenflotte am 24. August gegen die russische im Swenskasund.

Im folgenden Frühjahre wollte Gustav, um den Krieg zu einem rascheren Ende zu führen, nach einem siegreichen Gefechte mit der russischen Flotte bei Friedrichshamm Petersburg angreifen, während sein Bruder einen Angriff auf die Flotte bei Kronstadt machen sollte. Die letztere fand jedoch Zeit, sich mit der von Reval zu vereinigen, und vor der dadurch geschaffenen feindlichen Uebermacht mußte sich die schwedische Flotte unter dem Herzog Karl von Südermanland, mit welchem sich die Scheerenflotte unter dem König vereinigt hatte, nach einem dreitägigen mörderischen Kampfe in die Bucht von Wiborg zurückziehen. Hier wurde sie von der russischen Flotte eingeschlossen, und da sie ohne alle Lebensmittel war, blieb dem König Nichts übrig, als sich zu ergeben oder den Versuch zu machen, sich durchzuschlagen. Er wählte das letztere am 3. Juli 1790, und das kühne Wagniß gelang; doch erreichte der König den Swenskasund nur mit großen Verlusten. Hier kam es am 9. Juli zwischen ihm und dem Prinzen von Nassau, der die russische Flotte befehligte, zu einem Treffen, in welchem die mit dem Muthe der Verzweiflung kämpfenden Schweden einen glänzenden Sieg erfochten. Die russische Flotte wurde beinahe vollständig vernichtet; fünfundfünfzig Schiffe und sechshundertdreiundvierzig Kanonen fielen den Schweden in die Hände. Dieser Sieg setzte den König, der die Unmöglichkeit einsah, mit den erschöpften

Kräften seines Landes das Ziel zu erreichen, für welches er den Krieg begonnen, in den Stand, die Hand zu einem ehrenvollen Frieden zu bieten, und da auch die Czarin Nichts sehnlicher wünschte, als sich mit Gustav abzufinden, um freie Hand gegen die Pforte zu gewinnen, kam am 14. August 1790 der Friede von Wärelä am Kymenefluß zu Stande, in welchem die Grenzen der beiden Reiche, wie sie vor dem Ausbruch des Krieges gewesen, aufrecht gehalten wurden.

Obgleich Gustavs Rückkehr durch glänzende Festlichkeiten gefeiert wurde, konnte er sich nicht verhehlen, daß die Stimmung des Volkes eine veränderte war. Die ungeheuere Vermehrung der Schuldenlast, die der übereilt unternommene Krieg zur Folge gehabt, wurde ausschließlich seiner Ruhmsucht zur Last gelegt, der er das Wohl des Reiches zum Opfer gebracht habe, und die allgemeine Unzufriedenheit durch das Bündniß erhöht, das der König im Oktober 1791 mit der Czarin schloß, indem man aus demselben die Absicht eines gemeinsamen kriegerischen Unternehmens folgerte.

In der That trug sich Gustav mit dem Gedanken, in Gemeinschaft mit der Czarin die inzwischen ausgebrochene, von Beiden in gleicher Weise verabscheute französische Revolution zu bekämpfen und die Macht Ludwigs XVI. herzustellen, — ein Gedanke, der seinem unruhigen Ehrgeiz um so verlockender erschien, als er in dem Kampfe für den unglücklichen König von Frankreich eine Gelegenheit zu neuen ritterlichen Thaten erblickte. Die Mittel zu diesem Unternehmen sollte ihm der Reichstag verschaffen, den er im Januar 1792 nach Gefle zusammenberufen. Auf demselben zeigten sich jedoch alle Stände einig in einer so entschiedenen Opposition, daß Gustav mit seinem Antrag, für eine Anleihe von zehn Millionen Thalern Gewähr zu leisten, die bei Rußland zur Ausführung gewisser Pläne aufgenommen werden sollte, nicht durchdringen konnte. Nach kaum vierwöchentlicher Dauer hob er am 24. Februar 1792 den Reichstag wieder auf, nachdem derselbe zur Tilgung der durch den letzten Krieg entstandenen Schulden einen Termin von zehn Jahren gesetzt hatte.

Unterdessen war unter dem schwedischen Adel, dessen Erbitterung seit der Herstellung der absoluten Königsgewalt durch den Reichstag vom Jahre 1789 aufs Höchste gesteigert worden, eine Verschwörung gegen das Leben des Königs zu Stande gekommen, an deren Spitze die Grafen Horn und Ribbing, der Freiherr Bielke, der General Pechlin und mehrere Andern standen, und Jakob von Ankarström, ein ehemaliger Gardeoffizier, der sich von Gustav ungerechter Weise zurückgesetzt glaubte, hatte die Ausführung des Mordplans übernommen. Die verbrecherische That wurde in der Nacht vom 16. zum 17. März auf einem Maskenballe in dem Augenblicke vollzogen, wo der König aus seiner Loge in den Saal trat. Während eine große Anzahl von Masken ihn von allen Seiten umringte, traf ihn ein tödtlicher Schuß in den Rücken. Er starb zwölf Tage später, am 29. März 1762, im Alter von sechsundvierzig Jahren. Die Anordnungen, die er vor seinem Ende zur Aufrechthaltung des bestehenden Regierungssystems getroffen, vereitelten den Plan der Verschworenen zur Herstellung der früheren Verfassung. Für den vierzehnjährigen Sohn Gustavs III., der als Gustav IV. den schwedischen Thron bestieg, übernahm sein Oheim, der Herzog Karl von Südermanland, die Regentschaft, die er bis zum Jahre 1796 fortführte.

Gustavs Mörder Ankarström, der durch ein Messer verrathen worden, das er im Gedränge hatte fallen lassen, wurde zum Tode verurtheilt und am 29. April 1793 enthauptet. Da seine standhafte Weigerung, seine Mitschuldigen zu nennen, deren Ueberführung unmöglich machte, kamen dieselben mit der Strafe der Landesverweisung davon.

XXXVIII.

Dänemark unter Struensee's Staatsverwaltung.

(1770—1772.)

Nach der Beendigung des nordischen Krieges genoß Dänemark siebzig Jahre lang eines ungestörten Friedens. Wie Friedrich IV. (1669—1730), so waren auch seine beiden nächsten Nachfolger Christian VI. (1730—1746) und Friedrich V. (1746—1766) wohlmeinende Fürsten, die von der ihnen übertragenen absoluten Königsgewalt im Ganzen einen gemäßigten Gebrauch machten. Dem Letzteren stand in dem Grafen Hartwig von Bernstorf ein tüchtiger Minister zur Seite, welcher durch die Wahrung des Friedens, sowie durch eine umsichtige und einsichtsvolle Staatsverwaltung die Wohlfahrt des Landes förderte und zugleich für die Unterstützung von Künstlern und Gelehrten Sorge trug.

Auf Friedrich V. folgte im Jahre 1766 sein siebzehnjähriger Sohn Christian VII., der noch in demselben Jahre mit der englischen Prinzessin Karoline Mathilde, der Schwester des Königs Georg III., vermählt wurde. Da die Geisteskräfte des jungen Königs durch ein zügelloses Leben geschwächt waren, ließ ihn Bernstorf, der alle Gewalt in Händen behielt, in den Jahren 1768 und 1769 eine Reise durch Deutschland, Holland, England und Frankreich machen, auf welcher ihn ein Deutscher, Johann Friedrich Struensee, bisheriger Stadt- und Landphysikus in Altona, als Reisearzt begleitete. Im Jahre 1737 zu Halle als der Sohn eines Predigers geboren, hatte Struensee in dem dortigen Waisenhause seine ersten Studien gemacht, war aber durch die pietistische Richtung seiner Eltern und Lehrer auf den entgegengesetzten Weg des Unglaubens getrieben worden und zählte seitdem zu den eifrigsten Anhängern der neuen französischen Philosophie. Dem König wußte sich der schöne, lebenslustige, gewandte und geistreiche Mann so unentbehrlich zu machen, daß ihn derselbe nach der Beendigung seiner Reise als Leibarzt an seinem Hofe behielt. Hier erwarb er sich bald auch die Gunst der von ihrem Gemahle mit großer Kälte behandelten Königin durch seine eifrigen und mit Erfolg gekrönten Bemühungen, ein besseres Verhältniß zwischen den beiden Ehegatten herzustellen. Er wurde unter dem Titel eines Konferenzrathes zum Vorleser des Königs und zum Kabinetssekretär der Königin ernannt und erlangte bald großen Einfluß auf die Staatsverwaltung.

Nachdem zuerst der bisherige Günstling des Königs, der Graf Holk, der hauptsächlichste Gegner der Königin, vom Hofe entfernt worden war, wurde im September 1770 auch der Graf Bernstorf entlassen. An die Stelle des Ersteren trat, als Gesellschafter des Königs und Direktor der Hoffestlichkeiten, der junge, lebenslustige Enevold Brandt, ein Freund Struensee's. Die Stelle Bernstorfs blieb unbesetzt, indem die Regierung von nun an „aus dem Kabinette des Königs", d. h. durch Struensee geleitet werden sollte. Um die öffentliche Meinung über die Entlassung des allgemein geachteten Ministers zu beschwichtigen, veranlaßte Struensee den König, durch einen Kabinetsbefehl die Büchercensur aufzuheben und eine vollständige Preßfreiheit einzuführen. Da sich der Staatsrath nicht fügen wollte, wurde er aufgelöst und Struensee am 14. Juli 1771 zum geheimen Kabinetsminister mit so ausgedehnten Befugnissen ernannt, daß er thatsächlich der unbeschränkte Herr des Landes war. Kabinetsbefehle, von ihm unterzeichnet und mit dem königlichen Kabinetssiegel versehen, sollten auch ohne die Unterschrift des Königs volle Giltigkeit haben. Gleichzeitig mit Struensee's Ernennung zum geheimen Kabinetsminister erfolgte seine und Brandts Erhebung in den Grafenstand.

Im Besitze einer absoluten Machtvollkommenheit, begann Struensee die Umgestaltung Dänemarks nach den Grundsätzen der neuen Staatsweisheit durch eine wahre Fluth von Erlassen, die in unglaublicher Raschheit auf einander folgten. Zunächst hatte er die Abschaffung wirklicher Mißbräuche im Auge, und es läßt sich nicht leugnen, daß er sich in dieser Beziehung durch mehrfache wirklich zweckmäßige Anordnungen um Dänemark verdient gemacht. Um die finanziellen Verhältnisse des Landes durch heilsame Ersparnisse günstiger zu gestalten, wurden viele überflüssigen oder als überflüssig angesehenen Beamten entlassen, zahlreiche Gnadengehalte herabgesetzt, die staatlichen Unterstützungen solcher Fabriken, die sich nicht selbst zu erhalten vermochten, eingezogen und die Domänen nicht mehr kostspielig verwaltet, sondern einträglich verpachtet. Der Handel wurde, gleich den Gewerben, freigegeben, die Landwirthschaft verbessert und das Frohndewesen beschränkt, der Volksunterricht gehoben, das Steuerwesen vereinfacht und die Abgabenlast erleichtert, Gleichheit vor den Gerichten eingeführt und der Rechtsgang beschleunigt.

So sehr jedoch auch die meisten dieser Neuerungen geeignet waren, Dänemarks Wohlfahrt zu fördern, erwarb sich dennoch Struensee für seine umgestaltende Thätigkeit keinen Dank, weil auch er im Eifer des Reformirens Vieles überstürzte und dabei mit einer Rücksichtslosigkeit zu Werke ging, die man ihm, als einem emporgekommenen Ausländer, doppelt übel nahm. Wie er die Beamtenwelt durch die Reduktion der Stellen und Gehalte gegen sich aufbrachte, so haßte ihn der Adel, nicht nur weil sich derselbe durch ihn alles Einflusses beraubt sah, sondern mehr noch wegen der Bemühungen des Ministers, ihn vom Hofe zu entfernen und zum Aufenthalt auf seinen Gütern zu nöthigen. Die Bürger grollten ihm über die Aufhebung des Zunftwesens und die Fabrikbesitzer sammt ihren Arbeitern über die Entziehung der staatlichen Unterstützungen.

Der allgemeine Unwille wurde erhöht durch den Umstand, daß Struensee, der des Dänischen nicht mächtig war, bei der Ausfertigung aller königlichen Befehle die deutsche Sprache eingeführt hatte, die bis dahin nur für diejenigen Erlasse in Gebrauch gewesen, welche die deutschen Provinzen betrafen. Während er durch diese Einrichtung seinen Gegnern in dem verletzten dänischen Nationalgefühl einen mächtigen Bundesgenossen verschaffte, gab er ihnen zugleich durch seine das sittliche und religiöse Gefühl tief verletzenden Neuerungen auf dem kirchlichen Gebiet: die Abschaffung vieler Feiertage sowie der kirchenpolizeilichen Aufsicht über die Sitten und die Einführung äußerst laxer Grundsätze in Bezug auf die Ehe und die öffentliche Moral, wodurch er nicht nur die Geistlichkeit gegen sich aufbrachte, sondern auch den Unwillen aller Bessergesinnten der dänischen Nation erregte, die schärfsten Waffen in die Hand, und bald sah er seine Stellung von allen Seiten bedroht.

Zu seinem Unglück fehlten dem Minister diejenigen Eigenschaften, deren er bedurft hätte, um den Haß seiner Gegner durch die Furcht zu zügeln: in schwierigen Verhältnissen zeigte er sich unentschlossen und schwach. Als am 10. September 1771 einige hundert Matrosen von der Flotte, denen ihr ohnehin verkürzter Sold nicht zur rechten Zeit ausgezahlt worden, in drohender Haltung vor dem Schlosse von Hirschholm, der Residenz des Königs, erschienen und die Abstellung ihrer Beschwerden verlangten, flüchtete der Hof nach dem eine halbe Meile entfernten Schlosse Sophienberg, und nachdem es dem Führer eines gegen die Meuterer abgeschickten Dragonerregiments mit leichter Mühe gelungen war, sie zur Rückkehr nach der Stadt zu bewegen, ließ Struensee sie, statt ihre Insubordination zu bestrafen, mit Branntwein bewirthen und bewilligte ihnen, außer dem sofort ausgezahlten rückständigen Sold, noch eine Zulage. Ermuthigt durch diese Schwäche des Ministers, zogen vierzehn Tage später einhundertzwanzig Seidenwebergesellen, welche durch die Einstellung der Arbeiten in den königlichen Seidenfabriken brodlos geworden, nach Hirschholm und forderten Brod. Der eingeschüchterte Minister versprach ihnen, nicht nur die Fabriken fortarbeiten zu lassen, bis eine andere Beschäftigung für sie gefunden sein werde, sondern gab ihnen auch vier Tage später ein Fest, bei welchem sie mit ihren Frauen und Kindern reichlich bewirthet wurden.

Die von Struensee eingeführte Preßfreiheit verschaffte seinen Feinden Gelegenheit, den allgemeinen Unwillen gegen ihn durch heftige Druckschriften zu schüren. Insbesondere trat der Haß gegen ihn in der geflissentlich unter dem Volke verbreiteten Beschuldigung zu Tage, daß er mit der Königin ein Liebesverhältniß unterhalte. Vergebens suchte er durch Preßbeschränkungen den Angriffen seiner Gegner eine Schranke zu ziehen: er erhöhte dadurch nur die allgemeine Erbitterung.

Inzwischen gab der König immer deutlichere Beweise von Gedankenlosigkeit und Geistesschwäche. Er zwang seine Lieblinge, sich förmlich mit ihm herum zu balgen, und als Brandt darauf nicht eingehen wollte, beschuldigte er ihn der Feigheit. Auf Struensee's Rath gab Brandt am folgenden Tage dem Verlangen des Königs nach und drängte ihn, nachdem er ihn beim Ringen verletzt, an die Wand, wo er ihn so lange festhielt, bis der König selbst bat, ihn loszulassen, worauf Beide als die besten Freunde schieden.

Struensee verhehlte sich nicht, daß es ihm bei der unverkennbaren Geisteszerrüttung des Königs, der Niemanden liebte und dessen Gunst nur auf Furcht oder dem Bedürfniß nach Zerstreuung und kindischer Unterhaltung beruhte, in seiner gefährlichen Stellung an jeder sicheren Stütze fehle; aber er suchte die sich ihm aufdrängenden bangen Ahnungen durch neue Gewaltschritte zu betäuben, denen nichts Anderes zu Grunde lag, als seine unüberwindliche Neuerungssucht. Am 21. Dezember 1771 erschien ein Kabinetsbefehl, welcher die Auflösung der königlichen Leibgarde zu Fuß — einer angesehenen, aus fünf Kompagnien Norwegern bestehenden Schaar — und die Vertheilung der Mannschaft unter verschiedene andere Regimenter verfügte. Als dieser Befehl dem auf dem Marktplatze versammelten Korps eröffnet und hierauf die Fahne eingezogen und hinweggetragen wurde, entstand ein allgemeiner Aufruhr. Unter dem Geschrei: „Die Fahne gehört uns; wir haben zu ihr geschworen. Wir wollen sie behalten oder verlangen unsern Abschied!“ zogen die Garden nach dem Schlosse, stießen das Thor ein, verjagten die Soldaten der Wache und besetzten dieselbe.

Obgleich die Aufrührer durch herbeigeholte pflichttreue Truppen umzingelt wurden, wagte es Struensee nicht, mit Nachdruck gegen sie vorzugehen; er ließ vielmehr förmlich mit ihnen unterhandeln und bewilligte ihnen nicht nur den geforderten Abschied, sondern gestattete ihnen auch, ihre Uniformen zu behalten, und sagte außerdem jedem von ihnen ein Geschenk von drei Reichsthalern zu. Als die Garden am folgenden Tage den Weg nach ihrer Heimath einschlugen, gaben ihnen zahlreiche Volkshaufen das Geleite, wobei der Pöbel Schimpfworte, Flüche und Drohungen gegen Struensee ausstieß. Der Kommandant von Kopenhagen, der mit einigen Offizieren herbeigeeilt war, um die Menge zu zerstreuen, wurde vom Pferde gerissen und seine Begleitung verhöhnt und mißhandelt. Für das Schicksal der Königin besorgt, warnte der englische Gesandte Oberst Keith den Minister vor dem Abgrunde, an dessen Rande er hinging, und rieth ihm, Kopenhagen zu verlassen und sich nach England zu begeben; Struensee wies jedoch diesen Rath mit der Erklärung zurück, daß er auf seinem Posten zu bleiben entschlossen sei, und ließ, um zu zeigen, daß er keine Furcht kenne, am 9. Januar 1772 den Hof nach der Hauptstadt zurückkehren.

Hier waren unterdessen die Fäden zu einem Netze gesponnen worden, durch welches der Minister zu Boden geworfen werden sollte. Die verwittwete Königin Juliane Marie, Christians VII. Stiefmutter, eine braunschweig'sche Prinzessin, hatte sich, erbittert über die Vernachlässigung, die sie am Hofe erfuhr, sowie über die Zurücksetzung ihres achtzehnjährigen Sohnes Friedrich, mit des Letzteren ehemaligem Hofmeister, dem Kabinetssekretär Guldberg, sowie mit dem General von Ranzau, dem Kriegskommissär Beringskiold, dem Obersten Köller und dem Generalmajor von Eickstädt zum Sturze Struensee's und der von ihr mit dem gleichen Hasse verfolgten Königin verbündet, und der von den Verschworenen zu diesem Zwecke entworfene Plan sollte nach einem für den 17. Januar angesetzten Hofball zur Ausführung gebracht werden. Am Vorabende desselben bekam der mit Struensee befreundete Ranzau Reue über seinen Beitritt zu der Verschwörung, zu welchem ihn die Nichtbeachtung seiner Warnungen von Seiten des Ministers, sowie die Ueberzeugung bewogen hatte, daß sich derselbe nicht lange mehr halten könne. Um den Bedrohten zu retten, beschloß er, ihm durch seinen Bruder, den Justizrath Struensee, den der Minister von einer Professur an der Liegnitzer Ritterakademie nach Dänemark berufen und im Finanzfache angestellt hatte, eine Warnung zukommen zu lassen; er fand denselben jedoch nicht zu Hause, und sein der Dienerschaft gegebener Auftrag, ihrem Herrn zu melden, er lasse ihn dringend bitten, sogleich zu ihm zu kommen, weil er ihm wichtige Mittheilungen zu machen habe, wurde von diesem nicht beachtet.

Nachdem der Hofball um zwei Uhr Morgens zu Ende gegangen, besetzte Eickstädt, der die Wache im Schlosse hatte, alle Zugänge desselben, während die übrigen Verschworenen durch eine geheime Thüre in das Schlafgemach des Königs drangen, um demselben durch Einschüchterungen die zur Ausführung ihres Planes nöthigen Befehle zu entreißen. Sie erklärten ihm, sie seien gekommen, um ihn und das Land aus einer großen Gefahr zu retten, und legten ihm dabei zwei Papiere zur Unterzeichnung vor, von denen das eine die Ernennung Eickstädts zum Kommandanten von Kopenhagen enthielt, und das andere den Obersten Köller bevollmächtigte, im Vereine mit Eickstädt jedwede zur Errettung des Königs und des Landes nothwendige Maßregel zu treffen. Nachdem der bestürzte König in seiner Angst beide Papiere, ohne sie gelesen zu haben, unterschrieben hatte, wurde er mit leichter Mühe dahin gebracht, auch die von dem Prinzen Friedrich aufgesetzten Verhaftsbefehle für Struensee, Brandt und dreizehn ihrer Anhänger zu unterzeichnen und an seine Gemahlin ein französisches Handbillet zu schreiben, des Inhalts: „Da sie seinen guten Rathschlägen nicht habe folgen wollen, liege die Schuld nicht an ihm, wenn er sich verpflichtet fühle, sie nach Kronenburg führen zu lassen." Köller übernahm die Verhaftung Struensee's, Eickstädt die Brandts. Der Erstere ergab sich ohne Widerstand, der Letztere setzte sich zur Wehr, wurde aber bald überwältigt. Als die Königin das Handbillet des Königs gelesen, das Ranzau ihr überbracht, wollte sie zu ihrem Gemahle eilen; sie wurde jedoch zurückgehalten und nach verzweiflungsvoller Gegenwehr ohnmächtig in einen Wagen gehoben, der sie nach Kronenburg brachte.

Als sich am folgenden Morgen die Kunde von den Vorgängen der Nacht in Kopenhagen verbreitete, strömte das Volk unter lautem Jubelgeschrei nach dem Schloßplatze und brachte dem König, der mit seiner Stiefmutter auf dem Balkon erschien, ein stürmisches Lebehoch. Noch größer wurde der Jubel, als der König, festlich gekleidet, mit seiner Stiefmutter und dem Prinzen Friedrich in einem sechsspännigen Gallawagen durch die Straßen fuhr. Gedankenlos sah er mit stumpfsinnigem Lachen auf den Pöbel, der den Wagen ziehen wollte, während sein Stiefbruder sich nach allen Seiten grüßend neigte. Mittags um zwei Uhr empfing der König mit seiner Stiefmutter und seinem Stiefbruder in feierlicher Cour die Glückwünsche des Adels, und am Abend war die Hauptstadt wie nach einem errungenen Siege glänzend erleuchtet.

Inzwischen waren Struensee und Brandt in die Citadelle gebracht und dort, mit schweren Ketten belastet, an die Wand ihres Kerkers geschlossen worden. Zur Aburtheilung des Ersteren wurde eine Kommission von zehn Mitgliedern eingesetzt, vor welcher er nach fünfwöchentlicher schwerer Haft sein erstes Verhör zu bestehen hatte. Angeklagt war er eines Anschlags auf das Leben des Königs, sowie der Absicht, denselben zur Niederlegung der Krone zu zwingen, ferner eines strafbaren Verhältnisses zu der Königin, einer schlechten Behandlung und Erziehung des Kronprinzen und endlich des Mißbrauchs der durch Anmaßung erlangten Amtsgewalt. Die beiden ersten Anklagen waren widersinnig, da ja Struensee's ganze Macht allein auf dem König beruht hatte; den Kronprinzen aber hatte er nach Rousseau's Abhärtungssystem erzogen, und zwar mit dem besten Erfolge, da er dadurch des Prinzen schwächlichen Körper sichtlich gekräftigt hatte, und was Struensee's Staatsverwaltung anbelangte, so stützte sich diese, was auch immer gegen dieselbe mit Recht vorgebracht werden konnte, auf die ihm von dem König übertragene Macht. Die einzige Anklage, welche eine Verurtheilung des Ministers herbeiführen konnte, betraf sein Verhältniß zur Königin, und gerade in diesem Punkte legte Struensee, wahrscheinlich durch die Androhung grausamer Folterqualen geschreckt und wohl auch in der Hoffnung, durch die Verwicklung der Königin in sein Schicksal sein Leben zu retten, ein Geständniß ab, welches die Ehre dieser unglücklichen Fürstin ihren schadenfrohen Feinden preisgab, obgleich kein einziges Zeugniß für ihre Schuld beigebracht werden konnte.

Im Besitze des schriftlichen Bekenntnisses Struensee's, begaben sich die Kommissarien nach Kronenburg zur Königin. Obgleich man sie durch die verfänglichsten Fragen zu verwirren suchte, widersprach sie der Aussage Struensee's auf das Entschiedenste; als ihr jedoch einer der Kommissarien, der Freiherr von Schack-Rathlow, bemerkte, daß, wenn sie die Wahrheit des Geständnisses Struensee's in Abrede stelle, diesen für seine schmachvolle Verleumdung die qualvollste Todesstrafe treffen werde, erblaßte sie und fragte, ob ein Bekenntniß von ihrer Seite den Unglücklichen retten könne. Da sie in den Mienen der Kommissarien die Bejahung dieser Frage zu lesen glaubte, ergriff sie die Feder, um die ihr vorgelegte, das Geständniß ihrer Schuld enthaltende Schrift zu unterzeichnen. Schon hatte sie die ersten Buchstaben ihres Namens geschrieben, als ein höhnisches Lächeln Schacks sie irre machte: schaudernd warf sie die Feder hinweg und sank ohnmächtig in ihren Sessel zurück. Schack aber legte der Bewußtlosen die Feder wieder in die Hand und vollendete, dieselbe führend, ihre Namensunterschrift.

Auf Grund dieser Unterschrift wurde am 2. April 1772 die Ehe des Königs durch eine hierzu ernannte Kommission gelöst, der Grund der Trennung jedoch in dem Urtheile verschwiegen. Ein weiteres Vorgehen gegen die Königin wurde durch die Drohungen des englischen Gesandten verhindert. Dagegen erfolgte am 25. April gegen die Grafen Struensee und Brandt der Spruch, daß Beide ihrer Ehren, Würden und Güter entsetzt, ihre Waffen zerbrochen, die rechte Hand, dann der Kopf ihnen abgehauen und ihre Körper geviertheilt und aufs Rad geflochten werden sollten. Als Hauptgrund war bei Struensee ein „großes, todeswürdiges Verbrechen gegen die Majestät des Königs," bei Brandt die Betheiligung an Struensee's verwerflichen Bestrebungen, sowie das Verbrechen der Majestätsbeleidigung angeführt, „begangen dadurch, daß er sich an des Königs geheiligter Person vergriffen." Dieses Urtheil wurde von dem König ohne Zögern unterzeichnet und am 28. April 1772 in seiner ganzen Strenge vollzogen. Beide Verurtheilten hatten sich während ihrer schweren Gefangenschaft aufrichtig zu dem von ihnen vorher verleugneten Christenglauben bekehrt und erlitten den Tod mit großer Standhaftigkeit und frommer Ergebung in ihr Schicksal.

Die übrigen Gefangenen wurden theils mit Aemterverlust, theils mit Landesverweisung bestraft. Unter den Letzteren befand sich Struensee's Bruder, für welchen sich Friedrich II. verwendet hatte. Derselbe kehrte in seine frühere Stelle nach Liegnitz zurück, wurde aber später von Friedrich II. mit mehreren wichtigen Aemtern betraut und starb 1804 als preußischer Minister.

Die geschiedene Königin verließ, nach einer zwischen dem dänischen und dem englischen Hofe getroffenen Uebereinkunft, am 30. Mai Dänemark und begab sich nach Hannover, wo sie das Schloß Celle bezog. Hier starb sie, hochverehrt wegen ihrer werkthätigen Menschenliebe, am 10. Mai 1775, im Alter von dreiundzwanzig Jahren, am gebrochenen Herzen.

In Dänemark hatten sich die Verschworenen nach dem Sturze Struensee's aus eigener Machtvollkommenheit zu einem geheimen Staatsrath unter dem Vorsitze des Prinzen Friedrich constituirt und alle Behörden angewiesen, Befehle mit der Unterschrift des Königs nur dann zu beachten, wenn sie von ihnen gegengezeichnet seien. Da der Prinz selbst ein unbedeutender Mensch war, wurde sein ehemaliger Hofmeister Guldberg die Seele der neuen Regierung. Indessen wurde von Struensee's Einrichtungen, insofern durch dieselben Mißbräuche abgeschafft worden, Vieles beibehalten.

Von den Mitgliedern der Verschwörung behaupteten sich nur Guldberg und Eickstädt eine Reihe von Jahren in ihrer neuen Stellung; die übrigen wurden in Folge eingetretener Zerwürfnisse rasch beseitigt. Auch Eickstädt und Guldberg erhielten im April 1784 ihren Abschied, als der Kronprinz Friedrich, der Sohn der Königin Karoline Mathilde, die Zügel der Regierung ergriff, die er bis zum Jahre 1808 für seinen Vater, dann als König Friedrich VI. bis zu seinem Tode (1839) führte.

XXXIX.

Der nordamerikanische Freiheitskrieg.

(1775—1783.)

Während in Europa die alten Staatseinrichtungen von oben herab geändert und die Grundlagen jeder staatlichen Ordnung durch eine von den Fürsten selbst begünstigte neue Philosophie untergraben wurden, die sich zugleich die Vernichtung der geoffenbarten Religion zum Ziele gesetzt, vollzog sich jenseits des Oceans, im Norden der „neuen Welt,“ eine Umwälzung, welche auf die alte Welt mit nicht geahnter Macht zurückwirken sollte: — die Kolonien der Engländer rissen sich los von dem Mutterlande und vereinigten sich zu einem großen republikanischen Staatenbunde.

Die erste englische Kolonie war in Nordamerika unter der Königin Elisabeth gegründet worden, nachdem Walther Raleigh im Jahre 1586 das Küstenland an der Chesapeak-Bai unter dem Namen Virginien für die Krone England in Besitz genommen; diese Ansiedlung ging jedoch bald wieder zu Grunde. Erst unter Jakob I., der im Jahre 1606 einer in London zusammengetretenen Handelskompagnie das Land zwischen dem 30. und 40. Grad nördlicher Breite (Virginien), das zwischen dem 40. und 46. Grad (Neu-England) dagegen einer Handelsgesellschaft zu Plymouth zur Kolonisirung verlieh, führten Handelsspekulationen zu dauernden Ansiedlungen in jenen Gegenden. Nachdem sowohl in Neu-England als in Virginien feste Niederlassungen gegründet worden, nahm Jakob I. die den beiden Handelsgesellschaften ausgestellten Freibriefe zurück und ertheilte den Ansiedlern die Rechte freier Engländer.

Politische und religiöse Unduldsamkeit führte während der unter Karl I. begonnenen inneren Kämpfe den nordamerikanischen Kolonien eine große Zahl neuer Ansiedler zu, die jenseits des Oceans Schutz suchten vor den Verfolgungen, denen sie sich in der Heimath ausgesetzt sahen. Die republikanisch gesinnten Puritaner wandten sich hauptsächlich nach Neu-England, wo bereits im Jahre 1621 von ihren Glaubensbrüdern die wichtige Kolonie Massachusetts gegründet worden war, die Königlichen und Hochkirchlichen dagegen vorzugsweise nach Virginien. Hier gründete der zur katholischen Kirche übergetretene Lord Baltimore, welcher von Karl I. den nördlichen Theil von Virginien als erbliches Eigenthum erhalten hatte, die Kolonie Maryland, in welcher fortan die verfolgten englischen Katholiken eine sichere Zufluchtsstätte fanden. Im Jahre 1682 wurde durch den Quäker William Penn (s. S. 179) die bald zu hoher Blüthe emporsteigende Kolonie Pennsylvanien gegründet.

Während ein Theil der Auswanderer sich in den am Meere gegründeten Städten niederließ, die hauptsächlich durch ihren Verkehr mit den Flibustiern — Abenteuerer aus allen Nationen, welche sich auf einigen der kleineren westindischen Inseln festgesetzt hatten und im siebzehnten Jahrhundert gegen die spanischen Schiffe und Kolonien einen großartigen Räuberkrieg führten — ziemlich rasch emporblühten, drangen Andere tiefer in das Land hinein, um sich in den Lichtungen der Urwälder anzubauen, wo sie große Waldstrecken theils durch Feuer, theils mit der Axt ausrodeten. Diese Letzteren hatten schwere Kämpfe mit den ebenso grausamen als listigen Indianern zu bestehen, für welche sie als die Räuber ihrer Jagdgründe ein Gegenstand des grimmigsten Hasses waren. Aber die nur mit Bogen und Keule bewaffneten indianischen Jäger vermochten Nichts gegen das Feuergewehr der Weißen, wie gegen deren überlegene physische Kraft, Ausdauer, Klugheit und rücksichtslose Ansprüche; daher bezeichnet das Vordringen der englischen Kolonisation in Nordamerika ein stetes Vertreiben und Vernichten der Indianer, die in England keinen Fürsprecher fanden, der ihre Sache vor dem Throne vertreten hätte, wie der edle Las Casas dies für ihre Brüder im Süden gethan hatte. Während die Indianer den vordringenden englischen Ansiedlern das Feld räumen mußten, wurden in den südlichen Provinzen, seitdem die englische Regierung aufgehört hatte, die Deportirten zur Sklavenarbeit in den Kolonien verwenden zu lassen, Negersklaven eingeführt, mit welchen die Engländer damals einen äußerst gewinnreichen Handel trieben.

Die englischen Kolonien, deren Zahl sich bei dem Ausbruch des Unabhängigkeitskrieges auf dreizehn belief [1]), waren theils rein demokratische, wie namentlich die in Neu-England, theils von der Krone angelegte, in welche das in England herrschende aristokratische Element verpflanzt worden (Virginien, New-York, die beiden Karolina, New-Jersey, Georgia) theils auch Grundherrenkolonien, wie Maryland und Pennsylvanien. Alle Kolonien aber besaßen das englische Recht, die englische freie Gemeinde- und Bezirksverfassung, und seitdem im Jahre 1719 unter Georg I. die Whig-Regierung die Grundherrenverhältnisse aufgehoben hatte, beruhte die Verfassung sämmtlicher Kolonien auf demokratischer Grundlage. An der Spitze der Regierung stand in jeder Kolonie ein Gouverneur

1) Virginien (1607); New-York (1614 von den Holländern gegründet, 1664 von den Engländern erobert; Massachusetts (1621); New-Hampshire (1623 kolonisirt, anfangs ein Theil von Massachusetts, seit 1679 selbstständige Kolonie); Maryland (1632), Konnektikut (1635 von Massachusetts aus kolonisirt); Rhode-Island (1638); Nord-Karolina (1650); Süd-Karolina (1670); Delaware (1638 von den Schweden und Holländern kolonisirt, 1662 von den Engländern erobert); New-Jersey (1623 von den Holländern kolonisirt, seit 1664 englisch); Pennsylvanien (1682) und Georgia (1733).

als Stellvertreter des Königs; das Oberhaus war durch einen Rath, das Unterhaus durch eine von den Bürgern gewählte Versammlung von Repräsentanten vertreten. Die königlichen Aemter wurden jedoch meist mit eigentlichen Engländern besetzt. Auch gestattete England, den Grundsätzen der alten Kolonialpolitik getreu, seinen nordamerikanischen Kolonien nur mit dem Mutterlande einen völlig freien Verkehr; die Ausfuhr von Rohprodukten nach fremden Ländern unterlag großen Beschränkungen, und die Einfuhr von solchen aus fremden Ländern war gänzlich verboten.

Da England den siebenjährigen Krieg mit Frankreich hauptsächlich im Interesse seiner nordamerikanischen Kolonien unternommen und das Ergebniß desselben — der Erwerb Canada's — sie von der gefährlichen Nähe der Franzosen befreit hatte, hielt sich die englische Regierung für berechtigt, die Kolonien durch die Auferlegung einer indirekten Steuer in einem gewissen Verhältnisse zu den sehr bedeutenden Kriegskosten heranzuziehen, und belegte deßhalb im Jahre 1764, mit Zustimmung des Parlaments, verschiedene Handelsartikel mit einem Eingangszoll; auch führte sie im folgenden Jahre eine Stempelsteuer ein. Gegen Beides protestirten die Provinzial-Parlamente der Kolonien, indem sie dem Parlamente des Mutterlandes, in welchem sie nicht vertreten waren, das Recht bestritten, eine neue Steuer einzuführen, und als England auf dem bestand, was es als sein Recht ansah, beschlossen die Stände der einzelnen Kolonien auf einer Versammlung zu New-York, sich der Stempeltaxe nicht zu fügen und die Einführung zollpflichtiger Waaren nicht zu gestatten.

Durch den einmüthigen Widerstand der Kolonien geschreckt, zog das englische Parlament im Jahre 1766 die Stempelakte zurück, erklärte jedoch dabei ausdrücklich, daß ihm das Recht zur Besteuerung der Kolonien zustehe, und belegte, um dieses Recht zu bethätigen, im Jahre 1767 den Thee, sowie Glas, Papier und Malerfarben mit einem geringen Eingangszoll, dessen Ertrag für die Besoldung der englischen Beamten in Amerika bestimmt wurde. Trotz der Geringfügigkeit des festgesetzten Zolles fügten sich die Amerikaner nicht, weil sie erkannten, daß es dem englischen Parlamente nur darum zu thun war, sein Besteuerungsrecht aufrecht zu halten, und die heftigen Debatten, die in dem englischen Parlamente, besonders im Unterhause, über die Rechtmäßigkeit oder Zweckmäßigkeit der den Kolonien auferlegten neuen Steuern geführt wurden, konnten sie nur in ihrem Widerstande bestärken.

Die in den Kolonien herrschende gereizte Stimmung trat zuerst in Ruhestörungen zu B o s t o n, der Hauptstadt von Massachusetts, zu Tage. Als die Zolleinnehmer eine mit Madeirawein beladene Schaluppe, die einem sehr beliebten Manne gehörte, wegen falscher Angaben in Beschlag nahmen und durch die Besatzung eines im Hafen liegenden Kriegsschiffes unter die Kanonen des Zollhauses bringen ließen, entstand ein allgemeiner Auflauf, wobei es von Seiten des Volkes zu Gewaltthätigkeiten gegen die Zollbeamten kam. Dies gab dem Parlamente Veranlassung, ein hartes Strafgesetz Heinrichs VIII., nach welchem Hochverrath, außerhalb des Reiches begangen, in England untersucht werden sollte, wieder in Kraft zu setzen, obgleich zahlreiche Mitglieder darauf hingewiesen, daß dieses Gesetz auf die nordamerikanischen Kolonien keine Anwendung finden könne, indem zu der Zeit, in welcher dasselbe erlassen worden, noch gar keine überseeischen Ansiedlungen bestanden hätten.

Hatte schon diese Maßregel unter den Kolonisten eine tiefe Erbitterung wachgerufen, so wurde dieselbe noch gesteigert durch die rücksichtslose Behandlung, die ihrem Geschäftsträger in London, dem in allen Kolonien hoch angesehenen Benjamin Franklin, zu Theil wurde. Dieser berühmte Mann (geb. 1706 zu Boston, als der Sohn eines unbemittelten Seifensieders), der Inhaber einer bedeutenden Buchdruckerei in Philadelphia, der sich durch die Gründung vieler gemeinnützigen Anstalten, insbesondere auch durch seine Bemühungen für die Hebung des Volksunterrichts, um sein Vaterland und durch eifrige Studien, die ihn auf die Erfindung des Blitzableiters geführt, um die Wissenschaft verdient gemacht und von der englischen Regierung zum Generalpostmeister aller amerikanischen Kolonien ernannt worden, war bei den zunehmenden Mißhelligkeiten zwischen den Kolonien und dem Mutterlande von Massachusetts und mehreren andern Provinzen nach London gesandt worden, um bei der Regierung die Rechte seines Vaterlandes zu vertheidigen, wie er dies bereits früher mit ebensoviel Entschiedenheit als Geschick in Wort und Schrift gethan hatte. Nachdem es ihm gelungen war, sich in den Besitz der Berichte des Statthalters von Massachusetts zu setzen, in welchen der englischen Regierung Gewaltmaßregeln gegen die Kolonien empfohlen wurden, hatte er dieselben nach Amerika geschickt, worauf der Staat von Massachusetts in einer an den König gerichteten Vorstellung um die Abberufung des Statthalters gebeten hatte. In dieser Angelegenheit vor den geheimen Rath gefordert, war Franklin von dem Kronanwalt als Aufrührer behandelt und als der erbittertste und gefährlichste Feind Englands bezeichnet worden.

Inzwischen hatte sich in Folge des Entschlusses der Amerikaner, keinen Thee mehr aus England zu beziehen, in den Vorrathshäusern der ostindischen Kompagnie eine so beträchtliche Menge dieser Waare aufgehäuft, daß die Gesellschaft sich erbot, den doppelten Ausgangszoll zu zahlen, wenn die Regierung dafür den amerikanischen Eingangszoll aufhebe. Die Regierung lehnte zwar diesen Antrag ab, weil sie ihr Besteuerungsrecht durchsetzen wollte, hob aber dagegen im Jahre 1773 durch die sogenannte „Theeakte" für allen nach den englischen Niederlassungen in Amerika zu sendenden Thee die Ausfuhrzölle auf, in der Hoffnung, durch die größere Wohlfeilheit des Artikels die Amerikaner zum Ankauf desselben zu verlocken und auf diesem Wege die indirekte Anerkennung ihres Besteuerungsrechtes zu erlangen. Die Kompagnie sandte hierauf eine Anzahl von Theeschiffen nach Amerika. Hier hatte man jedoch Sorge getragen, die Ausschiffung derselben zu verhindern. Durch Zeitungen und Flugschriften war an alle Hafenstädte die Aufforderung ergangen, die Theeschiffe nicht einlaufen zu lassen, „weil sie mit den Fesseln beladen seien, die Großbritannien für die Kolonien geschmiedet", und Jeder, der auf irgend eine Art dazu behilflich sein werde, wurde mit der furchtbarsten Rache bedroht. Als dessenungeachtet mehrere Theeschiffe unter dem Schutze der englischen Kriegsschiffe in den Hafen von Boston einliefen, drängte sich eine Anzahl bewaffneter Leute, die als Mohawk-Indianer verkleidet waren, auf dieselben und warf die ganze Ladung Thee — achtzehntausend Pfund — ins Wasser. (18. Dez. 1773.) Die Folge dieses Gewaltaktes, der in England eine ungeheuere Aufregung hervorrief, war der Erlaß eines Parlamentsbeschlusses, durch welchen die Sperrung des Hafens von Boston, sowie die Beschränkung der verfassungsmäßigen Freiheiten von Massachusetts verfügt wurde.

Als diese Parlamentsakte in den Kolonien bekannt geworden, beschlossen sämmtliche Provinzen, allen Handelsverkehr mit dem Mutterlande aufzuheben, bis dieselbe zurückgezogen sein werde. Zur Herbeiführung eines einmüthigen Zusammengehens wurde die Bildung eines aus den Vertretern aller einzelnen Provinzen bestehenden Kongresses vereinbart, dessen durch Stimmenmehrheit gefaßte Beschlüsse allgemein giltig sein sollten. Die Ergebnisse der Berathungen dieses Kongresses, der am 4. September 1774 zu Philadelphia eröffnet wurde, bekundeten nicht nur die vollständigste Einigkeit unter den Kolonien, sondern auch das Bewußtsein der in dieser Einigkeit liegenden Kraft. Nachdem die Versammlung den Beschluß gefaßt, daß von einem gewissen Zeitpunkte an sowohl die Einfuhr englischer Waaren, als auch die Ausfuhr amerikanischer Produkte nach England aufhören sollte, erließ sie Zuschriften an den König, an das englische und an das amerikanische Volk und an die Provinz Canada, worin sie erklärte, daß die Kolonien keine anderen Zwecke verfolgten, als die Wahrung ihrer alten, wohlerworbenen Rechte gegenüber den Eingriffen des Parlamentes und der englischen Regierung.

Wie in dem früheren, so waren auch in dem zu Anfang des Jahres 1775 zusammengetretenen neuen Parlamente die Stimmen über das gegen die Kolonien einzuschlagende Verfahren getheilt. Viele riethen zur Mäßigung, insbesondere der alte William Pitt, der trotz seines schweren Gichtleidens beim Beginne der nordamerikanischen Unruhen im Jahre 1766 nochmals die Bildung eines Ministeriums übernommen, seine Stelle als Lord-Siegelbewahrer jedoch im Jahre 1768 wegen zunehmender Kränklichkeit niedergelegt und nur seinen Sitz im Oberhause behalten hatte, in welches er mit dem Titel Graf von Chatam eingetreten war. Auf eine Krücke gestützt, erschien er in der Parlamentsversammlung, um mit dem ganzen Feuer seiner Beredtsamkeit die Regierung vor verhängnißvollen Mißgriffen zu warnen. „Mylords," sprach er, „so wenig, als ich mir anmaßen könnte, Sie mit dieser Krücke vor mir herzutreiben, so unmöglich ist es, Amerika zu erobern." Aber die Minister wollten Amerika zu ihren Füßen sehen, und das Parlament ging auf ihre Wünsche ein. Nachdem eine neue Bill den dreizehn Provinzen allen Verkehr mit England untersagt und ihr Eigenthum als verfallen an die Kaper — die Beamten von Seiner Majestät Kriegsschiffen — erklärt hatte, wurde im Oktober 1775 der Beschluß gefaßt, die rebellischen Kolonien mit Waffengewalt zum Gehorsam zurückzuführen, zu diesem Zwecke aber fremde Truppen in Sold zu nehmen, „damit dem englischen Gewerbfleiße nicht zu viele Hände entzogen würden." Außer der Regierung von Hannover, die der englischen ein ansehnliches Truppenkorps zur Verfügung stellte, ließen sich die Fürsten von Braunschweig und Hessen-Kassel bereit finden, sechzehntausend ihrer Unterthanen an England als Söldner zu verkaufen.

Unterdessen hatten in den Kolonien die Feindseligkeiten bereits begonnen. Als die Nachricht eingelaufen war, daß das englische Parlament eine Akte erlassen habe, durch welche alle Einfuhr von Waffen und Kriegsvorräthen in die dreizehn Kolonien verboten wurde, hatte man sich in Erwartung eines gewaltsamen Angriffs, zum bewaffneten Widerstand gerüstet. In Massachusetts waren zwölftausend Mann, meist Milizen zusammengebracht und bei Concord große Kriegsvorräthe aufgehäuft worden. Um diese aufzuheben, rückte der zum Statthalter von Massachusetts ernannte englische General Gage, der den Hafen von Boston hatte befestigen lassen, gegen Concord vor; er wurde jedoch am 18. April 1745 bei Lexington von den amerikanischen Milizen angegriffen und mit Verlust zurückgeschlagen.

Dieser erste Sieg erhöhte die allgemeine Begeisterung für den Freiheitskampf; selbst die Quäker griffen zu den Waffen. Zu ihrem Glücke hatten die Amerikaner einen Mann, dem sie mit dem vollsten Vertrauen die Leitung des Krieges übertragen konnten. Es war dies der bereits früher (S. 458) erwähnte, durch unerschütterliche Redlichkeit und glühenden Freiheitssinn ausgezeichnete Georg Washington (geb. 1732 zu Bridges-Kreek in der Grafschaft Westmooreland in Virginien, als der Sohn eines reichen Pflanzers), der sich in dem siebenjährigen Krieg Englands gegen Frankreich als tüchtiger Führer bewährt, aber noch während der Dauer desselben die militärische Laufbahn aufgegeben und seitdem auf seinem Gute Mount Vernon in Virginien gelebt hatte, bis er von seinen Landsleuten zum Vertreter Virginiens auf dem Kongreß von Philadelphia erwählt wurde.

Von dem Kongreß an die Spitze der amerikanischen Kriegsmacht gestellt, entfaltete Washington die umsichtigste und einsichtsvollste Thätigkeit, zunächst in der Bewältigung der zahlreichen Schwierigkeiten seines Amtes. Da der Dienst im Kampfe für die Rechte der Kolonien ein freiwilliger war und überdies die Provinzialversammlungen, um den Bürger nicht im Soldaten aufgehen zu lassen, die Truppen in den ersten Kriegsjahren nach Ablauf einer gewissen Zeit wieder nach Hause zurückkehren ließen, war die Aufrechthaltung der Kriegszucht und die Ausbildung eines kriegstüchtigen Heeres eine äußerst schwierige Aufgabe. Dazu kam die Verschiedenheit der zum Kampfe verbundenen Völkerschaften, die einander theils fremd, theils feind waren, und die Mannigfaltigkeit ihrer Anschauungen und Interessen, wodurch insbesondere, da der Kongreß keine Steuern ausschreiben durfte und sich auf die Ausgabe von Papiergeld beschränkt sah, dessen Kredit durch keinen Gemeinsinn aufrecht erhalten wurde, die Beschaffung der nöthigen Geldmittel auf die größten Schwierigkeiten stieß. Auch fehlte es nicht an einer königlich gesinnten Partei, die überall Hemmnisse zu bereiten bemüht war.

Trotz dieser ungünstigen Verhältnisse gelang es der Umsicht und Beharrlichkeit Washingtons, das buntgemischte, ungeübte Heer so rasch in die Gewohnheit des Krieges zu bringen, daß der General Gage die auf der Anhöhe von Bunkershill bei Boston verschanzten Kolonialtruppen erst nach einem dreimaligen vergeblichen Angriff, bei welchem die Engländer mehr als tausend Mann verloren, aus ihrer Stellung vertreiben konnte (15. Juli 1775).

Inzwischen waren Verstärkungen aus England unter den Generalen Howe, Bourgoyne und Clinton in Boston angekommen; sie wurden jedoch alsbald dort von Washington eingeschlossen und litten, da die Truppen mit allem Nothwendigen, selbst mit Pferdefutter und Steinkohlen, aus England versehen werden mußten, während des Winters von 1775 und 1776 den schrecklichsten Mangel. Dennoch machten die englischen Generale keinen Versuch, sich aus ihrer mißlichen Lage zu befreien; erst nachdem General Gage nach England zurückgekehrt war, beschloß der General Howe, sein Nachfolger im Oberbefehl, Boston zu räumen, und brachte diesen Entschluß am 16. März 1776 zur Ausführung. Neue Zuzüge aus England erhöhten bald das englische Heer auf die Stärke von dreißigtausend Mann, und da dasselbe nunmehr dem amerikanischen an Zahl weit überlegen war, errang es über das letztere mehrfache Vortheile. Die Amerikaner mußten mit einem Verluste von dreitausend Mann Long-Island räumen, und die Stadt New-York wurde von den Engländern besetzt. Trotzdem verlor der Kongreß, der seinen Sitz von Philadelphia nach Baltimore verlegt hatte, den Muth nicht; er erklärte vielmehr am 4. Juli 1776 die nordamerikanischen Kolonien für einen unabhängigen und souveränen Staat. Diese Erklärung war zwar ursprünglich nur von sieben Provinzen ausgegangen; die sechs übrigen traten jedoch derselben schon nach wenigen Wochen bei, und am 4. Oktober 1776 erfolgte die förmliche Konstituirung des amerikanischen Staatenbundes.

Unterdessen hatte sich Washington, der durch die erlittenen Niederlagen in der Ueberzeugung bestärkt worden, daß er mit seinem schwachen, schlecht organisirten Heere nicht im Stande sei, die feindliche Uebermacht zu bewältigen, und daß der Sieg nur durch geduldiges Ausharren und vorsichtiges Zaudern zu erringen sei, darauf beschränkt, den Feind zu beobachten und ihn durch geschickte Bewegungen irre zu führen, um den Moment zu erspähen, wo er ihm durch Ueberraschung eine Niederlage bereiten könne. Zu Ende Dezember 1776 ging er, als Howe sein Heer in die Winterquartiere auseinander gelegt hatte, über den zugefrorenen Delaware und nahm am 26. Dezember bei Trenton eine Abtheilung Hessen — tausend Gemeine mit dreiundzwanzig Offizieren — gefangen; zehn Tage später, am 3. Januar 1777, gelang ihm das Gleiche mit einer anderen Abtheilung bei Princetown.

Nicht minder glückliche Folgen, als diese mit ebensoviel Kühnheit als Ueberlegung ausgeführten Unternehmungen, durch welche der gesunkene Muth der Amerikaner wieder aufgerichtet wurde, hatte die Ausdauer, mit welcher Washington in einem befestigten Lager zu Morristown, den Aufforderungen Howe's zur Schlacht widerstehend, mit achttausend Mann ein englisches Heer von dreißigtausend Mann in Unthätigkeit hielt. Als Howe endlich gegen Philadelphia aufbrach, sah sich Washington genöthigt, ihm dorthin zu folgen und ihm am Flusse Brandywine am 11. September 1777 eine Schlacht anzubieten, die zum Nachtheil der Amerikaner endete und die Einnahme von Philadelphia durch die Engländer zur Folge hatte. Dagegen wurde der englische General Bourgoyne, der von Canada aus in das Innere von New-York bis zum Hudson vorgedrungen war, nach einer am 7. Oktober 1777 gegen den General Gates erlittenen Niederlage, bei Saratoga so vollständig eingeschlossen, daß er sich am 15. Oktober mit dem Reste seines Heeres gefangen geben mußte.

Dieser Unfall verschaffte der Friedenspartei im englischen Parlamente die Oberhand, und die englischen Minister entschlossen sich um so rascher, die Hand zur Aussöhnung zu bieten, als die Haltung der französischen Regierung ihnen die ernstesten Besorgnisse einflößte. Seit dem Beginne des nordamerikanischen Freiheitskrieges hatte die Sache der Amerikaner in Frankreich die regsten Sympathien gefunden, weniger aus Haß gegen England, als aus Vorliebe für die seit mehreren Jahrzehnten von den wortführenden Schöngeistern gepriesene republikanische Staatsform. Wie die französischen Seestädte insgeheim die Amerikaner mit Waffen und Kriegsvorräthen unterstützten, so eilten begeisterte Männer, unter ihnen der zwanzigjährige, für die Sache der Freiheit glühende Marquis von Lafayette, aus einem der edelsten Geschlechter Frankreichs, der Graf Rochambeau und die beiden Grafen Lameth, nach Amerika, um unter Washingtons Fahne für die Unabhängigkeit der Kolonien zu kämpfen, ein Beispiel, dem auch die Polen Kosciusko und Pulawski und die deutschen Barone von Steuben und von Kalb nachfolgten. Wenn auch die französische Regierung die Gesinnungen der Bevölkerung des Landes bezüglich der nordamerikanischen Kolonien nicht theilte, so trat sie doch den Kundgebungen derselben nicht entgegen, weil sie in der Schädigung der Interessen Englands eine Förderung des eigenen Vortheils sah.

Schon im Jahre 1776 war Franklin mit unbeschränkten Vollmachten des Kongresses zum Abschluß eines Bündnisses mit der französischen Regierung nach Paris gekommen, und der schlichte Amerikaner, der nicht nur durch sein offenes, gerades, mit amerikanischer Schlauheit gepaartes Auftreten und sein republikanisch-philosophisches Wesen die Enthusiasten aus Rousseau's Schule entzückte, sondern auch in seiner einfachen Landestracht und seinen ungepuderten Haaren der vornehmen Welt ein neues, ungewohntes Schauspiel darbot, hatte in Paris die ehrenvollste Aufnahme gefunden. Die französische Regierung trat jedoch aus ihrem Schwanken erst heraus, als die Amerikaner ihr durch den bei Saratoga errungenen Erfolg gleichsam ein Unterpfand für den glücklichen Ausgang des Kampfes gegeben hatten. Am 6. Februar 1779 kam zu Paris ein Bündniß zwischen Frankreich und Amerika zu Stande, worin Ludwig XVI. sich verpflichtete, den nordamerikanischen Freistaat so lange zu unterstützen, bis England dessen Unabhängigkeit anerkannt habe.

Der Abschluß dieses Bündnisses vereitelte alle Aussöhnungsversuche Englands: in dem Donner der Kanonen, womit in den Kolonien die Verbindung mit Frankreich gefeiert wurde, ging der Friedensruf des Mutterlandes unter. Im englischen Parlamente waren Viele der Ansicht, daß es das Rathsamste sei, die Unabhängigkeit der Kolonien bedingungslos anzuerkennen und alle Truppen aus Amerika zurückzuziehen; der diesbezügliche Antrag wurde jedoch auf das Entschiedenste von Demjenigen bekämpft, der bis dahin immer zu milden und nachgiebigen Maßregeln gegen Amerika gerathen hatte, von William Pitt. Der greise Staatsmann konnte den Gedanken nicht ertragen, daß die Kolonien, für deren Behauptung und Wohlfahrt er den siebenjährigen Krieg mit Frankreich mit so vielem Aufwand von Beharrlichkeit und Geschick geleitet, für England verloren seien und dem von ihm so sehr gehaßten Frankreich der Triumph bleiben sollte, durch sein Bündniß mit denselben diesen Verlust besiegelt zu haben. Wankenden Schrittes, auf seinen Eidam und seinen Sohn gestützt, erschien er am 7. April 1778 im Parlamente, um mit fast sterbender Stimme eine feurige Rede zu halten, die mit den Worten schloß: „Auf, laßt uns kämpfen, fallen, wenn es sein muß, unter den Trümmern des Vaterlandes!“ Als er zum zweiten Male aufstehen wollte, um dem Grafen Richmond zu antworten, der jenen Antrag gestellt, fiel er in Ohnmacht und mußte nach Hause getragen werden. Einen Monat später, am 11. Mai 1788, starb er, in seinem siebzigsten Lebensjahre. Wie wenig er in der vierjährigen ruhmvollen Leitung der englischen Staatsangelegenheiten auf seinen eigenen Vortheil bedacht gewesen, beweist der Umstand, daß die Nation nach seinem Tode Gelegenheit fand, ihm durch die Bezahlung seiner Schulden ihre Dankbarkeit zu beweisen.

Dem Bündniß Frankreichs mit Amerika trat, außer Spanien, das durch den bourbonischen Familienvertrag zum Anschluß gezwungen war, auch Holland bei, an welches England im Jahre 1780 den Krieg erklärt hatte, weil die Generalstaaten sich den Gewaltthätigkeiten der Engländer gegen die neutralen Schiffe widersetzt hatten. Die willkürlichen Untersuchungen, womit diese Schiffe durch die Engländer belästigt wurden, bewogen auch Dänemark, Schweden, Rußland und Portugal, sich zu einer bewaffneten Neutralität gegen England zu verbünden. Der Kampf entbrannte nun auf allen Meeren. In Asien und Afrika suchten sich die kriegführenden Mächte gegenseitig ihre Kolonien zu entreißen, und das Kriegsglück schwankte hin und her, bis endlich die Engländer unter ihrem heldenmüthigen Admiral Rodney die Oberhand behielten. Der spanische General Crillon entriß ihnen zwar die Insel Minorka (Februar 1782); dagegen behauptete sich der Kommandant von Gibraltar, Lord Elliot, drei Jahre lang gegen die Angriffe der spanisch-französischen Flotte und rettete die ihm anvertraute wichtige Felsenfestung durch die Zerstörung der schwimmenden Batterien des Ingenieurs d'Arçon.

Weniger glücklich als zur See waren die Engländer in dem fortgesetzten Landkriege in Amerika, obgleich die Amerikaner im Ganzen wenig Kriegstüchtigkeit entwickelten und der Abfall des durch Feldherrntalent und großen persönlichen Muth hervorragenden Generals Arnold, der im Jahre 1780 verrätherischer Weise zu den Engländern überging, den jungen Freistaat in große Gefahr brachte. Der englische General Clinton unterwarf zwar im Jahre 1780 Südkarolina und suchte hierauf Virginien und die Küsten von New-York mit furchtbaren Verwüstungen heim, während die südlichen Provinzen durch den General Cornwallis verheert wurden; allein eine Entscheidung wurde dadurch nicht herbeigeführt. Zu Anfang des Jahres 1781 brach Washington, nachdem er eine unter seinen Truppen ausgebrochene Meuterei glücklich überwältigt hatte und durch eine in Frankreich contrahirte Anleihe von sechzehn Millionen Livres in den Stand gesetzt worden war, seine Soldaten durch eine regelmäßigere Bezahlung und bessere Verpflegung zufrieden zu stellen, im Vereine mit einem inzwischen angekommenen französischen Hilfsheere, nach dem Süden gegen Cornwallis auf, der inzwischen in zwei Treffen gegen den General Greene siegreich war, schließlich aber von diesem bis auf Charlestown zurückgedrängt wurde. Clinton zog ihm zwar nach; es gelang jedoch Washington, denselben durch geschickte Bewegungen über das Ziel seines Zuges zu täuschen und ihm dadurch einen so bedeutenden Vorsprung abzugewinnen, daß dessen Vereinigung mit Cornwallis nicht mehr bewerkstelligt werden konnte. Den Letzteren schloß er, im Vereine mit Lafayette, der am 14. September zu ihm gestoßen war, am 19. Oktober 1781 in Yorktown so vollständig ein, daß sich derselbe genöthigt sah, sich mit seinem ganzen Heere zu ergeben und den Amerikanern seine sämmtlichen Geschütze und alle seine Kriegsvorräthe auszuliefern.

Mit dem Tage von Yorktown war der nordamerikanische Freiheitskrieg im Wesentlichen beendigt. In dem neuen Parlamente, das zu Anfang des Jahres 1782 zusammentrat, hatte die den Frieden befürwortende Opposition so entschieden das Uebergewicht, daß der König sich genöthigt sah, ein neues Ministerium im Sinne der Friedenspartei zu bilden, das sofort mit den Amerikanern Friedensunterhandlungen anknüpfte. Mit dem Beginne derselben hörten alle Feindseligkeiten in Nordamerika auf, während der Krieg Englands gegen Frankreich, Spanien und Holland trotz der zu Paris gepflogenen Friedensunterhandlungen mit Erbitterung fortgeführt wurde. Da die Hartnäckigkeit, womit Spanien auf der Herausgabe von Gibraltar bestand, den Abschluß des Friedens verzögerte, schlossen die Amerikaner am 30. November 1782 mit England einen vorläufigen besonderen Vertrag, in welchem dieses ihre Unabhängigkeit anerkannte und ihnen vortheilhafte Grenzen mit einem Antheil an dem Stockfischfang bei Neufundland bewilligte. Der definitive Friede zwischen sämmtlichen kriegführenden Mächten kam am 20. Januar 1783 zu Versailles zu Stande. In demselben erkannte England in aller Form die Unabhängigkeit der nordamerikanischen Kolonien an und gab an deren Bundesgenossen alle während des Krieges gemachten Eroberungen zurück, mit alleiniger Ausnahme der im Süden der Küste von Koromandel gelegenen Stadt Negapatam, die Holland ihm abtreten mußte. Für die definitive Verzichtleistung auf Gibraltar erhielt Spanien Ost-Florida und blieb außerdem im Besitze von West-Florida und Minorka.

Nordamerika hatte seine Unabhängigkeit erkämpft; doch blieb ihm noch die schwierige Aufgabe, die errungene Selbstständigkeit durch eine geordnete Verfassung dauernd sicher zu stellen. Da zwei Parteien einander gegenüber standen, die Demokraten, welche die politische Gewalt unter die einzelnen Staaten vertheilt wissen, und die Föderalisten, die einen Staatenbund mit gemeinsamer Regierung gründen wollten, drohte es zu ernsten Zerwürfnissen zu kommen; dieselben wurden jedoch durch Washingtons vermittelndes Dazwischentreten abgewendet. Eine von dem Kongreß im Jahre 1787 nach Philadelphia zusammenberufene Generalversammlung von Deputirten der dreizehn Staaten einigte sich, nach mannigfachen Schwankungen und Reibungen, über eine Verfassung, die im Jahre 1789 von allen Staaten angenommen wurde und seitdem unverändert fortbestanden hat. Durch dieselbe wurde das Land unter dem Namen „Vereinigte Staaten von Nordamerika" für einen Bundesstaat erklärt und die vollziehende Gewalt einem Präsidenten, die gesetzgebende aber dem Kongresse übertragen, welcher aus zwei Kammern, dem „Senate" und dem „Hause der Repräsentanten," besteht. In den Senat wählt jede Provinz auf sechs Jahre zwei Mitglieder, die mindestens dreißig Jahre alt sein müssen; in das Repräsentantenhaus dagegen sendet jeder Staat für die Dauer von zwei Jahren auf je siebzigtausend Einwohner einen wenigstens fünfundzwanzig Jahre alten Abgeordneten. Der Präsident wird von allen stimmberechtigten Bürgern auf vier Jahre gewählt, nach deren Ablauf er noch einmal wiedergewählt werden kann, und erhält einen Jahrgehalt von fünfundzwanzigtausend Dollars. Er ist zugleich Oberbefehlshaber der Land- und Seemacht, schließt mit Einwilligung des Senats Verträge und Bündnisse, empfängt und ernennt Gesandte, wie ihm auch die Ernennung der Civil- und Militärbeamten zusteht; er beruft jährlich den Kongreß und verleiht den Beschlüssen desselben durch seine Bestätigung Gesetzeskraft. Verweigert er einem Beschlusse seine Zustimmung, so geht derselbe an den Kongreß zurück und gilt dann doch als Gesetz, wenn sich in jedem Hause zwei Drittel der Stimmen dafür erklären. Uebrigens kann der Präsident in Anklagestand versetzt und wegen Verraths, Bestechung und anderer schwerer Verbrechen abgesetzt werden. — Ueber Staatsprozesse und Streitigkeiten einzelner Staaten entscheidet das Bundesgericht, das zugleich die höchste Appellationsbehörde bildet. Die Religion ist frei, insofern man nur einen Gott bekennt. An der Spitze jedes einzelnen Staates steht ein Gouverneur, der im Vereine mit einer Generalversammlung die inneren Angelegenheiten desselben leitet.

Die Aufgabe, alle Verhältnisse des jungen Freistaates im Geiste der Verfassung zu ordnen, fiel Washington zu, der, nachdem er bereits am 23. Dezember 1784 seine Oberbefehlshaberstelle niedergelegt, im Jahre 1789 einstimmig zum Präsidenten erwählt worden, und er löste diese Aufgabe mit der gleichen Hingebung und Umsicht, die er als Feldherr bewiesen. Er wurde daher auch im Jahre 1793 wieder gewählt; doch verbitterten ihm vielfache Anfeindungen von Seiten der Demokraten seine Stellung so sehr, daß er sich im Jahre 1797 ganz aus dem öffentlichen Leben zurückzog, um seine Tage auf seinem Landgute Mount Vernon zu beschließen. Hier starb er am 14. Dezember 1799 nach kurzer Krankheit. Sein Name lebt fort in der im Jahre 1792 gegründeten Bundesstadt Washington, die den Sitz des Kongresses, des Präsidenten und der Centralbehörden bildet.

Schon neun Jahre vor Washington, am 17. April 1790, war Franklin ins Grab gesunken. Dreimal hatten ihn, seitdem er im Jahre 1783 nach dem Frieden von Versailles von seinem Gesandtschaftsposten am französischen Hofe zurückgekehrt, seine Mitbürger zum Gouverneur von Pennsylvanien gewählt, bis ihn im Jahre 1788 sein hohes Alter und zunehmende Kränklichkeit genöthigt, sich von jeder Theilnahme an den Regierungsgeschäften zurückzuziehen. Unter dem Geläute aller Glocken und dem Donner der Kanonen wurde seine irdische Hülle auf dem Friedhofe von Philadelphia bestattet, und der Kongreß ehrte sein Andenken durch die Anordnung einer vierwöchentlichen Landestrauer. Seine von ihm selbst verfaßte Grabschrift lautet: „Der Körper Benjamin Franklins, eines Buchdruckers, liegt hier (gleich dem Einbande eines alten Buches, dessen Blätter zerrissen, dessen Titel und Vergoldung verwischt sind), den Würmern zur Speise. Das Werk selbst aber wird nicht verloren gehen; denn es wird (so hoffte er) wieder erscheinen in einer neuen und schöneren Ausgabe, durchgesehen und verbessert vom Verfasser."

Die nordamerikanische Union hat sich seit jener Zeit mit beispielloser Raschheit zu einem Weltreich entwickelt. Schon im Jahre 1850 war die Seelenzahl, die im Jahre 1800 etwas über fünf und ein Viertel Millionen betrug, auf dreiundzwanzig Millionen gestiegen und ist seitdem von Jahr zu Jahr um mehrere Hunderttausende gewachsen. Ackerbau, Viehzucht und Gewerbfleiß haben einen bedeutenden Aufschwung genommen; insbesondere aber blüht der Handel, nach Außen gefördert durch eine Handelsflotte, die an Größe nur der englischen nachsteht, im Innern durch Kanäle und Landstraßen, die nach allen Richtungen das Land durchkreuzen, und durch ein ausgedehntes Eisenbahnnetz. Wie auf den Volksunterricht große Aufmerksamkeit verwendet wird, so ist auch für die wissenschaftliche Bildung durch zahlreiche höhere Lehranstalten gesorgt, und während vor dem Unabhängigkeitskrieg kaum von einer amerikanischen Literatur die Rede sein konnte, hat sich seitdem auf allen Gebieten des Schriftstellerthums ein reges Leben entfaltet. Uebrigens ist bei einem großen Theile der Bevölkerung das rastlose Jagen nach materiellem Gewinn so sehr in den Vordergrund getreten, daß darüber jedes höhere Streben untergegangen. Selbst der Kongreß ist davon nicht unberührt geblieben: die Bestechlichkeit hat bei den Mitgliedern desselben in schreckenerregender Weise Eingang gefunden. Ueberhaupt treten uns in der nordamerikanischen Union, wie auf dem religiösen und sittlichen, so auch auf dem gesellschaftlichen und politischen Gebiete, die schärfsten Kontraste entgegen, wie dies bei einem Staate, in welchem eine so weitgehende Freiheit herrscht, kaum anders sein kann.

Die erfreulichste Erscheinung in der Entwicklung des nordamerikanischen Freistaates ist unstreitig das ungewöhnliche Wachsthum der katholischen Kirche und ihr herrliches, reich gesegnetes Wirken für die Hebung des christlichen Lebens, für den Unterricht und für Werke der Wohlthätigkeit, wie für die Verbreitung des christlichen Glaubens unter den mehr und mehr dem Loose der Vernichtung anheimfallenden Indianern. Seitdem Papst Pius VII. im Jahre 1808 das Bisthum Baltimore zur Metropole erhoben und vier Suffraganbisthümer errichtet, ist die Zahl der Metropoliten auf zwölf und die der ihnen unterstehenden Bischöfe auf vierundfünfzig gestiegen, zu denen noch einige apostolische Vikare kommen, und die katholische Bevölkerung, die zu Ende des vorigen Jahrhunderts auf dreiundzwanzigtausend Seelen geschätzt wurde, beträgt gegenwärtig mehr als sechs Millionen. Für Arme und Kranke ist durch die Errichtung von siebenundachtzig Hospitälern und zweihundertzwanzig andern Wohlthätigkeitsanstalten Sorge getragen, die meist von Ordensschwestern geleitet werden. In der Seelsorge wie in der Leitung der zahlreichen Lehranstalten wird der seeleneifrige Episkopat von einer großen Zahl von Ordensmännern unterstützt, die, den verschiedenartigsten geistlichen Genossenschaften angehörig, in opferfreudiger Hingebung mit einander wetteifern.

Inhaltsverzeichniß.

Sechstes Buch.

Vom westfälischen Frieden bis zum Ausbruch der französischen Revolution.

	Seite
Einleitung	3
I. Kaiser Leopold I. (1658—1705)	5
Leopolds Wahl und erste Regierungszeit	5
Leopolds Türkenkriege. (1663—1699)	9
Das deutsche Reich unter Leopold I.	28
II. Deutschlands Kulturzustand im siebzehnten Jahrhundert	34
III. Ludwig XIV. von Frankreich. (1643—1715)	47
Frankreich unter Mazarins Staatsverwaltung. (1643—1661)	47
Ludwigs XIV. erste Eroberungskriege. (1667—1697)	61
Ludwigs XIV. Gewaltthätigkeiten gegen Deutschland, Spanien und verschiedene italienische Staaten. (1679—1685)	77
Ludwigs XIV. dritter Eroberungskrieg. (1688—1697)	83
Ludwig XIV. als Regent	93
Ludwigs XIV. Hof	101
Die französische Literatur unter Ludwig XIV.	107
IV. England in der zweiten Hälfte des siebzehnten Jahrhunderts	124
Die ersten Zeiten der englischen Republik. (1649—1653)	124
England unter dem Protektorate Cromwells. (1653—1658)	136
Die Wiederherstellung des Königthums. (1660)	144
Karl II. (1660—1685)	149
Jakob II. (1685—1688)	161
Wilhelm III. (1689—1702)	166
V. Die englische Literatur im sechzehnten und siebzehnten Jahrhundert	170
VI. Der spanische Erbfolgekrieg. (1701—1714)	180
Die drei ersten Kriegsjahre. (1701—1703)	180
Die Schlacht bei Höchstädt. (13. August 1704)	191
Die beiden ersten Regierungsjahre Josephs I. (1705 und 1706)	195

Seite

Die Schlacht bei Turin. (7. September 1706) . . . 198
Die Schlachten bei Oudenarde (11. Juli 1708) und bei Malplaquet (11. Sept. 1709) 203
Der Sturz Marlboroughs (1711) und der Tod Josephs I. (17. April 1711) 207
Die Friedensschlüsse von Utrecht, Rastadt und Baden . 211
VII. Ludwigs XIV. Ausgang 214
VIII. Rußland unter Peter dem Großen. (1682—1725) . . 216
IX. Polen in der zweiten Hälfte des siebzehnten Jahrhunderts 225
X. Dänemark unter Friedrich III. (1648—1670) und Christian V. (1670—1699) 229
XI. Schweden unter Karl XI. (1660—1697) und in den drei ersten Regierungsjahren Karls XII. 235
XII. Der nordische Krieg. (1700—1721) 239
Der dänische Krieg (August 1700) und die Schlacht bei Narwa (30. Nov. 1700) 239
Der polnische Krieg. (1700—1706) 242
Die Gründung von St. Petersburg. (1703) 247
Der russische Krieg. (1708—1709) 248
Karl XII. in der Türkei. (1709—1714) 252
Karls XII. Ausgang. — Ende des nordischen Krieges. (1718—1721) 259
XIII. Peters des Großen Reformen und letzte Lebensjahre. (1721—1725) 264
XIV. Rußland unter den vier ersten Nachfolgern Peters des Großen. (1725—1762) 274
Katharina I. (1725—1727), Peter II. (1727—1730) und Anna (1730—1740) 274
Elisabeth. (1741—1762) 279
XV. Schweden unter Friedrich I. (1720—1751) 282
XVI. Frankreich unter der Regentschaft des Herzogs von Orleans. (1715—1723) 284
XVII. Spanien unter Philipp V. (1700—1746) 290
XVIII. England unter Georg I. (1715—1727) und Georg II. (1727—1760) 295
XIX. Kaiser Karl VI. (1711—1740) 304
Karls VI. erster Türkenkrieg. (1716—1718) 304
Die pragmatische Sanction 310
Der polnische Thronfolgekrieg. (1733—1735) 314
Karls VI. zweiter Türkenkrieg. (1737—1739) 322
Das deutsche Reich unter Karl VI. 324
XX. Italien vom westfälischen Frieden bis in die Mitte des achtzehnten Jahrhunderts 327

		Seite
	Die Päpste von 1655—1758	327
	Toskana, Savoyen, Venedig und Genua	332
XXI.	Das Königreich Preußen unter Friedrich I. und Friedrich Wilhelm I. (1688—1740)	335
	Friedrich I. (1688—1713)	335
	Friedrich Wilhelm I. (1713—1740)	340
	Friedrichs II. Jugendjahre. (1712—1740)	349
	Friedrichs II. Regierungsantritt. (31. Mai 1740)	364
XXII.	Der österreichische Erbfolgekrieg. (1740—1748)	366
	Maria Theresia's Regierungsantritt. (26. Okt. 1740)	366
	Der erste schlesische Krieg. (1740—1742)	369
	Der österreichische Erbfolgekrieg bis zum Tode Kaiser Karls VII. (1741—1745)	377
	Der zweite schlesische Krieg. (1744—1745)	386
	Die vier letzten Jahre des österreichischen Erbfolgekrieges. (1745—1748)	395
XXIII.	Oesterreich und Preußen nach dem österreichischen Erbfolgekriege. (1748—1756)	401
	Maria Theresia als Regentin	401
	Friedrichs II. Regententhätigkeit und Privatleben	406
XXIV.	Der siebenjährige (dritte schlesische Krieg.) (1756—1763)	416
	Veranlassung und Ausbruch des Krieges	416
	Die Schlachten bei Prag, Kollin, Roßbach und Leuthen. (1757)	423
	Die Schlacht bei Zorndorf und der Ueberfall bei Hochkirch. (1758)	432
	Die Schlacht bei Kunersdorf. (12. August 1759)	436
	Die Schlachten bei Liegnitz und Torgau. (1760)	443
	Die zwei letzten Kriegsjahre und der Hubertsburger Friede. (1761—1763)	449
XXV.	Der siebenjährige englisch-französische Krieg auf dem Meere und in den Kolonien. (1756—1762)	457
XXVI.	Frankreich unter Ludwig XV. (1715—1774)	464
	Ludwigs XV. Privatleben	464
	Die Aufhebung des Jesuitenordens in Frankreich. (1764)	470
	Ludwigs XV. letzte Regierungszeit. (1764—1774)	474
XXVII.	Die französische Literatur im achtzehnten Jahrhundert	479
XXVIII.	Portugal unter Pombals Verwaltung. (1750—1770)	494
XXIX.	Spanien unter Karl III. (1759—1788)	500
XXX.	Italien in der zweiten Hälfte des achtzehnten Jahrhunderts	502
	Neapel, Parma, Toskana und Sardinien	502
	Die drei letzten Päpste des achtzehnten Jahrhunderts. (1758—1799)	506

		Seite
XXXI.	Kaiser Joseph II. (1765—1790)	511
	Das deutsche Reich unter Joseph II.	511
	Die letzte Regierungszeit Maria Theresia's. (1763—1780)	518
	Der deutsche Fürstenbund. (1785)	524
	Josephs II staatliche Reformen in seinen Erbländern. (1780—1790)	527
	Josephs II. kirchliche Neuerungen	537
	Die Revolution in den Niederlanden. (1788—1790) .	547
	Josephs II. Neuerungen in Ungarn	552
	Josephs II. Ausgang	554
XXXII.	Kaiser Leopold II. (1790—1792)	558
XXXIII.	Katharina II. von Rußland. (1762—1796) . . .	560
	Thronbesteigung der Kaiserin Katharina. (9. Juli 1762)	560
	Katharina II. behauptet den russischen Thron . .	566
	Die erste Theilung Polens. (1772)	569
	Katharina's erster Türkenkrieg. (1768—1774) . . .	595
	Katharina II. als Regentin	599
	Potemkin der Taurier. (1776—1791)	603
	Katharina's zweiter Türkenkrieg. (1788—1792) . . .	607
	Die zweite und dritte Theilung Polens. (1793 und 1795)	610
XXXIV.	Friedrichs II. letzte Regierungszeit. (1763—1786) . .	618
XXXV.	Preußen unter Friedrich Wilhelm II. (1786—1797) .	627
XXXVI.	Die deutsche Literatur im achtzehnten Jahrhundert . .	632
XXXVII.	Schweden unter Gustav III. (1771—1792)	648
	Gustavs III. Staatsumwälzung. (1772)	648
	Gustavs III. Staatsverwaltung	654
	Gustavs III. Krieg gegen Rußland. (1788—1790) . .	657
XXXVIII.	Dänemark unter Struensee's Staatsverwaltung. (1770 bis 1772)	661
XXXIX.	Der nordamerikanische Freiheitskrieg. (1775—1783) .	669